三上威彦

倒 産 法

法律学講座

信 山 社

は し が き

⑴ 本書は、倒産法と題されているが、その中でも基本をなす、破産法と民事再生法を取り上げ、その全体像を明らかにするものである。

　2004年に法科大学院制度がスタートし、倒産法も新司法試験の試験科目になった。それ以来、私も、法科大学院で倒産法の講義をしてきた。最初の数年間は、従前の授業スタイルを踏襲した講義形式で行い、しかも会社更生法の分野まで講義をしていた。しかし、学生の反応が必ずしも良くないのに気付きその理由を尋ねてみた。その結果、最大公約数的にいえば、学部で倒産法の授業を聞いていない学生が多く、しかも難解な内容を一方的に話されても、その具体的なイメージがわきにくく、したがって講義内容が理解しにくいこと、また、司法試験科目でない会社更生法の部分までフォローすることは負担が大きすぎる、といったことがその原因であることが分かった。そこで、講義内容から会社更生法を外し、破産法と民事再生法にしぼった上で、倒産法についての具体的なイメージを持ってもらうために、試験的に、毎回の授業で扱う内容について事例を設定し、それに沿って授業を進めることを試みた。そしてその際には、できるだけ基礎的なことから説明し、徐々に発展的な内容に立ち入るということを常に心がけるようにした。このような試みは、ある程度学生のニーズに合致したようで、以前よりも手ごたえを感じることができるようになり、その後はずっとこの方式で授業を行っている。本書は、このようにして私が行ってきた授業の講義案がもとになって成立したものであり、いわば私の講義の実践記録でもある。

⑵ 本書では、第1講から第30講まで、30回に分けて説明がなされている。本務校では、倒産法の講義は、春学期に開講される倒産法Ⅰと、秋学期に開講される倒産法Ⅱからなり、各15回、合計30回で、破産法と民事再生法の全体を講義することになっている。本書では、それに対応して、授業内容を30回に分けて説明がなされている。そのために、長い章については、複数回の授業時間を使って講義が行われるため、本書では、倒産法の体系的章立てと講義内容の区分とが必ずしも一致していない。しかしそのことによって、読者には、各章につき説明の内容や量に差があることがおわかり頂けるのではないかと考えている。

⑶ 本書を執筆するに当たっては、以下の点に心がけたつもりである。

　まず第1に、できるだけ、具体的な問題意識をもって学習してもらえるように、

それぞれの講の冒頭に、そこで扱われるテーマを盛り込んだ事例を掲げるとともに、それに関する設問を設けた。読者は、設例を読み、かつ設問を頭に入れた上で、本文を読むことによって、何が、どのような事件の文脈において問題になるのか、ということがより具体的に理解できるであろう。また、本文で取り上げる論点に関しては、最新のものまで取り上げるように心がけたほか、できるだけ抽象論は避け、冒頭の事例を意識しながら、それがどのような意味をもつかということを、できる限り丁寧に説明したつもりである。そして最後に、設問に対するコメントを書き、その設問については本文のどの部分を読めばよいか、という点を指摘した。したがって、読者は、指摘された部分を再読すれば、設問に対する解答が自ずから導き出せるようになっている。このような読み方をすることで、倒産法をより立体的に理解することができるであろう。

　第2には、倒産法の議論は裁判実務によって提起されることがしばしばあり、その意味では裁判例の重要性は強調されるべきである。そのような観点から、本文の説明では、重要な裁判例は、最高裁のものだけでなく下級審のものもできるだけ取り上げるようにした。特に、倒産判例百選第5版（有斐閣・2013年）に掲載されている裁判例についてはすべて触れている。また、巻末に、詳細な判例索引をつけ、それぞれの裁判例が本書のどこで取り扱われているかを検索できるようにした。

　第3に、解説に当たっては、他の講での説明と関連して理解した方がよいと思われる点は、煩をいとわずクロス・レファレンスを充実させることによって、読者の理解が深まるように配慮した。

　第4には、教科書にしては詳しすぎるほどの注を付した。これは、本文を読む上で読者の思考を中断させないための配慮であり、ここでは、本文で十分説明しきれなかったことを詳しく説明したり、関連する文献の引用や判例を掲記したり、さらには、立法の沿革等も説明した。したがって、読者は、はじめに本書を読むときには、注を飛ばして読むことも可能である。

　第5には、詳しい条文索引を付した。それぞれの条文は、必ずしも一つの単元でのみ扱われるものではなく、いくつかの論点にまたがって問題となってくる場合が多い。したがって、この条文索引から、各条文がいかなる問題と関連しているかということを理解するために、この条文索引を大いに利用して頂ければ幸いである。

　第6には、巻末に資料として統計表や、フローチャートを掲げるなどして、本文の理解がより立体的に可能となるように工夫した。

　以上述べたような試みが成功しているか否かは、読者諸氏のご批判をまつしか

ないが、本書が、法科大学院の学生のみならず、法律実務家、企業の法務担当者、さらには、学部学生にとっても、倒産法学習の一助になれば望外の幸せである。

(4) 本書の執筆を思いたってからはや6年以上が経過した。はじめは、講義案を教科書の体裁に書き直せばよいくらいの軽い気持ちで考えていたが、口述を前提とする講義案の性質上、教科書としての説明の仕方、文献や判例の引用等、どれをとっても、不十分なものであることが分かり、根本的な書き直しが必要であった。また、執筆していくうちに、新しい判例が次々と現れ、研究論文も多数出版されるようになり、倒産法研究の進展はめざましいものとなった。その結果、講義での説明の仕方やその内容につき再考しなければならない点も数多く見つかった。さらに、従来引用した文献についても次々と改訂版が出版された。それらすべてをフォローするために大変な時間を費やすことになった。そのために、執筆は遅々として進まず、いろいろな方々に大変ご迷惑をおかけした。とくに、本書の執筆計画については、かなり早くから、私の恩師である故石川明慶應義塾大学名誉教授に相談していた。石川教授からは、「それはいいですねえ。早く書き上げて見せてください。」といわれていたにもかかわらず、先生のご存命中に出版できなかったのは、ひとえに私の怠惰によるものに他ならず、誠に慚愧に耐えない。天国の石川明先生には、心からお詫びを申し上げるとともに、本書の出版を報告することができることに少しほっとしている。

(5) 本書の執筆に当たっては、さまざまな方にお世話になった。まず第1に、これまで、学部時代からご指導を仰ぎ、また、研究者になってからも、しばしば貴重なご助言を頂いた故石川明教授には心からの感謝を申し上げたい。曲がりなりにも、本書が執筆できたのも、ひとえに先生の長年にわたるご親切なご指導・ご鞭撻の賜物であると思っている。また、私の倒産法の授業を熱心に聴講してくれた、慶應義塾大学法科大学院の学生にも感謝したい。実は、本書を執筆しようと思ったきっかけは、彼等の熱意に刺激されたという面が強かった。彼等の熱心な聴講・質問が本書を執筆する上での何よりの励ましになった。さらに、本務校で倒産法Ⅰと倒産法Ⅱの講義を交互に担当していた同僚の中島弘雅教授とは、倒産法に関して率直な意見交換をすることができ、その中で、教授からは、授業の方法・内容等さまざまな形でお教えを頂いた。ここで、中島教授には改めて感謝申し上げたい。また、中島教授・岡伸浩教授と私との共同担当であった倒産法ワークショップ・プログラムでは、学生向けの授業ではあったものの、最新の論点について白熱した議論を戦わせることができ、そこでは、考えるためのさまざまなヒントを頂いた。ここで、両先生には改めて感謝申し上げる次第である。さらに、経

済的には必ずしもペイしないであろうこのような大部なものとなった本書の出版を決断して下さった信山社の袖山貴社長には心から感謝申し上げたい。さらに、同社編集部の稲葉文子氏、今井守氏には、遅々として進まない執筆にも、常に、粘り強く温かい励ましを頂いただけでなく、本書の構成やレイアウト等でもきめ細かいアドバイス・ご援助を頂いた。これらの方々にも、心からの感謝を申し上げたい。

　本書を妻寛子に捧げる。

　　2017 年 7 月 22 日

　　　　　　　　　　　　　　　　　　　　　　　三 上 威 彦

〈倒 産 法〉

大 目 次

◆ 第 1 講 ◆　倒産法序説 —————————————— *1*

◇ 第 1 章　わが国の倒産法制度 — 倒産法総論 —————— *2*

◆ 第 2 講 ◆　破産手続の機関と利害関係人 —————————— *28*

◇ 第 2 章　破産手続の機関と利害関係人 —————————— *29*

◆ 第 3 講 ◆　破産手続の開始（その 1） —————————— *68*

◇ 第 3 章 1〜6　破産手続の意義と破算申立てに対する
　　　　　　　　不服申立てまで —————————————— *69*

◆ 第 4 講 ◆　破産手続の開始（その 2） —————————— *103*

◇ 第 3 章 7〜9　破産手続開始前の保全処分・破産開始手続・
　　　　　　　　破産手続開始の効果 ——————————— *104*

◆ 第 5 講 ◆　破産財団と破産債権（その 1） ——————— *132*

◇ 第 4 章　破 産 財 団 ———————————————————— *133*
◇ 第 5 章 1〜4　破 産 債 権 (1) ——————————————— *144*

◆ 第 6 講 ◆　破産債権（その 2）・財団債権・租税債権 ——— *173*

◇ 第 5 章 5　破 産 債 権 (2) ————————————————— *174*
◇ 第 6 章　財 団 債 権 ———————————————————— *199*

◆ 第7講 ◆　破産者をめぐる法律関係の処理（その1）――――225

　◇ 第7章1～2　破産手続開始決定後の破産者の法律行為等
　　　　　　　　の効力、破産手続開始決定前から係属して
　　　　　　　　いる法律関係の処理――――――――――227

◆ 第8講 ◆　破産者をめぐる法律関係の処理（その2）――――248

　◇ 第7章3(1)～(3)　継続的供給契約、賃貸借契約、
　　　　　　　　　　ライセンス契約――――――――――250

◆ 第9講 ◆　破産者をめぐる法律関係の処理（その3）――――273

　◇ 第7章3(4)～(7)　請負契約、市場の相場がある商品の
　　　　　　　　　　取引に係る契約、デリバティブ契約、
　　　　　　　　　　交互計算――――――――――――274

◆ 第10講 ◆　破産者をめぐる法律関係の処理（その4）――――291

　◇ 第7章3(8)～(12)　雇用契約、リース契約、組合契約、
　　　　　　　　　　　保険契約、信託契約――――――――292

◆ 第11講 ◆　破産者をめぐる法律関係の処理（その5）――――321

　◇ 第7章4～5　双務契約以外の法律関係、係属中の手続関係
　　　　　　　　の調整――――――――――――――――322

◆ 第12講 ◆　否 認 権（その1）――――――――――――342

　◇ 第8章1～3　否認権の意義・種類、否認の一般的要件、
　　　　　　　　事業譲渡・濫用的会社分割と否認――――344

viii　　　　　　　　　　　　大目次

◆ 第 13 講 ◆　否 認 権（その 2）————————————366

　◇ 第 8 章 4(1)　詐害行為否認——————————368

◆ 第 14 講 ◆　否 認 権（その 3）————————————387

　◇ 第 8 章 4(2)～5　偏頗行為否認、否認の要件に関する特則 —388

◆ 第 15 講 ◆　否 認 権（その 4）————————————418

　◇ 第 8 章 6～10　否認権の行使、否認の効果、相続財産等に
　　　　　　　　　　おける否認、信託財産における否認————420

◆ 第 16 講 ◆　別 除 権————————————————449

　◇ 第 9 章　別 除 権——————————————————450

◆ 第 17 講 ◆　相 殺 権————————————————490

　◇ 第 10 章　相 殺 権—————————————————492

◆ 第 18 講 ◆　取 戻 権————————————————523

　◇ 第 11 章　取 戻 権—————————————————524

◆ 第 19 講 ◆　破産財団の管理・換価と破産手続の終了————542

　◇ 第 12 章　破産財団の管理・換価と破産手続の終了————544

◆ 第 20 講 ◆　個人債務者の破産、免責・復権・少額管財手続 —592

　◇ 第 13 章　個人債務者の破産、免責・復権・少額管財手続 —594

◆ 第21講 ◆ 相続財産や信託財産をめぐる破産、破産犯罪、
私的整理、国際倒産 ————————————— *635*

◇ 第14章 相続や信託財産をめぐる破産 ————————— *636*
◇ 第15章 破産犯罪 ————————————————————— *653*
◇ 第16章 私的整理 ————————————————————— *661*
◇ 第17章 国際倒産 ————————————————————— *679*

◆ 第22講 ◆ 民事再生手続総論、利害関係人と機関 ————— *694*

◇ 第18章 民事再生手続総論、再生手続の利害関係人と機関

————————————————————————————————— *695*

◆ 第23講 ◆ 民事再生手続の開始 ———————————————— *722*

◇ 第19章 民事再生手続の開始申立てから開始決定まで —— *723*

◆ 第24講 ◆ 再生債務者財産、再生債権、共益債権等 ——— *759*

◇ 第20章 再生債務者の財産と事業 ————————————— *760*
◇ 第21章 再生債権 ————————————————————— *775*
◇ 第22章 一般優先債権、共益債権、開始後債権 ————— *785*

◆ 第25講 ◆ 再生債務者をめぐる法律関係の処理 ————— *796*

◇ 第23章 再生債務者をめぐる法律関係の処理 ————— *798*

◆ 第26講 ◆ 再生債務者財産の減少 ———————————— *820*

◇ 第24章 取戻権、別除権、相殺権 ————————————— *822*

◆ 第 27 講 ◆　再生債務者財産の増殖 ————————— *849*

　◇ 第 25 章　否認権と法人役員の責任追及 ——————— *850*

◆ 第 28 講 ◆　再生計画案の作成から再生計画の成立まで ——— *872*

　◇ 第 26 章　再生計画案の作成から再生計画の成立まで ——— *873*

◆ 第 29 講 ◆　再生計画の遂行、再生手続の終了、他の手続との
　　　　　　　関係 ————————————————— *919*

　◇ 第 27 章　再生計画の遂行、再生手続の終了、他の手続との
　　　　　　　関係 ————————————————— *920*

◆ 第 30 講 ◆　個人再生手続、再生犯罪 ————————— *956*

　◇ 第 28 章　個人再生手続 ——————————————— *957*
　◇ 第 29 章　再 生 犯 罪 ——————————————— *999*

〈目　次〉

はしがき(*iii*)

倒産法文献案内(*xxxv*)

◆　第1講　◆　倒産法序説 ── 倒産の意義とわが国の倒産法制度

◇　第1章　わが国の倒産法制度 ── 倒産法総論 ─────────*2*

1　倒産の意義と倒産処理制度の必要性‥‥‥‥‥‥‥‥‥‥‥‥‥‥ *2*

(1)　序　説(*2*)

(2)　倒産という言葉の意味 ── 倒産と破産(*4*)

(3)　倒産処理手続の必要性と、倒産処理の指導理念(*5*)

2　わが国の倒産法制度 ── 倒産処理手続の基本類型‥‥‥‥‥‥ *9*

(1)　総　説(*9*)

(2)　法的倒産処理手続(*13*)

(3)　私 的 整 理(*22*)

3　各種手続選択の一応の基準‥‥‥‥‥‥‥‥‥‥‥‥‥‥‥‥‥‥ *25*

◆　第2講　◆　破産手続の機関と利害関係人

◇　第2章　破産手続の機関と利害関係人 ────────────*29*

1　総　説‥‥‥‥‥‥‥‥‥‥‥‥‥‥‥‥‥‥‥‥‥‥‥‥‥‥‥‥ *29*

2　破産裁判所‥‥‥‥‥‥‥‥‥‥‥‥‥‥‥‥‥‥‥‥‥‥‥‥‥‥ *29*

(1)　意　義(*29*)

(2)　権　限(*30*)

(3)　管　轄(*30*)

(4)　破産裁判所における手続(*33*)

3　保全管理人‥‥‥‥‥‥‥‥‥‥‥‥‥‥‥‥‥‥‥‥‥‥‥‥‥‥ *33*

(1)　保全管理制度の意義(*34*)

(2)　資格および選任手続(*34*)

(3) 保全管理人の地位と権限(34)

4 破産管財人 ……………………………………………35

(1) 意　義(35)

(2) 破産管財人の資格および選任(35)

(3) 破産管財人の任務の終了(36)

(4) 破産管財人の職務(37)

(5) 管財人の法的地位(40)

(6) 破産管財人の第三者性(44)

5 債権者集会 ……………………………………………54

(1) 意義と法的性質(54)

(2) 債権者集会招集の任意化と決議事項の大幅な削減(55)

(3) 債権者集会の種類(57)

(4) 債権者集会の開催(59)

(5) 債権者集会の指揮(60)

(6) 決議の方法・成立要件(60)

(7) 債権者集会期日の通知等(62)

6 債権者委員会 …………………………………………63

(1) 意　義(63)

(2) 要　件(64)

(3) 権限・役割(64)

7 代 理 委 員 ……………………………………………65

8 破産債権者 ……………………………………………65

(1) 破産債権者の意義(65)

(2) 地　位(66)

9 破 産 者 ………………………………………………66

(1) 意　義(66)

(2) 地　位(66)

◆ 第3講 ◆ 破産手続の開始（その1）

◇ 第3章　破産手続の意義と破産手続の開始──────69

1　破産手続の意義 ……………………………………………69

（1）清算型倒産処理手続としての破産手続(69)

（2）法的倒産処理手続としての破産手続(70)

（3）管理型倒産処理手続としての破産手続(70)

2　わが国の破産手続の流れ ……………………………………70

3　破産手続開始申立て ………………………………………71

（1）申立権者(71)

（2）申立ての手続(73)

（3）申立ての取下げ(81)

4　破産手続開始の要件 ………………………………………82

（1）破産能力(82)

（2）破産原因(88)

（3）破産障害事由(94)

5　申立てに対する審理・裁判 …………………………………97

（1）審理すべき事項(97)

（2）審理・裁判(98)

6　破産申立てについての裁判に対する不服申立て ……………99

◆ 第4講 ◆ 破産手続の開始（その2）

7　破産手続開始決定前の保全処分 …………………………104

（1）破産手続開始決定前の保全処分の意義と必要性(104)

（2）債務者の財産の散逸防止のための保全処分(105)

（3）第三者に対する保全処分(109)

（4）債務者の身上に対する保全処分(119)

8　破産開始手続 ……………………………………………119

（1）破産手続開始決定(119)

（2）同時処分(121)

(3) 付 随 処 分(123)

9 破産手続開始の効果 ………………………………………… 124

(1) 破産者に対する効果(124)

(2) 債権者に対する効果(130)

◈ 第5講 ◈ 破産財団と破産債権（その1）

◇ 第4章 破 産 財 団 ─────────────── 133

1 破産財団の意義と範囲 ………………………………… 133

(1) 破産財団の意義と種類(133)

(2) 破産財団（法定財団）の範囲(134)

2 自 由 財 産 ……………………………………………… 141

(1) 意 義(141)

(2) 自由財産の放棄(142)

(3) 法人の自由財産(143)

(4) 自由財産の範囲拡張の裁判(143)

◇ 第5章 破 産 債 権 ─────────────── 144

1 破産債権の意義・要件 ………………………………… 144

(1) 破産債権の意義(144)

(2) 実質的意義における破産債権の要件(144)

2 破産債権の額 ── 等質化 ……………………………… 149

(1) 等質化の意義と必要性(149)

(2) 金 銭 化(151)

(3) 現 在 化(152)

3 破産債権の順位 ………………………………………… 153

(1) 優先的破産債権(154)

(2) 一般の破産債権(154)

(3) 劣後的破産債権(154)

(4) 約定劣後破産債権（破99条2項・194条1項4号）(159)

(5) 解釈による劣後化(160)

4 多数債務者関係と破産債権 …………………………… 160

目 次

xv

(1) 総説 —— 多数債務者関係とは(160)

(2) 複数の全部義務者の破産における債権者の破産債権の行使（破104条1項2項）(161)

(3) 求償義務者の破産の場合の他の全部義務者による将来の求償権の行使(162)

(4) 保証人の破産の場合の債権者の権利行使（破105条）(166)

(5) 数人の全部保証人の破産(167)

(6) 1人の一部保証人の破産(168)

(7) 数人の一部保証人の破産(168)

(8) 法人またはその社員の破産(170)

◆ 第6講 ◆ 破産債権（その2）・財団債権・租税債権

5 破産債権の届出・調査・確定·····················174

(1) 総　説(174)

(2) 破産債権の届出(175)

(3) 租税等の請求権等の届出(179)

(4) 破産債権者表の作成(180)

(5) 債権の調査(181)

(6) 調査による債権の確定(186)

(7) 租税等および罰金等の請求権についての特則(198)

◇ 第6章　財団債権 ——————————————199

1 財団債権の意義と財団債権の債務者·····················199

(1) 意　義(199)

(2) 財団債権の債務者(199)

2 財団債権の種類·····················200

(1) 一般の財団債権（破148条1項）(200)

(2) 特別の財団債権(204)

3 財団債権の弁済·····················208

(1) 優 先 弁 済(208)

(2) 随 時 弁 済(208)

(3) 財団不足の場合(*209*)

4 弁済による代位と財団債権(共益債権)性 ···················· *210*

5 租税債権の取扱い ······································· *212*

(1) 総　説(*212*)

(2) 破産手続開始前の原因に基づく租税債権(*212*)

(3) 延滞税、利子税または延滞金(*213*)

(4) 加算税または加算金(*213*)

(5) 破産手続開始後の原因に基づく租税債権(*215*)

6 破産管財人の源泉徴収義務 ······························· *219*

◆ 第7講 ◆ **破産者をめぐる法律関係の処理（その1）**

◇ **第7章　破産者をめぐる法律関係の処理**────────*227*

1 破産手続開始決定後の破産者の法律行為等の効力 ········· *227*

(1) 総　説(*227*)

(2) 破産手続開始後に破産者がなした法律行為の効力 ── 対抗不能の原則(*228*)

(3) 破産者の法律行為によらない第三者の権利取得(*230*)

(4) 例外としての善意取引(*233*)

2 破産手続開始決定前から継続している法律関係の処理 ···· *237*

(1) 総　説(*237*)

(2) 未履行の双務契約に関する破産法の規律(*237*)

(3) 破産法53条の規定の趣旨(*240*)

(4) 相手方からの契約解除(*244*)

◆ 第8講 ◆ **破産者をめぐる法律関係の処理（その2）**

3 各種双務契約の処理 ····································· *250*

(1) 継続的供給契約(*250*)

(2) 賃貸借契約(*253*)

(3) ライセンス契約(*266*)

◆ 第9講 ◆ 破産者をめぐる法律関係の処理（その3）

(4) 請 負 契 約（*274*）

(5) 市場の相場がある商品の取引に係る契約（*282*）

(6) デリバティブ契約（*285*）

(7) 交 互 計 算（*289*）

◆ 第10講 ◆ 破産者をめぐる法律関係の処理（その4）

(8) 雇 用 契 約（*292*）

(9) リ ー ス 契 約（*304*）

(10) 組 合 契 約（*313*）

(11) 保 険 契 約（*313*）

(12) 信 託 契 約（*316*）

◆ 第11講 ◆ 破産者をめぐる法律関係の処理（その5）

4 双務契約以外の法律関係……………………………………… *322*

(1) 委 任 契 約（*322*）

(2) 共 有 関 係（*326*）

(3) 消費貸借の予約（*327*）

(4) 配偶者・親権者の破産と財産管理権（*328*）

5 係属中の手続関係の調整………………………………………… *328*

(1) 民事訴訟手続の中断と受継（*329*）

(2) 係属中の民事執行等 —— 強制執行・担保権実行・保全処分（*336*）

◆ 第12講 ◆ 否 認 権（その1）

◇ 第8章 否 認 権

1 否認権の意義と種類…………………………………………… *344*

(1) 否認権の定義とその必要性（*344*）

(2) 否認権と詐害行為取消権(*344*)

(3) 否認権の基本的類型(*346*)

2 否認の一般的要件 ……………………………………………… *349*

(1) 「行為」の意義(*349*)

(2) 「破産者の」行為である必要性の有無(*349*)

(3) 行為の有害性(*352*)

(4) 行為の不当性（正当性、相当性）(*355*)

3 事業譲渡・濫用的会社分割と否認 ……………………………… *358*

(1) 事業譲渡と否認(*358*)

(2) 濫用的会社分割と否認(*358*)

◆ 第13講 ◆ 否 認 権 （その2）

4 否認の各類型 ………………………………………………… *368*

(1) 詐害行為の否認（破160条）(*368*)

◆ 第14講 ◆ 否 認 権 （その3）

(2) 偏頗行為の否認（破162条）(*388*)

5 否認の要件に関する特則 …………………………………… *401*

(1) 手形支払い等と否認(*401*)

(2) 対抗要件具備行為の否認（破164条）(*404*)

(3) 執行行為の否認（破165条）(*409*)

(4) 転得者に対する否認（破170条）(*413*)

◆ 第15講 ◆ 否 認 権 （その4）

6 否認権の行使 ………………………………………………… *420*

(1) 否認権の性質 —— 請求権説と形成権説(*420*)

(2) 否認権の行使主体(*420*)

(3) 否認権行使の方法(*421*)

目 次

xix

7 否認権の行使期間 ……………………………………………… *430*

8 否認の効果 ……………………………………………………… *431*

  (1) 原 状 回 復(*431*)

  (2) 相対的効果(*434*)

  (3) 否認の登記(*435*)

  (4) 価額償還請求(*437*)

  (5) 現物返還と差額償還との選択(*439*)

  (6) 無償否認の場合の善意者保護の例外(*440*)

  (7) 相手方の地位(*440*)

9 相続財産破産等における否認 …………………………………… *446*

  (1) 相続財産破産における否認の特色(*446*)

  (2) 受遺者に対する否認(*446*)

  (3) 残余財産の処理(*447*)

10 信託財産における否認 ………………………………………… *447*

◆ 第16講 ◆ 別 除 権

◇ 第9章 別 除 権 ——————————————*450*

1 別除権の意義 …………………………………………………… *450*

  (1) 別除権なる概念(*450*)

  (2) 別除権と他の権利との異同(*451*)

2 別除権者の権利行使 …………………………………………… *452*

  (1) 別除権の行使(*452*)

  (2) 別除権者の破産債権行使(*453*)

3 各種の担保権と別除権 ………………………………………… *455*

  (1) 典 型 担 保(*455*)

  (2) 非典型担保(*463*)

4 担保権消滅許可制度 …………………………………………… *477*

  (1) 担保権消滅許可制度の導入(*477*)

  (2) 破産・民事再生・会社更生における担保権消滅許可制度(*478*)

  (3) 担保権消滅許可の申立て(*479*)

(4) 担保権消滅許可の決定(485)

(5) 商事留置権の消滅請求(487)

◆ 第17講 ◆ 相 殺 権

◇ 第**10**章 相 殺 権 ———————————492

1 相殺の意義と適用範囲 ······················ 492

(1) 相殺の意義と機能(492)

(2) 相殺権規定の適用範囲(493)

2 相殺権の拡張 —— 相殺の要件の緩和 ················ 495

(1) 自働債権についての規律(495)

(2) 受働債権についての規律(497)

(3) 破産手続開始後の破産債権と賃料債務等との相殺(498)

3 相殺権の制限 —— 相殺の禁止 ················· 499

(1) 破産債権者による債務負担につき相殺が禁止される場合 —— 原則(499)

(2) 破産者の債務者による破産債権取得につき相殺が禁止される場合 —— 原則(509)

4 相殺権濫用論と相殺否認論 ··················· 516

(1) 駆け込み相殺(516)

(2) 相殺権濫用論(516)

(3) 相殺否認論(518)

5 相殺権の行使 ························· 519

(1) 破産手続によらない行使(519)

(2) 破産管財人の催告権(520)

◆ 第18講 ◆ 取 戻 権

◇ 第**11**章 取 戻 権 ———————————524

1 取戻権の意義 ························ 524

2 一般の取戻権 ························ 525

(1) 取戻権の基礎となる権利(525)

(2) 取戻権の行使(532)

3 特別の取戻権 ……………………………………………… 533

(1) 特別の取戻権の意義(533)

(2) 売主の取戻権（破63条）(533)

(3) 問屋の取戻権（破63条3項）(536)

(4) 代償的取戻権（破64条）(537)

◆ **第19講** ◆ 破産財団の管理・換価と破産手続の終了

◇ **第12章　破産財団の管理・換価と破産手続の終了** ─────544

1 破産財団の管理 ……………………………………… 544

(1) 管理の意義(544)

(2) 破産者財産の占有・管理(544)

(3) 財産の封印・帳簿の閉鎖(546)

(4) 財産の評定と財産目録・貸借対照表の作成(547)

(5) 郵便物の管理(549)

(6) 破産管財人による調査等(550)

(7) 裁判所および債権者集会への財産状況等の報告（破157条〜159
条、破規54条）(550)

(8) 破産管財人の職務の執行の確保(551)

(9) 破産手続開始決定前からの契約関係の処理（破53条以下）・係属
中の手続関係の処理（破42条・43条・44条・46条等）・否認権の行使
（破160条以下）(552)

2 管財人の管理行為の制限 ……………………………… 552

3 破産法人の役員に対する責任追及 ……………………… 553

(1) 法人の役員の責任追及の制度(553)

(2) 役員の責任の査定手続(554)

(3) 役員責任査定決定に対する異議の訴え(558)

(4) 役員の財産に対する保全処分(563)

4 破産財団の換価 ……………………………………… 565

(1) 換価に関する制限(565)

(2) 換価の方法、別除権の目的物の換価(566)

5 破産手続の終了……………………………………………… *570*

(1) 配当による終了(570)

(2) 破産終結以外の事由による破産手続の終了(584)

◆ **第20講** ◆ 個人債務者の破産、免責・復権・少額管財手続

◇ **第13章 個人債務者の破産、免責・復権・少額管財手続** —*594*

1 消費者破産制度………………………………………………… *594*

(1) 消費者破産とその特徴(594)

(2) 消費者破産手続(597)

2 免 責…………………………………………………………… *604*

(1) 意 義(604)

(2) 免責制度の根拠と理念(605)

(3) 免責制度の合憲性(607)

(4) 消費者破産と免責(607)

(5) 免責の手続(609)

(6) 免責不許可事由と裁量免責(613)

(7) 免責審理期間中の強制執行の禁止(619)

(8) 免責許可決定の効力(621)

(9) 非免責債権(623)

(10) 免責の取消し(626)

3 復 権…………………………………………………………… *627*

(1) 意 義(628)

(2) 当 然 復 権(628)

(3) 裁判による復権(628)

4 少額管財手続…………………………………………………… *629*

(1) 少額管財手続の定義(629)

(2) 少額管財手続と即日面接の関係(630)

(3) 個人少額管財手続(630)

目 次 *xxiii*

⑷　少額管財手続の基本的な進行(632)

◆ 第21講 ◆　相続財産や信託財産をめぐる破産、破産犯罪、私的整理、国際倒産

◇ 第14章　相続財産や信託財産をめぐる破産 ─────636

1 相続財産等の破産……………………………………… 636

⑴　相続人の破産(636)

⑵　相続財産の破産(639)

2 信託財産等の破産……………………………………… 644

⑴　総　説(644)

⑵　信託財産の破産(644)

⑶　受託者の破産(649)

⑷　委託者の破産(651)

⑸　受益者の破産(652)

◇ 第15章　破 産 犯 罪 ───────────────653

1 破産犯罪規定の必要性………………………………… 653

2 破産犯罪の種類………………………………………… 653

3 各種の破産犯罪………………………………………… 653

⑴　詐欺破産罪（破265条。国外犯につき破276条1項。両罰規定として破277条）(653)

⑵　破産管財人等の特別背任罪（破267条。国外犯につき破276条2項）(655)

⑶　特定の債権者に対する担保供与等の罪（破266条。国外犯につき破276条1項。両罰規定として破277条）(656)

⑷　不正の請託のある収賄罪（破273条2項4項5項。国外犯につき破276条1項）(657)

⑸　不正な請託のある贈賄罪（破274条2項。国外犯につき破276条1項。両罰規定として破277条）(657)

⑹　破産者等の説明及び検査の拒絶等の罪（破268条。両罰規定として破277条）(657)

(7) 重要財産開示拒絶等の罪（破 269 条。両罰規定として破 277 条）(658)

(8) 業務および財産の状況に関する物件の隠滅等の罪（破 270 条。国外犯につき破 276 条 1 項。両罰規定として破 277 条）(658)

(9) 審尋における説明拒絶等の罪（破 271 条。両罰規定として破 277 条）(659)

(10) 破産管財人等に対する職務妨害の罪（破 272 条。国外犯につき破 276 条 1 項。両罰規定として破 277 条）(659)

(11) 贈収賄罪（破 273 条・274 条。国外犯につき破 276 条 1 項 2 項 3 項。両罰規定として破 277 条）(660)

(12) 破産者等に対する面会強請等の罪（破 275 条。両罰規定として破 277 条）(660)

◇第 16 章　私的整理 ─────────────────661

1 私的整理の意義 ………………………………………… 661

2 私的整理の長所と短所 ……………………………… 662

(1) 私的整理の長所(662)

(2) 私的整理の短所(664)

3 私的整理の法律構成 ………………………………… 665

(1) 債務者・債権者・債権者委員長の関係(665)

(2) 債権者会議の決議の拘束力(666)

4 私的整理に関するガイドラインに従った私的整理 ……… 667

(1) 私的整理に関するガイドラインの制定とその背景(667)

(2) ガイドラインの基本的スキーム(668)

(3) ガイドラインによる処理(669)

5 特定調停による私的整理の進め方 ── 司法型 …………… 670

6 中小企業再生支援協議会による事業再生 ADR ── 行政型
……………………………………………………… 670

7 地域経済活性化支援機構による事業再生 ADR ── 行政型
……………………………………………………… 671

(1) 概　要(672)

(2) 地域経済活性化支援機構による支援対象となる事業者の主な要件(672)

目　次　　*xxv*

(3) 事業再生業務の流れ(673)

(4) 機構を活用するメリット(674)

8 事業再生実務家協会による事業再生 ADR —— 民間型 ⋯⋯ *676*

(1) 概　要(676)

(2) 事業再生 ADR の長所(677)

(3) 手続の流れ(679)

◇ 第**17**章　国 際 倒 産 ——————————————*679*

1 概　説 ⋯⋯⋯⋯⋯⋯⋯⋯⋯⋯⋯⋯⋯⋯⋯⋯⋯⋯⋯⋯⋯⋯⋯ *679*

2 従来のわが国の国際倒産処理規定とその問題点 ⋯⋯⋯⋯⋯ *680*

3 新しいわが国の国際倒産法制の概要 ⋯⋯⋯⋯⋯⋯⋯⋯⋯⋯ *682*

(1) 概　要(682)

(2) 属地主義の撤廃(682)

(3) 国際倒産管轄(683)

(4) わが国の倒産手続の外国財産に対する効力(684)

(5) 外国の倒産手続の国内財産に対する効力(684)

(6) 並行倒産手続の処理(688)

(7) 外国人の地位(692)

◆ 第22講 ◆ 民事再生手続総論、利害関係人と機関

◇ 第**18**章　民事再生手続総論、再生手続の利害関係人と機関

————————————————————————————*695*

1 民事再生手続総論 ⋯⋯⋯⋯⋯⋯⋯⋯⋯⋯⋯⋯⋯⋯⋯⋯⋯⋯ *695*

(1) 民事再生手続の特色(695)

(2) 再建型倒産処理手続としての民事再生手続(697)

(3) 民事再生手続選択の際の留意点(700)

2 再生手続の利害関係人・機関 ⋯⋯⋯⋯⋯⋯⋯⋯⋯⋯⋯⋯⋯ *702*

(1) 再生債務者(702)

(2) 裁 判 所(711)

(3) 監 督 委 員(713)

(4) 調 査 委 員(715)

(5) 管　財　人（715）

(6) 保全管理人（717）

(7) 債権者集会・債権者説明会・債権者委員会・代理委員（717）

(8) 労　働　組　合（720）

◆ 第23講 ◆　民事再生手続の開始

◇ 第19章　民事再生手続の開始申立てから開始決定まで ——723

1　民事再生手続の流れ………………………………………… 723

(1) 通常の民事再生手続の大まかな流れ（723）

(2) 簡易再生と同意再生（726）

(3) 小規模個人再生および給与所得者等再生（726）

2　民事再生手続の開始………………………………………… 727

(1) 民事再生能力（727）

(2) 再生手続開始の要件（729）

(3) 再生手続開始申立権者（734）

(4) 申立ての手続（735）

3　再生手続開始前の保全処分………………………………… 742

(1) 再生手続開始決定前の保全処分の意義と必要性（742）

(2) 他の手続の中止命令（742）

(3) 包括的禁止命令（744）

(4) 仮差押え、仮処分その他の保全処分（748）

(5) 担保権の実行手続の中止命令（748）

(6) 保全管理命令（751）

(7) 否認権行使のための保全処分（752）

4　再生手続開始決定と不服申立て…………………………… 753

(1) 手続開始決定（753）

(2) 再生手続開始決定の効果（755）

◆ 第 24 講 ◆ 再生債務者財産、再生債権、共益債権等

◇ 第 20 章　再生債務者の財産と事業 ————————760

1 財産評定と調査報告 ·································· 760

- (1) 財産評定の意義(760)
- (2) 財産評定の機能(760)
- (3) 財産評定の際の評価基準(762)
- (4) 財産評定の主体・対象・実施時期(763)
- (5) 財産目録および貸借対照表の作成(765)
- (6) 裁判所への報告書の提出(765)
- (7) 再生債権者への情報開示(766)

2 営業(事業)等の譲渡 ······························· 767

- (1) 営業等の譲渡の趣旨(768)
- (2) 営業等の譲渡の通常の手続・要件(768)
- (3) 債務超過の株式会社の事業譲渡と代替許可(773)

◇ 第 21 章　再 生 債 権 ————————————775

1 再生債権の意義 ··································· 775

2 再生債権となる請求権 ····························· 775

- (1) 破産債権と再生債権 —— 共通点(775)
- (2) 破産債権と再生債権 —— 相違点(776)

3 手続上の取扱い ··································· 777

- (1) 弁済禁止（手続参加）(777)
- (2) 弁済禁止とその例外(778)
- (3) 届出・調査・確定(784)

◇ 第 22 章　一般優先債権、共益債権、開始後債権 ————785

1 一般優先債権 ···································· 785

- (1) 意　義(785)
- (2) 一般優先債権の取扱い(785)

2 共 益 債 権 ····································· 787

- (1) 共益債権の意義(787)

(2) 共益債権化の手続(792)

(3) 共益債権の地位(792)

(4) 弁済による代位と共益債権性(793)

3 開始後債権 ……………………………………………………………… 794

◆ 第25講 ◆ 再生債務者をめぐる法律関係の処理

◇ 第23章 再生債務者をめぐる法律関係の処理 ——————798

1 手続開始後の再生債務者の法律行為等の効力 …………… 798

2 再生債務者の行為によらない第三者の権利取得 ………… 799

3 善意取引の保護 …………………………………………………… 800

(1) 再生手続開始後の登記・登録(800)

(2) 再生手続開始後の手形の引受け・支払い(801)

(3) 管理命令発令後の再生債務者に対する弁済(802)

4 契約関係の処理 …………………………………………………… 802

(1) 総 説(802)

(2) 双方未履行の双務契約関係一般(803)

(3) 各種の双方未履行契約の取扱い(804)

5 手続関係の処理 …………………………………………………… 813

(1) 係属中の訴訟手続等(813)

(2) 係属中の強制執行等(818)

◆ 第26講 ◆ 再生債務者財産の減少

◇ 第24章 取戻権、別除権、相殺権 ——————822

1 取 戻 権 …………………………………………………………… 822

(1) 意義と種類(822)

(2) 一般の取戻権(822)

(3) 特別の取戻権(825)

2 別 除 権 …………………………………………………………… 827

(1) 意義・要件・内容(827)

目 次 xxix

(2) 不足額責任主義(*831*)

(3) 担保権消滅許可制度(*834*)

3 相 殺 権 ··· *839*

(1) 総 説(*839*)

(2) 相殺権の規定の適用範囲(*840*)

(3) 相殺権行使の要件(*840*)

(4) 賃料債務・地代・小作料の特則(*843*)

(5) 相殺権の制限(*845*)

(6) 相殺権の行使(*847*)

(7) そ の 他(*847*)

◆ **第 27 講** ◆ **再生債務者財産の増殖**

◇ **第 25 章 否認権と法人役員の責任追及** ———————————*850*

1 否 認 権 ··· *850*

(1) 民事再生法における否認権の意義(*850*)

(2) 否認の要件(*852*)

(3) 否認権の行使(*853*)

(4) 否認権の消滅(*860*)

(5) 否認権行使の効果(*860*)

(6) 否認のための保全処分(*862*)

2 法人の役員の責任の追及等 ································ *862*

(1) 総 説(*863*)

(2) 申 立 権 者(*863*)

(3) 相 手 方(*864*)

(4) 査定の対象等(*865*)

(5) 査定の審理・裁判(*865*)

(6) 株主代表訴訟との関係(*866*)

(7) 査定の裁判に対する異議の訴え(*868*)

(8) 保 全 処 分(*869*)

◆ 第28講 ◆ 再生計画案の作成から再生計画の成立まで

◇ 第26章 再生計画案の作成から再生計画の成立まで ──873

1 再生計画の意義および内容 …………………………………… *873*
- (1) 再生計画の意義(*873*)
- (2) 再生計画案の類型(*874*)

2 再生計画案の記載事項 ………………………………………… *874*
- (1) 概　説(*874*)
- (2) 絶対的必要的記載事項(*875*)
- (3) 相対的必要的記載事項(*884*)
- (4) 任意的記載事項(*889*)
- (5) 説明的記載事項(*894*)

3 再生計画案の提出 ……………………………………………… *895*
- (1) 再生計画案の提出権者(*895*)
- (2) 再生計画案の提出時期(*896*)

4 再生計画の成立と発効 ………………………………………… *898*
- (1) 再生計画案を決議に付する旨の決定(*898*)
- (2) 議　決　権(*900*)
- (3) 議決権行使の方法(*903*)
- (4) 再生計画案の決議(*905*)
- (5) 再生計画の認可・不認可(*908*)

5 再生計画の効力 ………………………………………………… *912*
- (1) 再生計画の効力発生の時期(*912*)
- (2) 再生計画の効力を受ける者の範囲(*913*)
- (3) 再生債務者の権利変更(*913*)
- (4) 再生債権の免責(*914*)
- (5) 再生債権者表の記載の効力(*917*)

目　次　　*xxxi*

◆ **第29講** ◆ 再生計画の遂行、再生手続の終了、他の手続との関係

◇ **第27章　再生計画の遂行、再生手続の終了、他の手続との関係**───────────*920*

1　再生計画の遂行 ……………………………………………… *920*

2　再生計画遂行の主体と遂行の監督 …………………………… *921*

　⑴　再生計画遂行の主体（*921*）

　⑵　再生計画遂行の監督（*921*）

3　担保提供命令 ………………………………………………… *922*

4　再生計画の変更 ……………………………………………… *923*

　⑴　意　義（*923*）

　⑵　変更の要件と手続（*924*）

5　再生手続の終結 ……………………………………………… *926*

　⑴　再生手続終結の時期（*926*）

　⑵　再生手続終結決定の効果（*927*）

6　再生計画の取消し …………………………………………… *928*

　⑴　意　義（*928*）

　⑵　再生計画取消事由と申立権者（*928*）

　⑶　再生計画取消しの手続（*931*）

　⑷　再生計画取消決定の効果（*932*）

7　再生手続の廃止 ……………………………………………… *933*

　⑴　意　義（*933*）

　⑵　再生計画認可前の手続廃止（*933*）

　⑶　再生計画認可後の手続廃止（*936*）

　⑷　再生債務者の義務違反による手続廃止（*937*）

　⑸　再生手続廃止の効果（*938*）

8　簡易再生・同意再生 ………………………………………… *939*

　⑴　簡　易　再　生（*940*）

　⑵　同　意　再　生（*942*）

9　民事再生手続と他の法的倒産処理手続との関係 ………… *944*

xxxii　　　　　　　　　　目　　次

(1) 総説 —— 倒産処理手続相互間の優先劣後関係(944)

(2) 民事再生手続・会社更生手続から破産手続へ(944)

(3) 破産手続・会社更生手続から民事再生手続へ(953)

(4) 民事再生手続・破産手続から会社更生手続へ(954)

◆ 第30講 ◆ 個人再生手続、再生犯罪

◇ 第28章 個人再生手続 —————————————957

1 総説 ………………………………………… 957

(1) 個人再生手続導入の社会的背景と、他の倒産処理手続の問題点 (957)

(2) 個人再生手続の基本的コンセプト(959)

2 住宅資金貸付債権に関する特則 ……………………… 959

(1) 概要 —— 制度趣旨(959)

(2) 適 用 対 象(960)

(3) 抵当権の実行中止命令等(961)

(4) 住宅資金特別条項の内容(963)

(5) 住宅資金特別条項を定める再生計画の成立および認可(968)

(6) 住宅資金特別条項を定めた再生計画案の決議(971)

(7) 住宅資金特別条項を定めた再生計画案の認可・不認可(972)

(8) 住宅資金特別条項を定めた再生計画案の効力(972)

(9) 住宅資金特別条項を定めた再生計画の取消し(975)

3 小規模個人再生手続 ………………………………… 975

(1) 小規模個人再生手続の利用適格要件(975)

(2) 手続の開始(977)

(3) 小規模個人再生の機関 —— 個人再生委員(979)

(4) 再生債権の届出・調査(980)

(5) 再生債務者の財産の調査と確保(982)

(6) 再 生 計 画(983)

(7) 小規模個人再生手続の終了(988)

(8) 再生計画認可後の手続(989)

目 次

xxxiii

4 給与所得者等再生手続……………………………………… *993*

   (1)　概　説(*994*)

   (2)　給与所得者等再生の申立資格(*994*)

   (3)　開 始 手 続(*995*)

   (4)　給与所得者等再生手続開始の制限(*996*)

   (5)　再 生 計 画(*997*)

   (6)　再生手続の終了(*999*)

   (7)　再生手続認可後の手続(*999*)

◇ 第29章　再 生 犯 罪 ————————————————*999*

1 再生犯罪の意義と種類…………………………………… *999*

2 各種の再生犯罪………………………………………… *1000*

   (1)　詐欺再生罪(*1000*)

   (2)　特定の債権者に対する担保供与等の罪(*1001*)

   (3)　監督委員等の特別背任罪(*1001*)

   (4)　情報収集を阻害する罪(*1002*)

   (5)　監督委員等に対する職務妨害の罪(*1003*)

   (6)　贈 収 賄 罪(*1003*)

   (7)　再生債務者等に対する面会強請等の罪(*1004*)

   (8)　国外犯の処罰・両罰規定(*1004*)

〈資　料〉

【1】各倒産処理手続の新受件数の推移(*1009*)

【2】破産新受件数と自己破産・免責申立件数(*1011*)

【3】破産既済事件と同時破産廃止(*1012*)

【4】破産手続費用関連費(*1013*)

【5】民事再生手続費用関連費(*1015*)

【6】特別清算手続費用関連費(*1017*)

【7-1】民事再生手続の流れ —— 企業の再生手続(*1018*)

【7-2-1】小規模個人再生手続の流れ(*1019*)

【7-2-2】給与所得者等再生手続の流れ(*1020*)

【8】 会社更生手続の流れ（*1021*）

【9】 特定調停手続（*1022*）

【10-1】 破産手続の流れ（*1023*）

【10-2】 消費者破産手続（*1024*）

【11】 特別清算手続の流れ（*1025*）

【12】 私的整理に関するガイドラインに基づく私的整理の流れ（*1026*）

【13】 地域経済活性化支援機構(REVIC)による事業再生 ADR の流れ
（行政型）（*1027*）

【14】 事業再生実務家協会による事業再生 ADR の流れ(民間型)（*1031*）

【15】 労働者健康福祉機構による未払い賃金立替払制度（*1032*）

事項索引／判例索引／条文索引（巻末）

【倒産法文献案内】

体系書

＜破産法＞

・伊藤　眞　『破産法・民事再生法〔第3版〕』（有斐閣・2014年）＝伊藤3版
・伊藤　眞　『破産法〔全訂第3版補訂版〕』（有斐閣・2001年）＝伊藤・破産3版補訂
・加藤哲夫　『破産法〔第6版〕』（弘文堂・2012年）＝加藤6版
・中島弘雅　『体系倒産法Ⅰ－破産・特別清算』（中央経済社・2007年）＝中島
・山本克己編著　『破産法・民事再生法概論』（商事法務・2012年）＝概論
・宗田親彦　『破産法概説〔新訂第4版〕』（慶應義塾大学出版会・2008年）＝宗田
・兼子　一　『強制執行法・破産法〔新版〕』（弘文堂、1964年）＝兼子
・山木戸克己　『破産法』（青林書院・1974年）＝山木戸
・中田淳一　『破産法・和議法』（有斐閣・1959年）＝中田

＜倒産法＞

・今仲利昭＝今泉純一＝中田康之　『実務倒産法講義（第3版）』（民事法研究会・2009年）＝実務倒産3版
・山本和彦＝中西正＝笠井正俊＝沖野眞紀＝水元宏典　『倒産法概説〔第2版〕』（弘文堂・2010年）＝概説2版
・山本和彦＝中西正＝笠井正俊＝沖野眞紀＝水元宏典　『倒産法概説〔第2版補訂版〕』（弘文堂・2015年）＝概説2版補訂
・谷口安平　『倒産処理法〔第2版〕』（筑摩書房・1986年）＝谷口
・霜島甲一　『倒産法体系』（勁草書房・1990年）＝霜島

＜民事再生法＞

・福永有利監修　『詳解民事再生法〔第2版〕』（民事法研究会・2009年）＝詳解2版

＜会社更生法＞

・斎藤秀夫＝松田二郎　『競売法（斎藤秀夫）・会社更生法（松田二郎）』（有斐閣・1960年）＝松田旧版
・松田二郎　『会社更生法〔新版〕』（有斐閣・1976年）＝松田新版
・伊藤　眞　『会社更生法』（有斐閣・2012年）＝伊藤会更

概説書

＜破産法＞

・徳田和幸　『プレップ破産法〔第6版〕』（弘文堂・2015年）
・小林秀之＝斎藤善人　『論点講義シリーズ3破産法』（弘文堂・2007年）
・青山善充＝伊藤眞＝井上治典＝福永有利　『破産法概説〔新版増補版〕』（有斐閣・2000年）＝青山ほか
・石川　明　『破産法』（日本評論社・1987年）＝石川
・林屋礼二＝上田徹一郎＝福永有利　『破産法』（青林書院・1993年）＝林屋ほか

＜倒産法＞

・中島弘雅＝佐藤鉄男 『現代倒産手続法』（有斐閣・2013 年）

・山本和彦 『倒産処理法入門〔第 3 版〕』（有斐閣・2008 年）＝山本入門 3 版

・山本和彦 『倒産処理法入門〔第 4 版〕』（有斐閣・2012 年）＝山本入門 4 版

・安藤一郎 『新しい倒産法入門』（三省堂・2005 年）

＜民事再生法＞

・松下淳一『民事再生法入門』（有斐閣・2009 年）＝松下入門

・松下淳一『民事再生法入門〔第 2 版〕』（有斐閣・2014 年）＝松下入門 2 版

・山本和彦＝長谷川宅司＝岡正晶＝小林信明編 『Q&A 民事再生法〔第 2 版〕』（有斐閣・2006 年）＝ Q&A 民再 2 版

・松嶋英機編著 『民事再生法入門〔改訂第 3 版〕』（商事法務・2009 年）＝民再入門 3 版

・小河原寧編著 『民事再生法・通常再生編』（商事法務・2009 年）＝小河原

・佐村浩之＝内田博久編 『民事再生』（青林書院・2014 年）＝民再

改正法解説書等

＜破産法＞

・小川秀樹 『一問一答新しい破産法』（商事法務・2004 年）＝小川

・東京弁護士会弁護士研修センター運営委員会編 『新破産法』（商事法務・2005）

・安木健＝四宮章夫＝小松陽一郎＝中井康之編著 『新版一問一答破産法大改正の実務』（経済法令研究会・2005 年）＝新版一問一答

・全国倒産処理弁護士ネットワーク編 『論点解説新破産法（上）（下）』（きんざい・2005 年）＝論点（上）（下）

・日本弁護士連合会倒産法制検討委員会編 『要点解説新破産法』（商事法務・2004 年）＝要点解説

・あさひ・狛法律事務所編 『平成 16 年 6 月 2 日公布新破産法のすべて』（中央経済社・2004 年）

・別冊 NBL 編集部編 『新破産法の実務 Q&A』〔別冊 NBL97 号〕（商事法務・2004 年）

・小川秀樹＝久保壽彦＝小松陽一郎＝高橋俊樹＝中井康之＝花村良一＝村田利喜弥＝桃重明＝吉本行行 『ケースでわかる新破産法』（きんざい・2004 年）

＜倒産法＞

・永石一郎＝腰塚和男＝須賀一也編 『解説改正倒産法』（青林書院・2005 年）

＜民事再生法＞

・深山卓也－花村良 －筒井健大－菅家忠行＝坂本三郎 『一問一答民事再生法』（商事法務・2000 年）＝一問一答民再

・始関正光 『一問一答個人再生手続』（商事法務研究会・2001 年）＝始関

・東京弁護士会編 『入門民事再生法』（ぎょうせい・2000 年）＝入門民再

・執筆者代表 才口千晴＝田原睦夫＝林道晴 『民事再生手続の運用モデル（補訂版）』（法曹会・2002 年）＝運用モデル

・高木新二郎＝山﨑潮 伊藤眞編集代表『民事再生法の実務』（きんざい・2000 年）＝再生法の実務

・高木新二郎＝伊藤眞編集代表『民事再生法の実務〔新版〕』（きんざい・2001 年）＝

再生法の実務新版
- 安木健＝四宮章夫＝林圭介＝小松陽一郎＝中井康之編著 『新版一問一答民事再生の実務』（経済法令研究会・2006 年）＝新版一問一答民再実務
- 安木健＝四宮章夫編著 『一問一答民事再生の実務』（経済法令研究会・2000 年）＝一問一答民再実務
- 加藤哲夫＝吉田修平 『ハンドブック個人再生手続』（有斐閣・2003 年）
- 日本弁護士連合会倒産法改正問題検討委員会編 『個人再生手続マニュアル』（商事法務研究会・2001 年）
- 東京弁護士会編 『入門個人再生手続』（ぎょうせい・2001 年）＝入門個人再生
- 須藤英章＝多比羅誠＝林道晴 『個人再生手続の運用モデル』（商事法務研究会・2001 年）
- 園尾隆司＝小林秀之＝山本和彦編 『解説個人再生手続』（弘文堂・2001 年）
- 安木健＝四宮章夫＝小松陽一郎編 『1 問 1 答個人債務者再生の実務』（経済法令研究会・2001 年）
- 木村達也＝宇都宮健児＝小松陽一郎編 『個人債務者再生手続実務解説 Q&A』（青林書院・2001 年）

＜会社更生法＞
- 深山雅也編著 『一問一答新会社更生法』（商事法務・2003 年）＝深山
- 深山卓也＝菅家忠行＝高山崇彦＝村松秀樹 『新しい会社更生法』（きんざい・2003 年）
- 伊藤眞＝西岡清一郎＝桃尾重明編 『新しい会社更生法』（有斐閣・2004 年）
- 東京弁護士会編 『入門新会社更生法』（ぎょうせい・2003 年）
- 小林信明＝三村藤明＝近藤泰明編 『Q&A 改正会社更生法のすべて』（中央経済社・2003 年）
- 四宮章夫＝中井康之編著 『1 問 1 答改正会社更生法の実務』（経済法令研究会・2003 年）
- 永石一郎＝腰塚和男＝須賀一也編 『解説改正会社更生法』（青林書院・2003 年）
- NBL 編集部編 『会社更生法の改正 —— 事業再生研究機構・シンポジウム〔別冊 NBL70 号〕』（商事法務・2002 年）

＜その他＞
- 特定調停法研究会編 『一問一答特定調停法』（商事法務・2000 年）
- 萩本 修編 『逐条解説新しい特別清算』（商事法務・2006 年）＝萩本
- 安木健＝四宮章夫＝小松陽一郎＝中井康之編著『一問一答改正特別清算の実務』（経済法令研究会・2006 年）
- 東京弁護士会編 『入門新特別清算手続』（ぎょうせい・2006 年）

注釈書
- 伊藤眞＝岡正晶＝田原睦夫＝林道晴＝松下淳一＝森宏司 『条解破産法』（弘文堂・2010 年）＝条解破産
- 伊藤眞＝岡正晶＝田原睦夫＝林道晴＝松下淳一＝森宏司 『条解破産法〔第 2 版〕』

（弘文堂・2014 年）＝条解破産 2 版
- 竹下守夫編集代表　『大コンメンタール破産法』（青林書院・2007 年）＝大コンメン
- 田原睦夫＝山本和彦監修　『注釈破産法（上）（下）』（きんざい・2015 年）＝注釈（上）（下）
- 中野貞一郎＝道下徹編　『基本法コンメンタール・破産法〔第 2 版〕』（日本評論社・1997 年）＝基本コンメン
- 山本克己＝小久保孝雄＝中井康之編　『新基本法コンメンタール・破産法』（日本評論社・2014 年）＝新基本コンメン
- 斎藤秀夫＝麻上正信＝林屋礼二編　『注解破産法〔第 3 版〕（上）（下）』（青林書院・1998 年・1999 年）＝注解 3 版（上）（下）
- 斎藤秀夫＝麻上正信＝林屋礼二編　『注解破産法〔改訂第 2 版〕』（青林書院・1994 年）＝注解 2 版
- 園尾隆司＝小林秀之編　『条解民事再生法〔第 3 版〕』（弘文堂・2013 年）＝条解民再 3 版
- 園尾隆司＝小林秀之編　『条解民事再生法〔第 2 版〕』（弘文堂・2007 年）＝条解民再 2 版
- 園尾隆司＝小林秀之編　『条解民事再生法』（弘文堂・2003 年）＝条解民再初版
- 才口千晴＝伊藤眞監修　『新注釈民事再生法(上)(下)〔第 2 版〕』（きんざい・2010 年）＝新注釈民再 2 版（上）（下）
- 伊藤眞＝田原睦夫監修　『新注釈民事再生法(上)(下)』（きんざい・2006 年）＝新注釈民再（上）（下）
- 伊藤眞＝才口千晴＝瀬戸英雄＝田原睦夫＝桃尾重明＝山本克己編著　『注釈民事再生法〔新版〕（上）（下）』（きんざい・2002 年）＝注釈民再新版（上）（下）
- 伊藤眞＝才口千晴＝瀬戸英雄＝田原睦夫＝桃尾重明＝山本克己編著　『注釈民事再生法（上）（下）』（きんざい・2000 年）＝注釈民再（上）（下）
- 花村良一　『民事再生法要説』（商事法務・2000 年）＝花村
- 兼子一監修　『条解会社更生法（上）（中）（下）』（弘文堂・1973 年〜1974 年）＝条解会更（上）（中）（下）
- 宮脇幸彦＝井関浩＝山口和男編　『注解会社更生法』（青林書院・1986 年）＝注解会更
- 最高裁事務総局『条解破産規則』（法曹会・2005 年）＝条解破産規
- 最高裁事務総局『条解民事再生規則〔新版〕』（法曹会・2005 年）＝条解民再規

演習書

- 加藤哲夫＝中島弘雅編　『ロースクール演習倒産法』（法学書院・2012 年）
- 山本和彦＝岡正晶＝小林信明＝中西正＝笠井正俊＝沖野眞巳＝水元宏典　『倒産法演習ノート：倒産法を楽しむ 22 問〔第 2 版〕』（弘文堂・2012 年）＝演習ノート 2 版
- 山本和彦＝岡正晶＝小林信明＝中西正＝笠井正俊＝沖野眞巳＝水元宏典　『倒産法演習ノート：倒産法を楽しむ 21 問』（弘文堂・2009 年）＝演習ノート
- 桜井孝一編　『演習ノート破産法〔第 5 版〕』（法学書院・2010 年）

【倒産法文献案内】

・斉藤秀夫＝伊東乾編　『演習破産法』（青林書院新社・1973 年）＝演習破産
・谷口安平　『演習破産法』（有斐閣・1984 年）＝谷口演習

判例解説

・瀬戸英雄＝山本和彦編　『倒産判例インデックス』（商事法務、2009 年）
・伊藤眞＝松下淳一編　『倒産判例百選〔第 5 版〕〔別冊ジュリスト 216〕』（有斐閣・2013 年）＝百選 5 版
・青山善充＝伊藤眞＝松下淳一編　『倒産判例百選〔第 4 版〕〔別冊ジュリスト 184〕』（有斐閣・2006 年）＝百選 4 版
・青山善充＝伊藤眞＝松下淳一編　『倒産判例百選〔第三版〕〔別冊ジュリスト 163〕』（有斐閣・2002 年）＝百選 3 版
・新堂幸司＝霜島甲一＝青山善充編　『新倒産判例百選〔別冊ジュリスト 106〕』（有斐閣・1990 年）＝新百選
・新堂幸司＝霜島甲一＝青山善充編　『倒産判例百選〔別冊ジュリスト 52〕』（有斐閣・1976 年）＝百選
・竹内康二＝加藤哲夫編　『倒産判例ガイド』（有斐閣・1996 年）

その他

・園尾隆司＝山本和彦＝中島肇＝池田靖編　『最新実務解説一問一答民事再生法』（青林書院・2011 年）＝最新実務
・三宅省三＝池田靖編　『実務解説一問一答民事再生法』（青林書院・2000 年）＝実務解説
・東京地裁破産再生実務研究会編　『破産・民事再生の実務〔第 3 版〕破産編』（きんざい・2014 年）＝破産民再実務 3 版破産
・東京地裁破産再生実務研究会編　『破産・民事再生の実務〔第 3 版〕民事再生・個人再生編』（きんざい・2013 年）＝破産民再実務 3 版民再
・西謙二＝中山孝雄編　『破産・民事再生の実務〔新版〕（上）（中）（下）』（きんざい・2008 年）＝破産民再実務〔新版〕（上）（中）（下）
・園尾隆司＝深沢茂之編　『破産・民事再生の実務（上）（下）』（きんざい・2001 年）＝破産民再実務（上）（下）
・東京地裁破産・和議実務研究会編　『破産・和議の実務（上）（下）』（きんざい・1998 年）＝破産和議実務（上）（下）
・東京地裁破産再生実務研究会編『破産管財の手引〔第 2 版〕』（きんざい・2015）＝手引
・森純子＝中山誠一＝池田聡介＝柴田憲史＝別所卓郎＝山本陽一＝坂本隆一＝長橋正憲編　『はい 6 民ですお答えします　倒産実務 Q&A』（大阪弁護士協同組合・2015 年）＝はい 6 民です
・野村剛司＝石川貴康＝新宅正人　『破産管財実践マニュアル〔第 2 版〕』（青林書院・2013 年）＝実践マニュアル
・司法研修所編　『破産事件の処理に関する実務上の諸問題』（法曹会・1985 年）＝実

xl

務上の諸問題

- 藤原総一郎監修 『倒産法全書（上）（下）〔第2版〕』（商事法務・2014年）＝全書2版（上）（下）
- 藤原総一郎監修 『倒産法全書（上）（下）』（商事法務・2008年）＝全書（上）（下）
- 倒産実務交流会編 『争点倒産実務の諸問題』（青林書院・2012年）＝争点倒産実務
- 岡正晶＝林道晴＝松下淳一監修 『倒産法の最新論点ソリューション』（弘文堂・2013年）＝ソリューション
- 倒産法改正研究会編 『提言・倒産法改正』（きんざい・2012年）＝提言
- 倒産法改正研究会編 『続・提言・倒産法改正』（きんざい・2013年）＝続提言
- 園尾隆司＝多比羅誠編 『倒産法の判例・実務・改正提言』（弘文堂・2014年）＝判例・実務・提言
- 島岡大雄＝住友隆行＝岡伸浩＝小畑英一編 『倒産と訴訟』（商事法務・2013年）＝倒産と訴訟
- 岡伸浩＝島岡大雄＝進士肇＝三森仁編 『破産管財人の財産換価』（商事法務・2015年）＝財産換価
- 大阪地方裁判所・大阪弁護士会破産管財運用検討プロジェクトチーム編 『破産管財手続の運用と書式〔新版〕』（新日本法規出版・2009年）＝運用と書式
- 山本克己＝山本和彦＝瀬戸英雄編 『新破産法の理論と実務』（判例タイムズ社・2008年）＝理論と実務
- 伊藤眞＝松下淳一＝山本和彦編 『新破産法の基本構造と実務』（ジュリスト増刊・2007年）＝基本構造と実務
- 櫻井孝一＝加藤哲夫＝西口元編 『倒産処理法制の理論と実務〔別冊金融商事判例〕』（経済法令研究会・2006年）＝倒産処理法制
- 清水直編著 『企業再建の真髄』（商事法務・2005年）＝真髄
- 全国倒産処理弁護士ネットワーク編 『論点解説新破産法（上）（下）』（きんざい・2005年）＝論点解説（上）（下）
- 日本弁護士連合会倒産法制検討委員会編 『要点解説新破産法』（商事法務・2004年）＝要点解説
- 全国倒産処理弁護士ネットワーク編 『破産実務Q&A200問』（きんざい・2012年）＝実務Q&A
- 全国倒産処理弁護士ネットワーク編 『通常再生の実務Q&A120問』（きんざい・2010年）＝再生実務Q&A
- 石原辰次郎 『破産法和議法実務総攬〔全訂再版〕』（酒井書店・1982年）＝石原
- 高木新二郎＝伊藤眞編 『講座 倒産の法システム2巻〜4巻』（日本評論社・2006年〜2010年）＝講座2巻〜4巻
- 永石一郎編集代表 『倒産処理実務ハンドブック』（中央経済社・2007年）＝ハンドブック
- 小林秀之 『新・破産から民法がみえる』（日本評論社・2006年）
- 加々美博久編『契約類型別取引先破綻における契約の諸問題』（新日本法規・2006

年）＝諸問題

- 全国倒産処理弁護士ネットワーク編 『倒産手続と担保権』（きんざい・2006年）＝倒産と担保
- 東京弁護士解答産法部編 『倒産法改正展望』（商事法務・2012年）＝改正展望
- 須藤英章編著 『民事再生の実務』（新日本法規・2005年）＝民再実務
- 事業再生研究機構編 『民事再生の実務と理論』（商事法務・2010年）＝民再実務と理論
- 鹿子木康編 『民事再生の手引』（商事法務・2012年）＝民再手引
- 才口千晴＝田原睦夫＝園尾隆司＝小澤一郎＝加藤哲夫＝松下淳一 『民事再生法の理論と実務〔上〕〔下〕』（ぎょうせい・2000年）＝民再理論と実務〔上〕〔下〕
- 木村達也＝宇都宮健児＝小松陽一郎 『個人債務者再生手続実務解説 Q&A』（青林書院・2001年）＝個人再生実務解説
- 伊藤眞＝松下淳一＝山本和彦編 『新会社更生法の基本構造と平成16年改正（ジュリスト増刊）』（有斐閣・2005年）
- 山本克己＝山本和彦＝瀬戸英雄編 『新会社更生法の理論と実務〔判例タイムズ1132号〕』（判例タイムズ社・2003年）＝新会更理論と実務
- 藤原総一郎編著 『企業再生の法務』（きんざい・2003年）
- 伊藤眞編 『民事再生法逐条研究 —— 解釈と運用〔ジュリスト増刊〕』（有斐閣・2002年）＝逐条研究
- 須藤英章監修 『民事再生 QA500＋300（第3版）』（信山社・2012年）＝QA500第3版
- 新堂幸司＝山本和彦編 『民事手続法と商事法務』（商事法務・2006年）＝商事法務
- 伊藤眞編 『民事再生法 —— 理論と実務〔金融・商事判例・増刊号1086号〕』（経済法令研究会・2000年）
- 西岡清一郎＝鹿子木康＝桝谷雄一編 『会社更生の実務（上）（下）』（きんざい・2005年）＝会更実務（上）（下）
- 東京地裁会社更生実務研究会編 『最新実務会社更生』（きんざい・2011年）＝最新実務会更
- 河野正憲＝中島弘雅編 『倒産法大系』（弘文堂・2001年）＝大系
- 福永有利＝佐藤鉄男＝阿多博文＝増市徹＝佐藤英明＝森宏司＝松下淳一＝田原睦夫＝松岡久和＝山本克己＝中西正＝山本弘＝中井泰之 『倒産実体法〔別冊NBL69号〕』（商事法務・2002年）＝倒産実体法
- 野村豊弘＝中田裕康＝山本克己＝弥永真生＝森田修＝松岡和久＝沖野眞已＝山野目章夫＝金山直樹＝北居功＝野澤正充＝早川眞一郎＝道垣内弘人＝柏木昇＝水元宏典 『倒産手続と民事実体法〔別冊NBL60号〕』（商事法務・2000年）
- 宮川知法 『債務者更生法構想・総論』（信山社・1997年）＝宮川・構想
- 宮川知法 『消費者更生の法理論』（信山社・1997年）＝宮川・法理論
- 青山善充＝金築誠志＝山内八郎編 『会社更生・会社整理・特別清算の実務と理論〔判例タイムズ866号〕』（判例タイムズ社・1995年）

- 石川明＝田中康久＝山内八郎編　『破産・和議の実務と理論〔判例タイムズ 830号〕』（判例タイムズ社・1994 年）＝実務と理論
- 鈴木忠一＝三ケ月章編　『新・実務民事訴訟講座 (13)』（日本評論社・1981 年）＝新実務民訴 (13)
- 麻上正信　監修　『新版破産法〔金融・商事判例別冊 No.2〕』（経済法令研究会・1990 年）＝金商別冊 2 号
- 麻上正信　監修　『破産法〔金融・商事判例別冊 No.1〕』（経済法令研究会・1980 年）＝金商別冊 1 号
- 竹下守夫＝藤田耕三編　『破産法大系Ⅰ～Ⅲ』（青林書院・2014～2015 年）＝大系Ⅰ、大系Ⅱ、大系Ⅲ
- 道下徹＝高橋欣一編　『裁判実務大系 (6) 破産訴訟法』（青林書院・1985 年）＝実務大系 (6)
- 塩崎勤＝安藤一郎編　『新・裁判実務大系 (2) 建築関係訴訟法〔改訂版〕』（青林書院・2009 年）＝新実務大系 (2)
- 塩崎勤＝中野哲裕編　『新・裁判実務大系 (6) 借地借家訴訟法』（青林書院・2000 年）＝新実務大系系 (6)
- 園尾隆司＝中島肇編　『新・裁判実務大系 (10) 破産法』（青林書院・2000 年）＝新実務大系 (10)
- 門口正人＝西岡清一郎＝大竹たかし編　『新・裁判実務大系 (21) 会社更生法民事再生法』（青林書院・2004 年）＝新実務大系 (21)
- 園尾隆司＝西謙二＝中島肇＝中山孝雄＝多比羅誠編　『新・裁判実務大系 (28) 新版破産法』（青林書院・2007 年）＝新実務大系 (28)
- 宮脇幸彦＝竹下守夫編　『新版　破産・和議法の基礎』（青林書院・1982 年）＝基礎
- 高木新二郎　『破産・和議の基礎知識』（青林書院・1996 年）
- 吉野正三郎　『破産法 30 講』（成文堂・1991 年）
- 高木新二郎　『会社整理〔三訂版〕』（商事法務研究会・1997 年）
- 田中誠二監修　『新版和議・会社整理・特別清算〔金融・商事判例 885 号〕』（経済法令研究会・1992 年）
- 山本和彦　『国際倒産法制』（商事法務・2002 年）＝倒産法制
- 山本克己＝山本和彦＝坂井秀行編　『国際倒産法制の新展開 —— 理論と実務（金融・商事判例 1112 号』（経済法令研究会・2001 年）＝新展開
- 深山卓也　『新しい国際倒産法制』（金融財政事情研究会・2001 年）
- 高木新二郎　『アメリカ連邦倒産法』（商事法務・1996 年）
- 竹内康二　『国際倒産法の構築と展望』（成文堂・1994 年）
- 竹下守夫編　『国際倒産法 —— 企業の国際化と主要国の倒産法』（商事法務・1991 年）
- 貝瀬幸雄　『国際倒産法序説』（東京大学出版会・1989 年）＝貝瀬

略 語 一 覧

〈法　令〉

一般法人　一般社団法人及び一般財団
　　　　　法人に関する法律

外国倒産　外国倒産処理手続の承認援
　　　　　助に関する法律

会更　会社更生法

仮登　仮登記担保契約に関する法律

企業担保　企業担保法

憲　憲法

国税徴収　国税徴収法

借地借家　借家借家法

商　商法

信託　信託法

手　手形法

動産債権譲渡特　動産及び債権の譲渡
　　　　　　　　の対抗要件に関する
　　　　　　　　民法の特例等に関す
　　　　　　　　る法律

特許　特許法

破　破産法

保険　保険法

民再　民事再生法

民執　民事執行法

民訴　民事訴訟法

民保　民事保全法

民　民法

労基　労働基準法

労組　労働組合法

労契　労働契約法

〈判　決〉

大判 (決)　大審院判決 (決定)

最判 (決)　最高裁判所判決 (決定)

高判 (決)　高等裁判所判決 (決定)

地判 (決)　地方裁判所判決 (決定)

〈判例集〉

民録　大審院民事判決録

民集　大審院、最高裁判所民事判例集

裁判集民　最高裁判所裁判集 (民事)

高民　高等裁判所民事判例集

下民　下級裁判所民事裁判例集

家月　家庭裁判月報

判時　判例時報

判タ　判例タイムズ

金商 (金判)　金融・商事判例

金法　金融法務事情

東高民時報　東京高等裁判所民事判決時報

労民　労働関係民事裁判例集

xliv

倒　産　法

第1講　倒産法序説
── 倒産の意義とわが国の倒産法制度

ケース

（1）　医療法人A病院は、バブル時代に投資した最新医療機器の代金の弁済期が次々に到来し、支払いに困難をきたし始めている。この病院は、その地域では数少ない総合病院としての機能を担っており、診療科の多様さと、手厚い看護で評判になっており、患者数はそれなりに確保できている。しかし、その反面、過剰な人数の医師・職員を抱えており、それが経営悪化の重要な原因の一つをなしている。

資産としては、主として、病院の敷地（時価5億円）とその地上に建っている病院建物（時価2億円）があるほかは、時価1億円相当の有価証券がある。負債としては、A病院には、メインバンクであるB銀行が5億円の融資をしているほか、C銀行が3億円、D銀行が2億円の貸金債権を有しており、右土地・建物には、それらを被担保債権とする1番から3番までの抵当権が設定されている。また、A病院に対しては、製薬会社10社が合計1億円の医薬品の売掛代金債権を有している。さらに、従業員の給料や退職金の遅配があり、それらの金額は1億円に上っている。ただ、それ以外には、いわゆるヤミ金のような高利をとる悪質な債権者はいない。

A医療法人の理事長である甲は、地元の強い要望もあるし、できることなら、銀行の支援を受けながら、病院を廃業することなく経営を立て直したいと考えている。

（2）　Cは、40歳の教育教材の開発・販売を業とする会社に勤務するサラリーマンである。彼の仕事は教材のセールスであるが、固定給は毎月10万円であり、後は歩合制である。そのため、いいときは月に100万円以上収入があることもあるが、悪いときは、20万円に満たないこともあり、収入は極めて不安定であった。彼には36歳になる病気がちの妻と9歳と5歳の2人の子供がある。Cは、5年前に現在住んでいるマンションを購入したが、その際、D銀行で3000万円の住宅ローンを組み、毎月15万円、夏冬の年2回のボーナス月にはそれに50万円を上積みして返済している（年間返済額280万円）。当該マンションには、D銀行のため

に1番抵当権が設定されている。ところが、ここのところの不況で、営業実績が上がらず、収入は毎月30万円を超えることはほとんどなくなってしまった。そのような折、大口取引先であるE学習塾が倒産したため、営業成績を上げるために立て替えていた教材代金400万円が焦げ付いてしまい、生活は一挙に苦しくなった。しかし病身の妻はパートに出て収入を得ることもままならず、Cは、会社が引けた後、ビルの警備のアルバイトをして生活費と妻の医療費、住宅ローンの返済金等を捻出していた。そのような無理がたたり、Cは過労からくる病気で長期入院を余儀なくされ、医療費と入院中の生活費をまかなうために、しばしば消費者金融から借金をし、現在では、5社に対し、合計600万円の負債を負っている。Cは現在は仕事に復帰しているが、以前のような歩合給を得ることはできなくなり、収入は、毎月27万円から30万円ほどである。その他Cには貯金はほとんどなく、財産といえば、ローンが後25年残っているマンションと、購入後5年を経過した自動車が1台あるくらいである。

◆**問1**　わが国の倒産法制度にはどのようなものがあり、それらはどのような特徴をもっているか。

◆**問2**　(1)の医療法人A病院の倒産処理に用いることができる倒産処理手続にはどのようなものがあるか、また、それらのうち、いかなる手続によって処理するのが妥当であるか。また、その際に考慮すべき事情としてはどのようなものがあるか。

◆**問3**　(2)のCのような倒産状態を処理するのに用いることができる倒産処理手続にはどのようなものがあるか、また、それらのうち、いかなる手続によって処理するのが妥当であるか。また、その際に考慮すべき事情としてはどのようなものがあるか。

第1章　わが国の倒産法制度 —— 倒産法総論

1　倒産の意義と倒産処理制度の必要性

（1）　序　説

　自由競争を前提とする資本主義社会の下では、企業や消費者（個人）は、それぞれの責任において自らの判断によって経済活動を行うことが前提となる。その結果、何らかの事情（このような事情には、不景気や原油価格の値上がり、突発的な病気による入院といった、必ずしも、企業経営者や個人の責任に帰すことができない事情や、放漫

経営や浪費といった、倒産した企業の経営者や個人の責任に帰せられるべき事情もある）
で、従来の経済活動を継続することが不可能な状態に陥ることはある意味で必然
的に生じる。このような、企業ないし個人が、もはや経済活動を継続することが
できない状態を広く倒産という。よって、われわれが暮らす資本主義社会の下で
は、倒産という現象はある意味では不可避なものであることを銘記しておく必要
がある。

　ところで、2008 年に、アメリカ合衆国に本拠を置く、大手投資銀行兼証券会社
であるリーマンブラザーズ社が倒産し、その影響は全世界にわたって広がり、世
界中に経済・金融危機をもたらし、その後遺症は長期間にわたって存続した。そ
して、2010 年 1 月に、日本航空が会社更生手続開始の申立てをしたことはまだ記
憶に新しいところである[1]。また、民間の倒産件数の統計をみると[2]、企業倒産件
数は近年漸減傾向にあり、2015 年度（2015 年 4 月 1 日〜2016 年 3 月 31 日）の倒産件
数は 8408 件であり、7 年連続の前年度比減となっている。ただ負債総額は 1 兆
9063 億 8600 万円であり、前年度比で微増している。いずれにしても、個人・企業

<table>
<tr><td colspan="3">企業倒産件数の推移</td></tr>
<tr><th>年度</th><th>件数</th><th>前年度比
（％）</th></tr>
<tr><td>2005</td><td>8,759</td><td>3.7</td></tr>
<tr><td>2006</td><td>9,572</td><td>9.3</td></tr>
<tr><td>2007</td><td>11,333</td><td>18.4</td></tr>
<tr><td>2008</td><td>13,234</td><td>16.8</td></tr>
<tr><td>2009</td><td>12,866</td><td>− 2.8</td></tr>
<tr><td>2010</td><td>11,496</td><td>− 10.6</td></tr>
<tr><td>2011</td><td>11,435</td><td>− 0.5</td></tr>
<tr><td>2012</td><td>10,710</td><td>− 6.3</td></tr>
<tr><td>2013</td><td>10,102</td><td>− 5.7</td></tr>
<tr><td>2014</td><td>9,044</td><td>− 10.5</td></tr>
<tr><td>2015</td><td>8,408</td><td>− 7.0</td></tr>
</table>

<table>
<tr><td colspan="3">負債総額の推移</td></tr>
<tr><th>年度</th><th>負債総額
（100 万円）</th><th>前年度比
（％）</th></tr>
<tr><td>2005</td><td>5,749,441</td><td>− 10.4</td></tr>
<tr><td>2006</td><td>5,256,515</td><td>− 8.6</td></tr>
<tr><td>2007</td><td>5,532,286</td><td>5.2</td></tr>
<tr><td>2008</td><td>13,670,927</td><td>147.1</td></tr>
<tr><td>2009</td><td>7,021,461</td><td>− 48.6</td></tr>
<tr><td>2010</td><td>4,557,376</td><td>− 35.1</td></tr>
<tr><td>2011</td><td>3,916,518</td><td>− 14.1</td></tr>
<tr><td>2012</td><td>2,929,117</td><td>− 25.2</td></tr>
<tr><td>2013</td><td>2,747,393</td><td>− 6.2</td></tr>
<tr><td>2014</td><td>1,887,031</td><td>− 31.3</td></tr>
<tr><td>2015</td><td>1,906,386</td><td>1.0</td></tr>
</table>

を含めて年間 8 万件を超える倒産件数を記録しているのであり（【資料 1】【資料
2】）、これらの統計には表われていない私的な倒産処理をも含めて考えれば、その

---

[1]　日本航空については、その後、異例のスピードで倒産処理が進み、会社更生手続開始
　　申立からわずか 1 年 2 ヶ月後の 2011 年 3 月 28 日に更生手続終結決定が出された。

[2]　株式会社帝国データバンクの「全国企業倒産集計 2015 年度報（http://www.tdb.co.
　　jp/report/tosan/syukei/15nendo.html）」による。なお、ここでいう企業倒産件数とは、
　　倒産 4 法（会社更生法、民事再生法、破産法、特別清算）による法的整理を申請した負
　　債額 1000 万円以上の法人、および個人経営を対象とし、かつ、任意整理（銀行取引停止、
　　内整理など）は集計対象に含まない。

数は依然高水準にあるといえよう。その意味で、倒産とは、我々とは無関係の別世界のことではなく、身近な社会現象であるといえよう。このような倒産現象を処理する法制度を広く倒産（処理）法制度というが、今日ほど、倒産ないし倒産法制度というものが、われわれに身近なものとして感じられる時代はなかったといっても過言ではない。よって、そのような社会に生きるわれわれとしては、倒産とはどのようなものなのか、また、それを処理する倒産法制度とは何か、ということについて知る必要性があろう。

（2）　倒産という言葉の意味 ── 倒産と破産

　「倒産」という言葉は日常用語であり、厳密な定義があるわけではない[3]が、一応、債務者（企業または個人）が経済的に破綻して、弁済期にある債務の支払いが著しく困難になり、経済活動をそのまま続けることが不可能になった状態をいうものと理解しておく。したがって、倒産とは、広く経済的破綻を処理する手続（破産・特別清算・民事再生・会社更生といった各種法的手続のほか、任意整理手続をも含む）の対象となりうる、債務者の経済的破綻状態を意味することになる。

　これに対して「破産」という言葉には2つの意味がある。すなわち、1つは、「法律的な意味での」破産ないし、「法的手続としての」破産という意味で用いる場合であり、これは、破産法典（平成16年6月2日法律第75号）に規定されている裁判上の手続を意味するものである。すなわち、破産法に規定された破産手続開始原因となる事実（破15条～17条参照）が存在し、かつ、裁判所によって、破産手続開始決定（破30条）がなされたものをいう。また、もう1つは、「日常用語としての」破産という意味で用いられる場合であり、これは、一般的には、経済的に破綻した債務者の財産状態を意味するものであり、上記の「倒産」の概念とほぼ

---

(3)　なお、中小企業倒産防止共済法2条2項は倒産について、次のように規定している。すなわち、「この法律において「共済契約」とは、中小企業者が独立行政法人中小企業基盤整備機構（以下「機構」という。）に掛金を納付することを約し、機構がその中小企業者の取引の相手方たる事業者につき次の各号のいずれかに該当する事態（以下「倒産」という。）が生ずることに関し、この法律の定めるところにより共済金を貸し付けることを約する契約をいう。
　　一　破産手続開始、再生手続開始、更生手続開始又は特別清算開始の申立てがされること。
　　二　手形交換所において、その手形交換所で手形交換を行つている金融機関が金融取引を停止する原因となる事実についての公表がこれらの金融機関に対してされること。」と。
　　しかし、これは共済契約の定義規定であり、その中で、共済金の貸付の要件として「倒産」を定義しているに過ぎず、倒産法上の概念として「倒産」という用語を法律的に正面から定義するものではない。

4　　　第1章　わが国の倒産法制度 ── 倒産法総論

同義と考えてよいであろう。本書で「破産」という用語を用いる場合は、特別な言及がない限り、原則として前者の意味で用いる。

（3）　倒産処理手続の必要性と、倒産処理の指導理念

1）倒産事件数の推移　　倒産のうち破産手続の新受件数を見ると（【資料1】）、昭和57年までは多くて年間5000件台であり、1万件を超えることはなかった。ところが、いわゆるサラ金債務者の救済の手法として、破産・免責が注目されたことから、昭和58年に突如前年の3倍以上の1万8000件弱という申立件数を記録した。その後は、平成2年まではおおむね年間1万件を保っていたが、平成3年に2万件を超え、平成4年には4万件台に突入しそれが平成7年まで続いた。その後、平成8年には6万件台、平成9年には7万件台と激増した。その後も、破産手続の新受件数は上昇し、平成15年に251800件という最多件数を記録した。その後は、減少傾向にあるものの、依然として高水準にある。それに、特別清算や民事再生手続、会社更生手続等の法的処理手続、さらには任意整理手続などを加えると、倒産件数はかなりの数にのぼると思われる。

2）倒産処理手続の必要性　　とくに倒産事件が発生すると、経済的・社会的な関係において多くの混乱や無秩序状態が生じる。すなわち、取引先が倒産した場合、多数の債権者が競合する結果、自己の債権の十分な回収は見込めないのがむしろ普通である。したがって、一部の債権者が、他の債権者のことはさておき、抜け駆け的に事実上の強制手段を行使して自己の債権回収を図るということはまま見られることである。また、倒産を覚悟した債務者が、倒産手続終了後の援助を期待して、援助を約束した一部の債権者のみに完全な弁済を行い、その後に法的倒産処理手続の開始を申し立て、他の多くの債権者の利益を害するということもあり得ないことではない。さらに、倒産処理手続が開始することによって、債務者の財産は基本的には債権者の満足に宛てられることになるから、将来の経済的な再起のための財産を確保したり、単に自己の生活のための財産を確保したりというように目的はさまざまであるにしても、債務者自身が自己の財産を隠匿するといった行為に出ることもある。また、取引先が倒産することによって、それが主要取引先であったような場合、連鎖倒産に巻き込まれるという事態も生じないわけではない。そして、倒産事件が多発することにより、経済取引の逼塞・停滞が生じることにより、社会全体にも動揺が広がる可能性も生じてくる。

このような事態を可能な限り回避し、倒産処理を秩序あらしめるためには、これらの事態に適切に対処できる確固とした倒産処理制度が是非とも必要になる。しかも、上記のような事態に適切に対応できる倒産法制には、以下のような装置が組み込まれることが必要となるであろう。

第1講　倒産法序説　　　5

① **債権者の個別的権利行使の制限をする装置**　個別的権利行使としては、商品の引上げ等の自力救済のほか、強制執行のような適法な権利行使もある。しかし、いずれにせよ、絶対的に不足する財産をめぐって多数の債権者の利害が鋭く対立する倒産という場面においては、このような個別的権利行使を認めてしまうと、総債権者の満足を最大化し、その権利を公平に実現することは不可能となる。その点、現在の倒産4法と呼ばれるものには、全てこのような装置が組み込まれている（破42条以下、民再39条以下、会更50条以下、会社515条以下等）。

② **債務者の詐害的ないし不公平な行為を防止する装置**　倒産処理の理想は、債務者の財産が債権の満足のためには絶対的に不足するという状況において、総債権者の満足を最大化し、その権利を公平に実現することにある。そのような目的を実現するためには、債務者財産の極端な廉価販売や財産隠匿といった詐害的行為によって逸失した財産を取り戻して、債権者の引当となる債務者財産をできる限り増加させるほか、偏頗弁済等の不公平な行為の結果を否定して債権者間の平等を実現できるような装置が備わっていなければならない。

③ **手続の適法性・透明性を確保するための装置**　倒産処理手続が、絶対的に不足する債務者の財産をめぐって鋭く対立する利害関係人の利害を適切に調整しながら、債権者にできるだけ多くの満足を与えるという目的を有するものである限り、その手続が適正かつ公正なものでなければ、利害関係人の納得を得ることは到底できないし、手続を円滑に進めることもできない。その点、弁護士等の公的資格を持つ者や、誠実な債権者の一人または数人が利害関係人に公平な満足を与える目的で倒産事件を処理する場合には、比較的問題が少ないであろう。しかし、いわゆる整理屋ないし事件屋等が倒産事件に介入することにより、これらの者や一部の債権者が不正な利益を得るようなことがあれば、秩序だった適正・公正な手続による倒産処理はとうてい望めない。したがって、倒産法制度には、これら不正な勢力が介入することを防止する装置が組み込まれる必要がある。

④ **倒産事件の性質にあった処理を可能にする装置**　倒産事件には、財産は乏しいものの、債務者ないしその従業員は再建の意欲に燃えており、債権の一部免除や支払猶予等の債権者の協力があれば債務者の事業の継続・再建が見込めるような場合もあれば、財産の毀損が著しく、債務の額が膨大であって、事業の将来性もなく、その継続の期待もほとんどないような場合など、までさまざまな態様がある。したがって、倒産処理法制としては、そういった事件に柔軟に対応できる装置が必要となる。たとえば、前者に対しては再建型倒産処理手続が向くであろうし、後者に対しては清算型倒産処理手続がふさわしい。さらに、倒産処理法制としては、事情によっては、いったん清算型手続で始まった手続を再建型手続

へと移行し、またそれとは逆に、いったん再建型手続で始まった手続を清算型手続に切り替えられるといった柔軟性を備えたものであることが望ましい。

そして、現在の倒産法制は、それらの装置をいろいろな形で備えたものとなっているといえよう（たとえば、民再26条・39条1項・184条・249条1項・250条2項、会更24条・50条・208条・251条1項3項・252条1項2項等）。

　3）**倒産処理の指導理念**　　倒産処理法制にはさまざまなものがあるが、それらが社会にとって有用なものであるためには、以下のような原則によって構築されるべきであろう。

　① **法的人格維持の原則**　　自然人・法人を問わず、法的人格を有する者は大小の差があってもすべて社会的存在である。社会的に活動しているものである以上、債務者は、たとえ債務が過多となってもできる限り再生・再建したいと望むのは当然であり、また、そうすることは、社会に対して悪影響が及ぶことを可及的に防止することにもなる。したがって、倒産処理法制は、いきなり解体清算する方向を取るべきではなく、法人であれば、その社会的に有意義な部分は再生させ、従来の活動を維持する方向で考え、自然人であれば、その経済生活の再生をまず図るべきである。

　② **再建更生型手続の優先 ── 破産予防 ── の原則**　　法的人格維持の原則は、再建更生型手続の優先という原則を導く。すなわち、倒産処理としては、まず再建更生型手続を目指すべきであり、破産手続開始といういわば経済的な死刑の宣告に等しい手続は、最後の手段であると考えるべきである。つまり、破産手続は、破産者の差押え可能な全財産を換価清算して債権者に配当し、債務者企業を解体する手続であり、債務者はもちろん、債権者にとっても、配当を得なかった債権はすべて失う手続であるから、利害関係人が被るダメージはきわめて深刻である。したがって破産手続は、最後の砦的な、また最後の受け皿的な手続と考えられるべきである。したがって、現行倒産法制上も、民事再生や会社更生といった再建型手続が破産手続に優先するものとされている（民再26条1項1号・39条1項・184条、会更24条1項1号・50条1項・208条）。

　③ **倒産債務者の財産の有効利用の原則**　　ただ、以上①②のような原則がとられるべきであるとはいっても、再建の見込みがないのにいつまでも再建型手続を続行させ、債務者財産を徒に毀損するようなことがあってはならない。すなわち、倒産という場面においては、債務（消極財産）が資産（積極財産）を上回る債務超過の状態になっていることが通常であるが、その資産を使って継続される事業が収益力を保ち、経済的に存在価値のあるものとして存続しうるものであれば、再建型倒産処理手続によってその再建が図られるべきであるが、そうでないときは、

むしろ、資産価値のあるうちに、迅速に財産を換価・清算し、少しでも多くの配当を債権者に与えることが考えられるべきである。それが、倒産債務者の財産の有効利用ということである。したがって、再建型倒産処理手続を遂行するには、清算型手続において債権者が得られる満足より多くのものが期待できる場合でなければならないという、いわゆる清算価値維持原則（清算価値保障原則ともいう）が考慮されるべきである。したがって、わが国の再建型倒産処理手続においても、この原則が採用されている（民再25条2号・174条2項4号、会更41条2号[4]）。

④　**財産の維持充実・散逸防止・取戻しの原則**　　債務者が倒産という事態に陥ると、債権者が、我れ先に債務者の財産に対して自力救済的に権利行使をして自己の債権の回収を図ることに専念したり、また、債務者が倒産前後において、将来の経済的再起の際に協力してくれそうな特定の債権者のみにその財産を取得させ、あるいは弁済する等の債権者平等の原則に反する不公平な行為をなすようなこともまれではない。よって倒産法制は、倒産者の財産を維持し、債権者間の衡平を維持するために、裁判所の保全命令を得て、財産の散逸を防止し、万一、散逸した財産があるときは、これを取り戻し、倒産者の財産を充実させ、さらに、不公平な行為がなされた場合には、その効力を否定して、当該行為によって債務者財産から逸失したものを取り戻すことができるものでなければならない。財産の維持充実・散逸防止・取戻しの原則とは、このような内容を指すものである。このような原則も、現行倒産法制度上、様々な形で取り入れられている（破24条〜28条・160条〜176条、民再26条〜31条・127条〜141条、会更24条〜27条・86条〜98条等）。

⑤　**債権者間の公平・平等と債権者保護の原則**　　倒産手続に関与する債権者の種類としては、大別して、①租税、従業員の給料、退職金等の優先的債権者群、②債務者の財産上に抵当権等の担保権を有する担保権者群、③その他の一般債権者群、さらには④一般の債権者に遅れる取扱いをすべきものと考えられる債権者群が考えられる。倒産手続においては、倒産した債務者の財産はまったく限られたものであるが、この少ない財産をもって債権者の満足に充てざるを得ない。したがって、債権者の債権が全額満足を受けるということははじめから望むべくもなく、したがって、債権者はじめ利害関係人の納得を得るためには、債権者群間で公平な満足が図られなければならず、また、同一の債権者間では平等な満足が

---

(4)　会社更生法199条2項においては、清算価値維持原則は明示的には規定されていないが、更生計画によって各更生債権者等に配分される利益が更生手続開始時を基準とする破産配当を超えなければいけないのは当然である（伊藤会更632頁、理論と実務219頁〔中西正〕）。

与えられなければならない。また、債権者はいずれも何等かの損害を被るわけであるから、倒産原因となった関係者や不正な行為者等に対して、その責任を追及することによって財産を少しでも回復する等、債権者を保護する原則が認められるべきである。すなわち、倒産法制度上、満足を受ける債権に差等がつけられており[5]、また、役員の責任追及の制度（破177条以下、民再142条以下、会更99条以下）が設けられていることなどが、その原則を示すものである。

⑥ **適正手続の保障の原則**　倒産手続は、倒産者を中心とする利害関係者の権利義務関係をそれぞれの手続によって制限し、利害関係者間の利害や紛争を解決・調整する手続であり、広義の民事訴訟法に属するものである。よって、手続は安定・確実なものでなければならず、手続の進行を担当する者（裁判所、債権者委員、裁判所が任命する管財人、保全管理人、監督委員等）が誠実、慎重に法の規定に従って運用しなければならない。

また、裁判所の関与や手続の担当者の行為につき異議がある関係者には、異議申立ての機会を保障する必要がある。これらの要請を実現するためには、手続が適正に進行させられなければならない。ここでの「適正」とは、公正・公平・妥当・慎重・迅速といった要素の総合概念として把握されている。

2　わが国の倒産法制度 ── 倒産処理手続の基本類型
(1) 総　説

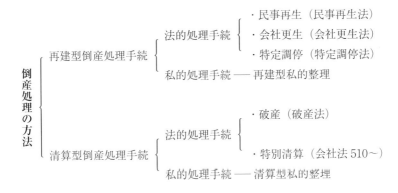

---

[5] これらの扱いは、各倒産処理法により異なる。例えば、一般の先取特権およびその他一般の優先権は、破産法上は優先的破産債権（破98条）として、会社更生手続でも優先的更生債権（会更168条1項2号）として手続に参加してのみ満足が得られるものとされているが、民事再生法では、一般優先債権（民再122条）として、手続外での行使が認められている。また、担保権は、破産法や民事再生法上は別除権（破2条9項・65条、民再53条）として手続外での権利行使が認められているのに対して、会社更生法では更正担保権（会更138条2項・144条以下）として手続に服するものとされている。

わが国の倒産処理法制度は、ドイツのように、倒産法という単一法典によって倒産事件を処理するのとは異なり、複数の手続を規律するそれぞれ別個の法制度から成り立っている。そして、それらは、さまざまな観点から分類することが可能である。

1）再建型倒産処理手続・清算型倒産処理手続　これは、手続が目指す目的による分類である。すなわち、再建型倒産処理手続とは、債務者の事業または経済生活の継続・再建を目的とする倒産処理手続であり、債務者の事業の解体や財産の換価・清算を目的とはせず、原則として事業等から生じる収益・収入などを原資として、再建計画（債務の減免や期限の猶予などの権利変更を定める）に従い債権者に対して満足を図る手続をいう。したがって、再建型倒産処理手続においては、事業者倒産の場合には、雇用を一定限度確保することが可能であり、また、従前の取引関係も維持することができるから、社会的に悪影響が及ぶことを防止することにもなる。その反面、再建型手続は、継続事業価値を維持または保全するために、手続開始前後の段階で資産に対する担保権の実行を中止させたり、再建の見込みの有無を調査したり、手続開始後においては、継続事業価値の評価を前提として利害関係人に対するその配分案、すなわち再生計画や更生計画を策定したり、それらについて利害関係人の賛否を問うといったさまざまな業務が必要になるので、手続自体、清算型手続に比べて複雑である。

それに対して、清算型倒産処理手続とは、債務者財産を換価・回収して金銭化し、その金銭を債権者に分配する手続をいう。その結果、債務者が事業者である場合は、その財産が事業譲渡の形で換価されるような例外的な場合を除いて、債務者の事業は解体され、経済活動は完全に停止し、事業主体は消滅することになる。ただ、再建型手続に比べ、手続は相対的に簡単である。

ただ、再建型と清算型との区別は、相対的なものであることに注意しなければならない。清算型倒産処理手続の典型である破産手続においても、特に消費者破産の場合、債務者には換価に値する財産はほとんどなく、債務者財産を換価して債権者へ配当するということは、はじめからほとんど意図されておらず、その手続の目的は、もっぱら破産者の経済的更生にある。また、事業者を対象とした破産手続でも、事業譲渡をし、それによって得られた金銭で債権者に弁済して手続を終了する場合、債務者の財産は換価されその経済活動は終了するが、譲渡された事業は、譲渡先で、従業員と共になお存続することになり、実際には再建型の手続と変わりはない。逆に、再建型倒産処理手続である民事再生手続においても、特別の規定はないが、実質的に清算を内容とする再生計画も適法であると解されており[6]、会社更生法では、185条・196条5項が、事業の継続を内容とする更生

計画の作成が困難なときには、手続を廃止して破産に移行するまでもなく、更生手続の範囲内で清算を行うことを認めている。

2）私的整理手続・法的整理手続　これは、手続の根拠による分類である。すなわち、私的整理手続とは、広義では、法律によらずに倒産事件を解決する手続を指すが、これには、関係人が相互に和解契約を締結することによって倒産事件を処理するいわゆる任意整理（私的整理ともいう）と、債務者が裁判所ないし裁判外で、中立的かつ公正な第三者の関与の下に、債権者と共に、企業のための再生計画を策定し、または債務の整理を合意する手続であるいわゆる事業再生ADRとがある[7]。前者では近時、私的整理ガイドライン[8]に則った再建型倒産処理が注目を集めている。

まず私的整理手続の長所としては、以下の点があげられる。すなわち、①弾力的運用が可能である。すなわち、私的整理手続は、基本的に、債務者と債権者の私的な合意によって進める手続であるから、大口債権者を中心とした合意内容に弾力的な内容をもつことができるため、形式的平等主義に留まることなく実質的平等主義によって処理することが可能である。たとえば、私的整理ガイドラインでは、「対象債権者」の債権のみが減免され、通常の取引関係における債権者（取引債権者）の債権には手をつけないという手法がとられるが、これなどは法的整理手続では不可能であろう。②簡易・迅速・廉価な処理が可能である。私的整理手続は、裁判所に関与を求めない手続であるから、大口債権者の合意を取り付ければ、その他の債権者の同意も得やすいため、簡易な処理ができ、したがって、迅速な解決が得られ、裁判所への予納金や管財人等の報酬も不要であるため、必要な出費も比較的少額に留めることが可能である。③債務整理による影響を最少限に押さえることができる。すなわち、倒産前に債務整理が行なわれるときは、大口債権者等の債務免除等の、協力を要請される利害関係人等のみに対して影響を及ぼすのみで、その他の多数の利害関係人に対する波及を最少限度にすることが可能である。また、④倒産後であっても、私的整理手続の進行を担当する弁護士等が大口債権者を中心として債務免除、財産の換価、リストラ等を行うことにより、多数の一般債権者に対してできる限り多額の弁済をすることが可能である。これに対して、私的整理の短所としては次の点があげられる。すなわち、①私的

---

(6)　民事再生法逐条研究 164 頁。

(7)　三上威彦「近時における私的倒産処理手法の可能性」慶應法学 17 号 63 頁以下、68 頁参照。

(8)　私的整理ガイドラインについては、田中亀雄＝土屋章＝多比羅誠＝須藤英章＝宮川勝之編『私的整理ガイドラインの実務』（きんざい・2007 年）が詳しい。

整理も、債務整理を一定期間をかけて多くの債権者と債務者の利害を調整するものであるため、1つの手続であることに違いはないが、その進行担当者が、倒産法の基本理念である債権者の衡平・平等、債権者の保護を実践しない場合があり、整理の手順が適正に行われない危険がある。②私的整理手続は、基本的に債務者と債権者の私的な合意によって進められる手続であるから、手続に対して強固に反対する者がいる場合には、たとえそれがどんなに合理的な内容を有するものであっても、一部の者の反対によって、手続全体が頓挫してしまう可能性がある。③私的整理手続を担当する債権者委員会、同委員長等が、私利私欲を離れて、再生、清算のいずれかの目的に従って行動するとは限らず、不公正・不平等な結果となるおそれがある。④私的整理手続の担当者が、整理手続を適正に執行していても、その内容が利害関係人に開示されなければならないにもかかわらず、法的整理手続のような規定がないため、情報の開示が不十分なものとなり、手続の透明性が損なわれる危険がある。

　以上に対して、法的整理手続とは、法律の規定に基づいて倒産事件を処理する手続である。たとえば、民事再生法に基づく民事再生手続、会社更生法に基づく会社更生手続、破産法に基づく破産手続、会社法 510 条以下に基づく特別清算手続、さらに、特定債務等の調整の促進のための特定調停に関する法律（いわゆる特定調停法）による特定調停続は、いずれも法的倒産処理手続である。法的整理手続と私的整理整理手続とでは、メリットとデメリットとがちょうど逆の関係になる。すなわち、法的整理手続では、長所としては、①手続の進行は、法律規定に則って厳格に行われるから、債権者の公平・平等、債権者の保護はかなりの程度実現される。②反対する債権者がいても、法律規定により、多数決でそれらの者の主張を封じることができ、実効性のある倒産処理が可能である。③手続が法律に則って行われるため、不公正・不平等な結果となるおそれが少ない。④法律規定により、利害関係人への情報開示も担保されている。それに対して短所としては、①手続が法律規定に則って行われるため、いろいろな面で柔軟性を欠き、硬直的である。それと関連して、②手続が簡易・迅速・廉価性に欠けるきらいがある。③法的手続は利害関係人の多くを巻き込む手続であり、その影響は広範囲に広がる。また、④法的整理手続自体、時間と費用がかかるものであり、その分、債権者への弁済額が減少する可能性がある、といった点が挙げられるであろう。

　3）DIP 型・後見型・管理型　　これは、とくに法的倒産処理手続における、手続遂行の主体による分類である。

　DIP（Debtor in Possession）型とは、手続の開始によっても、債務者の自己の財産に対する管理処分権は失われず、債務者が主導して倒産手続を進行させる形態

をいい、民事再生手続の原則形態や特別清算手続がこれに属する。後見型とは、DIP 型の一種ではあるが、後見・監督的な役割を担う機関が選任され、その機関による後見・監督の下で債務者が倒産手続を処理する形態である。これには、民事再生手続において監督委員が選ばれる場合が属する。それらに対して、管理型とは、債務者からその財産に対する管理処分権や業務遂行権を剥奪し、それを、裁判所が選任する管財人に付与し、管財人によって倒産手続を遂行する形態である。これには、破産手続や会社更生手続が属する。

（2）　法的倒産処理手続

1）民事再生手続（【資料7-1】【資料7-2-1】【資料7-2-2】）

　民事再生手続は、民事再生法に基づく倒産処理手続である。法務省では、1996 年（平成 8 年）10 月に倒産法制全体の見直し作業が開始されたが、1998 年 9 月に中小企業の倒産事件が激増している経済状況に鑑み、倒産法制のうち、特に緊急の対応を必要とする中小企業等に利用しやすい再建型倒産手続の整備について、最優先で検討することとされ、その結果、平成 11 年 12 月 22 日法律第 225 号として成立したのが民事再生法である。

　①　民事再生手続の特色　従来、一般的な再建型の法的倒産処理手続としては、和議法（大正 11 年法律第 72 号）による和議手続があった。和議法による和議手続は、すべての法人および個人が利用できる手続であること、債務者は、手続開始により自己の財産に対する管理処分権を失わず、自ら事業経営を継続しつつ再建を図ることができる点で、中小企業や個人の倒産事件において、小型かつ簡易迅速な再建型処理手続として利用されてきた。しかし、和議手続の弱点として、①和議の開始原因が、破産手続開始原因があることとされており（和 12 条 1 項）、申立時には既に再建が困難になっている場合が少なくないこと、②申立てと同時に再建計画（和議条件）を提示する必要があった（和 13 条 1 項）が、倒産の混乱の中、このような早期の段階で、適切な再建計画を立てることは困難であること、③手続開始前の保全処分としては、仮差押え、仮処分その他の保全処分しか設けられておらず（和 20 条）、かつ、その濫用の事例も見られたこと、④破産管財人のような管理機関を選任する制度がなく、債務者が業務執行等を継続することが不適当な事案には対処できなかったこと、⑤履行確保のための手段が用意されておらず、和議条件の履行率が低かったこと、等の諸点が指摘されていた[9]。

　そこで、和議手続の利点を生かしつつ、同時に、それが有していた問題点を克

---

(9)　一問一答民再 12 頁以下、山本入門 4 版 137 頁以下参照。その他、伊藤眞＝三谷忠之＝山本和彦「和議法の立法および運用に関する提言」和議法の実証的研究（青山善充編）（商事法務研究会、1998 年）225 頁以下も参照。

服するものとして、民事再生法（平成 11 年法律第 225 号）が立法・公布され、平成 12 年 4 月 1 日から施行され、それにともない和議法は廃止された。

民事再生手続の特色としては、以下の諸点を指摘することができる。

ⓐ　適用対象の無限定：民事再生手続は、和議手続と同様、私法上の権利主体（法人および個人）すべてを手続の対象とするものであり、再建型倒産処理手続の中ではもっとも一般的なものである。

ⓑ　DIP 型手続：民事再生手続においては、手続開始によっても、債務者は、原則として、事業経営権および財産の管理処分権を失わない、いわゆる DIP 型倒産処理手続である（民再 38 条 1 項）。しかし、事案に応じて、監督委員を選任することによって、債務者の財産管理処分権の行使を監督させ、債務者の行為に一定の制限を加える後見型（民再 54 条）、さらには、債務者の財産管理処分権・業務遂行権を剥奪し、その権限を裁判所が選任する管財人に全面的に移転させる管理型の手続（民再 64 条・66 条）をとることもできる柔軟な構造になっている。

ⓒ　保全処分の充実とその乱用防止：民事再生手続においては、和議法上認められていた仮差押え、仮処分その他の保全処分（民再 30 条）に加え、強制執行等の中止命令（民再 26 条）、包括的禁止命令（民再 27 条）、担保権の実行としての競売手続の中止命令（民再 31 条）、保全管理命令（民再 79 条）等を設けて債務者財産保全の処分を飛躍的に充実させると共に、保全処分が行われた後は、裁判所の許可を得なければ、手続開始申立てを取り下げることができないものとして（民再 32 条後段）、その乱用防止措置を講じている。

ⓓ　担保権の制限：民事再生手続においては、担保権は別除権とされ手続外での権利行使が認められているが（民再 53 条 1 項 2 項）、例外として、競売手続の中止命令や担保権消滅許可の制度を設けて、担保権の行使に一定の制限を加えている（民再 31 条・148 条）。

ⓔ　多様な調査・財産管理機関の設置：民事再生手続においては、債務者の事業経営や財産管理処分権の適切な行使を確保すると共に、倒産処理に必要となる調査・情報収集のために、監督委員、保全管理人、管財人、調査委員、債権者集会、債権者委員会といったさまざまな機関を設置することができるようになっている（民再 54 条・79 条・64 条・62 条・114 条・117 条）。ただし、手続が重くなりすぎないように、それらは、すべて任意の設置機関とされている。さらに、裁判所が債務者等に対して必要な監督を行えるようになっている。

ⓕ　合理的な再生計画案の作成のための措置：民事再生法は、合理的な内容の再生計画が作成されるように、手続開始原因を緩和する（民再 21 条 1 項）と共に、再生計画案の提出期間を、再生手続開始の申立時ではなく、債権届出期間の満了

後の裁判所が定める期間内に提出すれば足りる（民再163条1項）ものとしてその提出時期を弾力化している。そのほか、再生計画に合理的な基礎を付与するために、債権調査・確定手続を導入し、債権総額を確定することとしている。

　ⓖ　再生計画の履行確保措置の充実：民事再生法は、成立した再生計画の適切な履行を確保するために、管財人による計画の遂行（民再186条1項）、監督委員による履行の監督（民再186条2項）、弁済が遅滞した場合の債権者表に基づく強制執行（民再180条2項）、債務者が再生計画の履行を怠った場合等の再生計画の取消し（民再189条1項）等の各種の手段を講じることができるものとされている。

　②　**手続の概要**　　本来、民事再生法は中小企業の再建型倒産手続を規定するものとして立法されたものではある[10]が、近時この手続は、その使い勝手の良さから大企業の倒産処理にも使われている[11]。この手続の流れは、【資料7-1】に示されたとおりであるが、その概略を説明すると以下のようになる。

　＜通常の民事再生手続＞
　ⓐ　まず、窮境にある債務者が民事再生手続開始の申立てをする（民再21条）。
　ⓑ　申立てがあると、裁判所は、手続の開始原因（民再21条）や手続開始の条件の存否を審理するが、そのために一定の時間を要することから、債務者の財産が散逸しないように、必要な場合には保全処分をすることができる（民再26条〜31条・79条）。
　ⓒ　その後、通常は、債務者が主宰して債権者に対し、再生手続に至った経過、業務や財産に関する状況、または再生手続の進行に関する事項などにつき説明する債権者説明会（民再規61条1項）が開催される。
　ⓓ　裁判所は、手続開始原因があり、申立棄却事由がないと判断した場合には、再生手続開始決定をし（民再33条）、それと共に一定の処分を行う（民再34条・35条）。
　ⓔ　手続開始決定後は、再生計画を立案する前提として、大きく2つの手続が並行して行われる。1つは、債務者がどのくらいの債務を負っているかを明らかにするために、再生債権の届出・調査・確定の手続が行なわれる。他の1つは、債務者がどれくらいの財産を有しているかを明らかにし、また財産の維持・確保を

---

[10]　一問一答民再4頁、7頁以下。
[11]　平成12年7月に株式会社そごうが民事再生手続を申し立て、翌13年1月に再生計画認可決定を受けたこともあって、民事再生手続が大企業の再建に利用できることが理解され、上場会社の再生手続の申立てが増え、平成12年4月1日の民事再生法施行以降平成15年12月31日までに、東京地方裁判所に再生手続を申し立てた上場会社は30社あった（新実務大系（21）29頁〔多比羅誠〕）。

第1講　倒産法序説　　*15*

図るための手続が進行する。

　ⓕ　このような債権の調査や確保された財産を基礎として、再生債務者等（民再2条2号）は、再生計画案を作成して裁判所に提出する（民再163条）。

　ⓖ　再生計画案が提出されると、それにつき債権者の決議がなされ、さらに、裁判所によって再生計画の認可・不認可の決定がなされる。

　ⓗ　再生計画の認可決定が確定すると、再生計画に定めのない再生債権は原則として失権し（民再178条）、再生計画に定めのある債権については、定めの通りに減免・期限の猶予等の権利変更の効力が生じる（民再179条）。

　ⓘ　再生計画が認可されると、速やかにこれを遂行しなければならない（民再186条1項）。なお、再生手続終結の時期は、管財人が選任されている場合、監督委員が選任されている場合、管財人も監督委員も選任されていない場合では、それぞれ異なっている（民再188条1項～3項）。

　＜個人再生手続＞

　個人債務者が破産しないで、経済生活の再生を迅速かつ合理的に図るために、住宅資金貸付債権に関する特則と、小規模個人再生および給与所得者再生という2種類の簡易・迅速な再生手続が設けられている。小規模個人再生の手続の流れは【資料7-2-1】に、給与所得者等再生の手続の流れは【資料7-2-2】に示されている。通常の民事再生手続に対する特則は以下の点にみられる。すなわち、小規模個人再生については、①再生債権について簡易な調査手続が設けられていること（民再226条・227条）、②再生計画案の可決に関し、再生債権者の積極的な同意は不要とし、同意しない債権者が過半数を超えない限り多数の賛成があったものとみなして、再生計画の可決要件を緩和していること（民再230条5項）、③機関としては、職務を必要最小限度のものに限定した個人再生委員の制度を新設し、費用・報酬の低廉化を図っていること（民再223条1項）、④債権者の利益を保護し、モラルハザードを防止するために、無担保債権者への弁済につき最低弁済額を設けていること（民再174条2項4号・231条2項3号）などが挙げられる。

　給与所得者等再生は、小規模個人再生の対象者のうち、一般のサラリーマンなど、将来の収入を確実かつ容易に把握することができる者を対象とする手続であり（民再239条1項）、再生債務者の収入や家族構成等を基礎に当該再生債務者の可処分所得を算出し、その2年分以上の額を弁済原資に充てることを条件として（民再241条2項7号）、再生計画の成立に通常必要とされる再生債権者の決議を省略すること（民再240条）により、小規模個人再生よりも、さらに手続を簡素・合理化したものである。

　なお、そのほか、民事再生法は、住宅資金貸付債権（民再196条3号）について

再生計画に弁済期限の繰延べ等を内容とする住宅資金特別条項を定めることができるものとしている（民再 198 条・199 条）。そして、その目的を達するために必要と認められる場合には、別除権行使（民再 53 条 2 項）についての例外として、住宅上の抵当権実行に対する中止命令が認められている（民再 197 条 1 項）。その結果、再生債務者が再生計画に基づく弁済を継続している限り、住宅等に設定されている抵当権の実行を回避することができることになる。ただ、この特則は、規定の位置から明らかなように、単に、小規模個人再生および給与所得者等再生のみに適用されるだけではなく、通常の再生手続（簡易再生・同意再生を含む）を選択した個人にも適用される。

2）会社更生手続　会社更生手続は、会社更生法（平成 14 年法律第 154 号）に基づく、株式会社を対象とする再建型の倒産処理手続であり、民事再生手続の特別手続にあたる。会社更生法は、本来的には資本構成の変更による再建を予定しているため、それを更生の中心的な対策として考えられる規模の株式会社が対象となるといわれており[12]、また更生手続は、民事再生手続に比べて複雑であり、時間も費用もかかる再建手続であるから、一定規模以上の株式会社に用いられることになろう。その特色としては、以下の諸点があげられる。

① 会社更生手続の特色

ⓐ　適用対象の限定：会社更生手続は、株式会社のみを適用対象とする（会更 1 条）。

ⓑ　管理型手続：更生手続においては、管財人が選任され、これに、事業の経営権をはじめ、会社財産の管理・処分権が専属する（会更 72 条 1 項）ことになり、したがって、従前の経営者は退陣を余儀なくされる[13]。

---

[12]　条解会更（上）132 頁。

[13]　これに対し、近時、DIP 型会社更生手続という運用が行われている。これは、手続開始前の会社の経営者のみを管財人に任命し、申立代理人や調査委員としての弁護士の協力を得て手続を進める運用をいうが、平成 21 年 1 月以降東京地方裁判所において数件開始され、同 22 年からは大阪地方裁判所でもその運用が始まったようである（上田裕康＝野上昌樹＝北野知広「大阪地方裁判所における DIP 型会社更生事件」金法 1922 号 48 頁）。この運用は、①事業価値の毀損の少ない早期における申立てを促すこと、②経営の断絶を避け、現経営陣を活用しての再建策を遂行することにより事業価値の毀損を防止して利害関係人の満足を最大化すること、③再生手続が倒産手続全体の中でふさわしい役割を果たせるよう事業に即した多様な選択肢を提供することを目的とするものであるが、その運用開始の前提条件として、ⓐ現経営陣に不正行為等の違法な経営責任の問題がないこと、ⓑ主要債権者が現経営陣の経営関与に反対していないこと、ⓒスポンサーとなるべき者がいる場合はその了解があること、ⓓ現経営陣の経営関与によって更生手続の適正な遂行が損なわれるような事情が認められないこと、という四条件が要求され

ⓒ　担保権の制限：再生手続においては、担保権は別除権として、租税債権や労働債権等の優先権ある債権は一般優先債権として、再生手続外での権利行使が可能であるとされているが（民再53条・122条）、更生手続においては、担保権を有する債権および租税再検討の優先権のある債権はいずれも、更生手続に取り込まれ（会更2条10項・47条1項・50条1項・135条1項・138条1項2号）、更正計画に従った弁済を受けることになる（会更167条1項1号・168条・169条）。

ⓓ　組織変更の容易化：再生手続では、事業譲渡については、株主総会の特別決議による承認に代わる代替許可の制度が設けられ（民再43条1項）、自己株式の取得、株式の併合、資本金の額の減少、授権資本に関する定款の変更についても、再生計画によって行うことができるとされているが（民再154条3項・183条）、新株発行（増資）を行うには、再生計画の定めだけでは足りず、取締役会の決議等が必要であるとされており（民再154条4項・183条の2）、それ以外の組織上の行為を行うにも、会社法の規定に従って株主総会の決議その他の会社の機関決定を経る必要がある。これに対し会社更生手続においては、管財人が裁判所の許可を得て、更生計画によらない事業譲渡も可能であり（会更46条）、自己株式の取得、株式の併合、資本金の額の減少、定款の変更に加え、新株発行（増資）や社債の発行、さらには、合併、会社分割、株式交換、株式移転等のような会社組織の再編にわたる行為についても、会社法の規定によることなく、更生計画によって行うことが可能である（会更167条2項・203条1項・210条以下）。これにより、事業組織の再編やM&Aによる再建が容易になっており、実際にも100％減資とスポンサーの増資を組み合わせた更生計画が一般的とされている。

ⓔ　更生計画案の可決要件の厳格性：再生手続においては、再生計画案の可決のためには、議決権者の議決権総数の2分の1以上の議決権を有する者の同意に加え、債権者集会に出席しまたは書面投票した議決権者の過半数の同意（いわゆる頭数要件）が必要であるが（民再172条の3第1項）、更生手続においては、更生計画案の可決のためには、ⓐ更生債権については、議決権総額の2分の1を超える議決権を有する者の同意、ⓑ更生担保権については、期限の猶予を定める場合には議決権総額の3分の2以上、減免その他期限の猶予以外の方法による権利変更を定める場合には議決権総額の4分の3以上、事業全部の廃止を内容とする場合には議決権総額の10分の9以上の同意、ⓒ株主については、議決権総数の過半数の同意（ただし、更生会社が債務超過である場合には、株主は議決権を有しない）が必要とされている（会更196条5項）。このように、更生手続においては、再生手続とは異

ている（最新実務会更17〜21頁）。

第1章　わが国の倒産法制度 —— 倒産法総論

なり、頭数要件は必要とされていないが、権利の種類によって分けられた組ごとに決議が行われ、原則として、すべての組において可決要件を満たす必要がある（会更196条1項5項）。

　　ⓕ　計画遂行の確実性の担保：更生手続においては、民事再生法188条1項2項のような規定はなく、更生計画が遂行されるか、遂行されることが確実と認められるまで、管財人が責任をもって更生計画を遂行をするものとされている（会更239条1項1号3号）。

　② **手続の概要**　会社更生手続の基本的な流れはおおよそ以下のようなものである（【資料8】）。

　　ⓐ　まず、窮境にある株式会社やその債権者等が裁判所に対して更生手続開始の申立てをする（会更17条）。

　　ⓑ　これを受けて裁判所は、更生手続開始原因の存否および申立却下事由の有無につき審理するが、その間に会社財産が散逸する事態を防止するため、保全命令等の各種の財産保全措置を講ずることができる（会更24条〜40条）。

　　ⓒ　裁判所は、更生手続開始のための要件があると判断すると、更生手続開始決定をすると同時に、管財人を選任する（会更41条・42条）。管財人は、更生会社の事業の経営権および財産の管理処分権を掌握し（会更72条1項）、更生会社の事業を継続する。

　　ⓓ　これと並行して、更生計画を作成するため、一方では更生会社の負う債務を明らかにする手続が行われ（会更135条以下）、また他方では、更生会社の財産状況が調査される（会更83条以下）。さらに必要がある場合には、否認権の行使（会更86条以下）や更生会社の役員に対する損害賠償責任の追及（会更99条以下）が行われ更生会社の財産増殖が図られる。

　　ⓔ　管財人は、これらの手続等の進行状況を見ながら、更生計画案を作成し裁判所に提出する（会更184条1項3項）。

　　ⓕ　更生計画案が提出されると、それは利害関係人の決議に付され（会更189条）、可決される（会更196条）と、裁判所は、認可または不認可の決定をする（会更199条以下）。

　　ⓖ　更生計画が認可されると、更生計画は効力を生じ（会更201条）、利害関係人の権利は更生計画の定めのとおりに変更される。

　　ⓗ　その後、更生会社は、更生計画に定められた債務を計画に従って弁済していき、更生計画が全部遂行され、あるいは遂行されることが確実であると認められると、裁判所は、更生手続終結決定をし、これにより手続は終了する（会更239条以下）。

第1講　倒産法序説

3）特定調停手続　　特定調停法（特定債務等の調整の促進のための特定調停に関する法律〔平成11年法律第158号〕）は、経済的に破綻するおそれのある債務者（特定債務者）の経済的再生に資するために、民事調停法の特別法として、特定債務者が負っている金銭債務に係る利害関係の調整（特定債務等の調整）を促進しようとするものとして制定された（平成12年2月1日施行）[14]。

　特定調停は、経済的に破綻するおそれのある者の経済的再生を図るための手続を定めるものであり、簡易・迅速・柔軟という調停手続の特徴を保ちつつも、多数の関係者の集団的な処理や、調停委員会の職権による調査権の強化など、倒産手続に類似した取り扱いがなされている。具体的には、以下の諸点に特色がみられる（手続の流れについては、【資料9】を参照）。

　①　手続を利用できるのは、幅広く規定されており、金銭債務を負っている者であって、ⓐ支払不能に陥るおそれのある個人または法人、ⓑその事業の継続に支障を来すことなく弁済期にある債務を弁済することが困難である事業者（個人または法人）、ⓒ債務超過に陥るおそれのある法人（これらの要件を満たす者を特定債務者という）であり（特調2条1項）、これら以外の者が申し立てても、調停委員会は、特定調停をしないものとして事件を終了させることができる（特調11条）。

　②　申立て（民調2条による）に際しては、「特定調停手続により調停を行うことを求める」旨の申述をすることが必要である（特調3条2項）。

　③　管轄裁判所は原則として相手方の住所・居所等の所在地を管轄する簡易裁判所であるが（民調3条1項）、土地管轄のない裁判所や地方裁判所への移送や、土地管轄のない裁判所が自ら事件を処理すること、および事件の併合も容易になっている（特調4条・6条）。

　④　公正かつ妥当で経済的合理性を有する内容の合意を形成するために、特定調停の目的となった権利に関する民事執行手続は一時的に停止される（特調7条）。

　⑤　特定債務者の経済的再生に資するとの観点から、公正かつ妥当で経済的合理性を有する内容の合意の形成を目指すことから、調停委員は、事案の性質に応じて必要な法律、税務、金融、企業の財務、資産の評価等に関する専門的な知識経験を有する者を指定すべき旨を明らかにした（特調8条。この点については、通常

---

[14]　本来、特定調停手続は、サラ金や商工ローンの取立てに苦しむ多重債務者や零細企業の再建を目的とする手続であるが、東証二部上場の中堅ゼネコン井上工業が平成12年3月に前橋地裁に特定調停を申請し、同年8月3日に特定調停が成立し、会社再建を目指すと正式発表された。上場企業で初となる井上工業の特定調停が成立したことで、民事再生法と共に、企業再建の手法として認知されたといえる。6月までの申請件数は8万462件。このうち事業者は、3706件。多くは、零細事業者とみられるが、中小の不動産会社や建設業者も申請しているとされる（日本経済新聞2000年8月4日朝刊）。

の民事調停でも事実上行われてはいた)。

⑥　関係権利者(特調2条4項)は特定調停の結果に大きな利害関係を有するし、多くの関係権利者の参加を得ることで、特定債務者の債務等を一挙総合的に調整することが可能になるから、関係権利者は、調停委員会の許可を要することなく調停手続に参加できるものとされている(特調9条)。

⑦　調停のための資料の収集を容易にするために、特定債務者には、特定調停の対象たる債務に関する事実を明らかにするよう求めるとともに(特調10条)、調停委員会の資料収集権限を強化した(特調12条・14条・24条)。

4）破産手続(【資料10−1】【10−2】)　　破産手続は破産法(平成16年法律第75号)[15]に基づく倒産処理手続である。現行破産法は、倒産法制の抜本的見直作業の最後を飾るものである。破産法は、倒産法の中の基本法であるため、倒産法制の抜本的改正のいわば総仕上げとして、破産手続の全般にわたり、体系も含めて大改正が行われるともに、併せて否認権や相殺権などの各種倒産実体法にも大きな改正が行われた。その具体的内容については、次章以下で詳論されるが、その大まかな特色は以下の点にある。

①　適用対象に制限はなく、自然人法人を問わず適用される。

②　手続の開始原因は、支払不能と債務超過である(破15条1項・16条1項)。

③　財産の管理処分権を有する破産管財人が任命され、清算事務は、この者によって行われるいわゆる管理型倒産処理手続である(破31条1項・78条1項)。

④　特定財産上の担保権者や財団債権者(破2条7項8項)を除いて、原則としてすべての債権者は、破産手続に参加することが強制される(破100条)。

⑤　特定財産上の担保権者は、原則として手続に拘束されず、別除権として自由な権利行使が認められる(破2条9項・65条)。

⑥　免責手続が設けられており(破248条以下)、自然人が、破産手続を経済的更生のきっかけとして利用できるような体勢になっている。

---

[15]　旧破産法は、大正11年(1922年)に、当時のドイツ破産法(Konkursordnung von 10.2.1877)を模範として制定されたものであるが、それは、文語体仮名書きというものであり、国民にとっても取っつきにくいという欠点があったほか、実体規定、手続規定という非常に特殊な編別構成になっており、手続の流れがわかりにくかった。また、相続財産破産に関する規定も、総論部分と各論部分とが散在していた。これらの欠点を見直すと共に、さらに長年行われてきた議論の成果の重要な部分を立法化し、さらには、先行する民事再生法や会社更生法において取り入れられた数々の制度をも取り込んで、2004年に新しい破産法が制定され、同年6月公布、2005年1月1日から施行された。
　　これは、旧破産法の改正ではなく、まったく新しい立法であり、新破産法の施行に伴い、旧破産法は廃止された。
　　なお、破産法の立法の経緯については、小川3頁～8頁参照。

5）特別清算（【資料11】）　すでに清算手続に入っている株式会社を対象とする、会社法510条以下に基づく清算型の手続である。その特徴は以下の点にみられる。

①　清算を目的とする点では破産と同じであるが、手続開始原因は破産より若干緩和されている（会社510条）。

②　特別清算人は、取締役などの清算人（会社478条）が特別の義務を課された上で清算人としての職務を遂行するものであり（会社523条）、破産管財人のように、手続開始に当たり裁判所が選任し、債務者財産の管理処分権を取得して清算事務を行うものではない。なお、清算株式会社に債務超過の疑いがある場合、清算人は、特別清算開始の申立てをする義務が課せられている（会社511条2項）。

③　一般債権者は手続に参加することを強制され、協定を通して平等な配当を受ける（会社512条・515条1項2項・563条以下参照）。

④　担保権の扱いは、破産手続とは異なり（破産法上は、特定財産上の担保権については〔2条9項10項・65条1項・66条1項〕中止命令の対象とはされていない）、担保権に基づく競売手続を中止させることができる点で（会社516条）、担保権の実行を制限することが一般的である再建型手続に近似する。

⑤　債権者に対する弁済は、破産配当とは異なり、清算人作成の協定案に関する債権者集会の特別多数決および裁判所の認可に基づいてなされる（会社567条・568条、破193条以下参照）。協定案の内容は、原則として平等主義が妥当するが、衡平の見地から差等を設けることは差し支えない（会社537条2項・565条）。

（3）　私 的 整 理

私的整理とは、広義では、債務者と全債権者との間で合意をすることによって、裁判所の関与なしに倒産事件を処理する手続をいう。既に述べたように、この中には、債権者と債務者との個別の和解契約によって倒産事件を処理する狭義の私的整理と、中立公正な第三者が関与して、倒産処理を行う事業再生ADRという手法とがある。とくに、近時では、狭義の私的整理においても、一定の手続準則を定立して組織的に倒産処理に取り組もうとする傾向が顕著に見られる（私的整理については本書第16章参照）。

1）私的整理に関するガイドライン　金融業界を代表する者と、中立公平な学識経験者をメンバーとし、各省庁・経団連等の代表者をオブザーバーとした私的整理ガイドライン研究会によって策定された「私的整理に関するガイドライン」（【資料12】）による手続は、相対的な和解契約による倒産処理の際の基準として定められたものである。これは、一種の紳士協定として位置づけられ、金融機関を主要な債権者とする私的整理において、金融機関が自発的に個別的な権利行

使や債権保全措置を控える旨、そして、主要な金融機関の関与の下に再建計画を成立させるプロセスを定めている。これによる倒産処理の件数はあまり多くはないが、後述の、地域経済活性化支援機構や、中小企業再生支援協議会、あるいは、事業再生実務家協会による倒産処理の手続の指針作成について、大きな影響を与えている。

　2）中小企業再生支援協議会　　中小企業再生支援協議会は、経営環境の悪化しつつある中小企業に対し、多種多様で、事業内容や課題も地域性が強いという中小企業の特性を踏まえ、各地域の関係機関や専門家等が連携して、きめ細かに中小企業が取り組む事業再生を支援することにより、地域経済において大きな役割を果たす中小企業の活力の再生を図るという目的で、2003年2月から順次設置され、現在、全国47都道府県に1ヶ所ずつ設置されている。その法的根拠は産業競争力強化法127条に求められる。その業務としては、①再生に係る相談（第一次対応）、②専門家による再生計画策定支援（第二次対応）、③中小企業者に対する、経営悪化時の早期対応の必要性等に関する広報活動等、があげられる[16]。2003年2月の協議会設立以降2009年12月末までの窓口相談企業数は、累計で19572社となっており、金融機関との調整を含む抜本的な対策が必要な企業に対する再生計画の策定支援の完了数は、累計で2422社あり、これにより150,752名の雇用が確保され、なお、529社については引き続き二次対応中となっている[17]。

　3）地域経済活性化支援機構（【資料13】）　　近時、日本航空の倒産処理に関する報道でにわかに注目を集めたのが、企業再生支援機構（Enterprise Turnaround Initiative Corporation of Japan=ETIC）である。これは、株式会社企業再生支援機構法（平成21年法律第63号）を根拠として、2009年10月14日に設立された日本で唯一の株式会社組織によって運営される倒産企業の再生を支援する機関であり、2010年から2012年には日本航空の再建を主導した。これは、設立から5年で業務を完了することとされていたが、2013年3月には、地域経済の低迷が続く中、地域の再生現場の強化や地域経済の活性化に資する支援を推進していくことが喫緊の政策課題になっていること等を踏まえた法の再改正がなされ、事業再生支援に係る決定期限を更に5年間延長する等の改正がなされるとともに、従前からの事業再生支援に加えて、地域経済活性化事業活動に対する支援に係る業務を担う支援機関へと改組され、商号も株式会社地域経済活性化支援機構に変更された。

　この手続の対象となる事業者には、ⓐ有用な経営資源を有していること、ⓑ過大な債務を負っていること、ⓒたとえば、主要債権者との連名による申し込みで

----

[16]　「中小企業再生支援協議会事業実施基本要領」（平成26年1月20日）参照。

[17]　三上・前掲・慶應法学17号79頁。

あること等、申し込みにあたり事業再生の見込みがあると認められること、ⓓ再生支援決定から5年以内に「生産性向上基準」及び「財務健全化基準」を満たすこと[18]、ⓔ機構が債権買取り、資金の貸付け、債務の保証または出資を行う場合、支援決定から5年以内に申込事業者に係る債権または株式等の処分が可能となる蓋然性が高いと見込まれること、ⓕ機構が出資を行う場合、必要不可欠性、出資比率に応じたガバナンスの発揮、スポンサー等の協調投資等の見込み、回収の見込み等を満たすこと、ⓖ労働組合等と話し合いを行うことが要求される。

　なお、この機構の性質上、資本金の額または出資の総額が5億円を超え、かつ、常時使用する従業員の数が1千人を超える大規模な事業者は原則として支援対象から除外される。ただし、再生支援による事業の再生が図られなければ、当該事業者の業務のみならず地域における総合的な経済活動に著しい障害が生じ、地域経済の再建、地域の信用秩序の維持または雇用の状況に甚大な影響を及ぼす恐れがあると主務大臣が認める事業者は支援対象となる。さらに地方三公社（地方住宅供給公社、地方道路公社および土地開発公社）、第三セクター[19]も対象にならない。

　手続としては、事業者やその債権者である金融機関等から事前相談を受け、対象事業者の資産等の査定（デュー・ディリジェンス〔DD〕）が行われ、その費用については、中小企業では1割、中堅企業では費用の1/2あるいは1億円のいずれか低い価額、大企業では全額を事業者が負担し、残りを機構が負担する。資産等の査定を経て事業再生計画が作成された後に、原則として、事業者と主要債権者が連名で正式の支援申し込みをする。支援申込みを受け、機構は、再生支援決定基準に基づき当該事業者の再生可能性等を審査し、再生支援の可否を決定する。再生支援決定を行った事業者に対しては機構自身が新たな融資を実行することができ、再生支援決定時から5年以内（ただし、最長で平成35年3月31日まで）の再生支

---

[18]　「生産性向上基準」としては、以下のいずれかを満たすことが必要である。すなわち、a. 自己資本当期純利益率が2%ポイント以上向上、b. 有形固定資産回転率が5%以上向上、c. 従業員1人当たり付加価値額が6%以上向上、d. 上記に相当する生産性の向上を示す他の指標の改善である。また、「財務健全化基準」としては、以下のいずれかを満たすことが必要である。すなわち、e. 有利子負債（資本性借入金がある場合は当該借入金を控除）のキャッシュフローに対する比率が10倍以内（キャッシュフロー＝留保利益＋減価償却費＋引当金増減）、f. 経常収入が経常支出を上回ることである。

[19]　ここでいう第三セクターとは、①国または地方公共団体が1/4以上を出資している法人（ただし、株式会社の場合、1/4以上の議決権を保有しない場合は除く）、②国または地方公共団体からの派遣職員が役員の1/2以上を占める法人、③国または地方公共団体からの補助金、委託費等が収入の2/3以上を占める法人、④国または地方公共団体がその子法人等と併せて1/4以上を出資している法人（ただし、株式会社の場合、1/4以上の議決権を保有しない場合は除く）である。

援完了を目指す。再生支援決定と同時に、機構は主要取引金融機関等以外の非メインの金融機関等に対して、①債権を機構に対して売却するか、または事業再生計画に同意して債権放棄等を行い債権を引き続き保有するか、②債権を機構に対して売却するか、③事業再生計画に同意して債権放棄等を行い債権を引き続き保有するか、のいずれかの選択肢を示す方法により解答を求める旨の通知をする。非メイン金融機関等からの必要な同意等が得られた場合、債権買取等をするかどうかの決定をする。一方、非メイン金融機関等から必要な同意等が得られず、再生に必要な債権額を満たさない等、再生に必要な同意が不十分と判断した場合には、機構は速やかに再生支援決定を撤回しなければならない。機構は、買取決定等を行った後、再生支援対象事業者に対し事業再生計画に基づく出資を行うことができる。買取決定等の後は、機構は事業再生計画の進捗をモニタリングするとともに、必要に応じて新規資金の融資・保証等に対応することも可能である。また機構は、再生支援対象事業者にかかる債権または株式会社等を、支援決定後5年以内に譲渡等により処分を行うように努めるものとされる。

4）事業再生実務家協会　　経済産業大臣は、ADR 法に基づき法務大臣によって、企業の民事紛争を解決することにつき認証された認証紛争解決事業者（現在43団体）が、その中でも、事業再生の専門家を使用することができ、かつ、経済産業大臣の定める要件を満たす場合には、それらのうち若干を、特定認証紛争解決事業者として選任することができる。この制度は、2007 年に、産業活力再生特別措置法改正法（平成19年法律第36号）によって導入されたものである。特定認証紛争解決事業者は、地方公共団体によって創設された中小企業再生支援協議会とは異なり、純然たる民間の組織であり、かつその活動の対象は、中小企業に限定されるものではなく、対象業種も限定されない。

なお、経済産業省令が要求するような手続実施者を実際に選任できる組織は限られており、現在のところ、特定認証紛争解決事業者として認証されたものとしては、事業再生実務家協会（JATP）が唯一のものである。事業再生実務家協会による事業再生手続の流れは、【資料 14】のようになる。

3　各種手続選択の一応の基準

企業の経営危機に際して、いうまでもなく、企業経営者は何とか「再建」したいと考える。しかし、全ての事件において、再建型の手続で処理することが必ずしも妥当でない場合もある。よって、再建型倒産処理手続申立ての可否につき相談を受けた場合、以下のような点につき検討する必要があろう[20]。

---

[20]　全書（上）363 頁以下〔清水真〕、全書 2 版（下）158 頁以下〔信國篤慶〕参照。

①　資金繰りの見込みの有無：法的整理手続の申立てをすると、従来の取引に基づく債務については弁済が禁止されるが、申立後の営業継続のための取引に基づく債務については当然支払いを行わなければならない。しかし、法的整理手続の申立前より信用が著しく落ちていることから、手形による支払いはできなくなるなど支払い条件が非常に悪化する場合が多い。再建を実現するためには、事業の毀損を最小限に食い止める必要があり、そのためには、営業を継続することが必須ともいえ、このため、申立後営業継続するために必要な資金繰りの見込みが立てられるか否かは、再建か清算かの選択をするにあたっての大きなポイントである。資金繰りの見込みが立たなければ、再建は断念せざるを得ない。

②　主要な債権者の反対の有無：再建には、債務の圧縮と債務の棚上げが不可欠であるが、そのためには債権者の協力が是非とも必要である。なお、民事再生でも会社更生のような法的整理手続においても計画案の可決には債権者の議決権の半数の同意が必要である。また、担保権者については、会社更生の場合であっても更生担保権者の議決権の３分の２以上の同意が必要である。よって、そのような多数の同意を得られないことが当初から確実である場合には、再建は断念せざるを得ない。もっとも、当初反対している債権者であっても、法的整理に入り、交渉していく中で手続への協力に理解を示すこともあるので、当初主要な債権者が反対しているというだけで再建を断念する必要はない。

③　本業の赤字解消の可能性の有無：法的整理にせよ私的整理にせよ過大な債務を処理することを主目的とする手続であり、これらの手続を執ったところで、過大な債務以外の問題が解決するわけではない。よって、本業が赤字で、いかなる方策をとっても黒字化する見込みがないような場合には再建は不可能である。

④　計画を立てる見込みの有無：営業を継続した場合に、清算した場合より多くの弁済ができる計画が立てられる見込みが全くない場合には、再建型法的整理における適法な計画を立てることもできないから、再建は不可能である。もっとも、このようなケースでも事業譲渡の可能性があれば、事業譲渡により単なる清算より多額の弁済を実現しうる可能性があるので、この点も検討した上で判断すべきである。

＜設問についてのコメント＞

　　わが国は、ドイツ法とは異なり、単一の倒産法といったものはない。そこで、問１は、わが国の倒産法制といわれる各種制度を説明する問題である。これについては、第１章２を参照のこと。

問2および問3は、各種債務者の特色に応じて、適用すべき倒産法制について問うものである。

　問2の、事例（1）のA医療法人については、事業継続に対する地元の要望は非常に高く、経営者もその思いを強くもっている。特にBCDといった大口債権者の協力が得られるか否かが、再建の鍵になるであろう。その際、債権者の数もそれほど多くはなく、しかも、多数の債権は金融機関の債権であり、交渉によっては、減免の可能性もある。その結果、債権額が比較的小さい医薬品の代金については、そのまま弁済できる可能性も出てくる。また、過剰な人員の削減に成功すれば、爾後の事業経営も何とか継続できる可能性もあるので、一応再建型手続を行う価値はあろう。その場合、債権者の数も多くなく、ヤミ金等の悪質・強硬な債権者の存在もないようであり、法的手続によって厳格に手続を進める必要性もそれほど強くないと思われ、簡易・迅速・廉価性という観点から、再建型私的整理を考慮すべきであろう（法的整理続きを採るとすれば、Aは医療法人であるので、会社更生手続は使えず、民事再生手続か特定調停手続によることになる）。あるいは、スポンサーがつけば、事業譲渡を中心とする再建計画を考えてもよかろう。

　問3の事例（2）のCについていえば、破産手続では、Cの差押可能な財産はすべて換価され債権者の配当に回されるので、当該マンションや自動車は売却され、家族は住むところを失うことになるし、破産者としての烙印を押されることにより、会社を解雇されるといった事実上の危険性もある。Cには、安定的ではないものの、継続的な定期的収入があるので、これを返済原資として再建型の倒産処理をすることは十分考慮に値する。また、債務は、住宅ローン債務のほかには、消費者金融機関に対する債務だけであり、しかも、この金額は、利息制限法で計算し直せば圧縮できる可能性もある。このような点から、Cについては、再建型の倒産処理手続で処理するのが望ましいといえる。この場合、Cは勤めながら、銀行や消費者信用機関と個別的に債務整理につき話し合いをするという私的整理手続による処理するのは現実的ではない。よって、特定調停と個人再生手続といった簡易な法的手続が候補として考えられる（Cは個人であり、会社更生手続は利用できない）。右の中では、担保権の実行を防止しうる個人再生手続（小規模個人再生ないし給与所得者再生）が妥当であろう。

第1講　倒産法序説　　　*27*

第2講　破産手続の機関と利害関係人

ケース

　熊本市内にあるＡ印刷株式会社は、週刊誌、新聞の折り込み広告、名刺、その他各種イベントのパンフレットなどの印刷を主たる業務としている従業員50人のこの業界では中堅の会社である。Ａ社の社長である甲は、いわゆるワンマン社長であり、経営においては、他の社員の声には一切耳を傾けたことがない。Ａ社は、そのような社長の下、景気のいいときは、その強いリーダーシップにより大いに業績を伸ばしたが、近時の不況下にあっては、甲が、会社経営において打った手はことごとく失敗し、負債が資産を大幅に上回る状況になっている。それにもかかわらず、甲は従来の経営方針を変えようとする気配はなく、従業員の忠告にもまったく耳を貸さない状況である。

　ところで、Ａ社が経営不振に陥る前に、長年Ａ社と取引関係にあったＢ社の代表取締役社長である乙が甲に対し、このままではＢ社所有の土地が債権者によって差し押えられる可能性があるので、それを防ぐために、Ａ社がＢ社から当該土地を買ったことにしてくれないかと頼み込んできた。甲はそれまでに乙から受けた数々の支援に応えるために、Ｂ社からＡ社へ当該土地を売却した旨の架空の売買契約書を作ることに同意した。そこで、この売買契約書に基づき、当該土地につき、Ｂ社からＡ社への所有権移転登記がなされた。

　Ａ社の大口債権者の1人であるＣ社は、Ａ社の長年にわたる取引先であり、誰よりもＡ社の経営再建を願っていたが、社長である甲の行状を見て、もはや再建は無理だと判断し、顧問弁護士と相談した上で、破産手続開始の申立てをすることにした。現在、Ａ社の債権者は、Ｃ社を除いて、法人・個人合わせて全国各地にざっと1500人ほどおり、負債総額は、1億5000万円にも上っている。

◆**問1**　破産手続開始決定までには、かなり時間がかかりそうだが、その間に甲の放漫経営によって、Ａ社の乏しい財産がますます減少するおそれがある場合、それを防止する方法にはどのようなものがあるか。また、それは、いかなる機関が担当するか。

◆**問2**　C社が破産手続開始決定を申し立てる場合、いかなる機関に対してなすべきか。また、破産手続における審理・判断の方法は、通常の民事訴訟と比べて何か特徴があるか。さらに、本件のように債権者が1500人という多数にのぼる場合、そのことによって、申立ておよび手続の進行に関して何らかの影響を受けることになるか。

◆**問3**　A社に破産手続開始決定がなされ、弁護士である丙が破産管財人に選任された後、B社は丙に対して、AB間の当該土地の売買契約は架空のものであるから無効であって、所有権は依然としてB社にあるから、移転登記を抹消して土地を引き渡すように請求した。B社のこのような主張は認められるか。

◆**問4**　A社の破産手続開始決定により、A社および、C社はどのような法的地位に立つか。

第2章　破産手続の機関と利害関係人

1　総　説

　破産手続は、債務者の乏しい財産をめぐって利害が鋭く対立する債権者の存在を前提として、これらの債権者に対し、できるだけ公平かつ公正な満足を図るための裁判上の手続である。そして、このような破産手続の目的は、この手続を運営していく一定の機関と、さまざまな利害関係人との協力によってはじめて実現される。そして、そのような機関としては、破産法上、破産裁判所、保全管理人、破産管財人、債権者集会、債権者委員会、代理委員が規定されている。なお、破産裁判所は別として、破産管財人以外は必置の機関ではない。

　また、手続に密接な利害関係を有する者としては、債務者（破産者）、債権者（破産債権者）、別除権者（担保権者）、相殺権者、取戻権者、財団債権者などがある。これらのうち、債権者以下については、破産債権、別除権、相殺権、取戻権、財団債権についての説明の際に触れることとする。

2　破産裁判所

（1）　意　義

　破産裁判所とは、個々の破産事件について破産手続を担当する裁判所をいう。破産裁判所といっても、破産事件だけを扱う特別の裁判所が設置されているわけではなく、通常裁判所たる地方裁判所が担当する（破5条、裁25条。職分管轄）。よって単独制が原則であるが、合議体で扱うこともできる（裁26条）。

破産事件の管轄はすべて専属管轄であり（破 6 条）、合意管轄は認められない（破 13 条による民訴 13 条の準用）。ただし、一般の専属管轄とは異なり、著しい損害や遅延を避けるための移送は認められる（破 7 条。なお、民訴 20 条参照）。

（2） 権　限

破産裁判所は、破産手続を遂行していく上で必要とされる非常に広範な権限を有するが、大きく 5 つに分けることができる。

①　破産手続の開始（破 15 条等）や終了（破 216 条 1 項・220 条 1 項等）に関わる裁判を行うこと。

②　破産管財人や保全管理人の選任（破 74 条 1 項・91 条 2 項）、債権者集会の召集・指揮（破 135 条 1 項・137 条）、債権者委員会の関与の承認（破 144 条）、債権届出の受理（破 111 条）など、破産手続の実施を内容とする職務を行うこと。

③　破産管財人などの機関に対する監督をなすこと（管財人や保全管理人の監督・解任〔破 75 条 1 項・75 条 2 項〕、管財人の行為に対する許可〔破 78 条 2 項〕）。なお、破産裁判所は、管財人の行為を監督するだけであり、管財人の職務遂行につき一般的指揮権を有するわけではない。

④　破産債権者など利害関係人間の権利義務に関する争いを解決すること（破 125 条 3 項・126 条 2 項）。なお、否認訴訟などの破産財団に関する訴訟は破産裁判所の管轄ではなく、通常裁判所の管轄となる

⑤　破産手続に附随する手続としての免責申立について裁判すること（破 252 条 1 項）等である。

（3） 管　轄

1） 職 分 管 轄　上記のような破産手続を主催する裁判所を破産裁判所というが、そのような名前を冠した特別の裁判所が存在するわけではなく、地方裁判所がその任務を遂行する。すなわち、破産事件は、地方裁判所の職分管轄に属する（破 5 条）。なお、破産法は、現に破産事件を担当する単独または合議体の裁判体を単に裁判所と呼び、その裁判体が所属する地方裁判所を破産裁判所と呼んで区別している（破 2 条 3 項・15 条 1 項）。

2） 土 地 管 轄　①　**原則的土地管轄**（破 5 条 1 項）　破産事件の原則的土地管轄は、債務者が営業者である場合は、その主たる営業所の所在地を管轄する地方裁判所である。ただし、外国に主たる営業所を有する場合には、日本におけるその主たる営業所の所在地を管轄する地方裁判所である。債務者が営業者でないときまたは営業者であっても営業所を有しないときは、その普通裁判籍（民訴 4 条）の所在地の地方裁判所が管轄する。

②　**補充的土地管轄**（破 5 条 2 項）　破産法 5 条 1 項の規定による管轄裁判所

がないときは、破産事件は、債務者の財産の所在地（債権については、裁判上の請求をすることができる地）を管轄する地方裁判所が管轄する。ここでいう「財産」とは、破産法34条所定の、不動産、動産、債権、その他、破産財団に所属しうる一切の財産を意味する。したがって、一般の債権については、債権者の住所地（民484条）を管轄する地方裁判所および債務者の普通裁判籍所在地（民訴4条1項2項）を管轄する地方裁判所が、特定物の引渡しを目的とする債権についてはその物の所在地（民484条）を管轄する地方裁判所が管轄裁判所となる。財産の所在地が複数ある場合は、いずれの所在地にも管轄権が認められる。

③　**親子会社等についての関連土地管轄**　以下の管轄規定は、債務者が互いに密接な関連性を有する場合に、統一的な破産処理を可能にするためのものである。なお、これらの管轄は競合管轄である。

a．法人が株式会社の総株主の議決権の過半数を有する場合には、当該法人（親法人）について破産事件、再生事件または更生事件継続しているときにおける当該株式会社（子株式会社）[1]についての破産手続開始申立は、親法人の破産手続が係属する地方裁判所にもすることができる（破5条3項）。

b．子株式会社について破産事件等が係属しているときにおける親法人についての破産手続開始の申立ては、子株式会社の破産事件等が係属している地方裁判所にもすることができる（破5条3項）。

c．子株式会社が単独で、または親法人と子株式会社とが合わせて他の株式会社（孫会社）の総株主の議決権の過半数を有する場合には、当該孫株式会社を、当該親法人の子株式会社とみなして、3項を適用することとして、子株式会社の場合と同様の管轄の特則が適用されるものとした（破5条4項）。

d．ある株式会社が他の法人と連結決算関係にある場合には、一方の会社ないし法人について破産手続が係属している地方裁判所に、他方の破産手続開始申立をすることができる（破5条5項）。

e．法人の代表者ないし法人について破産手続が係属している地方裁判所に、他方の破産手続開始申立をすることができる（破5条6項）。

f．連帯債務者相互間、および主債務者と保証人相互間、および夫婦相互間についても、一方について破産手続が係属する地方裁判所にも他方の破産手続開始申立をすることができる（破5条7項）。

④　**大規模破産事件についての土地管轄の特則**　a．破産債権者たるべき者

---

[1]　ここで「子株式会社」という用語が用いられているのは、「子会社」という略称を用いると、会社法上の「子会社」概念との混同を生じるおそれがあるため、いわゆる連結子会社を含まないという趣旨である（大コンメン35頁〔小川秀樹〕参照）。

第2講　破産手続の機関と利害関係人　　　*31*

の数が500人以上である場合は、①②の管轄（破5条1項2項）により管轄裁判所となる地方裁判所の所在地を管轄する高等裁判所の所在地を管轄する地方裁判所にも、破産手続開始の申立をすることができる（破5条8項）。設例でいえば、A社の主たる営業所の所在地を管轄する地方裁判所である熊本地方裁判所の所在地を管轄する高等裁判所は、福岡高等裁判所である。そして、福岡高等裁判所の所在地（福岡市）を管轄する地方裁判所は福岡地方裁判所であるから、A社に対する破産手続開始申立ては、福岡地方裁判所にもすることができる。

　b. 破産債権者たるべき者の数が1000人以上である場合には、東京地方裁判所または大阪地方裁判所にも、破産手続開始の申立てをすることができる（破5条9項）。すなわち、この場合には、債務者の主たる営業所ないし住所地がどこであろうとも、東京地方裁判所および大阪地方裁判所のどちらにも破産手続開始の申立てをすることができるということである。

　⑤　複数の管轄裁判所がある場合の措置　　以上のように、法が広く管轄原因を認めた結果、複数の裁判所に土地管轄権が生じる可能性がある。そこで、このような場合、破産手続開始の申立ては、いずれの裁判所に対してなしてもよいが、先に申立てがあった裁判所に専属管轄が生じる（破5条10項）として、その調整を図っている。

　⑥　移送　　管轄違いの裁判所に破産手続開始申立がなされた場合には、移送が可能である（破13条、民訴16条）。また、破産事件の管轄は専属管轄である（破6条）が、著しい損害または遅滞を避けるために必要があると認めるときにも、裁判所は、職権によって破産事件を他の裁判所に移送することができる（破7条。ただし、要件・効果は、民訴17条とは若干異なる）(2)。

　⑦　相続財産に関する破産事件の管轄　　相続財産に関する破産事件は、被相続人の相続開始時の住所地を管轄する地方裁判所が管轄裁判所となる（破222条2項）。その管轄が存在しない場合は、相続財産に属する財産所在地の地方裁判所が管轄裁判所となる（同3項）。

　⑧　信託財産に関する破産事件の管轄　　信託財産に関する破産事件は、受託

---

(2)　このような移送制度に含まれる趣旨としては4つの要素があると考えられる。すなわち、①広く土地管轄を是認した5条の趣旨を一層徹底し、申し立てられた裁判所よりも適切な管轄裁判所に移送することができるようにしたこと、②その逆に広範囲な土地管轄があることによる弊害を除去し、破産債権者等の利害関係者の利益を守ること、③本来管轄権を有しない裁判所への移送を認めたものであり（7条1号〜3号）、その点で破産法5条の例外を規定したこと、④事情変更等の結果、著しい損害または遅滞を避ける必要が生じて、係属裁判所で審理することが不適当となった場合の是正措置としての意味があるといったことである。以上につき、条解破産2版67頁以下を参照のこと。

第2章　破産手続の機関と利害関係人

者の住所地を管轄する地方裁判所が管轄裁判所となる（破244条の2第2項）。その管轄が存在しない場合は、信託財産に属する財産所在地の地方裁判所が管轄裁判所となる（同3項）。

　3）国際裁判管轄　　債務者が個人である場合には、日本国内に営業所、住所、居所または財産を有するときに限り、わが国の国際裁判管轄が認められ（破4条1項）、債務者が法人、その他の社団または財団である場合には、日本国内に営業所（主たる営業所である必要はない）、事務所または財産を有するときに限り、わが国の国際裁判管轄が認められる（破4条1項）。この場合、債務者の財産である債権については、民訴法の規定により、裁判上の請求をすることができる債権は、日本国内にあるものとみなされる（同2項）。

　相続財産の破産については、被相続人の相続開始の時の住所または相続財産に属する財産が日本国内にあるときに限り国際裁判管轄が認められ（破222条1項）、信託財産についての破産手続開始の申立ては、信託財産に属する財産または受託者の住所が日本国内にあるときに限り、することができる（破244条の2第1項）。

（4）　破産裁判所における手続

　破産手続は、迅速に多数の債権者の債権の確定を図り、かつ公平な配当をする必要から、通常の訴訟手続とは異なった種々の特色を有する。

　第1に、裁判は原則として決定でなされ、審理は、口頭弁論を開かないですることができる（破8条1項。任意的口頭弁論）。第2に、審理に当たっては職権探知主義が採られている（破8条2項）。また第3に、破産手続開始の決定は、送達ではなく、通知することで足りる（破32条3項。なお、民訴119条・255条1項参照）。さらに、送達をすべき場合でも公告をもってこれに代えることができる（破10条3項）。そして第4に、即時抗告による不服申立てが認められているが、その期間は、破産手続等について公告があった場合は公告が効力を生じた日から2週間であり（破9条）、公告がなされない場合は告知の日から1週間である（破13条による民訴332条の準用）[3]。第5に、破産手続開始の申立ては書面でしなければならない（破20条1項）[4]。なお、破産手続においては、申立て・届出・報告は一般的に書面ですることになっている（破規1条1項）。

3　保全管理人

---

[3]　なお、大判昭3・4・27民集7巻235頁は、破産事件の決定で公告しないものに対する抗告は、決定の送達から7日の不変期間内にしなければならないとする。

[4]　旧法114条では、申立ては、「書面または口頭で」できるとしていたが、口頭でなされることはほとんどなく、また手続上も書面の申立てを求めることが合理的であるとの判断から、改正された（条解破産規2頁）。

（1）　保全管理制度の意義

　法人である債務者につき、その財産の管理処分が失当であったり、債務者の財産が広い地域に散在しているといった事情がある場合、財産を包括的に管理しておく必要性は高い。そこで、破産手続開始前であっても、債務者財産につき債務者の管理処分権を喪失させることが必要かつ相当な場合があるとして、旧法下では保全管理命令が実務上発令された例が存在したといわれている[5]。さらに再建型である会社更生（旧会更39条・会更30条）および民事再生（民再79条）においてはこのようなシステムが既に設けられていた。よって、これとの平仄を清算型の破産においても維持する必要が指摘されていたことを受け、現行破産法にも導入された。

（2）　資格および選任手続

　1）資　格　　保全管理人になるべき者の資格については特別の要求はされていないが、通常は、債務者と利害関係のない弁護士が選任される。また、自然人のみならず法人もなることができる（破96条1項・74条2項）。法人が保全管理人に選任された場合には、当該法人は、役員または職員のうち保全管理人の職務を行うべき者を指名し、指名された者の氏名を裁判所に届け出なければならない（破規29条・23条2項）。

　2）選任手続　　保全管理人の選任は、債務者が法人である場合に限られる（破91条1項）[6]。また、選任は、一般の保全処分（破28条）のように「必要がある」というだけではなく、債務者の財産の管理および処分が失当であるとき、その他（破産裁判所において）債務者の財産の確保のために特に必要があると認めるときに限られている（破91条1項）。

　選任は、裁判所が、利害関係人の申立てまたは職権により行い（破91条1項）、その際には1人または数人が選任される（破91条2項）。保全管理命令に関する審理は、破産裁判所において任意的口頭弁論に基づいて行われ、裁判所は、職権で必要な調査をすることができる（破8条）。

（3）　保全管理人の地位と権限

　1）地　位　　保全管理命令により保全管理人が選任されると、債務者の財産

---

[5]　法務省民事局参事官室「倒産法制に関する改正検討事項補足説明」11頁。

[6]　これは、①債務者が個人である場合には、すべての財産を保全管理人が管理するとすれば、経済的生活の維持・継続に重大な支障を来すおそれがあり、他方で、保全管理期間中に自由財産に押す等する財産を認めたとしても、これと破産手続開始後の自由財産との関係を適切に規律することも困難であること、また、②実際の必要性も、債務者が個人である場合には通常考えにくいことを考慮したものである（小川140頁以下）。

に関する管理処分権は保全管理人に専属するものとされ（破93条1項）、裁判所の許可を得て破産管財人が行うべき行為に関する規定（破78条2項～6項）は保全管理人に準用される（破93条3項）。すなわち、保全管理人は、一般に善良なる管理者としての注意義務をもって職務を遂行する必要があるほか、保全管理命令が発せられた後における債務者の財産に関する訴訟の当事者適格を有する（破85条・80条）。さらに、郵便物の開披、交付の要求（破82条）、債務者についての調査（破83条）、職務執行に際しての警察上の援助の要求（破84条）など、破産管財人に関する多くの規定が準用されている（破96条1項）。よって、保全管理人の地位は、基本的に破産管財人のそれと同等であるといえる。

　2）権　限　　債務者の財産を管理・処分する包括的な権限を有し、破産管財人の権限に対応する権限を有する。ただし、破産手続開始前の保全管理という手続の性質から、債務者の常務に属しない行為については、保全管理人は裁判所の許可を得なければならない（破93条1項）。

4　破産管財人

（1）　意　義

　破産管財人とは、裁判所によって選任され、その監督の下に、与えられた破産財団に対する管理処分権を背景として、①破産財団の占有・管理・維持・増殖を図り、②破産債権の確定に関与し、③破産財団の換価・配当を実施する機関であり、破産手続遂行上中心的役割を担う者をいう。

（2）　破産管財人の資格および選任

　1）資　格　　破産管財人の被選任資格については法令上特別の制限はなく、その職務に適した者が選任される（破規23条1項）。ただ、裁判実務の運用としては、管財人は、弁護士の中から選任するのが一般的である[7]。自然人であっても、管財業務の高度専門性に鑑み、制限的行為能力者は除かれるであろうし、公務員も職務専念義務との関係で管財人にはなれないと解すべきである。なお、管財人

---

[7]　弁護士が選任される理由として、①破産事件は、その処理の際に、民事・刑事の法律問題の検討が欠かせないが、弁護士は、総合的な法律についての能力を有すると認められる職種であること、②弁護士は、法律事務を取り扱うための包括的な代理権を有する唯一の職種であり、訴訟を提起する頻度が高い破産管財事務においては、迅速処理の要請にもかなうこと、③破産管財人は利害関係人に公正・公平に取り扱う職責を負っているが、弁護士には高度な倫理性が要求されており、不正な行為についての自律的懲戒処分の体制も整っていて、公正さに信頼が置ける態勢を有する職種であることが挙げられている（大コンメン319頁〔園尾隆司〕参照）。なお、弁護士職務基本規程81条は、「弁護士は、法令により官公署から委嘱された事項について、職務の公正を保ち得ない事由があるときは、その委嘱を受けてはならない。」と規定している。

第2講　破産手続の機関と利害関係人　　*35*

には、自然人のみならず法人もなることができる（破74条2項）[8]。法人が破産管財人に選任された場合は、当該法人は、役員または職員のうち破産管財人の職務を行うべき者を指名し、その旨を裁判所に届け出なければならない（破規23条2項）。

2）選任手続　破産管財人は、破産手続開始決定と同時に破産裁判所によって選任される（破31条1項・74条1項）。選任される人数は、法文上は1人または数人とされているが（破31条1項）、一部の大規模な事件を除き、選任されるのは通常は1人である[9]。

裁判所書記官は、選任された破産管財人に、その選任を証する書面を発行する（破規23条3項）。

選任された管財人の氏名は公告されるほか、知れたる債権者等に通知される（破32条）。

（3）破産管財人の任務の終了

1）終了事由　破産管財人の任務は、破産手続の終了・管財人の死亡・解任によって終了する。なお、管財人が辞任した場合にも任務は終了するが、辞任するためには、正当な理由がありかつ裁判所の許可を得なければならない（破規23条5項）。

①　破産手続の終了　破産手続の終了とは、破産終結（破220条）、破産廃止（破217条・218条）、破産取消（破33条3項）、破産手続の失効（民再184条、会更208条）などであるが、これらの場合には、管財人が処理すべき事務はもはやなくな

---

[8]　従来、会社更生法（会更67条2項）および民事再生法（民再78条・54条3項）においては法人が管財人になれる旨が規定されていたにもかかわらず、旧破産法においては、これにつき明文の規定を欠いていた。そこで通説は、会社更生法や民事再生法との対比や破産犯罪の規定などから、破産管財人は自然人に限られると解していた。新法は、これを改め、法人にも破産管財人資格があることを明文で認めたものである。これにより、特に法人化された弁護士事務所などについて実際に需要があると予想されている。なお、事業再生法人（turnarounder）、監査法人や信託銀行なども法文上は管財人になることは可能であるが、管財業務には高度の法律知識が要求されることや、非行に際しての弁護士に対する懲戒処分のような手当がないことから、実際にこれらの者が管財人に選任されるのは困難な面があるといわれる（基本構造と実務101頁〔田原発言〕参照）。なお、近時、事業再生実務家協会（Japanese Association of Turnaround Professionals）が、経済産業大臣から、特定認定紛争解決事業者に認定され、事業再生ADRの実施をになうことになった。この組織は、倒産処理の高度専門家集団であり、管財人たるにふさわしい十分な資格を有するものと思われる。

[9]　注釈（上）223頁〔進士肇〕。まれにではあるが、再建を視野に入れた上で、当面の事業継続をするために、経営に強い経営管財人と、法律に強い法律管財人の2種類の管財人を選任することもあるといわれる。

るので、任務は当然に終了する。

②　死　亡　破産管財人の死亡は破産管財人が「欠けた」場合であり、当該破産管財人の任務は当然に終了する。旧破産法においては、破産管財人が死亡した場合、計算の報告は承継人がするものとされていた（旧破168条）。しかし、近年における破産管財業務の専門性の増大という観点からすれば、倒産に関する専門的な知識または経験を有しない相続人に管財業務につき計算の報告義務を負わせることは、管財業務の適正性の確保という観点からも適切ではなく、相続人にとってもこのような義務を履行する負担は大きい。よって、現行法では、計算報告は後任の管財人がするものと改正された（破88条2項）[10]。

なお、破産管財人である自然人が行為能力を失った場合、また破産管財人である法人が解散した場合ついては、当然に任務は終了するという見解と、解任または辞任で対処するのが相当であるとの見解が対立している。また、破産管財人が所在不明等で連絡が取れなくなった場合、破産管財人に就任している個人・法人が破産手続開始の決定を受けた時も同様の問題が生じるが、解任または辞任で対処するのが明確であり相当である[11]。

③　解　任　管財人の解任は、裁判所が、債権者集会の決議・監査委員の申立てにより、または職権によってなす（破75条1項）。この場合には、管財人を審尋しなければならない（破75条2項）。

2）任務終了後の処置　任務が終了した場合、管財人（または後任の破産管財人）は、裁判所に計算報告書を提出し、債権者集会への計算報告する（破88条1項）。ただし、管財人が死亡等によって欠けたときは、後任の破産管財人が計算報告書を提出する（破88条2項）。管財人任務が終了した場合において、急迫の事情があるときは、破産管財人またはその承継人は、後任の管財人または破産者が財産を管理することができるようになるまで必要な処分をしなければならない（破90条1項）。

（4）　破産管財人の職務

破産管財人は、破産者の財産について管理処分権を専属的に有しているが（破78条1項）、それを有効適切に行使するために、さまざまな職務を遂行する権利と同時に義務をも有している。主なものをあげれば、以下のようなものである。

1）破産財団の管理　破産管財人は、就職の後直ちに破産財団に属する財産

---

[10]　小川138頁。ただこの場合、報告だけが業務となる異例の破産管財人であるがやむをえない（基本構造と実務123頁〔福永有利、田原睦夫発言〕）。

[11]　条解破産2版681頁以下。なお、当然終了すると説くものとして、大コンメン374頁〔田原睦夫〕がある。

の管理に着手しなければならない（破79条）。そのために、管財人は、裁判所書記官、執行官または公証人に、破産財団に属する財産に封印をさせ、またはその封印を除去させることができる（破155条1項）ほか、破産財団に関する帳簿を閉鎖することもできる（破155条2項）。さらに管財人は、破産財団に属する財産の評定を行い（破153条1項）、評定が完了したときは財産目録・貸借対照表を作成し、これらを裁判所に提出しなければならない（同条2項）。

　2）**破産財団所属財産をめぐる法律関係の処理**　　管財人は、その就任の当時、訴訟や執行等の各種手続が係属している場合には、その処理をしなければならない（破42条〜44条・45条2項・46条・80条等）。また、破産手続開始前から継続している契約関係の処理も行う（破53条以下）。

　3）**破産債権の調査・確定への関与**　　破産管財人は、配当すべき破産債権を確定するために、認否書を作成したり、届出債権に対して異議を述べたり（破116条・117条・121条・122条・124条）、破産債権査定手続や査定決定に対する異議訴訟の追行（破125条・126条）をするなど、破産債権の調査・確定に関与する。

　4）**破産財団の増殖**　　管財人は、破産債権者に少しでも多くの配当を実現すべく、破産財団の維持・増殖に努めなければならない。そこで、否認権を行使して（破160条〜167条・170条等）逸失した財産を取り戻し、あるいは、保全処分（破24条以下）を用いるなど、財産が逸失しないように配慮しなければならない。また、場合によっては、債務者が法人である場合、管財人は、役員の責任査定の申立てをするなど、当該役員の責任を追及し（破178条）、破産財団の充実を図る必要がある。

　5）**換　価**　　管財人は、確定された破産債権者に対して、確保された財産を用いて弁済を行う。ただし、破産債権者に対する配当は金銭で行われるため、確保した破産財団に属する財産は金銭に変換されなければならない。このような金銭への変換行為を換価という。換価は、原則として破産管財人がその裁量によってなしうるが、一定の場合には、換価行為に制限が付されている（破78条2項）。

　6）**配当への関与**　　破産管財人は、得られた金銭によって、破産債権者の満足を図るのであるが、破産という異常事態においては、債務者の財産が債権者に満足を与えるためには大きく不足しているのが常態である。そこで、管財人は、配当表を作成し、平等・公平な配当が実施されるよう配慮しなければならない。管財人は、このような配当手続において中心的な役割を果たす（破193条〜196条・199条・209条等）。

　7）**債権者集会等への報告**　　破産手続は、不足する債務者の財産をめぐって、債権者の利害が鋭く対立する事態をできる限り円満に解決するための手続で

あるから、手続の円滑な遂行を図るためには、破産債権者等の利害関係人の理解と協力が不可欠である。そこで、管財人は、さまざまな場面で、裁判所や、債権者（債権者集会等）に対して、破産手続に関連する情報を開示しなければならないものとされている（破157条～159条・88条1項3項）。

8）免責手続への関与　免責許可の申立てがなされた場合の、免責不許可事由の有無や裁量免責の可否の判断に関する事実は、裁判所の職権調査事項である。しかし、破産管財人が選任されている場合には、破産者や債権者その他の利害関係人と直接接する機会の多い破産管財人に、それらの事実の有無や、免責不許可事由が存する場合の破産者の事情などを調査させることは、裁判所が適切な情報を入手するための有効な手段であることから、裁判所は、管財人に対して、これらの事由についての調査を命じることができるものとされている（破250条1項）。しかし、管財人は、それにとどまらず、裁判所の調査命令の有無にかかわらず、免責についての意見申述権が認められている（破251条1項）。

9）善管注意義務　なお、破産管財人は、上記の行為をするに際しては、善良なる管理者としての注意義務、いわゆる善管注意義務を負う（破85条）。善良なる管理者の注意とは、当該個人の能力に応じた主観的な注意ではなく、その職業・地位・資格（この場合には破産管財人としての資格）において、一般的に要求される平均的な注意をいう[12]。したがって、この注意義務は、破産管財人が、複雑な法律問題が絡み合っている破産財団に関して管理処分権を行使するという職務を遂行するにあたっての一般的に要求されるレベルの注意義務であり、かなり高度な注意義務であると解すべきである[13]。もちろん、具体的な場面において特定の職務行為がこのレベルの注意義務違反となるか否かは、その具体的事情、事案の規模や特殊性、早期処理の要請の程度等に照らして個別的に判断されることにならざるをえない[14]。善管注意義務違反が争点となった最近の事例としては、以下のようなものがある[15]。たとえば、敷金返還請求に質権が設定されていた事案において、破産管財人が、十分な銀行預金が存在しており現実にこれを支払うことに支障がなかったにもかかわらず、財団債権たる破産手続開始後の賃料および原状回復費用を支払わず、それらを敷金に充当する旨の合意をなし、質権の対象債権たる敷

---

[12]　最判平18・12・21民集60巻10号3964頁〔百選5版19事件〕。

[13]　伊藤3版192頁以下は、破産管財人に選任されるのが法律事務取扱の専門職である弁護士であることを前提とすれば、破産財団の管理や換価、財団債権の弁済、破産債権の配当などについて十分な意を払い、受任した破産事件について弁護士としての使命と職責（弁護士1条・2条）にかなった行動をとったかどうかを基準とする、という。

[14]　破産民再実務3版破産165頁以下。

[15]　条解破産2版664頁～668頁が詳しい。

金返還請求権を消滅させた事案につき、判例は、管財人は、破産者が質権者に対して負っていた義務（いわゆる担保価値維持義務）を承継するとしたうえで、管財人はこの義務には違反するとしつつも、結論としては善管注意義務違反を否定した[16]。その他、取戻権の対象となる物の保管行為の事例[17]、破産手続終結間際に租税債権の交付要求がされた事案において、管財人がその支払いをしないまま一般債権の配当を行って破産手続を終結した事例[18]、管財人が裁判所の許可を得てなした不動産の売却が不当な廉価売却であると主張された事例[19]などがある。

　管財人が複数選任されている場合は、原則として共同でその職務を行うが（破76条1項本文）、裁判所の許可を得ることによって、それぞれ単独に職務を行なったり、分掌したりすることができる（同条但書）。管財人は必要があるときは、裁判所の許可を得て、自己の責任において1人または数人の代理人を選任することができる（破77条1項2項）[20]。

　なお、職務執行に当たり、破産管財人は、費用の前払いおよび裁判所が定める報酬を受けることができる（破87条1項）。その報酬は実務では、形成された破産財団の規模を基準としつつ、事案ごとに、破産管財業務の内容、その難易度・手間、迅速性、職務遂行の適切さ、配当額や配当率との均衡等の様々な個別事情を考慮して算定されている[21]。なお、「報酬」は、破産法148条1項2号所定の「費用」に該当し、最優先の財団債権（破152条2項）として破産財団から弁済される。

（5）　管財人の法的地位

　この議論は、20世紀初頭にドイツにおいて活発になされたものであり、それがわが国の学界に対しても大きな影響を与えた。しかし、この論争は、破産管財人をめぐる破産手続の内部的な法律関係を、いかに矛盾なく、統一的・体系的に説

---

[16]　最判平18・12・21民集60巻10号3964頁〔百選5版19事件〕は、義務違反になるか否かは見解によって結論の異なりうる問題であり、学説や判例も乏しかったことおよび裁判所の許可を得て行っていることを考慮すると、善管注意義務には違反しないとした。

[17]　東京高判平9・5・29判タ981号164頁は、一般論として、取戻権者にこれを引き渡すまでは、毀損、紛失等をすることのないようにしてこれを保管すべき注意義務があるとしたが、当該事案においては、善管注意義務違反を否定した。

[18]　最判昭45・10・30民集24巻11号1667頁は、善管注意義務違反を肯定した。

[19]　東京地判平8・9・30判タ933号168頁は、善管注意義務違反を否定した。

[20]　実務では、複雑かつ大規模な事件処理の必要性を満たすためには、破産管財人を数人選任するよりも、むしろ破産管財人代理が選任される場合が多いといわれる（大コンメン328頁〔中澤智〕参照）。旧165条1項では「臨時故障アル場合ニ於テ」との要件が規定されていたが、現行法ではその場合に限らず、「必要があるとき」とされたものであり、要件が旧法に比べて緩められている。

[21]　破産民再実務3版破産174頁、注釈（上）611頁〔国分史子〕参照。

明するかという、多分に観念的かつ理論的な精緻さを競う議論であった。しかし、そこでなされている議論のうちどの見解を採ったとしても、問題となる場合の多くについては、それぞれ明文の規定があり、議論の結果が直接に具体的な法律効果に対して何らかの影響を及ぼすということはあまりない。その意味で、この論争はあまり実益のあるものとはいえない。ただ、学説史的な意味も含めて、以下ではいかなる見解が展開されてきたかを概観してみよう[22]。

① 代理説　管財人を、ある特定人の代理人と構成する学説の総体である。これには、債権者（または債権者団体）代理説、破産者代理説、破産者および債権者代理説[23]がある。しかし、管財人は、適正かつ公平な清算を目的とする職務を有する中立的な機関であり、その職務を誰かの代理人と構成することは理論的に無

---

[22]　学説状況については、条解破産2版574頁～577頁、講座2巻37頁〔水元宏典〕、理論と実務140頁以下〔垣内秀介〕等を参照のこと。

[23]　①債権者（または債権者団体）代理説とは、破産手続開始決定に基づいて、個々の破産債権者または全体としての破産債権者（すなわち債権者団体）が破産財団の上に差押質権または破産差押権を取得するとの理論に立ち、管財人は破産債権者のためにこれを代理行使するものであると説明する見解である。これに対しては、ⓐ包括的な差押質権なる概念は、個別執行においても優先権を認めないわが法の下においては根拠に乏しい。ⓑ否認権の行使のように、管財人と破産債権者との利害が対立する場合の説明が困難である。ⓒ破産財団の管理処分権が破産債権者に帰属することになると、破産手続は自力執行ないし破産債権者による清算手続になってしまう。ⓓ破産法80条が、管財人を当事者と規定していることと調和しない。ⓔ管財人の行為に対し破産債権者が責任を負わなければならないことになる。ⓕ鋭く利害が対立している債権者間に債権者団体なるものを観念し、それに法主体性を認める根拠に乏しい等の批判が加えられている。
　②破産者代理説とは、管財人を破産者の代理人とみる見解である。これは、破産財団所属財産の権利主体が破産者であることを根拠とするものであり、ドイツではかつて通説であったとされる（条解破産2版574頁以下）。これに対しては、ⓐ管財人が否認権を行使すると、破産者の代理人でありながら破産者の行為を否定することになり、説明が困難である。ⓑ管財人が破産者を雇用するなど、管財人あるいは破産財団と破産者との法律行為が生じるような場合、破産管財人が破産者の代理人としてこれを行っているとみることには、理論的な無理があろ。ⓒ破産法80条は、管財人を代理人としてでなく当事者と規定している。ⓓ破産手続は包括執行であるのに、私人の代理人とすることは適当ではない、等の批判がなされている。
　③破産者および債権者代理説とは、管財人はその権限の一部については破産者を代理し、一部は破産債権者を代理するとみる見解である。しかし、この区分については見解が分かれ、ⓐ破産財団の管理その他一般には破産者を代理し、否認権の行使については破産債権者（またはその団体）を代理するとする説と、ⓑ破産財団の管理および否認権の行使について破産債権者（またはその団体）を代理し、届出債権に対する異議については破産者を代理するとみる説がある。しかし、これらの説に対しては、①②説に対する批判がそのまま当てはまるであろう。

第2講　破産手続の機関と利害関係人　　41

理があるほか、破産法 80 条は、管財人自らが訴訟当事者となることを規定してお
り、実定法解釈上も無理があるほか、破産財団の範囲をめぐって破産者と破産管
財人の間に争いが生じた場合の処理や、破産者が行った行為をその代理人である
破産管財人が否認できることの説明も困難である。このような点から、現在では
この説をとる者はあまりいないと思われる。

　② **職 務 説**　　職務説は、破産管財人に選任された私人が、その職務として、
自己の名において破産財団の管理処分の権能を行使するものであるとする。法主
体としては、あくまで本来の個人や法人であるが、その職務として破産法上の権
能の行使が認められるとするところに特徴がある。これは、代理説に対して、職
務の中立性をうまく説明し得ている点で評価される。なおこの説は、職務の性質
に着目して、公法上の職務説と、私法上の職務説[24]に分かれる。公法上の職務説
に対しては、破産管財人を執行官のような執行機関と同視することはできないと
の批判が加えられている。また、私法上の職務説に対しても、破産管財人が「自
己の名において」行為するといっても、法律行為や訴訟において破産管財人たる

---

[24]　①公法上の職務説（国家機関説）とは、管財人を、破産債権者のための執行機関（国
家機関）と捉える見解であり、管財人の職務が破産債権者の権利を満足させるために破
産者の財産を換価するという内容を含むので、理論的には、この考え方も一応の根拠が
あり、かつての有力説であった。しかし、この説に対しては、ⓐ包括的な強制執行とし
ての一面のみを重視しすぎており、清算手続としての性質を看過している。ⓑ管財人は、
裁判所により選任されその監督に服するが、裁判所によって選任されその権限が法定さ
れている者が常に公務員であるわけではない。ⓒ財団の占有・管理について管財人は何
ら強制的権限を与えられていないのであるから、執行官のような執行機関と同一視する
ことはできない。ⓓ破産法 80 条は管財人を当事者としているが、執行法上、執行機関が
独立して訴訟当事者の地位につくことはありえない。ⓔ私人が管財人として手続の目的
に沿って管理処分権を行使する面を無視している、といった批判がなされている。
　②私法上の職務説（国家事務を委託された私人説、狭義の職務説）とは、管財人は、
裁判所の選任に基づき、国家に対する職務上の義務の履行として、自己の名において法
律に認められた財産の管理権能を行使する者であると説く見解である。これは、管財人
の地位は民事訴訟におけるいわゆる職務上の当事者の地位に照応するもので、財団財産
の管理処分権を有する独自の主体として、自己の名において破産事務を処理するもので
ある。しかしこの見解に対しても、ⓐ管理処分権の帰属（破 78 条 1 項）、双方未履行の
双務契約に関する解除権の帰属（破 53 条 1 項）、否認権の帰属（破 173 条 1 項）、財団債
権の債務者など、破産実体法上の権利義務の帰属を考えれば、破産管財人に選任される
私人ではなく、破産管財人自体に人格を認める方が妥当である。ⓑ権利帰属主体（破産
者または破産債権者）の利益を保護する職務上の当事者という捉え方では、破産管財人
の行為の効力がなぜ破産財団に帰属するのかという点につき、説明が不十分である。ⓒ
自己の名において行為するといっても、とくに法律行為や訴訟において、管財人たる資
格を表示すべきであるとすれば、代理人と異なるところはない、等の批判がなされてい
る。

資格を表示すべきであるとすれば、代理説と大差はないといった批判がなされている。

③　破産財団代表説（破産財団主体説）　　破産財団を破産清算の目的のために破産手続開始決定によって成立する独立した特別財産であると考え、これに法人格を認め、管財人をその代理人または代表者（機関）と見る見解[25]であり、従来の通説であり、かつ、現在でも有力である。この説によれば、否認権の主体は破産財団であり、また財団債権は破産財団の債務であるとみられ、その効果が代表機関である破産管財人の行為を通じて破産財団に帰属することなど、各種の法律関係を矛盾なく説明できる。たとえば、破産法160条が「破産財団のために」否認すると規定し、同法238条1項・42条2項が「破産財団に対しては」効力を失うといったような規定をしていることが、無理なく説明しうる。しかし、この見解に対しては、ⓐ破産財団に属する個々の財産は権利の客体であるにもかかわらず、それによって構成される破産財団を権利主体と認めることができるか、ⓑ法律の明文規定なくして法人格を認めることには無理がある。ⓒ破産法80条は明らかに管財人が訴訟の当事者になると規定しており、破産財団代表説の説明は、この文言に適合しない。ⓓ破産者の財産についての所有権などが法人に実質的に移転すると説くとすれば、それは過大な構成である、等の批判がなされている。

④　破産団体代表説　　破産清算の目的のために、破産者および破産債権者によって構成される破産団体なる権利能力なき社団の成立を認め、破産管財人をその代表機関であるとする見解である[26]。この説に対しては、破産管財人の職務が利害関係人の権利の調整であるとする点では、この考え方にも合理性があるが、破産者および破産債権者を包摂した破産団体なるものが観念できるかという点に疑問があるとの批判がなされている。

⑤　法定信託説　　この見解は、信託財産たる破産財団の清算を委託する破産者を委託者、清算を引き受ける破産管財人を受託者、清算によって利益を受ける破産債権者を受益者とする法定信託が成立すると説く[27]。この説は、私的整理における債権者委員長や民事再生や会社更生における管財人の地位と破産管財人の地位とを整合的に説明できること、あるいは内部的法律関係と外部者との実体的法律関係における破産管財人の地位とを統一的に説明できるなどの利点が認められるが、法定信託成立に関する明文の根拠を欠くことが難点であるといわれる。

---

(25)　兼子一「破産財団の主体性」民事法研究1巻（弘文堂書房・1940年）421頁以下、中田79頁・180頁、演習破産107頁〔桜田勝義〕等。

(26)　宗田親彦「破産団体理論」破産法研究（慶應通信・1995年）390頁以下。

(27)　霜島54頁以下、加藤6版78頁以下、中島95頁以下等。

⑥　管理機構人格説　　この見解は、破産管財人の概念に、破産財団の管理機構とその担当者の2つの意義を認め、管理機構としての破産管財人は、破産手続開始決定による破産財団の成立にともなって当然に備わるが、その担当者としての管財人は、裁判所の選任によって就任または解任される、とする。そして、前者を法人とし、その根拠を破産財団主体説によって説かれているところを援用するものである。これによれば、破産財団所属財産は破産者に帰属し、破産債権の債務者は破産者であるが、それらについての管理処分権は管財人に帰属し、また、財団債権については、管理機構としての破産管財人が債務者となる[28]。この見解は、否認権や双方未履行の双務契約についての履行・解除の選択権の行使権が管財人に帰属するとの規定（破173条・53条1項）や、破産財団に属する財産の管理処分権が管財人に帰属していること（破78条1項）、財団に関する訴訟では管財人が当事者となること（破80条）、届出債権に対して管財人が異議を述べること（破124条1項）等の実定法規定とも整合性があり、現在では通説的地位を占めている見解といえるであろう。

　ただ、この見解に対しては、以下のような批判がなされている。すなわち、ⓐ法律の明文規定なくして管理機構としての管財人に法人格を認めることには無理がある[29]ことのほか、ⓑ破産財団の法主体性を認めるかのような規定（破148条1項4号・5号・50条2項・32条1項4号など）に反してまで、管理機構に法人格を認める意義に乏しい。ⓑ技巧的すぎる。ⓒ破産財団に当たるものがない会社更生手続におけるの更生管財人と破産管財人とを統一的に説明できない、等である。

（6）　破産管財人の第三者性

　実体法上、第三者を保護する旨の規定が存在する（民94条2項・96条3項・177条・178条・333条・304条・467条2項・545条1項但書、借地借家10条、手形17条等）。この場合、破産管財人が、そのような第三者に該当するか、という問題が生じて

---

[28]　山木戸80頁以下、谷口59頁以下、伊藤3版203頁、条解破産2版577頁。

[29]　理論と実務142頁以下〔垣内秀介〕は、管理機構としての破産管財人に管財人個人とは別個の法人格を認めることの意義は、破産管財人個人の責任財産から分離された固有の責任財産を管理機構たる破産管財人に認めることにあるとすれば、その効果は、破産管財人には財団所属財産の管理処分権のみが帰属し、所有権は帰属しないとの構成によってすでに達成されているのであり、あえて明文上の根拠なく管財人に法人格を認める必要性は疑わしい。しかも、同説の説くように、財団債権の債務者が破産者ではなく管理機構たる管財人であるとすると、管財人は他人である破産者の財産をもって自己の債務を弁済できることになるが、このことは、管理処分権移転の当然の帰結とは言い難く、この点に関しては、むしろ私法上の職務説によって財団債権の債務者が破産者であると構成しつつ、債務の性質ごとに責任限定の有無を考察する方が、理論として簡明であるという。なお、松下淳一「財団債権の弁済」民訴雑誌53号58頁以下参照。

いる。そこで、破産管財人がそのような場合における第三者に当たるかという問題を、破産管財人の第三者性の問題という。この問題は、広くは、破産管財人の法的地位をめぐる議論の一環をなすものではあるが、議論の結果がストレートに具体的な結果にも影響するものであり、前述した破産管財人の法的地位をめぐる問題よりも、その議論の実益は大きいといえよう。

この問題につき、従来は、破産管財人の法的地位の議論からストレートに結論を導く傾向にあった。しかし、近時では、同じく破産管財人の法的地位に関する問題ではあっても、破産手続の内部的法律関係に関する議論とはまったく次元を異にし、管財人の第三者性の問題は、破産手続の主たる受益者である破産債権者と外部の第三者との公平という観点から決定される、とする見解が有力に主張されている[30]。その際、破産管財人の法的地位には3つの側面があることに注意をしなければならない[31]。

まず第1は、破産者と同視され、または破産者の一般承継人として規律される破産管財人である（破産者の一般承継人としての破産管財人）。すなわち、破産手続開始によって破産管財人が管理処分権を付与されても、権利義務の帰属自体には何ら変更がないとすれば、第三者との関係において破産管財人を破産者と区別して取り扱うべき理由がない。よって、原則として、破産管財人の法的地位は破産者と同視される。すなわち、破産手続開始前に破産者と何らかの法律関係を結んでいた第三者から見れば、相手方の破産という自分には無関係の事由によって法律関係の内容が変更されることを受忍する理由に乏しく、第三者が破産者に対して主張することができた法律上の地位は、原則として破産管財人に対しても認められるべきである[32]。また逆に、破産管財人が第三者に対して主張できる法律上の地位は、破産者が主張し得た範囲に限られるべきである。

しかし第2に、破産管財人は、単に破産者の一般承継人の地位にあるだけでなく、破産債権者の利益代表者でもある（債権者の利益代表としての破産管財人）。すな

---

(30) 伊藤3版325頁以下、最判昭48・2・16金法678号21頁〔新百選24事件（小林秀之）、百選4版16事件（高見進）、百選5版17事件（栗原伸輔）〕を参照。なお、この問題については、実務大系(6)164頁以下〔櫻井孝一〕、新実務大系(10)70頁以下〔瀬川卓男〕、条解破産2版577頁〜596頁等が詳しい。

(31) この旨を指摘するのは、伊藤3版326頁以下。

(32) たとえば、破産者に属さないために返還しなければならない財産は、その所有者が管財人を相手方としてその返還を求めることになるし（破62条）、訴訟の係属中に当事者の一方が破産した場合、その相手方は、破産債権を除くもののほかは、管財人を相手方として訴訟を続行することができる（破44条2項）。また、双方未履行の双務契約についての規律も、破産者と相手方との破産手続開始決定の時点での法律関係を前提として、相手方と管財人の間のそれに切り替えられるのである（破53条）。

わち、そのような地位の実現のために、破産管財人には、破産財団に属する財産に対して排他的な管理処分権が認められており（破78条1項）、この管理処分権を行使することにより、破産債権者に少しでも多くの満足を与える義務を負っている。その点から、管財人には、財団財産に対する差押債権者と類似の法律上の地位が認められるべきである。

　第3には、破産管財人に対し、破産法その他の法律によって特別の地位が与えられることがある（法律上特別の地位にある者としての破産管財人）。たとえば、第三者が破産手続開始後に破産者の財産について登記を得た場合であっても、その者が破産手続開始について悪意であれば、破産管財人は、その第三者の権利を否定することができる（破49条1項但書）。あるいは、破産手続開始前に登記がなされていても、否認権の行使によって（破160条以下）第三者の権利を否定することもできる等である。

　このように破産管財人には、以上述べた3つの側面があるが、まず、外部の第三者との法律関係を考えた場合、破産財団所属財産の所有権が破産者に帰属しているという状態が、破産手続の開始によって変動するものでない以上、基本的には第1の側面が妥当するであろう。しかし、実体法規がある法律関係について差押債権者に特別の地位を与えているような場合には、第2の基準が適用される。さらに破産法その他の法律が破産管財人に対し特別の地位を認めている場合には、第3の基準による。以上のような破産管財人の第三者性の問題を、次のような若干の例を用いて考えてみよう。

　1）不動産の物権変動と第三者性（民177条）　① まず、売主Aが買主Bに土地を売却し、それに対してBが代金を全額弁済した後にAに破産手続が開始

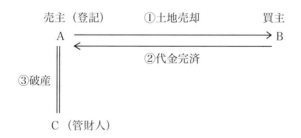

され、Cが破産管財人に選任された場合を考えてみる。この場合、Bはみずからの所有権の取得を主張するのに対し、Cとしては、破産債権者全員の利益のために当該土地が破産財団に属していることを主張することに、正当な利益と権限を有するものであり、その意味でBC間の利害は鋭く対立している。したがって、

この場合には、上記第2の側面により、破産管財人は民法177条の第三者であると解される[33]。ただし、第三者（この場合では管財人C）が背信的悪意者にあたる場合には、物権変動を登記なくして対抗できるとするのが判例・通説であり、この理は差押債権者にも適用される[34]。

したがって、実際にはまれであろうが、破産管財人が背信的悪意者に当たると評価されるような場合には、破産管財人の地位は、差押債権者のそれと同様に考えることができるから、物権変動者は登記なくして破産管財人に対抗することができると解される。さらに、借地借家法10条の、建物登記による借地権の対抗要件についても、判例・通説は、建物登記による借地権の対抗要件を具備していない借地権者は、土地につき差押債権者類似の地位に立つ破産管財人にその借地権を対抗できないと解している[35]。

なお、注意すべきは、破産管財人については、対抗問題を考える場合、Bが所有権移転登記を得るのと、Aに対して破産手続開始決定がなされるのと、いずれが早いかということによって決せられるという点である（破30条2項参照）。なぜならば、破産手続開始の登記には、破産手続開始の事実を公示・警告することにより、取引の混乱を防止するために事実上の効力を有するにとどまる[36]にすぎず、

---

[33] 不動産を売却したが移転登記が未了の間に、売主の債権者が当該不動産を差し押さえた場合に、差押債権者は、買主にとって登記がなければ物権変動を主張できない民法177条の第三者に当たるとするのが判例（大判明41・12・15民録14輯1276頁）・通説（我妻『新訂物権法』（岩波書店・1983年）158頁、中野『民事執行法〔増補新訂6版〕』（青林書院・2010年）398頁等）である。そして、個別執行である差押えも、包括執行である破産も、債務者の財産から債権者が満足を得る手続である点では変わりがない。その意味で、実体法上差押債権者の地位が保護されるべき場合には、その趣旨に照らして、破産管財人も、破産手続開始の効力として、その時点における差押債権者と同様の地位が認められるし、また、破産手続開始前に債権者のうちのある者が現実に差押えを行っている場合には、破産管財人は、その効力を援用することが許される。

[34] 大判昭9・3・6民集13巻230頁。なお、背信的悪意者の悪意の認定基準については、最判平18・1・17民集60巻1号27頁を参照のこと。

[35] 最判昭48・2・16金法678号21頁〔百選5版17事件〕。なお、条解破産2版583頁参照。

[36] 大コンメン1105頁〔高山崇彦〕、条解破産2版1716頁。ちなみに、個人については破産法258条1項があるが、法人については、破産財団に所属する財産については、登記の記入がなされない。

なお、最判昭48・2・16金法678号21頁〔百選5版17事件〕は、破産者Aから土地を借りて建物を建てていたが対抗要件を備えていなかったBに対し、破産管財人Cが建物収去土地明渡しを請求した訴訟において、「破産管財人は・・・破産債権者の利益のために独立の地位を与えられた破産財団の管理機関であるから、建物保護ニ関スル法律1条にいわゆる第三者に当たるものと解すべきである。・・・本件破産宣告（破産手続開

対抗要件の意義を有するものではないから、対抗力を判断する際に、破産の登記を要求するのは妥当ではないと考えられるからである。なお、動産物権変動の対抗要件は引渡しであり、この理は、原則として、その場合についても妥当する。しかし、物権変動者は占有改定による引渡しによって第三者に対抗できることから、実際に問題となることは少ない[37]。

② それに対して、まず売主Aが買主Bに土地を売却し、それに対してBが代金を全額弁済した後にBに対して破産手続が開始され、Cが破産管財人に選任さ

れた場合を考えてみよう。この場合は、Aは既に土地の代金を全額取得しており、自ら土地の所有権を主張する利益を有しない。また、Cとしては、全破産債権者のために当該土地が破産財団に属することを主張することは当然であり、AC間には利害の対立はない。したがって、この場合にはAとCは対抗関係に立つものではないから、上記第1の側面から、Cは、Bの一般承継人と同じ立場で、Aに対して当該土地が破産財団に属していることを主張することができると解される。

2）債権譲渡と第三者性（民467条2項）　AがYに商品を売却し代金債権を取得したが、Aはその代金債権をZに譲渡すると共に、簡易書留郵便でYに対し債権譲渡の通知をした。その後、Aに対して破産開始決定がなされ、Xが管財人に選任されたとしよう。そこでXが、確定日付のある証書による通知ないし承諾でなければ（民467条2項）、第三者たる自分には債権譲渡をもって対抗することができないとして、Yに対し、本件債務・損害金の支払いを求めたような場合、対抗関係はどのようになるだろうか。この場合においても、Yは、当該債権は既に

始決定）にもとづく破産の登記前に本件土地賃借権の対抗要件たる登記手続を経由していないのであるから、Bらは破産管財人たるCに対し右賃借権をもって対抗できない」と述べるが、本文で述べたように、破産の登記は、対抗要件としての意味を持たないから、対抗問題を破産の登記との前後で考える必要はあるまい。

(37) 条解破産2版583頁。

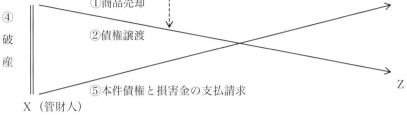

破産財団には属していないことを主張する利益を有しているのに対し、Xとしては、その背後にいる全破産債権者の利益代表として、当該債権が依然として破産財団に属していることを主張する正当な利益を有する。したがって、XとYとの関係は対抗関係となり、上記第2の側面から、Yに対する債権譲渡の通知が確定日付のある証書でなされないかぎり、Xに対してはZへの債権譲渡の効力を主張することはできないと解される。ちなみに、類似の事件につき、判例[38]は、破産管財人は、差押債権者と同様の地位にあることを理由に、第三者に当たると解し、Yは、破産手続開始決定前に民法467条2項の要件を満たした債権譲渡の通知を受けていない限り、Zが正当な債権譲受人であることを、Xには対抗できないと解した。学説も多くはこの見解に賛成している[39]。なお、債権譲受人（Z）は、民法467条の規定によるほか、動産債権譲渡特例法に基づく登記があれば破産管財人に対抗できる[40]。また将来債権譲渡につき対抗要件を具備していた場合には、その後の将来債権の処分および現実に発生した債権の処分につき対抗要件具備を主張できると解されている[41]。

　3）虚偽表示と第三者性（民94条2項）　AとBが土地につき仮装譲渡契約を締結し、登記を移転した後にBにつき破産手続開始決定がなされ、Cが管財人に選任された場合、AがCに対し、虚偽表示による無効を主張し、当該土地の返還を請求しうるか、という形で問題となる。この点に関し、民法94条2項は、虚偽表示の無効をもって善意の第三者に対抗することができないと規定している。

---

[38]　最判昭58・3・22判時1134号75頁〔百選5版18事件〕。
[39]　条解破産2版584頁、我妻・物権544頁、奥田昌道『債権総論〔増補版〕』（悠々社・1992年）455頁、山木戸145頁等。
[40]　条解破産2版584頁。
[41]　最判平13・11・22民集55巻6号1056頁、最判平19・2・15民集61巻1号243頁参照。

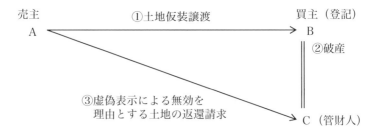

　そして、判例・通説は、破産管財人は、差押債権者と同様の地位にあることを理由に、第三者に当たると解している[42]。この場合、管財人Cは破産債権者全体の利益をになっており、その意味で、登記のある当該土地がBの破産財団に属していることを主張するについては正当な利益を有するといえよう。しかも、この場合、Aは虚偽表示の当事者であり、その利益を保護する必要性はそれほど強くないといえる。したがって、管財人を第三者であると解する判例・通説の立場は妥当である。

　次に、管財人が第三者に当たるとしても、誰を基準として善意・悪意を判断するのかという問題がある。これにつき学説においては、破産管財人自身の善意・悪意を基準とする考え方と、破産債権者を基準として、包括執行としての性質から、破産債権者の中に1人でも善意の者があれば、破産管財人はその地位を援用できると解する考え方が対立しているが、後者が通説である[43]。したがって、破産手続開始決定時を基準時として、破産管財人は、破産債権者のうちで1人でも善意の者がいることを立証すれば、無効の主張を斥けることができる。

　4）詐欺と第三者性（民96条3項）　Aが、Bの詐欺行為によってある土地をBに譲渡した後に、Bに対し破産手続開始決定がなされ、Cが破産管財人に選任された場合、Aは、詐欺を理由にAB間の契約の取り消し、Cに対して当該土地の返還を請求することができるか、という形で問題となる。

　すなわち、民法96条3項は、詐欺による取消しは、善意の第三者に対抗することができないと規定しており、管財人がその第三者に当たるかという問題である。これについては見解が対立しており、①破産管財人は、差押債権者と同様の地位

---

[42]　大判昭8・12・19民集12巻2882頁、最判昭37・12・13判タ140号124頁〔百選初版26事件〕、最判昭42・6・29判時491号52頁等。条解破産2版585頁等。

[43]　条解破産2版585頁以下、伊藤3版334頁、新基本コンメン177頁〔長谷部由起子〕、注釈（上）518頁〔佐藤昌巳〕等。なお、学説の対立については、注解3版570頁〔野村秀敏〕参照。

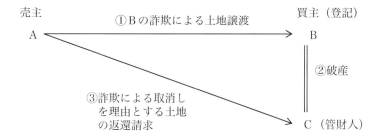

にあること、また、詐欺によって作出された資力の概観を責任財産として信頼した差押債権者、およびそれと同様の地位を認められる破産管財人を、取引行為によって目的物について権利を得た者と区別することができるかどうか疑問であることから、両者を異なって扱うべきではないとして、第三者に当たり、善意・悪意の判断については、虚偽表示の場合と同じく、破産債権者の中に1人でも善意の者があれば、破産管財人は善意を主張できると解する見解[44]と、②虚偽表示の場合とは異なり、被害者保護の要請や公平の理念からAを保護する必要性が高いこと、他方、破産債権者は、その財産につき担保権等を取得したわけでもなく、それにつき一般的・抽象的利益を有するにすぎないこと、民法96条3項の第三者は取引行為にもとづいて新たな利害関係に入った者に限定すべきであること等を理由に、破産管財人はここでいう第三者には当たらないとする見解[45]も有力に唱えられている。思うに、民法94条2項も同96条3項も、同じく外観主義に基づく条文であり、破産者名義の不動産登記がなされていることを信頼して破産者に対して債権を取得するに至った破産債権者は等しく保護されるべきである。その意味で、とくに民法96条3項のみを取引行為にもとづいて新たな利害関係に入った第三者に限定して適用されると解することに合理的な理由はない。しかし、仮に民法96条3項の適用を取引行為にもとづいて新たな利害関係に入った者に限定するとしても、破産債権者の利益を一身に背負っている管財人の法的地位からすれば、破産管財人は、広い意味で、破産債権者と同じく、取引行為にもとづいて新たな利害関係に入った者とみることもあながち不可能ではあるまい。したがって、破産管財人をここでいう第三者とみることが妥当であり、①説に賛成したい。この場合の善意・悪意の判断基準については、虚偽表示について述べたとこ

---

[44] 伊藤3版334頁、中島224頁、倒産法概説2版185頁〔沖野眞已〕、条解破産550頁、注釈（上）519頁〔佐藤昌巳〕等。

[45] 注解3版（上）571頁〔野村秀敏〕、基本コンメン38頁〔池田辰夫〕、谷口133頁、演習破産318頁〔竹下守夫〕、実務大系（6）175頁〔櫻井孝一〕等。

ろが妥当する。

5）融通手形の抗弁（手形17条・77条1項1号）と第三者性　手形法17条・77条1項1号は、「振出人其の他所持人の前者に対する人的関係に基づく抗弁を

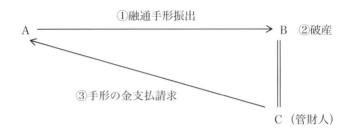

以て所持人に対抗することを得ず」と定めている。そこで、たとえば、AがBの依頼を受けて、Bへの資金融通の手段として約束手形を振り出し（融通手形）、その後、Bに対し破産手続が開始されCが破産管財人に選任された場合、CがAに対して手形金の支払いを請求してきたときに、Aは、融通手形の抗弁（原因関係不存在の抗弁）を対抗することができるか、という問題が生じる。この問題につき、判例・通説は、本条に基づく人的抗弁の切断は、裏書譲渡という手形本来の流通方法によって手形を取得した譲受人を保護するためのものであるから、このような方法で手形債権を取得した者ではない手形債権の差押債権者や破産管財人は、同条による保護は受けられないと解している[46]。

したがって、融通手形の所持人が、同手形を割り引かないまま破産手続開始決定を受けたときは、手形の振出人が人的抗弁を主張する限り、破産管財人は振出人に手形金の請求はできない。そうである以上、破産管財人は、振出人との関係でその融通手形を第三者に割り引くことも許されないと解するのが相当であり、手形は振出人に返還すべきである[47]。

6）契約の解除と第三者性（民545条1項但書）　民法545条1項は、当事者の一方がその解除権を行使したときは、各当事者は、その相手方を原状に復させる義務を負うと定め、但書で、「ただし、第三者の権利を害することはできない。」と定める。そこで、破産管財人が、ここでいう「第三者」に当たるか否かが問題となる。この問題をめぐっては、2つの場合を分けて考えることができる。

①　1つは、売主Aが買主Bに土地を譲渡したが、その後、Bの代金不払いと

---

[46] 最判昭46・2・23判時622号102頁〔百選4版18事件〕。なお、手形債権の差押債権者については、大判昭12・1・16新聞410号13頁。

[47] 条解破産2版594頁。

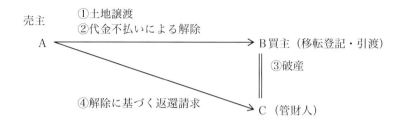

いう債務不履行を理由としてAは当該売買契約契約を解除した後に、Bに対して破産手続開始決定がなされCが破産管財人に選任された場合である。この場合、通説[48]によれば、売主と破産管財人との間は二重譲渡に類似した関係となり、民法177条が適用されると解する。したがって、Bに対して破産手続が開始する前に、移転登記の抹消がなされていない限り、AはCに対して解除に基づく目的物の所有権を破産管財人に対抗することができず、したがって、返還請求も認められない。

② 第2は、売主Aが買主Bに土地を譲渡したが、買主Bに対し破産手続開始決定がなされCが破産管財人に選任された後に、Aが破産手続開始決定前の代

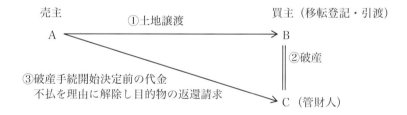

金不払いを理由に契約の解除を主張し、目的物の返還を求めるような場合である。

この場合の破産管財人は、解除権が行使される前、破産手続開始時に差押債権者と同様の地位を取得したものとみなされ、近時の一般的解釈が民法545条1項但書の第三者は差押債権者を含むとしている[49]ことを前提とすれば、破産管財人も差押債権者と同様の地位を有するから、民法545条1項但書の第三者に当たり、売主は、管財人に返還請求することはできないことになる[50]。

---

[48] 伊藤3版335頁、山木戸145頁、演習破産317頁〔竹下守夫〕、谷口知平=五十嵐清編『注釈民法〔新版補訂版〕(13)』(有斐閣・2006年)885頁〔山下末人〕。

[49] 名古屋高判昭61・328判時1207号65頁参照。

[50] 伊藤3版335頁以下、演習破産317頁〔竹下守夫〕等通説である。

5 債権者集会

(1) 意義と法的性質

債権者集会とは、債権者が破産者を糾弾・追及する場ではなく、株主総会のように、債権者が集まって債務者の清算の方法やそのやり方を議論するという場でもない。むしろ債権者集会は、裁判所が招集し、その指揮の下で開催される、以下のような多面的な機能を有する会議である。すなわち、債権者集会は、まず、①破産手続の直接の利害関係人である破産債権者に対し、破産手続に至った状況や破産財団に関する経過や現状等につき情報を開示する場として機能する。他方で、②破産管財人の業務に関する重要事項につき共同の意思決定を行う場として機能する。さらに、③破産管財人の業務執行を監督する機会を与えること等をも目的としているのである。

このような多面的な機能を有する債権者集会の法的性質をどのようなものとみるかについては見解が対立している。第1の見解は、債権者団体という性格を否定し、債権者集会は期日ごとに成立する事実上の集合体であると見る立場であり、現在の通説である。この見解は、その理由として、①債権者団体の法主体性が実定法上認められていないこと、②債権者の利害が常に共通しているとは限らず、利益の共通性を前提とする債権者団体の観念が成立しない、という点をあげる[51]。第2の見解は、債権者集会をもって破産債権者団体の機関とするものであり、近時再び有力になりつつある[52]。この見解は、①確かに、集会が活動するのはそれぞれの期日であるが、その前提として、破産債権者間の情報交換および意見形成のための活動が期日前ならびに期日間にも行われているはずであり、債権者自治に基づく手続機関としての債権者集会を期日ごとに別個のものとみるのは不自然である。②現行法においては書面投票が認められ（破139条2項2号）、期日が開催されない可能性などを考えれば、債権者集会の基礎として、債権者団体の観念を認めることが合理的である。③通説は債権者団体に法主体性を認めるのは困難であるというが、債権者団体がその機関たる債権者集会を通じて外部の第三者と法律関係を結ぶわけではないから、法主体性を与える必要はない。④団体構成員たる破産債権者の利害が常に共通するわけではないと批判されるが、これは各種の団体に常にみられることであり、それゆえ団体性を否定する根拠とはなりえない[53]、といった諸点をあげる。

---

[51] 中田205頁、山木戸86頁、加藤6版83頁、注解破産（下）362頁〔谷合克行〕等。

[52] 古くは、加藤正治『破産法要論〔第13版〕』（有斐閣、1948年）307頁が唱えていたが、近時では、伊藤3版216頁、中島108頁、条解破産2版938頁、河野正憲「債権者集会とその役割」判タ830号154頁等が主張している。

この両説の基本的な違いは、突き詰めていえば、破産手続における破産債権者相互の関係について団体性を認めるか否かの1点にある。思うに、破産債権者が、単に破産財団から配当を受けるだけの受動的な地位に甘んじるのではなく、主体的に破産手続に関与すべきであるという理念を基本とするならば、破産債権者の間に一定の意思と目的を持った団体の成立を観念すべきであろう。それにより、債権者集会の活性化も期待できる[54]。しかも、破産債権者間の利害が対立することは団体を観念する妨げとはならず、また、破産債権者団体には必ずしも法主体性を与える必要もないことから考えれば、第2の見解に賛成したい。

（2）　債権者集会招集の任意化と決議事項の大幅な削減

1）債権者集会開催の任意化　旧法では、債権者集会は、①開催が法律上必要的であるとされる場合（第1回債権者集会〔旧破142条1項2号・193条・194条〕、破産管財人の任務終了に伴い計算報告のための債権者集会〔旧破168条1項〕、財団不足による破産廃止の意見聴取のための債権者集会〔旧破353条〕etc.）と、②招集申立てによって開催される場合（破産管財人の解任〔旧破167条前段〕、監査委員が置かれていない場合の破産管財人の行為に対する許可〔旧破198条2項〕等）とがあった。

しかし、旧破産法下における現実の破産手続では、債権者集会に出席する破産債権者の数は決して多いとはいえず、また、議決権を積極的に行使する破産債権者もほとんどいないという状況が恒常的であった[55]。さらに、①破産債権者の数が多数にのぼる大規模な破産事件においては、一定の物理的な会場を想定した債権者集会の招集は困難であり[56]、他方で、②現実の実務においては破産債権者の数が少ない小規模な破産事件が多数を占めており、このような事件における債権

---

(53)　伊藤3版216頁。

(54)　現行法は、債権者集会の招集を任意化し、またその決議事項も大幅に削減しており、さらには債権者集会の決議を裁判所の許可によって代替させるなど、その役割を相当程度後退させてはいるが、それは旧法下において債権者集会が形骸化していた実情の反映である。しかし、東京地方裁判所破産再生部の管財手続では、法人破産事件のおよそ5割前後、個人破産事件のおよそ3分の1前後の事件で債権者が債権者集会に出席しているということもあり、債権者集会を開かずこれに代わる措置（破規54条3項）を取るより、債権者集会を開催して口頭で説明する方が破産管財人の業務としても負担が少なく、合理的であるとされている（破産再生実務〔新版〕（上）128頁〔久保田浩〕）。このような場合には、本文で述べたような考え方を基本に置くかぎり、破産債権者の債権者集会への主体的・積極的な関与が期待されることになるであろう。

(55)　伊藤眞ほか「〔座談会〕東京地裁・大阪地裁・名古屋地裁における倒産事件処理（上）－破産の管財事件を中心として」判タ944号26頁〜28頁の遠藤・松山・大内の各発言。実務倒産3版643頁〔今泉純一〕。

(56)　たとえば、会員数が数万人に及ぶ預託金会員制のゴルフクラブの破産事件などがその例としてあげられるであろう。

者集会には、破産債権者の出頭が全くないか、またわずかであることからすると、第1回債権者集会の招集を一律に必要的なものとして定めることは、合理的ではない旨が指摘されていた[57]。

　そこで新法は、会社更生法や民事再生法に倣い、債権者集会の開催を必須のものとはしないこととした。すなわち、裁判所は、破産者の財産状況を報告するために、原則として、旧法の第1回債権者集会に相当する財産状況報告集会を招集しなければならないとした上で（破31条1項2号）、知れている破産債権者の数その他の事情を考慮して財産状況報告集会を招集することが相当でないと認めるとき[58]は、これを招集しないことができるとされている（同条4項）。しかし、このことによって債権者に対する情報開示が不十分とならないように、破産管財人は、財産状況報告集会において報告すべき事項と同一の事項を記載した報告書を裁判所に提出しなければならないものとされ（破157条1項）、提出された報告書については、利害関係人は、閲覧、謄写等の請求をすることが認められている（破11条）。さらに、この報告書の要旨を利害関係人に送付したり適当な場所への備え置くなど、情報提供のための適当な措置をとらなければならないものとされている（破規54条3項）。また、破産管財人の任務終了時の計算報告集会は、原則として債権者集会の招集申立てをしなければならないとされているが（破88条3項）、破産管財人は招集の申立てに代えて、書面による計算の報告をする旨の申し立てを裁判所にすることができ（破89条1項）、その申立てと計算書類の提出があったときは、裁判所は提出があった旨と異議期間の公告をして（破89条2項）、異議期間中に異議がなかったときは、破産管財人の計算報告書は承認されたものとみなされている（同条4項）。さらに、破産手続廃止に関する意見聴取集会についても、計算報告集会と同様の扱いが許されている（破217条1項2項）[59]。

---

[57]　小川177頁。

[58]　たとえば、①破産債権者の数が膨大な場合、②破産財団の規模が小さかったり破産債権者が少ない等の理由から出席が見込まれる破産債権者数が少ない場合があげられる（小川178頁）。

[59]　債権者の手続参加の機会をできるだけ広く保障し、裁判所と破産管財人が債権者や破産者のそれぞれの立場の意見を聴きながら破産手続を運用することで手続の適正を確保するのが、東京地方裁判所破産再生部の運用であるとされ、全件につき原則として財産状況報告集会を招集する扱いとし、また、これとともに債権調査期日、破産管財人の任務終了計算報告集会（破88条3項4項）および破産手続廃止に関する意見聴取集会（破217条1項）に加えて、個人破産事件の場合は免責審尋期日を併せて開催し、その後も各手続の終了に至るまで、各期日を続行する取扱いとしている、とされる。そしてこのような形で債権者集会を開催する運用は、手続の遅滞を避けるとともに、破産管財人にとっても集会を通じて多数の債権者の納得を得ながら手続を進行させることが可能になる

また、旧法では、破産管財人、監査委員、届出のあった破産債権につき裁判所の評価した額の5分の1以上に当たる破産債権者の申立てによりまたは職権で、債権者集会を招集しなければならないとされていたが（旧破176条）、現行法では、財産状況報告集会と同様、適法な申立てがあった場合でも債権者集会を招集しないことができるものとされている（破135条1項但書）。

　2）決議事項の削減　　旧法の下では、債権者集会は、①破産者の営業の廃止または継続、破産者等への扶助料の支給、高価品の保管方法についての決議（旧破194条）、監査委員の同意に変わる決議（同183条・198条2項・206条1項）等の財団の管理等に関する事項、②管財人の解任請求の決議（同167条）、監査委員の選任・解任の決議（同170条・171条・174条1項）等の破産手続の機関に関する事項、③強制和議への移行（同306条）等の重要事項を決すべき権限のほか、④財団不足による破産廃止についての意見表明権（同353条）、破産者や破産管財人から説明や報告を受ける権限（同153条・193条・168条）なども有していた。それに対し、現行法上は、旧法下の第1回債権者集会の決議事項をすべて廃止したほか、決議事項は、①破産者等一定の者に対する説明請求の決議（破40条1項）、②破産管財人に対する状況報告請求の決議（破159条）、③相続財産破産における相続人等に対し必要な説明を求める決議（破230条）、④信託財産破産における受託者等、会計監査人に対し必要な説明を求める決議（破244条の6）のみに限定されている。

（3）　債権者集会の種類

　1）財産状況報告集会（破31条1項2号）　　破産者の財産状況を報告するために招集される債権者集会であり、破産手続開始決定から3月以内（破規20条1項2号）に開かれる。これは、旧法下における第1回債権者集会に当たるものであり、破産手続開始に至った経緯や破産者の財産状況等破産債権者に対する情報開示の場としての意義を有する。ここでは、①債務者が、支払不能・債務超過等の破産原因（破15条・16条・223条）を生じるに至った事情、②破産者が自然人の場合は、職業・収入・家族状況等、法人の場合は、会社の資本・役員・営業状況等、破産財団については、財団財産の状況・破産管財人の行った業務執行の具体的な内容といった、破産者および破産財団に関する経過および現状、③役員の財産に対する保全処分（破177条1項）または役員責任査定決定（破178条1項）を必要とする事情の有無、④その他破産手続に関し必要な事項を報告する（破158条・157条1項）。

　またここでは、破産管財人に対する状況報告請求の決議（破159条）がなされる。

という利点があるとされる（破産再生実務〔新版〕（上）127頁128頁〔久保田浩〕、破産民再実務3版破産479頁）。

第2講　破産手続の機関と利害関係人　　*57*

２）破産手続廃止に関する意見聴取のための債権者集会（破217条）　破産手続開始後に、破産財団をもって破産手続の費用を支弁することができないときに、あえて破産手続を進行させることは、破産財団をいたずらに減少させ、破産債権者の利益とならず、財団債権者に負担をかける結果になる。このような場合、裁判所は破産手続廃止（異時廃止）の決定をして破産手続を中断して終了させなければならないが（破217条1項前段）、そのためには、債権者集会の期日において破産債権者の意見を聴かなければならない（破217条1項後段）。このために開かれるのが、破産手続廃止に関する意見聴取のための債権者集会である。

３）破産管財人の任務終了の場合の計算報告のための債権者集会（破88条3項）　①　意　義　破産管財人の任務が終了した場合、破産管財人は、遅滞なく計算の報告書を裁判所に提出し（破88条1項）、任務終了による債権者集会への計算の報告を目的とした債権者集会の招集の申立て（破135条1項1号）をしなければならない（破88条3項）。これによって、破産債権者に対する破産管財人の業務執行の結果についての情報提供の機会となり、管財人にそのような計算報告義務を課すことによって、破産管財人の業務が適正に行われるように企図したものである。その意味で、管財人の債権者集会への計算報告は、管財人の善管注意義務（破85条）を具体化したものであるといわれる。

破産管財人の任務が終了する場合とは、破産取消決定の確定（破33条）、異時廃止決定の確定（破217条）、破産債権者の同意による破産廃止決定の確定（破218条）、破産終結決定（破220条）の場合である。また、破産管財人の死亡や解任（破75条2項）の場合にも終了するが、この場合には、後任の破産管財人が報告書を提出しなければならない（破88条2項）。

②　報告の手続　破産債権者は、債権者集会において破産管財人が報告した計算について異議を述べることができるから（破88条4項）、これを可能にするために、管財人は、債権者集会の3日前までに計算報告書を裁判所に提出し、破産債権者の閲覧に供しなければならない（同条5項）。計算報告書の内容について格別の規定はないが、破産者や破産債権者等が問題点の有無を把握し、計算報告に対し異議を述べるか否かを判断するに足るものでなければならない。したがって、単に収支を明確にした計算報告では足りず、破産管財人の業務全般について、経緯および収支の内訳を具体的に記載する必要がある[60]。

破産債権者等は、債権者集会において、計算報告に対し異議を述べることができ（破88条4項）、異議が述べられた場合、破産管財人は、必要な証拠書類を提出

---

[60]　理論と実務146頁147頁〔本山正人〕。

したり、釈明を行って異議の除去に努めるべきである。異議が除去されたとき、または異議が述べられなかったときは計算は承認される（同条6項）。これに対し、異議が除去されなかったときは債権者集会は終了するが、破産管財人は免責されない[61]。

③　**書面による計算報告**　実際上、破産手続が終了した後に開かれるこの債権者集会に出席する破産債権者はほとんどなく、また出席を期待することも困難である。また、このような予測が容易に立つような債権者集会をあえて招集することは、破産財団の負担になるだけで手続の迅速性の観点からもあまり意味がない。よって、現行法は、破産管財人は、裁判所に対し、計算報告のために債権者集会の招集に代えて書面による計算の報告をすることの申立てができることとした（破89条1項）。この場合、裁判所は計算に異議があれば一定期間内にこれを述べることができる旨を公告することとし（同条2項）、期間内に異議がなかった場合には、計算は承認されたものとみなされることとした（同条3項4項）。しかし、各地の裁判所で、少額管財手続の運用が普及し、これに伴い、管財事件全般に、財産状況報告集会と任務終了の計算報告集会とを同一期日に開催し、続行ないし延期する運用が行われ、債権者に口頭で意見を述べる機会を与えるという観点から、書面による報告は行われることは少なく、計算報告のための債権者集会を原則として開催しているといわれる[62]。

（4）　債権者集会の開催

1）　債権者集会の招集の意義　破産債権者は破産手続によらなければその権利を行使することができない（破100条1項）。よって、債権者にとってはその意思が破産手続に反映される場が確保されなければならない。また他方、破産管財人にとっても、営業譲渡、重要な資産の譲渡、和解、重要な資産の放棄等の業務を行うに当たり、破産債権者の意向を確認しておく必要があり、そのような情報収集の場が必要である。このような要請を満たすものとして、破産法135条は、債権者集会の招集手続を規定している。なお、財産状況報告集会の招集は、破産手続開始決定当時になされるので（破31条1項2号）、本条による招集手続は行われない。

2）　債権者集会の招集　債権者集会の招集権は破産裁判所に専属するが、

---

[61]　この債権者集会は、以後の申述機会を保障するとともに、この期日に異議を集中させるための集会にすぎない。異議があってもその適否の審理はせず、調書に記載するだけである。異議の申述があってもなくても、債権者集会はそのまま終了する（条解破産2版685頁）。

[62]　注釈（上）618頁〔池田伸之〕。

破産管財人（破 135 条 1 項 1 号）、債権者委員会（破 135 条 1 項 2 号・144 条 1 項）、および知れている破産債権者の総債権につき裁判所が評価した額の 10 分の 1 以上に当たる破産債権を有する破産債権者（破 135 条 1 項 3 号）には招集申立権が与えれている。その他、破産管財人の申立てがない場合であっても、裁判所が相当と認めるときには、債権者集会を招集することができる（破 135 条 2 項）し、逆に、申立権者から招集の申立てがあっても、裁判所が債権者集会の招集が相当でないと判断するときは、招集しないこともできる（破 135 条 1 項）。また、裁判所は、破産法 135 条 1 項に規定する者が債権者集会の決議を要する事項を決議に付することを目的として債権者集会の招集を申し立ててきた場合には、当該事項を債権者集会の決議に付する旨の決定を行う（破 139 条 1 項）。

　債権者集会の期日には、破産管財人、破産者および届出破産債権者を呼び出し、期日・会議の目的を公告し、かつ、各債権者集会の期日を労働組合等に通知しなければならない（破 136 条 1 項本文・同条 3 項）。ただし、破産債権者の数が多い大規模破産事件で通知不要などの決定があったときは（破 31 条 5 項）、届出破産債権者を呼び出す必要はない（破 136 条 1 項但書）。また、届出破産債権者であって、議決権を行使することができない者は呼び出さないことができる（破 136 条 2 項前段）。

　債権者集会の開催場所については特に規定はないが、原則として破産事件を担当する裁判所が所属する官署としての裁判所で行われる。ただし、破産債権者が多数にのぼる場合などには、外部の場所で開かれることもある[63]。

（5）　債権者集会の指揮

　裁判所は債権者集会を指揮する（破 137 条）。「指揮する」とは、集会の進行、議事の整理など集会の開催に関するすべての行為をいう。

（6）　決議の方法・成立要件

1）　議決権の行使方法の決定・公告・通知　　裁判所は、招集申立権者の申立てにより債権者集会の決議を要する事項を債権者集会の決議に付する旨の決定（破 139 条 1 項）において、議決権の行使方法を以下の①から③の中から定めなければならない（同条 2 項）。ただ、付議決定がなされるのは、破産法 135 条 1 項本文の債権者集会招集の申立てがなされたときであるから、それが決議をなすことを目的としていても、その前提として利害関係人が一堂に会した場における意見表明や情報獲得を求めているのが通常であり、一般的には債権者集会招集が原則となり、①または③の方法のいずれかを選択するのが望ましいといわれる[64]。

---

[63]　伊藤 3 版 217 頁以下、条解破産 2 版 945 頁、注釈（上）865 頁〔別所卓郎〕。

[64]　条解破産 2 版 959 頁。

①　債権者集会の期日において議決権を行使する方法（破139条2項1号）。

②　書面その他最高裁判所規則で定める方法のうち裁判所が定める方法（破139条2項2号）。ここでいう最高裁判所規則で定める方法とは、書面または電磁的方法であって、別に最高裁判所が定めるものをいう（破規46条1項）[65]。

③　議決権を行使する者が、上記2つから選択する方法（破139条2項3号）

このうち、②③の方法を定めたときは、大規模破産事件で破産債権者への通知が不要とされる場合を除き、その旨を公告し、かつ議決権者に対し議決権行使期間を通知しなければならない（破139条3項）。

2）議決権の額　破産債権者の利害の大きさは基本的に破産債権の金額によって決まる。そして、現行法上、債権者集会において行使すべき議決権の額は、債権確定手続の結果に連動させられている（破140条1項）。しかし、債権確定手続において異議等があったために未確定の債権や、別除権の不足額のように確定手続を経ても担保目的物の換価まではその額が確定しない債権もあるから、議決権の額を決定する方法を別途定めておく必要がある。そして、現行法は、債権者集会が開かれる場合と開かれない場合とで区別して規定している。すなわち、①債権者集会の期日が開催される場合は、債権額が確定していれば、その金額によるが、異議のない議決権を有する届出をした破産債権者は届出の額、異議のある議決権を有する届出をした破産債権者は裁判所が定める額をもって議決権を行使することができる（破140条1項1号～3号）。これに対して、②債権者集会が開かれない場合(書面等投票による方法)には、債権額が確定していれば、①の場合と同様その金額によるが、この場合には債権者集会が開かれない以上、債権者集会における関係者から異議はあり得ないから、最初から裁判所が定めた額を議決権の額として議決権の行使がなされることになる（破141条1項1号2号）。

3）議決権者　破産債権者は、その議決権の額に応じて議決権を行使することができるが（破138条）、劣後的破産債権者および約定劣後破産債権者は、破産配当を受ける可能性がほとんどなく、破産手続において利益を主張させる必要性に乏しいため、議決権を有しないものとされている（破142条1項）。また、給料等の請求権者のうち配当前に弁済を受けた破産債権者(破101条1項)、および外国で一部の弁済を受けた破産債権者（破109条）は、その弁済を受けた額については、破産手続への利害関係が薄いとみられるから、議決権を行使するすることができないものとされている（破142条2項）。なお、議決権は代理人によっても行使することができる（破143条）。

---

[65]　現在、電磁的方法についての定めはなく、実際には書面投票に限られる（注釈（上）880頁〔山本陽一〕）。

4）**可決要件と決議の効力**　　可決には、議決権を行使することができる破産債権者で債権者集会に出席しまたは書面等投票した者の議決権の総額の2分の1を超える議決権を有する者の賛成が必要である（破138条）[66]。

　可決された決議は、決議に対する賛否、債権者集会への出席の有無にかかわらず、すべての利害関係人を拘束する。破産管財人をも拘束する。決議の手続に瑕疵があってもそれが軽微なものであるときは、決議の効力には影響しない。その手続に重大な瑕疵、たとえば決議事項が適法に公告されていなかったり、決議が不正方法によって成立し、議決権を有する債権者の有効な同意を得られなかったことが判明したときなどの場合は、破産債権者等の利害関係人は、破産管財人を被告として、決議無効確認の訴えを提起することができる[67]。

（7）　**債権者集会期日の通知等**

　1）**一般の場合**　　裁判所は、破産手続開始決定と同時に財産状況報告集会の期日を定め（破31条1項2号）、これを公告し、知れている破産債権者に通知しなければならない（破32条1項3項）。また、書面投票の方法、および集会期日方式と書面投票方式を議決権者が選べる方法をとった場合には、その旨を公告し、議決権者に通知しなければならない（破139条3項）。

　2）**大規模破産事件における特則**　　ゴルフ場、消費者関連企業等のような破産債権者が多数である大規模な破産事件においては、破産債権者への個別の通知を行うことの費用や、事務処理上の負担は莫大なものとなる。よって、現行法は、裁判所は、知れている破産債権者の数が1000人以上であり、かつ相当と認めるときは、破産債権者、議決権者に対する通知をせず、かつ、破産債権の届出をした破産債権者を債権者集会の期日に呼び出さないことを決定することができると規定した（破31条5項・136条1項但書）。ただし、破産債権者に対する通知をせず、かつ、届出をした破産債権者を債権者集会の期日に呼び出さない旨は、破産手続開始決定時に公告されなければならない（破32条2項）。

----

[66]　旧法では、債権者集会で決議が成立するためには、原則として、①議決権を行使することができる出席破産債権者の過半数で（いわゆる「頭数要件」）、②その債権額が総債権額の半額を超える出席破産債権者が賛成することが必要とされていた（旧破179条1項）。しかし、このような厳格な要件の下では、必要かつ相当と考えられる議案についての決議が成立しないという事態が生じうるので、頭数要件を廃止し、議決権を行使することができる破産債権者で債権者集会の期日に出席し、または書面等投票をした者の議決権の総額の2分の1を超える議決権を有する者の同意があった場合と規定し（破138条）、要件が緩和されている（小川182頁参照）。

[67]　注解破産（下）376頁〔谷合克行〕、大コンメン558頁〔菅野雅之〕、条解破産2版955頁。

３）労働組合等への通知　破産手続開始、破産管財人の業務執行状況、破産手続の進行状況、配当可能性の有無等の破産手続に関する重要な情報は、破産者の従業員にとっても重要である。また従業員が破産債権者である場合も多い。よって、現行法は、破産者の使用人その他従業員の過半数で組織する労働組合があるときはその労働組合、ないときは破産者の使用人その他の従業員の過半数を代表する者（労働組合等）にも、財産状況報告集会の期日、各債権者集会の期日を通知しなければならないと規定した（破32条3項4号・136条3項）。

使用人その他の従業員には、正社員だけでなくパートタイム従業員を含み、労働組合は企業内組合に限らない。従業員の過半数を代表する者とは、監督的・管理者の地位にある者を除き、選出目的を明らかにして実施される投票等の方法によって選出された者をいう（労基則6条の2）。ただし、現行法は、労働組合等が債権者集会に出席して意見を述べる権利を有することまでを認めたとはいえず、その許否は、債権者集会の主催者たる裁判所の裁量による。ただ、この規定が置かれた趣旨から、一般的には参加の機会は付与されるべきであろう。

6　債権者委員会

（1）意　義

任意整理では、債権者委員会が設けられ、一定の権限が付与されるという運用をする場合が多く、その場合には、これが手続遂行の中心的機関として活動する。それに対して、法的倒産処理手続では債権者委員会は任意的な機関であり、その権限も非常に限られたものとなっている。

現行破産法は、旧法下で事実上まったく機能していなかったといわれていた監査委員制度（旧破170条）を廃止した。これに伴い、破産債権者の意思を機動的に破産手続に反映させるための手続として、民事再生法117条・154条2項や会社更生法117条〜121条に倣って債権者委員会の制度を設けた。これによって、形骸化している債権者集会の開催を任意的なものとする一方で、破産債権者の意思が手続に反映されることが期待されている。ただし、債権者が手続に積極的に関与するかどうかは不明であり、また濫用的な運用がなされる恐れもあるため、任意的でかつ権限のあまりないような制度になっており、この制度の実効性がどこまであるかについては疑問がある[68]。

---

[68]　実務上は、このような債権者委員会が認められる例はあまりないといわれる。その理由として、破産債権者間のコミュニケーションがないことや、破産債権者の大多数は裁判所と破産管財人任せで積極的に手続に関与しようとしないこと、相対立する債権者団が一つの委員会を構成するのは非常に難しいこと、委員会の承認要件が厳しいこと等の事情があげられている（実務倒産3版646頁〔今泉純一〕、基本構造と実務139頁〔田原

（2）　要　件

　債権者委員会は、破産手続内で委員を選任して組織するのではなく、破産手続外で組織されている債権者委員会について、以下のような要件を備えているものに対して、利害関係人からの申立てがあれば、裁判所が破産手続に関与することを承認することができるという仕組みになっている（破144条1項）。

　①　委員の数が3人以上10人以下であること（破144条1項1号、破規49条1項）。自然人のみならず、法人も債権者委員になることができる。

　②　破産債権者の過半数が当該委員会が破産手続に関与することについて同意していると認められること（破144条1項2号）。破産債権者の過半数が同意していると認められれば、必ずしも破産債権額の過半数が同意していると認められなくてもよい。

　③　当該委員会が破産債権者全体の利益を適切に代表すると認められること（破144条1項3号）。

（3）　権限・役割

　①　意見陳述・意見聴取　　裁判所は、必要があると認めるときは、債権者委員会に対して意見の陳述を求めることができる（破144条2項）。また、債権者委員会は、破産手続において自ら裁判所または破産管財人に対して意見を述べることができる（破144条3項）。管財人が債権者委員会が承認された旨を裁判所書記官から通知を受けたときは、遅滞なく、破産財団に属する財産の管理および処分に関する事項について債権者委員会の意見を聴かなければならない（破145条）。

　②　報告等の受領　　破産管財人は、報告書等を裁判所に提出したときは、遅滞なく、当該報告書等を債権者委員会にも提出しなければならない（破146条1項）。なお、支障がある場合には、支障部分を除いた部分のみを提出する（破146条2項）。

　③　報告命令の申出　　債権者委員会は、破産債権者全体の利益のために必要があるときは、裁判所に対し、破産管財人に破産財団に属する財産の管理および処分に関し必要な事項について、破産法157条2項による報告をするよう申し出ることができ、裁判所は、当該申出が相当であると認めるときは、破産管財人に対して報告するよう命じなければならない（破147条）。

　④　債権者集会招集の申立て　　債権者委員会の申立てがあった場合には、裁判所は、諸般の事情を考慮して債権者集会を招集することが相当でないと認める場合を除いて、債権者集会を招集しなければならない（破135条1項2号）。

───────────
　睦夫発言〕、注釈（上）894頁〔小松陽一郎〕、判例・実務・提言131頁〔粟田口太郎〕、大系Ⅰ・261頁〔小久保孝雄〕等）。

第2章　破産手続の機関と利害関係人

⑤　**費用の償還**　　裁判所は、債権者委員会に破産手続の円滑な進行に貢献する活動があったと認められるときは、当該活動のために必要な費用を支出した破産債権者の申立てにより、破産財団から当該破産債権者に対して相当と認める額の費用を償還することを許可することができる。この場合、この請求権は財団債権とされ（破144条4項）、破産債権に先立って弁済される（破151条）。

7　代 理 委 員

　破産債権者は、裁判所の許可を得て、共同して、または格別に、1人または数人の代理委員を選任することができる（破110条1項）。代理委員は、これを選任した破産債権者のために、破産手続に属する一切の行為をすることができる（破110条2項）。

　代理委員は、大規模な破産事件において、共同の利益を有する多数の破産債権者が存在する場合に、それらの者の権利行使を容易にすると共に、破産手続の円滑な進行を期するための制度であり、民事再生法90条1項、会社更生法122条1項と同様の制度である。

　これにより、たとえば、ゴルフ場運営会社の破産の場合のゴルフ会員権を有する債権者や、消費者被害事件の被害者である債権者については、破産手続に先行して成立している「被害者の会」や「ゴルフクラブ会員の会」、あるいは破産手続開始後に成立したこれらの会が多数の債権者をとりまとめているような場合には、会の相談を受けている弁護士が代理委員として選任を受けることによって、それらの債権者の権利を集団的に行使することができ、破産手続の円滑な進行を期することができる[69]。

　なお、事業再生の目的のために複雑な利害関係の調整が必要である会社更生手続の場合と異なり、破産手続においては、代理委員の選任勧告（会更122条2項）や選任命令（会更123条）の制度はない。

8　破 産 債 権 者

（1）　破産債権者の意義

　破産債権者とは、破産手続によって満足を受けることのできる債権，すなわち破産債権を有する者をいう（破2条6項。実質上の〔実体法上の〕意義における破産債権者）。そして、ここでいう破産債権とは、破産者に対し破産手続開始前の原因に

---

[69]　この制度は現在のところほとんど利用されていないようであり、今後の予測として、労働債権の取扱いが問題となるときに、労働者の中から代理委員が選任されることがあり得るものの（基本構造と実務143頁〔花村良一発言、田原睦夫発言〕）、今後ともその実効性は疑わしいといわれている。ただ、東京地方裁判所破産再生部において、選任申立てがあった事例が1件報告されている（破産民再実務3版破産162頁）。

第2講　破産手続の機関と利害関係人　　*65*

基づいて生じた財産上の請求権であって、財団債権に該当しないものをいう（破2条5項）。

しかし、このような債権を有する者であっても、破産法111条以下によって自らの破産債権を届け出なければ、破産手続上は破産債権者（形式上の〔手続法上の〕意義における破産債権者）としては扱われない。また、逆に、破産債権者でなくても、届出をした者は、手続上は一応破産債権者として扱われ、その債権の調査がなされ、そこで異議が出なければ、配当に与ることもできる。

（2）地　位

破産債権者が破産手続において有している地位は以下のようなものである。

①　破産債権者は、破産手続開始決定がなされると、破産手続への参加が強制され、個別的な権利行使はできない（破100条）。

②　破産債権者の有する債権については、等質化（破103条2項～4項）が行われる（第5章2参照）。

③　破産債権者は、債権調査期日において異議を述べ（破118条）、債権者集会で議決権を行使し（破138条）、管財人の解任の申立てをしたり（破75条）、配当表に対する異議を述べ（破200条）、破産手続に関する裁判に対する即時抗告による不服申立て（破9条）等をなしうる。

④　破産者に免責が与えられると、破産法253条により破産手続によって配当を得られなかった債権は免責される。

9　破　産　者

（1）意　義

破産者とは、債務者であって、破産法31条1項の規定により破産手続開始の決定がなされている者をいう（破2条4項）。したがって、債務者につき、いかに破産原因に相当するような経済的な破綻事由があろうとも、破産手続開始決定がなされない限り、破産法上は破産者ではない。したがって、破産法では、破産手続開始前の債務者については「債務者」という文言が用いられている（たとえば、破15条1項・18条1項・24条等）。なお、破産者となるのは自然人・法人を問わないだけでなく、相続財産や信託財産も破産者となり得る（破15条・16条・223条・244条の3等）。

（2）地　位

破産者になると、その結果、種々の拘束を受ける反面、一定の利益も有する。詳しくは破産手続開始の効果のところで説明する（第3章9参照）が、破産者の地位は、おおよそ以下のようなものである。

①　自己の財産に対する管理処分権を喪失する（破78条）。

② 管財人や債権者集会に対する説明義務を負う（破40条1号）。

③ 債権調査期日に出席して意見を述べる義務を負う（破121条3項5項）。

④ 居住制限（破37条）・通信の秘密の制限（破81条）、他の法律による種々の資格制限がある（公証14条2号、弁護7条5号、公認会計士4条4号、弁理士法8条10号、税理士法4条3号等）。また、破産は特定の職務の欠格事由ともなっている（たとえば、民847条3号・852条・876条の2第2項・876条の7第2項・1009条、会社330条→民653条2号等）。

⑤ 免責の申立ての権限を有する（破248条）。

⑥ 法人にあっては、破産手続開始決定により解散するが、清算の目的の範囲内で破産手続が終了するまでは存続するものとみなされる（破35条）。

＜設問についてのコメント＞

問1は、保全管理命令について問う問題である。これについては、第2章3を参照のこと。

問2は、破産手続の機関のうち、破産裁判所および破産管財人について問うものである。これについては、第2章2.4. を参照のこと。

問3は、破産管財人の第三者性について問うものである。これについては、第2章4(6)を参照のこと。

問4は、破産手続開始によって、債務者および債権者がどのような地位に立つかを問う問題である。これについては、第2章8.9. を参照のこと。

第2講　破産手続の機関と利害関係人　　　67

第3講　破産手続の開始（その1）

ケース

　A株式会社は、山口市内に本社を有する従業員800人を抱える工作機械の製造を主たる業務内容とする会社である。A社には、新潟市に100％出資の販売子会社B株式会社がある。昨今の不況に加え、先代社長の過剰投資が影響して、現在のところ、A社の資金繰りは極度に逼迫している。

　A社の主たる資産としては、本社工場の土地建物（簿価2億円、時価1億円）の他には、有価証券が1億円と、評価額2億円の特許権がある。

　債務としては、A社は、メインバンクであるC銀行から1億円の融資を受けているほか、3つの信用金庫から合計1億5000万円を借り入れている。それらの担保として、本社工場の土地建物に、1番抵当権から4番抵当権までが設定されている。そのほか、700社に及ぶ原料の仕入れ先に対して、未払いの仕入代金債務が合計5億円ある。さらに、従業員のうち500人に対しては給料やボーナスについて何らかの遅配が生じており、その額が合計3億円に達している。

　A社は、運転資金の調達のために、メインバンクであるC銀行や、取引先の信用金庫に追加融資を頼んだがことごとく断られた。そのため、A社は履行期が到来した債務の支払いのために、A社所有の資産で売れる物はすべて売り尽くし、それでも足りない部分は高利の借入れによって資金を調達しているような状態であった。しかし、そのような資金繰りも限界となり、ついに、第2回目の手形の不渡りを出して銀行取引停止処分を受け、事実上倒産してしまった。また、子会社であるB社は、親会社たるA社に100％依存する事業形態であったため、親会社の倒産の影響をまともに受け、新潟地方裁判所において破産手続開始決定がなされた。

　なお、A社の代表取締役である甲は、会社には技術開発力はまだ残っており、また、自社が所有する特許権を有効に活用すれば、再建の見込みがあると信じているが、他の取締役乙・丙・丁・戊は、破産手続開始申立てもやむなしと考えている。

◆問1　破産手続とはどのような特質をもつ手続であるか。

◆問2　破産手続開始の申立てができるのはどのような者か。本件の場合、甲の反対にもかかわらず、乙・丙・丁・戊が破産手続開始申立てをした場合、この申立ては有効か。また、A社の代表取締役甲が民事再生手続開始の申立てをした場合、乙らの破産手続開始申立てはどのように扱われるか。

◆問3　上記設例において、A社の破産手続につき、管轄権を有するのはどの裁判所か。また、新潟地方裁判所は、A社に対して破産手続開始決定をすることができるか。また、破産手続開始決定をするためには、裁判所は何を調べなければならないか。

第3章　破産手続の意義と破産手続の開始

1　破産手続の意義

（1）　清算型倒産処理手続としての破産手続

　一般的に言えば、破産手続とは、手続開始時の債務者（破産者）の差押可能な総財産を換価して現金化し、これを債権者に公正・公平に分配する手続であり、いわゆる清算型倒産処理手続に属する。これに対し、消費者を対象とする破産手続（いわゆる消費者破産）では、分配に宛てる財産がないか、あったとしても僅少で手続に要する費用も捻出できない場合が圧倒的に多い。よって、この場合には、むしろ債権者への配当という要請は大きく後退し、むしろ、債務の免除（免責という）によって、個人債務者の経済生活の再建を目的とするものとなっている。

　そこで破産法1条は、「この法律は、・・・債務者の財産等の適正かつ公平な清算を図るとともに、債務者について経済生活の再生の機会の確保を図ることを目的とする。」と規定し、この両者の目的を盛り込んでいる[1]。

---

(1)　清算型と再建型という概念はあくまで相対性なものであることに注意を要する。一般的にいえば、清算型手続とは、債務者の全財産を換価して、換価全を総債権者に，その債権額に応じて分配するものであり、当然のことながら、債務者が会社であればその事業の解体、会社の解散・消滅を導くことになる。それに対し、再建型手続とは、一方で債務者会社の事業の収益力を向上させ、他方で、向上させた収益力で支払える範囲に債務を圧縮することによって支払能力を回復させ、その事業の収益力によって圧縮された債務を弁済することにより、債務者会社を経済市場に復帰させようとするものである。

　しかし近時では、清算型民事再生のような、清算を目的とした再生計画が裁判所で認可されることも多い。これは直ちに破産手続を開始して事業を閉鎖すると、取引先、顧客、従業員などが莫大な損害ないし不利益を被るおそれがあるため、それらの者への衝撃を緩和する目的で執られる手法であり、当面は事業を継続するが、最終的には債務者

第3講　破産手続の開始（その1）　　　69

（2）　法的倒産処理手続としての破産手続

　利害関係人の合意によって倒産事件を処理する私的整理とは異なり、破産手続は、破産法という法律によって厳格に規定されており、公正・公平な手続が確保されている。その意味で破産手続は法的倒産処理手続である。

（3）　管理型倒産処理手続としての破産手続

　破産手続開始決定がなされると、破産管財人が選任され、債務者財産の管理処分権は、裁判所が選任した破産管財人に専属することになる結果（破78条1項）、債務者は自己の財産に対する管理処分権を失い、以後は、管財人の主導の下に破産手続は遂行される。したがって、破産手続は、財産管理人が選任され、その主導の下に手続が遂行される点で、会社更生手続（会更72条1項）と同じく管理型倒産処理手続と呼ばれる。これに対して、民事再生手続にみられるように、倒産した債務者であっても、依然として自己の財産に対する管理処分権を失うことなく、自らの主導によって倒産手続を遂行していく手続を（民再38条1項）DIP型倒産処理手続という。

2　わが国の破産手続の流れ（【資料10-1】【資料10-2】）

　破産法を学ぶ前提として、破産手続の概要を説明しよう。破産手続は、一定の者からの破産手続開始申立てによって開始する。申立てがなされると、裁判所は、破産手続開始決定をするのに必要な各種要件の有無を調査した上で、それらの要件が具備すると認めたときには破産手続開始決定をする。破産手続開始決定がなされると、手続は大きく2つに分かれ、それぞれが同時並行的に進行する。1つは、破産手続によって満足を受ける破産債権の確定手続であり、もう1つは、その満足に宛てるための金銭を獲得するためになされる手続である。前者においては、まず破産債権の届出がなされ、それについて調査・確定がなされ、ここに、

　企業を解体・清算することを目的とする。このような民事再生手続は、ソフトランディング型民事再生と呼ばれることがある。また、通常の民事再生手続にあっても、再生債務者自体を再建するというよりはむしろ、債務者会社の事業（営業）を第三者に譲渡することにより、再生債務者の主要な収益部門の事業の継続を図る事例が増えている。この場合、事業譲渡が行われると、残る再生手続は、再生債務者の解体・清算のための手続として機能することになるが、譲渡された事業自体は、譲渡先で立派に生きているのであり、これもれっきとした再建型倒産手続である（これに関しては、中島7頁以下参照）。

　また、清算型手続の代表といえる破産手続においても、収益性の高い事業部門を譲渡し、その売却代金で債権者に弁済し、残った債務者企業は清算解体するという手法もとられている。この場合、譲渡された事業は、譲渡先で生きることになり、これは実質的には再建型の倒産処理手続であるということもできる。

　このように、清算型倒産手続と再建型倒産手続という概念は相対的なものである。

配当を受けるべき債権の額および内容が確定することになる。後者においては、破産管財人が、破産財団を構成する財産を維持・増殖するよう努力し、最終的に確保された財産は換価手続によって金銭に変換される。そして、そこで得られた金銭は、確定した破産債権に弁済される。しかし、破産状態にあっては、資産の価額は総債権額よりもはるかに少ないのが通常であり、債権の全額の弁済は望むべくもない。そこで、破産債権は、配当という厳格な手続によって割合的な満足が図られることになる。そして、配当がすべて終了した場合には、破産手続終結決定がなされ（破220条1項）破産手続は終了する[2]。

以上のような手続の流れを簡単に図示すると以下のようになるが、それに応じて、われわれは、①まず破産申立てをめぐって生じてくる問題を学び、次いで、②破産手続開始決定のために必要な要件や手続について学ぶ。そして、③破産債権の意義と、その届け出・調査・確定をめぐる問題を学んだ上、④破産財団を構成する財産の管理や換価をめぐる種々の問題を学ぶ。さらに、⑤配当において生じる問題や、⑥破産手続の終了原因等について学ぶことになる。詳しくは、それぞれの箇所での説明に譲るが、その際には、常に、下記の図を思い出してもらいたい。

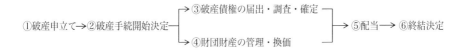

3 破産手続開始申立て
（1） 申 立 権 者

破産手続は原則として、一定の者からの申立てに基づいて開始する（破15条1項・30条1項）。ただし、破産手続に優先する他の再建型の倒産処理手続が失敗に帰した場合など、職権で破産手続が開始されることがある（民再250条1項、会更252条1項2項）。

通常の破産手続については、申立権者は、債権者および債務者（破18条1項）、債務者に準ずる者である（破19条）。また、一般社団法人・一般財団法人の理事、株式会社や相互会社の取締役、持分会社（合名会社・合資会社・合同会社）の業務を執行する社員（会社590条）、および清算人（会社484条1項・656条1項、一般法人215条1項）には、その地位自体に基づいて法人に対する破産手続開始の申立権が認

---

[2] ただし、破産手続終結決定はなされないで手続が終了する場合として、破産手続廃止（同時破産手続廃止〔破216条〕・同意破産手続廃止〔破218条〕・異時破産手続廃止〔破317条〕）がある。

められている（破19条1項2項）。なお、清算人については申立ての義務が課せら
れている（会社484条1項・656条1項、一般法人215条1項。なお、民旧70条2項は、
理事にも申立義務を課していた）。

　　1）債　権　者　　債権者には、債務者の財産を清算して平等弁済に与かること
を求めるために、破産手続開始を申し立てる利益がある。すなわち、債務者が危
機時期にある場合には債務者が個別執行に応じない場合があったり、他の債権者
が債務者の財産から優先弁済を受けたりして、自己に対する弁済額が相対的に減
少する可能性があるために、破産手続では債権の完全な満足を期待することはで
きないにもかかわらず、債務者財産を保全し、平等弁済を実現するために、手続
の開始を申し立てる利益があるのである[3]。ここでいう債権者とは、破産手続開
始後に破産債権者（破2条5項6項）となりうる者である。すなわち、手続開始前
の原因に基づく財産上の請求権を有する者であれば足り、債権につき債務名義が
ある必要はなく、債権が金銭の支払いを目的としない者、停止条件付債権や期限
未到来の債権であってもかまわないし（破103条2項～4項）、優先順位も関係が
ない。申立ての時点では申立人が債権を有していなくても、破産手続開始決定当時
に存在すれば足りる。申立時に債権があっても、開始決定までに消滅した場合に
は、申立ては不適法になる。また、開始決定時に債権が存在していれば、後に消
滅しても、破産手続開始の申立ては有効であり、抗告審における破産手続開始決
定取消の理由にはならない[4]。なぜならば、いったん破産手続が開始した以上、
それは他の債権者のための手続でもあるから、申立人の債権の消滅によって、そ
の手続の効力をなくすのは妥当ではないからである。また、直接の債権者でなく
ても、その債権を行使する第三者、すなわち、債権者代位権を行使する代位債権
者（民423条）、債権質権者（民366条）、差押債権者（民執155条）は、第三債務者
について申立権が認められる[5]。逆に、債権が債権質の目的とされている場合に
は、当該債権の取立権は質権者にあるところ（民366条）、通常の取立てによるか
破産手続を通じた取立てによるかの選択権は質権者にあるから、債権質の設定者
である債権者はその債権に基づいて申立てをすることはできない[6]。債権差押え
がなされた場合の被差押債権や債権者代位権の目的とされた債権についても同様

---

(3)　新実務大系（10）17頁〔深沢茂之〕、条解破産2版133頁、注釈（上）104頁〔小林信
　　明＝清水靖博＝松尾幸太郎〕、新基本コンメン51頁〔杉山悦子〕等参照。
(4)　条解破産2版133頁、新基本コンメン52頁〔杉山悦子〕、大コンメン74頁〔世森亮次〕、
　　伊藤3版122頁以下、中田56頁以下、新実務大系（28）100頁〔堀田次郎〕。
(5)　伊藤3版122頁以下、注釈（上）105頁〔小林信博＝清水靖博＝松尾幸太郎〕。
(6)　最決平11・4・16民集53巻4号740頁〔百選5版12事件〕、条解破産2版133頁。

である[7]。

　財団債権者については、申立権を否定するのが通説である。財団債権者は、破産手続によらずに随時弁済を受けることができるからである（破2条7項）。ただし、財団不足の場合は、債権額に応じた弁済がなされること（破152条1項）、財団債権に基づく強制執行も手続係属中は禁止されることから（破42条1項2項）、財団不足の場合の財産債権者の平等にも配慮されており、租税債権はもとより労働債権については申立権を認める余地もある[8]。

　2）債務者　債務者自身の申立てによる破産を自己破産という。それに対して、債務者に準ずる者の申立てによる破産（破19条1項）を準自己破産というが、この場合、法人自身が破産申立人となるわけではないので、法律上は自己破産とは区別される。

　債務者が法人である場合には、役員が全員で申し立てる場合、および役員全員の同意の下で代表者が単独で申し立てる場合のみが、破産法18条の自己破産に該当するという解釈が一般的であった[9]。これに対しては、全員一致がなくても、過半数による取締役会等の意思決定機関の決定に基づいて代表者が申し立てる場合には、それが会社の意思になるため（会社362条4項・369条1項）、その場合には破産法18条にいう「債務者」に該当するという見解も唱えられている[10]。このような場合には、正規の手続を踏んで、法人の意思決定がなされている以上、破産法19条の疎明を必要としなくても、濫用的な申立てがなされるおそれはないであろうから、疎明が不要な自己破産と扱ってよいであろう。

　3）その他　以上のほか、相続財産の破産については、相続債権者・受遺者・相続人・相続財産管理人・遺言執行者（破224条1項）、信託財産の破産については、信託債権者、受益者、受託者または信託財産管理者、信託財産法人管理人、信託法170条1項の管理人（破244条の4第1項）もまた申立権を有する。

　（2）　申立ての手続

　1）申立ての方式　破産手続開始の申立ては、破産裁判所に対して、最高裁判所規則で定める事項（破規13条）を記載した書面で しなければならない（破20条1項）。債権者以外の者が申立てをする場合には、それとは別に、最高裁判所規

---

(7)　伊藤3版123頁。

(8)　条解破産2版135頁、新基本コンメン52頁〔杉本悦子〕、松下淳一「優先権を有する債権者の倒産手続についての権利」民事手続法学の新たな地平（青山善充先生古希祝賀）（有斐閣・2009年）847頁848頁。ただし、かかる場合には同時破産手続廃止となるケースが多いと予測される（理論と実務76頁〔宮川勝行〕、新基本コンメン52頁〔杉山悦子〕）。

(9)　注解3版（下）177頁〔谷口克行〕。

(10)　伊藤3版124頁。

則で定める事項を記載した債権者一覧表等の書類（破規 14 条）を裁判所に提出しなければならない（破 20 条 2 項）。裁判所は、破産手続開始の申立てをした者またはしようとする者に対して、上記の破産手続開始申立書およびその他の書類のほか、破産手続開始の決定がされたとすれば破産債権となるべき債権および破産財団に属すべき財産の状況に関する資料その他破産手続の円滑な進行を図るために必要な資料の提出を求めることができる（破規 15 条）。

2）破産原因の疎明　債権者が破産手続開始の申立てをする場合、債権の存在および破産手続開始の原因となる事実を疎明する必要がある（破 18 条 2 項）。これは、破産手続開始申立てが他の債権者や債務者に与える影響が大きいことから、無益または有害な申立てによって利害関係人の利益が害されるのを防止しようとするものである。また、相続財産破産における相続債権者または受遺者の申立て（破 224 条 2 項 1 号）、および信託財産破産における信託債権者または受益債権者の申立て（破 244 条の 4 第 2 項 1 号）の場合も同様の趣旨から、債権の存在および破産手続開始の原因となる事実の疎明が要求されている。

これに対して、債務者が申し立てる場合には、これらの疎明は不要である。債務者が破産手続開始の申立てをする場合に疎明が不要とされているのは、管理型倒産手続である破産手続においては、手続開始によって、債務者は、自らの財産に対する管理処分権を失うほか（破 78 条 1 項）、居住・移転の自由が奪われたり（破 37 条、憲 22 条 1 項）、その他さまざまな拘束を受けることになるから（破 38 条・40 条・41 条・81 条・82 条等）、そのような手続の開始を申し立てるのには相当の覚悟があると見られ、一般的に濫用の危険性は低いと考えられるからである。それに対して、民事再生法においては、債務者自身が手続開始を申し立てる場合であっても、手続開始原因の疎明が要求されている（民再 23 条 1 項）。これは、債務者が依然として管理処分権を失わない DIP 型の手続であり（民再 38 条 1 項）、民事再生手続により債権者の権利を制限しながら、債務者自身が依然として財産管理や企業経営を継続することにより、債権者の利益を害するおそれがあるからである。

また法人については、理事、取締役、業務を執行する社員または清算人の全員が破産手続開始の申立てをする場合を除いて、破産手続開始の原因となる事実を疎明しなければならない（破 19 条 3 項 4 項）。これは、法人の内紛を原因として法人財産の公平・平等な弁済以外の目的で申立てがなされる可能性があることから、申立てに際して破産原因の疎明が要求されているのである[11]。また、相続財産に

---

[11]　なお、東京高決昭 57・11・30 下民 33 巻 9〜12 号 1433 頁〔百選 5 版 8 事件〕は、会社と労働組合との間で、「会社は、破産法、会社更生法、清算その他、商法上の整理などについて組合との事前協議およびその同意なしに一方的にこれを行わない」との覚書が交

ついては、相続債権者または受遺者が破産手続開始の申立てをする場合は、その有する債権の存在及び当該相続財産の破産手続開始の原因となる事実につき疎明しなければならないものとされている（破224条2項1号）。これは、一般の破産事件における債権者申立ての場合と同じく、債権回収目的や嫌がらせ目的での申立て、あるいは無責任な申立てを防ぐことがその趣旨である[12]。相続人、相続財産の管理人、または遺言執行者が破産手続開始の申立てをする場合には、破産手続開始の原因となる事実を疎明しなければならない（破224条2項2号）。これは、他の相続人や相続債権者・受遺者に対する嫌がらせ目的でなされる申立てを防止しする趣旨である[13]。信託財産については、信託債権を有する者または受益者は、その有する信託債権または受益債権の存在および当該信託財産の破産手続開始の原因となる事実を疎明しなければならない（破244条の4第2項1号）。また、受託者等（受託者・信託財産管理者・信託財産管理人または信託法170条1項の管理人をいう）が破産手続開始の申立てをする場合にも、当該信託財産の破産手続開始の原因となる事実を疎明しなければならない（破244条の4第2項2号3項）。前者は破産法18条2項の原則を確認するものであり、後者は、これらの者が法人の理事等に類似していることから、法人の準自己破産に関する破産法19条2項3項と同様の規律が設けられたものである[14]。

3）管轄・移送　破産手続開始の申立ては、管轄権を有する裁判所に対してしなければならない。破産事件の**職分管轄**は地方裁判所にあり、それは専属管轄である（破2条3項・6条）。また、個々の破産事件との関係でいずれの地方裁判所が事件を管轄するかは、土地管轄によって決まる。土地管轄については、以下のような規定がなされている（これについては、第2章2（3）も参照のこと）。

① 土地管轄　a. 原則として、債務者が営業者であるときは、ⓐその主たる営業所の所在地を管轄する地方裁判所が、ⓑ営業者で外国に主たる住所を営業所を有するものであるときは、日本におけるその主たる営業所の所在地を管轄する地方裁判所が、ⓒ営業者であっても営業所を有しないときは、普通裁判籍の所在地を管轄する地方裁判所が管轄権を有する。ついで、債務者が営業者でない場合は、普通裁判籍の所在地を管轄する地方裁判所が管轄権を有する（破5条1項）。

わされていた場合に、会社が、それに反して、組合との事前協議を経ずに自己破産の申立てをした場合につき、組合に対する債務不履行責任が生じるかどうかはともかく、破産手続開始申立てが不適法になるものではないとした。

[12] 条解破産2版1487頁。

[13] 条解破産2版1487頁。

[14] 条解破産2版1561頁以下、注釈（下）579頁〔深山雅也＝秋葉健志〕参照。

なお、債務者が個人である場合には、日本国内にその営業所、住所などを有するときに限り、法人などである場合には日本国内に営業所などを有するときに限って、破産申立てができるものとしている（破4条1項）。

なお、これらによって管轄裁判所が決まらない場合は、債務者の財産の所在地を管轄する地方裁判所が管轄権を有する（破5条2項）。これを補充的土地管轄という。財産とは、破産財団に属しうる一切の財産を含むが、債権については、裁判上の請求をなしうる地をもって所在地とみなされている（破5条2項かっこ書）。これは旧法とほぼ同じ条文であるが、新法では、3項以下において、民事再生法や、会社更生法に倣って、管轄裁判所が大きく拡大されており、補充的土地管轄の規定が適用される事例は旧法におけるよりも相対的に狭まっている。

　b．親子会社等についての関連土地管轄

法人破産であって、親子関係など密接な関係にある複数の法人につき破産事件が係属する場合、破産財団の管理や換価の費用や労力を考えれば、それらを一体的に処理することが望ましい。そのため、現行法は、このような密接な関係にある法人破産事件の管轄について、できるだけ一体的処理がなされるように特則を設けている。また、個人の破産事件についても、債務者が連帯債務関係、保証債務関係、夫婦関係といった緊密な関係にある場合にも、1人について破産事件が係属している地方裁判所に、他の者についての破産手続開始申立てが可能とされている。これについては、本書第2章2(3)2) ③も参照のこと。

（ⅰ）法人が株式会社の総株主の議決権の過半数を有する場合には、この法人（親法人）について破産事件、民事再生事件、または会社更生事件が係属しているときは、その株式会社である子会社についての破産手続開始の申立ては、親法人の破産事件が係属している地方裁判所にもすることができる（破5条3項前段）。他方、子会社について破産手続が係属している裁判所は、親会社についての破産手続についても管轄権を有する（同条3項後段）。同様の関係は孫会社にも拡大されている（同条4項）。

（ⅱ）株式会社が最終事業年度において当該株式会社および他の法人にかかる連結計算書類を作成し、かつ、当該株式会社の定時株主総会においてその内容が報告された場合（会社444条）には、当該他の法人についての破産手続開始の申立ては、当該株式会社の破産事件等が係属している地方裁判所にもすることができる（破5条5項前段）。他方、当該他の法人について破産事件等が係属しているときは、当該株式会社についての破産手続開始の申立ては、当該他の法人についての破産事件等が係属している地方裁判所にもすることができる（同後段）。

（ⅲ）法人などについて破産手続が係属している場合、その法人の代表者につい

ての破産手続開始の申立ては、その法人につき破産事件等が係属している地方裁判所にもすることができる（破5条6項前段）。他方、法人の代表者について破産事件等が係属している場合には、その法人についての破産手続開始の申立ては、その法人の代表者につき破産事件等が係属している地方裁判所にもすることができる（同後段）。

　c．一定の法律関係にある個人の破産事件の管轄　　相互に連帯債務関係や保証債務関係にある者同士、および夫婦関係にある者同士においては、これらのうち1人について破産手続が係属しているときは、他の者についての破産手続開始申立ては、その破産事件が係属している地方裁判所にもすることができる（破5条7項）。ここでは、破産事件が係属している場合に限定されており、民事再生事件が係属している場合は含まれない。これは、破産事件と民事再生事件とでは、それぞれの手続の目的が清算か再建かで大きく異なるなどの理由により、これらの手続を同一の裁判所で一体のものとして進行させる必要性に乏しいからである[15]。

　d．大規模破産事件の管轄　　破産債権者が500人以上いるような破産事件では、通常の管轄裁判所の所在地を管轄する高等裁判所所在地を管轄する地方裁判所も管轄権を有する（破5条8項）[16]。なお、債権者が1000人以上破産事件では、以上の管轄裁判所に加えて、東京地方裁判所または大阪地方裁判所にも破産手続開始の申立てをすることができる（同条9項）。このような規定がなされているのは、倒産事件を多く扱い、ノウハウの蓄積等、倒産事件の処理体制の整った裁判所で破産事件を処理するのが妥当であるとの配慮に基づくものである。

　e．管轄が競合する場合の処置　　以上のように現行破産法が原則的管轄と競合する管轄を複数認めているため、管轄権を有する裁判所間の調整が必要となる。そこで、1つの破産事件につき2つ以上の地方裁判所が管轄権を有することになる場合には、破産事件は、先に破産手続開始の申立てがあった地方裁判所が

---

[15]　花村良一「特集・破産法改正と倒産実体法の見直し　総則・破産手続開始の申立て」ジュリ1273号14頁、注釈（上）38頁〔開本英幸－古川武－馬杉栄一〕参照。

[16]　破産法5条8項の意味は若干難解であるが、たとえば、600人の債権者がいる鹿児島市に本社のある会社につき破産手続開始の申立てをする場合には、通常の管轄裁判所は鹿児島地方裁判所である。そして、それを管轄する高等裁判所は福岡高等裁判所であるから、福岡高等裁判所の所在地を管轄する地方裁判所というのは、福岡地方裁判所を意味することになる。したがって、この破産事件につき管轄権を有するのは、鹿児島地方裁判所と福岡地方裁判所ということになる。また、この事例で、たとえば2000人の債権者がいるような場合、債権者の数は当然500人以上であるから、破産法5条8項と同条9項が重畳的に適用されることになるから、上記の裁判所に加えて、大阪地方裁判所と東京地方裁判所も管轄権を有することになる。

管轄権を有するものとされ（破5条10項）、その解決が図られた。

　② 移 送　a.移送の意義　　以上のように、破産処理事件の合理的な処理や国民の利便性の要請といった観点から、破産手続開始の申立てについては多くの競合管轄が認められている。しかしそれにもかかわらず、場合によっては、他の債務者に対する破産手続の係属状況などを考慮すると、別の裁判所に移送した方が、著しい損害や遅滞を避けるのに有益であることもあろう。そこで、現行破産法は、民事再生法7条と同様に、破産裁判所の管轄が専属管轄である（破6条）にもかかわらず、著しい損害または遅滞を避けるため必要があると認めるときは、職権で、破産事件を他の適切な裁判所に移送することができることとした（破7条。なお、民訴20条1項・17条も参照）[17]。

　ここでいう破産事件とは、破産事件に係る事件（破2条2項）であるから、法人または個人の破産事件を意味し、否認事件（破173条2項）や査定異議（破126条）などの関連訴訟はここには入らない。ただし、破産事件の債務者または破産者によって免責許可の申立てがなされている場合には、破産事件と共に免責事件も移送することができる（破7条柱書かっこ書）。本来、破産事件と免責事件は別個の事件ではあるが、一体的処理の必要性が高いからである。したがって、破産事件だけ移送し、免責事件を移送しないという処理は、破産法7条および248条1項の趣旨からみて認めるべきではない[18]。

　　b.移送される裁判所　　民事訴訟法上の裁量移送においては、他の管轄裁判所への移送のみが認められているにすぎないが（民訴17条）、破産法においては、破産事件の本来的な管轄権を有しない裁判所に対しても移送を認めており（破7条1号〜3号）、移送しうる裁判所は極めて広範囲となっている。すなわち、ⓐ債務者の主たる営業所または事務所以外の営業所または事務所の所在地を管轄する地方裁判所（破7条1号）[19]、ⓑ債務者の住所または居所の所在地を管轄する地方裁判所（同2号）、ⓒ債務者の財産の所在地を管轄する地方裁判所（同3号）、ⓓ破産法5条3項〜7項に規定する地方裁判所（同4号イ）、ⓔ破産債権者となるべき者の数が500人以上であるときは、高等裁判所所在地を管轄する地方裁判所、債権者の数が1000人以上であるときは、東京または大阪地方裁判所（同4号ロ・ハ）、

---

[17]　これに対し、旧破産法には事件の移送についての規定はなく、もっぱら民事訴訟法に関する法令の準用によって処理されていた（旧破108条）。

[18]　条解破産2版69頁。

[19]　主たる営業所または事務所とされたものが単に名目的なものであるに過ぎない場合に、実質上の営業所や事務所に対し、破産法7条で移送することができるか否かについては、これを肯定する見解が有力である（伊藤3版207頁注58）。

ⓕ破産法 5 条 3 項〜9 項の規定されている地方裁判所に破産事件が係属している
ときは、同条 1 項または 2 項に規定する地方裁判所（同 5 号）のいずれかである。

　　c. 移 送 決 定　　移送の決定は、民事訴訟法のように当事者や利害関係人
の申立てがなくても、裁判所が職権によってすることができる。また申立てがあ
ったとしても、それは職権の発動を促すものにすぎず、裁判所はそれに応答する
義務はない。移送の裁判が告知され確定することによって、当該破産事件がはじ
めから受移送裁判所に係属していたものとみなされる（破 13 条、民訴 22 条 3 項）。
したがって、債権者による破産手続開始申立てにより債権の消滅時効は中断され
るが[20]、その効力は移送によっても消滅しないし、移送裁判所が移送前に行った
破産手続開始の決定前の保全処分等の裁判（破 24 条・25 条・28 条・91 条・171 条）
は、移送後もその効力を有する[21]。

　なお、移送裁判所に移送当時係属していた否認事件（破 173 条 2 項）等の関連訴
訟は、破産事件の移送によっても管轄違いにはならないが（破 13 条、民訴 15 条）、
この場合に、当該関連訴訟も破産事件の受移送裁判所へ移送できるかという問題
がある。関連訴訟が広義の破産裁判所に専属させられている趣旨に重きを置くの
が相当であるから、移送後の広義の破産裁判所である受移送裁判所に対する移送
（民訴 17 条の類推）を肯定してよい[22]。

　4）申立ての手数料・予納金【資料 4】　　① **手 数 料**　　破産手続開始の
申立てには、所定の手数料を納付することが必要である（民訴費 3 条・別表 1 第 12
項）。納付しない場合は、裁判所書記官が相当の期間を定め、その期間内に不備を
補正すべきことを命じる（破 21 条 1 項）。もし、申立人が不備を補正しない場合は、
裁判長は、命令で、破産手続開始申立書を却下しなければならない（同 6 項）。

　② **費用の予納**　　破産手続開始の申立人は、上記手数料のほか、破産手続の
費用として裁判所の定める金額を予納しなければならない（破 22 条 1 項、破規 18
条 1 項）。もし、予納された金額で足りなければ、さらに予納しなければならない
（破規 18 条 2 項）。予納金の納付がなければ、裁判所は、破産手続開始申立を却下
することができる（破 30 条 1 項 1 号）。

　破産手続の遂行には、証人や鑑定人の費用、保全処分（破 24 条以下）の費用、破
産破産手続開始決定の公告や送達の費用、財団財産の管理・換価の費用、管財人

---

[20]　最判昭 35・12・27 民集 14 巻 14 号 3253 頁、最判昭 45・9・10 民集 24 巻 10 号 1389 頁
〔百選 5 版 A1 事件〕。

[21]　条解 2 版 70 頁、注釈（上）47 頁〔開本英幸＝吉川武＝馬杉栄一〕。

[22]　条解破産 2 版 76 頁以下。民事再生法につき、同旨、条解民再 3 版 24 頁〔笠井正俊〕.
旧会社更生法につき、条解会更（上）173 頁。

の報酬等さまざまな費用がかかる[23]。これら破産手続の費用は、本来、財団債権として破産財団の負担に帰し、財団から優先的に弁済がなされるべきものである（破148条1項1号・2条7項・151条）。そこで現行法では、破産手続費用を含む破産債権者の共同の利益のためにする裁判上の費用の請求権（破148条1項1号）を財団債権中最優先の位置づけがされている（破152条2項）。したがって、破産財団が充実していさえいれば、これらの費用の取りはぐれはないのであり、必ずしも予納金を徴収する必要はない[24]。しかし、破産財団の規模はさまざまであり、異時廃止や同時廃止のような場合（破217条・218条）などを考えれば、破産手続が円滑に進行するよう、当面の手続の遂行に当たって生じることが予想される必要な費用は、予納金として確保しておく必要がある。したがって、予納金額を決定するには、本来は、当該事件の負債総額、債権者数、営業所・工場との所在地、予想される破産財団額、その収集（換価）の難易、否認訴訟等の要否とその時期および訴額、保全処分の要否、管財人の報酬等を総合して、手続開始決定後管財人による財団収集が現実化するまでの間、管財人が破産手続を円滑に遂行していくために必要な金額を算定すべきであるが、実際には、多数の事件が係属する裁判所では、受付段階で個々の事件の予納金額を算定することは大変なので、一応の算定基準を設けている[25]。

　ただ、予納すべき金額が高額な場合、破産手続が利用できなくなる可能性があることを考えれば、予納金が適正な額になるような運用を図ると共に、分納などの制度も活用されるべきである[26]。

---

[23]　新実務大系（10）23頁以下〔植村京子〕。

[24]　新実務大系（10）27頁参照〔植村京子〕。

[25]　たとえば、東京地方裁判所破産再生部は予納金基準表を作成している（破産民再実務〔新版〕（上）85頁以下〔乾俊彦〕）、新実務大系（10）25頁〔植村京子〕等。

[26]　これまでの実務では、債務総額を基準として予納金額が決定されていたが、たとえば、債務総額が多額であっても債権者数が少ない場合は、管財人に負担がさほど重くないにもかかわらず予納金が高額となってしまうことになり、逆に、債権額が少ないにもかかわらず債権者数が相当数に上る場合は、管財人の負担は相当重いものとなる場合が多い。そこで、管財人の負担を示す指標となる債権者数を予納金の設定基準に組み入れ、債務総額と債権者数を二大基準とし、これに破産財団の額、財団収集の難易、債務者会社の規模などの諸要素を考慮して予納金の増減変更を加えるべきである、との提案がなされている（新実務大系（10）28頁〔植村京子〕）。また、予納金の納付方法について、東京地方裁判所破産再生部においては、管財事件では一括払いが原則であるが、いわゆる少額管財事件においては、給与所得者等について、一部の予納金だけで手続開始決定をし、その余の予納金額については開始後の給与の一部積立によることを認めているとされる（新実務大系（10）26頁〔植村京子〕）。また、分割納付の場合、第1回債権者集会（財産状況報告集会）の1週間前までに全額を納付することとしているが、破産手続開始決定

③　**費用の仮支弁**　改正前の破産法では、申立人が債権者でない場合（すなわち、自己破産ないし準自己破産の場合）は、破産手続の費用は国庫から仮に支弁すると規定されていた（旧破140条前段）。しかも、この文言からは、自己破産等の申立てでありさえすれば、個別的事情を考慮することなく、すべての場合に費用の仮支弁が認められるように読める。これは、自己破産の場合、申立人は、破産手続によって、不利益になることはあっても何ら利益を受けるものではない、という判断が背景にあったと思われる。

しかし、免責制度が認められている現行法の下では、債務者には、免責を得るという利益もあり、このような規定の合理性には疑問もあった。そこで、旧法下の実務では、仮支弁はほとんど利用されておらず[27]、自己破産の場合でも、申立人に対して予納金の納付を求める扱いがなされていた[28]。そこで現行破産法の制定に当たっては、そのような実務の慣行を取り入れ、旧法下における原則と例外とを入れ替え、原則としてすべての申立人に手続費用の予納義務を課することにしたうえで（破22条1項）、申立人の資力、破産財団となるべき財産の状況、その他の事情を考慮して、申立人および利害関係人の利益保護のために特に必要があると認めるときは、費用を仮に国庫から支弁できるものとした（破23条1項前段）。また、旧法では費用の予納に関する決定に対する不服申立てはできなかったが（旧破139条2項）、現行法では債務者にも予納義務が課されたこと等を考慮して、破産手続の費用の予納に関する決定に対しては即時抗告ができることとされた（破22条2項）。

（3）　申立ての取下げ

債権者は、原則として、破産手続開始の決定前に限り、債務者の同意なしに破

から第1回債権者集会（財産状況報告集会）までの期間が徒らに長期化することを避けるため分割の期間は4ヶ月以内としているとされる（理論と実務96頁〔杉本正則〕）。大阪地裁では、同時廃止事件として申し立てられた事件のうち、いわゆる免責観察型の類型に限って分納を認めている（運用と書式12頁）。

[27]　旧法下では、仮支弁はほとんど使われていなかったといわれているが、その理由として、①国庫仮支弁は一時的な立替えの制度であり、最終的には破産者の負担に帰するものであり、一時的に立替えをしてもらった上で、それを将来的に償還させるということは迂遠であること、②破産事件の大多数を占める同時廃止事件については予納金の額もだいたい2万円程度と非常に低額であることなどから、申立人が何らかの形で工面していたこと、③仮支弁の制度を利用したとしても実際の支出まで長期間を要すること、④そもそも国の予算の裏付けがないこと等があげられている（基本構造と実務67頁以下〔花村発言〕、理論と実務97頁〔杉本正則〕）。

[28]　大阪高判昭59・6・15判時1132号126頁〔新百選14事件〕、広島高決平14・9・11金商1162号23頁〔百選4版10事件・百選5版A2事件〕。

産手続開始申立てを自由に取り下げることができる（破29条）。民事訴訟法261
条2項の場合とは異なり、申立てが取り下げられた場合、債務者には別段不利益
になることはないからである。ただし、例外として、申立ての取下げが制限され
る場合がある。すなわち、第1に、破産申立義務がある者（清算人〔会社484条1
項・656条1項、一般法人215条1項〕）は、取下げをなしえない。もしこのような者
につき自由な取下げを認めると、申立義務を課した意味がなくなるからである。
第2に、いったん破産手続開始決定があった後は、原則として申立ては取り下げ
ることはできない（破29条前段）。いったん破産手続が開始した以上、その手続は
他の債権者も利用できるものとなるから、それを一債権者の意思で、利用できな
くなるようにするようなことは認められないからである。この点に関しては、旧
法の下では、取り下げることができる時期につき争いがあったが、現行法は、旧
法下における通説・判例[29]にしたがって、立法がなされたものである。第3に、裁
判所が、破産手続開始前の保全処分（他の手続の中止命令〔破24条1項〕、包括的禁止
命令〔破25条以下〕、債務者の財産に関する保全処分〔破28条1項〕、保全管理命令〔破91
条2項〕、または否認権のための保全処分〔破171条1項〕のいずれか）を発令した場合に
は、申立人は勝手に申立てを取り下げることはできず、取下げには裁判所の許可
を要する（破29条後段）。破産手続開始の申立ての後に既に保全処分などがなされ
ているときは、債権者の権利行使または債務者の財産管理について重大な制約が
課せられているにもかかわらず、申立ての取下げを無制限に認めると、それまで
の財産の保全処分が全く無駄になってしまうので、このような濫用を防ぐという
趣旨である。

4　破産手続開始の要件

（1）　破 産 能 力

　破産能力とは、破産手続開始決定を受けて破産者となることができる一般的な
地位または資格をいう。この概念は、機能的には民事訴訟法上の当事者能力、民
事執行法上の執行当事者（債務者）能力に相当するものであるが、その肯否の判断
に当たっては考慮すべき要素は著しく異なる。ただ、具体的な判断については、
原則としては民事訴訟法や民法の規定が準用される（破13条、民訴28条・29条）。
　①　自然人　　自然人はすべて破産能力を有する（破13条、民訴28条、民3条）。
わが破産法は一般破産主義をとっているから、自然人であれば商人・非商人を問
わない。自然人の破産能力は死亡によって消滅する。ただ、いったん破産手続開
始決定を受けた自然人が手続中に死亡した場合には、相続財産について破産手続

---

[29]　注解3版（下）183頁〔谷合克行〕、大決昭6・7・31民集10巻619頁。

が続行される（破 227 条）。

旧法下では、わが国に居住しあるいは財産を有する外国人に破産能力を認めるべきか否かに関しては争いがあった。すなわち、旧破産法 2 条但書はいわゆる相互主義を採用しており[30]、これによれば、当該外国人の本国破産法の下で対応する地位にある日本人に破産能力が認められるときに限って、当該外国人にわが国で破産能力が認められることになる。したがって、商人破産主義を採る本国破産法を持つ非商人たる外国人の場合、日本での破産能力が否定されることになる。しかし、相互主義は自国民保護の思想に基づくものであるにもかかわらず、このような結論は、かえって自国民に不利になるとして、外国人について破産能力の制限を認めないとする相互主義適用制限説が有力であった[31]。このような状況の下、平成 12 年の旧法の改正に際して、このような考え方や、既に内外人平等主義を採用していた会社更生法（旧会更 3 条、会更 3 条）や民事再生法（民再 3 条）を参考にして、旧法 2 条但書が削除され、さらにそれが現行破産法 3 条に引き継がれ、現行法上も、狭義の破産能力だけでなく、免責能力等についても、内外国人完全平等主義を採用することが明らかにされた（破 3 条。民再 3 条、会更 3 条参照）。

② **法人**　伝統的な考え方は、法人を公法人と私法人とに分けて論じるのが一般的であった。公法人とは、国家のもとに特定の国家的・公共的事業を行うために設立された法人[32]であり、国家・地方公共団体といったいわゆる本源的統治団体と、狭義の公法人（たとえば、独立行政法人都市再生機構、独立行政法人住宅金融支援機構、株式会社商工組合中央金庫、森林組合・農業共済組合等の公共組合などがある）とに分けられている。それに対し、公法人以外の法人を私法人という。

私法人は、営利法人・公益法人・特別法上の法人を問わず、一般的に破産能力を有する[33]（一般社団財団 148 条 6 号・202 条 1 項 5 号、宗教法人 43 条 2 項 3 号、会社 471

---

(30)　旧破産法 2 条は次のように規定していた。すなわち、「外国人又ハ外国法人ハ破産ニ関シ日本人又ハ日本法人ト同一ノ地位ヲ有ス但シ其ノ本国法ニ依リ日本人又ハ日本法人カ同一ノ地位ヲ有スルトキニ限ル」と。

(31)　その理論づけとしては、①外国人の本国法において日本人が外国人と比較して不利益な取扱いをされていない限り、日本法においても、日本人と同様の破産能力を外国人についても認めるという形式的相互主義、②破産はわが国における経済秩序維持のための公序であるから、わが国の裁判権に服し、かつ、破産手続開始原因が認められれば、破産能力に関して相互主義を排除し、内外人を平等に扱うべきだとする考えなどがある（伊藤 3 版 81 頁、中田 36 頁、山木戸 36 頁等）。

(32)　林良平＝前田達明編『注釈民法〔新版〕(2)』（有斐閣・1991 年）15 頁〔林良平〕。ただ、いかなる法人がこれに当たるかについては厳密な定義があるわけではない。

(33)　外国の立法では、銀行、保険会社、鉄道会社などに一般的破産能力を認めない例もあるが、わが国では業種によって破産能力を否定されることはない（加藤 6 版 53 頁）。

条5号・641条6号等）。営利法人の例としては、株式会社（会社25条以下）、持分会社（会社575条1項）がある。公益法人のうち公益社団法人としては、日本経済団体連合会、日本医師会等があり、公益財団法人としては、法律扶助協会、日本オリンピック委員会等がある。特別法上の法人としては、学校法人や宗教法人がある。また、清算中の法人も破産能力を有する（破19条5項）。

　公法人のうち、国家や地方公共団体といった本源的統治団体は、法人格を消滅させることは法秩序の上でおよそ是認し得ないものであり、破産能力はないと解するのが通説である[34]。その他の公法人については、公共性が強く清算をして消滅させるのが不適当なものについては破産能力を否定し、そうでないものについては破産能力を肯定するという見解が従来の通説・判例であった[35]。しかし、私法人でも公共性の高い事業を営むものもあり、他方で、公法人の一つとして理解されている森林組合や農業協同組合などのように破産手続開始を法人の解散事由としているものもある（森組83条1項3号、農協64条1項3号）。したがって、事業の公共性だけで、公法人の破産能力を否定するのは適切ではない[36]。近時では、むしろ、本源的統治団体については破産能力を否定するが、その他の公法人については、破産能力を肯定できないものは、その法人限りで資産・負債の清算をする必要のないものだけであるとする見解[37]、一応すべて破産能力そのものは認めるべきであり、ただ、破産手続開始決定をすべきかどうかの破産原因の判断基準

---

(34)　たとえば、仮に国家に破産能力を認めるとすると、その一機関である裁判所が破産手続開始決定をした時点で、国家は解散することになる。すると、破産裁判所たる地方裁判所はその時点で存立の基盤を失い、破産手続を遂行することができないという自己撞着に陥ることになろう。もっとも、霜島96頁は、地方公共団体にも破産能力を認めている。ただ、地方自治体については、まったく倒産処理の可能性がないとはいえない（たとえば、地方財政再建促進特別措置法〔昭和39年法律第195号〕による地方自治体の財政再建計画は、実質的には再建型倒産処理手続であり、中島弘雅「地方自治体の法的倒産処理手続をめぐる論点」Business & Economic Review 2008年12月号58頁は、立法論としてではあるが、地方自治体に対する倒産処理手続の可能性を指摘している）。

(35)　兼子一編『破産法』（青林書院・1958年）143頁、中田33頁、谷口70頁等。学説の状況については、条解破産2版233頁以下、注解3版（下）103頁以下〔谷合克行〕、西澤宗英「いわゆる『公法人』の破産能力について」判タ499号33頁、金商別冊2号28頁以下〔石川明＝三上威彦〕参照。判例は、財産区につき、特別地方公共団体であることを理由に破産能力を否定する（大決昭12・10・23民集16巻1244頁〔百選5版3事件〕）。

(36)　中島38頁、西澤・前掲判タ499号44頁、金商別冊2号30頁以下〔石川明＝三上威彦〕等参照。

(37)　伊藤3版82頁。なお、同61頁では、「破産能力を否定する特別の規定がない限り、これらの法人については、破産能力を肯定すべきである」と、より明確な基準を立てている。たとえば、健康保険法26条4項・7条の40は、健康保険組合の破産能力を否定していると考えられる。

として、その経済的基礎のみならず、行う事業の公共性や事業の継続に支障をきたしているかどうかなどの考慮を盛り込むとする見解[38]など、破産能力を広く認める見解が有力である。

③ **相続財産** a．**総説** 相続財産は、権利義務の帰属主体である個人または法人のいずれにも当たらないが、破産法が相続財産に破産能力を認めていることは明らかである（破222条以下）。これにより、被相続人の資産と負債を相続財産の限度で清算することによって、相続財産を相続債権者への優先的満足に充てることができる[39]。相続財産の破産については、本書第14章1を参照のこと。

b．**限定承認、財産分離と相続財産破産** 相続財産破産と類似する制度として、民法上限定承認と財産分離とがある。すなわち、限定承認は、相続人の意思に基づいて、相続債権者のための責任財産を相続財産に限定する役割を持つ（民922条）。それに対して財産分離は、相続債権者または相続人の債権者（相続人債権者）の意思に基づいて、相続財産と相続人の固有財産を分離し（民941条1項・950条）、相続財産については相続債権者の優先弁済権を、相続人の固有財産については相続人債権者の優先弁済権を認めるものである（民942条・948条・950条2項）。すなわち、これらの制度は、相続財産を引当てにしている相続債権者および受遺者の利益と、相続人の財産を引当てとしている相続人の固有の債権者の利益とを調整するために、相続人の固有財産から相続財産を分離して清算するために設けられたものである。そして、相続財産が債務超過に陥っているような場合には、民法は、相続債権者間の平等の確保（民929条本文・947条2項本文・950条2項）、および相続債権者の受遺者に対する優先性の確保（民931条・947条3項・950条2項）について手当てをしている。

しかし、限定承認や財産分離にあっては、ⓐ相続財産を管理し相続債務を弁済するのは相続人であり、破産管財人のような公平中立な第三者ではない、ⓑ債権調査の手続が存在しない、ⓒ否認や相殺制限の制度も存在しないため、実体と乖離した弁済や偏頗的な満足、さらには相続財産の不当な減少行為があったとしても、それを強制的に是正することができない。このように、欠乏する相続財産を

---

[38]　青山ほか39頁以下〔井上治典〕。ただ、この説は、破産能力判断の際に、事業の公共性等の判断を要する点で、基準としては不明瞭である。

[39]　相続財産破産の利用は低調であるといわれ、その理由としては、①相続財産が債務超過であることが明らかであれば通常は相続放棄が選択されること、②相続財産破産の制度があまり知られていなかったこと、③相続財産がそれほど大きくない場合には簡易な清算手続きである限定承認で足り、破産管財人を必要的に選任してして債権調査等を行う破産手続は時間も費用も過重であること等が指摘されている（注解3版（下）146頁〔林屋礼二＝宮川知法〕）。

破産債権者および受遺者に公平平等に分配する仕組みとしては、破産手続と比べると必ずしも十分とはいいがたい。そこに限定承認や財産分離のほかに、相続財産破産制度の存在意義があるといえよう。ただ、限定承認や財産分離と相続財産破産の手続は別個独立したものであるから、相続財産破産手続の開始決定があった場合でも、限定承認や財産分離の手続をとることは妨げない。しかし、より強力な手続である相続財産破産の手続開始が申し立てられている場合には、こちらの方を優先させ、破産手続開始の決定の取消しもしくは破産手続廃止の決定が確定し、または破産手続終結の決定があるまでの間は、限定承認または財産分離の手続は中止される（破 228 条）。

c. 相続財産破産の場合における破産者　　相続財産破産の場合、誰が破産者になるのか、という点については争いがあり、学説上、相続人破産者説、被相続人破産者説、相続財産破産者説が唱えられてきた。判例[40]は相続人破産者説に立っており、学説上もこの説が有力であったが、近時の通説は、①相続人の破産と相続財産の破産とが区別されていること、②破 224 条 1 項がとくに相続人の破産手続開始申立権を規定していること、③破産法 232 条 2 項によって相続人に破産債権者としての地位が認められていること等を根拠として、相続財産自体に破産能力を認める。この議論は、実体法上「破産者」という概念に結びつけられた多様な事項を相続財産破産との関係で統一的に説明するためのものであったが、「破産者」概念によって定まる事項が多岐にわたることから、統一的な説明を用意して個別の事項に演繹することは本来困難であるといわれる[41]。

d. 相続財産破産の法律構成　　通常、個人または法人が破産者とされる場合、破産財団を構成するのは、それらの法主体に帰属する財産であり、破産債権は、それらの法主体を債務者とする債権によって構成される。しかし、相続財産破産の場合は、実体法上権利能力のない相続財産は、相続財産の帰属主体となったり、相続債権の債務者となることはできない。その結果、相続財産の帰属主体および相続債権の債務者は、相続人以外にはあり得ない。よって、破産清算の対象となるのは、第三者たる相続人に帰属する相続財産および相続人を債務者とする相続債権であるということになる。近時では、そのように考えて、相続財産破産とは、相続財産自体に破産能力を認めるとはいっても、破産管財人は、相続人などに代わって（民 918 条 1 項）、相続人に帰属する相続財産について管理処分権を行使し、相続人を債務者とする相続債権との清算を行う手続である、と説明する見解[42]が有力である。

---

[40]　大決昭 6・12・12 民集 10 巻 1225 頁。

[41]　条解破産 2 版 1475 頁。

④　信託財産　平成18年12月の新しい信託法（平成18年法律第108号）の制定に伴い、破産法においても信託財産に対する破産の規定が設けられ、信託財産についても破産能力があることが明らかにされた（破244条の2〜244条の13）。信託財産は、信託目的（信託2条1項）を実現するために、受託者に属する財産であって、受託者が管理または処分をすべき一切の財産であるが（同3項）、受託者が信託財産に属する財産をもって履行する責任を負う債務、すなわち信託財産責任負担債務について信託財産に属する財産をもって完済することができない状態に陥ったときは（破244条の3参照）、受託者の固有財産（信託2条8項）と区別して、信託財産限りでの清算を実施するのが信託財産破産の制度である。

　相続財産破産と同じく、破産者は誰か（受託者か、それとも信託財産か）という問題が起こりうる。これについても、ⓐ受託者の破産と信託財産の破産とが区別されていること、ⓑ破224条の4第1項が特に受託者の破産手続開始申立権を規定していること、ⓒ破244条の8によって受託者に破産債権者としての地位が認められていること等を根拠として、信託財産自体に破産能力を認めるとの説が有力である。

　また、信託財産破産の法律構成については、信託財産が受託者に帰属し、かつ、破産債権である信託債権（信託21条2項2号）および受益債権（信託2条7項）の債務者が受託者であることを考えれば、破産清算の対象となるのは、第三者たる受託者に帰属する信託財産と受託者を債務者とする信託債権および受益債権である。実体法上の権利能力のない信託財産に破産能力が認められる結果として、破産管財人は、受託者に代わって、受託者に帰属する信託財産について管理処分権を行使し、受託者を債務者とする信託債権や受益債権との清算を行う、と説明されている[43]。信託財産の破産については、本書第14章2を参照のこと。

⑤　法人格なき社団・財団および民法上の組合　a. 法人格なき社団・財団

　法人格なき社団・財団で代表者または管理人の定めがあるものについては、破産法13条が民訴法29条を準用しており、これらのものについて破産能力は認められる。しかし、破産能力が認められるとしても、法人格のない社団または財団には実体法上の権利能力は認められるわけではないから（この点争いはある）、破産財団に属する財産は、破産者たる社団等の財産ではなく、その構成員など第三者に帰属するものと解すべきことになる。また、破産債権についても、実体法上、法人格のない社団・財団はその債務者たり得ないから、このような破産債権は、構成員などの第三者を債務者とする債権であると観念せざるを得ない。したがっ

---

[42]　伊藤3版86頁。

[43]　伊藤3版98頁。

て破産清算の対象となるのは、第三者たる構成員等に帰属する財産および、構成員等を債務者とする債権であると説明することになる[44]。

b. 民法上の組合　民法上の組合については、その性質上、法人格のない社団として認められるものについては破産能力が認められることについては異論がない。それ以外の組合については破産能力を否定するのが通説である[45]。これに対し、近時、②民法685条以下の規定は、組合を単位として資産および負債を清算することを予定しており、また、⑥清算人の職務権限については、法人清算人と同様の規定が設けられていること（民688条1項、一般法人212条）、⑥債権者が破産手続開始申立てをするに当たっても、組合が法人格のない社団に当たるかどうかについての判断の責任を負わせることも合理性に欠ける等を理由として、民法上の組合一般に破産能力を認めるべきであるとする見解が有力に唱えられている[46]。さらに、民法上の組合のうち、権利能力なき社団・財団に該当しないものであっても、一律に破産能力否定し破産的清算の枠外におくことは適当でないとし、組合契約により裏付けられた団体の実体、構成員(組合員)相互や団体との関係などを総合考慮して、破産的清算の必要性が認められる場合には、基本的に破産的清算の可能性を認めるべきであるとの見解[47]も唱えられている。

（2）　破 産 原 因

1）意　義　破産原因とは、「法律が破産手続を開始するために要求している債務者の財産状態の破綻を推測させる一定の事態」のことである。ただ、破産原因としてあまりに早期の経済的破綻状態を捉えると、破産手続が早期に開始されることによって債務者の利益を著しく害するほか、債権者の権利行使も制限することになり、国民の経済活動に対する重大な足かせになる。しかし他方で、破産原因を最悪の経済的破綻状態として捉えると、破産手続が開始された時には、めぼしい財産はもはや散逸してしまっていて、債権者の満足が実現できないという事態に陥ることにもなりかねない。したがって、破産原因とすべき事情はその中間に求められなければならない。

ところで、何を破産原因とするかについては、従来、大陸法系の倒産法にみられるような、破産原因として抽象的一般的な基準を掲げる概括主義と、英米法系

---

[44]　伊藤3版105頁。

[45]　注解3版（下）106頁〔谷合克行〕、金商別冊2号33頁〔石川明＝三上威彦〕。

[46]　伊藤3版105頁以下。この見解によれば、組合の債務に対しては組合員が責任を負うのであるから（民675条）、組合の破産手続開始原因については、存立中の持分会社（会社575条以下）と同様に、破産原因は、債務超過ではなく（破16条2項類推）支払不能だけであるとする。

[47]　条解破産2版238頁以下参照。

88　　　　第3章　破産手続の意義と破産手続の開始

倒産法にみられるように、破産行為（破産原因）を個別具体的に規定する列挙主義とがあるといわれてきた[48]。わが破産法は、母法である 1877 年のドイツ破産法にならって概括主義を採用し、「支払不能」と「債務超過」という 2 つを破産原因とした。

　なお、債務者についての外国で開始された手続で、破産手続に相当するものがある場合には、当該債務者に破産手続開始の原因となる事実があるものと推定される（破 17 条）。

　2）支 払 不 能　支払不能とは、債務者に弁済能力が欠けるために、履行期が到来した債務を一般的、かつ、継続的に弁済できないと判断される客観的状態をいう（破 2 条 11 項）[49]。支払不能は、自然人・法人に共通する破産原因である（破 15 条 1 項）。まず第 1 に、弁済能力が欠けるか否かは、単に債務者の財産状態だけを基準に判断するのではなく、債務者の信用や技術・労力による収入といったものも総合的に評価して、資金の調達が不可能であるかどうかによって判断する。したがって、たとえ財産があっても、その換価が困難な場合は支払能力が欠乏していると評価されるし、逆に、財産がなくても、信用・労力によって金融機関や取引先等から資金の調達ができれば支払能力の欠乏とは評価されないことになる。第 2 に、支払不能という場合は、即時に弁済すべき債務、すなわち、弁済期が到来している債務を弁済することができない場合をいう。よって、将来履行期が到来する債務を弁済できないことが確実に見込める場合であっても、弁済期が到来した債務を何とか支払っているような場合には、未だ支払不能があるとはいえない。第 3 に、支払えない状態が、一般的かつ継続的なものでなければならない。ここでいう一般的であるとは、総債務の弁済について債務者の資力が不足していることである。すなわち、特定の債務の弁済ができなくても、それが全体的資力不足によるものと判断されなければ、支払不能とは評価されない。逆に、特定の債務についてのみ弁済を行っていても、総債務についての弁済能力が欠けていれば、支払不能であると評価される。また、弁済できない状況が継続的であるというのは、一時的な手許不如意を排除する趣旨である。逆に、一時的な借入れなど

---

[48]　かつて列挙主義を採っていたアメリカ連邦倒産法は、1978 年の改正により概括主義に移行し、さらに債務者の自己申立てについては、破産手続開始原因そのものを不要とした。また、イギリス倒産法も、1986 年に破産行為（acts of bankrupts）を列挙する立法主義を廃し、概括主義に近くなった。この間の事情につき、伊藤 3 版 107 頁、中島 41 頁、高木新二郎『アメリカ連邦倒産法』47 頁等参照。

[49]　支払不能の判断につき、東京地決平 3・10・29 判時 1402 号 32 頁〔百選 5 版 5 事件〕、東京地判平 19・3・29 金法 1819 号 40 頁〔百選 5 版 25 事件〕を参照のこと。なお、支払不能の概念については、商事法務 151 頁以下〔山本和彦〕を参照のこと。

第 3 講　破産手続の開始（その 1）　　*89*

によって弁済能力があるように見えても、客観的に資力が不足しているとみられれば、支払不能であると判断されることもありうる。第4に、支払不能は客観的な経済状態であるから、たとえ債務者が主観的には支払不能だと思っていても、弁済資金がある限り支払不能とはいえない。また、弁済の見込みが立たないような借入れなどを行うことによって、表面的には弁済能力を維持しているようにみえる場合であっても、客観的弁済能力が欠けていれば、支払不能状態とみられる。

　3）支払停止　　支払停止とは、債務者が支払能力を欠くために一般的かつ継続的に債務の支払いをすることができない旨（要するに支払不能である旨）を外部に表明する債務者の行為ないし態度であり、明示・黙示を問わない[50]。具体例としては、一般的に支払えない旨の債権者に対する口頭や書面による通知、はり紙、広告などによるのが前者（明示）であり、夜逃げ、廃業、本社・営業所の封鎖、手形の不渡りなどは後者（黙示）であるとされる[51]。

　支払停止にあたる債務者の行為としては、実務上、自然人で多い例は、倒産手続を受任した弁護士が、債務者の代理人として債務者において今後倒産手続をとる予定であることを理由に弁済を停止する旨の通知（これを一般的に、受任通知または介入通知という）を債権者に送付することであり[52]、法人で多い例は、営業の停止（閉店等）や、手形が6ヶ月以内に2回手形交換所で不渡りとなって銀行取引停止処分を受けた場合であるといわれる[53]。なお、第1回の手形不渡り[54]の発生が支払停止に当たるか否かについては議論があるが、不渡り前後の事情等を考慮して1回目の不渡りでも支払停止とみなされることもある[55]。

　支払停止は、独立した破産原因ではないが、支払停止があれば、支払不能の存

---

[50]　大判昭15・9・28民集19巻1897頁、最判昭60・2・14裁判集民144号109頁〔百選5版26事件〕、最判平24・10・19裁判集民241号199頁。条解破産2版123頁、大コンメン67頁〔小川秀樹〕。なお、岡伸浩「支払停止概念の再構成と判断構造」民事手続の現代的使命〔伊藤眞先生古希祝賀論文集〕（有斐閣・2015年）755頁以下も参照のこと。

[51]　加藤6版93頁、注釈（上）96頁〔小林信明〕。いずれも否認事例についてであるが、東京高判昭36・6・30金法282号7頁、東京地判平7・5・29判時1555号89頁。

[52]　これに関しては、伊藤眞「債務免除等要請行為と支払停止概念」NBL670号15頁、松下淳一「偏頗行為否認の諸問題」現代民事法の実務と理論〔田原睦夫先生古希・最高裁判事退官記念論文集〕（下）（きんざい・2013年）250頁以下参照。

[53]　破産民再実務〔新版〕（上）79頁〔西野光子〕。同旨、福岡高決昭52・10・12下民28巻9～12号1072頁〔百選5版6事件〕。

[54]　手形の不渡りの意義については、加藤6版1頁以下を参照のこと。

[55]　条解破産2版125頁。最判平6・2・10裁判集民171号445頁、東京高判平元・10・19金法1246号32頁、東京地判平6・9・26金法1426号94頁。和議手続につき同旨、静岡地判平4・12・4判時1483号130頁。

在が法律上推定される（法律上の事実推定。破15条2項）。とくに、債権者が破産手続開始申立人であるときには、債務者につき支払不能を基礎づける事実を立証するのは必ずしも容易ではないので、このような法律上の推定規定を設けることにより、破産手続開始申立人の破産手続開始原因の証明を軽減したものである。その結果、債権者が破産手続開始決定を申し立て、債務者の支払停止の事実が主張立証された場合、債務者側で積極的に、自己には弁済能力があること（すなわち支払不能ではないこと）を主張立証してその推定を覆さない限り、支払不能の存在が推定され破産手続開始決定がなされる。その意味で証明責任が転換されている。なお、支払不能と認定できれば、支払停止の有無を判断するまでもなく破産手続開始決定をすべきである[56]。

　近時、「支払停止」概念をめぐって、とくに事業再生ADR等のいわゆる制度化された私的整理における暫定的な支払猶予の申入れが支払停止に該当するかどうかが争われている。これにつき下級審裁判例は分かれているが[57]、学説においては支払停止を否定する考え方が有力である[58]。さらに、個人債務者の代理人弁護士が債務整理開始通知（いわゆる介入通知）を債権者宛に一斉に送付する行為[59]、社債弁済期前に弁済資金を入金しなかった行為[60]をそれぞれ支払停止とする裁判例がある。それに対して、債務者が債務整理の方法等につき債務者から相談を受けた弁護士との間で破産申立ての方針を決めただけでは、他に特段の事情の内限り、支払停止ではないとされる[61]。

　たとえ黙示の表示であっても、外部に対してなされるものでなければならず、債務者が単に内部的に支払停止の方針を決定したとしても、それが直ちに支払停止行為とみられるものではない[62]。

---

[56]　東京高決昭33・7・5金法182号3頁〔百選5版4事件〕。

[57]　支払停止を肯定するものとして、東京地判平22・11・12判タ1346号241頁。否定するものとして、東京地判決23・8・15判タ1382号349頁、東京地決平23・11・24金法1940号148頁。

[58]　条解破産2版125頁、伊藤眞・NBL670号17頁、同「『私的整理の法理』再考」金法1982号30頁等参照。反対、松下・前掲・田原古稀244頁、同「一時停止通知と『支払停止』」伊藤古稀1049頁、金春「私的整理における一時停止の制度についての一考察」会社法・倒産法の現代的展開〔今中利昭先生傘寿記念〕（民事法研究会、2015年）550頁。

[59]　否認事例につき、最判平24・10・19判時2169号9頁。

[60]　大阪地判平21・4・16金法1880号41頁。

[61]　最判昭60・2・14判時1149号159頁〔百選5版26事件〕。

[62]　最判昭60・2・14判時1149号159頁〔百選5版26事件〕は、「債務者から相談を受けた弁護士との間で破産申立の方針を決めただけでは、他に特段の事情のないかぎり、いまだ内部的に支払停止の方針を決めたにとどまり、債務の支払いをすることができない

支払停止は、破産手続開始決定前の一定時点における債務者の行為であるから、本来、持続性ないし継続性をもつ必要はないはずであるが、通説は、支払停止行為から、破産手続開始決定まで支払停止状態が持続することを要求する。よって、いったん支払停止の事実が発生しても、その後に債務者が債務の免除や弁済の猶予を受けて一般的に支払いを再開したときには、支払不能を推定することは許されないとする[63]。しかし、通説がいうような事情は、支払不能の不存在を事実上推定させる間接事実とみれば足り、支払停止に基づきいったん支払不能が推定されても、その後に支払いを一般的に再開した事情の存在が証明されたときには、支払不能の不存在が証明されたものとして、破産手続開始決定は許されないと解すればよい[64]。

また、支払停止の概念は、破産原因の推定事由としてのほか、否認権行使の要件（破160条1項2号・3項）や相殺禁止の要件（破71条1項3号・2項2号）との関係においても重要な役割を果たしている。これにつき、従来は、両者は同一内容のものと考えられてきたが、近時、破産原因推定事実としての支払停止は、一定時点における債務者の行為であるが、否認や相殺制限の要件としての支払停止は、破産手続開始決定まで継続する客観的支払不能を意味するという、いわゆる支払停止概念の二義性を認める見解が有力に唱えられている[65]。この見解は、否認や相殺禁止の基礎となる危機時期が客観的なものでなければならないとし、仮に、債務者の主観的行為としての支払停止のみを否認や相殺禁止の要件とすると、取引の相手方に対し不測の損害を与える可能性があることを強調し、否認の成立や相殺禁止を主張する者は、支払停止という要件事実の内容として、一定時点の債務者の支払停止行為に加えて、破産手続開始まで継続する客観的支払不能を立証しなければならないとする。しかし、否認などの要件として、客観的支払不能を要求することはかえって破産管財人の証明負担を過大にする結果となり、立法者の意図に沿うものではない。また、現行法は、相殺禁止要件として、従前からの支払停止と並んで支払不能の概念を設けたことも（破71条1項2号・72条1項2号）有力説の論拠がないことを示している[66]。よって、否認などの要件としての支払停止も、破産手続開始原因推定事実の場合と同様に、一定時点における債務者の

旨を外部に表示する行為をしたとすることはできない」とする。

[63]　山木戸47頁、注解3版（上）471頁〔宗田親彦〕、同（下）121頁〔谷合克行〕等。

[64]　伊藤3版111頁以下。

[65]　青山善充「支払停止の意義および機能」新・実務民事訴訟講座（13）〔鈴木忠一＝三ケ月章監修〕（日本評論社・1981年）55頁。この考え方に批判的検討を加えるものとして、西澤宗英「支払停止の『二義性』について」法研59巻12号333頁、345頁がある。

[66]　同旨、伊藤3版113頁。

行為と考えておけばよいであろう。

4）債務超過　債務超過とは、債務額の総計が資産額の総計を上回っている状態をいう。債務超過の判断に当たっては、弁済期が到来した債務だけでなく、期限未到来の債務も債務額の中に計上されるし、損害賠償債務のように当事者間に争いがあるものについては、裁判所が、その存否や額を判断しなければならない[67]。

　債務超過は、合名会社および合資会社を除いた法人および信託財産については、支払不能と並ぶ破産手続開始原因であり（破16条1項2号・244条の3）、相続財産については唯一の破産手続開始原因である（破223条）。法人（とくに物的会社にあってはそれが強く表れる）にあっては、信用の基礎として法人財産が中心となることから、債務超過が独立の破産原因とされている。しかし、それに加えて、支払能力の有無の判断に当たっては、法人自体の信用や稼働力をも考慮することができるから、支払不能も破産原因となっている（破16条1項）。また信託財産も、法人と同じく、債務超過のほか、支払不能も破産原因とされている（破244条の3）。なお、無限責任社員を構成員とする人的会社（持分会社という。会社575条以下）においては、社員個人が無限の責任を負うから、個人破産の場合と同様、債務超過は破産原因とはされていない（破16条2項）。相続財産は、単なる財産の集合体であり、信用や稼働力は考えられないから、債務超過のみが破産原因となる（破223条）。ただし、外部の債権者が債務者の資産および負債を評価して債務超過を発見することは困難であり、債権者申立事件では、債務超過だけで破産手続開始申立てをする場合は実際上多くはないと思われる。

　ところで、債務超過の判断の基礎となる資産の評価に関しては、下級審裁判例においては、清算価値を基準とすべきであるとするもの[68]と、継続事業価値（going concerned value）によるべきだとするもの[69]とが対立している。もっとも、実際に破産手続開始が問題となるような場合には、単に債務超過であるだけでなく、支払不能もあるのが通常であり、このような評価基準が直接問題となることはあまりないと思われる。また、資産評価の際に、清算価値を基準とするか継続事業価値を基準とすべきかという点については、事案ごとに特殊性があり、一律に決することは妥当ではないであろう。ただ、多くの事案では手続が開始される時点で

---

[67]　東京地決平3・10・29判時1402号32頁〔百選5版5事件〕、東京地決平4・4・28判時1420号57頁、東京地決平8・3・28判時1558号3頁等。なお、東京高決昭56・9・7判時1021号110頁〔百選5版7事件〕も参照のこと。

[68]　福岡地小倉支決平9・1・17判タ956号293頁。

[69]　福岡高決平9・4・22判タ956号291頁。

第3講　破産手続の開始（その1）　　93

事業は既に事実上廃止されていることに着目すると、現実的には、資産の処分を前提とする清算価値を基準とすべきことになろう[70]。ただし、事業が継続され、企業活動が維持されている例外的な場合は、資産評価額が一般的により高まる可能性のある継続事業価値を基準とすることになろう（第20章1(3)参照）。

（3）　破産障害事由

破産能力や破産原因の存在が認められても、一定の事由がある場合、裁判所が破産手続開始決定をなしえないことがある。そのような破産手続の開始を妨げる一定の事由を破産障害事由という[71]。破産障害事由としては、次の事由が規定されている。

1）所定の手数料および予納金が納付されていないこと（破30条1項1号）

旧法では、債権者が破産の申立てをする場合に限り、破産手続の費用を予納しなければならないものとされていた（旧破139条1項前段）結果、債権者が予納金を納付しなかったことのみが破産障害事由であった（同後段）。しかし現行法では、すべての申立人について費用の予納の義務が課せられたため（破22条1項）、費用の予納がないことはすべての破産手続開始申立てに共通する破産障害事由とされた[72]。なお、裁判所が予納命令で定めた期間を徒過しても、破産手続開始申立てを却下する前に、予納がなされた場合は、予納は有効となり、破産手続開始申立を却下することはできない[73]。

なお、破産法30条と類似した内容を規定する民事再生法25条は、このような事由があれば、申立てを「棄却」しなければならないとする。これに対して、会

---

[70]　民事再生手続においては、いわゆる清算価値保障原則（清算価値維持原則）がとられている（民再174条2項4号）結果、財産の価額の評定は原則として処分価値を基準としてなされる（民再規56条1項本文）。

[71]　小川56頁。破産障害事由の捉え方については、学説上、①他の倒産手続の開始を狭義の破産障害事由とし、それに破産法30条1項1号2号の事由を加えたものを広義の破産障害事由とする見解（中島47頁）、②他の倒産手続の開始のみを破産障害事由とする見解（伊藤3版117頁）、③破産法30条1項各号および他の倒産手続の開始を破産障害とする見解（大コンメン110頁〔大寄麻代〕）が分かれている。なお、破産障害事由の意味に関しては、条解破産2版230頁以下も参照のこと。

[72]　小川56頁、注釈（上）201頁〔富永浩明〕参照。

[73]　条解破産2版242頁、大コンメン111頁〔大寄麻代〕、注釈（上）202頁〔富永浩明〕、新基本コンメン74頁〔小久保孝雄〕。なお、抗告提起の手数料に関する事件についてのものではあるが、近時、最決平27・12・17裁判所時報1643号41頁は、抗告提起の手数料の納付を命ずる裁判長の補正命令を受けた者が、当該命令において定められた期間内にこれを納付しなかった場合においても、その不納付を理由とする抗告状却下命令が確定する前にこれを納付すれば、その不納付の瑕疵は補正され、抗告状は当初に遡って有効となる、と判示したが、本文に述べたところと軌を一にするものであろう。

社更生手続では、一定の事由に該当する場合を除いて、開始決定をすると規定されているので（会更41条1項柱書）、破産手続と同様に、これらの事由が存在する場合、棄却の決定をするのか、却下の決定するのかが明らかではない。よって、これに関しては、見解が分かれている[74]。ただ、却下決定と棄却決定との間で、決定の効力に大きな違いがあるとは考えられない[75]ことからあまり実益のある議論とは思われないが、これらの要件はいずれも、破産原因の存否を判断するための前提であると考えられるから、これらの事由が認められる場合には、いわゆる門前払いとして却下の決定をすべきものと考えておく。

2）不当な目的または、申立てが誠実になされたものでないこと（破30条1項2号）　　これに該当する典型的な例としては、自己の債権回収のため申立ての取下げを条件として有利に債務者と交渉したりする目的や、専ら嫌がらせの目的等により申立てが行なわれる場合であり、真に破産手続の開始を求める意思や、真に破産手続を進める意思がないのに、一時的に債権者らの取立を回避し、時間稼ぎを図ること等、もっぱら他の目的をもって、破産の申立てをする場合などが考えられる[76]。旧法下でも、破産申立てが権利濫用として却下される場合として、①債務名義をもたない債権者が破産申立てを仮装し、それによって債務者を威嚇して債権を取り立てる悪質な場合、②債務者が免責を得るためにのみ申立てをする場合、③債務者が企業内部の紛争解決を目的として申立てをする場合、④債権者が申立債権につき税金の免脱を目的として申立てをする場合が挙げられていた[77]。また、申立人が、信義則上の制限に背き裁判所にその所在を不明にしたような場合には、その申立て自体不適法なものとして却下するのが相当であるとした下級審裁判例もあった[78]。そこで、現行法では、民事再生法25条、会社更生法41条1項4号と同様の規定が設けられた[79]。

---

[74]　いずれも、申立ての棄却とすべきであるとするものとして、中島48頁。破産法30条1項1号については申立ての却下とするが、同条2項については申立てを棄却するものとして、新実務大系（28）116頁〔中山孝雄〕、大コンメン110頁〔大寄麻代〕、基本構造と実務72頁〔松下淳一発言〕。いずれも却下決定をすべきであるとするものとして、宗田138頁がそれぞれ唱えられている。

[75]　その見地から、条解破産2版230頁は、事柄の実質に応じて、本条1項各号の事由も、他の倒産手続の申立てないし開始決定等の存在と並ぶ破産障害事由と整理することとしたいとする。なお、同書231頁注3参照。また、大コンメン111頁以下〔大寄麻代〕も参照。

[76]　大コンメン112頁〔大寄麻代〕、新実務大系（28）116頁〔中山孝雄〕等参照。

[77]　注解3版（下）188頁〔谷合克行〕。

[78]　仙台地決昭59・9・3判タ537号247頁。

[79]　小川56頁。

3）民事再生手続開始の申立て、または開始決定がなされること（民再26条1項1号・39条1項・184条本文）　債務者につき破産手続開始申立てと再生手続開始申立てが競合する場合、裁判所は、必要があると認めるときには中止を命じうる（民再26条1項1号）。また、破産手続中に再生手続開始決定がなされると、破産手続は当然に中止され、新たに申立てをすることも禁止される（民再39条1項）。この場合、中止される破産手続は、再生計画認可前に再生手続廃止（民再191条以下）などの理由によって手続が終了すると、続行されることになるが、再生計画認可決定があると失効する（民再184）。これらは、いわゆる再建更生型手続の優先－破産予防－の原則（第1章1（3）3）参照）の現れといえよう。

4）特別清算の開始（会社512条1項1号・515条1項2項）　破産手続開始申立てと特別清算開始申立てが競合した場合には、裁判所は、破産手続開始手続の中止を命じうる（会社512条1項1号）。特別清算は、清算手続であるという点では破産手続と共通の目的を有するものではあるが、特別清算手続は、協定という簡易な方法により清算を図るものであり、同じ清算手続でも、簡易・迅速・低廉な手続の遂行が期待できる。よって、法は、特別清算を破産手続に優先させることにしたのである。すなわち、破産手続開始手続中に特別清算開始の命令があったときは、破産手続開始の申立てをすることができず、申立てはあったが、まだ開始決定が出ていない破産手続は中止され、特別清算開始の命令が確定すると、その効力を失う（会社515条1項2項）。ただ、その後に協定成立の見込がない場合、および協定実行の見込がない場合には、裁判所の職権によって破産手続開始決定がなされる（会社574条1項）。なお、破産手続開始決定が既になされた後は、会社の管理処分権は管財人に専属するから（破78条1項）、利害関係人や清算人が特別清算の申立てをすることはできないし、裁判所が清算人に特別清算を行わせることもあり得ない（会社510条・511条・478条1項参照）。また、破産債権者も破産手続の効果（破100条1項）により特別清算の申立権という個別的権利の行使ができなくなることから、利害関係人としての特別清算開始申立てをしても、不適法なものとして却下される[80]。

5）会社更生手続開始の申立てまたは開始決定がなされること（会更24条・50条・208条本文）　株式会社につき破産手続開始申立てと会社更生手続開始申立てが競合する場合、裁判所は、必要があると認めるときには破産手続開始手続の中止を命じることができる（会更24条1項1号）。また、破産手続開始の手続中に会社更生手続開始決定がなされると、破産手続は当然に中止され、新たな破

---

[80]　条解破産2版249頁。

産手続開始の申立てをすることは禁止される（会更50条1項）。この場合も、中止される破産手続は、更生計画認可前に廃止などの理由によって手続が終了すると、続行されるが、更生計画認可決定があると失効する（会更208条本文）。これは、もっとも強力な再建型倒産手続である会社更生手続が開始された以上、まずこの手続を行うべしという法の態度表明であり、これも、再建更生型手続の優先－破産予防－の原則の現れといえよう。

5　申立てに対する審理・裁判

（1）　審理すべき事項

1）破産申立ての適式性の有無　破産手続開始申立書が提出された場合、まず、申立ての適式性の有無が審査される。具体的には、以下の事項が審理されることになろう。

①　**申立書の記載（破20条）が正しいかどうか。**　現行法では、裁判所書記官による破産手続開始決定申立書の審査の制度が設けられた。すなわち、破産手続開始申立書が裁判所に提出された場合は、所定の事項が記載されているかどうかを裁判所書記官が審査を行い、所定の事項（破20条1項）が記載されていない場合には、裁判所書記官は、相当の期間を定め、その期間内に不備を補正すべきことを命ずる処分をしなければならない（破21条1項前段）。破産手続開始の申立ての手数料を納付しない場合も同様である（同後段）。この処分は相当と認める方法で告知することによって、その効力を生じる（破21条2項）。裁判所は、かかる補正を命ずる処分に対して異議の申立てがあった場合において、破産手続開始の申立書に補正を命じた不備以外の不備があると認めるときは、その期間内に当該不備を補正すべきことを命じなければならない（同条5項）。それらの不備を補正しない場合には、裁判長は、破産手続開始申立てを却下しなければならない(同条6項)。

②　**債権の存在および破産手続開始原因の疎明の有無**　債権者申立ての場合には、破産法18条2項・19条3項に対応して、申立人の債権の存在および破産手続開始原因が疎明されているか否かを審理する。債務者申立ての場合には、民事再生手続におけるのとは異なり、手続開始原因となる事実の疎明は不要であるが、準自己破産の場合、理事等が全員でする場合を除いて、その疎明（破19条3項）があったか否かを審理する。これらの疎明は申立ての適法要件であり、それを欠くときは、申立ては不適法却下される。

2）破産手続開始決定の可否　破産手続開始決定の申立てが適法である場合には、次に、破産手続開始決定のための、手続的要件と実体的要件について審理する。

①　**破産開始の手続的要件**　破産手続開始のための手続的要件としては、ⓐ

申立人に当事者能力があること、⑥申立人に訴訟能力（法定代理権、代理権の存在も含む）があること、ⓒ債務者に破産能力があること、ⓓ破産申立権〔申立資格〕があること、ⓔ裁判所の管轄権があること、ⓕ手続費用の予納がなされていること等が挙げられる。なお、手続的要件である、当事者能力、訴訟能力、法定代理権、訴訟代理権、管轄権（土地管轄違いの場合は、管轄裁判所に移送する）、破産能力などについては証明を要し、これを欠く申立ては却下（費用の予納の場合）または棄却される。

　② **破産手続開始の実体的要件**　　破産手続開始決定をするためには、破産手続開始決定の手続的要件を具備しているだけでなく、手続開始の実体的要件をも具備していなければならない。すなわち、ⓐ破産原因（支払不能または債務超過）が存在するか否か、および、ⓑ破産障害事由の不存在が審理される。なお、破産手続開始申立ての際には、破産原因の存在は疎明でよいが（破18条2項・19条3項・224条2項・244条の4第2項）、手続開始決定をするためには証明が必要である。

　ただ、債権者の破産手続開始申立てにおいては、申立人の債権の存在については疎明で足りるか、それとも証明まで要求されるかという点については争いがある。判例は疎明で足りるとしているが[81]、最近の有力説は、債務者の利益保護という観点から、証明を要するとしている[82]。ただ、申立債権の証明はそれほど困難な問題ではないと思われるので、議論の実益は少ないが、破産手続開始原因がある以上、他の債権者のためにも、手続を開始すべきであるし、破産債権は破産手続内で確定されるものであるから（破100条以下）申立時に証明を要求する必要はないと思われ、疎明説でよいであろう[83]。

　申立人たる債権者の債権は、破産手続開始決定の時に存在することを要する。開始決定時に存在していれば、確定までの間に消滅しても、破産手続開始決定の取消事由とはならない[84]。なぜならば、破産手続は開始決定と同時に開始され（破30条2項）、しかも、いったん開始された以上、その手続は、申立債権者のためだけではなく、総債権者の利益のために遂行されるものだからである。

　（2）　審理・裁判

　開始決定の審理は、迅速性・密行性の要請から、任意的口頭弁論によってなされ（破8条1項）、決定で裁判する（破15条1項・30条。また、民訴87条1項但書・119

---

(81)　大決大3・3・31民録20輯256頁。

(82)　加藤6版101頁、山木戸58頁、青山ほか44頁、石川53頁等。

(83)　伊藤3版136頁。なお、大決大3・3・31民録20輯256頁も同旨である。

(84)　大決昭3・10・13民集7巻787頁〔百選12事件〕。ただし、大決昭9・9・25民集13巻1725頁は反対。

98　　　第3章　破産手続の意義と破産手続の開始

条・250条・255条参照）。また、当事者の立証のみに委ねることなく、裁判所は職権をもって破産手続開始原因の調査を行うことができる（破8条2項）。その際には、裁判所が裁判所書記官に命じて必要な事実の調査を行わせることもできる（破規17条）。

調査が任意的口頭弁論により行われることに対しては、破産手続開始決定の影響の重大性に鑑みると、債権者の破産申立ての場合には、債務者側に十分な反論・反証の機会を与えるなど手続保障に配慮すべきであり、債務者の審尋（破13条、民訴87条2項）は必要的であると解する説が有力であり[85]、実務ではこれに対応した形で申立人および債務者に対する審尋を行うのが一般的であるといわれる[86]。また破産手続開始申立てに対する裁判は決定であるが、判決と同様、裁判書を作成しなければならない（破規19条1項）。

審理の結果、破産手続開始原因の存在が判明すれば、破産手続開始決定がなされる。ただし、例外的に、手続費用の納付がない場合や、申立権の濫用などを理由として、申立てが却下されることもある（破30条1項1号2号。破産障害事由）。

6　破産申立てについての裁判に対する不服申立て

破産手続開始申立てに対する裁判については、利害関係人が即時抗告の方法によって不服を申し立てることができる（破33条1項）。抗告期間は、破産手続開始決定の場合は、公告が効力を生じた日から2週間であり（破9条）、公告がなされない裁判の場合には、裁判の告知を受けた日から1週間である（破13条、民訴332条）。なお、公告と送達の双方がなされた場合につき、判例[87]は、即時抗告期間は公告の日から2週間であると解している。

即時抗告による不服申立てが原審によって受理されると（破13条、民訴331条・286条）、抗告が不適法で、その不備を補正することができない場合（破13条、民訴331条・287条）、および、再度の考案によって原決定が更正される場合（破13条、民訴333条）を除き、裁判所の裁判に応じて、裁判所書記官は、破産事件の記録または抗告事件の記録を抗告審に送付する（破規5条1項）。

原決定が破産手続開始決定であるときは、抗告審は、破産手続開始決定を正当とするときは抗告を棄却するが、それを不当とするとき（たとえば、破産手続開始決定後の破産原因や破産能力の消滅等）は開始決定を取り消した上で、破産手続開始申

---

[85]　石川明＝小島武司編『破産法〔改訂版〕』（青林書院・1993年）43頁〔小林秀之〕。

[86]　伊藤3版136頁以下。

[87]　最判平13・3・23判時1748号117頁〔百選5版14事件〕。これは、決定の送達を受けた者が、公告の日から2週間以前にした即時抗告の効力を妨げないとしている。なお、最判平12・7・26民集54巻6号1981頁も参照。

第3講　破産手続の開始（その1）　　99

立てを却下または棄却する。開始決定が取り消されると、破産手続開始決定に基づく効果は遡って効力を失う（再度の考案による取消しの場合も同様である）。したがって、破産手続開始決定によって生じた各種の法律効果（破37条・42条2項・44条1項・78条1項・100条1項等）は消滅すると共に、破産手続開始決定によって失効した法律関係も復活するのが原則である。しかし、既に実施された破産手続の残務整理の限度では、管財人の権限が認められるし（破90条2項）、また、管財人がその権限に基づいて行った行為で、第三者を相手方とするものは、取引の安全を保護するために、その効力は存続する[88]。

それに対して、原決定が破産手続開始申立て却下または棄却であるときは、抗告審が申立てを適法とし、かつ、破産手続開始原因の存在を認めるときには、原決定を取り消さなければならない。この場合に、旧法下の学説においては、①抗告裁判所が自判として破産手続開始決定および同時処分を行うとする考え方、②同時処分のうち、破産管財人の選任のみをなすとする考え方、③事件を原審に差し戻して、原審が破産手続開始決定および同時処分をなすとの考え方に分かれていた[89]。現行法下でも、同様の議論の余地があるが、できるだけ早く管財人による破産財団所属財産の占有管理を開始して財産を確保すべきであることからいって、②の見解が妥当であろう[90]。

移送決定（破7条）に対しては、不服申立てを認める特別の規定はない等の理由から、即時抗告はできないと解されている（破9条）[91]。

なお、取締役や労働組合の即時抗告権を有するか否かについては検討の余地がある。

取締役には破産手続開始の申立権が認められており（破19条1項2号3項）、破産手続開始決定に対する即時抗告権も当然あるように思われる。しかし、会社と取締役の関係は委任に関する規定に従うとされている（会社330条）。したがって、委任者である会社の破産は委任終了事由であり（民653条）、取締役は会社の破産と共にその地位を失い[92]、即時抗告をすることができなくなるのではないかとい

---

[88] 伊藤3版184頁参照。

[89] 学説の状況については、基本コンメン177頁〔熊谷絢子〕参照。

[90] これに対し、伊藤3版184頁以下は、旧法と異なり、強制執行等に対する中止命令〔破24条〕、包括的禁止命令〔破25条～27条〕および財産保全処分〔破28条〕を発令する可能性を認めていること〔破33条2項〕を踏まえると、抗告審としては、財団財産の散逸を防ぐために必要がある場合には、これらの命令を発令し、破産管財人の選任等の処分は原審に委ねるべきものとし、これに賛成する学説が有力である。条解破産2版294頁、大コンメン131頁〔大寄麻代〕。

[91] 大コンメン41頁・47頁〔小川秀樹〕。

う問題がある。詳しくは、本書第7章4(1)(第11講)の委任契約の処理のところ
で述べるが、会社が破産して管財人が選任されても、財産関係以外の点について
は当然には委任関係は消滅しないとの見解が有力であり、これに従うと、旧取締
役の即時抗告権は認めるべきであろう。また、実質的に考えても、会社の破産に
おいては株主には配当の可能性はなく、いわば無価値の権利であるから、即時抗
告権が認められるか否かは微妙であり[93]、そうなると、取締役に即時抗告権が認
められなければ、破産会社側が破産手続開始の当否を争う途が閉ざされてしまう
ことになり、妥当ではあるまい。

　また、労働組合に即時抗告権が認められるか、という点については、労働組合
の基礎は従業員にあり、個々の従業員は、会社の破産により早晩職場を失うこと
になるだけでなく（民631条参照）、賃金債権を有する優先的破産債権者（破産法
149条の範囲では財団債権者）でもあるから、その影響は極めて深刻であり、即時抗
告権者と認めてもよい。しかし、従業員が破産手続開始決定を争うのは、解雇目
的や組合潰しが見え隠れするようなケースで、個々の従業員単位ではなく、
まさに労働組合レベルで連帯して破産を阻止したいというときであろう[94]。この
場合には、労働組合は直接の利害関係があるといえるし、また、従業員の利益代
表者として、その地位の重要性に鑑み、破産法32条3項4号が、破産手続開始決
定を労働組合に通知することを要求していることからみても、即時抗告権を認め
てもよいであろう。ただ、当該会社の企業別労働組合はそれでよいとしても、上
部団体や横断的組織の労働組合となると問題が生じよう。

　　　<設問についてのコメント>

　　問1は、破産手続の特色を説明するものである。これについては、第3章
1(1)(2)(3)を参照のこと。
　　問2は、申立ての手続ないし適法要件について問う問題である。ここでは
特に、破産手続開始申立権者に関する問題点を中心に論じることとなる。こ
れについては、第3章3(1)(2)、4(3)を参照のこと。
　　問3は、管轄権と、申立てに対する審理事項を問うものである。これにつ

---

[92] 最判昭43・3・15民集22巻3号625頁〔百選4版87事件〕。

[93] 大阪高決平6・12・26判時1535号90頁〔百選5版13事件〕は、株主は、破産宣告（破
　　産手続開始決定）によって直ちに権利を害されるべき利害関係人にはあたらないとして、
　　株主の即時抗告権を否定した。

[94] 佐藤鉄男『ゼミナール破産法』〔法学書院・1998年〕7頁。

第3講　破産手続の開始（その1）　　　　101

いては、第3章3(2)2) 3)、5を参照のこと。本件では、管轄権を有するの
は、山口地方裁判所（破4条1項）のほか、債権者が800人であるから、破産
法5条8項により、山口地方裁判所の所在地を管轄する高等裁判所（広島高等
裁判所）の所在地を管轄する広島地方裁判所にも管轄権が認められる。仮に、
債権者が1000人以上（債権者が500人以上という要件は当然に満たす）であれば、
これらに加え、東京地方裁判所または大阪地方裁判所にも管轄権が認められ
る（破5条9項）。そして、最終的には、先に破産手続開始の申立てがあった
地方裁判所が管轄権を有することになる（破5条10項）。なお、いったん破産
手続開始申立てがなされても、裁判所は、著しい損害または遅滞を避けるた
め必要があると認めるときは、職権で、破産事件を破産法7条所定の裁判所
に移送することは可能である。

第4講　破産手続の開始 (その2)

ケース

　全国に8か所のゴルフ場を所有する預託金会員制のAゴルフ倶楽部（A興業株式会社）は、平成25年初頭には経営に行き詰まり、メインバンクであるB銀行に対する債務の弁済ができず、弁済期を3ヶ月延ばしてもらった。このような状況で、ゴルフ場のメインテナンスを請け負っているC社に対しても、その代金の支払いがたびたび滞っていた。そして、それまでたまっていたメインテナンス料2500万円につき、C社は数度にわたりA社に対して至急支払うよう催促したが、結局A社はその代金を支払うことができなかったので、平成25年11月28日になって、C社はAを相手取って、延滞しているメインテナンスの代金2500万円と支払いに至るまで年6%の利息の支払いを求めて訴えを提起した。

　その頃になると、A社の経営破綻は決定的となり、顧問弁護士と相談した結果、A社は平成26年2月20日に、A地方裁判所に破産手続開始の申立てをした。しかし、A社の代表取締役である甲は、破産手続開始の申立てをしているにもかかわらず、運転資金が不足すると、平気で高利の融資を受けたり、ゴルフ場の一部である土地を投げ売りして当面の資金を調達するという状況であり、その経営はどう見ても行き当たりばったりとしか言いようのないものであった。そのような状況の下、D社は、資金繰りに窮しているA社の足元を見て、時価1億円のA社所有の土地を1000万円で買い叩いて買得した。そして、D社は、これを高値で転売しようと買主を募っている。

　そのようなA社の状況を知った債権者の一部は、強行に債務の弁済を求めてきており、また既に何人かの債権者は強制執行に着手している。このような状況の中、さらに、預託金返還請求権を有するAゴルフ倶楽部の会員のうち2000名は、被害者の会を結成し、全国的規模で8か所のゴルフ場につき強制執行の申立てを行う準備を始めた。

　その後、平成26年4月15日午前10時に、A社に対して破産手続開始決定がなされKが破産管財人に選任された。

◆**問1**　破産手続開始前の時点において、Aとしては、以下の者に対してどのような処置を執ることができるか。

①既に強制執行に着手している債権者に対して。

②全国で一斉に強制執行をしようとしているゴルフクラブ会員に対して。

③既に訴えを提起しているC社に対して。

◆**問2**　債権者としては、D社への土地の売却行為は、A社に破産手続が開始された場合には、否認されうるものであると考えているが、D社がその土地を転売すると、それが困難になると考えている。そのような場合に、債権者としては、D社の転売を阻止するための保全処分を申し立てることはできるか。

◆**問3**　破産手続開始決定がなされたときは、裁判所は、どのような処分をするか。また、裁判所書記官は、どのような処分をするか。

◆**問4**　A社に対し破産手続開始決定がなされた場合、

①A社が商工ローンと締結した高金利の貸金契約や、D社と締結したゴルフ場の一部についての売買契約は有効か。また、その判断の際に、金利の高低や、代金の額は何らかの影響を及ぼすか。

②C社がA社を相手取って提起し現在係属中の訴訟はどのようになるか。

③破産手続開始決定後、クラブハウスを高く買ってくれるE社が現れた場合、A社は、この会社にクラブハウスを売却することはできるか。

④A社に対して5億円の貸金債権を有しているB銀行は、もしA社がその債務を任意に支払うという意向を有している場合、その弁済金を受領してもよいか。

7　破産手続開始決定前の保全処分

（1）　破産手続開始決定前の保全処分の意義と必要性

　破産手続開始決定がなされると、破産者は財団を構成する財産についての管理処分権を失い（破78条1項）、自由な権利行使ができなくなる。しかし、たとえ債務者が破産手続開始の申立てをしても、申立ての後、破産手続開始決定までは債務者の管理処分権は何ら制限を受けないから（破30条2項・78条1項）、その間に、債務者は、財産の隠匿・不当廉売、不公平弁済をしたり、放漫経営を継続する等のおそれがある。そのようなことを許せば、結局、破産手続開始決定がなされたとしても、その時には財産が既に散逸してしまっているということにもなりかねず、そのような状況下においては破産手続の円滑な遂行は到底望めない。そこで、破産手続開始決定前といえども、このような行為を防止して債務者の財産を保全

し、それによって破産手続を実効性あらしめるための制度が是非とも必要になる。そのための制度が、破産手続開始決定前の保全処分である。これは、①債務者の財産の散逸防止のための保全処分と、②第三者に対する保全処分、③債務者の身上に対する保全処分とに区別することができる。

（2）　債務者の財産の散逸防止のための保全処分

1）　債務者の財産に関する保全処分　　裁判所は、破産財団となるべき資産の散逸を防ぐため、利害関係人の申立てによりまたは職権で、債務者の財産に関し、処分禁止の仮処分その他必要な保全処分をすることができる（破28条1項）。旧法155条1項および民事再生法30条1項では、例示が「仮差押え、仮処分」となっていたが、現行法において内容的に変更があったわけではない[1]。なお、財産の処分禁止や占有移転禁止の保全処分が破産法28条の典型的な保全処分であるが、それ以外でも、債務者財産の散逸防止のために有用であれば認められる。具体的には、有体動産、不動産に対する仮差押え、債権・船舶等の仮差押え、処分禁止の仮処分、占有移転禁止の仮処分[2]、商業帳簿の閲覧・保管の仮処分などが挙げられる。その他、この保全処分に関して問題となったものとして、弁済禁止の仮処分と、借財禁止の仮処分がある。

①　弁済禁止の保全処分　　弁済禁止の保全処分の本来の目的は、債務者が特定の債権者に対してする偏頗弁済を抑止することにあり、したがって、債権者の申立てに基づいて、債務者を名宛人として発せられるのが本筋であるが、実際には、むしろ債務者自らがこの保全処分の申立てをし、債権者に対する弁済を拒絶する手段として使われるのがほとんどである。このような保全処分は、債権者の取立てに対抗する楯としての役割をはたすという点に一応の合理性は認められ、その有効性は肯定されていた。しかし、旧法には明確な規定がなかったこともあって、その許容性やこの保全処分に違反してなされた弁済の効力については解釈上争いがあった。そこで、このような保全処分の適法性を肯定する従来の有力説を採用した規定が民事再生法に入れられ（民再30条6項）、それが会社更生法で規定され（会更28条6項）、さらに、それが破産法にも取り入れられたものである。

---

[1]　条解破産2版213頁参照。なお、福岡高判昭59・6・25判タ535号213頁〔百選5版A3事件〕は、退職手当全額の支払いを禁止する破産宣告（現：破産手続開始決定）前の保全処分としての仮差押えがなされた場合につき、その4分の1だけが差押えを許される債権であり、その余は破産者の自由財産になるとした。

[2]　占有移転を阻止するためにこの保全処分を行う場合、民事保全法上の占有移転禁止の仮処分とは異なり、本案訴訟のための当事者恒定効（民保62条）は問題とならず、現実の占有の確保が重要なので、専ら執行官保管の仮処分によるべきであるとの指摘がある（条解破産2版216頁）。

すなわち、現行法は、弁済禁止の保全処分の適法性を承認すると共に、原則として、債権者に対する保全処分に違反した弁済は破産手続との関係では無効とするが、善意の債権者を保護する観点から、債権者が行為の当時、当該保全処分がなされていたことを知っていた場合に限ると規定している（破28条6項）[3]。

　　②　借財禁止の保全処分　　借財禁止の保全処分に関しては、平成16年の破産法改正では触れられなかった。しかし、債務者が無計画に借財を繰り返し、一層の債務の増加をもたらし、そのために将来の破産財団が実質的に減少するような事態は避けるべきである。したがって、債務者の無用な借財を防止し、債務者財産を保全するためになされる借財禁止の保全処分も有効であると解すべきである。ただ、そのような借財禁止の保全処分に違反して借財行為がなされた場合、その効力が問題となる。この場合、弁済禁止の保全処分に違反した行為の効力と平仄を合わせ（破28条6項）、相手方がこのような保全処分が命じられていることを知っていながら借財に荷担した場合には、破産手続との関係では無効であると解すべきである。

　　2）保全管理命令（破91条以下）　①　総　説　　保全管理命令とは、債務者の

---

(3)　弁済禁止の保全処分は、債務者による任意弁済を禁止する趣旨の不作為命令である以上、債権者の取立権を奪うものではない（判例・通説）。よって、弁済禁止の保全処分が発令された後でも、対象となる債権について、債権者が給付訴訟を提起したり、強制執行をすることは妨げられない（最判昭37・3・23民集16巻3号607頁〔百選A12事件、百選5版A4〕、東京高決昭59・3・27判時1117号142頁〔新百選20事件〕）。ただ、債務者は裁判によって弁済が禁じられているのであり、弁済がなされないことが債務者の責めに帰すべき事由によるものとはいえないから、債権者は、履行遅滞を主張し、遅延賠償を請求したり、契約の解除をすることは許されないと解されている（通説。最判昭57・3・30民集36巻3号484頁〔百選4版12事件〕）。

　　弁済禁止の保全処分と偏頗行為否認（破162条）との趣旨が異なるのはもちろんであるが、結果として弁済の効力が否定される点で類似性を有する。ただ、弁済の効力が否定される要件、行使の効果、その行使方法の点で違いがある。すなわち、①否定される要件についていえば、弁済禁止の保全処分違反の場合には、債権者が、保全処分がなされたことを弁済受領時に知っていたことが要件になるのに対し、偏頗行為否認の場合には、破産の申立て、あるいは場合によっては、支払不能ないし支払停止の事実を知っていたことが要件になる。次に、②効果の点でみると、弁済禁止の保全処分違反の場合は、破産手続との関係においては当該弁済は当然に無効となり、弁済を受けた物を不当利得として返還させることになるが、偏頗行為否認の場合には、否認権が行使されて初めて財団が原状に復するという効果が生じる。しかもその効果は、財団と受益者ないし転得者との間での相対的な効果に過ぎない。また、③行使方法の点では、弁済禁止の保全処分違反の場合は、無効を主張するについて行使方法に制限がないのに対し、偏頗行為否認の場合は、訴えまたは否認の請求または抗弁によることが要求されている（破173条1項）。

財産の管理および処分が失当であるなど、その財産の確保のために特に必要があると認めるときは、破産手続開始申立てについての決定があるまでの間、債務者の財産の散逸防止や継続事業価値の維持のために、管理処分権を包括的に債務者から剥奪し、裁判所によって選任される保全管理人に付与する保全処分をいう。

旧破産法の下では、同法155条が規定する破産宣告前の保全処分として、保全管理を命ずる保全処分ができるかどうかは同条の解釈に委ねられていたが、東京地方裁判所破産再生部ではそれを積極的に解し、実際に保全管理命令を発した事例があった[4]。このように、破産手続開始前であっても、債務者の財産の管理処分権を包括的に債務者から剥奪し、保全管理人に与える等保全管理命令の制度の実務上の必要性は高く、現行破産法は、債務者が法人である場合に限定して新たに保全管理命令の制度を立法化した（破91条～96条。なお、会更39条の2第1項後段・40条、民再79条・81条も参照）。

② **保全管理命令の発令**　a．保全管理命令は、利害関係人の申立てにより、または職権によって発せられる（破91条1項）。利害関係人には、債務者、債権者（破産手続開始後の優先的破産債権者のほか、財団債権者も含まれる）が含まれる。債務者につき、申立権を否定する見解もあり得るが、債権者の強硬な取立てに対抗するために、その申立てをなす必要がある場合がある[5]。別除権者や取戻権者は、それぞれ自らの権利を行使し、あるいは、その権利を保全するための手続をとることができるから、利害関係人には含まれない。株主や持分会社の社員は、そもそも破産手続開始申立権がないのであるから、利害関係人には含まれない[6]。

申立てを受けた破産裁判所は、保全の必要性を疎明させなければならない（民保13条2項参照）。しかし、申立人には疎明義務はなく、その要件の認定は職権探知によってなされる[7]。債権者申立ての場合には、破産の申立てに際して既に破産原因を疎明することが要求されているから（破18条2項。自己破産の時には疎明は要求されていないので、理論的には疎明が必要となろうが、実際には疎明がなされているのが通常であろう）、保全処分の要件として、重ねて破産手続開始原因の疎明は要求されない（通説）。

b．裁判所は、「債務者の財産の管理および処分が失当である」とき、または、「その他債務者の財産の確保のために特に必要がある」ときは、破産手続開始申立てについての決定があるまでの間、保全管理人による管理を命じることができる

---

(4)　破産民再実務〔新版〕（上）93頁〔片山憲一〕。
(5)　大コンメン387頁〔三村義幸〕、条解破産2版697頁。
(6)　条解破産2版697頁、注釈（上）631頁〔小堀秀行〕。
(7)　条解破産2版697頁。

（破91条1項）。「債務者の財産の管理および処分が失当である」ときとは、債務者がその財産を費消、隠匿したり債権者間の平等を損ねる行為に及んだ場合、もしくは現にそのような行為に及んだわけではないが、債務者の企図している行為がそのようなものである場合である。要するに、債務者に財産の管理、処分を委ねていたのでは、債権者らの債権の引当てとなるべき財産が著しく毀損されることが見込まれ、かつ、債務者に対する処分禁止の仮処分（破28条）、あるいは包括的禁止命令（破25条）によっては対処できない場合を意味する[8]。また、「その他債務者の財産の確保のために特に必要がある」ときとは、その他の事由により債務者の財産が毀損される蓋然性があるためそれを保全する必要性が認められる場合を指すが、文言上「特に」と規定されていることからみて、それを防止するために保全管理命令による高度の必要性がある場合を意味するものと解される[9]。

c．保全管理命令の対象は、破産手続開始の申立てが係属中の法人たる債務者である（破91条1項）。法人の財産は、その事業活動を維持するためにのみ存在するのに対して、個人の場合には、たとえその者が事業者の場合であっても、その有する財産には生活維持の基礎としての側面もあり、両者を截然と区別するのが困難なこと、破産手続開始後であっても新得財産は自由財産となるのに対して、破産手続開始前に個人の財産をすべて保全管理人の管理処分権に吸収してしまうのは不当であることなどが、その理由である[10]。

d．保全管理人は1名ないし数名が選任される（破91条2項）が[11]、その権限は概ね破産管財人のそれに準じる（破93条）。

e．保全管理命令では、一般的には、ⓐ保全管理人による管理を命じる、ⓑ保全管理命令発令の前日に生じた債務のうち、租税その他国税徴収の例により徴収される債務、従業員との雇用関係によって生じる債務、電気、ガス、水道、通信の

---

(8) 条解破産2版696頁。

(9) 保全管理人選任の運用例については、新実務大系（10）31頁〔中島肇〕、新実務大系（28）78、81頁〔武井圭志〕を参照のこと。

(10) 伊藤3版159頁、条解破産2版695頁。保全管理命令が法人に対してしか発令できないことから、たとえば会社のワンマン社長による放漫経営などがあるような場合、社長個人に保全管理処分を発することはできず、この場合には、むしろ会社の財産の管理・処分が失当であるとして、会社に対して保全管理命令を発することになる。なお、個人事業者の営む事業につき、破産手続開始の決定前に事業を譲渡する必要がある場合等に、保全管理命令を発し、保全管理人により事業権の譲渡を済ませ、破産財団を確保した上で破産手続を開始するという運用もなされている（破産民再実務3版破産86頁）。

(11) 実務では、数名の保全管理人を選任する場合はほとんどなく、1名の保全管理人が数名の保全管理人代理を選任して（破95条1項2項）処理に当たるのが通例である（大コンメン387頁〔三村義幸〕）。

各料金にかかる債務を除き支払ってはならない、ⓒ保全管理人が、破産法78条2項3号の行為をするには、予め裁判所の許可を得なければならない、との決定例が用いられているが、事案に応じて、種々の命令が付加されることがある[12]。保全管理人はこのは範囲内でその権限を自由裁量によって行使するが、常務に属しない行為をするには、裁判所の許可を得なければならない（破93条1項但書）。常務とは、事業の遂行にともなって必然的に生じる事務を意味し、通常の程度の原材料の仕入や弁済期の到来した債務の弁済等がこれに当たる[13]。保全管理人が、裁判所の許可を得ないで常務に属しない行為をした場合、それは無効であるが、善意者保護の観点から、その無効は、善意の第三者には対抗することができないものとされている（同条2項）。

f. 保全管理命令および保全管理命令を変更し、または取り消す旨の決定については、公告をしなければならず（破92条1項）、これらの裁判および即時抗告についての裁判があった場合は、その裁判書を送達しなければならない（同条2項）。この場合の裁判の効力は、送達時に生じる（同3項）。

（3）　第三者に対する保全処分

1）他の手続等の中止命令等　旧法下では、破産宣告（現行法では、破産手続開始決定）がなされると、個々の債権者による強制執行、仮差押えもしくは仮処分、企業担保権の実行手続または一般の先取特権もしくは留置権（商法の規定によるものを除く）による競売は開始することができず、既にされている強制執行等もその効力を失う旨が定められていた（旧破70条1項本文・93条2項）。しかし、破産手続開始申立て後に破産宣告前の保全処分として強制執行等の中止を命じることができるか否かについては旧法155条の解釈に委ねられていた[14]。これに対して現行法は、破産財団たるべき財産の保全のために、第三者に対していくつかの中止命令や禁止命令といった保全処分の制度を設けている。

①　強制執行等の中止命令　裁判所は、破産手続開始の申立てがあった場合において、必要があると認めるときは、利害関係人の申立てまたは職権によって、破産手続開始申立てについての決定があるまでの間、①債務者の財産に対して既

---

[12]　条解破産2版698頁。

[13]　条解会更（上）412頁、条解破産2版705頁、伊藤3版162頁等参照。

[14]　これに関する議論については、伊藤・破産3版補訂90頁参照。なお、既にされている強制執行等について、これを肯定する見解が多数であり、実務上もこれに従った運用が行われているといわれていたが、これを否定する見解も存在した上、債務者の財産関係の訴訟手続や行政庁に係属している事件に関する手続についてその中止を命ずることができるかどうか明らかではなかったといわれる（破産民再実務〔新版〕（上）95頁〔片山憲一〕）。

に行われている強制執行、仮差押え、仮処分または一般の先取特権の実行もしく
は商法または会社法の規定によるもの以外の留置権の実行としての競売手続で、
債務者につき破産手続開始の決定がされたとすれば破産債権もしくは財団債権と
なるべきものに基づくもの（以下「破産債権等」という）、または、破産債権等を被
担保債権とするもの、②債務者の財産に対して既になされている企業担保権の実
行手続で、破産債権等に基づくもの、③債務者の財産関係の訴訟手続、④債務者
の財産関係の事件で行政庁に係属しているものの手続、⑤債務者の責任制限手続
（船舶の所有者等の責任の制限に関する法律、および油濁損害賠償保障法上のもの）に対す
る中止命令を発することができる（破24条1項）。ただし、①の債務者の財産に対
して既になされている強制執行等の手続等の場合は、中止命令によりその申立人
である債権者が不測の損害を蒙るおそれがないことが要件とされている。これら
は、基本的に旧法下での通説を明文化したものである。③については、破産者を
当事者とする破産財団に関する訴訟は、破産手続開始決定があると中断するが（破
44条）、それを前倒しして、財産保全のために必要がある場合には、破産手続開始
前であっても中止を命じることができるものされた（破24条1項3号）。たとえ
ば、貸金返還、保証債務の履行、損害賠償請求等の訴訟はもちろんのこと、債権
者代位権、詐害行為取消権に基づく訴訟（破45条参照）も含まれる。

　なお、注意を要するのは、財団債権となるべき債権に基づく強制執行等も中止
の対象になっていることである。本来、財団債権は破産債権に先立って随時に弁
済されるものではあるが（破151条）、財団不足の場合には、一定の順序に従って
平等に弁済を受けるべきものとされている（破152条）。したがって、破産法は、
破産手続開始後は、財団債権に基づくものであっても強制執行を禁止しているし
（破42条1項）、すでに開始されているものも失効するとしているが（破42条2項・
66条3項）、破産手続開始前であっても、このような財団債権となるべき債権の個
別的な権利行使を保全処分で止めておかなければ、財団債権の手続開始後の公平
な弁済が妨げられるおそれがある。よって、中止命令は、それと平仄を合わせ、
集団的清算としての破産手続の目的を実現するために、その効果を前倒しして、
手続開始前の段階でも財団債権による強制執行等の中止を求めることができるこ
ととしたのである。したがって、別除権として破産手続によらない権利の実行が
保障されている特定財産上の担保権については（破2条9項10項・65条1項・66条
1項）、中止命令の対象とはされない[15]。

---

[15]　これに対して、民事再生法や会社更生法によれば、特定財産上の担保権の実行に関し
　　ても、中止命令の制度がおかれている（民再31条、会更24条1項2号・2条10項12
　　項）。これは、再建型倒産処理手続にあっては、これら担保権の目的となっている目的物

まだ強制執行が行われていない場合に、強制執行の禁止命令を求めることができるか、という点につき旧法下では争いがあったが（否定説が有力）、この点につき現行法でも明文規定がない。ただ、後述する包括的禁止命令があくまで例外的な制度だと解するならば、それ以外に禁止命令が認められる場合を広げるべきではない。よって、この場合には、債権者による執行をまって破産法24条の中止命令を求めるか、包括的禁止命令（破25条）を求めるべきであろう。

　裁判所は、中止命令を変更し、または取り消すことができる（破24条2項）。発令後の変更・取消しは、当事者の申立て（保全異議、保全取消し）に基づき行われる民事保全法上の保全処分と異なり、裁判所の職権によってなされる。したがって、当事者からの変更・取消しの申立ては、裁判所の職権発動を促す意味しかない[16]。変更とは、中止の対象となる強制執行等の範囲や中止の期間を変更したりすることであり、取消しは、発令後の事情の変更により中止によって不当な損害が発生すると認められる場合はもちろん、発令当初から中止命令が相当でなかった場合も認められる[17]。

　中止命令のうち、強制執行等の中止命令（破24条1項1号）については、さらに一歩進んで、強制執行等の「手続」等の取消しも認められている（破24条3項）。すなわち、強制執行等の中止命令によっても、強制執行等の手続の効力は消滅しないので、その対象となった財産を換価したり利用したりすることはできない。しかし、たとえば、短期間のうちに減価するような財産については、保全段階で早期に売却し、破産手続開始の決定後の配当原資を増やす方が破産債権者一般の利益につながるような場合があり、そのような場合には、保全段階であっても、強制執行等の手続を取り消して早期に処分することが、破産手続開始の決定後の円滑な手続の進行に資することとなる[18]。強制執行等の取消しの制度は、このような事態に対処するものである。ただ、強制執行等の手続等の取消命令の発令は、執行債権者の地位そのものを覆す効果をもつため、取消しを申し立てるためには、保全管理人がいて、換価した後の対価を将来破産財団となる財産に確保してくれるような場合でなければ意味がないので、保全管理命令（破91条）が発せられて

　も、債務者の再建のために利用する必要性が高いのに対して、清算型倒産処理手続である破産手続にあっては、どうせ債務者の全財産は換価・清算されるものであって財団の中にその目的物をとどめておく必要性が低いことが考慮されたものと思われる。しかし、破産手続においても担保権消滅許可が認められていることを考えると、立法論として検討の余地がある（伊藤3版145頁注185）。

[16]　条解破産2版191頁。
[17]　条解会更（上）340頁、条解破産2版191頁以下、伊藤3版145頁。
[18]　条解破産2版192頁。

いることが要件となっているほか、債務者の財産の管理および処分をするために特に必要があると認められる場合でなければ、取消しは認められない。

② 包括的禁止命令　a. 包括的禁止命令の意義　強制執行等に対する中止命令は、既に開始されている個別の手続を対象としてそれらの中止を求めるものであるため、多数の資産を有する債務者について、破産手続開始の申立て後開始決定前に多数の債権者が個別の執行手続を申し立てる可能性があるような場合、これらの手続を予防的かつ包括的に止めることはできない。よって、実際に着手された個々の手続ごとに個別的に中止命令を申し立てなければならないとすると、手続が極めて煩雑になり、債務者としてはその対応に追われ、合理的な破産処理についての対応ができなくなる可能性がある。そこで、破産法は、民事再生法や会社更生法（民再27条、会更25条）に倣って、将来行われることが予想される強制執行を予防的かつ包括的に禁止の対象とする制度として包括的禁止命令の制度を設けた。ただ、手続の違いを反映して、細部においてはかなりの違いがある。なお、この包括的禁止命令によって、強制執行などのほかに、国税滞納処分も禁止される（破25条1項本文。なお、同法43条1項を参照）[19]。

そこで、上記の個別的な中止命令によっては破産手続の目的を十分に達成することができないおそれがあると認めるべき特別の事情があるときは、利害関係人の申立てによりまたは職権で、破産手続開始の申立てにつき決定があるまでの間、すべての債権者に対し、債務者の財産に対する強制執行等および国税滞納処分の禁止を命じることができるとし（破25条1項）、また、債務者の財産に対し既にされている強制執行等の手続は、当然に中止するものとした（同3項）。

b. 包括的禁止命令の対象　包括的禁止命令の対象となるのは、第1に、強制執行等である。これは、破産法24条1項1号で定義されているとおり、強制執行、仮差押え、仮処分または一般の先取特権の実行による競売、または民事留置権による競売である。これらを強制執行等という（破25条1項・24条1項1号）。第2は、国税滞納処分である。ただ、これには、国税滞納処分の例による処分（地方税や各種社会保険料の債権にもとづくものである）が含まれる一方、配当要求の実質を有する交付要求は除外される。また、共助対象外国租税請求権にもとづく外国租税滞納処分も、国税滞納処分の例による処分として、包括的禁止命令の対象となる（破25条1項）。

---

[19]　国税滞納処分が中止命令の対象にならないにもかかわらず（破24条1項1号参照）、包括的禁止命令の対象となるのは、破産手続開始決定時に既に開始されている滞納処分の続行が妨げられないのに対し（破43条2項）、開始決定後の滞納処分の開始が禁じられること（破43条1項）を反映したものである。

なお、包括的禁止命令では、一定の範囲に属する強制執行等または国税滞納処分を対象から除外して発令することができる（破25条2項）。これは、包括的禁止命令が債権者の権利行使を一律に禁止する強力な保全処分であるから、財団債権や一般の優先権がある債権（租税債権や労働債権等）については類型的に包括的禁止命令の解除の申立て（破27条1項2項）があればこれを認めざるを得ないような場合にはそのような解除の申立てを待つまでもなく、包括的禁止命令の発令の段階で、上記のような一定の類型に属する強制執行等または国税滞納処分を包括的禁止命令の対象から除外することができるものとして、類型的に把握できる債権者の利益保護を図ったものである[20]。

　c. 包括的禁止命令の発令等　　この命令が強力な作用を営むことに鑑み、発令のためにはいろいろな要件が定められている。すなわち、まず第1に、包括的禁止命令が発令されるのは、強制執行等に対する中止命令によっては破産手続の目的を十分に達成することができないおそれがあると認める特別の事情があるときに限られる。発令の要件である「特別の事情」としては、執行対象となりうべき財産が多数存在し、その執行債権者となりうべき債権者も相当多数存在するなど、いずれの財産に対していずれの債権者から執行が行われるかをあらかじめ把握しがたく、かつ、個別執行によって生じると予想される混乱が大きい場合等があげられる[21]。第2に、債務者の主要な財産に対する財産保全処分（破28条1項）または保全管理命令（破91条2項）が事前または同時に発令される場合に限られる（破25条1項）。これは、債権者の権利行使を包括的（予防的）に禁止しながら、債務者による財産処分等を無制限に認めることは、債権者の理系を害する可能性があるとのバランス判断に基づく要件である[22]。包括的禁止命令に対しては即時抗告をすることができるが（破25条6項）、これは、執行停止の効力を有しない（同7項）。

　d. 包括的禁止命令の効力　　包括的禁止命令が発令されると、原則として、将来の強制執行等および国税滞納処分が禁止される。よって、包括的禁止命令に違反して申立てがなされ強制執行等の手続が開始しても、それは違法な手続であり、包括的禁止命令の正本を執行停止文書（民執39条1項7号）として執行機関に提出することにより、このような強制執行等の手続を排除することになる。さら

---

[20]　小川54頁、条解破産2版197頁、注釈（上）169頁〔綾克己〕。

[21]　理論と実務100頁〔那須克巳〕、条解破産2版199頁、大コンメン100頁以下〔杉浦徳宏〕、伊藤3版149頁、逐条研究45頁〔深山卓也発言、田原睦夫発言〕等。

[22]　小川53頁。なお、伊藤3版149頁は、破産手続開始の効果の全面的前倒しとの均衡上、債務者の財産管理処分権の制限を前提とせざるを得なかったと説明している。

に、債務者の財産に対して既になされていた強制執行等の手続については当然に中止の効力が生じるが(破25条3項)、既になされている国税滞納処分については、こうした中止の効力はない。これに対して共助対象外国租税の請求権に基づく外国租税滞納処分は、国内の租税債権とは異なり優先権が付与されていないから、一般債権に基づく強制執行等と同様に、すでにされている外国租税滞納処分であっても、中止する(破25条3項)。

なお、包括的禁止命令が発令されると、債権者は強制執行に着手することができず消滅時効中断(民147条2号)の機会を失うおそれがあることから、当該包括的禁止命令が効力を失った日の翌日から2ヶ月が経過する日までの間は、破産債権等についての消滅時効は完成しないものとされた(破25条8項)。法的な性質は、民法157条から161条までの「時効の停止」に相当すると考えられる[23]。

包括的禁止命令は、破産法24条の中止命令と同様に、「破産手続開始の申立てにつき決定があるまでの間」存続する(破25条1項)。破産手続開始の決定がある場合または破産手続開始の申立てが棄却ないし却下された場合には、包括的禁止命令は、破産法24条の中止命令と同様、なんらの手続を要しないで当然に失効する[24]。

e. 包括的禁止命令の変更・取消し　包括的禁止命令を発令した裁判所は、包括的禁止命令を職権で変更し、または取り消すことができる(破25条4項)。変更とは、禁止・中止の対象となる強制執行等と禁止の対象となる国税滞納処分の範囲や禁止の期間を変更したりすることであり、取消しは、発令後の事情の変更により禁止によって不当な損害が発生すると認められる場合はもちろん、発令当初から包括的禁止命令が相当でなかった場合にも認められる[25]。包括的禁止命令およびその変更または取消決定は公告され、その裁判書が債務者等および申立て人に送達され、かつ、決定主文が知れている債権者に通知される(破26条1項)。

f. 包括的禁止命令の解除　裁判所は、包括的禁止命令が執行債権者等に不当な損害を及ぼすおそれがあると認めるときは、当該債権者等の申立てによって、当該債権者に限って包括的禁止命令を解除する決定をすることができる(破27条1項前段)。これは、民事再生法29条、会社更生法27条と同趣旨の規定である。包括的禁止命令の解除は、包括的禁止命令の取消しとは異なり、包括的禁止命令自体の効力は維持しつつも、その結果不利益を受ける個別的な債権者につき、当該債権者の申立てにより、その者との関係においてのみ、決定により包括的禁止

---

(23)　条解破産2版201頁。

(24)　条解破産2版201頁。

(25)　条解破産2版201頁。

命令を解除するものである。したがって、解除の効果として、当該債権者等による強制執行等が可能になり、また包括的禁止命令の効果として中止された強制執行（破25条3項）は続行する（破27条1項後段）。国税滞納処分についても同様である（同2項）。

　解除申立てについての裁判に対しては、即時抗告が認められる（破27条4項）が、執行停止の効力はない（同5項）。解除申立てについての裁判および即時抗告についての裁判の裁判書は、当事者に送達しなければならない（同条6項前段）。この送達に関しては、送達代用公告の規定は適用されない（同6項後段）。また、包括的禁止命令の解除決定があったときは、その決定の翌日から2月を経過するまでの間は消滅時効は完成しない（同3項）。

　③　**否認権のための保全処分**　a．否認権のための保全処分の意義　下図のように、破産手続開始前に、債務者乙（後の破産者）が丙に対して自己の土地を極端な廉価で売却したとしよう（詐害的譲渡）。この場合、もし後に破産管財人がそ

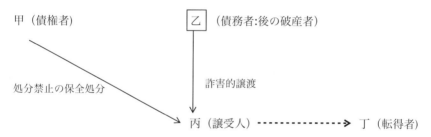

の行為を否認しようとするとき、目的物が丁に転売されていると、転得者に対する否認によることになるが、その要件は厳格である（破170条）。したがって、目的物が丙のもとから他に移転しないようにする必要がある。そこで、丙に対する処分禁止の仮処分等の保全処分が認められるか、ということが問題となる。

　これに関しては、旧法には明文の規定がなく、このような保全処分が認められるか否かについては肯定説と否定説とが対立していた[26]。破産法上の保全処分が債務者の財産の散逸を防ぎ、破産財団の維持を図ることを目的とするものであるとするならば、目的物は既に丙に移転しており、当該目的物は破産財団を構成する財産とはいえない。また、否認権自体は破産手続開始後に具体的に生じるものであるから、破産手続開始申立ての段階で否認権を被保全権利とする保全処分というのは理論上は説明しづらい。そのような理由から、旧法下ではむしろ否定説

---

[26]　肯定説として谷口110頁、青山ほか48頁、伊藤・破産3版補訂91頁等が、否定説として山木戸62頁、石川56頁、加藤哲夫『破産法〔第3版〕』（弘文堂・2000年）91頁等があった。なお、見解の対立状況については、大コンメン703頁以下〔加藤哲夫〕参照。

が多数であった。しかし、保全処分の目的が、破産手続の目的達成のために、破産財団の維持・増殖をはかることにあるとするならば、対象たる財産は、否認権の行使によって、破産財団に復帰すべき財産を意味すると解することもできる。そのような制度の必要性に鑑み、平成 16 年の改正によって、むしろ少数説（肯定説）の立場を立法化し、特殊保全処分として認めることにした。すなわち、裁判所は、破産手続開始の申立てがあったときから当該申立てについて決定があるまでの間で、否認権を保全するために必要があると認めるときは、利害関係人の申立てによりまたは職権で、仮差押え、仮処分その他の必要な保全処分を命じることができるものとされた（破 171 条 1 項）。

　b．申立権者　　この保全処分は利害関係人の申立てまたは職権による（破171 条 1 項）。もっとも典型的な利害関係人は、否認権行使による破産財団の増殖の利益を直接に享受することになる将来破産債権者となるべき債権者である。その他、財団不足の場合（破 152 条）や担保権を行使しても不足額が出る場合や担保権放棄の可能性があることを考えれば、財団債権者となるべき債権者や担保権を有する債権者にも申立権は認めるべきである[27]。保全管理人が選任された場合には、債務者の財産についての管理処分権は保全管理人に専属するから（破 93 条 1項本文）、保全管理人が申立人となる（破 171 条 1 項かっこ書）。なお、利害関係人の範囲に債務者が含まれるか、という点については問題がないわけではないが、民事再生における法人の役員の財産に対する保全処分で再生債務者自身にも申立権が認められていること（民再 142 条 1 項 2 項）、否認されるべき行為がなされた後に債務者法人の経営陣が変更される場合には保全処分の申立てが期待できることから債務者にも申立資格を肯定する見解が有力である[28]。

　c．申立ての時期　　この保全処分は、利害関係人の申立てまたは職権によるが、申立てによる場合は、破産手続開始の申立てがあったときから当該申立てについて決定があるまでの間にしなければならない（破 171 条 1 項）。破産手続開始決定があると、直ちに破産財団につき管理処分権を有する破産管財人が選任されるから（破 31 条 1 項・78 条 1 項）、このような保全処分は必要がなく、以後は民事保全法上の保全の要否を破産管財人が判断することになる。

　d．否認権のための保全処分の発令等　　この保全処分は、一般の財産保全処分（破 28 条）と異なって、その効果が破産手続開始に吸収されるものではなく、否

---

[27]　条解破産 2 版 1160 頁、注釈（下）194 頁〔柴田義人〕、新基本コンメン 396 頁〔菱田雄郎〕参照。

[28]　小川 239 頁、論点（上）213 頁〔森恵一〕、条解破産 2 版 1160 頁、大コンメン 704 頁〔加藤哲夫〕。

認の請求（破174条）などの手続を経て、はじめてその目的を達するものであり、被保全権利としての否認権を前提とする。その点で、この保全処分は、むしろ民事保全法に基づく保全処分（民保1条参照）とその性質を同じくする[29]。したがって、この保全処分は、一般の財産保全処分（破28条）とは異なり、担保を立てさせ、または立てさせないで命じることができるし（破171条2項）、民事保全法の規定の一部が準用されている（破172条4項）。

　なお、この保全処分が発令されるためには、申立人は、保全の必要性を疎明しなければならないが（民保13条2項参照）、上記のような事情から、通常の民事保全としての仮差押えまたは仮処分におけるのと同様に考えるべきである。具体的には、破産財団に所属すべき財産について否認対象行為の存在が窺われ、処分禁止の仮処分などがなされないと、受益者から転得者への譲渡などがなされるおそれがあり、破産管財人による否認権行使が困難になることなどがその内容となろう。また、被保全権利の存在として、具体的に破産手続開始の決定がなされる見込みと、否認権の発生要件事実の存在も疎明しなければならない[30]。

　この仮処分の内容としては、否認権行使に基づく原状回復請求権が、金銭債権である場合[31]には仮差押えが、特定物の引渡し・明渡しを求める請求権（さらに否認の登記手続を求める請求権）の場合[32]には処分禁止の仮処分が、それぞれ発令されることになる。いずれの保全処分も、処分禁止効を有し、本案たる否認権行使に係る手続との関係で、保全処分に抵触する行為は無効と扱われることになる（相対的無効）[33]。なお、破産法は、このような保全処分を認めることで否認権の実効性を確保する一方で、保全処分の相手方となる第三者の保護を図る観点から、様々な規定を置いている。すなわち、保全処分を命じる場合には担保を立てさせる可能性を留保し（破171条2項）、保全処分の相手方にも保全命令の変更または取消しの申立を認め（破171条3項）、保全処分または変更もしくは取消しの申立てについての裁判に対しては、即時抗告をすることができるものとされている（破171条4項）。なお、倒産法上の特殊保全処分は、原則として、倒産手続開始の決定に

---

(29)　伊藤3版156頁。

(30)　条解破産2版1159頁、大コンメン704頁以下〔加藤哲夫〕。

(31)　具体的には、偏頗行為否認の対象が金銭債務の弁済である場合、詐害行為否認について目的物が既に転売されあるいは滅失しているなどの理由により価額償還を請求する場合、対象行為が財産の高値での買入などの場合等があげられる。

(32)　具体的には、詐害行為に基づいて処分された財産そのものの現状回復を請求する場合、偏頗行為否認の対象が代物弁済であり、代物弁済に供された財産の回復を請求するような場合等が考えられる。

(33)　小川238頁、条解破産2版1161頁参照。

より当然に失効し、その効力は手続開始以降は存続しない（破24条1項本文参照）。しかし否認権は破産管財人が行使してはじめてその効力を生じるものであるから、否認権のための保全処分の効力は、破産手続開始後も存続させ、そこで管財人にその保全処分を自らの否認権行使のために用いるか否かを判断させる必要がある。そこで、否認権のための保全処分が発令されていた場合に破産手続開始決定があったときは、管財人はその保全処分にかかる手続を続行[34]することができるとされた（破172条1項）。ただ、相手方の地位の不安定さを解消するために、破産管財人は、破産手続開始の決定後1月以内に手続を続行しない場合には、当該保全処分は効力を失うものとしている（破172条2項）[35]。また、裁判所は、いったん保全処分を発令した後でも、申立てによりまたは職権で、保全処分（破171条1項）を変更し、または取り消すことができる（同3項）。

　e．不服申立て　　否認権のための保全処分（破171条1項）、およびその保全処分の変更や取消しの申立て（同3項）についての裁判に対しては、即時抗告をすることができる（同4項）。ただ、保全処分の実効性を損なわないために、この即時抗告には執行停止効は否定されている（同5項）。即時抗告をすることができる利害関係人（破9条前段）とは、保全処分の相手方および保全処分の申立権を有する者である[36]。保全処分あるいはその変更・取消しの決定は、公告される裁判ではないから、即時抗告期間は、送達による告知を起算点とする1週間の不変期間である（破13条、民訴332条）。なお、保全処分についての裁判および保全処分の変更・取消しの裁判に対する即時抗告についての裁判（破171条4項）があった場合には、それは決定ではあるが、当事者の地位に重大な影響を与える裁判であるか

---

[34]　ここでいう「続行」とは、通常は、保全執行としての仮差押えまたは処分禁止仮処分の登記（破259条1項）、あるいは第三債務者に対する保全命令の命令の送達（破171条6項）に基づく処分禁止効および抵触処分の相対的無効を破産管財人が主張することをいう（条解破産2版1164頁）。もっとも、破産手続開始時に保全執行が完了していない場合には、次の法律行為が「続行」となる（小川239頁）。すなわち、①保全処分に対して即時抗告がなされて抗告審に係属中の場合には、破産手続開始により中断（破44条の類推）した手続を受継すること。②保全処分の確定後、保全執行に着手する前の場合には、破産管財人が承継執行文の付与を受けて執行手続に着手すること（民保43条1項但書・46条、民執27条2項の類推）。③保全執行に着手し、未だ完了に至っていない場合には、承継執行文の付された保全命令の正本を裁判所に提出して、破産管財人を債権者とする執行手続の続行を申し立てること（民保規31条、民執規22条の類推）。さらに、①の前に、保全処分の相手方が破産管財人を相手方として即時抗告を申し立てた場合に、その相手方となることも、「続行」と扱ってよいであろう（条解破産2版1165頁）。

[35]　小川239頁。

[36]　条解破産2版1161頁。

ら、その裁判書は当事者に送達されなければならないものとされている（同条6項前段）。

（4） 債務者の身上に対する保全処分

債務者の身上に対する保全処分とは、債務者の身体を直接拘束して、債務者による財産の散逸・隠匿・毀損行為を防止したり、債務者の逃亡を阻止して、破産者等の説明義務（破40条）を実効あらしめたりするための措置であり、現行法上は「引致」が認められている（破38条1項）。引致は、破産者だけでなく、破産者の法定代理人や理事、取締役など、破産者に準じるもの対しても認められている（破39条）が、破産手続開始決定前の保全処分としての引致においては、債務者に準じる者は含まれない（破38条2項）[37]。

引致は引致状を発して行われ（破38条3項）、引致の効力、引致状の方式、引致の嘱託、引致状の執行等については刑事訴訟法中勾引に関する規定が準用されている（破38条5項）[38]。引致を命じる決定に対しては、債務者は即時抗告をすることができる（同条4項）[39]。引致は、刑事訴訟法上の勾引の手続により債務者の身体を直接拘束する点で、債務者に重大な損害を及ぼす可能性も否定できない。よって、引致命令については利害関係人の申立権は認められておらず、破産手続開始申立てを前提として、裁判所の職権によって行われる（同条1項）。

旧法では、破産手続開始前の保全処分として、引致のほか、警察署の警察官または警察吏員に命じて債務者を監視させる「監守」という制度があったが（旧破149条1項2項・150条）、実際上の必要性に乏しいことから廃止された[40]。

8 破産開始手続

（1） 破産手続開始決定

破産手続開始申立権の不存在、予納金の不納付などの理由により破産手続開始申立てが不適法とされる場合、破産能力の欠缺によって破産手続開始の実体的要件存否の判断に立ち入ることができない場合、あるいは破産手続開始申立てが誠

---

[37] 伊藤3版138頁。

[38] ここでの勾引の実質を考えると、被告人の勾引に関する規定（刑訴57条以下）ではなく、証人の勾引に関する規定（刑訴152条・153条）が準用されると解される（条解破産2版326頁）。

[39] 旧法下では、この即時抗告には執行停止効は生じないし、破産者が引致を命じる決定を知りうるのは執行の段階であり、かつ引致の効力が短時間であるため不服申立ての実効性は乏しいとの指摘がなされていた（注解3版（下）247頁〔杉本昭久〕、基本コンメン217頁〔堀毅彦＝鈴木幸男〕）。しかしながら、新法に執行停止の効力を有する旨の規定が置かれなかった以上、破産法13条、民事訴訟法334条1項に基づき、この即時抗告には執行停止の効力が生じると解されている（大コンメン151頁〔野口宣大〕）。

[40] 小川76頁、条解破産2版326頁。

実になされたものでない場合、破産手続に優先する他の倒産手続が既に係属している場合等には、裁判所は、破産手続開始申立てを却下する決定をなす（破30条1項参照）。これに対し、破産手続開始をするための要件がすべて具備していると認められるときは、裁判所は、破産手続開始決定をする（破15条1項・30条1項、破規19条1項）。

　破産手続開始の申立てについての裁判は、決定ではあるが、裁判書を作成してしなければならない（破規19条1項。民訴119条・250条・252条参照）。裁判書を作成するのは、開始決定が破産手続の中でも重要な裁判であるからである。破産手続開始決定は官報に掲載して公告され（破32条1項・10条1項）、公告は官報掲載の翌日からその効力を生じる（破10条2項）。この公告には、破産法上別段の規定がない限り、破産者などの関係人に対する送達に代わる効力が与えられる（同条3項本文）。また、公告がなされたときは、一切の関係人に対して当該裁判の告知があったものとみなされている（同条4項）。ただ、破産管財人、破産者、知れている破産債権者、知れている財産所有者等、保全管理人および労働組合等に対しては、別途通知がなされる（破32条3項）。

　裁判書（破産手続開始決定書）には、当事者の表示、主文、理由（破13条、民訴253条参照）[41]のほか、破産手続開始決定の年月日時を記載しなければならない（破規19条2項）。主文としては「債務者○○について破産手続を開始する」旨が記載される。実務では、裁判書の理由欄には手続開始原因があるとの簡単な理由が記載されているようである[42]。裁判書に破産手続開始決定の年月日時の記載が要求さ

---

[41]　裁判書に理由を記載する必要があるか否かという点については、民事訴訟法122条・253条との関係で問題となるが、当事者・裁判所の表示および主文の記載は常に必要であるが、事実および理由の記載は、訴訟指揮や執行処分のような処分的性格の裁判には必要ではないが、当事者の申立てを却下する裁判その他抗告に服する裁判にはこれを記載すべきであるとの見解が有力である（兼子一原著『条解民事訴訟法〔第2版〕』650頁〔竹下守夫＝上原敏夫〕（弘文堂・2011年））。なお、民訴法253条は、決定・命令について裁判書が作成される場合に準用されるものとして、笠井正俊＝越山和広編『新・コンメンタール民事訴訟法〔第2版〕』（日本評論社・2013年）466頁〔岡田幸宏〕がある。破産手続開始決定に対しては即時抗告によって不服を申し立てることが認められており、その対象を明確にするためにも、理由は記載すべきであろう（同旨、破産民再実務〔新版〕（上）117頁〔池上勝弘〕）。

[42]　実務倒産3版615頁〔今泉純一〕。ただし、債権者申立て等で、開始要件に争いがある場合は詳細な理由を付すことが多いといわれる。なお、東京地裁破産再生部では、負債総額と債権者数の記載は省略され、破産手続開始原因について当事者間に争いがある場合でも、破産手続開始原因を認定できる場合は、いかなる破産手続開始原因が認定できるかを記載した程度の簡単な決定書を作成するにとどめ、即時抗告がされた場合に、意見書において詳細な理由を記載している現状にあるとされる（破産民再実務〔新版〕（上）

れているが（破規19条2項）、それは、破産手続開始決定が、他の手続の失効（破42条1項）、破産債権の個別的行使の禁止（破100条1項）のほか、破産財団の管理処分権が破産管財人に移転する（破78条1項）など関係者の権利に重大な影響を生じるものであることと、それらの効果は破産手続開始決定の「時から」生じること（破産法30条2項）との関係から、破産手続開始決定の効力発生時点を明確にするためである。なお、「破産手続開始決定の年月日時」の記載の仕方について実務上の扱いは必ずしも明確ではないが、旧法下の有力説に従って、破産者に対して送達に付せられる時を見越して記載すべきであると解されているようである[43]。その他、裁判書には、同時処分事項（破31条）を記載する。

（2）　同時処分

1）破産手続開始決定の同時処分事項　　破産裁判所は、破産手続開始決定をなす場合には、それと同時に、①1人または数人の破産管財人を選任し[44]、②破産債権の届出をすべき期間（破31条1項1号）、③破産者の財産状況を報告するた

119頁〔池上勝弘〕）、破産民再実務3版破産102頁。

[43] 「開始決定の時」がいつを指すかについては、旧法時代から争いがあり、①裁判官が決定書に署名押印した時とする説、②決定書が裁判所書記官に交付された時とする説、③裁判所書記官が送達機関に決定正本を交付した時とする説、④決定書が利害関係人に宛てて発送された時とする説、⑤決定の効力発生時（破産者への告知時）と破産の効力発生時とを区別し、後者は裁判官が破産の効力を発生させる時として決定書に記載した時とする説などが対立していた。そして旧法下では⑤説が多数説であったといわれる（条解破産2版256頁以下、大コンメン113頁〔大寄麻代〕、注釈（上）213頁以下〔富永浩明〕、実務倒産3版615頁〔今泉〕等参照）。ただ、その時点は破産手続開始決定が裁判として効力を生ずる時点にできるだけ接近させるのが妥当であるから、破産決定書には、言い渡すときは、現実の言渡時であることに争いはないが、言渡しをしないときは説が分かれ、破産者への送達に付せられる時点を記載すべきであるとする説（山木戸64頁、谷口120頁）と、裁判官が決定書に署名捺印する時点を記載すべきものとする説（条解会更（上）443頁）がある。後者の見解は決定の告知前の時点を記載することになり妥当ではないから、前説に賛成すべきである（注解3版（上）35頁〔斎藤秀夫〕）。なお、破産手続開始は「決定」によってなされるから、相当と認める方法で告知されることによって効力を生じる（破13条、民訴119条）。したがって、上記の争いは、言渡しや告知がなされなかった場合を前提とした議論である。

[44] 実務では、弁護士1名が選任されるのがほとんどである。選任に際しては、通常、破産手続開始の決定前に破産管財人候補者を内定し、破産管財人候補者に対しては、事案を早期に把握して円滑に管財業務に着手することができるようにするため、開始決定前の申立記録の閲覧を事実上認めており、申立書副本は、遅くとも破産手続開始決定日までに申立代理人から破産管財人に直送される。また、開始決定前に破産管財人候補者と申立代理人とが事件の概要や予想される管財業務について連絡を取り合う事例も多いとされる（破産民再実務〔新版〕（上）120頁以下〔佐藤公恵〕、破産民再実務3版破産103頁）。また、条解破産2版265頁、注釈（上）223頁〔進士肇〕も参照のこと。

第4講　破産手続の開始（その2）

めに招集する債権者集会（財産状況報告集会）の期日（破31条1項2号）、④破産債権を調査するための期間（破116条1項・117条）、または破産債権の調査をするための期日（破116条2項）を定めなければならない（破31条1項3号）。これらは、破産手続開始決定と同時になすべき処分であることから、同時処分事項という。

　破産手続の円滑な進行を図るため、②から④までの期間または期日は、一定の時期的な基準が定められている。すなわち、②の破産債権の届出をすべき期間は、破産手続開始決定の日から2週間以上4月以下（破規20条1項1号）、③の財産状況報告集会の期日は、破産手続開始決定の日から3月以内の日（同2号）、④の破産債権調査期間は、破産債権届出期間の末日との間に1週間以上2月以下の期間をおき、1週間以上3週間以下とし（同3号）、破産債権調査期日は破産債権の届出期間の末日から1週間以上2月以内の日とする（同4号）ことを原則とする。

　2）破産廃止のおそれがある場合の措置　　破産財団につき費用不足のおそれがあると認めるときは、裁判所は債権届出の届出期間または債権調査の期間ないし期日を定めないことができる（破31条2項）。たとえば多額の財団債権の存在が想定され、その弁済によって財団不足による破産廃止（破217条）がなされるおそれがあるような場合には、破産債権の届出や調査を行う必要性は乏しいと考えられるからである。ただし、そのおそれがなくなったと認めるときには、速やかに、期間または期日を定めなければならない（破31条3項）。

　なお、破産手続開始決定の要件は具備しているが、最初から、破産財団を構成すべき財産が少なく、破産手続の費用さえ償うに足りないときは、裁判所は、破産手続開始決定と同時に破産手続廃止の決定をしなければならない（破216条1項）。これを同時破産手続廃止ないし同時廃止という。

　3）財産状況報告集会の期日の指定の省略　　財産状況報告集会は、知れている破産債権者の数その他の事情を考慮して、裁判所は、財産状況報告集会を招集することが相当でないと認めるときは、手続開始決定と同時にはその期日を定めないことができる（破31条4項）。これは、①破産債権者の数が膨大なものとなる大規模な破産事件においては、一定の物理的な会場を想定した債権者集会の招集は困難であり、他方で、②現実の実務においては破産債権者の数が少ない小規模な破産事件が多数を占めており、このような事件における債権者集会には、破産債権者の出席が全くないか、またはわずかしかない場合があることからすると、財産状況報告集会の招集を一律に必要的なものとして定めることは、合理的でないと考えられるからである[45]。

　⑷5　条解破産2版269頁、大コンメン120頁〔大寄麻代〕、注釈（上）226頁〔進士肇〕。なお、東京地方裁判所破産再生部では、債権者集会の役割、とくに債権者への情報提供い

4）大規模破産事件の特例　破産債権者が1000人以上の大規模破産事件で
あって、かつ、相当と認めるときは、裁判所は、破産債権者に対する通知（破32条
3項1号等）をせず、かつ、債権届出をした破産債権者に対する債権者集会の期日
に呼び出さない旨の決定をすることができる（破31条5項）。これは、利害関係人
への通知を公告をもって代用することで、大規模破産事件における通知の費用を
節減し、事務処理の負担が過大とならないようにするほか、多くの債権者を収容
する会場の設営の困難さを回避しようとする趣旨である[46]。「相当と認めるとき」
とは、社会的に著名な事件であって、通知をしなくても通常の破産債権者が必要
な事項に注意を払うことが期待される場合などが想定される。

　この決定がなされた場合には、破産手続開始の決定の主文等の公告・通知と併
せて、当該決定後の破産債権者に対する個別の通知および債権者集会の期日への
個別の呼出しをしない旨の公告・通知をしなければならない（破32条2項3項）。

（3）　付 随 処 分

　付随処分とは、破産手続開始決定をしたときに、それと同時にする必要はない
が、破産手続開始決定後直ちになすべき処分をいう（破32条）[47]。

　1）公　告　裁判所は、破産手続開始の決定をしたときは、直ちに、次に掲
げる事項を公告しなければならない。すなわち、①破産手続開始の決定の主文（破
32条1項1号）、②破産管財人の氏名または名称（同2号）、③破産債権届出期間、
財産状況報告集会の期日、一般債権調査の期間または期日（同3号）、④破産財団
に属する財産の所持者および破産者に対して債務を負担する者は、破産者にその
財産を交付し、または弁済をしてはならない旨（同4号）、⑤簡易配当（破204条1
項2号）をすることが相当と認められる事案にあっては、簡易配当をすることに
つき異議のある破産債権者は、裁判所に、一般調査期間の満了時または一般調査
期日の終了時までに異議を述べるべき旨（破32条1項5号）[48]、⑥大規模破産事件

　わば「情報の配当」の機会としての債権者集会の役割を重視する見地から、在京三弁護
　士会との協議に基づき、全件について、財産状況報告集会を任務終了計算報告集会及び
　破産手続廃止に関する意見聴取集会と併せて指定し，その後も破産手続終了まで期日を
　延期または続行する扱いである（破産民再実務3版破産478頁以下）。

[46]　条解破産2版271頁、大コンメン121頁〔大寄麻代〕、注釈（上）227頁〔進士肇〕等
　参照。

[47]　従来、公告および通知を付随処分とし、登記等の嘱託をそれと区別して説明する見解
　もあったが、両者合わせて付随処分と整理する考え方が一般的である（条解破産2版
　276頁、注解3版（下）223頁〔高橋慶介〕、中田68頁、中島69頁、伊藤3版168頁）。

[48]　この事項は、届出をした破産債権者が、裁判所が異議を述べるべき旨を通知・催告し
　たにもかかわらず一般調査期間の満了時または一般調査期日の満了時までに異議を述べ
　なかったときには、最後配当に代わって簡易配当をすることができる旨の制度（破204

において破産債権者に対する通知および呼出しが省略される場合（破31条5項）には、その旨（破32条2項）である。

2）通　知　　上記①〜⑥の事項は、公告するほか、一定の者には通知をしなければならない（破32条3項4項）。通知すべき者とは、①破産管財人、破産者および知れている破産債権者、②知れている財産所持者等、③保全管理人、④従業者の過半数で組織する労働組合または従業員の過半数の代表者である（破32条3項）。なお、文言上、財団債権者は通知の対象に含まれていないが、破産手続においては財団債権者も強制執行等ができなくなること（破42条1項）、財団債権者は破産管財人に財団債権を有する旨を申し出ることとされていること（破50条1項）、労働債権や租税債権等は発生時期によって破産債権となることから、通知すべき者に含まれると解する。ただ、実務上は知れたる財団債権者にも通知する例も多いものと考えられる[49]。

なお、公告、通知は、破産手続開始の決定時にするものが基本であるが、例外的に破産手続開始決定の後にする公告・通知もある（破32条4項5項）。

3）裁判所書記官は、破産手続開始の登記・登録を嘱託する（破257条1項・258条1項）。なお、破産手続開始決定の効力はその決定の時から生じ（破30条2項）、それと同時に、破産者の財産の管理処分権は破産管財人に専属する（破78条1項）。したがって、破産手続開始後に破産者がした破産財団に属する財産に関する法律行為は、相手方の善意・悪意を問わず、破産手続との関係においては、その効力を主張することができない（破47条1項）。また、行為の効力が破産手続開始の決定の事実についての第三者の善意・悪意で決められる場合（破49条・50条）においても、公告を基準としてその前後で善意・悪意を決めることとされており、登記が基準となっていない。以上のことからして、破産手続開始の登記は、法律行為の対抗要件としての登記（民177条等）とは異なり、利害関係人に対する警告としての意義を有するにとどまる[50]。したがって、破産手続開始の登記がなされるのは、それによって、破産者が有していた財産が破産財団に属する財産となっていることを周知させ、取引の混乱を防止するという事実上の効力を有するにとどまる[51]。

9　破産手続開始の効果

（1）　破産者に対する効果

条1項2号）が導入されたことにともなって追加されたものである。

[49]　大コンメン125頁〔大寄麻代〕。

[50]　伊藤3版169頁、谷口・126頁参照。

[51]　大コンメン1105頁〔高山崇彦〕、条解破産2版1716頁以下、伊藤3版169頁。

1）管理処分権の喪失　　破産手続開始決定があった場合には、破産財団に属する財産の管理処分権は裁判所が選任した破産管財人に専属することになる結果（破78条1項）、破産者は、破産財団に属する財産についての管理処分権を失う（このような効力は、確定を待つことなく、破産手続開始決定の時から生じる〔破30条2項〕）。したがって、破産者が破産手続開始後に破産財団に属する財産に関してした法律行為は、破産手続の関係においてはその効力を有しないし（破47条）、破産者の法律行為によらないで権利を取得しても、その権利取得は、やはり、破産手続の関係においてはその効力を有しない（破48条）。その他、不動産や船舶に関し、破産手続開始前に生じた登記原因に基づき破産手続開始後にされた登記または仮登記も、破産手続との関係ではその効力を主張することができないし（破49条）、破産手続開始後になされた弁済も原則としてはその効力を生じない（ただし、破50条参照）。以上については、本書第7章1で再説する。なお、破産者の管理処分権の喪失効は、破産財団に属する財産に限定され、破産財団とは関係のない人格権や自由財産には及ばない。破産法上、破産者に与えられている主として手続上の事項に関する各種権限（たとえば、破産手続開始決定に対する即時抗告権）も同様に、破産手続開始後も、破産者にそのまま残っている[52]。

　2）手続に関する効力　①　他の手続の失効等　　破産手続開始決定があった場合には、破産財団に属する財産に対する強制執行等（破42条1項）、国税滞納処分等（破43条1項）はすることができなくなる。また、既になされている強制執行等は破産財団に対しては失効するが（破42条2項）、既になされている国税滞納処分は続行することができる（破43条2項）。

　②　当事者適格の喪失　　破産手続が開始すると、破産財団に関する訴訟については、破産管財人が原告または被告となることから（破80条）、破産者は当事者適格を失う。ただ、破産者の自由財産に属する訴訟[53]や破産者の身分関係に関する訴訟、会社が破産した場合における設立無効の訴えや株主総会決議取消しの訴えなど破産財団とは無関係な訴訟[54]については、当事者適格を失うことはない。

---

[52]　条解破産2版626頁、大コンメン331頁〔田原睦夫〕、注釈（上）355頁〔服部一郎〕。

[53]　最判昭58・10・6民集37巻8号1041頁は、名誉侵害を理由とする慰謝料請求権は行使上の一身専属性を有するものであり、これに関する訴訟においては破産者であっても当事者適格を失うものではないとする。

[54]　判例（大判昭14・4・20民集18巻495頁〔百選4版19事件、百選3版20事件〕）は、会社不成立確認訴訟において、破産管財人ではなく、取締役に代表された法人を被告とすべしとする。その他、これと同旨を述べるものとして、株主総会決議無効確認訴訟につき大判大4・2・16民録21輯145頁、会社設立無効確認訴訟につき大判大9・5・29民録26輯796頁等がある。学説も、破産財団に無関係な訴訟として、会社の解散の訴え（商

第4講　破産手続の開始（その2）　　*125*

③　**訴訟手続の中断**　　破産手続開始により破産者は当事者適格を失うから、破産者を当事者とする破産財団に関する訴訟手続が係属している場合には中断する（破44条1項）。この「破産財団に関する訴訟」には、破産管財人にその管理処分権が専属する破産財団に属する財産に関する訴訟や破産財団がその引当となる破産債権に関する訴訟のほか、財団債権に関する訴訟も含まれる。また破産財団に関する事件で行政庁に係属するものも中断する（破46条）。このような破産手続が開始した場合の中断・受継に関する規定が設けられたため、民事訴訟法125条は削除された。

3）破産者の説明義務・重要財産開示義務と管財人の調査等　　①　**破産者等の説明義務**　　破産手続を円滑に進めるためには、破産に至った経過や破産者の財産状況等を明らかにする必要がある。そのために、破産者および破産者と一定の関係にある者（破産者の代理人、破産者が法人である場合のその理事、取締役、執行役、監事、監査役および清算人およびこれらに準ずる者、破産者の従事者）は、破産管財人もしくは債権者委員会（破144条2項）の請求または債権者集会の決議に基づく請求があったときは、破産に関し必要な説明をしなければならないものとされている（破40条1項本文・1号〜5号）。とくにそのうち従業員（破40条1項5号）というのは、雇用その他の契約により事業に従事せしめた者であることを要しないのみならず、その名称如何を問わず、事実上その法人（または人）の組織内にあって、直接または間接にその事務に従事する者と広く解されており[55]、また、破産手続の場合は通常、破産手続開始前後に雇用契約は解消されて関係が希薄化していることが多いこと、従業員全員が重要な情報を有しているとは考えられないことを考えると、その全員を刑事罰の制裁を伴う説明義務者とするのは酷であるので、代理人を除く従業員については、裁判所の許可がある場合に限って説明義務が課せられている[56]。なお、現行法では、元従業員にも説明義務が課せられている（破40条1項5号・同条2項）。典型的には、経理担当者であった者等がそれに当たる。破産者の財産状況について正確な情報を得るためには、単に現在従業員である者だけでは十分ではなく、場合によっては、過去の経緯を熟知している元従業員をも説明義務の対象とする必要があるからである。

この説明義務は、破産者の財産の内容や所在、破産に至った経緯などに関する情報を提供させて、破産管財人の管財事務遂行の資料とし、また破産債権者が管

　　旧406条の2、会社833条）、会社設立無効の訴え（商旧428条、会社828条参照）、株主総会決議取消訴訟（会社831条）、株主たる地位の確認を求める訴え等を挙げる。

[55]　最高裁判例解説昭58年度23頁以下〔金築誠志〕。

[56]　小川70頁、条解破産2版332頁参照。

財事務に対する監督を行うための資料を提供させるためのものである。よって、この義務に違反すると破産犯罪として刑罰を科せられたり（破268条1項2号）、破産者については免責不許可事由（破252条1項11号）にもなることがある。

その他、相続財産破産における相続人等および信託財産破産における受託者も、説明義務および重要財産開示義務を負担する（破230条・244条の6）。

②　破産者の重要財産開示義務　ただでさえ少ない財産をめぐって、多数の債権者の利害が鋭く対立する破産手続においては、何よりもまず、破産財団に属する財産の客観的状況を明らかにする必要がある。そこで、破産法は、破産者は、破産手続開始決定後遅滞なく、その所有する不動産等一定の重要な財産（現金、有価証券、預貯金その他の裁判所が指定する財産）についての内容を記載した書面を裁判所に提出しなければならない（破41条）と規定して、破産者の重要財産開示義務を明確にした[57]。これは、破産財団に関する情報を提供するという点では説明義務と同趣旨のものであるが、破産管財人などからの求めの有無にかかわらず、裁判所に対して、破産者自らが積極的に、重要財産に関する書面による開示をする義務を課した点に特徴がある。

③　管財人の検査等　破産管財人は、破産者および破産者と一定の関係を有する者（破40条1項各号）に対して、破産法40条の規定による説明を求め、または破産財団に関する帳簿、書類その他の物件を検査することができる（破83条1項）。

4）破産者への身上の効果　①　居住制限等　破産者の説明義務などを尽くさせるためには、裁判所が破産者の所在を把握していることが必要になる。そのため、破産者および破産者と一定の関係を有する者（破39条・230条3項・244条の6第3項）は、その申立てにより裁判所の許可を得なければ、その居住地を離れることができないものとされた（破37条1項）。右申立てを却下する裁判に対しては即時抗告が認められる（破37条2項）。この規定は、憲法上の居住・移転の自由（憲22条）を破産者等について制約するものではあるが、上記目的および不服申立ての制度が存在していること等から見て、公共の福祉に反するものとはいえない。

②　引　致　裁判所が必要と認めれば（たとえば，破産者が説明義務を尽くさなかったり、財産の占有管理を妨害したり、財産の散逸を図るような場合等）、引致状を発して、破産者の引致を命じることができる（破38条1項3項）。

破産手続開始申立て後開始決定前でも、保全処分としても、債務者は引致され

---

[57]　東京地方裁判所破産再生部の運用としては、代理人申立ての自己破産事件では破産手続開始申立時に上記の重要財産を含む内容を記載した書面の提出を求めているが、適切な内容の書面が提出されていれば、それ以上に開始後に資産目録の提出は求めていないとされる（破産民再実務〔新版〕（上）131頁〔西野光子〕、破産民再実務3版破産112頁）。

ることがある（破 38 条 2 項）。破産者と一定の関係にある者に対しても同様である（破 39 条・230 条 3 項・244 条の 6 第 3 項）。引致については、刑事訴訟法および刑事訴訟規則中の勾引に関する規定が準用される（破 38 条 5 項）。ここでの引致の性質からすると、被告人の勾引に関する規定（刑訴 57 条以下）ではなく、証人の勾引に関する規定（刑訴 152 条・153 条）が準用されると解される。したがって、勾引後 24時間身体を拘束する効力まではない（刑訴 153 条は同 59 条を準用していない）と解される[58]。引致を命じる決定に対しては、破産者または債務者は即時抗告によって不服を申し立てることができる（破 38 条 4 項）。

③　**郵便物等の転送嘱託**　裁判所は、破産管財人の職務の遂行のため必要があると認めるときは、破産者宛の郵便物等を破産管財人に転送することを、信書送達事業者に対し嘱託することができる（破 81 条 1 項）[59]。管財人は、転送された郵便物等を開封し読むことができる（破 82 条 1 項）。なお、憲法 21 条 2 項との関係で問題が生じる余地がないわけではないが、この転送嘱託等の措置は必要的なものとはされていないこと、破産財団所属財産の効果的な管理のため破産財団に関する情報を得るためにはやむを得ないものであること、また、破産者の保護のために、裁判所の決定に対して即時抗告という不服申立ての制度が設けられている（破 81 条 4 項）こと、さらには破産法 82 条 2 項のような措置も規定されており、こういった点から考えれば、必ずしも憲法違反であるとはいえないであろう。これについては、本書第 12 章 1（5）（第 19 講）参照のこと。

④　**資格喪失**　明治 23 年（1890 年）に制定された旧々商法第 3 編「破産」では、母法フランス法の影響の下、懲戒主義が採られていたが、現行破産法は、ドイツ法を継受した旧破産法（大正 11 年法律第 71 号）と同様、破産法自体には、破産手続開始決定がなされたことにより破産者に懲罰的効果を及ぼすような規定はもうけられていない（非懲戒主義）。しかし、各種の法令において、それぞれの政策目的から破産者に対して、破産者が一定の資格を必要とする職に就いている場合、その資格を制限しているほか（公証 14 条 2 号、弁護 7 条 5 号、公認会計士 4 条 4 号、弁理士法 8 条 10 号、税理士法 4 条 3 号等参照）、破産は特定の職務の欠格事由にもなっている（民 847 条 3 号・852 条・876 条の 2 第 2 項・876 条の 7 第 2 項・1009 条、会社 330条、民 653 条、会社 607 条 1 項 5 号等参照）。その意味では実質的には懲戒主義に近似したものとなっている[60]。

---

[58]　条解破産 2 版 326 頁、注釈（上）277 頁〔鶴巻暁〕。

[59]　旧破産法 190 条 1 項は、配達嘱託を必要的なものとしていたが、不必要に通信の秘密を侵害することを避けるために、現行法では裁量的なものとされている。

[60]　これらが立法論的に問題があると指摘するものとして、宮川・法理論 92 頁以下参照。

5）破産者が法人である場合　①　法人自体に対する効果　破産者が法人である場合、法人は破産手続開始決定により解散するが（一般法人148条6号・202条1項5号、会社471条5号・641条6号等）、それによって直ちに法人格が消滅するのではなく、破産手続が終了するまでは、その目的の範囲内でその法人格はなお存続するものとみなされる（破35条）。その意味は、破産手続の開始決定により、破産財団に属する財産の管理処分権は破産者（破産法人）から剥奪され、裁判所が選任する破産管財人に付与され（破78条）、その下で厳格な清算が行われることになるが、財産の帰属主体自体および破産債権の債務者等は依然として破産法人であると考えられ、その法人格は、破産手続が終了するまで存続させておく必要があるという点にある。ただ、その範囲は、破産手続による清算の目的の範囲内に制限される。たとえば、現務の結了（民688条1項1号、一般法人212条1号、会社481条1号・649条1号等）、財産の換価、財団債権の弁済、破産債権の配当はこの範囲に含まれる。事業の継続は、本来的には清算の目的の範囲内とはいいがたいが、営業または事業の譲渡という形での財産換価も許されるので（破78条2項3号）、裁判所の許可があれば継続することができる（破36条）[61]。また、再生手続開始および更生手続開始の申立ても、この目的の範囲に含まれる。破産管財人にこの2つの申立権があることは明らかであるが（民再246条、会更246条）、法人自身にも、この2つの申立権があると解される[62]。

　破産法35条と同様の規定は、一般社団財団法人法207条や会社法476条・645条などにもみられる。

②　破産した法人の機関　破産手続開始決定があった場合には、破産財団に属する財産の管理処分権は破産管財人に専属するが（破78条1項）、それによって、法人の機関の権限が当然になくなるわけではない。すなわち、破産法自体、破産手続開始後も破産者自身が行うべき事項を規定していることから（破81条2項・

なお、会社法330条は、会社と取締役との関係は委任に関する規定に従うとしているから、民法653条により、取締役は退任しなければならない。これは、懲戒主義の表れというよりも、委任関係の基礎をなす信頼関係の喪失という点にその根拠を求めるべきである。これに関し、破産者を取締役に選任できるかという点については旧法上争いがあった。商法の旧規定の下、判例（最判昭42・3・9民集21巻2号274頁〔百選20事件〕）は選任可能性を否定していたが、反対の学説も有力であった。そこで、立法者は、商法旧254条の2第2号の規定を新設して、選任可能性を否定した。しかし、会社法の制定に当たって、破産者となったことから当然に取締役たり得る資格を剥奪するのは立法政策として適切ではないとの理由から、その判断は株主総会の意思に任せるものとして、特別の規定は置いていない。

[61]　条解破産2版319頁、大コンメン143頁〔高山崇彦〕。

[62]　条解破産2版319頁。

82条2項・121条3項等)考えて、取締役がその代表者としてこれらの行為をなしうると考えられる。また、財産関係を除く会社の組織に関する権限は従前通り機関に残るとされている[63]ほか、破産手続開始決定に対して会社が即時抗告(破9条)を申し立てる必要がある場合もある。

ただ、法人の機関の権限が残るとしても、破産手続開始前の取締役がそのままの地位にとどまるかどうかについては、別に考える必要がある。それに関しては、⒜会社と取締役との関係は委任に関する規定に従うから(会社330条、民653条)、取締役は、会社の破産手続開始により当然取締役の地位を失うとの見解(当然終任説)[64]と、⒝委任者に破産手続が開始した場合には、破産手続の開始により委任者自身が行えなくなる行為は受任者も行えないというにすぎず、破産手続開始後もなお会社自身が行いうる行為については委任関係は終了せず、破産手続が開始しても取締役の地位を失わないとする見解(非当然終任説。多数説)[65]とが対立している。思うに、当然終任説によれば、新たに清算人を選任する必要があるが、そのための費用がかかるほか、即時抗告をなす場合など、その選任に手間取り時機を失する可能性もあることから考えれば、非当然終任説に従うべきであろう。

③ **法人の内部者に対する効果** 個人破産の場合における居住制限(破37条)、引致(破38条1項)、説明義務(破40条1項本文)の各種規定は、法人の理事等の内部者に対しても適用される(破39条・40条1項3号~5号・同条2項)。

法人役員は、簡易な決定手続において、責任追及をする役員責任査定決定の手続(破177条以下)に服することもある。従来、役員がした違法行為の責任を追及するのは損害賠償請求訴訟によることになっていたが、この方法では時間を要する上に実効性に疑問があった。そこで、現行法では、民事再生法や会社更生法(民再142条以下、会更99条以下)と同様に、役員の責任の追及の制度が新たに設けられた(破177条以下)。これについては、第12章3で再説する。

(2) 債権者に対する効果

① **個別的権利行使の禁止** 破産債権者は個別的権利行使が禁止され、権利の満足のためには破産手続に参加しなければならない(破100条・103条)。ただし、

---

[63] 大判昭14・4・20民集18巻495頁(百選4版20事件)、大コンメン143頁〔高山〕、中田109頁、山木戸131頁以下、伊藤3版174頁等。

[64] 最判昭43・3・15民集22巻3号625頁、最決平16・10・1判時1877号70頁も、当然終任説を前提としている。加藤・要論141頁、鈴木竹雄=竹内昭夫『会社法〔第3版〕』(有斐閣・1994年)270頁等。この場合には、会社法478条2項によって新たに清算人を選任して、これらの任に当たらせることになろう。

[65] 大判昭14・1・26民集4巻8頁、最判平16・6・10民集58巻5号1178頁〔百選5版15事件〕、最判平21・4・17判時2044号74頁〔百選5版16事件〕。谷口131頁等。

給料債権者や退職金債権者は、一定の場合には、裁判所の許可を得て、最後配当等の配当手続に先んじて弁済を受けることができるものとして、労働債権者の保護が図られている（破101条）。

② **他の手続の失効等**　破産財団に属する財産に対する強制執行、仮差押え、仮処分、一般の先取特権の実行または企業担保権の実行で、破産債権若しくは財団債権に基づくもの、または破産債権もしくは財団債権を被担保債権とするものはすることができない（破42条1項）。また、これらの手続で破産手続開始の時点で既になされていたものは、その効力を失う（破42条2項。なお同項但書参照）。ただし、国税滞納処分については手続の続行を妨げない（破43条2項）。

③ **債権の等質化**　期限未到来の債権は、期限が到来したものとみなされ（破103条3項、現在化）、そのままでは金銭的価値が表されていない債権は金銭債権に評価される（同条2項、金銭化）。この現在化と金銭化を合わせて、等質化という。これらについては、本書第5章で再説する。

＜設問についてのコメント＞

　問1は、破産手続開始前の保全処分のさまざまな形態について問うものである。①については、既に強制執行に着手している場合であるから、強制執行手続の中止命令を求めることが考えられる。これについては、7（3）1）a を参照のこと。

　②については、未だ強制執行が開始されておらず、その可能性がある段階であるから、包括的禁止命令の利用が考えられる。したがって、この事例において、その要件を満たすか否かの検討が必要である。これについては、7（3）1）②を参照のこと。

　③については、7（3）1）①を参照のこと。

　問2は、否認権のための保全処分の発令要件について問うものである。これについては、7（3）1）③を参照のこと。

　問3は、保全管理命令の発令の要件を問うものである。これについては、7（2）1）および7（2）2）を参照のこと。なお、甲は自然人であり、甲に対して直接に保全管理命令を求めることはできない点に注意すること。

　問4は、破産手続開始の効果について問うものである。①③④については、9（1）1）を参照のこと。①は破産手続開始決定前になされた行為であるのに対して、③④は破産手続開始決定後になされるものである。また、②については、9（1）2）を参照のこと。

第4講　破産手続の開始（その2）

第5講　破産財団と破産債権 (その1)

ケース

　Aは長年、甲公立病院に勤務している45歳の医師であるが、株式投資に失敗し、多額の債務を負担している。Aは研究発表に使うために、大量の医学書を買う必要が生じ、平成23年7月30日に、いつも利用している書店Bに書籍70万円分を注文した。それに対しB書店は、これまでの売掛金債権が30万円あるので、今度の書籍代と併せて、100万円について、家族以外の人を保証人にするならば、今回およびこれまでのたまっている分の書籍代合わせて100万円は、半年後である平成24年1月末日までに支払えばよいとの提案をしてきた。そこで、Aは同僚のCに対し、決して迷惑はかけないから保証人になってくれるように頼み込み、Cは、同僚であるAの頼みをむげに断るわけにもいかず、嫌々ながら保証人になることを承知し、BC間で保証契約が締結された。その後、B書店は、平成23年8月末までに、注文された書籍全部をAに引き渡した。

　しかし、Aは、平成23年9月はじめには支払不能に陥り、同年9月25日に自己破産の申立てをし、同年10月19日午後5時に破産手続開始決定を受け、Kが破産管財人に選任された。Kが、破産管財人に就任後、Aの財産を調査した結果、以下のことが判明した。すなわち、①負債は、株式投資の失敗による債務やマイカーローン、本件書籍代金債務など、全部で約8000万円にのぼること、②Aが今住んであるマンションは賃貸マンションであり、それ以外に自己名義の不動産は有しておらず、財産としては、預貯金が100万円程度と中古の自動車 (時価100万円) があること、③Aには、毎月手取りで約40万円の給料と、夏冬のボーナス各150万円 (手取り) が支給されていること、④Aが今病院を退職すると、退職金として2000万円程度が支給されること、⑤Aは、平成22年8月10日に、D保険会社との間で自己を受取人とする自動車損害保険契約を締結していたこと、⑥Aは、E生命保険会社と、1500万円の生命保険契約を締結しており、今解約すれば、約150万円の解約返戻金が得られること、⑦平成23年11月25日にAの父親が死亡し、Aは、有価証券と骨董品を中心とする遺産約3000万円を相続したこと、⑧AはF出版社との間で、アメリカの医学書の翻訳契約を締結しており、平成

24 年 3 月 30 日までに翻訳すれば、500 万円の翻訳料が支払われること、等である。

- **◆問 1** 甲病院に対して有している、A の給料債権、および退職金債権は破産財団を構成する財産となるか。
- **◆問 2** A が E 生命保険会社と締結した生命保険契約を解約すると、解約返戻金 150 万円が得られるような場合、K は、当該生命保険契約を解約して、解約返戻金 150 万円を破産財団に取り込むことはできるか。
- **◆問 3** A が相続した 3000 万円の財産は破産財団に属しているといえるか。もし仮に属していないとすれば、K としては、これを破産財団に取り込む手段はあるか。
- **◆問 4** 平成 24 年 1 月 10 日に A は自家用車で自損事故を起こして入院し、そのために、入院・治療費等 300 万円の出費を余儀なくされた。A はこの金額を D 保険会社に請求することができるか。
- **◆問 5** 書店 B は、破産手続開始と同時に、自己の 100 万円の代金債権につき、破産手続において権利行使することができるか。またそれはいくらの額についてか。
- **◆問 6** F 出版社は、この契約に基づく権利を、破産手続上どのように行使することになるか。
- **◆問 7** A が破産してしまったので、B 書店は、100 万円の代金債権を破産手続において届出をしたが、その後、C から 50 万円の弁済を受けた。この場合、B・C はそれぞれ、誰に対してどのような権利行使をすることができるか。

第 4 章　破産財団

1　破産財団の意義と範囲

（1）　破産財団の意義と種類

　破産債権者の共同の満足にあてるために、破産管財人によって管理・換価される、破産者の財産の集合体を破産財団という。そして、破産財団の内容は、通常、①法定財団、②現有財団、③配当財団の 3 つに区別して理解されている。

　①　法定財団とは、破産法の定める基準によって当然かつ抽象的に定まっている破産財団であり、論理的には、これが換価されて債権者の満足に当てられるべきものである。これは、いわばあるべき姿の破産財団、すなわち理論値としての破産財団を意味する（ドイツ語では Sollmasse という）。破産法 34 条 1 項・229 条 1

項などの破産財団とは、この意味における法定財団を意味する。

②　しかし、破産手続開始決定の時に破産者が現実に占有管理している財産の集合体は、法定財団と一致していないのがむしろ通常である。なぜならば、本来法定財団に所属すべき財産が隠匿されていたり、破産手続開始前に不当に処分されてしまっていたりすることがままあるからである。また逆に、破産者が占有管理する財産の中には、換価して破産債権者の満足の引当になるべきではない他人の財産が紛れ込んでいる場合もあるからである。このように、破産手続開始決定後に破産管財人が現実に占有・管理する財産の集合体（本来債務者の財産であってもここに入っていないものもあれば、他人の財産が入っていることもある）を現有財団という（ドイツ語では Istmasse という）。換言すれば、現有財団とは、法定財団に属すべき財産から隠匿されたり、不当に処分された財産を差し引き、かつ破産手続開始決定時に破産者の占有下にあった他人の財産を加えた財産の集合体であるといえる。破産法 62 条や 79 条にいう破産財団とはこの意味での現有財団を意味する。破産管財人は、この現有財団をできるだけ法定財団に近づける任務を負っている。

③　最後に、配当財団とは、最終的に、破産債権者の満足に供することのできる破産財団を意味する。すなわち、現有財団の中に入っている他人の財産が取戻権（破 62 条）によって取り戻され、その残った財産が、さらに別除権（破 65 条）や相殺権の行使（破 67 条）等によって減少したものに、管財人の否認権の行使（破 160 条以下）や、役員に対する責任追及（破 177 条以下）等によって増加したものを加えた財産を換価してえられた金銭をいう（ドイツ語では Verteilungsmasse という）。破産法 196 条 1 項 3 号の「配当することができる金額」とはこの意味での配当財団のことである。

（2）　破産財団（法定財団）の範囲

法定財団とは、破産者が破産手続開始決定の時において有する一切の財産で、差押えが禁じられていないものをいう（破 34 条 1 項〜3 項）。理論的には、これらの財産を換価したものが破産債権者に対する配当の原資となるが、このような法定財団に如何なる財産が属するのかという点については、客観的範囲と時間的範囲に分けて考えることができる。

1）　客観的範囲　①　破産者に属する財産であること（破 34 条 1 項）　a．財産であること　　破産財団は、破産債権者の満足の引当てとなる財産の集合体であるから、破産財団を構成する財産は、金銭的価値のある、積極財産でなければならず、消極財産（債務）は含まない。この意味での財産には、現金・物（動産・不動産）・権利（制限物権・担保物権・債権・無体財産権・電話加入権等）、共有持分（破 52 条）のほか、金銭的な価値があり、破産債権者への配当原資となり得る財産で

あれば事実関係でもよい（たとえば、商権・暖簾・顧客リスト・仕入れ関係・ノウハウ等）[1]。また、破産手続開始後に財産的価値がないことが判明するもの[2]であっても、一般的に財産とみなされるものは、破産財団に組み入れられ、後は放棄など破産管財人による処理（破78条2項12号）に委ねられる[3]。

なお、近時、個人破産者が有するいわゆる過払金返還請求権（利息制限法に基づく引き直し計算を行って消費者金融業者等に対して行う不当利得返還請求権）が問題になっている。これは、破産手続開始前の過払いに基づく財産（金銭債権）なので、破産財団に属する財産であることは明らかであるが、取引履歴の開示要求・金額の計算・請求・回収等に一定の時間・コストがかかること、債務者自身に財産的価値がある旨の認識が薄い場合があることなどから、債務者の「財産」との扱いがなされないまま同時破産手続廃止決定・免責決定に至った後に、あえて過払金返還請求訴訟を提起するといった問題である。このような事態を防ぐため、一部の裁判所では、同時破産手続廃止申立ての事案では、申立代理人に過払金の有無を調査するよう指示し、調査の結果、過払金が30万円以下なら不問として同時廃止、30万円以上になる場合だと、引き直して計算した計算上の額を全額按分して弁済する、あるいは実際に業者に返還を求め、実際に回収できた額から弁護士費用等を控除した額を按分弁済する。過払金が多額の時は、場合によっては管財事件に移行するといった扱いをしているようである。また、当初からそれを悪意でやっているような場合には、詐欺破産罪（破265条）、審尋における説明拒絶等の罪（破271条）、あるいは免責取消し（破254条）という形での事後的なペナルティーが与えられうる[4]。

b．破産者に属する財産であること　　財産が破産財団に属するためには、それが破産者に属していることが必要である。ある財産が破産者に属するか否かは民法など私法の一般原則による。破産者が不動産を取得した場合、譲渡人と譲受人たる破産者間では対抗要件は不要であり、当該権利は破産財団を構成する財産といえる。これに対し、破産者から権利を取得した者は、対抗要件なくしては管財人（第三者に当たる）に対抗できないから、当該財産は破産財団に属するもの

---

(1)　なお、破産財団への帰属の推定規定の例として、特定破産法人の破産財団に属すべき財産の回復に関する特別措置法（平成11年法律第148号）3条がある。

(2)　たとえば、産業廃棄物、PCB、アスベスト、土壌汚染がある土地など。実務Q&A111頁以下〔長島良成〕、同113頁以下〔進士肇〕、同116頁以下〔長島良成〕参照。

(3)　条解破産2版304頁。

(4)　条解破産2版304頁、基本構造495頁以下〔山本和彦、瀬戸英雄、花村良一各発言〕、日影聡「大阪地方裁判所の破産事件における過払金処理に関する新たな運用について」判タ1246号24頁以下参照。

として扱われる。

　破産者の労働力、身体、氏名権などの人格権や身分上の権利（たとえば、配偶者の財産管理権〔民758条〕、親権者の財産管理権〔民824条・833条〕、扶養を受ける権利〔民877条以下〕）等は、本来財産的価値を評価すべきものではないから、破産財団を構成しない。

　当該財産が破産者に属するものであれば、その所在が、国内にあると外国にあるとを問わず、破産財団に属する[5]。

　また、他人名義の預金債権の破産財団帰属性が問題となる。たとえば、保険会社のためにその代理店が、保険契約者から受領した保険料を保管する目的で、金融機関に専用普通預金口座を開設しており、後に上記代理店が破産した場合、その預金債権は破産財団に属するか、という問題である。この問題につき学説は、ⓐ自らの出捐によって自己の預金とする意思で、本人自らまたは代理人・使者を通じて預金契約をした者を預金者とする客観説、ⓑ預入れの時に預入行為をした者が他人のための預金であることを表示しない限り、預入行為をした者を預金者とする主観説、ⓒ原則として客観説によるが、例外的に預入行為をした者が明示または黙示的に自己が預金者であることを表示したときは、預入行為をした者を預金者とする折衷説とに分かれている[6]。これに対して判例は、口座名義、口座開設者、通帳・印鑑等の保管状況、金銭の所有権の所在等の諸事情を総合的に判

---

(5)　旧破産法3条1項3号は、破産財団に属するというためには「日本国内にある財産であること」を要件としていた。立法論としては、内国破産の効力が在外財産にも及ぶとする普及主義（普遍主義）もあるが、わが国が普及主義をとっても外国がそれを承認しなければ意味がないことから、国際的な合意ができるまでの当面の措置として、内国破産の効力は外国にある財産に及ばないとする属地主義が採用された、と説明されていた。しかし、属地主義を厳格に適用すると、在外財産には内国破産手続の効力が及ばないから、力のある債権者のみが在外財産に個別執行を行うことができ、債権者間の不平等をもたらすほか、ある財産を外国に持ち出すことにより、容易に破産手続を潜脱することが可能になってしまう等の不都合が生じる。よって、現行法は、属地主義の原則を廃棄した（破34条1項）。ただ、属地主義を撤廃しても、一部の債権者が抜け駆け的に、債務者の在外財産に権利行使をして弁済を受けることを防止することは困難であるので、外国で得た権利の満足を国内での配当に当たって考慮するという、いわゆるホッチポット・ルールを採用した（破109条・142条2項・201条4項、民再89条、会更137条）。

(6)　学説の状況については、安永正昭「預金者の確定と契約理論」金融法の課題と展望（下）（石田喜久夫・西原道夫・高木多喜夫先生還暦記念論文集）（日本評論社・1990年）161頁以下、岩藤美智子「他人のために所持する金銭を原資とする専用口座預金－預金者の認定と預金者の責任財産への預金債権の帰属」NBL785号42頁以下、内田貴＝佐藤政達「預金者の認定に関する近時の最高裁判決について（上）（下）」NBL808号14頁以下、809号18頁以下等参照。

断して決するとしている[7]。

② 差押可能な財産であること（破34条3項2号本文）　破産手続は、債務者財産の清算手続としての性格のほか、債務者の財産を換価して金銭に換え、これによって債務の弁済をする手続であるから、強制執行手続としての性格をも有している。よって、個別執行の場合と同様の制限を受けることになる。すなわち、民事執行法その他の法律により規定されている差押禁止財産（民執131条・152条、労基83条2項、信託23条1項・25条1項等）は、破産財団には含まれない。たとえば、給料債権や退職金債権は、その4分の3が差押禁止債権とされているから（民執152条1項2号・2項）、その範囲では破産財団を構成しない。ただし、差押禁止の範囲が変更されることはあり得る（民執153条）。その他、債務者の生活の維持といった社会福祉的な理由から、破産財団からはずされている差押禁止金銭もある（破34条3項1号、民執131条3号）。

民事執行法で差押えが禁止されている財産のうち、その差押えが格別に許された財産（民執132条1項）は破産財団に組み入れることが認められている（破34条3項2号但書）。

なお、名誉毀損による損害賠償請求権が破産財団に属するかという問題がある。これにつき判例[8]は、原則として慰謝料請求権は一身専属権であり、差押等はできないとした上で、①加害者が一定額の慰謝料を支払うとする合意またはかかる支払を命ずる債務名義が成立していたというように、具体的な金額の慰謝料請求権が当事者間において客観的に確定したとき、また②被害者がそれ以前に死亡したときには、被害者の主観的意思から独立した客観的存在として金銭債権となり、差押えや債権者代位の対象となり、したがって破産財団を構成する旨を述べる。ただ、①の点は妥当であるとしても、②の場合については、被害者の死亡によって慰謝料請求権の行使上の一身専属性が変更することはないと考えられ、したがって、被害者が死亡した以上、当該慰謝料請求権も消滅すると考えるべきであるから、破産財団帰属性を否定すべきである（ただし、相続人が被相続人の死亡による独自の慰謝料請求権を主張することは許されるであろうことは別論である）。

2）時間的範囲（破34条1項）── 固定主義　① 固定主義　わが国破産法

---

[7] 最判平15・2・21民集57巻2号95頁（百選4版22事件）。これは結論としては、預金債権は、代理店の財産であるとした。ただ、これが何説に立つかという点については見解が分かれている。なお、最判平15・6・12民集57巻6号563頁（百選4版A18事件）もほぼ同旨を述べる。

[8] 最判昭58・10・6民集37巻8号1041頁〔百選5版23事件〕。なお、名古屋高判平元・2・21判タ703号259頁は、一身専属権であることを根拠として、生命侵害による近親者の慰謝料請求権に関して破産管財人の当事者適格を否定した。

は、破産財団は、破産者が破産手続開始決定の時に有していた財産をもって構成されるものと規定している（破34条1項）。このような立法主義を固定主義という。したがって、開始決定後に破産者に属するにいたった財産、いわゆる新得財産は、破産者の自由な管理処分に任される財産として、破産財団から除かれることになる。これに対し、破産手続開始決定後に取得した財産をも順次破産財団に取り込んでいく主義を膨張主義といい、ドイツ倒産法などはこの原則を採る。なお、民事再生手続および会社更生手続では、将来の収益を基礎とした継続事業価値を利害関係人に配分することを目的とするために、手続開始後に取得される財産も利害関係人に対する分配の対象に組み入れられる点で、膨張主義に近い。

固定主義の長所としては次の点があげられる[9]。すなわち、まず第1に、破産財団の範囲が破産手続開始決定時において確定するから、膨張主義に比べて手続がより迅速に終了する。第2には、破産者は破産手続開始決定後に取得した財産は、自由財産として自己の経済的活動のために自由に用いることにより、生活や事業の再出発をなし、また新たな信用供与を受けることを可能にする。第3には、第2の点を点を前提とすれば、債務者による早期の自己破産の申立てを促すことができ、債権者により多くの満足を与える可能性が増す。第4には、固定主義をとることにより、破産手続開始決定時の債権者は破産手続開始決定時に破産者に属する財産のみを引当にし、破産手続開始決定後の新債権者には、新得財産をその債権の引当とすることによって新旧両債権者間の公平が保てる、等である。これらの点に加え、もし、膨張主義を採るとすると、破産手続開始後に取得した財産は、差押禁止部分を除いて、破産債権の完済までは、それまでの破産債権者への弁済に充てられることになるから、破産手続開始後に生じた債権者にはほとんど弁済がなされないことになりかねないし、債務の完済まで破産者はその地位を引きずることになるし、管財人の任務もそれまでは終了しないこととなり、管財人の負担が重くなりすぎることを考えれば、固定主義が妥当であろう。

② **将来の請求権**　破産手続開始前の原因に基づく将来の請求権は破産財団に属する（破34条2項）。ここでいう将来の請求権とは、停止条件付債権（民127条1項）や期限付債権（民135条1項）で、破産手続開始の時点では未だ条件成就や期限の到来が認められないものを指す[10]。連帯債務者または保証人もしくは物上保証人の求償権（民442条1項・459条1項・460条・465条・351条・372条）も同様である。停止条件付債権、期限付債権、求償権などの場合には、債権は破産手続開始の時点において既に発生しているわけではないが、破産手続開始決定を基準とす

---

[9]　破産法理由書5頁以下、条解破産2版303頁参照。
[10]　伊藤3版238頁。

ると、いずれも請求権の発生原因が開始決定前にあり、未発生の権利も期待権として取扱いを受ける（民129条）ので、法は、固定主義の趣旨を明確にするために、これらの請求権が破産財団に帰属することを確認している（破34条2項）[11]。

　なお、破産債権に含まれる「将来の請求権」とは、「法定の停止条件の付いた債権」を意味する[12]ので注意を要する。ちなみに、破産法103条4項は、破産債権として権利行使できるものとして、条件付債権とは別に、将来の請求権を掲げている。

　破産財団に帰属する財産といえるか否かをめぐっては、退職金債権が問題となる。退職金債権は、少なくとも就業規則等で規定されているときは、賃金の後払いとみられる（通説）ので、破産手続開始の時までの破産者の労働部分は、すでにその債権の原因は発生しているが、現実に退職していないために破産手続開始当時、履行期がまだ到来していない状態にあり、このような退職金債権は、一種の不確定期限付債権であり、破産法34条2項にいう将来の請求権と考えられる。したがって、管財人としては、破産財団所属財産としての退職金債権を換価、すなわち、退職金債権を第三債務者たる雇主から取り立てて、現金化する必要があり、破産財団所属財産たる退職金債権について換価措置を講じないことは、破産管財人は善管注意義務違反（破85条）に問われる可能性がある。ただし、民事執行法上、退職金債権の4分の3は差押禁止債権とされているので（民執152条2項）、4分の1のみが破産財団に組み入れられる[13]。ただ、そのためには破産者が退職することが前提となるが、破産者が自発的に退職しない場合、雇用契約は破産者の一身上の法律関係であるから、管財人がこれを勝手に解約することはできないし、実務でも退職を勧告する取扱いは行われていない[14]。そこで、実務では、破産管財人が雇用契約を解約するのではなく、破産者の自発的退職を待つか、あるいは差押え可能な退職金部分と「同価値」の金銭を自由財産から破産財団に組み入れさせて破産管財人が退職金債権を破産者のために放棄する取扱いをしているようである[15]。しかし、破産者が、差押え可能な退職金部分と同価値の自由財産を有していることは稀であろうし、仮に有していたとしても、そのような扱いは、債務者の経済的更生を妨げることになり妥当ではないであろう。したがって、最終的には、破産財団に属する債権の範囲については、立法的な解決が望ましい

---

[11]　条解破産2版306頁、大コンメン137頁〔高山崇彦〕、注釈（上）259頁〔蓑毛良和〕。

[12]　伊藤3版268頁、概説第2版補訂56頁。

[13]　福岡高判昭37・10・25下民集13巻10号2153頁。

[14]　破産民再実務〔新版〕（中）55頁〔杉田薫〕、破産民再実務3版破産371頁。

[15]　破産民再実務〔新版〕（中）55頁〔杉田薫〕、破産民再実務3版破産371頁。

が、当面の措置としては、裁判所としては、破産者の生活状況や退職金額などを考慮して、自由財産の範囲を拡大して、退職金の一定部分を自由財産とする（破34条4項）ことにより対処すべきであろう[16]。

　次に、生命保険の解約返戻金請求権や敷金返還請求権の破産財団帰属性も問題となる。これらの請求権は、発生原因は破産手続開始前にあるが、契約の解除という事実によって初めて金額が確定するものであり、破産法34条2項に該当することは疑いない。しかも、保険契約や賃貸借契約は、雇用契約とは異なり一身専属的契約とはいえない[17]。しかし、これらを換価するために、破産管財人が保険契約や賃貸借契約を解除すると（破53条）、破産者は困難を伴う移転を迫られたり、特に破産者がある程度高齢の場合、再度、有利な条件で保険契約を締結することは困難であり、家族等にとっては、不測の事態が生じたときには生活保障の手段が奪われてしまうことになる。他方、破産管財人が契約を解除しなければ、やはり善管注意義務違反を問われる可能性がある。これに対し、実務では、破産者が保険契約の継続を希望する場合は、破産者または親族から解約返戻金相当額を財団に組み入れさせ、解約返戻金請求権を換価しない（または放棄する〔破78条2項12号〕）こともあるとされる。また、敷金返還請求権については、管財人は、早期に敷金返還請求権について賃貸人と交渉し、賃貸借契約を解約（破53条1項）して、敷金の返還を受ける取扱いをしているようである[18]。ただ、返戻金が少額であるような事情があれば、この場合も、破産法34条4項で対処することなども考えられてよい[19]。

---

[16]　破産民再実務〔新版〕（中）55頁以下〔杉田薫〕、破産民再実務3版破産371頁によれば、東京地方裁判所破産再生部では、破産者が将来退職金を受領する蓋然性、すなわち、勤務先の倒産や破産者が懲戒解雇されるなどの事情によって退職金の支給を受けられなくなる可能性が一般的にあることを考慮し、破産手続開始時点の退職金見込額の8分の1が破産財団を構成するものとして扱っている。これに対して、破産者が破産手続開始後、終了までに退職した場合は、支給見込額の4分の1全額が破産財団を構成するものとしている。なお、支給見込額の8分の1（退職した場合は4分の1）が20万円以下の場合は、破産財団を構成しないとしている、とのことである。

[17]　生命保険の解約返戻金につき、差押債権者が債務者に代わって契約を解除できるとするものとして、最判平11・9・9民集53巻7号1173頁がある。これを前提とすれば、管財人の解約も認められるであろう。

[18]　破産民再実務〔新版〕（中）56頁、57頁〔杉田薫〕、破産民再実務3版破産372頁。

[19]　東京地裁破産再生部では、自然人である破産者が保険契約を締結しており、その解約返戻金の総額が20万円以下の場合は、破産財団を構成しないとしているし、また、自然人である破産者の居住用家屋の敷金返還請求権は、同時廃止事件との均衡から破産財団を構成しないものとしている（破産民再実務〔新版〕（中）57頁〔杉田薫〕、破産民再実務3版破産372頁）。

また、保険金請求権についてのその財団帰属性が問題となる。すなわち、破産手続開始後に破産者について保険事故が発生した場合、契約上破産者が受取人となっている傷害保険金、所得補償保険金、死亡保険金等の保険金請求権が破産財団を構成するか否かについては見解の対立がある。ⓐ保険金請求権が保険事故の発生と同時に損害額の確定を停止条件とする債権として初めて発生するとの見解[20]にたてば、破産手続開始後に権利が発生したことになるから、破産財団を構成しないことになる（自由財産）。これに対し、ⓑ保険金請求権が保険事故の発生を停止条件とする権利であり、保険事故発生以前の時点から抽象的権利として発生しているとの見解[21]に立てば、これは破産財団を構成することになる（破34条1項）。なお、実務上は、たとえば、破産会社が代表取締役を被保険者、受取人を破産会社とする生命保険契約を締結しており、破産手続開始後当該代表取締役が死亡した場合などは、保険金が破産財団に帰属するとして処理するケースが多いといわれる[22]。ただし、保険金の受取人が破産者本人ではなく、破産者の配偶者等の親族となっている場合は、保険金請求権を有するのは受取人なので、保険金請求権は財団には属しないことになる。なお、受傷後に破産手続開始決定がなされた場合には、加害者に対する損害賠償請求権や、加害者が加入している自動車保険の保険会社に対する代位請求権は、破産財団に属することになり、管財人が行使することになるが、慰謝料部分は行使上一身専属的なものであるから、破産手続中に示談等が成立しない限り、破産財団には属しない[23]。

2　自由財産

（1）　意　義

　破産者の財産のうち破産財団（法定財団）に属しない財産であり、破産者が自由に管理・処分することができる財産をいう。この自由財産を利用することにより、破産者は経済生活の再生を図ることができる。すなわち、自由財産という概念を認める趣旨は、破産者に対して、憲法25条が保障する「健康で文化的な最低限度の生活」を保障し、さらには、その経済生活の再生を可能にするためである。したがって、その範囲は、単に生きていくためだけの最低限度の生活の保障に足りる範囲で十分であると考えてはならない。

　自由財産とされるものには、主として以下の4つがある。第1は、差押禁止財

---

[20]　最判昭57・9・28民集36巻8号1652頁。ただ、自動車保険の場合については、保険契約約款で保険金請求権の発生時期が定められていることが多いといわれる。

[21]　東京高決平24・9・12判時2172号44頁はこの立場に立つ。

[22]　破産民再実務〔新版〕（上）281頁〔影浦直人〕。

[23]　破産民再実務〔新版〕（上）282頁〔景浦直人〕、破産民再実務3版破産260頁以下。

第5講　破産財団と破産債権（その1）　　*141*

産である（破34条3項2号）。すなわち、民事執行法上のものとしては、差押禁止動産（民執131条）および差押禁止債権（民執152条）があるほか、差押禁止金銭（民執131条3号。民執施行令1条によって66万円とされる）の1.5倍相当額の金銭（破34条3項1号）、すなわち99万円である。また、特別法によるものとして、労働者の補償請求権（労基83条2項）、信託財産（信託16条1項）、生活保護受給権（生活保護58条）等がある。第2は、わが破産法が固定主義をとっている（破34条1項）ことから、破産手続開始決定後に破産者が新たに取得した財産は新得財産として、自由財産に属する。第3は、裁判所が自由財産の範囲をさらに拡張したもの（破34条4項）である。そして、第4は、破産管財人が破産裁判所の許可を得て破産者のために放棄した財産（破78条2項12号）である。

（2） 自由財産の放棄

　法律上は自由財産であっても、破産者がこれを放棄することによって、破産財団に組み込むことができるかという問題であり、判例・学説上争いがある。

　消極説は、①仮に任意弁済を認めると、破産債権者が破産者に不当な圧力をかける恐れがあること[24]、②自由財産から弁済を受けた破産債権者はまさに特恵的待遇を受けることになり債権者平等原則に反すること[25]等を理由として、いくら破産者の管理処分権に属する財産であるとはいっても、自由財産からの放棄はできないと解する。これに対して積極説は、①自由財産から任意に破産債権を弁済することは破産手続上禁止されていないこと、②自由財産の趣旨が、あくまでも破産者の経済的更生、生活保障にあることに鑑みると、破産者が自らその利益を放棄することを妨げることは行き過ぎであること、③もし、自由財産の放棄が債権者の詐欺や強迫によってなされたような場合には、民法の詐欺・強迫に関する法律規定によって処理すれば足りる等の理由から、あくまで真摯になされた自由財産の放棄であれば、破産者の意思を尊重すべきであり、その効力を否定する必要はないものと解している[26]。これに関し、近時、最高裁[27]は、破産者がその自由な判断により、自由財産から任意に破産債権を弁済することは許されるとしている点では原則として積極説に立っているように思われるが、それに続いて、自由財産が、本来、破産者の経済的厚生と生活保障のために用いられるものであることに鑑み、任意の弁済に当たるか否かは厳格に解すべきであり、少しでも強制的

---

(24)　山木戸34頁、伊藤3版246頁、条解破産2版317頁。

(25)　平成13年度重判139頁〔中西正〕。

(26)　注解3版（上）121頁（石川明＝三上威彦）、加藤6版137頁、百選4版87頁〔原強〕等。

(27)　最判平18・1・23民集60巻1号228頁（百選5版44事件）。

な要素を伴う場合には任意の弁済に当たるということはできないとした。しかし、一般的にいって、破産者がまったく任意に、自由財産を破産財団に組み入れるということは想定しがたく、何らかの形で管財人からの働きかけがあると考えるのが常識的であろう。そのような場合に強制的要素をまったく伴わないということは非現実的であり、この判例は実質的には消極説に立つものといえよう[28]。

（3） 法人の自由財産

自然人は破産手続開始決定後も経済生活は続くから、自由財産の存在は不可欠である。それに対し、法人では、破産手続開始決定と共に法人は解散するから、通常は自由財産の存在を考える必要はない。しかし、従来の通説は、法人についても自由財産の存在を認めていた。しかし、まず第1に、旧法3条1項は外国にある財産には日本の破産手続の効力は及ばないと規定していたために、この財産が法人の自由財産になると解する余地があったが、現行破産法34条1項かっこ書きから明らかなように、普及主義に転換したのであり、破産手続中に法人が管理処分権を有する財産は考えにくい。第2には、法人も財団管理以外の社団法的ないし組織法的な活動はすることができ、その範囲で法人の機関の管理処分権が存続するからといって、破産法人に自由財産を認める根拠にはならない。第3には、同時破産手続廃止（破216条1項）後に発見された財産や、破産した法人の破産管財人が、換価価値なし等の理由によって財団から放棄した財産は、法人の自由財産として清算人等による管理処分に委ねられざるを得ない[29]が、これはあくまで例外的な事例であり、一般的に法人に自由財産を認める根拠たり得ないのではないか。このような観点から、法人の自由財産は原則として否定すべきであろう[30]。

（4） 自由財産の範囲拡張の裁判

民事執行手続における差押禁止財産の変更手続（民執132条・153条）に準じて、裁判所は、破産手続開始決定から1か月以内の破産者の申立てまたは職権により、破産管財人の意見を聴いて、破産者の生活状況、破産手続開始時において破産者が有していた財産の種類および金額、破産者が収入を得る見込みその他の事情を

---

[28]　同旨、中島133頁。

[29]　最判昭43・3・15民集22巻3号625頁（百選4版87事件）。

[30]　伊藤3版246頁以下。また、最判昭60・11・15民集39巻7号1487頁（新百選30事件）によれば、法人の自由財産につき、差押禁止金銭（破34条3項1号）および自由財産の拡張（破34条4項5号）の規定の適用はなく、新得財産も自由財産とならず破産財団に属すると解している。また、差押禁止財産（破34条3項2号）についても、差押禁止を定める当該法の趣旨を個別に検討し、趣旨が個人債務者の最低生活の保障にあるような場合には、破産法34条3項の文言にかかわらず、破産財団に属すると解されている。

考慮して、決定で、自由財産の範囲を拡張することができる（破34条4項5項）。

第5章　破産債権

1　破産債権の意義・要件

（1）　破産債権の意義

　破産債権の概念は破産法2条5項に定義されているが、これは、実質的意義における破産債権（実体法上の意義における破産債権ともいう）といわれるものであり、そのほか、形式的意義における破産債権（手続法上の意義における破産債権ともいう）というものを観念することが可能である。すなわち、実質的意義における破産債権とは、破産者に対して破産手続開始決定前の原因に基づいて生じた財産上の請求権であって、財団債権に該当しないものをいう（破2条5項）。この意味での破産債権は、破産手続によらなければ行使することができない（破100条1項）。ただし、破産債権である租税債権や、給料の請求権等には例外的扱いが認められている（破100条2項・101条）。なお、これらの債権のうち、一定限度で財団債権として認められているものもある（破148条1項3号・149条1項）。これに対して形式的意義における破産債権とは、破産債権として、破産裁判所に届け出られた債権であって、破産手続の規定により調査・確定がなされるものをいう。両者は通常は一致するが、実質的意義における破産債権であっても届出がなければ、手続法上は、破産債権として扱われることはなく、債権調査の対象になることもないから、配当に与ることもできない。また逆に、実質的意義における破産債権でなくても、破産裁判所に届出がなされれば破産手続上は破産債権として扱われる。すなわち、このような債権でも債権調査の対象になり、もし破産管財人および届出をした破産債権者から異議が出なければ、その債権はそのまま確定するし（破124条1項）、異議が述べられても、査定決定（破125条）や、査定決定に対する異議の訴え（破126条）等によってその債権の存在が認められれば、それらの債権は配当を受けることもできる。

（2）　実質的意義における破産債権の要件

　破産法2条5項が規定する実質的意義における破産債権たり得るためには、以下の要件を満たさなければならない。

　1）対人的な請求権であること　　対人的な請求権であるとは、物権のように、破産者の特定の財産を直接に支配する権利ではなく、破産者の総財産から弁済を受ける権利を意味する。よって、実体法上の概念でいえば、ほぼ債権に該当

する。したがって、物権的請求権（所有権に基づく返還請求権・妨害排除請求権・妨害予防請求権や、占有回収請求権・占有保持請求権・占有保全請求権）は、破産者に対する権利に該当するように見えるが、その本質は、物に対する支配権である物権から派生する権利であり、対世的な効力を有するものであるから、取戻権（破62条）の基礎にはなるが、破産債権ではない。

　担保物権は、直接、物の上に生じている権利であり、破産債権ではない。すなわち、破産法上、担保物権には別除権（破2条9項・65条）が与えられており、破産手続によらない優先的満足権が認められている。ただ、一般の先取特権は、民法上は法定担保物権として位置づけられているが、債務者の総財産から満足を受ける権利である点で（民306条）、性質上は対人的請求権であるといえ、破産法上は破産債権とされている。ただし、実体法上の性質が物権であることを尊重して、一般の破産債権に優先するものとされている（破98条1項）。なお、破産者が物上保証人でない限り、通常、被担保債権は破産者に対する対人的な請求権であるから、被担保債権は破産債権となる。したがって、担保権者は、その債権を破産債権者として権利行使しうるほか、破産財団に属する財産の上に生じている担保権は別除権と扱われ、優先弁済権が付与されているので（破2条9項・65条1項）、それも行使することが可能である。しかし、それら二つの権利を同時に行使することを認めると、他の一般債権者との関係で公平性を害する。よって、担保権者は、別除権を行使しても弁済を得られない残存債権額、または別除権を放棄した債権額についてしか破産債権者としては権利行使できないという、いわゆる不足額責任主義（残額責任主義ともいう）がとられている（破108条1項）。

　物的有限責任とは、ある権利についての責任財産が破産者の特定の種類の財産に限定されている場合である。たとえば、救助料債権に対する船荷所有者の責任は、救助された積荷に限定されている（商812条）が、積荷所有者が破産したときに、救助料債権が破産債権になるかどうかについては、争いがある。同様な議論は、預証券の所持人の責任（商607条）についてもなされている。ただ、これらの債権者には、目的物の上に担保権が認められているわけではなく、他の債権者もその財産から弁済を求めることができ、したがって債権者全体に対する公平な弁済をはかる必要がある点では一般財産と異なるところはない。よって、破産債権になると解すべきである[31]。なお当該権利者は、その責任財産の範囲でしか破産債権の満足を受けることはできない。

---

(31)　注解3版（上）113頁〔石川明＝三上威彦〕、石川120頁、谷口154頁、伊藤3版259頁、加藤6版145頁等多数説である。これに対して、否定説として、中田192頁、山木戸90頁、青山ほか97頁等がある。

2）財産上の請求権であること　　財産上の請求権とは、財産によって満足を得ることのできる請求権をいう。なぜならば、破産手続は、破産者の総財産を換価し、そこから得られる金銭によって債権者に対し満足を与えることを目的とするものであるから（破209条参照）、金銭による配当によっては満足を得られない請求権は破産債権たり得ないからである。しかし、財産によって満足を受けうるようなものである限り、金銭債権であると非金銭債権であるとを問わない。ただし、請求権の満足は金銭の配当によってなされるから、非金銭債権の場合、それは、金銭に評価できるものでなければならない（破103条2項）。したがって、純然たる親族法上の権利、たとえば、婚姻取消権、離婚請求権および認知請求権等は財産によって満足が得られるものではないから破産債権ではない。ただ、婚姻に伴う財産分与請求権や慰謝料請求権などは、本来身分上の権利ではあるが、破産者の財産による満足が予定されているから破産債権である。

　建物の収去や工作物の設置といった代替的な作為を請求できる権利である代替的作為請求権については、債権者は、債務者の費用をもって第三者に請求権の内容を実現させることが可能であり（民414条2項、民執171条。代替執行）、債務者の一般財産によって履行結果が実現されるものであるから、本来的に破産債権である。それに対して、有名ミュージシャンのコンサートへの出演、著名芸術家による彫刻の製作といった不代替的作為請求権や、土地への立入禁止といった不作為請求権は破産債権とはいえない。すなわち、これらの請求権の履行内容は不代替的であり、間接強制の執行（民執172条1項）の余地はあるが、権利それ自体を金銭的に評価できないから、そのままの形では破産債権とはならないからである[32]。もっとも、人格権に基づく差止請求権などについても、破産手続開始前の不履行によって、これらの請求権に基づいて損害賠償請求権が発生していれば、それは財産上の請求権であり、破産債権である[33]。株式会社の破産における、株主の自益権や共益権といったいわゆる社員権も、破産手続開始前に具体的な金銭債権になっていない限り破産債権ではない[34]。また、これを、社員の地位である株式の内容であるとみれば、「破産者に対する権利（対人的請求権）」にあたらないと解する余地もある。

　不代替的作為請求権や不作為請求権が破産手続開始決定後に破産者の不履行に

---

(32)　大コンメン400頁〔堂薗幹一郎〕、条解破産2版33頁、注釈（上）16頁〔坂本泰朗＝吉川武＝馬杉栄一〕、伊藤3版258頁。

(33)　条解破産2版33頁、伊藤3版258頁。

(34)　注解3版（上）113頁〔石川明＝三上威彦〕、大コンメン401頁〔堂薗幹一郎〕、注釈（上）16頁〔坂本泰朗＝吉川武＝馬杉栄一〕。

よって、損害賠償請求権に転化した場合これらが破産債権になるか否かという点については見解が分かれている。多数説によれば、破産債権か否かは、破産手続が開始した時点を基準として考えるべきであり、手続開始時に破産債権ではないものが破産手続開始後の破産者の事情によって破産債権に転化することはないとして破産債権ではないとする[35]。これに対し、破産債権肯定説は、次に述べる3)の要件との関係において、破産手続開始前に原因があるから、破産債権になるとする[36]。たしかに、このような債権は本来の破産債権ではないが、損害賠償債権に転化したような場合、免責制度によって自然人たる破産者の負担として残さないのが妥当であり、そもそも、破産手続開始後は破産財団所属財産の管理処分権は破産管財人に専属するので、破産手続開始後の破産者の不履行ということはほとんど考えられず、破産法97条2号・99条1項1号は、このような場合を想定していると考えられる。したがって、これらの債権は、劣後的破産債権であると解すべきである[37]。

3) 破産手続開始決定前の原因に基づいて生じた請求権であること　破産手続において破産債権者への平等的満足の引当となるのは、破産手続開始決定時において破産者が有していた全財産である（破34条1項。固定主義）。したがって、その財産を引当にして満足を受ける破産債権の範囲も、それに対応して、破産手続開始前の原因に基づいて生じたものに限定される。

「破産手続開始決定前の原因に基づいて生じた」とは、債権発生に必要な原因の主たる部分が破産手続開始決定時に存在しているということ（一部具備説＝多数説）であり、債権自体がこのときに発生している必要はない。したがって、期限未到来の期限付債権、条件未成就の停止条件付債権、保証人の求償権などの将来の請求権などは、債権の発生原因が破産手続開始前にあるならばいずれも破産債権である。これは、たとえ、破産手続開始決定時には未だその債権が発生していなくても、その原因が手続開始以前にあるかぎり、債権者には破産財団から満足を受けうるという期待があり、それは保護に値するからである。

保証人が有する求償権については、従前は、保証が委託保証であるか無委託保証であるかを強く意識することなく、主債務者の破産手続開始前に保証契約が締結された場合には、その弁済が破産手続開始後であっても、求償権発生の主たる原因は破産手続開始前にあるとして、破産債権であると解されていた。しかし、

---

(35)　青山ほか98頁、石川121頁、伊藤3版259頁。加藤6版146頁。

(36)　山木戸90頁、池田辰夫「破産債権の意義・要件・範囲」判タ830号160頁、菅野孝久「「破産法及び和議法における非金銭債権の金債権かの有無」ジュリ941号72頁。

(37)　加藤・要論96頁以下、中田200頁、注解3版（上）111頁〔石川明＝三上威彦〕。

近時、委託保証の場合は求償権発生の主たる原因は破産手続開始前にあり、求償権は破産債権となるのに対し、無委託保証の場合は、求償権発生の原因は破産手続開始後の弁済の時点にあり、求償権は破産債権とはならないとする見解が唱えられている[38]。これに対し、近時、最高裁[39]は、無委託保証でも、保証契約が破産手続開始前に締結された場合には、その発生の基礎となる保証関係が破産手続開始前に発生しているとして、求償権は、破産債権であるとした。

　この要件との関係で、扶養料請求権（民877条以下）が破産債権であるかという点については争いがある。思うに、破産手続開始時までに既に生じている扶養料請求権は、それ自体財産的給付を目的としているから破産債権と解することに問題はないが、破産手続開始後の扶養料請求権については、扶養義務が、権利者の扶養必要状態と義務者の扶養可能状態の同時併存により刻々新たに発生するものであるから、破産手続開始後の扶養料請求権は、破産手続開始前の原因に基づいて生じたとはいえず、破産債権たり得ないと解すべきである[40]。

　なお、破産手続開始決定後に発生する債権であっても、明文で特に破産債権とされているものがある（たとえば、手続参加の費用〔破97条7号〕、破産手続開始決定後に善意で手形・小切手の引受または支払いをしたことによって生じた求償権〔破60条〕、否認権行使の結果生じた相手方の価額償還請求権〔破168条2項2号〕など）ことに注意しなければならない。また、他方で、破産手続開始決定前に生じた債権ではあるが、破産債権ではなく、財団債権としてとくに優遇されているものもある（たとえば、破産手続開始前3ヶ月間の使用人の給料〔破149条1項〕、租税債権〔破148条1項3号〕など）。

　不法行為に基づく損害賠償請求権については、その発生原因たる不法行為が破産手続開始前であれば、損害の発生または顕在化が破産手続開始後であっても、破産債権になることについては疑問がない。それに対し、破産手続開始決定後に破産者がなした不法行為に基づくものは、破産債権ではなく、破産者の自由財産を引き当てとする[41]。しかし、たとえば交通事故によって被害者が、まだ入院治

---

[38]　栗田隆「主債務者の破産と保証人の求償権－受託保証人の事前求償権と無委託保証人の事後求償権を中心として」関法45巻45頁。

[39]　最判平24・5・28判時2156号3123頁〔百選5版69事件〕。ただこれは、直接には相殺制限が問題となった事例である。なお、大阪地判平20・10・31金商1309号40頁参照。

[40]　注解3版（上）112頁〔石川明＝三上威彦〕、破産民再実務3版破産411頁。

[41]　もっとも、破産財団所属財産による不法占拠などの不法行為を放置していたことが、破産管財人の不作為による不法行為とみなされる場合には、財団債権（破148条1項4号）が発生すると考えられる。これにつき、最判昭43・6・13民集22巻6号1149頁を参照。

療中であるといったように、損害が継続中で損害額が確定できないような場合には、届出の額が確定せず、届け出ることが著しく困難であるし、損害が顕在化していない場合には、そもそも損害賠償請求権を破産債権として届け出ることができない。よって、破産者が法人であるような場合、破産手続が終了してしまえば、その後に損害が顕在化しても、損害賠償請求権者は、権利を行使する余地はない。たとえば、アスベスト吸引による癌発生のように、その潜伏期間が長いために、損害が発生または顕在化していないような破産債権の存在が認められ、かつ、その届出がなされていないような場合等については、届出を促すための特別の措置を講じるなどの配慮が必要になることもあろう[42]。

4）執行しうる請求権であること　破産手続は請求権の強制的実現の手続としての一面をもっており、いわば包括執行として位置づけることができる。よって、強制的実現の可能性のない請求権は破産債権たり得ない。したがって、自然債務とされる請求権（たとえば、不法原因給付返還請求権〔民708条〕、利息制限法に違反する超過利息債権、不執行の合意のある債権、免責の対象となった債権〔破253条1項〕等）などは破産債権とはならない。しかし、消滅時効期間を経過した債権は破産債権たりうる。たとえ時効期間を経過していても、当事者の援用なき限り時効の効力は生じないからである（民145条）[43]。すでに破産者による任意弁済や強制執行による満足を受けた債権は、破産債権となり得ないが、仮執行による満足は仮定的なものであるので、破産債権の行使が認められる[44]。

5）財団債権に該当しない請求権であること　破産債権とは、破産手続開始前の原因に基づく請求権であるが、そのような性質を有するにもかかわらず、破産法上は財団債権とされているものがある（破148条1項3号・同条2項・149条1項・150条1項2項4項）。そこで、これらの債権は除かれる旨を明文で規定したのが破産法2条5項の文言である。なお、破産手続開始後に生じた請求権であっても、他の債権者との公平など格別の理由により、破産債権とされているものがあることに注意を要する（破54条1項・57条・58条3項・60条1項・97条7号・168条2項2号・同3号）。

2　破産債権の額 ── 等質化

（1）　等質化の意義と必要性

破産手続は、破産者の総財産を換価して、その金銭でもって、配当という形によって総債権者に平等な（割合的）弁済を図ることを目的とする。しかし、破産債

---

[42]　伊藤眞「不法行為にもとづく損害賠償債権と破産・会社更生」判時1194号174頁参照。

[43]　注解3版（上）114頁〔石川明＝三上威彦〕。

[44]　伊藤3版260頁。

権は、その内容や履行期など様々なものがあり、そのままでは、一律に処理することができない。よって、一方で、破産債権を一律に確定した額の金銭債権とする（金銭化）必要があり、他方で、破産手続開始決定時に履行期が到来したものとして（現在化）、破産債権の均一化を図る必要がある。この現在化と金銭化とを合わせて等質化という。

　なお破産債権の金銭化についていえば、破産手続において各種の破産債権を同一の基準の下で一律に取り扱うためにされるものであるから、金銭化の効果は、原則として破産手続との関係でのみ生ずると解されている。したがって、破産者以外の連帯債務者や保証人には金銭化の効力は及ばない[45]。もっとも、破産者との関係においては、例外的に、破産手続終了後においても金銭化の効力が及ぶか否か、問題となる場合がある。第1に、金銭化の効力は、破産手続との関係でも破産債権の確定によって生ずるものであるから、破産手続が破産債権の確定に至らず終了した場合には、原則として金銭化の効力は生じない。第2に、非金銭債権等を有する破産債権者が破産手続においてその債権の一部につき配当を受けた場合、原債権がその後非金銭債権として残るというのは不合理である。しかも破産債権者表の記載には確定判決と同一の効力が認められ、債権者は、金銭化された債権により破産者の財産に強制執行ができるから（破221条1項）、その限りにおいて実体法上の効果は生じると考えるべきである[46]。第3に、非金銭債権につき破産債権の確定の効力が生じたが、結局、破産手続が配当にまで至らずに終了した場合（または破産手続上の配当がされたが、非金銭債権等には配当がなかった場合）、破産者に対して、確定判決と同一の効力が生ずるとされている（破221条）ことを根拠に、金銭化の効力は、破産手続終了後も存続すると解する見解[47]が有力であるが、この場合には結局金銭化の目的を達しなかったのであるから、非金銭債権としての原債権に復帰すると解すべきである[48]。

　現在化についても、一部の配当がなされたときは、現在化の効力はくつがえることはないが、破産手続が配当にいたらず終了したときは、現在化の効力は失われるべきであると解される[49]。

---

[45]　条解破産2版755頁、大コンメン430頁〔堂薗幹一郎〕。

[46]　条解破産2版755頁、大コンメン430頁〔堂薗幹一郎〕、注解3版（上）135頁〔石川明＝三上威彦〕参照。

[47]　山木戸96頁、基本コンメン55頁〔德田和幸〕等。

[48]　条解破産2版755頁、大コンメン431頁〔堂薗幹一郎〕、注解3版（上）135頁〔石川明＝三上威彦〕。

[49]　これに関しては、条解破産2版755頁、756頁注2は、破産債権として確定効が生じていれば、現在化の効力を認めるべきであるとする。

（2）　金　銭　化

1）確定金額債権　　金額が確定している金銭債権については特に金銭化を
する必要はなく、そのまま、元本・利息・遅延賠償額を合計したものが破産債権
の額となる（破103条2項2号）。ただ、弁済期が到来していない場合には、破産手
続開始後に弁済期が到来する利息などは、破産法97条1号および同99条1項1
号によって劣後的破産債権とされ、また、無利息債権の場合の期限到来までの中
間利息相当額も、破産法99条1項2号および同3号によって劣後的破産債権と
される。

2）非金銭債権（破103条2項1号イ）　　物の引渡しや役務の提供、代替的作
為についての請求権といった、金銭の支払いを目的としない債権は、財産上の請
求権ではあるが、そのままの形では、配当することができない。よって、一定額
の金銭債権に評価する必要がある。そこで、破産法は、破産手続開始決定時を基
準時として、破産債権者自らが評価した額をもって破産債権の額となるものとし
ている（破103条2項1号イ）。具体的には、物の引渡請求権であれば、破産手続開
始時の市場価格など、代替的作為請求権の場合であれば、代替的役務提供者との
取引価格などを基礎として評価が定まる[50]。なお、ゴルフ会員権は、預託金返還
請求権とゴルフ場施設利用請求権からなっており、金銭債権と非金銭債権の両方
の性質を併せ持つといわれている[51]。したがって、前者については金銭化は不要
であるが、後者については金銭化が必要となる。それに対して、不代替的作為請
求権や不作為請求権は、そもそも破産債権ではないから金銭化の対象にはならな
い。

**3）金額不確定の金銭債権・外国通貨債権・金額または存続期間が確定して
いない定期金債権（破103条2項1号ロハ）**　　これらは、いずれも金銭債権で
はあるが、金額が具体的に確定していないから、そのままでは配当をすることが
できず、一定の額の金銭債権に評価するという処理（金銭化）が必要である。この
場合、破産手続開始決定時の評価額をもって破産債権の額とする（破103条2項）。
具体的には、債権者自身がこの額を評価して破産債権の届出をなし、その評価額
の当否は債権調査期日において調査されることになる（破111条1項・116条1項・
117条以下・124条・126条・129条）。外国通貨債権についても金銭化が必要になる
が、その評価額は、債務者に対し破産手続開始決定がなされた地の、かつその時
の為替相場を基準として換算した額と解するのが通説である[52]。なお、破産債権

[50]　条解破2版産755頁、大コンメン431頁〔堂園幹一郎〕。

[51]　大コンメン431頁〔堂園幹一郎〕。

[52]　金商別冊1号66頁〔櫻井孝一〕、金商別冊2号83頁〔櫻井孝一〕、大コンメン432頁

者が邦貨による評価を行わず、外国通貨によって破産債権の届け出をした場合の
取扱いについては、国内通貨による評価額は、破産手続開始時における為替相場
によって客観的に定まるので、破産管財人が換算して額を定めても差し支えない
と一般的には解されている[53]。ただ、破産債権の届出は、本来届出をなすべき破
産債権者が国内通貨に換算すべきである（破111条1項1号）から、破産管財人に
このような取り扱いをする義務はないし[54]、理論的には、不適式として破産債権
者表に加えないことも許されるとの見解もある[55]。

（3）　現　在　化

　履行期限に関して、債務者は破産手続の開始によって期限の利益を主張するこ
とができない（民137条1号）。しかし、このことは債権者の側から期限の利益を
主張することを否定するものではない。したがって、このような場合、特別の規
定がない限り、手続の画一的な進行ははかれず、混乱が生じる。そこで、破産法
は、一律に、破産手続開始決定の時に、弁済期が到来していない債権も弁済期が
到来したものとみなして、その問題を解決している（破103条3項）。これを現在
化という。

　1）期限未到来の期限付債権　　期限未到来の期限付債権は、破産手続開始
決定時に弁済期が到来したものとみなされ（破103条3項）、しかも債権の額は、既
に期限が到来している債権と同様に、元本・利息・遅延賠償の合計額となる。し
かし、それをそのまま認めると、利息等につきこれらの債権者を優遇することに
なり、既に期限が到来している債権の債権者に対して不公平である。よって、破
産手続開始決定後の利息、遅延賠償の額、及びこれに相当する無利息債権の場合
の期限までの中間利息は劣後的破産債権とされている（破97条1号・2号・3号）。
たとえば、平成27年4月1日に、AはBに、1000万円を、期間1年（すなわち、
弁済期は平成28年3月31日）、年利12%で融資をしたが、契約から半年後の平成27
年9月30日にBに破産手続開始決定がなされたとしよう。この場合、破産債権
としては、元金1000万円、利息1年分120万円の合計1120万円が破産債権の額
となる。しかし、このうち、破産手続開始後の利息分60万円が劣後的破産債権に
なるということを意味する。

　　〔堂園幹一郎〕、基本コンメン54頁以下〔徳田和幸〕、注解3版（上）134頁〔石川明＝三
　　　上威彦〕、伊藤3版267頁。
　(53)　金商別冊1号67頁〔櫻井孝一〕、同2号83頁〔櫻井孝一〕、注解3版（上）134頁〔石
　　　川明＝三上威彦〕。
　(54)　大コンメン432頁〔堂薗幹一郎〕、伊藤3版267頁。
　(55)　条解破産2版757頁、伊藤3版267頁。

2）条件付債権・将来の債権　　条件付債権であれば、それが、停止条件であると解除条件であるとを問わず、また、条件成就の可能性の大小も問うことなく、一律に無条件の債権と同様に扱う（破103条4項）。ただし、そのまま配当すると不都合が生じるから、次に説明するように一定の範囲で修正が加えられている。

　まず、停止条件付債権に対しては、停止条件の成否が未定の間は配当金は支払われない。すなわち、中間配当の場合はその額は寄託し（破214条1項4号）、最後の配当の場合には、最後配当に関する除斥期間（破198条1項）内に条件が成就すれば、寄託した金銭は当該債権者に支払われる。それに対し、その期間内に条件が成就しなければ、配当から除斥され（破198条2項）、寄託分は他の債権者の配当に回される（破214条3項）。これを打切主義という。

　解除条件付債権については、債権自体は既に発生しているので、停止条件付債権とは異なった扱いがなされている。すなわち、中間配当においては、配当額がいきなり寄託されることはないが、債権者が相当の担保を供しないかぎり配当には与れないものとされている（破212条1項）。担保を供しない場合には、配当額は寄託される（破214条1項5号）。最後の配当に際しては、最後の配当の除斥期間内に条件が成就すれば、担保や寄託金は他の債権者への配当に回される。それに対して条件が成就しなければ無条件で配当がなされるし、中間配当にあたって提供された担保や寄託金も返還される（破214条4項・212条2項）。その後に解除条件が成就した場合には、それを不当利得として破産者に返還するのか、それとも不当利得として破産管財人に返還して、追加配当の財源（破215条1項）とするのかは、考え方が分かれるが、理論的には、追加配当の財源とするのが妥当である[56]。また、解除条件付債権者が相殺権を行使しようとするときにも、担保の提供または寄託が要求され（破69条）、最後配当の除斥期間内に条件が成就しなければ、担保などは債権者に返還される（破201条3項）。

　将来の債権とは、連帯債務者または保証人もしくは物上保証人の求償権（民442条1項・459条1項・460条・465条・351条・372条）などといった、法定の停止条件の付いた債権をいうのであり、停止条件付債権の場合と同様に考えればよかろう。

3　破産債権の順位

　破産債権は破産財団から平等な弁済を受ける権利であり、原則として、債権額に比例した平等弁済が建前といえる。しかし破産法は、債権の実体法上の性質等を考慮して、①優先的破産債権、②一般の破産債権、③劣後的破産債権、④約定劣後破産債権という4つのグループに分けて規定している。このことは、それぞ

---

[56]　注解3版（上）141頁〔石川明＝三上威彦〕、伊藤3版268頁。

れに優先するグループの債権が全額弁済を受けない限り、劣後するグループの債権に対しては弁済がなされないということを意味する。ただ、同一の順位に属する各グループ内部では、原則として債権額の割合に応じた比例弁済がなされる（破194条2項）。

（1）　優先的破産債権

1）優先的破産債権の範囲　　破産財団を構成する財産の上に一般の先取特権（民306～310条、商810条・842条・847条・849条等）、その他一般の優先権（企業担保2条1項・7条等）をもつ破産債権は、配当の順位において他の破産債権に優先する（破98条1項）。優先権の範囲が一定期間に限定されているときには、その期間は、破産手続開始の時から遡って計算する（破98条3項）。

優先的破産債権に位置づけてもよいと思われるものには、社会的に保護の必要性が説かれている、下請業者の請負代金債権や不法行為に基づく損害賠償債権などがある。しかし、破産法は、民事再生法（民再85条2項5項・155条1項）や会社更生法（会更47条2項5項・168条1項）とは異なり、平等主義の修正規定を置いていないから、これらの債権を一般の破産債権に優先させることはできない。なお、租税債権は、すべての債権に先立って徴収されることになっており（租税優先主義〔国徴8条、地税14条〕）、これに応じて、一定の範囲で財団債権として扱うが（破148条1項3号）、財団債権として扱われない部分については、優先的破産債権（破98条1項、国徴8条）または劣後的破産債権（破99条1項1号・97条4号5号）とされている。

2）優先的破産債権者相互間の順位　　優先的破産債権相互間の順位は、実体法の基準によって定まる（破98条2項）。よって、民法上の一般の先取特権に基づく優先的破産債権の順序は、民法306条の順位によることになる（民329条1項）。別除権たる特別の先取特権は一般の先取特権に優先するが（民329条2項）、共益費用の先取特権（民306条1号）は、利益を与えた限度で、別除権たる特別の先取特権にも優先する（民329条2項但書）から、破産管財人は、その目的物の換価代金から共益費用の先取特権者に優先的に配当を与えることができる（その他、企業担保7条1項、保険業117条の2等を参照）。

（2）　一般の破産債権

優先的破産債権と劣後的破産債権および約定劣後破産債権を除いた、他のすべての債権をいう。たとえば、通常の貸金債権や代金債権等がこれに当たる。

（3）　劣後的破産債権

これは破産法99条1項に規定されている債権であり、配当の順位において優先的破産債権および一般の破産債権に後れるものをいう。実際の破産事件におい

ては、一般の破産債権についてさえ 100％の配当が行われることはほとんどない
といわれており、劣後的破産債権とされるということは、事実上、その債権が破
産配当から除外されることを意味する。したがって、劣後的破産債権者に独自の
利益を主張させる必要性は乏しいと考えられ、債権者集会における議決権も否定
されている（破 142 条 1 項）。むしろ、劣後的破産債権とすることの意義は、債権者
に配当を得させるというよりは、当該債権につき免責の効果を生ぜしめる（破 253
条 1 項）ことによって、破産者の経済生活再生を援助することにあるといえよう。

1）破産手続開始決定後の利息（破 99 条 1 項 1 号・97 条 1 号）　この規定の立
法の根拠については争いがある。すなわち、従来は、破産手続開始決定後の利息
も、その発生原因は破産手続開始決定前にあり、本来的に破産債権であるが、無
利息債権との均衡から劣後的破産債権とされたものと解されていた[57]。これに対
し、近時、利息は元本使用の対価としての性質をもつから、破産手続開始決定後
の利息は本来破産債権にはなり得ないが、これを破産債権としないと、免責され
ないから立法政策上あえて破産債権としたが、一般債権者を圧迫しないように劣
後的破産債権とした、とする見解が有力に唱えられている[58]。いずれにせよ、結
論に変わりはないが、本号と同様の規定は、1952 年に免責制度が導入される以前
の旧破産法上既に存在していたのであり、免責を理由とする説明には説得性を欠
く。よって前説に従いたい。

2）破産手続開始決定後の不履行による損害賠償および違約金（破 99 条 1 項 1
号・97 条 2 号）　この条文の理解の仕方についても見解が対立している。第
1 説[59]は、破産手続開始決定後は、財団の管理処分権は、もっぱら管財人の手に移
るので、破産者の不履行ということはほとんど考えられない。そこで、本号が想
定しているのは、たとえば、破産者が負う不代替的作為義務ないし不作為義務に
つき、破産手続開始後に不履行があった場合であると解する。よって、不代替的
作為請求権は本来の意味での破産債権とはいえないが、あえて一括処理のために
破産債権とするが、他の債権者との公平を害しないように劣後的破産債権とした
と説明するものである。これに対して第 2 説[60]は、この条文は、財産上の請求権

---

[57]　中田 200 頁、兼子一『強制執行法・破産法〔新版〕』（弘文堂・1962 年）228 頁、谷口
　158 頁、石川 138 頁等。なお近時でも加藤 6 版 150 頁。

[58]　条解破産 2 版 724 頁、大コンメン 403 頁〔堂薗幹一郎〕、注解 3 版（上）〔斉藤秀夫〕、
　伊藤 3 版 279 頁等。

[59]　加藤正治『破産法要論〔第 13 版〕』（有斐閣・1948 年）96 頁以下、中田 200 頁、注解
　3 版（上）111 頁〔石川明＝三上威彦〕。

[60]　谷口 159 頁、兼子・228 頁、伊藤 3 版 280 頁、加藤 6 版 151 頁、注釈（上）655 頁〔上
　田裕康＝北野知広＝田中宏岳〕等近時では通説である。

について破産手続開始前に破産者にすでに不履行があって、遅延損害金または約定により定期的に支払うべき違約金が破産手続開始開始後も発生し続けている場合について規定したものであって、その趣旨は、破産手続開始後の利息が劣後的破産債権とされている（旧破 46 条）のと同じであると説明する。このような対立は、結局、「破産手続開始決定後の」という文言を、前説では「不履行」にかかるとみるのに対して、後説では「損害賠償等」にかかるとみることの違いによって生じるものといえよう。思うに、後説のような条文の読み方は不自然であり、しかも、破産手続開始後に債務者による不代替的作為義務の不履行による損害賠償債権の位置づけが明確である前説に賛成したい。

　　3) 破産手続開始後の遅滞税、利子税または延滞金の請求権（破 99 条 1 項 1
　　　号・97 条 3 号）　　破産手続開始前の原因に基づいて生じた租税等の請求権であって、破産手続開始当時、まだ納期限が到来していないものまたは納期限から 1 年を経過していないものは財団債権である（破 148 条 1 項 3 号）。これに対し、破産手続開始の当時既に納期限が到来して 1 年以上経過している租税債権等には利子税ないし延滞金が生じるはずである。手続開始前に発生してるそれは破産債権になる一方で、破産手続開始後になお継続して発生してる利子税ないし延滞金の請求権はやはり破産債権とされているとともに（破 97 条 3 号）、それは劣後的破産債権とされている（破 99 条 1 項 1 号）。旧法では、かかる延滞税、利子税、または延滞金も全額について財団債権になると解される余地があったが、租税債権の財団債権としての位置づけには多くの批判があったことに鑑み、現行法では、他の破産債権とのバランスから、これらを破産債権とするとともに、破産手続開始後の利息にかかる請求権の扱い（破 97 条 4 号・99 条 1 項 1 号）と同様にすることで、不均衡が是正されている[61]。ただし、本税が財団債権である場合、その延滞税、延滞金および利子税は、破産管財人が本税を納付しないことにより生じるものとして財団債権（破 148 条 1 項 4 号）として扱われる[62]。なお、租税等の請求権は、破産免責の効力を受けない（破 253 条 1 項 1 号）。

　　**4) 国税徴収法または国税徴収の例によって徴収することのできる請求権
　　　で、破産財団に関し破産手続開始後の原因に基づいて生じるもの**（破 99 条 1
　　　項 1 号・97 条 4 号）　　旧法では、国税徴収法または国税徴収の例によって徴収することのできる請求権であって、「破産宣告後の原因に基づく請求権は破産財団に関して生じたるもの」は財団債権とされていた（旧破 47 条 2 号但書）。しかし、破産手続開始後に破産財団に関して生じた租税債権等であっても財団債権と

---

　(61)　加藤 6 版 151 頁以下参照。
　(62)　注釈（上）656 頁〔上田裕康＝北野知広＝田中宏岳〕、基本構造と実務 331 頁以下。

されていたことで、破産財団を圧迫するとの批判があったので、現行法では、他の破産債権者との均衡をとるために劣後的破産債権とされた。ここにいう租税等の請求権は、破産手続開始後の原因に基づく破産財団に関するものでなければならないから、破産者の負担する租税等の債務であっても、破産財団に属する財産の管理・換価に伴って発生するもの以外のもの、たとえば所得税などは含まれない[63]。具体的には、破産法人に対する予納法人税の債権のうち、別除権の目的物である土地の別除権者に対する優先弁済部分を基礎とする土地重課税部分等が考えられる[64]。

これに対し、租税等の請求権のうち破産手続開始前の原因に基づくものは、一部は財団債権となり（破148条1項2号）、また一部は優先的破産債権となる（破98条1項、国税徴収8条）。

5）加算税（税通2条4号）または加算金（地税1条1項14号）の請求権（破99条1項1号・97条5号）　破産法97条3号にいう延滞税等は、本税が期限までに納付されなかったことに対する遅延利息的性質をもつものであるが、ここでいう加算税等は、過少申告、無申告、不納付または税額等の計算の基礎となるべき事実の隠匿等に対する制裁としての性質をもつ[65]。よって、過料の請求権などと同様（破97条6号参照）、これらは劣後的破産債権とされている。

6）罰金・科料・刑事訴訟費用・追徴金・過料の請求権（破99条1項1号・97条6号）　これらは、破産手続開始前の原因に基づいて生じたものであるから、本来的に破産債権であるが、あくまで破産者に対する制裁であり、本人に苦痛を感じさせるところに意味があり、他の債権者の負担にならないように、劣後的なものとされている。その反面、これらの債権は破産免責の効力を受けないものとされている（破253条1項7号）。

7）破産手続参加の費用（破99条1項1号・97条7号）　個々の破産債権者の債権届出書の作成や提出の費用、債権者集会などの期日に出頭した費用などである。これらは破産手続開始決定後に生じる債権であるから、本来的には破産債権ではないが、各債権者には必然的に必要となる費用であるから、特に破産法97条7号により破産債権とされた。しかし、これを一般の破産債権とすると、他の一般破産債権者の利益を害するから、劣的破産債権とされている。これに対し、破産申立ての費用は、全債権者の利益になるので、財団債権になると解される（破

---

[63]　最判昭43・10・8民集22巻10号2093頁。
[64]　小川197頁、最判昭62・4・21民集41巻3号329頁。
[65]　金子宏『租税法〔第14版〕』（弘文堂・2009年）620頁、最判昭33・4・30民集12巻6号938頁。

148条1項1号)。

8）無利息の確定期限付債権の破産手続開始決定から期限までの中間利息
（破99条1項2号）　　確定期限未到来の債権も破産手続開始決定の時に期限
が到来したものとみなされるから（破103条3項）、その額面額で破産債権となる。
しかし、破産法99条1項1号・97条1号で利息付債権の破産手続開始決定後の
利息が劣後的破産債権とされたこととの均衡上、無利息債権の破産手続開始決定
後の中間利息の部分は劣後的破産債権とされた。

　仮に、債権の券面額をN、当該債権における一般の破産債権となる額をX、当
該債権における劣後的破産債権となる額をY、法定利率をZ、破産手続開始時か
ら期限までの年数をAとして計算式（ホフマン方式算定法）で表すと、X＝N÷（1
＋ZA）となり、Y＝N－Xとなる。したがって、たとえば、確定期限付無利息
債権の債権額が110万円、法定利率が年5％、破産手続開始時から期限までの年
数が2年であったとすると、X＝110万円÷（1＋0.05×2年）＝100万円とな
る。またY＝110万円－100万円＝10万円である。その結果、100万円が一般
の破産債権、10万円が劣後的破産債権の額となる。よって、債権届出をする場合
には、破産債権者は、上記のような計算方式によって、自己の債権のうちで一般
の破産債権となる額と、劣後的破産債権となる額とを区別して届け出ることを要
し、これをしなければ異議の対象となる。

9）不確定期限付無利息債権の債権額と破産手続開始時における評価額との
差額（破99条1項3号）　　不確定期限が未到来の債権も破産手続開始決定時
に期限が到来したものとみなされ（破103条3項）、券面額が破産債権額になるが、
破産手続開始決定時における評価額と券面額との差額は中間利息に相当するとみ
て、その部分を劣後的としたものであり、破産法99条1項2号と同趣旨の規定で
ある。

10）金額および存続期間が確定している定期金債権の中間利息相当額（破
99条1項4号）　　この規定の趣旨は難解であるが、まず第1に、金額および
存続期間が確定している定期金債権は、確定金額債権であるが、各期における定
期金債権は期限未到来の債権であるといえるから、破産法99条1項2号と同様
の計算方式で、各期における定期金債権の中間利息に相当する部分をそれぞれ劣
後的破産債権として取り扱うものである。しかし、その残額をそのまま一般の破
産債権とすると、その額が本来その債権者が定期金として受けられる相当額を利
息として受け取ることができる元本額を超えることがある。そこで、第2に、法
定利率を基準として本来の定期金額に相当する利息を生ずべき元本額を算定し、
上記の破産債権額がこの元本額を超える部分をさらに劣後的なものとするという

158　　　　　　　　第5章　破産債権

趣旨である。たとえば、毎年10万円を今後40年間にわたって支払うことを内容とする定期金債権を想定[66]すると、法定利率を年5%として、各期の定期金につき、前記の計算方式で算定される元本額は1年目は95238円（10万円÷（1＋0.05×1））となり、同様に、2年目は90909円、3年目は86956円となり、40年目までの元本額の総計は、216万4247円となる。しかし他方で、法定利率年5%を基準とすると、毎年10万円の利息を生む元本は200万円であるはずである。したがって、216万4247円－200万円＝16万4247円が、各期の定期金の中間利息の合計額に加えて劣後的債権とされるのである。

（4）　約定劣後破産債権（破99条2項・194条1項4号）

約定劣後破産債権とは、「破産債権者と破産者との間において、破産手続開始前に、当該債務者について破産手続が開始されたとすれば当該破産手続におけるその配当の順位が劣後的破産債権に後れる旨の合意がされた債権」をいうが（破99条2項）、既存の劣後ローン債権も、約定劣後破産債権としての取り扱いを受けることを当然の前提としている。劣後ローンとは、一般的には、他の特定の債権または一般の債権より支払い順位が劣るローンのことをいうが、現行の実務において行われている劣後ローン契約では、債務者に法的倒産処理手続が開始された場合には、当該融資を行った債権者に対する弁済を他の一般の債権者に対する債務の弁済よりも劣後させるという趣旨の特約が付される。劣後ローンに優先する旨の約定がされている債権を「上位債権」というが、劣後ローンは、上位債権の破産手続開始後の利息および遅延利息にも劣後する前提で約定がされており、結果的に、それと同順位の劣後的破産債権すべてに劣後することが予定されている。劣後ローンは、一般に焦げ付きの可能性が高い代わりに、高利であり、ハイリスク・ハイリターンの債権である。また、劣後ローンは、一定の要件の下で、BIS規制またはソルベンシー・マージン規制上、自己資本またはソルベンシー・マージンへの算入が認められているため、銀行等の金融機関や生命保険会社がこれらの比率を高めるために利用されるほか、資金調達の多様性を確保する手段としても利用されている。旧法では劣後ローンの取扱いに関する規定が存在せず、一種の停止条件付債権として取り扱うことによって、劣後的取扱いを実現していたが、BIS規制等との関係において、劣後ローンの取り扱いに関する法的安定性をより高めるため、現行法において約定劣後破産債権の制度が創設された[67]。

約定劣後破産債権は、破産配当の順位において、劣後的破産債権に後れること

---

[66]　中田202頁のあげる例である。なお具体的な計算例については、条解破産2版739頁参照。

[67]　小川146頁以下、大コンメン415頁〔堂園幹一郎〕、条解破産2版739頁以下参照。

第5講　破産財団と破産債権（その1）

とし（破99条2項・194条1項）、約定劣後破産債権間においてはそれぞれの債権の額の割合に応じて配当する（破194条2項）。また、劣後的破産債権者および約定劣後破産債権は、通常、これらの債権者の配当は期待できず、それらの者の利益を主張させる意義は少ないことから、破産手続においては、債権者集会の議決権を有しないものとされている（破142条1項）。

（5）　解釈による劣後化

近時、子会社の破産における親会社の債権、あるいは、会社の破産における取締役など内部者の債権を、当該債権者の意思にかかわらず劣後的破産債権とすることができる旨を主張する学説が唱えられている[68]。これに対して、下級審裁判例[69]は否定している。現行法の立法に際し民事再生法（民再155条1項但書）や会社更生法（会更168条1項柱書但書）の規定に類似した規定を設けることが検討されたが、立法には至らなかった。ただ、現行法の下では劣後化そのものは否定せざるをえないとしても、破綻について全面的に責任を負う債権者による債権届出に対しては、破産管財人は、異議を提出し、信義則違反などを債権確定手続において主張し、あるいは、その債権者に対する損害賠償債権との相殺を主張できる[70]、と解する余地はあろう。

4　多数債務者関係と破産債権

（1）　総説 —— 多数債務者関係とは

同一の給付を目的として複数の債務者が存在する場合の債務関係を「多数債務者関係」というが、大別して二つの類型がある。第1は分割債務関係であり、これは、各債務者が分割された給付義務を負う場合である（民427条）。第2は共同債務関係であり、これは、各債務者がそれぞれ全部の給付義務を負う場合である。後者はさらに、①各債務者が並列的に全部の給付義務を負う場合（連帯債務・不可分債務・不真正連帯債務・連帯保証債務等）と、②債務者間に主従の関係がある場合（保証債務等）に区別することができる。

このうち、分割債務関係の場合には、各人が分割した債務を各別に弁済するだけであり、複数債務者のうち誰が破産しても、それは他の債務者に影響することはなく、当該債務者についてだけ破産処理をすれば足りるから、法的にあまり大

---

[68]　白石哲「判例解説」判タ821号258頁、畑宏樹「倒産債権の劣的処遇について」上智法学40巻2号139頁。

[69]　東京地判平3・12・16金商903号39頁〔百選5版47事件〕。なお、会社更生事件につき、福岡高決昭56・12・21判時1046号127頁〔百選5版95事件〕は、親会社の子会社に対する債権を劣後化することが、公正、衡平の原則に合致する、と述べる。

[70]　伊藤3版283頁注101、実務Q&A267頁〔末永久大〕、広島地福山支判平10・3・6判時1660号112頁。

きな問題は生じない。

共同債務関係については、大別して二つの問題が生じる。すなわち、ひとつは、数人の債務者の全員またはそのうち数人もしくは一人に対して破産手続が開始されたとき、債権者は、それぞれの破産手続に対して、いくらの額でもって破産債権を行使しうるか、という問題であり、他の一つは、ある債務者が他の債務者の破産手続において求償権を破産債権として行使することができるか、また、その額はいかなるものかという問題である。現行破産法は、これらの問題のうち、前者については104条1項2項において、後者については同条3項4項において規定している[71]。

（2）　複数の全部義務者の破産における債権者の破産債権の行使（破104条1項2項）

数人の債務者が各自全部の履行をなす義務を負っている場合で、その全員またはそのうち数人もしくは一人について破産手続開始の決定があった場合には、債権者は、破産手続開始の時に有する債権の全額について、それぞれの破産手続につき参加することができる。ここにいう「各自全部の履行をなす義務」とは、共同債務関係を意味するものであり、不可分債務（民430条）、連帯債務（民432条以下）、不真正連帯債務、連帯保証債務（民458条）、および手形についての合同債務（手47条・77条1項4号、小43条）等をさす。

破産法104条1項は、上記のように、債権者は「破産手続開始の時に有していた債権の全額」について権利行使をすることができると規定しているが、これを、破産手続開始時現存額主義という。たとえば、甲の1000万円の債権に対して乙・丙が連帯債務を負担しているとき、乙・丙ともに破産手続開始決定がなされた場合、甲は、破産手続開始時の債権額、すなわち、破産手続開始前に弁済を受けていなければ、1000万円の債権を、もし、破産手続開始前に、甲が乙または丙から

---

[71]　これらの規定と同趣旨の内容を規定する民法441条の規定と、これら破産法の規定との関係は以下のように考えられる。すなわち、民法441条は、「債権者は、その債権の全額について各破産財団の配当に加入することができる。」と規定しているが、その文言は、破産法104条1項とほぼ同じである。しかし、以下の2点において、民法の規定とは別に破産法104条1項が設けられている意味がある。すなわち、第1に民法441条は、同430条で不可分債務には準用されているが、その他の連帯保証債務、合同債務等には準用規定がない。よって、破産法104条1項は、民法441条の趣旨を、実体法上規定のない連帯保証債務などの場合にも拡張することを明確にする意味がある。そして第2には、民法441条は、「その債権の全額」と規定しているが、これでは、その債権額が本来の債権の名目額であるのかどうかは不明である。よって、破産法104条1項は、債権額とは「破産手続開始の時において有する債権の全額」であることを明確化したものである。

500万円の弁済を受けていた場合は、500万円の債権を、乙および丙の破産手続においてそれぞれ破産債権として行使できることを意味する[72]。これは人的担保機能を重視したものである。したがって、破産手続開始決定前に一部弁済を受けていれば、それを控除した額を債権額として届出をなすことになるが、いったん届出をした後に他の債務者から弁済を受けても届け出た債権額を変更する必要はないということになる。ただ、甲が1000万円の破産債権を乙および丙の破産手続にそれぞれ届出をして、たとえば、乙の破産手続で6割配当、丙の手続では5割配当があったような場合（実際にはこのような高配当がなされる事例はあまりないであろう）、甲は、1100万円の満足を得ることになるが、これは認められない。仮に、管財人がそのような結果になることに気づいたときには、配当額を債権額の限度に留めるべきであるし（もし甲に不服があれば、それに対して異議を述べ、破産債権の査定や査定異議の訴えで争うことになる）、配当表作成後は、配当表の内容を改める手段としては配当表に対する異議（破200条1項）のほか、請求異議の訴え（民執35条）や再審の訴え（民訴338条）も検討の対象となる。また、甲が乙・丙の破産手続において合計で、1100万円を受領してしまった場合には、1000万円の債権を超える部分100万円については、甲はその額を不当利得として返還しなければならない[73]。この場合、乙の破産管財人が甲から100万円の返還を受ければ、負担割合通り[74]なので、それで決着する。これに対して、丙の管財人が甲から100万円を得た場合は、乙の管財人は、丙の破産手続に、負担割合を超過した100万円につき求償権を破産債権として権利行使することになろう。

（3）　求償義務者の破産の場合の他の全部義務者による将来の求償権の行使

---

[72]　同一の債権者が数口の債権を有していた場合に、破産手続開始後にそのうちの一部の口数の債権が弁済された事案において、最判平22・3・16民集64巻2号523頁〔百選5版45事件〕は、破産手続開始時現存額主義の趣旨に照らせば、破産法104条1項2項の「その債権の全額」とは、弁済等に係る当該債権の全額を意味するとし、破産手続開始後に複数債権のうち一部の債権の全額が弁済された場合には、複数債権の全部が消滅していなくても、破産法104条2項の「その債権の全額が消滅した場合」に該当すると判示し、その旨は破産法104条5項にも妥当するとした。多数説もこの立場に賛成している（条解破産2版766頁、潮見佳男「複数債権のうちの一部債権の全額弁済と破産債権査定」NBL891号12頁、加々美博久「開始時現存額主義の適用範囲」金法1843号10頁）。

[73]　条解破産2版764頁参照。

[74]　負担割合を決定する標準につき民法には規定はないが、第1に当事者間の特約、第2に特約がなくても連帯債務を負担することによって受けた利益の割合が異なるときはその割合（通説・判例─大判大4・4・19民録21輯524頁）、第3に以上二つの標準によって定まらないときは、平等の割合と解される（我妻栄『新訂債権総論（民法講義IV）』（岩波書店・1964年）431頁以下参照）。

連帯債務者など数人の全部義務者がいるときに、その全員または一部の者が破産すると、破産債権者となるのは、本来の債権者だけではなく、全部義務者相互間でも求償権を破産債権として、または求償権の範囲内で代位によって取得した原債権（民500条）を破産債権として行使することが考えられる。この求償権は現在の請求権または将来の請求権（破103条4項）に該当し、債権者は、これを破産債権として権利行使することになる[75]。

　1）事前求償権の行使　民法は、事後求償を原則としている（民430条・442条1項・459条1項・462条・465条2項等）が、例外的に、委託を受けた保証人は、主債務者破産の場合には予め求償権を行使できるとして、いわゆる事前求償を認めている（民460条1号）。破産法は、それにとどまらず、その他のすべての類型の全部義務者にもこの事前求償の取扱いを拡張することを規定している（破104条3項）[76]。その理由は、事後求償を強制すると、破産手続の進行との関係上、求償権者が満足を受けることが実際上困難になる点にある。これに対しては、破産法104条3項の趣旨につき、将来の事後求償権は、弁済等による債権の満足を法定の停止条件として発生するものであるから、破産法103条4項に規定する「将来の請求権」に該当するが、破産手続開始後の弁済に基づく求償権が破産債権といえるか否かについて疑義が生じるので、これを行使しうる旨を確定的に規定したものであるとの見解[77]が対立している。

　ただ、次の図のように本来の債権者甲が現存債権全額を破産債権として権利行使している場合に、全部義務者の一人Aが事前求償権を破産債権として行使すると、実質的には一つの債権が二重に行使されることになり、他の破産債権者の利益を害することになる。そこで、甲が現存債権全額をもって破産債権の権利行使をした場合には、Aが事前求償をすることは許されないこととしている（破104条3項但書）。しかし、甲が債権額の一部だけを破産債権とし

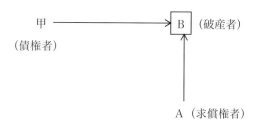

---

[75]　これに対して立法論的に疑問を提示するものとして、山本克己「求償義務者倒産時における求償権者の地位」現代社会における民事手続法の展開（石川明先生古希祝賀）（下）（商事法務・2002年）631頁がある。

[76]　伊藤3版289頁、注解3版（上）154頁〔加藤哲夫〕、基本コンメン59頁〔上田徹一郎〕。

[77]　石川125頁、大コンメン444頁〔堂薗幹一郎〕。

て行使したときは、将来の求償権者Ａは、その残額の範囲内で破産債権者として権利行使をすることができる。なぜならば、この場合には、Ａが権利行使することによって、二重の権利行使が生じることはないからである。

２）将来の求償権者による弁済 たとえば、甲が乙に対し300万円の債権

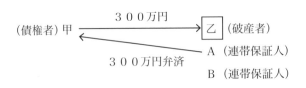

を有しており、その債務につき、ＡとＢが連帯保証していたとしよう。この事例において乙が破産し、債権者甲が債権全額につき破産債権として権利行使している場合を考えてみよう。この場合、破産法104条3項但書により、ＡとＢは、乙の破産手続においては事前の求償権を行使することはできない。このとき、将来の求償権者Ａが甲の債権を全額弁済したらどうなるか。この場合、Ａの保証債務の履行により、甲の債権は全額において消滅する。したがって、この場合には、弁済による代位の一種として、求償権者Ａに300万円の破産債権者としての権利行使を認めてよい（破104条2項）。この場合、手続としては甲からＡへの届出名義の変更（破113条1項）による[78]。

これに対し、下の図のように、たとえば、甲が乙に対して300万円の債権を有しており、それをＡとＢが連帯保証していたとしよう。そして、債務者乙に破産手続が開始された後に、ＡＢがそれぞれ甲に100万円ずつ債務を弁済した場合に

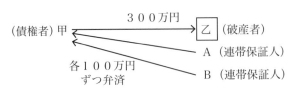

は、甲・Ａ・Ｂはそれぞれどのような権利行使ができるのであろうか。この場合、まず、ＡＢは乙の破産手続において事前の求償権を破産債権として行使することはできない（破104条3項但書）。それに対し、ＡＢの有する求償権の扱いについては、旧破産法26条2項は、「求償権を有する者が弁済をなしたる時は其の弁済の割合に応じて債権者の権利を取得す」と規定していた。そこで、旧法下では、この文言を文字通り解釈して、求償権者が一部弁済をした場合には、その額について破産債権を取得するという見解が有力に唱えられていた[79]。この見解によると、債権者が当該破産手続によ

---

[78] 注解3版（上）160頁〔加藤哲夫〕、破産民再実務〔新版〕（中）114頁〔杉田薫〕、伊藤3版289頁以下。

[79] 中田195頁、林屋ほか91頁等。

らずに一部の弁済を受けたときは、その限りで旧破24条（現破104条1項）の扱い
が自動的に修正を受け、債権者はその弁済額を控除した残額について当該破産手
続で権利を行使し続けることができるとする。すなわち、上記の例でいえば、A・
Bはそれぞれ甲の300万円の債権のうち100万円ずつを代位し、甲は、乙の破産
手続においては、100万円の破産債権者になる。しかし、このような見解に対し
ては、旧法下において、求償権者が債権者に破産手続開始決定後に一部の満足を
与えたに過ぎないにもかかわらず、代位の割合によって減縮された額を基準とす
る配当に甘んじなければならなくなる（つまり、上の例でいえば、甲は、100万円の破
産債権者としてしか権利行使できなくなるのに対し、A・Bは甲に完全な満足を与えていな
いにもかかわらず、それぞれ100万円の破産債権者として甲の権利を代位行使できる）が、
破産手続開始時現存額主義の意義[80]のひとつは、債権者の権利行使を尊重するた
めに、破産手続開始決定後の弁済などが破産債権額に影響しないとする点にあっ
たのはずなのに、破産手続開始決定後の一部弁済によって、当該一部に関し求償
権者に破産債権の行使を認めると、現存額主義の意義が損なわれ、旧破24条（現
破104条1項）と整合性がなくなるとの批判がなされた。そして通説は、旧破24
条については、求償権者の数人が一部ずつ弁済し、債権全額を超える部分につき
その弁済額に比例する割合で権利を取得すると解していた[81]。

　そこで、新法は、このような旧法下における通説の立場を立法化し、旧26条2
項を改正して現行破産法104条4項の規定を設けたのである。したがって、現行
法の下でも、上記の例でいえば、ABともに求償権を行使することはできない。
それに対して、仮に、A・Bが甲に対して共に150万円づつ支払った場合には、甲
の債権は消滅し、かつ、保証の場合には各自の負担割合はないから、AもBも共
に、それぞれが出捐した150万円につき甲の債権を代位行使することができる[82]。
そして、甲は、自己の債権届出を取り下げることになろう。

　これに関連して、乙・A・Bが連帯債務者だった場合はどうなるか。この場合に
は、乙AB間に負担部分があるという点を除いて、上述したところと同様に考え
ればよいであろう。したがって、AとBがたとえば、150万円ずつ支払った場合
には両者とも甲の債権を代位行使することができる。ただ、連帯債務者の場合は
各自負担部分があり、その割合は原則として等しいものと考えられる[83]ので、A・

---

(80)　これについては、倒産実体法36頁〔森宏司〕参照。
(81)　注解3版（上）159頁以下〔加藤哲夫〕、山木戸93頁、谷口173頁、伊藤・破産3版補
　　訂177頁、青山ほか102頁等。判例として、最判昭62・7・2金法1178号37頁があった。
(82)　最判昭46・3・16民集25巻2号173頁参照。
(83)　負担部分については民法上とくに規定を置いてはいないが、次のように解されている。

第5講　破産財団と破産債権（その1）　　　165

Bは各自、自己の負担部分を超える額、すなわち50万円についてのみ、甲の債権に代位することができるであろう（破104条4項参照）。

なお、たとえば、甲が乙に対し、a・b 2つの債権を有しており、甲が乙の破産手続につきa・b両債権を届け出ていた場合に、その双方につき保証人となっていたAが、破産手続開始後にa債権についてのみ全額弁済した場合を想定すると、a債権についてAは甲の破産債権を代位行使することができると解すべきであろう（破104条4項）[84]。

（4） 保証人の破産の場合の債権者の権利行使（破105条）

一人または複数の保証人が破産した場合、それは全部義務者の全部または一部の破産の場合の一つの態様である。しかし、連帯債務等とは異なり、保証債務は、主債務と主従の関係にある。したがって、債権者は、債務者の破産管財人から催告の抗弁（民452条）や検索の抗弁（民453条）を対抗されるか。また、いかなる額で破産手続に参加することができるかといった問題が生じる。

これにつき破産法105条は、「保証人について破産手続開始の決定があったとき」は、債権者は手続開始の時において有する債権の全額を破産債権として権利行使できる旨を規定しているが、「保証人について破産手続開始の決定があったとき」には2つの場合が考えられる。すなわち、まず第1は、保証人と主債務者とが共に破産した場合である。この場合には、主債務者の無資力は明らかである

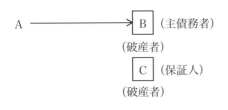

から、民法453条但書・453条により催告・検索の抗弁は喪失する。しかしこの場合には、本条の規定を適用するまでもなく、破産法104条1項の原則により、債権者は、各保証人の破産手続において債権の全額につき権利行使が可能である。よって、破産法105条は、このような場合を対象と

すなわち、①債務者間で特約があればそれによる。②特約がない場合、債務者間で連帯債務を負担したことにより受ける利益が異なるときは、その受けた利益の割合による。③これらのいずれの事情も存しないときは、負担割合は、平等の割合とされる（大判明37・2・1民録10輯65頁、大判大5・6・3民録22輯1132頁）。

[84] これに関連して、最判平22・3・16民集64巻2号523頁〔百選5版45事件〕は、破産法104条1項2項につき、「その債権の全額」とは、「破産債権者の有する総債権」などと規定されていない以上、弁済に係る当該破産債権の全額を意味すると解し、破産手続開始後に複数債権のうち一部の債権の全額が弁済等された場合には、複数債権の全部が消滅していなくても、その債権の全額が消滅した場合に該当するものとした上で、この法理は、破産法104条5項についても妥当するとした。

してはいないと考えらる。これに対し
て、第2は、主債務者は破産していな
いが、保証人が破産した場合である。
この場合には、理論的にいえば、保証
人の破産管財人は、催告の抗弁権や検
索の抗弁権を主張することができるは

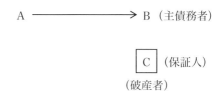

ずである（民452条・453条）。しかし、これを認めると、債権者は、催告の抗弁や
検索の抗弁を受けたため主債務者に権利行使したが、結局主債務者が無資力であ
ることが判明したので、保証人に権利行使をしようとしたが、そのときには、保
証人に対する破産手続が終結してしまっているというような場合も考えられる。
しかし、これでは債権者が保証人という人的担保をとっていたことの趣旨が全う
し得ない。したがって、この場合には、特に債務者（管財人）の検索の抗弁と催告
の抗弁権の行使を阻止して、債権者の利益を保護する必要がある。そこで、破産
法105条は、特別規定を置いて、債権者は、その債権の全額をもって破産手続に
参加できるものとしたと考えられる。したがって、破産法105条は、この第2の
場合にのみ適用されるものと解される。

(5) 数人の全部保証人の破産

この場合、保証人が分別の利益を有する場合と有しない場合との2つがある。

1) 分別の利益を有しない数人の全部保証人

ある債務について数人の保証人が存在し、それらが、連帯保証（民454条・458
条）や保証連帯（民465条1項）のように、各保証人が主債務の全部について義務を
負っている場合において、その保証人の全員または一部の者について破産手続が
開始された場合には、上の(2)から(4)において述べたところがそのまま当てはま
る。

2) 分別の利益を有する数人の全部保証人

これに対し、数人の保証人が分別の利益を有する場合（民456条・427条）はどう
か。たとえば、甲が乙に1000万円の債権を有しており、その全部について、Aと
Bの2人が保証していた場合を考えると、保証人に分別の利益が生じていれば、
AとBはそれぞれ500万円について保証債務を負うことになる。よって、500万
円の限度においては、乙ABは全部義務を負っている関係にあるから、甲は、乙
の破産手続において1000万円の債権でもって手続に参加することができるのは
もちろんであるが、ABの破産手続においても500万円の債権で権利行使が認め
られる（破104条1項2項）。また、甲の500万円の債権の届出に対しては、AやB
の破産管財人が催告の抗弁や検索の抗弁を主張することはできない（破105条）。

また、AおよびBは、500万円の限度で乙に求償権を持つから、破産法104条3項および4項が適用されることになる。

(6) 1人の一部保証人の破産

たとえば、甲が乙に1000万円の債権を有しており、Aがそのうち600万円について保証しているとする。この場合、甲の債権は保証によって担保されている600万円と、担保されていない400万円の部分とに分かれる。乙およびAに破産手続が開始されると、甲は乙の破産手続において1000万円の債権で権利行使をすることができるが、600万円については乙Aは全部義務者とみられるから、甲は、Aの破産手続においても600万円の破産債権を行使することができる（破104条1項）。また、仮に乙が破産していなかった場合でも、Aの破産管財人は、甲の破産債権の届出に対して催告または検索の抗弁を主張することはできない（破105条）。もし、Aの破産手続における弁済が600万円に達すると、甲のAに対する破産債権は全額満足を受けたことになり消滅するから、Aの管財人は、乙の破産手続において、甲に代位してその破産債権を行使することができる（破104条4項）。また、甲が乙の破産手続から受ける弁済は、債権者に対してできるだけ弁済しようとする法104条の趣旨から、民法489条の一般的充当原則にかかわらず、主債務者としての乙の性質上、まず保証が付されていない400万円部分に充当されることになり、たとえ乙の破産手続で600万円の弁済がなされたとしてもそのことは、Aの破産手続における甲の破産債権の額には影響を及ぼさない（破104条2項）[85]。

(7) 数人の一部保証人の破産

以上に対して、数人の保証人が債務の一部についてのみ義務を負っている場合はどうだろうか。たとえば、甲が乙に1000万円の債権を有しており、そのうち600万円についてABCがそれぞれ保証していたとき、乙ABにつき破産手続開

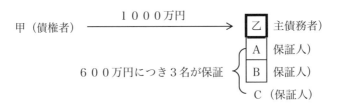

始決定がなされたような場合である。この場合にも、保証人ABCが分別の利益を有する場合と有しない場合を分けて考える必要がある。

---

[85] 条解会更（中）367条、伊藤3版293頁参照。

1）分別の利益をもたない数人の一部保証人　　この場合、特段の定めがなければ、分別の利益が発生し（民456条）、ABC はそれぞれ 200 万円ずつについて分割債務を負うが、連帯保証（民458条）や保証連帯（民465条1項）の特約が存在する場合には、3 名の保証人は、600 万円全体について連帯して債務を負うことになる。たとえば、乙 AB が破産したとすると、甲は乙の破産手続に 1000 万円の破産債権者として権利行使をすることができるが、A および B の各破産手続においては、600 万円の破産債権者として権利行使をすることになる（破104条1項）。甲が、A の破産手続において 600 万円の弁済を受けた場合には、ABC に対する債権は全額の弁済を受けたことになるから、甲の ABC に対する債権は消滅する。したがって、600 万円支払った A の管財人は、甲の乙に対する 1000 万円の破産債権のうち、600 万円につき代位行使をすることができる。これに対して、甲が乙の破産手続から受ける弁済は、債権者に対してできるだけ弁済しようとする破産法104 条の趣旨から考えると、民法 489 条の一般的充当原則にかかわらず、主債務者としての乙の性質上、まず保証が付されていない 400 万円部分に充当されることになり、たとえ乙の破産手続で 600 万円の弁済がなされたとしても、そのことは、AB の破産手続における甲の破産債権の額には影響を及ぼさないと解される（破104条2項）[86]。

甲が乙および A の破産手続において債権届出をしなかった場合には、B の破産管財人および C は、事前の求償権を破産債権として行使することができる。すなわち、乙の破産手続においては 600 万円、A の破産手続においては、負担部分が平等だとすれば、200 万円の破産債権の行使が認められることになろう（破104条3項）。

これに関し、旧破産法 27 条は、この 600 万円を債務の一部および保証人の負担部分として、乙、A および B について破産手続開始決定がなされたとすれば、甲は、乙に対して 1000 万円の破産債権を行使するほかに、A および B に対して、それぞれ 600 万円の破産債権を行使できるとしていた（旧破 27 条による同 24 条の準用）。しかし保証債務を基準とすれば、乙、A、B は、数人の全部義務者であるから、このような準用規定を置く必要はなく、現行破産法 104 条 1 項の適用によって同様の結論を導くことができるので、現行法は、準用規定である旧破 27 条を廃止した[87]。

2）分別の利益をもつ数人の一部保証人　　上記の例において、連帯保証などの特約がなければ、ABC には分別の利益が発生し（民456条・427条）、それぞれ

(86)　条解会更（中）367 頁、伊藤 3 版 294 頁参照。

(87)　伊藤 3 版 292 頁注 122 参照。

第 5 講　破産財団と破産債権（その 1）

が 200 万円について保証債務を負う。この場合には、ABC は、600 万円について全部義務を負っているわけではないが、甲から見ると、200 万円の限度では、乙に対する主債務と ABC に対する保証債務が並存していることになる。よって、乙と ABC の関係については破産法 104 条 1 項を準用する意味がある。

また、A および B の管財人が、A・B の破産手続における甲の 200 万円の破産債権届出に対して、催告および検索の抗弁権を主張することは妨げられると解すべきであるから、破産法 105 条が適用される。さらに、A および B との間では全部義務を前提とする求償権の発生もあり得ないが、A らは 200 万円の限度で乙に対して求償権をもつから、これについて破産法 104 条 3 項および 4 項を適用する意味がある。

(8) 法人またはその社員の破産

株式会社に代表される物的会社の場合には、会社財産と社員の財産とは完全に分離されているから、一方の破産が他方に影響を及ぼすことはない。これに対して、持分会社（合名会社・合資会社・合同会社〔会社 575 条〕。ただし、合同会社は社員は全員有限責任社員であるから〔会社 576 条 4 項〕、破産法 106 条の適用はない）の場合には問題が生じる。それに関し、破産法は以下のような規定を置いている。

1）無限責任社員の破産の場合（破 106 条）　無限責任社員は法人の債権者に対し、直接無限の責任を負うから（会社 580 条・576 条 5 号）、会社債権者と社員の関係は、債権者と保証人との関係に類似する。そこで、無限責任社員が破産したときは、法人の債権者は、破産手続開始決定時において有する債権の全額につき破産債権者として権利行使ができるものとされている（破 106 条）。これは、社員の責任に関する補充性の原則（会社 580 条 1 項）が働かないことを意味する。すなわち、これは実質的には破産法 105 条と同内容を規定するものといえよう。

2）有限責任社員の破産の場合（破 107 条 1 項）　持分会社の有限責任社員のように、法人の債務につき有限の責任を負う者が、未だ会社に対して出資義務の全部または一部を履行していないときは、法人の債権者は、未履行の出資額の限度で有限責任社員に対して会社債務の弁済を求めることができる（会社 580 条 2 項）。これを前提とすれば、有限責任社員が破産した場合には、法人の債権者は、その未払出資額の限度で破産債権の行使が認められることになるはずである。しかし、多数の債権者が破産手続に参加することから生じる煩雑さを避けるために、会社法の規定の適用範囲を制限し、法人の債権者による破産手続参加を認めないこととした[88]（破 107 条 1 項前段）。その代り、法人が未払出資額そのものについて

---

[88]　条解破産 2 版 777 頁、大コンメン 453 頁〔堂園幹一郎〕参照。

は破産債権として行使しうるものとされており（破107条1項後段）、これによって、法人の債権者の直接の権利行使を認めなくても、その利益は保護されることになる。なお、株式会社にあっては、出資義務を履行しない限り株主となる権利を失うから（会社36条3項・208条5項）、法人の債務につき有限の責任を負う者が法人（会社）に対して出資義務を負うという事態は考えられない。よって、ここでいう法人の債務に対して有限の責任を負う者には、株主は含まれない。

　なお、法人の債務につき有限の責任を負う者としては、持分会社の有限責任社員（会社576条1項5号・580条2項）、有限責任事業組合の組合員（有限責任事業組合15条）などがある。これとは異なり、株式会社の社員たる株主は、会社に対する出資義務を負うのみであり（会社104条）、会社の債務については一切責任を負わない者であるから、ここでいう法人の債務について有限の責任を負う者には含まれない。また自称有限責任社員（会社589条2項）は、法人の債務について有限の責任を負う者に属するが、これについては、法人が自称有限責任社員に対する出資の請求はできないところから、破産法107条の適用はなく、法人の債権者が自称有限責任社員の破産手続に参加し（破107条1項の不適用）、また、法人の破産においても、法人の債権者は、自称有限責任社員の責任を追及することができる（破107条2項の不適用）と解されている[89]。

　3）法人の破産の場合（破107条2項）　　法人に対して破産手続が開始された場合には、法人の債権者は、法人の債務について有限の責任を負う者に対してその権利を行使することは認められない（破107条2項）。仮に、社員が出資金未払いであったような場合でも、その権利を行使することができるのは、法人の破産管財人である。

＜設問についてのコメント＞

　　問1〜問4は、それぞれの権利が、破産財団を構成する財産であるか否かを問う問題である。これらについては、第4章1.（2）1）2）を参照のこと。

　　問5は、破産債権の現在化についての問題である。すなわち、期限未到来の債権を有する者の権利行使について問うものである。これについては、第5章1.（1）（2）3）2.（3）を参照のこと。

　　問6は、破産債権の金銭化についての問題である。すなわち、非金銭債権の権利行使を問う問題である。これについては、第5章1.（2）2）2.（2）2）

---

[89]　条解破産2版778頁、大コンメン453頁〔堂園幹一郎〕。

第5講　破産財団と破産債権（その1）　　*171*

を参照のこと。

　問7は、破産手続開始時現存額主義の適用の可否を問うとともに、求償権者の求償権行使の可否やその額について問うものである。すなわち、破産法104条1項は、「破産手続開始の時において有する債権の全額について」権利行使ができると規定している。そして、「ケース」では、債権者Bは保証人Cから30万円の弁済を受けたのはAの破産手続開始後である。しかし、BはAに対して2口の債権を有していたのであり、破産手続開始後に、そのうちの一部（30万円）の債権が弁済された場合でも、開始時現存額主義の適用があるか否かということが問題となる。さらに、同条4項は、求償権者は、「その債権の全額が消滅した場合に限り」求償権の範囲内において破産債権者の権利を代位行使することができることを認めている。そこで、この30万円の弁済によって、同条4項の適用があるか否かという点も問題となる。これについては、第5章4.（2）（3）（4）、および最判平22・3・16民集64巻2号523頁〔百選5版45事件〕を参照のこと。

第6講　破産債権（その2）・財団債権・租税債権

ケース

　A社は、この不況の荒波に抗しきれず、ついに平成27年5月10日に破産手続開始決定を受け、Kが破産管財人に選任された。

　A社は、平成26年12月20日に、自社が所有する土地①を甲に1億円で売却する契約を締結し、甲から2000万円の手付金を受領した。そして、平成27年6月20日に甲が残代金8000万円を支払うのと引換えに所有権移転登記をする旨が合意された（なお、この契約は否認の対象にはならないものとする）。また丙は、その死亡前に、「丙所有の土地②をA社に贈与するが、その代わりにA社は丙の妻乙に対して500万円を渡してもらいたい」という内容の遺言状を書いていた。Aに破産手続開始決定があったとき、土地②の価額は、1000万円であった。

　なお、A社に破産手続開始決定がなされたとき、A社はB銀行に対し1000万円、C信用金庫に対して2000万円の貸金債務をそれぞれ負担していたほか、取引先D社に対して、原料の買掛代金債務6000万円を負担していた。さらに、租税官庁Eに対し、既に納期限の到来している租税1100万円（納期限が来て既に1年以上経過している分が600万円、まだ納期限から1年が経過していない分が500万円）を滞納していたほか、納期限の到来していない租税債務500万円があった。それ以外にも、破産手続開始後に生じた延滞税が100万円あるほか、悪質な所得隠しと認定されたために重加算税500万円も課税されることになった。

　また、破産管財人Kの報酬は1000万円であった。

◆**問1**　破産債権の調査および確定はどのようにしてなされるか。また、それは、通常の権利の確定と比べて、どのような特徴を有しているか。

◆**問2**　B銀行の届け出た1000万円の債権につき、D社は、既にA社は500万円をB銀行に弁済しており、B銀行の有している残債権額は500万円であると考えている。その場合、D社としては、どのような法的処置をとることができるか。また、これに対して、B銀行はどのような措置をとることができるか。

◆**問3**　債権調査期日において、A社が、すでにB銀行には500万円を返済しており、残債権額は500万円であると主張した場合、この主張にはどのような効力が認められるか。

◆**問4**　D社が、債権届出期間内に6000万円の破産債権の届け出をしたのち、A社との取引帳簿を調べた結果、実は自社のA社に対する売掛代金債権は、8000万円であることが判明したので債権額を変更する旨の届出をしたが、そのときには債権届出期間はすでに過ぎていた。この場合、変更の届出はどのように扱われるか。

◆**問5**　土地①につきA・甲間の売買契約があったにもかかわらず、Kがその土地を他人に売却して所有権移転登記を備えてしまっていた場合、甲としては、どのような法的措置をとることができるか。

◆**問6**　丙が、平成27年6月30日に死亡した場合、乙はKに対して、500万円の債権をどのように権利行使することができるか。

◆**問7**　上記設例において租税官庁Eが有している各種租税債権、および破産管財人Kの報酬債権は、破産手続上どのように扱われるか。

◆**問8**　破産財団を換価した結果、6000万円の売得金しか得られなかったとする。この場合、BCDはその債権につき一切担保を取っておらず、また、上記設例のほかには債権者は一切いないものとして、A社の債権者たち（BCDEK甲乙）には、いくらずつの弁済がなされるであろうか。

◆**問9**　Kは、破産管財人の報酬の支払いの際、および、元従業員の優先的破産債権である退職金債権の配当の際に、所得税法上の源泉徴収納付義務を負うか。

5　破産債権の届出・調査・確定

（1）　総　説

　破産手続は、破産財団所属財産を換価した金銭で債権者に平等な満足を図る手続であるから、配当にあたっては、配当を受けるべき破産債権の額や内容が確定していなければならない。また、破産債権者は、いろいろな場面で債権者集会において議決権を行使することができる（破31条1項2号・40条1項柱書・230条1項柱書・244条の6第1項柱書・159条・138条以下）ほか、数々の破産手続上認められている権限（破118条1項・121条2項・196条1項・200条1項・218条1項等）を有している。しかし、これらの権限を行使するためには、まず破産債権として届出をなし、その存在および内容が確定していなければならない。そのような破産債権の確定のための手続が、破産債権の届出・調査・確定の手続である。ただ、破産手

174　　　　　　　第5章　破産債権

続が、債務者の乏しい財産をめぐって多数の債権者の利害が鋭く対立する場でもあるから、その手続は画一的・統一的に、しかも公正に行われなければならない。

（2）　破産債権の届出

1）債権届出の意義　　破産債権の届出とは、破産債権者が破産手続上認められる権能（破138条・118条1項・121条2項・196条1項・218条1項等）を行使するために、裁判所に対して破産債権としての確定を求める訴訟行為であるといえるであろう。もっとも、破産債権であること自体に基づいて生じる手続上の法律効果、すなわち個別的権利行使の禁止（破100条1項）、や免責許可の効果（破253条1項本文）などは、届出の有無にかかわりなく生じる。また、届出には、破産手続上の効果とは別に、時効中断（民152条）といった実体法上の効果も生じる[1]。その際、届出債権を管財人が認めず、またはこれに対して管財人や他の届出債権者から異議が述べられたことは、「その届出が却下されたとき」（民152条）には該当しない[2]から、時効の中断効には影響はない。

2）届出の期間　　届出は一定の期間内にしなければならない。裁判所は、破産手続開始決定と同時に債権届出の期間を定め（破31条1項1号・3項）、届出期間を公告し、かつ、知れている破産債権者に通知する（破32条1項3号）。債権届出期間は、原則として、破産手続開始決定の日から2週間以上4月以下の範囲内で定める（破規20条1項1号）。これは、債権届出期間があまりに早期に設定されると、多くの債権者が届出ができなくなり妥当ではないし、他方で、届出期間があまりに長期に設定されると、迅速な破産手続の処理という要請に反することになる点を考慮したものである。なお、民事再生規則18条1項1号、会社更生規則19条1項1号と同様に、知れている破産債権者で日本国内に住所、居所、営業所または事務所がないものがある場合には、通知に要する時間を加味して、4週間以上4月以下の期間の範囲内で定める旨の規律が新たに加えられている（破規20条1項1号かっこ書）。

　破産法上、破産債権者はこの債権届出期間内に債権届出をすべき義務を負うものとされている（破111条1項柱書）。そして、届出がこの期間を徒過した場合には、その届出が、一般調査期間満了または一般調査期日終了の前になされたか後になされたかで、法律上は効果が異なっている。すなわち、①届出が届出期間を徒過してなされたが、一般調査期間の満了前または一般調査期日の終了前になされた場合には、原則として、特別調査期間または特別調査期日が定められ、そこで債権調査がなされる（破119条1項本文・122条1項本文）。この場合には、その費用は、

---

(1)　最判平7・3・23民集49巻3号984頁、最判平9・9・9金法1503号80頁。

(2)　最判昭57・1・29民集36巻1号105頁〔百選5版70事件〕。

当該届出をした債権者が負担する（破119条3項・122条2項）。ただし、債権届出期間経過後に破産債権が届け出られ、または他の破産債権者を害する届出事項の変更があった場合において、破産管財人が認否書において、それらの破産債権の全部または一部につき認否を記載していた場合（破117条2項3項参照）、または、一般調査期間ないし一般調査期日において調査をすることについて破産管財人および破産債権者の異議がない場合には、一般調査期間ないし一般調査期日において調査することができる（破119条1項但書・122条1項但書）。

それに対し、②一般調査期間終了後または一般調査期日終了後に届出がなされた場合は、破産債権者がその責めに帰すことができない事由によって、一般調査期間の経過または一般調査期日の終了までに破産債権の届出ができなかった場合で、かつ、その事由が消滅した後1月以内に限って認められる（破112条1項）。したがって、届出が責めに帰すべき事由によって遅れた場合はもちろん、責めに帰すべき事由がなくても、その事由が消滅した後1月以内に届出がなされない場合には、届出は許されず、配当に与ることもできない（破112条1項2項）。また、これは、他の債権者を害すべき変更を加える場合も同様である（破112条4項・119条2項）。

なお、届出期間内に破産債権の届出が皆無であった場合には、破産手続の目的は達成されない。この場合の処理については、見解が分かれており、①破産債権者が破産手続の続行を期待していない点で、同意破産手続廃止の場合と同視できるから、破産者の申立てによって破産手続廃止の決定ができるが（破218条類推）、破産者の申立てがない場合には職権破産手続廃止の規定はないが、破産手続を続行する余地がない点で同視できるから破産手続終結の決定によるべき（破220条類推）とする説、②破産者からの破産手続廃止の申立てがないケースについて異時破産手続廃止の規定（破217条）を類推して職権で破産手続廃止の決定ができるとする説、③何らかの規定に根拠を求めるのではなく、特別な職権破産手続廃止を是認する説等が唱えられている[3]。これに対しては、破産者からの申立てがない場合、財団不足による廃止に当たらない限り、裁判所みずから廃止決定できないとの説[4]もあるが、この場合、破産者も債権者も破産手続の続行を全く期待していないのであり、何らかの形で裁判所が職権によって破産手続を終結させる必要があろう。その点、①配当を行う破産手続終結とこれを行わない破産手続廃止とでは破産手続の目的を達成したどうかという点で決定的な違いがあり、②届出

---

(3) 条解破産2版1423頁以下参照。なお、中島486頁によると、①が判例・通説であるとされているが、この点についてまだ最高裁判例はないようである。

(4) 基礎58頁以下〔板垣範之〕。

債権者がいないということは破産手続を続行する必要がない場合であるから、財団不足による異時破産手続廃止の場合とは前提となる事実関係が著しく異なることなどを考慮すると、かかる状況下においてなお破産手続を続行すべきか否かにつき、裁判所の実質判断の機会が与えられる（破産法が予定する破産手続廃止とは別の）特別の職権破産手続廃止決定が許されるとする③説が妥当である[5]。

　現行法は、財団不足による異時廃止のおそれがあるときは、破産手続開始の決定時に債権届出期間を定めないことができる旨を規定している（破31条2項）。しかし、これは届出の終期を定めないだけで、破産債権者の債権届出自体を封じるものではない[6]。届出期間が定められていない場合でも、破産債権者は破産手続中であれば時効中断等のために債権届出をすることができる[7]。

　3）届出の方式　届出は裁判所に対し、一定の期間内に（破31条1項1号・3項、破規20条1項1号）、書面でしなければならない（破111条、破規1条1項）[8]。届出の際には、①各破産債権の額および原因（破111条1項1号）、②優先的破産債権、劣後的破産債権、約定劣後的破産債権であるときはその旨（破111条1項2号3号）、③自己に対する配当額の合計額が最高裁判所規則で定める額（1000円。破規32条1項）に満たない場合においても配当金を受領する意思があるときは、その旨（破111条1項4号）、および、④別除権者（準別除権者も同じ）が同時に破産債権者でもある場合は、破産法108条との関係で、その被担保債権については、債権額などの事項のほかに、別除権の目的である財産、および別除権の行使によって弁済を受けられないと見込まれる債権額（いわゆる予定不足額）を届け出なければならない（111条2項3項）。なお、細目的な届出事項や証拠書類等は、法律では定められておらず、破産規則で定められている（破規32条2項～5項）。

　4）届出事項の変更　いったん届出をしても、その後に届出事項を変更することはできるが、他の破産債権者の利益を害するか否かによって、その取扱いが分けられている。すなわち、まず第1に、破産債権の減額など、他の破産債権者

---

(5)　中島486頁以下、伊藤3版604頁、条解破産2版1423頁以下。なお、東京地方裁判所破産再生部では、財団の規模により異時廃止決定（配当可能財団がない場合）または職権による破産手続終結決定（配当可能財団がある場合）をしているとのことである（破産民再実務〔新版〕（中）123頁〔西野光子〕、破産民再実務3版破産435頁）。なお、この問題については、続提言62頁以下〔名津井吉裕〕が詳しい。

(6)　条解破産2版796頁。

(7)　基本構造と実務144頁〔小川秀樹発言〕。

(8)　通常、届出は、当該債権の管理処分権を持つ債権者自身によってなされるが、その債権について差押命令が発せられていたり、債権者代位権の行使があったりすると、差押債権者や代位債権者が届出資格を有する（民執145条1項・155条1項本文、民423条1項本文参照）。

の利益を害することのない変更は、破産債権届出の一部取下げとして扱われ、少なくとも、破産債権確定までは特別の制限を受けない（手続については、破規33条参照）。また、届出後に、債権譲渡、法定代位などによる破産債権の移転の結果、届出名義の変更が行われる場合も、他の破産債権者の不利益にはならないので、新たに破産債権を取得した者が一定の方式によって届出名義の変更をすることが可能である（破113条、破規35条）。それに対して、第2に、破産債権額や利率を増加したり、利息や遅延損害金の起算点を繰り上げたりするなど、他の破産債権者が不利益になるような変更を加える場合(9)には、新しい届出と同様に扱われる。すなわち、変更がなされたのが、届出期間経過前であれば、変更された内容の債権を一般調査期間ないし一般調査期日で調査されることについては他の債権者の負担になることはないから、特別の負担は課せられない。それに対して、変更が届出期間経過後になされた場合には、その変更が、一般調査期間または一般逃散期日の経過前になされたか否かによって取扱いが異なる。すなわち、変更が、届出期間を徒過したが、一般調査期間の満了前または一般調査期日の終了前になされた場合には、原則として、特別調査期間または特別調査期日が定められ、そこで債権の調査がなされるが（破119条1項本文・122条1項本文）、この場合の費用は、当該変更をした債権者が負担する（破119条3項・122条2項）。ただし、破産管財人が認否書において、届け出られた破産債権の全部または一部につき認否を記載していた場合、または、一般調査期日において調査をすることについて破産管財人および破産債権者の異議がない場合には、一般調査期日において調査がなされる。それに対し、一般調査期間満了後または一般調査期日終了後に変更をしようとする場合は、破産債権者がその責めに帰すことができない事由によって、一般調査期間の経過または一般調査期日の終了までに破産債権の変更ができなかった場合で、かつ、その事由が消滅した後1月以内に限ってのみ認められる（破112条1項）。これらは、新たな届出をした場合と同一の扱いである。

　破産債権の原因の変更（額の増加を伴わないもの）については見解が分かれる。すなわち、いわゆる新訴訟物理論に準じれば社会的・経済的に同一の利益を目的とする権利の同一性を変更しない限り、「害すべき変更」にはならないと解される。それに対し、旧訴訟物理論に準じれば、法的構成が変更されれば、認否が異なってくる可能性もあるので、原則として「害すべき変更」になると解することになる(10)。

---

(9)　届出債権についての法的構成を変更する旨の届出がこれに該当するかどうかについては議論がある（条解破産2版810頁、大コンメン474頁〔林圭介〕）。

(10)　実務では旧訴訟物理論を基礎に、原則として法的構成ごとに「原因」を考えるものの、

5）届出の取下げ　破産債権届出の取下げは、破産手続による権利行使を撤回する旨の裁判所に対する意思表示であるが、これによって他の債権者の利益が害されることはないから、原則として自由になし得る。ただ、その効力については、取下げの時期によって異なる。まず第1に、破産債権の額等の確定（破124条1項等）前の届出の取下げは自由になしうる。この取下げには、破産管財人、異議者等の同意は不要とされている。その理由として、①民訴法262条2項のような規定がないこと、②届出期間が法定されており再届出リスクが限定されていることなどがあげられる。届出の取下げは、届出を遡及的に消滅させる意思表示であると解されているから、時効中断効も失われる（民152条）。ただ、申出の取下げは、実体法上の権利の放棄を当然に含むものではないから、別途放棄していない場合は、届出期間内の再届出が可能である[11]。それに対して、第2に、債権確定後の取下げの効果については争いがある。消極説は、届出債権について確定判決と同一の効力が生じることから（破124条1項）取下げの効力を否定する[12]が、これに対して積極説は、他の債権者の不利益になることはないので、将来に向かって破産手続から脱退するという効果を有するものとして有効とする[13]。また、消極説を前提としても、取下げの意思表示を将来の配当金請求権の放棄と構成すれば、その効力まで否定する理由はない。もちろん再度の届出は許されないが、放棄がなされても、すでに受領した配当金を返還する必要はない。届出に基づく時効中断の効力も放棄によって影響を受けず、確定の時から新たな時効期間が進行する（民174条の2第1項後段）[14]。

（3）　租税等の請求権等の届出

他の法律構成による原因も黙示的に届け出られていると解釈したり（名古屋高判平13・1・30金法1631号97頁参照）、変更届出とはなるが「その責めに帰することのできない」ものと緩やかに容認するなどして（大コンメン475頁〔林圭介〕）問題の解決を図っている（条解破産2版810頁）。

[11]　条解破産2版802頁。

[12]　条解破産2版803頁。

[13]　加藤6版160頁、広島高岡山支決昭29・12・24高民7巻12号1139頁。

[14]　伊藤3版606頁。実務では、債権確定後の取下げを爾後に破産手続に関与する権利および将来の配当金請求権を放棄する意思表示と解して取り扱っており、債権届出の効力、債権確定の効力、既に受領した配当の効力には影響がない。また、届出に基づく時効中断の効力も放棄によって影響を受けず、確定のときから新たな時効期間が進行するし（民174条の2第1項後段）、債権者集会における議決権の行使およびその効果についても影響はない。さらに、取下げをした債権者が債権調査期日において異議を述べていた場合は、異議権は配当請求のための権利であるから、取下げにより異議の効力は失われる、としている（破産民再実務〔新版〕（中）131頁〔西野光子〕、破産民再実務3版破産442頁以下参照）。

租税等の請求権で財団債権に該当しないもの（破148条1項3号・97条3号〜5号・99条1項1号）は、優先的破産債権（破98条1項、国税徴収8条）または劣後的破産債権（破99条1項1号）として扱われるから、その権利行使のためには届出を要する。罰金等の請求権についても同様である（破97条6号・99条1項1号）。なお、租税債権等の届出手続については、一般の破産債権の場合（破111条）とは異なる規定が置かれている（破114条、破規36条）。届出についてこのような特別の規律が設けられているのは、これらの請求権の確定のために特別な手続が存在し、破産手続においてもその手続に従うこととされているためである（破134条）。

（4）　破産債権者表の作成

届出があると、届出を受けた裁判所の裁判所書記官は、破産債権者表を作成しなければならない（破115条1項、破規37条）。破産債権者表は、債権調査の対象を明らかにすること、および債権調査の結果をそれぞれの債権について記載し、異議の有無などを明らかにし（破124条2項）、議決権の行使や配当実施の資料とすること、および確定債権について破産債権者に対する確定力（同条3項）や破産者に対する執行力を付与することを目的として（破221条1項）作成される[15]。破産債権者表には、①各破産債権の額および原因、②優先的破産債権、劣後的破産債権または約定劣後破産債権であるときは、その旨を記載する。また、③少額配当金を受領する意思があるときはその旨（以上破115条2項・111条1項）、④別除権等の予定不足額（破111条2項）、⑤破産債権者の氏名または名称および住所、⑥執行力ある債務名義または終局判決のある破産債権であるときは、その旨（以上、破規37条）を記載する。その他、債権調査手続の進行に伴い、⑦債権調査の結果（破124条2項）、⑧破産債権確定訴訟等の結果（破130条）、⑨配当した金額（破193条3項）、⑩届出事項や届出名義の変更があった場合の変更内容（破規33条4項・35条2項）、⑪農水産業協同組合の破産手続における参加届出（破規85条）も記載される。破産債権者表の記載に誤りがあるときは、旧法では、違算、書損その他これに類する明白な誤謬があるときは裁判所が更正決定をする（旧破108条、民訴旧194条〔現行民訴257条〕）が、それ以外のときは、債権表の記載に既判力があるとみれば、再審の訴え・請求異議の訴えにより記載の当否を争うことになり、その記載が単に確認的意味を有するにすぎないとみれば記載の無効を訴えをもって主張しその旨の確定判決を得た後にこれに基づいて訂正を加えるとになると解されていた[16]。しかし、債権者表の形式的な誤りについては、①破産債権者表の記載に誤

---

[15]　伊藤3版607頁、条解破産2版822頁参照。

[16]　最判昭41・4・14民集20巻4号584頁、中村勝美「破産債権の届出」破産・和議法の基礎313頁。なお、注解3版（下）521頁〔中西正〕も参照。

りがある場合には、これをそのまま放置することは、利害関係人に誤った情報を与えるなどの不利益を与えることになるので、当該記載を適切かつ迅速に修正する必要があること、②破産債権者表の記載は判断作用を含むものではなく、単なる公証行為としての事実の記載に過ぎないので、破産債権者表の形式上の誤りについては、明白性の区別をせずに、裁判所書記官が固有の権限として更正することができるものとされた[17]（破115条3項）。これに対して不服のある者は、裁判所に異議の申立てができる（破13条、民訴121条）。なお、作成された破産債権者表は、破産債権者の異議権行使の機会を与えるため、利害関係人の閲覧等の対象とされている（破11条）。

（5）　債権の調査

1）　債権調査の意義　　届け出られた債権につき破産債権者表が作成されると、そこに記載された債権の存否・額・優先劣後等について調査が行われる。このような、届け出られた破産債権につき、債権の存在・額・順位等を調査・確定するための手続を債権調査手続という。旧法では、この手続は、常に債権者集会を開いて行われていたが、新法では、債権調査手続につき、以下の二つの形態が認められている。

まず第1の形態は、調査期間方式と書面方式の組み合わせによる手続であり、調査期間において、破産管財人が作成した認否書、ならびに破産債権者および破産者から提出された書面による異議に基づいて行われる手続であり（破116条1項）、法律上はこれが原則的形態である。また、第2の形態は、調査期日方式と口頭方式の組み合わせであり、債権調査期日においてなされる破産管財人の認否ならびに破産債権者および破産者の異議に基づいて行われる方式である（破116条2項）。なお、論理的には、調査期間方式と口頭方式、調査期日方式と書面方式の組合わせも考えられるが、これらはともに合理性はない。このような規定になった理由としては、大多数の事件において債権調査期日に出席する破産債権者は少数にとどまる上、他の破産債権者が届け出た破産債権に異議を述べることはほとんどなく、債権調査期日が形骸化しており、実際には、債権調査期日に備えて破産管財人が行う事前調査（先行調査）が、債権調査の中核をなしており、また稀に破

---

[17]　小川161頁。従来、裁判所書記官には、届け出られた債権についての実質的審査権はもとより形式的審査権もないと解されていたが、破産法115条3項が形式上の誤りに関して裁判所書記官に修正権限を与えた上に、破産債権の調査結果についての記載権限が裁判所から裁判所書記官に移譲されたこと（破124条2項・130条）を考慮すると、裁判所書記官は破産債権者表の記載に関する形式的審査権をもつと理解してよい（条解破産2版824頁）。

産債権者が異議を述べようとしても、債権調査期日に出席できないことがあるからであるといわれている[18]。このような規定に対しては、①債権者集会の直接的な情報収集機能・情報伝達機能は書面による意見聴取で完全に代替することはできないこと、②問題の多い事件では、債権者集会における債権者の意見により、破産会社の代表者の告訴の手続を急いだり、一部債権者の強い意見に対して多くの債権者が賛同していないことが判明して管財方針を検討したりすることもあり、債権者集会には重要な機能がありこと、③債権者の自己決定の仕組みを根付かせるためにも、債権者集会の効果は重要であること、④破産手続が透明性の高い手続として評価されることについて、債権者集会の存在が一役買っていること、⑤倒産手続への債権者の関与を活性化する必要があるわが国の実情、といった諸点から、原則として債権者集会を開催することとし、裁判所の裁量により、これを開かないで書面による意見聴取で代替することを例外的に認めることとするのも一つの方法であろう、とする見解も有力である[19]。

2）債権調査期間方式　①　一般調査期間における調査　　一般調査期間が定められたときは（破31条1項3号）、破産管財人は、債権届出期間内に届出のあった破産債権については、その額（不存在を含む）、優先・劣後の有無、および別除権の予定不足額についての認否を記載した認否書を作成しなければならない（破117条1項）。また、義務ではないが、届出期間経過後に届け出られたものや、他の債権者を害すべき届出事項の変更があったものに対する認否も記載することができる（同条2項）。管財人は、作成した認否書を一般調査期間前の裁判所が定める期限までに裁判所に提出しなければならない（同条3項）。認否を記載すべき事項で認否書に記載がないものは、破産管財人においてこれを認めたものとみなされる（同条4項）。なお、破産管財人は、いったん認めた破産債権についての事項を否認に変更することはできないが、いったん否認した破産債権についての事項を認める旨に変更することは許される[20]。その場合には、当該変更の内容を記載した書面を裁判所に提出すると共に、当該変更にかかる破産債権を有する破産債権者に対し、その旨を通知しなければならない（破規38条参照）。

これに対して、届出をした破産債権者は、一般調査期間内に、裁判所に対して、破産管財人による認否の対象となる破産債権（破117条2項）の届出事項（同条1項

---

[18]　小川162頁。

[19]　新実務体系（10）290頁〔園尾隆司〕。なお、東京地方裁判所破産再生部では、原則として債権調査期日方式によることとしており、債権調査期間方式を採用していないとされる（破産民再実務〔新版〕（中）142頁〔杉田薫〕、破産民再実務3版破産456頁）。

[20]　条解破産規97頁参照。

各号）について、書面によって異議を述べることができる（破118条1項）。この書面には、異議の内容および理由を記載しなければならない（破規39条1項前段）。なお、この異議は撤回することができる（破規39条3項）。なお、破産管財人が否認する場合には、理由の付記は要求されない。これは、管財人が職務の遂行に関して善管注意義務を負い（破85条）、また裁判所の監督に服している点（破75条）を考慮したものである[21]。

　破産者も、一般調査期間内に、裁判所に対して理由を付して（破規39条1項後段）書面で異議を述べることができるが、異議の対象は、破産債権の額に限られる（破118条2項）。ただし、破産者の異議は、破産債権の確定を妨げる効果を持たず（破124条1項）、破産手続終了後の破産債権者表の執行力の発生を妨げる効果を有するにすぎない（破221条2項・119条5項・121条4項）。なお、破産者も、所定の手続によって異議を撤回することはできる（破規39条3項）。

　② **特別調査期間における調査**　　特別調査期間における調査の対象となる破産債権には、(a) 債権届出期間経過後、一般調査期間の満了前または一般調査期日の終了前にその届出があり、または届出事項の変更があった破産債権（破119条1項）と、(b) 一般調査期間の経過後または一般調査期日の終了後に、その責めに帰することのできない事由によることを明らかにした届出または届出事項の変更が認められた破産債権とがある（同条2項・112条1項3項4項）。

　これらの債権の届出があった場合には、裁判所は、調査のために特別調査期間を定めなければならないが（破119条1項本文）、特別調査期間に関する費用は、当該破産債権者の負担となる（破119条3項）。もっとも、当該破産債権について、破産管財人が提出した認否書において認否の対象とされている場合、または一般債権調査期日において調査することにつき産管財人および破産債権者の異議がない場合には、あえて特別調査期間を定める必要はない（破119条1項但書）。裁判所書記官は、相当の期間を定め費用の予納を命じ（破120条1項）、予納がない場合には裁判所は、届出または変更の届出を却下する（同条5項）。却下に対しては即時抗告が認められる（同条6項）。その他、手続は基本的に一般調査期間のそれと一致する（破119条4項〜6項）。

　3）債権調査期日方式　　債権調査期日とは、管財人および債権者などの利害関係人が裁判所の面前に会合して、口頭で届出債権に対する認否や異議などの行為をなすべき期日をいう。旧法では、債権調査はこの方式しか規定されていなかったが、現行法では、債権調査期間における書面による調査を原則とし、裁判

---

[21]　伊藤3版611頁注47。

第6講　破産債権（その2）・財団債権・租税債権　　　*183*

所が必要があると認めるときには、期日を開いて口頭の陳述による調査を行うことも認めている（破116条1項2項）。債権調査期日には、一般調査期日と特別調査期日とがある。

① 一般調査期日における調査　　主として、届出期間内に届出のあった債権の調査をするために定められる期日であり、原則として、債権届出期間の末日から1週間以上2月以内の日に定められ（破規20条1項4号）、破産手続開始の決定と同時に指定・公告され、かつ知れたる債権者に通知される（破31条1項3号・32条1項3号・同条3項1号）。ただし、債権届出期間経過後、一般調査期日の終了前に届出があり、または届出事項の変更があった破産債権について、破産管財人が認否書において、それらの破産債権の届出事項の全部もしくは一部につき認否を記載していた場合（破117条2項3項参照）、または、一般調査期間ないし一般調査期日において調査をすることについて破産管財人および破産債権者の異議がない場合には、一般調査期間ないし一般調査期日において調査することができる（破122条1項但書）。

ここでは管財人は、債権届出期間内に届出のあった破産債権について、破産債権の額（不存在も含む）、優先・劣後の有無、別除権の予定不足額などの調査対象事項（破117条1項）に関する認否を行わなければならない（破121条1項）。破産管財人が出頭しなければ、期日における破産債権の調査を行うことはできない（破121条8項）。管財人がやむを得ない事情で出頭できない場合は、速やかに破産管財人代理を選任させてこれを許可し（破77条1項2項）、事前準備を行った上で破産管財人代理に期日における調査報告をさせるべきである。なぜなら破産手続開始の決定と同時に債権調査期日が指定・公告され、かつ知れたる債権者にはその旨を通知していることから、期日の変更は困難となるからである[22]。

届出をした破産債権者またはその代理人は、一般調査期日に出頭し、他の破産債権者の届出にかかる調査対象事項について異議を述べることができる（破121条2項・117条1項）。破産者およびその代理人は、期日に出頭し、必要な事項につき意見を述べなければならない（破121条3項4項5項）。この義務は、破産に関する説明義務（破40条）と同様、破産者の情報開示義務の一環とみられるから、破産者が正当な理由なくこの義務の履行を拒む場合には、裁判所は引致（破38条）を命じることができる[23]。

裁判所は、一般調査期日を変更したときは、変更の決定の裁判書を破産管財人、破産者および届出をした破産債権者（債権届出期間経過前は知れたる債権者）に送達

---

(22)　破産民再実務〔新版〕（中）144頁〔杉田薫〕。

(23)　伊藤3版613頁以下参照。

しなければならない（破 121 条 9 項）。一般調査期日における調査を延期または続行の決定をしたときは、裁判所は、その決定を当該期日に言い渡した場合を除いて、裁判書を破産管財人、破産者および破産債権者に送達しなければならない（同条 10 項）。この送達は、通常郵便または信書便で行うことができる（破 121 条 11 項・118 条 4 項）。

②　**特別調査期日における調査**　特別調査期日は、(a)債権届出期間経過後、一般調査期間の満了前または一般調査期日の終了前に届け出られ、または届出事項の変更があった破産債権（破 119 条 1 項本文）、および、(b)一般調査期間経過後または一般調査期日の終了後にその責めに帰することのできない事由によることを明らかにしてなされた届出または届出事項の変更が認められた（破 119 条 2 項・112 条 1 項 3 項 4 項）破産債権につき、裁判所が必要であると認めるときに開かれる期日である（破 122 条 1 項本文）。ただし、(a)の債権は、失権効（破 112 条）に関する規定の適用対象とならず、当然に調査の対象となるので、裁判所は、特別調査期日を定めなければならない。それに対して、(b)の債権は、その責めに帰することができない事由により届出ができなかった場合にのみ定められる。なお、いずれの場合にあっても、当該破産債権について、破産管財人が一般調査期間に提出される認否書（破 117 条 3 項）において調査対象事項の全部もしくは一部についての認否を記載している場合、または、一般調査期日において調査をすることについて破産管財人および破産債権者の異議がない場合には、一般調査期日において調査がなされるから、特別期日は開かれない（破 122 条 1 項但書）。その他、特別調査期日の費用は当該破産債権者の負担とされ（破 122 条 2 項・119 条 3 項）、期日の変更手続や費用の予納についても特別調査期間の規定が準用される（破 122 条 2 項・119 条 6 項・120 条）。また、調査の方法については、一般調査期日の規定が準用されている（破 122 条 2 項・121 条〔7 項 9 項は除く〕）。

　ところで、債権調査手続における破産管財人の認否については、届け出られた債権について認めない理由を述べることを義務づけられておらず、また理由を述べたとしても、後の債権確定手続においてそれには拘束されない。これに対して、管財人によって認めないとされた届出債権者は、債権の確定を求める場合には、債務名義をもっていない限り、破産管財人を相手方として破産債権査定申立てをしなければならない（破 125 条 1 項本文）。よって、破産管財人としては、真に届出債権について疑いをもった場合だけでなく、届出破産債権者が債権調査に非協力的な態度をとり証拠書類などを提出しない場合や、破産手続開始前に商品の自力回収行為をなしその返還義務を履行しない場合等に、それらに対する制裁として届出債権に対して認めない旨を述べることがある。これは、旧法時代以来「戦略

的異議」と呼ばれ、その適否については議論があった。これについては、届出債権に対する否認の権限の行使を通じて破産債権者間の実質的衡平を図るため、あるいは破産債権者の協力を確保するための手段として正当なものとして評価する見解が有力である[24]。

（6）　調査による債権の確定

債権調査による債権の確定のしかたは、下記のような場合によって、それぞれ異なる。

1）　調査期間または調査期日において破産管財人が認め、かつ、届出をした　債権者も異議を述べなかった場合　　この場合には、届出債権はその存否、額、優先権および劣後的債権の区分は届出のとおり確定する（破124条1項）。なお、当該債権が調査の対象とされている債権調査期日において異議を述べるか、異議を留保することなく当該債権調査期日が終了した場合には、他の届出債権の調査のために債権調査期日が続行されることがあっても、既に調査を終了した債権について異議を述べることはできない[25]。債権調査の結果は破産債権者表に記載される（同条2項）が、確定した債権についての債権表の記載は、破産債権者の全員（期日に出頭した債権者のほか、期日に出頭しなかったり期日後に届出をした債権者、届出をしなかった債権者を含む）に対して確定判決と同一の効力を有する（同条3項）。この効力は多様な側面を有する[26]。まず第1に、債権表の記載には確定判決と同一の効力が与えられる。すなわち、①優先権を主張しないまま確定した破産債権については後日優先権を主張することはできない。②後に確定した破産債権の不存在を主張して、他の債権者が、配当金の不当利得返還請求訴訟を提起することは許されない。③破産管財人が異議を述べなかったため確定した破産債権について後に否認権を行使することはできない。したがって、否認しようと思うときには事前に異議を述べておかなければならない、といった効力がこれである[27]。第2には、このような効力は、破産債権者表に記載された時点で生じる。したがっ

---

[24]　棚瀬孝夫=伊藤眞『企業倒産の法理と運用』79頁、増山宏「債権調査期日」裁判実務体系（6）398頁、403頁、釜田佳孝「新破産法下における破産管財人の異議とその撤回について」最新倒産法・会社法をめぐる実務上の諸問題〔今中利昭先生古希記念〕（民事法研究会・2005年）374頁以下、注釈（上）763頁〔宮本圭子〕、伊藤3版616頁等。なお、証拠書類などを提出しない場合に限るべきであるとするものとして、制限的な運用を主張するものとして、司法研修所編『破産事件の処理に対する実務上の諸問題』208頁、基本コンメン274頁〔栗田隆〕がある。

[25]　福岡高決平8・6・25判タ号頁〔百選5版A9事件〕。

[26]　これに関しては、条解破産2版875頁以下参照のこと。

[27]　これらにつき、山木戸245頁以下、谷口297頁、霜島458頁、基本コンメン276頁〔栗田隆〕、条解会更（中）707頁等参照。

て、ある債権が異議なく確定した場合、その後、他の債権が届け出られても、既に確定している債権について調査期日を開くことは認められない[28]。第3に、この効力は、破産債権者全員に対して及ぶ。すなわち、確定した破産債権については、届出をした破産債権者はもとより、届出をしなかった破産債権者をも拘束するということを意味する。なお、明文規定はないが、破産管財人に対しても当然にその効力は及ぶと解される。このような、訴訟のような裁判所の公権的判断を経ないで関係者の意思に基づいて大量の破産債権を画一的に確定する方式を、破産式確定という。

　しかし、このような破産式確定が、裁判所の公的判断を経ることなく、利害関係人の意思に基づいてなされるため、ここにいう「確定判決と同一の効力」が既判力を意味するか否かについては争いがある。第1は、既判力であると解する立場であり通説である[29]。第2は既判力否定説である[30]。第3は、ここでいう確定力とは、当該破産手続内において、あるいは破産手続との関係において、確定されたところと矛盾する主張を遮断する作用があるに過ぎないとして、これを既判力と呼ぶかどうかは、言葉の問題であるとする見解である[31]。思うに、手続への信頼性を高める上からも、また、既にみたように、破産債権確定の効力はかならずしも破産手続内にのみとどまるものではないことからみて、既判力を肯定すべきであろう。

　2）調査期間または調査期日において破産者が異議を述べた場合　この場合、破産者の異議は債権表に記載されるが（破124条2項）、それは、破産手続上の債権の確定には影響がない（破124条1項）。しかし、異議を述べないと、破産債権者表の記載が破産者に対して確定判決と同一の効力をもつことになる（破221条1項前段）。したがって、破産債権の存在および内容が届出債権者と債務者との間で既判力をもって確定され、また、破産債権者表には債務名義としての効力が与えられる（民執22条7号）のを阻止する（破221条2項・121条4項）ためにも、異議を述べておくことは意味がある。

　3）調査期間または調査期日において管財人がある破産債権を認めず，届出をした債権者が異議を述べた場合　**①　破産債権確定の方式**　この場合、旧法では、債権者と異議者との間で破産債権確定訴訟を行って破産債権の確定を図っていた（旧破244条以下）。しかし、これは常に破産手続とは別個の訴訟手続（判

---

[28]　条解会更（中）706頁、注解破産3版（下）516頁〔中西正〕。

[29]　中田215頁、山木戸246頁、伊藤3版617頁。

[30]　宗田293頁。

[31]　谷口298頁、霜島459頁、基本コンメン276頁〔栗田隆〕、条解会更（中）701頁。

第6講　破産債権（その2）・財団債権・租税債権　　*187*

決手続）により破産債権を確定する方式であり、時間と費用を要し、破産手続の迅速な進行を妨げるとの批判があった。そこで、民事再生手続や会社更生手続において決定手続による迅速な確定方式が導入されていた（民再105条以下、会更151条以下）のを参考にして、現行法では、破産債権査定決定手続が導入されるとともに、そこで解決がつかない場合を想定して、査定決定に対する異議の訴えの制度も合わせて導入された。すなわち、現行法上、争いある破産債権の確定は、以下のように、二段階からなる確定方式によって行われる。

　まず第1段階として、破産管財人が認めず、または届出をした破産債権者が異議を述べた場合は、当該破産債権（異議等のある破産債権）を有する破産債権者（届出債権に債務名義または終局判決がない場合）、または異議等を述べた者（届出債権に執行力ある債務名義または終局判決がある場合）は、その額等の確定のために、当該破産管財人および当該異議を述べた届出破産債権者（異議者等）の全員、または異議等を述べた者は当該届出をした破産債権者を相手方として、破産裁判所に、その額等についての査定の申立て（破産債権査定申立て）をすることができる（破125条1項）。次に第2段階として、この破産債権査定申立てについての決定に対して不服がある者は、さらに異議の訴えを提起することにより（破126条）、最終的には、訴訟手続（判決手続）によって破産債権の確定を図ることができる。これにより、査定という決定による裁判により、破産債権の確定手続を迅速に進めることができる一方で、それに対して不服があるときには、異議の訴えという訴訟手続による慎重な手続によって、破産債権の確定が保障されることになる。以下、具体的にみてみよう。

　② **破産債権査定申立て**　ａ．申立て　　調査期間または調査期日において、破産債権の額または優先的破産債権、劣後的破産債権もしくは約定劣後破産債権であるかどうかの別について、管財人が認めず、または届出をした債権者が異議を述べた場合には、当該破産債権を有する者は、当該破産管財人および当該異議を述べた届出債権者の全員を相手方として、裁判所に、その額等についての査定の申立てをすることができる（破125条1項本文）。なお、手続の迅速化を図るために、この申立ては、一般調査期間もしくは特別調査期間の末日または一般調査期日もしくは特別調査期日から1月の不変期間内になされなければならない（破125条2項）。

　査定申立ては、破産規則1条および2条が破産債権の査定申立てを含む破産手続における申立て一般の方式を定めるものであるから、これらの規定によりなすべきことになる[32]。

　すなわち、破産債権の査定申立ては書面でしなければならず（破規1条）、それ

には必要的記載事項として、(a) 当事者の氏名または名称および住所並びに法定
代理人の氏名および住所（破規2条1項1号・12条、民訴規18条）、(b) 申立ての趣旨
（破規2条1項2号）を、また、訓示的記載事項として[33]、(a) 申立てを理由づける具
体的な事実（破規2条2項1号）、(b) 立証を要する事実ごとの証拠（破規2条2項2
号）、(c) 申立人または代理人の郵便番号および電話番号（ファクシミリの番号を含
む）（破規2条2項3号）を記載する。

その他、申立書には証拠書類の写しを添付し（破規2条3項）、申立書と証拠書類
の写しを相手方に送付しなければならない。

なお、異議等のある破産債権に関して、破産手続開始当時訴訟が係属する場合
には、その訴訟の受継申立てによって確定が図られるし（破127条1項）、また、執
行力ある債務名義のある破産債権が異議等の対象となっているときは、そのため
の特別の手続が設けられているので（破129条1項2項）、査定の申立てはすること
ができない（破125条1項但書）。

また、自ら異議を述べなかった破産債権者が、決定手続たる査定手続に補助参
加をすることができるか、という問題がある。これにつき現行法上明文の規定は
ないが、簡易・迅速を旨とする決定手続においては手続が複雑化することは好ま
しくなく、また、査定決定に対する異議訴訟の中で補助参加することも可能であ
ると考えるので、ここでの補助参加は否定すべきであろう[34]。

b. 異議等の申立ての責任　　査定の申立てに当たっては、異議等のある債権
が債務名義を備えているか否かによって、申立責任の所在が異なっている。すな
わち、異議等があった破産債権が無名義債権であるときは、異議等のあった破産
債権を有する破産債権者に申立責任があり、当該破産債権者が、当該破産債権を
認めなかった破産管財人および当該異議を述べた届出破産債権者の全員を相手方
として、破産債権査定申立てをしなければならない（破125条1項本文）。この場合
は、破産法126条4項の場合と同様に合一確定の必要があるからである。

これに対し、異議等のある破産債権に関し執行力ある債務名義または終局判決
のあるものについては、申立責任が転換されている。すなわち、有名義債権であ
る場合には、その存在、額等につき高度の蓋然性が担保されていると考えられる

---

(32)　大コンメン522頁〔橋本都月〕。

(33)　条解破産規9頁によれば、破産規2条2項は、「記載するものとする」との表現で訓示
　　　的記載事項である旨を明らかにしたものである。

(34)　これに対して、条解破産2版887頁は、破産債権査定申立ては、旧法における債権確
　　　定訴訟を引き継ぐものであり、補助参加に関する規定の準用を否定する理由はないが、
　　　債権調査手続で異議を述べなかった以上、異議権を失うから、訴訟の結果について利害
　　　関係を有するものとはいえないとして、補助参加を否定する。

から、当該届出債権につき異議等を述べた者が異議の申立てをしなければならない。しかも、異議者等は、破産者のすることのできる「訴訟手続」によってのみ異議を主張することができる（破125条1項但書・129条1項）。

　c. 執行力ある債務名義または終局判決のある破産債権　　ここにいう執行力ある債務名義があるものとは、執行文の付与された債務名義（民執22条・25条本文）および執行文なしでこれと同一の効力を有するもの（民執25条但書、民訴189条・303条5項等）をいうが、破産手続開始当時に執行文が付与されていることは必要とされない。また、民事執行法以外の法律によって債務名義とされるものもある[35]。

　終局判決のあるものとは、ある審級の訴訟手続を終結させる効果をもつ判決をいい、届出債権の存在を認める内容のものであることを要するが、確認判決であると給付判決であるとを問わないし、またそれが確定しているか否かも問わない。また全部判決だけでなく一部判決も含むが、中間判決は含まれない[36]。なお、和解調書や認諾調書または放棄調書（民訴267条）、調停調書（民調16条）、仲裁判断（仲裁45条1項）等については、「確定判決と同一の効力」という形式的文言を根拠として、終局判決と同視すべきであるとする見解[37]と、旧法下の債権確定訴訟で起訴責任の転換が認められたのは、裁判所の判断を介した高度の推定力によるものであり、和解調書や認諾調書には必ずしも同様の権利推定力があるとはいい難く、これらを終局判決と同視することは相当ではないとする見解[38]が対立している。終局判決といっても被告が請求原因を全面的に自白し、かつ抗弁も提出しなかったときのように、裁判所の判断を介したとはいえないような場合があることを考えれば、終局判決と同視できると解してよいであろう[39]。外国判決についても、執行判決（民執24条）を必要とするか否かで見解が分かれるが、外国裁判所の確定判決は、その効力がわが国において自動的に承認されるものであるから、承認要件を満たすものは終局判決として扱われるべきであり、執行判決を求めるべきではないとする見解[40]が多数説である。

---

[35]　要するに、各種手続法規において「執行力のある債務名義と同一の効力を有する」と規定されている文書である（中野貞一郎『民事執行法〔増補新訂第6版〕』（青林書院・2010年）189頁参照）。なお、条解破産2版909頁も参照。

[36]　山木戸250頁、条解破産2版910頁。

[37]　伊藤3版628頁注84、条解破産2版911頁、注解破産（下）546頁〔林〕。

[38]　谷口301頁、大コンメン539頁〔橋本都月〕。

[39]　山木戸250頁、条解破産2版911頁。

[40]　谷口301頁、伊藤3版628頁。反対、基本コンメン285頁〔栗田隆〕、条解会更（中）784頁。

d. 破産者自身がすることのできる訴訟手続　破産者のすることのできる訴訟手続とは、破産手続開始がなかったとしたら、破産者自身がすることのできる訴訟手続を意味する。

まず、確定判決に対する手続としては、再審の訴え（民訴338条）、判決の更正の申立て（民訴257条）が可能であり、口頭弁論終結後の事情がある場合には消極的確認訴訟も可能である。それに対し、請求異議の訴え（民執35条）が可能か否かについては争いがあり、通説[41]は肯定するが、請求異議の訴えは債務名義の執行力の排除を目的とするものであり、債権の確定と執行力とは無関係であり、債権の確定のためには消極的確認の訴えの方が直接的であることを理由に否定する見解も有力である[42]。

未確定の終局判決（仮執行宣言付給付判決も含む）に対する手続としては、当該訴訟手続を受継して（破129条3項）、上訴の提起や手形判決に対する異議の申立てをしたり（民訴357条）、仮執行宣言付支払督促に対する督促異議の申立て（民訴393条）をすることなどが考えられる。

確定した支払督促は、確定判決に準じた扱いを受ける。仮執行宣言付支払督促は、督促手続を受継した上で、または同時に異議の申立てを行うべきである（民訴393条）[43]。

執行証書には既判力がないので、債務自体の当初からの不存在を主張して債務不存在確認の訴えを提起することができる。なお、請求異議の訴えが可能か否かについては確定判決と同様の問題があるが、執行証書の場合は、上訴・異議の手段がなく、再審規定の準用または類推の可否についても問題がある。その点で、請求異議の訴えは執行証書に関し準再審の機能を果たしている側面があり、このことを考慮するならば、執行証書に対して請求異議の訴えを提起することも認めるべきである[44]。また、執行証書は、執行文の付与を得て執行力ある債務名義となることから、異議者等は執行文付与を争う手続（執行文付与に関する異議〔民執32条〕や執行文付与に対する異議の訴え〔民執34条〕）をもって異議の主張ができるか否かが問題とされており、見解が対立している[45]。

---

[41]　中田224頁、山木戸251頁、谷口301頁、加藤6版171頁、注釈（上）839頁〔阿多博文〕、条解会更（中）789頁。

[42]　基本法コンメン286頁〔栗田隆〕、伊藤3版629頁注87。

[43]　条解破産2版913頁。

[44]　中野貞一郎・民事執行法233頁、条解破産2版913頁、注釈（上）839頁〔阿多博文〕。

[45]　肯定説として、大コンメン539頁〔橋本都月〕、注解2版1019頁〔住吉博〕がある。それに対して、否定説（条解破産2版913頁、注釈（上）839頁〔阿多博文〕、条解会更（中）790頁）は、執行文付与の手続だけ争って勝訴しても、無名義債権となるだけであ

和解調書や請求の放棄・認諾調書については、計算違い、誤記、その他これに
類する明白な誤りがあれば、判決（民訴257条）に準じて更正決定を求めることが
できるが、これらの調書の瑕疵を主張する場合には、新期日申立説、別訴提起説、
請求異議の訴え説等が対立している[46]。

　e. 破産管財人が異議者である場合の例外　　異議者が破産債権者である場合
には、破産者がなしうる手続しかとることができないが、破産管財人が異議者で
ある場合には、破産管財人としての独自の権能である否認権の行使は禁じられな
い。したがって、破産管財人は、否認の要件に該当する限り、当該債務名義に対
して否認訴訟を提起して異議を主張することができるし、破産者を被告とする訴
訟が係属しているとするならば、これを受継して否認の抗弁を主張することがで
きる[47]。

　③　**破産債権に関する訴訟手続の受継**　　異議等のある破産債権に関し破産手
続の開始当時訴訟が係属していた場合には、当該破産債権者がその額等の確定を
求めようとするときは、この破産債権査定申立てによることなく、異議者等の全
員を相手方として、訴訟手続の受継の申立てをしなければならない（破125条1項
但書・127条1項）。それに対して、異議等のある破産債権に関し執行力ある債務名
義または終局判決のあるものについては、破産手続の開始当時訴訟が係属する場
合には、当該異議者等は、当該破産債権を有する破産債権者を相手方とする訴訟
手続を受継しなければならない（破125条1項但書・129条2項）。これは、新たに破
産債権査定の手続によって債権を確定するよりは、係属していた従前の訴訟状態
を利用することがより適切であると考えられるからである。ただし、前者の場合
と後者の場合とでは起訴責任が転換されていることに注意しなければならない。
なお、後者の場合、債権者がその有利な立場を放棄することは自由であるから、
債権者からの受継申立ても適法である[48]。これらの受継申立ては、査定申立ての
場合と同様に、一般調査期間の末日から1か月の不変期間にしなければならない
（破127条2項）。

　ただし、続行される手続は、破産債権確定手続としての性質をもつので、場合
によっては、請求の趣旨を変更する必要が生じる。たとえば、受継される訴訟が

　るし、無名義債権について破産債権査定を申し立てるには1か月の期間制限があり（破
　125条2項）、執行文付与が取り消された後に査定申立てを行うのは実際上むずかしく、
　この場合だけ出訴期間の始期を繰り下げるのは解釈上困難であるとする。

[46]　高橋宏志『重点講義民事訴訟法〔上〕第2版補訂版』（有斐閣・2013年）781頁以下参
　照。
[47]　条解破産2版913頁。
[48]　条解破産2版914頁。

給付訴訟であり、異議等の対象が破産債権の額であれば、それについての確認請求に、異議等の対象が当該破産債権にかかる優先権であれば、請求の趣旨を優先的破産債権であることの確認請求に変更しなければならない[49]。

④ **破産債権査定決定**　破産債権査定申立てがあった場合、裁判所は、これを不適法として却下する場合を除き、決定で、異議等のある破産債権の存否および額等を査定する裁判（破産債権査定決定）をしなければならない（破125条3項）。この場合には、裁判所は、当該破産債権を認めなかった破産管財人および当該異議を述べた破産債権者全員を審尋しなければならない（破125条4項）[50]。なお、査定の結果、債権の存在が認められないことが明らかになった場合、査定申立てを棄却するのではなく、破産債権が存在しない旨の査定決定を行う。この場合、「申立人の届け出た破産債権者表届出番号○○番の破産債権の額を零円と査定する」という形式によることが一般的であるといわれる[51]。査定の裁判には必ずしも理由を付さなければならないわけではないが、理由を付するのが相当であるし、実務上もその認定の根拠、法律判断等が簡潔に記載されている[52]。破産債権査定申立てについての決定は、債権者の実体的権利関係を確定するものであるから、決定手続ではあるが、判決に準じて、その裁判書を当事者に送達しなければならないものとされており、しかも、公告によって送達に代えることはできない（破125条5項。民訴119条参照）。

⑤ **破産債権査定申立てについての決定に対する異議の訴え**　a.　意義と法的性質　争いある破産債権の確定は原則として、破産債権査定申立手続によって行う（破125条1項本文）。しかし、破産債権の確定は、その基礎である実体権そのものの存否に関わるところから、これを決定による簡易迅速な査定決定という手続によるだけでは手続保障という観点からは不十分である。よって、この決定に不服がある場合には、破産債権査定決定に対する異議の訴えという判決手続によって判断することとした（破126条1項）。よって、査定決定に対して即時抗告を申し立てることはできない。

---

(49)　伊藤3版625頁。なお、訴えの変更が許されるのは原則として事実審の口頭弁論終結時までであるが、上告審係属中に給付訴訟が破産手続開始によって中断し、破産管財人によって受継がなされた場合につき、最判昭61・4・11民集40巻3号558頁〔百選5版71事件〕は、当該給付の訴えを破産債権確定の訴えに変更することができるとした。

(50)　ここでいう査定決定には、申立てを不適法却下する場合は含まれないから（破125条3項）、却下の裁判の場合には異議者等を審尋する必要はない。

(51)　大コンメン524頁〔橋本都月〕、条解破産2版887頁、注釈（上）812頁〔増市徹〕、破産民再実務〔新版〕（中）167頁〔大野祐輔〕、破産民再実務3破産472頁。

(52)　条解破産2版887頁。

第6講　破産債権（その2）・財団債権・租税債権　　　193

通説[53]によれば、この訴えの訴訟物は、破産債権査定申立てについての決定に対する異議権であり、訴訟上の性質は査定決定の効果を認可し、または変更するための形成の訴えであると解している。

b. 出訴期間　破産債権査定決定に対する異議の訴えは、査定決定の送達を受けた日から1月の不変期間内に、提起しなければならない（破126条1項）。この期間内に異議の訴えが提起されないときは、査定の裁判の内容が破産債権者表に記載され、破産債権者全員に対して、確定判決と同一の効力を有する。また、この期間内に異議の訴えが提起されても、それが却下されたときも同様である（破130条かっこ書・131条2項）。

破産債権査定申立ての制度がなかった旧法では、無名義の破産債権者は、最後配当の除斥期間までに破産債権確定訴訟を提起したことを証明すれば、その配当額は寄託され（旧破271条1号）、あるいは供託されることになっていた（旧破280条1号）。また、異議を述べられた者が有名義の破産債権者である場合、異議者が、配当金の支払いがされるときまでに債権確定訴訟を提起したことを証明すれば、やはり配当金は寄託され（旧破271条1号）または供託されることになっていた（旧破280条1号）。そのため、訴訟の結果如何によっては、追加配当を行う必要が生じたり、異議のあった破産債権の額が高額である場合には最後配当の手続を事実上止めざるを得ないといった事情から、破産手続の迅速な進行が妨げられているとの指摘があった[54]。このような理由から、現行法では、破産債権査定異議の訴えの出訴期間を定めることで、配当の段階では破産債権のおおよその確定が図られることが期待されている。

c. 手 数 料　提訴手数料算定の基礎となる訴額は、配当の予定額を標準として、受訴裁判所が定める（破規45条）。訴訟の目的の価額を配当の予定額としたのは、権利の名目額ではなく、その実際の額によらせる趣旨である。また、訴訟目的の価額を受訴裁判所が定めるとしたのは、破産債権の確定に関する訴えが提起される段階では、配当の予定額が未だ定まっていないことも多いことから、訴訟の目的の価額は、実務上は機械的に算定されており、逐一破産裁判所にその算定をさせることは実益がないと考えられるためである[55]。民事再生規則46条、会社更生規則47条も同種趣旨の規定である。

---

[53]　伊藤3版622頁、中島173頁。これに対しては、確認訴訟説も有力に唱えられている（宗田300頁、北澤純一「破産債権査定異議の訴えに関する覚書（上）」判タ1289号44頁等）。

[54]　法務省『破産法等の見直しに関する中間試案補足説明』75頁。

[55]　条解破産規111頁参照。

d．管轄と移送　　破産債権査定異議の訴えは、破産裁判所（ここでいう破産裁判所とは、破産事件が係属している裁判体を含む官署としての地方裁判所を意味する）が専属管轄権を有する（破126条2項・6条）。なお、大規模事件についての管轄裁判所に査定異議の訴えが提起された場合には、これらは専属管轄ではあるが（破6条）、著しい損害を避けるため必要があるときは、移送が認められる（破126条3項）。なお、既に本来の管轄権を有する裁判所から大規模破産事件の特例に基づく裁判所に事件が移送された場合（破7条4号ロまたはハのみにより移送された場合）であっても、この移送は可能である（破126条3項かっこ書）。債権者が多数である大規模破産事件については、債権者の数に応じて高等裁判所所在地の地方裁判所、東京地方裁判所、または大阪地方裁判所にも競合管轄権が認められた。しかし、この競合管轄権によって、本来の管轄裁判所と異なる裁判所に破産事件が係属した場合、債権者らの住所地ないし営業所の所在地と破産裁判所が地理的に著しく離れてしまうような事態も生じうることから、地方の債権者等のうち、比較的少額の破産債権を有する者が不利益を受ける可能性がある。そのため、債権者の手続参加を容易にして破産債権者者間の実質的公平を図り、かつ、破産手続の迅速化を図るために設けられたのがこの制度である。

e．当　事　者　　査定異議の訴えは、異議等のあった破産債権を有する破産債権者が原告であるときは、異議者全員を被告としなければならない（破126条4項）。これに対し、異議者等が原告である場合（破129条1項）には、異議等のあった破産債権を有する者を被告としなければならない（破126条4項）。

旧法では、異議者が原告となって破産債権確定訴訟を提起する場合、その文理（旧破248条2項・244条2項）からは、複数の異議者が「共同原告」として破産債権確定訴訟の手続を追行すると理解でき、そこで、伝統的な通説は、複数の異議者等は共同原告となり、その関係は固有必要的共同訴訟であると解されていた。しかしこれでは、一部の異議者が足並みをそろえない場合には提訴ができず不都合であった。そこで、有力説は、各異議者は独立して原告適格を有し各自単独で訴訟を開始できるが、すでに1人の異議者が訴えを提起した後は、合一確定の必要から、他の異議者はそれに共同訴訟参加をすべきであり、別訴の提起はできず、参加後の訴訟は合一確定訴訟の意味になると解していた。

これに対して現行法では、各異議者は、異議等のある破産債権を有する者を被告として各自訴えを提起すれば足りるとされたが、破産債権査定異議の訴えについてした判決は、破産債権者の全員に対して対世的効果を有するため（破131条1項）、合一確定の必要が生じ、類似必要的共同訴訟の関係になる。そこで、同一の破産債権に関し複数の破産債権査定異議の訴えが同時に係属することになった場

合、弁論および裁判は併合しなければならないこととされている（破126条6項前段）。しかも、審理手続については、必要的共同訴訟における規定（民訴40条1項〜3項）が準用されており（破126条6項後段）、判決の合一確定と共に訴訟の進行の統一も図られている。

　f．補助参加の可否　　債権調査において異議を述べなかった債権者が破産債権査定異議訴訟の被告側に補助参加することができるか否かについては見解が対立している。多数説および下級審裁判例は、債権確定手続の結果が破産債権者全員に及び（破131条）、債権調査で異議を述べなかった破産債権者の配当額も直接影響することから、補助参加を肯定している[56]。これに対し、異議を述べなかった以上、破産債権者は異議権を失い訴訟の結果に法律上の利害関係を有する者とはいえないとして、これを否定する見解も有力である[57]。

　g．口頭弁論の開始時期　　査定異議の訴えが期間内に（破126条1項）提起された場合には、査定決定の送達から1ヶ月が経過した後でなければ口頭弁論を開始することができないものとされている（破126条5項）。これは、異議者等が複数いる場合には、異議者等は格別に訴えを提起することができるので、破産債権査定異議の訴えの出訴期間が経過するまでは、新たな異議の訴えが提起される可能性がある。そこで、このような可能性がある間は、口頭弁論は開始されないものとして、複数の異議の訴えが提起された場合には、それらを併合して一体として審理・判断する余地を確保するためである（破126条6項参照）。

　h．判　決　　破産債権査定異議の訴えについての判決において訴えが不適法として却下された場合には、破産債権査定申立てについての決定が確定判決と同一の効力を有することとなる（破131条2項）。この場合、査定決定どおりの内容（債権の存在または不存在）で届出債権が確定するため、特に問題は生じない。これに対し、査定申立てを不適法却下する内容の査定決定について異議の訴えが提起され、異議の訴えも不適法却下された場合（たとえば、査定申立てと異議の訴えの双方について申立期間および出訴期間をそれぞれ徒過したような場合）は、査定決定が直接債権の額および存否を確定する内容でないことから、届出債権が確定するのか否かにつき問題があるが、この場合には、届出債権が確定することはなく、単に査定申立てがなされなかったのと同一の状態に戻ると解すべきである[58]。

---

(56)　大コンメン527頁〔橋本都月〕、基本法コンメン281頁〔栗田隆〕、注釈（上）817頁〔服部敬〕、注解3版529頁（下）〔中島弘雅〕、山木戸252頁、谷口299頁、中島175頁、名古屋高決昭45・2・13高民23巻1号14頁〔百選初版59事件〕。

(57)　伊藤3版623頁注70、新基本コンメン283頁、285頁〔越山和広〕、条解会更（中）740頁。

そのような場合を除き、裁判所は、破産債権査定申立てについての決定を認可し、または変更する（破126条7項）。すなわち、査定異議の訴えは、破産債権査定申立てについての決定に対する不服申立てであるから、異議者等の異議の訴えを棄却する判断は、原審である決定を認可する形式をとる。これにより、異議等のあった破産債権の存否、額などの内容が査定決定の通りに確定する。この場合、①破産債権の存在および額等を認定した査定決定を認可する判決、②破産債権の不存在を認定した査定決定を認可する判決、③査定申立てを不適法却下する決定を認可する判決の3種類が考えられる。これらのうち、①と②については基礎となる査定決定の内容どおりに届出債権が確定する（破131条1項）が、③の場合には、上述のように、届出債権が確定することはなく、単に査定申立てがなされなかったのと同一の状態に戻ると解することになる。

　これに対し、破産債権査定申立てについての決定を変更する場合とは、①破産債権の存在および額等を認定した査定決定につき、その額等について一部変更し、あるいは破産債権が存在しない旨を認定する判決、②破産債権の不存在を認定した査定決定を変更し、存在および額等を新たに認定する判決、③査定申立てを不適法却下する査定決定を変更し、新たに破産債権の存在および額等を認定し、あるいは不存在を認定する判決、④破産債権の存在および額等について実体的な判断をした査定決定を変更し、査定申立てが不適法であるとして却下する判決の4種類が考えられるが、①〜③の場合には判決の内容どおりに債権が確定する（破131条）が、④の場合は、実体的権利についての判断がなされないことになるから、上述のように、査定申立てがなされなかったのと同一の状態に戻る。

　i．異議訴訟の結果の債権者表への記載　　異議等のあった破産債権についても、破産債権の確定に関する訴訟の結果を、裁判所書記官は、破産債権者表に記載しなければならない（破130条）。この記載自体は、異議等がなかった場合とは異なり、破産債権者の全員に対して確定判決と同一の効力を有するものではなく、破産債権確定に関する訴訟についての判決が破産債権者の全員に対してその効力を有することになる（破131条1項）。

　破産債権査定異議の訴えが所定の期間内に提起されなかったとき、または、かかる訴えが却下されたときは、その訴えの前提である破産債権査定申立てについての決定は、破産債権者の全員に対して確定判決と同一の効力を有する（破131条2項）。

　j．破産債権査定手続等における主張の制限　　破産債権査定手続（破125条）、

---

(58)　大コンメン528頁〔橋本都月〕。

第6講　破産債権（その2）・財団債権・租税債権　　*197*

査定異議の訴え（破126条）、受継にかかる訴訟手続（破127条）においては、破産債権者は、異議等のある破産債権については、①破産債権の額、②優先的破産債権であること、③劣後的破産債権または約定劣後破産債権であること（破111条1項1号～3号）について、破産債権者表に記載されている事項のみを主張することができる（破128条）。これら以外の事項を、異議等のある破産債権を有する者と異議者等との間で確定することになると、他の利害関係人から異議を述べる機会を奪うことになるからである[59]。

　もっとも、法律上の性質は異にしても、発生原因事実からみて、同一の債権と評価される場合であれば、破産債権者表に記載された届出事項と異なる主張をすることも許される[60]。たとえば、売買代金債権として届け出たものを請負代金債権へと変更するような場合[61]である。

（7）　租税等および罰金等の請求権についての特則

　租税や罰金等の請求権も、破産債権である限りは（破98条1項・99条1項1号・97条3号～6号）、破産債権者表に記載され、配当の対象になるが、その公法的性質および請求権の確定についての特別の手続が設けられていることを重視して、通常の調査および確定手続に服さず、破産管財人による認否（破117条・121条1項）や破産債権者による異議（破118条1項・121条2項）の対象とはされていない（破134条1項）。

　租税債権や社会保険料等の債権については、いずれも不服申立前置主義がとられているので、まず異議申立てや審査請求その他の不服申立てを行い、その後に行政事件訴訟法の定める取消訴訟や無効確認訴訟を提起すべきこととなる（破134条2項）[62]。破産手続開始当時、租税等の請求権または追徴金または科料の請求権に関して既に訴訟が係属していた場合には、異議を主張しようとする破産管財人は当該破産債権者を相手方として当該訴訟を受継しなければならない（同条3項4項）。以上に関しては、本書第6章5も参照のこと。

---

(59)　加藤6版176頁。
(60)　通説である。なお、伊藤3版626頁参照。
(61)　大判昭11・10・16民集15巻1825頁参照。
(62)　大コンメン549頁〔橋本都月〕参照。

198　　　　　第5章　破産債権

第6章 財団債権

1 財団債権の意義と財団債権の債務者

（1） 意　義

　財団債権とは、破産債権に優先し、かつ、破産手続によらずに破産財団から随時に弁済を受けることができる債権をいう（破2条7項8項・151条）。本来的には、財団債権となるのは、破産手続開始決定手続の費用や破産財団の管理・換価の費用など、破産手続開始後に生じた、手続を遂行していく上で必要となる費用等の債権である（破148条1項1号・2号）。これらは、共益的な費用として、破産財団から全額をかつ優先的に弁済するのが妥当だからである。しかし、そのほかにも、ある者の損失ないし負担において破産財団が利益を得ることが公平に反すると考えられる場合に認められる債権（破148条1項4号〜8号）、また、租税債権や使用人の給料債権のように、破産手続開始前の原因に基づいて生じた債権ではあるが、特別な政策的考慮によって財団債権とされているものもある（破148条1項3号）。なお、破産法148条1項各号に掲げられているものを一般の財団債権、それ以外で財団債権とされているものを特別の財団債権と呼ぶのが一般的である。

（2）　財団債権の債務者

　かつての通説（破産財団法人説）は、破産財団の法主体性を認め、破産管財人をこの財団法人の代表者と位置づけていた。これによれば、財産が破産財団法人に属するのであるから、その管理・換価や共益的な手続上の費用を本体とする財団債権の債務者も破産財団そのものであるとされていた。したがって、財団債権は、破産財団を限度とする有限責任となり、破産手続において完済されずに残る場合でも、破産者自身は原則として責任を負わないが、本来破産債権たる性質を有する債権をとくに優遇して財団債権としたものについては、破産手続終結後における破産者の責任を認めてよいと解していた[63]。管理機構人格説によれば、管理機構たる破産管財人が財団債権の債務者であると説明することになろう。したがって、たとえば管財人の報酬債権（破148条1項2号）については、個人としての破産管財人が債権者であり、管理機構としての破産管財人が債務者となる。したがって、この説によれば、破産手続終結後は、債務者たる破産管財人の権限は消滅するから、財団債権について破産者が責任を負うことはないことになる。

　しかし、近時の有力説は、より実質的な考慮から、財団債権についての破産手

---

[63]　中田139頁、山木戸140頁、谷口150頁。

続終結後の破産者の責任を全面的に否定する。たとえば、破産法148条1項8号については、相手方のした事務や給付によって利益を受けたのは破産財団であるから、破産手続終結後には、破産者の個人責任を否定すべきであり、また、破産法54条2項は、双務契約の解除は破産管財人の判断によってなされるものであり、その効果について破産者の責任を認めるのは妥当ではない。さらに、破産法44条3項・46条は、破産管財人の訴訟追行の結果として生じる請求権であることから、これらも破産手続において財団債権として優先権を与えれば足り、破産者の責任を否定するのが妥当である[64]。以上のように考えれば、破産法148条1項3号および149条が残るが、前者については、本来破産債権であるにもかかわらず財団債権という優越的地位を与えられたものであるから、そのこととの均衡上、破産終了後の破産者の責任を否定することが公平に合致するし[65]、破産手続開始後の原因に基づく租税債権で財団債権とされるものは、破産財団の管理・換価に伴って生じるものであって（破148条1項2号）、そもそも破産者の負担とすべきではない。また後者については、これらの債権が財団債権とされるのは、破産手続開始直前の労務の提供が破産財団所属財産の形成や維持に寄与していることを重視したものであると考えるならば、破産財団限りの責任にとどめておくことが妥当である[66]。このように考えれば、破産者は、手続終結後は財団債権については全く責任を負わないことになる。

2 財団債権の種類

（1） 一般の財団債権（破148条1項）

① 破産債権者の共同の利益のためにする裁判上の費用の請求権（1号）　これは裁判そのものの費用だけでなく、破産手続の遂行のために裁判所が行う行為に関連して生じる費用も含む。具体的には、破産手続開始申立ての費用、破産手続上の公告の費用、債権者集会招集や開催の費用、配当に関する費用など、破産手続遂行について裁判所が行う行為に関して発生する一切の費用を含む。なお、破産債権者の共同の利益のための費用でなければならないから、却下された破産申立ての費用や、特定の破産債権者のためだけの債権調査の費用（破119条3項・122条2項）、各破産債権者の手続参加の費用（破97条7号）などは、財団債権とはならない。

② 破産財団の管理・換価および配当に関する費用の請求権（2号）　破産管財人や保全管理人に対する費用の前払いや報酬（破87条1項・96条1項）、財産価格

---

[64]　伊藤3版311頁。

[65]　山内八郎「破産法上の租税請求権等の取扱い」判夕514号135頁。

[66]　伊藤3版727頁以下。

の評定や財産目録等の作成費用（破153条1項2号）、配当に関する公告通知等の費用（破197条1項・211条・201条7項・215条5項）などであるが、最大のものは、破産管財人・破産管財人代理の報酬[67]である。これらの費用は、破産債権者に対する配当原資となる破産財団を維持、形成するために費やされたものであり、その共益性に鑑み、財団債権とされたものである。したがって、これらの請求権は、裁判上の費用の請求権と共に、財団債権の中でも優先性が認められている（破152条2項）。

③ **破産手続開始前の原因に基づく租税等の請求権、すなわち国税徴収法または国税徴収の例によって徴収することができる請求権（破97条4号）であって、破産手続開始当時、まだ納期限の到来していないもの、または納期限から1年を経過していないもの（3号）**　　旧法下では、破産手続開始前の原因に基づいて生じた租税等の請求権は、その全額につき財団債権とされていた（旧破47条2号）。その理由として、これらの請求権は、実体法上租税優先主義により私債権に優先する地位が認められていること（国徴8条、地税14条など）に対応するものであること等が挙げられていた。そのため、破産財団にある程度の財産がある場合でも、租税などの請求権の弁済にこれが宛てられる結果、財団不足による異時廃止となる事例が多く存在するといわれていた[68]。そこで、現行法は、このような破産手続上の租税などの請求権の優位性を一定の範囲で制限することにした。すなわち、破産手続開始前の原因に基づいて生じた租税等の請求権であって、破産手続開始当時まだ納期限の到来していないものまたは納期限から1年を経過していないものについてのみ財団債権としている[69]。

---

[67]　破産管財人の報酬が、破産財団の管理、換価、配当に関する費用に含まれることにつき、最判昭45・10・30民集24巻11号1667頁参照。

[68]　小川189頁参照。

[69]　この規定の趣旨については、つぎのようにいえる。すなわち、いわば平時においては租税優先の原則により、徴収権者が既に納期限の到来したものについては自力執行権に基づき債務者の財産から優先的に債権の回収を図ることができる地位にあることを考慮して、破産手続開始当時納期限が到来していないものに財産債権を限定することで、一般私債権との調整を図っている。また、破産手続開始当時納期限が到来してから1年を経過していないものが財団債権とされているのは、破産手続の開始が納期限から1年を経過していない租税等の請求権については、なお納付が原則として1年間猶予される可能性があると考えられ（国税通則46条1項～3項参照）、そのため破産手続開始後1年以内に納期限が到来するもので、滞納処分による差押えを受けてもやむを得ないと考えられる租税等の請求権に財団債権を限定することで、租税債権の優先的な満足を実現しようとするものである（加藤6版276頁以下が詳しい。なお、構造と実務323頁以下〔小川発言〕も参照のこと）。

なお、これらの請求権のうち、劣後的破産債権とされる加算税（破97条5号・99条1項1号）は除かれるし（破148条1項3号第1かっこ書）、包括的禁止命令が発せられたことによって国税滞納処分をすることができなかった期間（破25条1項参照）は、1年の期間から除かれる（破148条1項3号第2かっこ書き）。

④　**破産財団に関し破産管財人がした行為によって生じた請求権（4号）**　　破産財団の管理機構たる破産管財人が、第三者との間で契約などの法律行為（借財、賃借、雇用、和解 etc.）をしたときに相手方が有する請求権、あるいは破産管財人の不法行為によって生じた、被害者の損害賠償請求権[70]などがこれに当たる。これは、破産債権者の利益の実現をその職務とする破産管財人の行為によって生じた請求権である以上、破産債権者全体にこれを負担させるのが公平であるとの判断に基づくものである。なお、上記③に該当する租税等の請求権（本税）について破産手続開始後に発生する延滞税、利子税および延滞金は、ここでいう財団債権となる。これら附帯税は、私法上の債権の利息または遅延損害金に相当するものであり、これは、財団債権と扱われている租税等の請求権を破産管財人がその義務に違反して弁済しなかったこと（不作為）から生じた債権と考えられるからである[71]。使用者が破産した後に被用者がした労働の対価としての給料債権が、ここでいう財団債権になるのか、あるいは、破148条1項7号の財団債権になるのかについては争いがある[72]。

⑤　**事務管理または不当利得により破産手続開始後に破産財団に対して生じた請求権（5号）**　　破産手続開始決定後に破産財団のためになされた事務管理に基づく費用償還請求権（民702条1項）、および破産財団に不当利得が生じたことによる返還請求権（民703条）は、破産財団に利益または利得が生じていることから、これを財団債権とするのが公平に合致する。たとえば、事務管理の例としては、第三者が義務なくして破産財団所属財産を保管していた場合における保管費用に相当する請求権や、財団に属する建物を義務なく応急修繕した者の修繕費償還請求権などが、また、不当利得の例としては、取戻権の目的物を管財人が譲渡したことによって得た対価、あるいは、株式を信用取引のために預託した者が受託者について破産手続開始決定後に受託者がその株式につき取得した配当金、およびその株式に対して割り当てられた新株の返還を請求する権利[73]、破産管財人

---

[70]　最判昭43・6・13民集22巻6号1149頁〔百選3版A21事件〕、最判平18・12・21民集60巻10号3964頁〔百選5版19事件〕、東京高判平元・9・28判時1328号42頁。

[71]　小川195頁。

[72]　前者に当たるとするものとして、伊藤3版285頁注104。後者に当たるものとして、大コンメン582頁〔上原敏夫〕。

が別除権者のために供託された別除権の目的となった供託金を受領して破産財団に組み入れた場合に別除権者が供託金相当額の返還を請求する権利[74]などがこれにあたる。ただし、動産売買の先取特権の目的物である動産を破産管財人が任意売却して代金を受領した場合、先取特権には追及効がない（民333条）から、先取特権者に対する不当利得は成立しない[75]。

⑥　**委任の終了または代理権の消滅後に急迫の事情があるためにした行為によって破産手続開始後に破産財団に対して生じた請求権（6号）**　　委任関係は、委任者または受任者の破産により終了・消滅するが（民653条。代理関係につき、民111条1項2号）、委任者はその後も急迫の事情があるときは応急の事務処理をする義務を負う（民654条）。この事務処理は、破産財団の利益となるものであることを理由として、受任者の報酬債権や費用償還請求権を財団債権とした。これに対し、急迫の必要がないときに、破産手続開始決定の事実を知らないで事務処理をした場合の請求権は破産債権に留まる（破57条）。もっとも、受任者の行為によって破産財団が利益を得たときは、その処理の費用は、破産法148条1項5号の事務管理に要した費用として、財団債権として行使することができると解される[76]。

⑦　**53条1項の規定により管財人が債務の履行を選択した場合に相手方が有する請求権（7号）**　　破産手続開始決定時に双方未履行の双務契約があった場合、破産管財人はその契約につき履行または解除を選択することができる（破53条1項）が、その対価関係に鑑みると、管財人が相手方の履行を求めるなら財団側も債務を完全に履行しなければ公平に反する。したがって、管財人が履行を選択した場合に相手方が有する請求権は財団債権とされている。ただ、相手方の債権は金銭債権であるとは限らないし、金銭債権でも弁済期が到来しているとも限らない。そこで、破産債権に関する金銭化および現在化の規定（破103条2項3項）がこの財団債権に準用されている（破148条3項前段）。また、相手方の財産債権が金銭債権で無利息債権または定期金債権であるときは、当該債権が破産債権であるとした場合の劣後的破産債権となる部分（破99条1項2号～4号）を控除した額が財団債権額になる（破148条3項後段）。もっとも、破産手続進行中では、本来の性質にしたがって財団債権に対する履行を行えば足り、現在化や金銭化は、破産手

---

[73]　最判昭43・12・12民集22巻13号2943頁。

[74]　札幌高決昭43・4・11高民21巻3号243頁。

[75]　大阪地判昭61・5・16判時1210号97頁。なお、近時、不当利得の成立を否定したものとして、東京地判平25・4・15判タ1393号360頁がある。

[76]　条解破産2版1008頁。

続終了時に残った財団債権について生じさせれば足りるとするのが通説である[77]。

　なお、賃借人が破産したが、賃貸借契約が解約されることなく存続する場合、破産管財人の態度は、契約の履行を黙示的に選択したものと同視できるから、その間に発生した賃料請求権は、本号の類推適用により財団債権になると解される[78]。

　⑧　破産手続の開始によって双務契約に関し解約の申し入れがあった場合において、破産手続開始後の契約の終了に至るまでの間に生じた請求権（8号）　賃貸借や雇用などの契約関係においては、破産管財人による解除（破53条1項2項）や相手方からの解約申し入れがなされても（民631条）、契約は直ちに終了するのではなく、一定の猶予期間内は契約関係が存続する（民617条1項、借地借家27条1項、民627条、労基20条1項本文等）。よって、この期間内には破産財団側が相手方から給付を受けるのであるから、それとの公平上、相手方の有する賃料債権や賃金債権などを財団債権としたのである。

（2）　特別の財団債権

　破産法148条1項以外の規定に基づく財団債権を特別の財団債権という。一般の財団債権と特別の財団債権の性質（破2条7項・151条）は異なるものではないが、一般の財団債権のうち破産法148条1項1号および2号によるものは、それ以外の一般の財団債権および特別の財団債権に先立つ（破152条2項）。

　①　管財人が負担付贈与の履行を受けた場合の、負担受益者の請求権（破148条2項）　破産管財人は負担付遺贈を放棄することもできるが、これを受け入れたときは、遺贈によって破産財団は利益を受けるのであるから、公平の観点から、負担先である受益者に対する負担の義務を果たさせる必要があるから、この受益者の請求権を財団債権とした。ただし、負担付遺贈にあっては、受贈者は遺贈の目的の価額を超えない限度で負担した義務を履行する責任を負う（民1002条1項）ものであるから、財団債権も遺贈の目的の価額を超えない限度においてのみ生じる。なお、ここで遺贈の履行を受けたといえるためには、法定財団に含まれるというのでは足りず、現有財団に帰属することが必要である[79]。

---

(77)　大コンメン587頁〔上原敏夫〕、条解破産2版960頁、概説2版補訂85頁〔沖野眞已〕、伊藤3版305頁等。

(78)　最判昭48・10・30民集27巻9号1289頁。大コンメン583頁〔上原敏夫〕、注釈（下）37頁〔籠池信宏〕、注解3版（上）232頁〔斎藤秀夫〕、基本コンメン75頁〔中西正〕、谷口185頁。

(79)　条解破産2版1009頁、注釈（下）38頁〔籠池信宏〕。

② **保全管理人の職務によって生じた請求権（破148条4項）**　民事再生法、会社更生法にも同様の規定がある（民再120条4項、会更128条1項）。これは、手続開始前の原因に基づく請求権であるが、保全管理人が破産管財人と同じく債権者の利益のために管理処分権を行使する立場にある（破93条1項）ことに鑑みれば、その職務遂行により債務者財産が保全されたときは、これによって破産債権者全体が利益を受けるのであるから、保全管理人の請求権を破産債権者全体が負担するのが公平であることから財団債権とされたものである。

③ **使用人の給料等（破149条）**　破産手続開始前3月間の破産者の使用人の給料の請求権は、財団債権とされる（破149条1項）。また、破産手続の終了前に退職した破産者の使用人の退職手当の請求権は、退職前3月分の給料の総額に相当する額が財団債権とされる（破148条2項）。ただし、退職手当の請求権総額が破産手続開始前3月間の給料総額より少ない場合には、開始前3月間の給料総額が財団債権とされる（同第2かっこ書き）。なお、これについては、本書第7章で詳述する。

④ **社債管理会社等の費用および報酬（破150条1項〜5項）**　会社が社債を発行する場合には、原則として、社債管理者を定めて、社債権者のために、弁済の受領、債権の保全その他の社債管理を行うことを委託しなければならず（会社702条）、社債管理者は、社債権者のために社債にかかる債権の弁済を受け、または社債にかかる債権の実現を保全するために必要な一切の裁判上または裁判外の行為をする権限を有する（会社706条1項）。ところで、社債権者が破産債権者である場合にも、社債の管理に関する事務が必要になる場合がある。このとき、社債管理者が設置されていれば、社債権者集会の開催費用など、当該事務処理に要する費用をあらかじめ財団債権とする旨の許可を申し立て、裁判所は、それが破産手続の円滑な進行を図るために必要なものであると認めるときは、その許可をすることができる（破150条1項4項）。社債管理者の事務は、本来はそれぞれ破産債権者である社債権者の利益のために行われるものであるが、社債権者が多数にのぼる場合など、社債管理者の事務処理が破産債権者全体の利益に資すると認められることが、財団債権とされている根拠である[80]。また、社債管理者が上記の許可を得ないで、破産債権である社債の管理に関する事務を行った場合でも、裁判所は、当該社債管理者の事務が破産手続の円滑な進行に貢献したと認められるときは、社債管理者が支出した当該事務処理費用の償還請求権のうち、貢献の程度を考慮して、相当と認める額を財団債権とする許可をすることができる（破150条2

---

[80]　小川205頁、伊藤3版306頁以下参照。

項）。さらに、裁判所は、破産手続開始後に上記の事務処理をしたことについて社債管理者の報酬請求権が発生した場合には、その相当と認める額を財団債権とする旨の許可をすることもできる（同条3項）。このような、財団債権とすることを許可する裁判所の決定に対しては、利害関係人からの即時抗告が認められる（同条5項）。

⑤　**管財人が双方未履行の双務契約を解除した場合の、相手方の反対給付価額償還請求権（破54条2項後段）**　破産管財人が双方未履行の双務契約を解除した場合、破産手続開始前に相手方が一部履行済みの場合には、その給付が破産財団に現存する場合には、その返還を請求することができるが、現存しない場合には、その価額について財団債権者として権利行使することができる。なお、これに関しては、本書第7章2(2)2)も参照のこと。

⑥　**継続的給付契約の相手方の手続開始申立て後、破産手続開始までの給付に係る請求権（破55条2項）**　破産手続開始前の給付の対価は、破産手続開始前の原因に基づいて生じたものであるから、本来は破産債権である。しかし、継続的給付契約の相手方は、破産手続開始申立て前の給付にかかる破産債権について弁済がないことを理由に破産手続開始後にはその給付を拒むことができないものとされている（破55条1項）。したがって、このことによって実質的には相手方の履行拒絶権が否定されているのに対し、もし破産手続開始前の給付にかかる対価支払請求権をすべて破産債権として、他の破産債権者との平等的満足を強いることは、合理的な範囲を超えて相手方の利益を侵害することになる。よって、公平の観点からこのような請求権も財団債権とされたものと考えられる。

なお、この財団債権化の規律は、破産管財人が継続的給付契約について履行の選択をした場合を想定したものであるが、管財人が契約を解除した場合にも、この規律が働くかという点については争いがある。破産法55条2項の文言に限定がないこと、破産手続開始の申立てから開始までの給付の対価を財団債権として保護すべき合理的理由があることなどを考慮して、解除が選択された場合にも、相手方の未払対価請求権が財団債権となるとするのが通説である[81]。

---

[81]　条解破産2版432頁、大コンメン227頁〔松下淳一〕。通説に対しては、個人破産において、破産申立てから破産手続開始までの間に、携帯電話で非常に高額な通話料が発生した場合に、それは破産財団の管理に何ら益するところもないのに、管財人が払わなければならなくなる可能性（基本構造と実務275頁〔花村発言〕）や、事業者破産で業務縮小により無用になった携帯電話契約が多数あるような場合にも、破産管財人が開始直後に破産法53条1項に基づいて解除した場合でも、およそ利益にならない携帯電話契約上の通話料金を全額財団債権とすることの問題点が指摘されている（注釈（上）379頁注11〔植村京子〕）。なお、東京地方裁判所破産再生部では、管財人が履行を選択した場合

⑦　**破産管財人に対抗できる賃貸借契約等の相手方の請求権（破56条2項）**　ここでいう相手方の請求権とは、本体である使用および収益を目的とする権利のほか、目的物の修繕（民606条1項）やメンテナンスを求める権利、必要費償還請求権や有益費償還請求権（民608条1項2項）などである。これらの権利も、破産手続開始前の賃貸借契約等に基づいて生じる権利であるから、本来的に破産債権である。しかし、破産法56条1項によって対抗要件を有する賃借人に対しては破産管財人の選択権の行使は否定されており、契約関係が存続することを踏まえて、財団債権とされている。ただし、敷金返還請求権は、賃貸借契約とは別個の敷金契約によって発生する請求権であるから通常の破産債権である。なお、金銭化・現在化の規定は財団債権にも準用されているが（破148条3項）、ここで挙げた財団債権について金銭化や現在化を行う意味はなく、かえって不合理な結果を生じさせるので、債権の性質上から準用されない[82]。

⑧　**債権者委員会の活動のための費用（破144条4項）**　これは、債権者委員会の活動を促すことにより、破産手続の円滑な進行に資することから、その活動に経済的基礎づけを与えようとするものである。なお、裁判所の許可を受けられなかった場合の費用の償還請求権については規定がないが、破産法97条7号を類推して、劣後的破産債権になると考えられる。

⑨　**否認権行使の結果、破産者の受けた反対給付による利益の償還請求権（破168条1項2号・2項1号3号）**　否認は、破産財団を不当に利するための制度ではないから、ある行為が否認された場合、それに基づいて給付したものが破産財団中に現存すれば、それにつき相手方には取戻権が認められる。したがって、給付したものが現存しない場合であっても、反対給付の価額を財団債権として償還させることによって、実質的に同一の効果を認めることにしたものである。これについては本書第8章6（第15講）で再論する。

⑩　**その他の破産法上の財団債権**　その他の破産法上の財団債権としては、破産手続が開始された後に続行された強制執行・先取特権の実行の費用（破42条4項）、破産管財人が破産債権に関しない破産財団に関する訴訟を受継して敗訴した場合の相手方の訴訟費用請求権（破44条3項）、債権者代位訴訟・詐害行為取消訴訟を破産管財人が受継し、破産管財人が敗訴した場合の相手方の訴訟費用請求権（破45条3項）等がある。その趣旨は、148条1項4号と共通である。

に限って適用されるものと解して運用している（破産民再実務〔新版〕（中）76頁〔安福達也〕、破産民再実務3版破産389頁）。

[82]　条解破産2版442頁、大コンメン587頁〔上原敏夫〕。なお、概説2版補訂85頁〔沖野眞已〕、伊藤3版305頁注153も参照。

また、異議を主張した債権者が破産債権査定手続や破産債権確定訴訟において勝利し、破産財団に利益がもたらされるときは、異議を主張した債権者は、その利益の限度で訴訟費用償還請求権を財団債権として行使できる（破 132 条）。

⑪　先行手続の費用（民再 252 条 6 項・254 条 2 項、会更 254 条 6 項・256 条 2 項）

これらは、目的を達しなかったとはいえ、先行手続が全債権者の利益のために行われたこと、および、財団債権としての取扱いを保障することが、先行手続から破産への移行を円滑にすることなどの考慮に基づく。

3　財団債権の弁済

（1）　優先弁済

財団債権は、破産財団から破産債権に優先して弁済される（破 151 条）。破産債権に先立って弁済するとは、破産財団よりまず財団債権に弁済がなされ、それによって余った財産があれば、破産債権への配当に回されることを意味する。ただ、財団債権の優先弁済権は、破産財団の一般財産に関するものであるから、特定財産に対する優先権である別除権や相殺権に対しては優先権を主張することができない。

なお、管財人に知られていない財団債権者は、破産債権者への配当率・配当額の通知がなされた後は、その回の配当金について自己への弁済を主張することは許されない（破 203 条）。ただ、破産管財人にとって財団債権の存在および内容を把握することは必ずしも容易ではない場合があるため、上記のような事態が生じることもあるので、財団債権者は、破産手続開始決定があったことを知ったときは、速やかに財団債権を有する旨を破産管財人に申し出ておかなければならないものとされている（破規 50 条 1 項）。

破産取消し・異時破産手続廃止で終結する場合でも、財団債権の弁済はなされる（破 90 条 2 項本文）。

双方未履行の双務契約につき、履行が選択された場合における相手方の請求権（破 148 条 1 項 7 号）、および、負担付遺贈における負担の利益を受けるべき相手方が有する請求権（破 148 条 2 項）については、金銭化および現在化がなされる（破 148 条 3 項・103 条 2 項 3 項）。また、それらが無利息債権または定期金債権である場合には、当該債権の額は、当該債権が破産債権であるとした場合に劣後的破産債権となるべき部分（破 99 条 1 項 2 号〜4 号）に相当する金額を控除した額とされている（破 148 条 3 項後段）。

（2）　随時弁済

財団債権は破産手続によらずに、破産財団から随時弁済を受ける（破 2 条 7 項）。すなわち、届出・調査・確定の手続を経ることを要しない。したがって、弁済期

がくれば、管財人から個別的に弁済を受けることができる。ただし、管財人が100万円以上の価額の財団債権を承認するには裁判所の許可を得なければならない（破78条2項13号・同3項1号、破規25条）。

管財人が任意に財団債権を承認・弁済しないときは、財団債権者は、裁判所に破産管財人の監督を行うよう職権の発動を求めることができる（破75条1項）ほか、裁判所に破産管財人を解任すべき旨を申し立てたり（同2項）、さらには管財人を相手取って財団債権の支払を求めて訴えを提起することもできる[83]。さらには、損害賠償の請求もできる（破85条2項）。

財団債権に基づき強制執行ができるか否かについては旧法下では争いがあったが、現行法では、破産手続開始決定があった時は強制執行をすることはできず、既になされている手続は破産財団との関係では失効するものとされている（破42条1項）。これは、破産手続においては、財団債権の全額を弁済できない事態が稀ではないことから、平等原則（破152条）を徹底する趣旨である。

滞納処分の可否についても旧法下では争いがあった。判例は、国税債権をもって新たに差押えをすることはできないと解していた[84]。現行法では、破産手続開始決定があったときは、破産財団に属する財産に対する国税滞納処分はすることができないが（破43条1項）、破産財団に属する財産に対して国税滞納処分が既になされている場合には、破産手続開始決定はその国税滞納処分の続行を妨げないものとされている（破43条2項）。

（3） 財団不足の場合

破産管財人は、財団債権についてその弁済期に従って随時弁済を行うが（破2条7項）、財団規模が財団債権全額を弁済するのに不足することが明らかになった場合、破産法は、混乱を避けるために既払い分の財団債権については不問に付し、また法令に定める優先権にかかわらず、未払分についてのみ[85]、債権額の割合に応じた平等弁済（按分弁済）を行うことを原則としている（破152条1項本文）。しかし、この場合であっても、財団債権を被担保債権とする留置権、特別の先取特権、質権または抵当権の効力は認められる（破152条1項但書）。

ただ、財団債権に関する平等原則の例外をなすものとして、破産法148条1項

---

[83] 破産手続開始前に破産者を当事者として財団債権に関する訴訟が係属していた場合には、破産管財人がこれを受継することになる（旧破69条1項後段参照）。現行法上、旧法のような規定はないが、同様に解される（大コンメン598頁〔上原敏夫〕）。

[84] 最判昭45・7・16民集24巻7号879頁〔百選3版122事件〕。

[85] 「債権額により」とは、財団不足が明らかになった時点での各財団債権の未払部分の額をいうものとされる（小川207頁）。

1号および2号の財団債権は、他の一般の財団債権および特別の財団債権よりも優先する（破152条2項）。旧法下における通説は、一般原則からして、共益費用たる性質を有する財団債権が他のものに優先すると解しており、判例もそれを認めていた[86]。したがって、現行法はこれらの立場を踏襲したものといえるであろう。

4　弁済による代位と財団債権（共益債権）性

　たとえば、倒産手続の係属中に、第三者が、従業員の手続開始前3ヶ月分の給料（破149条）を債務者に代わって代位弁済したり、請負契約において前渡金が交付されていた場合に、倒産手続開始後に当該請負契約が解除され、その前渡金返還債務につき保証していた第三者が、この前渡金返還債務（破54条2項、民再49条5項参照）を履行した場合に、これらの第三者が取得する求償権は一般的には破産債権〔再生債権〕と解されているが、これらの第三者が、代位弁済によって取得した原債権を財団債権や共益債権として行使できるかということが問題となる。これについては、従来学説や下級審裁判例においては見解の対立があった[87]が、最高裁は二つの判例[88]によって、破産手続および民事再生手続において、代位弁

---

[86]　最判昭45・10・30民集24巻11号1667頁〔新百選112事件、百選3版120事件〕は、管財人の報酬債権と租税債権の優劣が問題となった事件において、共益の費用である管財人の報酬債権が租税債権に優先すると判示した。

[87]　財団債権として行使を否定するものとして、給料債権の代位弁済につき大阪高判平21・10・16民集65巻8号3197頁、前渡金返還請求権の保証人につき大阪高判平22・5・21金法1899号92頁、大阪地判平21・9・4判時2056号103頁、大阪高判平23・10・18金商1379号22頁〔民事再生〕、大阪地判平23・3・25金法1934号89頁〔民事再生〕、租税債権の保証人につき東京地判平18・9・12金法1810号125頁〔民事再生〕、京高判平17・6・30金法1752号54頁、東京地判平17・4・15判時1912号70頁〔民事再生〕、東京地判平17・3・9金法1747号84頁〔民事再生〕があり、肯定するものとして、租税債権の保証人につき大阪高判平22・5・21判時2096号73頁〔民事再生〕がある。また、学説上も、否定する見解（杉本淳子「優先権の代位と倒産手続」同志社法学59巻1号173頁（222頁以下）、山本和彦「労働債権の立替払いと財団債権」判タ1314号6頁、ソリューション152頁〔三森仁〕等）と肯定する見解（伊藤眞「財団債権（共益債権）の地位再考」金法1897号12頁、松下淳一「共益債権を被担保債権とする保証の履行と弁済による代位の効果」金法1912号20頁、高部眞規子「民事再生法上の共益債権を弁済により代位した者が民事再生手続によることなくこれを行使することの可否」金法1897号36頁、上原敏夫・判評618号〔判時2078号〕11頁、杉本和士・金商1361号54頁、金子宏『租税法〔第18版〕』（弘文堂・2013年）796頁等）とがあり、後者が多数説であるとわれる。もっとも、長谷部由起子「弁済による代位（民法501条）と倒産手続」学習院大学法学会雑誌46巻2号243頁は、私人である代位弁済者が租税債権の自力執行力（行政行為の特別の効力の一つであり、行為内容を裁判所の執行手続によらずに自力で実現できること）等を行使できないとしても、代位による租税債権の取得自体を否定する必要はないとする。

[88]　給料債権の代位弁済と破産手続の関係につき、最判平23・11・22民集65巻8号3165

済によって取得した原債権を財団債権や共益債権として行使することができるとの解釈を示した。その理由として、①弁済による代位の制度趣旨は、代位弁済者が債務者に対して取得する求償権を確保するために、法の規定により弁済によって消滅すべきはずの原債権およびその担保権を代位弁者に移転させ、代位弁済者がその求償権の範囲内で原債権およびその担保権を行使することを認める制度であり、原債権を求償権を確保するための一種の担保として機能させることをその趣旨とするものであること、②この制度趣旨に鑑みれば、求償権を実体法上行使しうる限り、これを確保するために原債権を行使することができ、求償権の行使が倒産手続による制約を受けるとしても、当該手続における弁済権の行使自体が制約されていない以上、原債権の行使が求償権と同様の制約を受けるものではないこと、③このように解したとしても、他の破産債権者（再生債権者）は、もともと原債権者による財団債権（共益債権）の行使を甘受せざるを得ない立場にあったのであるから、不当に不利益を被るということはできない、といった点をあげている。

　いわゆる原債権移転説[89]に立つ従来の判例・通説を前提とする限り、民法501柱書は、原債権の当事者（債権者と債務者）と代位弁済者を「利害関係人」として、これらの者の間の利益衡量を図る規定であるから[90]、民法501条柱書からは、求償権者と倒産債権者（破産債権者・再生債権権）間の利益衡量の基準を当然に引き出すことはできず、むしろ、代位弁済者が原債権を財団債権ないし共益債権としてとして倒産手続外で行使できるか否かは、倒産手続上の権利行使に制約のある求償権について、どの範囲で原債権の行使を認めるのか、倒産手続が開始した場合に、原債権の行使について民法のルールと異なる処遇を認めるのかという倒産実体法の問題である[91]。そうだとすれば、代位弁済者の有する求償権権がもともと破産債権ないし再生債権であるとしても、求償権を手厚く保護することにより倒産手続開始後の第三者による代位弁済にインセンティブを与える必要があるの

　　頁〔百選5版48①事件〕、前渡金返還請求権への弁済と民事再生手続において、最判平23・11・24民集65巻8号3213頁〔百選5版48②事件〕。

[89]　原債権移転説というのは、弁済により債権者に代位した者は、求償権の範囲内において、債権の効力および担保としてその債権者が有していた一切の権利を行使することが可能となるとする見解である（我妻栄『新訂債権総論』（岩波書店・1964年）247頁、平井宜雄『債権総論〔第2版〕』（弘文堂・1994年）206頁、中田裕康『債権総論〔新版〕』（岩波書店・2011年）346頁、潮見佳男『債権総論〔第3版〕』（信山社・2007年）279頁等。なお、最判昭59・5・29民集38巻7号885頁）。

[90]　千葉恵美子「弁済による代位制度における求償権の実現と原債権との関係」民事法の現代的課題（松本恒雄先生還暦記念）（商事法務・2012年）470頁471頁参照。

[91]　千葉恵美子・前掲482頁・488頁、杉本和士・金商1361号56頁。

か、原債権が財団債権ないし共益債権として優遇されていれば、原債権の行使主体が原債権者と異なる法主体に変更しても、その優先的取扱いに影響がないのかという点こそが、求償権者と他の倒産債権者（破産債権者・再生債権者）間の利益衡量の基準とすべきである[92]。その点、上記最高裁判例は、原債権が給料債権や前渡金返還債務に関するものであり、原債権が租税債権である事例については、最高裁の立場は不明である。その意味では、原債権たる租税債権については、その強度の公共性から、別異に判断される可能性もないではない。

5　租税債権の取扱い

（1）　総　説

ここでは、破産手続における、租税等の請求権の取扱いについてまとめておこう。国税徴収法および国税徴収の例により徴収することができる請求権（以下では単に、租税債権という）を大別すると、本税と附帯税（延滞税、利子税、延滞金、加算税、加算金）に分けることができるが、改正前の旧破産法では、本税であるか附帯税であるかを問わず、破産宣告以前の原因に基づいて生じたもの、および、破産宣告後の原因に基づいて生じたもののうち、破産財団に関して生じたものについては、その全額が財団債権になるものとされていた（旧破47条2号）。しかし、このような租税債権に対する優遇的な取扱いに対しては、様々な批判がなされており[93]。それを受けて、現行法上、租税等の請求権の効力は、旧法に比べて大幅に制限されたものとなっている。

（2）　破産手続開始前の原因に基づく租税債権

1）　現行法の規律　①　本税の取扱い　旧法下における批判を背景として、

---

[92]　伊藤・金法1897号21頁、上原敏夫・判評618号〔判時2078号〕14頁、千葉恵美子・平成24年重判78頁。

[93]　第1に、実務的には、破産管財人の努力によって集められた財産の大半が租税債権の弁済に充てられてしまい、仮に破産者に一定の財産がある場合でも、破産債権者に対する配当ができずに、破産手続が財団不足によって廃止される（旧破353条1項）事案が多く生じる原因となっているといわれていた（小川189頁）。第2には、租税債権の徴収権者は、実体法上の自力執行権（国税滞納処分）に基づき、納税者の総財産から優先的に債権の回収を図る手段を有しているにもかかわらず、それを合理的期間内に行使しなかった場合にまで、財団債権として最優先の地位を付与するのは相当ではない。第3に、財団債権は、その性質上、できるだけ破産債権者に対する配当を実現する上で不可避的に発生する債権、換言すると、破産手続の進行に伴って必然的に発生する共益的な債権（本質的財団債権）に限定すべきものであって、政策目的により特定の種類の債権を安易に財団債権（政策的財団債権）とするのは適切ではない（中西正「財団債権の根拠」法と政治40巻4号364頁）。第4には、租税優先主義（国税徴収8条参照）の下、租税債権が私債権に優先するといっても、財団債権として扱うことに限定されるものではなく、優先的破産債権の地位を付与することもあり得る等である。

現行法は、租税債権を財団債権とする範囲を限定した。すなわち、本税について
は、財団債権の範囲を、（1）未だ納期限が到来していないもの、および（2）納期
限から1年を経過していないものに限定し（破148条1項3号）、この要件に該当し
ない租税債権、すなわち、破産手続開始時に納期限から1年以上経過しているも
のについては優先的破産債権とし（破98条、国税徴収8条）、その優先順位を引き下
げることにした。

　② **附帯税の取扱い**　　破産手続開始前の原因に基づいて生じた租税債権につ
き発生する附帯税の取扱いに関して、現行破産法は、（1）延滞税、利子税または
延滞金と、（2）加算税または加算金とで異なる扱いをしている。

（3）　延滞税、利子税または延滞金

　これらは、税の全部または一部を法定納期限内に納付しない場合に、未納税額
を課税標準として課される附帯税（地方税法上は附帯金と呼ぶ）であり（国税通則60
条1項、関税12条）、性質上は、私法上の利息または遅延損害金に相当するもの[94]で
ある。その点を考慮して、私法上の債権について破産手続開始前に生じた利息ま
たは遅延損害金と同様の取扱をしている。すなわち、財団債権である本税につき
破産手続開始前に生じた延滞税等は、本税自体が財団債権であることから、これ
も財団債権とされ、優先的破産債権となる本税につき破産手続開始前に生じた延
滞税等は優先的破産債権とされる（破99条1項1号・97条3号）。それに対して、破
産手続開始後に生じたものはすべて劣後的破産債権となる（破99条1項1号・97条
4号）[95]。

（4）　加算税または加算金

　加算税（地方税法上は加算金と呼ぶ）は、申告納税制度および徴収納付制度の定着
と発展を図るため、申告義務および徴収納付義務が適正に履行されない場合に課
される附帯税であり[96]、制裁金としての性格を有する。したがって、加算税（国税
通則法に規定する過少申告加算税、無申告加算税、不納付加算税および重加算税）または
加算金（地方税法に規定する過少申告加算金、不申告加算金および重加算金）については、
そのことを考慮して、罰金等の請求権と同様に、破産手続開始前の原因に基づく
ものも開始後のものもすべて劣後的破産債権とされている（破99条1項1号・97条
5号）。

　2）　**納期限の意義**　　破産法148条1項3号は、租税債権を納期限から1年を

----

[94]　金子宏・前掲書707頁～711頁参照。

[95]　以上につき、要点解説163頁、166頁以下〔黒木和彰〕、新版一問一答340頁〔森恵一〕
　　参照。

[96]　金子宏・前掲書711頁～720頁参照。

経過しているか否かによって、財団債権になるか優先的破産債権になるかを区別しているため、「納期限」とは何か、ということを明らかにしておく必要がある。納期限とは、租税を納付すべき期限のことであり、それには、法定納期限と具体的納期限とがある。法定納期限とは、法律が本来の納期限として予定している期限である（国税徴収2条10号参照）。これに対し、具体的納期限とは、その日までに納付しなければ履行遅滞を生じ、催促の上、滞納処分を受けることとなる期限をいう。現行破産法の納期限は、徴税機関が滞納処分を行うことができたにもかかわらず、1年以上放置しておいたことからその租税債権等を破産手続上、優先的破産債権として取り扱うというものであるから、具体的納期限（国税通則35条2項等）を意味すると解される[97]。具体的納期限は、それぞれの租税の確定方式（自動確定、申告確定、付加確定）により異なることに注意が必要である。

3）財団債権としての租税債権の処理　財団債権となる租税債権（本税）については、財団債権本来の支払方法に従い、財団不足の場合を除き、破産管財人が裁判所の許可を得て（破78条2項13号）、破産財団から随時弁済する（破2条7項）。この場合、従来と同様、交付要求の先後による優劣（交付要求先着手主義。これにつき、国税徴収13条、地方税14条の7参照）は検討する必要はない。

　財団債権となる租税債権に関して発生する延滞税等は、前述したように、財団債権となる。国税徴収法2条13号は、破産管財人を執行機関としている。そのため、国税通則法63条4号による国税通則法施行令26条の2第1号により、国税徴収法に規定する交付要求により交付を受けた金銭を当該交付要求にかかる国税に充てた場合には、執行機関が強制換価手続において当該金銭を受領した日の翌日からその充てた日までの期間は、延滞税の免除が可能であるとされる。したがって、破産財団が、当該国税に対応する金額まで構成された日の翌日から、破産管財人は、延滞税の免除を請求することが可能である[98]。

　また地方税については、各税目ごとに納期限までに税金を納付しなかったことにつき、やむを得ない理由がある場合には、延滞金の減免を受けることができるとの規定がある（地方税64条3項〔都道府県民税〕・326条3項〔市町村税〕・369条2項〔固定資産税〕・455条2項〔軽自動車税〕・608条2項〔特別土地保有税〕・701条の60第2項〔事業税〕等）。そのため、破産管財人は、地方税の延滞税について、免除申請を行うべきであるといわれる[99]。

---

[97]　要点解説164頁〔黒木和彰〕。

[98]　要点解説166頁以下〔黒木和彰〕。なお、条解破産2版1006頁は、実務上は免除されることが多いという。

[99]　要点解説167頁〔黒木和彰〕。

4）優先的破産債権としての租税債権の処理　①　弁済方法　優先債権どうしの優劣関係については、旧破産法と同様実体法上の規定による（破98条2項）。したがって、租税は別段の定めのない限り一般的優先権を有するから（国税徴収8条）、国税と地方税との間には優先劣後の関係はないが、国税徴収法の例等によって徴収されるとされる公課との関係では租税が優先する。つまり、国税と地方税は同一順位で最優先となり、公課がそれに続き（国徴8条、地方税14条参照）、私債権で優先権をもつものがそれに続く。国税徴収法などが、破産法と同時に改正され、公租公課の交付要求先着手主義は適用されないことになった。

租税債権が優先的破産債権である場合は、一般の破産債権に対して優先権が認められるが、破産債権であることには変わりがなく、破産手続によらなければ債権の満足を得ることはできない（破100条1項）。

②　優先的破産債権としての租税債権の届出と調査　財団債権に該当しない租税債権者は、破産手続によってのみ権利行使ができるので（破100条1項）、その債権の額および原因、その他破産規則36条で定める事項を、遅滞なく裁判所に届け出なければならない。ただ、租税債権の特殊性から、届出は一般の破産債権のそれ（破111条）とは異なり、破産法114条の規定による。また、調査・確定についても、一般の破産債権の規定によらずに、特則が設けられている（破134条）。

（5）　破産手続開始後の原因に基づく租税債権

1）現行破産法の規律　旧破産法47条2号は、財団債権になるものとして、「国税徴収法又ハ国税徴収ノ例ニ依リ徴収スルコトヲ得ヘキ請求権但シ破産宣告後ノ原因ニ基ク請求権ハ破産財団ニ関シテ生シタルモノニ限ル」と規定していたが、かかる取扱いは租税債権を優遇しすぎるものであり、破産財団を圧迫するとの批判が強かった。また、最高裁[100]は、租税債権のうち、「破産財団の管理のうえで当然支出を要する経費に属するものであって、破産債権者において共益的な支出として共同負担するのが相当であるものに限って、これを財団債権とする趣旨である」と判示していた。現行破産法は、かかる最高裁判決の考え方に沿って、破産手続開始後の原因に基づいて生じる租税債権については、特に規定を置かず、破産財団の管理、換価および配当に関する費用の請求権に該当すると認められるものに限って財団債権とすることとし（破148条1項2号）、それ以外のものは、他の破産債権との均衡を図るために、劣後的破産債権とした（破99条1項1号・97条4号）。

2）法人破産における租税等の請求権の取扱い　①　法人住民税等　法人

---

[100]　最判昭62・4・21民集41巻3号329頁〔百選4版95事件〕。

の住民税は各事業年度の終了時に成立する。法人の住民税は、均等割の部分（地方税52条・312条）と法人税割の部分（同51条・314条の4）とに分かれるが、破産手続開始以前の事業年度のものは、均等割および法人税割のいずれも、破産手続開始当時、納期限が到来していないか納期限から1年を経過していない事業年度分が財団債権とされ、それ以外は優先的破産債権とされる。それに対して、破産手続開始後のもので均等割の部分は破産財団の管理に関する費用として財団債権となると解されるが、法人税割の部分は劣後的破産債権とされる[101]。法人の事業税は各事業年度の終了時に成立し、法人税と同様、破産手続開始当時、納期限が到来していないか納期限か納期限から1年を経過していない事業年度分が財団債権となり、それ以外は、手続開始前の場合は優先的破産債権、手続開始後の場合は劣後的破産債権になる[102]。法人住民税については、破産法人の事務所は破産財団に属し破産手続遂行の拠点となることから、財団債権となる[103]。

② 消　費　税　　管財人が、清算事業年度または清算確定事業年度に破産財団に属する財産を売却した場合、これに伴って消費税の納税義務が発生すると解されるが、これは破産財団の換価に関する費用として財団債権となる（破148条1項2号）。なお、破産会社が小規模な場合、免税業者とされていることがあり、この場合は消費税を納税する義務はない（消費税9条1項・2条1項14号）[104]。

③ 法　人　税　　平成22年度の税制改正（平成22年法律6号）により、平成22年10月1日以降に解散する清算（内国）法人の課税方式が、清算所得課税（財産法）から通常の所得課税（損益法）に変更された。したがって、平成22年10月1日より前に破産手続開始決定がされた法人と、同年10月1日以降に破産手続開始決定がされた法人とでは扱いが異なることになる。

ａ．平成22年10月1日より前に破産手続開始決定がされた法人

旧法人税法旧5条は「内国法人に対しては、各事業年度（連結事業年度に該当する期間を除く。）の所得について各事業年度の所得に対する法人税を、清算所得について清算所得に対する法人税を課する」と規定し、通常の事業年度の所得と清算手続における清算所得を区別し、破産法人をはじめとする清算法人に対しては通常の法人税課税は行わず、清算所得に対する課税を行うことにしていた（法人税旧

---

[101]　破産民再実務〔新版〕（中）81頁〔山崎栄一郎〕、破産民再実務3版破産394頁。なお、伊藤3版322頁参照。

[102]　破産民再実務〔新版〕（中）81頁〔山崎栄一郎〕、破産民再実務3版破産394頁。

[103]　要点解説169頁〔黒木和彰〕。

[104]　破産民再実務〔新版〕（中）81頁〔山崎栄一郎〕、破産民再実務3版破産395頁、要点解説169頁〔黒木和彰〕。

5条・93条)。そして破産した法人の破産手続開始時の事業年度は破産手続開始の日で終了するものとされ(法人税旧14条1号)、その事業年度(解散事業年度)の所得に対する法人税は、破産手続開始日に納税義務が生ずる(国税通則旧15条2項3号)ので財団債権となる(破148条1項3号)。それに対し、清算事業年度[105](破産手続開始の日の翌日から事業年度の末日までが第1期になり、その後清算確定事業年度までは、事業年度末日の翌日から事業年度の末日までとなる。)の所得については法人税は課せられず(法人税旧6条)、残余財産が確定したとき(清算確定事業年度)に、清算所得が存する場合に限って、これに対する法人税(清算法人税)が課せられるのが原則である(法人税旧5条、同旧第3章、国税通則旧15条2項、同施行令旧5条8号)。これが財団債権になるか、という問題があるが、清算確定事業年度は特別の場合を除いて残余財産がない[106]ので、通常、清算所得は発生せず、実益に乏しい議論ではあるが、清算法人税は、清算手続において得られた金額から、まず負債額を控除し、その残余財産からさらに資本金額などを控除した額を清算所得として、その額に対して課税されるものであり(法人税旧93条)、破産債権者が共同で負担すべき費用とはいえないから、財団債権性は否定すべきであろう[107]。ただ、各清算事業年度中の所得に対し、解散していない法人と同一の方法で計算した所得金額の申告と予定納税が義務づけられており(予納法人税。法人税旧102条・105条)、予納法人税のうち土地重課税部分は、破産財団の換価に関する費用として財団債権になる(破148条1項2号)と解されるが、土地重課税は運用が停止されており、その他の予納法人税は劣後的破産債権になることから、破産手続外で納付すべき財団債権はない[108]。なお、判例[109]は、いったん予納法人税を財団債権として破産管財人に納付させてみても、清算法人額はほとんどゼロであり、予納額が全額還付されることになり、破産管財人に無用の負担をかけることになることを理由として、財団債権性を否定している(法人税旧110条1項参照)。したがって、この請求権は劣後的破産債権になる(破97条4号・99条1項1号)。

　b．平成22年10月1日以降に破産手続開始決定がされた法人

　平成22年の改正により、法人が破産した場合も、通常の事業年度と同様、所得に応じた課税がなされることになり、債務超過である破産法人であっても、資産

---

　(105)　清算確定事業年度とは、事業年度末日の翌日から残余財産確定の日までである。以上の事業年度の意味については、破産民再実務3版破産393頁参照。

　(106)　破産再生実務〔新版〕(中)80頁〔山崎栄一郎〕、破産民再実務3版破産393頁。

　(107)　伊藤3版319頁。

　(108)　破産民再実務3版破産394頁。

　(109)　最判昭62・4・21民集41巻3号329頁〔百選4版95事件〕。伊藤3版319頁も同旨。

を簿価よりも高価で処分したときや特定の債務につき債権者から免除を受けたときなど、所得が生じた場合には所得に応じて課税がなされる。もっとも、法人が解散した場合に、残余財産がないと見込まれるときは、期限切れ欠損金について損金の額に算入することとされたため（法人税新59条3項）、債務超過である破産法人は通常は、課税されることはないと解されるが、期限切れ欠損金の使用には法人税の申告が必要になる（同条4項）[110]。

④　**土地重課税**　　土地重課税とは、課税の対象となる土地等（土地、土地類似株式など）の譲渡利益に対して、通常の法人税のほかに特別税率による法人税を課税するものである。この制度は、土地投機を防止する目的をもったものであるが、破産財団所属の土地が破産管財人によって売却された場合にも、重課税が課され、それが財団債権として扱われるべきか否かについては争いがあるが、判例・通説は財団債権性を肯定している[111]。ただ、判例も認めているように、破産財団に属する土地等が別除権の目的となっている場合、破産債権者の共同的満足の目的となっているのは別除権行使後の余剰部分のみであり、実質的には、右余剰部分のみが破産財団に属するに過ぎない。したがって、いわゆるオーバーローン状態の不動産を売却した場合の土地重加算税については財団債権とはならず[112]、劣後的破産債権として扱われる（破97条4号・99条1項1号）。

⑤　**固定資産税**　　固定資産税は、固定資産（土地・家屋・償却資産）を課税物件として課される租税であり、市町村民税とともに、市町村の主要な財源をなしている。破産財団に属する不動産に関して破産手続開始後に課税される固定資産税は、破産財団の管理のために必要な経費として破産債権者が共同で負担すべき共益的な支出に当たるから（破148条1項2号）、原則として財団債権に当たる[113]。しかし、当該資産に破産手続に属さない別除権が成立しており、その換価によっても剰余部分が生じない資産（いわゆるオーバーローン資産）については、かかる資産を保有し続けることが、破産債権者の共同の利益に資するものでないことは明らかである。そう考えれば、かかる資産に関して発生した固定資産税は、破産者が共同で負担すべき共益的な支出の性質を有するものではなく、財産債権には当たらず[114]、劣後的破産債権になると解すべきであろう（破97条4号・99条1項1号）。

[110]　破産民再実務3版破産394頁。

[111]　最判昭62・4・21民集41巻3号329頁（百選4版95事件）、伊藤3版320頁以下。

[112]　伊藤3版321頁、要点解説170頁〔黒木和彰〕。

[113]　金子宏・前掲書869頁、破産民再実務〔新版〕（中）81頁〔山崎栄一郎〕、破産民再実務3版破産395頁、伊藤3版322頁。

[114]　要点解説170頁〔黒木和彰〕は、このように解することで、破産財団からの資産の放棄という本来破産法が予定していなかった現在の実務慣行を変更することができるとす

⑥　その他の租税　　以上に対し、自動車税、登録免許税、有価証券取引税、印紙税などは、破産財団の管理のために必要な経費として破産債権者が共同で負担すべき共益的な費用といえるので、財団債権になる[115]。

3）個人破産における租税等の請求権の取扱い　　個人破産においては、破産財団に関して破産手続開始後の原因に基づいて発生する租税等の請求権としては、財団財産が破産管財人によって換価されたことにより生じる譲渡所得に起因する所得税が考えられる。しかし、所得税とは、個人の各種の所得を総合一本化した総所得金額に対して課税されるものであり、総所得金額と切り離された譲渡所得についてのみの所得税はあり得ない[116]。したがって、かりに譲渡所得に対する課税がなされる場合であっても、それは破産財団の換価等に関して生じたものとはいえず、財団債権に当たらない[117]。ただこの場合、所得税の納税義務者は誰か、という問題があるが、個人破産の場合には、破産者を納税義務者とすると、財団財産の換価に基づく収益は、もっぱら破産債権者に帰属するにもかかわらず、その収益に対する課税を換価により何ら利益をうけない破産者が負担するという不当な結果になる。そこで、昭和40（1965）年の所得税法の改正により、資産喪失状態における財産の換価に基づく所得に対しては課税されないことになった（所得税9条1項10号）。よって、既に債務超過の状態にある破産財団については、財団財産の換価に基づく租税債権が財団債権にならないだけでなく、租税債権自体の発生が否定されている。

地方税のうち、住民税は均等割（地方税38条・310条）と所得割（同35条・314条の3）とに分かれ、毎年1月1日に成立する（同39条・318条）が、破産手続開始の日が属する年の前年までの所得に対する課税分は、手続開始当時に納期限が到来していないか納期限から1年を経過していないものは財団債権とされ、それ以外は優先的破産債権となる。固定資産税の扱いは法人の場合と同様である。消費税も、破産者が事業者である場合には、法人と同様である（消費税4条1項・2条1項4号）。

6　破産管財人の源泉徴収義務

破産手続による配当が、破産財団との関係で、租税債権・債務関係に影響を及ぼすことは、一般には存在しない[118]。ところが、所得税法の定める源泉徴収に関

る。反対、条解破産2版727頁。

[115]　金子宏・前掲書869頁。

[116]　伊藤3版317頁。

[117]　伊藤3版318頁。

[118]　条解破産2版1001頁、1002頁注17。破産債権者は、発生主義の下、破産債権が発生

する規定は、源泉徴収の対象となる給与や報酬を支払う際に、その支払いをなす者に所得税の源泉徴収義務がある旨を定めている（所税 183 条・204 条）ところから、配当に際して、源泉徴収義務が生じるか否か、源泉徴収義務が生じるとして、その徴収義務は破産者か破産管財人か、また、その徴収義務にかかる租税は、財団債権になるか否かが問題となる[119]。

　この点については、かかる債権に対する配当の実施は、破産者にとっては給与や報酬の支払いにあたるというべきであるから、破産者がその源泉徴収義務を負い、破産管財人は、破産財団の管理機構としてその納税義務を履行すべき義務があり、また、その租税は、旧破 47 条 4 号の「破産財団ニ関シ」生じた債権であって、財団債権にあたるという積極説[120]と、源泉徴収制度は、給与等について効率的な徴税の観点から、事業者などの徴収納付義務者に合理的な範囲で負担を課すべきとの考え方に基づいて成立しているものであり、給与等の対価となっている役務等を給付する者以外の者に源泉徴収義務を認め、その徴収を破産債権者の負担において行わせることは、制度の趣旨からして適当でない、とする消極説[121]とが対立していた。積極説をとった場合、破産管財人は源泉徴収義務・納税義務・源泉徴収票の作成・交付義務を負うのはもちろん、年末調整等複雑な負担を負うことになるとして、破産管財実務では、配当手続において消極説で運用されていたといわれる[122]。

　以上のような状況を背景に、最高裁判所は、元従業員の退職金に対する配当金の支払いの際と、自らの破産管財人報酬の支払いの際に所得税の源泉徴収をしなかった破産管財人に対し、所轄税務署長が源泉徴収税の納税告知をした処分の適否が争われた事件につき、破産管財人報酬については管財人に源泉徴収義務を認め、かつ旧破 47 条 2 号但書にいう「破産財団ニ関シテ生シタルモノ」として、財団債権に当たるとしたが、退職手当金については、「所得税法 199 条の規定が、退職手当等・・・の支払をする者に所得税の源泉徴収義務を課しているのも、退職

　　したときに収入として計上して、その年度の所得税、法人税を申告し、破産手続開始の
　　決定にともなって、債権の 50％を貸倒引当金として計上し（所税 52 条、所税令 144 条 1
　　項 2 号、法税 52 条、法税令 96 条）、配当によって損失の額が確定すれば、その配当年度
　　の損失として処理する。

[119]　条解破産 2 版 1001 頁。

[120]　佐藤英明「破産手続における租税債権の扱い」ジュリ 1222 号 191 頁、同「破産手続に
　　おいて支払われる賃金と所得税」税務事例研究 67 号 23 頁。

[121]　伊藤 3 版 323 頁、破産民再実務〔新版〕（中）82 頁〔山崎〕、永島正春「破産管財人の
　　源泉徴収義務」税務弘報 36 巻 9 号 148 頁。

[122]　条解破産 2 版 1001 頁、全国倒産処理弁護士ネットワーク「破産管財人の源泉徴収義務
　　に関する実務の取扱いについて」事業再生と債権管理 119 号 44 頁。

手当等の支払をする者がこれを受ける者と特に密接な関係[123]にあって、徴税上特別の便宜を有し、能率を挙げ得る点を考慮したことによるものである」ところ、破産管財人はかかる地位にないから、所得税法 199 条の「支払をする者」には含まれないとして、源泉徴収義務を否定した[124]。

＜設問についてのコメント＞

問 1 は、破産債権の調査・確定と、訴訟等による一般の権利確定の方法との相違点を問う問題である。これについては、第 5 章 5 (5) (6) を参照のこと。

問 2 は、届け出られた債権につき異議のある場合の処理を問う問題である。これについては、第 5 章 5 (6) を参照のこと。

問 3 は、破産者が届出債権に対して異議を述べた場合である。これについては、第 5 章 5 (6) 2) を参照のこと。

問 4 は、債権届出期間が経過した後に、届出債権額等に違いがあることが判明した場合の処理を問うものである。本問の場合、届出の変更をすることになるが、その変更が、債権調査期間経過ないし債権調査期日の終了の前か後かで効果が異なることに注意を要する。これについては、第 5 章 5 (2) 2) 4) を参照のこと。

問 5 は、財団債権の種類について問うものである。これに関しては、第 6 章 2 (1) ④ (2) ⑤⑥を参照のこと。管財人 K は、土地①を他人に売却して移転登記まで備えていることから、甲との契約を解除したものとみられる。したがって、甲としては、破産法 54 条 1 項により損害賠償請求をすることができるほか、同条 2 項により、すでに渡してあった手付金 2000 万円は財団債権として返還請求することができるであろう。あるいは、K が A・甲間に売買契約があることを知りながら、あえて土地①を他人に売却したような場合には、K の債務不履行として、または、場合によっては、K の不法行為として、148 条 1 項 4 号により、その 2000 万円の返還も含めて損害賠償請求権を財団

---

[123]　この点、この事件の原審たる大阪高判平 20・4・25 金法 1840 号 36 頁が、所得税法上の「支払をする者」は、本来の債務者である破産者であり、破産管財人はこれと同視しうるので、職務上の義務者として、破産者が負う源泉徴収義務を、すべて破産管財人も負う旨を判示したのに対し、最高裁は、「特に密接な関係にある」ものとして限定解釈をしている。

[124]　最判平 23・1・14 民集 65 巻 1 号 1 頁〔百選 5 版 20 事件〕。

債権として行使することもできるであろう。いずれにしても、2000万円の支払請求権は財団債権となる。破産法54条の趣旨については第7講を参照のこと。

問6は、特別の財団債権についての問題であり、とくに、負担付贈与を受け入れた場合の破産管財人の対応を問うものである。これについては、第6章2(2)①を参照のこと。

問7は、租税債権の破産法上の取扱いを説明する問題である。これについては、第6章5(2)を参照のこと。すなわち、租税債権は、破産法上以下のように扱われる。

①　納期限が未到来のもの（500万円）および、納期限1年以内のもの（500万円）は財団債権となる（破148条1項3号）。

②　納期限到来1年以上たった租税債権（600万円）は優先的破産債権となる（破98条1項、国税徴収法8条）。

③　延滞税（100万円）、重加算税（500万円）は劣後的破産債権（破99条1項1号・97条4号5号）になる。そして、

④　財団債権となる租税債権（本税）については、財団債権本来の支払方法に従い、財団不足の場合を除き、破産管財人が裁判所の許可を得て（破78条2項13号）、破産財団から随時弁済する（破2条7項）。ただし、財団債権たる租税債権は、破産法148条1項1号2号に掲げられている財団債権に劣後する（破152条2項）。

⑤　優先的破産債権となる租税債権の処理については、通常の破産債権とは若干異った扱いがなされている。

(a) 優先的破産債権相互間の優劣関係については、実体法上の規定による（破98条2項）。よって、租税は別段の定めのない限り一般的優先権を有するから（国税徴収8条）、国税と地方税との間には優先劣後の関係はないが、国税徴収法の例等によって徴収されるとされる公課との関係では租税が優先する。すなわち、国税と地方税は同一順位で最優先となり、公課がそれに続き（国税徴収8条、地方税14条）、私債権で優先権をもつものがそれに続く。

(b) 租税債権が優先的破産債権であるといっても、破産債権であることには変わりがなく、破産手続によらなければ債権の満足は得ることはできない（破100条1項）。よって、まず、一般の破産債権が111条によって届け出ることになっているのとは異なり、破産法114条1号に基づき、債権の額および原因、その他破産規則36条で定める事項を、遅滞なく裁判所に届け出る。

(c) 届け出られた租税債権の調査・確定も、一般の破産債権の規定によら

ずに、特則が設けられている（破134条）。

⑥　破産管財人の報酬債権は財団債権になる（破148条1項2号）。

問8は、破産債権、財団債権に対する弁済の順位を具体的に問うものである。これについては、第6章3を参照のこと。具体的には以下のようになろう。すなわち、

B：1000万円の破産債権者

C：2000万円の破産債権者

D：6000万円の破産債権者

E：納期限1年以内の500万円、およびまだ納期限が到来していない租税債権500万円は財団債権となるが（破148条1項3号）、納期限到来1年以上たった600万円の債権は優先的破産債権となる（破98条1項、国税徴収8条）。また、100万円の延滞税と、500万円の重加算税は劣後的破産債権（破99条1項1号・97条4号5号）になる。

K：1000万円の報酬は、財団債権者となる（破148条1項2号）。

甲：管財人が目的不動産を転売したということは、契約を解除したとみなしうる（破53条1項）。そうすると、支払い済みの手付金は、破産法54条2項で財団債権として返還請求することができる。

乙：遺贈の目的物の価額が1000万円であり、その価額は負担額よりも高額であるから、500万円全額が財団債権になる（破148条2項）。

以上から、財団債権となるのは、Eの債権のうち1000万円（500万円＋500万円）、Kの1000万円の報酬債権、甲の2000万円の手付金返還債権、乙の500万円の負担利益請求権、合計4500万円である。このうち、破産法152条2項により、Kの財団債権が最優先で弁済され（破152条2項・148条1項2号）、甲・乙・Eの各財団債権は平等弁済となるが、本ケースでは、財団債権を全額弁済できる財産があるから、これらの順序は問題とはならない。

優先的破産債権となるのは、Eの600万円の租税債権である。

劣後的破産債権となるのは、Eの600万円（100万円＋500万円）である。

したがって、換価金6000万円のうち、財団債権を全額弁済すると、1500万円余る。これをまず、600万円の優先的破産債権に弁済し、残り900万円を、9000万円の破産債権に配当するので、配当率は1割。劣後的破産債権には、配当はないということになる。

以上をまとめれば、次のようになる。すなわち、Bは破産債権として100万円、Cも破産債権として200万円、Dも破産債権として600万円の配当を得る。Eは1000万円の財団債権と600万円の優先的破産債権が全額満足を

受けられる。K は 1000 万円の報酬債権全額の弁済を受ける。甲は、2000 万円の手付金返還請求権の全額の満足を受ける。乙も 500 万円の債権全額の満足を受ける。

問 9 は、破産管財人の源泉徴収義務に関する問題である。これについては、第 6 章 6 を参照のこと。

第7講　破産者をめぐる法律関係の処理(その1)

ケース

　A社は、高級紳士服の製造販売を主たる業務とする、従業員100人を抱える株式会社である。A社の製品は、デザインと仕立ての良さで評判が高く、富裕層を中心に固定客を多数もっており、その経営状態は良好であった。

　平成18年5月頃、長年の取引先であるB社は、その窮状を訴え、A社に融資をしてくれるように頼んだ。A社の代表取締役である甲と、B社の代表取締役である乙は親しい友人であった関係から、A社は、B社に対し、当面の運転資金として、弁済期を平成23年5月30日として2000万円を、年利6%の利息で貸し渡した。その後、B社は、経営の立て直しに成功し、弁済期である平成23年5月30日に、元本と利息の合計額をA社に弁済し、A社発行の領収書を受領した。このとき、B社としては、A社がいかなる経営状態にあるかという点については知るよしもなかった。

　また、C社は、平成21年4月末に、A社からa土地（時価2200万円）を2500万円で購入したが、代金の支払いは、同年5月から毎月末日限り500万円ずつの5回払いとされ、登記名義は代金の支払い完了と同時に移転することとされた。そこで、C社は、平成21年9月に割賦金を支払い終えると、A社に移転登記をするよう請求した。しかし、A社はその要求になかなか応じようとはせず、結局、登記が移転されたのは、平成23年5月31日になってであった。

　A社は、その代表取締役である甲のワンマン会社であったが、平成20年頃から、売上げのいっそうの拡大を図るために、簡易仕立ての廉価なスーツの製造販売も行うことにした。しかし、この方針に対しては、古くからのデザイナーや熟練工が猛烈に反対したため、甲は、彼の意に沿わない有能なデザイナーや熟練工を次々に解雇した。そのため、A社は古くからの得意先の多くを失うことになった。それにもかかわらず、甲がそれまでの廉価販売路線を改めなかったため、A社は安かろう悪かろうの製品しか売らないとの評判が定着してしまい、会社の売上げは急激に落ち込んだ。それに加え、大量に販売した製品の代金の回収も十分にできなくなり、経営状態は急速に悪化した。そして、平成22年の暮れには、実質的に

は、A社は支払不能の状態に陥っていた。そして、結局、A社は、平成23年5月25日午後5時に破産手続開始決定を受け、Kが破産管財人に選任された。そしてその公告は、平成23年6月1日付けの官報においてなされた。

ところで、平成23年6月2日に満期が来る手形につき、その不渡りを避けるために、A社としてはどうしても同年5月の末までに2000万円を工面する必要があり、A社の残った唯一の財産ともいえるb土地（時価5000万円）を3000万円で売ることにした。A社がその土地を3000万円で売りたがっているという話を聞きつけたD社は、A社と交渉した結果、代金全額を即金で支払うことを条件に売買代金を2500万円に値引きさせることに成功した。そこで、平成23年5月25日午前10時頃、A社とD社との間で、b土地を2500万円で売る旨の売買契約が締結され、D社は、同日12時頃、代金2500万円をA社指定の銀行口座に振り込むことによって支払った。

E社は、平成20年頃A社からc土地を転貸特約つきで賃借し、その旨の登記を備えていたが、A社に対する破産手続開始決定がなされた直後である平成23年6月1日に、E社は当該土地をF社に転貸した。

◆**問1**　KがB社に対して、2000万円と年6％の利息を付けて返済するように請求してきた場合、B社としては、既にA社に弁済しているから支払う必要はないといえるか。B社がA社に対し破産手続開始決定がなされていることを知っていながら弁済をした場合はどうか。

◆**問2**　Kは、C社に対して、C社に移転した登記名義の抹消手続をするよう請求することができるか。

◆**問3**　D社はKに対して、土地の移転登記と占有の移転を請求することができるか。また、仮に、売買契約と同時に登記がD社名義に移されていた場合、Kはその登記の抹消を請求することはできるか。

◆**問4**　仮にD社が土地の売買代金のうち1500万円しか支払っていなかったとする。この場合、A社についての破産手続開始決定がなされた時点において、土地の価額が、①7000万円になっていた場合と、②2000万円になっていた場合につき、それぞれ、Kとしては、この売買契約をどのように処理したらよいか。

◆**問5**　Kは、F社に対して当該土地の明渡しを求めることはできるか。

第7章 破産者をめぐる法律関係の処理

1 破産手続開始決定後の破産者の法律行為等の効力

(1) 総説

　破産手続が開始されると、破産財団に属する財産の管理処分権は裁判所が選任した破産管財人に専属する（破30条2項・78条1項）。そのため、破産管財人は、かかる管理処分権の行使の一環として、破産手続開始前に破産者が形成してきた種々の法律関係を整理し、当該法律関係から派生する相手方の権利を破産債権や財団債権として位置づけたり、破産者の権利を破産財団所属財産として確定する必要がある。たとえば、破産者が第三者との間で不動産の売買契約を締結し、双方の債務が履行される前に破産手続が開始したような場合、破産管財人は、当該売買契約を履行するか、あるいは解除するかの選択権を行使し（破53条）、それに応じて、相手方の権利をどのように扱うかを確定しなければならない（破54条1項2項・148条1項7号）し、破産手続開始後になされた実体法上の行為の効力も確定する必要がある（破47条等）。このような、いわゆる実体的法律関係の整理は、本来、民法や商法などの実体法規定によって行われるべきものであり、実際にも、民法上、当事者の一方が破産した場合を念頭に置いた規定がいくつか存在している（民631条・642条・653条2号、民旧621条・622条等）。しかし破産法は、法律関係の一方当事者の破産という緊急事態における利害関係人の利益の調整、あるいは迅速な清算の遂行といった種々の要請から、民法等の実体法の規律を変更する旨の特別規定を置いている。これを破産実体法という。破産実体法は、このような債務者が破産した場合の実体法上の権利関係の変容を扱うものであるが、旧破産法や民法の旧規定の中には、今日的な観点からみて、内容的に不適切ないし不十分であると指摘されるものが多々あった。そこで、平成16年の破産法改正に際して、破産実体法についても大幅な改正がなされたほか、それに連動して、民法の規定自体にも改正が加えられた。

　債務者が破産すると、このような実体法の関係と並んで、破産手続開始前から係属していた民事訴訟や民事執行等の手続法的な関係についても、破産手続が、個別的な権利行使を許さない包括執行ないし清算手続としての性質を有することに鑑み、管財人は、そのような法律関係を整理をもする必要がある（破80条・44条以下・42条以下等）。

　そこで本章では、一方当事者が破産した場合に、それまで存在していた実体的

法律関係および手続的法律関係はどのように処理されるか、ということを中心に説明する。

（2）　破産手続開始後に破産者がなした法律行為の効力 ── 対抗不能の原則

　破産法47条1項は、破産者が破産手続開始後に破産財団に属する財産に関してした法律行為は、破産手続の関係においては、その効力を主張することができないと規定している。そこで、この規定の意味を考えてみよう。

　1）要　件　①　破産手続開始後の行為であること　　破産手続が開始されると、破産財団に属する財産の管理処分権は、破産者から奪われて裁判所が選任した破産管財人に専属する（破78条1項）が、その効力は、破産手続開始決定の時から生じる（破30条2項）。その結果、破産手続開始後は、破産者はたとえ自己の所有財産ではあっても、それにつき管理処分権を行使することはできなくなるから、破産手続開始決定後に、仮に破産者が破産財団所属の財産について何らかの法律行為を行ったり、相手方が債務の履行をしたりしても、相手方は、その効力を破産手続との関係において（すなわち、破産債権者ないし破産管財人に対しては）主張することはできない（破47条1項）。逆に言えば、破産手続開始決定前であれば破産手続の効力は未だ生じてはいないのであるから、（将来の）破産者は未だ自己の財産に対する管理処分権を失ってはおらず、当該行為は完全に有効である。ただし、破産手続開始前の行為であっても、その行為が保全処分（破24条以下）によって処分禁止などが命じられている場合には、当該行為は有効になしえないほか、破産手続開始後に破産管財人によって否認されると（破160条以下）、その効力は失われる（破167条）。

　そういった意味で、当該行為が、破産手続開始前になされたのか、それとも開始後になされたのかということが重大な意味をもってくる。そこで、できる限り破産手続開始の時点を明確にするために、破産手続開始決定の裁判書には、破産手続開始決定の年月日のみならず、決定の「時」まで記載することが要求されている（破規19条2項。これについては、本書第3章8（1）も参照）[1]。そこで、当該行為が破産手続開始決定の前になされたことが証明される限り、当該行為は破産手続に影響されることなく有効なものとされる（破47条1項反対解釈）。しかし、特に、当該行為が破産手続開始決定の日と同じ日になされたような場合には、当該行為がなされたのが、破産手続開始決定の前か後かについては認定上困難が生じる可能性があるので、このことを考慮して、破産手続開始決定の日になした法律行為は、破産手続開始決定後にしたものと推定されている（破47条2項）。なお、破産

---

(1)　条解破産規55頁。

手続開始決定がなされると職権で破産の登記の嘱託がなされるが（破257条1項・258条1項4号）、この場合の登記は、取引の混乱を事実上防止するために利害関係人に対して警告をするという意義を有するにとどまるものであり、法律行為の対抗要件としての登記（民177条等）とは異なる[2]し、これが、当該行為につき破産手続開始の前になされたか、後になされたかの基準になるものでもない。

② **「破産財団に属する財産に関してした」法律行為であること**　破産法47条の規定が破産財団の変動の阻止を目的としていることから、破産手続との関係において対抗できないのは、破産者が破産財団に属する財産に関してなした法律行為である。したがって、破産者は、身分行為（婚姻、離婚等）については破産手続開始後も自由にすることができる[3]し、自由財産に関してなされた行為は、破産者であっても自由に使用収益処分することができる財産に関するものであるから、これらは、たとえ破産手続開始後になされても、この規定には服さず、その行為は完全に有効である。また、法人の商号や本店所在地の変更のように財産に影響しない行為も自由にすることができるが、会社分割等の財産の帰属の変動を伴う行為については、「破産財団に属する財産に関してした法律行為」に含まれ、財産の帰属の変動は、破産財団との関係では、（相対的に）無効であると考えるべきであろう[4]。

③ **破産者のした法律行為であること**　ここでいう法律行為とは、主として、売買・担保の設定・債権譲渡・相殺等の契約や単独行為といった狭義の法律行為のことを意味するが、物の引渡し、登記・登録、債権譲渡の通知・承諾、債務の承認、弁済の受領など、準法律行為や公法上の法律行為などの広義の法律行為も含むし、破産財団にとって有利か不利かを問わない[5]。

2）効　果　破産者が破産手続開始決定後に破産財団に属する財産に関してした法律行為は、破産手続の関係においてはその効力を主張することができない（破47条1項）。すなわち、破産手続が、破産債権者の債権の満足のために破産

---

[2]　伊藤3版169頁、条解破産2版1716頁、大コンメン1105頁〔高山崇彦〕参照。

[3]　一口に身分行為といっても、破産手続開始決定以降の協議による遺産分割（破産者が相続人の場合）は、破産財団の変動をもたらすし、また、財産分与にかかる協議は本質的には身分行為であるが、財産的側面があることも否定できず、少なくとも適正額を超える分与を定める部分については、破産管財人は協議の効力を否定できるかどうかが問題となる（条解破産2版388頁参照）。また、破産手続開始前に開始していた相続についての承認や放棄は、破産財団に影響してくるので、ともに限定承認承認の効力を有するものとされている（破238条）。

[4]　同旨、条解破産2版387頁以下。

[5]　条解破産2版387頁、大コンメン191頁〔大村雅彦〕、注釈（上）330頁〔三枝知央〕、伊藤3版336頁。

管財人を中心として行われるものであるから、「その効力を主張することができない」とは、破産債権者ないし破産財団の管理機構たる管財人（破産財団法主体説では破産財団）に対抗できないということと同じである。これは、すなわち相対的無効であると理解されている。言い換えれば、行為をした当事者間、つまり、破産者と相手方との間ではその法律行為は有効ではあるが、相手方から、善意・悪意を問わず管財人に対してその効力を主張することができない[6]し、破産管財人は、相手方に対して破産者のなした法律行為の不存在、無効を前提とした主張をすることができるということである。ただ、もし破産者のなした行為が破産財団にとって有利なものであれば、管財人の方からその行為の効力を追認することは差し支えない。また、破産手続が取り消されたり廃止されたときには、当該行為は確定的に有効となり、相手方は破産者に対してその行為の効力を主張して元の破産者に対して義務の履行を求めることができる[7]。

配当終結によって破産手続が終了した後に財産が発見されたときにも、それが破産管財人による追加配当の対象となるものでない場合には、一般社団・財団法人法206条以下、会社法475条以下、644条以下などの規定に基づいて清算が行われる[8]。また、その財産に関する訴訟において、破産管財人は当事者適格を持たない[9]。

破産者が破産手続開始後に破産財団に属する動産を売却した場合に、買主が破産手続開始の事実について善意であっても、善意取得（民192条）は成立せず、破産管財人は目的物の返還を請求することができる[10]。破産法47条1項が相手方の善意・悪意を問わずに、権利取得を対抗できないとする趣旨は、破産財団を充実させるために即時取得を排除する特別規定を設けたものと考えられるからである。それに対し、買主から当該動産を転得した者については即時取得が成立する。

（3） 破産者の法律行為によらない第三者の権利取得

破産法48条1項は、破産手続開始後に破産財団に属する財産に関して破産者の法律行為によらないで権利を取得しても、その権利の取得は、破産手続との関

---

(6) この場合には、当該法律行為は当事者間では有効であるということであるから、破産管財人が当該行為を追認しないかぎり、たとえば、債務の履行や、不履行による損害賠償の責任を負うなど、破産者本人が、自由財産をもって相手方に対して責任を負うことになる。

(7) 大判昭6・5・21新聞3277号15頁。会社更生法54条1項（旧会更56条1項）につき同旨を述べるものとして、最判昭36・10・13民集15巻9号2409頁〔百選5版99事件〕がある。条解破産2版388頁。

(8) 大阪高判昭63・3・8判時1273号127頁。

(9) 最判平5・6・25民集47巻6号4557頁〔百選5版100事件〕。

(10) 条解破産2版389頁、大コンメン193頁〔大村雅彦〕、注釈（上）332頁〔三枝知央〕、基本コンメン80頁〔中野貞一郎〕、伊藤3版337頁ほか通説である。

係においては、その効力を主張することができないと規定している。この規定の意味につき、従来の多数説[11]は、破産者の行為によらないで、つまり法律の規定や破産者以外の者との間の行為によって第三者が破産財団に属する財産について権利取得した場合でも、破産債権者を害するおそれがあることに変わりはないから、破産者の法律行為による場合（破47条1項）と同様に、破産手続との関係においては、その効力を主張することができない旨を定めたものであるとする。ただ、同条は、破産法47条と同様、破産手続開始決定による管理処分権の喪失という効果を前提とする規定であって、相手方が何ぴとであるかに関わらない、言い換えれば、破産者の処分権の有無にもともと関係なく成立する権利取得方式には適用されない、と解している。したがって、この見解によれば、たとえば、①破産手続開始決定後に破産者が死亡しても、本条がある結果、相続人は財団財産の相続による取得を管財人に対抗することはできず[12]、また、②破産手続開始決定後に、財団に属すべき商品等が第三者から破産者の取引先である商人の手に移っても、当該商人は商事留置権（商521条）を破産管財人に対して主張することはできない。これに対し、③相手方が何人であるかに関わらない権利取得である、時効取得（民162条・163条）、破産者以外の者からの動産の即時取得（民192条）、付合（民242～244条）・混和（民245条）・加工（民246条）などによる取得等は、破産管財人に対抗することができることになる[13]。

　以上のような見解に対しては、近時、①破産手続開始後に破産者が死亡したときは、相続財産に対する破産手続が続行されるから（破227条、旧破130条）、たとえ本条がなくても、相続人が破産管財人に対する権利を主張することはできないはずであり、相続人の権利を破産債権者に対して主張することを考える必要性に乏しい。また、②破産法48条1項が適用される場合と適用されない場合との区別については、右見解によれば、本条の適用があるとされる商事留置権の場合でも、その目的物についての権利の成立に破産者が何ら関与していないことは、本

---

[11]　兼子189頁、中田97頁、山木戸115頁、谷口137頁。

[12]　このほか、霜島369頁以下は、破産手続開始前に破産者が債権譲渡した場合の破産手続開始後の第三債務者による承諾による対抗要件の具備をあげる。しかし、破産手続開始時点において対抗要件を具備していない以上、第三者とみなされる管財人には対抗することができないから（最判昭58・3・22判時1134号75頁〔百選5版18事件〕参照）、本条を持ち出して対抗要件具備を無効とするまでもないであろう（同旨、谷口安平・昭和54年度重判156頁）。

[13]　これに対しては、破産法48条1項の趣旨を破産債権者の共同の満足を妨げる権利取得の排除にあるとし、時効取得を対象外とすることに疑問を呈する見解もある（基本コンメン81頁〔中野貞一郎〕）。

条の適用がないとされる時効取得などと同様であり、その基準は曖昧である、として、ドイツ法の沿革的理由[14]を参考に、破産法48条は、破産手続開始決定前から破産者に対して債権を有していた破産債権者であって、その者が第三者の行為によって破産財団所属財産について担保権や給付の目的物についての所有権などを取得しても、それを破産管財人に対して主張できないとする趣旨であると解する見解が有力に唱えられている[15]。これによれば、従来、例外として破産法48条の適用がないと解されていた場合はすべて、はじめから本条の適用範囲外の場合であって、例外ではないことになる。

そのほかに、破産管財人が破産財団に属する財産を第三者に譲渡したり、財団所属財産について担保権を設定したり、あるいは別除権の実行（破65条1項）の結果、財団所属財産について買受人が権利を取得することも、形式的には破産法48条1項に該当するようにみえるが、これらは、破産法自身が予定する破産管財人による権利の移転であり、かつ、破産債権者の利益を害することとは無関係なので、第三者の権利取得が認められる[16]。

---

[14] 本条の前身である旧破産法54条の立法に当たり参考とされた、1877年のドイツ破産法12条は、一部の破産債権者が第三者の偶然の行為によって破産財団に属する財産について担保権を取得し、他の債権者との公平が害されることを防ごうとする趣旨のものであった。すなわち、1877年ドイツ破産法12条は、「破産財団の財産上の質権・抵当権、優先権および留置権は、破産手続開始後は、たとえその取得または登記を求める請求権が、手続開始前にすでに原因を有する場合であっても、破産債権者との関係では、有効に取得または登記することができない。」と規定していた。しかし、この規定に対しては、ドイツでは狭義の担保権のみを対象とするのは狭すぎるとの批判がなされたため、1898年の改正ドイツ破産法15条として「破産財団に属する財産上の権利ならびにその財産に関する優先権および留置権は、破産手続開始後は、破産債権者に対しては、有効に取得することはできない。その取得が破産者の法律行為に基づかないときも同様である。ただし、民法878条・892条・893条および1260条1項の規定は、その適用を妨げられない。」と改められた。

[15] 伊藤3版338頁。

[16] これに関連して、最判昭54・1・25民集33巻1号1頁〔百選5版73事件〕は、破産手続開始前に、賃借権の設定を受け、その旨の登記を備えていた賃借人が、賃貸人破産の後に不動産を転貸した場合、転借人の転借権取得には破産法48条の適用はないとし、その理由として、「破産財団は破産債権者の共同的満足を目的とする責任財産であるから、破産者あるいは第三者の行為によつてこれが減損されることを防止しなければならないのであるが、賃借権の負担の存在する不動産は、賃借権の制限を受ける状態において破産財団を構成し破産債権者の共同担保となるものであり、右不動産が転貸されたとしても、右転貸に伴つてその交換価値が消滅ないし減少する等の特段の事情のない限り、右転貸は、目的不動産に新たな負担又は制限を課するものではなく、破産財団の不利益となるものではないからである。」としている。

（4） 例外としての善意取引

1）総 説　破産手続開始後に破産者がした法律行為やそれに基づく第三者の権利取得は、原則として、破産管財人に対してはその効力を主張することはできない（破47条1項・48条1項）。しかし、破産管財人に対してその効果を主張しえないという原則をあらゆる場合において貫くと、第三者に不測の損害を与え、取引の安全を害する場合がある。そこで、破産法は、破産手続開始について第三者が善意で取引をした場合には、例外として当該効力を有効なものとしてその保護を図っている（破49条・50条）。また、その前提として、破産手続開始の公告前であれば善意が推定され、他方、公告後であれば悪意が推定されるとされている（破51条）。

2）破産手続開始決定後の登記・登録　①　破産手続開始決定前の登記原因に基づく破産手続開始決定後の登記　破産手続開始決定前に財団に属すべき不動産につき権利移転があり、かつその対抗要件としての登記が備わっていれば、これをもって管財人に対抗でき、あとは、権利移転行為の否認（破160条）ないしは、対抗要件の否認（破164条）の問題が残るだけである。

これに対し、問題となるのは、登記原因は破産手続開始決定前に発生しているが、その登記または仮登記（不登105条1号）が破産手続開始決定後に備えられている場合である。破産法47条の原則からすると、この場合には、その登記自体、破産管財人に対抗できないはずであり、同法49条1項本文はこのことを明らかにしている。しかし、登記原因はすでに破産手続開始決定前に存在しており、しかも、それが否認の対象とはなり得ないものであるような場合、登記自体は公示方法にとどまるということを考慮すれば、このような場合にも登記の効力を全く認めないということは妥当ではない。そこで、破産法は、とくに登記権利者が破産手続開始の事実を知らないで（すなわち善意で）登記を取得した場合には、その効力を破産管財人に対抗できるものとした（破49条1項但書）。これは善意悪意を問わず成立する対抗問題よりも、善意でなされた対抗要件具備行為を優先させる旨の規定であるといえよう。

仮登記については、不動産登記法105条1号による仮登記（「1号仮登記」と呼ばれる）と同法105条2号による仮登記（「2号仮登記」と呼ばれる）では扱いが異なる。すなわち、1号仮登記については、破産法49条1項但書は、同条1項本文を受けた規定であり、したがってここでいう仮登記とは1号仮登記を指すものと考えられる。したがって、本登記の場合と同様、仮登記原因が破産手続開始前にあり、その原因に基づいて仮登記が破産手続開始の後に善意でなされたものであれば、その効力を破産管財人に主張することができる。

それに対して2号仮登記については規定がない。よって、破産法47条1項の原則のみが適用されることになり、2号仮登記原因が破産手続開始前にあり、その原因に基づき破産手続開始後になされた2号仮登記は、登記権利者の破産手続開始の事実についての善意悪意を問わず、その効力を破産管財人に主張することができないと解される。

このように、1号仮登記と2号仮登記とで効力が区別されるのは、前者にあっては登記原因たる物権変動はすでに実体法上発生しており、登記手続に必要な手続的要件が整っていないだけであるから、本登記に準じた保護をするのが妥当であるのに対し、2号仮登記にあっては、請求権を保全するための仮登記であり、物権変動が確定的に生じているわけではないので、1号仮登記に比べて保護の必要性が低いからである[17]。

② 破産手続開始決定前の仮登記に基づく破産手続開始決定後の本登記　破産手続開始決定前になされた1号仮登記の場合は、登記権利者の善意悪意を問わず、それに基づいて破産手続開始決定後に管財人に対して本登記請求をすることができる（通説・判例）。なぜならば、破産手続開始決定前に、仮登記という形で既に権利変動の実体的要件は備わっていたのに、手続的要件が具備しなかったためにやむを得ず仮登記にしていた者の本登記を、破産手続開始決定によって遮断するのは酷であること。また、仮登記には差押えその他の中間処分を排除する効力があり、破産管財人の地位も差押債権者と基本的に同質である以上、仮登記の効力を承認せざるを得ないからである。

それに対して、破産手続開始決定前になされた2号仮登記の場合については、多数説は、上述したような1号仮登記と2号仮登記の性質の基本的な差異から、本登記請求は認められないとする（消極説）。すなわち、1号仮登記の場合には、権利変動の実体的要件が開始前に既に満たされているのに対し、2号仮登記の場合には、権利変動のための請求権を保全するためのものであって、実体的要件が開始前に満たされているとはいえず、特別の保護に値しないからである。

しかし近時、これに対して、仮登記後の中間処分を排除できる効力の点では2号仮登記も1号仮登記とは同じであり、管財人に対抗できる地位を認めてもよいとする見解（積極説）が有力に唱えられている[18]。ただ、積極説をとっても、仮登記権利者の地位が債権関係に基づくに過ぎないときは（たとえば、売買契約に基づく所有権移転請求権保全の仮登記の場合）、管財人はその基礎となっている契約そのも

---

[17] 基本コンメン82頁〔中野貞一郎〕、条解破産2版396頁、新基本コンメン123頁以下〔村田典子〕、伊藤3版342頁以下。

[18] 谷口199頁、伊藤3版343頁以下等。

のを破産法 53 条 1 項によって解除することにより、本登記請求に対抗することができるとする。また、仮登記担保のように、物権的権利が基礎となっている場合には、担保権者が別除権の行使として本登記請求をなせば、破産管財人はそれに応じざるを得ないとする。

3）破産手続開始決定後の破産者への弁済（破 50 条）　破産法 47 条 1 項の原則論からいえば、破産手続開始後は破産者は弁済受領権能を失っているから（破 78 条 1 項・30 条 2 項）、このような弁済は管財人に対抗し得ず、管財人から請求を受ければ債務者は二重払いを余儀なくされる。しかし、一般的にいえば、債務者は、弁済の際に、自己の債権者の財産状態にまで注意を払わないのが普通であり、常に債権者の財産状態について債務者に注意を払うことを求めるのは、債務者に不当な負担を課することになる。そこで、破産法は、債務者が債権者の破産手続開始の事実を知らないで弁済したときに限り、その効力を管財人に対抗できるものとした（破 50 条 1 項）。これは、民法 478 条と同趣旨の規定であるが、民法とは異なり、債務者が善意であれば、たとえそれに過失があっても、弁済の効力は破産管財人に対抗できるものとされている。ただ、できる限り、このような事態が起こらないようにするために、破産者への弁済を禁ずる旨が破産手続開始決定と共に公告され（破 32 条 1 項 4 号）、かつ、破産者および知れている破産債権者に送達されるものとされている（破 32 条 3 項 1 号）。なお、この公告前に弁済した者は善意が、公告後の弁済者については悪意と推定される（破 51 条）。ここでの「弁済」には、破産者本人に対して意思表示がなされた相殺も含まれる[19]。

　弁済者が、破産手続開始の事実を知りながら破産者に弁済したときは、原則通り、弁済の効力は否定されるが、たとえば、破産者が受領した弁済金の一部を破産管財人に引き渡した場合のように、その弁済によって破産財団が利益を受けた場合には、その限度で弁済の効力は認められる（破 50 条 2 項）。たとえ悪意で弁済がなされたとしても、弁済された価値の一部でも破産財団に帰属すれば、その分破産財団の増殖に資するのであり、弁済者とのバランスからみれば、その効力を認めてもよく、逆に、もし、そのような弁済行為を全部無効とするならば、財団を不当に利得させることになろう。なお、破産法 50 条で保護されるのは、「弁済」であり、代物弁済などは対象とはならないとするのが通説である[20]。なぜならば、本条の趣旨は、破産手続開始の事実を知らずになされた通常の弁済を保護する点にあり、義務行為ではなく破産者との合意による代物弁済にまで拡張すべきでは

---

[19]　条解破産 2 版 399 頁、条解会更（上）531 頁。
[20]　基本コンメン 83 頁〔中野貞一郎〕、概説 2 版補訂 201 頁〔沖野眞巳〕、伊藤 3 版 345 頁。反対、条解破産 2 版 399 頁。

ないからである。

4）破産手続開始決定後の手形の引受け・支払い（破60条）　為替手形の振出人（手1条8号）（甲）が破産手続開始決定を受けた後、支払人（同3号）または引受人（丙）が、その事実を知らないで引き受け（手25条1項）または支払いをしたときは、これによって生じた求償権について、破産債権者として権利行使することができる（破60条1項）。その趣旨は、以下の点に求められるであろう。すなわち、右の図でいえば、平常の状態であれば、あらかじめ甲が丙に対して支払資金を交付してある場合等を除

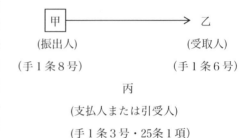

くと[21]、丙は、支払委託契約などに基づいて、支払いによって甲に対して現在の求償権を取得するし、または引受けをなすことによって、将来の求償権を取得する。ところが、甲に破産手続開始決定がなされた後に、丙が支払いまたは引受けをなした場合には、求償権が破産手続開始決定後になされた支払いまたは引受けという原因に基づくものであるとすれば、破産債権の要件（破2条5項）を満たさず、支払人や引受人は、破産財団に対して何らの権利行使もできないことになる。したがってこのような求償権は、破産者の自由財産に対して行使せざるを得ないが、無資力の破産者からこの求償権が回収できる見込みはほとんどあるまい。これでは、支払人や引受人の保護に欠けるばかりでなく、手形取引の安全も害する結果になるので、支払人・引受人が破産手続開始につき善意であった場合に限って、破産債権の行使を認めることとされたものである。善意・悪意については、破産手続開始決定の公告の前後による推定が働く（破60条3項）。

なお、破産法49条および50条が破産財団に関する47条1項に対する特則であるのに対し、破産法60条は破産債権に関する2条5項に対する特則としての性質を持つ。

これらの規律は、小切手については、振出人について破産手続開始の決定がなされた後に、支払人が支払保証（小53条）あるいは支払いをすることによって求

---

[21] 振出人が、あらかじめ支払資金を支払人に交付していた場合に、破産手続開始後に支払人がその資金をもって受取人に支払ったとすれば、その支払は、破産者である振出人に対する資金の返還と同視され、支払人が破産手続開始について善意である限り（破50条1項）、振出人の破産管財人に対抗できる（条解会更〔中〕339頁、伊藤3版346頁注46）。

償権を取得する場合に準用される。また、約束手形については、振出人について破産手続開始決定がなされた後に、予備支払人（手77条1項5号・55条）が参加支払い（手77条1項5号・59条以下）をすることによって求償権を取得する場合、および約束手形の支払担当者（手77条2項・4条）が支払いをすることによって求償権を取得する場合に準用される（破60条2項）。なお、小切手について小切手保証・支払保証（小25条・53条以下）、および約束手形について手形保証（手77条3項・30条以下）にも準用されるとする見解が一般的である[22]。

2　破産手続開始決定前から継続している法律関係の処理

（1）　総　説

破産手続開始決定により、破産者は自己の全財産に関する管理処分権を失い、管財人がこれを取得するから（破78条1項）、破産手続開始決定後は、破産者の財産的法律関係は、原則として、相手方と破産管財人（ないし破産財団）との関係に切り替えられる。よって、破産者を当事者の一方として締結していた契約関係が破産手続開始決定の当時なお継続している場合には、破産財団の整理と相手方の利益保護のために一定の決着をつける必要がある。そのような決着を必要とする法律関係につき破産法は、とくに、双務契約、それ以外の契約、手続法律関係について規定を置いている。

（2）　未履行の双務契約に関する破産法の規律

契約には、一方当事者のみが義務を負う片務契約と、当事者双方が共に義務を負担する双務契約とがある。そして、破産手続開始時を基準時にすると、未履行の片務契約と一方のみが未履行の双務契約とは、同様の法律状態にあるといえる。よって、以下では、一方のみが未履行の双務契約と、双方共に未履行の双務契約の場合を検討する。

1）　契約当事者の一方のみが未履行の双務契約の場合　　この場合、破産法には特別の規定はなく、破産法の一般法理にしたがって処理されることになる。しかも、一方の履行は完了しているから、履行上の牽連関係は既に消滅しており、残存する関係は片務契約と同様に考えられる。たとえば、Aがある商品1000個をBに1000万円で売却した後にBに破産手続開始決定がなされたとしよう。このとき、以下の2つの場合が考えられる。

①　破産者が未履行の場合　　すなわち、Aが目的物1000個をすでにBに引き渡したが、Bは代金をまったく支払っていなかったような場合である。

この場合、Aは自己の債権を、単に破産債権として権利行使をすることができ

---

[22]　条解破産2版469頁、大コンメン255頁〔松下淳一〕、伊藤3版346頁、基本コンメン85頁〔中野貞一郎〕、注解3版（上）280頁〔吉永順作〕。

るにとどまる（破2条5項・100条1項）。これは、一見Aに酷なようにみえるが、Aが同時履行の抗弁権（民533条）を放棄して自ら先履

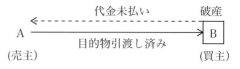

行した以上、自己の債権が破産債権と扱われ、完全な満足を得られないとしてもあながち不公平とはいえないと考えられる。ただ、このように解しても、この場合、Aは、動産売買の先取特権（民311条5号）を有しており、Aとしては、それを別除権として行使することにより優先弁済を受けられる地位にあるあることから（破2条9項・65条以下）、実際に不都合な結果にはならないであろう。

② **破産者の相手方が未履行の場合**　これに対して、Bは既に代金1000万円を支払ったのに対し、Aが商品をまったく

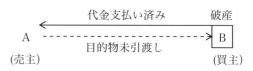

引き渡していない場合も考えられる。しかし、この場合には、AやBの破産財団に対して不利益が生じることはない。すなわち、Aは既に代金1000万円を受領しており、他方、Bが有していた債権（商品1000個の引渡請求権）は破産財団を構成する財産となる。したがって、Bの破産管財人がこの権利を行使し、Aに対して、商品1000個の引渡しを求めればよいからである（破34条・78条1項）。ただ、目的物の価格が下落している場合には破産財団に不利益が生じることになるが、この場合、破産者が先履行していたことによる、やむを得ない結果といえよう。

2）契約当事者双方とも未履行の双務契約の場合　以上に対して、当事者双方とも未履行の双務契約がある場合が問題となる。「当事者双方とも未履行」とは、破産手続開始時を基準時として双方の債務の全部または一部が残っている場合をいい、一方または双方が一部履行済みでもよい[23]。

---

[23] 注解3版（上）285頁〔斎藤秀夫〕。これに対しては、近時、未履行となっている債務の性質（本質的・中核的なものか、それとも付随的なものにすぎないのか）や未履行の程度を考慮して、双方未履行性を判断すべきであるとする見解も有力である（大コンメン208頁〔松下淳一〕、会更実務（上）218頁〔佐々木宗啓〕、詳解2版274頁〔徳田和幸〕、全書2版335頁〔早川学〕等）。なお、近時、最判平12・2・29民集54巻2号553頁〔百選5版80①事件〕、最判平12・3・9判時1708号123頁〔百選5版80②事件〕は、双方未履行契約性を肯定した上で、そのような場合であっても、契約を解除することによって相手方に著しく不公平な状況が生じるような場合には、破産管財人は、解除権を行使することができないと判断した。もともと、破産法53条の解除権の行使によって相手方に不利益が生じること自体、法の予定するところであり、ただその不利益が相手方との関係で著しい不公平を生じる場合にのみ、信義則に照らして解除権が否定される場合があると解しておけば十分であり、判例の立場が妥当であろう（条解破産2版410頁参

破産法はこれに関し、双務契約について破産者およびその相手方が破産手続開始のときにおいて共にまだその履行を完了していない時は、破産管財人は、契約を解除し、または破産者の債務を履行して相手方の債務の履行を請求することができると規定し、破産管財人に対し、契約の履行と契約解除の選択権を付与している（破53条）。しかし、そのことによって相手方に不利益が生じることのないように一定の配慮をしている。

　管財人が履行を選択すると、管財人は相手方の債務の完全な履行を求めることができ、そのかわり、相手方の権利は財団債権として優先的に弁済されることになる（破148条1項7号・2条7項・151条）。これに対し、解除が選択されると、契約関係は遡及的に消滅するが、相手方は、破産者の受けた反対給付が破産財団中に現存する時は、その返還を請求することができ、現存しないときは、その価額について財団債権者としてその権利を行使することができる（破54条2項）[24]。破産手続開始の当時、特定物が破産財団から譲渡されており、その反対給付の請求権が減損する場合には、相手方は破産管財人に対して、代償的取戻権（破64条）の行使として、反対給付の請求権の移転を求めることができるが、破産手続開始後、破産管財人が反対給付を受け取った場合には、反対給付が破産財団の中で特定できる状態で現存するときには、当該財物の返還を請求することができる。なお、破産管財人が受け取った反対給付が金銭のような特定性を有しないものであるときは、相手方は、破産管財人に対し、それを財団債権（破148条1項4号または5号）として行使することになる[25]。また相手方は、解除によって損害が生じた場合には、その賠償を求めることもできるが（民545条3項）、その損害賠償債権は、破産管財人の解除という行為から生じるものであるから、本来は財団債権（破148条1項4号）とされるべきものである。しかし、破産財団への負担を減らして解除権の行使を容易にするという政策的な配慮、双務契約の一方当事者の破産という相手方には帰責事由なき事態により破産管財人に解除権が認められており、相手方のある程度の不利益は制度の前提となっていること、そして解除に伴う原状回復は原則として完全な履行がされること（破54条2項）から、破産債権とされている（破54条1項）と考えられる[26]。

　照）。

[24]　このような規定に対しては、反対給付が現存しないにもかかわらず、これが財団債権とされることは、貧弱な破産財団にとって多大な負担となるうえ、債権者相互間の実質的公平を損なうおそれが大きいとの批判がなされている（四宮章夫「契約解除権」自由と正義37巻6号34頁、金商別冊2号104頁〔鈴木銀治郎〕）。

[25]　条解破産2版496頁、注釈（上）373頁〔加々美博久〕。

[26]　これは、大コンメン221頁〔松下淳一〕、条解破産2版429頁、基本コンメン93頁〔宮

双方未履行の双務契約の一方当事者が破産した場合、破産管財人としては、破産財団のために適時に履行か解除かの選択権を行使すべきである。しかし、この選択権の行使について時間的制限は設けられておらず、破産管財人が選択権を行使しなければ、相手方は不安定な地位におかれてしまう。そこで、相手方は、破産管財人に対し、相当の期間を定め、その期間に契約の解除か債務の履行を選択するかの催告をする権限が認められており、管財人がその期間内に確答をしない場合には、契約を解除したものとみなされている（破53条2項）[27]。

（3）　破産法53条の規定の趣旨

　清算型倒産処理手続である破産手続にあっては、既存の法律関係は、すべて清算解消させるとするのも1つの考え方である。そして、明治23年の旧商法典（明治23年法律32号）の破産編では、双方未履行の双務契約があった場合につき、契約当事者双方が当該契約を無賠償で解除しうる旨を定めていた（旧商993条）。しかし、相手方に残債務の履行を求めることが破産財団にとってより有利な場合にまで一律に解除によって法律関係の清算を強制するというのは、必ずしも適切な処理とはいえない。そこで、現行破産法は、53条の規定を置き（これは、旧破産法59条も同様であった）、契約関係の解除を唯一の方法とはせず、破産管財人に対し、破産財団の利益という観点から、契約の履行と解除との選択権を与えた。ただ、その規定の趣旨の理解については見解の対立がみられる[28]。

1）通説による破産法53条等の立法趣旨の説明　　通説によると、破産法53条を中心とする双方未履行の契約関係の処理の制度は、契約当事者間の公平と、円滑な破産清算の必要性によって基礎づけられるとする[29]。

　まず、契約当事者間の公平とは、双務契約における両当事者の義務が同時履行の関係にあり、相互に担保視し合っているにもかかわらず、破産法の一般法理にしたがって処理されることになると、本来的には、破産管財人が履行の選択をしたときに、相手方の権利は破産債権にしかならない。そうすると、破産管財人は

　　川知法〕、伊藤3版352頁等多数説が説明するところである。

[27]　ここで、解除が擬制されているのは、破産手続が清算を目的とするものであり、いずれ契約関係は消滅することが前提とされているからである。それに対して、再建型倒産処理手続である民事再生法49条2項や、会社更生法61条2項では、確答がない場合には、解除権の放棄が擬制されている。

[28]　対立の状況については、水元宏典「破産および会社更生における未履行双務契約法理の目的（1）」法学志林93巻2号63頁、68頁、大コンメン204頁〔松下淳一〕、基本コンメン86頁〔宮川知法〕、条解破産2版405頁以下、理論と実務194頁〔佐藤鉄男〕等参照のこと。

[29]　加藤正治『破産法要論』（有斐閣・1948年）129頁以下、中田101頁。

完全な満足を受けることができるのに対して、相手方の権利の完全な満足は確保されないから公平に反する。したがって、相手方の権利は、破産手続開始前の契約に基づくものであり、本来破産債権たるべきものであるが、公平を保つために、法がとくに財団債権へと格上げしたものであるとする。また同様の見地から、解除が選択された場合には、相手方が一部履行しているときは、現物があればその返還を求める権利を認め、また現存していなければその価額についての返還請求権を財団債権として保護すると共に、解除により相手方に生じる損害賠償請求権も、破産債権として認め、相手方の保護を図ったものであると説明する。また、円滑な破産清算の必要性については、双務契約の効力を常にそのまま維持すると、破産財団にとって不利な双務契約にも常に拘束されることになり、破産的清算が円滑に進まないこともある。よって、破産法は、破産財団を維持充実させ、破産的清算を円滑に行うことができるように、破産管財人に契約の履行か解除かの選択権を与えたものである。しかし、破産管財人の選択が速やかに行われないと、相手方は長期間にわたって不安定な地位に立つことになるから、相手方は管財人に対し、相当の期間を定めて履行の請求と契約解除のいずれを選択するか確答すべき旨を催告することができ、その期間内に確答がなければ解除があったものとみなされる（破53条2項）。この見解によれば、このような説明がなされている。

2）解除権説[30]による説明　　この見解によれば、破産法53条の立法趣旨は、通常の契約関係では認められない特別の解除権を破産管財人に与えて、破産の場合の双方未履行契約の処理を破産管財人に有利に変更したものであるとする。

すなわち、解除が選択されたときは、契約関係が消滅し、原状を回復するのが一般原則である（民545条1項本文）。したがって、破産者がすでにその義務の一部を履行しているときには、相手方からその返還を求め、逆に、相手方が一部の義務履行をしているときは、破産財団から相手方への原状回復を行わなければならない。相手方のもつ原状回復請求権は、破産管財人が特別の権能である解除権を行使した結果であるので、公平を考慮して取戻権または財団債権の地位を与えられる（破54条2項）。これに対して、破産管財人の解除によって相手方に発生する損害賠償請求権は、破産債権として扱われるが（破54条1項）、本来であれば、損害賠償請求権も破産管財人の解除権の行使によって生じるものであるから、これを財団債権とすることが考えられないわけではない（破148条1項4号参照）。それにもかかわらず破産債権とされるのは、損害賠償請求権を財団債権とすると、その負担が重大なものとなり、破産管財人に特別の権能として解除権を付与した趣

---

(30)　伊藤3版350頁以下。

旨が没却されるからである、という。

　また、履行が選択されたときには、従来の契約関係における相手方の地位、すなわち同時履行の抗弁権を認めなければならない。したがって、相手方としては、破産財団の側が自らの債務を契約の内容にしたがって履行するのと引換えにのみ、破産財団に対してその債務を履行すれば足りる。相手方の債権が財団債権（破148条1項7号）とされるのは、このような趣旨によるものである。言い換えれば、相手方の権利は、本来破産債権とされるべきものが立法によって財団債権に格上げされたのではなく、相手方による債務履行によって破産債権者全体が利益を受け、したがってその対価たる相手方への債務履行を破産債権者が共同で負担すべきものとして、相手方の権利は本来的な財団債権であり、破産管財人が履行の選択をなすことによって財団債権としての行使が可能になる、と説明する。

　3）同時履行関係強調説[31]**による説明**　　破産法53条（旧破59条）がない場合の相手方の権利は破産債権であるが、同時履行の抗弁権は失われないとする。そのため、破産管財人の相手方に対する請求は同時履行の抗弁権によって阻止され、相手方の債権も破産債権として手続的制約を受けるから、いわば両すくみの状態になり、破産手続の中で処理ができなくなる。かかる両すくみの状態を打破し破産清算を円滑に進めるために設けられたのが破産法53条（旧破59条）であるとする。ただ、そこで認められた破産管財人の履行請求や解除権行使による相手方の不利益はできるだけ減少させる必要があり、管財人による履行の選択は破産財団を実質的に増大させることになるから、契約の相手方を害しないように、同時履行の抗弁権付きの破産債権を財団債権に変更するといった特別な取扱いがなされる。またそれと同様に、解除権行使による相手方の不利益を減少させるため、たとえば、不動産の売買で買主が移転登記を受けたが引渡しを受けていない状態で売主が破産した場合も、買主が代金を支払えば売主の破産管財人の解除権行使は阻止できるとする[32]。

---

(31) 福永有利『倒産法研究』（信山社、2004年）71頁以下、水元宏典「破産および会社更生における未履行双務契約法理の目的（2・完）」法学士林93巻3号69頁、87頁。

(32) 最判平12・2・29民集54巻2号553頁〔百選5版80①事件〕、最判平12・3・9判時1708号123頁〔百選5版80②事件〕等も、解除権が否定される場合があることを認めている。すなわち、預託金会員制ゴルフ倶楽部の会員が破産した場合において、破産管財人によるゴルフ倶楽部会員契約の解除が認められると、契約相手方であるゴルフ場経営会社側が、一方的に高額な預託金を返還しなければならなくなり、著しい不利益を受けることになるから、破産管財人による解除権の行使は許されないものとする。なお、そこでは、破産管財人の解除権が否定されるべき場合としての、相手方に著しく不公平な状況が生じるかどうかは、①当事者双方が原状回復等としてなすべき給付内容が均衡しているか、②破産法54条（旧破60条）等により相手方の不利益がどの程度回復される

4）破産財団の利益強調説[33]による説明　　この説は、双務契約の当事者間の個別的な公平だけでなく、他の債権者たちからみた全体的な公平を重視すべきであるとする。その見地から、同時履行の抗弁権は、契約の相手方の破産債権に付着する間接的な取立権であって、債務者が破産手続に入った以上、破産法 100 条 1 項（旧破 16 条）により、相手方の同時履行の抗弁権は停止されるとしつつも、しかし、双方未履行の対価関係にある相手方は、破産財団に新たな利益（財団帰属請求権の実現）をもたらす地位にあるので、相手方への弁済（破 148 条 1 項 7 号、旧破 47 条 7 号）は、総債権者の利益を図るための対価として、特別に保護されても全体的な公平を害することはないとする。要するに、この説は、解除権説や同時履行関係強調説は、契約当事者の個別的な公平を重視しすぎており、破産法 53 条（旧破 59 条）がなければ、相手方の債権は破産債権でしかなく、しかも、破産手続に入った以上、同時履行の抗弁権は失われると理解し、破産法 53 条（旧破 59 条）による特別な取扱いは、履行ないし解除の選択が破産財団に新たな利益をもたらすからであり、しかも、それは破産財団に利益をもたらす範囲（限度）でのみ特別扱いが許されると説明する。

　なお、この系譜にあるものとして、有力に唱えられている見解がある[34]。これは、破産者を当事者とする取引の性質を同時交換的取引と信用供与型取引とに分け、破産法 53 条が特別の規定を設けて相手方の利益を保護するのは、双方未履行の双務契約が同時交換的取引に属するからであるとし、その趣旨は、危機否認の除外（破 162 条 1 項柱書きかっこ書参照）と共通するという。この考え方の下では、双方未履行双務契約の内容が破産債権者にとって不利な場合には、その履行を許さないことによって破産債権者全体の利益を保全することに、解除の選択権の根拠が求められる。

5）判　例　　最高裁[35]は、「双務契約における双方の債務が、法律上及び経済上相互に関連性をもち、原則として互いに担保視しあっているものであることにかんがみ、双方未履行の双務契約の当事者の一方が破産した場合に、法 60 条（現破 54 条）と相まって、破産管財人に右契約の解除をするか又は相手方の債務の履行を請求するかの選択権を認めることにより破産財団の利益を守ると同時に、破

　か、③破産者側の未履行債務が双務契約において本質的・中核的なものか、付随的なものか、等諸般の事情を考慮して決すべきであるとする。

[33]　宮川知法『破産法論集』（信山社、1999 年）3 頁以下。

[34]　中西正「双方未履行双務契約の破産法上の取り扱い」現代民事司法の諸相〔谷口先生古希祝賀〕（成文堂・2005 年）497 頁以下。

[35]　最判昭 62・11・26 民集 41 巻 8 号 1585 頁。

産管財人のした選択に対応した相手方の保護を図る趣旨の双務契約に関する通則である」と述べており、上記の学説のさまざまな要素を盛り込んだ説明をしていると評価できる。

6）各説の整理　　上記のように見解は多岐に分かれており、それぞれの立場には根本的な違いはあるが、各説には、程度の差はあれ、双務契約の特殊性を強調し、この関係が破産手続開始後もそのまま存続することを前提としている点では共通性を有している。また、破産法53条（旧法59条）が存在している以上、どの説をとっても結論にはあまり差はない。その意味で、これら学説の議論は説明の仕方の差異に過ぎないともいえる。ただ、破産法53条のような規定がない特別清算や、以下のような事例では、各学説により結論に差が生じるであろうから、決して実益のない議論とはいえないであろう。たとえば、以下のような例で考えてみよう。

（例1）XはYに不動産を売却し、移転登記は完了したが、不動産は未だ引き渡していない。それに対しYは代金を半分だけ支払っている。このときXが破産すると、Xの破産管財人Zは、破産法53条により契約を解除できるか？

同時履行関係強調説では、Yが残りの代金を支払えば、Zの解除権を阻止できるであろうが、他の見解では、原則としては破産法53条の適用があり、解除権を行使することはできることになろう。ただし、不動産売買では移転登記が最も重要な売主の債務であり、たまたま明渡しが残っていても、契約の本質的部分は履行済みであるとか、そのような解除権の行使は権利濫用であるといった理由により、解除権行使を阻止するという構成も十分考えられる。

（例2）Xは、Yに対して5年間にわたり毎月一定量の原材料を供給し、翌月にその代金の支払いを受ける継続的供給契約を結んでいた。ところが、Yが半年分の代金の支払いを怠ったまま破産し、Zが破産管財人に選任された。Zとしては、債権者への配当を捻出するために、営業をしばらく継続したいので、履行を選択し、Xに対して原材料を供給してくれるよう申し入れた。Xの代金債権はどのように扱われるか。

通説によれば、履行選択後の原材料供給についてのXの代金債権は破産法53条・148条1項7号により財団債権になるが、それ以前の代金債権については破産債権にしかならない。これに対し、批判説によれば、Yが支払っていなかった過去の代金債権も含めてすべて原則として財団債権になると解されるから、Xとしては全債権について優先的な弁済を受けることができることになろう。

（4）　相手方からの契約解除

1）総説──問題の所在　　破産法53条1項2項の文言によれば、双務契約

の履行か解除かの選択権は破産管財人にしか認められておらず、相手方は、破産管財人に対して、契約の履行をするか解除をするのか確答をするように催告する権利しかないように読める。

そこで、破産管財人が契約の解除を選択すると、当事者双方の残債務は消滅し、既履行の給付部分はお互いに返還し、給付したものが破産財団中に現存しない場合には、その価額を財団債権として行使することができる（破54条2項）。また、損害があれば、損害賠償請求権を破産債権として行使することになる（破54条1項）。これに対し、契約の履行が選択されると、相手方は破産財団に対してその債務を履行し、破産財団に対する債権は財団債権として行使することが可能となる（破148条1項7号）。しかし、解除された場合の損害賠償債権は破産債権にしかならず、また、財団債権についても常に完全な満足が保障されるわけではない（破152条1項参照）。そこで、相手方としては、破産管財人が履行の選択をしたにもかかわらず、または履行の選択がなされる前に、自ら契約の解除をなし、あるいは契約条件の変更を求めることができるか、また、できるとして、そのための手段としてはどのようなものがあるか、ということが問題となる。

2）不安の抗弁権　　不安の抗弁権とは、契約の一般法理であり、「相手方に対し先履行義務を負う当事者が、相手方の信用不安を契機として、相手方からの履行請求に対し、先履行を拒絶することができる」権利である[36]。

とくに継続的供給契約のように、契約上の義務履行が長期間にわたる場合において、相手方としては、破産財団の側の義務履行について不安を感じることは避けられない。破産法は、破産管財人の選択権について特則（破53条1項）を設けているものの、履行が選択された後の契約関係については、契約法一般の法理が適用されるから、不安の抗弁権を排除する理由はない。ただし、破産財団を相手方とする契約であることのみを理由として、相手方が当然に不安の抗弁権に基づいて契約を解除することができると解することは、法が破産管財人に選択権を認めた趣旨に反するから認められない。しかし、破産財団の状況などを考慮して、場合によっては相手方が契約条件の変更、たとえば支払方法の変更や担保の提供などを求める可能性は認めるべきであろう[37]。

---

[36]　不安の抗弁権の概念については、潮見佳男『債権総論〔法律学の森〕』（信山社、1994年）102頁、同『プラクティス民法・債権総論〔第3版〕』（信山社、2007年）85頁以下参照。

[37]　伊藤3版356頁、条解破産2版412頁。不安の抗弁を認めた裁判例としては、東京地判平2・12・20判時1389号79頁、東京高判平19・9・5判例タ1292号207頁、東京地判平25・4・12LLI/DB判例秘書〔L06830154〕等がある。

3）破産手続開始前の債務不履行を理由とする解除　破産手続開始後に履行期が到来する債務については、破産管財人の履行選択までは相手方は財団債権としての弁済を求めることができず、また破産管財人も相手方の債権について勝手に弁済をなすことはできないから、債務者の責めに帰すべき債務不履行が生じているとはいえず、相手方の解除権は発生しない[38]。

しかし、破産手続開始申立後に、弁済禁止の保全処分がなされているため、相手方の履行請求に対して履行をしなくても債務不履行にならない場合を除くと、破産手続開始決定前に既に債務不履行が生じ、しかも催告など解除権発生の要件が充足されていれば、相手方は、その解除権を破産管財人に対して行使し、原状回復を求めることができる[39]。ただし、通説によると、解除は可能であるが、不動産の売買契約など、解除しても、破産管財人が民法 545 条 1 項但書の第三者に当たるとして、解除権を行使した相手方は、原状回復の効果を破産管財人に対して主張し得ないと解されている。

4）約定解除権　解除権が約定される場合、あらかじめ契約中に一方当事者について破産手続開始の申立て、または支払不能や支払停止など、破産手続開始に関わる事実が生じることを解除権の発生原因として定め（これは「倒産（即）解除特約」と呼ばれることがある）、これに基づいて相手方が破産手続開始後に解除権を行使する場合が考えられる。この種の合意がなされるのは、相手方としては、破産状態に陥った者との契約関係を続けることに不安を感じるためである[40]。しかしこのような解除の効力を認めると、それが破産手続に関して必ず生じる事実を原因とするものであるだけに、相手方は、常に破産管財人に対して解除権を主張できることになる。その結果、法が破産管財人に対して履行か解除かの選択権を与えたこと（破 53 条）が、事実上その意味を失ってしまう。よって、法が破産管財人に選択権を付与している趣旨を考慮すれば、この種の解除権行使の効力を否定すべきである[41]。もっとも、それ以外の約定解除の特約においては、相手方によ

[38]　なお、東京地判平 17・8・29 判タ 1206 号 79 頁は、民事再生手続開始に伴う個別的債務履行の禁止と無関係な事由が約定解除権行使の要件とされている場合には、民事再生手続開始後であっても、約定解除権の行使が認められると解すべきであるとし、解除の結果として生じる返還請求権の共益債権性を認めている。

[39]　伊藤 3 版 356 頁。

[40]　破産手続との関係を度外視すれば、支払停止などを理由とする無催告解除が当然には無効とはいえない（大阪地判平 3・1・29 判時 1414 号 91 頁）。

[41]　通説である。たとえば、伊藤 3 版 357 頁、条解破産 2 版 413 頁以下。なお、所有権留保と会社更生手続との関係において最判昭 57・3・30 民集 36 巻 3 号 484 頁（新百選 19 事件、百選 3 版 12 事件、百選 4 版 12 事件、百選 5 版 75 事件）が、また、ファイナンス・リース契約と民事再生手続との関係において最判平 20・12・16 民集 62 巻 10 号 2561 頁

る契約解除を認めても、破産管財業務にとくに支障をきたさない場合には、破産管財人としては解除を認めるなどの柔軟な対応をすべきであろう[42]。

＜設問についてのコメント＞

　問1は、倒産手続の開始と弁済の効力について問う問題である。これについては、1.（4）3）を参照のこと。

　問2については、破産法49条1項但書により、その登記は破産管財人に対抗することができることになる。しかし、破産管財人が対抗要件における第三者であることを前提にするならば、破産手続開始時に登記をしていなかったCは、Kには対抗することはできないのではないか、という疑問はわく。この場合、49条1項但書は、登記を得た者の善意を条件として、対抗関係の例外として管財人にも対抗することができるという内容を規定したものと解すべきことになろう。これについては、1.（4）2）を参照のこと。

　第3問は、破産手続の開始と、登記の関係を問う問題である。これについては、1.（4）2）を参照のこと。前段については、A・D間の売買契約は破産手続開始決定と同日であり、破産法47条2項の推定が働く。そこで、Dが、売買契約がなされたのが破産手続開始決定より前であることを証明すれば、売買契約は破産手続に対して対抗できることになる（破47条1項の反対解釈）。しかし、管財人は、民177条の第三者とみられるから、Dが所有権を対抗するためには、Aに破産手続開始決定がなされKが管財人に選任される前に所有権移転登記を受けていないかぎり、Kには所有権取得を対抗できないことになる。

　後段については、売買契約と同時に移転登記がなされたことを想定しているから、この場合、破産手続開始決定前に登記が備えられているので、もはやKはこの登記の抹消を請求することはできないであろう。

　問4は、双方未履行の双務契約の、基本的処理について問う問題である。これにについては、2.（2）2）を参照のこと。

　問5は、破産法48条1項の法意を問うものである。これについては、1.（3）、および最判昭54・1・25民集33巻1号1頁〔百選5版73事件〕を参照のこと。

───────────────

が、ともに、倒産即解除特約の効力を否定しているが、これらの判例の射程は破産手続にも及ぶものと考えられる。

[42]　大系554頁以下〔本間靖規〕、倒産実体法52頁〔松下淳一〕参照。

第8講 破産者をめぐる法律関係の処理(その2)

ケース

A株式会社は、甲市に本社を有する総合光学機械メーカーである。ところが、A社は近時の不況のあおりを受け、平成26年10月15日に甲地方裁判所に破産手続開始の申立てをし、同年12月1日午後5時にA社に対し破産開始決定がなされ、Kが破産管財人に選任された。Kが調査した結果、以下のような事実が分かった。

平成26年の6月分から11月分までの6ヶ月間の水道料金を滞納することになってしまい、甲市水道局からは至急滞納した水道料金を支払わなければ、水道を止めるとの警告を受けていた。

また、A社は、取引先であるB社に対して、A社の本社ビルの5階ワンフロアー(①建物)を賃貸し使用させている。この賃貸借契約は、期間は平成25年10月1日から平成27年9月30日までの2年間、賃料は月額150万円で当月末日払いとするものであった。またB社は、入居時に、敷金として賃料の10か月分に当たる1500万円をA社に支払った。

また、A社は、C社から事務所用にC社所有のオフィスビルの1室(②建物)を賃借し現在使用しているが、契約期間は平成24年3月14日から5年間であり、賃料は毎月50万円で当月末日払いの約定であった。そして、A社は、本件賃貸借契約の締結に際して、敷金として、賃料の10か月分500万円をC社に支払った。なお、この賃貸借契約には、「本件賃貸借契約を賃借人が中途解約する場合、違約金として、賃借人は賃貸人に預託した敷金の全額について返還を受けることができないものとする。」という違約条項が設けられていたが、賃貸人からの中途解除の場合についての違約条項はなかった。

また、A社は、光学レンズの研磨技術に関する特許権を有していたが、カメラの部品を製造するD株式会社に対して、月額100万円のロイヤルティー(実施料)で右特許の通常実施権を設定したが、D社は通常実施権の登録をしていなかった。

Kは、平成27年1月半ばまで管財業務のために、A社が借りていたオフィスビ

248　　第7章　破産者をめぐる法律関係の処理

ルの 1 室を使用した。その後、破産管財人 K は、平成 27 年 1 月 20 日に破産法 53 条に基づいて C 社に対し、同月 25 日を以て本件賃貸借契約を解除する旨の意思表示をした。そして、同月 25 日、原状回復を行うことなく、オフィスビルの一室を明け渡した。その後、C 社は、自社で原状回復工事を行い、原状回復費用として 700 万円を支出した。そこで C 社は、現状回復費用として支出した 700 万円は財団債権に当たるとして、K を被告として、700 万円の原状回復費用の返還請求訴訟を提起した。

◆問 1　上記設例の場合、甲市は水道料金の 5 ヶ月の滞納を理由として、爾後の水道供給を拒否することができるか。K が、水道供給契約の履行を選択した場合、甲市の有する水道料債権は、破産手続上どのように扱われるか。この場合において、甲市は、A 社には破産手続開始申立後に債務不履行があったとして、水道供給契約を解除し、水道の供給を拒むことができるか。また、K が水道供給契約の解除を選択した場合は、甲市との水道供給契約関係はどのように処理されることになるか。

◆問 2　K は B 社との①建物の賃貸借契約を解除して賃貸物件の即時の明渡しを求めることができるか。また、B 社としては、もっと安く借りられるビルが見つかったので、①建物を賃借する必要はないとの判断に達したが、期間満了までの 10 ヵ月間は、そのまま①建物を使うことにし、期間満了とともに当該物件を破産管財人に明け渡すことにした。その場合、B 社は、賃料の支払いはどのようにすることになるか。B 社が①建物を明け渡したときには、既に支払っていた敷金 1500 万円は返還してもらえるか。ただし、B 社には、賃料の滞納、その他、敷金が減額されるような事情はなかったものとする。

◆問 3　K は C 社との②建物賃貸借契約を解除することができるか。仮に、K が C 社との賃貸借契約を解除し、賃借物件を明け渡した後、C 社に対して敷金返還請求をした場合、C 社は、違約条項に基づき、K からの敷金返還請求を拒否することができるか。

◆問 4　C が提起した、原状回復費用返還請求訴訟は適法か。

◆問 5　上記設例において、仮に、B が賃料 2 年分（3600 万円）を全額前払いしていた場合、K としては、どのようにすればよいか。

◆問 6　K としては、E 社が、A 社の特許の通常実施権を月額 150 万円のロイヤリティーで使いたいといってきたので、D 社とのライセンス契約を解除して、E 社に通常実施権を設定しようとしている。このようなことは許され

第 8 講　破産者をめぐる法律関係の処理（その 2）　　249

るか。

◆**問7**　仮に、Kが、A社の特許権をF社に売却した場合、D社としては、従前
　　　通り右特許の通常使用権によって、レンズを製造することはできるか。

3　各種双務契約の処理
（1）　継続的供給契約
1）継続的供給契約の意義と問題の所在　　継続的供給契約とは、当事者の
一方が継続して給付する一定の種類の財（またはサービス）に対して、他方が、一
定期間ごとにその期間内になされた給付の対価を後払いするという態様の契約の
ことをいう。公共性の強い、電気・ガス・水道等の継続的給付を目的とする双務
契約がその代表であるが、それ以外でも、給付の内容としては、継続的な運送・
ビル清掃・エレベーターの保守管理・ビル警備のような役務の提供も含まれる。
これらは、財の給付と金銭の支払いとが対価関係をなしているものと考えられ、
売買契約の特殊形態とみられる。それに対して、たとえ継続的な契約であっても、
賃貸借契約や労働契約などは除かれる。よって、賃貸借契約は破産法53条以下
の規定により処理されることになる。また、労働契約については明文（破55条3
項）で適用が排除されている[1]。いずれにせよ、破産法55条の適用はない。

　売買契約においては、買主は売買代金支払義務を負い、それに対して売主は、
目的物引渡し・登記移転・所有権移転といった義務を負担している（もっとも、民
法555条が規定している売主の所有権移転義務は、民法176条の規定があることにより、所
有権留保特約でもない限り、原則として、これが独自の義務として残ることはない）。した
がって、破産手続開始時において、代金が全く、あるいは一部しか支払われてお
らず、かつ、引渡し・移転登記などが全部または一部しか履行されていなければ、
双方未履行の双務契約と見なされ、破産管財人が、契約の履行か解除かを選択す
ることができることになる（破53条1項）。

　そこで、このような継続的供給契約が締結された場合において、旧法下におい

---

[1]　労働契約も、労働者が労務の提供をなし、使用者がこれに対する対価を支払うことを
　内容とし、しかも一定期間にわたって給付が反復継続され、各期ごとにその対価が支払
　われるという意味では、継続的供給契約といえる。しかし、破産法55条1項および2項
　を適用するとすれば、破産手続開始の申立前の未払い賃金などがあっても、労働者は、
　労務の提供を拒むことができないという結果になるが、労働契約の特質や労働者の基本
　権、あるいは破産手続開始前の原因に基づく労働債権の一部は、破産法55条と関わりな
　く財団債権とされていること（破149条）などとの関係を考えると、このような結果は
　不合理なものであるので、破産法55条の適用が排除されているのである（条解2版437
　頁参照）。

250　　　　第7章　破産者をめぐる法律関係の処理

ては、需用者が破産手続開始決定を受けたとき、それが双方未履行の双務契約に当たるかどうか、また、破産管財人が履行を選択した場合に財団債権となる料金支払請求権（破148条1項7号）は、いかなる範囲において認められるか、さらには、破産手続開始前の需要者の不履行を理由として後の給付を拒絶することができるか、といったさまざまな問題が生じていた。

2）旧破産法下における扱い　古くは、この種の契約における具体的な供給と料金の関係は現実の使用に応じて発生するので、使用のたびごとに新たな契約が成立するという考え方もあった。これによると、双方未履行の契約が係属中という事態は考える必要はない。すなわち、破産手続開始決定前の料金の未払部分は破産債権であり[2]、破産手続開始決定後に管財人が管財業務の必要上使用した分は財団債権（旧破47条3号または4号〔現行破148条1項2号または4号〕）となるに過ぎないことになる。

それに対して旧法下における通説は、継続的供給契約も契約としては一体であり、その履行が定期的に区切られているに過ぎないと解していた。よって、破産手続開始決定の時点では、お互いに将来にわたって履行すべき債務が残っているから、双方未履行の双務契約として旧破産法59条（現破53条）が適用されると解していた。したがって、管財人には選択権があるが、その効果を重視して修正を図っていた（会社更生法62条の規定の類推によるものであろう）。すなわち、まず、解除が選択された場合には、破産手続開始前の供給の対価である未払代金や、解除に基づく損害賠償請求権が破産債権とされ、特別の問題はない。それに対し、履行が選択された場合には、まず、①破産手続開始決定後の供給分の対価は財団債権になるということではほぼ一致していた（ただし、その根拠として、旧破47条7号〔現破148条1項7号〕になるという見解と、同条3号または4号〔現破148条1項2号または4号〕になるという見解とがあった）。②破産手続開始決定前の供給の対価として未払い代金債権がある場合、それは破産債権にとどまる（旧破15条）。ところが、破産管財人が履行を選択したにもかかわらず、相手方が、未払代金が存在することを理由として、新たな供給を拒むことができるかどうかという問題が生じた。平常の状態であれば、売主は買主に対し、同時履行の抗弁権ないしこれに類似する履行拒絶権を主張して供給を拒めるはずである。しかし、このような継続的供給契約が、電気・ガス・水道といった、事業ないし生活の維持には不可欠な給付をその内容とする場合、仮に事業を閉鎖するにしても、管財業務を遂行するためには、これらの供給は不可欠である。よって、このような供給拒絶権が認められ

---

[2]　兼子「継続的供給関係と破産・会社更生」民事法研究Ⅲ（酒井書店・1974年）100頁。

ると、破産管財人は、供給者にその供給義務の履行を求めるために未払代金を即時全額支払わざるを得ず、それは実質的には財団債権として扱うことになり、未払代金債権を破産債権とした趣旨と矛盾する結果となる。そこで、この見解は、いったん破産管財人が当該契約について履行の選択をした以上、将来の給付の対価だけでなく、開始前の供給の対価である未払代金債権も財団債権（旧破47条7号〔現破148条1項7号〕）になるとし、その代わり、破産手続開始決定後の供給を拒絶することはできないと解していた[3]。しかし、このような見解は、破産手続開始前の給付に係る請求権は本来破産債権の性質を有する（旧破15条〔現破2条5項〕）ことと矛盾するとの批判があった。

3）現行破産法の規定　以上のような状況の下、現行破産法は、民事再生法50条や会社更生法62条にならって、これらの問題を立法的に解決した。

まず、継続的供給契約も双方未履行の双務契約として、破産管財人は、かかる契約の履行または解除を選択することができる（破53条1項）。そこで、管財人が継続的供給契約を解除した場合は、供給者は以後の継続的給付をする必要がなく、破産者側もその対価を支払う必要はない。もし損害があれば、給付義務者はその賠償請求権を破産債権として行使することができる（破54条1項）。

それに対し、破産管財人が履行を選択した場合は、継続的給付の義務を負う者は、破産手続開始の申立て前の給付にかかる破産債権について弁済がないことを理由としては、破産手続開始後は、その義務の履行を拒むことはできないとされた（破55条1項）。そして、破産手続開始前の供給の対価たる代金債権について、①開始申立前の供給の対価とみられる部分と、②開始申立から開始決定までの供給の対価とみられる部分とを区別し、①の期間中に供給された部分の対価、ついては、破産債権（そのうち、破産手続開始前6か月分は優先的破産債権、それ以前のものは一般の破産債権となる〔破98条1項、民306条4号・310条〕）とし、かつ、その弁済がないことを理由としては、相手方は破産手続開始後の供給を拒絶できないものとしている（破55条1項）。

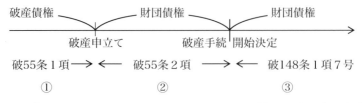

しかし、②の期間中に供給される分については、同時履行の抗弁権が付着する

---

[3] 伊藤・破産3版補訂233頁。

相手方の債務の履行を求めておきながら、未払いの代金債権をそのままにして破産手続開始後も引き続き相手方に債務を履行させるのは公平ではない。そこで、この期間に給付された分の料金債権は、財団債権として（同条2項）特別に保護することで、相手方の利益との調整を図っている[4]。なお、このように格上げされた債権である以上、その弁済がない場合には、それを理由とする手続開始後の履行拒絶は認められるであろう。したがって、これに準じて考えると、②の期間に債務者の債務不履行があった場合には、相手方は、それを理由として、手続開始後に契約を解除することができると解されるが、管財人が、その債権を財団債権として弁済することにより、解除を阻止することができると解すべきである。なお、これら現行法の規定は、契約の履行が選択されたときに、破産手続開始前の供給の対価が財団債権か破産債権かという考え方の対立を止揚するものである。

　以上に対して、③破産手続開始後の給付に係る請求権は財団債権となると解される（破148条1項7号類推）。

（2）　賃貸借契約

1）　総　説　　破産手続における賃貸借契約の取扱いをめぐる問題としては、賃借人が破産した場合と賃貸人が破産した場合とに分けて考察されるのが一般的である。ただ、両者の場合に共通して前提となるのは、①賃貸人側の義務としては、契約期間中は賃借人には目的物を使用・収益させる義務およびその他の付随的義務が存在し、これに対し、②賃借人の義務としては、賃料支払いや目的物の返還その他の義務が存在する（民601条・616条・597条etc.）ということである。したがって、賃貸借契約が存続中にいずれかの当事者について破産手続が開始された場合には、残りの期間については両当事者の上記の義務は双方とも残っているから、賃貸借契約は双方未履行の双務契約とみられ、議論はここから出発することになる。以下では、賃借人が破産した場合と、賃貸人が破産した場合とに分けて、それぞれ問題となる点を考察しよう。

2）　賃借人の破産の場合　　**①　旧法下での解釈──民法旧621条の適用**　　現行破産法が成立する前は、通説によれば、民法旧621条の文言[5]から、これが破産法規定に対する特則であるから、こちらが優先的に適用され、旧破59条（現破53条）

---

(4)　破産手続開始の申立日の属する期間内であれば、申立日より前にした給付にかかる請求権も財団債権として扱われる（破55条2項かっこ書）。

(5)　民法旧621条は、「賃借人カ破産ノ宣告ヲ受ケタルトキハ賃貸借ニ期間ノ定アルトキト雖モ賃貸人又ハ破産管財人ハ第617条ノ規定ニ依リテ解約ノ申入ヲ為スコトヲ得此場合ニ於テハ各当事者ハ相手方ニ対シ解約ニ因リテ生シタル損害ノ賠償ヲ請求スルコトヲ得ス」と規定していた。

第8講　破産者をめぐる法律関係の処理（その2）　　253

の適用はないと解されていた。

このような旧法下の通説によれば、民法旧621条により賃貸借契約が解約された場合、破産手続開始決定の時から契約終了時までの賃料債権は財団債権となるが（旧破47条8号〔現破148条1項8号〕）、延滞賃料があってもそれは破産債権にとどまる。それに対して、いずれからも解約されずに賃貸借契約が継続するときは、破産手続開始決定後の賃料債権は財団債権となり（旧破47条7号〔破148条1項7号〕類推）(6)、破産手続開始決定前の延滞賃料は破産債権にとどまると解されていた(7)。

② 民法旧621条への立法論的問題点とそれへの対処法　a．問題点　　　しかし、民法旧621条を優先適用することについては、従来から種々の問題点が指摘されていた。すなわち、第1に、同条が破産管財人だけではなく、賃貸人にも解約権を与えていた（同条前段）ことから、①特に不動産賃貸借の場合、賃借人の破産を奇貨として賃貸人が解約することにより、何らの補償なくして、財産的価値の高い不動産賃借権を容易に取り除くことが可能であり、有力な資産が破産財団から奪われる結果になる。また、②当該不動産が破産者の生活の基盤であるような場合、不動産賃借権は借地借家法によって保護されている（たとえば、借地借家6条・28条）にもかかわらず、賃借人の破産によって、賃貸人が解除権を行使することにより、賃借人が賃借権を失うことになるのは賃借人保護の思想に反する結果となる。さらに、③賃貸人にとっては偶然の事実である賃借人の破産によって、解除権を取得するという不当な利益を認めることになる等である。また第2には、破産法の下では破産管財人の解除権に基づく損害賠償請求権を相手方が破産債権として行使することができるのに対して、民法旧621条においては、損害賠償債権の発生自体が否定されており（同条後段）、破産法と民法ではその規定にバランスを欠くとの指摘が可能であった。

b．対処法　　　そのため、旧法下における通説は、できるだけ賃貸人の解約権を制限するために、借地借家5条・6条・28条は賃借人破産の場合にも適用されると解していた(8)。よって、解約申入れ（民旧621条）から告知期間（民617条）の満了に至るまで、更新拒絶ないし解約の「正当事由」が存続していなければ、解約申入れは効力を生じないと解されていた。そして、この場合の正当事由の判断

---

(6) 最判昭48・10・30民集27巻9号1289頁（新百選78事件、百選3版81事件）参照。

(7) 山木戸122頁、谷口185頁。

(8) 山木戸123頁、谷口186頁、注解3版（上）287頁〔斎藤秀夫〕、星野英一『借地・借家法』（有斐閣・1969年）160頁、鈴木禄弥『借地法（上）』（青林書院新社・1971年）84頁、福田健次「賃貸借契約の当事者の破産」判タ209号110頁等。

については、賃借人が破産手続開始決定を受けた事実自体は重要な要素ではなく、各当事者の自己使用の必要性、財団の賃料支払能力その他の事情を考慮すべきであると解していた。

これに対して裁判例は、土地賃貸借については通説と同じ立場に立つが[9]、建物賃貸借については、賃貸人の解除権を制限していなかった[10]。

以上のような判例・学説における対処法に対しても、その結果の妥当性は肯定するにしても、①この場合に賃借権を存続させるか否かは、賃貸人と賃借人との関係においてではなく、賃貸人と賃借人の破産債権者との関係で考えられるべきものであり、通説が、本来賃借人自身の保護を目的とする借地借家法の正当事由を持ち出すのは考え方の方向を誤っている。②仮に賃貸人の解約申入権を否定して賃貸借契約を存続させても、賃料債権は財団債権となる（旧破47条7号、現破148条1項7号）から、賃貸人に不利益は生じない。③賃借人の破産それ自体によっては債務不履行とはならない。④管財人が財団債権たる賃料債権について不払いをすれば、賃貸人としては、その時点で、民法541条に基づき契約解除をすれば足りる。⑤特に、判例が、土地賃貸借と建物賃貸借とで取扱いに差を設けることには疑問がある。また、⑥破産法の下では、破産管財人が双務契約を解除する場合には、相手方の損害賠償債権は破産債権となる（旧破60条1項、現破54条1項）のに対して、民法旧621条では、解除による損害賠償債権の発生自体が否定されているのは不当であり、さらには、⑦立法の沿革からみても、民法旧621条は、双方未履行総務契約について破産管財人と相手方の双方に解除権を認め、かつ、損害賠償請求権を破産債権として行使をしていた旧商法破産編の規律を前提とするもので、もはやこれを維持すべき理由はない、といった数々の批判がなされていた[11]。

その他、賃借人が破産した場合に、民法旧621条により賃貸借契約が解除された場合の転借人の地位の保護が問題となった。判例は、賃貸借契約を解除することが転借人に対して著しく信義則に違反するような場合には、転借人との関係ではその効力を生ぜず、転借権は消滅しないと解していた[12]。

③　**現行法の立場**　このような議論を背景として、民法旧621条は削除され

---

[9]　最判昭48・10・30民集27巻9号1289頁（新百選78事件、百選3版81事件）。

[10]　最判昭45・5・19判時598号60頁、東京高判昭63・2・10高民集41巻1号1頁（新百選79事件、百選3版82事件）。

[11]　これらの批判については、伊藤・破産3版補訂234頁、伊藤3版361頁以下等を参照。

[12]　最判昭48・10・12民集27巻9号1192頁〔百選5版A13事件〕。これは、賃貸人と賃借人による合意解除による賃貸借契約の消滅は、信義則上転借人には対抗できないとする通説・判例（大判昭9・3・7民集13巻278頁）と同様の価値判断をしたものであろう。

た。その結果、賃借人の破産においては、旧破産法59条の規定を引き継いだ現行破産法53条のみが適用されることになった。よって、現行法の下では、賃借人が破産した場合、それを理由とする賃貸人からの解除権は認められず、双方未履行の双務契約に関する一般原則にしたがって、賃借人の破産管財人が履行か解除かの選択権を行使することになった[13]。したがって、解除が選択されると、賃借人の敷金返還請求権は破産財団所属の財産として破産管財人の管理処分権に服し、賃貸人の損害賠償請求権は破産債権となる（破54条1項）。これに対して履行が選択されると、賃貸人の賃料債権は、破産手続開始前の滞納分については破産債権であるが、破産手続開始後のものは財団債権（破148条1項7号）になると解される[14]。ただ、賃借人の有する敷金返還請求権は、賃借人に破産手続が開始されると破産財団を構成する財産となり、賃借人の破産管財人により双方未履行双務契約として賃貸借契約が履行されるか解除されるかにかかわらず、破産法による制約を受けることはない[15]。

　なお、旧破産法の下における通説は、破産管財人の解約権も制限されると解していた。すなわち、管財人が賃貸借契約を解除することによって財産的価値のある不動産賃借権をみすみす失ってしまうことは、管財人の善管注意義務（破85条）に違反することになるとする。もし破産者居住の建物の賃貸借の場合、換価が困難であれば、むしろ破産者のためにこれを放棄（破78条2項12号）すべきであるとする[16]。それに対して、現行法は、むしろ何が破産債権者全体の利益になるか、という観点から、賃貸借契約を解除するか履行を選択するかの判断を破産管財人に委ねている。よって、漫然と賃貸借関係を継続し、破産者に目的物を使用させ、高額の賃料を破産財団から支払うようなことは管財人としての善管注意義務に違反することになるであろうし、逆に、解除権を行使することによって、財産的に大きな価値のある賃借権を失うことも管財人の善管注意義務違反になる可能性があり、そのような場合には、管財人としては損害賠償義務を負うことになる（破85条）。

　なお、破産者が現に居住している建物の賃借権などの場合に、管財人がそれを

---

(13)　この点、賃借人について破産手続開始申立てがなされたこと、または破産手続が開始されたことを理由として賃貸人に解除権を与える旨の条項は無効であると解する見解が有力である（伊藤3版362頁注82。なお、東京地判平21・1・16金法1892号55頁参照）。

(14)　通説は、開始前の未払い賃料を破産債権とする（条解破産2版444頁、大コンメン234頁〔三木浩一〕）が、伊藤3版362頁以下は、賃料債権は過去の未納分があればそれも含めて財団債権（破148条1項7号）になるとする。

(15)　全書2版（上）379頁〔早川学〕参照。

(16)　山木戸123頁、谷口186頁。

破産者のために放棄することは可能であるが、それは、敷金に相当する金額を破産者が自由財産から破産財団に提供するか、または敷金の額などからみて、当該敷金返還請求権が自由財産とされる場合に限られると解すべきであろう（破34条4項参照）。

　また、永小作権者や地上権者が破産手続開始決定を受けた場合に、土地所有者がこれらの権利の消滅を請求することができるとする民法の規定（民旧276条・旧266条1項）は、賃借人の破産を理由とする賃貸人側からの契約解除を定める民旧621条と同様の実質を持つものであるので、同条の削除に伴ってこれらの規定も改正された。

④　**違約金条項の有効性**　　実務においては、定められた賃貸借契約期間内に賃借人が契約を解除したときは、一定額の違約金を支払う旨の特約や敷金等を放棄する旨の特約（違約金条項）が合意される場合がしばしばみられる。そのような場合に、賃借人の破産管財人が法律の規定によって与えられた権限（破53条1項、民再49条1項）に基づいて契約を解除したような場合でも、このような違約金条項は有効なのだろうか。この問題については、下級審にあっては、肯定するもの[17]と否定するもの[18]とが対立している。肯定するものは、その理由として、違約金条項を合意することは原則として当事者の自由であること、一律にその効力を否定すれば、契約の相手方に不測の損害を与えかねないこと、その金額が違約金として過大であるとはいえないこと、違約金条項が破産法53条1項に基づく破産管財人の解除権を不当に制約し、違法無効であるとはいえないこと、等をあげる[19]。それに対し、違約金条項の効力を否定するものは、破産法53条に基づく解除権は、法によって管財人に与えられた特別の権能（法定解除権）であり、もって破産者の従前の契約上の地位よりも有利な法的地位を与えたものと解され、したがって、管財人が破産法53条1項に基づく解除権を行使する場合には、破産者にとって不利な契約条項には拘束されない。違約金条項を有効とすると、管財人に

---

(17)　東京地判平20・8・18判タ1293号299頁、名古屋高判平12・4・27判時1748号134頁。民事再生手続に関するものであるが、大阪地判平21・1・29判時2037号74頁〔百選5版77①事件〕も違約金の合意を有効であるとする。なお、名古屋高判平23・6・2金法1944号127頁〔百選5版77②事件〕は、原審が「違約金」の発生要件を約款の解釈・認定していることは適法であるとしている。

(18)　東京地判平23・7・27判時2144号99頁、東京地判平21・1・16金法1892号55頁。

(19)　伊藤3版363頁。なお、山本和彦「倒産法の強行法規性の意義と限界」民訴雑誌56号158頁は、肯定説に立ちながらも、一定の制限を課す。違約金のうち、一部についてのみ効力を認めたものとして、名古屋高判平12・4・27判時1748号134頁、東京地判平8・8・22判タ933号155頁等がある。民事再生事件について、東京地判平24・12・13判タ1392号353頁も同旨。

解除権を与えた制度趣旨に反する。違約金条項はもっぱら賃借人の自己都合による解約を対象とするものであり、破産法53条1項や民事再生法49条1項所定の法定解除の場合にはその効力は及ばない等をその理由とする[20]。その他、違約金条項の有効性を認めると、賃貸人に実損額以上の金銭の回収を認めることになり、合理的な期待の範囲を超える金額については、破産債権者全体の公平を害することになり、そのことが、民法90条違反を基礎づけるという理由づけも可能であろう。

　このように見解は分かれているが、破産法53条（または民再49条）に基づく解除権行使によって損害が生じた場合、相手方は損害賠償請求権を破産債権として行使しうるとの規定（破54条1項）からみれば、解除権が破産法53条に基づいて行使されたからといって、損害賠償請求がまったく否定されるとは考えにくい。その意味で、否定説に与することには躊躇をおぼえる。しかし、原則的に違約金条項の有効性を認める肯定説に立ったからといって、そのことによって、賃貸人が不当に有利な立場に立ち、その反面、賃借人が不当に不利な立場につといったような、当事者間の公平を害するようなことがあってはならない。結局は、契約の解釈の問題といえようが、冒頭の ケース にあるような敷金放棄条項（これも一種の違約金条項といえる）であれば、「相殺（控除）できることへの合理的な期待の範囲内」について争い、「合理的な期待の範囲を超える」金額については、破産債権者全体の公平を害するとして、敷金等からの控除を認めないとの主張をすることも考えられるし、敷金放棄条項が「予告期間条項」で留保された解除権を行使して解除された場合を前提としているような場合には、破産法53条の規定による契約の解除には適用されないとの解釈も可能であろう[21]。

⑤　**原状回復費用返還請求権の法的性質**　一般的に、賃貸借契約が解除により終了した場合、賃借人は目的物について原状回復義務を負う（民598条・616条）。

---

[20]　はい6民です149頁、239頁、運用と書式116頁、争点倒産実務347頁〔井上計雄〕、実務Q&A279頁〔伊山正和〕、再生実務Q&A306頁〔小畑英一〕、破産民再実務〔新版〕（下）135頁〔小河原寧〕、破産民再実務3版民再141頁等。

[21]　新実務大系（28）222頁以下〔富永浩明〕。なお、手引193頁も、「基本的には契約解釈の問題であり、当該条項自体が破産管財人には適用されない、あるいは適用範囲を限定的に解することも可能な事案もあると思われます。したがって、当該契約の目的・内容や賃貸借期間、賃料額、解除後の残存期間等の諸事情を考慮して、個別具体的に判断することになりますので、これらの事情を考慮しながら賃貸人と交渉し、円満解決することが求められます」としている。なお、そのような柔軟な解決の例として、名古屋高判平12・4・27判タ1071号256頁、東京高判平24・12・13判タ1392号353頁、札幌高判平25・8・22金法1981号82頁、東京地判平21・1・16金法1892号55頁等を参照のこと。

そして、賃借人の破産管財人が破産法53条1項に基づいて賃貸借契約を解除した場合にも、破産管財人としては、敷金の返還を受けるためには、原状回復を行って賃貸目的物の返還を行うことが必要となる[22]。

しかし、賃借人の破産管財人がこの義務を履行しないため[23]、賃貸人自らが原状回復を行った場合、その費用返還請求権の法的性質が問題となる。すなわち、原状回復費用請求権が財団債権になるならば、破産管財人が原状回復義務を履行しない場合、賃貸人は敷金等から控除できない原状回復費用を財団債権として請求し、破産債権に先立って弁済を受けることができる（破151条）。それに対して、この請求権が破産債権であるとすると、破産手続が開始した以上、破産債権者は破産手続によらなければ権利行使をすることができないから（破100条1項・111条1項・116条以下・124条以下）、冒頭の ケース にあるような訴えは不適法却下されることになる。以下場合を分けて考察してみよう。

a. 破産手続開始前に既に賃貸借契約が終了している場合　　この場合には、原状回復義務も、破産手続開始前に既に発生していると認められるから、この場合の原状回復費用請求権は、破産者に対し破産手続開始前の原因に基づいて生じた財産上の請求権として、破産債権になる（破2条5項・103条2項1号イ）[24]。ただし、借地上に破産財団所属（破産者所有）の建物が存在して、破産手続開始後も借地を占有しているような場合には、破産管財人が当該建物を破産財団から放棄しない限り、建物の収去義務を負う。かかる収去義務は、破産手続開始前に賃貸借契約は既に終了しているから、賃貸借契約に基づく原状回復義務ではなく、破産財団に管理処分権がある建物が現実に他人の土地を占有していることに基づく収去義務として財団債権となると考えられる（破148条1項4号）[25]。

b. 破産手続開始後に賃貸借契約が終了した場合　　この場合、原状回復義務の発生自体は、破産手続開始後に発生することになる。この場合の原状回復費用請求権については、学説および実務の扱いは財団債権説と破産債権説とが対立しており、通説は、財団債権説である[26]。これは、場合ごとに異なる根拠条文をあげ

---

[22]　最判昭48・2・2民集27巻1号80頁。

[23]　返還を受ける敷金等が原状回復費用を上回る場合には、破産財団の負担で原状回復を行っても、敷金等の返還を受ければ、破産財団の増殖につながるので問題はない。これに対して、管財人が原状回復義務を果たさない場合としては、返還を受ける敷金等の額が原状回復費用を下回る場合には、破産財団の負担で原状回復を行えば、破産財団が減少することになり、破産債権者を害することとなることから、管財人が、原状回復をすることなく賃貸借の目的物を明け渡すような場合があると考えられる。

[24]　新実務大系（28）214頁〔富永浩明〕、手引195頁〔土屋毅〕。

[25]　新実務大系（28）214頁〔富永浩明〕、破産民再実務3版破産236頁参照。

る。すなわち、ⓐ破産管財人が破産法53条1項により履行を選択した後に賃貸借契約が終了した場合は、相手方が有する請求権（破148条1項7号）として財団債権になり、ⓑ破産管財人が破産法53条1項により解除を選択したときは、破産法148条1項8号により、ⓒ破産管財人が合意解除した場合は、同項4号、ⓓ破産手続開始後に賃貸人から確答催告があり期間内に確答のないため解除となった場合は、同項8号によりそれぞれ財団債権になるとする[27]。

　これに対しては、破産債権説も有力に唱えられている[28]。これは、ⓐ原状回復請求権の発生原因が破産手続開始前に生じていること、ⓑ損耗行為は同じなのに、賃貸借契約の終了の時期が破産手続開始決定前であれば破産債権となり、開始決定後であれば財団債権となるのは均衡を失すること、ⓒ破産法148条1項各号は共益的性質を有するものであるが、原状回復請求権は、共益的性質を有するものとはいえないこと、ⓓ価値判断として、原状回復の費用を賃貸人に負わせる方が妥当であること、ⓔ財団債権説によると、破産法53条1項により破産管財人が賃貸借契約を解除すると、自らの解除権行使によって財団債権を増殖し破産財団を減少させることになる、等を根拠とする[29]。

　思うに、財団債権は、本来、破産債権者の共同の利益のためにする裁判上の費用の請求権や破産財団の管理、換価及び配当に関する費用の請求権等、破産債権者全体の利益となる費用であり、そのために、破産財団の負担において優先的な弁済が認められているのである（破2条7項・151条）。その点、原状回復請求権は破産債権者全体が負担すべき共益性を有するものとはいえない。また、破産債権説に立ってその負担を賃貸人に負わせることになっても、賃貸人が徴収する敷金

---

(26)　伊藤3版363頁注83、ソリューション27頁〔水元宏典〕、破産民再実務〔新版〕（上）261頁〔山﨑栄一郎〕、伊藤会更281頁、東京地判平20・8・18判時2024号37頁、東京高判平16・10・19判時1882号33頁。会社更生手続において共益債権になると解するものとして、会更実務（上）227頁〔佐々木宗吾〕。なお、東京地方裁判所民事20部（破産再生部）では基本的に財団債権と扱っているのに対し、大阪地方裁判所第6民事部（倒産部）では破産債権として扱っており（はい6民です237頁）、実務上、両裁判所における運用が全く異なるという事態が生じている（岡伸浩「賃借人破産における原状回復請求権の法的性質」倒産法実務の理論研究（慶應義塾大学出版会・2015年）21頁参照）。

(27)　財団債権説の論拠については、新実務大系（28）215頁〔富永浩明〕参照。

(28)　岡・前掲研究30頁、ソリューション11頁〔三森仁〕、新実務大系（28）216頁〔富永浩明〕、論点解説（上）111頁〔小林信明〕、実務Q&A108頁〔小林信明〕、はい6民です237頁、運用と書式116頁等。

(29)　岡・前掲研究30頁〜34頁、論点解説（上）111頁〔小林信明〕、新実務大系（28）215頁以下〔富永浩明〕、堀政哉「敷金が未払賃料や原状回復費用等全部を賄うに足りない場合における処理について」銀行法務21第704号25頁以下、中西正「賃貸借契約と破産手続」銀行法務21第704号31頁以下等。

の額によってその不利益は一定程度調整しうるものであることを考えれば、基本的には破産債権説に従うべきであろう。その場合、破産手続開始前の原因としては、原状回復義務の合意と付属物の付加行為（賃借物に附属物を付加した場合）や、義務違反による損傷を補修する義務の合意、または通常損耗の補修特約の合意の成立と損傷の発生ということになるであろう[30]。ただ、破産管財人が破産手続開始後も一定期間事業継続等のために原状変更部分を利用するなど、破産財団が原状変更の利益を享受していると認められる場合には、当該変更部分にかかる原状回復費用は財団債権となると解すべきであろう[31]。

　3）賃貸人の破産の場合　①　旧破産法の下における解釈　賃貸人破産の場合については、民法にも旧破産法にも特別規定がなかった。そこで、かつては、この場合には原則規定である旧破産法59条（現破53条）の規定が適用されると解されていた。しかしこのような解釈では、管財人が契約の履行を選択した場合はよいとしても、管財人が賃貸借契約の解除を選択すると、賃借人にはまったく落ち度がないにも関わらず、自己に無関係な賃貸人の破産という事情により賃借権を失ってしまうという不当な結果が生じることになる。

　よって、旧破産法下における通説は、民法が賃借人破産の場合に解約規定をおきながら、賃貸人破産の場合につき何ら規定していないのは、双方の解約権を排除した趣旨であると解し、旧破産法59条（現破53条）の適用を全面的に排除していた。つまり、この見解によれば、賃貸人の破産自体は賃貸借関係には何ら影響せず、破産者（賃貸人）の賃料債権は破産財団構成財産となり、管財人は、賃借人に対して従来どおり賃料の支払いを請求することになる。ただ、目的物を換価する必要がある場合には、管財人は賃借権の負担つきで賃借物を換価することになる[32]。ただ、このような保護は、不動産の賃貸借に限定しておけば十分であり、たとえば、有名な画家の描いた絵画など、高価な動産を賃貸していた者が破産したような場合を考えれば、破産管財人が契約を解除し、その動産を売却してその売得金を破産財団に組み入れる必要があるが、旧破59条全面不適用説ではそれが不可能になる。そこで、旧破産法下における有力説は、このような通説の再検討の結果、旧破59条による契約解除を否定するのは、対抗力を備えた不動産賃貸借

---

(30)　ソリューション8頁〔三森仁〕、岡・前掲研究30頁参照。

(31)　破産民再実務3版破産237頁は、個別の事案ごとに原状回復費用の金額、破産財団の状況、早期解決の必要性等をも総合考慮し、破産債権として扱うか財団債権として扱うかを検討することとなる、としている。

(32)　中田104頁、山木戸124頁、東京高判昭36・5・31下民集12巻5号1246頁（新百選80事件、百選3版83事件）。

のみであり、動産賃貸借については旧破59条（現破53条）を適用してもよいと解していた。

② **現行破産法（破56条）の立場**　a.　賃貸人破産の場合における賃貸人の破産管財人による解除権の否定　　現行破産法は、賃借権その他の使用および収益を目的とする権利について登記、登録その他の第三者対抗要件（たとえば、借地借家法10条1項・31条等）を備えている場合には、破産法53条1項および2項の適用を排除し、破産管財人が有している履行か解除かの選択権を否定している（破56条1項）。これは、旧破産法下における有力説の解釈を採用したものであるが、理論的には、破産管財人に与えられる選択権は、契約の相手方に解除による不利益を受忍させても破産財団の維持・増殖を図るためのものであるが、相手方が既に対抗要件を備え、財産権として確定的な利益を保持している場合には、それを解除によって失わせることは公平に反する、という立法趣旨に基づくものである。したがって、ここで対抗力の具備を要件としているのは、破産管財人による解除を制約することでその保護を図る必要性の存否の指標として対抗要件を基準としているにすぎず、この対抗要件は、いわゆる権利保護資格要件としての性質を有する[33]。

　管財人の契約解除権が否定される結果賃貸借契約が存続する場合、賃借人が有する請求権は財団債権とされている（破56条2項）。すなわち、賃貸借契約の履行が選択された場合（破148条1項7号）と同様に扱う趣旨である。ここでいう相手方（賃借人）の有する請求権とは、使用収益請求権や賃貸人に対する目的物の修繕請求権などである。ただ、これらの請求権が財団債権とされるのは、破産法56条1項の規定を受けて、賃貸借契約の履行が選択された場合と同様の扱いにするという趣旨であるから、破産手続開始前に既に発生していた修繕請求権は、財団債権として扱うべきではなく、破産債権になると解すべきであろう。この場合、賃借人としては、破産債権たる修繕請求権を自働債権とし、賃料債務について期限の利益を放棄することにより相殺することは許されるであろう（破67条）[34]。

　これに対し、賃貸人の賃料債権は破産財団所属の財産になり、破産管財人の管理処分権に服する。よって、賃貸借契約が存続する場合、賃借人は破産管財人に対して賃料を支払うことになる。その結果、賃借人は、賃料を破産管財人に対して支払うことになるが、破産手続開始前に賃借人が賃料を破産者に対して前払いしていた場合、および破産者が開始後の賃料債権を予め第三者に譲渡して対抗要件を備えていた場合の処理が問題となる。旧破産法63条は、借賃の前払いおよ

---

(33)　小川85頁。

(34)　諸問題95頁、99頁〔藤田浩司〕参照。

び賃料債権の処分は、破産手続開始を基準とする当期および次期のもの以外には、破産債権者に対抗することはできないこと（旧破63条1項）、およびそれによる損害の賠償について賃借人は破産債権として行使しうること（旧破63条2項）を定めていた。

　それに対して、現行法は、前払いや賃料債権の譲渡は、いずれも破産手続開始前の破産者の行為にかかるものであり、否認の可能性を別とすれば、財産処分の自由が尊重されるべきこと、将来の賃料債権の証券化にとって、処分の制限が桎梏となることなどの理由から、破産債権者に対する効力を当然に制限する理由に乏しい[35]として、この規定を削除した。その結果、前払いされた額および譲渡された債権はその全額について破産債権者に対抗できると解さざるを得ない。ただし、将来賃料債権の譲渡の場合は、その債権譲渡自体は第三者（管財人）に対する対抗要件（確定日付ある証書による通知・承諾）を備えていなければならない（民467条2項）。しかしその結果、破産管財人は、破産財団所属の財産たる目的物について、使用の対価たる賃料を受領することができないままに管理を続けなければならないことになる。よって、このような場合、管財人としてとれる最善の措置としては、賃料債権の譲渡に対する詐害行為否認（破160条1項・161条）や賃料の前払いに対する偏頗行為否認（破162条）の成立可能性を検討した上で、それら否認の要件を満たさないと考えられる場合で、かつ、目的物の管理を続けることが破産債権者にとって利益をもたらさないと判断されるときは、破産管財人としては、目的物を賃借権付で譲渡するか、それが不可能ないし、著しく困難である場合は、破産財団から放棄するかの選択をせざるを得ないであろう[36]。放棄された後は、当該不動産に対する破産管財人の管理処分権は消滅し、破産者の権限が復活する[37]。したがって、破産財団から放棄された不動産の維持管理については、個人破産事件であれば、破産者に委ねることになるが、法人破産事件にあっては、破産手続開始時の代表者に管理を委ねるなど適切な管理が期待できるような措置を講じる必要があろう[38]。

　b.　賃借人が敷金を支払っていた場合の賃借人の寄託請求権　　賃借人が敷金を支払っていた場合、その敷金返還請求権は、賃貸借契約の終了後の目的物明渡

---

[35]　小川89頁、倒産実体法59頁〔松下淳一〕、山本和彦・判評482号（判時1664号）203頁。

[36]　伊藤3版366頁、はい6民です233頁等参照。

[37]　最決平12・4・28判時1710号100頁。

[38]　会社法478条2項の文言からいえば、裁判所が選任した清算人が管理に当たると解すべきであろう。

時に、未払賃料や損害金等への充当をして残額がある場合にその残額について生じる請求権とされており、停止条件付債権と理解される[39]。よって、賃貸借契約が継続する場合には、賃借人の敷金返還請求権は現実化していないので、賃料債務と敷金返還請求権とを相殺することはできず（破67条2項参照）、賃借人は、賃料債務を履行しなければならない。その結果、賃借人は、賃貸借契約終了まで賃料を全額遅滞なく支払う必要があるが、賃貸借契約が終了したときに、破産者（賃貸人）の財産状況によっては、支払った敷金が戻ってくるという保障はなく、賃借人の保護に欠ける。そこで、破産法70条後段は、旧破産法100条と同様に、敷金の返還請求権を有する賃借人は、賃料の支払いに当たり、敷金の額を限度として、弁済した賃料の寄託を請求することができると規定し、敷金返還請求権を優先的に回収できるように配慮している[40]。もっとも、敷金返還請求権は停止条件付債権であるから、破産法70条前段の解釈によりこれと同等の扱いをすることは可能であるが、破産法は、その旨を明確にする意味で、70条後段に確認的な規定を置いたと考えられる[41]。これについては、本書第10章2(1)3)（第17講）参照のこと。

③ **賃貸人破産の場合におけるその他の問題**　a. 賃貸目的不動産の譲渡と敷金返還請求権の承継　まず、不動産の賃貸人が破産した後、管財人が賃貸借目的物を第三者に譲渡した場合に、賃借人が敷金を支払っていたとき、その敷金返還請求権は、当該第三者に承継されるか、という問題がある。承継肯定説が多数説[42]であると思われるが、承継否定説[43]も有力に唱えられている。肯定説によれ

---

[39] 最判昭48・2・2民集27巻1号80頁、最判平14・3・28民集56巻3号689頁参照。

[40] この点の法律構成については、賃料債務の弁済は、停止条件付債権である敷金返還請求権の停止条件の成就を解除条件としたものであり、解除条件の成就によって弁済がその効力を失い、相殺が可能になると説明される（小川92頁）。換言すれば、敷金返還請求権の成立条件が整った場合（つまり、最後配当に関する除斥期間の満了までに、賃貸借契約が終了し、目的物を明け渡し、かつ既払賃料等を控除して敷金に残額があれば）、賃料の弁済は効力を失い、その結果未払いとなった賃料債務と敷金返還請求権の間に充当関係が生じるので、弁済していた賃料相当額の寄託金は破産財団の不当利得となるところ、その返還請求権は財団債権（破148条1項5号）として返還されるということになる。その意味で、破産法70条後段における「同様とする」の意義は、前段の「相殺する」という文言と同じ、という意味ではなく、「充当する」と読み替える趣旨をも含むものと理解すべきであろう。なお、条解破産2版547頁も参照。

[41] 小川92頁。

[42] 伊藤3版367頁注96、条解破産2版547頁、新実務大系(28)192頁〔小林信明〕。そこでは、賃貸目的不動産の譲渡によって、敷金返還請求権も譲受人が承継するという、判例（最判昭44・7・17民集23巻8号1610頁、最判平11・3・25金法1553号43頁）が援用されている。

ば、賃貸目的物の任意売却の時点で、賃料が未払いであれば敷金に当然充当され、残額の敷金が承継される。その結果、賃借人の破産債権たる敷金返還請求権は消滅し、破産配当の対象とはならないことになる。また、賃料の未払いがない状態で、任意売却が行われ、敷金返還債務が承継されると、破産者に対する敷金返還請求権は消滅する。この場合、賃料債務の弁済は有効であり、寄託されていた賃料相当分は、破産財団に組み入れられる[44]。

b. 賃貸目的物の抵当権者の物上代位と寄託請求権

次に、賃貸人が破産した場合、賃貸借目的物に抵当権を有していた抵当権者が物上代位に基づいて（民372条・304条）、賃料債権を差し押さえた場合、賃借人は、賃料を差押債権者たる抵当権者に支払うことになるが、この場合、破産管財人に対して、破産法70条後段による寄託請求をすることができるか、という問題が生じる（賃貸人が、破産手続開始前に賃料債権を第三者に譲渡していた場合も同様であろう）。これについては実務を中心に否定説が有力である[45]。その根拠としては、①寄託請求制度は、「破産財団に弁済したもの」について保護する規定であり、賃料は破産財団に現実に支払われているわけではないこと、②賃料の寄託請求は場合によっては敷金返還請求額の全額を保全することが可能であり、民事再生や会社更生手続における6ヶ月分の共益債権化（民再92条3項、会更48条3項）よりも強力であり、これを競売の場面で担保権者に劣る（民執59条2項参照）賃借人を優遇しすぎるきらいがあること、③賃借人が寄託請求をできるとすれば、弁済金が入るわけではないのに、破産管財人は賃料相当額を返還しなければならず、破産財団が不当に減少すること等があげられている。

それに対しては、民事執行法の債権差押えの一般的理解によっても、物上代位債権者の法的地位は差押債権者として債務者と基本的に同じ立場となり、少なくとも第三債務者の地位が差押えにより悪化することはないとし、賃借人は、物上代位による差押えがない場合とまったく同様に、物上代位権者に賃料を弁済しながら、破産管財人に対して当該弁済額について寄託請求をすることができる、と説く有力な見解が唱えられている[46]。そしてこの見解によれば、賃借人が建物を

---

[43] 山本和彦『倒産法制の現代的課題』（有斐閣・2015年）190頁〜193頁。この見解は、敷金債務を承継させると、当該不動産の譲渡価額に反映され、他の債権者への弁済が減少することにより、実質的に債権者平等を害するという。

[44] 新実務大系（28）192頁〔小林信明〕、実務Q&A242頁〔中嶋勝規〕。

[45] 倒産処理法制293頁〔瀬戸英雄〕、矢吹徹雄「賃貸借契約と破産」企業紛争と民事手続法理論〔福永有利先生古稀記念〕（商事法務・2005年）790頁、争点倒産実務373頁以下〔野村剛司＝余田博史〕、実務Q&A244頁〔木村真也〕。

[46] 山本和彦・前掲課題195頁以下参照。

明け渡し、解除条件が成就した場合には、賃借人が抵当権者に対してした弁済は
その効力を失うことになり、そうすると、差押え債権者がその利得を保持する根
拠はなくなり、賃借人は抵当権者に対する不当利得返還請求をすることができる
ことになる。そして弁済の無効により抵当権の被担保債権は復活する。このよう
に考えれば、寄託請求があった場合に、破産管財人に実際に寄託させることは無
意味であるので、この場合には寄託義務は発生しない。他方、賃料債務は復活す
ることになるが、それは敷金に当然に充当され、賃料債権は敷金の充当によりそ
の限度で当然に消滅する。したがって、この場合において、物上代位の効力が残
存しているか否かを論じるまでもなく、充当の効果が発生し、なお残額が存する
場合に発生する敷金返還請求権が破産債権となるとする。

　このように見解の対立はあるが、実質論として、賃借人の敷金返還請求権を担
保権者や他の債権者との関係でどこまで保護するか、賃借人としては敷金回収の
ためには賃料の不払いしか手段がないことになるがそれが適切か、また理論的に
は、解除条件付弁済という技巧的な構成が、停止条件付債権を自働債権とする相
殺（敷金の場合には差引計算）を可能とする限りでのみ認められるかどうかといっ
た点が分かれ目になるであろう[47]。

（3）　ライセンス契約

1）ライセンス契約の意義　　ライセンス契約とは、ライセンサーがランセ
ンシーに対し、知的財産権等（特許権、商標権、意匠権、商標権、実用新案権、著作権、
およびその他のノウハウ等）の実施または使用を許諾し、ライセンシーがこれに対
する対価としてロイヤルティー（実施料または使用料）を支払うことを内容とする
契約であり、双務契約の性質を有する。また、この契約は、ライセンサーがライ
センシーに対して特許権等の使用を許し、それに対して、ライセンシーがロイヤ
ルティーを支払うという構造をもつ点で、賃貸借契約と類似性を有しており、契
約期間中にいずれか一方の当事者につき破産手続が開始された場合には、賃貸借
契約の当事者が破産手続開始決定を受けた場合と同様の問題が生じる[48]。とく
に、近時における企業の経営戦略においては、知的財産権を軸にした事業戦略の
重要性が増してきており、契約当事者の一方が倒産した場合の法律関係も実務上

---

[47]　条解破産 2 版 548 頁参照。

[48]　ライセンス契約と倒産手続の問題については、金子宏直「技術ライセンス契約の倒産
手続における処理（2）」民商 106 巻 2 号 217 頁以下、とくに 219 頁以下。片山英二=服部
誠「倒産時におけるライセンス契約の保護」NBL798 号 50 頁以下、我妻学「ライセンス
契約と倒産手続」東京都立大学法学会雑誌 44 巻 2 号 91 頁以下、諸問題 141 頁以下〔大
西正一郎〕等を参照のこと。

重要な意味を有する。

　なお、ライセンス契約には、ライセンスとしての財産権が特定されている通常のライセンス契約（個別ライセンス契約）のほかに、知的財産権が特定されていない包括的ライセンス契約、ライセンス契約の当事者相互間でライセンスを供与しあうクロスライセンス契約等がある[49]。

　2）ライセンシーの破産の場合　　この場合には、賃貸借契約における賃借人破産の場合と同様の扱いになる。すなわち、ライセンス契約はその将来の期間分の義務については双方未履行であるから、破産法53条1項により、ライセンシーの破産管財人は、契約の解除か履行を選択することができる。したがって、契約の履行が選択された場合は、ライセンス契約は、破産管財人とライセンサーとの間で従来通り継続し、ライセンサーは財団債権としてロイヤルティー債権を行使することができ（破148条1項7号）、他方で、契約内容にしたがい特許権等の使用または実施を許諾（受忍）する義務を負う。ただし、民事再生や会社更生といった再建型倒産手続は別として、清算型倒産手続である破産手続においては、原則として企業は解体消滅するから、管財人が履行を選択することはほとんどないであろう。また、ライセンシーの地位は譲渡可能性がないのが通常であり、履行が選択されるとすれば、それは、営業または事業の譲渡など例外的な場合に限られると思われる[50]。

　それに対して契約の解除が選択された場合は、ライセンス契約は消滅し、ライセンシーはライセンス契約の目的たる権利等の利用または実施をすることができなくなるが、他面で、ロイヤルティーの支払い義務を免れる。なお、目的物が権利であるライセンス契約にあっては、破産法54条2項の適用はないと考えられる。他方、ライセンサーは、ライセンシーの破産管財人に対し、破産債権として損害賠償請求権を行使することができる[51]（破54条1項）。

　なお、ライセンサーは、ライセンシーの破産に当たって、当該ライセンス契約を解除することができるか、という問題がある。これにつき通説によれば、破産管財人の選択権を制限することになるから、解除権は認められないし、また、契約中にライセンシーなどについて破産手続開始申立てなどを理由とするいわゆる倒産（即）解除特約が置かれている場合であっても、解除はできないと解されてい

---

[49]　これらについては、諸問題141頁〜151頁〔大西正一郎〕を参照のこと。

[50]　伊藤3版369頁以下。なお、金子・前掲民商106巻2号233頁もライセンシーが破産した場合に、管財人が履行選択をすることはほとんど考えられないとする。

[51]　民事再生法49条に関するものであるが、同旨を述べるものとして、東京地判平17・12・27判タ1224号310頁がある。

る[52]。したがって、ライセンサーなどは、破産手続開始前に既に解除権を取得していることを理由とするか、または、破産手続開始後の債務不履行などを理由とする場合以外には、解除権の行使は許されないことになる[53]。

3）ライセンサーの破産の場合　①　個別ライセンス契約の場合　ライセンサーの破産については、ライセンス契約が「使用および収益を目的とする権利を設定する契約」（破56条1項）とみなされるので、賃貸人の破産について述べたところがそのまま妥当する。すなわち、ライセンシーとしては、目的物たる商標権や特許権を利用して、自己の事業を展開しているにもかかわらず、自己に何ら帰責性のないライセンサーの破産によって契約の解除がなされれば、多大の損害を被らざるをえない。よって、ライセンシーの通常実施権などの権利について登録（特許78条）などの対抗要件を備えていれば、ライセンサーの破産管財人による解除権の行使は認められないことになる。

ところで、たとえば特許の実施権には、登録を効力発生要件とする専用実施権（特許77条）と、登録を発生要件としない通常実施権（特許78条）とがある。このうち、専用実施権は、権利の侵害者に対する差止請求権（特許100条1項）が認められる物権的な権利であり、専用実施権の設定の効力は登録によって初めて発生することから（特許98条1項2号）、専用実施権の設定を行うライセンス契約においては特許権者の義務の履行が既に終了していると考えられるため、双方未履行の双務契約に関する破産法53条はそもそも適用されないと解される[54]。それに対して通常実施権については、従来は特許庁への登録が対抗要件とされていた（特許旧99条）。しかし、実務上、登録制度の利用率が極めて低い[55]ことから、対抗要

---

[52]　伊藤3版370頁。なお、全書2版（上）408頁〔早川学〕は、当該特約に基づく解除の可否は、当該特約条項の効力を倒産手続においてどのように評価するのかによって決まる、とする。また、会社更生につき、会更実務（上）234頁〔佐々木宗啓〕、新会更理論と実務103頁〔片山英二〕も、当該特約の効力を否定する。

[53]　伊藤3版369頁以下、諸問題152頁〔大西正一郎〕等参照。

[54]　金子宏直・前掲民商106巻2号220頁、我妻学・前掲都法44巻2号137頁、諸問題143頁〔大西正一郎〕。

[55]　ライセンス契約において、登録制度の利用率がきわめて低い理由は以下の点に求められる。すなわち、ライセンスビジネスにおいては、ライセンスである特許権の数が一個の契約の中で膨大な数になることが多く、実施権設定の対象となる特許権を特定することは実務上困難である上、膨大な種類の特許権につき個別に登録を行うことは費用と手間の面からみても容易ではない。加えて、ライセンサーには、通常実施権の対抗要件についてはその設定についての協力義務がない（最判昭48・4・20判時704号49頁）ことから、ライセンサーが任意に協力しない限り実施権の登録は行えない。さらに、実施権を登録することによってライセンス契約の機密性を保持することが困難となり、企業の事業戦略上マイナスとなるケースもある。また、出願中の特許権および著作権、そして

件制度としての機能を果たしていないという認識の下に、平成 23 年の特許法改正により、通常実施権は、登録その他何らの要件を備えなくても、その発生後に特許権・専用実施権の譲受人や、専用実施権の設定を受けた者に対抗することができるものとされた（特許 99 条）。なお、実用新案権と意匠権についても、特許法の規定が準用されている（実用新案 19 条 3 項、意匠 28 条 3 項）。

　よって、ライセンサーの破産の場合には、特許権に関しては、通常実施権者との間では常に破産法 56 条の適用があることになる。よって、破産管財人は、ライセンス契約を解除することはできないため、ライセンス契約は従前通り存続し、ライセンシーは、ライセンス契約で定められたロイヤルティーの支払いをしながら、特許権の実施をすることができる。

　また、破産管財人による資産の換価が行われる破産手続においては、いずれかの時点でライセンス契約の対象である特許権等の権利が第三者に譲渡されることになるが、通常実施権を有するライセンシーは、常に当該第三者に対し実施権を対抗することができるため（特許 99 条）、第三者への譲渡にもかかわらず、引き続き実施権を行使することができる。この場合には、第三者に実施権の設定がなされた特許権が移転する以上、ライセンス契約におけるライセンサーの実施権の受忍義務およびそれと対価的に牽連関係を有するライセンシーのロイヤルティー支払義務は、特許権を譲り受けた第三者とライセンシーとの権利義務関係に移転する。

　ただ、対抗要件制度が存在しないノウハウ等の利用権等の権利についての保護が不十分であるとの批判がある。したがって、破産法 53 条が当事者間の公平を害しない範囲で破産財団の利益を図る趣旨から規定されたことからすると、特に対抗要件を具備しない（あるいは具備し得ない）ライセンシーに対する解除権の行使が著しく契約当事者間の公平性を害するような場合には、破産管財人による解除権の行使を制限することも可能であるとすべきであろう[56]。

　これらの知的財産権が成立しない業務上のノウハウについては、そもそも実施または利用の許諾についての登録制度がないため、対抗要件の具備を行うことは不可能である（諸問題 145 頁以下〔大西正一郎〕参照）。

[56]　福永有利「破産法第 59 条による契約解除と相手方の保護」法曹時報 41 巻 6 号 1 頁、全書 2 版（上）406 頁〔早川学〕。なお、最判平 12・2・29 民集 54 巻 2 号 553 頁（百選 5 版 80 ①事件）は、預託金会員制ゴルフクラブの会員契約について、破産した会員の年会費支払い義務とゴルフ場施設利用権とが双方未履行の債務であることを認めた上で、契約を解除することによって相手方に著しく不公平な状況が生じるような場合には、破産管財人は解除権を行使することはできないとした。なお、最判平 12・3・9 判時 1708 号 123 頁〔百選 5 版 80 ②事件〕は、ゴルフ場施設の利用料金支払義務は、施設を利用しない限り発生し得ないものであり、破産開始時における会員の未履行債務といえないとす

② **包括的ライセンス契約の場合**　包括的ライセンス契約とは、ライセンス契約における特許権の対象が特定されておらず、ライセンサーの業務のうち一定の技術分野または対象製品のみを特定し、それに関連する特許権を包括的にライセンスする契約をいい、ライセンスビジネスにおいては頻繁に利用されているといわれる[57]。

　包括的ライセンス契約においては、個々の特許権は特定されておらず、一定の技術分野または対象製品のみを特定し、それに関する特許権を包括的にライセンスするものであるから、その契約に含まれる個々の特許権について、対抗要件の具備を判断した上で破産法56条の適用の有無を考えることは妥当ではない。むしろ、包括的ライセンス契約のうち主要部分を構成する技術分野、対象となる製品、契約締結の目的、契約の当事者の意思等からみて、その契約に含まれると解される特許権については、当然に対抗力を認めるべきであろう。

③ **クロスライセンス契約**　特許権等の知的財産権に関連した事業戦略が企業経営の中できわめて重要な位置を占めるに至った現在、各企業は、自社にない技術を保有する他社との間で、相互にライセンスを供与することによりライセンスの補完を図ると共に、自社の研究開発の際に他社のライセンスを結果的に侵害してしまうことによる訴訟リスクをあらかじめ回避し、技術革新の活性化に邁進する趣旨から、複数の企業間で特許権等のライセンスを供与し合う契約を締結している。これをクロスライセンス契約という[58]。クロスライセンス契約が締結される場合には、各企業の保有する特許権の数が膨大であることから、あらかじめ実施権設定の対象となる特許権を特定しないで行う包括的クロスライセンス契約が締結される場合が多いとされる[59]。

　クロスライセンス契約の場合、例えば、特許権 a を保有しているライセンサー A は、特許権 b を保有しているライセンサー B に対して特許権 a の実施の受忍義務を負担する代わりに、その対価として、ライセンサー B から特許権 b の実施権の設定を受けているため、ライセンサー B は、特許権 a を保有しているライセンサー A に対して特許権 b の実施の受忍義務を負担することになる。すなわち、クロスライセンス契約は、

```
            Bに対しaの実施受忍義務を負担
         ──────────────────────→
A                                          B
         ←──────────────────────
            Aに対しbの実施受忍義務を負担
```

　　る。

(57)　諸問題 147 頁以下〔大西正一郎〕参照。

(58)　諸問題 148 頁以下〔大西正一郎〕参照。

(59)　諸問題 148 頁〔大西正一郎〕。

特許権 a のライセンス契約と特許権 b のライセンス契約とが対価的に牽連関係に立つ一体的な双務契約であるということができる。

そこで、ライセンサー A が破産した場合、ライセンサー B が特許権 a の実施権について対抗要件を具備しているときは、A の破産管財人は、ライセンス契約を一体として解除することはできず、特許権 a のライセンス契約と特許権 b のライセンス契約はいずれも従前通りの条件で存続する。この場合、A の管財人は、破産法 53 条によりクロスライセンス契約のうち特許権 b のライセンス契約のみを解除できるか否かが問題となるが、前述の通り、クロスライセンス契約は、双方の特許権の実施権設定を内容とする一体的な双務契約であることから、そのようなクロスライセンス契約を分解して一方の契約だけを部分的に解除することはできない[60]。

ライセンシー B が特許権 a の実施権について対抗要件を具備している場合において（通常実施権においては、常に対抗力を有する〔特許 99 条〕）、ライセンサー A の破産管財人が、特許権 a を第三者に譲渡する場合、特許権 a のライセンス契約のみならず、特許権 b のライセンス契約を含めたクロスライセンス契約全体が当該第三者とライセンサー B との契約関係に移転するかどうかが問題となる。特許権 a のライセンス契約のうちライセンサー A が負担する特許権 a の実施の受忍義務は、特許権 a に実施権を設定したことにより特許権者が負担すべき義務であり、特許権者以外に当該受忍義務の債務者を概念することはできない。よって、ライセンサー A の破産管財人が特許権 a を第三者に譲渡した場合は、ライセンサー B の同意なく、特許権 a のライセンス契約は第三者とライセンサー B 間の契約関係に承継されることになる。これに対し特許権 a のライセンス契約と、特許権 b のライセンス契約とが一体となったクロスライセンス契約のうち、特許権 b のライセンス契約に注目してみると、特許権 b のライセンスを付与する相手方が誰であるかは、特許権 b のライセンサー B にとっては極めて重要な問題であるため、ライセンサー B の同意なくクロスライセンス契約が第三者とライセンサー B との契約関係に移転することはないと解すべきであろう。

┌─ ＜設問についてのコメント＞ ─────────────────

問 1 は、継続的供給契約の処理について問うものである。これは、旧法上争いのあった点も含めて立法上解決されたものである。これについては、3

---

[60] 諸問題 149 頁〔大西正一郎〕、全書 2 版（上）406 頁〔早川学〕。

(1) 3) を参照のこと。

問2は、賃貸人が破産した場合の処理について問うものである。本問については、3(2)3) ②を参照のこと。本問の場合、賃借人は、借地借家法31条により、対抗力を有する。したがって、Kは賃貸借契約を解除することはできない（破56条1項）。また、敷金返還請求権は停止条件付債権であり、それを自働債権として賃料債務を受働債権とする相殺は許されず、賃料債務は弁済しなければならないが、その弁済額については寄託を請求することができる（破70条但書）。そこで、賃貸借契約が終了し、Bが①建物を返還した場合には、賃料債務の弁済は、停止条件付債権たる敷金返還請求権の停止条件の成就を解除条件とするものと考えられ、解除条件の成就によって弁済がその効力を失い、その結果、賃料が未払いの状態となる。そこで、未払いの賃料債権と敷金返還請求権とが相殺されることにより、敷金返還請求権は消滅するが、寄託金は財団の不当利得となるから、Bは、それを財団債権として返還請求することができるであろう（破148条1項5号）。なお、敷金返還請求権の取扱いについては、民事再生手続における（第23章4(3)2) ②）のとは異なった規律がなされていることに注意すること。

問3の前段は、賃借人破産の場合の法律関係を問う問題である。これについては、3(2)2) を参照のこと。後段は、賃借人の管財人が破産法で認められた解除権を行使した場合に、C社はこのような違約金条項の有効性を主張できるかということを問う問題である。これについては、3(2)2) ④参照のこと。とくに冒頭の ケース の場合、違約金条項は賃借人についてのみ定められており、賃貸人側の中途解約についてはそのような条項がないことも、公平性の見地から考慮する必要があろう。

問4は、原状回復請求権の法的性質を問う問題である。もしこれが財団債権であれば、この訴えは適法であるが、破産債権にしかならないということであれば、破産手続（破産法100条以下）によって権利行使をしなければならず、直ちに提起した訴えは不適法である。これについては、3(2)2) ⑤を参照のこと。

問5は、賃料の前払いがなされている場合について、その効力を問うものである。これについては、3(2)3) ②を参照のこと。

問6・問7は、ライセンス契約において、ライセンサーが破産した場合の法律関係を問うものである。これについては3(3)3) ①を参照のこと。

第9講　破産者をめぐる法律関係の処理（その3）

ケース

　A株式会社は、ビルの建築を得意とする建設会社であるが、平成22年10月末に、B社との間で、B社の本社ビルの建築を10億円で請け負った。その際、工事に着手するための資材や建設現場の従業員の当面の人件費等の資金を調達する必要があったので、B社と交渉した結果、①B社は、そのための費用として6億円を前払いする、②その費用は、工事が完成したあかつきには、請負代金10億円から差し引くものとする、③工事の途中で当該契約が解除された場合、未完成の建物の所有権はBに帰属し、完成割合に応じた報酬債権はAが取得する旨の合意がなされた。その約定に基づき、B社は、6億円をA社の銀行口座に振り込んで支払った。そこで、A社はビルの建築工事に着手したが、ビルが5割ほど完成したところで、どうにも資金繰りがつかず、2回目の手形の不渡りを出し、事実上倒産した。そして、結局、平成24年6月25日にA社の債権者がA社に対して破産手続開始の申立てをし、それに基づいて、同年7月18日午後5時にA社に対して破産手続開始決定がなされ、弁護士のKが破産管財人に選任された。

　A社は、平成24年3月はじめ頃、C証券との間で、同年8月1日にA社のもっている甲会社の株式を1株あたり300円で1万株を売却するという契約を締結していた。しかし、A社に破産手続が開始されたとき、甲社の株価は、1株あたり600円であったが、本来の履行期である平成24年8月1日には1株あたり900円にまで上昇していた。

　さらに、A社は、かなりの外貨預金を有していたために、為替リスクを軽減するために、外国の金融機関であるD銀行との間で複数の通貨スワップの契約を締結していた。その基本契約において、その基本契約に基づいて行われるすべての取引にかかる契約につき、破産手続開始後に履行期の到来する債務がある場合に、それが弁済期の異なるもの、異種の通貨を目的とするもの、あるいは現物の引渡しを内容とするものであっても、一方当事者について破産手続が開始されたときに生じる損害賠償の債権、または債務を差引計算して決済する旨の、いわゆる一括清算ネッティング条項が置かれていた。

◆**問 1**　K は B 社との請負契約につき、履行または解除の選択権を行使することができるか。もし履行が選択された場合、B 社とはどのような法律関係に立つか。また、解除が選択された場合、B 社は、前払金 6 億円は返還してもらえるか。返してもらえるとして、その返還請求権は、破産法上いかなる権利として扱われるか。

◆**問 2**　K が履行を選択したにもかかわらず、B 社の方から、破産した A 社では工事の完成がおぼつかないとして、本件請負契約を解除すると主張してきた。このような主張を認めることはできるか。

◆**問 3**　C 証券会社は、A 社の破産手続においてどのような権利行使ができるか。また、仮に、株価が、破産開始時には 1 株あたり 200 円に、本来の履行期日には 1 株あたり 100 円に下落していた場合はどうか。

◆**問 4**　A 社と D 銀行の間でなされた通貨スワップ契約は、A 社の破産によってどのように扱われることになるか。

（4）　請 負 契 約

1）総　説　請負契約は、当事者の一方が仕事の完成を約し、相手方が仕事の結果に対し報酬の支払いを約束することを内容とする双務契約である（民 632条）。よって、仕事の完成前で、かつ報酬の全額が支払われる前にどちらか一方が破産すると、破産法上、双方未履行の双務契約として扱われることになる。すなわち、この契約をめぐっては、注文者が破産した場合と、請負人が破産した場合とが問題となるので、以下では、それぞれの場合に分けて考えてみよう。

2）注文者の破産　①　注文者破産の場合の契約解除　ところで、民法旧 642条（平成 16 年改正前）は、「第 1 項：注文者カ破産ノ宣告ヲ受ケタルトキハ請負人又ハ破産管財人ハ契約ノ解除ヲ為スコトヲ得此場合ニ於テハ請負人ハ其既ニ為シタル仕事ノ報酬及ヒ其報酬中ニ包含セサル費用ニ付キ財団ノ配当ニ加入スルコトヲ得」「2 項：前項ノ場合ニ於テハ各当事者ハ相手方ニ対シ解約ニ因リテ生シタル損害ノ賠償ヲ請求スルコトヲ得ス」と規定していた。そして、旧法下の判例・通説は、民法旧 642 条が旧破産法 59 条（現破 53 条）に対する特則であるから、こちらが優先的に適用されると解していた。

　その結果、請負人または注文者の管財人のどちらからでも請負契約を解除（解約）することができる（民旧 642 条 1 項前段。互いの確答催告権については、旧破 62 条・59 条 2 項、現破 53 条 2 項）と解していた。これによれば、契約が解除されずに仕事が完成した場合には、完成した仕事の結果は注文者の破産財団に帰属し、請負人の報酬請求権はその全額が財団債権となると解されていた。その根拠としては、

274　　　第 7 章　破産者をめぐる法律関係の処理

現行法でいえば、破産法148条1項4号に基づくと説明されたり、管財人が解除しなかったということは、すなわち、履行を欲したと評価でき、同条1項7号を類推することができると説明されていたりした。

それに対して、契約が解除された場合には、請負人は、それまでにした仕事の報酬および費用の請求権を破産債権として行使することができ（民旧642条1項後段）、既になされた仕事の結果（未完成建物など）は注文者の破産財団に帰属する[1]と解されていた。

旧破産法下におけるこのような通説的見解に対しては、とくに、請負人にも解除権が認められていたことに対して、賃貸借契約の場合と同様、請負人からの解除権は認めるべきではないとの批判があった[2]。すなわち、破産管財人が履行を選択する場合には、請負人の債権は財団債権として保護されるし（旧破47条7号、現破148条1項7号）、また、請負人は、履行選択後も不安の抗弁権などが一律に排除されるわけではないから、請負人の保護としては十分であり、解除権を認める必要はないと考えられるからである。

これに対し、現行破産法の改正論議の中で、民法旧642条1項の規定は依然として合理性があるものとして維持することとし、ただ、破産管財人の解除によって生じる相手方の損害賠償請求権が破産債権となるとの改正がなされた（民642条2項）。

平成16年の破産法の改正論議の中で、①請負人は賃貸人とは異なり、積極的に役務を提供して仕事を完成させる義務を負い、破産手続開始後の仕事に対する報酬および費用が財団債権とされるとはいっても、破産手続においては財団債権の全額を弁済することができない場合も想定され、それにより請負人が被る損害は多額に上るおそれがあること、②請負契約における注文者の地位には賃借権に匹敵するほどの財産価値は認められないこと、③役務提供型契約である請負契約においては、役務の提供と報酬の支払いとの間に同時履行関係を認めることは性質上困難であるために、信用不安が解消されるまでの間、契約において先履行である役務の提供を拒絶することはできても（不安の抗弁権）、契約を解消する方策がないと考えられること等から、請負人の解除権を維持することとされた[3]。ただ、改正民法642条2項で、破産管財人が解除を選択した場合にのみ、請負人に生じた損害賠償請求権が破産債権となるものと規定した[4]。

---

(1) 最判昭53・6・23金法875号29頁〔百選5版78事件〕参照。
(2) 伊藤・破産3版補訂244頁。
(3) 小川95頁以下。
(4) これに対し、伊藤3版375頁は、立法者の考え方が明らかになった以上、これに従わ

②　注文者の破産管財人による契約解除　　注文者の破産管財人によって請負
契約が解除された場合（請負人が解除した場合も同じ）、請負人の出来高についての
報酬債権は破産債権にとなり（民642条1項後段）、既になされた仕事の結果（未完
成建物など）は注文者の破産財団に帰属する[5]。このように解すると、請負人とし
ては、完成した部分の建物は破産財団に属するのに対し、その対価たる報酬請求
権は破産債権にしかならないことになり、請負人にとっては著しく不利な結果と
なる。しかし、請負人は、多くの場合、この報酬等請求権につき不動産工事の先
取特権（民327条）や商事留置権（商521条）を有しており、それを別除権者として
権利行使することができるから（破2条9項・66条1項）、保護に欠けることはない
といえそうである。しかし、そのように考えたとしても、不動産工事の先取特権
については、その効力を保全するために工事開始前に費用の予算額を登記するこ
とが必要である（民338条1項）ため、実務上は行使される例はないに等しいとさ
れる。また、商事留置権については、請負人が別除権者として処遇されるために
は、担保法の問題として、建物の請負人が建物のみならず土地についても留置権
を行使することができるのか、倒産法の問題として、破産手続開始決定により留
置的効力が消滅するのではないかといった点が問題となり、実務上は和解される
例も多い、といわれている[6]。

　よって、請負人の保護という観点から、注文者の破産管財人による解除権の行
使についても一定の制約があると解すべきである。たとえば、合理的な理由なし
に請負人の工事代金債権を破産債権化することのみを目的として契約を解除する
場合、目的物が完成していたが引渡し前の状態あるいは完成間近である場合には、
権利濫用禁止の法理や双方未履行双務契約の解除権行使の制限の法理[7]に照らし
て、解除権行使が許されないと解すべきである[8]。

　さらに、請負人が自ら材料を提供して仕事を行った場合（実務ではこれがむしろ
原則である）などにおいては、仕事の結果は当然に破産財団に帰属するものではな
く、請負人は仕事の結果について取戻権（破62条）を行使できると解する余地が
ある[9]。よって、この点からいえば、実質的には不利益を受けることは少ないで

　　ざるを得ないとして、従来の見解を改めた。
(5)　最判昭53・6・23金法875号29頁〔百選5版78事件〕。
(6)　全書2版（上）382頁〔早川学〕。
(7)　最判平12・2・29民集54巻2号553頁〔百選5版80①事件〕、最判平12・3・9判時
　　1708号123頁〔百選5版80②事件〕参照。
(8)　倒産処理法制295頁〔松本伸也〕、新裁判実務大系（2）246頁〔室田則之〕、東京地判
　　平12・2・24金判1092号22頁。
(9)　諸問題46頁〔三森仁〕。

あろう。しかし、これらの点をふまえれば、立法的な解決が望まれる。

　③　**請負人による契約解除**　　請負人は、出来高についての報酬請求権と、報酬に包含されない費用請求権を有しているが、これらはともに破産債権になる（民642条1項後段）。この場合、請負人は、損害が生じても、その賠償を求めることはできないと考えられる（後述④参照のこと）。

　④　**契約が解除された場合の損害賠償請求権**　　民法旧642条2項は、破産管財人または請負人によって請負契約が解除された場合には、各当事者は、解約によって生じた損害の賠償を請求することはできないと規定していた。その立法趣旨は、損害賠償を認めると、契約の解除を躊躇させ、契約からの離脱を不当に拘束するおそれがあることを懸念したものと考えられる。

　しかし、破産法の一般原則からいえば、破産管財人によって契約が解除された場合には、相手方の損賠償請求権が認められており（破54条1項）、請負契約の注文者が破産した場合にだけ、それと異なった取扱いをすべき理由はない[10]。そこで、現行破産法の制定の際に、民法642条2項も改正され、破産管財人が解除した場合には、請負人による損害賠償請求を認めることにした（民642条2項）。ただ、この条文は、破産管財人が契約を解除し、かつ請負人が損害賠償を請求する場合しか規定していない。しかし、民法642条2項に規定する場合以外にも、損害賠償請求の問題は、以下のような形で生じる。すなわち、(a) 請負人が契約の解除をした場合、破産管財人は損害賠償を請求することができるか、(b) 請負人が契約の解除をした場合、請負人は損害賠償を請求することができるか、(c) 破産管財人が契約の解除をした場合、破産管財人は損害賠償を請求することができるか、ということである。

　思うに、(a) の場合には、解除の原因はもっぱら注文者の破産といういわば破産管財人側の事情にあるし、請負人に解除権が認められているのは、注文者の破産という事態においてなお、請負人を契約に拘束するのは不当であるとの判断に基づくものと考えられる。よって、この場合には、破産管財人の損害賠償請求は否定されるべきである。また、(b) の場合には、請負人は解除権の行使により自らのイニシアティブで将来の不安定な地位から解放されること、請負人には既履行部分の報酬およびそれに包含されない費用の請求は認められていることで既に十分に保護が図られており、注文者に債務不履行が生じているわけではないことを考えると、請負人にこれを超えていわゆる履行利益の確保まで認める理由および必要はないと考えられるので、損害賠償請求は否定されるべきである。さらに、

---

　(10)　小川95頁。

第9講　破産者をめぐる法律関係の処理（その3）　　*277*

(c) の場合にも、注文者の破産という破産管財人側の事情によって、何ら落ち度のない相手方が契約を解除されるのみならず損賠償責任まで負担すべき理由はないであろう。

3）請負人の破産　①　旧破産法 59 条の適用の有無をめぐる学説と判例　請負人が破産した場合については民法には特則がない。また、破産法自体にも、請負人が破産した場合につき特別の規定はない。さらに、請負契約には、垣根の補修のように、自然人たる請負人の個人的労務の提供によって仕事を完成させることができる場合から、大手建設会社によるビルや橋梁・トンネルなどの大規模な建築請負まで様々なものがある。したがって、以下に述べるように、旧法下の判例・学説においては、請負契約につき、単純に双方未履行の双務契約であって旧破産法 59 条（現破 53 条）が適用されるという結論は導かれず、むしろ、旧破産法 59 条（現破 53 条）がこの場合に基本的に適用されるか否かについては見解の対立があった。

なお、旧破産法 64 条は、「①破産者カ請負契約ニ因リ仕事ヲ為ス義務ヲ負担スルトキハ破産管財人ハ必要ナル材料ヲ供シ破産者ヲシテ其ノ仕事ヲ為サシムルコトヲ得其ノ仕事カ破産者自ラ為スコトヲ要セサルモノナルトキハ第三者ヲシテ之ヲ為サシムルコトヲ得。②前項ノ場合ニ於テハ破産者カ其ノ相手方ヨリ受クヘキ報酬ハ破産財団ニ属ス」と規定しており、この条文の意味づけも、旧破産法 59 条の適用の可否についての議論によって異なったものとなっていた。

a．旧破産法 59 条（現破 53 条）全面不適用説　これは、かつての通説の立場であった。すなわち、請負仕事は原則的に請負人の個人的な労務の提供を目的とするものであって、それは破産財団とは無関係に履行できるものであるから、請負契約は破産手続開始決定の影響を受けずに、注文者と請負人との関係として存続するから、旧破産法 59 条（現破 53 条）の適用はないとする。

この見解によれば、(a) 請負契約関係は管財人の管理処分権に服さず、破産者たる請負人自身の管理処分権に委ねられる。したがって、(b) 請負人がその義務を履行して、破産手続開始決定後に仕事を完成させたときには、報酬請求権は破産財団に属さず、義務不可分の理論により全額が破産者の自由財産となる。また、(c) 破産管財人が請負契約について、履行か解除かの選択権を行使することもあり得ないとする。ただし、(d) 旧破産法 64 条は、破産管財が材料を提供して破産者に仕事を完成させることを認めていたが、これは、旧破産法 59 条（現破 53 条）による破産管財人の履行請求または契約解除の選択権が及ばない請負人の自由財産関係に属するべき法律関係（請負契約）に対して、法が特別に、管財人に対し請負契約へ介入する権利（介入権）を認めた規定であると解していた[11]。

このような見解に対しては、「建築工事請負では法人企業による請負が大多数であるし、個人企業による請負の場合でも、請負人側が材料を用意するのが普通であり、通説は実体とかけ離れている。」「この説では注文者が破産者たる請負人に対して仕事の完成を求める権利を有することになるが、法人企業の場合、管財人の支配下にある財団財産を離れては、破産者の請負仕事続行はあり得ない。」「管財人が介入権を行使しない場合の問題を考えていない。」等、数々の批判がなされており、近時では通説たる地位を失っていた。

b．折衷説（二分説）（旧法下の多数説）　　この見解によれば、請負契約を、①請負人の個人的労務の提供を内容とする場合と、②そうでない場合とに分け、①の場合には通説と同じく旧破産法 59 条を不適用とするが、②の場合には、請負関係も一つの財産的法律関係として破産財団に引き継がれ、旧破産法 59 条（現破 53 条）が適用されるとする。よって、管財人が履行を選択すると、管財人の管理処分権に基づいて破産者または第三者を使って仕事を完成させ、注文者に対する報酬請求権は財団所属財産となる（破産手続開始決定後に管財人の指示で破産者が働いた対価は財団債権となる。破 148 条 1 項 4 号）。管財人が解除を選択すると、相手方は前払金や提供した材料またはその価額を財団債権として、また損害賠償を破産債権として行使できると解していた（現破 54 条）。

判例[12]は、請負人の債務が不代替的性質を有するか否かで区別し、不代替的債務である場合にかぎり旧破産法 59 条は適用されないとする。これは、学説におけるのとは区別の基準は違うが、二分説といえるであろう。

c．旧破産法 59 条（現破 53 条）全面適用説[13]　　請負人が個人であるか法人であるか、その義務の内容が個人的な労務の提供であるか否かを問わず、常に旧 59 条（現破 53 条）を適用すべきであり、旧 64 条は、管財人が履行を選択した場合の履行の方法を注意的に定めた規定に過ぎないとする。その理由として以下の 4 点が挙げられていた[14]。すなわち、(a) 全面不適用説も折衷説も、個人的労務提供型の場合には、その契約関係は破産管財人の管理処分権に服さないとするが説得力に乏しい。もちろん、管財人が請負人に対して仕事を強制することはできないが、それは、破産管財人が履行の選択をなした結果として生じる問題であり、履行の選択権自体を否定する理由とはならない。(b) 請負人が工事の出来高に応じた報酬請求権を有している場合に、それを破産財団に取り込めないのは不当である。

(11)　中田 106 頁、山木戸 125 頁。
(12)　最判昭 62・11・26 民集 41 巻 8 号 1585 頁〔百選 5 版 79 事件〕。
(13)　近時の有力説であった。伊藤 3 版 378 頁、伊藤・破産 3 版補訂 246 頁以下。
(14)　伊藤 3 版 378 頁、伊藤・破産 3 版補訂 246 頁以下。

請負人自身がその仕事を完成する意思がなく、また仕事が代替性をもたない場合であれば、破産管財人としては、請負契約を解除して、出来高に対応する報酬請求権を財団に組み入れなければならない。このことは、請負人が個人であろうと法人であろうと、また、その債務が個人的労務の提供であろうとなかろうと変わりはない。(c)従来の通説や折衷説によると、個人請負の場合には破産法53条の適用はないから、仕事が完成されない場合、注文者が有することになる不履行による損害賠償請求権は破産債権にもならず、かつ、無資力の請負人から支払われる可能性は現実的にはないし、請負人にとっても、破産債権にならない以上免責の対象にならないので、双方にとって不都合である。(d)旧破産法64条が規定しているような関係は、請負契約について破産管財人が履行の選択をした場合の履行の態様と解すれば足りる。すなわち、請負人の義務が不代替的作為債務であるときは、破産管財人が破産財団から材料を提供して破産者（請負人）に仕事を完成させることになるが、請負人にその意思がなければ、破産管財人としては契約を解除して、それまでに完成していた部分についての報酬請求権を破産財団に組み入れる。これに対して請負人が破産管財人の求めに応じて労務を提供したときは、旧破産法64条2項により請負契約に基づく報酬請求権は破産財団の財産となるが、破産宣告後の労務の提供に対する対価は、管財人が財団債権として（旧破47条3号・4号）請負人に支払わなければならない。また、旧破産法64条は、請負人の義務が代替的であるときは、破産管財人としては、請負人自身に仕事をさせてもよいし、第三者に完成させた方が適切であれば、それでもかまわないという趣旨である。

② **現行破産法の規律**　以上のように、旧破産法64条をめぐっては解釈が対立していることに加え、いずれの立場に立っても具体的な差異はほとんどなく、規定そのものの存在に疑義が呈され、同条は削除された。その結果、破産法53条がそのまま適用されることになり、結果的に、旧法下の旧59条全面適用説の立場での改正がなされたことになる。したがって、(a)管財人が履行を選択した場合には、破産財団として当該請負契約の履行を破産者または第三者に行わせることの選択をすると共に、いずれの場合であってもその報酬支払請求権は破産財団に帰属し、仕事が完成したら破産管財人が相手方（注文者）に報酬の支払いを請求する。なお、請負人には労務提供の対価としての報酬請求権が財団債権（破148条1項2号ないし4号）として認められることになる。この場合、注文者の工事完成を求める請求権は財団債権になる（破148条1項7号）。それに対し、(b)管財人が契約の解除を選択した場合には、原状回復がなされる。したがって、破産者は工事完成の義務を免れ、注文者も将来の請負報酬の支払い義務を免れ、本来的には、

未完成の工事の撤去と前渡金の返還が行われることになる。しかし、この原状回復は、未完成工事の撤去と前渡し金の全部返還という完全な原状回復ではなく、前渡金と工事出来高との差額の清算が原則である。

③ **その他の問題** a. 注文者が有する前払金返還請求権の性質　比較的規模の大きい建築請負工事では、冒頭の ケース にあるように、通常、請負人が資材を調達したり人員を確保するために必要な費用の一部として、注文者が、契約と同時にかなり多額の前払金を支払うのが慣行となっている。そこで、請負人が破産し、破産管財人が破産法53条によって当該請負契約を解除した場合には、建築工事請負の実務では、工事の出来高部分と前払金との清算という形で原状回復がなされる。しかし、下の図にあるように、6億円の前払金が支払われていたにもかかわらず、Bに破産手続が開始されたときには仕事が5割しか完成していなかった場合のように、前払金額が工事の出来高を上回っている場合に、この1億円の過払金返還請求権は破産手続上どのように扱われるか、という問題が生じ、これに関しては破産債権説[15]と財団債権説[16]とが対立している。すなわち、破産債権説によれば、(a)破産法54条2項は管財人が履行を選択した場合の同法148条1項7号と

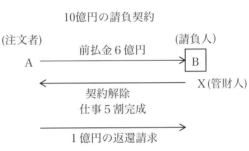

同趣旨の規定であり、同時履行関係にある相手方の債権の保護を目的とするものであり、双方に原状回復義務が生じたときに、その同時履行関係（民546条・533条）、すなわち相互担保機能を保護するために相手方の原状回復請求権を財団債権としたものである。よって、相手方のみが原状回復請求権を有するに過ぎない場合には同法54条2項の保護はないこと、(b)注文者が報酬の一部を前払いするのは、工事の完成が先履行である（民633条）との利益を放棄して請負人に信用を与えているのであるから、他の一般債権者に優先する地位を与える必要はないことがその理由である。これに対して、財団債権説からは、(a)については、破産法148条1項7号が同時履行の関係を前提としているとしても、解除の場合の原状回復にまでそれを要求することは妥当ではない。同法53条が管財人に履行か解除かの選択権を与えた以上、解除が選択された場合の相手方の地位が極端に不利

---

(15) 加藤6版257頁以下、新実務大系(6)152頁〔平岡建樹〕、松下淳一「請負人の破産に対する破産法59条の適用の有無」ジュリ901号106頁。

(16) 伊藤3版379頁以下。

になるのではバランスを失する。また(b)について、たしかに注文者は報酬の一部を先履行しているとはいえるが、請負人が資材等を用意するのが通常であることから、そのような支払形態が建築請負の取引慣行になっている以上、後払いせよと要求するのは無理であるとの反論がなされている。なお、判例[17]も、財団債権（破54条2項）になると解している。思うに、財団債権説の掲げる論拠に加え、上述の1億円の過払金は、破産財団が不当利得しているとも考えられるし（破148条1項5号）、注文者と請負人の利益バランスから考えても、財団債権説が妥当である。

b.　請負人が破産した場合の注文者からの契約解除の可否

あまり議論されていないが、請負人が破産した場合、破産管財人が契約の解除も履行の選択をもしていないとき、あるいは、管財人が契約の履行を選択した場合でも、注文者の方から契約の解除をなし得るか、という問題もある。この場合には、破産法に特別の規定はなく、また、民法642条1項も適用がないから、民法および破産法の関連規定の解釈によって解決を導くことになる。

破産法53条が、選択権を専ら管財人に与え（同条1項）、相手方には選択の催告権を与えているに過ぎない（同条2項）点から見れば、相手方からの解除は認めない趣旨のようにもみえる。しかし、他方で、民法641条によれば、請負人が仕事を完成しない間は、注文者はいつでも解除をなしうる旨が規定されている。ただ、その場合には、契約解除の前提として請負人に対して損害賠償を支払うべきものとしており、その損害賠償債権は破産財団に属する財産として、管財人がその全額において権利行使することができる。よって、このような損害賠償請求権が履行される限り、相手方からの契約の解除によって破産財団に対しては特別の不利益は生じないと考えられる。したがって、この場合には、むしろ、請負契約から離脱したいという注文者の意思を尊重すべきであって、民法の規定を根拠に、注文者からの契約解除を認めてもよいと考える[18]。

（5）　市場の相場がある商品の取引に係る契約

1）「市場相場のある商品の取引にかかる契約」の意義　　ここでいう「取引所の相場その他の市場の相場ある商品の取引に係る契約」とは、「取引所の相場」に代表され、それと同等の公正な価格形成機能の発現といえる「市場の相場」がある商品の取引に係る契約のことを意味し、その特徴は、①激しい価格変動にさらされる可能性があること、②その中にあって、受給を統合し、客観的かつ公正に価格を形成する「場」が存在すること、③前記②の「場」を通じて代替取引が

---

(17)　最判昭62・11・26民集41巻8号1585頁〔百選5版79事件〕。

(18)　なお、新破産302頁〔新宅正人〕も解除できることを前提としている。

可能であることにある[19]。これらの契約は、その性質上、特定の日時または一定の期間内に履行がないと契約の目的が達せられないいわゆる定期行為としての性質をもつ。それに応じて実体法も、一方当事者の債務不履行があれば、無催告解除を認め（民 542 条）、また、商事売買であれば、解除が擬制されている（商 525 条）。このような実体法の原則を前提として、破産法 58 条 1 項も、市場の相場がある商品の取引に係る契約について、債務不履行の有無を問わず、履行期前に一方の当事者に破産手続が開始した場合、契約は当然に解除されたものとみなしている。もし、このような特別規定がないとすると、破産法 53 条以下の原則規定によって処理することになるが、その結果、破産管財人が履行か解除かの選択をするのを待たざるを得ないことになり、これでは時機を失しこの種の契約の実情に合わず、契約の相手方に不当な損害を発生させるおそれがある。すなわち、破産法 58 条 1 項は、迅速に契約関係を終結させ、差額の決済の問題に転換する趣旨である。ただ、当該取引所または市場に別段の定めがあればそれに従う（破 58 条 4 項）。いずれにせよ、このような契約には破産法 53 条の適用はない。

　旧破産法 61 条 1 項は、取引所の相場のある商品の売買で、「一定の日時または一定の期間内に履行がなければ契約の目的を達することのできない」性質（定期行為性）を有する取引について、その履行期が破産手続開始後に到来する場合には、旧破産法 59 条（現破 53 条）の適用を排除し、当然に契約の解除があったものとみなすと共に、その場合には、同種の取引を行う場合の相場の価格（再構築価格）と約定価格との差額を賠償することによって、迅速に決済することにしていた[20]。しかし、「高い相場性」のある商品の取引は、現在では非常に拡大し、店頭市場取引を代表例とする取引市場の相場のある取引以外にも、市場の相場ある取引は数多く行われている。また取引の類型も、売買だけでなく各種スワップ取引のような交換と目されるものも増えてきたことから、これらについても取引所の相場のある売買と同様の規定を設けることが、実務上要請されていた[21]。そこで、現行破産法 58 条は、旧破産法 61 条の対象となる取引である「取引所の相場のある商品の売買」から、「取引所その他の市場の相場のある商品の取引にかかる契約」に拡大することによって、この要請に応えようとしている。

　具体的に、何がこれに該当するかは、破産手続開始による当然の解除（擬制）と差額決済という特別の取扱いをする（破 58 条）ことが適切な取引として、「取引所

---

(19)　小川 100 頁、新堂幸司「金融派生商品取引の倒産法的検討（下）」NBL553 号 15 頁。

(20)　基本法コンメン 2 版 93 頁以下〔宮川知法〕、山本弘「破産法「61 条考」権利実現過程の基本構造〔竹下守夫先生古希祝賀〕（有斐閣・2002 年）813 頁以下。

(21)　山本弘・前掲竹下古希 833 頁以下。

と遜色ないほどに取引が集中し、公正な価格形成機能が実証されている市場の相場がある商品の取引」といえるかどうかによって判断される[22]。たとえば、証券取引所で取引される有価証券、商品取引所で取引が行われる商品（小豆、綿花等）のほか、その他の市場の相場のある商品の取引に係る契約（いわゆるデリバティブ取引等）もその対象となる。それに対して、中古車や不動産の売買については、中古車市場や不動産市場という形で客観的かつ公正な価格形成機能の発現が認められるにしても、性質上の定期行為性という要件を満たすかは疑問であり、破産法58条の対象にはならないと解される[23]。

2）損害賠償の額　損害賠償の額は、履行地またはその他の相場の標準となるべき地における同種の取引であって、同一の時期に履行すべきものの相場と当該契約における商品の価格との差額となる（破58条2項）。ただし、当該取引所または市場に別段の定めがあれば、それに従う[24]（同4項、金商133条2項）。いずれにしても、相手方の損害賠償請求権は破産債権として扱われ（同3項）、破産者が差額請求権をもつときは、それは破産財団所属の財産となる（破34条1項）。

たとえば、旧破産法下の通説によれば、「同一の時期」とは、「破産手続開始決定と同一の時期」と解し、たとえば、契約内容として、3月末に1株300円で500株を売買する約束をなしたときに、2月末に売主について破産手続が開始した時点では1株500円に高騰していたとすれば、その差額1株について200円分は売主の負担となり、買主は、500株についての差額10万円を破産債権として行使する。逆に、破産手続開始の時点で1株100円に低落していたとすれば、差額200円は買主の負担となり、売主の破産管財人は、差額10万円を破産財団所属財産として行使することになる、としていた[25]。これに対して、近時の有力説によれば、本来は、将来の時期における相場を想定した取引が破産手続開始時の相場を基準とする取引に変更される理由はなく、条文の文言との関係からも、同一の時期とは、本来の契約で予定された時期を意味し、破産手続開始時に想定される予定時期の時点での相場が差額決済の基礎となると解すべきであるとし[26]、その結果、上記の例では、2月末の破産手続開始時を基準とした3月末における1株あたり

---

(22)　小川100頁。

(23)　小川101頁、全書2版（上）409頁〔早川学〕等。

(24)　取引所における別段の定めの例としては、定款、規則、業務規定、受託契約準則などがあり、市場における別段の定めの例としては、ISDA（International Swaps and Derivatives Association Inc.）の基準契約書などがある（小川103頁、大コンメン249頁〔松下淳一〕、条解破産2版462頁、全書2版（上）409頁以下〔早川学〕等参照）。

(25)　注解3版（上）302頁〔吉永順作〕等。

(26)　伊藤3版383頁。

の相場が、契約時より高騰し、600円となっていれば、その差額300円分は売り主の負担になり、買い主は500株について差額15万円を損害賠償額として、破産債権を行使する。逆に、破産手続開始時に想定される3月末における1株あたりの相場が、1株50円に低落していたとすれば、差額250円は買主の負担となり、売主の破産管財人は、差額12万5000円を破産財団所属債権として行使することになるとする。たしかにこの有力説によると、損益の算定が、現実に生じたものに即してなされるという長所はあるが、他面、破産手続開始の時点で、本来の契約で予定された時期の価額を算定することは困難であり、債権届出の時機を失する恐れがあり、妥当ではあるまい。

（6）　デリバティブ契約

1）デリバティブ契約の意義と種類　　デリバティブとは、株式、債券、預貯金・ローン、外国為替などの金融商品のリスクを低下させたり、リスクを覚悟して高い収益性を追求したりすることを目的とする契約である。通常の商品や資産（穀物、株式、債券、外貨など）を原資産というが、デリバティブ取引は、原資産そのものを取引対象とするものではなく、その価格とその変動を対象としている[27]ので、金融派生商品取引といわれる。デリバティブには、基本的なものとして、①その元になる商品について、将来売買を行うことをあらかじめ約束する取引である先物取引、②将来売買する権利をあらかじめ売買する取引であるオプション取引、③将来の金利変動リスクや為替変動リスクを管理するために、同じ通貨で異なるタイプの利息を交換する金利スワップや異なる通貨を交換する通貨スワップなどがある[28]。

①　先物取引　　先物取引とは将来の売買についてあらかじめ現時点で約束をする取引のをいう。現時点では売買の価格や数量などを約束だけしておいて、将来の約束の日が来た時点で、売買を行う。前もって売買の価格を決めておくことができるので、価格変動する商品の売買につき物の価格変動リスクを回避できるという利点がある[29]。

---

[27]　たとえば、X株を対象とする個別株式オプションは、X株そのもの（原資産）の売買ではなく、X株の価格とその変動を取引の対象とする。

[28]　デリバティブ取引一般については、千保喜久夫『デリバティブの知識』（日本経済新聞社・1998年）、新保恵志『デリバティブ』（中央公論社・1996年）。また、道垣内弘人「スワップ取引に関する私法上の問題点（上）（下）」金融法務事情1343号11頁・1344号15頁、新堂幸司「金融派生商品取引の倒産法的検討（上）（下）」NBL552号6頁・553号13頁等を参照のこと。

[29]　先物取引を具体例で示すと、次のようになる。たとえば、現在大豆1トンの価格が3万円であるが、Xが、その価格が3ヶ月後には5万円になっていると予想したとしよう。

第9講　破産者をめぐる法律関係の処理（その3）　　*285*

② **オプション取引**　オプション取引とは、ある金融商品をあらかじめ決めておいた価格で売買するかしないか選択できる権利を調達する取引をいう[30]。なお、オプションには商品を買う権利であるコールオプションと、商品を売る権利であるプットオプションの2つがある。さらに、権利行使が満期の1回だけできるオプションをヨーロピアンオプションといい、満期までの間いつでも権利行使できるタイプのものをアメリカンオプションという。

オプションの「買い手」は当初オプション・プレミアム（オプション購入価格）を支払ってオプションを購入すれば、その後自分の得になるようにだけ行動すればよく、損失は支払ったプレミアムまでに限定される。他方、オプションの「売り手」は、当初プレミアムを受取ることができるが、相手（買い手）が得する状況になったときには、その権利行使に応じなければならないので、損失を負い、かつそれが無限に大きくなる可能性がある。

③ **スワップ取引**　スワップとは、元来、等価値のものを交換するという意味があるが、デリバティブのうち、金利スワップ取引において交換するのは、将来にわたって発生する利息である[31]。また、異なる通貨の利息などを交換する通

そこで、Xとしては、現在の時点で、3ヶ月後に1トン3万円で100トン買うという契約をYと締結する。この場合、XとYは、3ヶ月後の価格がいくらであっても、約束した価格（1トン3万円）で売買する。したがって、3ヶ月後の価格が1トン5万円になっていたとするとXは2万円×100＝200万円のもうけ、逆に1万円になっていたとすると、2万円×100＝200万円の損ということになる。この場合、Xにとっては、この予約は買いヘッジというリスクヘッジ手段として有意義だったといえる。

[30]　オプション取引とは、たとえば、現在1株5000円している株式を6ヶ月後に1株5000円で100株買うことができる権利（オプション）を一定額（オプション・プレミアム）を支払って買うような取引である。6ヶ月後に、1株が6000円になっていれば、その権利を行使すれば、市場で買うより、1株あたり1000円安い価格で買うことができる。逆に、4000円になっていれば、オプション購入価格分だけ放棄すれば、その権利を使わないこともできる。

[31]　固定金利立てで借り入れた場合、将来、金利が低下しても高い利息を支払い続けなければならないという金利リスクがある。他方、変動金利立てで借り入れた場合、将来、金利が上昇すればそれだけ利息の高い支払負担が増えるという金利リスクがある。そこで用いられるのが、金利スワップというデリバティブ取引である。たとえば、Aは、今後金利は低下すると考えているが、ローンを固定金利で借りているとすると、その間、現在の水準の固定金利を支払い続けなければならないので、できることなら変動金利型ローンにしたいと感じている。他方、Bは、今後金利は上昇すると考えているが、今は変動金利型ローンを借りているので、その支払利息負担が膨らんでいくのではないかと懸念しており、できることなら現在の水準の固定金利型ローンにしたいと感じているとしよう。このような場合、BがAの代わりに固定金利を支払い、それに対してAがBの代わりに変動金利を支払うことを約束する。そうすれば、金利低下を予想するAも、

貨スワップ[32]やクーポンスワップなどもある。これらによって、将来の金利変動リスクを管理する手法として、金融機関の間で急速に広まり、企業においても財務管理に用いられているほか、その汎用性の高さから、個人向け商品の中にも取り込まれるようになっている。

2）デリバティブ契約の倒産手続上の問題点　①　倒産開始時契約終了特約の有効性　　デリバティブ取引においては、契約中に、一方当事者について破産等の倒産手続開始申立て等を原因として、当事者間の契約関係が当然に終了する旨の条項が含まれていることが多いが、その有効性が問題となる。双方未履行双務契約一般については、この種の条項は、破産法53条1項によって破産管財人に与えられる履行か解除かの選択権を失わせる結果となるので、無効とすべきであるが、スワップ契約等のデリバティブ取引では、その多くが、双方当事者の信用を基礎として、基本契約に基づいて一定期間にわたって取引を行うものであり、上

　　金利上昇を予想するBも共に満足する。ただし、当初2人が行なっていた銀行とのローン契約内容を変更して「債務者をAからBに代える」といったことは通常できない。よって、実際には、AがBに変動金利を支払い、BがAに固定金利を支払うことにより、固定金利と変動金利のローンを交換していることと同じ結果を作出することになる。このような取引をスワップ取引というが、そのためには、スワップを行う期間、利息交換の頻度（3ヶ月毎・半年毎等）、想定元本、スワップ期間の固定金利などを定める。

[32]　通貨スワップとは、以下のような取引をいう。たとえば、P社は東京市場では知名度が高く信用も得ているので、東京市場で社債を発行し、円建ての資金を調達することは比較的安価にできる（仮に年利7.40％とする）。ところが、現在必要なのはスイスフランである。しかし、スイス市場での起債を図ると、年利7.6％の条件を要求されてしまう。これに対して、Q社は、スイス市場での知名度が高く、スイスフランを調達すべく同市場で社債を発行すると、年利7.25％の条件ですむ。ところが、東京市場での知名度が低いため、円建ての記載を東京市場で行うと、年利7.75％になってしまう。現在必要なのは日本円である。両者とも、自らの信用力が生かせない市場での起債を余儀なくされそうな状況にある。そこで、一方で、P社は東京市場で円建ての起債をし、他方、Q社はスイス市場でスイスフラン建ての起債をした後、P社とQ社との間で両者の元本および債務を交換する。すなわち、P社は受け取った元本（日本円）をQ社にそのまま引渡し、Q社は受け取った元本（スイスフラン）をそのままP社に引き渡す（イニシャル・ペイメント）。そして、P社はスイスフラン元本に対する利息相当額（年7.25％）をQ社に支払い、Q社はその日本円元本に対する利息相当額（年7.40％）をP社に日本円で支払う（そして、それを、それぞれがその債権者に支払う）。このことにより、双方とも、年間0.35％分の金利を節約することができる。そして、元本の返済期日が到来したとき、P社はQ社にスイスフラン建ての元本額を、Q社はP社に日本円建ての元本額を支払い（ファイナル・ペイメント）、それぞれ相手方から受け取った金銭をもってそれぞれの債権者へ元本を返済する。なお、通貨スワップにおいては、円とスイスフランというように、通貨の種類が違うから、金利スワップにおけるような利息どうし、元本どうしの差額決済はできない（道垣内弘人・前掲（上）金法1343号12頁以下参照）。

第9講　破産者をめぐる法律関係の処理（その3）　　　*287*

述した市場の相場がある商品の取引に係る契約に含まれる限り、破産手続開始とともに契約関係の終了が認められるのであるから（破58条1項）、破産手続開始申立て等を理由とする契約終了条項の効力を認めても差し支えない（通説）。

また、基本契約に基づいて、相互間に発生する債権債務を順次決済した上で、新たな債権債務に置き換える旨の合意（オブリゲーション・ネッティングまたは単にネッティングと呼ばれる）についても、交互計算に近い性質が認められるから、交互計算の終了に関する規定（破59条1項）の趣旨を考慮して、この種の条項の効力も認められている。

② **一括清算ネッティング条項（一括清算条項）の有効性**　デリバティブ取引においては、一括清算ネッティング条項とよばれる特約が規定されるのが通例である。一括清算ネッティング条項とは、一方の当事者に倒産処理手続の開始等の信用悪化事由が生じたときは、一定の範囲の金融取引から生ずるすべての債権債務について、それが弁済期の異なるもの、異種の通貨を目的とするもの、あるいは現物の引渡しを内容とするものであっても、すべて一括して差引決済をして、それによって決定される残額についてのみ請求できることとする旨の特約をいう[33]が、その有効性が問題となる。すなわち、一括清算ネッティング条項の効力が認められると、その対象となる個々の金融取引から発生する債権債務は包括的な担保となるため、差引決済される部分については、債権の優先的な回収が可能となる。また、仮にかかる条項の効力が認められないときには、個々の金融取引がそれぞれ一個の取引であるとすると、個々の取引ごとに破産法53条に基づく破産管財人の選択権が及び、破産管財人が破産財団に有利なもののみを引き受け、残りは解除するといういわゆる「チェリーピッキング（cherry picking）」が生じるおそれがあるが、それを回避することができる。しかし他方で、一括清算は、その実質をみれば、相殺と異ならないので、たとえば、支払停止があった後に負担した債務や取得した債権を一括清算の対象とすることは、相殺禁止（破71条1項3号・72条1項3号）の趣旨に抵触するのではないか、あるいは債権債務の発生の基礎となる基本契約がいわゆる「前に生じた原因」（破71条2項3号・72条2項2号）に該当するのか、といった点が問題となる。

しかし、一括清算ネッティング条項は、上述したメリットに加えて、基本契約に基づく当事者間の一連の取引の結果として生じる債権債務について、契約終了事由が生じたときに、簡易かつ迅速に決済することを目的としており、それによって他の債権者との間の公平を害するような性質のものではない[34]。さらにいえ

---

(33)　小川97頁。

(34)　条解破産2版463頁。

ば、基本契約でカバーされる複数の債権債務は相互的に包括的な担保となっているとみられ、このような特約は、破産法71条2項2号・72条2項2号にいう「前に生じた原因」に当たると解することは可能である[35]。

このような考慮から、「金融機関等が行う特定金融取引の一括清算に関する法律（平成10年6月15日法律第108号）」（いわゆる一括清算法）[36]は、一方の当事者を金融機関とするデリバティブ取引等に関してその有効性を認める規定を置いている（一括清算2条6項・3条参照）。しかし、この法律の対象となる特定金融取引は、金融機関等を一方当事者とする取引に限定されていたため、「金融機関等」に該当しない商社、事業会社、外国金融機関等との間の取引については、かかる条項の有効性を認めた立法はなく、他方、一括清算条項の有効性が認められる根拠は、取引主体が「金融機関等」であることを基礎にするものではなく、その取引類型に求められることから、金融機関等以外の者が一方当事者である場合についても、一括清算条項を有効とする旨の立法が必要であるとの指摘がなされていた[37]。そこで、現行破産法58条5項は、円滑な取引の終了についての契約当事者の信頼などを考慮して、金融機関等以外の者がデリバティブ取引の当事者である場合でも、一括清算ネッティング条項の有効性を認めている。なお、従来、相殺権の行使について一定の規律が設けられている民事再生法や会社更生法において（民再92条1項、会更48条1項）、とくに一括清算ネッティング条項の効力が問題とされていたが、取引の性質を考慮して、破産法と同様に一括清算ネッティング条項の有効性が承認された（民再51条、会更63条）。

（7）　交　互　計　算

交互計算とは、商人間または商人と非商人との間で平常取引をする場合において、一定の期間中の取引から生じる総債権と総債務を相殺し、その残額の支払いをなす旨を約する契約である（商529条）。この契約は、相互の信用を基礎としているから、契約当事者の一方につき破産手続が開始されると、交互計算関係は当然に終了し、各当事者は、計算を閉鎖、すなわちその時点での双方の債権債務の相殺をし、残額の支払いを請求することができる（破59条1項）。したがって、破産者側に残額請求権があれば、その債権は破産財団所属の財産として管財人が相手方に対して行使することになり、また、残額請求権が相手方に生じていれば、

---

[35]　大コンメン251頁〔松下淳一〕。

[36]　この法律については、山名規雄「金融機関等が行う特定金融取引の一括清算に関する法律の解説」NBL645号20頁、神田秀樹「一括清算法の成立」金法1517号18頁等を参照のこと。

[37]　小川97頁以下参照。

第9講　破産者をめぐる法律関係の処理（その3）　　*289*

それは破産債権となる（破59条2項）。

交互計算の終了に伴う計算の閉鎖としてなされる相殺については、受働債権、すなわち相手方の破産者に対する債務が支払停止や破産手続開始の申立後に負担したものであれば、破産法71条1項3号または4号による相殺禁止が、また自働債権、すなわち相手方の破産者に対する債権が支払停止や破産手続開始の申立後に取得したものであれば、同法72条1項3号または4号による相殺禁止が問題となる。しかし、いずれの場合であっても、交互計算契約の存在が、合理的な相殺期待の基礎をなすものと認められるから、破産法71条2項2号または72条2項2号にいう「前に生じた原因」に該当し、相殺は許される[38]。

＜設問についてのコメント＞

問1は、請負人が破産した場合の法律関係を問うものである。これについては、（4）3）②③を参照のこと。

問2は、Kの破産法上認められた履行か解除かの選択権と注文者の民法に基づく解除権の関係について問うものである。これについては、（4）3）③を参照のこと。

問3は市場の相場のある商品の取引にかかる契約の処理に関して、破産法58条の意味を問うものであるが、見解が分かれている。これに関しては、（5）2）を参照のこと。

問4は、いわゆるデリバティブ取引について問題である。その中で、とくに、一括清算ネッティング条項（一括清算条項）有効性について考えてもらいたい。これについては、（6）2）②を参照のこと。

---

[38]　大コンメン252頁〔松下〕、条解破産2版467頁。

第10講　破産者をめぐる法律関係の処理(その4)

ケース

　A株式会社は、平成23年6月2日に、大都市のベッドタウンの駅前に、レストランを開店した。開店するにあたり、大部分の設備はリース契約でまかなうこととし、大型冷蔵庫、食器棚、大型ガスレンジ等の厨房設備一式、および食器等全般につきDリース株式会社との間で、リース期間5年、毎月のリース料50万円（5年間で3000万円）とするフルペイアウト方式のファイナンス・リース契約を締結した。その契約には、「A社に対して破産、民事再生、会社更生の各手続の申立てがあった場合は、D社は何らの催告を要することなく、当該リース契約を解除することができます。」という条項が盛り込まれていた。また、A社はB保険会社との間で、自社が所有する営業用の自動車につき、自動車保険契約を締結していた。

　A社がレストランを開店した当時は、類似店がほとんどなく大いに繁盛したが、その後ほどなくして、近くに同様の店が次々とオープンし、顧客獲得合戦が加熱し、競争に勝つために無理な値下げ等をした結果、レストランの経営状態は次第に悪化していき、ついに、平成26年6月4日午後5時にA社に対して破産手続開始決定がなされ、弁護士であるKが破産管財人に選任された。

　A社が破産手続開始決定を受けたとき、A社に20年間にわたって優秀なコックとして勤務していたCは、月額税込みで50万円の給料をもらっていたが、既に1年間給料を支払ってもらっていなかった。なお、A社の就業規則によれば、勤続20年の場合、退職金として、退職時の給料月額の24ヶ月分が支払われることになっていた。なお、Kは、破産清算のために最低限必要な人員としてCをはじめとする優秀な最小限の人数の従業員（全従業員の約1割に当たる20名）は継続雇用するが、その他の従業員（A社の従業員の約9割に当たる180名）は解雇したいと考えている。

◆**問1**　A社の優秀なコックであったCは、レストラン事業を展開するE会社から、是非とも働いてもらいたいとして高給の提示を受けた。そこで、C

第10講　破産者をめぐる法律関係の処理（その4）　　*291*

はA社を退社してE社で働くことにしたいと考えたが、その時、Kが破産法53条に基づいて雇用契約の履行を選択したと通知してきた。Cは自分の意思に反しても、A会社で働かなければならないであろうか。仮に、CがKの要請を受け入れ、これまで世話になったA社への恩返しのつもりで、1年間だけ、しかも、それまでの給料より月額10万円も安い、月額40万円で働いたとする。この場合、給料債権および退職金債権は破産手続上どのように扱われるか。

　また、Kが目論んでいるこのような180名の従業員の解雇はそもそも許されるものであろうか。

◆**問2**　冒頭の **ケース** において、D社が有している2年分の残リース料債権は、破産手続上どのように扱われるか。

　D社が、A社に破産手続開始の申立てがなされたことによって、約定により、本件リース契約は解除されたとして、Kに対して、厨房設備および食器のすべてを返還するように求めてきた。この場合、破産管財人であるKとしては、D社の要求に対してどのように対処したらよいだろうか。

　また、D社は、A社がリース物件を返還しないので、Kに対し、当該物件を返還するまで、1か月あたり50万円のリース料相当額の損害の賠償を求めた場合、この債権は破産手続上どのように扱われるか。

◆**問3**　仮に、リース会社Dが破産した場合、その管財人が、リース契約を解除して、設備等全部の返還を求めてきた場合、A社としてはどのように対処すべきか。

◆**問4**　仮に、平成26年6月4日に破産したのが、A社ではなくB保険会社（破産管財人はX）であったとする。そして、平成26年7月7日に、Aの営業車が自損事故を起こしたので、A社は、B保険会社（破産管財人X）に対して、保険金を請求した。この場合、破産法上、その請求権はどのように扱われるか。

（8）雇用契約

　雇用契約の継続中に使用者または被用者（従業員）が破産した場合、被用者には将来に向って労務を提供する義務が、また、使用者にはそれに対して賃金を支払う義務があり（民623条）、双方未履行の双務契約がある場合といえる。

　1）使用者の破産の場合　①　**破産法53条と民法631条との関係**　雇用契約が双方未履行の双務契約だとすれば、破産法53条以下の規定が適用されるはずであるが、民法631条はこれについて特則を定めている。

ところで、破産法 53 条を適用すると、管財人が履行を選択したときは、管財人
が労働者に対して労働の提供を求める請求権は財団所属の財産となると共に、相
手方（労働者）の給料請求権は財団債権となる（破 148 条 1 項 7 号）。他方、管財人が
解除を選択すると、相手方（労働者）は就労の義務から免れると共に、破産手続開
始後から契約終了までの賃金債権は財団債権となり（破 148 条 1 項 8 号）、また、労
働者に損害が生じた場合には、当該損害賠償請求権は破産債権として請求するこ
とができる（破 54 条 1 項）。

　これに対して民 631 条を適用すると、労働契約に期間の定めがあるときでも、
労働者および使用者（破産者）の破産管財人の双方から民 627 条の規定によって解
約の申入れをすることができ、かつ、解約に基づく損害賠償請求は、いずれの当
事者についても否定されるとことになる。

　そこで、以上の条文のどちらを適用すべきかが問題となるが、いかに破産手続
開始後の賃金債権が財団債権として保護される（破 148 条 1 項 7 号）とはいえ、破
産管財人の履行の選択によって、労働者が従来の労働関係に拘束されるのは、労
働者保護の観点から適切ではない。また、民法 631 条において使用者の損害賠償
請求権が否定されているのは、労働者の解約の自由を保障する意味があると考え
られる。よって、通説は、従来から、使用者破産の場合には、基本的に民法 631 条
が適用されると解していた[1]。そのため、民法改正に際しても、この条文は合理
性があるものとしてそのまま残された。よって、雇用につき期間の定めがある場
合でも、被用者または管財人のいずれからも解約の申し入れができ、申し入れ後
2 週間の経過と共に雇用契約は終了することになる（民 631 条・627 条 1 項）。この
ことは、管財人から破産法 53 条による履行選択がなされても同様であって、この
場合にも、被用者からの解約の自由を保障すべきであって、たとえ管財人が雇用
契約の履行を選択したとしても、それは何ら労働者を拘束するものではない。た
だ、労働者の方から解約がない限り、破産管財人が、破産法 53 条により履行を選
択することは認めてよいであろう[2]。当事者のいずれからも解約権が行使されな
い場合には、契約の履行が選択された場合と同様に考えることができ、破産管財
人は、雇用契約について管理処分権を行使する立場にあるから、破産者に代わっ
て使用者としての地位が認められる。

　②　破産管財人による履行の選択　　破産者の当面の事業継続のため、または清
算業務遂行のために必要な労働者の雇用を継続しようとするときは、破産管財人

----

(1)　伊藤・破産 3 版補訂 258 頁、林屋ほか 245 頁〔福永有利〕、伊藤 3 版 393 頁、加藤 6 版
　　250 頁、中島 261 頁。
(2)　中島 262 頁。

は、(a)従来の雇用契約をいったん解約し、新たに雇用契約を締結するか、または(b)従来の雇用契約について履行の選択をなす（破53条1項）という2つの方法が考えられる。

　前者の場合には、開始決定前の原因に基づく給料債権等は、破産法149条・148条1項8号が定める限度で財団債権となり、その余の部分は、優先的破産債権（破98条1項、民306条2号）となる。ただ、その雇用条件は、新たな契約によることになるが、賃金債権等はすべて財団債権となると考えられる（破148条1項4号）。それに対して、後者の場合には、通説によれば、破産手続開始決定後の給料債権等は財団債権となるが（破148条1項7号）、開始前の給料債権等は、たとえ従来の雇用契約が存続する場合でも、財団債権と優先的破産債権とに分けられることになる[3]。これらの方法のうち、いずれか一方の方法が労働者の地位を著しく不利益にするということはないが、前者によれば、破産手続開始後に労働契約が新たに締結されることになるから、後者にくらべ条件が悪化する可能性はあろう。また、前者によれば、前の雇用契約が終了した後、新たな契約が締結されるまでの間の賃金は支払われないことになろう。

　破産管財人と労働者との間に雇用契約が継続する場合には、破産管財人は、破産者が使用者として有していた権限（解雇権、就労規則改正権、労働協約や就業規則に基づく権限、労使慣行に基づく配転・出向命令権など）を承継する。また、それと同時に、使用者としての義務、例えば団体交渉応諾義務等も負担する[4]。もっとも、団体交渉の対象となるのは、法律上、破産管財人にある程度の裁量権が認められている事項に限られる。よって、裁量権が与えられていない事項、例えば、優先的破産債権たる労働債権に対する配当率などの問題は団体交渉事項とはならない。これに対して、例えば、労働債権のうち、財団債権となる部分（破149条）についての弁済期や、優先的破産債権たる労働債権についての弁済許可の申立て（破101条）、中間配当の時期（破209条）、財団所属の財産の換価の方針など、破産管財人にある程度の裁量権がある事項については、団交事項となる[5]。よって、団交事項たり得る問題について、破産管財人が、正当な理由なく労働組合との団体交渉を拒否すれば、不当労働行為になる（労組7条2号）。

　次に、使用者たる破産者と労働組合との間で締結された労働協約が、解雇制限条項を含んでいるときに、破産管財人が当該労働協約に拘束されるかという問題

---

(3)　谷口195頁、条解会更（中）314頁。これに対し、伊藤3版397頁は、破産手続開始前の給料債を含めて全てが財団債権になるとする。

(4)　伊藤眞「破産と労働関係」法学教室65号34頁、伊藤3版398頁。

(5)　伊藤3版398頁。

がある。労働協約も双務契約に当たる点や、破産法に民事再生法49条3項や会社更生法61条3項のような、労働協約の解約を否定する規定がない点を考慮すると、原則的に破産管財人は、労働協約を解約できると解される[6]。しかし、民事再生法や会社更生法の規定の趣旨などを考慮すると、当然に労働協約の解約（解除）ができると解すべきではなく、協約の条項が円滑な管財事務の遂行を妨げないことを労働組合が主張・立証すれば、解除権は否定されると解すべきである[7]。また、労働協約中、実質的に雇用契約の一部をなすとみられる部分については、雇用契約を維持しつつ労働協約だけを解約（解除）することはできない。そうでないと雇用契約の部分的修正を破産法53条によって認めることになるが、そのような結果は同条の予定するところではないからである[8]。

③　**破産管財人による雇用契約の解約**　　使用人の破産管財人による雇用契約の解約は、民631条を根拠として行われるが、いったん解雇権が行使される以上、労働者保護の必要性は通常の雇用の場合と変わらないので、解雇予告期間および解雇予告手当等、労働基準法上の要件（労基20条1項本文）を満たす必要がある[9]。なお、破産財団に解雇予告手当を払う原資がなく、これを支払わずに解雇した場合でも、解雇自体は有効である[10]。また、破産管財人が、次に説明する整理解雇以外の解雇、すなわち、解雇権行使の形式を取らず、いわゆる希望退職を募集し、労働者がこれに応じる場合であっても、実質的に解雇とみなされる場合には、解雇権が行使されたものと取り扱われるべきである。

整理解雇をめぐっては近時、議論がなされている。整理解雇とは、人件費削減を目的として行われる解雇のことをいうが、整理解雇に当たっては、いわゆる「整理解雇4要件」を備えなければならないのが原則である。すなわち、(a)人員整理の必要性、(b)整理解雇（指名解雇）の選択以外に可能な手段がないこと（整理解雇の必要性）、(c)解雇対象者選定の妥当性、(d)手続の妥当性（労働組合等との誠実な協議・交渉の実績）である。これに対して、下級審であるが、破産手続においては、労働者との関係を含め、その全財産を清算することが予定されているので、企業が存続することを前提とする整理解雇法理の適用はないとするものがある[11]。ま

---

(6)　実務大系（6）269頁〔伊藤新一郎〕、新実務大系（28）152頁〔長島良成〕。

(7)　伊藤3版399頁。

(8)　林屋ほか245頁以下〔福永有利〕参照。ただ労働協約のそのような部分についても、労働組合法15条3項4項による解約は可能である。

(9)　伊藤3版394頁、中島262頁、実務倒産3版705頁〔今泉純一〕、注解3版（上）311頁〔吉永順作〕。

(10)　注解3版（上）311頁〔吉永順作〕、全書2版（上）871頁〔稲生隆浩〕。

(11)　大阪地判平11・11・17労判786号56頁。

た、学説上も、とくに再建型倒産手続を念頭におくものではあるが、倒産手続における労働契約関係の特殊性に着目し、通常の整理解雇とは異なった枠組みでその効力を判断すべきであるとする見解[12]と、倒産時に平時と異なる「戦時倒産法」として労働法規範が修正・変容されると考える必要はないとする見解[13]とが対立している。思うに、破産手続に限っていえば、たしかに、労働者全員を解雇する場合には、上記解雇4要件のうち、(b)(c)は問題とならないであろう。しかし、(a)については適用の余地がある。すなわち、破産手続開始原因があるか否か、他に事業を移転して事業を継続する意思があるか否か（偽装倒産か否か）を検討し、人員整理の必要性がない場合には、整理解雇の必要性を否定することがあり得る。よって、破産手続で整理解雇が行われる場合にも、整理解雇の法理は適用されるべきである[14]。なお、(d)の要件は微妙であろう。倒産という異常事態においては、(a)の要件が満たされれば、(d)の要件が絶対に満たされなければならないとはいえないであろう。それに対して、事業譲渡を前提として一部の従業員のみを解雇するような場合等には、(b)(c)(d)の要件も満たす必要があろう。

④　**給料債権・退職手当債権の取扱い**　a.　労働債権の取扱いについての法改正の沿革　労働債権については従来、民法上、一般の先取特権が認められていた。すなわち、平成15年の民法改正前には、「雇人の給料」が一般先取特権になるとされ（民旧306条2号）、さらに、それは、雇人が受くべき最後の6ヶ月間分のみに限定されていた（民旧308条）。これに対し、商法、有限会社法および保険業法では、会社と使用人との間の雇用関係に基づいて生じた債権は全額につき一般の先取特権が認められていた（商旧295条、旧有46条2項、保険業旧59条）。

その結果、破産手続開始決定後の賃金債権は財団債権になるのに対し（破148条1項7号、旧破47条④⑧）、破産手続開始決定前の未払賃金については、雇主が会社であればその全額が優先的破産債権になるのに対し、そうでない者（たとえば、個人、一般社団・財団法人等）に雇われた場合には、雇人が受くべき最後の6ヶ月間分のみが優先的破産債権になると解さざるを得なかった（旧破39条）。しかし、この

---

[12]　中島弘雅「JALの会社更生と整理解雇問題」金商1358号1頁、倒産法改正展望17頁〔伊藤眞〕、上江洲純子＝中島弘雅「再建型倒産手続と整理解雇法理（1）」慶應法学26号73頁等。なお、中島263頁は、整理解雇の法理が適用されると解していた。

[13]　船尾徹「更生手続下における整理解雇法理の適用のあり方——更生計画が定めた人員削減計画・目標と会この夜人員差重言の必要性」労働法律旬報1774号17頁。萬井隆令「管財人に拝謁し、解雇法理から逸脱したJAL判決」労働法律旬報1774号21頁。また、東京地判平24・3・29労働判例1055号58頁も、会社更生手続においてもいわゆる整理解雇法理の適用を認めた。

[14]　毛塚勝利「倒産をめぐる労働問題と倒産労働法の課題」日本労働研究雑誌511号8頁。

ような扱いに対しては、同じ給料債権や退職金債権でありながら、雇主が会社か否かによって、保護の範囲に不均衡が生じており、立法論的に妥当とはいえないという批判が強かった。

そこで、平成15年の改正民法により、雇用関係に基づく債権は、雇主の種類を問わず、かつ、期間の限定なしに、その全額につき一般の先取特権が認められることになり（民308条。それに伴い、商法旧295条は特則の意味がなくなったので削除された）、しかも、一般の先取特権が認められるものとして、「雇人の給料」という文言から、「雇用関係」を原因とするものから生じたものと改正され（民306条）、一般先取特権が認められる範囲は拡大された。すなわち、この新たな文言により、給料債権のみならず、退職金債権、労災等による損害賠償請求権、身元保証金返還請求権等にも一般先取特権が認められることになった。その結果、破産法上も、雇用関係から生じる債権の全額が優先的破産債権として扱われることになった（破98条1項）。さらに、現行破産法では、破産手続開始前3月間の給料債権や退職金債権は財団債権に格上げされており（破149条）、労働者の生活保護により手厚いものとなっている。

しかし現行民法306条の文言によっても、役員報酬請求権は、雇用関係から生じたものとはいえないから、一般の先取特権にはならない。また、社内預金返還請求権については後述するように争いがある。

その他、現在では、労働者の賃金債権を確保するために、特別法により、未払賃金立替払制度が設けられている[15]。

---

[15] 「賃金の支払の確保等に関する法律」（賃確法）7条の規定によって、倒産した企業について、一定の要件を満たす場合に、独立行政法人労働者健康福祉機構（2004年に、旧労働福祉事業団を廃止して設立）が未払い賃金の一部を立替払いするという制度がもうけられている。すなわち、これは、①退職日の6ヶ月前の日から労働者健康福祉機構に対する立替払い請求の日の前日までの間に支払期日が到来している「定期賃金」および「退職手当」のうち、未払いとなっているものであり、②労災保険の適用事業で1年以上にわたり事業活動を行ってきた企業に「労働者」（アルバイト等も含む）として雇用されており、かつ、破産手続等の開始申立て日の6ヶ月前の日から2年の間に当該企業を退職した者について、労働者健康福祉機構が未払賃金を立替払いするという制度である。なお、立替払いを受けることができる金額は、原則として「未払い賃金」の総額の80%である。ただし、以下のように、一定の制限がある。

退職日における年齢	未払賃金額の限度額	支払いの上限額
45歳以上	370万円	296万円
30歳以上45歳未満	220万円	176万円
30歳未満	110万円	88万円

また、独立行政法人労働者健康福祉機構がこの制度に従って立替払いをした場合には、

b．管財人によって解雇がなされた場合の、給料債権や退職金債権の取扱い

　この場合、旧法下では以下の4つの見解が対立していた[16]。すなわち、(a) 退職金債権が破産管財人の解雇行為に基づくものとして、その全額が財団債権（破148条1項4号）になるとする見解、(b) 退職金の基礎となる雇用契約が破産手続開始前のものである点に着目して、破産債権（破2条5項）になるとする見解[17]、(c) 賃金の後払的性格を有する退職金のうち、開始決定前の労務の対価とみなされるものを破産債権とし、開始決定後の労務の対価たる部分を財団債権（破148条1項8号）とする見解[18]、(d) 破産手続開始決定後の労務の対価たる退職金や賃金が財団債権となるのは当然とし（破148条1項2号8号）、賃金の後払いたる退職金が、破産管財人の解除権に基づく原状回復義務の中に含まれるとして、退職金全額を財団債権とする見解(破54条2項)[19]である。

　これに対して、現行法では、給料債権に対してはその全額が優先的破産債権としての地位が認められ（破98条、民306条2号・308条）、その中で、破産手続開始前3ヶ月間の給料の請求権はとくに財団債権とされ（破149条1項）、さらに、破産手続終了前に退職した使用人の退職金を含む退職手当債権について、退職前3ヶ月間の給料の総額に相当する額が財団債権とされている(破149条2項)。しかも、その総額が破産手続開始前3ヶ月の給料の総額より少ない場合には、破産手続開始前3ヶ月の給料の総額に相当する額が財団債権になるとされている（同条2項かっこ書）。これは、とくに、破産手続開始後に給料が引き下げられる場合が多いことを考慮して、使用人の保護を徹底する趣旨である[20]。

　これは、以上のような旧法下の考え方の対立を前提として、それを立法的に解決したものである。すなわち、破産手続開始の前後を問わず、また、労働者の自発的退職か、それとも使用者によるまたは使用者の破産管財人による解雇権の行使の結果か否かを問わず、労働者の退職手当債権は、退職前3ヶ月間の給料相当分が財団債権となり、それ以外の部分は優先的破産債権として扱われる。さらに、優先的破産債権となる給料債権および退職手当債権は、これらの債権者の生活の

　　同機構は従業員の債権を代位取得する（代位する債権は、従業員の債権が財団債権か、
　　優先的破産債権かによって決まる）。

[16]　伊藤3版394頁以下参照。

[17]　谷口195頁、東京高判昭44・7・24高民22巻3号490頁。当時はこれが実務の取扱いであったようである。

[18]　大阪地判昭58・4・12労民34巻2号237頁〔百選3版114①事件〕もこの立場であり、当時の多数説であった（破産和議実務（上）160頁〔伊藤一夫〕）。

[19]　伊藤眞「破産と労働関係」法学教室65号28頁、33頁。

[20]　小川202頁。

維持を図る必要がある場合に、それらの債権の弁済を一般の破産配当に先立たせるために、給料の請求権等の弁済の許可の制度も設けられた（破101条1項）。

c. 給料債権や財団債権となる範囲　　破産法149条によれば、破産手続開始前3ヶ月間の破産者の使用人の「給料の請求権」（同条1項）、および、破産手続の終了前に退職した破産者の使用人の「退職手当の請求権」は、退職前3ヶ月間の給料の総額（その額が破産手続開始前3ヶ月間の給料の総額より少ない場合にあっては、破産手続開始前3ヶ月間の給料の総額）に相当する額が財団債権となる[21]。そこで、破産法149条の財団債権の基礎となる「給料の請求権」および使用人の「退職手当の請求権」の意味、および、その範囲が問題となる。

(a)「給料の請求権」の意味・範囲　　給料とは、労働の対価として使用者が労働者（使用者）に支払うべきものをいい、賃金、給料、手当、賞与その他名称の如何を問わない（労基11条参照）。よって、基本給、役職手当、時間外手当、皆勤手当、家族手当、住宅手当、ボーナスなどはすべて「給料」に含まれる。また、労務の対価として使用者が支払いをなす場合、その契約形態は、必ずしも労働契約でなくてもよく、委任や請負であってもよい。

他方、一般に、使用者が任意に恩恵的に支払う給付（任意的恩恵的給付）については、原則として労働の対価たる賃金には当たらないと解されている[22]。しかし、例えば、結婚祝金、災害見舞金、死亡弔慰金等について、就業規則、労働契約、労働協約などによって、あらかじめ支給条件が明確に定められている場合には、使用者に支払義務があり、労働者に権利として保障されているから、労働の対価たる賃金に含まれると解される[23]。また「破産手続開始前3ヶ月間に生じた」部分

---

[21]　財団債権とされる給料と退職金の範囲は、会社更生法（会更130条1項）に比べると狭くなっている。これは、再建型と清算型の違いや、破産の場合は財産債権の範囲を拡張すると、財団不足による破産廃止の可能性が出てくることによるものと考えられる。なお、民事再生法には、給料や退職手当金債権を共益債権とする規定はないが、民事再生法上これらの債権には一般優先権が認められており、それは手続外で権利行使できるものであるから（民再122条1項2項）、共益債権として扱うのと大差ない。なお、元従業員は、自分の給料（賃金）がいくらなのか正確には知らないのが通常で、未払退職金の額がいくらになるかも知らない場合も多い。そこで、現行法は、破産管財人に対し、破産手続に参加するのに必要な情報提供義務を規定するとともに（破86条）、実務上は、管財人が賃金台帳を作成するものとされ、各（元）従業員の未払給料や退職金の額を計算して、各人に財団債権の額と破産債権になる額や権利行使に必要な事項などを通知、連絡することとされている（実務倒産3版709頁〔今泉純一〕参照）。

[22]　森川和彦「破産法が変わる（第16回）労働債権②──実務上の問題」金法1716号65頁。

[23]　東京大学労働法研究会編『注釈労働基準法（上.)』（有斐閣・2003年）170頁〔水町勇一郎〕。

とは、通常の給料支払日如何にかかわらず、破産手続開始日の前日から遡って3ヶ月間と解すべきである[24]。たとえば、給料日が毎月20日である会社が、10月10日に破産開始決定を受けた場合、3ヶ月間とは、7月10日から10月9日までである。

　以上に対し、既に述べたように、取締役や監査役などの役員報酬請求権は雇用関係に基づくものには当たらず、社内預金払戻請求権も労務の提供とは関係がないので、ここにいう給料には当たらない。

　(b) 退職手当の請求権の意味・範囲　　使用人とは、労務を提供してその対価を受けることによって生活を営んでいる者をいい、正社員に限らずパートタイマー、期間工などもこれに含まれる。

　退職手当とは、雇用関係の終了によって使用者から従業員に支払われる金員をいい、その支給条件が労働協約・就業規則等に定められているものに限られず、労使慣行によって支給がされているものも含まれる。旧破産法下の通説によれば、退職金債権は、就業規則、労働契約、労働協約等で規定されているときは賃金の後払いと解され、一般の先取特権が認められていた[25]。たしかに、一般的にいえば、これらの根拠がなく使用者がその裁量で任意的かつ恩恵的に支払っている場合には、労働の対価たる賃金とはいえないから、この解釈は現行法においても基本的には妥当するであろう。ただ、就業規則等に明文の規定がなくても、長年の労使慣行によって一定の基準で支払われていれば、支給基準も明確であり、他の債権者を害するおそれもないから、破産法149条2項の退職手当の請求権と解してもよかろう。なお、解雇予告手当については争いがあるが、労働の対価とはいえないから、退職手当の請求権とはいえないと解すべきであろう。

　退職手当が年金の形で支払われる場合（退職年金）も、基本的には同様であるが、退職年金請求権はいわゆる定期金債権であり、破産手続開始時に弁済期が到来したものと見なされ（破148条3項・103条3項）、各期の年金額の合計額が債権の額となる。ただし、破産手続開始時から本来の支給期限までの法定利率による中間利息相当分は、劣後的破産債権として扱われる（破148条3項・149条2項・99条1項4号）。なお、退職金・退職年金のうち、独立行政法人勤労者退職金共済機構や厚生年金基金などの社外の機関に積み立てられ、これらの機関が退職労働者に直接支払う形態のものは、使用者が支払うものではないから、ここでいう退職手当

---

(24)　森川・前掲金法 1716 号 65 頁参照。

(25)　前掲・注釈労働基準法（上）170 頁〔水町勇一郎〕。なお、同旨の判例として、最判昭43・3・12民集22巻3号562頁、最判昭43・5・28判時519号89頁、最判昭44・9・2民集23巻9号1641頁〔百選3版113事件〕がある。

には当たらない[26]。

　d．財団債権としての労働債権の弁済　　労働債権のうち、財団債権とされる部分については、破産管財人が裁判所の許可を得て（破78条2項13号）、破産財団から随時弁済する（破2条7項）。ただし、その額が100万円以下（破78条3項1号、破規25条）の場合、または、裁判所が上記の許可を要しないとした場合には（破78条3項2号）、許可は不要であり、管財人が裁量によって支払う。

　労働債権者としても、財団債権とされる部分については、弁済期が到来している限りいつでも直接に破産管財人に対して支払を求めることができるが、管財人が弁済に応じない場合、強制執行をすることはできない（破42条1項）。したがって債権者としてとりうる手段としては、裁判所に破産管財人の監督を行うよう職権の発動を求めたり（破75条1項参照）、裁判所に破産管財人を解任すべき旨を申し立て（同2項参照）、さらには、管財人を相手取って財団債権の支払を求めて訴えを提起し（管財人が財団債権性を争っている場合も含む）、また管財人の善管注意義務違反として損害賠償の請求をすることなどが考えられる（破85条2項）。

　e．優先的破産債権としての労働債権の弁済　　労働債権のうち、別除権が認められるもの以外は優先的破産債権となるが、優先的破産債権は、あくまでも破産債権であるから、破産手続によってのみ満足を受けうるものである（破100条1項）。よって、優先的破産債権は破産配当における優先権を意味するものであり、配当手続外で優先的な満足を受けられることを意味するものではない。しかし、配当までには通常長期間を要するので、労働者が生活していく上で困難を来すことが予想される。したがって、給料の請求権または退職手当の請求権につき、配当手続に先立って弁済を受けなければ、使用人の生活の維持を図るのに困難が生じるおそれがあるような場合、裁判所は、破産管財人の申立てまたは職権によって、配当手続に先立って、給料請求権等の全部または一部の弁済を許可することができるとされた（破101条1項本文）。ただし、その弁済によって、財団債権または他の先順位もしくは同順位の優先的破産債権を有する者の利益を害するおそれがない場合に限る（同但書）。

　また、この早期弁済については、優先的破産債権者たる労働者には直接の申立権はなく、破産管財人に対し早期弁済許可の申立てをするように求めるほかないが、申立てを求められた管財人は、直ちにその旨を裁判所に報告しなければならない（破101条2項前段）。この場合に、申立てをしないこととしたときは、遅滞なく、その事情を裁判所に報告しなければならない（同後段）。

---

　[26]　前掲・注釈労働基準法（上）171頁〔水町勇一郎〕参照。

この制度は、民事再生や会社更生における再生債権や更生債権の弁済禁止の解除制度（民再85条2項5項、会更47条2項5項）とは異なり、あくまで優先的破産債権たる給料の請求権等に対する配当の前倒しに過ぎないことに注意を要する。

⑤　**社内預金返還請求権の取扱い**　　使用者（会社）が、いわゆる社内預金として使用人（労働者）から委託を受けて預金を管理している場合がある（労基18条2項〜7項）。社内預金は、労働契約から直接生じるものではなく、従業員と使用者の間の消費寄託契約（民666条）から生じると解される。その意味では、それらの債権は、破産手続上は一般の破産債権として取り扱われるのが原則である。

しかし、社内預金は、賃金の支払い確保に関する法律（賃確法）や労働基準法施行規則で、事業主に対し、保全措置を講ずることが義務づけられている（賃確3条、労基施規5条の2第5号）し、会社更生手続においては、一部が共益債権化されている（会更130条5項）。それに対して、民事再生法や破産法にはこのような規定はない。そこで、一般の破産債権としての取扱いは、これらの規定との整合性を欠いているともいえるのであり、社内預金返還請求権に一般の先取特権が認められるか否かについては、学説および裁判例においては争いがある。

社内預金が労働基準法18条1項によれば、強制的社内預金である場合は無効であり、即時返還義務が生じる点で、未払賃金に類するものとみなされる可能性もあり、また、強制預金と評価できるなら、商法旧295条（現在削除）が先取特権を認めていた典型例たる身元保証金と類似の性質を持つものと評価できる[27]。したがって、そのその返還請求権は民法306条の一般先取特権の被担保債権となる「雇用関係から生じた債権」に該当すると解することが可能であろう。それに対し、任意的な貯蓄性を有する任意的社内預金の場合、学説上は争いがあるが、下級審裁判例[28]は、雇用関係との法的な結びつきは希薄であるとして、一般先取特権性を否定している[29]。これに対して学説は、社内預金の協定において保全措置の協定がなされていたにもかかわらず、かつ、賃金の天引きによって預金がなされていたような場合には、預金の任意性は否定され、未払賃金と同視されることによって、一般の先取特権が認められると解するものが有力である[30]が、妥当であろう。

---

[27]　北村賢哲「判例評釈」ジュリ1189等115頁。

[28]　東京高判昭62・10・27判時1256号100頁〔新百選109事件〕、札幌高判平10・12・17判時1682号130頁等。

[29]　ただし、浦和地判平5・8・16判時1482号159頁は、従前の雇用関係の維持、継続を図るためにされた場合は雇用関係から生じた債権であるとする。

[30]　中島206頁、坂田宏・百選3版115事件の解説、北村・前掲ジュリ1189等115頁等。

2）被用者（従業員）の破産　①　労働契約関係の帰趨（破産法 53 条の適用の有無）

a．継続中の労働契約関係は双方未履行の双務契約であるが、労働契約関係は、労働者にとって一身上の法律関係であり、労働契約を継続するか終了するかは、労働者自身の意思に基づいて決められるべきものであるから、労働者（被用者）の破産の場合には、破産法 53 条以下の適用はないと解されている。よって、被用者が破産しても雇用契約に対しては、法律上なんら影響はない。したがって、破産手続開始決定後にこの契約に基づいて提供した労務の対価として支払われるべき賃金は、破産者（被用者）の自由財産（新得財産）であるから、仮に破産管財人が破 53 条に基づいて雇用契約の履行を選択してみても、破産財団の増殖にはつながらない。

b．なお、退職金債権が労働協約、就業規則、労働契約などで明確に規定され、使用者がその支払義務を負う場合には、それは給料の後払的性質を有するものとされる[31]。しかし、前述したように、就業規則等に明文の規定がなくても、長年の労務慣行によって、退職金として一定の基準で支払われていれば、それも通常の退職金債権として扱って差し支えない。ただ、これは、将来の労働者の退職により現実化する権利であるから、破産法 34 条 2 項の将来の請求権として破産財団に属する。また、退職金債権は労働者の退職により現実化するものであるから、労働者が自主的に退職しない場合に、破産管財人が当該労働契約を解除することができるか、という問題がある。しかし、労働契約は既述のように、労働者の一身上の法律関係であるため、破産管財人が労働者の意思を無視して、退職の意思表示をして退職金債権を現実化させ回収を図ることはできない。また、破産管財人が破産者に対して事実上退職を勧めることも、破産手続終了後における債務者の経済的再生を考えれば問題があろう。

これに関して、破産者が自発的に退職すれば、退職金債権を財団に組み入れることができるが、雇用契約の性質から破産管財人の解約権行使は認められないので、退職金と同価値の自由財産を財団に組み入れさせて、管財人が退職金債権を破産者のために放棄する取扱いが妥当であるとする見解もある[32]。ただこの基準は硬直的であるし、また、管財人の勧告にもかかわらず、破産者がいずれの方法もとらないときには、このことを理由として免責不許可の裁判がなされる可能性もあり（破 252 条 1 項 1 号・265 条 1 項 1 号）、また自主的な退職を勧告するにしても、その結果は必ずしも妥当なものとはいえない。これに対して実務では、破産財団組入額を、原則として破産手続開始時点での退職金相当額の 8 分の 1（既に破産手

---

(31)　最判昭 44・9・2 民集 23 巻 9 号 1641 頁〔百選 3 版 113 事件〕。

(32)　伊藤 3 版 392 頁。

続開始前に退職し、あるいは開始後に退職している場合には4分の1）相当額とする扱いであるとされている（破産財団組入額が20万円以下となる場合は組入れさせていない）[33]が、これは、労働者の生活保護のために、自由財産たる退職金債権の範囲を拡大する（破34条4項）ことにより対処する試みとして評価できるであろう。

c．労働者が破産したことを理由とする使用者側からの解雇の可否については、破産自体により労働者の労働従事が不可能になるわけでもなく、労働者の破産により直ちに使用者の信用失墜になるわけでもないため、労働者の破産自体は解雇理由にはならない。これを理由とする解雇は、解雇権の濫用として無効と考えられる。ただ、現実には、労働者の破産を理由とする解雇はかなりの件数があると思われる。

②　労働債権のうち破産財団に属する範囲と自由財産となる範囲　a．破産者が破産手続開始の時において有する一切の財産は破産財団とされ（破34条1項）、破産管財人がその管理処分権を有し、その総財産が破産債権者への弁済のために換価回収され、その資金をもって配当・弁済がなされる。よって、破産手続開始決定後にこの契約に基づいて提供した労務の対価として支払われるべき賃金は、破産手続開始決定後に破産者に帰属することになる財産（新得財産）であるから、自由財産として破産財団を構成しない。

b．99万円以下の現金（破34条3項1号、民執131条3号、民執施令1条）、および差押禁止財産（破34条3項2号）は破産財団に属しない。すなわち、差押禁止動産（民執131条）および差押禁止債権（民執152条）がそれである。例えば、労働者が、破産手続開始決定の時点で未払給料債権を有している場合には、その支払期に受けるべき給付の4分の3に相当する部分は差押禁止財産（民執152条1項、民執施令2条）として破産財団には属せず自由財産になる。同様に、破産者が退職して退職手当金請求権を有している場合も、その給付の4分の3に相当する部分が差押禁止財産（民執152条2項）として自由財産となる。

（9）　リース契約

1）意義と種類　①　ファイナンス・リース契約とは　　リース契約といえば、通常はファイナンス・リース契約のことをいい、実務でもっとも多用されている形態である。ファイナンス・リース契約（以下単にリース契約という）は1960年代にわが国に導入された比較的新しい取引形態である。これは、事業活動のために

---

[33]　これは、東京地裁破産再生部の扱いである（注釈（上）363頁〔加々美博久〕）。これに対して、大阪地裁第6民事部は、支給見込額の8分の1、退職金支給が近々に行われる場合には4分の1あるいはそれに近い額を自由財産拡張適格財産としている（はい6民です144頁）。

304　　第7章　破産者をめぐる法律関係の処理

機械ないし設備を導入しようとするユーザー（顧客）が、リース会社に対してリース契約の申込みをし、リース会社はそれを受けて、ユーザーが希望する物件を供給者（サプライヤー）から購入し、これをユーザーに使用させ、その対価として定期的にリース料の支払いを受けて、サプライヤーに支払った代金を回収した上で、一定の利潤を上げようとするものである。

このうち、もっとも普通に用いられているのは、フルペイアウト方式のファイナンス・リースと呼ばれるものであり、リース期間満了時に目的物の残存価値がないものとみて、リース会社がリース期間中に目的物の買受代金、金利、保険料、手数料などの投下資本の全額を回収できるようにリース料が算定されているものをいう。したがって、この契約は、経済的にみれば、リース会社がユーザーに対してサプライヤーからの買受資金を融資し、それをリース料の支払いの形で回収するものであると評価することができる（この点に着目してファイナンス・リースと呼ばれる）。したがって、リース期間満了（買受代金の完済）までは途中の解約は認められないし[34]、目的物が滅失してもリース料の支払義務は存続する。なお、ファイナンス・リース以外には次のようなものがある。

②　ファイナンス・リース以外のリース契約の種類　a.　オペレーティング・リース　ファイナンス・リース以外のリースをオペレーティング・リースという。オペレーティング・リースには、次のような特徴があるといわれる。すなわち、①稼働率の高い汎用機械を不特定のユーザーに賃貸し、②リース期間中にリース会社がリース物件の購入資金を全額回収しない。つまり、投下資金中の一定の残価（未回収資金）をあらかじめ設定してリース料が決められているため、この点で、ファイナンス・リースよりもリース料が安くなる。また、③リース期間中の解約が認められている。このような特徴を有するオペレーティング・リースは、物の使用収益を目的とする取引であるといえ、ある程度中古市場が発達している自動車や建設機械などで利用される。

b.　メンテナンス・リース　メンテナンス・リースは、リース料に、メンテナンス料が含まれていて、リース物件のメンテナンスをリース会社、またはリース会社の委託を受けたメンテナンス会社が行うリース契約をいう。したがって、この種の契約において、リース会社には未履行のメンテナンスの履行義務があり、ユーザーには、メンテナンス料部分は未履行の債務があるといえ、双方未履行の双務契約があるといえよう。

---

[34]　伊藤 3 版 371 頁。なお、リース契約の種類については、注釈（上）365 頁以下〔加々美博久〕、倒産と担保 156 頁以下〔片山英二＝中村閑〕、山川萬次郎「リース取引の種類」リース・クレジットの法律相談〔第 3 版〕（青林書院・2010 年）9 頁以下等参照。

c. 法的性質　このような、リース物件の修繕義務をリース会社が負担するメインテナンス・リースやユーザーの中途解約当が認められるオペレーティング・リースなどは、賃貸借契約性が強く、また、リース期間終了後にユーザーに物件が譲渡される譲渡条件付リースなど割賦販売性のより強い契約形式も存在する。このうち前者については、賃貸借契約の、後者については消費貸借契約に関する規律が概ね妥当すると考えてよい。

2）フルペイアウト方式のファイナンス・リースの基本的構造　ファイナンス・リースとは、以下のような順序をたどって契約がなされる。すなわち、①ユーザーがリース会社にリース契約の申込みをする。その際には、あらかじめ、ユーザーと販売業者（サプライヤー）との話し合いでリース目的物たる機種等の機種等を決定しておく。そして、②当該リース目的物たる機械等につき、リース会社とサプライヤーの間で売買契約が締結される。そして、③リース会社からサプライヤーに代金が支払われる。次に、④リース目的物は、サプライヤーからユーザーに直接搬入される。さらに、⑤リース会社はユーザーに目的物の使用をさせる。それに対し、⑥ユーザーは、決められたリース料をリース会社に支払う。なお、⑦当該リース目的物についてのメンテナンス契約がユーザーとサプライヤーとの間で締結されるのが普通であるが、これは、リース契約とは別個の契約である。また、当該リース期間中は、ユーザーは当該リース契約を解除することはできない旨の約定がなされるのが普通である。

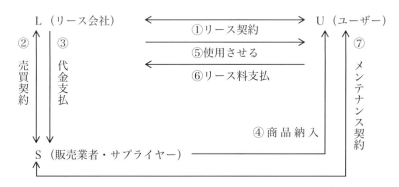

なお、リース料は通常、以下のような式で決められる。すなわち、リースの目的物件の購入価額からリース終了時の見積現存価額（通常は 0 ）を引いたものに、金利・保険料等を加え、さらに手数料を加えたものを、全リース期間（通常は月数で計算する）で割ったものを月額リース料とする[35]。

$$月額リース料＝\frac{（リース物件購入価額－見積残存価額）＋金利・保険料等＋手数料}{リース期間（月数）}$$

3）ユーザーの破産の場合　①　破産法53条適用の可否　ファイナンス・リース契約の法律構成と経済的実質が相違する点に起因して、破産法53条につき、適用説と不適用説とが対立している。

破産法53条適用説によると、以下のように説明する。すなわち、リース会社には残リース期間中ユーザーに目的物を使用させる義務があり、ユーザーには残リース料支払義務（破103条3項により、破産手続開始決定によりリース会社の債権は全部現在化する）があるから、双方とも未履行である。たしかにリース会社の使用収益受認義務とリース料支払義務との間に厳密な対価関係はないにしても、リース料は使用によるリース物件の減価を償うという性格を有しており、対価性を認めてもよいとする[36]。

このような考え方によれば、53条によって管財人が契約を解除したときは、ユーザーは目的物をリース会社に返還し（破54条2項）、約定に基づいて残リース料を破産債権として行使する（破54条1項）。損害が生じていれば、その賠償請求権を破産債権として請求する（破54条1項2号）。それに対して、契約の履行が選択されると、その後のリース料は財団債権として優先的に弁済される（破148条1項7号。それ以前の未払リース料債権まで財団債権になるか否かについては争いがある）。

それに対して破産法53条不適用説（通説）によると、リース物件がいったんユーザーに引き渡された後には、リース会社には義務は残っておらず（修繕義務もない。ファイナンス・リースにおいては、メンテナンス契約があるとしてもそれは、リース契約とは別個の契約として、サプライヤーとユーザーの間で締結されるものであり、仮にリース会社に使用収益受認義務が残っているとしても、それはリース料支払義務と対価関係にはない）、ユーザーのリース料支払義務が残っているだけであるとする[37]。このような考え方によれば、管財人は、履行か解除かの選択権を有せず、リース契約は、リース会社と破産管財人との間で存続し、残リース料債権は破産債権となる（破2条5項）。

---

[35]　実務倒産3版237頁、696頁〔今泉純一〕参照。

[36]　伊藤3版372頁注105。

[37]　竹下守夫『担保権と民事執行・倒産手続』（有斐閣・1990年）339頁、350頁、福永有利「ファイナンス・リース契約と倒産法」判タ507号4頁、実務と理論239頁〔山本和彦〕。最判平5・11・25金法1395号49頁。

思うに、ファイナンス・リース契約については、当事者間の貸借関係だけをみ
れば、賃貸借に類似した形式ではあるが、他方、リース料の決定方式にみられる
ように、リース会社はユーザーに使用させることを目的として物件の所有権を取
得し、リース料によって物件購入費用および金利、手数料等を回収することを予
定しているのである。換言すれば、リース会社がユーザーに対してサプライヤー
からの買受資金を融資し、それをリース料の支払いの形で回収し、その債権の担
保のために、リース会社は、ファイナンス・リースという特殊な担保権を有して
いると考えられる。したがって、リース料債務は契約の成立と同時にその全額に
ついて発生し、リース料の支払いが毎月一定額によることが約定されていても、
それはユーザーに対して期限の利益を与えるものにすぎず、各月のリース物件の
使用と各月のリース料の支払いとは対価関係にはない[38]。そうであるとするなら
ば、破産法53条の適用はないとする通説に従うべきであろう[39]。

　ちなみに、判例[40]は、会社更生事件に関し、リース契約は双方未履行の双務契約
ではなく、リース料は、更生債権となるとして、不適用説に立つことを明らかに
した。なお、下級審裁判例は、従来から不適用説をとっているといわれる[41]。た
だ、仮に不適用説に立った場合でも、残リース料債権の確保に関しては、取戻権
説と別除権説の対立がある。前者は、リース会社は、フルペイアウト方式のファ
イナンス・リースの場合においてもリース物件の所有権を有しており、自己の所
有権に基づきリース物件を取り戻し、それを換価して自己の残リース料の弁済に
充てるものとする。これに対し、後者によれば、リース会社は、担保権者として
地位が与えられると解するものであるが、リース会社の担保権をどのような性質
のものと捉えるかについては、所有権留保売主と同様に、所有権に基づく取戻権
が行使できるとするものや、ユーザーの使用権の上に設定された債権質に基づき
別除権が行使できるにすぎないとするものがある。なお、リース会社の担保権の
構成に関する近時の裁判例では、利用権担保説（権利質説）が有力である[42]。

---

(38)　破産民再実務3版破産243頁以下、条解破産2版424頁参照。

(39)　なお、メンテナンス・リース契約については、物件引渡後のリース業者の義務が契約
　　の重要な要素となっているので、当該リース契約は双方未履行双務契約に該当するとし
　　て、破産法53条の適用があると解する余地はあろう（小川94頁参照）。

(40)　最判平7・4・14民集49巻4号1063頁〔百選5版74事件〕、最判平5・11・25裁判集
　　民170号33頁。

(41)　条解破産2版425頁注40。東京地判昭63・6・28判時1310号143頁〔新百選81事件〕
　　等。

(42)　大阪地決平13・7・19金法1636号58頁、東京地判平15・12・22判タ1141号279頁、
　　東京地判平16・6・10判タ1185号315頁等。

② **リース契約の実務上の扱い**　　実務上は、会社更生の場合、判例[43]に従い、双方未履行の双務契約には該当しないことを前提として、リース会社は更生担保権者として取り扱われている。なお、破産の場合には、通常、破産管財人がリース物件を継続利用する必要がなく、リース物件をリース会社に返還すれば足りるため、実務上、双方未履行双務契約に該当するか否かはさしたる争点になっていない（リース会社としてもファイナンス・リース契約が双方未履行の双務契約に該当すると主張しても、管財人により契約が解除されれば、リース料債権は財団債権にならないため、そのような主張をする実益がない）[44]。それに対して、民事再生手続の場合には、ユーザーにはリース物件の継続利用の必要性があり、他方で、リース会社にはリース物件の継続使用を認める見返りにリース料債権を共益債権化したいとの希望があり、再生手続に関する最高裁判例もないため、双方未履行の双務契約に該当するか否かは争点となっている[45]。実務では、双方未履行の双務契約には該当しないものとして取扱い、リース会社を別除権者として取り扱っている例が多くなっているといわれる[46]。

③ **担保としてのリースの目的物**　　リースが担保を取得する金融取引であるとすると、担保の目的物は何かという問題が生じる。その点につき、それは、リースの目的物件であるとする見解と、目的物の利用権であると解する見解との対立がある。前者は、リース期間中は目的物の実質的所有権がユーザーに帰属し、ユーザーは、目的物が有している使用価値の本質的部分を費消する物的権利を有する。リース会社が持つ所有権は、所有権本来の支配権を内容とするものではなく、ただ、リース債権の弁済を確保するために、債務不履行に際して目的物を引き揚げ、換価し、それについて優先弁済を受けるという担保目的を持つとみることになる。もっとも、リース期間が満了すれば、実質的所有権は再びリース会社に復帰する、と説明する[47]。

後者はいわゆる利用権担保説といわれるものであり、以下のように説明する。すなわち、リース契約は、リース期間が満了しても目的物が債務者には帰属しない点で、所有権留保や譲渡担保と決定的な相違がある。目的物を担保と解する場合、目的物の所有権（の少なくとも一部）はユーザーに移転していると解さなければならないはずである。しかし、リース物件自体の所有権は明らかにリース業者

---

(43)　最判平7年・4・14民集49巻4号1063頁〔百選5版74事件〕。

(44)　実務倒産3版697頁〔今泉純一〕、条解破産2版425頁注40参照。

(45)　詳解民再2版285頁〔德田和幸〕。

(46)　真髄306頁〔中村清〕、全書2版（上）419頁以下〔早川学〕。

(47)　伊藤眞「判批」金法1428号65頁。

に帰属しているのであり、部分的にもユーザーには帰属しておらず、リース物件を担保目的とする基礎に欠けるといわざるを得ない。また、ユーザーにはリース期間中であっても（所有権の中核的要素である）処分権は認められず、認められるのは「使用価値の本質的部分を費消する物的権利」であるにとどまるとすれば、その権利の内実は利用権と理解するほかないように思われる。よって、リース契約は、ユーザーに帰属する物件の利用権を担保目的とするものと理解するのが相当であろうと主張する[48]。利用権担保説の立場では、リース契約は、①リース業者は自己が買主となってメーカー等と売買契約を締結する（その結果、代金支払債務はリース業者について発生する）。②リース業者がユーザーに対して一定内容の利用権（当該物件を所定の期間無償で利用できる法的地位）を設定し、③その対価としてユーザーがリース業者との関係で売買代金の全部を負担する契約を結ぶ。④リース業者は、右負担金支払債務について期限の利益を付与し、⑤その担保として、ユーザーの物件利用権に対して質権または譲渡担保権を取得する。この場合の対抗要件については、ユーザーがリース物件の所有者であるリース会社に対して占有改定の意思表示をすれば、物件に付着する利用権担保の対抗要件も具備されたものと考えてよいであろう[49]。このように担保の目的物が何であるかという点につき見解の対立があるが、ファイナンス・リース契約の法的構造および経済的な実質からみて、利用権担保説の説明がより説得力をもつと考える。

　利用権担保説に立つと、次に、リースにおける担保権実行の形態が問題となる。これについては、まず、通常はリース契約の解除という形式がとられるが、利用権が担保になっているとすれば、それによってリース目的物の利用権がユーザーからリース会社に移転するという構成になる。その結果、リース会社は、リース目的物の所有権をもともと保持しているので、さらにその利用権も取得することになり、結果として利用権は混同により消滅するから、これにより、リース会社には何ら制限のないリース物件の所有権が帰属することになる。担保目的物をリース物件についての利用権ととらえる以上、この時点で担保権の実行は完了するとみるべきである。したがって、その後のリース物件の返還請求自体は、担保権実行後のリース会社の完全な所有権に基づくものと考えるべきであるから、その根拠は取戻権に基づくと考えることになる[50]。このような考えに対しては、多く

---

[48]　福永有利「ファイナンス・リース契約と倒産法」判タ507号4頁、山本和彦「倒産手続におけるリース契約の処遇」金法1680号9頁、同「ファイナンス・リース契約と会社更生手続」NBL574号11頁、巻之内茂「ユーザーの民事再生申立てとリース契約の解除・継続についての法的考察」金法1597号30頁等。

[49]　巻之内・前掲・金法1597号30頁参照。

のリース契約においては倒産解除特約が付されているのが普通であり、したがって、倒産手続開始の申立てがあった時点で担保権実行が終了していることになり、担保権実行中止命令および担保権消滅許可の制度を利用する余地がなくなる点で、実行終了時期が早すぎる。したがって、具体的な実行方法は、利用権の移転からは独立して判断され、動産譲渡担保に準じて清算義務の履践とすることもできるし、一歩進んで目的物の引揚げであるとすることもできるとする見解がある[51]。民事再生法の諸規定やリース会社と破産者たるユーザーの利益に配慮している点で、後説が妥当であろう。

④　**倒産解除特約の有効性**　ファイナンス・リース契約には、ユーザーに倒産手続開始の申立て等があった場合には、何ら催告を要することなく、リース会社が契約を解除できる旨の倒産解除特約が定められているのが通例であり、この特約の有効性については議論がある。会社更生手続の場合は、担保権も更生担保権として更生手続に取り込まれることや（会更 47 条 1 項）、高度の必要性から、当該特約の効力を否定する見解が有力である[52]。これに対して民事再生手続の場合は、担保権は別除権として手続に取り込まれていないことを理由として、当該特約の効力を肯定する見解[53]と、再建型の手続として担保権消滅許可制度等で担保権者を一定限度手続に取り込んだ民事再生法の趣旨や双方未履行の双務契約に関する通則規定を定めた法の趣旨などを理由として当該特約の効力を否定する見解[54]が存する。破産手続においては、民事再生法 31 条のような担保権の実行手続中止命令の制度はなく、担保権は別除権として手続外の権利行使が保障されていることから見れば（破 65 条 1 項）、かかる特約も有効と解される余地もないではない。しかし、担保権の実行に対しては、管財人には担保権消滅許可の制度を利用する可能性が認められており（破 186 条）、このような特約は、破産手続開始前に管財人からそのような権限を奪うことを意味することになり妥当ではない。した

(50)　東京地判平 15・12・22 判タ 1141 号 279 頁。なお、これによれば、解除を前提としない返還請求が認められている場合には、民事再生法 53 条により、担保権は別除権とされていることから、その特約は有効であり、それに基づく権利行使により担保権実行は完了するとしている。

(51)　藤澤治奈「判批」ジュリ 1290 号 138 頁参照。

(52)　大系 565 頁〔本間靖規〕。

(53)　井田宏「民事再生手続におけるリース料債権の取扱い」判タ 1102 号 5 頁、市川充「民事再生手続におけるリース取引の処遇」銀行法務 21 第 578 号 22 頁、巻之内・前掲・金法 1597 号 28 頁、大阪地決平 13・7・19 金法 1636 号 58 頁、東京地判平 15・12・22 判タ 1141 号 279 頁、東京地判平 16・6・10 判タ 1185 号 315 頁。

(54)　山本・前掲・金法 1680 号 8 頁、倒産処理法制 314 頁〔手塚宣夫〕、東京高判平 19・3・14 判タ 1246 号 337 頁。

がって、破産手続との関係でも、このような特約の効力は否定すべきである。

　近時、民事再生手続に関してであるが、最高裁[55]は、倒産解除特約に基づき再生手続開始申立てによってファイナンス・リース契約を解除したとして、リース会社が賃料相当額の損害金の支払いを求めた事件につき、倒産解除特約は、民事再生手続の趣旨、目的に反するものとして無効と解した。その理由として「ファイナンス・リース契約におけるリース物件は、リース料が支払われない場合には、リース業者においてリース契約を解除してリース物件の返還を求め、その交換価値によって未払リース料や規定損害金の弁済を受けるという担保としての意義を有するものであるが、同契約において、民事再生手続開始の申立てがあったことを解除事由とする特約による解除を認めることは、このような担保としての意義を有するにとどまるリース物件を、一債権者と債務者との間の事前の合意により、民事再生手続開始前に債務者の責任財産から逸失させ、民事再生手続の中で債務者の事業等におけるリース物件の必要性に応じた対応をする機会を失わせることを認めることにほかならないから」であると述べる。

　4）リース会社破産の場合　この場合、ユーザー破産の場合に破産法53条適用否定説をとる者はもちろん、同法53条適用説をとる者も、ここでは管財人の解除権を否定する。なぜならば、リース会社の倒産というユーザーには何ら帰責性のない事由に基づき、契約を一方的に終了させることを認めることは不当であり（破56条と同趣旨の解釈である）、リース会社には、リース料がきちんと入ってくれば、それで十分なはずだからである（最終的には、リース付で目的物件を売却することになる）。

　実務では、リース会社について倒産手続が開始された場合は、破産手続の場合も含めて、リース料債権とリース契約を含めたリース事業を包括的に他のリース会社等に譲渡する事例が多く、ユーザーもこのような処理を拒否する必要はないから、双方未履行の双務契約に該当するか否かが現実に問題となることがないまま、リース契約が継続されることが通例であるといわれる[56]。

　また、サプライヤーは、動産売買先取特権に基づく物上代位としてリース会社のユーザーに対するリース料債権を差し押さえることはできるが、物件自体の差押えはもちろん、仮に物件の所有権を留保していてもそれに基づくユーザーへの引渡請求は認めるべきではない[57]。

---

[55]　最決平20・12・16民集62巻10号2561頁〔百選5版76事件〕。

[56]　全書2版（上）422頁〔早川学〕。

[57]　最判昭50・2・28民集29巻2号193頁、永石一郎「リース取引とリース会社の倒産」金商782号96頁参照。

なお、現行破産法の制定につき、立法論としても、リース契約の取扱いが議論
されたが、リース契約の実体法上の性質自体についての考え方が統一されていな
いことなどから、立法化は見送られた[58]。

（10）　組　合　契　約

組合契約は、各当事者が出資をなし、共同の事業を営むことを合意する双務契
約であると解されるから（民667条）、共同事業の継続中に契約当事者たる組合員
の1人または数人が破産したときには、組合契約は双方未履行の双務契約とみな
される。しかし、民法679条2号は、組合員の破産について特則を置き、破産し
た組合員は、当然に組合を脱退するとしている。これは、組合員の破産管財人が
破産者の持分を破産財団に組み込み、その払い戻しを請求する（民681条1項2項
3項）のを容易にする特別規定であると考えられるから、破産法53条の適用はな
い[59]。このこととの関係で、組合契約で組合員が破産しても脱退しない旨を定め
ることはできないと解すべきであろう。

持分会社（合名会社・合資会社・合同会社）の社員が破産手続開始決定を受けた場
合も、その社員は退社するから（会社607条1項5号）、破産管財人はその社員の持
分の払戻しを請求することができる（会社611条）。

これに対し、株式会社の社員（株主）が破産手続開始決定を受けた場合には、脱
退による払い戻しの可能性はないから、破産管財人は、破産者たる社員の株式を
そのまま第三者に譲渡することによって換価する[60]。

（11）　保　険　契　約

保険契約とは、「保険契約、共済契約その他いかなる名称であるかを問わず、当
事者の一方が一定の事由が生じたことを条件として財産上の給付を行うことを約
し、相手方がこれに対して当該一定の事由の発生の可能性に応じたものとして保
険料（共済掛金を含む）を支払うことを約する契約」をいう（保険2条1号）。つま
り、保険契約は、保険契約者の保険料の支払義務と保険者の財産上の給付義務と
が対価関係に立つので、双務契約である[61]。これによると、破産手続開始時点で
は、双方の義務が未履行であるから、破産法53条が適用されることになるが、保
険契約については、保険法および金融機関等の更生手続の特例等に関する法律（平
成8年法律95号）に倒産法の特則が定められている。

1）保険者（保険会社）の破産　　保険者が破産した場合、保険法96条に特則

---

[58]　小川94頁。

[59]　条解破産2版428頁、大コンメン220頁〔松下淳一〕、伊藤3版386頁。

[60]　伊藤3版386頁。

[61]　潘阿憲『保険法概説』（中央経済社・2010年）5頁。

が規定されているので、破産法53条の適用は排除されると解すべきである。これによれば、保険者に破産手続が開始されたときは、保険契約者は、契約を解除することができる（保険96条1項）。この場合の解除は、将来にわたってのみその効力を有する（保険31条1項・59条1項・88条1項）。そして、保険者（保険会社）については産手続開始後3ヶ月を経過したときは、保険契約者によって解除されていない保険契約はすべて失効する（保険96条2項）。このように、保険契約者に解除権が付与されているのは、保険者（保険会社）の保険契約上の債務の履行能力に不安があることから、保険契約者の立場に配慮し保険料支払義務からの解放を認めて、その保護を図る趣旨である[62]。また、3ヶ月後における保険契約の当然失効は、多数の保険契約者の有する債権が停止条件付債権[63]であり、評価や取扱いについて難しい問題が生じることから、契約を一律に解消して保険料積立金払戻請求権（保険63条・92条）や解約返戻金請求権として保険契約者に権利行使させ、簡易迅速に清算手続を進めることが、保険契約者の衡平に資するという考え方に基づくものである[64]。破産管財人としては、破産手続開始から3ヵ月間は、保険契約の履行を強制される結果となり、破産法53条に基づく解除権の選択は排除される。保険契約者の側からみれば、3ヵ月間は保険料の支払いを続ける限り、保険事故が発生しても、保険金請求権は財団債権として保護される（破148条1項7号類推）[65]。

　保険契約者は、保険者（保険会社）に対して、保険契約上の権利として、保険金請求権、契約者配当請求権、保険料積立金払戻請求権、解約返戻金請求権、未経過保険料返還請求権等を有するが、これらの権利は、破産法上、破産債権として取り扱われる[66]。ただし、生命保険会社を保険者とする契約については、保険料積立金の額について保険契約者に一般先取特権が認められており（保険業117条の2）、この限度で保険契約者は優先的破産債権者（破98条1項）として保護される。

　2）保険契約者の破産　　この場合については商法（保険法）などに規定がな

---

[62]　全書2版（上）399頁〔早川学〕。

[63]　保険金請求権は保険事故の発生、積立金払戻請求権は解除権の行使等を停止条件とする債権と考えられる（岩原紳作「保険会社の倒産・支払不能と保険契約関係」ジュリ1080号22頁注2、伊藤3版268頁、注解3版（上）138頁〔石川明＝三上威彦〕）。

[64]　全書2版（上）399頁〔早川学〕。

[65]　条解破産2版427頁、注釈（上）370頁〔加々美博久〕、伊藤3版381頁。なお、保険会社の破産に関する問題については、「特集・保険会社の経営破綻と倒産法制」ジュリスト1080号6頁以下、講座4巻303頁〔那須克己〕を参照。

[66]　岩原紳作・前掲・ジュリ1080号21頁、伊藤3版381頁注120。なお、3ヶ月後に契約が失効した場合の解約返戻金請求権が、破産法148条1項8号の類推によって、財団債権になるとする見解もある（基本コンメン92頁〔宮川知法〕）。

く、双務契約に関する破産法53条が適用され、破産管財人は、保険契約が双方未履行状態にある限り、契約を履行するか解除するかを選択することができる。また保険法には、保険契約者の任意解除権（保険27条・54条・83条）が規定されており、実務上も、保険約款において保険契約者の中途解約権が定められていることも多く、保険契約者が破産した場合、保険契約者の破産管財人は、これらの権利を行使することも可能であるといわれている[67]。なお、契約を解除した場合、とくに個人破産における生命保険の取扱いに関して問題が生じる。生命保険の解約返戻金は、将来の請求権として破産財団を構成する（破34条2項）。そのため、破産管財人が生命保険契約を解除して、解約返戻金を破産財団に組み入れるということが実務上よく行われている。しかし、比較的高齢者では、いったん保険契約が解除されると、再度保険に加入するのは困難であるか、保険料が高額になる場合もある。したがって、返戻金相当額を破産者が他から調達して破産財団に組み込むことを条件として、返戻金請求権について管財人の管理処分権を放棄することが可能である（破78条2項12号参照）といわれる[68]。しかし、破産者に他から返戻金に相当する額の金銭を調達させるというのは非現実的であり、必ずしも妥当な措置だとは思えない。ここでも退職金債権と同様、むしろ、返戻金の額が少額であるような場合、破産法34条4項により、自由財産を拡張して、この返戻金請求権を自由財産に繰り入れることで、管財人の解除を否定すべきであろう。

　なお、死亡保険契約（保険63条に規定する保険料積立金があるものに限る）および傷害疾病定額保険契約（同法92条に規定する保険料積立金があるものに限る）について、保険契約者の破産管財人が契約を解除した場合（破53条による解除、保険54条・83条による解除）については、保険法上、介入権の制度（保険60条～62条・89条～91条）による修正が加えられている[69]。

　以上に対して、管財人が保険契約の履行を選択した場合は、保険契約者は保険

---

[67]　全書2版（上）397頁〔早川学〕参照。

[68]　伊藤3版381頁。ただし、中島189頁は、生命保険契約を解約してもほとんど解約返戻金が見込めない場合には無条件での放棄も認める。

[69]　この場合には、解除の効力を直ちに生じさせることなく、保険者が解除通知を受けたときから1ヶ月を経過した日に解除の効力を生じさせることとし（保険60条1項・89条1項）、その間に、保険金受取人（ただし、保険60条2項および89条2項に定義された介入権者に限る）が、保険契約者の同意を得て、解約返戻金相当額を解除権者に対して支払い、かつ、保険者に対しその旨の通知をしたときは、保険法60条1項・89条1項による解除は、その効力を生じないものとし（保険60条2項・89条2項）、保険金受取人がこの通知と支払いをした時は、破産手続との関係においては、保険者が当該解除により支払うべき金銭の支払いをしたものとみなすこととされている（保険60条3項・89条3項）。

者（保険会社）に対して保険給付請求権を有し、保険者の保険契約者に対する保険料請求権は、財団債権になる（破148条1項7号）。

（12）　信 託 契 約

信託契約とは、特定の者（委託者）が特定の者（受託者）に対し財産の譲渡、担保権の設定その他の財産の処分をし、特定の者（受託者）が一定の目的に従い、財産の管理または処分およびその他の当該目的の達成のために必要な行為をすべき旨の契約である（信託3条1号）。この場合にも、委託者が破産した場合と、受託者が破産した場合とが問題となる。

1）委託者の破産　①　委託者からの信託財産の分離　　信託が設定されると、信託財産とされた財産権は、委託者から受託者に移転することになる結果、信託財産は委託者の債権者のための責任財産ではなくなり、委託者の債権者は、信託財産に対して強制執行、仮差押え、仮処分をすることができず、したがって、委託者について破産手続開始前に、委託者の財産に信託が設定されたときは、当該信託財産は破産財団を構成しない。ただし、これを第三者に対抗するためには対抗要件を必要とし（信託14条）[70]、委託者が破産した場合に委託者の財産権移転につき対抗要件を備えないときには、受託者や受益者は、信託財産として当該財産が移転したことを、委託者の破産管財人に対抗できない。これは、自己信託（信託3条3号）の場合も同じである。

また、委託者に対する破産手続開始後に、委託者の破産財団に属すべき財産に関して信託を設定する契約をしても、破産債権者に対抗することはできない（破47条1項）。

このように、委託者から信託財産を分離することで、委託者の倒産リスクから信託財産を隔離する機能を果たすことになる。

②　委託者の権利と破産財団への帰属　　信託法で委託者に認められる権利には、受託者に対する報告請求権（信託36条）、信託財産に対する強制執行等への異議権（信託23条5項）、信託変更請求権（信託149条3項）、受託者に対する損失塡補請求権や受託者に対する信託財産の復旧請求権（信託145条2項7号8号13号〜15号・40条・41条・226条1項・228条1項・254条1項）、書類閲覧・謄写請求権（信託145条2項5号・38条1項）、受託者の解任請求（信託58条）等があるが、これらは、委託者の経済的利益を図るためではなく、受託者をして信託の目的にしたがった信託財産の管理処分等を行わせるための監督的権限であるので、委託者の債権者がその引当財産として期待すべき対象であるとはいえず、行使に当たっての一身

---

[70]　大阪高判昭35・9・29金法257号9号。

専属性が認められると解される。よって、委託者が破産した場合でも、委託者として信託法上認められた権利を破産管財人が行使することはできないというべきであり、破産財団に帰属しない[71]。ただし、信託契約の内容として委託者に権利を留保することが認められるので、例えば撤回権を留保した信託の場合には、かかる撤回権には信託財産を受託者から委託者の引当財産に取り戻すという経済的価値が認められ、委託者の債権者は、委託者の撤回権を債権者代位権（民423条）により行使することができる[72]。このように信託契約において留保された権利のうち委託者にとって経済的価値のある委託者の権利は、破産財団を構成するから破産管財人は、当該権利を行使することができる。

なお旧信託法57条による委託者の解除権を破産管財人が行使できるかという点につき議論があったが[73]、改正信託法163条8号により、管財人の解除権が明文で認められた。

③　**信託契約の解約・受託者による相殺や留置権の主張**　　信託契約は、委託者が破産手続開始決定を受けたことにより法律上当然に解除がなされたものとされるわけではないが、信託契約において委託者の破産をもって解約事由とすることはできる（信託163条9号）。そして、委託者および受託者が商人であり、受託者が委託者に対して債権を有し、かつ、委託者が帰属権利者であるときには、受託者は信託終了時に即時に帰属権利者に帰属した信託財産について商事留置権を主張でき、相殺に関しても、受託者が委託者に対して有する自働債権が信託契約とは関係のない貸金債権であったとしても、信託契約が解約によって終了した後であれば、受託者が帰属権利者である委託者に対して負担する債務（信託財産を換価した金銭等の返還債務も含む）を受働債権として相殺することは許されることになる[74]。

2）受託者の破産　①　**受託者の破産と信託財産の独立性**　　信託契約により委託者から受託者へ移転した信託財産は、受託者の固有財産から独立している。したがって、受託者が破産しても、信託財産は破産財団を構成しない（信託25条1項）。よって、この財産については、破産管財人は、破産法78条1項で認められた管理処分権を行使することはできない。

②　**受託者の破産と破産債権の範囲**　　破産手続開始前の原因に基づく受託者に対する財産上の請求権のうち、信託関係以外の原因に基づく請求権が破産債権

---

(71)　諸問題〔上野保〕369頁。

(72)　能見善久『現代信託法』（有斐閣・2004年）39頁。

(73)　上野・前掲370頁。

(74)　大阪高判平13・11・6判時1775号153頁参照。

となることは疑いない（破2条5項）。これに対し、受益権に基づく請求権（受益債権）[75]については、受託者は信託財産の限度でのみ責任を負い（信託21条1項1号・同2項1号・100条）、かつ、信託財産は破産財団を構成しないので、受益債権は破産債権とはならず（信託25条2項）、免責許可決定の効力も及ばない。

　問題となるのは、信託債権、すなわち、受託者が信託財産に属する財産をもって履行する責任を負う債務（信託2条9項。信託財産責任負担債務）にかかる債権であって受益債権ではないもの（信託21条2項2号）と、受託者に対する損失塡補請求権である。

　信託債権は、信託財産がその引当財産となるだけでなく、受託者が無限責任を負い、受託者の固有財産もその引当財産となるので（信託25条2項参照）、受託者が破産手続開始決定を受けたときは、破産手続開始前の原因に基づく信託債権は、原則として破産債権になる。よって、受託者につき破産手続が開始された後は、信託債権全額について破産債権者として受託者の固有財産を換価した換価金から破産配当を得ることができるが、信託財産との関係では免責許可決定の効力は及ばない（信託25条3項）。

　受託者に対する損失塡補請求権（信託40条1項・41条・145条2項7号8号参照）は受託者の破産手続開始前の原因に基づくものは、受託者の固有財産を引当財産としているといえるので破産債権になるが、自然人である破産者が破産手続開始決定後も受託者の任務にある場合に、破産手続開始後の原因に基づく損失塡補請求権は、信託財産が破産財団を構成しないため破産財団に関して生じたものとはいえないので、破産債権でないことはもちろん、財団債権にもならない。

　③　受託者の任務終了と信託財産の管理　　受託者につき破産手続開始決定がなされると、受託者の任務は終了する（信託56条1項3号）。この場合、受託者であった者は受益者にその旨を通知するとともに（信託59条1項）、破産管財人に対して信託財産に関する一定の事項を通知する（信託59条2項）。そして破産管財人は、新受託者が信託事務を処理することができるに至るまで、信託財産に属する財産の保管をし、かつ信託事務の引継ぎに必要な行為をしなければならない（信託60条4項）。なお、管財人が信託財産に属する財産を処分しようとするときは、受益者は、管財人に対し当該財産の処分をやめるよう請求することができる（信託60条5項）。

　しかし信託行為に別段の定めがあればそれに従うから（信託56条1項但書）、受

---

[75]　受益債権とは、信託行為に基づいて受託者が受益者に対して負う債務であって信託財産に属する財産の引渡しその他の信託財産にかかる給付をすべきものにかかる債権をいう（信託2条7項）。

託者の破産によっては任務が終了しない旨を定めてあればそれは有効である。よって、この場合、受託者の任務は破産管財人ではなく、破産者たる受託者が引き続き行う（同4項）。

┌─────────────────────────┐
│ ＜設問についてのコメント＞ │
└─────────────────────────┘

　問1前段は、破産法53条と、民法631条の適用の優劣関係を考える問題である。これについては、（8）1）①④を参照のこと。

　問1後段は整理解雇の問題である。これについては、（8）1）③を参照のこと。

　問2第1段落については、リース契約に、破産法53条の適用があるか否かによって、結論は違ってくるであろう。これについては、（9）3）①を参照のこと。

　問2第2段落については、（9）3）③を参照のこと。

　問2第3段落については、まず、リースを担保として構成することが前提となろう。また、破産法53条適用説に立ち双方未履行性を認め、履行を選択することは、リース料を財団債権として支払うことになり財団を圧迫する。よって、管財人としては、契約を解除すべきである。また、破産法53条不適用説に立つと、目的物の引渡請求権が担保権の実行に含まれるか否かという点が問題になる。前述、東京地判平15年・12・22判タ1141号279頁によれば、解除の意思表示のみで実行は終了しており、物件の引渡しは、純然たる取戻権ということになる。しかし、それでは、管財人は、担保権消滅許可請求をすることもできないであろうし、清算義務の履行も請求できないことになる。そこで、引渡請求権が担保権実行の方法に含まれるか否かが検討されるべきである（上掲藤澤見解）。含まれるとすれば、目的物件の占有が移転しない限り、担保権実行は終了しないということになり、清算金の支払いが、引渡しと同時履行の関係になろう。したがって、この見解による限り、清算金と引換えでないとリース物件を引き渡す必要はなく、損害賠償請求権は発生しない。もし含まれないとすれば、管財人の不法行為ということになり、月額50万円の損害賠償請求権は財団債権となろう（破148条1項4号）。この点、倒産解除特約の有効性を検討する必要がある。

　問3は、リース会社破産の場合について考える問題である。これについては、（9）4）を参照のこと。

　問4　これは、保険者（保険会社）が破産した場合の保険金請求権の取扱い

第10講　破産者をめぐる法律関係の処理（その4）

に関する問題である。これについては、（11）1）を参照のこと。

第11講　破産者をめぐる法律関係の処理（その5）

ケース

　A株式会社は、S市に本社を有する代表取締役を甲とする従業員1000人を抱える家電販売業を営む会社である。A会社は、B銀行から融資を受けた3000万円の返済期日が到来したにもかかわらず、資金繰りがつかず、何度か支払いを猶予してもらっていたが、B銀行としては、これ以上待っても弁済はおぼつかないと判断して、平成27年7月13日に、A会社を被告として、S地方裁判所に、3000万円の貸金返還請求訴訟を提起した。それをきっかけに、一挙に、A社をめぐる訴訟が次々に提起されるに至ったほか、担保権の実行手続も行われるに至った。すなわち、同年10月1日には、A社の取引先であるC株式会社は、A社には倒産のおそれがあると判断し、それまで先代からの行きがかりで、A社に倉庫用地として無料で使わせていた土地につき、このままでは破産財団所属財産として売却されてしまうおそれがあると考え、所有権に基づき、建物収去土地明渡請求訴訟を同じくS地方裁判所に提起した。また、D社は、貸金債権500万円を担保するために、A社所有のビルに抵当権を設定しており、平成28年1月12日に、担保権実行手続として、当該ビルの差押えをS地方裁判所に申し立てた。そのほか、E社は、A社に対して、その本社ビルに関し1000万円の延滞賃料債権を有していたが、何度督促しても支払ってもらえないので、平成28年1月25日に、E社はF社を被告として、債権者代位権を根拠として、A社がF社に対して有している商品の売掛代金債権1000万円の支払請求訴訟を同じく、S地方裁判所に提起した。さらに、A社の従業員Gは月額30万円の給料をもらっていたが、A社にはもはや将来性はないと見限って、ちょうどきりがいいので、平成28年3月31日付で退職した。しかし、退社するまでの半年分の給料180万円と退職金（給料10か月分300万円）が未払いだったため、平成28年4月20日に、A社を相手取って、S地方裁判所に480万円の支払いを求めて訴えを提起した。また、A社はH社との間で、A社の要求があれば、1000万円の融資をするという消費貸借の予約をしていた。

　A社をめぐる法律的な状況は上記のような有様で、代表取締役甲のほか経営陣

もその対応に忙殺され、事業の再建に回すだけの時間やエネルギーはとうていなかった。そして結局、平成 28 年 10 月 20 日に、S 地方裁判所において、A 株式会社に対して破産手続開始決定がなされ、破産管財人に K が選任された。

◆問 1　冒頭の ケース にあるように、A 社に破産手続開始決定がなされた場合、A 社の代表取締役甲は、A 社に対する破産開始決定に対して、即時抗告 (破 33 条 1 項) をすることができるか。

◆問 2　B 銀行が提起した、3000 万円の貸金返還請求訴訟は、A 社の破産手続開始決定によって、どのように扱われるか。

◆問 3　C 社が提起した、所有権に基づく建物収去土地明渡請求訴訟は、A 社の破産手続開始決定によって、どのように扱われるか。A 社に対して破産手続開始決定が出される前に既に、所有権に基づく建物収去土地明渡請求の強制執行が行われていた場合は、この執行手続はどのように扱われるか。

◆問 4　A 社の破産手続開始決定によって、D 社の抵当権実行手続はどのようになるか。

◆問 5　A 社の破産手続開始決定によって、E 社が F 社を被告として提起していた債権者代位訴訟は、どのように扱われるか。

◆問 6　A 社の破産手続開始決定によって、G が A 社を被告として提起していた賃金・退職金の支払請求訴訟はどうなるか。

◆問 7　K は、A 社に代わって、H 社に対して予約完結権を行使し、1000 万円を貸し渡すように請求することができるか。

4　双務契約以外の法律関係

(1)　委 任 契 約

1) 委任者の破産　① 契約の終了　委任契約とは、委任者が法律行為をすることを受任者に委託し、受任者がこれを承諾することにより成立する契約である (民 643 条)。有償であれば双務契約であるが、民法上は無償が原則であるので (民 643 条)、片務契約が原則形態ということになる。

　ただ、実務上は、報酬請求権の存する有償委任の場合が多く、この場合は、委任事務の処理と報酬の支払いが対価関係にあり双務契約になる。商人がその営業の範囲内において委任事務を受任した場合は当然に報酬を請求することができ (商 512 条)、この場合も双務契約になる。準委任の場合にも、委任の規定が準用される (民 656 条)。

　しかし、民法 653 条 2 号は特則を定めており、有償であれ無償であれ、委任者

または受任者のいずれが破産しても、委任契約は当然に終了すると規定している。これは、破産法上の規定の特別規定に当たると考えられ、破53条・54条の適用は排除されることになる。

民法653条2号が、委任者・受任者のいずれの破産を問わず、一律に破産を委任終了事由としていることについては、①非難性の乏しい不運な破産が頻繁化している今日、破産手続開始は必ずしも、破産者の人格・能力の破綻を意味しない。②委任者としては、受任者の破産前後の事情の中に、委任事務遂行の誠実性や能力を疑わせるような要素があれば、自ら委任契約を解約すればよい（民651条）。③そうした個別事情を考慮することなく、一律に受任者の破産手続開始を理由に委任契約を当然終了とする扱いは、破産者に対する非合理的な人格・能力不信に基づく一種の差別規定であるとして、立法的な妥当性には疑問が提示されている[1]。

しかし、委任者が破産しても委任契約は終了しない旨の特約については、破産財団の管理処分権が破産管財人に専属すること（破78条1項）と抵触するから、破産財団の管理処分に関する委任契約である限りは無効とする見解もある[2]が、破産財団の不利になる委任契約に関しては、破産手続開始後の破産管財人の解除権（破53条）行使に委ねれば足りるとして、かかる特約も有効であるとする見解が有力である[3]。他方、破産財団の管理処分権に属しない事項についてはその旨の特約は有効であると解されるから、たとえば破産管財人の管理処分権の及ばない破産者の身分上の権利に関する委任などは、委任者の破産をもって委任契約の終了の原因としないことができるほか、破産手続中の申立代理人の権限やその委任契約は、委任の趣旨やその性質上、委任者が破産しても終了しないと解されている[4]。

委任が終了した場合、終了事由を受任者に通知し、または受任者がこれを知るまでは受任者には対抗できない（民655条）。したがって、受任者に生じた報酬請求権や費用等の償還請求権（民648条・650条）は、破産手続開始決定後に生じたものであるが、破産債権として扱われる（破57条）。

受任者が破産の事実を知らないで破産手続開始決定後に破産財団に属する財産について処分した場合、破産の場合には、破産法47条が適用される結果、当該処分行為は、破産手続との関係ではその効力を有しないとする見解[5]と、同条項は

---

[1] 中島191頁、基本コンメン102条〔宮川知法〕。
[2] 注解3版（上）338頁〔吉永順作〕、破産民再実務〔新版〕（上）274頁〔大野祐輔〕。
[3] 条解破産2版448頁、大コンメン239頁〔三木浩一〕。
[4] 破産民再実務〔新版〕（上）274頁〔大野祐輔〕、破産民再実務3版破産253頁。

破産手続開始後の破産者の行為を問題とするものであり、実体法上委任関係の終了を受任者に対抗できない以上（民655条）、破産手続との関係でも有効であるとする見解[6]とが対立しているが、いずれの説に立っても、受任者の費用償還請求権や有償委任の場合の報酬請求権（民648条）は原則として破産債権となる（破57条参照）[7]。

その事務処理が破産財団の利益のためになされたときは、受任者の請求権は事務管理として財団債権になる（破148条1項5号）。また、委任契約終了後に急迫の事情があるために事務を処理した場合には（民654条）、受任者が委任者の破産手続開始の事実を知っていても、これによって生じた債権は財団債権となると解すべきである（破148条1項6号）。

②　会社が破産した場合の取締役の地位　　会社は破産手続開始決定を受けることで当然に解散するが（会社471条5号・641条6号）、解散した法人は、清算の目的の範囲内において破産手続が終了するまで存続する（破35条）。すなわち、破産手続上も破産者として権利・義務の主体として法人が存続するし、管財人が選任されても財団関係以外の面で法人の代表者が必要である。その代表者は、代表取締役であろうが、問題は、従前の取締役がその地位を保持するかということである。これにつき判例・学説上争いがある。

委任当然終了説[8]によれば、株式会社の関係においては、民法653条が適用される（会社330条）ことにより委任関係は終了し、取締役は当然その地位を失うから、改めて株主総会で会社を代表する取締役を選任すべきである。これに対して、委任非当然終了説[9]によれば、受任者の破産による委任の終了は信任関係の破壊によるが、委任者の破産による委任関係終了の立法趣旨は、委任者たる会社が破産した結果、破産財団に属する財産は、すべて破産管財人の管理処分権に属し（破78条1項）、取締役会の権限（会社362条）は失われるから、委任は目的を達することができないので終了する、というところにある。ところが、会社の破産の場合、

---

(5)　注解3版（上）339頁〔吉永順作〕。

(6)　条解破産2版448頁注4。

(7)　条解破産2版449頁、注釈（上）392頁〔高尾和一郎〕。

(8)　最判昭43・3・15民集22巻3号625頁〔百選4版87事件〕、注解3版（上）346頁〔吉永順作〕。

(9)　大判大14・1・26民集4巻8頁、条解破産2版452頁、大コンメン241頁〔三木浩一〕、谷口130頁、伊藤3版389頁、理論と実務213頁〔中島弘雅〕等。なお、近時の判例（最判平16・6・10民集58巻5号1178頁〔百選5版15事件〕、最判平21・4・17金法1878号39頁〔百選5版16事件〕）も、会社が破産しても破産財団に関する管理処分権限と無関係な会社組織に係る行為等については取締役としての権限を行使しうるとしている。

破産財団の管理処分と関わりのない組織法上の活動（会社設立無効の訴えについての応訴等）などは、これを破産管財人の任務とすると、かえって破産管財人の負担を増す。そこで、財産関係を除いた会社の人格的側面に関して、委任者である会社自身がまだなしうる事項（株主総会の招集、破産手続開始決定に対する即時抗告など）があるのであるから、その限度で委任は終了しないと解すべきであるとする。近時ではこの見解が通説であり、妥当であろう。

　委任非当然終了説によれば、破産手続開始決定に対する即時抗告権については、財産関係に関する事務とはいえず、従来の取締役は、依然として、その権限を行使しうると考えられる。また、実質的に考えても、会社の破産においては株主には配当の可能性はなく、いわば無価値の権利であるから、即時抗告権が認められるか否かは微妙であり、そうなると、取締役に即時抗告権が認められなければ、破産会社側が破産手続開始の当否を争う途が閉ざされてしまうことになろう。また、委任当然終了説に立つと、株主総会を開いて新しい取締役を選任することになろうが、それでは、裁判の告知を受けた日から1週間（破13条、民訴332条）、または公告が効力を生じた日から2週間という即時抗告期間（破9条）を遵守することは不可能である。

　なお、実務では、破産会社で新たな取締役が選任される例は見あたらないし、従前の代表取締役ないし取締役がそのまま株主総会の招集を行ったり、株主総会の決議不存在確認の訴えなどの会社の組織に関する訴えの当事者となったりしているといわれており[10]、委任非当然終了説の立場で運用がなされているものといえよう。

　2）**受任者の破産**　　委任者の破産と同様、受任者の破産によって委任契約は当然に終了する（民653条2号）。準委任の場合も同様である（民656条）。ただし、破産手続開始の決定を受け復権していない者を選任することはできる（会社331条参照）。

　委任者が受任者を信頼している場合は、委任契約の継続を認めても不都合はないから、受任者が破産しても委任契約は終了しない旨の特約は有効である[11]。なお、取締役が破産した場合、かつては復権するまで、破産は破取締役の欠格事由とされており（旧商254条ノ2第2号）、受任者である取締役は破産手続開始決定によりその資格を喪失するとされていたが、現行法（会社331条）ではこのような制限は撤廃された。したがって、取締役が破産し、その地位を失ったとしても、直ちに株主総会を開催してその者を再び取締役等に選任することは可能である（会

---

(10)　破産民再実務〔新版〕（上）276頁〔大野祐輔〕。

(11)　破産民再実務〔新版〕（上）276頁〔大野祐輔〕、破産民再実務3版破産255頁。

社329条)。

　なお、持分会社（会社575条1項）の業務執行社員も、破産手続開始決定が社員の退社事由になっているため（会社607条1項5号）、破産手続開始決定の確定とともにその地位を失う。また、一般社団・財団法人とその役員との関係は、委任に関する規定によるものとされているから（一般社団64条・172条）、会社と取締役との関係と同様に考えるべきである。

　3）**代理受領**　代理受領とは、たとえば、債権者Xが、債務者Yに対する甲債権の回収を確保するため、Yの第三債務者Zに対する乙債権について、Yから取立て・受領の委任を受け、Zから受領した金銭の引渡債務（民646条1項）を甲債権と相殺し（相殺方式）、または、特約により、受領した金銭を直接甲

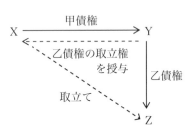

債権の弁済に充当して（充当方式）、甲債権の優先的回収を図る目的とするものであり、委任の法形式を借りた変則的な権利担保の一種である（したがって、通常、甲債権が全額満足されるまでは取立委任契約は解除しない旨の特約が付せられる）[12]。

　代理受領の合意がなされた場合、契約当事者の一方、とりわけYが破産した場合の取扱いが問題となるが、代理受領は法形式としては、委任契約の形をとるので、Yが破産すれば、代理受領の基礎となる委任契約の終了（民653条2号）によりXの取立て・受領権限は当然に消滅すると解されている。債権者と債務者の特約によって民法653条の適用が排除されていたり、第三債務者から代理受領について承認の奥書を受けていたりしたとしても、それは当事者の合意にすぎず、第三者たる破産管財には対抗できない[13]。Xが破産したときも同様に解すべきであろう。

（2）共有関係

　共有者の一部が破産した場合、不分割の特約（民256条）およびその指定（民908条）があっても、破産手続によることなく分割請求をすることができる（破52条1項）[14]。この規定の趣旨は、共有持分が破産財団に属しながら、共有財産の分割を

---

[12] 第三債務者Zが官公庁などの場合には、債権者であるYの交替による事務の煩雑化や抗弁切断の危険（民468条1項本文参照）を懸念して、YのZに対する乙債権の譲渡・質入れを認めないことが多いことから、こうした譲渡・質入れ禁止を潜脱するために、かかる方法が用いられるといわれる（伊藤3版389頁、条解破産2版453頁、注釈（上）395頁〔髙尾和一郎〕）。

[13] 伊藤3版389頁以下、条解破産2版453頁、注釈（上）396頁〔髙尾和一郎〕。

[14] この分割請求の主体については、法文上、破産管財人に限定されていないため、見解

求めることができないとすると、容易に換価することができず、破産手続の円滑な進行を妨げるおそれがあるので、それを回避する点に意義を有する。ただし、法律上または財産の性質上分割が許されない場合（民257条等）は、同条項の適用はなく、別途それに応じた方式によるべきである。

分割は一般の手続（民258条・907条）によるほか、共有者が相当の金銭を払って持分を買い取ることもできる（破52条2項）。この場合、管財人は、破産法52条1項による分割請求も共有持分権の換価もすることはできないと解される[15]。

（3） 消費貸借の予約

消費貸借の予約とは、消費貸借につき貸主が貸す債務のみを負担することを内容とする片務契約である[16]。消費貸借の予約の当事者の一方が破産手続開始の決定を受けたときは、その効力は失われる（民589条）。

本来、これは片務契約であるから、破産法の一般原則からいうと、破産法53条以下の規定の適用はなく、借主の破産の時には、破産管財人が貸主に対し、破産財団に属する権利の行使として、融資義務の履行を求めることになるし、貸主の破産の時は、借主が破産財団に対して融資請求権を破産債権として行使するはずである。しかし、融資を目的とする契約は、相互の財産状態に対する信頼を基礎としているので、法は、一方当事者に対する破産手続開始を原因として当然にこれを失効させることとしたのである。

もっとも、同じく消費貸借の予約であっても、金融機関などが顧客に対して一定額の信用枠を設定し、顧客が、融資に対する金利とは別に、与信枠設定そのものに対する対価として一定の手数料を支払うという、いわゆるコミットメント・ライン契約（特定融資枠契約）においては、これは、消費貸借の予約とは異なって、期間中に契約当事者が破産した場合には、双方未履行双務契約とみなされる。したがって、この場合、本来なら破産法53条が適用されると考えられるが、民法589条の趣旨を考慮すれば、当然に失効すると解すべきである[17]。

が分かれる。非限定説は、破産手続は、すべての財産の迅速な換価処分を目的とすること、また、他の共有者が、破産財団に属する共有持分が換価のために第三者に譲渡されるよりも、その前に共有関係を解消することに利益を感じる場合もあることなどを理由として、他の共有者からの分割請求を認める（基本コンメン126頁〔山本克己〕、概説2版補訂194頁〔沖野眞巳〕）。これに対して限定説は、破産法52条1項の趣旨は財団の換価を容易にすることであるから、分割請求は、破産管財人のみがすることができ、他の共有者はすることができないとする（条解破産2版402頁）。

[15] 条解破産2版403頁、注釈（上）347頁〔富岡武彦〕。

[16] 消費貸借の予約には、当事者の一方だけが後に消費貸借を成立させる義務を負担する片務契約と、当事者双方がこのような義務を負担する双方予約の場合がある（幾代通＝広中俊雄編『新版注釈民法（15）債権（6）』（有斐閣・1989年）34頁〔濱田稔〕）。

（4） 配偶者・親権者の破産と財産管理権

　配偶者の一方は、夫婦財産契約（民755条）により他方の配偶者の財産につき管理権を有していることがあるし、また、親権者は、法律上、子の財産の管理権を有する（民824条本文）。しかし、夫婦の場合には、管理が失当とみなされると、他方の配偶者が管理権を自らに移すことなどを家庭裁判所に申し立てることができるし（民758条2項）、また、共有財産については、その分割を請求できる（同条3項）。

　管理権を有する配偶者や親権者が破産手続開始決定を受けた場合、そのことが、当然に管理が失当であったということを意味するものではないが[18]、法は、受任者の破産などと同様の趣旨に基づいて、破産手続開始を財産管理権の喪失事由としている（破61条、民758条2項3項）。また親権者の破産の場合も同様である（破61条、民835条）。ただし、親権者が破産した場合には、管理権喪失宣告の申立ては、子の親族または検察官が行う（民835条）。

5　係属中の手続関係の調整

　破産手続開始決定がなされると、破産財団所属財産の管理処分権は破産者から剥奪され、破産管財人に付与される（破78条1項）。また、破産債権者は、個別的な権利行使を禁止され、破産手続によってのみ権利行使をすることができる（破100条1項）。すなわち、破産債権者はその債権を破産裁判所に届け出て（破111条）、調査・確定（破116条以下・124条以下）を経た上で、配当を得ることにより（破193条以下）その債権の満足が得られるのであり、個別の訴訟によって権利を追求することは許されない。

　このように、破産開始決定があると、破産者および破産債権者に対しては、その実体的法律関係に影響が及ぶほか、訴訟手続、民事執行手続、およびその他の手続法律関係にも影響する。そして、実体法関係と同様に、手続法関係における破産管財人の地位に関しても、破産管財人は破産者に代わってその管理処分権を行使する者として、手続上の破産者の地位を承継する（破44条2項）。それと同時に、破産管財人は、破産債権者全体の利益を代表する手続上の地位も認められる（破127条1項・45条・42条2項但書）。

---

(17)　伊藤3版387頁。

(18)　破産手続開始決定を受けたことに加えて、「管理が失当であったことによってその財産を危うくしたとき」（民756条2項）も、財産管理権喪失の要件となるかという点については争いはあるが、要件となるとすると破産法61条の存在意義はないことになる等の理由から、要件にはならないとするのが通説である（条解破産2版471頁、大コンメン257頁〔松下淳一〕、東京高決平2・9・17家月43巻2号140頁）。

（1）　民事訴訟手続の中断と受継

1）破産財団に属する財産に関する訴訟手続　　債務者について破産手続開始決定がなされると、破産財団に属する財産の管理処分権が破産者から破産管財人に移転するので（破78条1項）、破産手続開始後に破産財団に関して訴え提起の必要性があるときは、破産者に代わって破産管財人を原告または被告としなければならない（破80条）。（後の）破産者が原告または被告となって、破産財団に属する物の所有権の帰趨を争っていたような場合が典型である。

それに対して、破産財団とは関係のない、たとえば、破産者が自然人である場合の人事訴訟（人訴2条参照）、株式会社の不成立（合資会社の組織変更の無効）の確認の訴え、株主総会の取締役等選任の決議の取消しの訴え、その他の法人の純然たる社団的・組織法的事項に関する訴えに係る訴訟手続等は、破産手続開始の決定があっても中断しない[19]。したがって、破産財団に関する民事訴訟が係属中に当事者の一方につき破産手続開始決定がなされると、従来の当事者であった破産者は当事者適格を失うから、その訴訟は中断する（破44条1項）。訴訟手続がいかなる段階にあってもこの中断は生じるものであり、上告審であっても同様である[20]。ただ、口頭弁論終結後の中断の場合には、判決の言渡しは許される（民訴132条1項）。なお、通常の民事訴訟の場合とは異なり、破産による訴訟手続の中断については、民訴法124条2項の規定は適用されず、たとえ破産者に訴訟代理人がついていたとしても、当該訴訟手続は中断する。これは、破産管財人は、財団の管理処分権限を一切掌握しているし、管財人と破産者との間には利害関係の対立が存在する可能性があるためである。

訴訟当事者が破産すると、当事者適格は、新たに管理処分権を取得した破産管財人に認められるから（破78条1項・80条）、中断した訴訟は、破産債権に関するものを除いて、破産管財人によって受継される（破44条2項前段）。受継の手続は、民事訴訟法の規定による（破13条、民訴126条〜128条、民訴規51条）。ここで破産債権に関するものが除かれているのは、破産債権者は、破産手続によって満足を得なければならないので（破100条1項）、管財人が当該訴訟を受継して、破産債権者との間で破産債権について争うことは妥当ではないからである。

なお、相手方も、一方当事者の破産という偶然の出来事によって、それまでの訴訟追行の結果が無駄になるのを受忍すべき理由はないから、破産管財人に対して受継申立てをすることができる（破44条2項後段）。したがって、この場合、たとえ、破産者の追行していた訴訟状態が破産財団にとって不利なものであったと

---

[19]　大コンメン181頁〔菅家忠行〕。

[20]　最判昭61・4・11民集40巻3号558頁〔百選5版71事件〕。

しても、相手方の地位を保護する必要があるから、管財人は受継を拒絶できないと解すべきである[21]。また受継した破産管財人は、中断時までの訴訟状態に拘束され、破産者がもはや提出できなくなった攻撃防御方法（民訴157条1項 etc.）を提出することはできないし、攻撃防御方法の提出に関する手続上の義務（民訴167条・174条・178条・301条2項等）も履行しなければならない。ただ、破産管財人の地位に基づく固有の攻撃防御方法（例えば、善意の第三者の抗弁）を提出することは妨げられない。

　受継した訴訟において破産管財人が敗訴した場合には、相手方が破産管財人に対して訴訟費用償還請求権を取得するが（民訴61条）、その請求権は受継前の費用まで含めて全金額につき財団債権として扱われる（破44条3項）。

　2）財団債権に関する訴訟　財団債権の多くは、破産手続開始後の原因に基づいて生じるものであり、それらについては、破産手続開始前に訴訟係属があることは通常考えられない。しかし、たとえば破産者が買主である売買契約について売主が破産手続開始前に代金支払請求訴訟を提起しているような場合、破産管財人が履行の選択をすれば（破53条1項）、代金債権は財団債権となり（破148条1項7号）、破産手続開始前に訴訟係属があったことにな

る（その他、破148条1項3号の租税債権、および破産手続開始前の原因に基づく使用人の給料等〔破149条〕も同様）。しかし、当該代金支払請求訴訟は、破産手続開始によって中断しているので（破44条1項）、この訴訟についても、破産管財人が履行の選択をした段階で受継が行われる（破44条2項前段）。

　破産財団に対する債権は、それが破産債権であれば、破産手続の中で届出・調査・確定がなされるが（破100条1項・111条以下・115条以下））、財団債権はそのような制限には服さない（破2条7項）ので、破産管財人は直ちにその訴訟を受継することができると考えられる（破44条2項前段）。また、相手方にも受継申立権が認められている（破44条2項後段）。この場合も、相手方の権利行使を保護するために、管財人は受継を拒絶できないと解すべきである。

　3）破産債権に関する訴訟　債権者が破産者に対して給付訴訟を提起していたり、逆に破産者が債権者に対して債務不存在確認訴訟を提起しているときは、

---

[21] 伊藤3版403頁、加藤6版268頁、条解破産2版363頁等通説である。

破産手続開始決定がなされると、それらの訴訟は中断する（破44条1項）。しかし、それらの訴訟の目的が破産債権である場合、破産債権は破産手続によらない権利行使が禁止され（破100条1項）、破産手続内で調査・確定が図られるので、中断している当該訴訟は、管財人によっては受継されない（破44条2項前段）。優先的破産債権も、破産債権であることに変わりはないから、これをめぐる訴訟も、一般の破産債権に関する訴訟と同じく、債務者の破産により中断するが、管財人によって受継されず、債権者は、破産裁判所にその債権を届け出た上で、破産手続における調査・確定を経て満足を得なければならない[22]。

　未払いの賃金や退職金の支払いを求める訴えが係属中に、被告に対し破産手続開始決定がなされた場合、この訴訟はいったんは中断する（破44条1項）。しかし、破産手続開始前3か月分の賃金債権や退職金債権は、財団債権とされるから（破149条1項）、未払いの賃金等に関する訴訟は、財団債権に関する訴訟として、管財人の受継により、原告と管財人間の訴訟として続行される。

　それに対して、それ以外の部分は、優先的破産債権として扱われている（破98条1項）が、これは、あくまで破産債権であるから、当該訴訟は中断し、管財人はこの訴訟を受継せず（破44条1項・2項）、債権者は、破産裁判所にその債権を届け出、調査・確定の手続を経た上で満足を得ることになる。手続としては、通常は、訴訟中断後、債権者はその破産債権を届け出て、それにつき調査・確定手続が行われる（破115条以下）。調査の中で破産管財人および届出をした他の破産債権者から届出債権に対して異議が述べられなければ、その存在および内容は確定し（破124条1項3項）、中断した訴訟は終了する。これに対して、異議が述べられたときは、係属中の訴訟とは別個に破産債権査定手続（破125条）を開始することは合理性を欠くので、係属中の訴訟を破産債権確定訴訟として続行させるために、受継申立てをさせることとされている。すなわち、届出債権者が無名義債権者である場合は、異議を述べた者（破産管財人および異議を述べた破産債権者）の全員を訴訟の相手方として、訴訟手続の受継を申し立てなければならない（破127条1項）。そして受継後の訴訟が異議訴訟として続行される。それに対し、届出債権が有名義債権者である場合（たとえば、執行力ある債務名義〔民執22条・25条・26条〕をもっていたり、債権者が第1審で債務者に対し勝訴判決を得たのに対し債務者が控訴した場合等）は、異議者の側から、破産者がなし得る手続（判決の更正申立て〔民訴257条〕、再審の訴え〔民訴338条〕等）によって異議を主張し（破129条1項）、また、異議者の側

---

[22]　最判昭59・5・17判時1119号72頁〔百選5版81事件〕は、破産手続開始前の占有に基づく損害金請求権は破産債権になるために中断するが（破44条1項）、その後は、調査・確定手続に委ねられるべきものであるとする。

第11講　破産者をめぐる法律関係の処理（その5）　　*331*

から訴訟を受け継がなければならない（同条2項）。これに関しては、本書第5章5参照のこと。

4）詐害行為取消訴訟・債権者代位訴訟　① 詐害行為取消訴訟　たとえば、Bが、債権者を害することを知りながら、Cに自社所有の不動産を時価の2割ほどで売却したとする。このことを知った、債権者Aは、受益者Cを被告として詐害行為取消訴訟（民424条）を提起したが、この訴訟の係属中に、Bに対して破産手続開始決定がなされ、Kが破産管財人に選任された場合を想定する。この場合、当該訴訟の当事者はAとCであり、Bは無関係であって、文言上は、破産法44条の適用対象にはならない。しかし、破産法は、それにもかかわらず、詐害行為取消訴訟は中断し（破45条1項）、中断した当該詐害行為取消訴訟は、破産管財人が、受継することができるものとした（破45条2項前段）[23]。

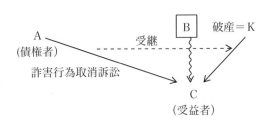

この場合において、管財人が受継した場合には、請求の趣旨を変更して否認訴訟（破160条1項など）に切り替えるべきであるとされる[24]。もっとも、相手方が受継申立てをしないときは、破産管財人としては、詐害行為取消訴訟を受継しないで、別途、否認の請求を申し立ててもかまわない（破173条1項・174条）。

この規定が設けられた趣旨は、詐害行為取消訴訟は、債務者の責任財産を回復し債権者の執行を保全するという目的を有するが、債務者につきいったん破産手続が開始された以上、責任財産の回復すなわち破産財団の増殖という目的は、破産管財人よる否認権行使（破160条以下）によって実現されるのが適切であるという政策判断による。この場合の中断・受継は、責任財産の範囲をめぐる当事者適格が、取消債権者から破産債権者の利益を代表する破産管財人に移転したことによるものである。したがって、破産手続開始後は、破産債権者が詐害行為取消訴訟を提起することは許されない[25]。また、受継後の訴訟において破産管財人が請求原因として否認権の主張と並んで、またはそれに代えて、詐害行為取消権の主

---

[23]　これは、①個々の債権者に詐害行為取消権を行使させるのは適当ではないこと（破100条1項）、②詐害行為取消訴訟における訴訟資料を否認訴訟で利用することができれば、訴訟経済に資することをその趣旨とするものである（小川74頁）。
[24]　条解破産2版375頁、基本コンメン130頁〔池田辰夫〕、条解会更（中）222頁、231頁。
[25]　大判昭4・10・23民集8巻787頁。民事再生につき、東京地判平19・3・26判時1967号105頁〔百選5版72事件〕、東京高判平17・6・30金法1752号54頁。

張をなし得るかという問題があるが、見解は分かれている[26]。

　破産管財人が詐害行為取消訴訟を受継するかどうかは、その裁量に委ねられるが、受継によって一定の財産が確保できる可能性があるような場合には、破産管財人は詐害行為取消訴訟を否認訴訟として受継する義務があると解される（破85条参照）。これに対し、詐害行為取消訴訟の訴訟状態が破産管財人に不利で、むしろ管財人が改めて否認訴訟を提起した方が有利と判断されるときに、相手方からの受継申立てを破産管財人が拒絶できるか否かについては旧法上争いがあった。この争いは、現行法下においても続いているが、従来の多数説・下級審裁判例は、一債権者が行った不完全だったおそれのある訴訟追行の不利な結果に、破産管財人が拘束されるとするのは、合理的ではない、一債権者による訴訟に他のすべての債権者取消権・否認権を処分するに等しい結果を認めるのは妥当でないなどの立場から、相手方に受継申立権はないと解していた[27]。それに対し、近時、破産法45条2項の文言を重視し、相手方の従前の訴訟における地位・利益保護という観点から、相手方から受継申立てがあった以上、破産管財人は受継を拒絶できないと解し、相手方の受継申立権を広く認める見解が有力である[28]。この場合、破産管財人は、不利な内容の従前の訴訟状態を原則として引き継ぐものの、受継した後、独自の攻撃防御方法（要件の異なる否認権の行使など）を提出できるし、合理的理由があれば（従前一債権者が行っていた）自白の撤回等もなし得ると解される[29]。

　なお、詐害行為取消訴訟が債務者の破産によっていったん中断し、破産管財人により否認訴訟として受継された後に破産手続が終了した場合には、否認訴訟は中断し（破45条4項）、もともと詐害行為取消訴訟を提起していた破産債権者がその訴訟を受継しなければならない（破45条5項前段。受継の申立ては、相手方〔受益

---

[26]　肯定説として、大コンメン623頁〔山本和彦〕、条解破産2版1062頁注4。否定説として伊藤3版406頁注176。なお、注釈（上）323頁〔柴原多〕も参照。

[27]　演習ノート2版62頁〔中西正〕、大コンメン189頁〔菅家忠行〕、条解会更（中）228頁、山木戸131頁、谷口203頁、伊藤・破産3版補訂268頁、東京地判昭50・10・29判時818号71頁、東京地判昭49・9・19判時771号66頁〔百選初版70事件〕。このような見解によれば、相手方の受継申立ては不適法として認められず、破産管財人のみが、①本件訴訟を受継する、②改めて別訴（否認の請求も含む）を提起する、③いずれの訴訟追行も行わない、という選択権をもつ（概説2版補訂364頁〔山本和彦〕参照）。また、係属裁判所も、続行命令を出すことが許されない（条解破産2版380頁参照）。

[28]　旧法下でも、破産管財人は受継を拒否できないとするものもあった（注解3版（上）559頁〔宗田親彦〕、基本コンメン130頁〔池田辰夫〕）が、現行法下のものとして伊藤3版407頁、破産民再実務3版破産130頁、条解破産2版380頁、注釈（上）325頁〔柴原多〕等がある。

[29]　条解破産2版380頁。

者〕もすることができる〔破45条5項後段〕）。また、詐害行為取消訴訟がいったん中断したものの、破産管財人による受継がなされる前に破産手続が終了したときは、破産債権者が当然に詐害行為取消訴訟を受継しなければならない（破45条6項）。

　② **債権者代位訴訟**　　債権者代位権による債権者代位訴訟（民423条）においても、債務者は訴訟当事者ではないが、この訴訟も債務者について破産手続開始決定があると中断し、破産管財人から受継することができる（破45条1項2号）。この訴訟も、その目的は、債務者の責任財産の保全にあり、債務者の破産によって当事者適格が代位債権者から破産管財人に移るので、債権者代位訴訟の中断・受継が認められる[30]。受継がなされた場合、管財人は、請求の趣旨を変更するなど適切な措置を講ずる必要がある。旧破産法には債権者代位訴訟については明文の規定がなかったため、詐害行為取消訴訟の中断・受継に関する規定（旧破86条）を類推適用して同様の処理をしていたが、現行破産法は、詐害行為取消訴訟とほぼ同様の規律をしている。債権者代位訴訟については、破産管財人が受継を拒絶できるか否かについてはあまり論じられていない。基本的には、詐害行為取消訴訟におけるのと同様の議論が妥当すると思われるが、詐害行為取消訴訟の受継の場合には、債権者の詐害行為取消権とは別に、破産管財人には否認権という特別の権利が認められているのに対し、債権者代位訴訟の場合には、管財人にはそのような特別の権限が認められているわけではないから、破産法44条の場合と同様、受継は拒絶できないと解すべきではなかろう[31]。

　平成16年の破産法改正に際して、いわゆる転用型の債権者代位権行使の事例がどのように扱われるかにつき議論があったが、基本的には①代位行使の対象となっている権利は原則として破産財団に属するので、その管理処分権は破産管財

---

[30]　その理由として、①代位行使の対象となっている権利は原則として破産財団に属し、その管理処分権を破産者から剥奪して破産管財人に専属させる以上、代位債権者の管理権も剥奪し、破産管財人に専属させることが適切である、②破産債権者は個別的権利行使が禁じられ、財団債権者は強制執行等が禁じられることから、債権者の強制執行の準備（責任財産の保全）のために、個別債権者に認められている債権者代位訴訟をそのまま個別債権者に追行させることは適当でない、③判例は代位債権者が事実上優先回収する結果になることを認めているが、そのような優先回収を破産手続開始の決定後に認めることは適当でない、といった点があげられている（条解破産2版369頁）。

[31]　なお、新基本コンメン118頁〔垣内秀介〕は、債権者代位訴訟を法定訴訟担当であると解する通説を前提とするならば、債務者の共同訴訟的補助参加につき、従前の訴訟状態への拘束を認めるもの（松本博之『人事訴訟法〔第3版〕』（弘文堂・2012年）131頁）と認めないもの（高橋宏志『重点講義民事訴訟法〔下第2版補訂版〕』（有斐閣・2014年）474頁注55）とが対立しており、前者によれば受継拒絶権は否定され、後者によれば肯定されるとする。

人に専属させることが適切である、②債権者に代位訴訟の訴訟追行を認めること
は、その債権者のみに個別的権利行使（ひいては事実上の優先回収）を認めることに
なり適切ではないなどの理由により、本来型と同様に中断・破産管財人による受
継を認めることが相当と考えられた[32]。

　また、債権者代位訴訟に類似したものとして取立訴訟（民執157条）があるが、
これについては、強制執行の一部を構成する訴訟手続であるが、破産手続開始決
定により、訴訟の目的物の管理処分権は原則として破産管財人に専属し、訴訟追
行権限も破産管財人に専属し、しかも破産債権・財団債権に基づく強制執行等は
許されなくなるので（破42条2項）、差押債権者の取立権も破産財団に対しては効
力を失う[33]。しかし、従前の訴訟手続を当然終了するものとはせず、破産管財人
による受継を認めた方が、訴訟資料の利用を通じて訴訟経済に資することになる
と考えられる。これらの事情は、債権者代位訴訟における状況と同様であるので、
差押債権者による取立訴訟についても破産法45条の類推適用を認めて中断と破
産管財人による受継を認めるのが相当である[34]。

　5）株主代表訴訟　　株主が取締役を被告として株主代表訴訟（会社847条以
下）を提起している途中で会社に対して破産手続開始決定がなされると、会社財
産の管理処分権は破産管財人に専属するから（破78条1項）、債権者代位訴訟の場
合と同様に、破産法45条の規定に基づいて株主代表訴訟は中断し、破産管財人が
原告たる代表株主を受継すると解するのが通説・下級審裁判例の見解である[35]。
これに対して、少数説として、株主代表訴訟はそもそも会社の破産手続開始によ
って中断せず、もとの株主が代表訴訟をそのまま続行できると解する見解が唱え
られている[36]。

---

[32]　条解破産2版370頁、注釈（上）321頁〔柴原多〕、大コンメン187頁〔菅家忠行〕、破
　　　産民再実務3版破産119頁。

[33]　伊藤3版408頁は、破産財団所属財産に対する強制執行（破42条1項）に類するもの
　　　として、その中止を考えるべきであるとする。

[34]　条解破産2版373頁。なお、最判平11・12・17判時1707号62頁も、このような考え
　　　方を基礎にしている。民事再生手続に関するものであるが、大阪地判平17・11・29判タ
　　　1203号291頁、大阪高判平22・4・23判時2180号54頁も参照のこと。

[35]　伊藤3版409頁、条解破産2版372頁以下、大コンメン188頁〔菅家忠行〕、基本コン
　　　メン131頁〔池田〕、条解会更（上）596頁、東京地決平12・1・27金商1120号58頁〔百
　　　選5版22事件〕、東京地決平7・11・30判タ914号249頁。

[36]　中島弘雅「判批」リマークス29号110頁、大系122頁〔中島弘雅〕。その理由は以下
　　　の点に求められている。すなわち、①わが国の株主代表訴訟では、株主には会社とは別
　　　個・独立の立場から代表訴訟を提起する固有の権限があり、かかる権限は、管財人が会
　　　社財産の管理処分権や業務運営権を専有するようになった後も、各倒産手続上株主の権

6）破産手続の終了と訴訟手続の帰趨　　訴訟手続がいったん中断し、破産管財人が受継した後に、破産の取消し、破産手続廃止などの事由に基づいて破産手続が終了すると、訴訟は再び中断し、破産者が訴訟を受継しなければならない（破44条5項）。この場合には、相手方にも受継の申立権がある。いったん中断した訴訟を破産管財人が受継しない間に破産手続が終了した場合には、破産者が当然に訴訟を受継する（同条6項）。

（2）　係属中の民事執行等 —— 強制執行・担保権実行・保全処分

1）破産債権・財団債権に基づく強制執行・保全処分　①　破産債権に基づく強制執行・保全処分　　破産債権者は、破産手続によらずに個別的権利行使をすることはできない（破100条1項）。よって、破産手続開始決定後に、破産債権者が破産財団に属する財産に対して強制執行や保全処分（民事保全）を開始することは許されないし（破42条1項）、すでに開始していた強制執行や保全処分も、破産手続開始決定により、破産財団との関係では失効する（破42条2項）。ここで、「失効する」とは、執行処分が取り消され、破産財団との関係で無効になること（相対的無効）をいうが、具体的な手続としては、破産管財人は執行異議（民執11条）または執行抗告（民執10条）によって、執行処分の取消しを求めることになる。ただ、管財人はいずれは財団財産を換価する必要性があるから、もし強制執行等の手続が係属中であるときは、破産管財人が、破産財団の換価のためには既に係属している執行手続を利用した方が効率的であると考える場合には、それを破産財団のために続行することは可能である（破42条2項但書）。この場合には、執行等の費用は、財団債権となる（破42条4項）。また、第三者異議の訴え（民執38条）に関しては、破産管財人が被告となる（破42条5項）。

　なお、強制執行の続行は、執行債権実現のためのものではないが、取戻権を主張する別訴提起を第三者に要求することを避け、第三者異議の訴えを通じて、目的物の帰属に関する争いを解決しようとする趣旨である[37]。もっとも、破産管財

　利がすべて停止する旨の規定がない以上、株主は代表訴訟を提起・追行する権限を失うものではないこと、②管財人による会社運営者に対する責任追及は、各倒産手続の目的のために広範な裁量権を伴って行われるものであり、株主による責任追及とは立場や視点の違いが存在すること、③株主による代表訴訟を認めても、各倒産手続の目的と積極的に矛盾するものではないこと、④各倒産法上、裁判所による管財人の選任・監督の規定や管財人の善管注意義務の規定があるからといって、役員に対する責任追及の懈怠の可能性がないとはいえないこと、等である。なお、この見解も、破産管財人が査定申立てをするなど請求権を行使したときは、破産管財人が行使した手続が優先するという（大系123頁〔中島弘雅〕、倒産と訴訟541頁以下〔中島弘雅〕）。

[37]　伊藤3版414頁。

人が強制執行を続行する場合に、新たに提起される第三者異議の訴えの被告が破産管財人となる点については問題がないが、破産手続開始決定前から第三者異議の訴えが係属していたときの扱いに関しては、破産管財人が執行を続行する場合と、しない場合とを区別する必要がある。強制執行が続行される場合には、破産管財人が第三者異議の訴えの被告適格をもつので、中断・受継が生じる（破44条1項2項）[38]。これに対して、破産管財人が執行を続行しない場合には、第三者異議の訴えの実質が、第三者が所有権などを主張し、目的物の破産財団への帰属を争うものであることから、第三者が破産管財人に対して目的物の取戻しを主張する取戻訴訟として、中断の上、破産管財人が被告側を受継すべきであるとする見解が有力である[39]。これに対して、仮差押執行に対して第三者異議の訴えが提起されたのちに、債務者に対して破産手続開始決定がなされた事案につき、最高裁[40]は、仮差押えの目的物は、旧破産法70条（現破42条）にいう破産財団に属する財産であるところ、仮差押えは同条により破産財団に対しては効力を失うから、その後に仮差押執行の排除を求めて提起された第三者異議の訴えは、その利益を欠き、不適法であるとし、当該物件の所有権を主張してその返還を求めるためには、管財人を相手方として取戻権（旧破87条、現破62条）を行使すべきであるとする[41]。

　たしかに、第三者異議の訴えは、第三者と執行債権者との間に係属する訴訟で

---

[38]　もっとも、後述の最高裁で問題となったような保全執行に対して第三者異議の訴えが提起された場合については、保全執行につき破産法42条2項但書の適用があるか否かについては争いがあり、肯定説（条解破産2版348頁、大コンメン173頁〔菅家〕、注解3版（上）390頁〔永田誠一〕、伊藤3版413頁等、通説である）と否定説（大村雅彦『基礎講義破産法〔増補版〕』（青林書院・2002年）173頁、青山ほか93頁〔井上治典〕）とが対立している。肯定説は、保全処分の内容も多様化しており、破産管財人において既往の保全処分を破産財団に有利に援用できる場合があり（たとえば、名古屋高決昭56・11・30判タ459号57頁）、このような実益がある場合は、少なくとも仮差押え・仮処分については、破産管財人において続行できるとする。これに対して否定説によれば、破産宣告（現行法では破産手続開始決定）によって破産者が財団財産の処分権を奪われ、管財人が管理している以上、既に差し押さえられているのと同じであるから保全命令を得る必要はなく、保全命令手続が係属中のときであれ、それをすぎて保全執行が行われているときであれ、保全処分全体が必要ないので全部執行すると解するから、中断・受継は生じないとする。

[39]　伊藤3版414頁、中島286頁、基本コンメン107頁〔本間靖規〕、新百選54事件〔上田徹一郎〕等。

[40]　最判昭45・1・29民集24巻1号74頁〔百選4版47事件、百選5版A8事件〕。

[41]　この見解に賛成するものとして、鈴木弘・最判解説民事昭45年度1頁、桜田勝義「判批」民商63巻4号624頁、石原150頁等がある。

あって、破産者を一方当事者とする訴訟ではないから、形式的にみれば、破産財団に属する訴訟手続ともいえず、訴訟手続の中断・受継の問題は生じないとみられなくもないが、第三者異議の訴えが許されない場合には、別途管財人を相手方として取戻権（破62条）を行使しなければならず（上記最高裁判例は現にこれを要求している）、破産管財人が取戻権の行使に応じなければ、改めて訴えを提起しなければならないのであり、異議者の救済に時間を要することになる。また、実質的に考察すれば、第三者異議の訴えは、目的物の破産財団への帰属を争う点で取戻権行使の訴訟と異なるところはない。また、破産管財人が既往の保全処分を破産財団に有利に援用できる場合もあると思われ、一律に受継する必要はあるまい。このように考えれば、近時の有力説にしたがい、破産法45条を類推適用し、取戻訴訟として中断の上、破産管財人の受継を認めるべきであろう。

　②　**財団債権・取戻権に基づく強制執行・保全処分**　　旧法は、財団債権に基づく個別執行等の許否に関する規定を欠いていたために、個別執行否定説と個別執行肯定説とが対立していた[42]。しかし、平成16年の改正に当たり、①清算型手続である破産手続では、財団債権の全額を支払えない事態は希有なこととはいえないこと（破152条参照）、②平成16年改正により一部の労働債権が政策的に財団債権とされたため①の事態の可能性は高まったと考えられること、③財団債権の全額を支払えない事態になったときに破産法152条に規定する按分弁済を実現して、財団債権者間の公平・平等を図ると共に、破産手続を円滑に進行させるためには、財産債権に基づく個別執行を否定する必要性が高いこと、④財団債権となる租税等請求権に基づく国税滞納処分の破産手続開始後の新たな着手の禁止（破43条1項）と均衡が取れること、などを理由[43]に、否定説の立場が明文をもって規定された（破42条1項・2項）。

　それに対して、取戻権は、破産手続に影響されることなく権利行使をすることが認められているから（破62条）、それに基づく強制執行・保全処分その他の個別執行も、破産法42条の禁止・失効の対象にならない。ただ、それらの執行等は破産財団に属する財産を対象とする関係で、以後は、破産管財人を相手方として続行されることになる。

　2）破産債権でも財団債権でもない権利に基づく強制執行・保全処分　　破

---

(42)　個別執行否定説として、加藤正治『破産法研究7巻』25頁、石原88頁、伊藤・破産3版補訂192頁等があり、個別執行肯定説としては、中田142j頁、山木戸139頁、基本コンメン108頁〔本間康典〕等があった。学説の状況については、理論と実務177頁〔山本和彦〕、大コンメン168頁〔菅家忠行〕を参照のこと。

(43)　小川73頁参照。

産債権でも財団債権でもない債権に基づく強制執行・保全処分は、破産手開始決定によっては影響を受けないから、破産法による禁止・失効の対象とはならない。たとえば破産財団に関しない権利（破産者に対する作為・不作為を求める権利、競合禁止請求等）、身分法的権利（同居請求等）、組織法的な法律関係に基づく権利（取締役の職務執行停止請求や株主たる地位確認請求等）は、破産債権でも財団債権でもないので、これらに基づく強制執行・保全処分その他の個別執行は、破産法42条の禁止・執行の対象にはならない。

　3）担保権の実行　　破産財団に属する財産上の抵当権、質権および特別の先取特権などは別除権となるから（破2条9項・65条1項）、すでに開始されているこれらの実行としての競売手続は、破産手続開始決定によって影響を受けない（破65条1項）。但し、これらが、破産財団に属する財産を対象とする関係で、債務者の地位は管財人が承継する。また、第三者異議の訴え（民執38条）に関しても、破産管財人が被告となる（破42条5項）。これに対して、民事再生手続においては、事業・経済生活の再生のために不可欠な財産が失われることによって、再生債務者の生活が困難になったり、再生債権者の利益を害する可能性があることから、担保権実行中止命令の制度が設けられている（民再31条）。

　なお、一般の先取特権は、民法上は担保物権として位置づけられている（民306条〜310条）が、破産法においては、別除権ではなく、その被担保債権が優先的破産債権として扱われている（破98条1項）に過ぎないから、破産債権である以上個別的権利行使は許されず（破100条1項）、これに基づく競売手続は失効する（破42条2項本文）。なお、一般の先取特権と同様の性質を有する企業担保権（破98条1項、企業担保5条〜7条参照）の実行手続も同じ扱いとなる（破42条2項本文）。また民事留置権による形式競売（民執195条）も同様である（破66条3項参照）。

　4）滞納処分・行政争訟手続　**①　滞　納　処　分**　　破産手続開始決定があった場合には、破産財団に属する財産に対する新たに国税滞納処分（国税滞納処分の例による処分を含み、交付要求を除く。破25条1項参照）をすることができない。旧法は、現行破産法43条2項に相当する規定（旧破71条1項）のみを置いていたため、破産手続開始後に新たに国税滞納処分を開始することが許されるか否かについては争いがあり[44]、判例は、旧破産法71条1項（現行43条2項）の反対解釈から、破産手続開始決定後に新たに滞納処分を開始することは許されないと解していた[45]。その後の実務は否定説に立った取扱いが確立していること（国税徴収法基本通達第47条関係39参照）に鑑み、現行法は、明文で破産手続開始後に新たに国税滞

---

[44]　旧法下における学説状況の詳細に関しては、注解3版（上）397頁〔永田誠一〕を参照。

[45]　最判昭45・7・16民集24巻7号879頁〔新百選114事件、百選3版122事件〕。

第11講　破産者をめぐる法律関係の処理（その5）　　*339*

納処分を開始することは許されない旨を規定した（破43条1項）[46]。たとえ、当該租税債権が財団債権として扱われるもの（破148条1項3号）であっても、財団債権に基づく強制執行等が許されないこと（破42条1項）との均衡からも、滞納処分を開始することは許されない。

　これに対し、破産財団に属する財産に対して滞納処分が既になされている場合には、破産手続開始後もその続行は妨げられない（破43条2項）。その根拠は以下の点に求められるであろう。すなわち、租税等の請求権の徴収権者は、実体法上自力執行権および優先徴収権を有しており、特定の財産を滞納処分により差し押さえた場合には、その後に債務者が当該財産を処分した場合であってもその財産から優先的に徴収することができるという点において、特定の財産に対する担保権と同等の地位を有しているといえる。また、個別執行においては、租税等の請求権と別除権の被担保債権との優先関係は、法定納期限等と担保権の設定日の先後によるものとされているから（国税徴8条・15条・16条等）、滞納処分による差押えをする前に、滞納者が当該財産を処分してしまった場合には、租税等の徴収権者は当該財産から満足を得ることはできないが、租税等の請求権について滞納処分による差押えがされた場合には、その財産につき処分禁止効が生じる結果、たとえその後に財産が処分されても、当該財産から優先的満足を受けることができ、結果的には、法定納期限等を登記設定日とする抵当権と同様の取扱いがされる。したがって、破産手続開始前に滞納処分に着手した場合には、特定の財産について担保権を有する別除権者と同様に、破産手続の開始後も手続外での権利行使を認めるのが相当であると考えられる[47]。

　②　行政争訟事件　破産財団所属の財産について破産手続開始時に行政庁に係属する事件は、開始決定と共に中断し、破産管財人が受継する（破46条・44条）。ここでいう行政庁に係属している事件の手続とは、行政不服審査法や国税通則法、特許法などの特別法に基づく不服審査手続、公正取引委員会に係属する各種の審判に関する手続などをいう[48]。行政庁を相手方とする事件であっても、訴訟手続によるものは、破産法44条によって中断および受継の対象となる。よって、課税処分に関する訴訟は財団債権（破148条1項3号）に関する訴訟といえるから、それらの手続についても中断・受継が認められる[49]（破46条・44条1項参照）。

---

(46)　大コンメン176頁〔菅家忠行〕。
(47)　小川191頁以下参照。
(48)　伊藤3版415頁以下、加藤6版274頁。その他、注解3版404頁〔永田誠一〕参照。
(49)　山木戸134頁、加藤6版274頁。

＜設問についてのコメント＞

　問1は、会社と取締役との関係は通常、委任関係とされているが（会社330条）、破産手続開始が委任終了原因となるか、という点を問うものである。これについて委任当然終了説によると、委任者である会社の破産は委任終了事由であり（民653条）、取締役は会社の破産と共にその地位を失い（最判昭43・3・15民集22巻3号625頁〔百選4版87事件〕）、新しい取締役を株主総会において選任しない限り、即時抗告をすることができなくなる。それに対し、委任非当然終了説によれば、即時抗告権は、財産関係に関する事務とはいえず、従来の取締役は、依然として、その権限を行使しうると考えられる。なお、この問に関しては、4(1)1)　①②参照のこと。

　問2は、破産債権に関する訴訟が、破産手続の開始によって中断するか否か、という点を問う問題である。この問題におけるBの債権は、通常の破産債権であるから、訴訟手続は中断し、管財人はそれを受継することはない。これについては、5(1)3)　を参照のこと。

　問3前段は、当該訴訟が破産債権をめぐるものかどうかを検討する問題である。これに関しては、5(1)1)　を参照のこと。なお、後段については、5(2)2)　を参照のこと。

　問4は、担保権の実行が破産手続の開始によっていかなる影響を受けるかを問う問題である。これについては、5(2)3)　を参照のこと。

　問5は、債権者代位訴訟が係属中に、その訴訟の当事者ではないA社が破産した場合に、その訴訟はどのような影響を受けるか、という点を問う問題である。これについては、5(1)4)　②を参照のこと。

　問6は、財団債権をめぐる訴訟が係属中に、一方当事者が破産した場合に、その訴訟はどのように扱われるかを問う問題である。賃金債権や退職金債権は、破産手続開始前3か月分が財団債権とされており（破149条1項2項）、それを超える部分の債権は、優先的破産債権になる（民306条2号、破98条1項）。この問題に関しては、5(1)2)　を参照のこと。

　問7は、消費貸借の予約の問題である。この問に関しては、4(3)を参照のこと。

第12講　否　認　権（その1）

ケース

　甲が代表者である株式会社A鉄工所は、従業員20人を抱える企業であるが、大手自動車メーカーの孫請企業として、おもに、エンジンの部品を製造していた。しかし、ここのところの不況で、下請会社B社からの注文は減少し、それに加え、B社が支払う工賃の単価は毎年のように切り下げられていた。そして、平成24年の暮には、A社の経営状態は極度に悪化し、債務の総額が資産額を上回るようなありさまで、いつ倒産してもおかしくないような状況であった。

　そしてついに、平成25年2月12日に、A社は第1回目の不渡り手形を出してしまった。そこで、A社は、倒産の可能性も視野に入れて、自己の財産が散逸するのを防ぎ、将来の再起のために秘密の資金を作る目的で、A社所有の時価1000万円の土地①を売ることにした。そして、古くからの取引先であるC社の代表取締役である乙に事情を話して交渉した結果、乙は、今C社は繁華街に適当な土地を探しているのだが、A社が所有する一等地にある土地②（時価8000万円）を安く売ってくれるのなら、A社が再起を図る際には、C社としては、現物出資等で全面的に協力・支援することを約束するほか、土地①も時価で買おうといってくれた。そこで、平成25年3月3日に、乙には土地①を1000万円で、C社には土地②を2000万円で売る売買契約をそれぞれ締結した。ただ、この時、乙は、A社が不渡手形を出していたことは全く知らなかった。土地①の代金は乙から即金で支払われたが、甲は、その金を、A社の取引銀行とは別の銀行に甲の個人名義で貸金庫を借り、そこに入れた。また、土地②の代金は、同年3月4日に、C社から、A社名義の取引銀行口座に振り込んで支払われた。

　また、D社は、A社に対する800万円の貸金債権を有しており、その担保として、時価2000万円相当のA社所有の土地③に抵当権を設定していた。ところが、D社の債権の支払期限が到来したとき、A社にはその債務を弁済するだけの現金が手許になかったため、A社は、平成25年3月31日に、抵当権の目的物である土地③を代物弁済に供した。

　ところで、A社が有していた平成25年4月15日が満期であった取引先が振り

342

出した額面 3000 万円の手形が不渡りになったため、同月 30 日に満期がくる A 社振出しの額面 2000 万円の手形金支払いのための資金の手当が付かなくなった。そこで、融資を得るため様々な努力をしたが、不成功に終わり、結局、最後に残った A 社の唯一の土地④（時価 6000 万円）を売却して資金を捻出せざるを得なくなった。そして、同月 27 日になってようやく、それを買ってくれるという E 社が見つかったが、E 社は A 社の窮状につけ込み、代金を即金で支払う代わりに 2500 万円にするよう求めた。A は、2 回目の手形の不渡りを出すことによって銀行取引停止処分がなされるよりはましだと考え、やむなくこれを受け入れた。そして、翌日に売買契約を締結し、E 社が支払った代金のうち、2000 万円を手形決済のために当座預金口座に入れ、残りは、他の債務の弁済や運転資金として使った。

ところで、平成 25 年 3 月の下旬に、A 社の債権者の一人である消費者金融業者 F は、主たる債務者である A 社が不渡手形を出したために、その連帯保証人となっていた甲に保証債務の返済をしつこく要求してくるようになり、4 月の末には、A 社の通常の業務にも支障をきたすようになった。そこで、甲は、妻の父親である G に相談したところ、G は甲の窮状に同情し、同年 4 月 26 日に、A 社の保証債務 200 万円の全額を F に立替払いしてくれた。しかし、いつまでも甘えているわけにもいかず、4 月 28 日に、前記土地②の売買代金のうち残った金額 200 万円全額を G に返済した。しかし、それによって、4 月分の従業員への給料の支払いのめどが立たなくなってしまった。そこで、従業員 4 人分の給料 80 万円を捻出するために、A 社（甲）は、H に誠実に事情を話して、平成 25 年 5 月 12 日に 100 万円を借りることができ、それによって半月遅れで何とか従業員の給料を支払った。残りの 20 万円は、滞納していた子供の給食費や、その他家族の生活費に使った。

しかし結局、平成 25 年 5 月 15 日に第 2 回目の不渡り手形を出し、銀行取引停止処分がなされ事実上倒産した。そこで、A 社は、同年 5 月 27 日に破産手続開始申立てをし、同年 6 月 20 日午前 10 時に A 社に対し破産手続開始決定がなされ、弁護士である K が破産管財人に選任された。

◆問 1　否認にはどのような類型があるか。
◆問 2　K は、A 社が乙と締結した土地①の売買契約を否認することができるか。
◆問 3　K は、A 社が C 社と締結した土地②の売買契約を否認することができるか。仮にその契約が、平成 20 年 8 月 3 日に行われていた場合はどうか。
◆問 4　K は、A 社が D 社に対して土地③を代物弁済に供した行為を否認するこ

第 12 講　否認権（その 1）　　343

とができるか。

◆**問5**　Kは、A社がE社と締結した土地④の売買契約を否認することができるか。

◆**問6**　Kは、GがFに対して為した弁済行為を否認することができるか。

◆**問7**　Kは、A社がHから借りた金銭によって従業員に給料を支払った行為を否認することができるか。

第8章　否認権

1　否認権の意義と種類

（1）　否認権の定義とその必要性

否認権とは、破産手続開始決定前に破産者またはこれと同視しうる第三者によってなされた、破産債権者を害すべき行為の効果を、破産財団との関係において失わせ、逸失財産を破産財団のために回復する権利のことである。

倒産に瀕した債務者は、事業や生活の必要に迫られて、当座の資金繰りのために財産を不当に安く投げ売りしたり、将来の生活に備えて財産の名義を親戚や他人等に移すなどして隠匿を図ることがある。また、将来の経済的再起に当たって便宜を図ってくれそうな債権者のみに弁済をしたり担保を提供したりする場合もある[1]。たしかに、破産手続がその効力（たとえば債務者の財産管理処分権の喪失）を生じるのは破産手続開始決定の時からであり（破30条2項・78条1項）、それ以前には、債務者は自己の財産を自由に管理処分することができることから（民206条参照）、破産手続開始前に債務者によってなされた行為は法的には有効である。しかし、たとえ破産手続開始前の時点であるといっても、実質的に経済的破綻状態にある債務者がしたこれらの行為の効力をそのまま是認しておいたのでは、債権者の納得はとうてい得られず、円滑な破産手続の遂行という目標は達成することはできない。そこで、債務者が、破産手続開始決定前ではあるが、事実上破産状態になってから、またはこれに接近する時期に行った行為であって、何らかの形で債権者を害する行為の効力を破産財団との関係において否定して、破産財団から失われた財産を破産財団に回復するための制度が是非とも必要になってくる。それに応えるのが否認の制度である。

（2）　否認権と詐害行為取消権

[1]　否認権行使が問題となる状況については、三上威彦「否認とはどのようなものか」法セ622号16頁参照。

第8章　否認権

行為時には有効であった行為の効力を後に否定して、債務者の責任財産を回復
するという目的をもつ制度としては、破産法上の否認権のほかに、民法424条が
規定する詐害行為取消権がある。これらは共に、ローマ法の「パウルスの訴権
(actio pauliana)」という制度に由来するものであり、これが後に、破産否認と破産
外否認とに分化していったといわれている[2]。

　しかし、現行法上、両者はさまざまな点で異なるものとして規定されている。
まず第1に、権利行使の場面については、詐害行為取消権は、破産手続の外で行
使されることを予定しているのに対し、否認権は、破産事件において破産手続内
で行使されることが予定されている。第2には、行使の方法についても、詐害行
為取消権はもっぱら訴えによって行使する（民424条1項）のに対して、否認権に
おいては、訴え、否認の請求、または抗弁によって行使することができる（破173
条1項）。第3には、行使主体につき、詐害行為取消権では、個々の債権者が行使
する（民424条1項）のに対して、否認権においては、もっぱら破産管財人が行使
する（破173条1項）。第4には、対象となる行為についても、詐害行為取消権は、
少なくとも伝統的には詐害行為のみを対象とする（民424条1項）と解されている
が、否認権にあっては、詐害行為のほか、偏頗行為も対象としている（破160条・
161条〔詐害行為〕、162条〔偏頗行為〕）。そして第5には、主観的要件として、詐害行
為取消権の場合には「債務者の詐害意思」という主観的な要素が不可欠とされて
いる（民424条1項）のに対し、偏頗行為否認については要件として破産者の詐害
の意思等の主観的要素は要件とはされていない（破162条）。また、詐害行為否認
においても破産者に関する主観的用件を不要としている場合（破160条1項2号・
160条2項）がある。そして第6には、効力喪失の範囲についても、詐害行為取消
権にあっては、債権者の債権額に限定されるのに対し、否認においてはとくに限
定は付されていない[3]。その意味で、否認権は、総債権者に公平かつ最大限の満
足を与えるという破産手続の目的を達成するためにとくに破産法上認められた権
利であり、詐害行為取消権とは、別個・独立の権利であるというべきである[4]。し
たがって、すべての債権者について詐害行為取消権の消滅時効が完成していても
（民426条前段）、破産管財人による否認権行使は妨げられず[5]、否認権の行使期間
は、破産法176条の規定による。

---

[2]　奥田昌道編『新版注釈民法 (10) Ⅱ』（有斐閣・2011年）763頁〔下森定〕、奥田昌道
　　『債権総論〔増補版〕』（悠々社・1992年）272頁。
[3]　最判平17・11・8民集59巻9号2333頁〔百選5版43事件〕。
[4]　伊藤3版501頁。
[5]　最判昭58・11・25民集37巻9号1430頁〔百選5版27事件〕。

第12講　否認権（その1）　　*345*

以上の内容を表にまとめれば、次のようになろう。

	詐害行為取消権	否認権
①行使の場面	破産手続以外	破産手続内
②行使方法	訴え（民424条1項）	訴え、否認の請求、抗弁（破173条1項）
③行使主体	個々の債権者	破産管財人（破173条1項）
④対象行為	原則として詐害行為のみ	詐害行為、偏頗行為
⑤詐害の意思	必要（民424条1項本文）	不要の場合あり（破160条1項2号）
⑥効力喪失の範囲	債権者の債権額に限定	限定なし（百選5版43事件）

（3）　否認権の基本的類型

破産手続開始前における破産者の様々な行為の態様に応じて、破産法は、否認権につき、詐害行為否認と偏頗行為否認という2つの基本形を規定している。

1）詐害行為（財産減少行為）**の否認**　　詐害行為否認とは、債権者全体の引当てとなっている責任財産を絶対的に減少させて、債権者を害する行為（詐害行為）を否認の対象とし、逸失した財産を破産財団に取り戻す制度であるが、要件の違いによって次の5つの類型に分かれる。

① 第1の類型は、担保の供与または債務消滅に関する行為を除く行為であって、破産者が破産債権者を害することを知ってした行為を否認の対象とするものである（破160条1項1号）。

② 第2の類型は、破産者に支払いの停止または破産手続開始の申立てがあった後にした破産者を害する行為である（破160条1項2号）。なお、法文上は、支払停止または破産手続開始を「支払停止等」という（同2号本文）。この第1類型と第2類型は、ともに、担保の供与または債務消滅に関する行為を除く財産関係の変動をもたらす行為を否認対象とするものであるが、第2類型にあっては、債務者の詐害意思は要件とはされていない点で第1類型と異なる。これは、支払停止等のいわゆる危機時期においては、財産を維持すべき債務者の責任も、債務者の主観的な意図を離れ、客観的なものとなるものと解された結果であって、否認の要件が、第1の類型に比べ軽減されている。ただし、受益者の利益を不当に侵害することは許されないので、受益者が、行為の当時、支払停止等の事実および破産債権者を害する事実について善意であることを主張・立証した場合には否認を免れるとしている。また、たとえ第1類型および第2類型の詐害行為に当たるとしても、破産手続との牽連性が薄いと考えられる行為は、否認の対象外として、受益者を保護している（破166条）。

③第3の類型は、破産者のした債務消滅に関する行為であって、債権者の受けた給付の価額が当該行為によって消滅した債務の額より過大である場合において、破産者が破産債権者を害することを知ってした当該行為、または、破産者が上記危機時期後においてなした当該行為を否認の対象とするものである（破160条2項）。これに当たるは、典型的には、債務額以上の価額を有する物で代物弁済をするような場合である。これは、債務の消滅行為を否認の対象としている点で、一見すると偏頗行為否認のようにみえるが、消滅する債権以上の価額の物で代物弁済をすることにより、その差額分だけ破産財団を減少せしめるから、詐害行為否認の一類型として位置づけられる。したがって、否認の効果が及ぶ範囲は、代物弁済による債務消滅の効果全体ではなく、消滅した債務の額に相当する部分以外の超過部分に限定されている（破160条2項）。

なお、破産法160条2項に当たる場合であっても、支払不能後にそのような行為がなされた場合には、非義務的偏頗行為の否認（破162条1項、2項2号）の対象ともなる場合がありうる。したがって、この場合、それらの要件を満たすかぎり、管財人はいずれの否認類型をも選択して行使することができると解すべきである。ただ、代物弁済が非義務的偏頗弁済とみなされれば、支払不能発生前30日以内になされた行為までを否認の対象としうること、支払不能発生後の行為であっても、詐害意思などの要件との関係で、偏頗行為否認の方が容易であること、また、効果の面についてみても、160条2項による否認の効果が過大な給付部分に限られるのに対して、偏頗行為否認であれば、給付全体に及ぶのであるから、特別の事情のない限り、管財人は、偏頗行為否認を選択することになろう[6]。

④第4類型は、破産者が、支払停止または破産手続開始の申立てがあった後、またはその前6月以内にした無償行為およびこれと同視すべき有償行為を否認の対象とするものである（破160条3項）。これは、従来、「無償行為否認」として独立した否認類型として説明されることが多かったが、無償による財産処分は、財産減少行為の最たるものであり、これも性質上は詐害行為否認の一類型である。しかし、ここでは、破産者の詐害意思や、支払停止等についての受益者の認識など、主観的要素は必要とされておらず、否認の要件が緩和されている。また、支払停止等があった後、またはその前6月以内になされた行為であっても否認の対象とされており、否認対象となる行為の時期も拡張されている。このような無償行為否認の制度が正当化される根拠としては、ⓐ危機時期において無償でその財産を減少させる破産者の行為が極めて有害性が高いこと、ⓑ受益者の側でも無償

---

(6) 大コンメン632頁〔山本和彦〕、条解破産2版1077頁、理論と実務253頁〔山本研〕等。

で利益を得ているのであるから、緩やかな要件の下に否認を認めても公平に反しないこと、に求められる。

⑤ 第5類型は、破産者が、その有する財産を処分する行為をした場合において、その行為の相手方から相当の対価を取得している場合を否認の対象とするものであり（破161条）、「相当の対価を得てした財産処分行為の否認」とよばれる。旧法下においては、破産者が相当の対価を得てなした財産の処分行為は、そもそも破産財団を減少させることによって破産債権者を害することになるのかといった観点から、それが否認の対象となるか否かについては争いがあった[7]。そこで、現行破産法においては、従来の判例・通説を基礎にしながら、その実質的意義を明らかにするという観点から、相当価格による財産処分行為に関する否認の要件を規定上明確化するとともに、その成立範囲を実質的に限定し、証明責任にも配慮することによって、取引の安全・予測可能性を確保しようとしている[8]。破産法は、相当の対価を得てした財産処分行為であっても、破産法161条1項の各号のすべての要件を満たすことを条件として否認が可能であるとしている。すなわち、これらの要件をすべて満たす場合には、相当の対価で処分したことによる対価が破産財団に入ってこないことを意味するものであるから、その分、破産財団を構成すべき財産を減少させることになり、このことが、詐害行為否認に位置づけられる根拠になる。

2）偏頗行為（平等弁済破壊行為）**の否認**　　偏頗行為否認とは、債務者の責任財産を絶対的に減少させるわけではないが、債権者平等に反する不公平な行為（偏頗行為）を否認の対象とするものである。すなわち、支払不能または破産手続開始申立てから破産手続開始決定までの時期を形式的危機時期とし、この時期になされた、既存債務についての担保の供与や債務の消滅にかかる行為については、破産者の詐害意思の有無に関わりなく、破産債権者にとって有害なものとされ、否認の対象とされている（破162条）。

この類型の否認は、旧破産法下における危機否認（旧破72条2号・4号）に対応するものであるが、旧法では、行為の基準時が支払停止とされていたのに対して、平成16年改正の現行法では、支払不能となった時点が基準時とされている。ただし、支払停止（破産手続開始の申立前1年以内のものに限る）があった後は支払不能であったものと推定されており（破162条3項）、支払停止後になされた財産減少行為および偏頗行為は、支払不能の時期における行為として否認の対象となるこ

---

(7)　学説、裁判実務の状況については、大コンメン636頁〔山本和彦〕、条解破産2版1081頁等を参照。

(8)　大コンメン636頁〔山本和彦〕。

とが明確になっている。

　なお、現行破産法は、偏頗行為のうち、その行為が義務に属する場合（破162条1項1号）と、義務に属しない場合とを分けて（破162条1項2号）、後者については、否認成立の要件を緩和しているほか、否認の範囲も拡大している。

2　否認の一般的要件

　破産法は、破産法160条以下においては、各否認類型に共通する要件として、「破産者」のした「行為」であることを要求している。以下、その意味を考えてみよう。

（1）「行為」の意義

　行為は、原則として「法律行為」であるが、厳密な意味での法律行為に限る必然性はなく、広く法的な効果を生じる行為であればよい。なぜならば、否認権の目的は、生じている法的効果を否定することにあり、そのような効果を生じさせる行為であれば、かならずしも法律行為でなくてもよいからである。また、行為は、私法行為のみならず、訴訟行為や公法上の行為でもよいし、作為・不作為を問わない。したがって、債権譲渡の通知や時効中断の懈怠[9]、裁判上の自白や請求の放棄・認諾、裁判上の和解、訴えの取下げ、公正証書の作成行為なども否認の対象となる[10]。さらに、当該行為が、錯誤、虚偽表示、公序良俗違反によって無効であっても否認の対象となりうる。また、否認権は逸失した財産的価値を破産財団に取り戻すものであるから、否認の対象となる行為は、財産的な効果を生じるものでなければならない。それに対し、法律効果を伴わない単なる事実行為は否認の対象とはならない。さらに、否認権行使は、受益者たる相手方に対して行使するものであるから、否認の対象たる行為は、受益者が存在する行為でなければならず、また、その行為は、原状回復が可能な場合であることが必要である（破167条1項参照）。例えば、エステ契約等のサービスに対する報酬支払いなどの行為は、原状回復は不可能であるから否認の対象にすることはできない。

（2）「破産者の」行為である必要性の有無

　1）問題の所在　　破産法の条文からは、否認の対象となる行為は、破産者の行為に限定されるように読める（破160条・161条・162条）。そして通常の場合、破産者の行為は存在する。しかし、相殺権や代物弁済の予約完結権の行使等については、債権者の行為はあるが破産者の直接の行為はないし、執行行為の否認（破165条）においては、債権者の行為、および国家機関の行為はあっても債務者の行為があるとはいえない。しかし、これらの場合にも債権者等の行為の結果が破産

---

[9]　大判昭10・8・8民集14巻1695頁。
[10]　これらに関しては、大コンメン624頁〔山本和彦〕参照。

第12講　否認権（その1）　　349

債権者に対しては有害であることもありうるので、否認の対象とする必要があるが、破産法160条・162条などは、「破産者の行為」を否認の対象としているので、解釈によって否認の成立を認めることができるかどうかという問題が生じる。この問題については、旧法下でも、見解が対立していた。

　2）旧法下における学説と判例　旧法下においては、否認においてはすべて破産者の行為が必要であるとする必要説[11]、否認においてはすべて破産者の行為は不要であるとする不要説[12]、故意否認（旧破72条1号）においては破産者の行為を要するが、危機否認（旧破72条2号）については不要とする折衷説[13]が唱えられており、折衷説が多数説であるとされていた[14]。折衷説によれば、故意否認では、破産者の詐害意思の存在が要件とされており、よって、それを認定するための資料として、破産者の加功行為あるいはそれと同視される状況が要求されることはやむを得ないが、危機否認の場合には、破産者の行為は要求されているが、破産者についての主観的要件は要求されていないから、破産者の行為を通して主観的要件を認定する必要はなく、たとえ第三者の行為であっても、その効果において破産者の行為と同視されるものと認められれば、否認を肯定してもよいと解されることになろう。

　旧法下における判例を概観すると、大審院は折衷説的であり、執行行為の否認を危機否認として主張する場合につき、破産者の悪意は不要とし[15]、故意否認については、破産者が旧破産法72条1号所定のごとき悪意をもって故意に強制執行を招致したか、破産者が自ら弁済したもとのするならば悪意でもってしたものと認められるような場合に、その否認が認められるとした[16]。これに対し、最高裁の立場ははっきりしていなかった。すなわち、執行行為の危機否認においては、強制執行を受けるについて破産者の害意ある加功を要しないとし[17]、故意否認については悪意をもって故意に強制執行を招致したか、破産者が自ら弁済したもとのするならば悪意でもってしたものと認められるような場合に、その否認が認められるとしており[18]、折衷説を採るようにもみえる。しかし他方では、対抗要件

---

(11)　中田161頁、兼子一『強制執行法・破産法〔新版〕』213頁（弘文堂・1962年）。

(12)　注解3版（上）442頁以下〔宗田親彦〕、実務と理論93頁〔櫻井孝一〕。

(13)　山木戸189頁、谷口255頁、伊藤・破産3版補訂341頁。

(14)　伊藤3版508頁。旧法下の学説の状況については、注解3版（上）442頁〔宗田親彦〕を参照のこと。

(15)　大判大14・11・12民集4巻555頁。

(16)　大判昭8・12・28民集12巻3043頁、大判昭14・6・3民集18巻606頁。

(17)　最判昭48・12・21判時733号52頁、最判昭57・3・30判時1038号286頁〔新百選41事件、百選3版37事件、百選4版35事件〕。

の否認に関し、破産者の債権譲渡における債務者の承諾は否認の対象とはならないとし[19]、また、相殺の否認に関し、破産債権者の相殺権行使自体は破産者の行為を含まないから、旧破72条の各号の否認の対象となり得ないとする[20]点では必要説に立っているようでもある。しかし、近時では、第三者が破産者に代わって弁済した事件につき、必ずしも債務者の加功がなくても第三者の行為が債務者の行為と同視できるものとして否認を認めており[21]、また、第三者が仮登記仮処分命令に基づき抵当権設定の仮登記をした事件につき、「破産者の行為があった場合と同視し、これに準じて否認の対象になる」と述べる判例[22]が出されており、破産者の行為と同視できる場合という緩やかな条件をつけた上で、破産者の行為がない場合にも否認を認めている。

3）現行法の立場　現行法の制定に当たり、この問題について立法化が検討されたものの、結局それは実現せず、解釈委ねられるにとどまった[23]。したがって、旧法での議論は、現行法の下においても依然として妥当すると思われる。現行法は、否認類型として、旧法下における故意否認と危機否認に代えて、詐害行為否認と偏頗行為否認という類型を採用した。そのうち、詐害行為否認で、破産者の詐害意思を要件とする場合には（破160条1項1号・161条1項2号）、旧法下の故意否認の議論を応用して、「破産債権者を害する意思」を認定するための資料として、破産者自身の行為は必要であると思われるが、もし破産者自身の行為がない場合であっても、それに対する破産者の加功行為またはそれと同視される第三者の行為が要求されると解することは可能である。それに対し、詐害行為否認でも、破産者の主観的要件が不要とされる場合（破160条1項2号）、および偏頗行為否認などの場合（破162条1項）には、破産者の詐害の意思（害意）は必要ではないから、破産者の行為がなくても、否認を認めてもよいと解することは可能であろう[24]。しかし、たとえば、破産法162条1項1号の文言からみても、たとえ偏頗行為であっても、破産者の行為を全く不要と解するのは妥当ではなく、少なくとも、第三者の債務消滅などの行為が、破産者自身の行為と同旨できるものと評価されることが必要ではないかと思われる[25]。

---

[18]　最判昭37・12・6民集16巻12号2313頁〔百選40事件〕。

[19]　最判昭40・3・9民集19巻3号352頁。

[20]　最判昭41・4・8民集20巻4号529頁。

[21]　最判平2・7・19民集44巻5号837頁および853頁〔百選5版28①②事件〕。

[22]　最判平8・10・17民集50巻9号2454頁〔百選5版39事件〕。

[23]　大コンメン623頁以下〔山本和彦〕、条解破産2版1066頁。

[24]　伊藤3版509頁、中島335頁。

[25]　これに関連して、大阪地判昭52・9・21判時878号88頁、判タ361号275頁は、消費

（3）　行為の有害性

否認権の制度が、破産債権者の利益を保護するための制度である限り、否認の対象となる行為は、何らかの意味で破産債権者を害する行為でなければならない。ただ、否認の対象となる行為には、①総債権者の共同担保となるべき総財産の減少により総債権者の満足を低下させる行為（詐害行為）と、②特定債権者のみへの弁済により総債権者間の公平な満足に当てられるべき債務者の一般財産を減少させ、他の債権者に対する平等的満足を阻害する行為（偏頗行為）とがある。よって、同じ有害性という言葉であっても、それぞれの行為類型に応じてその内容も異なる[26]。

1）旧法下の解釈論　　旧法下の解釈論として、有害性が一般的要件として主張されたのは、主として、以下の異なる2つの文脈においてであった。

まず第1には、行為自体をみれば必ずしも詐害行為性（財産減少行為性）を有するとはいえない行為についての否認を肯定するための実質的根拠として有害性という概念が用いられる場合である。たとえば、本旨弁済や適正価格での売買等が否認の対象となるか、という文脈である。また第2には、行為自体をみれば偏頗行為性（債権者平等阻害性）を有するようにも思われる行為について否認を否定するための実質的根拠として有害性という概念が用いられる場合である。たとえば、担保権者に対する弁済または代物弁済、担保の差替え、借入れによる弁済といった行為が否認できるか、という文脈である。

担保権者に対する弁済または代物弁済と否認についてみれば、特定財産の上の

者金融業者がAに勤務先（小学校校務員）を退職してその退職金で弁済せよと迫ったのに対し、Aから相談を受けた勤務先の教頭Bが立替払いをし、その後、Aに破産手続開始決定がなされた事例において、Bの弁済行為の否認を肯定するに当たり、「本件のように、債務者から第三者に弁済の依頼がなされかつ実質的に債務者の計算において支払いがなされた場合には右行為は他の一般債権者の共同担保価値を減少させる点で債務者自身の弁済と択ぶところがない。つまり、結果的には破産者の計算で特定債権者が偏頗な弁済を得、他の破産債権者の満足を低下させるわけであるから、破産者の本旨弁済と同視できるのである。したがって、本旨弁済として破産法72条1号の要件に該当するときには、破産管財人はこれを否認できるとしなければならない。」と判示した。
　　また、最判平2・7・19民集44巻5号837頁および853頁〔百選5版28①②事件〕は、いずれも、共済組合の組合員が破産宣告を待たずに退職したため、地方公務員等共済組合法115条2項・国家公務員共済組合法101条2項に基づき、当該組合委任に対して貸付債権を有していた共済組合の銀行口座に、給与支給機関から①にあっては退職金全額、②にあっては退職手当金から貸付債権の残額に相当する額が振り込まれた事件につき、ともに否認を肯定した。

[26]　ただ、詐害行為否認では、有害性は行為の詐害性の評価中に吸収されるため、独自の意味はあまりないといえよう。

担保権は、別除権として破産手続によらないでその権利を実行し満足を受けることが保障されており（破2条9項・65条1項）、このことを前提とすれば、破産手続開始前に破産者が担保目的物を担保権者に代物弁済したり、担保目的物の売却代金をもってする弁済は、支払不能後において行われた場合でも、被担保債権の弁済期が到来し、かつ、被担保債権額と目的物の価額との均衡が取れている限り、破産者の行為は破産債権者にとって有害とはいえない。なぜならば、目的物の価格は、被担保債権の限度で担保権者によって物的に把握されており、一般債権の引当てとして期待できないからである。担保目的物の任意売却の場合に売却価額が時価を大幅に下回るような場合であっても、担保権者に対する弁済行為自体は原則として否認の対象にならない[27]（売却行為が詐害行為否認の対象となりうることは別論である）。これに対して、最高裁[28]は、動産売買の先取特権の目的物が買主から第三取得者に転売され引き渡され、追及効が失われているときに（民333条参照）、本件物件を売主に返還する意図の下に、買主が転売契約を合意解除して目的物を取り戻し、それを売主に代物弁済する行為は、義務がないにもかかわらず新たに担保権を設定した上で、目的物を代物弁済する行為に等しいとして、有害なものとして、旧破産法72条4号（現行162条1項2号）による否認の対象になるとした。

　担保の差替えと否認の関係については、担保の差替え（担保目的物を変更する行為）は、担保目的物の価値が同じであり、被担保債権の範囲が拡大されない限り、支払不能後に行われた場合であっても、有害性の要件を欠くものとして、原則として否認の対象にならないと解される[29]。なぜならば、一般の債権者は、被担保債権の範囲内において、担保目的物の価額相当額については、これを一般の債権の引当てとして期待することはできないので、担保目的物の価値が同じであり、被担保債権の範囲が拡大されないかぎり、担保の差替えは、他の債権者の引当てとなる財産の減少をもたらさず、一般の債権者間の平等を害することもないからである。ただし、以下の場合には否認の対象となりうる。すなわち、①担保の差替えに際し、被担保債権の範囲が拡大された場合である。この場合には、一般の債権者の引当てとして期待された部分が減少することになるから。ただ、この場合に、否認の対象になる範囲が、新たに設定された担保設定契約全体なのか（全部否認）、それとも拡大された被担保債権の限度であるのか（一部否認）については争

---

[27]　小川ほか「討論会・新破産法と否認の実務（上）」金法1729号34頁〔山本克己発言〕、全書2版（上）468頁〔早川学〕、伊藤3版504頁等参照。

[28]　最判平9・12・18民集51巻10号4210頁〔百選5版32事件〕。

[29]　河野正憲「金融機関による担保差し替えと否認」金商増刊1060号116頁。

第12講　否認権（その1）　　353

いがある。②被担保債権の範囲が拡大されない場合であっても、担保目的物が流動性の高いものから流動性の低いものに変更され、その結果として、一般の債権者の引当となる財産が流動性の低いものから流動性の高いものに変更された場合（たとえば、担保権者が預金担保を不動産担保に差し替えた結果、債務者が担保から解放された預金を自由に使用できるようになった場合）に、担保価値が同じであれば、偏頗弁済とはならないといえるが、適正価格売買についての否認を定めた161条等の類推適用という場面では、不動産がまるまる一般債権者の担保であったものが被担保債権の分だけ担保的拘束を受けるという形で、一般財産としての担保価値が減少するという意味で、類推適用の可能性を示唆する見解も、ある[30]。

　借入れによる弁済行為が否認の対象になるか、という問題も議論されている。この点については、借入れと弁済が分離したものとみれば、いったん破産者の財産に組み入れられた資金（これは破産債権者全員の引当てとなる財産とみられる）によって弁済がなされるのであるから、偏頗行為として否認の対象になる。これに対し、両者を一体としてみれば、第三者が受益者に対価を支払って、その破産債権を譲り受けたのと変わりがないから、他の破産債権者に対する有害性が否定される。これについては、判例・学説上見解は分かれている[31]。この問題については、偏頗行為否認の項（第8章4(2)2）①a、第14講）でも触れる。

　また、手形の買戻しのための代金の支払いがなされた後に、その手形金額が現実に支払われた場合につき、判例は否認権の行使は許されないとする[32]。

2）現行法における「行為の詐害性」の位置づけ　　現行法では、①本旨弁済

---

[30]　小川ほか「討論会・新破産法と否認の実務（上）」金法1729号33頁〔山本克己発言〕。

[31]　否認否定説をとるものとして、大判昭8・4・26民集12巻753頁、山木戸201頁、基本コンメン115頁（池田辰夫）、実務と理論100頁〔井上治典〕等。なお、最判平5・1・25民集47巻1号344頁〔百選5版29事件〕は、故意否認に関して否定説を採っている。なお、伊藤3版526頁は否認否定説に立つが、否認を免れるための条件として、①借入と弁済とが密着してなされていること、②借入れにあたって受益者への弁済目的が明確にされていることなどの事情があること、③借入金が他の債権者のための共同担保とみなされる余地がないこと、④借入れによる新債務の内容が利率などの点において旧債務より重くないことなどから、当該行為が他の債権者に対する有害性を欠くことが必要である、とする。

　　否認肯定説をとるものとして、大判昭10・9・3民集14巻1412頁、大判昭15・5・15新聞4580号12頁、大阪高判昭61・2・20判時1202号55頁〔新百選35事件〕、谷口251頁、注解破産（上）436頁〔宗田親彦〕等がある。

[32]　最判昭44・1・16民集23巻1号1頁〔百選5版A5事件〕は、手形の買戻しの代金と手形の支払いを受けたことによる入金とを差引計算し、破産財団に属する財産について価値の減少をきたさない限り、破産債権者を害することにはならず、有害性が認められないとする。

であっても偏頗行為否認として取り扱うことを明確にし（破162条1項）、②適正価格売却については、明文の規定を新設して（破161条）否認される要件が明確化されたことにより、旧法下の議論において要請された「行為の有害性」概念を持ち出す必要性は大幅に減少した。しかし、③担保権者に対する弁済または代物弁済[33]、④担保の差替え、⑤借入れによる弁済等については、現行法上、否認の成否ついて明確化する条文は置かれておらず、なお有害性をめぐる解釈論の対象として残されている。現行法において同時交換的行為が否認の対象にならないことが明らかにされたこと（破162条1項かっこ書き）などを手がかりとし、さらに理論的な検討が進展することが期待されるが、多くの場合、旧法下の議論は現行法下においても妥当するであろう[34]。

有害性を欠く行為は、詐害行為の対象にも偏頗行為の対象にもならない。ただ、有害性についての証明責任は、詐害行為否認にあっては破産管財人が破産者の行為の詐害性としてこれを立証するし、偏頗行為否認では、代物弁済が、原則として否認の対象となるところから、受益者の側で有害性の欠缺を立証すべきであるとされている[35]。

（4）　行為の不当性（正当性、相当性）

現代の倒産処理法の精神からすれば、債務者その他の利害関係人の利害との調整という観点を無視することはできない。その意味からいえば、「有害性」は客観的な要件であるが、たとえ行為自体が有害性を有するものであるとしても、その行為がなされた動機や目的を考慮して、破産債権者の利益を不当に侵害するものでないと認められるときには、否認を無制限に認めるべきではないであろう。よって、近時では、行為の有害性に加え、否認の一般要件として行為の不当性ないし正当性（相当性）を要求する説が有力である[36]。これらの見解によれば、有害性と不当性（正当性）との関係は、一般的に以下のように説かれている[37]。すなわち、有害性は、破産債権者の責任財産の確保および破産債権者間の公平の実現といっ

---

[33]　最判昭41・4・14民集20巻4号611頁〔百選5版31事件〕は、動産売買の先取特権の目的物を代物弁済に供した行為は、破産債権者を害する行為にあたらないとした。

[34]　中島331頁、条解破産2版1063頁。なお、大系Ⅱ435頁〔三木浩一〕は、否認の肯定根拠としての「有害性」は認めるべきではないが、否定根拠としての「有害性」については、その存在意義を認める。これに対し、新実務大系（28）483頁〔岡正晶〕は、有害性や相当性という一般的概念を解釈論として持ち出すことは相当ではないとする。

[35]　条解破産2版1063頁、伊藤3版506頁。

[36]　条解破産2版1064頁、伊藤3版506頁以下、中島333頁、山木戸190頁、谷口253頁、注解破産（上）439頁〔宗田親彦〕等。

[37]　伊藤3版506頁以下。

た破産手続の目的に関わるものであり、破産手続の目的を実現するために、受益者などの利益を犠牲にしても破産債権者のために破産財団を充実させなければならないとの要請に基づくものである。それに対して不当性は、ある行為が破産債権者にとって有害なものであっても、破産債権者の利益より優先する社会的利益、たとえば国民の生存権（憲25条）などの憲法的価値や、生命や健康の維持を目的とする事業の継続という社会的価値あるいは地域社会経済に果たしている事業体の役割などを考慮して、否認の成立可能性を阻却するための概念である。いわば、破産法秩序より高次の法秩序や社会経済秩序に照らしたときに、破産債権者の利益を犠牲にしても受益者の利益を保持させるとの要請に基づくものであるとされる。具体的には、行為の内容、目的、動機、破産者や受益者の主観的状態およびその他行為のなされた状況など諸般の事情を考慮し、公平の理念に照らして判断されることになろう[38]。すなわち、「有害性がある行為でも、当該行為をなした動機や行為時の状況が客観的にみてやむを得ないものであり、当該行為が正当と考えられるような場合（＝不当性を欠く場合）には否認は否定される。」という形で機

---

[38]　なお、不当性の概念を認める伊藤3版506頁以下にあっても、不当性の概念を広く認めることを主張しているわけではなく、「従来の判例の中では、生活費や事業の運転資金を捻出するための財産売却や担保の設定などが、不当性を欠く行為の例として挙げられていたが、生活費は個人債務者の最低生活を維持するために必要な電気やガス料金などでなければならず、また事業資金は、病院など公益性の高い事業を維持するための資金、たとえば、労働者の賃金支払いのための資金などでなければ、不当性の欠缺を基礎づけるものとはいえない。」と述べて、不当性の要件を厳格に解している（条解破産2版1065頁も同旨）。

　　また、最判昭43・2・2民集22巻2号85頁〔百選94事件〕は、本件譲渡担保が、給料債権の支払資金の獲得のためになされたとしても、旧破産法72条1号による否認権の行使を否定するためには、「特別の事情のない限り、担保目的物の価格と被担保債権との間に合理的な均衡が存することが必要」であると述べる。これに対して、この事件の原審は、「当時、会社は給料支払の延滞があって、その支払いのための資金調達は他の方法では不可能と思われる状態であり、しかも、従業員の給料債権は先取特権によって保護された優先債権で、延滞給料の支払は会社の運営上必要欠くべからざる人的資源を確保するために最も緊要な支出であることに鑑みると、この担保提供行為は必要資金獲得のための正当な行為であり、一般債権者に対する詐害の意思（意欲）はないと認められるから、旧72条1号による否認の対象にはならない。」とし、必ずしも担保目的物と被担保債権との間の均衡を要求していない。

　　判例は、一般論として、不当性の欠缺が否認の成立を否定する事由になることを肯定するようであるが、実際の結論として、不当性の欠缺を理由として否認を否定することには極めて消極的であるといわれる（全書2版（上）473頁以下〔早川学〕）。上記最判昭43・2・2民集22巻2号85頁〔百選94事件〕および、東京地判昭51・10・27判時857号93頁もその延長線上に位置づけられるであろう。

能する[39]。これは、行為の正当性（相当性）を有害性の阻却事由とみれば、証明責任は否認の不成立を主張する方にあり、これに対し、行為の不当性を、有害性とならぶ否認の独立の要件と解すると[40]、管財人の方で、有害性のみならず、不当性をも証明する必要があるということになる。このうちでは前者が有力であると思われるが妥当であろう。

ただし、これに対しては、相当性（ないし不当性）の概念を否認の要件とすべきではないとする見解[41]も有力に唱えられている。その理由として、①そもそもこのような概念が打ち立てられたひとつの動機は適正価格売買を否認から外す点にあったが、現行161条が明示的規定を置いていること、②廉価売却等典型的な詐害行為に該当する場合には、その売却代金の使途を問題にする必要はなく、仮に有用な生活費や事業資金に用いられたとして、否認を認めることで何ら問題はないこと、③破産法秩序より高次の秩序等が仮にあるとしても、その場合は法秩序間の矛盾の処理に関する一般的な法理に基づき処理すべきであり、たとえば、否認権の行使が権利の濫用になったり、公序良俗に反して許されないと判断されたりする場合はありえても、あえて不当性を否認権の独立の要件として認める必要はないこと、④不当性の理論を認めると予測可能性が欠如し法的不安定性が生じること、⑤否認訴訟の要件事実の非定型性は、訴訟の人的・物的・時間的コストを増大させるほか、⑥否認訴訟は迅速に処理されなければならないが、否認の要件が不明確で様々な争点が設定可能であれば、否認訴訟は遅延し、実効性を失うことになること、といった諸点があげられている。

思うに、現行破産法は、これまで行為の正当性（相当性）が問題とされてきた「相当の対価を得てした不動産の処分行為の否認可能性」については、明文の規定を設け、それが否認の対象となることを明確にした上で、さらに行為が行われた当時の状況を否認の要件として細かく規律している（破161条1項1〜3号参照）。さらに、破産者が隠匿などの処分をする意思を有していたことについての善意・悪意の立証責任の均衡が破産者または内部者と相手方との間で図られている（同条1項・2項）など、規定の整備をしており、正当性（相当性）の要件をことさらに論じる必要性は少なくなったといえるのは確かである。しかし、これ以外の場合については明確な規定が置かれているわけではない[42]から、現行破産法の下でも不

---

(39) 谷口253頁。

(40) 山木戸190頁。

(41) 大コンメン626頁〔山本和彦〕、新注釈民再（上）2版712頁以下〔中西正〕、新基本コンメン355頁〔中西正〕、新実務大系（28）483頁〔岡正晶〕等。

(42) たとえば、最判昭43・2・2民集22巻2号85頁〔百選94事件〕のような場合である。

当性（正当性、相当性）を論じる意味と必要性は依然としてあるように思われる。ただ注意すべきは、不当性（ないし相当性）という概念は、当該行為が有害性をも有することを前提として、破産法秩序より高次の法秩序や社会経済秩序に照らし、破産債権者の利益を犠牲にしてもなお受益者の利益を保持させるとの要請に基づくものであるから、有害性がない場合には、そもそも不当性の有無を判断する必要はないということである。たとえば、救済融資にあたって担保権を設定した場合に、貸付額と担保目的物の価額との間に均衡が認められる場合には、そもそも有害性が否定されるのであり（破161条1項）、不当性を問題とする必要はない[43]。なお、私的整理における配当が不当性を欠くから危機否認の対象とならないとする裁判例[44]があるが、これも有害性の問題に属するというべきである。

3　事業譲渡・濫用的会社分割と否認

否認権は、破産手続開始前になされた行為の効果を覆滅し、逸出した財産を破産財団に取り戻すための手段であるから、その対象となるべき行為も、原則として、破産者の財産に関するものでなければならない。しかし、法人の組織再編行為、すなわち、合併や会社分割などの行為は、その性質は財産上のものではなく、法人の組織を変更する組織法上のものであるが、破産法人の財産の包括承継または一般承継という効果を生じさせるところから、場合によっては、破産債権者の利益を害するものとして、否認の可能性を検討しなければならない[45]。

（1）　事業譲渡と否認

事業譲渡は、事業目的のために一体として組織化された財産の全部または重要な一部の移転[46]であり、行為の性質としては財産上の行為である。しかし、その対価が廉価であれば、承継の対象とならない会社債権者の利益が害されることになり、詐害行為否認（破160条1項）の可能性がある[47]。また、相当な対価であっても、対価の隠匿等の処分をするおそれを現に生じさせるものであれば、否認の可能性がある（破161条参照）[48]。

（2）　濫用的会社分割と否認[49]

---

(43)　仙台高判昭53・8・8下民29巻5〜8号516頁〔百選5版33事件〕。

(44)　岐阜地大垣支判昭57・10・13判時1065号185頁。

(45)　伊藤3版510頁参照。

(46)　最判昭40・9・22民集19巻6号1600頁、伊藤3版510頁。なお、全書2版（上）159頁〔濱史子〕参照。

(47)　東京地決平22・11・30金商1368号54頁、伊藤3版510頁注197、実務Q&A202頁〔岡伸浩〕。

(48)　伊藤3版510頁、実務Q&A203頁〔岡伸浩〕。

(49)　この問題をめぐっては、近時多くの論稿が公刊されている。たとえば、山本和彦「会

1）問題の背景　会社分割とは、株式会社または合同会社が、その事業に関して有する権利義務の全部または一部を、分割後他の会社（承継会社）または分割により設立する会社（新設会社）に承継させることを目的とする会社の行為である（会社2条29号30号）。近年、事業再生や倒産処理の局面において、倒産に瀕しあるいは倒産した会社の中から収益力のある優良な事業のみを切り出し、当該事業の価値を損なわない形で早期かつ円滑に当該事業を維持再生させることの有用性が強調されている。事業を切り出すための法的手法としては会社分割（および新設分割により設立された会社の株式の第三者に対する譲渡）の手法が採用されることが多い。このように、会社分割は、平時のみならず、事業再生や倒産処理の局面においても、その有用性が肯定され、正しく活用されている例も多数存する一方で、現実には以下のような事例について問題視される事案も発生している[50]。すなわち、倒産に瀕している債務者（分割会社）が、会社分割を利用して、新設会社に対して収益力のある優良な事業を一定の資産および負債とともに承継させた後、新設会社の株式を第三者に譲渡する（株式譲受人は、第三者とはいっても、分割会社やその経営陣の関係者である場合が多い）。新設会社は、承継した事業を継続して遂行し、分割会社の債権者のうち、新設会社に債務が承継された債権者に対してのみ債務の弁済を行う。他方、分割会社には、収益力のある事業や換価価値のある資産は残されず、この結果、分割会社の債権者のうち、新設会社に債務が承継されなかった債権者に対しては、分割会社からも新設会社からも債務の弁済が行われない

社分割と倒産手続」事業再生と債権管理132号12頁、内田博久「倒産状態において行われる会社分割の問題点」金法1902号54頁、弥永真生「株式会社の新設分割と詐害行為取消し」ジュリ1412号68頁、神作裕之「濫用的会社分割と詐害行為取消権〔上〕〔下〕」商事法務1924号4頁・1925号40頁、難波孝一「会社分割の濫用を巡る諸問題──『不患貧、患不均』の精神に立脚して」判タ1337号20頁、岡正晶「濫用的会社分割」ジュリ1437号66頁、綾克己「濫用的会社分割の分水嶺」事業再生と債権管理137号151頁、松下淳一「濫用的会社分割についての覚書」事業再生と債権管理138号1501頁、伊藤眞「会社分割と倒産法理との交錯──偏頗的詐害行為の否認可能性」NBL968号12頁、岡伸浩「濫用的会社分割と民事再生手続」NBL922等6頁、争点倒産実務66頁〔中西正〕、争点倒産実務47頁〔黒木和彰＝川口珠青〕、服部明人＝岡伸浩「会社分割と破産法上の否認権の類型」第一東京弁護士会総合法律研究所倒産法研究部会編「会社分割と倒産法」（清文社・2012年）76頁等。

[50]　全書2版（上）523頁〔早川学〕参照。会社法制定前は、分割会社および新設会社がそれぞれ負担する債務の履行の見込みがあることが会社分割の実体的要件と解されていた（債務の履行の見込みが認められないことは、分割無効の理由とされていた）こととの関係で、債務超過会社を分割会社とする会社分割は実際上困難であったが、会社法の下では、そのような制約が消滅したことにともない、会社分割の手法によって、債務超過会社の事業部門の再生を図る実例が激増しているといわれる（伊藤3版511頁以下）。

というものである[51]。

このような場合、会社法上、新設分割に対して異議を述べられるのは、分割会社の債権者のうち会社分割後に分割会社に対し債務の履行を請求できなくなる者に限られ（会社810条1項2号）、分割会社に対し債務の履行を請求できる債権者は、分割会社が新設会社から、移転した純資産の額に等しい対価を取得するはずであるから、会社分割に対する異議は認められないとされている[52]。したがって、分割会社の債権者のうち、新設会社に債務が承継された債権者は分割に対し異議を述べることができる地位にはあるが、新設会社は収益力のある優良な事業を一定の資産および負債とともに承継するから、分割に対し異議を述べる必要はない。それに対し、分割会社に対し債務の履行を請求できる債権者（分割会社の債権者）は、収益性のない事業部門のみが残された分割会社に対し実質的には無価値な債務の履行を請求できるにすぎず、会社分割に異議を述べるという形で、自らの権利を主張することができないのである。

2）裁 判 例　このような濫用的会社分割につき、否認権または詐害行為取消権の行使を認める多くの下級審裁判例がみられる[53]。これを受けて最高裁判所は、組織法上の会社分割の効力とは切り離して、分割会社から新設会社への資産の移転が新設会社に承継されない債権者に対する関係で詐害行為となり得ることを認めた[54]。この事件は、詐害行為取消権にかかるものであるが、否認についても同様の考え方が妥当するものと思われる[55]。

3）会社分割と詐害行為取消権・否認権につき検討すべき問題　この問題

---

[51]　全書2版（上）523頁〔早川学〕は、これを、濫用的会社分割の典型例であるとする。

[52]　江頭憲治郎「株式会社法第6版」（有斐閣・2015年）909頁。

[53]　福岡地判平21・11・27金法1911号84頁、東京地判平24・1・26金法1945号102頁は、破産法160条1項をその根拠とする。なお、東京地判平23・1・14Westlaw Japan文献番号2011 WLJPCA 01148016は条文の摘示はないが、破産法160条1項を根拠にしていると思われる。それに対し、福岡地判平22・9・30判タ1341号200頁は、破産法160条1項または破産法161条1項により否認を認める。これに対し、東京地判平17・12・20金法1924号58頁は、否認権の行使を否定している。

　　以上に対して、会社分割自体が詐害行為取消権の対象になるとするものとして、東京地判平20・12・16金法1922号119頁、東京高判平21・9・30金法1922号109頁、東京地判平22・5・27金法1902号144頁、東京高判平22・10・27金法1910号77頁、名古屋高判平23・7・22金法1375号48頁、名古屋高判平24・2・7判タ1369号231頁があり、新設会社への権利（資産）の承継行為を詐害行為取消権の対象とするものとして、大阪地判平21・8・26金法1916号113頁、大阪高判平21・12・22金法1916号108頁がある。

[54]　最判平24・10・12民集66巻10号3311頁。

[55]　伊藤3版513頁。

をめぐっては、いくつかの検討すべき問題点がある。まず第1に、そもそも濫用
的会社分割とはどのような場合を意味するのか、ということである[56]。典型的な
濫用的会社分割のスキームは以下のように説明されることが多い。すなわち、①
債務超過に陥ったA株式会社の事業と重要資産を、会社分割によって新設された
B株式会社に移す。②それと共に、移転される資産の価値にほぼ見合う額のA社
の債務もB社に移転する。このとき移転される債務は、極端な場合は架空のもの
であることもあるが、そうでなくても、今後の事業の継続に不可欠で協力的な者
など、A社にとって「大切にすべき」債権者に対する債務である。③A社は、分
割の対価として、B社の全株式を取得する。しかし、B社は資産にほぼ見合う債
務を負担しているため、バランスシート上は、株式の価値はほとんどない。④A
社は、この株式を第三者Cに安価で譲渡する。Cは協力者であるが、しばしばダ
ミーであり、無資力である。⑤その後、必要に応じ、A社について破産や民事再
生を申し立てる。この申立代理人弁護士は、事前の会社分割には関わっていない
ことが多い。また、A社についてこうした申立てをせず放置する例も多い。⑥い
ずれにしても、事業はB社において生き延びることができ、B社に移った債権者
も十分な弁済を受けられるが、A社に残った債権者は、ほとんど弁済を受けられ
ない[57]。しかし、①〜③は会社法上直ちに違法とはいいがたく、④の譲渡行為に
ついては、詐害行為取消権や否認権の行使は可能であろうが、分割型会社分割を
併用すると、さらに困難となる。したがって、会社分割が濫用と評価されるため
には、会社法の解釈のみならず、一般法も含めたより広範な検討が必要である[58]。
その意味からいえば、①で、もし、このような会社分割によりもっとも不利益を
被る残存債権者に対して、このような会社分割について説明をしておらず、かつ、
その同意も得られていないような場合には、原則としてその会社分割自体違法性
を帯びるであろう[59]。③については、承継される資産、債務が、承継される事業に
不可欠なものであるか否かについての詳細かつ誠実な検討がなされていないよう
な場合には、濫用とみられる可能性がある。④については、株式譲渡それ自体が、

---

[56] 許容される会社分割の限界を詳細に検討するものとして、争点倒産実務47頁〜52頁
〔黒木和彰＝川口珠青〕がある。なお、全書2版（上）528頁〔早川学〕も参照。

[57] 内田博久・前掲金法1902号54頁以下。

[58] 争点倒産実務48頁〔黒木和彰＝川口珠青〕。

[59] なお、争点倒産実務49頁〔黒木和彰＝川口珠青〕は、分割計画に合理性があり、分社
分割を行わないまま法的倒産手続に至った場合に比して高い弁済率が確保されているよ
うな場合で、かつ、残存債権者のすべてに説明が行われていて主要な残存債権者からの
同意が得られているというような場合には、その余の残存債権者の同意がなくとも、当
該会社分割を許容すべき場合も十分に想定されうるという。

直ちに、濫用的会社分割のメルクマールになるとは考えられないが、譲渡の相手方（分割会社と無関係な第三者であるか否か）、時期、株式譲渡を行うことの通知の有無、譲渡価額、代金の使途等を総合的に考慮して、新設会社に移転した事業の価値を債権者に適切に分配されているかといったことが非常に重要な判断要素になると考えられる[60]。また、株式の譲渡や、新設会社においてなされる増資手続が関係者が新設会社に対する支配権を取得したり債権者や破産管財人による新設会社に対するコントロールを阻止するためになされた場合には濫用性を帯びるであろう[61]。

第2は、会社分割が組織法上の行為としての性質を有することから、財産の回復を目的とする詐害行為取消権ないし否認権の対象になり得るのかという問題である。これについては学説は分かれており、否定説[62]もあるが、大勢は以下のような理由により肯定説に立つ[63]。すなわち、①会社分割も事業に関する権利義務を承継する財産権を目的とする法律行為であること、②分割無効の訴えの制度は詐害行為取消権を排斥してはいないこと、③詐害行為取消権の効果の相対性はその制度趣旨の帰結であること等である。

第3は、否認が認められるとして、それは、詐害行為否認か、偏頗行為否認か、およびそれに関連して、否認の要件として捉えるべき事実は何か、という問題がある。会社分割は、分割会社の権利義務の全部または一部を承継会社や新設会社に包括的に移転する行為であるから、分割会社の財産の流出を生じさせる行為である一方、重畳的債務引受が行われなければ、分割会社は承継債務分だけ債務を免れ、さらに、分割会社は新設会社株式を取得する。したがって会社分割分は、債務消滅行為または担保提供行為に類似する面もあり、また、対価性のとらえ方によっては、相当価格売買または廉価売買に類似する面もある[64]。かつ現行破産

---

(60)　争点倒産実務51頁〔黒木和彰＝川口珠青〕。

(61)　争点倒産実務51頁〔黒木和彰＝川口珠青〕参照。

(62)　岡伸浩・前掲NBL922等8頁以下、後藤孝典「民事再生と会社分割 —— 近時の再生実務実態とあるべき再生手法にむけて」ビジネス法務10巻3号58頁等は、その理由として、①会社分割は組織法上の行為であること、②詐害行為取消権を認めることは、法律関係の画一的確定を図る会社分割無効の訴えの制度趣旨に反すること、③詐害行為取消権の効果は相対的であり混乱を招くこと等を挙げる。

(63)　伊藤3版514頁、谷口256頁、注解3版（上）454頁〔宗田親彦〕、内田博久・前掲金法1902号58頁～60頁、弥永真生・前掲ジュリ1412号69頁、難波孝一・前掲判タ1337号23頁以下、争点倒産実務55頁以下〔黒木和彰＝川口珠青〕等。また、争点倒産実務66頁以下〔中西正〕も否認が可能であることを前提として議論を展開している。また、最判平24・10・12民集66巻10号3311頁のほか、注52に掲げた下級審裁判例参照。

(64)　争点倒産実務56頁〔黒木和彰＝川口珠青〕。

法は、否認類型を大きく、詐害行為否認と偏頗行為否認とに分類したが、このように、会社分割はそのどれにも分類しにくい面があり、これにつき、下級審裁判例や学説においては、様々な立場がみられる。下級審裁判例は、詐害行為否認として捉えており、ただ破産法 160 条否認とするものと 161 条否認に当たるとするものとがある[65]。また、学説も、破産法 160 条適用説[66]、同 161 条適用説[67]、同 162 条適用説[68]が唱えられている。たしかに、新設会社に承継される債権者（承継債権者）は、その債権を全額弁済される見込みがあるのに対して、分割会社に残される債権者は、残存の不良資産と分割にあたって交付される新設会社の株式（交付株式）の清算価値から満足を受ける以外になく、両者の間に不平等が生じることに着目すれば、偏頗行為否認の成立が肯定し得ないわけではない。しかし、法律的には、分割によって承継債権者が弁済や担保の供与を受けるという構成をとることは困難であり、また、破産管財人が新設会社ではなく、承継債権者を受益者として偏頗行為否認を主張することも現実性がない。したがって、会社分割を偏頗行為否認の対象にすることはできず、詐害行為否認を検討するのが妥当であろう[69]。

　詐害行為否認として捉えた場合、対価としては承継される債務と交付株式が考えられるが、分割会社が既に債務超過の状態にあることを前提とすれば、債務を免れることによる利益は、その額面額ではなく、分割会社の資産のうち承継債務の責任財産となるべき部分の対価（実価）に基づいて判断されるべきものであるから、それを超える資産の移転は、正当な対価なくして行われたものとみるべきである[70]。交付株式については、新設会社の純資産に基づいてそれが十分な価値

---

[65]　福岡地判平 21・11・27 金法 1911 号 84 頁、東京地判平 24・1・26 金法 1945 号 102 頁、東京地判平 23・1・14Westlaw Japan 文献番号 2011 WLJPCA 01148016、福岡地判平 22・9・30 判タ 1341 号 200 頁。

[66]　伊藤眞・前掲 NBL968 号 15 頁以下、鹿子木康ほか「パネルディスカッション事業承継スキームの光と影」事業再生と債権管理 132 号 49 頁等。

[67]　神作裕之・前掲〔下〕商事法務 1925 号 40 頁、難波孝一・前掲判タ 1337 号 35 頁。なお、これらの見解は、破産法 161 条の適用を排除する趣旨ではない。

[68]　「＜座談会＞会社分割をめぐる諸問題 —— 判例を材料に派生論点を考える ——」金法 1923 号 40 頁（59 頁・60 頁・61 頁等〔山本和彦発言〕、61 頁〔井上聡発言〕）、岡正晶「濫用的会社分割に関する立法提案」新しい時代の民事司法（門口正人判事退官記念）（商事法務・2011 年）375 頁以下。

[69]　伊藤 3 版 514 頁。その他、破産法 162 条適用説に対する批判として、服部明人＝岡伸浩「会社分割と破産法上の否認権の類型」前掲『会社分割と倒産法』（注 48）84 頁以下参照。

[70]　伊藤 3 版 515 頁。

をもつものであれば、その交付株式を得たこと自体を詐害行為であるとすることはできない。ただ、分割会社が、その交付株式を廉価で処分したり、新設会社が直接に第三者割当増資を行って交付株式の価値が下落したような場合には、行為の詐害性が認められることになろう。その結果、債務の承継および交付株式が資産の移転の相当な対価とみなされれば、破産法160条否認の成立が阻却される。しかし、破産管財人としては、資産が交付株式に変わったことが、隠匿等の処分をするおそれを現に生じさせたことや、分割会社の隠匿等の処分意思の存在を主張して、破産法161条否認を主張することは可能であろう[71]。

第4は、否認が成立した場合の効果の問題である。濫用的会社分割に対する否認を肯定するとしても、ほとんどの論者は、会社分割（新設分割）に伴う新会社の設立（新会社による法人格の取得）の効力そのものは否定できないと解している（これらの効力を否定するためには、会社分割無効の訴え〔会社828条9号10号〕による必要があると解されている）。

詐害行為否認を認める立場に立つ場合、現物返還と価額賠償のいずれを基本とするかについて見解が分かれる余地があるが、破産管財人は、新設会社に対して移転資産の返還を求めることになるが、既に新設会社の事業がその資産を基礎として行われている以上、資産そのものの返還は不可能ないし困難であり、その価値の償還を請求することになると解すべきであろう[72]。

また、詐害行為否認が認められた場合に相手方（新会社）が返還請求権を有する反対給付（破168条1項1号2号）のとらえ方について、新会社が分割会社から承継した債務（特に当該債務について新会社が弁済した場合）や新会社が分割会社に発行した株式を含めるか否かといった点についても理解が分かれるであろう。財産的な原状回復を実現するという意味で、新設会社は、対価として承継した債務（実価）の引受や交付株式の返還を破産管財人に対して求めることになると解すべきであるが、実際には、それらの金額を控除した金額が資産に代わる価額償還請求権の内容となろう。

＜設問についてのコメント＞

問1　否認は大別して、詐害行為否認と偏頗行為否認に分けられ、各否認類型が、それぞれどこに位置づけられるかに注意すること。これについては、1(3)を参照のこと。

---

[71]　伊藤3版515頁参照。
[72]　伊藤3版515頁。これが多数説であることにつき、全書2版（上）529頁〔早川学〕。

問2は、161条否認の要件を問うものである。これについては、1(3)1) ⑤を参照のこと。

問3の前段は、160条1項の該当性を検討する問題である。まず、1回目の手形の不渡りが支払停止に当たるか否かについての議論が必要であろう。仮に、それが支払停止に当たるとしても、乙はA社が手形の不渡りを出したことを知らなかったことより、この否認は難しいであろう（破160条1項2号）。しかし破産法160条1項1号および同条3項の否認の要件を検討してみることも可能であろう。前者については、その行為の当時、相手方が破産債権者を害することを知っていたか否かの評価をする必要があろう。後者の場合、時価8000万円の土地を2000万円で売ることが、無償行為と同視すべき有効行為といえるか否かが問題となるが、一般的にいえば、このような場合にはこれは否定的に解されることになろう。

後段は、仮に、第1回目の手形の不渡りを出したことをもって支払停止とみるとしても、売買契約が行われたのは平成20年であり、破産手続開始の申立ての日から1年以上前になしたものであり、破産法166条の規定により、否認は否定される。

問4は破産法160条2項の否認の要件を問うものである。これについては、1(3)1) ③を参照のこと。

問5は、否認の一般的要件に関して問うものである。土地④の売買は廉価売却であり、有害性があることは明らかである。しかし、その売却代金の使途は、必ずしも非難されるようなものではない。よって、そのような行為は、有害性はあるが不当性がなく、そもそも否認はできないのではないか、という点を考察する必要がある。これについては、2(4)を参照のこと。

問6は偏頗行為否認において、破産者の行為が必要となるか、ということを中心に検討する問題である。これについては、2(2)2)3) を参照のこと。

問7は、行為の有害性に関連して、借り入れによる弁済行為の否認の可否を問う問題である。これに関しては、2(3)1)2) を参照のこと。

第12講　否認権（その1）

第13講　否 認 権（その2）

ケース

　　A株式会社（代表取締役S）は、個人向けの建売住宅の販売や不動産仲介業を営む会社であるが、ここのところの不況で苦しい経営を強いられており、一部の金融機関には利息のみを支払って元本の返済を猶予してもらったり、約束手形の支払期日を延期してもらったりしていたが、ついに、平成27年1月15日には第1回の手形の不渡りを出してしまった。そしてその頃の、A社の財産状態は保有資産の値下がりや預金の取り崩しによって債務の総額が資産額を上回る状態が続くようになっていた。

　　そこで起死回生をはかるべく、A社は、ビジネスホテル経営に進出することにした。そこで、A社は、同社所有の甲土地（時価1億1100万円）にビジネスホテルを建てることにし、平成27年2月20日に、B建設株式会社とホテル建築の請負契約を締結した。その際、請負代金1億8000万円は、ホテルが完成しAに引き渡された時に一括払いで支払うこととされた。しかし、この建築請負契約が締結される直前になって、甲土地にはC銀行のA社に対する貸金債権8000万円を担保するために抵当権が設定されていることが分かった。そこで、上記請負契約締結の時に、新たに、①A社はB社に対し、上記抵当権以外には甲土地に第三者のために担保権を設定しないこと、および、②A社がこの禁止事項に違反した場合には、B社は直ちに甲土地を第三者に売却することができること、という2点が合意条項として追加された。

　　ところが、A社が約束に反してD商工ローンから高利で2000万円の融資を受け、その担保として、平成27年3月30日付で、甲土地に極度額を6000万円とする根抵当権を設定したことが判明した。そのため、B社はA社に不信感を募らせるとともに、将来の工事代金の回収に不安を覚えたため、甲土地を売却することにした。そして、AB両社間の協議を経て、平成27年4月15日に、B社は、半分ほど完成した本件建物（B社所有）とともに、代金総額2億1000万円（未完成建物の評価額：1億円、甲土地の評価額：1億1000万円）でE社に売却し、E社は4月16日代金全額をA社に支払った。そして、A社は、右売却代金から、同年4月30日

に、B社に対して、完成した部分の請負代金9000万円、C銀行に8000万円、D商工ローンには元利合計4000万円を支払って、C銀行の抵当権およびDの根抵当権の設定登記を抹消してもらった。

これにより、C銀行およびDに対する債務は消滅したものの、平成27年6月1日に満期が来る3000万円の手形債務を支払うことができなくなり、最後に残った唯一の資産である乙土地（時価5000万円）を売却してその資金を作るとことにした。A社は、その取引先であるF社に対して、A社所有の乙土地を、できるだけ高値で買い取ってくれるよう頼んだが、F社には足元を見られ、3000万円に値下げしてくれるなら即金で買うといわれた。そこで、手形の満期も迫っているので、背に腹は代えられず、やむなくこれを承諾し、平成27年5月26日に乙土地をF社の言い値で売却し、移転登記も経由した。これによって、2回目の不渡りを出し銀行取引停止処分がなされるという事態だけは何とか避けることができた。

そのような折、Sの兄であるTが、Sのもとを訪れ、Tの経営するG社がH社に対して負っている債務5000万円について A社で保証人になってくれないか、と依頼してきた。A社は現実問題としてそのような余裕はなかったが、Tは自分の肉親であり、かつ、これまでG社にはいろいろな面で助けられており、しかも、情報交換や従業員の人事交流なども積極的に行ったりと、A社とG社とは極めて密接な関係にあったため、G社が倒産すれば、自社も倒産する可能性が極めて高いと考え、平成27年5月30日に、G社から保証料等を徴収することなく、A社を保証人とする保証契約をH社との間で締結した。

その後、A社は結局運転資金の手当てができずに、平成27年6月19日に破産手続開始の申立てをし、同年7月8日午後5時にA社に対して破産手続開始決定がなされ、Kが破産管財人に選任された。なお、A社の破産手続開始と共に、Sにも破産手続が開始され、その破産管財人にはYが選任された。

◆**問1** Kは、B社がE社と締結した総額2億1000万円の、甲土地および未完成建物の売買契約を否認することができるか。
◆**問2** 仮に、A社がC銀行に対して、8000万円の債務の返済に換えて、甲土地を代物弁済に供した場合、Kは、その代物弁済契約を否認することができるか。ただし、この場合には、甲地には抵当権はついていないものとする。
◆**問3** Kは、A社とF社の間で締結された乙土地の売買契約を否認することができるか。仮に、SがA社の破産は避けられないと考え、再起のための資金を捻出することを目的として、乙土地を、A社の取締役であるUに

第13講　否認権（その2）　　*367*

5000万円で売却し、受領した代金を、Sが取引している銀行の貸金庫に保管した場合はどうか。

◆**問4**　Kは、A社とH社の間で締結された保証契約は否認することができるか。

◆**問5**　Sは、C銀行に対して、A社のC銀行に対する一切の取引にかかる債務を返済するという内容の包括的債務保証をしていたとする。そして、A社からの依頼によって、A社のC銀行に対する借受金債務について信用保証したX信用保証株式会社が、右借受金債務を代位弁済した上、右求償債務につき連帯保証したSの破産管財人Yを相手取って、破産債権確認の訴えを提起したとする。これに対してYは、SはA社のために、保証料、その他の経済的利益を受けることなく、A社のX社の保証委託契約に基づく求償債権につき連帯保証したものであるから、破産法160条3項により、Xのなした右連帯保証契約を破産財団のために否認すると主張して争った場合、Yのこのような主張は認められるか。

4　否認の各類型

（1）　詐害行為の否認（破160条）

1）詐害行為否認の共通の要件としての詐害行為の存在　①　破産法160条の詐害行為否認の2つの類型とその要件　　詐害行為否認とは、債務者の総財産を減少させて、債権者を害する行為を対象とする否認をいうが、既に本書第12講で説明したように、現行破産法160条1項は、詐害行為（財産減少行為）の否認の中で、2つの類型を分けて規定している。すなわち、破産法160条1項1号は、狭義の詐害行為の否認の要件を規定しており（第1類型）、同2号では危機時期以後になされた詐害行為の否認の要件（第2類型）を規定している。

すなわち、まず第1類型は、行為がなされた時期を問わず、①積極的要件として、詐害行為の存在と、債務者の詐害の意思を要求するものであり、②消極的要件として、詐害の事実についての受益者の善意を要求している。それに対して、第2類型では、詐害行為のうち、とくに、支払停止または破産手続開始申立て（破産法では、支払停止等と呼ばれる）後、すなわち、いわゆる危機時期以降において行われた行為について、否認の要件が緩和されており、(a)積極的要件としては、詐害行為の存在のみで足り、(b)消極要件として、支払停止等および詐害の事実についての受益者の善意を要求している。いずれにせよ、両者の類型に共通する要件として詐害行為の存在が要求されている。

②　詐害行為の意味

　詐害行為とは、破産者の責任財産を絶対的に減少させる行為であり、財産の無償贈与や廉価売却（不当に安い価格での売却）などがその典型例である。しかし、仮に債務者によって無償贈与や不当廉売等の明らかな財産減少行為が行われたとしても、債務者の財産状態が悪化した状態に至っていなければ、債権者はその後も引き続き債務者から債権全額の弁済を受けることが可能であるから、債権者が害されるという結果は生じない。よって、ある行為が詐害行為否認の対象となるためには、その行為がなされた当時、債務者の財産状態が少なくとも一定程度悪化していることが必要である。しかし、この財産の悪化状態の内容をめぐっては見解が分かれている[1]。まず第1に、伝統的通説は、債務者が無資力であることが要件であると解してきており、無資力とは、債務者の総資産額が総債務額よりも少ない状態のことであり、「債務超過」と言い換えられるとされている[2]。すなわち、当該行為の当時、債務者が債務超過の状態にあること（少なくとも当該行為の結果として債務超過の状態になること）が必要であるとする見解である。第2は、当該行為の当時、支払不能や債務超過状態が発生し、またはその発生が確実に予測される時期が到来していることで足りるとする見解である[3]。

　これまで、この問題については必ずしも活発な議論が展開されてきたわけではないが、破産手続開始原因が存在することは、債務者財産の悪化状態を示す明確な指標であるから、破産開始原因のうち、とくに債務超過のみを取り上げて基準とするのは妥当はないであろう。たとえば、債務者が不動産を有しており、その価額を加えれば破産財団は債務超過ではないが、当該不動産が換価困難であり資金の調達ができないときには、支払不能になることもあり得る。そのような場合、破産手続開始決定がなされると、債務者の財産処分権限は剥奪されるから（破78条1項）、その時期以降の有害性ある行為は原則として否認の対象とすべきであり、債務超過はないとして否認を否定するのは妥当ではあるまい。また、支払不能や債務超過といった状況が、法律が規定する意味で生じていなくても、その到来が確実視される時期にあっては、債務者は、支払不能や債務超過があった場合と同じく、将来の破産をにらんで、合理的な理由なく財産を減少させてはならないという義務を負担するものと解すべきである。したがって、債務者の財産状態の悪化の基準を支払不能ないし債務超過とし、かつその発生が確実に予測される

---

(1)　基本構造と実務 384 頁以下〔松下淳一、山本和彦、花村良一、山本克己発言〕参照。
(2)　小川 219 頁、条解破産 2 版 1072 頁、演習ノート 2 版 264 頁〔笠井正俊〕。
(3)　伊藤 3 版 516 頁以下、大コンメン 627 頁〔山本和彦〕、基本構造と実務 385 頁〔山本和彦発言〕等。

場合にまで拡張する第2説が妥当であろう。ただ、実際上は、支払不能の場合には債務超過も存在する場合がほとんどであり、第1説による場合と第2説による場合とでは、ほとんど差はないであろう。

また、不作為は詐害行為否認の対象となるかという問題がある。これにつき、判例[4]は、時効中断の行為をしない場合のような不作為も否認の対象となり、時効中断についての不作為が否認された場合には、債務者は時効消滅を破産管財人に対して主張できないとする。これに対しては、不作為を否認しても、その効果として時効中断のための作為をしたことにはならないし、また、異議申立てをしたことにもならないから、理論上、不作為の否認は認められないとする見解が唱えられていた[5]。しかし、近時では、時効の中断であれば、不作為を否認することによって、受益者は時効援用権を喪失すると解することができるとして、不作為の否認を肯定する見解が通説である[6]。ただ、不作為の否認が詐害行為否認として主張される場合には、破産者が作為すべきことを具体的に認識していることと、受益者もこのような破産者の意思的行為が債権者を害することを知っていることが必要であるから、不作為の否認が認められる場合としては、破産者が受益者と通謀して不作為に及んだような場合に限られよう[7]。

2）狭義の詐害行為否認（第1類型）の要件（破160条1項1号）── 詐害意思と受益者の悪意　狭義の詐害行為否認の対象は、担保の供与または債務消滅に関する行為を除く行為であって、破産者が破産債権者を害することを知ってした行為であるが、破産者の詐害意思と受益者の悪意を要件とするものをいう。

①　「破産債権者を害する」こと

「破産債権者を害する」とは、当該行為のために総財産が減少することにより破産債権者全体が害されることを意味する。旧法下では、とくにいわゆる危機時期前における本旨弁済行為を否認するには、否認対象行為のなされた時期にかかわらず否認できる故意否認しかなく（旧破72条1号）[8]、そのため、「破産債権者を害する」ことの意味は、「債務者の総財産を減少させる行為」という意味のほか、各

---

(4)　大判昭10・8・8民集14巻1695頁。

(5)　岡村玄治『破産法要義』（明玄書房・1954年）76頁、中田159頁。

(6)　加藤6版296頁、315頁以下、概説2版補訂284頁〔沖野眞巳〕、注解3版（上）453頁〔宗田親彦〕、宗田387頁。

(7)　加藤6版315頁以下。

(8)　旧破産法72条2号は、否認の対象として「破産者カ支払ノ停止又ハ破産ノ申立アリタル後ニ為シタル担保ノ供与、債務ノ消滅ニ関スル行為」と規定しており、この規定の反対解釈から、支払停止または破産申立前になされた担保の供与、債務の消滅に関する行為は否認できないと解されていた。

破産債権者の平等満足を害することも意味するという考えも有力であった。しかし現行法では、詐害行為否認と偏頗行為否認とを峻別しており（破160条1項柱書きのかっこ書参照）、ここでの「破産債権者を害する」とは、「責任財産を減少させる」ことを意味するものとなった。

② **破産者の詐害の意思**　「破産者の詐害の意思」とは、破産者が、上記の意味で、破産債権者を害することを知っていたことをいうが、従来、その内容をめぐっては、(a)債権者に対する加害の認識で足りるとする認識説（通説）[9]と(b)加害の意図を必要とすると解する意思説[10]とが対立していたが、最高裁判所[11]が、通説に同調し、一般論として認識説を採ることを明らかにしたことで両説の対立は解消した。

③ **受益者の善意・悪意**　狭義の詐害行為の否認（第1類型）では、取引の安全との均衡から、破産者のなした行為の当時、受益者が善意であったか、あるいは悪意であったかによって、否認の成否が異なる。破産者が破産債権者を害することを知ってなした行為（破160条1項1号本文）については、その行為の当時、受益者が破産債権者を害する事実を知らなかったときは、破産管財人は当該行為を否認することはできない（破160条1項1号但書）と規定する。よって、破産管財人による否認訴訟においては、管財人が、破産者の詐害の意思の存在につき主張立証責任を負う（受益者の悪意を立証する責任はない）のに対して、受益者は、受益者の善意、すなわち、破産債権者を害する事実を知らなかったことにつき主張・立証責任を負う[12]。知らなかったことについて、受益者の過失の有無は問わない。受益者は、破産者の財産状態について注意義務を負っているわけではないからである[13]。

3）**危機時期後の詐害行為否認**（第2類型）**の要件**（破160条1項2号）——**形式的危機時期**（支払停止等）**および受益者の悪意**　同じく詐害行為であっても、支払停止等の発生後になされたものについては、破産者の詐害意思は要件とはされない（破160条1項2号本文）。これは、支払停止等のいわゆる危機時期においては、破産債権者を害することを知らなかったということは通常考えられないので、財産を維持すべき債務者の責任も、債務者の主観的な意図を離れ、客観的なもの

---

(9)　中田156頁、山木戸192頁等、学説上通説であった。

(10)　大判昭8・12・28民集12巻3043頁等、従来の判例がとっていた。

(11)　最判昭35・4・26民集14巻6号1046頁。

(12)　旧72条1号但書も同様。最判昭37・12・6民集16巻12号2313頁〔百選40事件〕、最判昭47・6・15民集26巻5号1036頁〔百選35事件〕。

(13)　最判昭47・6・15民集26巻5号1036頁〔百選35事件〕。

となるものと解された結果であり、そのために、否認の要件が、第1類型に比べて緩和されている。

ただし、受益者の利益を不当に侵害することは許されないので、受益者が、行為の当時、支払停止等の事実および破産債権者を害する事実について善意であることを主張・立証した場合には、否認を免れるとしている（破160条1項2号但書）。また、破産手続開始申立ての日から1年以上前にした詐害行為については、破産手続との牽連性が薄いので、否認の対象外として受益者を保護している（破166条）。

4）詐害的債務消滅行為（破160条2項）　典型的には、被担保債権の価額を超過する目的物による代物弁済等がそれに当たる。代物弁済とは、債務者がその負担した給付に代えて他の給付をすることであり、その給付は弁済と同一の効力を有するとされる（民482条）。それが債務の消滅を目的とする行為であるという点で偏頗行為としての性質を有するが、他方で、消滅する債務に比して給付が過大である場合には、計算上その分だけ破産財団の減少をもたらすという意味で、狭義の詐害行為としての側面をも有する。そこで、立法段階では、狭義の詐害行為と偏頗行為との峻別を図るとしても、このような両面性をもつ過大な価値を有する物による代物弁済行為をいずれの類型の否認として把握するかが問題とされた。これに関し、偏頗行為として理解し、代物弁済行為全体を否認しながら、相当対価の部分については受益者に財団債権として返還請求権を認めるという案も検討されたが、本来は弁済の対象となった債権は破産債権として原状に復すべきところ（破169条）、それが財団債権化されることには抵抗が大きく賛同を得られなかった[14]。その結果、より単純に、過大な部分のみを狭義の詐害行為と捉えて（債権者の受けた給付の価額が当該行為によって消滅した債務の額より過大である場合には、その分だけ財団財産が減少（詐害）していると理解する）、破産法160条による否認の対象とすることにされた[15]。これは、1個の代物弁済を、相当な対価の部分と過大な部分に分割するものであり、一種の一部否認を正面から認めたものであるといえよう。

たとえば、1000万円の債務に対して、1500万円の価額の不動産を代物弁済に供した場合、それが、破産法160条1号または2号所定の要件を満たす場合には、破産管財人は、500万円の限度で当該代物弁済を詐害行為として否認することができることになる。そこで、破産法160条2項の否認類型にあっては、「債権者の受けた給付の価額」と「当該行為によって消滅した債権の額」との間にどの程度

(14)　山本克己「否認権（上）」ジュリ1273号78頁。
(15)　大コンメン631頁〔山本和彦〕。

の開きがあれば、「過大」と評価されるかという点が問題となる。常識的にいえば、「債権者の受けた給付の価額」が「当該行為によって消滅した債権の額」よりも少しでも高ければ否認の対象になるということはあるまい。ただ、両者間の乖離の程度がどの程度であれば否認の対象になるかということは、具体的な判例の集積を待たなければならないが、ごく一般的にいえば、債権者が、消滅した自己の債権よりも、社会通念からみて、不当に多額の利益を得たことをもって「過大性」の基準とすべきであろう。また、偏頗行為否認の対象となる行為には、債務消滅行為と担保供与行為が含まれるが（破162条1項柱書）、ここで債務消滅行為のみが対象とされているのは、代物弁済などの債務消滅行為の場合には、目的物の価値が破産財団から逸出するのに対して、過剰な担保供与がなされても、それが担保である以上、過剰部分の価値は破産財団に保持されているとみられるから、破産財団に増減はなく、したがって詐害行為とはならないと考えられるからである[16]。

　上述したように、対価的均衡を欠く代物弁済は、財産を減少させる行為であるのみならず、債務の消滅に関する行為として、債権者平等を害する行為でもあるから、偏頗行為否認の規定も適用されうると解される。とくに、支払不能後に過大な代物弁済がなされた場合につき議論がされており、その場合における否認の根拠条文を何に求めるかという点については見解が分かれる。まず、①代物弁済行為全体について偏頗行為否認の規定（破162条1項1号イ）が適用されるとする見解がある[17]。この説によると、支払不能後の行為については、破産法160条2項と同法162条1項1号の両方に該当することがあるが、その場合にいずれの方法によって否認するかは破産管財人の選択に委ねられるとする（一般的に破産法162条による方が破産財団にとって有利になるため、同条によるものと考えられる）、と解している。次に、②代物弁済行為を区分し、過大な部分について詐害行為否認の規定（破160条2項）が、過大でない部分について偏頗行為否認の規定（破162条1項）が適用されると解する見解がある[18]。さらに、③同じく代物弁済行為を区分しつつ、全体について偏頗行為否認の規定が適用され、かつ過大な部分については詐害行為否認の規定が重畳的に適用されると解する説もある[19]。このように見解は分かれているが、支払不能後に行われた対価関係を欠く代物弁済行為

[16]　伊藤3版519頁。なお、旧法下では消滅する債務の額と代物弁済の目的物の価額が均衡を保っている場合であっても、事案によっては故意否認（旧72条1号）の対象になると解されていたが（最判昭48・11・30民集27巻10号1491頁参照）、現行法では、詐害行為否認の範囲は、右の均衡がとれていない部分のみに限定された。

[17]　小川233頁。

[18]　論点解説（上）203頁〔森恵一〕。

[19]　基本構造と実務389頁〔山本克己発言〕。

については、その根拠条文は異なるものの、過大でない部分も含めて、結果的に行為全体を否認できることとなろう。その際、管財人はいずれをも選択することができるが、(a)代物弁済が非義務行為とみなされれば、支払不能発生前30日以内になされた行為までをも否認の対象としうること、(b)支払不能発生後の行為であっても、詐害意思などの要件との関係で、偏頗行為否認の方が容易であること、(c)効果の面についてみても、詐害行為否認による否認の効果が過大な給付部分に限られるのに対して、偏頗行為否認であれば、給付全体に及ぶのであるから、特別の事情がない限り、破産管財人は、偏頗行為否認を選択することになろう[20]。ただ、効果についてみれば、詐害行為否認には、破産法168条が適用されることになろうし、偏頗行為否認では同法169条が適用されることになろうが、実際の扱いとしては目的物の返還と、債権の復活であり、どの説を採っても結果においてほとんど変わりはあるまい（ただし、代物弁済が複数の不動産でなされた場合には、違いが出てくるであろう）。これに対して、支払不能以前に対価的均衡を欠く代物弁済がなされた場合には、基本的には偏頗行為否認はできず（ただし、破162条1項2号の場合には、偏頗行為否認も可能である）、破産法160条2項によって対処することになろう。

5）相当の対価を得てした財産処分行為の否認（破161条）　**①　総説**　旧法下では、相当の対価を得てした財産の処分行為（いわゆる「適正価格による財産の売却」といわれる）の否認可能性につき見解が対立していた[21]。すなわち、判例・通説は、動産については、適正価格で売却すれば当該財産は責任財産から失われる代わり、その対価が得られるから、破産者の行為は詐害性を欠くとして、否認の可能性を否定していた[22]が、不動産については、不動産が売却され金銭に変わると破産者による費消や隠匿が容易になるとして、否認を肯定していた[23]。しかし、このような扱いに対しては、適正価格による売却等についての否認のリスクが取引の相手方に萎縮効果を与える結果になっており、経済的危機に瀕した債務者が財産を換価して経済的再生を図る上での妨げになっているとの指摘がかねてよりなされていた。また、かかる否認のリスクが、不動産等の流動化に対するリスク要因となっており、不動産等の資産を利用した資金調達にも悪影響を及ぼしてい

---

[20]　大コンメン632頁〔山本和彦〕、条解破産2版1077頁、理論と実務253頁〔山本研〕、基本構造388頁〔山本克己発言〕。

[21]　旧法下の議論については、注解3版（上）433頁〔宗田親彦〕参照。

[22]　大判昭7・12・23法学2巻845頁。

[23]　大判昭8・4・15民集12巻637頁、大判昭9・4・26新聞3702号9頁。なお、下級審であるが、東京高判平5・5・27判時1476号121頁〔百選5版30事件〕は、不動産につき、否認可能性を否定する。

るとの指摘もあった[24]。

そこで、平成16年の破産法改正（現行破産法）では、動産と不動産とで、否認の可否を分けて規定するという方法をとらず、一律に、否認の特別の要件を明確化した上で、その要件をすべて満たしている場合に限って否認を認めている（破161条柱書）。これらの要件は、一方では、責任財産の実質的減少を防ぐために、当該行為についての否認可能性を認めたが、他方では、受益者の利益を害しないように、一般の詐害行為否認よりも厳格な要件を規定したほか、証明責任の分配も否認の成立を困難にする方向で規定されている。

なお、現行法は、相当の対価を得てした処分行為については、支払停止等の後であること自体に着目した特別の否認類型（危機否認型の否認）は定めていない。これは、支払停止後ではあっても、資産の処分が適正価格で行われているにもかかわらず、危機時期にあることの認識のみで否認の可能性があるとすれば、相手方に取引を萎縮させ、結果として再建の道を閉ざす可能性があることから、このような事態を回避する趣旨と考えられる[25]。

②　**否認の要件**　　この否認類型では、次のa～dのいずれの要件も満たさなければならない。すなわち、これらの要件をすべて満たす場合には、たとえ相当の対価を得てなした財産処分行為であっても、その対価が破産財団に入ってくる可能性は低く、結局、破産財団を減少させて破産債権者を害することになり、そのことによって、詐害行為否認の対象になると考えられるのである。

a．相当の対価を取得する財産処分行為であること　　ここでいう財産処分行為とは、目的物の経済的価値の全部または一部を第三者に移転する行為を意味し、売買や交換による所有権移転が含まれることに異論はないが、担保権や賃借権などの用益権を設定する行為が含まれるかどうかについては議論がある。

担保権について考えると、破産者が借り入れた金銭を隠匿するなどの意図のもとに、担保を設定するとすれば、代金を隠匿する意思で目的物を売却するのと実質的に代わらない結果となることからみれば、担保権の設定も否認の対象にすべきである[26]。賃借権など用益権設定についてはここでいう財産処分行為には含まれないとする見解が有力である[27]が、対価として賃料や、それに伴う敷金や保証金の額が相当であってもそれについて隠匿等の処分をするおそれを現に生じさせ

---

(24)　小川222頁、全書2版488頁〔早川学〕。

(25)　なお、全書2版489頁〔早川学〕も参照のこと。

(26)　条解破産2版1082頁、大コンメン637頁以下〔山本和彦〕、基本構造と実務394頁〔山本和彦発言〕。

(27)　大コンメン637頁〔山本和彦〕。

るものであれば、否認の対象行為として捉えるべきであろう[28]。

対価の相当性は、当該行為当時の市場価格を目安として判断される。ただ、限られた期間に売却する必要があるので、いわゆる早期処分価格（市場価格よりも低めの価格）で売却された場合には、対価の相当性を満たすと考えられる。なお、形式的には相当価格による売却であるが、実質的には対価が支払われていない場合、たとえば、買主が債権者の1人であり、その債権と売買代金債務との相殺がなされることにより売買が決済される場合には、実質的には、破産債権者への代物弁済とみられるから否認の対象となるとする見解もある[29]。しかし、この対価の相当性の判断については、あくまで対価の定めの相当性のみを考慮すればよく、相殺のように物理的に代金が取得されなかった場合であっても、経済的に（対当額の債務の消滅という形で）対価の取得があればそれで足りる。したがって、他の要件を満たすことを前提として、破産法161条によって否認することは可能であろう。また、これに当たらない場合であっても、別途、当該相殺禁止の問題や、これを実質的に代物弁済とみて、偏頗行為否認（破162条）の問題として考えられる場合もあり得るであろう[30]。

b．破産者が、不動産の金銭への換価その他の当該処分による財産の種類の変更により、破産者において隠匿、無償の供与その他の破産債権者を害する処分をするおそれを現に生じさせていること（破161条1項1号）　この要件が要求されるのは、相当の対価が支払われている点からみれば、当該行為による責任財産の減少は認められないが、隠匿等のおそれが現に生じたことをふまえれば、その対価が破産財団に入ってくる可能性が著しく低いと考えられ、そこに実質的な詐害性が認められるからである。隠匿等の処分については、そのおそれがあれば足り、実際に隠匿等がなされたことまでは必要はないが、他方、そのおそれは抽象的なものでは足りず、処分前後の事情や財産の種類の変更などから隠匿等が行われるであろうことが推認されるべき場合でなければならない[31]。そのための判断

---

[28]　条解破産2版1082頁。

[29]　現行法161条の規定がなかった時のものであるが、最判昭46・7・16民集25巻5号779頁は、旧破産法72条1号（現行160条1項1号に相当）の否認を認める。なお、条解破産2版1083頁、伊藤2版399頁注160はどの否認類型に当るかは明言していない。

[30]　大コンメン638頁〔山本和彦〕参照。これに対して、伊藤3版522頁注226は、破産法160条・162条の否認の可能性には言及するが、同法161条の否認については触れておらず、相殺の場合は同法161条否認の対象外であるという意味であろうか。

[31]　伊藤3版522頁、条解破産2版1083頁。これに対し、大コンメン639頁〔山本和彦〕、基本構造と実務397頁〔松下淳一発言、山本克己発言〕、小川223頁は、処分前後の事情などは、隠匿等処分意思を推認する間接事実と理解すべきであり、隠匿等の処分のおそれは、処分前後の財産の性質から具体的危険を客観的に判断すれば足りると指摘する。

376　　　　第8章　否認権

の基礎となる事情としては、第1に、処分の当時、破産者が実質的危機時期にあることが必要であり、第2に、財産の種類についてみると、変更前の財産の客観的形状や帰属や所在に関する情報からみて、隠匿等の処分のおそれを生じさせるものでなければならない。本条が例として掲げる不動産の金銭への換価はその代表的なものであるが、それ以外にも、大型動産の金銭への換価、非金銭債権である財産上の請求権や知的財産権の金銭への換価なども含まれる。また、金銭債権の処分による現金化もここに含まれると解すべきであろう[32]。

処分行為の種類としては、売却が典型例であるが、新たに担保権を設定して借入れを行う行為（いわゆる同時交換的行為）も、担保権が実行されると、財産が換価されるという意味において、行為前後の事情から、財産の種類を変更する行為に該当すると解される余地がある[33]。

なお、それ自体偏頗弁済行為否認の要件を満たす他の破産債権者へ弁済する意図を知りながら、相当の対価で破産者から目的物を買った場合、当該売買契約は否認の対象となるか、という問題がある。この場合、当該弁済行為自体を偏頗行為として否認するのが本筋であるが、弁済の受益者に返済能力がない場合、売却の相手方から逸失財産の回復を求めた方が、財団の充実に資する。また、受益者は破産者の意図につき悪意である以上保護する必要はないと解すれば、否認を肯定する方向に傾くことになる。他方、破産法161条1項に例示されている行為は相当悪性が高い行為であるが、偏頗弁済行為はそうではないし、否認リスクを縮減して資金調達の方途を確保することが同法161条新設の趣旨であることを考えれば、本条による否認の対象とすべき行為は、単に偏頗行為となるだけでは足りず（この偏頗行為を破162条で否認すればよい）、特に延命を図り他の債権者を欺図するような悪性の高いものに限定されるべきであると解すれば、否認否定説に傾斜することになる。ただ非本旨弁済をした場合には、かなり詐害性は高いといえるであろう。

c. 破産者が、当該行為の当時、対価として取得した金銭その他の財産について、隠匿などの処分をする意思を有していたこと（破161条1項2号）　上記要件b. が客観的な状況であるのに対し、これは、破産者の主観的な隠匿などの意思を要求することで、当該財産処分行為の詐害性を明確にしている。通常の詐害意思が、自らが実質的危機時期の状態にあること、および当該行為が責任財産を減少させる効果をもつことを認識していることを意味するが、ここでの隠匿等の処分意思は、より具体的に、処分の対価等を隠匿するなどして、債権者の権利実現を

---

[32]　条解破産2版1084頁。

[33]　概説2版補訂288頁〔沖野眞己〕。

第13講　否認権（その2）

妨げる意図を具体的に有していることを意味するものであり、詐害意思の特殊類型に当たる。さらに、条文上は必ずしも明記されている要件ではないが、適正価格による財産処分の否認の場合も、詐害行為否認の第1類型と同様に、債務者が、当該行為の当時、自らの財産状態が債務超過になっていること等、一定程度悪化した財産状態にあることを認識していることも必要とすべきである[34]。

隠匿等処分意思の中には、隠匿、無償の供与のほかに、費消あるいは浪費をする意思等が含まれる。また、経済的合理性を疑われる投機をする意思もこれに含まれる[35]。これに対して、特定債権者に対する弁済をする意思が含まれるか否かについては見解の対立があるが、これは、破産法162条否認の問題として扱えば足り、ここでは含まれないと解すべきである[36]。もちろん、内部者に対する弁済のように、隠匿と同視される場合は別であるし、また、弁済期の到来していない債務に対する非本旨弁済であることは、隠匿等処分意思を推認する間接事実となることもあろう。

d. 相手方が、当該行為の当時、破産者が隠匿などの処分をする意思を有していたことを知っていたこと（破161条1項3号）。

この要件は、当該行為について相手方が破産者の隠匿などの意思を認識しつつ処分行為が行われたことで、もはや取引の安全を考慮する余地がないことを宣明したものといえる。よって、通常の詐害行為否認一般の場合とは異なって、悪意の証明責任は、否認の成立を主張する破産管財人の側にある[37]。ただ、実際には、破産者と受益者との関係などの間接事実から悪意を推認することになろう。この場合も、相手方が、当該行為の当時、債務者の財産状態が債務超過等の一定程度悪化した状態にあることを認識していることも必要であると解すべきである[38]。

③　行為の時期　　この否認類型は、破産者が相当の対価を得てなした財産の処分行為を前提にしつつも、当該処分行為により破産者が得た相当の対価などが破産財団に適正に移転していない場合を想定しているから、詐害行為の否認（破160条1項）の特殊型と考えられる。よって、財産処分行為が支払いの停止または破産手続開始の申立ての後に行われた場合であっても（破160条1項2号参照）、相

---

(34)　山本克己・前掲ジュリ1273号81頁。

(35)　条解破産2版1084頁。

(36)　大コンメン640頁〔山本和彦〕、条解破産2版1084頁。

(37)　受益者の側に善意の証明責任を課すと、相当価格での取引であるにもかかわらず、受益者は否認を免れるために相当以上の負担を覚悟せざるを得ず、そのことが取引に対する萎縮効果を生じかねないことを考慮した結果である（小川224頁、条解破産2版1085頁）。

(38)　山本克己・前掲ジュリ1273号81頁。

当の対価をもってなされた財産処分行為である以上、本来は否認の対象とはならないが、否認の対象要件である上述a～dの要件を満たす場合に限って特別に否認が認められたものと解される。よって、破産者による財産処分行為などがあった時期は問わないと解すべきである。ただ、詐害行為の第1類型と同様、債務者が行為の当時、債務超過等の一定程度悪化した財産状態にあることも必要であると解すべきであろう[39]。なぜならば、財産状態が債務超過等一定程度悪化した状態になければ、債務者によって財産の隠匿等がなされたとしても、他の債権者が害されるおそれはないからである。

④　証明責任 —— 相手方が内部者等の特別な関係にある場合の悪意の推定　　適正価格による財産処分の否認の要件は、破産管財人等の否認権を行使する側がすべて証明責任を負う。しかし、一般的にいって、相手方が、破産者の内部者等の特別な関係にある場合には、相手方の隠匿等処分意思について悪意であることが少なくないものと考えられる。よって、破産法は、破産者による財産処分行為の相手方が、内部者など破産者と特別の関係にある場合には、行為の当時その相手方が破産者が隠匿などの処分をする意思を有していたものと推定している（破161条2項。法律上の事実推定）。その結果、相手方は、破産者の隠匿等処分意思について善意である旨を立証しなければ、当該行為は否認されることになる。すなわち、このような証明責任の転換によって、内部者などに対する否認訴訟における破産管財人の否認権行使が容易になっている。

破産者と特殊な関係にある者とは、次の者をいう。すなわち、ⓐ破産者が法人である場合には、その理事、取締役、執行役、監事、監査役、清算人またはこれらに準ずる者（破161条2項1号）、ⓑ破産者が法人である場合にその破産者について、㋐破産者である株式会社の総株主の議決権の過半数を有する者（破161条2項2号イ）、㋑破産者である株式会社の総株主の議決権の過半数を子株式会社または親法人および子株式会社が有する場合における当該親法人（同2項2号ロ）、㋒株式会社以外の法人が破産者である場合における㋐または㋑に準ずる者（同条2項2号ハ）、ⓒ破産者の親族または同居者（同条2項3号）である。

6）無償行為の否認（破160条3項）　　無償贈与などに代表される無償行為あるいはこれと同視すべき有償行為は、破産者の責任財産を絶対的に減少させ、それによって債権者を害する行為であるから、詐害行為否認の一類型と考えられる。しかし、①無償行為あるいはこれと同視すべき有償行為は、受益者に何らの出捐がなく、破産者に対価の流入がない点では、通常想定される詐害行為に比してよ

---

[39]　山本克己・前掲ジュリ1273号81頁。

り有害性が強いし、また、②受益者の側でも無償で利益を得ているのだから、緩やかな要件の下に否認を認めても公平に反することはない。そのような観点から、無償行為否認においては、通常の詐害行為否認に比べ、要件が緩和されている[40]。現行法の内容は、旧法（旧破72条5号）とほぼ同様なものとなっている。

① **否認の対象**　否認の対象となる行為は、無償行為およびこれと同視すべき有償行為である。無償行為とは、破産者による無償贈与（民549条）が典型であるが、その他、債務免除（民519条）、時効完成後の債務の承認、使用貸借（民593条以下）、請求の放棄・認諾（民訴266条以下）、裁判上の自白（民訴179条）等もこれに入る。また、これと同視すべき有償行為とは、極端な廉価で物を売却するような場合（1カラットの本物のダイヤの指輪を1000円で売却する等）等であり、対価は支払われてはいるが、一般社会通念からみて、目的物の価値とそれに対する対価との間に実質的な均衡がない場合をいう。ただし、自己の既存の債務に対する無償の担保設定行為は、詐害行為と偏頗行為を区別する法の趣旨および文言から、無償行為否認の対象とはならず、偏頗行為否認の問題となると解される[41]。また、対価的均衡を欠いている財産処分行為（たとえば、1500万円の価値がある財産を1000万円で売却する行為）について、その対価性を欠く部分（この例でいえば500万円の部分）のみを取り出して、行為の一部を無償行為否認の対象とすることができるか、という問題もある。しかし、対価的均衡を欠く代物弁済の詐害行為否認の場合には破産法160条2項が、詐害行為否認としては同条1項1号および2号の否認のみを認めていることに鑑みれば、財産処分行為の一部のみを同条3項の無償行為否認の対象とすることはできないと解される[42]。

② **行為の時期**　支払いの停止または破産手続開始の申立てがあった後、または、その前6月内になされた行為が、破産手続開始後、否認されうる。否認対象の実質が行為の無償性にあるから、危機時期後における詐害行為の否認（破160条1項2号）よりも、否認の対象となる行為のあった時期が拡張されている（破160

---

[40]　小川221頁、条解破産2版1078頁、伊藤3版532頁、概説2版補訂291頁〔沖野眞已〕、全書2版（上）484頁〔早川学〕等通説である。

[41]　大コンメン633頁〔山本和彦〕、条解破産2版1078頁、高松高判平22・9・28金法1941号158頁。但し、東京高判平18・12・22判タ1238号331頁は、破産者の支払不能ないし破産手続開始の申立てがある前になされた既存の債務についてされた担保の供与または債務の消滅に関する行為についても、破産法160条3項の要件を満たす限り、無償行為否認の対象になるとする。

[42]　注釈（下）108頁〔上野保〕、東京地判平9・3・25判時1621号113頁、東京地判平22・10・14判タ1340号83頁。ただし、弁護士の高額の報酬につき、不当に高額である部分について無償行為否認を認めたものとして、神戸地伊丹支決平19・11・28判時2001号88頁、東京地判平23・10・24判時2140号23頁がある。

条3項)。ここでも、行為の当時における債務者の財産状態として債務超過等の一定の悪化した財産状態に陥っていることが必要であるか否かについては、必要であるとする見解[43]と、不要とする見解[44]とが対立している。たとえ債務者が財産を無償で処分しても、債務者の責任財産が総債権を弁済するのに十分であれば、別段、当該行為の否認を認める必要はないから、前者に従うべきであろう。

なお、この否認類型にあっては、支払停止から破産手続開始の申立ての日から1年以上前にした場合であっても否認することができる（破166条かっこ書）。

③ **受益者の善意・悪意**　無償行為否認では、受益者の善意・悪意を問わず、一律にかかる行為が否認の対象となる。なぜならば、これらの行為は著しく有害性が高い上に、受益者は何ら出捐をしていないのであるから、取引の安全を図る必要性は低く、広く否認を認めても弊害はあまりないと考えられるからである。

④ **無償性判断の基準**　a. **問題となる事例**　無償行為否認は、破産者が何らの対価を得ることなく、自身の財産を譲渡するなどする点に財産減少の有害性が認められる否認類型であるが、具体的には、無償でなされた他人の債務の保証行為をめぐって議論が展開されてきた。すなわち、一般的には、他人の債務につき、債務者が義務なくして、保証料等の対価なくして、保証や担保の供与あるいは弁済などをした場合には、無償否認の対象となると解されていた。

それに対して、たとえば、破産者が保証または担保供与をしたからこそ債権者が融資したというような事情があった場合、管財人は、破産手続開始決定後にこれらの保証等を無償否認できるか、という問題が生じた。

具体的な事例は、大略、下の図のようなものであった[45]。すなわち、同族会社であるＡ株式会社は資金繰りが悪化したため、代表取締役で実質的な経営者である

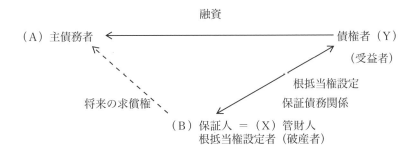

---

(43) 詳解2版380頁〔水元宏典〕。
(44) 中西正「無償否認の根拠と限界」法と政治41巻2＝3号41頁。
(45) 最判昭62・7・3民集41巻5号1068頁〔百選5版34事件〕を参照のこと。

Ｂが、原料の購入先であるＹに対するＡの一切の債務につき、連帯保証をし、か
つＢ所有の不動産上に、Ｙのために根抵当権を設定した。このとき、ＢはＡ社か
ら保証料その他の経済的利益を受け取っていなかった。その後Ｂに対し破産手
続開始決定がなされ、Ｘが破産管財人に選任された。その後、根抵当権の設定さ
れた不動産につき任意競売が開始されたところ、ＸはＹに対して、根抵当権の設
定は破産法72条5号（現破160条3項）にいう無償行為に当たると主張して配当
異議の訴えを提起するとともに、連帯保証も同号にいう無償行為であると主張し
て保証債務不存在確認の訴えも提起したというものであった。

　b.　通説・判例の立場　　このような事案において、判例は一貫して債務保証
行為の無償性を肯定し、無償行為否認を認めている[46]。また、通説も判例に賛成
している[47]。その理由は主として以下の(a)(b)2点にある。すなわち、(a)否認制度
は破産債権者のために破産財団を拡充するためのものであるから、否認における
無償性の判断はもっぱら破産者を基準にして決めれば足り、保証の結果、債権者
が主債務者に対しどのような出捐をしたかは問わない。(b)否認の対象となるよう
な保証の場合、主債務者の倒産等により、求償権は多くの場合実質上無価値であ
り、対価としての意味を持たないという点である。

　c.　近時の有力説　　　これに対し、近時、以下(a)(b)に述べるように、通説に対し
てさまざまな異論が唱えられている[48]。

　(a)基本的には、破産者自身が保証行為の対価として経済的利益を受けない限り、
無償行為否認の対象になるとしつつも、たとえば、同族会社の支配者である経営
者が会社に対する融資を得るために保証をした場合であって、実質的に、破産者
が会社に対する善管注意義務ないし忠実義務を履行するとともに自己の出資の維
持ないし増殖を図るために保証をしたものであるときは、破産者が直接ないし間
接に経済的利益を受けており破産財団の保全に資したものといえるから、例外的
に無償行為には当たらないと解するものがある[49]。

----

(46)　大判昭11・8・10民集15巻1680頁。また近時の判例として、最判昭62・7・3民集41
　　巻5号1068頁〔百選5版34事件〕。

(47)　谷口260頁、注解3版（上）481頁〔宗田親彦〕。なお、伊藤3版533頁は、無償否認
　　の根拠は、破産者と受益者との双方にとっての無償性に求められるが、行為の有害性と
　　いう意味では、破産者にとっての無償性が基本であり、受益者にとっての無償性は補強
　　的なものに過ぎないこと、また、求償権は、債権者に対する弁済という出捐回復の手段
　　に過ぎず、保証の対価としての意味を持たないこと、をあげて、通説の立場を補強して
　　いる。

(48)　判例や学説の状況については、田原睦夫「連帯保証と無償否認」金商1060号120頁、
　　大系Ⅱ 513頁〔山本研〕500頁以下、513頁以下を参照。

(49)　最判昭62・7・3民集41巻5号1068頁〔百選5版34事件〕の林藤之輔裁判官の少数

(b)債権者としては、破産者の保証がなければ融資をしなかったのであるから、保証等があるために債権者が主たる債務者に対して貸付等の出捐を行った場合には、債権者の出捐と破産者による保証は相互に密接に関係し、一体として観察すべきであり、受益者にとって無償の利益獲得といえない以上、無償行為の否認の対象とすべきではない[50]とする見解もある。

(c)無償行為否認が、詐害行為否認の特殊類型として、主観的事情を考慮することなく、客観的要件の下に否認を認め、それによって破産財団の増殖を図るものであることを考えれば、その要件の解釈においては、当該行為によって破産財団の減少をきたすものなのか否かが中心となろう。その意味からいえば、たしかに無償で保証や物上保証をすることは、破産者の財産の減少をきたすといえ、原則として、無償行為否認を肯定することになろう。しかし、このような問題は、同族会社たる中小企業の実質的オーナー兼経営者である個人が、会社の銀行借入のために個人保証をしたり、物上保証をしたりする場合に生じることが多いと思われる。そのような企業にあっては、無償での保証行為等が、実質的には破産者の責任財産の維持増殖に役立っている場合もあるといえるのではあるまいか。そのように考えれば、例外として、無償での保証や物上保証が無償行為否認に該当しない場合を認める必要があろう。そして、一応の明確化の観点から、例外的な場合として、①受益者から保証人に対して実質的な対価が支払われる場合、②主たる債務者と保証人がほぼ同一人格とみられる程度に密接な関係を有する場合、③保証によって実行される融資により保証人の債権回収可能性が高まる場合、④保

意見、東京高判平4・6・29判時1429号59頁。実務と理論102頁〔西澤宗英〕、破産和議実務（上）188頁〔菅家忠之〕、全書2版（上）486頁〔早川学〕。詳細は、伊藤眞「判評」判時1273号〔判評353号〕205頁、基本法コンメン117頁〔池田辰夫〕等参照のこと。なお、大コンメン633頁〔山本和彦〕も、「実際に受益者の側が保証人の経済的利得の実存を証明できた場合には、無償性を否定することができる。……ただ、そのためには……保証人の一般債権者の立場から見ても当該融資が保証人にとって現実的な経済的価値を有する」ことが必要であるとする。裁判例は、一般論として、たとえば、同一グループに属する会社間において、主債務者の借入れに対して保証を差し入れることによって、主債務者の融資を得られ、これによって主債務者の再建が進み、保証人の主債務者に対する既存融資や既存出資の回収可能性が高まるといえる場合には、これらを経済的な利益とみて保証の無償性が否定される余地を認めるものが多いといえるが、最終的な結論として無償性を否定した事案は多くない。たとえば、大阪高判平22・2・18金法1895号99頁（破産事件）、東京地判平23・3・1判時2116号91頁（民事再生事件）は無償性を肯定し、会社更生事件につき、大阪高判平13・12・21LLI/DB判例秘書登載L05620931は無償性を否定している。

[50] 最判昭62・7・3民集41巻5号1068頁〔百選5版34事件〕の島谷六郎裁判官の少数意見。

証にもとづく融資により保証人が自己の債務を直接的に免れた場合等[51]が考えられよう。

　d．以上に対して、たとえば、A社の代表取締役であった甲（破産者）が、A社がC銀行と銀行取引を開始するにあたり、AC間の一切の取引により、Cに対して負担する現在及び将来の一切の債務について、連帯保証していたが、その後、

　　　　　　　　　　　　　　　甲はC銀行に対して包括的債務保証

（管財人）Y　　　　　（破産者）甲 ＝ A社　　　　　　　　　　C銀行
　　　　　　←　　　Xの求償債権につき連帯保証　　　→
　　　破産債権の確認　　　　　　　　　　A社の債務を代位弁済
　　　　　　　　　　　　　　　　X

甲が、A社との保証委託契約に基づくXの求償債権につき保証料等を取ることなく本件連帯保証をした行為につき、無償行為否認ができるかという問題がある。この場合においては、甲は、既に、右包括的債務保証により、C銀行に対し、A社のC銀行に対する右一切の取引に係る債務を返済すべき義務を負っているのであるから、既に負担していた保証債務を実質的に肩代わりするものとして新たな保証債務を負担する場合には、有害性はなく、無償行為否認の対象とならないとするのが判例・学説の立場である[52]。

---

(51)　これらの要件については、東京高判平12・12・26判時1750号112頁、東京高判平25・7・18金法1982号120頁（破産事件）、東京高判平23・3・1判時2116号91頁（民事再生事件）等参照。

(52)　最判平8・3・22金法1480号55頁、大阪地判平8・5・31金法1480号55頁。伊藤3版533頁注256、吉岡伸一「代表者の保証と無償否認」金法1498号14頁以下、全書2版（上）486頁〔早川学〕等。なお、大阪地判平8・5・31金法1480号55頁（とくに57頁以下）は、次のように述べている。すなわち、「甲は、既に、右包括的債務保証により、C銀行に対し、A社のC銀行に対する右一切の取引に係る債務を返済すべき義務を負っていることになる。また、Xは、A社の委託により……A社がC銀行から……金員を借り入れるにあたり、信用保証をし、A社が右借入債務の履行をしないため、A社に代わって、代位弁済したものであるから、甲による本件連帯保証の有無にかかわらず、法律上、当然にC銀行がA社及びその連帯保証人たる破産者甲に対して有していた権利を行使することができたものである。……一般に、破産者が義務なくして、他人のためにした保証等は、破産者がその対価として、経済的利益を受けていない限り、破産法72条5号（現破160条3項）にいう無償行為に当たるものと解されるが、否認権の制度の趣旨からすれば、同条により否認される行為は、これによって破産財団が減少し、その結果として、一般債権をは害するものに限られるべきである。これを本件についてみるに、前記のとおり甲は、既に、前記包括的債務保証により、連帯保証人として、C銀行に対し、A社の

＜設問についてのコメント＞

問1については、まず第1に「詐害行為否認が成立するためには、その行為がなされた当時、債務者の財産状態が少なくとも一定程度悪化している」か否かの検討が必要である。これについては、見解が分かれているが、本問においては、本件行為が、債務超過の状態、または、支払不能や債務超過状態が発生し、またはその発生が確実に予測される時期になされたものであり、少なくとも破産法160条1項1号の要件は満たすであろう。ただ、土地建物は適正価格で売却されており、破産法161条にあたるような事情もなく否認はできないであろう。また、本件では、売却したのは、AではなくBであることも問題となるが、ABは協議しており、売買契約時の約定もあり、Aの行為として否認の可否が検討される必要があろう。これについては、4(1)1)②2)①を参照のこと。

問2は、8000万円の債務に対し、甲土地（時価1億1000万円）による代物弁済が、破産法160条2項の要件を満たすか否かを問うものである。一般的には、3000万円分余計に担保を供しており、その部分が破産財団を害しているとみられる。これがもし支払不能後の行為であるとすると、破産法162条適用説によれば、1億1000万円の甲土地全部の返還を請求することができるのに対して、破産法162条かつ160条2項適用説によれば、相手方の8000万円の部分については同法162条による否認、3000万円の部分については同法160条2項による否認ということになるが、結論は変わらないであろう（破168条・169条参照）。しかし、冒頭の ケース の場合は、支払不能後の代物弁済とはいいにくいのではあるまいか。むしろ、破産法160条2項、および、同法162条1項2号の検討をすべき問題である。なお、これについては、4.(1)4) を参照のこと。

問3前段は、廉価売買の事例であり、詐害行為否認の成否を問う問題である。問1と違うのは、主として、破産法160条1項2号の要件の存否を検討する点である。本件の場合、手形の不渡りは1度しかないが、Eとの売買は、

借入金債務を返済すべき義務を負っていたのであるから、本件連帯保証をしたことにより、従前以上の負担を負うことになったものではなく、Xは、本件連帯保証がなかったとしても、A社の右借入金債務を代位弁済したことにより、C銀行がA社及びその連帯保証人たる破産者甲に対して有していた権利を求償権の限度で法律上当然に行使しうるものである。……したがって、破産者甲がXのA社に対する保証委託契約に基づく求償債権につき本件連帯保証をしたことにより、同人の破産財団が減少したとはいえず、したがって、一般債権者を害することとなったとはいえない。」と。

第13講　否認権（その2）　　　*385*

2度目の不渡りを免れるために、廉価売却をしたものであり、支払停止後の売買と評価することができるか否かの検討が必要であろう。

　後段は、破産法161条の相当の対価を得てした財産処分行為の否認の可否を問う問題である。本問は、とくに、161条2項の適用の可否も検討すること。これについては、4(1)5)を参照のこと。

　問4は、無償行為否認の要件のうち、とくに「無償性」の意味を問うものである。これについては、最判昭62・7・3民集41巻5号1068頁〔百選5版34事件〕および、4.(1)6)④を参照のこと。

　問5は、4.(1)6)④d.の事例の解決を問うものである。これに関しては、大阪地判平8・5・31金法1480号55頁を参照のこと。

第14講　否　認　権（その3）

ケース

　A株式会社は、高級紳士服の卸業を営む会社であるが、それまでのデリバティブ取引の失敗が響いて、平成20年の初頭から経営状態は悪化していた。そして、同年暮れ頃には、債務超過に陥っていた。ただ、取引先への支払いについては、何度か期限を猶予をしてもらったり、手形の満期を先延ばしにしてもらったりしたほか、高利の金融業者からの融資を得たり、さらには、自社所有の不動産で売れるものはすべて売ったりして、まさに自転車操業のありさまではあったが、債権者への支払いだけは何とか続けていた。

　そのようなおり、平成21年5月頃になって、高利の金融業者であるB株式会社の社長と称する者がA社を訪れ、弁済期の到来した2000万円債務（これについては担保は付されていない）の支払いを強く迫り、もし支払わない場合には、A社の代表取締役の家族に危害が及ぶことになるかも知れないと脅しをかけた。そこで、A社は、やむなく、同年5月末にその債務を全額弁済した。

　また、A社は、平成21年6月27日に、紳士服の製造業者であるC株式会社から、スーツを1着15万円で100着仕入れ、その代金支払日は、平成21年9月10日とされた。そして、そのスーツのうち50着は、1着20万円でDデパートに転売された。ところが、A社は、平成21年7月5日に第1回の手形不渡りを出したため、C社には、供給されたスーツで代物弁済することとし、A社の手許にある50着はCに送ることにしたが、既にDデパートに転売したものについては、A・C・Dの3社が集まり相談した結果、A・D間の転売契約は合意解除し、A社はD社から返還を受けた本件スーツ50着をC社への売買代金の代物弁済として譲渡する旨の合意が成立し、本件スーツは、DデパートからC社に直送された。

　また、A社が手形の不渡り（第1回目）を出したことを聞きつけたE社は、平成20年10月にA社から買得していた土地について未だ所有権移転登記がなされていなかったので、至急登記をするよう強く迫った結果、A社は、平成21年8月17日付で、本件土地につき、A社からE社への所有権移転登記をした。

　このような状況の中、いよいよ運転資金の獲得に行き詰まったA社の社長は、

第14講　否認権（その3）　　*387*

平成 21 年 8 月末に、最後の望みである F 銀行に出向き、5000 万円の融資を頼んだが、相当の担保があれば、若干高利ではあるが融資をしてもよいとの返事をもらった。そこで、同年 9 月 1 日に、F 銀行との間で 5000 万円の金銭消費貸借を締結するとともに、F 銀行のために、A 社の残っている唯一の財産ともいえる乙土地 (時価 6000 万円) について抵当権を設定した。そして同日 5000 万円は A 社名義の銀行口座に振り込まれたが、抵当権設定登記がなされたのはそれから 3 日後であった。

なお、既に平成 21 年 7 月半ばに、A 社は、手形の決済日が近いこともあり、運転資金獲得のために甲不動産 (時価 5000 万円) を売却することにしたが、G は A 社の窮状につけ込んで 2500 万円でなら買うといってきた。A 社としては、なんとしても 2 回目の手形の不渡りだけは避けたいと思い、背に腹は替えられず、G の言い値で譲渡し登記も移転した。そして G は、同年 8 月末に G は H にその不動産を 4500 万円で売却して登記を移転した。

しかし A 社の経営はその後も回復せず、結局、平成 21 年 9 月 10 日に破産手続開始の申立てをし、同年 9 月 30 日午後 5 時に破産手続開始決定がなされ、K が破産管財人に選任された。

◆**問 1**　A 社の B 社に対する弁済行為は否認することはできるか。
◆**問 2**　A 社が C 社に対してなした代物弁済行為は否認することはできるか。
◆**問 3**　F 銀行の抵当権設定行為は否認することができるか。
◆**問 4**　A 社から E 社に対してなされた移転登記行為を否認することはできるか。
◆**問 5**　C 社が、平成 21 年 8 月 31 日に、A 社振出の満期になっている手形を提示して、A 社から支払いを受けた場合、X は、この支払行為を否認することはできるか。
◆**問 6**　K は、甲不動産についての売買契約について否認したいと考えているが、この場合、否認権行使は誰に対し、どのようにして行使すべきか。

（2）　**偏頗行為の否認**（破 162 条）
1）偏頗行為否認の意義とそれに関する規定の沿革　　偏頗行為否認とは、支払不能または破産手続開始申立から破産手続開始までの時期を形式的危機時期とし、この時期になされた既存の債務についての偏頗行為、すなわち、担保の供与や債務の消滅にかかる行為につき、破産者の詐害意思に関わりなく、破産債権者にとって有害なものと見なし、否認の対象とするものである（破 162 条 1 項）。

偏頗行為（担保の供与および債務の消滅に関する行為）に関しては、旧破産法72条2号では、危機否認の概念のもとに、「支払停止または破産手続開始申立後の担保供与、債務消滅行為およびその他破産債権者を害する行為」が否認の対象とされていた[1]。しかし、旧法72条2号本文の、「其ノ他破産債権者ヲ害スル行為」の意味をめぐっては、債務消滅行為（偏頗行為）だけを意味するのか、それとも、財産減少行為（詐害行為）をも含むのかという点については見解が対立していた。これにつき、多数説は、両者を含むと解し、故意否認（旧破72条1号）では詐害意思の立証が必要とされていたため、否認権行使に困難が伴うという実状に配慮し、詐害行為であっても危機否認の対象となりうると解し、危機否認（旧破72条2号）の射程範囲を広く捉えようとするものであった。また、他方で、当時の判例・通説によれば、偏頗行為のうち危機時期以前になされたものは危機否認はできないが、時間的制限のない故意否認の対象にはなると解されており、この点でも、故意否認の射程範囲は広く捉えられていた。その結果、詐害行為でも危機否認の対象になることもあり、逆に、偏頗行為であっても故意否認の対象になることもあることになり、故意否認と危機否認の区別は必ずしも明瞭ではなかった。

そこで、平成16年の改正では、従来の故意否認と危機否認の二分法に代えて、詐害行為の否認と、偏頗行為の否認とに明確に区別して規定がなされた。さらに、重ねて、特定の債権者に対する偏頗行為は詐害行為否認の対象とはならないことが明確にされた（破162条・160条1項かっこ書き）。すなわち、偏頗行為否認は、既存の債務についてされた担保の供与または債務の消滅に関する行為（すなわち、債務者財産を減少させる行為ではないが、債権者の平等を害する行為）に限定されることになった。

---

(1) 旧破産法72条は、次のような文言であった。
「左ニ掲クル行為ハ破産財団ノ為之ヲ否認スルコトヲ得
一　破産者カ破産債権者ヲ害スルコトヲ知リテ為シタル行為但シ之ニ因リテ利益ヲ受ケタル者カ其ノ行為ノ当時破産債権者ヲ害スヘキ事実ヲ知ラサリシトキハ此ノ限ニ在ラス
二　破産者カ支払ノ停止又ハ破産ノ申立アリタル後ニ為シタル担保ノ供与債務ノ消滅ニ関スル行為其ノ他破産債権者ヲ害スル行為但シ之ニ因リテ利益ヲ受ケタル者カ其ノ行為ノ当時支払ノ停止又ハ破産ノ申立アリタルコトヲ知リタルトキニ限ル
三　〈略〉
四　破産者カ支払ノ停止若ハ破産ノ申立アリタル後又ハ其ノ前三十日内ニ為シタル担保ノ供与又ハ債務ノ消滅ニ関スル行為ニシテ破産者ノ義務ニ属セス又ハ其ノ方法若ハ時期カ破産者ノ義務ニ属セサルモノ但シ債権者カ其ノ行為ノ当時支払ノ停止若ハ破産ノ申立アリタルコト又ハ破産債権者ヲ害スヘキ事実ヲ知ラサリシトキハ此ノ限ニ在ラス
五　〈略〉」

**2）偏頗行為否認の対象　①　本旨にしたがった偏頗行為（本旨弁済行為）　a.
本旨に従った偏頗行為の意義**　　偏頗行為の否認では、破産者が支払不能になった後または破産手続開始の申立てがあった後にした既存の債務についてなされた担保の供与、または債務の消滅に関する行為がその対象になる（破162条1項1号）。すなわち、いわゆる危機時期以降になされた偏頗行為は、破産者の詐害意思の有無に関わりなく、破産債権者にとって有害なものとされ、否認の対象とされる。

　ここでの対象行為は、破産法162条1項2号との関係で、その本来の義務について履行する行為（本旨弁済行為等）が否認の対象となっているものである。

　ここで、担保供与の被担保債権または債務消滅に係る債権となるのは破産債権に限る[2]。なぜならば、偏頗行為の否認は、破産債権者間の債権者平等を図る趣旨の制度と考えられるからである。したがって、手続開始後に、財団債権となるべき債権に対して偏頗的な弁済がなされたとしても、それによって、他の破産債権者の利益を害することはないから、本条による否認の対象とはなり得ない[3]。また、破産債権に対する弁済であっても、それにつき担保権を有している債権者への弁済は否認の対象にはならない。なぜならば、担保債権者は、別除権者として破産手続によることなく他の破産債権者に先立って弁済を受ける地位にある者であるから（破2条9項・65条1項）、この者に対する弁済が、債権者間の平等を害することはないからである。

　担保の供与とは、旧法と同様、既存の債務について、破産財団所属財産について質権や抵当権といった典型担保権を設定する行為のほかに、譲渡担保など非典型担保権を設定する行為も含まれる。ここでも、破産法162条1項2号本文との関係で、担保供与義務が存在する場合に限られる。担保供与が義務に属すると認められるためには、破産者と債権者との間にその旨の特約があることが必要であり、単に債務が存在するだけでは、担保供与義務は認められない[4]。

　つぎに、債務の消滅に関する行為とは、弁済（民474条参照）が典型的であるが、そのほか、相殺（民505条）、更改（民513条）、代物弁済（民482条）、免除（民519条）なども含めて、それによって特定の債務を消滅させる行為をいう。このうち、弁済については、破産者者に代わって第三者が弁済を代行する場合にも否認が認められるか、という問題がある。たとえば、公務員たる破産者に代わって、国や地方公共団体が共済組合に対して貸付金を返済するために退職金を払い込む行為も、破産者自身の行為と同視されるという理由から否認の対象になるとするのが

---

(2)　山本克己「否認権（上）」ジュリ1273号82頁。

(3)　大コンメン647頁〔山本和彦〕、注釈（下）123頁〔高井章光〕。

(4)　谷口258頁、伊藤3版530頁、注解会更272頁〔櫻井孝一〕等。

判例の立場である[5]が、破産者自身の財産をもって弁済がなされた点が、第三者による弁済行為が破産者がなしたものと同視される根拠になると思われ、妥当な結論であろう。これに対し、保証人などの第三者による弁済は、破産者が弁済原資を出捐したという特別事情がない限り、破産財団を減損しておらず有害性が認められないから否認の対象にはならないとするのが通説である[6]。この問題は、否認の一般要件として、否認対象行為が破産者の行為である必要があるか、という問題として議論されているが、ここでも、破産者の資産をもって破産債権者へ弁済する場合には、第三者がなしても否認の対象になるし、また、第三者の資産によって弁済がなされた場合でも、債務者から第三者に弁済依頼がなされかつ実質的に債務者の計算において支払いがなされたような場合には否認が認められると解してよい[7]。代物弁済も、債務消滅行為として偏頗行為否認の対象となるが、目的物の価額が債務の額を超過している場合には、詐害行為に類するものとして、破産法160条2項による否認の可能性もあるので、ここでの否認と競合関係が生じる[8]。ただ、あらかじめ代物弁済の予約が締結され、危機時期になって債権者が予約完結権を行使して、代物弁済の効果を発生させた場合、危機時期になってはじめて代物弁済の予約が締結された場合はともかく、それ以前から予約が存在する場合には、偏頗行為否認の対象とすることは困難であろう[9]。

なお、第三者から新たに借り入れた資金による弁済が偏頗行為の対象になるか否かという点については、争いがある[10]。すなわち、借り入れと弁済が分離した

---

(5) 最判平2・7・19民集44巻5号837頁〔百選5版28①事件〕、最判平2・7・19民集44巻5号853頁〔百選5版28②事件〕、最判平2・10・2判時1366号48頁。学説として、大コンメン646頁〔山本和彦〕、伊藤3版524頁注232。これに対し、基本コンメン116頁〔池田辰夫〕は、共済組合の地位の特殊性などを考慮して否認の対象とはならないとする。

(6) 条解破産2版1090頁、注釈（下）124頁〔高井章光〕、伊藤3版524頁注232。

(7) 前者につき伊藤3版524頁注232、後者につき大阪地判昭52・9・21判時878号88頁を参照。

(8) 条解破産2版1090頁。

(9) 条解破産2版1090頁。ただ、予約完結権が破産者によって付与されたことに着目すれば、破産者の行為と同視できるという議論も成り立つとする。また、注釈（下）125頁〔高井章光〕は、破産者が債権者と通謀するなどして期限の利益を喪失させるなどした場合には、予約完結権行使自体を否認することができるとする。

(10) 否認を否定するものとして、大判昭8・4・26民集12巻753頁、山木戸201頁、基本コンメン115頁〔池田辰夫〕、注解会更255頁〔櫻井孝一〕等があり、否認を肯定するものとして、大判昭10・9・3民集14巻1412頁、大判昭15・5・15新聞4580号12頁、大阪高判昭61・2・20判時1202号55頁〔新百選35事件〕、中田162頁、谷口251頁、注解3版（上）436頁〔宗田親彦〕等がある。なお、伊藤3版526頁は、原則として否認否

ものとみれば、借入れによっていったん破産者の財産に組み入れられた資金は、全破産債権者の満足の対象になっていると考えられ、それを特定の債権者に弁済することは、偏頗行為として否認の対象となると解することになろう。これに対し、両者を一体のものとみれば、第三者が受益者に対価を支払って、その破産債権を譲り受けたのと変わりがないから、他の破産債権者に対する有害性が否定されることになろう[11]。この問題につき、近時の判例[12]は、否認否定説をとった。

また、動産売買先取特権の目的物を転売先から取り戻してする代物弁済が否認の対象になるか、という問題が、以下のような事案をめぐって生じた。すなわち、

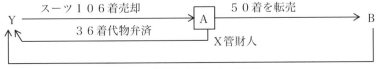

YはAにスーツ106着を売却したが、そのうちの50着はAがBに転売した。その後、Aが第1回の手形の不渡りを出したため、Yの要請の下に、ABYの3者間で、AB間の転売契約を合意解除し、AはBから返還を受けた本件物件をYへの売買代金の代物弁済として譲渡する旨の合意が成立し、本件物件はBからYに直送された。またAは、自ら占有していたスーツ36着も、別途上記のスーツ代金の代物弁済としてYに譲渡した。Aにつき破産手続開始決定がなされ、Xが破産管財人に選任された。XがYに対し、上記各代物弁済を否認したのに対し、最高裁は、Aの占有下にあった36着については、動産売買先取特権(民321条)の目的物であるとして、否認の成立を否定したが、転売した50着については否認を認めた[13]。

定説に立つが、否認を免れるためには、①借り入れと弁済とが密着してなされていること、②借入れに当たって受益者への弁済目的が明確にされていることなどの事情があり、③借入金が他の債権者のための共同担保とみなされる余地がないこと、④借入れによる新債務の内容が利率などの点において旧債務より重くならないことなどから、当該行為が他の債権者に対する有害性を欠くことが必要であるとして、要件を加重している(これに関し、大阪高判平元・4・27判時1326号123頁参照)。

(11) 通説の理解である。条解2版1090頁、註釈(下)124頁〔高井章光〕、新基本コンメ368頁〔中西正〕、伊藤3版525頁。

(12) 最判平5・1・25民集47巻1号344頁〔百選5版29事件〕。

(13) 最判平9・12・18民集51巻10号4210頁〔百選5版32事件〕は、「動産売買の先取特権の目的物が買主から第三取得者に引き渡された後に買主がその所有権および占有を回復したことにより、売主が右目的物に対して再び先取特権を行使しうることになるとしても、Aが転売契約を合意解除して本件物件を取り戻した行為は、Yに対する関係では、

b. 証明責任　　否認が成立するためには、当該偏頗行為が支払不能後にな
されたものである場合には、その行為の当時、受益者が、支払不能であったとい
う事実または支払の停止があったという事実を知っていた場合（破162条1項1号
但書イ）、または、当該行為が破産手続開始の申立てがあった後になされたもので
ある場合には、その行為の当時、受益者が、破産手続開始の申立てがあったとい
う事実を知っていた場合に限られる（破162条1項1号但書ロ）。ちなみに、支払不
能後の行為について否認権が行使される場合に、受益者の悪意の対象として、支
払不能に加えて支払停止が規定されているのは、破産者の財産状態である支払不
能を受益者が認識することは容易ではないことを考慮し、行為の当時既に支払停
止が発生している場合には、外界への表示行為である支払停止の認識をもってそ
れに代えることを認めたものである[14]。「支払不能であったことを知っている」と
は、支払不能の判断を基礎づける事実を知り支払不能と判断していた場合だけで
なく、支払不能を推認させる事実を認識していた場合をも含むと解すべきである
とされる[15]。

　否認訴訟等におけるこれらの主観的要件についての主張・証明責任は、破産管
財人が負う。

　② **本旨にしたがわない偏頗行為**（非義務偏頗行為）　a. 本旨にしたがわない偏
頗行為の意義　　同じく偏頗行為であっても、弁済期が到来していない債務につ
いて期限前に弁済するとか、特約が存在しないにもかかわらず担保を供与するな
どの行為は、支払不能後のそれらの行為の否認を潜脱する行為であり、詐害行為
的な有害性をもつ[16]。したがって、この種の行為は、詐害的債務消滅行為として

　　法的に不可能であった担保権の行使を可能にするという意味において、実質的には新た
　　な担保権の設定と同視しうべきものと解される。そして、本件代物弁済は、本件物件を
　　Ｙに返還する意図の下に、転売契約の合意解除による本件物件の取戻しと一体として行
　　われたものであり、支払停止後に義務なくして設定された担保権の目的物を被担保債権
　　の代物弁済に供する行為に等しいというべきである。」とした。なお、本件では、民法
　　333条の解釈についても問題となるが、これにつき、民法上、①同条は先取特権の追及力
　　を制限したものであり、その消滅を認めたものではないから、債務者が自身の所有権お
　　よび占有権を回復したときは、債権者は再び先取特権を行使しうるとする見解（通説）、
　　②先取特権は消滅すると解する見解、③一応先取特権は消滅するが、債務者が所有権と
　　占有権を取得すれば先取特権の復活を認めるとする見解が唱えられている。本判旨は明
　　言はしていないが、③説を前提としているものと思われる。
　(14)　伊藤3版529頁参照。
　(15)　論点解説（上）195頁〔中西正〕。
　(16)　立法の経緯については、基本構造と実務413頁〔小川秀樹発言〕、山本克己「否認権（下）」
　　ジュリ1274号125頁参照。

第14講　否認権（その3）

も否認の対象となりうるものであるが（破160条2項類推）、破産法は、その偏頗行為性に着目し、非義務偏頗行為として、否認の要件を緩和し、支払不能になる前30日以内の行為をも否認の対象としている（破162条1項2号本文）。

　担保供与が義務に属すると認められるためには、破産者と債権者との間にその旨の特約が存在する必要があり、単に債務が存在するだけでは、担保供与義務は認められない[17]。また、単に債務の履行期が到来しただけでは担保提供義務は発生しない。債務の消滅については、弁済期が到来していない債務の弁済、および特約がないにもかかわらず行われる更改は、いずれも義務に属しない債務消滅行為である。また、期限前の弁済は時期が義務に属しない行為といえるが、たとえば、支払不能よりも前に本来の弁済期がくる債務について、ほんの2、3日だけ早く弁済したというような、期限前弁済の程度が軽微である場合には、必ずしも否認の対象とするまでもない場合もあろう。また、担保の供与等の行為の方法が義務に属しない場合は、その程度で、支払不能発生前30日以内に遡って否認を認めるのは行き過ぎであり、ここでいう非義務偏頗行為には当たらない[18]。約定のない代物弁済は、担保供与等の行為の「方法」が義務に属しないものといえ、破産法162条1項2号の否認の対象にはならない。しかし、代物弁済に供した物の価額が、債務の額を超過する場合には、同160条2項で否認される可能性は残るであろう。

　b. 証明責任　　本来、偏頗行為否認の要件の証明責任は原則として否認を主張する者（破産管財人等）が負うが、いわゆる非義務偏頗行為の否認においては、それが詐害行為的な有害性をもつことから、一部の要件についての証明責任が転換されている。すなわち、非義務偏頗行為の否認にあっては、受益者の悪意が推定され、否認権の成立を否定する受益者の方で、行為の当時、当該偏頗行為が「他の破産債権者を害する事実」を知らなかったことを主張・証明してはじめて否認の成立が阻却されることになる（破162条1項2号但書）[19]。

　3）破産者の行為　　旧法では危機否認にあっても故意否認と同様に破産者の行為を要するかという点につき議論があった。これにつき判例の立場は、首尾

───────────

[17]　伊藤3版530頁以下、谷口258頁、注解3版（上）476頁〔宗田親彦〕、注解会更272頁〔櫻井孝一〕等。

[18]　小川232頁、条解破産2版1097頁、注釈（下）134頁〔高井章光〕等参照。

[19]　「他の破産債権者を害する事実」とは、支払不能に至ることが予見できるような客観的な事情という意味であり、「債権者を害する事実」（160条1項各号等）とは異なり、財産減少性（対価的均衡を欠くこと）や債務超過制を意味するものではないと解されている（山本克己「否認権（下）」ジュリ1274号126頁、全書2版（上）503頁〔早川学〕、大コンメン656頁〔山本和彦〕、注釈（下）135頁〔高井章光〕等）。

一貫していない。すなわち、執行行為の危機否認[20]や、破産者の有する定期預金を手形債権の弁済に充当する旨の債権者による通知の否認[21]の場合、第三者による債権者の銀行口座への振り込みについては破産者の行為と同視すべき場合には否認しうるとしている[22]。しかし他方で、破産者が債権譲渡をした場合における債務者の承諾[23]、破産債権者のなした相殺権行使について[24]、破産者の行為がないことを理由に否認の対象とはならないとしており、破産者の行為が必要であることを前提としている。

　これに対し、旧法下での学説における多数は、危機否認においては、少なくとも破産者の詐害意思を必要としていないことから、破産者の行為を要しないと解していた。この議論は、基本的には偏頗行為にも適用できよう。この点については、本書第12講「第8章2（2）否認の一般的要件」を参照のこと。

　4）偏頗行為の時期　　旧法下における本旨弁済否認あるいは非本旨弁済否認では、かかる行為についての否認の基準時は「支払停止若ハ破産ノ申立」とされていた（旧破72条2号本文・同4号本文）。しかし、平成16年の改正で、「支払不能になった」時期、または「破産手続開始の立て」の時期を基準とし、危機時期の始期に関する旧法の規定を修正した。

　支払停止は、弁済期の到来したすべての債務を永続的に支払うことができない旨を外部に表示する債務者の態度ないし行為を意味するが、通常、手形の不渡りがその代表であるとされる。しかし、支払停止にはそれ以前に経済的に破綻した状況が伏在しているはずであり、それが外形的な徴表として顕現したのが支払停止であると考えることができる。また他方で、旧法で支払停止が危機否認の基準時とされていたのは、それが外部的徴表として比較的明瞭であり、否認の成否を決しやすいという事情があったためである。しかし、支払停止が支払不能を契機としている以上、支払停止以前に支払不能状態が伏在しているはずであり、偏頗行為の否認を考える上では、支払停止が唯一絶対の基準時であるとする必要はない。むしろ支払不能にある状況下においてなされた弁済行為が一律に否認の対象

---

[20]　最判昭57・3・30判時1038号286頁〔百選5版38事件〕。

[21]　大判昭10・3・8民集14巻270頁。

[22]　最判平2・7・19民集44巻5号837頁〔百選5版28①事件〕、最判平2・7・19民集44巻5号853頁〔百選5版28②事件〕は、このような振込みは、共済組合に対する組合員の債務の弁済を代行するものにほかならないから破産者の行為と同視すべきであると判断している。

[23]　最判昭40・3・9民集19巻2号352頁。なお、最判平8・10・17民集50巻9号2454頁〔百選5版39事件〕も参照のこと。

[24]　最判昭41・4・8民集20巻4号529頁。

とされるべきである。旧法下で、多数説が、本旨弁済行為も故意否認の対象になると解していたのは、危機否認の基準時が支払停止とされていたために、その直前の事実上の支払不能状態においてになされた債権者の平等を害する偏頗行為を危機否認の対象とすることができなかったからである。結局、旧法下における多数説も、実質的な支払不能状態においてなされた行為をも否認の対象にすべきであるという価値判断をしていたものと考えられる。

そこで、平成16年の改正では、以上のような事情を考慮し、偏頗行為の否認につきその基準時として支払不能を採用すると共に（破162条1項1号本文・2号本文）、それに加えて、否認権の積極的な行使を保障するために、否認との関係においても（破15条2項参照）、支払いの停止（破産手続開始の申立て前1年以内のものに限る）があった後は支払不能であったものと推定するとの規定が設けられたのである（破162条3項）。

具体的に何をもって支払不能とするかについては、破産法2条11項に定義規定があり、これに該当するか否かによって判断される。すなわち、まず①支払能力の欠乏が必要であるが、それを判断するについては、債務者の行為当時の財産状態のみならず、その信用や稼働能力等も踏まえて判断する必要がある。よって、たとえ財産があってもその換価が困難であれば支払不能と判断される場合があるし、逆に、財産がなくても、信用や収入に基づく弁済能力があれば支払不能とはならない。次に、②弁済期にある債務について弁済できない客観的状態が必要であり、これは、債務者が主観的に弁済を不可能と判断していても支払不能ではないし、逆に債務者が弁済を可能として弁済を継続していても、客観的に弁済能力が欠けていれば支払不能となる（表面的には弁済能力を維持していても、その弁済原資を高利金融や営業資産の投げ売りなどによって無理算段をして調達しているような場合には、なお支払不能と解される）。

また、支払不能発生前に担保のために債権譲渡契約を締結し、支払停止などの事実が生じたことを停止条件として譲渡の効力を生じさせる旨の契約は、行為自体は、支払不能発生前に行われてはいるが、その実質は、支払不能後の担保供与行為と同視されるから、偏頗行為否認の対象となりうる[25]。これに関しては、本書第3章4(2)（第3講）も参照のこと。

この否認類型では、破産手続開始の申立ての日から1年以上前にした行為は、支払停止があった後になされたものであること、または支払停止の事実を知っていたことを理由として否認することはできないとされている（破166条・162条3

---

[25] 伊藤3版528頁以下。

項かっこ書）。これは、支払不能と異なって、支払停止は、破産者の継続的経済状態ではなく一回的な行為であり、破産手続開始からみて合理的範囲を超えて否認の可能性をさかのぼらせることを認めるのは、取引の安全を害することが考慮されたためである[26]。

　5）**相手方の善意・悪意**　　旧破産法の下における危機否認では、偏頗行為の相手方の善意・悪意を要件とすることで、否認の成否につき破産管財人と破産債権者（受益者）との間の公平を図っていた。現行法の下においても、支払不能あるいは破産手続開始の申立てについての善意・悪意を要件とすることで、同様の配慮がなされている。すなわち、本旨にしたがった偏頗行為の否認（破162条1項1号本文）については、受益者（債権者）が、その行為の当時、支払不能または支払停止があったという事実を知っていた場合に限られる（破162条1項1号但書イ）[27]。これは、債務者の経済状況について、善意の債権者に対する弁済を保護し、取引の安全を確保する趣旨である。

　また、当該行為が破産手続開始の申立てがあった後になされたものである場合には、否認が認められるのは、その行為の当時、破産手続開始の申立てがあったという事実を債権者が知っていた場合に限られる（破162条1項1号但書ロ）。これらの場合においては、否認訴訟等における上記主観的要件についての主張・証明責任は、破産管財人が負う。

　これに対して、本旨にしたがわない偏頗行為の否認（破162条1項2号）では、債権者が、その行為の当時、他の破産債権者を害する事実を知らなかった時は、否認を免れる（破162条1項2号但書）。この場合、当該弁済行為等が債権者平等に反することを知らなかったことの主張・証明責任は、債権者が負う。

　要するに、本旨弁済の場合には、危機時期にあったという事実が主張・立証の

---

　[26]　同様の趣旨から旧破産法84条は、「破産宣告の日より」1年以上前にした行為については、支払停止の事実を知ったことを理由として否認することはできないものとしていた。これに対して現行破産法では、①破産手続開始の申立てから開始決定までに要する期間によって否認の成否が左右されるのは合理的ではないこと、また、②破産法160条1項2号や同条2項が支払停止後の行為であることを理由として否認を認めていることを考慮すると、支払停止についての認識だけではなく、支払停止後の行為そのものについても、期間制限を設けるべきであるとの判断から、「破産手続開始の申立ての日から」1年以上前にした行為は、それが支払停止後の行為であること、または支払停止について悪意でなされたことを理由として否認することができないものとした（小川233頁）。
　[27]　「支払不能であったことを知っている」とは、支払不能の判断を基礎づける事実を知り支払不能と判断していた場合だけでなく、支払不能を推認させる事実を認識していた場合をも含むと解すべきである（論点解説（上）195頁〔中西正〕、大コンメン654頁〔山本和彦〕）。

対象とされているのに対し、非本旨弁済の場合には、債権者を害することを知らなかったことが証明主題とされており、後者にあっては、証明主題が加重されているとともに、証明責任が、前者では管財人に課せられているのに対し、後者では、債権者に課せられている。

6）相手方が内部者などである場合等の悪意の推定　本旨にしたがった偏頗行為（破162条1項1号）の否認については、受益者が、以下のような内部者など破産者と特別の関係にあると考えられる者であるときは、行為の当時、それらの者が、支払不能等（破162条1項1号但書イロ）について知っていた蓋然性は高い。したがって、これらの者につき悪意を推定し（破162条2項1号）、その結果、受益者に善意についての証明責任を負担させることになっているが、それは必ずしも不当とはいえない。したがってこれによって、管財人の否認の要件についての証明責任が緩和され、否認しやすくなっている。このような、破産者と特別の関係にあると考えられる者とは以下の者である。

① 破産者が法人である場合には、その理事、取締役、執行役、監事、監査役、清算人またはこれらに準ずる者（破162条2項1号・161条2項1号）　これらの者は、法人の運営に関する重要な情報を把握し、その意思決定に参画しうる地位にあると考えられるからである。したがって、「それらに準ずる者」というのも、そのような地位にある者をいうと解される。具体的には、会計参与（会社326条2項以下）、会計監査人（一般法人107条、会社396条以下）、評議員（一般法人172条以下）、持株会社の業務執行社員（会社593条）、一時役員の職務を行うべき者（一般法人75条2項）、取締役、執行役、業務執行社員の職務を代行する者（会社352条・420条3項・491条・603条）等が含まれる一方、発起人（会社52条以下）、設立時取締役、設立時監査役などは、その職務の性質から、含まれないと解される[28]。

② 破産者である株式会社の総株主の議決権の過半数を有する者（破162条2項1号・161条2項2号イ）　破産者である株式会社の意思決定を支配している者は、個人・法人を問わず、内部者として、隠匿等の処分意思について証明責任を転換するものである。

③ 破産者である株式会社の総株主の議決権の過半数を子株式会社または親法人および子株式会社が有する場合における当該親法人（破162条2項1号・161条2項2号ロ）　条文は若干理解しにくいが、これは、子株式会社を通じて破産会社の総株主の議決権の過半数を保有している親法人、または、親会社自身と子株式会社の議決権を合算すると、破産会社の総株主の議決権の過半数を保有して

---

[28] 大コンメン642頁〔山本和彦〕、条解破産2版1086頁。

いる当該親法人について内部者とするものとした規定である。

④　**株式会社以外の法人が破産者である場合におけるイまたはロに掲げる者に準**
ずる者（破 162 条 2 項 1 号・161 条 2 項 2 号ハ）　　破産者である法人の意思決定
を支配している者を内部者として、隠匿等処分意思についての証明責任を転換す
る点では、イおよびロと共通の規律である。イに掲げる者に準ずる例としては、
持株会社である破産者の持分の過半数を有する者、ロに掲げる者に準ずる例とし
ては、持株会社である破産者の持分の過半数を（一般法人 2 条 4 号）を通じて、また
は子法人と合算して親法人が有する当該親法人などが考えられる[29]。

⑤　**破産者の親族または同居者（破 162 条 2 項 1 号・161 条 2 項 3 号）**　　これらの
者は、破産者との関係から、破産者の支払不能等について悪意であることが多い
と考えられるからである。

　以上に対して、非本旨弁済の偏頗行為（破 162 条 1 項 2 号）の否認については、受
益者が破産者と一定の関係にあることを問うことなく、支払不能等（破 162 条 1 項
1 号但書イロ）について悪意が推定されている（破 162 条 2 項 2 号）。

7）同時交換的行為と否認　①　**同時交換的行為の意義**　　同時交換的行為と
は、たとえば、破産者が第三者から新たに資金を借り入れると同時に、その担保
のために担保権を設定する行為等を意味する。このような同時交換的行為につい
て否認を認めるべきか否かについては、旧法下では、判例・学説上争いがあった[30]

---

[29]　条解破産 2 版 1087 頁。

[30]　伊藤・破産 3 版補訂 350 頁、中西正「同時交換的取引と偏頗行為の否認」法学 62 巻 5
　　号 1 頁以下等参照。

　　従来の議論において、偏頗行為否認の対象となると考える根拠は、同じ債権を取得し
　ながら、旧債権者は割合的満足に甘んじなければならないのに、同時交換的行為の債権
　者は融資をした時点では一般の債権者と同じなのに、それと同時に担保権を取得するこ
　とになり、債権者間の平等に反するということであった。それに対して、偏頗行為否認
　を否定する根拠は、①偏頗行為否認が問題とするのは、本来の優先関係を潜脱する「抜
　け駆け的」回収であるのに対し、同時交換的行為にあっては、担保の供与を前提として
　新規融資が行われるのであり、これは、担保権の付された優先的な地位が付与された債
　権であるといえ、この場合には、当該債権者は一度も一般債権者としての地位には立っ
　ていないのであり、既存の優先関係を潜脱するとは評価することはできない。また、②
　担保の供与が融資と同時にまたはそれに先行してなされている場合には、融資をした債
　権者としては、担保の供与が否認されるのであれば融資をしなかったであろうという場
　合が通常であり、両者の行為の間には密接な関連性があると考えられる。そうであるに
　もかかわらず、両者の行為が法律的には別個の行為であるとして、担保の供与のみに着
　目し、既存の債務に対して担保が供与された場合と同様の要件で否認を認めることは相
　当ではない。③同時交換的行為を偏頗行為否認の対象とすると、経済的危機に瀕した債
　務者に対し、その再建を図るために行われる融資（いわゆる「救済融資」）が、否認リス
　クのために萎縮し、かえって、当該債務者の再建の途を閉ざしてしまうことになる、等

が、現行法では、否認の対象にはならないとする旨が明文で規定された（破 162 条
1 項柱書のかっこ書）。

　同時交換的行為と評価されるためには、担保権の設定が融資にかかる契約と同
時か、それに先行する場合であることを要する（破 162 条 1 項柱書のかっこ書）。し
かし、この要件は、社会常識に照らして判断すればよく、あまりに厳格に解すべ
きではない。論理的にいえば、借入れが少しでも先行していれば、その金銭は総
債権者の引き当てになるものであり、その後の担保設定はすべて既存債務に対す
るものであることになり、偏頗行為として否認されると解することになるが、そ
れは現実の経済取引の実情に適合しないであろう。たとえば、売買契約が締結さ
れた後、ごく短期の一定期間が経過した後に、目的物の引渡しと代金全額の支払
いが同時に行われた場合、代金の支払いは、既に締結されていた売買契約に基づ
く売買代金債権について行われたものであり、厳密に言えば、「既存の債務につい
てなされた」債務の消滅行為に該当すると解されるが、この場合の売主は、一般
債権者としての地位に立ったとはいえず、同時交換的行為と見るべきであろう[31]。

　なお、新規融資と同時に行われる担保権の設定が同時交換的行為として偏頗行
為否認の対象とされないためには、融資の際に担保権を設定する旨の合意をした
だけでは足りず、その際に当該担保権の設定が第三者に対抗できるものでなけれ
ばならない。ただし、この場合にも、融資の実行と担保権設定にかかる対抗要件
の具備について厳密な同時性が要求されるものと解する必要はない。たとえば、
融資契約と担保権設定契約が同時に締結された後、融資が実行され、その後に担
保権設定にかかる対抗要件が具備された場合、担保権設定契約と対抗要件の具備
が時間的に接着しているなど、社会通念上一体の取引と評価できれば、当該担保
権の設定は「既存の債務についてされた」とは評価されず、同時交換的行為に当
たるものとして偏頗行為否認を免れると解すべきである[32]。

　新たな借入れと同時に新たに設定された担保が、既存の債務をも被担保債務と
する場合、新規債務に対する担保設定と既存債務に対する担保設定が区別できる
ときは、新規債務に対する担保設定については同時交換的行為として偏頗行為否
認を免れる[33]。もし両者が区別できないときは、全部否認を肯定する見解があ

　　の諸点にあるといえよう。新法では、偏頗行為否認否定説の説く以上のような理由から、
　　同時交換的行為が否認の対象とならないことを明文で規定したものである（破 162 条 1
　　項柱書のかっこ書）。

(31)　山本克己・前掲（下）・ジュリ 1274 号 127 頁。

(32)　小川 230 頁以下。

(33)　この点につき争いはない。その処理については、大コンメン 650 頁〔山本和彦〕、倒産
　　処理法制 272 頁〔山本和彦〕参照。なおこの問題に関しては、山本克己ほか「〈討論会〉

400　　　　　　　　第 8 章　否認権

る[34]が、仮に両者を区別できないとしても、既存債務と新規の債務とは区別可能であり、新規債務に対する担保権設定は同時交換的行為として偏頗行為を免れ、既存債務に関する部分については担保権設定はなされなかったものとして取り扱うことは可能であろう。

② **同時交換的行為の否認可能性**　なお、同時交換的行為は、偏頗行為否認（破162条等）の対象にはならないが、倒産法上、まったく否認の対象にならないものではない。すなわち、担保権の設定が融資にかかる契約と同時にまたはこれに先行してなされている場合には、経済的には、担保権の目的物を売却して資金調達をした場合と同様の実体を有すると考えられるので、相当の対価を得てした財産処分行為の否認（破161条）が問題となり、同条1項各号の要件を満たせば、否認が可能であろう。たとえば、新規融資の実行時に、債務者が融資された金銭を隠匿したり、関係者に贈与したりする意思を有しながら、それと引き換えに自己の不動産等に抵当権を設定した場合に、融資者が融資の時点でそのような債務者の融資資金の使途を知っていたような場合である。

同時交換的行為が適正価格での処分行為の否認と同様の要件で否認された場合は、融資契約と担保権設定契約の両方が失効すると解され、効果についても、破産法167条1項等のほか、同法168条が適用され、相手方の有する不当利得返還請求権は、破産者等に利益が現存する限度で財団債権として保護を受け、利益が現存しない場合には、破産債権として取り扱われる[35]。

5　否認の要件に関する特則

(1)　手形支払い等と否認

1) 手形支払いに関する否認の制限（破163条1項）　以下の図のように、Xが、Yに振り出した約束手形をZがYから裏書取得して所持していたところ、満期後にXが経済的に破綻し、破産申立てをしたとしよう。

この場合、手形の所持人たるZとしては、手形の提示をして支払い

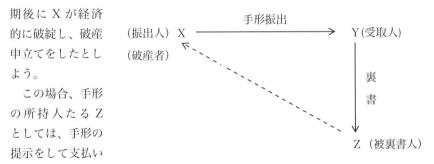

―――――――――
新破産法と否認の実務（中）」金法1730号21頁以下参照のこと。
(34)　伊藤3版527頁注240。
(35)　倒産処理法制272頁〔山本和彦〕。

を受けた場合、その手形の支払行為が後に否認されると、その時点で手形法上の支払拒絶証書作成期間が経過している以上、もはや支払拒絶証書の作成は不可能であるから（手44条3項・77条1項4号）、Yに対する遡求権を行使することができない。しかし、たとえ支払いを受けても後に否認される可能性があるからといって、振出人などに対する手形の呈示による支払拒絶証書（手38条・44条・77条1項4号）の作成を受けなければ、やはり裏書人であるYに対する遡求権を失う（手53条1項2号・44条3項・77条1項4号）。すなわち、Zとしては、一方で遡求権保全のためには支払いを求めざるを得ず、他方で、支払を受けても後に否認されると遡求権を失うという二重の悩みがある。これを解消するために、破産法163条1項は、このような場合につき否認を制限したのである。この理は、破産者が、為替手形の支払人または引受人である場合にも同じく妥当する。したがって、ここでいう「手形」には約束手形や為替手形のほか、小切手も含まれる。

　2）**手形の買戻しと否認**　　手形支払に関する否認の制限規定（破163条1項）との関係で、手形の買戻しが否認の対象になるか、という問題が生じる。この問題につき、以下のような事例で考えてみよう。すなわち、①BがAに融通手形を振り出し、②Aがその手形をY銀行に割り引いてもらった。そして、③Aの支払停止があった当日、Y銀行は割引手形（満期未到来）につきAに買戻しを請求し、

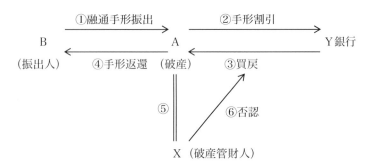

④Aは買戻代金を支払ってYから手形を戻し、その手形をBに返還した。その後、⑤Aが破産手続開始決定を受け、Xが管財人に選任され、⑥Xは、当該買戻行為を否認して、買戻代金の返還をY銀行に求めたという場合である。

　このような場合に、買戻行為が否認されると、Aは手形を既にBに返還しており、手形をYに引き渡すことができず、したがって、Y銀行は振出人Bに対して手形上の権利を行使することは事実上できないので、破産法163条1項を類推適用して否認を制限すべきではないのか、という問題が生じるのである。

　これに関して判例・通説は、破産法163条の類推適用を否定する。なぜならば、

たしかに、否認されると権利行使が不可能になるという事情はあるが、Yとしては、手形を所持していれば、破産債権として権利行使をすることは可能であり、買戻しを要求しないと後の権利行使が不可能になるという事情はなく[36]、破産法163条1項の前提を欠くからである。

3）破産財団への償還　破産法163条1項によれば手形の支払行為の否認が否定されるが、たとえば、これを予測する債権者Yが、後の破産者Xに約束手形を振り出させ、自己が受け取った手形をZに裏書譲渡し、ZにXから弁済を受けさせることによって（これは否認することができない〔破163条1項〕）、間接的に自己の債権の回収を図ることが考えられる。そこで、破産法163条2項は、手形の振出しを委託したYが、手形の振出しの当時、Xに支払停止があったり破産手続開始申立てがあった事実を知り、または過失によってそれを知らなかった場合には、破産管財人は、Yに対して、破産者が支払った金額を償還させることができると規定した。これは、手形の支払いについて否認できない場合を利用して、破産者に支払停止等があったことを知りながら、手形を利用して債権の満足を受けるような結果を防止しようとするものである。

ここで、償還義務を負うのは、①最終の償還義務者、つまり、約束手形では第1裏書人、為替手形では振出人、および②手形の振出しを委託した者（たとえば、Yが破産者Xに依頼して、破産者X振出人、第三者Zを受取人とする約束手形を振り出させ、これをZから裏書譲渡を受ける場合や、Zを受取人とする約束手形の振出を委託し、自己がその他人から白地裏書を受けて、第三者に交付し、第三者に否認を免れさせた場合等）をいう。また償還義務者の悪意の対象は、振出当時の支払停止等である。

この償還請求権は、実質的には否認に代わるものであり、否認権に関する規定が類推適用される。したがって、破産手続開始申立てから1年以上前の振出行為については適用されず（破166条）、また、償還義務の履行により償還義務者の債権は原状に復する（破169条）と解される[37]。

4）租税・罰金請求権に関する例外　租税等の請求権および罰金等の請求権につきその徴収権者に対してなされた弁済や担保供与については、偏頗行為否認の規定は適用されないものとされている（破163条3項）[38]。

これらの請求権のうち、財団債権（破148条1項3号）に該当するものは、そもそ

---

[36]　最判昭37・11・20民集16巻11号2293頁〔百選5版35事件〕参照。

[37]　大コンメン660頁〔山本和彦〕。

[38]　なお、条文の文言から、偏頗行為否認の規定が適用されないのは、本旨弁済だけではなく、非本旨弁済についても、否認の対象にはならない。これに関し、東京高判平25・7・18金法1982号120頁参照。

も有害性を欠き、否認することはできないと考えられるが、破産債権となる部分（破98条1項・99条1項1号〔97条4号〕）については理論上否認の可能性はあり得る。しかし、公法上の請求権である租税等の請求権や罰金等の請求権について政策的な考慮から特別の保護規定が置かれたものと考えられる[39]。

（2）　対抗要件具備行為の否認（破164条）

1）　対抗要件具備行為の否認の立法趣旨　　元来、行為の有害性は、原因行為について考えられるべきものであるから、原因行為が破産債権者にとって有害なものといえなければ、その結果たる権利変動などについて対抗要件を備えさせるのが妥当である。このように考えれば、原因行為の否認とは別に、対抗要件の否認を認める必要はない。しかし、破産者に属する財産について売買や担保権設定などの原因行為がなされたにもかかわらず、対抗要件具備による公示がなされなければ、破産者の一般債権者としては、その取引がなされていないもの、言い換えれば、原因行為の対象財産が責任財産から逸失していないものとの信頼をいだく。ところが、破産手続開始前の危機時期にいたってはじめて対抗要件が具備され、権利の移転などの効力が破産債権者に対抗できるものとなるとすると、この債権者の信頼が裏切られることになる。また、原因行為を否認することが困難である場合に、対抗要件を具備する行為を否認することができるとすれば、原因行為を否認したのと同じ結果を得ることができる。さらに、対抗要件具備行為は財産の譲渡を完成させる行為であるから、その原因行為と実質的には異ならないともいえる。

　そこで破産法は、このような考慮から、支払停止または破産手続開始の申立てがあった後に、権利の設定・移転・変更をもって第三者に対抗するのに必要な行為（対抗要件具備行為）が行われた場合、その行為が、権利の設定・移転・変更（「原因行為」）があった日から15日を経過し、かつ、支払停止等（支払停止または破産手続開始申立て）があった後に、悪意でなされた場合には、原因行為について否認権が成立するか否かとは関係なく、対抗要件具備行為自体を否認することを認めた（破164条1項本文）。

　このように、破産法164条1項は、原因行為から15日以降になされた対抗要件具備行為を否認の対象にしている。そこで、その文言（とくに「原因行為から15日を経過した後」という文言の意味）の理解を中心に、いわゆる創設説と制限説とが対立している[40]。しかし、これは単に学理上の争いというだけではなく、場合によ

---

(39)　基本構造と実務419頁〔小川秀樹発言〕、条解破産2版1103頁、大コンメン661頁〔山本和彦〕等参照。

(40)　創設説を採るものとして、加藤正治『破産法研究（9）』（有斐閣・1936年）164頁、斎

っては、いずれの見解によるかということにより、具体的な結果に違いが出てくることがある。

　創設説によれば、原因行為が否認できず、これが有効になされた以上は、これに伴う登記は債務者の当然の義務に属し、この義務の履行によって債務者の財産を減少させるものではないから、この登記義務の履行は、本来、破産法160条1項によっては否認することができないものであるとの前提に立つ。しかし、原因行為から15日以上過ぎてなされたというように、原因行為がなされた後に、とくに遅れてなされた登記等の対抗要件具備行為については、破産法164条がとくに否認することができるとする創設的な規定を設けたものであると説明するのである。それに対して、制限説は、登記などの対抗要件具備行為は、第三者に対する関係では実質的に財産処分行為であるから、本来、一般の否認規定である破産法160条1項の規定の適用があるはずであるとの前提をとる。しかし、対抗要件具備行為は、新たに権利変動を生じさせる行為ではなく、既に生じた権利変動を完成させる行為にすぎないので、原因行為自体に否認の理由がない限り、できるだけ対抗要件を具備させようとする趣旨から、その否認の要件を厳しくし、破産法160条1項によって、原因行為から15日以内になされた対抗要件具備行為のみを否認できないものとして制限したものであると説明する。

　2）否認の対象　破産法164条の否認の対象となる具体的な対抗要件具備行為としては、不動産物権変動や集合債権譲渡などについての登記（民177条、動産債権譲渡特2条等）、自動車抵当についての登録（自抵5条）、動産物権変動についての占有移転（民178条）、債権譲渡についての確定日付ある通知・承認（民467条2項）等がある。

　これに対して、仮登記（または仮登録）に基づく本登記（または本登録）を否認することはできない（破164条1項但書）。ただし、仮登記または仮登録自体に否認原因があれば、仮登記または仮登録を否認することができる。

　3）**対抗要件具備行為の時期**　対抗要件具備行為が否認の対象となるには、以下の2つの要件を具備しなければならない。すなわち、まず第1は、対抗要件具備行為が、権利の設定、移転または変更があった日から15日を経過した後に行われたものであることであり、第2は、対抗要件具備行為が、支払停止または破

藤常三郎『日本破産法』（弘文堂書房・1933）254頁、菊井維大『改訂増補破産法概要』（弘文堂・1956年）117頁、条解会更（中）88頁等があり、制限説を採るものとして、井上直三郎「破産法第74条に就いて」破産・訴訟の基本問題（有斐閣・1971年）290頁（292頁以下）、加藤6版314頁等。なお、最判昭45・8・20民集24巻9号1339頁〔百選5版36事件〕も制限説に立っている。

産手続開始申立ての後になされたものであることである。特別に否認が認められるのは、それが危機時期以降における行為だからである。

4）相手方の悪意　破産法164条1項は、支払停止等の認識を主観的要件としているが、悪意の主体が誰かは規定上明瞭ではない。これに関しては、破産者の相手方が、支払停止または破産申立ての事実を知っていたことを要するとするのが通説・判例[41]であるとされる。それに対し、近時、たとえば債権の譲渡人たる破産者による通知のように、受益者たる譲受人が関与しない対抗要件具備行為の場合に、受益者が支払停止等を知らなかったことを理由として否認の成立を否定することは破産法164条の趣旨に沿わないことを理由に、ここでいう悪意とは、対抗要件具備行為を行った者の悪意であるとする見解も有力に唱えられている[42]。

5）解釈上の諸問題　**①　支払停止等より前の対抗要件具備行為についての否認可能性 ── 対抗要件具備行為に対する詐害行為否認・偏頗行為否認の可否**　破産法164条は、危機時期後の否認の一種であり、したがって、支払停止または破産手続開始申立前の対抗要件具備行為は、その対象とはならない。また、それ以後の対抗要件具備行為であっても、破産手続開始申立てから1年以上前のものは、支払停止後になされたものであること、または支払停止の事実を知っていたことを理由として否認することはできない（破166条）。

a．そこで、このような場合であっても、さらに時期の制限のない詐害行為否認（破160条1項1号）の対象となし得るか否か、という問題が生じる（とくに、支払停止または破産手続開始申立前になされた対抗要件具備行為の場合）。この問題に関していえば、対抗要件否認の制度の立法趣旨のとらえ方によって、結論にも違いが出てくるであろう。すなわち、創設説では、本来否認できないものを、破産法164条が特に否認できる場合として規定したのであるから、これは厳格に解釈すべきであるということになる。したがって、原因行為が否認の対象となっていない限り、対抗要件具備行為は登記義務者が当然なすべき行為であり、164条で否認できないものは160条1項によって否認することはできないことになろう。それに対して、制限説の側では見解が分かれている。つまり、一つは、対抗要件具備行為も詐害行為として独立に否認の対象となりうる行為であるが、原因行為から15日を経過する前になされた対抗要件具備行為について否認を制限する趣旨と理解すべきであり、したがって、破産法164条に基づく否認が成立し得ない場合でも、

---

(41)　注解3版（上）499頁〔宗田親彦〕、基本コンメン118頁〔池田辰夫〕。大判昭6・9・16民集10巻818頁、最判昭39・3・24判時370号30頁。

(42)　条解破産2版1111頁、大コンメン670頁〔三木浩一〕、伊藤3版545頁。

詐害行為否認の可能性は否定されず、その場合には、原因行為から 15 日の期間は決定的な意味を持たないと解して、否認の対象となると解する見解である[43]。そして、この見解が現在では多数説である。それに対し、破 164 条は 160 条 1 項の要件を一般的に加重したものであると解すれば、対抗要件具備行為の否認は破164 条によってのみ可能であり、同条の要件を満たさない対抗要件具備行為は否認の対象たり得ないと解する見解もある[44]。

　b．また、支払不能後でかつ支払停止・破産手続開始申立て（支払停止等）の前になされた対抗要件具備行為に対して偏頗行為否認ができるかという問題もある。すなわち、破産法 164 条は、支払停止等の後でありかつ原因行為から 15 日を経過した後の対抗要件具備行為を否認の対象としている。それに対し、同 162 条では、偏頗行為否認の対象行為の範囲を、支払停止等の後の行為だけでなく、支払不能になった後の行為にまで拡張している。したがって、対抗要件具備行為が債務の消滅に関する行為としての性質をもつことを踏まえれば、それが、支払不能後でかつ支払停止等の前になされた場合、破産法 164 条では否認することはできないが、同 162 条で否認することができないか、という点が問題となるのである。これについては、通説は、詐害意思の存在を要件としない偏頗行為否認において、支払停止発生前の支払不能状態における対抗要件具備行為を否認の対象とすることになれば、15 日の期間は何らの意味をもちえず、原因行為から若干でも後れる対抗要件具備行為は、すべて偏頗行為の対象となりうるものであり、その結果は、同法 164 条の存在意義を失わせるものであるとして、そのような偏頗行為否認はできないと解する[45]。また、支払不能はないが支払停止があった場合にも、同法164 条は同 162 条 1 項 1 号の要件加重規定であり、同条の要件を満たすことが前提であるとして、この場合の偏頗行為否認も否定する[46]。

②　破産者が債権を第三者に譲渡した場合に、債務者のした承諾（民 467 条）の否

---

[43]　山木戸 214 頁、谷口 262 頁、伊藤 3 版 553 頁以下、石川 236 頁、基本コンメン 120 頁〔池田〕、中島 356 頁、大コンメン 664 頁以下〔三木浩一〕、条解破産 2 版 1119 頁以下等。その他、下級審裁判例として、東京地決平 23・8・15 判タ 1382 号 349 頁①事件、東京地決平 23・11・24 金法 1940 号 148 頁等がある。

[44]　井上・前掲・破産・訴訟の基本問題 296 頁、中田 165 頁、注解 3 版（上）494 頁〔宗田親彦〕、大判昭 6・9・16 民集 10 巻 818 頁等。

[45]　基本構造と実務 424 頁以下〔山本和彦発言〕、条解破産 2 版 1118 頁、大コンメン 665 頁〔三木浩一〕、伊藤 3 版 553 頁以下。なお、このような問題の発生を避けるために、破産法 164 条にいう支払停止を支払不能と読み替えるべきであるとの見解もある（畑瑞穂「対抗要件否認に関する覚書」民事紛争と手続理論の現在〔井上治典先生追悼論文集〕〔法律文化社・2008 年〕555 頁）。

[46]　基本構造と実務 425 頁〔山本和彦発言〕、大コンメン 665 頁〔三木浩一〕。

認可能性　この問題につき判例[47]は、破産者の行為またはこれと同視しうるものだけが否認の対象になるとして、これを否定している。これに対し、通説は、破産法 164 条の否認は、偏頗行為の否認として主張される場合（破 162 条 1 項1 号）はもちろん、詐害行為の否認として主張される場合であっても、破産者の詐害の意思を必要とするものではないから（破 160 条 1 項 2 号）、必ずしも破産者の行為であることを要せず、その効果において破産者による対抗要件具備行為と同視され得る債務者の承諾も否認の対象となると解している[48]。

　なお、破産者からの譲受人がなす保存登記（不登 74 条参照）についても同じ問題がある。下級審裁判例であるが、無条件に否認を肯定するもの[49]と、破産者の協力・加功があり、破産者の行為と同視される場合に限るとするもの[50]とがある。上記通説によれば、否認は肯定されるであろう。

　③　**停止条件付債権譲渡と否認可能性**　債権の担保として、債務者が現在および将来の債権を包括的に債権者に譲渡するいわゆる集合債権譲渡担保契約は、判例上その有効性が認められている[51]。しかし、契約時に、第三債務者に対し対抗要件としての債権譲渡の通知を行うと、譲渡人（債務者）の信用不安が惹起される懸念があるため、譲渡人の危機状態の到来まで通知を留保しておきたいという実務上の要請がある一方で、通知を危機時機到来時（破産手続開始申立時、支払停止時など）まで留保した場合、その後に行われる対抗要件具備行為は、多くの場合、債権譲渡日から 15 日以上を経過した後に悪意でなされたとして、破産法 164 条 1項による対抗要件否認を免れない。そこで、かかる対抗要件否認を回避する目的で、担保権設定時に債権譲渡の効力を発生させず、債務者の支払停止や破産手続開始申立等の事由が生じた時点で、それを停止条件として債権譲渡の効力が発生するとし、それから 15 日以内に債権譲渡の通知をして対抗要件後具備するといったような手段が講じられることがある。

　しかし、このような技巧的な構成によって否認を回避することを認めた場合には、対外的に何ら公示されていない譲渡担保権が、危機時期に至って突如として対抗要件を具備することによって破産債権者に優先する結果となり、一般債権者の利益を不当に害する。よって、集合債権譲渡契約自体を非典型担保の設定と見て、15 日の起算日は契約日と見る見解が生まれ[52]、このような立場に立つ学説・

---

(47)　最判昭 40・3・9 民集 19 巻 2 号 352 頁〔百選〔初版〕37 事件〕。

(48)　注解破産（上）498 頁〔宗田親彦〕、伊藤 3 版 542 頁。

(49)　大阪高判昭 36・5・30 判時 370 号 32 頁。

(50)　大阪高判昭 40・12・14 金法 433 号 9 頁。

(51)　最判昭 53・12・15 判時 916 号 25 頁、最判平 11・1・29 民集 53 巻 1 号 151 頁。

下級審裁判例も現れるようになった[53]。さらには、こうした契約は否認制度の潜脱を目的とする脱法行為であるとして、停止条件の特約を無効とする見解[54]や、同様の理由で停止条件の主張は信義則上許されないとする下級審裁判例[55]も現れている。

　ただ、何が否認の対象になるのかについては、①譲渡担保設定契約、②危機時期発生後の債権譲渡、③債権譲渡にかかる対抗要件具備行為、等さまざまな見解が唱えられていた。それに対し、近時、最高裁判所[56]は、②の立場に立つことを明らかにした。これによれば、対抗要件具備行為を否認する必要はなくなる。

（3）　執行行為の否認（破165条）

1）強制執行による満足　　破産法165条の規定の趣旨について、前段は、破産者による財産の売却や債務の弁済が否認の要件を具備している場合には、相手方が債務名義を有しているとしても、そのことが否認を妨げる理由にはならないことを注意的に規定したものであり、後段は、受益者が執行行為に基づいて権利を実現したときでも、私法上の効果としては、それが任意に実現されたのと同じであるから、否認の要件を具備している限り、これを否認できることを注意的に規定したものである[57]と説明されている。

　これは、債務名義や執行行為が介在する場合であっても、詐害行為否認および偏頗行為否認が可能であることを明らかにしたものであり、破産者の行為を要しない否認権の典型的な場合といえる。ただ、執行行為そのものは国家機関によって行われるから、否認の前提となっている破産者自身の行為や悪意を観念することができるかという問題がある。

2）破産者の行為の要否　　破産法165条後段で強制執行を否認する場合、強制執行手続が、債務者の行為を要せず、債権者の債権者の申立てにより国家機関が開始するものであることから、否認の一般的要件として、債務者の行為の要否が問題となる。

　旧法下の判例は、旧72条1号（故意否認）の場合については、破産者が同号の定

---

[52]　長井秀典「停止条件付集合債権譲渡の対抗要件否認」判タ960号37頁、同「停止条件付集合債権譲渡と否認」金商1060号104頁。

[53]　実務と理論108頁〔高地茂世〕、伊藤3版544頁。下級審裁判例として、大阪地判平10・3・18判時1653号135頁〔百選3版36①事件〕、大阪高判平10・7・31金法1528号36頁。

[54]　田頭章一「判批」リマークス1999（下）152頁。

[55]　大阪地判平14・9・5判タ1121号255頁、東京地判平15・9・12判時1853号116頁。

[56]　最判平16・7・16民集58巻5号1744頁〔百選5版37事件〕。

[57]　大コンメン671頁〔三木浩一〕、条解破産2版1122頁。

めるような悪意をもって強制執行を招致した場合[58]または、破産者が自らその弁済をしたと仮定すれば同号の定めるような悪意をもってしたと認められる状況にある場合[59]に、強制執行を否認できるとしていたが、同号2号（危機否認）の場合については、破産者の行為性を要しないとしていた[60]。

現行破産法の制定に当たり、執行行為否認に関する規定については実質的な改正はなされていないことからすれば、これらの判例は、現行法下でも妥当するといえよう。よって、詐害行為否認のうち、債務者の詐害行為を要する否認類型については、債務者の行為またはそれと同視される第三者の行為の存在が必要であると解すべきであるが、詐害行為否認のうち債務者の詐害意思を要しない否認類型と偏頗行為否認については、破産者についての主観的要件は必要とされておらず、したがってそれを判断するための債務者の行為は要しないと解すべきであろう[61]。

なお、詐害行為否認の第1類型が主張される場合には、判例は、破産者の詐害意思の存在を推認させる程度の加工行為、またはそれと同視される第三者の行為を要求しているので、旧法下の故意否認に関する判例も破産者が故意に執行を招致したか、みずから弁済をなしたとすれば悪意をもってなしたものと認めることが必要であるとする[62]。

3）否認の対象　　破産法165条によれば、執行行為の否認は、①否認しようとする行為につき、執行力ある債務名義があるとき、または、②その行為が執行行為に基づくものであるときにおいても否認することができる。

①　執行力ある債務名義があるとき　　執行力ある債務名義があるときとは、債権者の満足を否認するものであり（破165条前段）、通常、3つの類型に分けられている[63]。

a．まず第1は、債務名義の内容である義務を生じさせた破産者の行為を否認する場合である。たとえば、破産者がある物を買い、その代金の支払いを命じる

---

[58]　最判昭37・12・6民集16巻12号2313頁〔百選40事件〕。

[59]　大判昭8・12・28民集12巻3043頁、大判昭14・6・3民集18巻606頁。

[60]　最判昭48・12・21判時733号52頁、最判昭57・3・30時1038号286頁〔百選5版38事件〕。

[61]　伊藤3版560頁以下、大コンメン672頁〔三木浩一〕、全書2版（上）521頁〔早川学〕。

[62]　故意否認について、大判昭14・6・3民集18巻606頁、最判昭37・12・6民集16巻12号2313頁〔百選初版40事件〕。危機否認について、最判昭48・12・21判時733号52頁、最判昭57・3・30判時1038号286頁〔百選5版38事件〕。なお、条解破産2版1126頁、大コンメン672頁〔三木浩一〕参照。

[63]　伊藤3版558頁、加藤6版314頁、概説2版補訂310頁〔沖野眞巳〕等。

410　　　　　第8章　否認権

確定判決が存在するような場合に、破産管財人が、不当に高価な買入であるとして代金債務発生の原因行為である売買契約を否認するような場合である。換言すれば、受益者（売買契約の売主・代金債権の債権者）は確定判決があることを理由として否認を拒むことはできない。否認権の行使は、判決後に破産手続開始を前提として新たな法律関係の変動をもたらすもので、判決後に新たに発生した事由であり、既判力によって遮断されない。原因行為について否認が成立すると、債務名義の内容となっている義務自体が消滅し、その結果、債務名義の執行力がなくなる。ただ、これにより債務名義の執行力が当然に消滅するわけではないので、破産管財人は取戻権の行使としての強制執行などを防止するためには、請求異議の訴え（民執35条）を提起しなければならない[64]。

b．第2は、債務名義を成立させる破産者の行為を否認する場合である。たとえば、裁判上の自白（民訴179条）、請求の認諾（民訴266条）、裁判上の和解（民訴267条・275条）、あるいは執行の受諾（民執22条5号）等の訴訟行為を否認する場合である。否認が成立すると、債務名義を成立させた訴訟行為が無効となるので、債務名義自体の成立が否定され、その執行力もなくなる。ただ、債務名義の内容たる義務そのものについては否認の効力は及ばないから、破産手続において改めて争うことは可能である[65]。

c．第3は、債務名義に基づく権利の実現を否認する場合である。たとえば、債務名義に基づく金銭執行により債権者が受領した配当（民執87条等）を偏頗行為として否認したり、登記の移転を命じる判決に基づく移転登記申請（不登63条1項）を否認するような場合である。この否認が認められると、弁済等の義務履行の効果が否定されるが、債務名義自体の効力は消滅しない。なお、これらの行為が債務消滅に関する行為とみなされれば、偏頗行為否認（破162条）の可能性もある[66]。

② **否認しようとする行為が執行行為に基づくものであるとき（破165条後段）**

---

[64] 伊藤3版558頁、加藤6版314頁、概説2版補訂311頁〔沖野眞巳〕、条解破産2版1123頁、大コンメン672頁以下〔三木浩一〕。

[65] 伊藤3版558頁注303、概説2版補訂311頁〔沖野眞巳〕、条解破産2版1123頁、大コンメン673頁〔三木浩一〕。

[66] 条解破産2版1123頁。ただし、移転登記が法律行為に基づく物権変動の対抗要件具備行為とみなされるとすれば、対抗要件の否認（破164条1項本文）によるべきである。仮登記仮処分についても同様の問題があり、判例（最判平8・10・17民集50巻9号2454頁〔百選5版39事件〕）は、仮登記も対抗要件たる本登記に準じるものとして、対抗要件の否認の対象となるとし、仮登記仮処分に基づく仮登記申請行為が破産者の行為と同視されるとしている（なお、条解破産2版1124頁注5参照）。

ここでいう、「否認しようとする行為が執行行為に基づくものであるとき」とは、破産者から受益者への権利移転などを指し、それが債務名義をもつ債権者の申立てに基づいてなされる執行機関の行為（民執2）を介在して行われたような場合である[67]。たとえば、支払不能後に債権者が不動産に対する強制執行により債権を回収した場合、当該債権回収を偏頗行為として否認するような場面である[68]。

また場合によっては、債権者の満足ではなく、執行機関の行為を通じて実現された法律効果自体を否認する必要が生じる。次に述べる転付命令に基づく債権の移転や競売による所有権の移転がその例である。このような場合を想定して、法は、執行機関による執行行為を通じて実現された効果を破産者等の行為によって実現されたものと同視して、その否認を認めたものである[69]。

この否認類型が適用される典型例は、差押債権者の申立てに基づいて破産者の財産たる被差押債権について転付命令（民執159条）が発令された場合である。転付命令に基づいて、差押債権者が第三債務者からすでに弁済を受けていれば、破産管財人としては、債権者の満足を否認して遅延利息を加えて弁済金の返還を受ける。これに対して、第三債務者の弁済が未だなされていないか、または、第三債務者が弁済金を供託した場合には、転付命令による被転付債権の債権者への移転自体を破産者から転付債権者への債権譲渡と同視して否認し、破産管財人が第三債務者に対して被転付債権または供託金還付請求権の移転を求めることになる[70]。ただし、被転付債権の移転を否認するのではなく、転付命令による執行債権の満足の効果（民執160条）を否認し、執行債権者に対して被転付債権相当額の償還を求めることもできると解される[71]。

また不動産の競売においても、債権者の満足とは別に、破産者から買受人への目的物の所有権移転（民執79条）を両者間の譲渡と同視して、否認によって覆す可能性がある。この場合には、執行裁判所による売却許可決定（民執69条）が権

---

[67] 伊藤3版559頁、条解破産2版1124頁。

[68] もっとも、執行機関が売得金を領収したことをもって直ちに債権者が満足を受けたとして、否認の成立を認める判例があるが（大判大14・11・12民集4巻555頁、大判昭8・12・23新聞3675号7頁）、現に債権者が金銭を受領するまでは弁済の効力は生じないから、債権者が金銭を受領した時点ではじめて否認が可能となると解すべきであろう（大コンメン674頁〔三木浩一〕、条解破産2版1124頁）。

[69] 条解会更（中）96頁、伊藤3版559頁注306、条解破産2版1124頁、大コンメン673頁〔三木浩一〕。

[70] この場合に、民法467条を類推し、受益者たる債権者が第三債務者に対する通知を義務づけられるとするものとして、福岡高判昭32・11・26下民8巻11号2191頁がある。これにつき、伊藤3版559頁、条解民再3版690頁〔加藤哲夫〕等参照。

[71] 条解破産2版1125頁、大コンメン674頁〔三木浩一〕、条解会更（中）106頁。

利移転の効果を生じさせる執行機関の行為に当たる。もっとも、買受人の権利の安定を害することは妥当ではないので、否認が認められるのは、無償行為とみなされる場合や、債権者自身が買受人となっている場合に限られよう[72]。

なお、否認の対象となるのは、執行機関の執行行為ではなく、効果においてこれと同視される破産者の行為であるから、否認の要件、例えば支払不能後の行為に当たるか否かは、転付命令申立て（民執159条1項）や強制競売申立て（民執45条参照）などの執行機関への執行申立行為を基準として決定すべきである[73]。

（4）　転得者に対する否認（破170条）

否認の対象となる行為は、本来は破産者と受益者との間のものである。そして、受益者へ移転された財産がさらに第三者へと移転された場合には、否認の効力は相対無効とされているから、その第三者に対しては否認の効力を主張できない。しかしこれでは、破産財団を構成すべき財産が逸失した場合、その財産を破産財団へと取り戻すという否認制度の実効性が制限されてしまう。そこで、法は、否認権の効力を転得者に対しても主張できるものとした（破170条）。しかし他方で、受益者から当該目的物を取得した第三者の利益を保護し、取引の安全を確保する必要性もあるから、一般の否認の場合よりも、否認のための要件が加重されている。

なお、否認の相手方は転得者であるが、否認権を基礎づける事由は、あくまで、受益者など前者に対する関係で否認原因が存在すること、およびそれについての転得者の認識などであり、転得者自身の行為についての否認原因が問題となるわけではないし、否認の対象となるのは、破産者と受益者との間の法律行為など、転得者の権利取得の前提となる受益者の権利を基礎づける行為であり、その行為の効力が失われる結果、転得者の権利取得も失効する。すなわち、転得者に対する否認とはいっても、破産者と受益者との間の行為を否認し（否認の対象）、いわばその効果を転得者に対しても主張することができる制度であると理解すべきである[74]。

1）　否認が認められる場合　　転得者に対する否認は、次のような場合に認められる。

---

[72]　伊藤3版560頁注308、条解破産2版1125頁、大コンメン674頁〔三木浩一〕、条解会更（中）100頁。なお、無償行為とみなされる場合につき浦和地判昭30・2・26下民6巻12号358頁が、債権者自身が買受人になっている場合につき東京高判昭31・10・12高民9巻9号585頁が、それぞれ執行行為の否認を認めている。

[73]　伊藤3版560頁、条解破産2版1125頁。

[74]　大コンメン697頁〔加藤哲夫〕。

第 1 は、原則的な形態であり、転得者が転得の当時、それぞれの前者に対する否認原因のあることを知っていた場合（破 170 条 1 項 1 号。なお、詐害行為の否認による場合〔破 160 条 1 項〕には、破産管財人は受益者の悪意を立証しなければならない）である。ここでいう「それぞれの前者」とは、受益者および中間転得者のすべてをいう[75]。また「転得の当時」というのは、転得の原因行為の時および対抗要件を要する場合にはその要件を具備した時をいう。また、「否認原因のあることを知っていた」とは、否認の要件事実を知ることであり、例えば詐害行為の否認（破 160 条 1 項 1 号）では、「破産者が破産債権者を害することを知ってい」たことを転得者が知っていることが要求される[76]。それに対して、受益者の善意（破 160 条 1 項 1 号但書）については、とくに主張立証責任の観点から見解が分かれていた。旧会社更生法 78 条 1 項 1 号 3 号（現破 160 条 1 項 1 号・162 条 1 項 2 号に相当）をめぐり、「否認の原因」には受益者に対する否認権行使の際の請求原因事実だけでなく抗弁事実の不存在も含まれると解し、受益者の悪意についての転得者が認識していた旨も管財人が主張立証しなければならないとする見解が有力であった[77]。これに対して、現行破産法の解釈としては、管財人の負担が過重となり公平に反するし、受益者に対する否認権行使であれば破産管財人が証明責任を負わない事実について、転得者否認の場合に破産管財人に証明責任を負担させる合理的な理由はないなどとして、転得者否認の場面でも、受益者の善意は、抗弁事由として転得者が主張証明責任を負うと解するのが通説である[78]。要は、破産管財人と転得者との間の証明責任の分配が何をもって公平とみるかの違いに帰着すると思われるが、少なくとも、転得者否認の制度が、破産財団を構成すべき財産が財団から逸失した場合に否認制度の実効性を確保するものである以上、主張立証において管財人に過度の負担をかけるのは望ましくなく、通説の見解が正当であろう。

第 2 は、転得者が、破産者の親族など破産法 161 条 2 項各号に掲げるいずれかである場合には、転得者が転得したという事実のみに基づいて否認することができる（破 170 条 1 項 2 号）。ただし、転得の当時、それぞれの前者に対する否認の原因があることを知らなかったときは、否認が制限される（破 170 条 1 項 2 号但書。この場合、その善意については、転得者が証明責任を負う）。すなわち、法人の内部者や

---

[75]　注解 3 版（上）544 頁〔宗田親彦〕、条解会更（中）201 頁。

[76]　大コンメン 699 頁〔加藤哲夫〕、条解会更（中）201 頁。

[77]　条解会更（中）201 頁、注解会更 315 頁〔池田辰夫〕。

[78]　伊藤 3 版 564 頁注 319、中島 361 頁、霜島 347 頁、条解破産 2 版 1154 頁、大コンメン 699 頁〔加藤哲夫〕、新基本コンメン 393 頁〔菱田雄郷〕。なお、注解 3 版（上）544 頁〔宗田親彦〕、伊藤会更 433 頁も参照。

個人である破産者の親族や同居者である転得者は、事情を知悉していることが多いという経験則に鑑み、受益者や中間転得者について否認の原因があることを知らなかったことを抗弁事実として、転得者に証明責任を負わせるものである。もちろんこの場合でも、無償行為による転得者に対する否認の場合と同様、受益者および中間転得者について否認の要件が充足していることについては、管財人が主張立証責任を負う。

　第3は、転得者が、無償行為またはこれと同視すべき有償行為によって転得した場合であって、それぞれの前者に対して否認の原因がある場合である（破170条1項3号）。この場合には、転得者を保護する必要性が乏しいから、否認原因の認識は要件とされていない。なお、善意の転得者は、否認が成立した場合、現存利益の償還のみが義務づけられる（破170条2項）。

　2）否認権の行使・効果　　転得者に対する否認は、受益者と転得者の間の行為を対象とするものではない。破産者と受益者の間の行為について、受益者に対して主張できる否認の効果を、転得者に対して主張するものである。よって、転得者に対して否認権を主張するには、受益者に対する否認がその前提になる必要はなく、破産管財人は受益者に対する否認と転得者に対する否認とを選択的に行使することができるし、同時に行使することもできる。したがって、受益者に対する否認権に基づく価額償還請求と、転得者に対する否認権にもとづく目的物返還請求とを併合して訴えを提起することもできる[79]。訴えが併合提起された場合、互いに既判力が拡張されるわけではないから、通常共同訴訟となる。ただ、破産財団が二重に利得することは許されないから、たとえば、受益者からの全面的な価額賠償が実際になされたことは、転得者に対する否認訴訟においては抗弁事実となる[80]。なお、転得者に対する否認権の行使も、一般の否認権の行使と同様、破産管財人が、訴え、否認の請求または抗弁によって行使する（破173条1項）。

　転得者に対する否認が認められると、破産者と受益者との間の否認対象行為が、転得者との関係でのみ効力を失う。たとえば、甲不動産が破産者から受益者に詐害的に譲渡され、これをさらに転得者が買い受けたような場合、転得者否認が認められると、破産者から受益者への譲渡が転得者との関係で遡及的に効力を失い、甲不動産は破産財団に復帰する一方、転得者は無権利者からの買受人として、甲不動産の所有権を破産手続との関係では主張し得ないことになる。しかし、否認の効果はあくまで相対的であり、転得者と受益者との関係では、甲不動産の譲渡契約は有効であるから、本来担保責任は生じないはずである。しかし、この点に

---

(79)　加藤6版318頁、新基本コンメン394頁〔菱田雄郷〕。

(80)　条解会更（中）203頁、新基本コンメン394頁〔菱田雄郷〕。

第14講　否認権（その3）

関しては、通説は、転得者は甲不動産の所有権を現実に維持できなかった以上、受益者に対して担保責任を追及することができるとする[81]。この立場によれば、転得者が担保責任を追及すると、その責任を果たした受益者の債権は復活すると考えられるから（破169条）、最終的には、受益者が破産財団に対して反対給付の返還を請求をすることになる。また、管財人からの訴えによって否認権の行使を受けた転得者は、担保責任の追及に備えて受益者に訴訟告知（民訴53条）をすることができ、相手方は後に担保責任を追及されることを防ぐべく転得者のために補助参加（民訴42条）をすることができる[82]。

＜設問についてのコメント＞

　　問1は、偏頗行為否認との関係で、「支払不能」の概念を考えるものである。すなわち、A社がBに対してなした貸金債権の弁済は、既に弁済期が到来した債権の弁済であるから本旨弁済であり、また、それにつき担保権が設定されているわけではないから、Bへの弁済は、偏頗行為として否認の検討対象になる。もっとも、冒頭の ケース では、弁済をしたのが、平成21年5月末であり、破産手続開始申立ては同年9月10日である。また、取引先への弁済については何度か期限を猶予をしてもらったり、手形の満期を先延ばしにしてもらったりしているし、それによってA社は何とか債権者への支払いだけは続けており、支払不能が成立するか否かは微妙であろう。また、破産法162条3項の適用との関係で、仮に、第1回の手形の不渡りを支払停止とみるとしても、それは、平成21年7月31日であり、弁済行為の後であるから、A社の弁済行為は否認することはできないであろう。もっとも、Bの行為は、面会強請罪（破275条）に当たる可能性はあろう。

　　問2は、最判平9・12・18民集51巻10号4210頁〔百選5版32事件〕を素材にしたものである。これについては、（2）2）①aを参照のこと。ここでは手許にあったスーツによる代物弁済と、転売されたスーツによる代物弁済を分けて考える必要がある。

---

[81]　基礎251頁〔伊藤眞〕、条解会更（中）164頁、伊藤3版565頁、条解破産2版1157頁、大コンメン702頁〔加藤哲夫〕、条解破産3版（上）547頁〔宗田親彦〕、基本コンメン128頁〔池田辰夫〕。これに対し、新基本コンメン395頁〔菱田雄郷〕は、担保責任を追及するためには前主が所有権者ではなかったということが必要であるところ、このような要件が否認の相対効の元で充たされるかは疑わしいとする。

[82]　注解3版547頁〔宗田親彦〕、大コンメン702頁〔加藤哲夫〕、注釈（下）189頁〔柴田義人〕、条解会更（中）165頁。

問3は、同時交換的行為における「同時性」を考える問題である。これについては、(2)7)①を参照のこと。

問4は、対抗要件の否認の要件を考える問題である。これについては、5(2)を参照のこと。

問5は、破産法163条の要件・効果を考える問題である。これについては、5(1)1) 2) を参照のこと。

問6は、転得者否認に関連する問題である。ここでは、Gに対する否認権の行使と、Hに対する否認権の行使につき、それぞれの要件を検討し、否認の訴えを提起する場合、それらの否認の訴えの関係についても考えること。これについては、5(4)を参照のこと。

第14講　否認権（その3）　　　*417*

第15講 否認権(その4)

ケース

　A株式会社は、家具の製造販売を業とする会社である。A社は、平成25年半ば頃から、家具の売れ行きが低迷し、苦しい経営を強いられていたが、平成28年3月に入ってからは支払不能状態に陥ってしまった。

　平成26年2月3日に取引先であるB社から弁済期を平成28年2月2日として、3000万円の融資を受けた。ところが、弁済期を過ぎても、他から融資を仰ぐことができなかったため、これを返済することができず、自社所有で、担保に入っていない甲土地(時価1億円)を売却してこの返済に充てることにした。しかし、甲土地が高価であったためなかなか買い手がつかずにいたところ、A社の極度の経営難を知ったB社は、甲土地を5000万円でなら買い取ること、および、代金はB社の貸金債権と相殺することを提案してきた。そこで、A社としてはやむを得ずその提案を受け入れることとし、平成28年3月15日にB社との間で、甲土地を5000万円で売却することを内容とする売買契約が締結され、約定に従い、売買代金債権は貸金債務と相殺し、2000万円がA社に支払われ、それと引き換えに、B社は所有権移転登記を取得した。

　A社はその後も経営状態が改善せず、運転資金が枯渇したため、主要取引銀行であるC銀行に融資を懇願し、3000万円の融資を受けることができた。しかし、その際、C銀行から不動産担保の提供を求められたが、既に甲土地はB社に売却していたために担保に供する不動産がなかったため、取引先であるD社に物上保証人になってくれるように懇願した結果、D社はA社との長い付き合いがあったことから、その申し入れを受諾し、平成28年4月15日、D社所有の乙土地(時価4500万円)に、C銀行のために抵当権を設定し、その旨の登記がなされた。その後、C銀行に対する3000万円の弁済期が到来したため、C銀行の強い要請もあったので、平成28年9月5日に、A社は3000万円の債務を全額弁済をしたので、乙土地上に設定されていたC銀行の抵当権は消滅し、抵当権設定登記は抹消された。そして、平成28年9月30日、D社はE社に乙土地を、担保権の負担のないものとして5000万円で売却し、同年10月5日にE社のために移転登記を完了し

第8章　否認権

た。

　また、A 社は、平成 28 年 5 月頃、当座の運転資金を獲得するために、200 万円相当の家具を、F 家具販売株式会社に 50 万円で売却した。F 社は、それを 250 万円で店頭に出したところ、間もなく顧客 G が買っていった。

　そして、平成 28 年 10 月 25 日に A 社の債権者による破産手続開始の申立てを受け、平成 28 年 11 月 15 日に、A 社に対して破産手続開始決定がなされ、弁護士である K が破産管財人に選任された。

◆**問1**　破産管財人である K は、AB 間の甲土地の売買契約は破産債権者の利益を害するものと考えており、その効力を否定して、本件土地を破産財団に取り返したいと考えている。K は、どのような方法によるべきか。

◆**問2**　仮に、B 社が、K を被告として、B 社は、A 社との売買契約に基づき甲土地の所有権を取得したとして、所有権に基づき、甲土地の土地の引渡しを求める訴えを提起してきたとする。この場合、K としては、甲土地につきなされた、A 社と B 社との間の売買契約は債権者を害するものと考えているが、この訴えに対してどのように対処すべきか。

◆**問3**　K が A・F 間の売買行為を否認した場合、K は G に対して家具の返還を請求することはできるか。もしできないとすれば、K としてはどうすればよいか。なお、当該家具は、A が G に処分したときの時価は約 200 万円であったが、G が H に売却する直前には、300 万円にまでに高騰していたが、K が否認権を行使したときは、150 万円程度であったとする。

◆**問4**　K が、A 社と B 社との間でなされた甲土地の売買契約を詐害行為に当るとして否認したが、当該土地の時価が 1 億円であった場合、この否認権の行使の結果、K としてはどのような処理の仕方があるか。

◆**問5**　K が A 社と B 社の間の売買契約を否認し、否認の登記を経た後、K がその土地を H に売却した。この場合、H が対抗要件を備えるためにはどのような手続きが行われるか。また、K が AB 間の売買契約を否認したが、否認の登記がなされる前に、B が I に対する融資債務を担保するために、I のために抵当権を設定し、抵当権設定登記を完了していた場合で、この抵当権設定行為・登記が否認の対象とならなかったときには、I の抵当権の対抗力を維持するためには、どのような登記手続がなされるべきか。

◆**問6**　K は、平成 28 年 9 月 5 日に A 社が C 銀行になした弁済は、他の債権者に対して不公平な偏頗行為であるとして、否認権を行使した。このことによって、甲土地上に設定されていた C 銀行の抵当権はどのように扱われる

第 15 講　否認権（その 4）　　419

か。また、乙地の所有権移転登記を取得していた E 社の地位はどうなるか。

6　否認権の行使

　否認権は、詐害行為または偏頗行為によって逸失した財産を破産財団に回復するために、破産管財人に認められ権利であるが、その方法は訴えに限られず、否認の請求、または抗弁によっても行使することができる（破173条1項）。

（1）　否認権の性質 —— 請求権説と形成権説

　否認権の法的性質については、請求権説と形成権説との対立がある。請求権説とは、否認権の要件が具備されれば、破産手続開始とともに、管財人による特別の意思表示がなくても当然に否認権の効果が発生すると説く見解であり、形成権説とは、破産者と受益者との間の一定の行為を否認する旨の管財人の意思表示によって、はじめて否認の効果が発生する実体法上の形成権であると説く見解である。これに関しては、破産法167条1項が「否認権の行使は、破産財団を原状に復させる。」として、否認の効果たる原状回復を否認権の行使にかからしめていることから、形成権説が通説となっている。

　また、形成権説に立った場合でも、否認の意思表示により当然に財産権が破産財団に復帰すると解する（物権説）か、あるいは、否認権行使によっては相手方が単に財産を破産財団に返還する義務を負うにすぎないと解する（債権説）かという点が問題となるが、破産法167条1項の文言にも調和することから物権説が通説である。

　さらに、否認権の行使により目的財産が財団に復帰するとしても、その効果が相手方との関係でのみ生じるのか（相対無効説）、それとも第三者との関係でも生じるのか（絶対無効説）という対立があるが、通説は相対無効説をとる。その理由としては、①受益者に対する否認とは別に転得者に対する否認もできるとされているが（破170条）、そこでは、わざわざ「転得者に対しても」と規定していることから、これは否認の効果が否認の相手方との関係でのみ生じることを示していると解されること、②民法上の債権者取消権も、その効果は、相対的無効と解するのが判例・通説であること、③相対的無効とするだけで否認制度の目的は達せられることなどが挙げられている。

（2）　否認権の行使主体

　否認権の行使主体は破産管財人であることは明白である（破173条1項）。ただ、管財人がいかなる資格に基づいて否認権を行使するかについては、否認権の帰属主体の議論がそのまま当てはまる。管理機構人格説ないし、破産財団代表説が有

力である。

　これに対して、民事再生法では、否認の権限が付与された監督委員または管財人が行使するものとされており（民再 56 条・135 条 1 項）、再生債務者には否認権行使の権限は認められていない。

　否認権の行使は、破産財団に対する管理処分権の行使の一環であり、破産管財人に専属的に認められている権能である。したがって、それを行使するか否かは管財人の裁量に任されるべきものであり、それ以外の主体による否認権の行使を認めるべきではない[1]。学説によっては、破産債権者保護を理由として、破産管財人が否認権行使を怠る場合に破産債権者が破産管財人に代位して否認権を行使することを認める見解もあるが、否認権が複数の破産債権者によって代位行使されると法律関係が錯雑化する可能性が有り、また、代位権の行使を認める根拠は必ずしも明らかではない。このような場合にはむしろ、裁判所による管財人に対する監督権（破 75 条）の行使を促すべきであろう。

（3）　否認権行使の方法

　否認権は、訴え、否認の請求または抗弁の方法によって、破産管財人が行使する（破 173 条 1 項）。訴えまたは抗弁によるのは、否認権が行使されたことを明確にするために、否認の効果を受益者または転得者との関係で裁判上確定する必要があるからである。また、現行破産法の制定に当たって、否認権行使の容易化と、審理の効率化の観点から、民事再生法 135 条 1 項や会社更生法 94 条 1 項に倣って、新たに、否認の請求の方法も追加された。

　1）訴えによる行使　　訴えによる行使とは、破産管財人が原告となって、受益者（債権者）または転得者を被告として、否認の訴えを提起する場合をいう。

　①　否認訴訟の法的性質　　否認権を訴えによって行使する場合（それによって係属する訴訟を否認訴訟という）、この訴えの性質が問題となる。これに関しては、形成訴訟説、給付・確認訴訟説、折衷説が対立している。形成訴訟説というのは、否認の本質が破産者と受益者との間の行為を取り消すことにあるとして、否認訴訟は否認の宣言を求める形成の訴えであると考えるものである。しかし、形成の訴えと解すると、(a)形成判決は当該行為を取り消すに過ぎず、逸出した財産が破産財団に復元したことにはならないから、さらに目的物の返還を求める訴えを提起しなければならないことになる結果、破産管財人に無用の負担をかけることに

---

[1] 破産管財人以外には否認権の行使を認めないのが、通説である（中島 363 頁、条解破産 2 版 1170 頁、大コンメン 712 頁〔田頭章一〕、新基本コンメン 401 頁〔菱田雄郷〕。大判昭 4・10・23 民集 8 巻 787 頁）。反対説として、基本コンメン 122 頁〔池田辰夫〕、霜島 338 頁がある。

なる。また、(b)形成訴訟と給付・確認訴訟が併合されているとみても、論理的には形成判決の確定まで給付・確認請求ができないという不都合がある。さらに、(c)否認権は抗弁の形でも主張が可能であり、その場合には、否認の成否は判決理由中で判断されるが、これは形成訴訟説と調和しない、といった種々の不都合がある。

それに対して、給付・確認訴訟説というのは、否認の宣言は不要であり、金銭の支払いもしくは物の返還または権利の確認など、否認の結果として生じる権利関係についての給付または確認を求める訴訟であると解する見解であり、近時の通説の立場であり、実務もこれによっている[2]。この立場では、否認訴訟の訴訟物は、否認の効果として生じる権利関係の存否の主張であり、否認の要件の存在および否認の意思表示がなされたことについては、訴訟物を基礎づける攻撃防御方法として判決理由中で判断されることになる。現在の裁判実務も、否認の訴えを認容する判決においては、否認の結果としての金銭支払等の給付命令（または権利・法律関係の確認）を判決主文に掲げ、否認（取消し）宣言は主文には掲げないものとされている[3]。

これに対して折衷説とは、給付・確認訴訟によることもできるが、否認の宣言を求める訴えの適法性を一般的に否定することには賛成し得ないとする見解である[4]。たしかに、否認の宣言をするだけで事実上解決する事件もあろうが、法的紛争が生じた場合には、最終的にはさらに給付ないし確認訴訟を提起するする必要がある。したがって、抜本的な解決を図ることができる給付・確認訴訟説（通説）が妥当である。

判例は、古くは形成訴訟説ないし折衷説を採るものが多かったが[5]、近時の下級審裁判例は給付・確認訴訟説を採る[6]。

②　否認訴訟の手続　　否認訴訟も通常の手続であるから、訴えは、訴状を裁

---

(2)　大系Ⅱ 554頁以下〔世森亮次〕、注釈（下）204頁〔長沢美智子〕、手引230頁。なお、中田169頁、山木戸219頁、谷口265頁、注解破産（上）511頁〔宗田親彦〕、伊藤3版568頁、条解破産2版1167頁、新基本コンメン400頁〔菱田雄郷〕も参照。

(3)　条解破産2版1171頁、大コンメン712頁〔田頭章一〕、手引230頁。

(4)　霜島339頁、基本法コンメン122頁〔池田辰夫〕、条解会更（中）123頁以下。

(5)　形成訴訟説に立つものとして、大判昭7・6・2新聞3445号12頁、大判昭11・7・31民集15巻1547頁があり、折衷説に立つものとして、大判昭6・7・11新聞3310号7頁、大判昭10・6・4新聞3853号13頁、大判昭14・5・19新聞4448号12頁などがある。

(6)　東京地判昭31・12・26下民7巻12号3815頁、大阪地判昭34・11・21下民10巻11号2478頁、東京地判昭36・12・19下民12巻12号2994頁、東京地判昭43・4・23判時531号47頁、福岡地判昭47・3・16判時667号64頁、大阪高決昭54・11・29判タ408号120頁等。

判所に提出してなす（民訴 133 条 1 項）。そして訴状の請求の趣旨（民訴 133 条 2 項 2 号）では、否認の効果として生じる権利関係、すなわち、破産者が譲渡した財産の返還を求める旨、またはそれが不能であるときは価額の償還を求める旨などを明らかにする（給付請求）。あるいは、給付を求めないでも紛争が解決するような場合には、当該財産が破産財団に帰属する旨、または受益者（または転得者）が当該財産につき権利を有しない旨の確認（確認請求）を明らかにすることになろう[7]。なお、否認権は、抗弁によっても主張できることから実体法上の形成権であると考えられ、給付訴訟（確認訴訟）における防御方法に過ぎないから、請求の原因において、それらの請求が、否認を理由としていることを明示するれば足りる。

破産管財人が否認の訴えを提起するには、裁判所の許可を得なければならない（破 78 条 2 項 10 号）。これは、否認訴訟の提起が破産手続の進行に重大な影響を生じることを踏まえて、その成否の判断に慎重を期する趣旨である。

否認訴訟の職分管轄に関していえば、旧破産法は、否認訴訟の管轄を破産裁判所の専属管轄としていなかったが、現行法の制定にあたり、民事再生法や会社更生法の場合（民再 135 条 2 項、会更 95 条 2 項）と同様に、破産裁判所の専属管轄に属する旨が規定されている（破 173 条 2 項）。一般の管轄規定によらず破産裁判所に否認訴訟の専属管轄を認め得るのは、否認に関する判断をできる限り統一的に行うためである。なお、ここでいう破産裁判所とは、いわゆる官署としての破産裁判所（すなわち、破産事件が係属している地方裁判所〔破 2 条 3 項〕）であり、破産手続開始決定をなし、破産手続に関わっている裁判体としての破産裁判所ではないから、当該破産事件を扱っている裁判所が否認事件を扱うことが保障されるわけではない。ただ、一定範囲での管轄の集中が図られる点は、事件の効率的処理の観点から重要である[8]。ただし、現に破産事件を担当している裁判体が否認訴訟を担当することは、公平・中立性の観点から疑問があり、避けるべきであるとの見解もある[9]。

通常の否認訴訟の被告適格者は受益者であるが、転得者に対する否認では、転得者が被告適格を有する。よって、被告としては、受益者もしくは転得者、またはその双方を相手方とすることができるが、双方を被告とした場合でも合一確定の必要はないので、通常共同訴訟（民訴 38 条）である。なお、受益者を被告として訴訟を追行中に転得者が生じた場合には訴訟承継がなされ（民訴 49 条〜51 条）、口

---

[7] 請求の趣旨の記載例については、手引 230 頁〜233 頁、実務 Q&A184 頁以下〔岩知道真吾〕等を参照のこと。

[8] 大コンメン 713 頁〔田頭章一〕）。

[9] 伊藤 3 版 569 頁注 328。

頭弁論終結後の転得者に対しては、受益者に対する判決の既判力が拡張される（民訴115条1項3号）。よって、このような転得者は、転得者に対する否認（破170条）が主張される場合に、受益者に対する否認原因が存在することを争えない。

これに対し、執行力の拡張（民執23条1項3号）に関しては争いがあり、同条の要件を破産管財人に証明させることによって承継執行文の付与を認める見解が多数説である[10]が、否認の効果が相対的とされていること、および転得者に対する否認について特別の要件が定められていること（破170条1項）を考慮すると承継執行文の手続による執行力の拡張は認められないとする見解もある[11]。

破産管財人は、訴訟係属中に、訴えの取り下げ、訴訟上の和解、請求の放棄などをなし得るが、その際には、裁判所の許可を得なければならない（破78条2項11号12号）。また、否認訴訟において攻撃防御方法としての否認の主張を撤回したり、否認訴訟を取り下げた場合には、否認権行使の効果も遡及的に消滅する[12]。

破産管財人の提起した否認の訴えには、破産債権者が補助参加をすることができる[13]。また、破産者も補助参加をすることができる[14]。

③ 破産手続の終了と否認手続の帰趨　否認訴訟の係属中に破産手続が終了した場合、否認訴訟がどのように扱われるかという点については争いがある。ただ、当該否認訴訟が、もともと管財人によって提起されたものであるか、あるいは、債権者によって提起されていた詐害行為取消訴訟が中断の後、管財人によって受継されたものであるか、ということにより、扱いが異なる。

a．破産管財人が提起した場合　否認権が、破産手続中にのみ存在する権利であることを理由に、通説・判例は、破産手続が終了した後は、破産者が受継すべきものではなく（破44条4項5項不適用）、当然に終了すると解している[15]。

しかし、これに対しては、最後配当後の追加配当（破215条）の財源の一つとして否認訴訟の成果が想定されていることから、破産手続の取消しや破産手続廃止の場合はともかく、破産手続が本来の経過をたどった場合（配当による終結の場合）には、破産管財人は否認訴訟をそのまま続行できるとする有力説がある[16]。思う

---

[10]　注解3版（上）516頁〔宗田親彦〕、基礎274頁〔吉村徳重〕、中島256頁等。

[11]　伊藤3版569頁注329。

[12]　伊藤3版569頁。

[13]　通説。大阪高決昭58・11・2判時1107号78頁〔百選5版A6事件〕。

[14]　注解3版（上）515頁〔宗田親彦〕。

[15]　条解破産2版1172頁、中島368頁、兼子一＝松浦馨＝新堂幸司＝竹下守夫『条解民事訴訟法』（弘文堂・1986年）744頁〔竹下守夫〕、秋山幹男＝伊藤眞＝加藤新太郎＝高田裕成＝福田剛久＝山本和彦『コンメンタール民事訴訟法II 2版』（日本評論社・2006年）562頁、基本法コンメン122頁〔池田辰夫〕等。

に、破産法215条の文言から明らかなように、同条自体は、破産手続終了後に否認訴訟が続行できることを明言しているわけではないこと、および、否認権が、破産手続中に破産管財人によってのみ行使されるべき権利である点を考慮すると、否認訴訟は破産手続の終了によって当然終了すると解される[17]から、通説に与したい。

　b．詐害行為取消訴訟から転換した否認訴訟の場合　　この場合には、明文の規定があり、それによって処理されることになる。破産手続開始前に係属していた詐害行為取消訴訟が債務者の破産手続開始により中断し（破45条1項）、破産管財人によって否認訴訟として受継される（破45条2項）。そして、後に破産手続が終了した場合には、否認訴訟は再び中断し（破45条4項）、もともと当事者であった破産債権者（または財団債権者）が詐害行為取消訴訟を受継しなければならない（破45条5項前段）。この受継申立ては、相手方もすることができる（破45条5項後段）。

　2）抗弁による行使　　たとえば、下の①の場合のように、不動産の売主に破産手続が開始され、その開始決定前に、所有権移転登記を得ていた買主Xが、破産管財人Kを被告として目的不動産の引渡しを求める訴えを提起した場合、管財

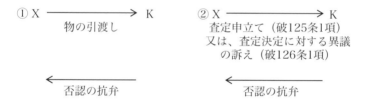

人は、売買契約の否認を抗弁として主張することによって、Xの所有権の取得を否定することができる。また、破産債権の確定手続の過程で、抗弁によって否認権が行使されることもある。たとえば、上の②の場合のように、目的物を既に引き渡した売主Xが代金債権を破産債権として届け出たのに対し、管財人Kが認否においてそれを認めなかったため、Xが破産債権査定申立て（破125条1項）をしたときには、Kは破産債権の発生原因である売買契約について抗弁として否認権を行使することになる。さらに、破産債権者Xが、破産債権査定申立てについての決定に対する異議の訴え（破126条1項）を提起した場合にも、破産管財人は

---

(16)　鈴木正裕＝青山善充『注釈民事訴訟法（4）』（有斐閣・1997年）598頁以下〔佐藤鉄男〕。
(17)　たとえば、破産管財人が否認の登記を求めているような場合、否認権を唯一の理由とするものであるから、破産手続終了後には、否認の登記請求権を争う余地はあるまい。なお、中島368頁参照。

抗弁によって否認権を行使することになる[18]。

　また、原告が破産管財人である場合、再抗弁として否認が主張されることもある。たとえば、破産財団に対して債務を負う者に対して破産管財人が履行の請求をなし、被告が債務免除の抗弁を提出したときに、破産管財人が、破産者による債務免除の意思表示を否認すると主張するような場合がこれである[19]。

　否認権行使の効果は、裁判上、否認の抗弁が提出されたときに生じる。否認の成否は、否認訴訟と同様、判決理由中で判断されるに留まるから、否認権の存否については既判力は生じない。よって、相手方の提起した訴えにおいて破産管財人が否認の抗弁を提出したときでも、破産管財人は否認の訴えを提起したり、否認の請求をすることは妨げない。さらに、破産管財人の提起した否認訴訟係属中に、相手方の提起した訴訟で否認権を抗弁として主張することも妨げない。抗弁としての否認権の主張は、単なる攻撃防御方法に過ぎないからである[20]。破産管財人が否認訴訟を提起する場合とは異なり、否認権を抗弁または再抗弁として主張する場合には、その防御的性質から、裁判所の許可は不要である[21]。

3）否認の請求による行使　①　否認の請求の手続　判決手続による否認権の行使には、その帰結が明らかになるまでに長期間を要することが多く、そのことが破産管財人の否認権行使をためらわせたり、また受益者など相手方に不当な負担を生じさせるおそれがある。そこで、平成16年の破産法改正において、従来の訴えや抗弁による方法のほか、簡易な方法として、決定手続で審理判断される「否認の請求」という制度が新設された（破174条以下）。この方式は、会社更生法において創設され（会更95条1項・96条、旧会更82条～84条）、民事再生法においても採用された（民再135条1項・136条）ものを、破産手続に導入したものである。

　否認の請求は書面（否認の請求書）でしなければならない（破規1条1項・2項2号）。否認の請求書には、必要的記載事項として、当事者および法定代理人の氏名、住所、申立ての趣旨を記載する（破規2条1項）ほか、訓示的記載事項として、申

---

(18)　このような場合には、同一行為に対する否認の主張であっても、一方では、否認請求に基づく一連の手続（上記①の場合）の中でその成否が判断され、他方では、破産債権の届出に基づいて債権査定手続（上記②の場合）の中で判断がなされることになるが、これらの間には必ずしも統一した判断がなされる保証がないという問題点が指摘されている（倒産と訴訟454頁〔伊藤眞〕、条解破産2版1169頁）。

(19)　大判昭10・8・8民集14巻1659頁は、手形金支払請求に対して被告が出した消滅時効の抗弁に対し、再抗弁として否認権を行使した事例である。ただし、時効中断をしなかった不作為が否認の対象になるかという問題もあるが、多数説およびこの判例は肯定する（加藤6版316頁）。

(20)　加藤6版322頁。

(21)　基本コンメン122頁〔池田辰夫〕、中島369頁、伊藤3版570頁。

426　　　　　　　　第8章　否認権

立てを理由づける具体的事実、立証を要する事由ごとの証拠、申立人または代理人の電話番号等（同条2項各号）を記載し、されに立証を要する事由についての証拠書類の写しを添付する（同条3項）。また、否認の請求をする者は、申立ての際、否認の請求書と証拠書類の写しを、相手方に送付しなければならない（同条4項）。なお、否認の請求をするときには、その原因となる事実を疎明しなければならない（破174条1項）。疎明とは、一般的にいえば、ある事実の存否について、裁判官に高度な蓋然性の確信に至らせるまでの必要はなく一応確からしいとの心証を抱かせればその目的を達する。また、疎明は、即時に取り調べることができる証拠によってしなければならない（破13条、民訴188条）。ただ、否認の請求の濫用を防止するという意味では、否認の請求の申立てに際しての「その原因となる事実」は疎明で足りるが、否認の請求を認容する場合には、それにつき疎明で足りるか、あるいは証明まで必要とするかという問題がある。この手続の後に、判決手続による慎重な審理手続（破175条）が設けられていることに鑑みれば、否認の請求の手続は第一義的に簡易迅速性が要求されていると考えられるから、疎明で足りる。ただ、否認の請求も、実体法上の権利関係が判断の対象となっている限り、一般の疎明とは異なり、証明までは要求しないにしても、否認原因の存在については相当程度高度の蓋然性を明らかにする必要があろう。

　否認の請求に対しては、破産裁判所が決定手続で判断するが（破174条2項）、とくに否認の請求を認容する決定は、受益者等の相手方の実体法上の権利関係に影響を及ぼすことから、相手方の手続保障にも配慮している。たとえば、この決定には理由を付するものとされ（同条2項）、否認の請求を認容する場合には、一般の決定手続における任意的審尋（民訴87条2項参照）に対し、相手方または転得者を審尋しなければならないものとされている（必要的審尋。破174条3項）。これは、判断の対象が具体的な権利関係であることから、相手方の防御権を保障し慎重な判断を担保する必要があるのと、否認の請求が認容された場合に相手方が異議の訴え（破175条）を提起するかどうかの判断材料を与える必要があるためである。これに対して、申立てを不適法却下する場合には、相手方の審尋は必要的ではない。また、否認の請求を認容する決定はその裁判書を送達しなければならないものとされている（同条4項）。この場合には、送達代用公告（破10条3項本文）の規定は適用されない（破174条4項後段）。これは、口頭弁論に基づく判決手続を保障するために、否認の請求を認容する決定に対する異議の訴えという慎重な審理の場が用意されており、この訴えを提起する機会を実質的に保障するためである。

　以上に対し、否認の請求を棄却する決定については特則がない以上、相当の方

法で当事者に告知すれば足りる（破13条、民訴119条）し、理由の記載は簡略でよいと考えられている[22]。なぜならば、決定には既判力がなく、また、否認の請求を棄却する決定や却下決定に対しては、不服申立ても認められていないからである。

否認の訴えによるか否認の請求によるかは、破産管財人の選択に委ねられる。ただし、いずれかを選択した場合には、後行の否認の訴えまたは否認の請求は、その利益を欠くと解されている[23]。否認の請求をするについて裁判所の許可を要するか否かという問題があるが、否認の請求は決定手続であり、破産法78条2項10号の「訴えの提起」には該当しない。しかし、その結果が管財業務の進行に大きく影響することは、否認の訴えの場合とそれほど異なるところはない。したがって、同条項を類推して、否認の請求をすることについても裁判所の許可を要すると解すべきであろう[24]。

否認の請求が選択された場合、多数説は、その棄却決定には既判力がないから、改めて否認の訴えを提起することは可能であると解している[25]。それに対しては、その棄却の決定には既判力は生じないが、管財人の善管注意義務（破85条）からも、また信義則からも、訴えなどによる否認権行使は、例外的な場合に限られるべきであるとする見解が唱えられている[26]。なぜならば、否認の請求制度を創設した立法者の意思は、それを否認訴訟のための小手調べに利用することを認めるものではないからである。

否認の請求の手続は、破産手続が終了したときは、当然に終了する（破174条5項）。訴え等によって否認権が行使されている場合には、破産手続の終了にともなって訴訟手続は中断・受継されることになるが（破44条4項5項）、否認の請求は、実体的権利義務を確定する目的のものではなく、破産手続内部の手続に留まるので、その当然終了を定めたものである[27]。

② **否認の請求を認容する決定に対する異議の訴え**　　否認の請求の制度は、否

---

[22] 条解破産2版1176頁、大コンメン715頁〔田頭章一〕、新基本コンメン403頁〔菱田雄郷〕、条解会更（中）143頁、注釈民再新版（上）427頁〔三木浩一〕参照。

[23] 加藤6版322頁。

[24] 条解破産2版1173頁は、否認権行使のための判決手続の前駆手続であることを理由に、原則として裁判所の許可が必要であるとする。なお、否認の請求は裁判所の許可事由ではないと解されるが、実務上は、管財業務に大きな影響を及ぼすことから、事前に破産管財人と裁判所との協議が行われている現状にあるとされる（理論と実務390頁〔中山孝雄〕、注釈（上）564頁〔服部一郎〕）。手引124頁、229頁は、否認の請求についての許可は不要であるが、必ず裁判所と事前に協議することが求められるとする。

[25] 条解破産2版1178頁、新基本コンメン404頁〔菱田雄郷〕、概論266頁等。

[26] 伊藤3版571頁注337、中島371頁。

[27] 伊藤3版570頁以下。

認権の簡易迅速な行使手段を与えるものであるが、その性格は決定手続であり、否認権の実体的な確定のためには、判決手続による審判の機会が保障されなければならない。このような趣旨から設けられたのが、否認の請求を認容する決定に対する異議の訴えである。すなわち、否認の請求を認容する決定に不服がある者は、その送達を受けた日から1月の不変期間内に、異議の訴えを提起することができる（破175条1項）。これに対し、否認の請求を棄却または却下する決定は、受益者や転得者の実体的な権利関係に変動を生じるものではないから、この決定に対して破産管財人の側から異議の訴えを提起することは認められていない。また、抗告も許されない（破9条前段参照）。しかし、これらの決定には既判力はないから、もし、これらの決定に不服がある場合には、破産管財人は、改めて否認の訴えを提起するか、抗弁で否認権を主張することは妨げられないから、別段の不都合はない（ただし、上述のように、この場合の否認の訴えは例外的な場合に限られるとする説がある）。

否認の請求を一部認容する決定、たとえば詐害的偏頗行為（破160条2項）とされた給付の一部について否認を認めた決定に対しては、相手方が異議の訴えを提起できることはもちろんであるが、破産管財人も異議の訴えを提起できるか、という問題がある。多数説は、これを否定すると、破産管財人が棄却された部分について改めて否認の訴えを提起せざるを得なくなり、判断の矛盾が生じる可能性があることを理由に、異議の訴えを認める[28]。ただ、これに対しては、条文の文言等を理由に反対説も唱えられている[29]。

管轄は、否認の訴えの場合（破173条2項）と同様に、破産裁判所の専属管轄に属する（破175条2項）。ここでの破産裁判所も官署としての破産裁判所を意味する。

異議の訴えに対する判決の内容は、不適法却下を除いて、決定の認可、決定の変更または決定の取消しである（破175条3項）。

異議の訴えにおいて否認の請求を認容する決定を認可する判決[30]が確定したときは、この決定は確定判決と同　の効力を有する（破175条4項前段）。異議の訴えが提訴期間内に提起されなかったり、訴えが却下された時も同様である（同項後

---

[28]　条解会更（中）146頁、注解会更304頁〔池田辰夫〕、注釈民再新版（上）429頁〔三木浩一〕、条解民再3版736頁〔高地茂世〕。

[29]　伊藤3版572頁。

[30]　これは、実質的には請求棄却の判決に当たるが、決定の効力を明らかにし、仮執行宣言の可能性を与えるところから、積極的な判断の形式をとることにしたものである〔伊藤3版572頁〕。

第15講　否認権（その4）

段）。否認の請求を認容する決定を認可または変更する判決については、受訴裁判所は、仮執行宣言（民訴259条1項）を付することができる。

異議の訴えに係る訴訟手続は、破産手続が終了したときは、当然に終了する（破175条6項。破44条4項不適用）。なぜならば、異議訴訟手続は、否認請求認容決定の当否を判断するためのものであり、破産手続限りでその意義を認めるべきものであるからである[31]。

4）否認権の裁判外の行使　訴えもしくは抗弁または否認の請求による以外に、否認権の裁判外での行使が認められるか否か、とくに、これに基づいて破産管財人と受益者または転得者との間で和解が成立した場合に、否認の効果が生じるか否かについては争いがある。

判例・通説[32]は、旧76条（現破173条）の文言、および否認要件の存在が判決によって確定されないことなどを理由として、訴訟外の否認権行使を認めず、破産管財人が裁判外で否認の意思表示をなし、それに基づいて受益者などとの間で和解が成立したときには、和解契約の効力は認められるが、否認の効果は発生しないとする。その結果、①登記原因行為や対抗要件具備行為について裁判外で否認の意思表示がなされ、相手方との間に合意が成立したときでも、通常の抹消登記がされるだけで、否認の登記はなされない。また、②弁済に対する否認の意思表示が裁判外でなされると、受益者の債権は復活する（破169条）が、破産者の連帯債務者の責任などは当然に復活するわけではなく、連帯債務者としては、否認の要件が存在することを争えると解されている。

これに対して、裁判外の否認権行使を認め、裁判上のそれに準じて扱うべきであるとする見解[33]や、さらに、前述のような和解の効力は、否認権行使の効果と原則として同一と解釈すべきであるから、実質的には和解による否認権行使を認めることと何ら変わりはないとする見解[34]も唱えられている。

7　否認権の行使期間

旧破産法85条は、否認権は破産宣告の日から2年間これを行使しないときは、時効によって消滅し、または否認の対象たる行為の日から20年を経過したときも同様であると規定していた。これについては、通説によれば、2年は時効期間

---

(31)　伊藤3版573頁以下、中島372頁。

(32)　大判昭5・11・5新聞3204号15頁、大判昭6・12・21民集10巻1249頁、大判昭11・7・31民集15巻1547頁、中田170頁、山木戸222頁、基本コンメン123頁〔池田辰夫〕、条解破産2版1169頁、大コンメン713頁〔田頭章一〕、新基本コンメン401頁〔菱田雄郷〕等。

(33)　伊藤3版574頁が詳しい。なお、条解会更（中）120頁も参照。

(34)　霜島338頁。

であるが、20 年は除斥期間であると解されていた。これに対して、いずれの期間も除斥期間とすべきであるとの立法論も唱えられていた[35]。

　これに対し、現行破産法 176 条は、「否認権は、破産手続開始の日から 2 年を経過したときは行使することができない（同条前段）。」また、「否認しようとする行為の日から 20 年を経過したときは、否認権を行使することができない（同条後段）。」と規定し、両方とも除斥期間であることを明らかにしている（会更 98 条が、行使期間であることを明示しているのと平仄を合わせている）。したがって、時効中断の可能性はなく、また、当事者による時効の援用（民 145 条）も不要である。

　右期間遵守を決定する基準時は、否認権の行使が訴えまたは否認の請求によるときは、訴状提出時または否認請求の申立書が裁判所に提出されたときである（破 13 条、民訴 147 条・122 条）。抗弁によるときは、抗弁を記載した準備書面が相手方に直送もしくは送達されたとき（民訴規 83 条・47 条 4 項）、または抗弁が口頭弁論で陳述されたときである。なお、無名義債権の届出に対して管財人が債権の発生原因行為を否認しようとする場合に、本来、届け出た破産債権者の側に起訴責任があるにもかかわらず（破 126 条 1 項）、除斥期間によって否認権を抗弁として行使する機会を失うことをおそれる管財人が、自ら否認訴訟を提起せざるを得なくなるのは不合理であるとして、債権調査期日において破産管財人から異議が提出され（破 124 条 1 項参照）、後の債権確定訴訟において否認権が抗弁として主張されるときには、異議の時点を基準として期間遵守を判断すべきであるとする見解が有力である[36]。ただし、訴えが却下または取り下げられたときは、期間遵守の効果は発生しない（民 149 条参照）。

　なお、否認権は、破産手続中においてのみ存在する権利であるから、破産手続の取消し、廃止、終了に伴い消滅する。したがって、否認権の行使により財団に回復された財産が、破産的清算のために処分されずに破産財団に残っている間に破産手続の取消し、廃止、終了があると、否認の効果は消滅し、その財産は、相手方に返還される[37]。

8　否認の効果
（1）　原状回復
否認権が行使されると、行使のときから否認の効果が生じるが、その効果は、

---

(35)　井上直三郎『破産法綱要第 1 巻実体破産法』（弘文堂書房・1925 年）180 頁。

(36)　条解会更（中）215 頁、基本コンメン 130 頁〔池田辰夫〕、新基本コンメン 407 頁〔菱田雄郷〕、伊藤 3 版 575 頁注 346。これに対して、条解破産 3 版（上）553 頁〔宗田親彦〕は厳格に解すべきとして反対する。

(37)　浦和地判昭 57・7・26 判時 1064 号 122 頁参照。

否認の対象となった行為が行われたときに遡及するのが原則である（ただし、破169条のような例外がある）。また、否認権が行使されると、破産財団は原状に復する（破167条1項）。このように、否認権は、その行使の意思表示をすることにより、はじめて原状回復という効果が生じる。また、否認権は抗弁によっても行使することができ（破173条1項）、否認の効果を判決主文で表す必要はない（判決理由中で否認の肯否の判断をすることになる）と解されることから、否認訴訟は形成訴訟ではなく、否認権は実体法上の形成権であると考えられる[38]。したがって、否認権は、その行使により、行使時点で否認の効力が生じる[39]。また、この効果は「物権的」であるといわれるが、それは、最初に相手方に現状回復義務が生じ、その履行をまって破産財団の復元が生じるものではないことを意味する[40]。すなわち、否認の対象となった行為は、破産財団との関係では遡及的に無効となり、破産財団はその行為がなかった状態に当然に復する。たとえば、破産者が受益者に債務を負担していたり担保権を設定していた場合、その債務や担保は当然に消滅するし、破産者が受益者に対して権利を放棄したり債務を免除していた場合には、それらの権利は当然に復活する。ただこれらは、すべて観念的なものにすぎないので、実際に管財人がその財産権を管理処分するためには、相手方から任意に返還を受けるとか強制執行をするとかの具体的行為が必要となる場合がある。

1）金銭給付の返還　　偏頗行為である弁済の否認などの場合には（破162条等）、金銭には原則として特定性がないから、金銭の当然の復帰といったことは観念し得ない。この場合には、相手方は、財団に対して破産者から受領したのと同額の金銭の返還義務を負う。それに加え、相手方は受領した日から起算した遅延利息を支払わなければならない[41]。この場合の遅延利息の利率は、通説・判例に

---

[38]　条解破産2版1129頁参照。

[39]　条解民再3版700頁〔加藤哲夫〕は、否認権の行使は抗弁によっても可能であることからいえば一般的には否認の意思表示が相手方に到達した時点ということになろうが、監督委員または管財人が提示した否認の抗弁が容れられた場合、否認権行使にかかる訴訟が否認の宣言を求める形成の訴えや否認の請求であり、そこにおいて監督委員または管財人が勝訴した場合に、否認権の効果が確定的になるという意味で、否認の効果はその行使の時から発生したことが確定されることになるという。

[40]　破産法167条1項の「原状に復させる」という意味については、物権的効果説と債権的効果説とが対立している。物権的効果説は、否認権の行使によって否認権の対象行為は無効となるという理解を前提として、当然に債務者の財産から逸出した財産が破産財団に復帰すると考える立場であり、債権的効果説とは、否認権の行使は否認権の対象行為を無効とするわけではないとの理解を前提として、否認権行使は、相手方の当該財産を破産財団に返還する債権的義務を生ぜしめるにすぎないと考える立場であるが、前者が多数説である（新基本コンメン383頁〔菱田雄郷〕参照）。

よれば、否認の対象となった行為が商人間の行為であれば、年6％の商事法定利率（商514条）が適用されると解している[42]。それと同じく、金銭の給付が商人間の行為に基づかないときには、年5％の民事法定利率（民404条）によるべきである[43]。

2）物または権利の返還　①　所有権、債権その他の権利の移転行為（またはその対抗要件具備行為）が否認された場合　否認の対象となった行為の目的物たる物または権利が相手方のもとに現存するときは、その物または権利は当然に破産財団に復帰する[44]。たとえ否認の対象となった行為（たとえば、担保権の設定行為）の目的物が複数で可分であっても、否認権行使の効果は、その目的物全部に及ぶと解される[45]。

もっとも、否認権行使による財産の破産財団への復帰は、観念的なものに過ぎないから、管財人が物または権利を実際に管理処分するためには、それらの引渡しを受けること、あるいは破産財団への復帰について対抗要件を備えることが必要になる（破260条1項・262条参照）。

対抗要件が登記・登録であるときは、否認の効果を第三者に対抗するためには対抗要件を具備しなければならないから、「否認の登記」が必要であり、債権譲渡行為が否認された場合には、確定日付ある通知ないし承諾を要する。もっとも、債権譲渡行為が否認された場合であっても、譲受人と債務者が共同被告となっている場合には、債務者は否認を覚知しうる状態にあるから、改めて債権譲渡の対抗要件を必要としない[46]。なお、否認の登記は、相手方を登記義務者とする暫定的な実質上の抹消登記であるから、爾後、相手方は登記義務者となり得ず、したがって、否認の登記後になされた処分に基づく登記は許されない[47]。

②　担保権の設定行為が否認された場合　担保権設定行為が否認された場合には特殊な問題が生じる。たとえば、ある不動産に1番抵当権と2番抵当権が設定されていた場合に、1番抵当権設定行為が否認されたとする。この場合、1番抵

---

[41]　最判昭41・4・14民集20巻4号611頁〔新白選36事件，百選3版30事件、百選4版28事件、百選5版31事件〕。

[42]　最判昭41・4・14民集20巻4号611頁〔百選5版31事件〕。

[43]　伊藤3版577頁、条解破産2版1131頁。これに対し、川嶋四郎「破産法における否認の効果」判タ830号117頁は、この場合でも商事法定利率を適用すべきであるとする。

[44]　なお、動産売買先取特権の目的物を破産者が譲渡した行為が否認されても、占有の喪失によって失われた先取特権（民333条）は復活しない（最判昭37・12・13判タ140号124頁〔百選初版26事件〕）。

[45]　最判平17・11・8民集59巻9号2333頁〔百戦5版43事件〕参照。

[46]　大阪高判昭39・2・24高民17巻1号67頁参照。

[47]　大阪高判昭53・5・30判タ372号92頁〔百選5版40事件〕。

第15講　否認権（その4）

当権は、原則として担保権は破産財団との関係では当然に消滅することになるから、順位上昇の原則に従って、2番抵当権の順位が上昇するといえそうである。しかし、そのように解すると、2番抵当権者はいわゆる棚ぼた式の利益を受けることになるし、目的物の交換価値を先んじて受け取るのがもとの1番抵当権者（否認の相手方）から2番抵当権者に変わるだけであり、否認権を行使した意味がなくなってしまう。したがってこのような場合には、否認された先順位抵当権については、混同の例外となる「権利の目的」（民179条1項但書）に準じて扱って消滅することはなく、破産財団がその主体に入れ替わるのみであって、後順位抵当権の順位は上昇しないと解すべきである[48]。

③　**債務の免除や権利の放棄行為が否認された場合**　　この場合、それらの権利は当然に破産財団に復活する。

（2）　相対的効果

上述のように否認権の行使により物権的効果が生じるが、その効力の及ぶ範囲については相対的なものであるといわれる（否認の効果の相対性）。その意味するところは、第1にその効果は否認の相手方に対する関係でのみ生じることを意味し、第2には、その効力は破産手続との関係でのみ生じるということである。否認権行使の結果、対象となった行為が遡及的に無効となると解するなら、その行為の効果は対世的かつ一般的に生じるものと解するのが自然であろう。しかし、そもそも否認の対象とされる行為は、平時では、実体法上有効な行為であり、ただ、その行為が円滑な破産手続のを遂行を妨げる限度において否認権の行使によって無効とされるものである。したがって、否認の効果を破産財団の原状回復のために必要な範囲にとどめて取引の安全を保護する必要がある。また、否認の対象行為の相手方である受益者に対する否認とは別に転得者否認が定められていることのほか、相対的効力として構成されている債権者取消権[49]との均衡等が、否認の効果の相対性の理由と考えられる[50]。たとえば、破産管財人が、買主である受益者に対して否認権を行使しても、その効果は転得者には及ばない。したがって、このような場合、管財人としては、転得者に対しても否認権を行使するか、受益者に対する価額償還請求権を行使するしかない。

これに関連して、受益者に対する否認訴訟の係属中に目的財産を取得した転得者が訴訟承継（民訴49条～51条）により否認訴訟の当事者となり得るか、また、同

---

(48)　条解破産2版1132頁、新注釈民再2版（上）760頁〔中西正〕参照。なお、この議論については、基本構造と実務448頁～450頁を参照。

(49)　大判明44・3・24民録17輯117頁。

(50)　条解破産2版1132頁～1135頁参照。

様の否認訴訟の口頭弁論終結後に目的財産を取得した転得者は口頭弁論終結後の承継人（民訴115条1項3号）であり、その転得者に既判力が拡張されるかといった点が争われているが、肯定説が多数である[51]。また、否認の効果は破産手続との関係で相対的であるから、破産手続開始決定の取消決定（破33条）が確定した場合、異時廃止・同時廃止の決定が確定した場合（破217条・218条）、または破産手続終結決定（破220条）がされた場合で、その当時否認権行使により破産財団に復帰した財産が、なお破産財団の中に残存しているときには、否認の効果は消滅し、当該財産は相手方に返還すべきである[52]。

（3）　否認の登記

1）　否認と登記・登録　　登記・登録のある権利について、その取得原因たる行為が否認されたときは、破産管財人は、否認の登記・登録を申請しなければならない（破260条1項前段・262条）。また、対抗要件具備行為の否認（破164条）として登記・登録自体が否認されたときも、同様である（破260条1項後段）。

2）　否認の登記の法的性質　　旧破産法下では、否認の登記の法的性質については争いがあり、①否認の登記は一種の予告登記（旧不登3条）であるが、破産管財人が公職的な機関であることに鑑み、破産管財人が否認権を行使したときは、一般の予告登記のように裁判所の嘱託によることなく、管財人自らが申請できるとする予告登記説[53]、②否認の登記は、特別に認められた登記ではなく、移転登記や抹消登記など、否認を登記原因とする各種登記を総称する概念に過ぎないとする通常登記説[54]、さらには、③否認の登記は、破産法が回復登記や抹消登記に代えて認めた特殊な登記であるとする特殊登記説等が主張されていた。特殊登記説によれば、否認の登記をしておけば、回復登記や抹消登記は不要であり、破産手続が終了した場合には、破産手続の取消・廃止・終結等の嘱託登記（旧破123条2項〔現破260条4項に相当〕）によって、否認の登記の失効を公示する（すなわち否認の登記を抹消しない）と解していた。また、否認の登記は、破産管財人が、相手方の協力を要しないで、登記原因行為または登記の無効を認定した確定判決（訴訟上の和

---

[51]　否定説は、破産管財人は否認権行使の相手方とされない者に対して、否認権を行使しない限り逸出財産が破産財団に復帰したとの主張をすることができないことを理由とし（条解会更〔中〕164頁）、肯定説は、相対性の論理から訴訟承継や既判力拡張を否定するのは飛躍があるとする（注解会更309頁〔池田辰夫〕、大コンメン680頁〔加藤哲夫〕、伊藤3版569頁）。なお、これに関し、条解破産2版1133頁も参照のこと。

[52]　条解破産2版1134頁。

[53]　大判昭8・4・15民集12巻637頁。

[54]　（各種登記説ともいう。大判昭17・7・31新聞4791号5頁、最判昭23・10・12民集2巻11号365頁。

解調書・認諾調書を含む) に基づいて単独に申請できる。この説は、否認権行使の効果の相対効ともマッチするため、通説的位置を占めていた[55]。

以上のような状況の中、近時の判例[56]も、破産法が抹消登記に代えて認めた特別の登記であるとして、特殊登記説に与することを明らかにしていた。そして、現行法も、特殊登記説を前提として、否認の登記がなされた後の取扱いを明確にしている。

① 破産管財人は、否認の登記を命じる確定判決に基づいて目的不動産について否認の登記を申請する (よって、抗弁によって否認権が行使されたときには、否認の登記はなされ得ない)。なお、登録免許税は不要である (破261条・262条)。

② 否認の登記は、破産手続の目的を実現するための否認の効果を公示するものであるから、否認の登記にかかる権利、たとえば、管財人が否認によって破産財団に復帰した不動産の所有権を第三者に譲渡する場合には、登記官は、(a)当該否認の登記 (破260条2項1号) 自体を職権で抹消しなければならず、また、(b)否認された行為を登記原因とする登記または対抗要件否認 (破164条) によって否認された登記 (破260条2項2号) のほか、(c)(b)の登記に後れる登記で対抗することができないもの (同条同項3号) についても、登記官は職権で抹消しなければならない (破260条2項柱書き)。このような措置は、否認の登記があっても、否認された行為を原因とする所有権移転登記等は抹消されず、登記簿上には受益者の所有名義が残っており、否認の後に管財人が当該目的物を処分しようとしても、買受人・転買人が不安を抱いて換価に支障を生じるのを回避するためのものである。

③ 破産者から受益者に不動産が売却され、移転登記もなされたが、後にこの行為が否認されたが、否認の登記がなされるまでの間に、当該行為を登記原因とする登記にかかる権利を目的とする第三者の権利に関する登記がなされているときは、登記官は、(a)否認の登記を抹消する一方で、第三者の権利の基礎が失われることによってその第三者の利益を害することがないように、否認された行為を原因とする登記の抹消 (破260条2項2号) に代えて、(b)受益者から破産者への所有権移転登記をすることにしている (破260条3項)。これを具体的に説明すると、たとえば、AがBに土地を売却し所有権移転登記を備えたが、Aに破産手続が開始され、管財人KがAB間の売買契約および所有権移転登記を否認したが、否認の登記がなされる前に、BはCのために当該土地に抵当権を設定し、その登記を経た後に否認の登記がなされたとしよう。この場合、抵当権設定行為およびその

---

[55] 法的性質論については、大コンメン1118頁〔高山崇彦〕、注解3版 (下) 63頁〔野村秀敏〕、基本コンメン183頁〔池田辰夫〕、伊藤会更446頁等参照。

[56] 最判昭49・6・27民集28巻5号641頁〔百選3版42事件〕。

登記行為が否認できない場合、通常の場合と同様に、破産者から受益者への移転登記を抹消すると、抵当権の設定登記の基礎が失われ、抵当権者の利益を害する。そこで、否認の登記を抹消し、受益者から破産者への移転登記をすれば、登記が破産者に復帰した後も、抵当権者は、その地位を破産債権者に対しても主張することができるようになるのである。

④ また、たとえば、破産者Aから受益者Bに不動産が売却され移転登記もなされたが、後に管財人Xが否認権を行使し、否認の登記がなされたが、その後、BからYへ当該不動産が譲渡され移転登記も経由したような場合、登記義務者は、BかXかという問題がある。否認の登記の性質につき、特殊登記説に立つならば、破産法が抹消登記に代えて認めた特殊の登記であると解することになるから、仮にYに登記名義があるとしても、既にBへの移転登記は抹消されているのと変わりはないから、Bが登記義務者とはなり得ず、登記義務者となるのは管財人たるXである。したがって、Y名義の登記は実体のないものであり、XはYに対し移転登記の抹消を求めることができることになる[57]。

⑤ 否認訴訟などの結果として、否認の登記がなされても、破産手続が終了し、その時点で当該財産が破産財団中に現存していれば、否認の登記も裁判所書記官の嘱託に基づいて抹消される（破260条4項前段・262条、破規81条1項2項）。

（4） 価額償還請求

否認権の行使は、破産財団を原状に回復させること（破167条1項）を目的とするが、受益者などに対する否認の要件が整っていても、目的物が滅失していたり既に第三者に譲渡されていたりした場合には、目的物自体を破産財団に回復することは困難である。したがって、目的物に代えて、その価額の償還を管財人が請求することができると解されている。この権利を価額償還請求権という。破産法上、価額償還請求権を直接基礎づける規定は置かれていない。しかし、①否認された行為により相手方の取得した利益をそのまま保有させるべきではないこと、②善意の無償取得者に関する規定（破167条2項・170条2項）および価額償還による相手方の債権復活の規定（破109条）の趣旨、といった点から、破産管財人は、破産財団のために、相手方に対して価額賠償の請求ができると解されている[58]。

なお、この価額償還請求権を認めるとした場合、否認権の対象となる行為によって処分された目的物の価額に変動があるような場合、その算定基準をどこに求めるかについては、立法担当者は解釈に任せるとしており[59]、学説・判例上争いが

---

[57] 大阪高判昭53・5・30判タ372号92頁〔百選5版40事件〕。

[58] 百選初版92頁〔石川明〕、岡垣学「否認権の行使により代価償還が行われる場合における価額算定の基準時」判タ210号79頁、条解破産2版1136頁等。

ある。これに関して、以下のような具体例を設定してみよう。たとえば、否認の対象たる売買契約時の土地価額を 1000 万円とし、転売価額、すなわち受益者による処分時価額を 2000 万円、破産手続開始時の価額を 3000 万円、破産管財人が否認の請求または否認訴訟を提起したときの価額が 4000 万円、否認請求等の審理終結時の価額が 2500 万円であったとする。その場合に、償還の対象となる価額の算定基準時をいつにするかについては、①否認対象行為時説[60]、②相手方の財産処分時説[61]、③破産手続開始決定時説[62]、④否認権行使時説[63]、⑤口頭弁論終結時説[64]、⑥最高価時説[65]等さまざまな見解が唱えられている[66]。

　①説は、否認権が行使されると、遡って行為がなかったことになる点を理論的根拠とし、かつ、行為後の事情に負って償還額が左右されないことを実際上の根拠とする。しかし、上例では、受益者は、1000 万円だけ返せば、1000 万円は自分のものになるという、受益者が不当な利益を得るという難点がある。②説は、理論的には、目的物が返還不能になるのは受益者による処分時であるから、それを基準にすべきであるとし、実際には、受益者に処分による不当な利得を発生させるべきではない、との点を根拠とする。しかし、動産にしばしばみられるように、処分時の価額が行為時よりも低落している場合には、逆に、破産財団が原状に復しないという問題がある。③説は、破産財団の範囲が、破産手続開始時を基準として決定されること（破 34 条 1 項）を理論的根拠とする。しかし開始時は、破産手続開始申立ての時期あるいは申立審理の状況などよって左右されるので、必ずしも客観的基準時たり得ないという難点がある。④説は判例および学説の多数から支持されている。これは、形成権たる否認権の行使によってはじめて、目的物が

---

(59)　小川 237 頁。

(60)　下級審裁判例（東京高判昭 38・5・9 下民 14 巻 5 号 904 頁、熊本地判昭 59・4・27 判タ 528 号 268 頁）・少数説。

(61)　下級審裁判例（名古屋地判昭 46・10・28 判時 673 号 68 頁、東京高判昭 41・8・5 金法 450 号 7 頁）・有力説。

(62)　谷口 268 頁。有力説。

(63)　最判昭 42・6・22 判時 495 号 51 頁、最判昭 61・4・3 判時 1198 号 110 頁〔百選 5 版 42 事件、百選 4 版 40 事件〕。条解破産 2 版 1136 頁、中田・171 頁、注解破産（上）523 頁〔宗田親彦〕、基本法コンメン 125 頁〔池田辰夫〕等。なお、多数説は、否認権行使の意思表示をしたときを基準時とする。

(64)　大判昭 4・7・10 民集 8 巻 717 頁。

(65)　鈴木忠一＝三ケ月章監修『新・実務民事訴訟講座（13）』（日本評論社・1981 年）150 頁〔鈴木正裕〕、実務と理論 119 頁〔川嶋四郎〕。

(66)　これらの見解の対立については、注解 3 版（上）523 頁以下〔宗田親彦〕、伊藤 3 版 581 頁以下、新基本コンメン 385 頁以下〔菱田雄郷〕等を参照のこと。

破産財団に復帰し、破産管財人の管理処分が可能になるはずであるから、目的物自体の返還がなされないときであっても、復帰の時点における価額を償還させるべきである、とするのが理論的根拠である。しかし、相手方の立場からすると、破産管財人がいつの時点を選んで否認権を行使するかによって償還価額が変動することになり、不測の損害が発生する危険があるという問題があるが、破産管財人が負っている破産財団の増殖という使命を考えれば、このような行為もやむをえないものとして是認できるのではなかろうか。基準の明確性と、難点の少ない点からみて賛成したい。⑤説は、大審院の判例で採用されたものであるが、一部の学説も賛成している[67]。この見解は、否認訴訟において判断される内容は、事実審の口頭弁論終結時を基準として決められるから、その時点を価額償還の基準時とすべきであることを理論的根拠とする。ただ、この説は、訴訟の進行状況という偶然的要素によって価額が決定されるという難点がある。⑥説は、破産管財人は、行為時から否認訴訟の口頭弁論終結までの中で、目的物を最高価換価できた時点を選んで償還価額の基準時とすることができるというとする説である。価値全賠償の原則という民法上の履行不能における填補賠償の考え方を否認についても適用したものであるが、受益者などの相手方に必ずしも帰責事由のない否認の場合にまで最高価による償還義務を負担させるのが公平かどうかという疑問が指摘されている。以上に対して、⑦否認の効果としての原状回復（破 167 条 1 項）は、否認対象行為に基づく法律効果を無効とし、当該行為がなかったのと同様の状態に破産財団を復元するものであるから、目的物の返還に代わる価額の償還は、原則として否認対象行為時とすべきであるが、処分時までに目的物の価額が高騰しているときには、その高騰分を受益者などに帰属させることは公平に反するから、その高騰分も合わせて破産財団に償還させるべきものであり、例外的に処分時の価額も基準時として用いるべきであるとする見解も唱えられている[68]。

なお、たとえば、否認の相手方が、破産者から購入した自動車を乗り回したために著しい減価が生じた場合には、否認の制度趣旨からみて、現物の取戻しのほかに、減価分について価額償還請求権が認められるべきである。

（5）　現物返還と差額償還との選択

現行破産法の下では、破産管財人が、詐害行為（破 160 条 1 項）、無償行為と同視すべき有償行為（破 160 条 3 項）、相当な対価を得てした財産の処分行為（破 161 条 1 項）を否認する場合には、否認の相手方に対し、破産者がした給付物の現物返還を求めるか、それとも、それに代わる差額償還を請求するかを選択することがで

---

[67]　条解会更（中）179 頁、注解会更 310 頁〔池田辰夫〕。

[68]　伊藤 3 版 583 頁。

きる（破168条4項）。つまり、管財人としては、目的物の返還を受けることなく、差額賠償を請求することにより、目的物を処分する手間を省いて、破産財団の実質的回収を図ることができる。たとえば、1億円の不動産を5000万円で売却した行為を詐害行為として否認する場合、破産管財人は、①財団債権として5000万円の弁済をした上で、当該不動産の返還を求める方法と、②最初から、5000万円の差額償還を請求する方法のいずれかを選択することができる。よって、管財人としては、当該不動産が1億円より高く売却できるときは①の方法を選択すべきであろう。

（6）　無償否認の場合の善意者保護の例外

以上の原則に対して、例外としての破産法167条2項がある。すなわち、無償行為の否認は受益者の善意・悪意を問わず認められるが（破160条3項）、受益者が行為の当時善意であったときは、完全な現状回復義務を負わせると酷な結果になる。そこで、行為の当時、詐害の事実および支払停止等について善意であった者は、現に受けた利益のみを償還すれば足りる（破167条2項）。現に受けた利益とは、現存している目的物、その果実、あるいは目的物の滅失による保険金請求権などである。ただし、善意であることは受益者が主張立証しなければならない。

無償行為による転得者に対して否認権が行使された場合（破170条1項3号）も同様である（破170条2項）。

（7）　相手方の地位

否認制度は、破産財団を原状に回復することを目的とするものであり、破産財団が不当に利得することまで認めるものではない。よって、相手方がなしていた反対給付は返還しなければならないし、弁済によっていったん消滅した相手方の債権は、否認がなされた後には復活させなければならない。

1）反対給付の返還　①　双務契約など反対給付の存する行為が否認された場合、相手方のした反対給付が特定的な形で財団中に現存するときは、相手方はその返還を請求することができる（破168条1項1号）。たとえば、相手方が売却した目的物や、相手方が対価として破産者に譲り渡した債権が破産財団に存する場合、相手方が対価としては債務を免除した場合のその債務等が挙げられるであろう。これらの性質は取戻権であると理解されている（破168条1項1号）[69]。また、反対給付はいつの時点で破産財団に現存していたかという点については争いがある。これにつき、否認権の行使によって反対給付は当然に相手方に復帰する以上、否認権行使時であるとする見解[70]もあるが、多数説は、否認訴訟の口頭弁論

---

[69]　基本コンメン125頁〔池田辰夫〕、山木戸229頁、伊藤3版583頁、新基本コンメン388頁〔菱田雄郷〕等。

終結時に反対給付が現存していなければ、相手方の返還請求を認容する余地はないとして、否認権の行使された訴訟の口頭弁論終結時（否認の請求の場合には裁判時）が基準となると解している[71]。

② 反対給付が特定的な形で現存しない場合は、相手方は、反対給付の価額償還請求権を財団債権として行使できる（破168条1項2号）。この趣旨は、相手方は、たとえ反対給付が現存しなくても、他の破産債権者に先立って破産手続によることなく、その価値の償還を求めることができることを保障するものである。

なお、反対給付の対価につき、算定の基準時が問題となるが、ここでも、否認対象行為の目的物が滅失した場合の価額償還請求権の価額算定の場合と平仄を合わせて、否認権行使時の価額を請求することができるものと解する。

③ 破産者が反対給付として得た財産について行為の当時隠匿等の処分（破161条1項1号）をする意思を有し、かつ、相手方がそれについて悪意であった場合には、一律に相手方を財団債権者として保護する必要はない。そこで法は、反対給付によって生じた利益が財団中に現存する場合に限って、相手方の現存利益返還請求権を財団債権とし（破168条2項柱書・2項1号）、反対給付によって生じた利益が現存しない場合には、反対給付の価額償還請求権を破産債権としている（同条2項2号）。

なお、否認対象行為の相手方が、内部者（破161条2項）のいずれかに当たる者であるときは、破産者の隠匿等の処分意思に関する悪意が推定されている。よって、通常の場合であれば、反対給付の価額償還請求権が財団債権として主張されるのに対して、破産管財人が隠匿等の処分意思および相手方の悪意を立証して、それが破産債権に留まることを主張するのに対して、内部者である相手方は、自らがその善意を立証しなければならない。

また、利益の一部が現存する場合には、その限度で現存利益返還請求権が財団債権となり、その部分を控除した反対給付の価額償還請求権が破産債権となる（破168条2項3号）。

旧法下では、反対給付が金銭によってなされたときに、現存利益の存在が認められるか否かにつき争いがあった。しかし、現行法では、反対給付たる金銭の価額償還請求権は、それに基づく現存利益の有無を問わず、原則として財団債権となり、ただ、破産者の隠匿等の処分意思およびそれについての相手方の悪意が認められる場合に限って、現存利益の有無を基準として、財団債権と破産債権とが

---

[70] 注解3版（上）528頁〔宗田親彦〕、新基本コンメン388頁〔菱田雄郷〕。

[71] 基本コンメン126頁〔池田辰夫〕、大コンメン686頁〔加藤哲夫〕、伊藤3版583頁、条解民再3版705頁〔加藤哲夫〕。

分けられている（破168条1項2項参照）。

　なお、破産法168条1項の反対給付返還請求権や財団債権に対する管財人の履行と、相手方の管財人に対する義務の履行とは、同時履行の関係に立つ。

　2）相手方の債権の復活　①　相手方の債権の復活　　弁済その他債務消滅に関する行為が否認された場合に、相手方がその受けた給付を返還し、またはその価額を償還したときは、相手方の債権は復活する（破169条）。相手方が一部の給付を返還したときには、その割合に応じて債権も復活する。このように法は、否認によって債権が当然に復活するものではなく、相手方がその受けた給付を実際に返還するなどしたときにはじめて債権が復活するものと規定することによって、相手方が否認の結果生じた義務を履行することを確実にしようとしたのである。したがって、この場合には、相手方の返還・償還義務と復活する債権との間には同時履行の関係は成立し得ないし、また相殺もあり得ない[72]。

　②弁済否認と担保・保証の復活の有無　　第1に、弁済行為が否認された場合、相手方の債権は復活するが、それに付されていた物的担保や人的担保も復活するか、という点をめぐっては争いがある。この問題につき判例・通説は、否認によって債権の復活に伴い、破産の場合にこそ効用を発揮する物的担保や保証等の人的担保が復活しないのは妥当ではないとして、この債権を被担保債権としていた物的担保、人的担保も復活すると解している[73]。これに対し、否認の効果の相対性を重視する立場から、反対説も唱えられている[74]。しかし、破産の場合にこそ

---

[72]　伊藤3版587頁。

[73]　大判昭11・7・31民集15巻1547頁、最判昭48・11・22民集27巻10号1435頁〔百選5版41事件〕、山木戸230頁、伊藤3版587頁以下、新基本コンメン391頁〔菱田雄郷〕、注解3版（上）531頁〔宗田親彦〕、条解会更（中）193頁）。その理由として、ⓐ保証債務、物的担保の附従性は、債権の復活の場合にも認められるべきであること、ⓑ破産法169条でいう原状回復は当初存在していた状態で復活することを意味しているのだから、この規定は、当該担保権により担保されていた債権であれば、その状態で復活すること（保証人たる破産者の弁済が否認されたときにも、破産者の保証責任のみならず、主たる債務者に対する債権も復活する）などを当然予定していること、ⓒ否認の相対的効力とはいっても、保証人または物上保証人をいわゆる「第三者」に該当すると解するのは疑問であること、ⓓ人的または物的担保は、主たる債務または被担保債権の債務者が破産した場合にこそ、その実効性を発揮すべきものであるから、否認の相対的効力を強調して、保証債務、担保検討が復活しないとすることは、これら担保の附従性に反して相手方に不測の損害を与えることになること、などが挙げられる。

[74]　岡村玄治「否認権の行使又は和解と第三者の関係」法学志林39巻5号309頁。その理由としては、ⓐ否認の効果は、破産財団と相手方との間で生じる相対的なものであるから、否認された法律行為は、単にその相手方と破産財団に関する関係において無効とされるに留まり、その他の第三者に対する関係においては有効であることを失わないので

効用を発揮する担保や保証が復活しないというのは妥当ではないであろう。
　第2に、復活説にたった場合、担保権者は、この担保権を第三者に登記なくして対抗できるか、という問題が生じる。これを次の図のような例で考えてみよう。

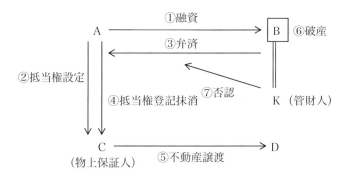

　すなわち、①AがBに融資をし、②その担保として、Aは、物上保証人C所有の不動産に抵当権を設定した。③その後BがAに被担保債権を弁済したため、④抵当権設定登記は抹消された。そこで、⑤Cは、その目的物を、抵当権の負担のないものとしてDに譲渡し、Dは所有権移転登記を得た。⑥その後、Bに破産手続開始決定がなされ、⑦破産管財人に選任されたKが、BがなしたAへの弁済を偏頗行為であるとして否認したとしよう。この場合、Aは、Dに対して、登記なくして、Dに抵当権者である旨を主張できるか、という問題である。なお、注意すべきは、かりに、Bが担保として、自己の不動産に抵当権を設定していた場合には、そもそも、担保権を別除権として優先的に取り扱っている現行破産法の下では、担保権者に対する弁済は偏頗行為とはいえず、否認することはできないから、そもそも担保権の復活という問題は生じないということである。
　この問題に関しては見解が分かれており、①積極説は、復活肯定の法理を貫き、かつ、登記を備えることが期待できない担保権者の保護を重視して、担保権は復

　　あるから、主たる債務または被担保債務の消滅による、保証債務または物的担保の消滅は絶対的であること、ⓑ積極説によると、たとえば、債権者甲に弁済した破産者たる連帯債務者乙が連帯債務者丙に求償して丙が負担部分に応じて償還した後に乙に対して破産手続開始決定がなされ、その後、弁済が否認されると、当該連帯債務は復活する。そうすると、丙は乙に償還した上、なお甲に全額弁済の責任を負うことになり過酷かつ不合理であること、などが挙げられる。これに対しては、櫻井孝一（民商72巻3号543頁）は、積極説の立場から、丙の償還部分が乙の財産に帰属する以上、否認の対象となるのは、破産財団に属する財産の価値が減少する限度、すなわち、丙の償還部分を除いた部分であり、その範囲内で連帯債務も復活すると説く。

活し、債権者は登記がなくても第三者に対抗することができるとする[75]。これに対して、②消極説は、取引の安全を重視して第三者には対抗できないとする[76]。さらに③折衷説は、第三者が否認原因について悪意の場合には、債権者は担保権の復活を対抗することができるが、善意（かつ無過失）の場合には対抗できないと説く[77]。思うに、①説は、担保権復活説（判例・通説）とは整合的であるが、第三者が出現した場合には、取引の安全も考慮する必要があり、常に担保権が復活するという点で妥当ではないであろう。②説については、否認前に目的物が譲渡された場合、担保債権者としては財産保全の手段が全くないのでありこの点を考慮する必要があり、取引の安全のみを強調することは妥当でないであろう。また、破産管財人に新たな担保提供義務を課すべきであるとの見解もあるが、管財人に担保提供義務を課してみても、通常の破産財団の規模からみて、その実現は必ずしも確実ではないであろう。このような状況を考えるならば、Yの不動産の取得が、否認原因につき悪意でなされたような場合には第三者を保護する必要はないから、担保権は復活すると解する折衷説が妥当であろう[78]。

　この場合において、消極説に立つ場合や、折衷説に立っても、Dの不動産取得が否認原因につき善意でなされた場合には、担保権は復活しないことになるから、Aの保護を考えざるを得ない。この場合、管財人は、抵当権が復活するのと同一の経済的利益を提供する義務を負うとする見解が有力である[79]。これは、担保に適した別の財産があれば、それを担保に提供するということであるが、通常、破産者（ないし更生会社）にそのような財産があるとは思えず、現実的ではあるまい。そこで、保証人や物上保証人は、被担保債権が否認により復活し、その結果とし

---

(75) 大須賀慶「判批」法協 87 巻 6 号 740 頁、賀集唱「判批」民商 64 巻 5 号 959 頁。ただし、伊藤 3 版 588 頁は、担保権の登記が抹消された後に目的物が第三者に譲渡され、その登記がなされた場合や、抹消登記後に第三者のための担保権登記がなされた場合には、第三者の信頼を保護しなければならないので、第三者は回復登記承諾義務を負わず（不登 72 条）、破産管財人が新たな担保権設定など、担保権復活と同一の経済的利益を提供する義務を負うにとどまる、とする。

(76) 谷口 270 頁、霜島 358 頁、注解 3 版（上）531 頁〔宗田親彦〕、条解会更（中）193 頁。

(77) 金商別冊 2 号 276 頁〔東條敬〕、加々美博久「債務の弁済否認と保証債務の復活」金商 1060 号 137 頁。

(78) このような見解に対し、新基本コンメン 391 頁〔菱田雄郷〕は、この見解は魅力的ではあるが、否認による抵当権の復活を対抗できるものとできないものが混在した場合に問題を抱えるとする。ただ、上図のような場合には妥当な解決を図ることができるし、目的不動産に善意の者と悪意の者が抵当権を設定したような場合でも、論者自身が提案するように解決策がないわけではない。

(79) 伊藤 3 版 588 頁、谷口 270 頁、条解会更（中）193 頁等。

て保証・物上保証も復活するというリスクを負うことを甘受すべき立場にあるから、このような担保提供義務は、むしろ物上保証人に認めるべきであろう[80]。これが不可能であれば、物上保証人は従前の不動産に後順位抵当権を設定する義務を負う[81]か、これも無理であれば、物上保証人は不当利得返還義務を負うとして処理することになろう[82]。

　第3に、物上保証人の不動産に複数の抵当権が設定されていた場合、被担保債権の弁済によって消滅した先順位の抵当権が、その弁済行為が否認されることによって復活した場合、その復活をもって後順位の抵当権者に対抗できるか、という問題がある。これにつき次のような例で考えてみよう。すなわち、①AがB

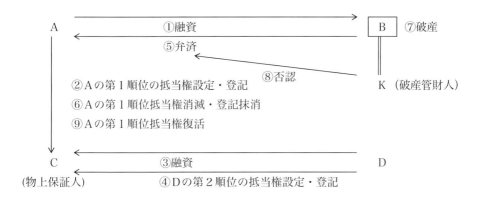

に融資をし、②その担保として、物上保証人C所有の不動産にAのために第1順位の抵当権を設定し、その旨の登記を経た。③その後、DがCに融資をし、④C所有の不動産にDのために第2順位の抵当権を設定し、その旨の登記を経た。⑤BがAに債務を弁済し、⑥第1順位の抵当権が消滅し抵当権の抹消登記がなされた。⑦その後Bが破産し、⑧破産管財人に選任されたKが、Bの弁済行為を否認し、⑨Aの第1順位の抵当権が復活した。この場合、Aは、1番抵当権者の地位をDに対して対抗することができるか、という問題である。

　この問題につき多数説は、後順位の抵当権者はもとの地位に戻るだけであるから、その復活をもって後順位抵当権者に対抗することができるとかする[83]が、妥

---

[80] 新基本コンメン392頁〔菱田雄郷〕。伊藤3版588頁は、物上保証人が設定していた担保権登記が弁済等によって抹消され、その弁済が否認された場合、物上保証人は、原則として回復登記をなすべき義務を負うとする。

[81] 条解破産2版1150頁、新基本コンメン392頁〔菱田雄郷〕。

[82] 新基本コンメン392頁〔菱田雄郷〕。

当であろう。

9　相続財産破産等における否認

（1）　相続財産破産における否認の特色

　相続財産破産（破 222 条以下）における破産者は、権利能力なき財団たる相続財産であり（多数説）、その破産管財人は、訴え、否認の請求または抗弁によって否認権を行使する（破 173 条 1 項）。しかし、否認の対象行為に関しては、相続財産の場合には、自然人または法人とは異なり、破産者自身が破産財団所属財産について詐害行為や偏頗行為を行うことは考えられず、被相続人など相続財産について相続開始前後の管理処分権を行使する者の行為を対象とする以外にない。よって、法は、被相続人、相続人、相続財産管理人（民 952 条）、および遺言執行者（民 1012 条）が相続財産に関してなした行為について否認の成立を認め（破 234 条）、また、否認の相手方の地位についても、これらの者の行為を破産者の行為と同視している（破 234 条）[84]。

（2）　受遺者に対する否認

　相続財産に対する受遺者の権利は、一般的に相続債権者に後れる（民 931 条・947 条 3 項・950 条 2 項、破 231 条 2 項）。よって、相続財産の破産においては、受遺者に対する弁済、その他債務の消滅に関する行為は、それが破産債権者を害するときは、否認の対象となる（破 235 条 1 項）。ここでいう破産債権者には、優先的破産債権者（破 98 条 1 項）はもちろん、一般の破産債権者および劣後的破産債権者（破 99 条）も含まれる。また受遺者には、特定受遺者のみならず、包括受遺者（民 990 条）も含まれる。

　破産債権者を害するとは、弁済などの時に相続財産が債務超過の状態にあり、受遺者に対する弁済によって破産債権者たるべき者が完全な満足を受けられなくなることを意味する。

　この場合の否認は、否認の一般原則（破 162 条）とは異なり、支払不能などの事実に関する受益者の悪意などの主観的要件を問題とせず、破産債権者に対する責任財産の減少という、客観的要件のみに軽減して否認を認めている。よって、相続財産の破産管財人が、破産法 235 条 1 項による否認ではなく、一般原則による否認の方法（破 162 条）を選択することを排斥するものではない[85]。なお、破産法

---

[83]　実務と理論 127 頁〔森勇〕、伊藤 3 版 588 頁、新基本コンメン 392 頁〔菱田雄郷〕、注解破産（上）532 頁〔宗田親彦〕等。反対、谷口 270 頁。

[84]　大コンメン 985 頁〔中島弘雅〕、新基本コンメン 538 頁〔笠井正俊〕、注解 3 版（上）534 頁〔宗田親彦〕

[85]　伊藤 3 版 590 頁。

235 条による否認は、要件の点で無償否認（破 160 条 3 項）と共通するところがあるので、その効果に関する破産法 167 条 2 項の規定が準用され、受遺者が破産債権者を害する事実を知らなかったときは、現に受けている利益を償還すれば足りる（破 235 条 2 項）。

（3） 残余財産の処理

現行破産法は、相続財産破産において、破産法 234 条の規定に基づく否認がなされた場合に、相続債権者に対して完全な弁済がなされた後に（破 231 条 1 項参照）なお残余財産が生じるときは、否認の相手方に対してその権利の価額に応じて残余財産が分配される（破 236 条）と規定している。これは、旧破産法 82 条と同趣旨のものである。

立法論的にいえば、破産財団に対する権利者についてみれば、残余財産を破産債権者たる受遺者に分配することが考えられるが、破産法 236 条による扱いは、受遺者よりも、否認の結果損失を被る否認の相手方を保護すべきものとの価値判断によるものである。すなわち、否認の相手方は、反対給付の価額償還などについて取戻権、財団債権者または破産債権者の地位を認められ（破 234 条・168 条 1 項 2 項）、また、弁済否認によって復活する債権（破 234 条・169 条）に基づいて破産債権者の地位を認められるが、これらの破産債権が受遺者の破産債権（破 231 条 1 項参照）に先立って満足を受けるとするのがこの規定の意義である[86]。

10 信託財産における否認

相続財産と同様、信託財産破産における破産者が信託財産であることを前提とすると、詐害行為否認や偏頗行為否認については、受託者等（破 244 条の 4 第 1 項かっこ書き）の行為を対象とする以外にない。法が、否認権に関する規定（本書第 6 章第 2 節）の適用については、受託者等が信託財産に関してした行為をもって、破産者がした行為とみなすとしているのは（破 244 の 10 第 1 項）このような理由からである。

また、受託者等や会計監査人は、行為の相手方にもなりうるが、相当の対価を得てした財産の処分行為の否認（破 161 条 1 項）については、受託者等や会計監査人が内部者（同条 2 項）に類する地位にあるとみられるところから隠匿等処分意思の存在を推定している（破 244 条の 10 第 2 項）。同様に、偏頗行為否認（破 162 条 1 項 1 号）については、行為の相手方である受託者等や会計監査人は、支払不能に関して悪意であったものと推定される（破 244 条の 10 第 3 項）。さらに、反対給付に関する否認の相手方の権利（破 168 条 2 項）に関しても、否認対象行為の相手方が

---

[86] 伊藤 3 版 590 頁、大コンメン 989 頁〔中島弘雅〕、注解 3 版（上）538 頁〔宗田親彦〕、基本法コンメン 127 条〔池田辰夫〕。

受託者等や会計監査人であるときは、隠匿等処分意思についての悪意を推定する（破244条の10第4項）。

＜設問についてのコメント＞

　問1は否認権の行使方法のうち、これらの間の利害得失を考慮して、いかなる方法がふさわしいかを考える問題である。なお、再抗弁として否認権を行使する場面も考えてみること。これについては、6(3)1) 2) 3) 4) を参照のこと。

　問2は、抗弁による否認権の行使を考える問題である。これについては、6(3)2) を参照のこと。

　問3は、価額償還請求について考える問題である。とくに価額償還が認められるか、および、目的物の価額が変動するような場合、どの時点での価額を償還すべきか、という点を考えること。これについては、8(4)を参照のこと。

　問4は、現物返還と差額償還との選択の問題である。これについては、7(5)を参照のこと。ここでは、1億円の土地が高額すぎて、なかなか売れないという状況があるので、これをどのように評価するかを考えるべきであろう。

　問5の前段は、否認の登記について説明するものである。また後段は、破産法260条3項の内容を説明する問題である。これらについては、8(3)2)を参照のこと。

　問6は、弁済行為が否認された場合、従来の債権を被担保債権とする担保権も復活するか否かを考える問題である。これらについては、8(7)2) ②を参照のこと。

448　　　　　　　　　　　第8章　否認権

第16講　別　除　権

ケース

A株式会社は、ステンレスの厨房器具の製造・販売を中心的な業務とする従業員150人の会社である。A社は、現在、B銀行から、1億円の借り入れをしており、その担保として、B銀行のために、自社の所有する甲土地（簿価1億円、実勢価額5000万円）について1番抵当権を設定していた。

ある時、厨房器具を製作するための特殊な機械が壊れたが、その修理には特別の技能を必要とするものであったため、A社の担当者は、既に退職して気ままに年金暮らしをしているCにその機械を修理してくれるように頼んだ。そこでCは、150万円でその修理を引き受け、当該機械を自宅に持ち帰って修理をし、平成23年4月30日に修理を終えた。しかし、A社が修理代金をなかなか支払おうとしないので、Cはそのまま、修理の終わった当該機械を自宅に置いたままにしていた。

また、A社は、平成23年7月20日にステンレス鋼板を成型するためのプレス機械を、プレス機械の製造では定評のあるD社から3000万円で購入した。その契約において、主として、①代金の支払いは毎月15日限り150万円ずつの均等20回払いとする。②第1回目の支払いは、平成23年9月15日とする。③Dは、第1回目の割賦金の支払と同時に当該プレス機械をAに引き渡す。④代金が完済されるまで、当該プレス機械の所有権はDに留保するという旨の合意がなされた。

また、A社は、平成24年1月末に、E社から4000万円の融資を受けるに際して、A社の工場に備え付けられていた機械10台（総額5000万円相当）を譲渡担保に供する旨を合意し、占有改定（民183条）による引渡しをした。

ところで、A社に対して、平成24年6月20日午後5時に破産手続開始決定がなされ、Kが破産管財人に選任された。

◆**問1**　B銀行の有する抵当権は破産手続上どのように扱われるか。仮に、B銀行が甲土地に設定したのが、極度額を5000万円とする根抵当権であった

第16講　別除権　　*449*

場合はどうか。

◆**問2**　Kは、破産債権者への配当を増やすために甲土地を売却したいと考え、買主を探していたところ、甲土地上の担保を外してくれるのならば、5000万円で買ってもよいというFが現れた。Kとすれば、このような場合、どのような措置をとるべきか。

◆**問3**　Kは、Cが占有している修理済みの機械の返還を請求することはできるか。また、Cの有する権利は破産手続上どのように扱われるか。

◆**問4**　D社の有する権利は破産手続上どのように扱われるか。仮にD社が同様の条件で売ったのが、製品運搬用の自社所有の中古の船舶であった場合はどうか。

◆**問5**　E社の有する工場内の機械に対して付された譲渡担保権は、破産手続上どのように扱われるか。仮に、譲渡担保の目的物が、A社が将来にわたって取得するステンレスの鋼板および在庫商品の一切となっていた場合はどうか。

第9章　別除権

1　別除権の意義

（1）別除権なる概念

　実体法上担保権と認められるものは、債務者の一般財産または特定財産についての優先弁済権を内容とし、その実行によって被担保債権の回収を行うことを目的としており、実際、実体法も、これに対応して原則として優先弁済権を付与している。とくに債務者に対して倒産手続が開始された場合、債務者の資力不足は明らかであり、担保権者は、まさにこのような場合においてこそ、担保目的物からの優先弁済が実現されることを期待する。担保権に基づく優先弁済権が実体法上の地位として認められる以上、このような担保権者の期待は正当なものであり、破産手続においても保護すべきものと考えられる。このような要請を、破産法上も保護するのが、別除権の制度である。

　別除権とは、破産財団に属する特定の財産の上に抵当権、質権、特別の先取特権を有する者が、破産手続によらないで、当該財産から優先的に被担保債権の弁済を受けることができる権利である（破2条9号10号・65条1項）。つまり、別除権は、上記担保物権の実体法上有している優先弁済権を、破産法がそのまま承認したものといえる。

（2） 別除権と他の権利との異同

別除権の性質を明らかにするためには、破産法上の他の権利と比較してみるのが妥当であろう。

1）別除権と破産債権　別除権も破産債権も共に破産者の財産を満足の対象とする点では同じであるが、別除権はそのうちの特定の財産から満足を得るのに対して、破産債権は債務者の総財産を満足の引当てとしている。また、別除権は優先的弁済権を有するが、破産債権は、割合的な平等的満足を受けるにすぎない。また、別除権は破産手続によらずに権利行使ができるのに対し（破65条1項）、破産債権は破産手続によってのみ権利行使が認められる（破100条1項）点でも相違がある。

なお、担保権者は、物上保証がなされている場合は別として、破産者に対する債権を担保するために破産者の財産上に担保権を設定しているのが普通である。したがって、担保権者は、通常、別除権者であると同時に、その被担保債権を破産債権とする破産債権者でもある。この場合、両方の権利行使を認めることは、1個の債権につき二重に権利行使を認めることになり、他の債権者に対して不公平であるから、別除権者は、別除権の行使によって弁済を受けることができない額についてのみ破産債権を行使することができるものとされている（破108条）。

債務者が破産した場合に、担保権が物上保証人の所有物に設定されていたときは、担保権者は、破産債権者ではあるが別除権者ではない。逆に、破産者が物上保証人である場合、担保権者は、破産者の特定の目的物に担保権を有しているから、別除権者ではあるが、被担保債権は破産者に対する債権ではないから、破産者の総財産を引き当ての対象にしておらず、破産債権者ではない。また、破産債権者が破産財団に属しない財産の上に担保権を有していても、破産債権者ではあるが、別除権者ではない（但し、破産者の自由財産に担保権を有する者は準別除権者として、別除権者に類似した扱いを受けることがある〔破108条2項〕のは別論である）。

2）別除権と取戻権　共に破産手続開始決定の影響を受けないという点では同じであるが（破65条1項・62条）、取戻権は破産財団（法定財団）に属しない特定の財産を破産財団（現有財団）から取り戻す権利であるのに対し、別除権は、破産財団（法定財団）に属する特定の財産から優先的に満足を受ける権利である点で異なる。したがって、取戻権の対象財産には別除権の効力は及ばない。

3）別除権と財団債権　共に破産者の財産から優先弁済を受ける権利であるという点では同じであるが、財団債権が破産財団所属財産全体から優先弁済を受ける権利であるのに対して、別除権は破産財団に属する特定の担保目的物から優先弁済を受ける権利である点で異なる。また、財団債権は、あくまで破産財団

第16講　別除権

に属する一般財産を満足の対象とするものであるから、特定財産についての権利
である別除権（取戻権、相殺権も同様）に対して優先権を主張することはできない。

2　別除権者の権利行使

（1）　別除権の行使

1）実行方法　　別除権は破産手続によらないで行使する（破65条1項）。
すなわち、別除権の行使は、それぞれが有している担保権本来の権利実行の方法
によってなすが、それは、民事執行法による担保権実行競売（民執181条以下）に
よるのが原則である。しかしそれ以外にも、動産質なら質物をもってする鑑定価
額での弁済充当の方法（民354条）や、債権質なら直接取立ての方法（民366条）に
よってもなし得る。また、非典型担保においては、それぞれの約定の（仮登記担保
なら仮登記担保法で規定された）実行方法による。なお、別除権の効力も、本来それ
らの権利に内在したものとなる[1]。

被担保債権が破産債権である場合、現在化により破産手続開始決定時に期限が
到来したことになるから（破103条3項）、その弁済期の到来前であっても直ちに
別除権を行使することはできる。

2）別除権と破産手続との関係　**①　別除権行使の相手方**　　別除権の行使
は、破産管財人が管理処分権を有する財産に対する権利行使であるから、相手方
は破産管財人である。また、破産管財人は民法177条の関係等では第三者に該当
すると解されるから、別除権を行使するためには、その担保権につき対抗要件を
備えていなければならない[2]。但し、対抗要件を備えていても、担保権設定行為
そのものや、対抗要件具備行為が管財人によって否認されれば、別除権者として
の地位は否定される。

②　管財人による介入　　別除権者は、被担保債権たる破産債権の届出（破111
条1項）と共に、ⓐ別除権の目的である財産および、ⓑ別除権の行使によって弁済
を受けることができないと見込まれる債権の額を届け出なければならない（同条
2項1号2号）。準別除権者についても同様である（同条3項）。その趣旨は、これら

---

(1)　たとえば、留置権についていえば、留置権者一般に競売申立権は認められているが、
この競売権による競売の理解については、一般に、形式競売であり配当手続は行われな
いものと解されている（浦野雄幸『条解民事執行法』（商事法務研究会・1985年）891頁）。
したがって、留置権者は、債務者に対して換価金返還義務を負うことになるが、平時に
おいては、被担保債権と相殺することによって、事実上の優先弁済を受けることになる
とされている（鈴木忠一＝三ヶ月章編『注解民事執行法（5）』（第一法規・1985年）387
頁〔近藤崇晴〕）が、このことから、法律上当然に優先弁済権が認められるわけではない。

(2)　集合動産や集合債権の譲渡担保では、対抗要件の内容につき議論がある（例えば、道
垣内弘人『担保物権法〔第3版〕』（有斐閣・2008年）333頁以下、349頁以下等参照）。

の届出により、管財人は、不足額がいくらくらいになるかの予測がつき、財産管理や配当に資することになるという点に求められる。また、これは、破産法154条による財産評価をするための担保物の提示の前提ともなる。

　破産管財人は、別除権者に対し、目的物の提示を求めてこれを評価することができ（破154条）、適当と認めるときは、裁判所の許可を得て、被担保債権を弁済して目的物を取り戻すことができる（破78条2項14号・同条3項）。

　別除権者が積極的に別除権の行使をしないときは、管財人は民事執行法その他強制執行の手続に関する法令の規定により、別除権の目的物を換価することができる（破184条2項）[3]。この場合、別除権者は換価金から優先弁済を受け、残額があれば、それは破産財団に帰属する。別除権者の受けるべき額が確定していなければ、管財人は換価金を寄託し、別除権はその換価金の上に存続する（破184条4項）。また、たとえば流質契約（商515条）や任意処分権が認められている非典型担保におけるように、別除権者が法定の方法によらないで目的物を処分する権利を有するときは、これらの者の換価権が優先する。したがって、これらの別権者が迅速に換価を行わない場合には、手続の遅延を防ぐために、管財人は、裁判所に対し、その処分をなすべき期間を定めてもらい、その期間内に別除権者が処分しないときにはじめて、管財人は前述の方法で換価することができる（破185条）。この場合、当該担保権者は、管財人の換価に対して異議を述べることはできない。

（2）　別除権者の破産債権行使

　1）不足額（残額）責任主義　破産者の財産に担保権を有している担保権者が同時に破産債権者でもある場合、担保権者は、別除権と同時に破産債権の行使もできるはずである。しかし、これを無制限に認めると、一つの債権について二重に満足を受けることになり、他の債権者に対して不公平である。よって破産法は、別除権者はその別除権の行使によって弁済を受けることができなかった債権額についてのみ、破産債権者としてその権利を行使できるものと規定している（破108条）。これを不足額（残額）責任主義という。なお、別除権者が別除権を放棄すれば、債権全額について破産債権者として権利行使をすることができる。

　2）不足額の行使方法　別除権者が不足額を破産債権として行使しようとする場合、債権の届出に際して、通常の届出事項（破111条1項）のほか、別除権

---

(3)　強制執行等の換価方法は法の建前ではあるが、別除権者にとっても実際上得策でない場合が多いし、別除権者の利益を損なわなければ破産法184条の趣旨には反しない。よって、管財人は、別除権者の担保権をつけたまま目的物を任意売却（破78条2項1号）することができると解されている。また、別除権者に目的物を買い受けさせ、その代金と被担保債権とを相殺することも可能と解されている（谷口221頁）。

第16講　別除権

の目的である財産および別除権の行使によって弁済を受けることができないと見込まれる債権の額（いわゆる予定不足額）をも届け出る必要がある（同条2項）[4]。そして、債権調査は、債権の額および予定不足額についてなされる（破116条・117条1項1号・4号）。ただ、債権調査によってなされるこの不足額の確定は暫定的なものであるから、配当に関しては、中間配当の除斥期間内に、管財人に対して目的物の換価に着手したことを証明し、かつ、その換価によって弁済を受けられない額（不足額）を疎明しないと、配当から除斥される（破210条）。さらに、この換価実行の着手の証明と不足額の疎明をしても、目的物の換価が終了して不足額が確定するまでは配当額は寄託され（破214条1項3号）、最後の配当の除斥期間内に、目的物の処分の結果確定した不足額を証明するか、または別除権放棄の意思表示をしなければ、完全に配当から除斥される（破198条3項・214条3項）。

　なお、別除権者が破産債権者として議決権を行使する場合、議決権を行使できる債権額の決定については、別に定めがある（破140条1項）。

　3）不足額の確定についての、根抵当権の場合の特則　　根抵当権は極度額でのみ目的物の交換価値を把握しているから（民398条の2第1項・398条の3第1項）、目的物の売却価額の如何を問わず、極度額を超える部分については、たとえ剰余が出たとしても、抵当権の効力として配当を受けることはあり得ない。そこで、本来、不足額は、確定した被担保債権額と担保不動産競売手続で受けた配当額との差額であるが、それが明らかでない場合には、被担保債権のうち極度額を超える部分を不足額とするというルールが作られた。すなわち、確定不足額の証明がない場合でも、最後配当の許可があった日における被担保債権の極度額を超える部分を、最後配当の手続に参加することのできる債権の額として配当表に記載することにし（破196条3項）、その後、最後配当に関する除斥期間が経過するまでに確定不足額が証明された場合にはその額を、証明されなかった場合には最初に記載された額を確定不足額とみなして、配当の基準とすることにしたのである

---

(4)　実務上は、別除権の記載がなくとも、破産管財人は、別除権付破産債権として認否することが可能であるとされ、また、マンション管理費・修繕積立金は、特別の先取特権となり（区分所有7条1項）、別除権付破産債権となるが、実務上、別除権者としての届出がなされない場合が多いが、別除権付破産債権として認否されることとなるといわれる（実践マニュアル441頁、注釈（上）734頁〔野村剛司〕）。大阪地裁第6民事部では、別除権の記載がない届出に対しては、別除権を放棄する趣旨かどうかを問い合わせた上、放棄の手続がとられた場合には別除権のない破産債権として認否し、別除権を放棄しない場合には別除権の目的及び予定不足額の届出をするよう補正を促すが、それでも補正しない場合は、別除権付債権として認否し、予定不足額がないものとして扱うとのことである（はい6民です281頁以下）。

（破 198 条 4 項）[5]。

なお、これらの規定は、中間配当には準用されていないから（破 209 条 2 項参照）、中間配当ではこのような扱いはなされない。

4）準別除権者の取扱い　　別除権者ではないが、破産債権の行使の場面で、別除権者と同様に扱うのが債権者間の公平にかなうと考えられる一定の者にも、不足額責任主義が拡張されている。すなわち、「破産者の自由財産の上に担保権を有する破産債権者（破 108 条 2 項前段）」と「第二破産において、前の破産（第一破産）につき破産債権を有する破産債権者（破 108 条 2 項後段）」については、不足額の権利行使については、別除権者に関する手続規定が準用される（破 108 条 2 項）。前者の場合でいえば、たとえば破産管財人が、担保目的物を破産財団から放棄したような場合でも、担保権者が破産債権を行使するためには、担保権を実行して不足額を確定させるか、担保権を放棄しなければならない。そして、破産財団から放棄された目的物の上に設定された担保権を放棄する場合、その意思表示は誰に対してなすべきか、という問題があるが、判例は、破産者が法人であるときは、放棄の意思表示は会社法 478 条 2 項によって選任される清算人に対してなすべきであり、従来の代表取締役に対してなした放棄の意思表示は無効であるとする[6]。後者の場合でいえば、第一破産で得られた配当部分は、第二破産における配当額から控除される。

3　各種の担保権と別除権

担保権とされているものにはさまざまなものがあるが、破産法上、そのすべてが別除権として扱われるわけではない。以下では、主な担保権を取り上げて、それが破産法上どのように扱われるかを検討しよう。

（1）典型担保

典型担保権のうち、破産法上、明文の規定によって別除権が与えられているのは、特別の先取特権、質権、抵当権のみである（破 2 条 9 項 10 項）。よって、以下では、それに含まれない典型担保権が破産手続上どのように取り扱われるか、という点についてみていこう。

---

[5]　たとえば、被担保債権額が 2 億円、極度額が 1 億円、目的物の価額が 1 億 5000 万円であった場合、根抵当権者は、極度額以上は担保されないから、いくら目的物の価額が 1 億 5000 万円であっても、不足額は 1 億円である。これに対して、たとえば、被担保債権額が 2 億円、極度額が 1 億 5000 万円、目的物の価額が 1 億円であったような場合には、極度額が 1 億 5000 万円であるが、目的物の価額はそれより低いので、実際の不足額は、目的物がいくらで売れるかが定まるまでは確定しない。よって、この場合は、通常の抵当権と同様に、予定不足額を届け出ることになろう。

[6]　最決平 16・10・1 判時 1877 号 70 頁〔百選 5 版 59 事件〕。

第 16 講　別除権　　*455*

1）根抵当権　　根抵当権とは、一定の範囲内の不特定の債権を極度額の範囲内において担保するために不動産上に設定された担保物権をいう（民398条の2第1項）。すなわち、根抵当権にあっては、元本が確定（民398条の20参照）した場合にのみ極度額の範囲で優先弁済権が保障されることになる（民398条の3第1項）。このように被担保債権につき担保目的物から優先弁済権が得られるという点では、通常の抵当権と異なるところはない。確定事由にはさまざまなものがあるが、債務者または、根抵当権設定者について破産手続開始決定がなされることもそのひとつである（民398条の20第1項4号）。したがって、元本が確定した根抵当権者の破産手続における権利は、通常の抵当権者と同様に別除権者として扱われる。ただし、破産者が物上保証人であるときは、根抵当権者は破産者に対しては債権を有する者ではないから、別除権者ではあるが破産債権者ではない[7]。

　根抵当権はあくまで抵当権の一形態であると考えられるから、基本的には破産手続における取扱いも抵当権のそれと同様である。ただ、通常の抵当権については優先弁済権の対象となる利息その他の定期金および債務不履行による損害賠償請求権は、最後の2年分に限定されている（民375条）のに対し、根抵当権の場合には、極度額の範囲内であれば、すべての利息等が被担保債権に含まれる（民398条の3第1項本文）。その結果、破産手続開始後の利息は本来劣後的破産債権であるが（破97条1号・99条1項1号）、これも極度額の範囲内であれば、別除権の被担保債権に含まれ優先弁済権が認められ、したがって不足額算定（破108条1項本文）の基礎ともなる。

　また、破産者が支払義務を負う手形を根抵当権者が取得したときに、その手形債権を被担保債権として扱ってよいか、という問題がある。破産手続開始前であれば、極度額の範囲内という制限はあるが、根抵当権者の取得する債権はすべて被担保債権として扱われるのが原則であるから、根抵当権者が破産者から振出しを受けたり、破産者以外の者から裏書きによって手形を取得した場合（いわゆる回り手形）、その手形債権は当然被担保債権に含まれることになる。しかし、債務者について支払停止または破産手続開始申立てなどの事実が発生し、財産的危機状

---

(7)　この場合、根抵当権者は破産債権者ではないから、破産手続開始等を通知すべき知れている破産債権者（破32条3項1号）には当たらない。しかし、根抵当権者が保証人の破産手続開始の事実を知らずに債務者に融資を続けたときには、破産手続開始後の融資分は、既に破産手続開始決定によって元本額が確定しているため（民398条の20第1項4号）、別除権の行使によって回収することはできない。このような危険を避けるために、別除権者に対しても通知をすべきであると解するのが通説である（米倉明＝清水湛＝岩城謙二＝米津稜威雄＝谷口安平編『金融担保法講座Ⅰ』（筑摩書房・1985年）371頁〔福永有利〕、基本コンメン144頁〔宮川聡〕、伊藤3版440頁注49、中島297頁注14等）。

態が明らかになった後に、極度額にまだ余裕のある根抵当権者が他の債権者がもっている手形を回り手形として譲り受け、根抵当権によってその優先的回収を図ることが可能になる。しかし、このような結果は、債権者平等の理念に反するものである。そこで、支払停止・破産手続開始申立て後に取得された回り手形に基づく債権は、原則として根抵当権の被担保債権にすることはできないものとされ、例外として、それらの事由を知らないで取得したことを証明した場合にのみ被担保債権とすることが認められている（民398条の3第2項1号2号）。

2）民事留置権　破産法上、民事留置権は破産財団に対して効力を失うとされており（破66条3項）、後述の商事留置権とは異なり、別除権は認められない[8]。

---

(8)　明治35年の破産法草案は、民事留置権についても商事留置権と同様別除権として扱っていたが、旧破産法（旧破93条2項）および現行破産法（破66条3項）においては、それが大幅に後退した立法がなされた。その結果、商事留置権と民事留置権とでは異なる取扱いがなされることになったが、その理由として、①留置的効力を認めると、破産財団の管理換価を妨げること、②民法上の留置権がある場合はその多くは特別の先取特権を与えられていること、③商事留置権は、一般の留置権と異なりその担保力を尊重すべきであるといった諸点が挙げられていた（これにつき、鈴木正裕「留置権小史」会社法・金融取引法の理論と実務（河合伸一判事退官・古希記念）（商事法務・2002年）205〜213頁参照。また、①の点を強調するものとして松本恒雄「商法上の留置権と民法上の留置権」民商93号臨時増刊号（2）180頁以下がある）。

旧法のこのような規定に対し、①民事留置権は、優先弁済請求権をもたないが、執行手続においても引受主義の規定（民執59条4項・188条）や、動産執行における手続開始要件の規律（民執124条・190条・163条1項）によって、事実上最優先で弁済を受けることができ、また、国税徴収法上も最優先の配当を受けることが認められている（国税徴収21条1項）。それにもかかわらず、破産手続が開始すると、一般債権者としての処遇を受けるのは不当である。②商事留置権が破産手続においても効力を認められているのに、民事留置権が消滅してしまうのは、両者の沿革の違いに基づくとはいうものの、均衡を欠いている。むしろ民事留置権の方が成立要件として目的物との牽連関係を必要とする点で限定的であり、保護の必要性が高く、また、効力を認めることが財産の管理および換価の支障となる可能性も、商事留置権ほど大きくない。さらに、民事再生法や会社更生法には、旧破産法93条2項に相当する規定はなく、この点でも再建型倒産手続と破産手続との間にアンバランスがある、等の批判がなされていた。そこで、現行破産法の制定過程においては、各倒産手続につき統一的に民事留置権の失効を規定する案、逆に、民事留置権も商事留置権と同様に、先取特権とみなして保護する案、民事留置権を別除権として保護する案、別除権とはしないが、個別の規定により、民法・民事執行法と同様の権能を認める案などが検討された（小川110頁）。また、ほぼ同時期に行われていた、民法・民事執行法の改正作業においても、留置権者に優先権を認めた上で、不動産上の留置権は競売により消滅するものとすることの是非、および留置権者に競売の申立権を与えない現行法の規律を維持することの是非が検討された（法務省民事局参事官室「担保・執行法制の見直しに関する要綱中間試案」第1・1（1））。しかし、どちらの立法作業においても、成案を得ることができず、旧法を現代語化するにとどまっている。

したがって、管財人は無条件に目的物の引渡しを請求することができる反面、留置権者の有する債権は破産債権にしかならないことになる。もっとも、民事留置権者は同時に特別の先取特権（民311条・315条）をも有している場合も多いと考えられ、通常は、保護に欠けるところはないであろう。たとえば、冒頭の ケース で、Ｃの有している民事留置権は消滅するが、同時に動産保存の先取特権（民311条4号・320条）を有しているとみられ、これを別除権として行使することができるであろう（破2条9項）。

3）商事留置権　商事留置権（商31条・521条・557条・562条・589条・753条2項）は特別の先取特権とみなされており（破66条1項）、別除権が認められる（破2条9項）。ただし、その順位は特別の先取特権の中で最後順位とされている（破66条2項）。

ところで、商事留置権が特別の先取特権とみなされたことに関し、破産手続開始後もなお留置的効力が存続するかについては従来から争いがあった。これはとくに手形上の商事留置権（商521条）をめぐって議論がなされてきたが、手形に対する特別の先取特権を実行するためには、目的物たる手形の留置を続ける必要があること（民執190条1項1号参照）や、商事留置権消滅許可請求の制度が規定されている（破192条）ことなどから、破産手続開始後も留置的効力を肯定するのが判例[9]および有力説[10]の立場である。したがって、この見解に立つと、破産管財人は、破産法184条2項により換価権を行使することができるか否かという問題については、目的物が動産の場合で商事留置権者が目的物の提供を拒否したときは、破産管財人の換価は不可能になり（民執124条）、また、目的物が不動産の場合では、民事執行法59条4項が適用されると解される。この場合、破産管財人としては、まず商事留置権者の協力を求め、留置権を消滅する途を探るべきであるが、その協力が得られないときには、破産財団所属財産の換価処分が困難になることから、商事留置権消滅許可請求制度（破192条）の利用または目的物の財団からの放棄を検討することになろう[11]。

---

(9) 最判平10・7・14民集52巻5号1261頁〔百選5版52事件〕。

(10) 菅原胞治「商事留置権の破産宣告後の留置的効力と優先弁済権（上）（下）」銀行法務21第508号4頁、509号26頁、倒産と担保109頁〔小林信明〕、山本和彦「破産と手形商事留置権の効力」金法1535号6頁、伊藤3版434頁等。

(11) これにつき、三上威彦「民事再生手続における手形上の商事留置権の取扱いについて」民事手続における法と実践（栂善夫先生・遠藤賢治先生古稀祝賀）（成文堂・2014年）1060頁参照。なお、商事留置権と他の担保権の優劣については、不動産商事留置権が転化した特別の先取特権が常に抵当権に劣後するとの見解（山本和彦「破産と手形商事留置権の効力─最高裁平成10年7月14日判決をめぐって」金法1535号6頁、9頁）、常に

しかし、このような見解に対しては、留置的効力を認めると、破産管財人としては、商事留置権を有する債権者（商事留置権者）には、債権全額を弁済しないと手形の引き渡しを受けることができないため、商事留置権を特別の先取特権とみなしつつも最後順位の先取特権とした破産法（破66条2項、旧破93条1項但書）の趣旨に反するとして、留置的効力を否定する学説・下級審裁判例[12]もある。

また、不動産につき商事留置権が認められるかについては、学説上争いがあり[13]、下級審裁判例も分かれる[14]。解釈論としては、商法521条は、「債務者の所有する物」と規定しており、不動産を含むと解するのが素直であるが、少なくとも、債務者の破産手続においては建設機械抵当法15条（航空機抵11条、自動車抵11条）を類推適用し、抵当権が優先すると解すべきであろう[15]。さらに、たとえば、注文者が破産し、管財人が請負契約を解除した場合を想定すると、建物を建築した請負人が当該建物を占有している場合、商事留置権を行使することが考えられる。この場合、建物を請負人が所有している場合には、建物につき留置権が成立する余地はないが（商521条）、請負人が建物の敷地について商事留置権を主張することがある。この問題については、不動産に商事留置権を認める見解に立った場合でも、建物の敷地については、商事留置権を否定する見解が支配的であるといわれている[16]。

その他、商事留置権については、民事再生法では、破産法とは異なった規定が置かれている（民再53条1項。破産法66条1項に相当する規定なし）ことから、民事再生手続における処遇については議論がある（これについては、本書第24章2(1)1)

抵当権に優先するという見解（東京高決平10・12・11の解説〔判タ1004号267頁〕はこの可能性を指摘する）、および対抗要件の先後で処理するとする見解（秦光昭「不動産留置権と抵当権の優劣を決定する基準」金法1437号4頁、5頁、同「不動産に対する商事留置権の成否と債務者破産の効力」金判1060号35頁、40頁、西口元「判例評釈」判タ1036号57頁、東京高決平10・11・27判時1666号141頁②事件〔百選5版54事件〕）が対立している。

(12) 田原睦夫「手形の商事留置権と破産宣告」金法1221号22頁、石川明「判批」判時1537号（判評440号）243頁、東京高決平10・11・27判時1666号141頁②事件〔百選5版54事件〕、大阪高判平6・9・16金法1399号28頁等。

(13) 肯定説として、道垣内弘人『担保物権法〔第3版〕』（有斐閣・2008年）19頁。否定説として、高木多喜男『担保物権法〔第4版〕』（有斐閣・2005年）20頁、近江幸治『民法講義Ⅲ担保物権〔第2版〕』（成文堂・2005年）20頁がある。

(14) 肯定するものとして、東京高決平10・11・27金法1540号61頁が、否定するものとして、東京高判平13・1・30金法1652号49頁がある。

(15) 道垣内弘人・担保物権3版18頁・19頁。

(16) 実務Q&A256頁〔野澤健〕。同旨の裁判例として、東京高決平6・12・19金法1438号38頁、東京高決平11・7・23金法1559号36頁がある。

を参照のこと）。

4）一般の先取特権　　一般の先取特権は、民法上は担保物権として扱われているが（民法第2編第8章第2節第1款）、満足の対象が債務者の総財産であるという点では、その性質は債権と同一である。そこで、破産法上は、一般の先取特権は、その性質からみて破産債権とされたが、民法上物権として優先権が与えられていることに鑑み、優先的破産債権と位置づけられている（破98条1項、民306条）。したがって、一般の先取特権については別除権は認められない。

5）動産売買先取特権　　特別の先取特権（民311条・325条）には、破産法上別除権が与えられており、破産手続によらないで優先弁済を受ける権能が認められている（破2条9項・65条1項）。その中でもっとも議論されているのが動産売買先取特権である。

① 動産売買先取特権の権利行使　　動産の売主は動産売買の先取特権（民311条5号・321条）を有しており、これは特別の先取特権であるから、別除権として扱われる（破2条9項）。したがって、その権利の行使は、破産法65条の原則によれば、民事執行法190条（動産競売）によることになる。ところが、平成15年の民事執行法改正前は、先取特権者が競売申立てをなすためには、債権者たる売主は、目的動産を執行官に提出するか、または、動産の占有者が差押えを承諾したことを証する文書を提出しなければならなかった（民執旧190条）。ところが、売主は、通常、売却した動産を占有することはほとんどないので、買主側＝管財人に対して目的物の引渡しを求めるか（先取特権者が自力救済などの手段によって破産手続開始決定前後の目的物の占有を取得していれば、それを執行官に提出すればよい）、または、差押承諾文書を求めることになるが、管財人が協力してくれないと、先取特権を有していてもその行使ができないことになる。よって、この場合、先取特権者の権利実現のためには、どのような方法が採られるべきかということが問題となり、学説判例上見解が錯綜していた[17]。このような議論を背景として、平成15年改正

---

(17)　学説は、大別して、厳格説と緩和説に分けることができる。厳格説とは、手続上そのような限界があるのであれば、実体権としてもそのような制約を伴う弱い権利であるに過ぎず、かような結果もやむを得ないし、また、公示の手段がない動産売買先取特権者に安易に債権の優先的回収権限を認めると、一般債権者の利益を害し公平を欠くといった理由から、民事執行法旧190条の要件を満たすことができなければ、それ以外に競売開始の方法はないと説く見解である。それに対して緩和説とは、要件を緩和して、そのような場合にも競売開始の途を開こうとするものであるが、その理論構成はさまざまに分かれていた。

①仮差押え先行説：売主の売買代金債権を被保全権利とする仮差押えによって執行官に動産の占有を取得させてから（民執旧177条1項、民保49条1項）、今度は先取特権に基づいて競売申立てができる（両事件は併合される（民執192条・125条））とする見

により、民事執行法190条1項3号および2項などの規定が設けられ、従来の方法に加えて、担保権証明文書を提出して債権者が申立てをすれば、執行裁判所が動産競売開始許可決定をすることにより動産競売を開始することが可能になった。これによって、先取特権者としては、たとえ動産の占有を取得できなくても、また破産管財人から差押承諾文書が得られなくても、執行裁判所の動産競売開始

解であるが、これに対しては、ⓐ売買代金を被保全権利とする動産仮差押えにそのような特殊な扱い（保全の必要性の緩和、執行対象の特定〔民執規100条参照〕）を認めてよいか。ⓑ換価に進まぬ前提の仮差押えを担保権に基づく動産競売の要件具備の手段に用いるのは筋違いではないか。ⓒ売買代金債権を被保全権利とする仮差押えであるとするならば倒産手続開始後はできないはずである（旧破70条1項、和40条1項〔民再39条1項〕、会社515条1項、会更50条1項）といった批判がなされていた。

②執行官保管仮処分先行説：売買先取特権確認の判決正本によって競売の申立てをすることができるが、先取特権を被保全権利とした執行官保管の仮処分に基づいて執行官が目的物の占有を得れば、仮処分のままでも（価値保全等のため）競売申立てができるとする見解である。この見解に対しては、ⓐ先取特権確認訴訟を本案訴訟とする考え方に対しては、動産売買先取特権は、実体法上、債務者に対して目的物の引渡や処分禁止を求める効力を有しないのに、仮処分申請を認めるとすると、債権者に被保全権利以上の利益を与えることになる。ⓑ目的動産引渡請求訴訟を本案訴訟とする考え方に対しては、実体法上動産売買先取特権に基づいて目的物引渡請求権を認めることはできないといった批判があった。

③物引渡先行説：動産売買先取特権に基づく競売申立ての前提として売主の目的物に対する引渡請求権を認め、引渡しを命じた本案判決の執行や引渡断行の仮処分によって現実に占有を取得した上、これを執行官に提出して競売申立てを行うとする見解（その保全として執行官保管の仮処分を認める）である。これに対しては、先取特権者に引渡請求権が認められるか疑問であるとの批判があった。

④意思表示執行先行説：売買先取特権の効力として債務者に差押承諾義務を認め、差押えを承諾する旨の意思表示を命ずる本案判決またはその断行の仮処分命令を得て、売主は競売申立てができるとする説（右の訴えを本案訴訟として執行官保管の仮処分もできるとする）である。買主の差押承諾義務を認めるのは困難であるとの批判があった。

以上に対し、担保権の存在を文書で証明すれば競売申立てが認められるのが原則であるはずであるとの原則に立ち、以下のような見解が唱えられており、当時の通説を形成していた。

⑤物的債務名義説：動産または差押承諾書の提出がなくても、物的債務名義（担保権の存在を内容とする民執22条各号の文書）ないし担保権の存在を証明する法定文書（民執181条1項1号・2号類推）があれば、競売の申立てが可能であり、その保全として先取特権を被保全権利とする仮差押えができるとする説、および、⑥担保権証明文書説：動産競売にかかる差押えに実体異議（民執182条）が認められていることからすれば、物的債務名義に限らず、より広く「担保権の存在を証する文書」（民執193条）があればよく、これに、現物確保のため「債務者が目的動産を直接に占有していることを証する文書」を合わせれば、差押承諾証明文書に準じて、競売申立てを認める見解（新百選62事件〔青山善充〕、百選3版66事件〔大村雅彦〕参照）。

決定を得ることによって、別除権の行使として、破産管財人の管理下にある目的物について動産売買先取特権の実行をすることができるようになった。

② 物上代位権に基づく別除権 この問題を考えるに当たり、以下のような事例を想定しよう。すなわち、①ＹがＡに工作機械を売却し、②ＡはそれをＢに転売した。③その後、Ａに対し破産手続開始決定がなされ、Ｘが破産管人に選任された。④ＹはＡがＢに対して有している転売代金債権につき、債務者をＸ、第三債務者をＢとする債権差押・転付命令を得た。⑤これに対してＢは、債権者不確知を理由に供託した。⑥そこで、ＸはＹに対して、本件供託金返還請求権存在確認の訴えを提起した、というものである。

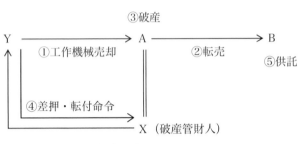

民法は、先取特権、質権、および抵当権に物上代位権を認めている（民304条・350条・372条）。ただし、物上代位権を行使するためには、代位物たる債権の弁済（「払渡しまたは引渡し」）の前にこれを差し押さえることが必要とされている（民304条1項但書）。そこで、担保目的物の売却の後、債務者（設定者）が破産手続開始決定を受けた場合、別除権者が物上代位権を行使するには、破産手続開始決定前に差押えをしていなければならないのかどうかが問題となる。この点につき従来学説は対立していた[18]が、最高裁判所は、破産手続開始後でも差押えを行って、物上代位を主張しうるとするいわゆる積極説の立場を明らかにした[19]。

---

[18] 学説の状況については、米倉明＝岩城謙二＝谷口安平＝清水湛＝米津稜威雄編『金融担保法講座Ⅳ』（筑摩書房・1986年）281頁以下〔井上治典＝宮川聡〕が詳しい。

[19] 最判昭59・2・2民集38巻3号431頁〔新百選61事件、百選3版65事件、百選4版54事件、百選5版55事件〕は、「民法304条1項但書の趣旨は、先取特権者の差押えによって、第三債務者の債務者への弁済が禁止され、かつ、債務者の取立てまたは第三者への譲渡が禁止される結果、物上代位の対象である債権の特定性が保持され、これにより、物上代位権の効力が保全されると共に、他面、第三者が不測の損害を被ることも防止されるという点にある。したがって、一般債権者が単に債権の差押命令を取得したに過ぎない場合には、まだ特定性が保たれているから、先取特権者はなお物上代位権を行使することができる。債務者が破産手続開始決定を受けた場合でも、その効果の実質的な内容は、財産についての破産者の管理処分権能が剥奪されて管財人に帰属するというに留まり、破産者の財産の所有権が財団または管財人に譲渡されたことになるわけでは

破産財団所属財産たる代金債権などに対する物上代位も別除権の行使とみなされるのであり、先取特権者は、その本来の権利の行使方法である、転売代金債権等の差押えによって権利を実行する（破65条1項）。よって、民事執行法193条1項により、担保権の存在を証する文書（および物上代位権の存在を証する文書）を執行裁判所に提出する必要がある[20]。この「文書」の意義については、従来準名義説[21]が有力であったが、近時ではむしろ書証説[22]が有力である。なお、先取特権者が担保権証明文書を直ちに提出できないときに、物上代位権を保全する方法として、目的債権の仮差押えや、破産管財人に対する取立てまたは譲渡禁止仮処分を申し立てることができるか、という問題もある。学説では、仮差押えの可能性を肯定する見解が比較的有力であるが、下級審裁判例は、ほぼ一貫してこれを否定している[23]。

（2）非典型担保

1）譲渡担保　①　譲渡担保の意義　　譲渡担保とは広義では、担保のため

ないので、一般債権者による差押えと同視できる。したがって、先取特権者は、債務者が破産手続開始決定を受けた後においても、物上代位権を行使することができる。」と述べた。

[20] 中野貞一郎＝下村正明『民事執行法』（青林書院・2016年）344頁、中野貞一郎『民事執行法〔増補新訂6版〕』（青林書院・2010年）364頁。ただ、現実には、動産の売主において、破産手続開始前に買主がこれを転売して売掛債権を有していた場合、あるいは破産管財人が破産手続開始後に売却換価してこれによる売却代金債権を有するに至った場合に、その債権者が、売主が破産者に売り渡した動産の転売代金債権であることを証明する文書を提出することは、簡単ではない。破産者のもとにおいて、多数の売主から仕入れた物品が混在して保管されていることも多いし、破産管財人が売却するときも、多数の売主から仕入れた動産を一括して売却したり、あるいは多数の買主に分割して売却したりするなど、様々な形態があり、先取特権者にとって、具体的な破産管財人の有する第三債務者に対する被差押債権が、自己の売却した動産と同一の動産の転売にかかる転売代金債権であること（それは要証事実である〔条解破産2版508頁注23〕）を証明できるのは、よほど特定された動産が転売された場合であって、かつそのことについて売主側に情報がある場合でないと、難しいことが多い（注釈（上）450頁以下〔伊藤尚〕）。

[21] 新堂幸司「不動産競売」判タ118号36頁以下、上田徹一郎「担保権実行のための競売の要件と効果」民事執行法の基本構造（竹下守夫＝鈴木正裕編）（西神田編集室・1981年）513頁、とくに536頁、三ケ月章『民事執行法』（弘文堂・1981年）440頁以下、竹下守夫『民事執行法の論点』（有斐閣・1985年）38頁以下、200頁、浦野雄幸『条解民事執行法』（商事法務研究会・1985年）808頁以下等。

[22] 中野貞一郎「担保権の存在を証する文書」判タ585号8頁、とくに14頁、同・民事執行法増補新訂6版360頁、生熊長幸「動産売買先取特権の実行(2)」ジュリ876号116頁等。なお実務は書証説で運用されている（条解破産2版508頁）。

[23] 伊藤3版445頁は、下級審の立場を支持する。下級審裁判例については、大コンメン278頁〔野村秀敏〕、条解破産2版509頁、注解3版（上）673頁〔斎藤秀夫〕参照。

第16講　別除権

に財産を移転する場合の総称であり、「売渡担保」と「狭義の譲渡担保」とを含むが、一般的に譲渡担保という場合には、狭義の譲渡担保を指すことが多い。売渡担保とは、債務者（売主）が目的物を債権者（買主）に売却し、債権者がその代金を支払うことで債務者に対して融資を行う。そして、債務者が後に（通常は約定利息分相当額を付加して）その代金を債権者に支払うと、債権者が目的物を債務者に売却する（再売買の予約）か、当初の売買契約を解除して目的物の所有権が債務者に復帰する（買戻し）という形式がとられる。この場合には、売買の形式で信用の授受が行われるから、売主は目的物の再売買の予約完結権ないし買戻権を有するが代金の返済義務を負わず、したがって被担保債権が存在しない点に特色がある。

それに対して、狭義の譲渡担保とは、債権を担保するために、債務者または第三者が所有する物の所有権を債権者たる担保権者に移転し、被担保債権が弁済されれば目的物の所有権が担保権設定者に自動的に復帰するという形式をとる。したがって、この場合、当事者間の信用の授受を債権の形式で存在させ、これを担保するために財産権を移転するという構成をとる。以下では狭義の譲渡担保について説明する。

②　譲渡担保設定者破産の場合　　譲渡担保設定者が破産した場合、通説によれば、目的物は依然として設定者の所有物として破産財団を構成しており、譲渡担保権者はそれについて別除権を有すると解されている[24]。その理由としては、①譲渡担保は債権担保の手段であり、譲渡担保権者の地位は、別除権を認めることで十分保護される。②所有権移転という外形を重視して譲渡担保権者に取戻権を認めると、譲渡担保権者は目的物の余剰担保価値をも破産財団から取り上げることによって破産債権者への配当財源を減少させることになる。③取戻権を認めると、被担保債権との関係を切り離すことを意味する。そうすると、譲渡担保権者は取戻権を行使しつつ、他方で、自己の被担保債権を破産債権として全額行使することができるということになりかねず、これでは二重の利得を認めることになり不合理である、といった諸点を挙げることができるであろう。なお、この点を直接に論じた最高裁判例は未だないようであるが、基本的なスタンスは別除権説と同じである[25]。

---

[24]　大コンメン279頁〔野村秀敏〕、基本コンメン145頁〔宮川聡〕、伊藤3版451頁以下、山木戸148頁、演習破産343頁以下〔中野貞一郎〕等。反対、金商別冊2号200頁〔菅野孝久〕以下。

[25]　会社更生事件に関するものであるが、最判昭41・4・28民集20巻4号900頁〔新百選55事件、百選3版57事件、百選4版50事件、百選5版57事件〕も、譲渡担保権者の取戻権を否定し、更生担保権者に準じて権利の届出をなし、更生手続によってのみ権利行使をなし得るとしている。

このような通説の立場によると、譲渡担保権者は、別除権者として扱われる結果、破産手続によらないで譲渡担保権を実行することができる（破65条1項）。すなわち、その実行は、譲渡担保権本来の実行方法によって行う（破185条参照）。したがって、目的物の占有を設定者のもとに残す通常の場合には、破産管財人がこれを占有することになるから、譲渡担保権者は、換価のために、破産管財人に対し目的物の引渡しを請求することになる。また、譲渡担保権者が目的物を換価し、評価額が被担保債権の残額を上回るときは、譲渡担保契約の内容にしたがって、清算金の支払いと引替えに目的物の引渡を受けるか（帰属清算型）、あるいは、引渡を受けてから換価し清算する（処分清算型）ことになる。当事者の意思が明らかではないときは、担保権設定者保護の観点から、原則として帰属清算型であると解すべきである[26]。そして、清算完了までは、譲渡担保権設定者は、被担保債権を弁済して目的物を受け戻すことができる[27]。それに対し、目的物の価額が被担保債権額を下回る場合には、不足額を破産債権として届け出ることになる（破108条）。

　③　譲渡担保権者破産の場合　　この場合については、旧破産法88条は、明文で、破産手続開始決定前に破産者に財産を譲渡した者は「担保の目的をもってしたることを理由として」その財産を取り戻すことができない旨を規定していた。しかし、この文言通り厳密に解すると、設定者としては、破産財団に属する被担保債権については完全な弁済を要求される上に、譲渡担保の目的物を財団から取り戻すことはできず、実質的に二重の弁済（金銭による弁済と目的物による弁済）を強いられることになり不合理である。他面、譲渡担保権者にとってみれば、被担保債権さえ満足されれば、目的物の所有権を取得する必要はないはずである。そこで通説は、旧破産法88条は被担保債権が存続する間は設定者は目的物を取り戻せない旨を規定しただけであり、もし被担保債権が全額弁済されれば、取戻しを肯定してもよいと解していた。なお、現行法では、譲渡担保権者の破産において設定者が目的物を取り戻すことができるかどうかは譲渡担保権に対する実体法上の規律に委ねれば足り、あえて旧破産法88条のような規定を設ける理由に乏しいとの考慮から削除された。

　④　手形の譲渡担保　　債務者が、債権者に対する担保として、債務者が所持する商業手形を債権者に裏書譲渡し、債権者は、担保の実行として、譲渡を受けた手形を取り立て、その取立金を債権の弁済に充当するとの取引が行われており、かかる取引を手形の譲渡担保と呼ぶ[28]。これが通常の譲渡担保であれば、債務者

[26]　最判昭46・3・25民集25巻2号208頁〔民法百選I第6版96事件〕参照。

[27]　最判昭57・1・22民集36巻1号92頁、最判昭62・2・12民集41巻1号67頁。

第16講　別除権　　465

が被担保債務の履行を求められ、譲渡担保権はそれらの履行がなされないときに
はじめて実行されるのに対し、手形の譲渡担保にあっては、譲渡担保の目的手形
は順次取り立てた上で債務の弁済の充当がなされる点で大きな違いがある。そこ
で、これが一般の譲渡担保権と同様に破産手続において別除権として扱われるか
否かが問題となる。この問題は、とくに更生手続を念頭において議論されたもの
であるが、通説は更生担保権説（別除権説）をとる[29]。これに対し、手形の譲渡担
保の場合には、手形の支配権が被裏書人に帰属していることなどを理由に更生担
保権（別除権）たることを否定する見解も有力である[30]。しかし、すくなくとも、
破産法上の議論としては、別除権は手続外で行使することが認められており、ま
た、手形を満期に取り立てることは、破産法185条1項の定める法律によらない
別除権の実行方法に当たると考えられるから、譲渡担保権者は破産手続開始後も
従前通り手形を取り立てて債権の弁済に充当することができるはずであり、別除
権説によっても、手形の譲渡担保権者は更生手続におけるような不利益は被らな
い[31]。よって、通常の担保権と同様、別除権を認めるべきであろう。

　⑤　**集合動産譲渡担保と集合債権譲渡担保**　　近時の取引実務においては、集合
動産譲渡担保および集合債権譲渡担保が著しい発展を遂げている。以下では、破
産手続をめぐってどのような問題が生じているかを概観してみよう。

　a.　集合動産譲渡担保　　例えば台所用品を扱う問屋に対して融資がなされる
場合を考えてみよう。債権者は、融資に当たっては担保を要求するであろうが、
唯一の不動産である店舗兼倉庫の土地建物は既に他の複数の債権者の抵当権の目
的になっているような場合、担保の目的となりそうなものといえば、倉庫に大量
に保管されている商品としての雑多な台所用品くらいしかない。しかし、これら

---

[28]　条解破産2版518頁以下、伊藤3版453頁以下。

[29]　大コンメン280頁〔野村秀敏〕。なお、この議論については、注解3版（上）581頁以
　　下〔野村秀敏〕が詳細である。その他、更生担保権説をとったものとして、下級審裁判
　　例であるが、名古屋高判昭53・5・29金法877号33頁〔百選5版56①事件〕、東京高判
　　昭56・11・16下民32巻9〜12号1026頁〔百選5版56②事件〕がある。

[30]　菅野孝久「手形の譲渡担保と会社更生・破産」ジュリ703号60頁、とくに63頁以下、
　　伊藤3版453頁以下、伊藤・会更211頁以下も参照のこと。

[31]　条解破産2版519頁。たしかに更生手続では、更生担保権者は、手続に参加し（会更
　　2条12項・135条1項）、更生計画の定めにしたがって権利内容の変更を経て（会更167
　　条1項1号・205条1項）更生担保権に対する満足が実現される（会更205条2項）。し
　　たがって、手形の譲渡担保権が更生担保権になるとすると、更生手続開始後は、債権者
　　は譲渡担保手形を取り立てて弁済に充当することができなくなるのに対して、更生債権
　　説では、譲渡担保手形を取り立てることができることになり、更生債権と解した方が有
　　利である（伊藤・会更212頁参照）。

の商品は、その種類が雑多なうえに、顧客から注文を受けた分は毎日倉庫から搬出され、逆に、毎日のように製造会社から新たな商品が運び込まれ、その内容は刻々と変化している。このように、内容の変動する動産の集合体（たとえばある倉庫内の商品全部）を一括して担保にとろうとするときに用いられるのが集合動産譲渡担保（流動動産譲渡担保ともいう）である。ただ、これは特定の物を対象とする通常の担保権とは異なり、担保目的物の内容が常に変動するものであるから、譲渡担保権の成立する範囲が特定されないままにその効力を認めると、一般の破産債権者の利益を害することになるので、特別の考慮が必要となる。

集合動産譲渡担保の法的性質については、古くは、個々の動産が、集合体に加入することを停止条件として譲渡担保の目的物となり、搬出され集合体から分離することを解除条件として譲渡担保の目的物でなくなるという契約であると理解されていた（分析論）。しかし、現在では、内容の変動する1つの集合物という観念を認め、その集合物に譲渡担保権が設定され、あとはその内容が変動しているだけであるととらえるのが一般的であり（集合物論）、判例でも確立した法理になっている[32]。これによれば、個々の動産が処分されるとそれは譲渡担保の効力から離脱するが、設定者が新たに取得する動産には、当然に譲渡担保の効力が及ぶ。また、構成部分の変動する集合動産譲渡担保について、その種類、所在場所および量的範囲を指定するなどの方法により目的物の範囲が特定されていることを条件として、一個の集合物として譲渡担保の目的となり得るものとして、その有効性が肯定される[33]。したがって、かかる特定性がなければ、譲渡担保自体が有効に成立しない。

対抗要件は、引渡し（民178条）ないし動産・債権譲渡特例法に基づく動産譲渡登記（動産債権譲渡特例法3条1項）である。前者については占有改定（民183条）でもよい[34]。ただ、この場合でも、有力説は、破産債権者の利益を保護するために、公示機能をもつ対抗要件として明認方法を要求し、破産手続開始までに明認方法

[32] 道垣内弘人・担保物権3版328頁。判例として、最判昭54・2・15民集33巻1号51頁〔民法百選Ⅰ〔第2版〕98事件〕、最判昭57・10・14判時1060号78頁、最判昭62・11・10民集41巻8号1559頁〔民法百選Ⅰ第4版98事件、執行・保全百選21事件〕等。

[33] 最判昭54・2・15民集33巻1号51頁、最判昭62・11・10民集41・8号1559頁。なお、道垣内弘人・担保物権3版327頁、高木多喜男『担保物権法〔第4版〕』（有斐閣・2005年）367頁、米倉明＝清水湛＝岩城謙二＝米津稜威雄＝谷口安平編『金融担保法講座Ⅲ』（筑摩書房・1986年）〔角紀代恵〕45頁も参照のこと。

[34] 最判昭62・11・10民集41巻8号1559頁〔民法百選Ⅰ〔第4版〕98事件、執行・保全百選21事件〕。学説については、千葉恵美子「集合動産譲渡担保の効力(2)」判タ761号14頁、20頁、注解3版（上）586頁〔野村秀敏〕が詳しい。

を備えない集合動産譲渡担保は、対抗要件を備えない担保権として、別除権の地位を否定されるとしている[35]。なお、特例として、適用対象は法人に限られるが、動産及び債権の譲渡の対抗要件に関する民法の特例等に関する法律（動産債権譲渡特例法という）によって、⒜動産の名称、種類、⒝数量、⒞動産の所在場所等を動産譲渡登記ファイルに記録することにより対抗要件を備えることができる（動産債権譲渡特例法7条、動産債権譲渡登記規8条）。

破産法上、集合動産譲渡担保も別除権として扱われるから、破産手続によることなく、その本来の実行方法によって権利行使をすることができる。ただ、集合動産譲渡担保の目的物を集合物と捉える立場によれば、個別動産は譲渡担保の目的ではないから、譲渡担保権者は、そのままでは譲渡担保権の実行として個別動産の処分はできない。そこで、譲渡担保権の客体を、集合物から個別動産へと転換する法的操作が必要となり、かかる対象動産の特定を固定化と呼んである[36]。この固定化により、複数の個別動産譲渡担保に転化することになる[37]。したがって、固定化以後は、破産管財人が同種の財産を保管場所に搬入しても、それには担保権の協力は及ばない。ただ、固定化がいつの時点で生じるかについては争いがあり、①債務者・設定者に破産、民事再生、会社更生手続の申立て等をした時[38]、②破産手続開始決定の時[39]、③譲渡担保権者が担保権実行の意思を表明した時[40]、④破産手続開始の決定によって担保目的財産は固定化しないが、譲渡担保権者が破産手続開始時に担保として把握しているのは、破産手続開始の決定時の財産の価値の範囲であって、破産管財人が新規に取得した財産に譲渡担保の効力が及ぶべきでないことから、破産手続開始決定時の価値枠で固定するとの考え方[41]等、さまざまな見解が唱えられているが、②が多数説である。破産法78条2項7号

---

[35]　吉田真澄「羞悪具動産の譲渡担保（11・完）」NBL247号43頁、50頁、実務と理論208頁〔本間法之〕、209頁、伊藤3版458頁等。

[36]　固定化については、田原睦夫「集合動産譲渡担保の再検討 —— 担保権実行の局面から」金融法研究・資料編（5）150頁・151頁、粟田口太郎「倒産手続におけるABL担保権実行の現状と課題」金融法研究28号19頁以下参照。

[37]　田原・前掲金融法研究・資料編（5）149頁、道垣内弘人・担保物権3版339頁以下、全書2版（上）627頁以下、630頁〔荒井正児〕。

[38]　植垣勝裕＝小川秀樹編『一問一答動産・債権譲渡特例法〔第3版〕』（商事法務・2007年）82頁。

[39]　基本コンメン151頁〔宮川聡〕、田原・前掲金融法研究150頁、道垣内・担保物権3版340頁、伊藤眞『債務者更生手続の研究』（西神田編集室・1984年）349頁、351頁、伊藤3版458頁等。

[40]　伊藤眞「倒産処理手続と担保権」NBL872号60頁。

[41]　条解破産2版514頁以下参照。

によれば、破産手続開始後は、管財人は破産財団に属する動産の任意売却には裁判所の許可を要するものとされ、勝手な処分は許されなくなることから考えて、破産手続開始の時に固定化が生じるとする②説が妥当であろう[42]。

集合動産譲渡担保が重複して設定される場合には、先に設定されたものが優先する。よってこの場合、後順位の集合動産担保権者は、私的実行をすることは許されない[43]。また、動産売買先取特権の目的物が集合動産譲渡担保の目的物に含まれている場合に、いずれの別除権が優先するかという問題がある。判例[44]によれば、売主からの占有改定に基づく引渡しによって、集合動産譲渡担保権者が目的物の占有を取得し、対抗要件を備えたときには、譲渡担保権者がその権利を他の債権者に対して主張しうることとなる一方、動産売買先取特権は、第三取得者たる譲渡担保権者への引渡しによって消滅するから（民333条）、結局、譲渡担保

---

[42]　東京弁護士会倒産法部主催シンポジウム「動産および債権の譲渡担保の倒産手続における法的問題点」NBL846号25頁〔小林発言〕によれば、固定化する時期については担保権設定契約に書かれており、法的整理手続開始自体が固定化事由かどうかという点はあまり問題にならないという。これに対し、同28頁〔松下発言〕は、一般的に事業をばらすよりは、生き体のまま事業体、あるいはシステムの状態のまま換価した方が絶対売却時に有利であり、著しく中身を消耗させるような不正規な制度利用をする場合はともかく、そうでない場合は、当然固定型ではなく、請求固定型という契約設計も考えていくべきであるとする。

　なお、近時、集合動産譲渡担保についても、倒産手続開始による一律の固定化事態は否定しつつ、開始後取得動産に対して担保権の効力を認めることに伴い発生しうる実質的問題への対応を図る見解がさまざまに主張されている。こらの見解については、いまだ収斂しているわけではないが、開始後取得財産に対する担保権の効力を一律に肯定ないし否定するアプローチではなく、当事者が想定していた契約内容に着目し、想定しうる類型化をした上で、当該類型ごとの検討によって担保権の効力が及ぶべき範囲を画定するというアプローチが主張されている（伊藤眞「集合債権譲渡担保と事業再生型倒産処理手続再考 ── 会社更生手続との関係を中心として」法曹時報61巻9号4頁以下、同「倒産処理手続と担保権 ── 集合債権譲渡担保を中心として」NBL872号60頁以下、中村廉平「再建型法的倒産手続における ABL の取扱いに関する考察」NBL908号32頁、山本慶子「民事再生手続における将来取得財産に対する担保権の処遇 ── 事業収益型担保の処遇を中心に」IMES DISCUSSION PAPER No 2009-J-1813頁以下等）。もっとも、これらの見解においても、集合動産譲渡担保に関しては、担保権が実行されることによって、実行時点で倉庫に所在していた動産が担保権の目的物として固定され、その後に倉庫に搬入された動産があったとしても、それに対しては譲渡担保の効力が及ばないとすることについては、あまり異論がない。

[43]　最判平18・7・20民集60巻6号2499頁〔民法百選Ⅰ〔第7版〕98事件〕、条解破産2版515頁。

[44]　最判昭62・11・10民集41巻8号1559頁〔民法百選Ⅰ〔第4版〕98事件、執保百選21事件〕。

権者のみが別除権者になると解することになる。さらに、集合動産譲渡担保の目的物が滅失した場合に支払われる損害保険金は、物上代位の目的となりうる[45]。

b．集合債権譲渡担保　　集合債権譲渡担保とは、担保権設定者が有する現在および将来有することになる多数の債権を一括して担保目的とする譲渡担保をいう。いわば、集合動産譲渡担保の目的物が、動産の代わりに、その内容が変動する債権に置き換えられたものといってよい。このような集合債権譲渡担保には、①譲渡担保契約時から譲渡担保権者に目的債権の回収権限を与える方式と、②譲渡担保権実行に至るまで債務者に回収権限を付与して回収金の使用を許す方式とがあり、実務上は後者が一般的であるとされる[46]。

集合債権譲渡担保にあっては、未だ債権自体が発生していない債権も含まれる可能性があるが、そもそもかかる将来債権の譲渡が有効かという問題がある。これにつき判例は、譲渡人の営業活動等に対して社会通念に照らし相当とされる範囲を著しく逸脱するような場合に制限を加え、または他の債権者に不当な不利益を与えるなどの特段の事情があるときは公序良俗違反として効力が否定される場合があるとしながらも、特定性がみたされている限り、将来の長期間にわたる債権の包括的譲渡の有効性を認め、学説もほぼこれに賛成している[47]。その際には発生の確実性も要求されない。ただし、将来債権譲渡における債権の移転時期については、譲渡契約時とするもの[48]と、債権発生時とするもの[49]とがある。以上のように、集合債権譲渡担保が別除権として認められるためには、目的債権の集合物としての特定性が要求される[50]。特定のための指標としては、第三債務者、債権発生原因、債権発生時期、金額、弁済期などがあげられるが、そのうちをどれを満たせば特定性が肯定できるかについては、見解が分かれる。判例は、譲渡予約に関するものであるが、譲渡の目的となるべき債権を譲渡人が有する他の債権から識別することができる程度に特定されていれば足りるとする[51]。それに対

---

(45)　最判平 22・12・2 民集 64 巻 8 号 1990 頁。その他、動産譲渡担保権に基づく物上代位権の行使を認めたものとして、最決平 11・5・17 民集 53 巻 5 号 863 頁〔民法百選 I〔第5 版 96 事件〕〕がある。

(46)　破産民再実務 3 版破産 358 頁、民再 273 頁〔内田博久〕。

(47)　最判平 11・1・29 民集 53 巻 1 号 151 頁。学説については、道垣内弘人「将来債権の包括的譲渡の有効性と対抗要件」ジュリ 1165 号 66 頁を参照。

(48)　最判平 13・11・22 民集 55 巻 6 号 1056 頁、最判平 19・2・15 民集 61 巻 1 号 243 頁。

(49)　東京高判平 16・7・21 金法 1723 号 43 頁。

(50)　民事再生事件に関するものであるが、このことを前提として、集合債権譲渡担保の実行が担保権実行中止命令に服するとしたものに、大阪高決平 21・6・3 金商 1321 号 30 頁〔百選 5 版 60 事件〕がある。

(51)　最判平 12・4・21 民集 54 巻 4 号 1562 頁。

し、学説上は、最低限の指標として、第三債務者名と債権の発生原因が挙げられるとするもの[52]や、上記のどの要素も必須とはいえないとし、第三債務者の確定なく、「設定者が現在および将来有する一切の金銭債権」でも特定性はあるとする見解[53]もある。

集合債権譲渡担保が対抗要件を備えるためには、通常の指名債権譲渡の場合と同様に、設定者たる譲渡人から債務者に対する通知、または債務者の承諾を必要とする（民467条）[54]。なお、動産債権譲渡特例法は、民法の定める対抗要件の特例として、債権譲渡登記ファイルへの記録によっても対抗力を備えることを規定している（動産債権譲渡特例法8条、動産債権譲渡登記規9条）。そして対抗要件を具備した時点で、将来債権についても対抗力が生じる[55]。

なお、集合債権譲渡担保には、特定の取引先に対する商品の売掛代金のように、契約で定められた一定の事由が生じるまでは、設定者が取立権を有し、設定者による回収と新規の発生をくり返し、また残高が変動することが前提とされている種類の債権を目的とするものと、賃料債権のように、賃貸借契約関係が継続する限り、債務者の新たな行為がなくても将来にわたって発生する債権を目的とするものとがある。このうち、後者は、設定者に破産手続が開始しても、譲渡担保権者が対抗要件を備えているかぎり、その取立権に影響を受けることはない[56]。それに対し前者の場合、破産手続開始後に破産管財人が、当該取引先に商品を売却した場合に、その売買代金債権にも譲渡担保の効力が及ぶかということが問題となる。これについても、集合動産譲渡担保について述べたところと同様に、いわゆる固定化によって、複数の個別の債権が譲渡担保の目的になると解される。したがって、固定化以後は、破産管財人が商品を売却して得た代金債権には譲渡担保の効力は及ばないと考えられる。もっとも、固定化がいつ生じるかという点に

---

[52] 伊藤3版459頁。

[53] 道垣内弘人・担保物権3版349頁。これによれば、対第三者関係における特定は、対抗要件具備に際しての特定であるとする。

[54] 債務者に債権の回収権限を留保する場合でも、既に生じ、または将来生ずべき担保の目的とされた債権は確定的に譲渡されており、ただ、譲渡担保設定者に取立権限を付与し、取り立てた金銭の引渡しを要しないとの合意が付加されているものと解すべきであるので、担保の目的とされた債権が発生する前であっても、指名債権譲渡の対抗要件の方法により第三者に対する対抗要件を具備することができる（最判平13・11・22民集55巻6号1056頁、民再274頁〔内田博久〕）。

[55] 最判昭53・12・15判時916号25頁、最判平11・1・29民集53巻1号151頁〔民百選Ⅱ7版28事件〕。

[56] 条解破産2版517頁。なお、最判平10・3・24民集52巻2号399頁、最判平19・2・15民集61巻1号243頁も参照のこと。

第16講　別除権

ついては、集合動産譲渡担保について述べたのと同様の争いがある[57]。

2）所有権留保　① 意 義　所有権留保とは、主として動産の割賦販売に
際して多く用いられる担保手段であり、目的物は売買契約と同時に買主に引き渡
すが、その所有権は、代金が完済されるまで売主に留保する旨の特約である（た
だ、わが国では、不動産の所有権留保も法律上禁止されてはいない[58]）。売買代金債権を
担保するためには、動産売買の先取特権もその手段となり得るが、上述したよう
に、従来その実行方法の面で不安があった。また、動産質権を設定する方法では、
目的物の占有を売主に移す必要があり（民344条・345条）、これでは、買主は目的
物を使用収益することができず、割賦販売が前提としているような取引には向か
ない。そこでこのような問題を解決するものとして実務上発展してきたのが所有
権留保という方法である。

② 破産法53条の適用可能性　所有権留保の破産法上の効力を考える場合、
まずはじめに破産法53条の適用の可否を考えなければならない。なぜならば、
もし同条の適用があるとすると、たとえば留保買主が破産し、その管財人が契約
の解除を選択した場合、契約は当然に消滅するから、売主としては、取戻権も別
除権も行使することができないからである。

　この点、かつての通説は、破産法53条（旧破59条）が適用されると解してい
た[59]が、現在では、所有権留保における留保売主は、物の所有権が留保買主の代金
完済という条件の下に移転するという内容に応じた義務を引き受けたにすぎず、
条件付所有権取得権（期待権）を調達すればその義務を果たしたといえること、あ
るいは、留保売主が目的物を留保買主に引き渡せば、留保売主にはもはや積極的
になすべき債務履行行為はなく、債務の履行を完了しているとして、同条の適用

---

[57]　条解破産2版517頁参照。なお、全書2版（上）640頁以下〔荒井正児〕は、実務の取
　　扱いも確立していないが、倒産手続開始後に発生する債権に対する効力を無限定に肯定
　　する結論が不当であることは明らかであり、特に問題の大きい再建型倒産手続において
　　は、実務上は、事業継続を前提として手続の各過程において双方にとって合理性を有す
　　る内容で和解的な解決が図られているものと思われる、と述べている。

[58]　これに対し、ドイツ民法925条2項は、「条件または期限付でなされた物権的合意は無
　　効である。」と規定しており、しかも、この「物権的合意（Auflassung）」とは、同条1項
　　により、不動産の所有権移転のための要件であるから、ドイツでは、明文上、不動産に
　　ついて所有権留保の合意することはできない。もっとも、わが国においては、宅地建物
　　取引業法43条が、宅地建物取引業者が自から売主として宅地または建物の割賦販売を
　　行なった場合には所有権留保を禁じているから、不動産売買契約において所有権留保が
　　なされる範囲は極めて狭い。したがって、実際上、所有権留保がなされるのは、多くは
　　動産の割賦販売においてである。

[59]　中田100頁、116頁。

第9章　別除権

に対し、買主が割賦金の支払いを怠ったときは、管財人は、所有権留保特約を実行して目的物を取り戻して換価し、その換価金と残代金との差額があれば、清算金としてそれを買主に支払うことになる。なお、登記・登録を対抗要件とする物を目的物とした所有権留保の場合には、破産法53条が適用される。ただし、買主が仮登記・仮登録を有している場合は、それによって破産債権者に対抗することができると解されており、それによれば、破産法53条の適用はないことになろう[69]。

　3）**仮登記担保**　①**意　義**　仮登記担保権とは、債権の担保のために、代物弁済の予約または停止条件付代物弁済契約等を締結すると共に、不動産の所有権移転請求権保全の仮登記（または仮登録。不登105条2号）をすることによって行われる担保方法である。すなわち、債務者に不履行があると、予約完結権の行使あるいは停止条件の成就によって目的不動産による代物弁済として、あるいは債権者が目的不動産を買い受けることによって目的不動産の所有権が完全に債権者に移転すると共に、被担保債権が消滅する。これに関する規律は、従来、取引実務において発展してきたものであるが、昭和53年、それらを整理して「仮登記担保契約に関する法律（昭53年6月20日法律第78号）」が制定された。

　②**仮登記担保権設定者破産の場合**　設定者が破産手続開始決定を受ける前に仮登記担保権者がその権利を実行して、所有権の取得につき第三者（管財人）に対抗しうる状態になっていれば、自らの所有権に基づいて取戻権を行使できる。その時点については、多数説は、仮登記担保法15条の趣旨を類推し、仮登記担保権者は破産手続開始決定のときまでに清算を完了していれば、所有権に基づいて取戻権を行使できるものとしている[70]。

　これに対し、破産手続開始までに実行が終了していなければ、抵当権に準じて、仮登記担保権者は、別除権者として（仮登19条1項、破2条9項10項）、破産管財人に対して予約完結権を行使するかまたは停止条件が成就したものとして、清算金額（清算金がない時はその旨）を通知する（仮登2条1項）。その通知が破産管財人に到達した日から2ヶ月（清算期間）を経過した時に所有権移転の効力が生じるから（同条1項）、仮登記担保権者は本登記を請求することができる。これに対し、破産管財人は、清算金の支払いを受けるときまでは、被担保債権を弁済して目的不動産を受け戻すことができる（同11条本文）。なお、清算の上で本登記を請求するという仮登記担保権の実行方法は、仮登記担保法に基づくものであるから、文理上

---

[69]　大コンメン260頁、283頁〔野村秀敏〕。

[70]　竹下・担保権と民事執行・倒産手続226頁、伊藤3版449頁、注解3版（上）597頁〔野村秀敏〕。

額が残代金債権を上回るときは清算金の支払義務が生じるが、その履行形態としては、清算金の支払いと引替えに目的物の引渡を受ける方法（帰属清算型）と、引渡しを受けてから換価し清算する（処分清算型）という方法が考えられるが、譲渡担保のところで述べたように、原則として、帰属清算型と解すべきであろう。そして、所有権留保の実行の終了時期については、清算が終了した時とする考え方が有力であり、妥当である。したがって、譲渡担保の場合と同じく、清算の完了までは、留保買主は、残代金を弁済して目的物の所有権を最終的に取得することができる。

　このように、別除権と解するとしても、その実行方法として目的物の引渡しおよび留保売主による換価が認められるのであり（破185条1項）、取戻権とされる場合とは実質的に差はない[66]。その結果、破産手続の実務では、取戻権として処理することも行われているといわれる[67]。ただし、以下の点では差が生じるであろう。すなわち、別除権と解した場合には、別除権の目的物については、破産管財人の換価への介入権限や担保権消滅許可が認められる（破78条2項・154条・184条2項・185条1項2項・186条以下）。また、別除権は、目的物の価額が残代金債権よりも低額のときは、不足額につき破産債権者として権利行使をすることができるが（破108条1項）、中間配当の手続に参加するためには、別除権の目的である財産の処分に着手したことを証明し、かつ、予定不足額を疎明しなければならず（破210条1項）、また最後配当の手続に参加するためには、担保権によって担保される債権の全部若しくは一部が破産手続開始後に担保されないことになったこと、または不足額を証明しなければならない（破198条3項）。これに対し、取戻権説では、清算の結果生じる不足額は、将来発生する債権であるから、停止条件付債権として不足額の見込額を破産債権として届け出ることになる。

　なお、有力説は、所有権留保に基づく別除権と競合的に、動産売買先取特権（民311条5号）を別除権として行使することができると解している[68]。

　④　**留保売主の破産の場合**　　この場合にも、破産法53条の適用はないと考えるべきであるから、破産管財人による履行か解除かの選択権は排除され、留保売買契約は管財人と買主との間で継続する。よって、割賦金の支払いを怠ることなく残代金が完済された場合、留保買主は目的物の完全な所有権を取得する。これ

ろう。

[66]　三上・前掲・判タ536号63頁、条解破産2版521頁、全書2版（上）654頁〔荒井正児〕。

[67]　条解破産2版520頁。

[68]　大コンメン283頁〔野村秀敏〕、加藤6版189頁以下。

は、登記・登録を対抗要件としない動産を目的物とする所有権留保売買を念頭において説明する。

③　留保買主の破産の場合　　かつての通説は、売主は留保した所有権に基づき、目的物について、取戻権（破62条、旧破87条）を有すると解していた[62]。これに対して、近時の通説は、既に買主が条件付所有権という物的支配権を目的物について取得している以上、留保所有権は本来の意味での所有権ではあり得ず、代金債権を担保する一種の担保権であって、売主には別除権（破2条9項）のみが認められるべきであるとしている[63]。所有権留保売買を担保権と解して別除権を認める時は、その実行方法は約定に定められた方法による（破185条1項参照）。したがって、権利の実行のためには、目的物の引渡しを受ける必要があるが、そのためには、契約を解除し[64]、留保買主の占有権原を喪失させた上で目的物の引渡しを受けてそれを換価することになる[65]。この場合、売主が目的物を評価し、評価

[62]　中田116頁、我妻栄『債権各論中（一）』（岩波書店・1957年）318頁。なお、この見解がドイツでも通説であることについては、Serick, Eigentumsvorbehalt und Sicherungsübereignung, Bd. 1, S. 331 f.

[63]　竹下守夫『担保権と民事執行・倒産手続』（有斐閣・1990年）292頁以下、294頁、注解3版（上）599頁〔野村秀敏〕、条解破産2版520頁、大コンメン283頁〔野村秀敏〕、伊藤446頁、山木戸153頁以下、加藤6版189頁等。札幌高決昭61・3・26判タ601号74頁〔新百選57事件、百選3版59事件〕。会社更生において取戻権を否定し、更生担保権に当たるとするものとして、大阪地判昭54・10・30判時957号103頁、諏訪簡判昭50・9・22判時822号93頁がある。これに対して、私見は、所有権留保にあっては、留保売主と留保買主とが目的物を共有している関係にあり、売主は、その共有持分権に基づいて取戻権を行使できると解するが、その価値部分は、自己の支配する共有権部分に限られるので、取戻権を行使する留保売主には清算義務が課せられることになる（三上・前掲判タ536号62頁以下）。

[64]　引渡しのために、契約を解除する必要があるか否かについては議論があり、下級審裁判例は、解除必要説に立つ（高松高判昭32・11・15高民10巻2号601頁、高松地判昭33・11・14下民9巻11号2248頁）が、解除不要説（米倉明『所有権留保の実証的研究』139頁以下、302頁、中野貞一郎『強制執行・破産の研究』（有斐閣・1973年）197頁〜203頁、209頁。なお、伊藤3版447頁は「解除し、または解除しないで」としている）が有力である。これらの点につき、三上・前掲・判タ529号44頁以下参照のこと。

[65]　取引上、しばしば、買主について破産手続開始申立てなどの事実を解除原因とするいわゆる倒産即解除条項という約定が定められることがある。判例は、会社更生手続と所有権留保が問題になった場合や、民事再生手続とフルペイアウト方式によるファイナンスリースが問題になった事件において、この種の特約の効力を共に否定している（前者につき最判昭57・3・30民集36巻3号484頁〔百選5版75事件〕、後者につき最判平20・12・16民集62巻10号2561頁〔百選5版76事件〕）。これに対し、学説は、有効説（伊藤3版448頁注68）と無効説（竹下・担保権と民事執行・倒産手続312頁）とが対立している。もし解除不要説に立つならば、この議論はあまり実益のあるもではないであ

可能性を否定するのが通説である[60]。したがって、これに従えば、破産法53条の適用はなく、従来の所有権留保売買契約は、契約の一方の破産に影響されることはなく、従前の内容で存続することになる。

ただし、不動産や自動車など、登記・登録を権利移転の対抗要件とする財産についての所有権留保売買では、通常、代金完済時に権利移転の登記・登録を行うという契約になっているので、代金完済前に一方が破産すれば、買主のみならず、留保売主にもまだ義務（登記・登録移転義務）が残っているから、双方未履行の双務契約があることになり、破産法53条が適用されることになる[61]。よって、以下で

---

[60] 竹下守夫『担保権と民事執行・倒産手続』（有斐閣・1990年）289頁、矢吹徹雄「所有権留保と倒産手続」判タ514号115頁、124頁、三上威彦「基本的所有権留保と破産手続（上）」判タ529号25頁、42頁、同「基本的所有権留保と破産手続（下）」判タ536号50頁、58頁以下、注解3版（上）292頁〔斎藤秀夫〕、注解3版（上）601頁〔野村秀敏〕、大コンメン282頁〔野村秀敏〕、条解破産2版416頁、山木戸153頁、伊藤3版447頁、加藤6版189頁等。札幌高決昭61・3・26判タ601号74頁〔百選3版59事件〕。また、いずれも会社更生に関するものであるが、大阪高判昭59・9・27判タ542号214頁〔百選3版80事件〕、大阪地判昭54・10・30判時957号103頁、諏訪簡判昭50・9・22判時822号93頁は双方未履行性を否定している。これに対し、東京高判昭52・7・19高民30巻2号159頁は、未履行双務契約制を肯定しているが、これは、目的物たる自動車についての登録の移転という具体的な義務が残っていた事案である。

[61] 条解破産2版416頁、大コンメン209頁〔松下淳一〕、大コンメン282頁以下〔野村秀敏〕、伊藤3版447頁、条解民再3版270頁〔原強〕等。それに対し、一般の動産のように登記・登録制度のない目的物の所有権留保売買であっても、目的物の引渡しが未了の段階であれば、目的物の引渡義務という売主の積極的な義務が未履行である以上、双方未履行双務契約に該当すると解する見解もあるが（会更実務（上）261頁〔佐々木宗啓〕、全書2版（上）350頁〔早川学〕）、通常の場合、動産の所有権留保売買にあっては、売主がまず目的物を買主に引渡すのであり（それ故に、所有権を留保することにより債権の担保を図るのである）、そのような事態は想定しがたい。なお、矢吹・前掲・判タ514号118頁は、登記・登録を対抗要件とするものでも破産法53条（旧破59条）の適用を排除する。これに関連して、AB間における自動車の売買に際して、買主BがCから融資を受け売買代金を完済したが、この売買契約には、BがCからの借入金債権またはAの連帯保証に基づく求償債権を完済したときに自動車の所有権がBに移転する旨の定めがあった。その後、Bに対して更生手続が開始し、Aが保証人として借入金債務をCに支払い求償権を取得した。そこで、Aは管財人に対し、求償債務の支払いと自動車所有権の移転とは双務契約の関係にあり、旧会社更生法103条（現会更61条1項）・208条7号（現会更61条4項）により共益債権に当たるとして支払いを求めた事例において、最高裁（最判昭56・12・22判時1032号59頁〔百選5版A12事件〕）は、旧会社更生法103条にいう双務契約における契約の双方の当事者の負担する対価的意義を有する債務とは、民法が定める本来的意義の双方債務を指し、本件のように求償債権の履行と所有権移転手続の履行を対価関係に立たしめ、引換給付をなすべきことが合意されても、同条にいう双務契約とはいえないとした。

は、破産法 185 条 1 項にいう「法律に定められた方法によらないで別除権の目的
である財産の処分をする権利」とはいえないが、同法 185 条が適用されないとす
ると、仮登記担保権者の権利実行を待たず、破産管財人が強制執行の方法によっ
て目的物を換価できることになり（破 184 条 2 項）、仮登記担保権者の利益保護の
点から不当な結果を生じる。したがって、仮登記担保法に基づく実行方法は、破
産法 185 条 1 項との関係では、法律で定めた方法によらない方法と解し、破産管
財人がそれを失わせるためには、処分期間指定申立ての手続を経なければならな
い[71]と考えておく。

　なお、被担保債権が特定されていない根担保仮登記は、破産手続においてはそ
の効力を有しない（仮登 14 条・19 条 5 項）。これは、仮登記担保の性質上、極度額
による被担保債権の限定が困難であり、目的物の全価値が根担保仮登記によって
支配されている点で、包括根抵当権と同様の弊害をもたらすことが考慮されたも
のである[72]。

　③　**仮登記担保権者破産の場合**　　仮登記担保権および被担保債権は破産財団
を構成し、仮登記担保権者と設定者との関係は、破産管財人と設定者の間に引き
継がれる。よって、債務者（設定者）が債務の弁済を怠ったときは、管財人は、仮
登記担保権を実行し（予約完結権の行使）、清算（帰属清算型）をした上で、目的物の
引渡しを求めることができる。

4　担保権消滅許可制度

（1）　担保権消滅許可制度の導入

　旧法下では、担保権は別除権とされていたものの、別除権者は別除権の行使に
よってその目的物から十分な満足を得られる状況にあれば格別、たとえば不動産
が担保割れ（別除権の目的物の価額が被担保債権の額を下回っている状態）しているよ
うな場合には、競売を実行しても被担保債権の全額の満足は得られないのであり、
そのコストと労力を考えれば、抵当権者は別除権の行使に消極的にならざるを得
ない。これを、破産管財人からみた場合、目的物の買手を見いだすためには、担
保権を消滅させる必要があるが、そのためには、破産管財人としては、担保権者
に被担保債権を全額支払って担保をはずしてもらうか、あるいは、担保権者との
合意によってその金額を減額した上で支払い、その担保権の負担のないものとす
るといった方法（いわゆる別除権協定）が考えられる。しかし、前者の方法は、被担

---

[71]　竹下・担保権と民事執行・倒産手続 223 頁、伊藤 3 版 449 頁、大コンメン 281 頁〔野
　　村秀敏〕、条解破産 2 版 511 頁、注解 3 版（上）594 頁〔野村秀敏〕、基本コンメン 150 頁
　　〔宮川聡〕。

[72]　伊藤 3 版 449 頁。

保債権の全額の支払いと引換えに実価の下落した目的物を破産財団に回復するのは不合理であるし、後者の場合、破産管財人は、その交渉に多大のエネルギーを注入することになる。そこで、実務慣行としては、後者の方法の応用として、当該目的物のすべての抵当権者の同意を得て、不動産の任意売却を行い、その売却代金から別除権者に対して弁済を行い、別除権を放棄してもらうと共に、売買代金の一部（5%〜10%程度）を破産財団に組み入れるといった方法がとられていた。しかし、この方法では、破産管財人と抵当権者との間で売買にかかる価額や破産財団への組み入れ額をめぐって対立が生じたり、競売では配当が期待できない後順位の担保権者が、不当に高額な担保権抹消のための承諾料（いわゆるハンコ代）を要求するなどして、売却にかかる交渉が難航する事態がしばしばみられた[73]。

そこで、平成16年の破産法改正により、破産管財人が、裁判所の許可を得て、破産財団に属する財産上の担保権を消滅させた上で、目的物の任意売却を行い、その売却代金の一部を破産財団に組み入れる制度として、担保権消滅許可の制度が導入された。

（2）　破産・民事再生・会社更生における担保権消滅許可制度

担保権消滅許可制度は、民事再生法（民再148条以下）や会社更生法（会更104条以下）にも規定されている。しかし、これらの手続は再建型の倒産処理手続であり、同じ担保権消滅許可の制度ではあっても、清算型である破産手続におけるのとはおのずからその性質は異なったものとならざるを得ない[74]。

まず、清算型倒産処理手続としての破産手続においては、すべての差押え可能な財産は換価されるものであるから、そこでの関心事は、その処分価値が最大化されることである。すなわち、担保権付の目的物では高額での換価は望めないのであり、担保権消滅許可請求の第一義的目的は、任意売却をすることを前提にその担保目的物がもつ処分価値を最大化し、その中で破産債権者全体に帰属させるべき部分を破産財団に組み入れることにあるといえるであろう（破186条1項柱書本文）。ここでは、民事再生手続におけるように、目的物を事業資産として保持することは目的とされてはいない。また、処分価値は担保権者への優先弁済に充てられる部分と破産債権者のために破産財団に組み入れられる部分とに分けられる

---

(73)　全書2版（上）568頁〔荒川正児〕参照。手引178頁以下によれば、東京地裁破産再生部に担保権消滅許可の申立てがなされた事例の大半が、配当を受けうる先順位担保権者全員とは合意ができているにもかかわらず、配当を受けられない後順位担保権者が不合理な高額の担保権抹消の対価（いわゆるハンコ代）を請求するため、その者との合意ができないことが任意売却の唯一の障害であるような場合であるという。

(74)　これらの制度の比較については、伊藤3版653頁〜656頁参照のこと。

のであり、再生手続におけるように、すべての処分価値が担保権者に優先的に支払われることはない。また、破産手続においては、担保権消滅許可の制度は、換価を前提とするものであるから、担保権者による換価権の発動そのものを抑止すべき理由はない（破188条1項）。よって、担保権消滅許可に対抗して、担保権者には、担保権の実行も認められている（破187条1項）。また、破産法186条においては、民事再生法148条1項におけるのとは異なり、担保権消滅許可の対象となる目的物につき、「事業の継続に欠くことのできないものである」ことは要求されていない。

　これに対し、民事再生手続における担保権消滅許可請求の目的は、再生のために不可欠な担保目的物を、別除権者たる担保権者の担保権実行によって散逸することを防止し、事業資産を再生債務者のもとに保持することにある。すなわち、民事再生における担保権消滅制度とは、担保権に別除権の地位を与え、他方で、事業の再生のために、別除権の行使を抑止しながら、優先弁済権によって把握する範囲での目的物の処分価値を担保権者に保障しようとするものであるといえよう。民事再生においては、原則として担保目的物の換価は予定されていないから、破産では認められている担保権実行の申立て（破187条1項）や買受申出（破188条1項）など、財産の任意売却に対する担保権者の側の対抗手段は認められていない。したがって、担保権者は担保権消滅許可決定に対しては、即時抗告で争うか（民再148条4項、会更104条5項）、その財産の価額決定の請求により争ことになる（民再149条1項、会更105条1項）。民事再生手続における担保権消滅許可の制度については、本書第24章2(3)を参照のこと。

　会社更生手続におけるその目的は、目的物の売却代金全体を事業資金として利用することにある。会社更生手続においては、担保権は更生担保権として更生計画によって会社財産全体の収益価値から満足を受ける権利とされている（会更2条10項～12項・47条1項等）。しかし、更生計画によって変更または消滅させられない限り、担保権そのものは、更生手続中を通じて更生計画認可後も存続するものであり、いわば休眠状態の担保権となる。会社更生法上の担保権消滅許可制度（会更104条以下）は、この休眠状態の担保権を消滅させることを目的とする。したがって、この制度が使われるのは、営業譲渡や遊休資産の処分に際して、担保権の存在自体が妨げとなる場合であろう[75]。

（3）　担保権消滅許可の申立て

1）　破産管財人の許可申立て　　　破産管財人は、破産手続開始の時において

---

[75]　伊藤3版654、655頁。

第16講　別除権　　　*479*

破産財団に属する財産につき担保権が存する場合において、当該財産を任意に売却して当該担保権を消滅させることが破産債権者の一般の利益に適合するときは、裁判所に対し、一定の事項を記載した書面（申立書）により（破 186 条 3 項、破規 57 条）、当該財産を任意に売却し、当該財産につき存するすべての担保権を消滅させることについての許可の申立てをすることができる（破 186 条 1 項本文）。なお、申立書には売買契約の内容を記載した書面を添付しなければならない（破 186 条 4 項）。担保権消滅許可の申立てがあったときは、申立書などを被申立担保権者に送達しなければならない（破 186 条 5 項前段）。この場合、送達代用公告の規定（破 10 条 3 項）は適用されない（破 186 条 5 項後段）。裁判所書記官は、すべての被申立担保権者に対して送達がされた時は、その旨および送達が終了した日を破産管財人に通知しなければならない（破規 58 条 1 項）。ただし、当該担保権を有する者の利益を不当に害する場合には、担保権消滅許可の申立ては許されない（破 186 条 1 項但書）。

　担保権消滅許可の対象となる担保権とは、特別の先取特権、質権、抵当権、商法上の留置権である（破 186 条 1 項かっこ書）。これに関して、譲渡担保や所有権留保、ファイナンスリースなどの非典型担保権にも、類推適用の可能性があるか否かについては議論がある[76]。不動産の譲渡担保については、譲渡担保権者の所有名義となっている以上、担保権消滅の許可を得ても破産管財人が任意に売却することは困難であるから、担保権消滅許可の対象にはならない[77]。不動産の所有権留保の場合も同様であろう。しかし、動産の譲渡担保や所有権留保においては、破産法における担保権消滅許可制度は、従前から破産手続において認められている自助売却権の変形であると解されること、これらの権利は破産法 185 条の適用対象となり破産管財人は自助売却権を行使しうること、後順位担保権者が生じる余地はなく、裁判所による配当がなされることはないことなどからすれば、準用の余地は大きい[78]。ファイナンス・リースについては類推適用否定説[79]が有力であるが、担保の目的が目的財産の利用権と解する場合、担保権消滅請求権を行使することによって、破産管財人は、リース目的財産をリース期間の満了まで利用

---

[76]　これについては、田原睦夫「担保権消滅請求制度の機能と課題」民事手続法と商事法務（新堂幸司＝山本和彦編）（商事法務・2006 年）132 頁以下が詳しい。また、条解破産 2 版 1244 頁以下も参照のこと。

[77]　基本構造と実務 184 頁以下（福永有利発言、田原睦夫発言）、条解破産 2 版 1244 頁。反対、大コンメン 772 頁〔沖野眞已〕。

[78]　田原睦夫「担保権と破産財団及び配当手続」ジュリ 1273 号 47 頁、基本構造と実務 187 頁〜189 頁（田原睦夫発言、伊藤眞発言）等。

[79]　基本構造と実務 188 頁（田原睦夫発言、山本和彦発言）。

できる権利を取得することができるのであり、類推適用を肯定すべきであろう[80]。

次に、担保権消滅許可の申立てをする場合、それが破産債権者の一般の利益に適合する場合でなければならない（積極的要件）。破産債権者の一般の利益に適合するとは、抽象的にいえば、当該財産を任意に売却することによって、担保権を消滅させることが、破産財団の拡充に資することを意味する。したがって、任意売却によって相手方から得られる金銭の一部を、担保権者への配当等に充てずに、破産財団に組み入れることが企図され（破186条1項1号）、破産財団の積極的な拡充を図りうる場合のみならず、当該財産を迅速に売却することによって固定資産税等の当該財産の所有に伴う負担を免れる場合もこれに当たる[81]。異時破産廃止が見込まれる場合に、担保権消滅許可の申立てをすることが破産債権者の一般の利益に適合するといえるか、という点については争いがある[82]。

また、担保権消滅許可の申立ては、当該担保権を有する者の利益を不当に害するものであってはならない（消極的要件）。不当に害することになると認められたときは、申立ては認められない（破186条1項但書）。たとえば、売却価額が低廉にすぎる場合、破産管財人が提示する財団組入金（破186条1項1号）の額が不当に高額であるような場合、担保権者との事前の協議なく不意打ち的に申し立てられた場合（破186条2項参照）、売却に伴う費用が過大な場合、即時売却するよりも売却時期を遅らせた方がより高価に売却できる場合、抵当権の設定された後に築造された建物を個別に売却しようとする場合（民389条参照）、一括売却（民執61条）によって有利に売却できる物件を個別に売却しようとする場合、一括売却する場合の各担保目的財産に対する割り付け額が不相当である場合等がこれに当たる[83]。

---

[80] 大コンメン770頁以下〔沖野眞巳〕、条解破産2版1245頁。とくに、経理システムがリース物件たるコンピュータに入力されているような場合、リース契約を解約して引き上げられると破産管財事務が麻痺する（条解破産2版1186頁注17）。

[81] 典型例としては、その目的財産に担保余剰があり、別除権者は、破産管財人による任意売却によって被担保債権全額の満足が得られるにもかかわらず、別権者が高率の遅延損害金取得への期待からその売却に同意しない場合、時価相場から見てとうてい配当にあずかれない後順位担保権者が任意売却に同意しな場合などであるが、合理的な財団組入額が予定されている場合や、賃貸ビル等の収益物件で賃料収入が抵当権者により物上代位で差し押さえられている場合に、その管理コストの負担から免れることや固定資産税の負担から免れることも、破産債権者の一般の利益に適合するといえる（条解破産2版1247頁、小川255頁、概説2版116頁〔沖野眞巳〕）。

[82] 積極説として、論点解説（上）34頁以下〔笠井正俊〕、概説2版116頁〔沖野眞巳〕、破産民再実務〔新版〕（上）215頁〔山崎栄一郎〕等が、消極説として、基本構造と実務190頁・191頁〔伊藤眞発言、山本和彦発言〕等がある。

なお、担保権消滅許可の申立ては当該財産を任意に売却することが前提となっているから、申立てに際しては、売却の相手方が既に決まっていなければならない[84]。

　2）裁判所に納付されるべき金銭　破産管財人は、売却によって取得することができる金銭の一部を破産財団に組み入れようとする場合には、売得金から破産財団に組み入れようとする金銭（組入金）の額を控除した額を、それ以外の場合では、売得金の額を、裁判所に納付しなければならない（破186条1項1号2号）。この組入金については、事前に被申立担保権者と協議しなければならない（破186条2項）[85]。ここでいう売得金とは、任意売却に当たって、買主から交付されるべき金銭から、売買契約の諸費用[86]および譲渡にかかる消費税等に相当する額で、当該売買契約において相手方の負担とされるもの[87]に相当する額を除いたものであり、当該財産の処分価値相当額を意味する。なお、この協議義務は組入金の額を対象とするものであるから、破産管財人は組入金の額について利害関係のある

---

[83]　条解破産2版1247頁、小川255頁、田原・前掲ジュリ1273号45頁、要点解説96頁〔中井康之〕、手引177頁等参照。

[84]　破産法186条3項3号は、申立書に売却相手方の氏名または名称の記載を要求している。

[85]　従来の東京地裁破産再生部の実務でも、任意売却の方が競売手続よりも2割程度売却価額が高くなるという経験則に基づいて、任意売却の利益を抵当権者と管財人で折半し、代金額の1割程度を財団に組み入れることを目処にしていたとのことである（破産民再実務（上）151頁以下〔中島肇〕）。このような実務は、任意売却にあたっては、一方で、破産管財人は、買受人を探したり占有者を排除するなど一定の努力をしていること、他方では、担保権者としても、競売に比べ目的物が高価に換価されることに利益を有すること、さらには、担保権者と破産管財人に代表される一般債権者との負担の公平等の観点から認められてきたものと考えられる。なお、立法段階では、売却代金の一定割合の破産財団への組入れの法定化も検討されたが（検討事項13項）、法定化には理論上の難点もあり、結局、当事者の合意に委ねられることになった。

[86]　たとえば、売買契約書の貼付印紙代、仲介手数料、測量費、所有権移転登記、抵当権抹消登記の登記手続費用、境界確定費用、無権限の第三者が不動産を占有しているような場合の明渡費用、原状回復費用、仮差押えや（仮処分による場合を含む）仮差押えの解除費用等がこれに含まれる（破産民再実務〔新版〕（上）217頁以下〔山崎栄一郎〕参照）。

[87]　相手方の負担とされるものとは、売買契約により、相手方が負担すべきものとされて、売買契約時に相手方から破産管財人に金銭が交付されることがある。かかる金銭の授受は、相手方から破産財団に対する費用の償還または前払いの意味でなされるものであって、かかる費用に関する分までを、担保権者への配当（弁済）原資とするのは相当ではない。よってこれらの金銭については、破産管財人が担保目的財産の売却に伴って取得しても、担保権者に対する配当（弁済）原資から控除することにしたものである（条解破産2版1251頁）。

者と協議すべきことになる。当該目的財産から弁済を受ける見込みのまったくない後順位担保権者のように組入金の額について利害関係のないものとの協議義務はないと解される[88]。

　3）被申立担保権者の対抗手段　①　担保権実行の申立て　　担保権消滅許可の申立てに対しては、担保権者は、管財人が提示する売得金額や組入金額、またはその双方に対して不服をもつ場合がある。そこで、担保権消滅許可の申立てに対する被申立担保権者の対抗手段の一つが、担保権実行の申立ての制度である。すなわち、被申立担保権者は、担保権消滅許可の申立てについて異議がある時は、申立書および売買契約の内容を記載した書面の送達がされた日から1月以内に、担保権実行の申立てをしたことを証する書面[89]を裁判所に提出することができる（破187条1項2項）。これにより、担保権消滅の許可申立てについて不許可の決定がなされ（破189条1項本文）、当該担保権者には任意売却の価額をより高額にする余地を残し、被申立担保権者に対する弁済を有利にすることができる。もっとも、競売代金の方が低額であることもありうるし、担保権の実行には相応の時間と費用を要するため、この申立ては慎重になされるべきである。担保権実行の申立ては、売得金や組入金に対する不服があることを前提とするから、当該担保権者と破産管財人との間で、売得金および組入金の額について既に合意がある場合（破186条1項1号2号・同条2項）には、被申立担保権者は、担保権の実行を申し立てることはできない（破187条3項）。また、申立期間が経過した時も、担保権実行の申立をすることはできない（同条4項）。

　いったん担保権実行の申立てをしたことを証する書面が提出された後に、当該担保権実行の申立てが取り下げられたり、または却下された場合には、当該書面は提出されなかったものとみなされる（同条5項前段）。また、無剰余を理由として担保権実行手続が取り消された場合（民執188条・63条・192条・129条）においても同様である（破187条5項後段）。

　担保権消滅不許可の決定が確定した後に、担保権実行の申立てが取り下げられ、または却下された場合に、破産管財人がさらに担保権消滅許可の申立てをしたときには、いったん担保権実行の申立てを取り下げた被申立担保権者は、再び担保権実行の申立てをしたことを証する書面を提出することができない（破187条6

---

[88]　小川257頁、基本構造と実務202頁〔田原睦夫発言〕、条解破産2版1249頁、大コンメン781頁〔沖野眞已〕、破産民再実務3版破産202頁、手引176頁等。

[89]　たとえば、抵当権であれば、競売手続開始による差押登記の記載がある登記事項証明書、競売手続開始決定謄本、裁判所の受付印のある競売申立書の控え、裁判所の発行する競売申立書の受理証明書等である（民執188条・48条参照）。

項）。担保権者が本来の権利行使の方法である担保権実行の申立てを取り下げた以上、再度の担保権消滅許可の申立てに対して主張することは許されないとの趣旨である。

　　② **被申立担保権者などによる買受けの申出**　　管財人の担保権消滅許可の申立てに対する第2の対抗手段として、被申立担保権者自身または第三者による買受申出の制度が設けられている。すなわち、被申立担保権者は、破産管財人による担保権消滅許可の申立てにつき異議があるときは、申立書および売買契約の内容を記載した書面の送達の日から1月以内に、破産管財人に対して、一定の事項を記載した書面（破188条2項）により、当該被申立担保権者または他の者が担保権の目的財産を買い受ける旨の申出（買受申出）をすることができる（破188条1項）。この場合、買受申出の額は、担保権の消滅許可の申立てに当たって申立書に記載された売得金よりも5%以上高額なものでなければならない（同条3項）。買受申出が担保権消滅許可の申立てを覆すものである以上、1円でも高額であればいいということでは、担保消滅許可の制度の機能を損なうからである[90]。もっとも、破産管財人が、破産者の所有する土地を一体として売却することを前提として建物のみについて存する商事留置権につき担保権消滅許可の申立てをした場合に、留置権者が土地利用権のない建物について買受けの申出をすることは、経済合理性を欠き、権利の濫用に当たるとする下級審裁判例がある[91]。また、目的財産が複数ある時は、買受けの申出の額の各財産ごとの内訳の額は、当該各財産についての売得金額の内訳の額を下回ってはならない（同条4項）。

　　買受希望者は、買受けの申出に際しては、買受申出の額の20%に相当する額の保証を管財人に提供しなければならず、かつ、その際には、破産管財人の預金口座等への振込証明書、または所定の事項を記載した金融機関との間の支払保証委託契約契約を証する文書を添付しなければならない（破188条5項、破規60条1項2項）。

　　売得額および組入金の額について破産管財人と合意をした被申立担保権者は、買受けの申出をすることができない（破188条6項・187条3項）。この趣旨も、担保権実行の申立てが許されない（破187条3項）とされているのと同じである。

　　買受申出があったときは、当該被申立担保権者は、担保権の実行の申立てをすることができない（破188条6項・187条3項）。したがって、担保権の実行の申立てをするか、買受けの申出をするかは、被申立担保権者の選択に任されている。

　　破産管財人は、買受申出があったときは、被申立担保権者に申立書および売買

---

　(90)　伊藤3版664頁参照。
　(91)　東京高決平24・5・24判タ1374号239頁。

契約の内容を記載した書面の送達がされた日から1月が経過した後、裁判所に対し、財産を買受希望者に売却する旨の届出をしなければならない。この場合、買受申出が複数あったときは、最高額をつけた買受希望者に売却する旨の届出をしなければならない（破188条8項）。その際に破産管財人は、担保権消滅許可の申立てから1月の期間内にされた買受けの申出にかかる書面等を裁判所に提出しなければならない（同条9項、破規60条4項）。なお、買受けの申出があったときは、破産管財人は、そのなした担保権の消滅許可の申立てを取り下げるには、買受希望者の同意を得なければならない（同条10項）。

（4） 担保権消滅許可の決定

1） 担保権消滅許可の決定　　破産管財人による担保権消滅許可の申立てに対し、被申立担保権者が担保権の実行の申立てをしたことを証する書面を所定の期間内に提出したときは、裁判所は、担保権の消滅許可の申立てに対して不許可の決定をすることができるが、この場合を除いては、次の者を相手方とする担保権消滅の許可の決定をしなければならない（破189条1項）。すなわち、管財人から買受希望者に対して売却する旨の届出（破188条8項）がされなかった場合には、担保権の消滅許可の申立書に記載された売却の相手方（破186条3項3号）が売却の相手方であるが（破189条1項1号）、管財人から、買受希望者に対して売却する旨の届出（破188条8項）がされた場合には、そこに記載された買受希望者が売却の相手方となる（破189条1項2号）。

買受希望者は、担保権消滅許可の申立書が送達された日から1月の期間内は、買受けの申出を撤回することができるが（破188条7項、破規59条4項）、その後は、担保権消滅許可の申立てについての裁判があるまでは買受けの申出を撤回することはできないが、裁判があってからそれが確定するまでの間は撤回が許される（破189条3項、破規59条4項）。ただし、許可決定によって売却の相手方とされた買受希望者については撤回は許されない（破189条3項かっこ書）。

担保権の消滅許可の申立てについての裁判に対しては、即時抗告をすることができる（破189条4項）。担保権消滅許可の申立てにかかる裁判またはこれに対する即時抗告についての裁判があった場合には、その裁判書は、当事者に送達されなければならず、この場合には、送達代用公告の規定（破10条3項）は適用しない（破189条5項）。

2） 金銭の納付　　担保権の消滅許可の決定が確定したときは、売却の相手方は、裁判所の定める期限（破規61条1項）までに、所定の額に相当する金銭を裁判所に納付しなければならない（破190条1項）。すなわち、被申立担保権者による買受申出にかかる破産管財人から買受希望者に対して売却する旨の届出（破188

条 8 項）がされなかった場合（破 189 条 1 項 1 号）には、売却によってその相手方から取得することができる金銭に相当する額であって、その売得金の額からは破産財団に組み入れようとする金銭（組入金）の額を控除した額を、また、組入金がない場合には売得金の額を納付しなければならない（破 190 条 1 項 1 号、破規 61 条 1 項）。これに対し、被申立担保権者による買受申出にかかる破産管財人から買受希望者に対して売却する旨の届出（破 188 条 8 項）がなされた場合（破 189 条 1 項 2 号）には、買受申出にかかる売得金の額（破 189 条 2 項）から、買受人が提供した保証の額（破 188 条 5 項、破規 60 条）を控除した額を納付しなければならない（破 190 条 1 項 2 号、破規 61 条 2 項）。保証については、破産管財人に対して提供されているため、破産管財人からそれに相当する額の金銭が裁判所に納付される（破 190 条 3 項）。

　これらの金銭の納付がなされなかったときは、裁判所は、担保権消滅の許可決定を取り消さなければならない（破 190 条 6 項）。この場合、買受人は、提供した保証の返還を請求することはできず（破 190 条 7 項）、破産管財人は、保証金を破産財団所属の財産として破産債権者への配当等に充てる。なお、取消決定は当事者に送達され（破 189 条 5 項）、取消決定に対しては、破産管財人および買受人は即時抗告をなすことができる（破 189 条 4 項）。抗告理由としては、納付の有無に関する事実認定の誤り、納付時期の通知の有無に関する手続上の瑕疵のほか、売得金の納付期限が短期に過ぎるという裁量権の濫用といったものも含まれる[92]。

　　3）担保権の消滅　　被申立担保権者の有する担保権は、①売却の相手方が破産管財人の申立てにかかる買主である場合には、その買主が裁判所に破産法 190 条 1 項 1 号所定の金銭を納付したとき、②売却の相手方が被申立担保権者の買受けの申出に基づく買受人である場合には、買受人が裁判所に対して同条 1 項 2 号所定の金銭を納付し、かつ、破産管財人が裁判所に対して同条 3 項の保証に相当する金銭を納付したときに消滅する（破 190 条 4 項）[93]。この場合、裁判所書記官は、消滅した担保権にかかる登記または登録の抹消を嘱託しなければならない（破

---

(92)　条解破産 2 版 1292 頁、注釈（下）320 頁以下〔千綿俊一郎〕。
(93)　担保権の消滅の時点については、売却の相手方が所定の金銭を納付した時とする考え方、すなわち、買受けの申出に基づく場合には、破産管財人により保証に相当する額の金銭の納付がなされる前であって、担保権者への支払の原資がそろう前であっても、売却の相手方がすべての支払を終えた以上はその時点で担保権の消滅をもたらすという考え方もありえたが、担保権の消滅という効果の重大性に鑑み、担保権者の利益に配慮して、破産管財人による保証相当額の金銭の納付を含め、所定の金銭の納付があった時に、担保権が消滅するものとしたものである。これにつき、大コンメン 814 頁〔沖野眞已〕、注釈（下）318 頁〔千綿俊一郎〕参照。

190条5項、破規61条3項）。金銭の納付がなかったときは、裁判所は、担保権消滅の許可の決定を取り消さなければならない（破190条6項）。この場合、買受人は、提供した保証の返還を請求することができず（破190条7項）、管財人は、保証金を破産財団所属の財産として破産債権者への配当等に充てる。

4）配当の実施　裁判所は金銭の納付（破190条4項）があった場合には、当該金銭の被申立担保権者に対する配当にかかる配当表に基づいて、その配当を実施しなければならない（破191条1項3項、民執85条・88条～92条）。

ただし、被申立担保権者が1人である場合、または被申立担保権者が2人以上であって納付された金銭で各被申立担保権者の有する担保権によって担保される債権を弁済することができる場合には、裁判所は、当該金銭の交付計算書を作成して、被申立担保権者に弁済金を交付し（破191条3項、民執88条・91条・92条）、剰余金を破産管財人に交付する（破191条2項）。なお、これらの手続の細目については、民事執行規則の規定が準用される（破規62条）。

（5）　商事留置権の消滅請求

1）商事留置権消滅請求制度の導入　商法等の規定による留置権（商事留置権。会社20条、商31条・521条・557条・562条・589条・753条等）が、破産財団に属する財産の上に存する場合においては、かかる留置権が、債権を担保するために、その弁済があるときまで目的物を留置することを内容とする権利である以上、破産管財人としては、これを自己の占有の下で管理処分することはできないことになる[94]。しかしその結果、営業の継続によって破産財団を増殖することが見込める場合であるにもかかわらず、その製品の保管を委託していた倉庫会社により商事留置権の目的として留置されているような場合、破産管財人としてはなす術がなかった。これに対し、会社更生法では、事業継続の必要に基づく更生手続開始前における商事留置権の消滅請求の制度が導入されていた（会更29条）。そこで、平成16年の破産法改正では、旧法と同様、破産者の事業の継続の可能性が認められたこと（破36条）とも相まって、商事留置権が存する財産が継続されている事業に必要なものであるとき、あるいは、破産財団の維持または増加に資するときには、破産管財人が裁判所の許可を得て、被担保債権全額の弁済に代えて目的

---

[94]　本来商事留置権は、破産法上特別の先取特権とみなされ（破66条1項）、別除権が認められており（破2条9項）、破産手続によらないで権利行使をすることが可能であるが（破65条1項）、留置権固有の留置的効力が失われることはないと解するのが、判例（最判平10・7・14民集52巻5号1261頁〔百選5版52事件〕）であるが、その射程については議論があり、学説も分かれている（肯定説：伊藤3版669頁、注釈（下）330頁〔斉藤芳朗〕）。否定説：小川271頁、基本構造と実務237頁〔田原睦夫発言〕）。

物の価額相当額を商事留置権者に対して弁済することによって、商事留置権の消滅を請求することができるものとされた（破192条1項）。

2）商事留置権の消滅請求　商事留置権の消滅請求をするためには、まず、破産手続開始の時において、破産財団に属する財産につき商事留置権が存在していなければならない（破192条1項）。ここでいう商事留置権には、代理商の留置権（会社20条）、商人間の留置権（商521条）、問屋および準問屋の留置権（商557条・558条）、運送取扱人の留置権（商562条）、陸上運送人の留置権（商589条）、海上運送人の留置権（商753条）、国際海上物品運送における外航船主の留置権（国際海上物品運送20条1項）などがある。次に、商事留置権を消滅させる必要性が認められなければならない。すなわち、商事留置権の目的物が事業の継続（破36条）に必要なものであること、あるいは、その他、商事留置権の目的物の占有を破産財団に回復することで、破産財団の価値の維持または増加に資することが要求される（破192条1項）[95]。破産管財人は、このような消滅の必要性を裁判所に明示して、消滅請求を行うことにつき、裁判所の許可を得なければならない（破192条3項）。その際には、破産管財人は、その目的物の価額に相当する金銭を、商事留置権者に弁済しなければならない（同2項）。

消滅請求および弁済につき裁判所の許可があると、かかる弁済の額が商事留置権の存する財産の価額を満たすときは、弁済の時または消滅請求の時のいずれか遅いときに、商事留置権は消滅する（破192条4項）。

商事留置権者が破産管財人の求めに応じて、商事留置権の目的物を破産財団に返還した場合には、消滅請求の目的は達成される。これに対し、商事留置権者が目的物の返還に応じない場合には、商事留置権の消滅請求を原因として、破産管財人は商事留置権者に対してその目的物の返還を求める訴訟を提起する必要がある[96]。この訴訟においては、破産管財人の提示した弁済の額が当該財産の価額を

---

[95]　これら両者は截然と区別できるものではないが、前者に当たるものとして、たとえば、仕掛品があって事業を継続してそれを完成させることによって目的財産をより高価に売却できる場合や、スーパーマーケットで事業を継続して在庫商品を一般消費者に売却することが破産財団の増殖に資する場合などにおいて、仕掛品を完成させるのに必要な部品や商品が、営業倉庫に保管され、あるいは運送途中であって、それらの業者により商事留置権が主張されるような場合があげられ、後者に当たるものとしては、たとえば、商事留置権の目的財産が、破産財団に属する機械の補修部品であるときなど、当該留置物を破産管財人の占有下に取り戻すことにより、破産財団の価値の維持または増加に資する場合などが挙げられよう（条解破産2版1302頁以下、大コンメン829頁〔沖野眞已〕、注解〔下〕330頁以下〔斉藤芳朗〕等参照）。

[96]　裁判所は、商事留置権の消滅請求の許可をするにあたって、商事留置権の目的物の価額についての争いは判断する必要はなく、破産管財人と留置権者との間の留置権の目的

満たさない場合であっても、原告（破産管財人）の申立てにより、受訴裁判所は、相当と認めるときは、破産管財人が相当の期間内に不足額を弁済することを条件として、商事留置権者に対して、当該目的物の返還を命ずることができる（破192条5項）。

＜設問についてのコメント＞

　問1の前段は、別除権の権利行使の方法と、不足額責任主義について問うものである。これについては、2(1)(2)を参照のこと。後段は、根抵当権の特則について問うものである。これについては、3(1)1)を参照のこと。

　問2では、まずいわゆる別除権協定について検討すべきである。次に、担保権消滅許可制度について、その要件、効果を検討しなければならない。これについては、4を参照のこと。

　問3は、民事留置権の取扱いを問うものである。その結果、破産法上民事留置権は失効するが、この場合でも、Cは、民法311条4号・320条の動産保存の先取特権を別除権として行使することができるであろう（破2条9項・65条1項）。

　問4は、所有権留保売買における留保買主破産の場合の処理を問うものである。とくに前段は対抗要件は引渡しであるが、後段は登記であるから、破産法53条の適用の可否の問題を論じる必要がある。また、前段では、動産売買の先取特権も問題となるであろう。なお、留保売主たるDが破産した場合の法律関係も考えておいてもらいたい。これらについては、3(1)5)および3(2)2)を参照のこと。

　問5は、前段では、通常の譲渡担保権が譲渡担保権設定者が破産した場合、破産手続上どのように扱われるかを問うものである。また後段は、譲渡担保設定者破産の場合に、いわゆる集合動産譲渡担保権がどのように扱われるかを問うものである。また、その際には、譲渡担保権者であるE社が破産した場合も考えておいてもらいたい。これらについては、3(2)1)を参照のこと。

物の返還請求訴訟の中で解決されることになる（小川270頁）。

第16講　別除権

第17講　相殺権

ケース

　家具の製造・販売を業とするA家具株式会社は、平成24年9月25日に、弁済期を平成27年9月24日として、メインバンクであるB銀行から3000万円を借り入れ、担保として、A社の本社ビルに抵当権を設定していた。なお、A社はB銀行α支店に甲乙丙の三つの口座を有している。

　また、A社は、大口取引先であるC社に3000万円分の家具を売り渡しており、その代金の支払いとして額面3000万円の手形を受け取っていた。A社は、この手形につき、平成25年5月25日に、B銀行に取立てを委任して譲渡裏書をした上で交付した。なお、B銀行との取引約定書には、A社が債務の履行をしなかったときにはB銀行が占有するA社の手形をC社から取り立て、または処分してその取得金を債務の弁済に充当することができる旨の条項があった。

　A社は、平成24年6月頃、B銀行と取引先であるF社の三者間で、F社が仕入れた家具の代金はすべてB銀行のA社名義の甲口座に振り込んで支払うという合意をした。

　その他、D社はA社に対し、平成26年6月14日を支払日とする1000万円の家具の材料である木材の売掛代金債権を有していたが、この債権には担保を取っていなかった。ただ、D社はA社に対し、期限が平成26年1月9日に到来する1000万円の貸金債務を負担していた。

　また、平成25年6月10日に、A社はE社から、弁済期を平成25年12月9日として、当面の運転資金として1000万円を借り受けた。そして、平成25年6月20日に、G銀行は、A社の委託を受けることなく、E社から保証料を徴して、保証人になった。このとき、A社はG銀行に1000万円の預金を有していた。

　平成24年11月頃、I社はA社が振り出した額面500万円の手形を有していたが、自分の取引銀行であるB銀行のβ支店で手形の割引を受けた。

　ところでA社は、平成25年初頭から経営が行き詰まり、ついに、8月30日に支払いを停止した。そして、平成25年9月30日に破産手続開始の申立てをし、同年10月30日午後5時に、A社に対して破産手続開始決定がなされ、弁護士で

あるＸが破産管財人に選任された。このとき、Ａ社がＢ銀行に有していた口座の預金残高は、甲口座が1500万円、乙口座が2000万円、丙口座が1500万円であった。

　取引先のＦ社は、平成25年11月25日に、上記約定に従い、Ｂ銀行にあるＡ社の甲口座に、家具の代金1000万円を振り込んだ。

　Ａ社が支払いを停止したことを知ったＢ銀行は、平成25年9月5日に、Ａから取立委任を受けていた手形を取り立てて3000万円を取得した。またＧ銀行は、Ｅ社からＡ社が破産した旨の連絡を受けたので、平成25年11月15日に、Ｅ社に保証債務の履行として1000万円を支払った。さらに、Ａ社に対して1000万円の債権を有していたＨ社は、Ａ社が破産手続開始の申立てをなしたことを知り、平成25年10月10日に、債権の回収のために、Ｂ銀行にあるＡ社の甲口座の預金債権を差し押さえた。

◆問1　一般的に、破産管財人Ｘは、破産財団に属する債権を自働債権とし、破産債権を受働債権として相殺をすることはできるか。また、破産財団に所属する債権を自働債権とし、財団債権を受働債権としてなす相殺はどうか。

◆問2　Ｂ銀行は、Ａ社に対する3000万円の貸金債権を自働債権とし、Ａ社に対して負っている3000万円の取立金返還債務を受働債権として、相殺をすることができるか。

◆問3　Ｄ社は、1000万円の売掛代金を自働債権とし、1000万円の貸金債務を受働債権として相殺をすることができるか。仮に、Ｄの負っている債務が1000万円の貸金債務ではなく、ある土地の移転登記債務であった場合はどうか。

◆問4　仮にＥ社がＡ社に対して、既に弁済期の到来している1000万円の代金債務を負担していたとき、①Ｅ社は、この貸金債権を自働債権とし、代金債務を受動債権として相殺することはできるか。また、②Ｘは、1000万円の代金債権を自働債権とし、1000万円の貸金債務を受働債権として相殺することはできるか。

◆問5　Ｂ銀行は、3000万円の貸金債権を自働債権として、Ｆ社がＡ社名義の甲口座に振り込んだ1000万円につき、その預金返還債務を受動債権として相殺することはできるか。また、振込みの合意がＡ社とＦ社との間だけでなされていた場合はどうか。

◆問6　管財人Ｘが、Ｇ銀行との間の預金契約を解約し、1000万円の預金の支払いを求めたのに対し、Ｇ銀行は、保証債務を履行したことにより求償権を

第17講　相殺権　　　*491*

取得した（民 462 条）として、求償債権を自働債権とし預金返還債務を受働債権として相殺するとの主張をした。この主張は認められるか。

◆**問 7**　B 銀行は、その貸金債権を回収するためには、A 社の乙と丙の両口座の預金返還債務と相殺しさえすればその目的を果たせるにもかかわらず、H の権利行使を邪魔するために、破産手続開始決定後に、自己の貸金債権を自働債権とし、甲口座の預金返還債務を受働債権として相殺した。このような相殺は許されるか。

◆**問 8**　A 社につき破産手続が開始したことを知った B 銀行 β 支店は、I 社から買い取った手形を同銀行 α 支店に送付した。B 銀行 α 支店としては、まだ A 社の甲口座の預金残高には余裕があることに目をつけ、手形金債権を自働債権として、預金返還債務を受働債権として相殺する旨の主張をした。このような相殺は認められるか。

第10章　相 殺 権

1　相殺の意義と適用範囲

（1）　相殺の意義と機能

　相殺は、双方の当事者がお互いに債権・債務を弁済し合う手間を省いて、意思表示のみによってそれらを対等額で消滅させる制度であり、債権・債務の簡易な決済の手段としての機能を有する。しかし相殺は、それに留まることなく、現実の取引においては、一種の担保としての機能も果たしている。たとえば、X が Y に対し貸金債権を有していたが、これについては担保を取っていなかったとする。その後 Y の経営が悪化し、Y の負っている債務の履行が不可能になったとしよう。この場合、本来であれば、X は、Y からの弁済は期待できない。ところが、X が Y から購入した部品の代金債務を負担していたとすると、X は、貸金債権と代金債務とを対等額で相殺して互いの債務を消滅させることができる。この場合、受働債権たる代金債権は Y の財産の一部であるが、これが優先的に X への弁済にあてられたのと同じことになる。つまり、X に相殺権があるということは、実質的には受働債権である代金債権と同額の担保を取っていたことになる。これを相殺の担保的機能という。そこで、債務者に対して破産手続が開始された場合に、破産財団についての管理処分権が破産管財人に移転したことを理由として相殺を認めないこととすると、実体法上認められている相殺の担保機能が損なわれることになる。そこで、破産法は、破産債権を自働債権とし、破産債権者が破産手続

開始当時破産者に対して負担する債務を受働債権とする相殺を原則的に許容した（破67条1項）。なお、相殺の要件・効果等については、破産法に特別の規定がない限り、民法等の実体法の規定（民505条2項・509条・510条等）によって判断されることになるが、破産法は、独自の立場から、民法等の相殺規定を種々の点で修正している。すなわち、一方では民法上の相殺の要件を緩和して相殺をしやすくしている（相殺権の拡張）反面、他方では、民法上の相殺の要件を厳しくして、相殺権を制限している（相殺権の制限）。

（2）　相殺権規定の適用範囲

　破産法67条1項は、破産手続における相殺を、破産債権を自働債権とし、破産財団に属する債権を受働債権として破産債権者側がなす相殺が認められる旨を規定している。しかし、それ以外の相殺の場合については破産法は何も規定しておらず、それらの場合に相殺が許されるか否かは解釈によって判断せざるを得ない。以下では、破産法67条1項に含まれない相殺の可否について検討してみよう。

　1）破産財団所属債権を自働債権とし、破産債権を受働債権として破産管財人がする相殺　この場合については破産法には規定がなく、民法の一般原則に従い相殺は可能であるとする考え方もできない訳ではない。しかし、このような管財人からの相殺を認めると、特定の破産債権者に対し破産手続によらないで随時弁済するのと同じことになり、債権者平等の原則に反するから、このような相殺は許されないと解すべきである[1]。しかし、稀なケースとして、自働債権の実価が、破産債権のそれを下回るような場合には、財団にとって有利であるから、そのような相殺を認めてよいし、破産手続において破産債権者の配当金請求権が具体化すればそれを受働債権として管財人がなす相殺も認めてよい。このような点を考慮して、現行破産法102条は、裁判所の許可を前提として破産管財人によるこのような相殺が許される旨を明文で規定した。

　2）破産債権と自由財産所属債権との相殺　破産債権者からする相殺は、破産手続中は、破産債権者は破産者の自由財産に対して権利行使をすることが許されない（固定主義）のと同様に許されない。これに対し、破産者が自由財産をもってする相殺については、破産手続による制限が課されないとの見解[2]もあるが、この類型の相殺が自由財産をもってする破産者による破産債権の任意弁済と同視

---

[1]　このような見解は、旧法下においても通説であった。なお、肯定説によるとこの相殺が財団にとって不利な場合には、管財人の善管注意義務違反としての責任（破85条）を問えば足りると考えられる。旧法下の議論については、伊藤・破産3版補訂315頁、条解会更（中）890頁を参照。

[2]　伊藤3版464頁。

できることから、このような弁済の任意性を厳格に解する判例[3]の趣旨を考慮して、破産者が真に任意に相殺をした場合にのみ相殺は有効であると解してもよいのではあるまいか[4]。

3）非破産債権と破産財団所属債権との相殺　破産財団は、破産債権ではない債権の満足の引当てにはなっておらず、非破産債権者と破産管財人との間には債権債務の対立関係はないから、どちらからの相殺も許されない。

4）非破産債権と自由財産所属債権との相殺　この場合、自働債権・受働債権ともに破産手続とは無関係であり、破産法上の相殺の対象にはならないが、民法の一般原則（民505条以下）によって相殺することはできるであろう。

5）財団債権と破産財団所属債権との相殺　財団債権は、破産手続によらずに破産財団から優先弁済を受けることができる権利であるから（破2条7項8項・151条）、債権者・管財人のいずれからの相殺も民法の規定に従って認めてよい。ただ、財団財産が、財団債権の総額を弁済するのに不十分な場合、平等弁済がなされる（破152条1項本文）こととの関係で、財団不足が明らかになった場合にも相殺が許されるか、という問題がある。このような場合、相殺のもつ担保的機能を重視し、破産法152条1項但書の趣旨を類推して、財団不足が明らかになったとしても、相殺は認めるべきであろう[5]。

6）財団債権と自由財産所属債権との相殺　このような相殺が許されるか否かという問題は、財団債権の債務者が誰かという問題に密接にかかわる。財団債権の債務者を、破産財団あるいはその管理機構たる管財人とみるならば、債権・債務の対立関係がないから、財団債権者側からの相殺の可能性はない[6]。これに対して、破産手続開始前に発生した労働債権や租税債権に基づく財団債権について破産者本人の自由財産上の責任を肯定する立場[7]を前提とすれば、相殺の可能性は肯定される[8]。また、破産者の側からの相殺は、前述した2）と同様に解することができるであろう[9]。

---

(3)　最判平18・1・23民集60巻1号228頁〔百選5版44事件〕参照。
(4)　同旨、条解破産2版535頁。
(5)　同旨、大コンメン299頁〔山本克己〕、条解破産2版534頁、概説2版補訂266頁以下〔沖野眞已〕。
(6)　伊藤3版464頁。
(7)　松下淳一「財団債権の弁済」民訴雑誌53号44頁。
(8)　条解破産2版535頁、概説2版補訂267頁〔沖野眞已〕。
(9)　これに対して、破産者の側からの相殺は、破産財団の利益のためにする第三者の弁済（民474条1項本文）に準じるものとして認められるとする見解も有力である（注解破産（上）701頁〔斎藤秀夫〕、石原306頁、伊藤3版465頁等）。

2 相殺権の拡張 —— 相殺の要件の緩和

　相殺権行使の要件たる相殺適状が認められるためには、①債権と債務が対立していること、②自働債権と受働債権が同種の目的を有すること、③両債権が共に弁済期にあることを満たす必要がある（民505条）。しかし、これらの要件を破産手続上も厳密に要求すると、集団的かつ画一的な清算を円滑に行うことができない。よって、破産法は、一定の場合には上記の民法の要件を緩和している。それには、自働債権に関するものと、受働債権に関するものとがある。

（1）　自働債権についての規律

1）　自働債権が期限付債権の場合

　ある債権が、破産手続開始時にはたとえ期限が未到来であっても、破産手続開始決定の時に期限が到来したものとみなされる（破103条3項、民137条1号。現在化）ので、これを自働債権として相殺に供することができる（破67条2項前段）[10]。しかし、そのまま全額での相殺を認めると、他の債権者に対して不当に優遇することになるから、当該債権が確定期限付無利息債権である場合には、劣後的破産債権たる破産手続開始後の中間利息相当分（破99条1項2号）を控除したものが自働債権の額とされる（破68条2項）。また、不確定期限付無利息債権については、破産手続開始時における評価額との差額が劣後的破産債権とされているので（破99条1項3号）、その部分は自働債権額から控除される。また定期金債権についても、劣後的債権となる部分（破99条1項4号）が自働債権額から控除される。

　これに対し、期限付利息債権は、破産手続開始前に発生した利息が自働債権額に算入されるのは当然であるが、破産手続開始後の利息については、自働債権から控除される。なぜならば、理論的には、相殺権が行使されると自働債権消滅の効果が破産手続開始時に遡って生じるので、破産手続開始後に利息の発生する余地がないこと、実質的には、破産手続開始後の利息が劣後的破産債権とされるので（破97条1項1号・99条1項1号）、相殺を認めるのは適当ではないことによって基礎づけられる[11]。

---

[10]　その趣旨は、すべての債権債務を手続内で迅速に清算するため（霜島269頁）、あるいは相互に債務を負担する2当事者のうち一方が破産した場合に、他方が自己の債権については破産配当に甘んじざるをえず、かつ自己の債務は完全な履行をしなければならないのは当事者間の著しい不均衡を生ずるからである（青山ほか136頁〔福永有利〕）。なお、条解破産2版538頁参照。

[11]　大阪地判昭49・2・18金商423号12頁、大阪地判昭56・2・12判タ452号140頁、伊藤3版466頁参照。なお、破産手続開始後の利息が別除権の優先弁済権に含まれる場合に、それを相殺の自働債権に含ませられるかとの議論があるが、別除権と相殺権は別個の権能であるから、これを否定すべきであるとする見解が有力である（伊藤3版466頁

2） 自働債権が解除条件付債権の場合　　解除条件付債権は既に発生している債権であるから、その全額をもって自働債権とすることができる（破67条2項）。ただし、破産手続中に条件が成就すると、自働債権が消滅し（民127条2項）、相殺権を行使した破産債権者は、自働債権が存在しなかったにもかかわらず、受働債権の負担を免れる結果になり、不当な利益を受ける。そのような場合に備えるために、破産債権者は相殺によって消滅する額につき担保を供し、または寄託しなければならないものとしている（破69条）。最後の配当の除斥期間内に解除条件が成就すれば、担保や寄託額が配当財団に組み入れられ、他の破産債権者の満足の原資とされる。それに対し解除条件が成就しなければ、担保または寄託は効力を失い、相殺債権者に返還される（破201条3項）。

3） 自働債権が停止条件付債権や将来の請求権の場合　　これらの債権は破産債権ではあるが（破103条4項）、停止条件が成就していない限り権利自体は未だ発生していないから（民127条1項）、これを自働債権として直ちに相殺することは許すべきではない（破67条1項・2項参照）。将来の請求権とは、法定の停止条件のついた請求権（たとえば、保証人の求償債権〔民459条1項〕等）であるから、これと同様に考えられる。よって、このような破産債権者は、受働債権については履行しなければならない。しかし、破産手続中に停止条件が成就したり、将来の請求権が現実化する可能性もあり、また、このような場合を想定したこれらの債権者の相殺への期待も不当なものではない。よって、条件成就や請求権の現実化がまだ未確定の時点で管財人から債務の履行を求められた場合には、当該破産債権者は自らの債務を履行しなければならないが、後日相殺をするときのために、破産債権額の限度で自らの弁済額を寄託するよう求めることができるとされている（破70条前段）。なお、敷金返還請求権も、目的物返還完了の時にそれまでに生じた被担保債権を控除し、なお残額がある場合にその残額につき発生するものとされており[12]、これは停止条件付債権と考えられる。したがって、敷金返還請求権を有する者が賃料債務を弁済する場合も、それと同様に扱われている（破70条後段）[13]。これについては、本書第7章3（2）3）②b（第8講）参照のこと。

注104、条解破産2版544頁、山本克己「倒産法上の相殺禁止規定（2・完）」民商90巻2号68、84頁）。

[12]　最判昭48・2・2民集27巻1号80頁。

[13]　このような場合、受働債権たる賃料債務の弁済は、停止条件付債権である敷金返還請求権の停止条件の成就を解除条件としたものであり、解除条件の成就によって弁済がその効力を失うものと解される（小川92頁）。したがって、賃貸借契約が終了し目的物の返還がなされれば、賃料債務への従前の弁済が無効となり、寄託金が賃借人に返還され、かつ賃料未払いの状態に戻るので差し入れた敷金額からの差引計算がされることにな

最後の配当の除斥期間内に停止条件が成就すれば、破産債権者は、相殺を実行して寄託額を取り戻すことができるが、その期間内に停止が成就せず、または請求権が現実化しなければ、寄託された金額は他の破産債権者に配当される（破201条2項）。

4）自働債権が非金銭債権、金額不確定の金銭債権、外国通貨債権などの場合　これらの債権については、債権自体は発生しており、破産手続開始決定時の評価額をもって破産債権の額とされるので（破103条2項1号。金銭化）、これを前提として相殺が許され（破67条）、その評価額が自働債権の額となる（破68条1項）。

（2）　受働債権についての規律

1）受働債権が非金銭債権・金額の不確定な金銭債権・外国通貨債権・金額または存続期間が不確定である定期金債権である場合　受働債権が非金銭債権・金額の不確定な金銭債権・外国通貨債権・金額または存続期間が不確定である定期金債権である場合については、破産法上規定がなく、破産手続開始決定の時点で当然に「金銭化」されることはない。したがって、民法の原則により、受働債権が金銭債権であるか、金銭化前の自働債権と同種の目的を有するものでなければ相殺することはできないと解される（民505条）。

2）受働債権が、期限付債権・条件付または将来の請求権である場合　受働債権については、期限付もしく条件付であるとき、または将来の請求権であっても受働債権たりうる（破67条2項後段）。なぜならば、受働債権が期限付であっても、破産債権者は、受動債権たる自己の債務についての期限の利益を放棄して相殺することを許してもよいし、条件付の債務・将来の債務であれば、停止条件の不成就または解除条件の成就の機会（利益）を放棄して、あるいは将来の不発生の可能性（利益）を放棄して、直ちに自己の破産債権と相殺することを許しても差し支えないといえるからである。ただし、自働債権（破68条1項）とは異なり、期限までの中間利息などの控除は認められないから、破産債権者は、受働債権の名目額で相殺しなければならない。

破産法上の相殺では、相殺の時期を制限する規定はない[14]ので、受働債権につ

る。条文上は「同様とする」とあるが、敷金の場合には、未払賃料や損害金等とは相殺ではなく当然充当の関係に立つ（相殺の意思表示は不要）と理解されているので、本条前段の「後に相殺をするため」は、後段においては、後の充当（差引計算）のため、と理解すべきであろう（条解破産2版547頁、伊藤3版467頁注107）。これに関しては、本書第8講3（2）3) ②bも参照のこと。

[14]　それに対して、民事再生法92条1項、会社更生法48条1項には、相殺権行使時期についての制限規定がある。

いて、破産手続係属中に期限が到来した後に、また停止条件が成就した後、さらには債務が現実化するまで待って、相殺権を行使することも許される[15]。ただ、これらの場合には、破産手続開始後に停止条件が成就することから、破産手続開始後に負担する債務を受働債権とする相殺禁止（破71条1項1号）に抵触するのではないかという問題が生じる。これにつき、旧破産法では学説が分かれており、多数説は、停止条件の前後を区別することなく相殺を認めていた[16]。これに対して、破産手続開始後に停止条件が成就した後は、条件成就が破産手続開始後の債務負担に該当するとして相殺は許されないとする少数説[17]も有力であった。しかし、停止条件が成就し債務が現実化するまで待って、相殺権を行使することも許されるのであり、それを保護する必要があること、また停止条件付債務とはいえ、破産手続開始時に相殺期待が存在する以上、これを破産手続開始後に破産財団に対して負担した債務とみなすべきではない。さらには、現行法の立案過程において、将来の賃料債権を受働債権とする相殺が無制限に許容されることが前提とされていた[18]こと等にかんがみ、多数説に賛成すべきであろう[19]。

3）受働債権が解除条件である場合　この場合、破産債権者は、解除条件成就の機会を放棄して、相殺権を行使することができる。いったん相殺権を行使した後に解除条件が成就しても、遡って破産債権が復活するわけではないから、破産債権の行使は認められない。また、解除条件の不成就の確定をまって破産債権者が相殺権を行使することも、破産手続開始時に受働債権が存在する以上、相殺禁止（破71条1項1号）の対象とはらない。

（3）破産手続開始後の破産債権と賃料債務等との相殺

旧法は、破産債権者が、破産財団に対して賃料債務を負担しているときには、破産手続開始の時における当期および次期の賃料債権に限って相殺を認めていた（旧破103条1項前段）。ただし、敷金が差し入れられているときには、その金額は既に財団の利益になっている関係上、相殺額を上記のように当期および次期の限度に制限するのは不合理であるから、当期および次期以後の借賃についても、敷金に相当する額までは相殺を認めていた（旧破103条1項後段）。このような扱いは、地代および小作料にも準用されるとしていた（旧破103条2項）。その趣旨は、

---

[15]　通説。最判平17・1・17民集59巻1号1頁〔百選5版63事件〕。
[16]　学説については、注解3版（上）704頁〔高橋慶介〕、青山善充「倒産法における相殺とその制限（1）」金法910号10頁注2等参照。
[17]　谷口242頁、基本コンメン158頁〔山本克己〕。
[18]　小川90頁以下。
[19]　伊藤3版469頁、大コンメン294頁〔山本克己〕等。

第10章　相殺権

以下の点にあった。すなわち、賃料等の債務は、破産債権者が破産手続開始前の契約に基づいて負担するものであり、すでに破産手続開始時に弁済期が到来している賃料債務については、破産債権との相殺が認められる（破67条1項）。また、破産手続開始後に弁済期が到来する賃料債務についても、破産債権者は期限の利益を放棄して相殺を主張できるはずである（破67条2項後段）が、これを無制限に認めると、破産債権者は自己の破産債権について完全な満足を受けることになり、また、他の破産債権者としては、破産財団所属財産の価値代替物たる賃料が配当財団に組み入れられないことによる不利益を受けることになり、それを防止する必要がある、ということであった。これは、賃料の前払いおよび譲渡の対抗力を制限した旧破63条1項と同趣旨のものと理解されていた。

　しかし、賃料債権を受動債権とする破産債権者の相殺期待についても、これを制限する理由に乏しく（よって、旧破63条は廃止された）、また、敷金の限度で受動債権たる賃料債権の範囲を拡大することにも合理性は認められない（よって、旧破103条も削除された）。このような理由から、現行法では、破産債権者が賃料債務を受動債権とする相殺についての制限を廃止し、破産法67条の一般的規律に委ねるものとした。

3　相殺権の制限 —— 相殺の禁止

　民法など実体法で相殺が禁止されている場合（民505条2項・509条・510条、会社208条3項・281条3項等）、それらは破産法上の相殺にも適用がある。そのほか、破産法はその71条において、破産債権者間の公平という見地から、たとえ実体法上は相殺が許される場合であっても破産手続においては相殺を禁じている。破産法71条は債権者間の公平を図ることを目的とする強行法であり、これに反する相殺は当然に無効である[20]。なお、この理は、同法72条にも妥当するであろう。

（1）　破産債権者による債務負担につき相殺が禁止される場合 —— 原則

1）　破産債権者が破産手続開始決定後に破産財団に対して債務を負担したとき（破71条1項1号）

　破産法上相殺が許されるためには、原則として、破産手続開始決定の当時、既に債権債務の対立が存することが必要である（破67条1項）。もし、破産法71条1項1号の場合にまで相殺を認めると、破産手続開始決定当時に相殺への正当な期待を有していたわけではない当該破産債権者を保護することになるし、また、このような破産債権者は新たに負担した債務を現実に弁済することなく、これによって、破産手続開始決定前から有していた実価の下落している破産債権と相殺することにより、破産財団(したがって破産債権者間の公平)

---

[20]　最判昭52・12・6民集31巻7号961頁〔百選5版68事件〕。

第17講　相殺権

を害することにもなる。これが、相殺が禁じられる趣旨である。

「債務の負担」に当たるものとしては、財団所属財産を管財人から買い受けた場合の代金債務[21]等が考えられる。このような債権を受働債権とする相殺を認めると、実質的には、破産債権に対して名目額で売買目的物による代物弁済を認めるのと同じことになるからである。また、財団に対して負担した不当利得返還債務、管財人の否認権行使の結果として生じる返還義務[22]などのほか、財団に対して債務を負っている第三者から債務引受をすることにより負担する債務、破産手続開始決定後に第三者が破産者の口座へ振り込みをした結果として破産債権者たる銀行が財団に対して預金返還債務を負担した場合、等もこれに含まれる。前述したように (2(2)2) 参照)、破産手続開始時に停止条件付債務を負担していた破産債権者が、破産手続開始後に停止条件の成就を待って自己の破産債権と相殺することが許されるかという問題があるが、停止条件付債務とはいえ破産手続開始時に相殺の期待があった以上、破産法71条1項1号の適用はなく、同法67条2項後段によって相殺を認めるべきである[23]。これに対して、たとえば、破産債権者が別口の債権を被担保債権とする譲渡担保権を実行した場合の、清算金支払義務と破産債権の相殺については、清算金支払義務の発生は、譲渡担保設定者たる破産者の債務不履行にもとづく清算という、一種の停止条件にかかっているといえるが、破産手続開始時においては、清算義務の発生自体もまた清算金の金額も確定されておらず、合理的な相殺への期待が認められないから相殺は禁止される[24]。さらに、銀行が破産債権者である場合、破産手続開始後に第三者が当該銀行にある破産者の口座に振込みをした場合の預金返還債務も「債務の負担」にあたる。振込みで生じた預金者たる破産者の預金返還債権は、破産手続開始時に破産財団に所属していた第三者に対する権利の価値変形物であり、これをもってする破産債権への個別弁済は認められないからである[25]。

以上に対して、破産財団が所持する約束手形について、破産債権者が裏書人で

(21) 大判大15・12・23新聞2660号15頁参照。

(22) 大判昭11・7・31民集15巻1563頁、最判昭39・3・24判時370号30頁。

(23) 最判平17・1・17民集59巻1号1頁〔百選5版63事件〕、福岡地判平8・5・17判タ920号251頁〔百選3版69A事件〕。また、伊藤3版474頁、条解破産2版554頁、大コンメン294頁〔山本克己〕をはじめ多数説である。

(24) 最判昭47・7・13民集26巻6号1151頁〔新百選63事件、百選3版69事件〕。これは会社整理事件に関するものであるが、破産手続上も同様に考えてよい(旧商403条1項は旧破104条1項〔現破71条1項1号〕を準用していた)。この見解は、谷口237頁、注解3版 (上) 716頁〔斎藤秀夫〕、青山・前掲・金法910号7頁、伊藤3版475頁、条解破産2版555頁等多数説である。

(25) 条解破産2版553頁。

ある場合に、裏書人の支払義務は、第三者である振出人の支払拒絶等という停止
条件にかかっており（手77条1項4号・43条柱書）、一種の停止条件付債務といえる
が、この停止条件が破産手続開始後に成就する場合でも、裏書人たる破産債権者
としては、破産法71条1項1号の制限を受けず、破産債権と支払義務との相殺が
できる。なぜならば、破産債権者としては、振出人の支払拒絶等による裏書人と
しての支払義務の発生が合理的に予測され、また、その金額もあらかじめ定まっ
ており、相殺についての合理的期待をもつものと認められるからである[26]。

　　2）**支払不能になった後に、契約によって負担する債務を専ら破産債権をも
　　ってする相殺に供する目的で破産者の財産の処分を内容とする契約を破産
　　者との間で締結し、または破産者に対して債務を負担する者の債務を引き
　　受けることを内容とする契約を締結することにより破産者に対して債務を
　　負担した場合であって、当該契約の締結の当時、支払不能であったことを
　　知っていたとき（破71条1項2号）**　　破産者が支払不能に陥った後に、破産
債権者が、破産者に対して債務を負担した場合については、①破産債権者が破産
者との取引等によって新たに債務を負担する場合と、②破産債権者が既に発生し
ている他人の債務を引き受ける場合とでは、その利益状況および考慮要素が異な
ると考えられるため、破産法71条1項2号は、その前段と後段で、両者の相殺禁
止の要件を異なったものとして規定している。

　①前段は、「破産債権者が破産者との取引等によって新たに債務を負担する場
合」である。たとえば、もっぱら破産債権と売買代金債務を相殺する目的で、破
産債権者が債務者の所有物を買い受けるような場合がその典型例であるといわれ
る[27]。ただ、後述するように、契約締結の目的が「専ら」相殺による債権回収を図
ることにあることが要件となっていることに鑑み、当該契約を締結する必要性に
乏しく、この目的があるがゆえに当該契約を締結したものと認められることが必
要であろう。このような場合に相殺を許すと、破産債権者は実質的に売買目的物
による代物弁済を受けたのと等しいことになるからである。すなわち、このよう
な場合には、直接的には破産債権の偏頗的満足を内容としないものの、実質的に
はそれを目的としているとみなすことができるから相殺が禁じられるのである。
これは、支払不能後の代物弁済等を否認の対象としている破産法162条1項1号
の趣旨と軌を一にするものといえよう。

　しかし他方では、継続的に取引を行う当事者間においては、将来、自己が負担
するであろう債務をいわば担保として、自己の債権と相殺することを期待して、

---

　[26]　伊藤3版475頁。

　[27]　大コンメン308頁〔山本克己〕、注釈（上）493頁〔小畑英一〕。

個々の取引を継続するような場合、そのような相殺への期待を保護することは決して不当なことではない。したがって、破産者が支払不能後に新たに債務を負担した場合を一律に相殺禁止の対象とすると、このような経済取引に萎縮効果を生じるおそれがある。そこで、これらの事情を考慮して、現行法は、第1に、相殺禁止の基準を支払不能とし、第2に、客観的要件として、「破産者の財産の処分を内容とする契約」であることを要求し、第3に、主観的要件として、「専ら破産債権をもってする相殺に供する目的」で契約がなされたことを要求しているのである。

a．旧破産法104条2号は、相殺禁止の対象を、支払停止または破産手続開始申立て後の債務負担に限定していた。そのため、たとえば、支払不能状態ではあるが支払停止がない時点で、破産債権者が破産者から強いて財産を買い受け、その代金債務と破産債権とを相殺するような場合、相殺権者だけが代物弁済を受けたのと同様の結果となるが、それは相殺禁止の対象にはならなかった。そこで現行法は、このような支払不能時における債務負担にまで相殺禁止の範囲を拡張して、破産債権者の公平を実質的に保障しようとしているのである[28]。

なお、ここでいう「支払不能」は、破産手続開始原因としての支払不能と同一である[29]（破2条11項。支払不能の概念については、本書第3章4(2)2)を参照のこと)。

b．次に、支払不能後の行為についてはさらに絞りをかけ、破産者の財産の処分を内容とする契約であることを要求している。これは、支払不能後にされた弁済または代物弁済と同視しうるような類型に限定する趣旨であり、破産債権者と破産者との間における破産者の財産の処分を内容とする契約が債務負担の原因となっている場合に限定する意味である[30]。よって、「破産者の財産の処分を内容とする契約」に該当するか否かについては、このような趣旨を考慮して判断すべきであり、典型的には、破産者がその有する不動産等の財産を破産債権者に売却し、破産債権者が代金債務と破産債権を相殺するような場合が考えられるが、そのほかにも、消費寄託たる預金契約や預金口座への振込の合意も、後述するように、この要件は満たすと考えられる[31]が、次の要件である「専ら破産債権をもってす

---

[28]　立法の経緯については、小川113頁、法務省民事局参事官室「破産法等の見直しに関する中間試案補足説明」破産法等の見直しに関する中間試案と解説（別冊NBL74号）162頁以下等を参照のこと。

[29]　大コンメン308頁〔山本克己〕。なお、松下淳一「新たな否認権と相殺制限の理論的根拠」最新倒産法・会社法をめぐる実務上の諸問題（今中利昭先生古希記念）（民事法研究会・2005年）39頁以下参照。

[30]　小川116頁。

[31]　伊藤3版477頁および同頁注127。また、預金取引契約自体は支払不能前に締結されていても、金融機関が支払不能の事実を知りながら破産者の普通預金の払戻しを事実上

る相殺に供する目的」を必ずしも有しない点で、相殺は許されることになろう。なお、第三者が破産者の預金口座に振り込む場合が含まれるかどうかについては考え方が分かれる。破産者の行為がないことから「契約を破産者との間で締結」するとはいえないとする見解が一般的である。しかし他方で、破産者が通例の金融機関ではない別の金融機関への振込を取引先に依頼したような場合には、実質は「処分」と同視できるとの見解もある[32]。

　c．さらに相殺が禁止されるのは、破産債権者が、契約によって負担する債務を専ら破産債権をもってする相殺に供する目的を有していた場合である。これは、契約締結の目的が「専ら」相殺による債権回収を図ることにあることを意味するから、一般的にいえば、当該契約を締結する必要性に乏しく、この目的があるゆえに当該契約を締結したものと認められることが必要であろう。その判断基準としては、(a) 当該契約と相殺の意思表示との間に時間的な密着性が認められるか否か、(b) 時間的な接着性が認められない場合には、破産債権者において相殺権の行使を確実なものにするための措置を講じていたかどうか等の事情が重要である[33]。したがって、たとえば、破産者がした銀行口座への入金等の預金契約は、消費寄託契約に該当するところ、これによって金銭の所有権が移転することや、これによる債務負担を理由とする相殺が弁済と同視しうる場合もありうること等を考慮すると、「破産者の財産の処分を内容とする契約」には該当すると考えられるが、銀行等の金融機関が日常業務として行っている預金契約等については、入金された金銭の運用による利益も見込まれる等、相殺できないがゆえに入金を拒むとは一般的に考えにくいことからすると、仮に当該契約の当時、破産債権者

　　拒否した上で、取引先からの振込入金が溜まったところで相殺をするような場合には、支払不能後の合意に基づく債務負担と同視される可能性がある（伊藤 3 版 477 頁注 127、実務 Q&A218 頁〔本山正人〕）。

[32]　伊藤 3 版 477 頁注 127、基本構造と実務 472 頁・474 頁、条解破産 2 版 558 頁。

[33]　小川 117 頁によれば、例えば、手数料収入を得て債権の取立てをした結果、債務を負担したという場合については、取り立てた金銭を破産者に返還する意思がなく、確実に相殺に供することが可能な状態にしていたという事実は、「専ら破産債権をもってする相殺に供する目的」を肯定する方向に働くと考えられるが、取り立てた金銭を破産者の口座に入金し、破産者がいつでも口座から引き出すことが可能であったという事実は、これを否定する方向に働く、とする。なお、民事再生事件であるが、X が再生手続開始前に Y 銀行の口座に金員を振り込んだ事案について、東京地裁（東京地判平 21・11・10 判タ 1320 号 275 頁〔百選 5 版 67 事件〕）は、X が差押え回避を目的として誤って本件振込口座に本件振込をしたものであって、本件振込が、Y の何らの関与もなく、X により一方的に行われたものであるとして、「専ら再生債権をもってする相殺に供する目的」を有していたものとは認められないとした。

第 17 講　相　殺　権　　　　503

である金融機関が相殺による債権回収を念頭においている場合であっても、通常はこの要件には該当しないと考えるべきであろう[34]。また、支払不能前から破産者との間で継続的に取引を行っており、破産債権者にとってその取引を継続する必要性が相殺の目的以外にあるといった場合（例えば、破産債権者がその事業の継続に必要な原材料を破産者から継続的に購入していたという場合等）も、通常はこの要件に該当しない[35]。なお、不動産を買い受けて、その代金債務を相殺の受働債権とする場合は、「専ら」要件の典型的な例とされるが、この契約自体の目的は、不動産の所有権取得という別の法律効果である点で、これが「専ら」破産債権によって相殺に供する目的で契約を締結したといえるか、という点については議論がある[36]。たしかに、不動産の売買は一般的にはその不動産の所有権取得という別の目的を有するものではあるが、だからといって、この場合には常に、潜脱的な相殺をねらって売買契約が締結されたものではないということはできない。要は、実質的な契約目的からみて、その中心が相殺をなすことにあるとみられる場合には「専ら」要件を満たすというべきであろう[37]。

　d. そして、支払不能について破産債権者が悪意であることが必要である。ただ、支払停止や破産手続開始申立てとは異なって、支払不能は、破産者の外形的な行為ではないので一義的に悪意を判断するのは困難である。したがって、それについての悪意も上記の「専ら相殺に供する目的」と同様に、契約締結時の諸事情から推認することになろう。

　②後段の要件は、「破産債権者が既に発生している他人の債務を引き受ける場合」である。この場合に相殺を認めると、相殺への期待がないにもかかわらず、引き受けた債務をもって自己の破産債権の満足を受ける結果を肯定することになって債権者平等を害するからである。また、債務者の支払不能を知った上での債務引受けは、債権回収目的であることは明らかであると考えられるから、一律に相殺禁止の対象としても、取引に対する萎縮的効果等の弊害が生じるおそれもそ

(34)　小川 117 頁、条解破産 2 版 557 頁。
(35)　小川 117 頁、条解破産 2 版 557 頁。
(36)　基本構造と実務 469 頁以下、大コンメン 308 頁〔山本克己〕。
(37)　基本構造と実務 469 頁以下、条解破産 2 版 557 頁、大コンメン 308 頁〔山本克己〕、伊藤 3 版 477 頁注 128 等通説である。再生債務者の債務負担の前後の諸事情を総合して専ら相殺に供する目的を肯定したものとして、大阪地判平 22・3・15 判時 2090 号 69 頁がある〔民事再生事件〕。これに対して、東京地判平 21・11・10 判タ 1320 号 275 頁〔百選 5 版 67 事件〕は、再生手続に関し、口座振込が再生債務者の意図に基づく一方的行為として行われ、金融機関側の関与や働きかけが認められないことをもって、「専ら」要件を否定している。これに関しては、批判的見解も有力に唱えられている（新注釈民再 2 版（上）527 頁以下〔中西正〕、伊藤 3 版 478 頁注 128、演習ノート 2 版 258 頁〔水元宏典〕）。

れほど大きくはない。したがってこの場合には、債務引受の原因や目的を問うことなく、相殺禁止の対象とされている。

3) 支払停止後に破産債権者が支払停止を知って破産者に対して債務を負担したとき（破71条1項3号本文）　支払停止があれば、債務者の経済的破綻が広く外部に認識され、債権の実質的価値は下落し、その完全な満足は期待できなくなる。このような状況において、債権者が、債務者から物を買い受けるなどの法律行為によって債務を負担し、あるいは債権者が債務者のために第三者から金銭を受領することによって債務を負担することによって、その債務と債権との相殺がなされるとすれば、債権者は実質的に価値の低下した債権について完全な満足を受ける結果となる。しかし、このような行為がなされたのがたとえ破産手続開始前であっても、支払停止または破産手続開始申立ての後のいわゆる危機時期においてなされた場合には、債権者平等の理念から考えれば、無制限に相殺を許すのは不合理である。よって、債務負担の当時、破産債権者が支払停止について悪意であった場合には、相殺を認めないこととした（破71条1項3号本文）。

ただし、上記の要件が満たされていても、支払停止があったときに破産者が支払不能でなかった場合は、相殺は許される（破71条1項3号但書）。なお、支払不能ではなかったことの証明責任は相殺の効力を主張する相殺権者たる破産債権者が負う。

4) 破産手続開始申立後に破産債権者が破産手続開始申立てがあったことを知って破産者に対して債務を負担したとき（破71条1項4号）　この相殺禁止の趣旨は、破産法71条1項3号と同様であり、危機時期を画する基準として、破産手続開始申立てが用いられている点に違いがあるに過ぎない。ただ、支払不能を基礎とする相殺禁止ではないために、3号とは異なり、申立て時点で支払不能ではなかったことが相殺禁止を解除する事由になるとの規定は存しない[38]。

破産手続開始申立ては、現在開始されている破産手続にかかわるものでなければならない。ただ、先行する民事再生手続や会社更生手続などがあり、事件が破産手続に移行した場合には、再生手続開始申立てや更生手続開始申立てが破産手続開始申立てとみなされる（民再252条1項、会更254条1項）。

5) 破産債権者による債務負担につき相殺が許される場合——3つの例外（破71条2項）　支払不能時期の債務負担を理由とする相殺禁止（破71条1項2号）、支払停止または破産手続開始申立後の債務負担を理由とする相殺禁止（破71条1項3号4号）は、破産債権者の行為の詐害性や債権者平等原則との抵触を根拠

---

[38]　条解破産2版559頁。

とするものである。しかし法は、債務負担が一定の原因に基づく場合には、詐害
性が否定され、または債権者平等原則にも抵触しないものとして、3つの例外を
規定している。これらの例外事由についての証明責任は、相殺権を行使する相殺
権者が負う。なお、破産法71条1項1号の場合には同条2項の例外規定の適用
がないことに注意を要する。

① **債務負担が法定の原因に基づくとき（破71条2項1号）**　法定の原因とは、
たとえば、債務負担が、相続、合併、事務管理、不当利得等である[39]。なぜならば、
これらの場合には債務が当然に発生または帰属し、債務者の意思とは関係がない
ので、危機時期を知りながらことさらに債権債務の対立状態を作出したとはいえ
ないからである。これに対しては、もっぱら相殺を可能ならしめるために合併す
るという場合もあり、また、破産者の債務者を債権者が相続した場合、保護すべ
き相殺期待はもともと存しないのに偶然の事情により相殺を認める建前に対して
は、立法論としては適切を欠くとの批判がある[40]。また、たとえば、他の共同相続
人の相続放棄により金融機関である破産債権者に対する預金債権を相続放棄なき
場合よりも多く取得した場合に、この相続放棄が「法定の原因」に当たるかとい
う問題がある。これに関しては、相続放棄自体は相続人の法律行為であり、また、
破産者や破産債権者等からの働きかけによりなされる可能性が存在すること等か
ら、法定の原因には当たらないとする考え方[41]と、相続の放棄は、相続人の意思に
基づいてなされるものであり、身分行為性が強く、破産者や破産債権者がその意
思表示を強制することができるものでないことから相殺権の濫用には当たらず
「法定の原因」に含まれて、相殺禁止が解除されるとする見解[42]が対立している。

② **債務負担が支払不能であったことまたは支払いの停止もしくは破産手続開始**
の申立てがあったことを破産債権者が知った時よりも前に生じた原因に基づく
とき（破71条2項2号）　a. 支払不能や支払停止に陥った状態等のいわゆ
る危機時期を知る以前に正当な相殺期待が生じていたのであれば、危機時期に当
たることを知りながらその後債務を負担したとしても、その相殺への期待は合理
性を有しており保護すべきである。したがって、ここでいう債務負担の原因とは、
具体的かつ合理的な相殺期待を生じさせる程度に直接的なものであることが必要

---

[39]　条解破産2版559頁。不法行為に基づく損害賠償請求権は、民法509条との関係から
相殺の受働債権とはなり得ない。
[40]　大コンメン309頁〔山本克己〕。なお、概説2版補訂259頁〔沖野眞巳〕は、合併は合
意によるものであり、「法定の原因」には該当しないと解すべきである、とする。伊藤会
更354頁も、理由は異なるが、法定の原因には当たらないとする。
[41]　大阪地判平14・9・30金法1672号40頁。
[42]　大阪高判平15・3・28金法1692号51頁。

である。たとえば、破産債権者となる金融機関と債務者との間で危機時期前に締結された当座勘定取引契約[43]や普通預金契約[44]は、危機時期に振込入金があって金融機関が預金返還債務を負担したとしても、これらの契約があるだけでは債務負担が確実ではないため、具体的な相殺期待を直接に生じさせるものではないから、ここでいう「前に生じた原因」とはいえない[45]。

　b．振込指定の約定がある場合、それに基づいて危機時期に振込みがなされた場合に、金融機関がなす相殺が、有効か否かという問題が議論されている。振込指定とは、金融機関の融資先が第三者から支払いを受ける代金を、当該金融機関にあるその融資先の預金口座に振り込ませることを約し、もって金融機関の融資金の回収を図ろうとするものである。このような約定に基づき、危機時期に振込みがなされた結果、金融機関が預金返還債務を負担するに至った場合に、金融機関のなす相殺が「前に生じた原因」に基づくものかどうかが問題となる。これにつき、有力な学説は、弱い振込指定と強い振込指定を区別し[46]、前者の場合には、危機維持期に振込みがなされても、これは「前に生じた原因」に基づくものとはいえず、この振込金を受働債権とする相殺は許されないが、後者の場合には、許されると解しており、多数説もこれを支持している[47]。下級審裁判例にもこれを肯定するものがある[48]。

---

[43]　最判昭 52・12・6 民集 31 巻 7 号 961 頁〔新百選 66 事件、百選 3 版 72 事件、百選 4 版 60 事件、百選 5 版 68 事件〕。

[44]　最判昭 60・2・26 金法 1094 号 38 頁。

[45]　伊藤 3 版 482 頁以下、条解破産 2 版 560 頁、大コンメン 310 頁〔山本克己〕等、通説である。

[46]　青山・前掲・金法 910 号 9 頁。これによれば、たとえば、A 銀行と取引先 B との間に特別の契約が成立することなく、B とその債務者たる C との間で、当該代金の支払いについては口座振込の方法によるという、一種の弁済方法の指定が行われるにすぎないものを「弱い振込指定」とし、A 銀行と B とが連名で C にあてて、代金は以後必ず A 銀行の B 名義の口座に振り込み、それ以外の方法では支払わないでほしい旨の依頼、ならびに、この依頼は A・B 同意のうえでなければ取消・変更しないとの A・B 間の確約がある旨を明記した依頼書を作成し、C がこの文書に承諾する旨の回答を付記する方式によって行う場合を「強い振込指定」とする。なお、上原敏夫「いわゆる『強い振込指定』について」民事手続法学の新たな地平（青山先生古希祝賀）（有斐閣・2009 年）655 頁は、金融機関が相殺を期待する基礎は、あくまで、金融機関と破産者との合意にあるから、第三債務者の関与はなくても、金融機関と破産者との合意があれば、金融機関の総裁の期待を保護すべきであり、「強い振込指定」に準じて、「前に生じた原因」に当たるとする。

[47]　谷口 239 頁、伊藤 3 版 483 頁、条解破産 2 版 561 頁、大コンメン 310 頁〔山本克己〕等。

[48]　名古屋高判昭 58・3・31 判時 1077 号 79 頁。

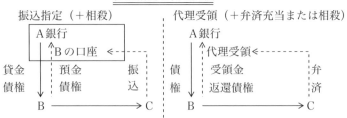

　c．代理受領の場合にも同様の問題が生じる。代理受領とは、典型的には、上の図にみられるように、金融機関Ａが、その取引先Ｂに対して工事請負資金等を融資する際に、Ａがその代金の受領の委託を受けることを約するＡとＢとの約定をいい、Ｂが、発注者Ｃに対して有する請負代金債権等を実質的には担保に取ることを目的とするものである。とくに、代理受領契約が危機時期以前に締結され、危機時期に代金の受領がなされてＡが代金の返還債務を負担した場合に、Ａは貸金債権を自働債権とし代金返還債務を受働債権として相殺することができるかという問題が生じるのである。この場合、振込指定の場合と同様に、請負代金請求権の主体であるＢが自ら取り立てることはせず、融資金の弁済に充てるように、Ａにのみ受領の代理権を与え、これを一方的に解約しない旨を約し、かつＣがこの契約内容を承認している場合（これは、強い振込指定に類似する）には、相殺の担保的機能の信頼を保護すべきであるから、代理受領の合意を「前に生じた原因」として相殺を認める見解が有力である[49]。

　d．銀行と顧客（後の破産者）との間に、顧客が債務の履行をしない場合に銀行の占有する顧客の手形を取り立てまたは処分してその取得金を債務の弁済に充当できる旨の取引約定を締結したうえ、顧客の危機時期を知る前に銀行が手形を受け取り、その取立てが危機時期を知ったのち破産手続開始前に当該手形を取り立てて取立金返還債務を負担するに至った場合に、銀行は相殺することができるか、

---

[49] 青山・前掲・金法910号10頁、条解破産2版561頁、大コンメン310頁〔山本克己〕。

という問題が生じる。この場合、手形の取立委任の基本契約のみでは、当然に取立委任義務が生じるわけではないから、合理的期待があるとはいえず、相殺は否定される。それに対し、個別的な取立委任まで危機時期以前になされている場合には、委任を撤回して手形を取り戻さない限り、債務者が自ら取り立てたり、他に取立権を与えることはできず、また第三債務者が取立権の授権について承認を与えるという問題も生じないから、取立委任を撤回しないとの特約がある場合には、相殺を認めてよいであろう[50]。

e．XがY銀行から証券投資信託の受益権を購入したが、Xについて支払停止等があった後に投資信託解約実行請求権が行使され、その後に破産手続が開始した場合に、Y銀行は、解約に基づいて受託者から委託者経由で入金された解約金の返還債務にかかる請求権を受働債権として、Xに対する貸金債権を自働債権として相殺することができるか、という問題が生じる。下級審の見解は分かれていたが[51]、近時、最高裁は[52]、銀行は、解約金の返還債務をもってする相殺の担保的機能に合理的な期待を有していたとはいえず、解約金支払義務の負担は、支払停止があったことを知ったときより前に生じた原因に基づく場合には当たらないとして、相殺は許されないと判示した。

③ 債務負担が破産手続開始申立てより1年以前に生じた原因に基づくとき（破71条2項3号）　これは、破産法166条と同趣旨の規定である。すなわち、1年もたてば、支払停止や破産手続開始申立てと破産手続開始決定との関連性が薄くなるのであり、むしろ取引の安全を重視して、相殺を認めることにした、と解されている[53]。したがって、本来は合理的な相殺期待がなくても、破産手続開始決定がなされないまま1年が経過すると、正当な相殺期待が発生したとみなしていることになる。

（2）　破産者の債務者による破産債権取得につき相殺が禁止される場合 ── 原則

---

[50]　青山・前掲・金法910号10頁、条解会更（中）906頁。これに対し、条解破産2版562頁は、基本契約のほか、個別の取立委任まで危機時期までになされていれば相殺を認める。最判昭63・10・18民集42巻8号575頁〔百選5版64事件〕は、相殺が認められるための要件として、①取引約定書4条4項を含む取引約定に基づくこと、②現実に個々の手形の取立てを委任されたこと、③裏書交付を受けたことをあげている。

[51]　民事再生事件に関するものではあるが、名古屋地判平22・10・29金法1915号114頁は否定したが、その控訴審である名古屋高判平24・1・31金法1941号133頁〔百選5版66事件〕は肯定した。

[52]　最判平26・6・5金商1444号16頁。ただし、これは民事再生事件に関するものである。

[53]　伊藤3版484頁、中田133頁。

第17講　相殺権　　*509*

1）破産者の債務者が破産手続開始決定後に他人の破産債権を取得したとき
（破72条1項1号）　**①　破産法72条1項1号の意味**　破産者の有する債権は破産手続の開始に伴い、破産財団に帰属するから、破産管財人は、これを回収することで破産財団を充実することができる。そこで、例えば破産者Sに500万円の債務を負っているAが、Bの有していた実価の下落したa破産債権（券面額500万円、実勢価額50万円）を安価に買い取り、それを自働債権として、自ら負担する債務を受働債権として相殺ができるとすると、破産者の債務者Aは、自己の債務を有利に免れると共に、その結果破産財団は減少する。しかも、破産手続開始決定時には、Aには債権債務の対立関係がなかった以上、相殺への期待もな

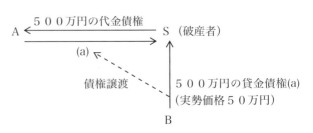

く保護する必要はない。そこで、許容される相殺は破産手続開始の段階で債権債務が対立していなければならないことを前提として、このような相殺は許されないものとした。いわば、これは、破産法67条1項の趣旨を自働債権について確認したものといえる。

②　代位弁済に基づく求償権と破産財団に対する債務との相殺　これに関連して、代位に基づく求償権を自働債権とする相殺の可否という問題がある。すなわち、破産財団に対して債務を負担していた甲が、破産債権者乙に対して破産者に代わって第三者弁済（民474条）をなし、その結果求償権を取得した場合、求償権の範囲内で乙の債権を代位行使することができる（民501条柱書前段）。しかし、純然たる第三者が弁済する場合、求償権の根拠となるのは、その行為が破産者のための事務管理に当たることであろう。しかし、求償権は、財団債権（破148条1項5号）には該当せず、また、破産手続開始後の弁済によってはじめて発生する権利であることに着目すれば、破産債権にも該当しない（非破産債権）。したがって、非破産債権と破産財団所属債権との相殺は許されないと考えられる（1(2)3）参照）[54]。ただ、当該債権は、原債権の存在という破産手続前の原因に基づいて生じた債権であり破産債権であると考えることも不可能ではない。しかし、仮にこのような見解に立ったとしても、文言上では他人から取得した破産債権を自働債権とする相殺には当たらないが、実質的には、保証人の求償権のようにあらかじめ

---

[54]　伊藤3版486頁、大系II 265頁〔松下淳一〕、注釈（上）501頁〔小畑英一〕。

行使しうるものでなく、破産手続開始後の弁済によって初めて行使しうるものとなったものであり、他人の破産債権を取得したことと同視されるから、破産法72条1項1号を類推適用して、相殺は禁じられると解すべきであろう。

③　**委託保証人による求償権と破産財団に対する債務との相殺**　主債務者から委託を受けた保証人（委託保証人）が、保証債務を履行することによって取得した事後求償権でもって、破産者の有する債権と相殺することができるかという問題がある。思うに、委託を受けて債務保証をした場合における委託保証人と主債務者との間の法律関係は委任関係であり、委託保証人による債権者の弁済は委任事務の処理に当たると考えられ[55]、委託保証人の取得する求償権発生の原因は、保証委託契約にあるといえる。したがって、委託保証人が将来の弁済によって取得する求償権は、停止条件付権利として破産手続開始時前に成立しており、破産手続開始後に保証人が保証債務の履行によって取得した事後求償権は、破産手続開始決定当時、既に存在していた破産債権が現実化したに過ぎないといえる。また、委託保証人が、主債務者に対して債務を負担している場合、主債務者の破産手続開始時において、主債務者の自己に対する債権をもって将来発生する事後求償権の満足に充てることを期待し、他方で、委託保証に対して債務を有している主債務者も、破産手続開始時において、いずれその有する債権が将来発生する事後求償権の満足に充てられることを予期しうる立場にあったといえよう。したがってこのような相殺は認められるべきである[56]。

④　**無委託保証人による求償権と破産財団に対する債務との相殺**　主債務者から委託を受けない保証人（無委託保証人）が破産手続開始後に弁済をなした場合、代位取得した原債権を自働債権とする相殺は、手続開始後に他人の破産債権を取得したということになるから、破産法72条1項1号によって禁止される。それに対して、代位取得した原債権ではなく、弁済によって取得した自己の求償権を自働債権としてする相殺は許されるだろうか。これにつき、下級審裁判例は、この場合の求償権も保証契約という破産手続開始前の原因に基づく停止条件付権利であるとして、相殺禁止の対象とはならないとしていた[57]。これに対して最高裁判例は、求償債権が破産債権であることを前提としながらも、(a) この求償権を自働債権とする相殺を認めることは、破産者の意思や法定の原因とは無関係に破

---

[55]　我妻栄『新訂債権総論（民法講義Ⅳ）』（岩波書店・1964年）488頁、西村信雄編『注釈民法（11）』（有斐閣・1965年）272頁。

[56]　理由付けは若干異なるが、同旨、伊藤3版486頁、実務Q&A220頁〔辺見紀男〕、争点倒産実務277頁以下〔坂川雄一〕。

[57]　大阪地判平20・10・31判時2060号114頁、大阪高判平21・5・27金法1878号46頁。

産手続において優先的に取り扱われる債権が作出されることを認めるに等しいものということができ、この場合における相殺に対する期待を、委託を受けて保証契約を締結した場合と同様に解することは困難であること、(b) 無委託保証人が上記の求償権を自働債権としてする相殺は、破産手続開始後に、破産者の意思に基づくことなく破産手続上破産債権を行使する者が入れ替わった結果相殺適状が生ずる点において、破産者に対して債務を負担する者が、破産手続開始後に他人の債権を譲り受けて相殺適状を作出した上同債権を自働債権としてする相殺に類似していることを理由として、破産法72条1項1号を類推適用し、相殺は許されないとした[58]。

理論的にいえば、無委託保証人と主債務者との間の法律関係は一般的に事務管理（もしくは準事務管理）の関係であり、無委託保証人による債権者への弁済自体が事務管理に当たると捉えられている[59]。もしそうであるとするならば、事務管理に基づく求償権は、保証人の弁済行為によってはじめて成立するものであり、それ以前に停止条件付権利としての成立が認められるものではない[60]。したがって、上記最高裁判例の結論は妥当であるが、無委託保証人の破産手続開始後の弁済に基づく求償権は、破産債権とはならず、したがって非破産債権として、破産財団所属債権を受働債権とする相殺は許されないと解すべきであろう[61]。

2）破産者の債務者が、破産者が支払不能になった後に、それについて悪意で破産債権を取得したとき（破72条1項2号）　破産法72条1項2号は同項3号4号と同様に、同条1項1号とは異なり、他人の破産債権を取得したこと

---

[58]　最判平24・5・28民集66巻7号3123頁〔百選5版69事件〕。また名古屋高判昭57・12・22判時1073号91頁、東京地判平24・3・23判タ1386号372頁、争点倒産実務279頁以下〔坂川雄一〕も同旨。なお、条解破産2版566頁は、この最高裁判例につき、法定の原因を除くと、主たる債務者からの委託という主債務者の意思あるいは関与なしには、相殺権という優先権の発生は認められない、という趣旨と理解されるとする。

[59]　我妻・新訂債権総論488頁、西村信雄編『注釈民法(11)〔復刻版〕』(有斐閣・2013年)272頁。

[60]　これに対しては、従来、委託保証と無委託保証との区別を厳密につけた上で論じられていたわけではないが、保証人が債務者に対して有する求償権は法定の停止条件が付された債権（将来の請求権）であると理解されていた（大コンメン438頁〔堂薗幹一郎〕、伊藤3版238頁以下、条解破産2版761頁、概説2版56頁〔沖野眞巳〕。ただし、概説2版補訂57頁〔沖野眞巳〕は、上記の理解は、委託保証人の事後求償権であり、無委託保証人の求償権については、求償権の発生の主要「原因」（破2条5項）に関し、保証契約締結・保証債務の負担ではなく事務管理行為・利得発生出捐行為である弁済等を主原因と捉える余地があるとする）。

[61]　伊藤3版488頁、東畠敏明「『破産債権』『将来の請求権』概念についての民事実体法からのアプローチ（上）（下）」銀行法務21・772号22頁、773号30頁。

を要件としていない。これは、破産手続開始前後の時期の違いによるものであり、破産手続開始後に自らが原始的に破産債権を取得するのは例外的な場合に過ぎないのに対して、開始前には、他人の破産債権の取得はもちろん、自らが原始的に破産債権を取得するのも常態である。そのために、2号から4号までは、他人の破産債権を譲り受けた場合だけでなく、破産者に対して債務を負担する者が自らの行為によって破産債権を取得した場合にも、相殺禁止規定を適用することにしたものである[62]。これは、破産者に対する債務者の破産債権取得の場合には、相殺の担保的効力および簡易な決済に対する合理的な期待を基礎とする信用供与の円滑性に配慮する必要がないからである。本号に該当する場合としては、悪意で他人の破産債権を買い受ける場合のほか、破産者に対して預金返還債務を負担する金融機関が、割引手形の買戻権を行使して、手形買戻代金債権を取得し、その代金と預金返還債務とを相殺するような場合、破産者に対して預金返還債務を負担する金融機関が、破産者が支払不能に陥ったことを知って、破産者振出の約束手形をその所持人から割引によって取得し、その手形金請求権と預金返還債務とを相殺するような場合もここに含まれる[63]。そのような相殺を認めることは、破産財団所属の財産である当該債権を失わせる結果となるからである。これは、破産法72条1項1号の相殺禁止を危機時期まで遡らせたものである。旧法下の通説・判例[64]は、支払不能の状態にあることを知りつつ破産債権を取得した場合にも相殺が禁じられると解していたが、平成16年の改正では、債権取得の基準時を支払不能とすると共に、旧法下における通説と同様に、破産者の債務者がそれを知りながら破産債権を取得した上での相殺が禁止されるものとされた。

　このような作為によって破産者に対する債務を免れようとするのは、破産債権を取得した者が破産者の支払不能について悪意である場合に限られるから、破産管財人が、相手方の悪意につき主張立証責任を負う。

3）破産者の債務者が支払停止があった後に破産債権を取得した場合であって、その取得の当時、支払いの停止があったことを知っていたとき（破72条1項3号）　　破産手続開始までに取得された破産債権を自働債権とする相殺は、その効力を認められるのが原則である（破67条1項・72条1項1号参照）。しかし、支払停止などから破産手続開始までの危機時期においては、既に債務者の破綻が外部に明らかになり、債務者に対する債権の実質的価値が下落していることを考えれば、これを自働債権とする相殺を認めることは、破産財団たるべき財

---

[62]　伊藤3版492頁参照。

[63]　伊藤3版491頁。

[64]　大判昭10・10・26民集14巻1769頁。

産を失わせ、他の債権者の利益を害するから、その効力は否定されている。本号は、2号と同様、他人の破産債権を譲り受けた場合だけでなく、破産者に対して債務を負担する者自らの行為によって破産債権を取得した場合にも適用がある。この場合、支払停止についての悪意の証明責任は、無効を主張する破産管財人が負担する。ただし、管財人がこの証明に成功した場合であっても、相手方は、当該支払停止があったときにおいて支払不能でなかったことを証明すれば、相殺は許される（破72条1項3号但書）。

4）破産手続開始の申立てがあった後に破産債権を取得した場合であって、その取得の当時、破産手続開始の申立てがあったことを知っていたとき（破72条1項4号） この相殺禁止の趣旨も、3号と同様のものであり、破産債権者の債務負担にかかる71条1項4号に対応する。ただ、危機時期が「破産手続開始の申立てがあった後」とされている点が3号と異なる。

5）破産者の債務者による破産債権取得につき相殺が許される場合——4つの例外 受働債権たる債務負担の時期による相殺禁止の場合（破71条2項）と同様に、破産手続開始前の破産債権取得の時期による相殺禁止（破72条1項2号〜4号）についても例外が認められている。ここでも、破産法72条1項1号の場合には以下の例外が適用されないことに注意を要する。

①　債権の取得が法定の原因に基づくとき（破72条2項1号） 法定の原因としては、相続や合併[65]のような一般承継のほかに、事務管理、不当利得、不法行為などが含まれる。破産者の債務者が破産者の委託なしに破産者の債務を弁済し、その結果生じた（事務管理に基づく）求償権は、弁済者の作為によるものであるから、これを自働債権とする相殺は許されないと解されている[66]。

②　破産債権の取得が、支払不能や支払停止等について債権者が悪意になったときよりも以前に生じた原因にもとづく場合（破72条2項2号） 「前に生じた原因」とは、要するに、それが、合理的な相殺への期待を生じさせるものであるか否かによって判断されるべきである。たとえば、銀行が、買戻しの特約を含む手形割引契約に基づき手形を割り引いた後に、割引依頼人の支払停止後に、それを理由とする当該手形の買戻請求によって銀行が手形買戻代金債権を取得した場合の手形割引契約[67]、準消費貸借契約上の債権との関係での元の債権の存在[68]、主債

---

[65]　合併については、破産法71条2項1号の場合と同様、作為が介在する可能性があることを理由に、相殺禁止の対象とすべきであるする見解も有力である（条解会更（中）912頁、条解破産2版559頁、567頁、大コンメン309頁、314頁〔山本克己〕）。

[66]　大阪高判昭60・3・15判時1165号117頁。

[67]　最判昭40・11・2民集19巻8号1927頁〔百選5版65事件〕。

務者（破産者）の保証人が、危機時期以前に締結した保証契約に基づき危機時期以後に履行したことにより取得した求償権を行使する場合の保証契約[68]、連帯債務の1人が破産手続開始の申立てをしたことを知って他の連帯債務者が弁済することによって求償権を取得した場合の連帯債務関係[70]等も「前の原因」に基づくものと解される。

③ **債権の取得が破産手続開始申立てのときよりも1年以上前に生じた原因に基づくとき（破72条2項3号）**　　この趣旨は破産法71条2項3号と同様である。

④ **破産者に対して債務を負担する者と破産者との間の契約による破産債権の取得（破72条2項4号）**　　預金返還債務を負担している金融機関が預金者の支払不能後に、預金債務を引当てにして救済融資を行う場合のように、一種の担保余剰のある状態にある者が、破産者との間の契約によって新たにその担保余剰によりカバーされる債権を取得することは、担保と引換えに融資が行われる実質（いわゆる「同時交換的行為」の実質）をもつ。よって、この場合、契約の相手方は、当初から優先的な性質を有する債権が取得されていると考えられるため、相殺を認めても破産債権者間の公平を害するとはいえない。もし、この場合の相殺を禁止すると、経済的危機に瀕した破産者の取引可能性を大幅に制約することになり、事業と財産状況の立て直しの機会を奪いかねない[71]。また、必要な場合には、契約自体を否認する可能性も残されていることから、例外として相殺を可能としたものである。

なお、たとえば、破産者に対して預金返還債務を負担する金融機関が、割引手形の買戻権を行使して、手形買戻代金債権を取得し、その代金と預金返還債務とを相殺するような場合は、債権の取得が「契約」によるものではなく、形成権行使によるものであるから本号の例外には当らない。ただ、手形割引契約が「前に生じた原因」に当たり、2号で相殺は許されるという解釈は可能であろう（上記②参照）。

これに関連して、たとえば、破産者に対して債務を負担している者が、破産者との贈与契約により無償贈与を受け、その結果として債権を取得したような場合、

---

(68)　東京地判昭42・3・16判時483号48頁。なお、手形割引契約や準消費貸借契約が危機状態またはその徴表である支払停止を知った後にされた場合であっても、現行法下では、破産法72条2項4号の例外に該当するから、これらの契約の「原因」該当性を論じる異議はなくなっている（大コンメン314頁〔山本克己〕）。

(69)　谷口240頁。

(70)　最判平10・4・14民集52巻3号813頁。

(71)　小川119頁、伊藤3版494頁、条解破産2版567頁、大コンメン316頁〔山本克己〕。

条1項2号～4号では対処しにくい[74]。よって、有力説は、割引依頼人 (B) に手形買戻の資力があるにもかかわらず、振出人の経済状態の悪化を知った割引依頼人の要請により、銀行がこのような相殺を行うことは、割引依頼人の抜け駆け的な債権回収に銀行が協力するという面が強く、相殺権の濫用として無効となるとする[75]。これに対し、判例[76]は、振出人に対して手形債権を行使するか、割引依頼人に対して手形の買戻請求権ないし遡求権を行使するかは、手形の所持人 (銀行) が自由な意思により選択決定しうるところであるとする。そして、銀行がたまたま前者の道を選択し、Aに対する手形債権と、AのC銀行に対する預金返還請求権と相殺することにより手形債権の実現を図ったからといって、それはCの自由な意思決定の結果であって、有効であると判断した。たしかに判例の説くように、振出人に対して手形上の権利行使をするか、または手形の買戻権ないし遡求権を行使するかは手形所持人の自由ではあるが、それが、有力説の指摘するような状況のもと行われたとすれば、やはり倒産手続の円滑な遂行という観点から見て望ましくないのであり、手形の割引依頼人に買戻しの資力があるような場合には、このような相殺は禁止されるべきであろう。

（3） 相殺否認論

通説・判例[77]は相殺は否認の対象にはならないとする。その理由として、①相殺には破産者の行為が含まれない、②相殺の基礎となる債権・債務の取得を否認することで通常は足りる、③相殺権の行使そのものを否認しても、相殺適状が復活するのみで否認の意味がない、④破産法上相殺を有効としながらそれをさらに否認の対象にすることには、相殺権を認めた趣旨が没却されてしまうことなどが挙げられている。

これに対し、相殺禁止の範囲が、支払不能になった後の債務負担や破産債権取得にまで拡大された現行法の下では、相殺の否認を議論する意味が、旧法下に比較して少なくなったが、支払不能になる前でも破産者の倒産が必至となった状態

---

(74) 破産者が支払不能に陥ったことを知って、破産者振出の約束手形をその所持人から割引によって取得し、その手形金請求権と預金返還債務とを相殺するような場合は、破産法72条1項2号の規定によって対処が可能である。

(75) 好美清光「銀行取引と相殺権」銀行取引法講座（中）（金融財政事情研究会・1977年）243頁、実務と理論192頁〔三木浩一〕。それに対し、大コンメン298頁〔山本克己〕は、破産法71条1項2号から4号までと72条2項2号から4号までが規定する以上に相殺の制限を拡張すべきではないとして、相殺権濫用論は採ることができないとする。

(76) 最判昭53・5・2判時892号58頁〔新百選67事件、百選3版73事件、百選4版61事件〕。

(77) 最判昭40・4・22判時410号23頁、最判昭41・4・8民集20巻4号529頁、最判平2・11・26民集44巻8号1085頁。

での債務負担や破産債権取得を基礎として相殺期待が創出される可能性はあり、これに対して詐害行為否認（破160条1項1号）の成否を議論する意義が失われたわけではないとして、相殺の否認を認める見解も唱えられている[78]。その理由とするところは、①たしかに、否認の対象となるのは、原則として破産者の破産手続開始前の行為であるが（破160条1項1号）、相殺適状の創出について破産者の加功行為が認められるような事案では、それを基礎とした相殺権の行使を否認の対象とすることができる。執行行為の否認（破165条）が認められていることを考えても、効果において破産者の弁済と同視され、また債務者の意思を問わない債権の回収という性質において執行行為と類似性をもつ相殺について、否認を排除する理由はないこと、および、②たしかに相殺が否認されることによって債権債務が復活するが、復活した債務は、破産財団に対して現実に履行されることを予定されるものであり、相殺適格を否定すべきである（民505条1項但書）という点にある。

5　相殺権の行使

（1）　破産手続によらない行使

相殺権は破産手続によらずに行使することができる（破67条1項）。相殺権の行使は、破産管財人に対する意思表示によって行い、相殺権が行使されると、債権・債務の消滅の効果は、相殺適状の発生時に遡る（民506条2項）。

かつては、相殺が効力を生じるためには、自働債権たる破産債権の届出・調査・確定が必要であると解する少数説もあったが、それでは別除権との均衡を欠くことになるし、破産法67条1項の趣旨も生かされないので、破産債権の届出（破111条1項）・調査・確定（破115条以下）は不要とするのが通説である[79]。

ただ、相殺によって自働債権の全額を回収できないために破産債権としての権利行使を望むときは、届出をしなければならない。なお、相殺は別除権とは異なり、不足額責任主義（破108条1項）の適用はないので、自働債権の全額を破産債権として届け出ることも可能である。但し、その場合、後に相殺権を行使すれば

---

[78]　伊藤3版496頁以下。

[79]　通説と少数説の実質的な違いは、破産管財人が、自働債権たる破産債権の存在または額を争った場合の起訴責任の所在に関して生じる。通説によれば、相殺の効力を争う破産管財人の側から、受働債権の履行を求めて相手方に対して給付訴訟を提起することになり、その訴訟の中で相手方は、相殺の抗弁を提出し、自働債権の存在および内容を立証する。これに対し、少数説の立場では、破産管財人が自働債権たる破産債権について調査手続の中で異議を唱えることになり（破116条）、破産債権者の側が破産債権査定申立て（破125条）などによって、自働債権たる破産債権の存在および額を証明することになる。

その効果によって破産債権は減少すると解すべきである。

なお、受働債権は破産財団所属の財産であるから、破産債権者は、管財人に対する意思表示によって相殺権を行使することになる。相殺権行使の時期については、民事再生法92条1項、会社更生法48条1項のような特別の制限はないので、破産手続が終了するまで可能であると解されるが、債権確定や配当の遅延を避けるために、破産管財人には破産債権者に対して相殺をするかどうかを確答すべき旨の催告権が認められている（破73条）。

破産手続開始決定前であっても、相殺適状にあれば相殺権を行使することはできるが、いったん破産手続開始決定があると、その効力は破産法の定めに照らして再評価される。その結果、破産法71条2号・4号の相殺禁止に触れる場合、破産手続開始決定前になされていた相殺であっても遡及的に無効となる。また、相殺濫用論にたてば、必ずしもこれらにあたらない場合でも事情によっては濫用と評価される場合もあろう。

（2） 破産管財人の催告権

1）催告権の内容　　破産債権者は、破産手続開始の時に破産者に対して債務を負担していれば、破産手続によらないで相殺をすることができる（破67条1項）。しかし、相殺権を行使する者が破産手続開始後に相殺の意思表示をしない場合には、破産財団において消極財産を画定することができないから、迅速な配当の実施に支障を来すことになる。そこで、破産法は、一定の要件の下に、破産管財人は、相殺をすることができる破産債権者に対して、1月以上の期間を定めて、その期間内に当該破産債権をもって相殺をするかどうかを確答すべき旨を催告することができると規定している（破73条1項本文）。ただし、破産債権者が負担する債務の弁済期が到来していないときには、その破産債権者は期限の利益を有しているから、期限の利益を放棄した上での相殺を強制すべきではない。したがって、その催告をするには、当該債務の弁済期が到来している場合でなければならない（破73条1項但書）。

ここにいう確答を求める催告とは、相殺権を行使するかしないかにつき確答を求めるものである。実体法上相殺には条件や期限を付すことはできない（民506条1項但書）こととの関係で、期限や条件を付して相殺をする旨の意思表示はこの「確答」には当たらない[80]。すなわち、相殺権者は、即時かつ無条件の回答をする必要がある。

2）確答しない場合の効果　　催告があったにもかかわらず、破産債権者が

---

[80]　小川121頁。

指定の期間内に確答しないときは、破産手続においてもはや相殺権を行使することができない（破73条2項）。相殺権を行使しない旨を述べた場合にも、破産債権者は破産手続において相殺権を行使することはできなくなる[81]。これとの関係で、破産債権（自働債権）の額が受働債権の額よりも大きい場合に、催告に対する確答がなかった場合の相殺権喪失の範囲が問題となる。たとえば、破産債権の額を100万円、受働債権の額を60万円とすると、相殺権喪失を自働債権の属性と考えれば、100万円全体について相殺権喪失の効果が生じることになるが、催告の時点で相殺適状にあった相殺のみについて失権効が生ずるとの考え方をとれば、60万円の限度で相殺権喪失の効果が生じ、他の受働債権の履行期が到来したら、破産債権者は40万円の限りでは相殺できることになる[82]。

＜設問についてのコメント＞

　　問1は、破産法67条1項の規定に含まれない場合の相殺の可否を問う問題である。なおこれ以外の相殺のパターンについても考えてみてもらいたい。これについては、1(2)1) 5)を参照のこと。

　　問2は、破産法71条2項2号との関係で、取立委任契約に基づいて取り立てた取立金返還債務と破産債権との相殺の可否を問う問題である。これについては、3(1)5) ②を参照のこと。

　　問3は、受働債権につき、前段が期限未到来の債権、後段が非金銭債権である場合に相殺ができるか否かを問う問題である。これについては、2(2)2)を参照のこと。

　　問4の前段は自働債権についての破産法の規律を問う問題であり、これについては2(1)1)を、また、問4の後段については、破産法67条1項の射程

---

[81]　小川120頁。相殺権喪失の効果の理解については、①受働債権に、履行期到来済みのものと履行期未到来のものとがあり、破産管財人からの催告に破産債権者が確答しなかった場合には、条文の文言は自働債権を基準として相殺権の喪失を定めていることから、催告の際には履行期が未到来であった受働債権の履行期が後に到来しても、催告に係る自働債権とその受働債権との相殺はできないことになるとする理解（概説2版補訂254頁〔沖野眞已〕）と、②破産法73条2項の相殺権の喪失の根拠が、相殺権行使を期待できる場合に催告を受けてなお相殺権を行使しなかったことであると考えるならば、相殺権行使の判断を強制されない法律関係においては相殺権を喪失することはないと考えることもでき、このように考えると、本条1項の催告は、同項但書の定めを満たす受働債権のみを対象とするものであり、本条2項の相殺権の喪失もその限りでのみ効力を生じるとの理解がある（基本構造と実務483頁以下〔松下淳一発言〕）。

[82]　条解破産2版570頁・571頁参照。

を問う問題であり、これについては1(2)1)を参照のこと。

　問5は振込指定の適法性の要件を問うものである。冒頭の ケース は、いわゆる強い振込指定の事例である。これについては、3(1)5)②を参照のこと。

　問6は無委託保証人が、主債務者の破産手続開始後に取得した求償権を自働債権として、破産財団に対して負っている債務を受働債権とする相殺が認められるかを問う問題である。これについては、3(2)1)④を参照のこと。

　問7はいわゆる狙い打ち相殺の可否を問う問題である。これについては、4(2)1)を参照のこと。

　問8は同行相殺につき相殺の可否を問う問題である。これについては、4(2)2)を参照のこと。

第18講　取 戻 権

ケース

　A鉄材株式会社は、顧客の注文に応じて、棒鋼および鉄板・鋼板等の調達を業とする、従業員700人を抱える会社である。平成26年10月21日、Bスチール株式会社は、A社に対し、C株式会社が製造した丸形棒鋼とH形棒鋼各50本、合計100本の買い入れ等を委託し、その代金として2000万円を預託した。A社は、同年12月15日、B社に注文された棒鋼100本をD社から1700万円で買い入れた。そして、A社の手数料と諸経費を足すと300万円であり、A社としては、Bに返還すべき金銭はなかった。ところが、当時A社の倉庫が商品でいっぱいだったため、D社の出荷準備がすっかり整っていたにもかかわらず、それを受け取ることができなかったために、買受けを委託された上記各種棒鋼はD社の倉庫に保管され、B社に引き渡されないままになっていた。

　平成24年5月10日、A社はE不動産株式会社からあるビルの3階フロア全部を賃借し、それをF社に転貸していた。また、A社の取引先であるG社は、自社の倉庫が一杯であったために、同社所有の自動車のボデーの制作に利用するための鋼板500枚（時価3000万円）を1ヶ月でいいからといってAに預かってもらっていた。しかし、A社の運転資金が足りなくなってしまい、そのままでは倒産してしまうという状況に陥ったため、悪いとは知りながら、平成26年12月3日に、その預かっていた鋼板全部を、代金の支払期日を平成27年2月11日として、H社に2000万円で売り渡してしまった。H社は、その鋼板がA社の所有に属することについて全く疑うことはなかった。

　A社の経営難をきっかけとして、A社の社長Yとその妻Xとの婚姻関係は破綻し、ここ数年は家庭内別居の状態であった。そのような状態に終止符を打つべく、XはYを相手取って、離婚、慰謝料1000万円、財産分与2000万円を求めて訴えを提起した。平成26年11月15日に、裁判所は、離婚を認めた上、慰謝料500万円、財産分与金として1500万円の支払いを命じる判決を言い渡し、その判決は確定した。

　A社の経営立直しの努力にもかかわらず、その成果は得られず、ついに、平成

第18講　取戻権　　　　*523*

27年1月14日午後5時にA社に対し破産手続開始決定がなされ、Zが破産管財人に選任された。それにともない、A社の債務につき個人保証をしていたYについても同日同時刻に破産手続開始決定がなされ、Vが破産管財人に選任された。

◆問1　B社としては、注文した棒鋼100本を引き渡してもらいたいと思っているが、B社は、そのためにどのような法的手段をとることができるか。仮に、A社が棒鋼をD社から購入する前に破産してしまった場合は、B社は預託金の返還を求めることができるか。

◆問2　もし破産したのがA社ではなく、F社であった場合、A社は、F社の破産管財人Wを相手取って、当該ビルの3階部分の明け渡しを訴求することができるか。

◆問3　Xは、Vを相手取って、財産分与金請求権について取戻権を主張し、1500万円の支払いを求めて訴えを提起した。この訴えは認められるか。

◆問4　G社は、以下の場合において、いかなる権利主張をすることができるか。①H社が代金を未だ支払っていなかった場合、②H社が、代金2000万円を、破産手続開始後にZに支払っていた場合、③破産手続開始決定前に、代金2000万円を既にAに支払っていた場合。なお、鋼板の時価3000万円と、Aが売却した価額2000万円との差額1000万円については、誰がどのようにして権利行使することになるか。

第11章　取戻権

1　取戻権の意義

　債権者の満足の引当てとなる破産財団は、破産手続開始決定の時点において破産者に帰属すべき財産のみをもって構成されるべきものである（法定財団。破34条）。しかし、破産管財人が破産手続開始決定と同時に選任されるとしても、どの財産が破産者の法定財団に属するのかという点について厳密に確認した上でなければ、占有・管理に着手できないとすれば、その調査をしている間に財産は散逸してしまい、破産手続の円滑な遂行はとうてい期待することはできない。そこで、破産法は、破産財団に所属する財産を迅速に把握し、その散逸を防ぐために、破産管財人は、目的物についての所有権の所在をいちいち確かめることなく、就職後直ちに、破産者が現実に占有・管理していた財産（現有財団）の占有・管理を開始しなければならないものと規定した（破79条）。その結果、管財人が現に占有・

管理している財産（現有財団）の中には、破産者に帰属しない（したがって法定財団に属しない）財産が混入していることもあり得る。このような場合、当該財産につき実体法上の権利を主張する第三者が、現有財団からこれを取り戻すことが保障されなければならない。このような、自己の特定の権利を主張して、現有財団から目的物を取り戻す権利を取戻権（一般の取戻権）という（破62条）。取戻権の対象となる財産は、本来、破産者の責任財産に含まれるべきものではないものであるから、取戻権の行使によって、現有財団からその対象物の返還を受けることができる。これを取戻権の積極的機能と呼ぶ。それによって、現有財団は法定財団に近づく。それに対し、第三者の支配下にある財産について破産管財人がその引渡しなどを求めたときに、第三者はその目的物についての支配権を主張して破産管財人の請求権を排斥することもできる。これを取戻権の消極的機能とよぶ[1]。

　他人の財産を破産的清算に用いることが許されないのは、責任財産という観念から当然のことであり、取戻権は既存の実体法秩序から根拠づけられる権利であって、破産法が新たに認めた権利ではない。これを一般の取戻権という。ただし、すでに破産手続が開始されている以上、破産者の財産に対する管理処分権は、破産債権者の利益をになった破産管財人に帰属しているから（破78条1項）、第三者の権利は、目的物についての差押債権者と同視される破産債権者または破産管財人に対抗できるものでなければならない。

　取戻権には、以上のような一般の取戻権のほか、関係者間の公平を図るという見地から、実体法上の権利とは関わりなく、破産法が一定の場合に特に認めた取戻権がある。これを特別の取戻権という。

　なお、取戻権は、破産法だけでなく、民事再生法や会社更生法にも規定されている（民再52条、会更64条）。

2　一般の取戻権

（1）　取戻権の基礎となる権利

　一般の取戻権は、実体法上の権利の効果からの当然の帰結であるから、どのような権利が取戻権を基礎づけるかということは、民法、商法等の実体法上の一般原則によって定まる。ただ、このような権利は破産管財人に対して主張されることになるから、それらの権利は、その第三者たる破産管財人に対抗できるものでなければならず、したがって、その権利には対抗要件が備わっていなければならない。

　1）所有権　　所有権は、目的物に対する排他的支配権を内容とするもので

---

[1]　演習破産327頁〔竹下守夫〕、伊藤3版418頁参照。

第18講　取戻権　　*525*

あるから（民206条）、取戻権の基礎となる典型例である。しかし、所有者の支配権が制限されるような場合、たとえば、破産財団ないし管財人の占有を根拠づける法律関係（質権、賃借権等）が存在するときは、それが終了していなければ取戻権を行使することはできない。また、破産管財人は第三者と解されるから、所有権は、破産財団ないし管財人に対して対抗できるものでなければならない[2]。

2）その他の物権　　用益物権や担保物権が取戻権の基礎となるか否かは、それらの権利の性質による。地上権や永小作権などの用益物権は、目的物の占有を権利の本質的な内容とするものであるから、これらの権利を有する者は、管財人がその目的物を占有するときは取戻権の行使によって、目的物の返還を請求することができる。また占有権も取戻権の対象となりうる。

これに対して、質権や留置権など占有を伴う担保物権に関して、破産管財人がその返還を求めたときには、質権者や留置権者は、取戻権の消極的機能としてそれを拒むことはできる[3]。それに対して、これらの権利者が目的物の占有を侵奪された場合、留置権者や質権者が占有訴権（民200条）に基づき当該目的物の返還を求めうることについては異論はない。しかし、それと共に、あるいは選択的に、留置権や質権に基づいて取戻権が行使できるか、すなわち取戻権の積極的機能が作用するか、という問題がある。まず留置権については、留置権は占有が成立要件でありかつ有効要件となっている（民295条・302条）から、留置権者がその占有を喪失したときは、留置権は消滅する（民302条）。したがって、留置権に基づく取戻権は行使できないと解される。よって、占有を失った留置権者は占有訴権しか主張できないであろう[4]。次に動産質権については、占有が成立要件であり（民344条）、かつ占有の継続が対抗要件である（民352条）。さらに、動産質権者が占有を失った場合には、占有訴権しか主張することはできないとされており（民353条）、これらに鑑みれば、質権自体を取戻権の基礎とすることはできないと解する[5]。ただし、占有回収の訴えによって占有を回復すれば、占有が喪失しなかったことになる（民203条但書）。これに対して不動産質権は、占有が成立要件であ

---

[2]　特許権などの無体財産権などについても同様である（中山信弘『特許法〔第2版〕』（弘文堂・2012年）170頁、田村善之『著作権法概説〔第2版〕』（有斐閣・2001年）509頁）。

[3]　伊藤3版419頁。

[4]　伊藤3版419頁注5。なお、道垣内弘人『担保物権法〔第3版〕』（有斐閣・2008年）35頁、40頁以下、90頁参照。

[5]　伊藤3版419頁注5。なお、質権の場合には、占有回収の訴え（民200条）しか認められていないから（民353条）、目的物を詐取されたとき、遺失したとき、目的物が侵奪の事実を知らない第三者の手に入ったときは、返還請求ができない（道垣内弘人・担保物権3版90頁）。

る（民 344 条）が、登記を対抗要件としており（民 177 条、不登 3 条 6 号）、また、占有を奪われても、質権自体が消滅するわけではなく（民 302 条参照）、さらに、民法 353 条の反対解釈からも、取戻権の積極的機能を肯定してもよいのではないかと思われる[6]。

　以上に対し、抵当権や先取特権のような占有を伴わない担保物権については、占有の移転を求めるために取戻権を行使することはできない。その代わり、これらの権利には別除権として、債権の優先的満足権が与えられている（破 65 条）。また、譲渡担保や所有権留保などの、いわゆる非典型担保については、従来、その形式たる所有権の所在に着目した構成（所有権的構成）がなされることが多かったが、近時では、その実質に着目した構成（担保的構成）により、法定の担保物権に準じた取り扱いがなされている。これに応じて、倒産法上も、非典型担保権者には、取戻権ではなく、別除権が認められると解するのが多数説である（第 10 章「別除権」参照）。

　3）債権的請求権　　破産者に対し破産手続開始前の原因に基づいて生じた財産上の請求権は、原則として破産債権となり（破 2 条 5 項・103 条等）、破産手続外での権利行使は禁じられる。

　これに対して、債権者が、債権の対象たる物が破産財団に所属しないことを主張し、しかも債権の内容として物の引渡を求めうる場合には、債権的請求権といえども取戻権の基礎となる[7]。たとえば、転借人が破産した場合に、その目的物について転貸人が転貸借の終了を理由として取戻権を行使する場合や、受寄者が破産した場合の寄託者などが契約上の返還請求権を有する場合等が考えられる。

　詐害行為取消権も取戻権の基礎となる。たとえば、破産手続開始前に債務者 B が破産手続開始決定前に債務者 B から第三者 C に対してある財産が詐害的に譲渡され、その後 C が破産したとき、債権者 A が、譲渡行為を詐害行為として取り消して、管財人に対して目的物の返還を主張する場合等が考えられる。

　4）仮登記権利者の権利　　不動産登記法 105 条は、仮登記に 2 種類のものを認めている。すなわち、(a)登記申請手続上法務省令で定める情報を提供できない場合における仮登記（不登 105 条 1 号。通常、1 号仮登記といわれる）と、(b)権利の設定などに関して請求権を保全しようとする場合における仮登記（不登 105 条 2 号。通常、2 号仮登記といわれる）である。

　1 号仮登記は、登記義務者の不協力などの理由により申請書に添付しなければ

---

[6]　大判大正 5 年 12 月 25 日民録 22 輯 2509 頁は、質権に基づく返還請求が可能であるとしている。

[7]　たとえば、条解破産 2 版 475 頁、伊藤 3 版 420 頁、加藤 6 版 212 頁等通説である。

ならない書類が用意できないといった事情がある場合に認められるもので、実質的にみれば、既に登記権利者が物権を取得している状態にあるといえる。よって通説は、このような仮登記権利者は、物権取得者として保護すべきであるとして、取戻権の行使として、破産管財人に対して本登記請求ができると解している[8]。これに対し、2号仮登記の場合は、取戻権を認めるか否かについては争いがある。伝統的には、この場合、実質的に物権は移転しているとはいえず、取戻権は行使できないとする見解が有力であった[9]。これに対して近時では、順位保全効（不登106条）を有する点では両者に違いはなく、実質的には、物権取得者に準じて取戻権（具体的には本登記請求権）を認めてもよいとする見解も有力に唱えられている[10]。

5）問屋の委託者の権利　問屋が、委託者のために物品を買い入れた後に破産手続開始決定を受けた場合に、委託者は目的物の取戻権を認められるかについては問題がある。商法552条2項が問屋と委託者との関係について代理に関する規定を準用していることに着目すれば、目的物の所有権は委託者に帰属するようにみえる。このように解すれば当然取戻権は認められることになろう。しかし、他方、この規定は、あくまで問屋と委託者との内部関係を規律するに留まるとされているので、問屋の破産債権者に対しては、委託者は所有権を基礎とする取戻権を主張できないともいえる。そのような背景のもと、近時の通説[11]は、後者の見解に基づき、取次物品は、経済的実質的に委託者のものであること、委託者は問屋が所有権を取得すると同時に、問屋および問屋の債権者との関係において所有権を取得する、といった理由から問屋の委託者の取戻権を認めている。なお、委託者が取戻権を主張しうるためには、破産手続開始前に問屋からの権利移転および対抗要件を具備していなければならない。ただ、上記の問屋と委託者の関係に鑑みれば、取次物品が通常の動産である場合、委託契約の中に、問屋が相手方から物品を購入した場合には、いったん所有権は問屋に帰属するが、それを直ちに委託者に移転し、かつ引渡しも占有改定（民183条）の形でなすという内容の合

---

(8)　最判昭42・8・25判時503号33頁〔百選5版A7事件〕も同旨。

(9)　霜島373頁、基本コンメン83頁〔中野貞一郎〕、条解会更（上）528頁。

(10)　竹下「仮登記担保の実行と会社更生手続（下）」NBL112号12頁、谷口199頁以下、条解民再3版265頁（原強）。この見解は、1号2号を問わず仮登記に基づく本登記についての対抗要件否認を否定する破産法164条1項但書とも整合的である。同旨を述べる下級審裁判例として、大阪高判昭32・6・19下民8巻6号1136頁、東京高判昭44・4・1下民20巻3＝4号189頁等がある。

(11)　山木戸154頁、谷口213頁、青山ほか75頁、注解3版（上）614頁（野村秀敏）、条解会更（上）553頁、注解会更212頁（西澤宗英）等。その理論構成については、注解3版（上）614頁（野村秀敏）、大コンメン262頁（野村秀敏）が詳しい。

意が含まれていると考えることは可能であろう。それにより、委託者は取次物品につき所有権および対抗要件を備えることになり、取戻権を行使できることになる。とくに、委託者が、買入資金等を既に問屋に支払っているような場合には、そのような合意の存在が強度に推定されるであろう[12]。したがって、このような場合において、目的物が問屋のもとにあり、それを管財人が占有管理しているときには、委託者は、管財人に対しその物の引渡しを求めることができるし、目的物が問屋の相手方の占有下にある場合には、委託者は、この者に対して、直接自己に引き渡すよう求めることができる。なお、問屋が買受資金等の前払いを受けずに権利を取得した場合には、その支払義務と目的物の引渡義務とが対価関係にあるので、双方未履行の双務契約として破産法53条により処理すべきである[13]。これに対し、不動産等のように、登記・登録を対抗要件とする物の買入委託においては、委託者の取戻権は認められない[14]。

　なお、金銭については所有と占有は一致すると解するのが通説であり[15]、問屋が、金銭の預託を受けたものの、買入れをする前に破産した場合、委託者はたとえば前払金の残金があったとしてもそれにつき取戻権を行使することはできず、破産債権者にしかならないであろう[16]。

　6）信託関係上の権利　　ある財産に信託関係が成立している場合、受託者について破産手続が開始されても信託財産は受託者の責任財産に属しない（信託25条1項2項）。したがって、受託者の破産手続の開始に伴って受託者の任務は終了し（信託56条1項3号）、新受託者が選任されれば（信託62条1項）、新受託者は、受託者の破産管財人に対して信託財産に関する取戻権を行使しうる。ただし、登

---

[12]　判例（最判昭43・7・11民集22巻7号1462頁〔百選5版49事件〕）は、「問屋が委託の実行として売買をした場合に、右売買によりその相手方に対して権利を取得するものは、問屋であって委託者ではない。しかし、その権利は委託者の計算において取得されたもので、それにつき実質的利益を有する者は委託者であり、かつ、問屋は、その性質上、自己の名においてではあるが、他人のために物品の販売または買入をなすを業とする者であることに鑑みれば、問屋の債権者は問屋が委託の実行としてした売買により取得した権利についてまでも自己の債権の一般的担保として期待すべきではない」と述べ、必ずしも金銭の授受は前提としていない。

[13]　大コンメン263頁〔野村秀敏〕、条解破産2版480頁。

[14]　大コンメン263頁〔野村秀敏〕、演習破産322頁〔竹下守夫〕、谷口213頁。

[15]　我妻栄＝有泉亨『新訂物権法（民法講義Ⅱ）』（岩波書店・1983年）185頁以下、236頁、星野英一編集代表『民法講座別巻（1）』（有斐閣・1990年）101頁以下〔能見善久〕等。同旨、最判平15・2・21民集57巻2号95頁等参照。

[16]　百選4版46事件評釈〔岡庭幹司〕。もっとも、金銭が専用の金庫に保管されるなどして特定性が維持された場合には、占有改定による引渡しが可能であり、取戻権が認められると考えられる（条解破産2版480頁参照）。

記または登録をしなければ、権利の特捜・変更を第三者に対抗することができない財産については、信託の登記または登録をしなければ、当該財産が信託財産に属することを第三者に対抗することができない（信託 14 条）[17]。

信託と類似の性質をもつ、手形の隠れた取立委任裏書においても、被裏書人について破産手続が開始されると、裏書人は、手形を取り戻すことができる[18]。

7）財産分与請求権　離婚にあたって配偶者の一方が他方に対して有する財産分与請求権（民 768 条・771 条）が、財産分与義務者の破産において取戻権の基礎となるかどうかが問題となる。

財産分与の法的性質については、通常(a)婚姻中に形成された夫婦財産の実質的清算ないし潜在的持分権の行使、(b)離婚後の扶養、(c)慰謝料、といった 3 つの要素を複合的に含むとする包括説が有力である。そこで、(a)の要素を強調すれば、共同して形成してきた財産を離婚に際して清算するという側面を有しており、この点に着目すると、それはもとの配偶者の潜在的共有持分が顕在化したものと考えられ、その部分は、離婚した元配偶者の固有財産であり、分与者の破産手続開始によっても影響を受けるべき性質のものではないから、取戻権の基礎となりうるとも思える（フランス法・イギリス法では、立法上、一定の要件の下に離婚した妻に取戻権を認める）。それに対して、(b)(c)の部分を強調すると、破産者に対する債権的な権利に過ぎず取戻権ではないとの結論になりやすいであろう。以下では場合を分けて考えてみよう。

①　破産手続開始前に特定物を財産分与する協議が成立していた場合　それが民法 768 条 3 項の規定の趣旨に反して不相当に過大でない限り（過大であれば否認の対象となるであろう）、取戻権は認められるが、そのためには、特定物の分与後、分与義務者に破産手続開始決定がなされる前に、被分与者は対抗要件を備えていなければならない[19]。

②　金銭を財産分与する旨の協議等が破産手続開始前に成立していた場合　特

---

(17) 最判平 14・1・17 民集 56 巻 1 号 20 頁〔百選 5 版 51 事件〕は、AB 間で、注文者 B を委託者、請負人 A を受託者として請負前払金を信託財産とする信託契約が成立し、前払金が C 金融機関の A 名義の口座に振り込まれた場合につき、本件預金は、A の一般財産から分別管理され、特定性をもって保管されており、これにつき登記、登録の方法がないから、委託者である B は、第三者に対しても、本件預金は信託財産であることを対抗することができる（信託 3 条 1 項〔現信託 14 条〕）とした。

(18) 伊藤 3 版 421 頁、実務と理論 222 頁〔佐藤鉄男〕。なお、注解 3 版（上）616 頁〔野村秀敏〕、注解会更 212 頁〔西澤宗英〕も参照のこと。

(19) 冨越和厚「判批」ジュリ 970 号 92 頁、条解破産 2 版 483 頁、注釈（上）422 頁〔高山崇彦〕。なお、対抗要件がなくても対抗できるとする見解も唱えられている（注解 3 版（上）619 頁〔野村秀敏〕、内山衛次「判批」ジュリ 980 号 129 頁。）。

定物の場合と同様、それが民法768条3項の規定の趣旨に反して不相当に過大であり、財産分与に仮託してされた財産処分であると認めるに足りるような特段の事情がない限り、その有効性は認められる。しかし、分与者がその履行前に破産した場合の取扱いについては議論がある。

この問題につき、最高裁[20]は、財産分与の相手方は、当該金銭の支払いを求めうる破産債権を取得したに過ぎず、当該債権の額に相当する金員が分与の相手方に当然に帰属するものではないとして取戻権を否定した。これに対しては学説は、①法的性質のうち上記(b)離婚後の扶養ないし(c)慰謝料の部分は、破産者に対する債権的な権利に過ぎず取戻権ではないと考えられるが、(a)の夫婦共有財産の清算としての財産分与請求権は、配偶者の一方が目的物についてもつ物権的支配権を具体化したものとみなされるから、取戻権として認められるという見解[21]、②離婚に伴う清算が金銭債権の形でなされた場合には、共有財産に対する物権的支配権が金銭債権に転化したとみることができるから、そもそも破産財団に組み込むことのできないものが混入し財産分与請求権の範囲で破産財団に不当利得が生じているので（破148条1項5号参照）、被分与者は、財団債権者として破産財団から優先的な弁済を受けるとする見解[22]、③被分与者は、分与者への持分権移転を実質的には了していないものとして破産管財人に対して同時履行の抗弁権を主張でき、148条1項7号により財団債権者になるとする見解[23]、④旧破産法94条（共有者の別除権）を類推し、夫婦共有財産の清算が金銭債権の形をとる場合には、いわば共有者が共有物に関して有する価格賠償請求権（民259条）のアナロジーで考えることができるとし、分与者に帰属することになった共同財産全体に対して別除権が認められるとする見解[24]等、様々な見解が唱えられている。

思うに、判例は、財産分与の制度を軽視し、財産分与請求権者の地位を不当に侵害しないか、という危惧がある。学説に関しては、①説は、金銭についてストレートに取戻権を認めることが妥当かという疑問があるほか、外部からはわかりにくい元配偶者の持分を含めた分与者の財産の外観を信じて信用供与をした債権者に不測の不利益を強いる可能性があろう。②説は、不当利得として財団債権になるのは、破産財団が破産手続開始後に利得した場合に限られると解されてい

---

[20]　最判平2・9・27判時1363号89頁〔百選5版50事件〕。

[21]　伊藤3版422頁以下。

[22]　松下淳一・判批・法教127号84頁、佐藤鉄男「多重債務と消費者破産」ジュリ979号32頁注25。

[23]　理論と実務356頁〔垣内秀介〕、百選5版50事件〔山田文〕。

[24]　宮川・法理論186頁、同・判批・リマークス3号（1991）150頁、注解3版（上）618頁以下〔野村秀敏〕。

る[25]こととの整合性が問題となろう。③説は、一般的に持分権の移転が未了であるとする構成には疑問があるが、被分与者が元来実質上の共同財産に属していた不動産になお居住しているような場合には、破産管財人による明渡請求に対して分与金支払いとの同時履行の抗弁を認め、分与金債権を財団債権とする余地があると思われ[26]、比較的に難が少ないであろう。④説は、旧破産法94条が削除された趣旨[27]に鑑みれば維持し難いであろう。

③　破産手続開始後に財産分与の協議、審判等を行う場合　破産手続開始前の婚姻期間を理由とする財産分与請求権のうち扶養部分と慰謝料部分は、本来的に金銭債権であり、具体的内容が形成された時点（協議・審判等）で破産債権になると解される。そして、その協議・審判等の成立時を破産債権の発生時（破112条3項）と考えて破産債権届出をすることが許される[28]。

これに対し、清算的財産分与としての特定物の分与請求権は、本来的には金銭債権ではなく、別の議論が必要となる。これにつき、清算的財産分与も、分与義務者に属する財産の「清算」にすぎず、分与権利者が物権的な権利を有するとはいえず、分与義務者が破産した後に、特定物に対する取戻権を行使することはできないとの見解が唱えられている[29]。これによれば、平時では清算的財産分与として特定物（持分を含む）の移転が相当な場合でも、分与義務者破産後は、分与請求権者は、破産債権として金銭請求をするほかない。これに対しては、清算的財産分与の限度において、分与権利者は当該特定物の真実の所有者というべきであるので、対抗要件を具備していなくても、当該特定物は破産財団に属しないとして取戻権の行使ができるとする見解も有力に唱えられている[30]が、妥当であろう。

（2）　取戻権の行使

取戻権はある財産権につき、管財人の支配の排除を求める権利であるから、破産管財人を相手方として行使するが、行使の方法に関しては、破産手続による必要はなく（破62条）、訴訟あるいは訴訟外の適切な方法によればよい。

1）　取戻権の対象になる財産が事実上管財人の支配下におかれている場合

この場合には、第三者は破産管財人に対して目的物の引渡を求めることになる。(a)管財人がそれを争えば、給付訴訟など（破産者からの譲受人と管財人との間で単に

---

(25)　注解破産〔上〕619頁〔野村秀敏〕。

(26)　理論と実務356頁〔垣内秀介〕参照。

(27)　小川111頁。

(28)　条解破産2版485頁。

(29)　冨越和厚「判批」ジュリ970号92頁、条解破産2版486。

(30)　伊藤3版422頁、大コンメン264頁〔野村秀敏〕、百選5版50事件〔山田文〕。

権利の帰属が争われているに過ぎない場合には、所有権や債権の帰属の確認訴訟で足りる場合もあり得るであろう）を提起して引渡しを求めることになる。管財人はこれらの訴えに対して、破産者の有するすべての防御方法を提出でき、抗弁として否認権を行使することもできる（破173条1項）。具体的には、動産の取戻しの場合は、取戻権者は、その動産の引渡請求の訴えを提起することになるであろうし、破産者名義の不動産の取戻しの場合には、破産者の所有権取得登記と破産手続開始の登記（破258条1項2号。ただし、法人破産者の場合は不要）の抹消請求訴訟を提起する。

(b)管財人が争わなければ、訴えを提起する必要はなく、任意の履行を受ければよい。ただし、この場合、管財人は、価額が100万円を超える価額の物の取戻しを承認する場合には、裁判所の許可を得ることが要求される（破78条2項13号・3項1号、破規25条）。

2）取戻権の対象になる財産が第三者の支配下にある場合　管財人が法定財団に属すると主張して目的物の引渡しや登記の抹消・移転等の請求をしてくるときには、第三者は、抗弁として自己の取戻権を主張し、管財人の要求を排除することになる（取戻権の消極的機能）。

3　特別の取戻権

（1）　特別の取戻権の意義

一般の取戻権が、目的物について第三者に実体法上の支配権が認められることを根拠とするものであり、破産法が新たに認めた権利ではないのに対して、特別の取戻権は、実体法上の支配権とは無関係に、破産法が特別の考慮から創設したものである。特別の取戻権は、破産法63条・64条に規定されているが、そのほかにも、特別の取戻権としての性質を有するものがある（破54条2項・168条1項1号など）。また、民事再生法52条2項や会社更生法64条2項も、破産法63条を準用している。

（2）　売主の取戻権（破63条）

1）意　義　隔地者間の売買において、売主が売買の目的物を発送した後、買主がまだ代金の全額を弁済せず、かつ、その目的物を到達地で現実に受け取っていない間に買主が破産手続開始決定を受けた場合、売主は、目的物を取り戻すことができる（破63条1項本文）。売主が目的物についての所有権などの支配権を有しているかどうかを問題としないところに特別の取戻権の意義が認められる。

売主の目的物引渡義務と、買主の代金支払義務の双方が未履行の場合、破産法53条以下によって処理がなされる。しかし、物品の輸送手段や信用情報が未発達の時代にあっては、隔地者間取引の相手方の信用状態を十分に把握することは難

しく、また、仮にそれが把握できたとしても、その時には既に買主の経済状態が悪化し、破産にいたることもあった。そのような場合、何も手当てがないと、目的物が買主のもとに到着してしまうと、売主は既履行ということになってしまい、破産法53条以下の保護が受けられず、買主との間に不公平が生じる。よって、隔地者間の売買における取引の安全を図るために特則を設けたものとされている。

しかし、この制度は、隔地者間の売買における取引の安全を保護しようとする趣旨をもつが、実際の機能は少ないと思われる[31]。なぜならば、輸送手段の進化によって輸送時間は大幅に短縮されており、目的物の発送後、その受領前に買主に破産手続開始決定があるというような事態はあまり考えられないからである。また、売主は動産売買の先取特権（民311条5号・321条）を有しており、目的物が買主のもとに到着した後でも、管財人に対してこれを別除権として行使することができる（破2条9項・65条）から、本条の救済手段はそれほど重要性をもたない。また、目的物の運送中であれば、売主が買主の破産手続開始を知った場合には、運送人に対する運送中止と目的物の返還を求める（商582条1項）こともできるであろう。

2）要　件　売主の取戻権が成立するための要件は、①隔地者の売買であること、②買主が代金を完済していないこと、③破産手続開始決定の当時に買主が到達地で目的物を受領していないことである。これらの要件を充たしている限り、売主が物品の所有権を有していなくてもこの取戻権は認められるし、また、売買契約により所有権が既に買主に移転済みと約定されていても認められる[32]。さらに、③の要件に関し、破産手続開始決定後に、この取戻権を行使する時点で目的物が管財人の占有下に入ってしまっていたような場合、この取戻権が行使できるかについては争いがある。多数説は、破産手続開始決定時点で売主が取戻権を有していた以上、その後に管財人が目的物を受領したからといって、この取戻権を否定する理由はないとする[33]。もし少数説によると、商法582条によって運送の中止や運送品の返還等の指図をしない限り、この取戻権を行使できないことになるが、それでは、この取戻権の機能は著しく制限されたものとなるから、多数説の立場が妥当である。

---

(31)　条解破産2版460頁、大コンメン266頁〔野村秀敏〕、注釈（上）426頁〔岩崎晃〕、概説2版補訂190頁〔沖野眞已〕等。

(32)　条解破産2版489頁。なお、民法176条は物権の移転について意思主義をとっており、このような約定がなくても、原則として所有権は買主に帰属していると考えられる。

(33)　伊藤3版425頁、山木戸157頁、谷口214頁、条解破産2版489頁、注解3版（上）634頁（野村秀敏）等。

3）行使および法的性質　　この取戻権の行使は、具体的には、運送人に対する運送品の返還等の指図（商582条1項）や、管財人に対する引渡請求の意思表示によってなされる。

　この取戻権の法的性質については取戻権の効果として、所有権が売主に復帰するのか、それとも単に目的物の占有権原が復帰するにすぎないのかという点につき見解の対立がある[34]。これに関しては、取戻権の行使によって売主が占有権限を回復するという占有権限回復説[35]が有力である。これによれば、目的物の占有を回復すれば、売買契約について目的物の引渡義務と代金支払義務との双方未履行関係が確定するから、契約関係は双方未履行双務契約の法理にしたがって整理される（破63条2項・53条1項2項）[36]。なお、売主は同時に動産売買の先取特権も有しているから（民311条5号）、占有を取得した動産を執行官に提出して動産競売の開始を申し立てることも可能であろう。また、破産管財人は、売主の取戻権に対抗して代金の全額を支払うことにより、取戻権を消滅させ、運送人などに対して目的物の引渡しを請求することができる（破63条1項但書）。この場合、管財人が目的物の引渡しを受けると、当該目的物に関する売買契約は履行完了により終了する。

4）破産法63条と53条との関係　　破産法63条1項但書は、売主の取戻権に対抗して、管財人が代金の全額を支払って目的物の引渡しを請求できる旨を定めると共に、同条2項は、同条1項の規定は、未履行双務契約の処理に関する破産法53条の規定の適用が妨げられない旨を規定している。よって、破産法63条と同法53条とはいかなる関係に立つのかということが問題となる。

　契約上、売主による売買目的物の発送により売主の義務が履行されたとされる場合、本来、破産法53条の要件を満たしていない以上、同条の適用可能性はない[37]。その結果、買主の破産管財人は、履行または解除の選択をする余地はなく、目的物を受領の上、代金債権を破産債権（動産売買の先取特権があるときは別除権）

---

(34)　議論の詳細については、大コンメン268頁〔野村秀敏〕、条解会更（上）565頁を参照のこと。

(35)　谷口215頁、伊藤3版426頁、条解破産2版461頁、基本コンメン139頁〔池尻郁夫〕、条解会更（上）565頁、注解会更219頁〔西澤宗英〕等。

(36)　伊藤3版425頁。これに対して、大コンメン269頁〔野村秀敏〕、注解3版（上）638頁〔野村秀敏〕は、手続開始時において双方未履行になかった以上、破産法の規定ではなく、民法の一般原則（民545条以下等）によって解除の可能性などを決すべきであるとする。

(37)　この見解が有力である。なお、大コンメン269頁〔野村秀敏〕は、この場合、契約の解除に関する民法の一般規定によって売主が解除できるという。

第18講　取戻権

として扱うことになるはずである。しかし、売主には破産法 63 条 1 項による取戻権の行使が認められており、その行使により双方未履行関係が確保されたのであれば、その関係を規律する破産法 53 条を類推適用するのが妥当であろう[38]。

　これに対し、売主が目的物を発送してもまだ売主の義務が残っている場合（たとえば、登録が対抗要件である自動車の送付売買など）には、破産法 63 条 1 項と同法 53 条の双方の適用可能性がある。このことを確認したのが、破産法 63 条 2 項の規定であると考えられる。したがって、売主が破産法 63 条 1 項の取戻権を行使する前でも行使した後でも、買主の破産管財人は履行または解除の選択をなしうることになる[39]。また、破産法 63 条 1 項但書による破産管財人の支払い・引渡請求は、破産法 53 条 1 項の履行選択そのものと解することができる[40]。

（3）　問屋の取戻権（破 63 条 3 項）

　物品買入れの委託を受けた問屋が買入れの委託を受けた物品を隔地の委託者に発送した後、委託者がまだ報酬および費用の全額を弁済せず、かつ、到達地においてその物品を受け取らない間に、委託者に破産手続開始決定がなされたときは、問屋は、運送中の物品の売主に準じて、取戻権を有する（破 63 条 3 項・63 条 1 項）。問屋と委託者の間の関係については、委任および代理に関する設定が準用されており（商 552 条 2 項参照）、前述のように、買入物品の実質的な所有権は委託者にあることになり[41]、委託者の破産において問屋には一般の取戻権は認められない。しかし、問屋は、「報酬及び費用」の支払いと物品の引渡につき同時履行の抗弁権を有しており、この点が、売買契約の売主と同じであるので、隔地者間売買における売主の取戻権の規定（破 63 条 1 項）が準用されている。これによって、問屋は、占有を回復することにより商事留置権を回復し（商 557 条・31 条）、それを別除権として行使することができることになる（破 66 条 1 項・2 項 9 号）。

　なお、取戻権の行使によって問屋が物品の占有を回復したときに、問屋と委託者との関係について破産法 53 条が適用されるかどうかという問題がある。これについては、破産法 63 条 3 項が、同条 2 項を明示的に準用していないこと、委任関係は委任者の破産によって将来に向って終了する（民 653 条 2 号）ので、解除と

---

[38]　伊藤 3 版 425 頁、条解破産 2 版 491 頁参照。これに対しては、破産法 53 条 1 項が双方未履行状態の基準時を破産手続開始決定時としていることを理由に、民法の一般規定により解除の可否を決すべしとする見解も唱えられている（大コンメン 269 頁〔野村秀敏〕）。

[39]　条解破産 2 版 462 頁。

[40]　大コンメン 269 頁〔野村秀敏〕。

[41]　最判昭 43・7・11 民集 22 巻 7 号 1462 頁〔百選 5 版 49 事件〕は、買入委託を受けた問屋の破産の場合、委託者は取戻権を有するとする。

同様の結果となり、履行選択の余地がないと解されること等を理由として、その適用はないと解される[42]。

（4）　代償的取戻権（破64条）

1）意　義　　一般の取戻権であれ、特別の取戻権であれ、取戻権の目的は、管財人の占有下にある目的物を取戻権者に返還させるところにある。しかし、目的物が第三者に譲渡されるなどして破産財団中に現存していなければ、その物の返還は不可能になる。しかしこのような場合であっても、その財産に代わる物（代位物）が特定されている限りにおいては、取戻権者にその代位物に対し、代替する権利行使を認めることにより、取戻権を行使したのと同じ結果を保障するのが公平である。そこで、目的物に代わる反対給付、あるいはその請求権についての権利行使を認めるのが代償的取戻権の制度であり、破産法が創設的に認めた特別の取戻権の1つである。

なお、破産法64条の文言からいえば、代償的取戻権を行使できるのは、同法62条の一般の取戻権を有している者である。しかし、代償的取戻権は、目的物の価値代位物に対する権利を認めるものであるから、目的物の価値についての支配権（所有権など）をもたない取戻権者、たとえば、転貸人や所有権を持たない賃貸人、には認められない[43]。また、破産者に属する財産ではあるが破産財団に属しない財産、すなわち自由財産や信託財産、につき破産者または新受託者等が有する取戻しを認める権利は、破産法62条の「取戻権」の定義には該当しないが、実質的には同視できるので、破産法64条の類推適用を認めるべきである[44]。

2）内　容　　代償的取戻権が、取戻の対象物の代位物に対する権利行使を認める制度である。冒頭の ケース でいえば、G社がA社に預けていた鋼板はG社の所有に属するものであり、それは破産財団を構成しない財産である。したがって、A社が破産した場合、G社はその鋼板につき取戻権を行使することができるはずである（破62条）。しかし当該鋼板は既にH社に売却されており、しかも、H社はこれを事情を知らずに取得しているから、Hには即時取得が成立すると思われる（民192条）。この場合、G社としては、直接H社に鋼板の返還を請求することはできない。したがって、G社としては、当該鋼板の代位物に対して代償的取

---

[42]　注解3版（上）640頁〔野村秀敏〕、基本コンメン140頁〔池尻郁夫〕、条解破産2版492頁、伊藤3版427頁、中島435頁。もっとも、対応する規定である会社更生法64条2項に関しては、民法653条の適用がないこともあり、同法61条の適用可能性を認める考え方が有力である（注解会更220頁〔西澤宗英〕、伊藤会更335頁）。

[43]　伊藤3版427頁注25、山木戸159頁、条解破産2版493頁、注解3版（上）642頁〔野村秀敏〕等、通説である。

[44]　大コンメン258頁〔野村秀敏〕、条解破産2版493頁。

戻権を行使することになる（破64条）。ただ、その場合の法律関係は、以下のように、場合を分けて考察する必要がある。

① **譲受人がまだ反対給付を履行していない場合**　　まず、G社が所有権を有する鋼板を、破産手続開始前に、A社が、G社に無断でH社に譲渡したが、破産手続開始決定時にはH社がまだ代金をA社に支払っていなかった場合を考えてみよう。この場合、反対給付請求権（代金支払請求権）は、破産財団を構成する財産となり、しかも取戻権の対象財産の代位物であることは明らかなので、取戻権者G社は代償的取戻権の行使として、破産管財人Zに対してその請求権を自己に移転せよと請求することができる（破64条1項前段）。この場合、Zは、G社に対し、通常は指名債権譲渡の方法により、当該反対給付請求権の移転の意思表示および対抗要件として、当該鋼板の譲受人H社に対して債権譲渡の通知をし、またはこの者の承諾を得る必要がある。Zが任意に請求に応じない場合には、G社は、意思表示を命じる債務名義を取得し、強制執行（民執174条）することになる。

この場合、G社は、同時に、破産者の破産手続開始前の不法行為による損害賠償請求権（ないし不当利得返還請求権）をも有しているから、これを破産債権として権利行使することはできる。したがって、G社は、代償的取戻権の行使として、破産管財人に、反対給付請求権の移転を請求すると同時に、破産債権者としても権利行使ができると解する。ただ、権利の二重行使は認められないから、G社としてはまず代償的取戻権を行使すべきであり、それで填補されない損害額についてのみ破産債権を行使すべきである[45]。

② **管財人が反対給付を既に受領している場合**　　次に、H社が鋼板の代金を破産管財人であるZに支払った場合を考えてみる。この場合、反対給付が破産管財人に対してすでに履行され、その給付として得た財産は金銭であり、その特定性が失われているから、当該金銭につき取戻権を行使することはできない。しかし、その価額分は破産財団の不当利得になるから、G社は、不当利得返還請求権を財団債権としてその支払を請求することができる（破148条1項5号）。それに対し、たとえば、金銭が特定の金庫に保管されているなど、反対給付として得た財産が特定性を保ったまま財団中に現存するときは、取戻権者は、その財産の給付を請求することができるであろう（破64条2項）。

---

[45]　具体的には、債権調査期日において、管財人が、代償的取戻権の行使によって満足を得た額について、届出破産債権に対して異議を述べ、債権調査手続の中でその存否・額等が確定されることになろう。もっとも、破産債権者としては、届出に際して、代償的取戻権によって満足を得られない額について破産債権を届け出る旨の明示をすることは可能であろう。

この場合にもまた、代償的取戻権者は、破産手続開始前の破産者の不法行為によって生じた損害賠償請求権（ないし不当利得返還請求権）をも有しているから、G社としては、不当利得返還請求権を財団債権を行使するほか、A社に対する不法行為に基づく損害賠償請求権ないし不当利得返還請求権を破産債権としても権利行使ができる。この場合にも、取戻権者は、まず財団債権を行使し、それによって填補されない損害額についてのみ破産債権を行使すべきであろう。

　③　**破産者が破産手続開始前に反対給付を既に受領していた場合**　　この場合、(a) A社が取戻対象財産を破産手続開始決定前にH社に譲渡し、かつ、破産手続開始決定前に反対給付を受領してしまっていた場合には、受領した財産（代金）は一般財産の中に組み込まれ、それは破産手続開始決定の時点で破産財団を構成する財産になるから、取戻権者たるG社は、A社に対する不当利得返還請求権（または不法行為に基づく損害賠償請求権）を破産債権として行使するしかない。それに対して、(b) A社が当該財産を破産手続開始決定前に譲渡し、破産手続開始決定後に、H社が、管財人にではなくA社に代金を支払った場合、弁済者H社が破産手続開始決定の事実について善意であったならば、弁済の効力は破産財団に対抗できる（破50条1項）。したがってこの場合は、(a) と同じ扱いとなる。それに対して、弁済者が悪意の場合、破産者を経由して破産財団が利益を受けた限度でのみ、弁済者は弁済の効力を財団に対抗できるに留まる（破50条2項）。したがってこの場合には、G社は、破産財団が利益を受けた部分は、破産管財人が反対債権を受領した場合と同様に、財団の不当利得として財団債権として権利行使することができるが、その余の部分は、破産者に対する不当利得請求権ないし不法行為に基づく損害賠償請求権として、破産債権として権利行使することになろう[46]。

　なお、第三者の不法行為のように譲渡以外の原因による代位物がある場合については、破産法64条の適用を認め、代償的取戻権を肯定する見解[47]もあるが、取戻権者は直接不法行為者に対して損害賠償請求権を取得するから請求権の移転を請求する代償的取戻権を認める必要はないであろう[48]。

　3）代償的取戻権によっても保護されない損害の賠償　　代償的取戻権を行使してもなお取戻権者に損害があり、かつ、譲渡が破産者または管財人の不法行

---

[46]　伊藤3版429頁は、破産者が目的物について返還請求権を有するような場合には、それについて代償的取戻権を認めることも考えられるとする。

[47]　山木戸159頁、林屋ほか209頁〔福永有利〕。

[48]　通説である。大コンメン271頁〔野村秀敏〕、条解破産2版494頁、注解3版（上）642頁、643頁〔野村秀敏〕、伊藤3版428頁注27、中島437頁、条解会更221頁〔西澤宗英〕、原強「更生手続における特別の取戻権とその行使」判タ866号220頁等。

第18講　取戻権　　　*539*

為または債務不履行によるものであるときは、取戻権者は、損害賠償請求権を、破産者による譲渡の時は破産債権として、管財人による譲渡の時は財団債権として（破148条1項4号）、それぞれ行使することができる。

4）第三者の権利との関係　取戻対象物の譲渡が実体法上取戻権者に対する関係でも有効である場合（たとえば、第三者が即時取得した場合）は、代償的取戻権の行使で満足するしかない。しかし、取戻権者に対する関係で無効である場合は、取戻権者は譲り受けた第三者に対して実体権（所有権等）に基づく返還請求権を有することになるが、この場合でも代償的取戻権は成立するから、取戻権者は、第三者への取戻請求権と代償的取戻権を選択的に行使することができる[49]。

5）特別の取戻権と代償的取戻権　たとえば、売主または問屋が特別の取戻権を行使したが、管財人がそれを無視して目的物・物品を第三者に譲渡してしまったとしよう。このような場合、取戻権者は、その占有権原を破産管財人などに対して実行することが不可能になる。この場合、一般の取戻権と同様に、この特別の取戻権を有している者に対して代償的取戻権が認められるか否かについては争いがある。

学説では特別の取戻権については代償的取戻しを否定する見解が有力である[50]。取戻権の行使により売主または問屋に占有すべき権限が回復されるとしても、処分権までが当然に回復されて管財人の処分が無権限のものとなるかは疑問であるし、破産法64条にいう取戻権とは一般の取戻権を指すと考えられるから（破62条かっこ書）、有力説が妥当であろう。この見解の下では、破産管財人による目的物の譲渡を破産法53条に基づく履行の選択と同視し、代金債権が財団債権になる（破148条1項7号類推）と説明される。

これに対して、有力説の説明は、技巧的にすぎるとし、特別の取戻権を占有回復のための権限として捉えるのであれば、代償的取戻権を認めることが合理的と思われる、とする見解も唱えられている[51]。この説によると、第三者が、善意取得等をすると、取戻しは認められないことになり、結局、取戻権者の債権を保護する手段を考えざるを得ないであろう。そうだとすれば、有力説の措置の方がより簡明であり妥当であろう。

---

[49]　伊藤3版429頁以下。

[50]　注解3版（上）645頁、646頁〔野村秀敏〕、基本コンメン141頁〔池尻郁夫〕等。

[51]　伊藤3版430頁。ただし、取戻権の内容たる占有権原は代金債権を確保するためのものであるから、代償的取戻権の範囲も、売主などの代金債権の範囲に限定されるという。また、大コンメン271頁〔野村秀敏〕、条解会更（上）571頁、注解会更222頁〔西澤宗英〕も同様の考え方を採る。なお、平成16年の改正前はこれが通説であったとされる（条解破産2版495頁注2）。

第11章　取戻権

＜設問についてのコメント＞

　問1の前段は、問屋の委託者の取戻権を問うものである。本件では、B社は既に買入資金等を全額A社に支払っていることから、実質的に所有権を取得しているとみてよいであろう。したがってBはDに対して、目的物を直接自己に引き渡すよう求めることができるであろう。また、後段は、問屋が、金銭の預託を受けたものの、まだ買入れがなされていない段階で破産した場合の法律関係を問う問題であるが、買入がなされていない以上、B社が取戻権の対象とすべき具体的な物はない。したがって、交付した金銭に対して取戻権を行使することができるか、という問題となろう。すなわち、金銭につき取戻権が行使できるかという点につき考えること。これらについては、2(1)5)を参照のこと。

　問2は、債権的請求権が取戻権の基礎となるか、ということを問うものである。これについては、2(1)3)を参照のこと。

　問3は、財産分与請求権に基づいて、取戻権が行使できるかということを検討する問題である。これについては、2(1)7)を参照のこと。

　問4は、代償的取戻権について、その具体的な内容について問うものである。まず①については3(4)2)①を、②については3(4)2)②を、③については3(4)2)③を参照のこと。後段については、3(4)3)を参照のこと。

第18講　取戻権

第19講　破産財団の管理・換価と破産手続の終了

ケース

　A株式会社は、時計メーカー数社の下請けとして、時計の文字盤や、ゼンマイ等の部品の製造を主たる業務とする従業員20名を擁する会社である。A社の代表取締役である甲はいわゆるワンマン社長であり、日常的な事務や部品の製造業務は20名の従業員が行っていたものの、それ以外の営業活動や経理は、甲がほぼ一人で行っていた。

　A社はB銀行から3000万円、C信用金庫から2000万円の融資を受けており、右債権の担保として、事務所、工場および製品倉庫が建っている時価3000万円の自社所有の土地（本件土地）につき、B銀行のために1番抵当権を、C信用金庫のために2番抵当権を設定しその旨の登記をしていた。また、A社はD社から1000万円を借り入れ、その担保として、A社の工場内にある時計部品の製造機械全部（時価1500万円）を譲渡担保に供した。さらに、A社は、E社に対して、部品の材料である鋼板の代金500万円の債務を負担していた。

　A社の事業はこれまで何とか順調に推移していた。しかし、取引先の間で、甲に愛人乙ができ、甲が勝手に会社の金を持ち出して乙に貢いでいるとの噂が広まった。そこで、大口債権者たるB銀行がざっと調べたところ、乙に貢いだ金額は、判明しただけでも1000万円にものぼり、詳しく調べればその額は更に増える可能性が高いことがわかった。そこで、B銀行は、先代の時代からA社で誠実に働いてきた熟練工である丙に、甲を諌めるように頼んだ。そこで丙は、会社は薄利の経営を行っており、資金的に必ずしも潤沢とはいえないことを説き、会社の金を使い込むようなことは金輪際やめてもらいたい、と強く諌めた。それに対して甲は烈火のごとく怒り、乙はビジネスパートナーであり、貢いだわけではなく、共同経営者として彼女に投資しただけであって、このお金はいずれ返ってくるものであり、その時には、会社に多くの利益をもたらすはずである。もし、私のやることが気に入らないのなら辞めてもらっても結構であるとして、丙を馘首してしまった。それを機会に、他の従業員は仕事に対する意欲をすっかり失ってしまった。その結果、A社の仕事のレベルはがた落ちになり、それに応じて注文も激

減した。

　そのためにA社の経営はついに行き詰まり、平成27年9月16日に破産手続開始の申立てをし、同年10月18日にA社に対して破産手続開始決定がなされ、Kが破産管財人に選任された。

◆問1　破産手続開始決定が下された場合、Kがまずすべきこととしては、どのようなことが考えられるか。また、次のような場合、Kとしてはどのような手段をとることができるか。①甲が製品倉庫に鍵をかけて中の製品の引渡しを拒んだ場合、②従業員や債権者等が倉庫内の製品を持ち去る可能性がある場合、③事務所に保管してある会計帳簿が改竄されるおそれがある場合、④E社が、自己の債権の代物弁済だとして、倉庫内から500万円相当の部品を持ち去った場合。

◆問2　甲のこのような使い込みの責任を追及する方法としては、どのようなものが考えられるか。

◆問3　平成27年9月の下旬に、B銀行は、将来的には甲の責任が問われることになると考え、甲の個人財産を確保しておくために、甲の財産に保全処分の申立てをすべきだと考えているが、甲はもちろん他の取締役も甲の近親者であることから、会社を代表してこのような申立てをすることは期待できないとして、自ら申立てをしようとしている。Bはこのような保全処分の申立てをすることができるか。

◆問4　破産手続開始後、D社がなかなか譲渡担保権を実行しないために、機械の価額が日々安くなっているような場合、Kとしてはいかなる手段をとることができるか。

◆問5　Kは、本件土地をできるだけ有利に換価したいと考え、知り合いの不動産業者数軒に声をかけていたが、E社なら、担保権がついているにもかかわらず、相場より25％程度高く買ってくれるとの情報が得られた。この場合、Kは、直ちにE社に、本件土地および建物を任意売却することはできるか。

◆問6　仮に、A社の所有地に崖崩れの危険のある土地がある場合、崩落したら、その修復費用や近隣への損害賠償費用など莫大なものになるおそれがあるので、Kとしてはこの土地を破産財団から放棄したいと考えている。これは認められるか。

◆問7　破産手続開始後その係属中に、破産財団をもってしては破産手続の費用を賄えないことが判明した場合には、その手続はどのように処理されるこ

第19講　破産財団の管理・換価と破産手続の終了　　　　*543*

とになるか。また、この場合、会社財産の整理は誰が行うことになるか。

第12章　破産財団の管理・換価と破産手続の終了

1　破産財団の管理

（1）　管理の意義

　破産手続の目的は、債務者財産を適正に換価し、それによって、破産債権者に対し、その債権の公平な満足を図ることにある。そのためには、一方で、配当を受けるべき破産債権者の範囲、額および優先・劣後の別を確定すると共に、他方で、配当すべき金銭、すなわち配当財団を形成しなければならない。そのための作業として、破産管財人は、いわば消極的に、破産財団に属すべき財産が減少しないように配慮するだけでなく、むしろ積極的に、破産財団に属すべき財産を発見・収集・確保するなどして、その増殖を図る必要がある。これら一連の破産財団の維持・増殖のための行為を管理という。

　破産管財人は、このように破産財団を適切に管理した上で、現金以外の財産を現金化すること、すなわち換価を行う。破産手続開始時には同じ内容の財団であっても、その後の管理および換価が適切に行われるか否かによって、現実の配当は大きく異なることになるので、破産財団の管理および換価は破産管財人の職務の中で最も重要なものといえる。

　そこで、法律は、破産手続開始と同時に、破産財団に属する財産の管理処分権は破産管財人に専属するものとし（破78条1項）、これを背景として破産管財人は、財団の換価まで、財産価値が減少しないようにするほか、破産財団に属すべき財産を発見・収集・確保し、破産財団をめぐる法律関係を整理し、さらに、否認権を行使して財団の積極的増殖を図ることができるように、さまざまな権限が認められている。そして、そのような職務の遂行について、管財人には善管注意義務が課せられている（破85条）。

（2）　破産者財産の占有・管理

　破産手続の開始から時間が経過すると、財産や帳簿類が散逸してしまい、破産財団の管理が困難になるだけでなく、その価値が劣化し多くの換価金が得られないことになる。よって、破産管財人は、就職後直ちに[1]破産財団に属する財産の

---

[1]　本来、裁判所に選任された者が受諾して破産管財人に就職することになるが、実務上は、選任された者が破産手続開始決定書と一体をなす破産管財人選任決定書を受領する

占有および管理に着手しなければならない（破79条）。具体的には、現金・動産・自動車・不動産等、目的物に応じてその方法も異なる[2]。この場合、管財人は、個々の財産が破産者の所有に属するか否かを判断して占有することは必要ではなく、現実に破産者が占有している財産、いわゆる現有財団について占有管理を開始することになる。

　管理すべき財産を破産者が占有している場合、管財人は破産者から当該財産の引渡しを受ければよい。これに対し、破産者が、破産財団に属する財産を破産管財人に任意に引き渡さない場合、旧法の下では、破産宣告（現行法では破産開始決定）の決定を債務名義として引渡しの強制執行ができるとする考え方もあったが、実務では、破産宣告においては、破産財団に属する財産（執行の対象となる財産）が特定されていないこと等から、債務名義としての適格性を欠き、原則通り、破産管財人に、破産者を相手取って通常の訴訟手続等により債務名義をえて、強制執行をする必要があるとされていた。しかしこれは迂遠であり、破産管財人による財団の占有管理が時機を失するおそれがある。そこで、現行法は、民事執行法上の引渡命令（民執83条）等をも参考にして、破産手続上の引渡命令の制度を創設した[3]。すなわち、破産管財人は、破産手続開始決定後、裁判所に対して、破産財団に属する個別の財産の引渡しを命じる決定を求めることができるものとされた（破156条1項）。これによって、通常の訴訟手続によるよりも簡易迅速な決定手続により債務名義を得ることができるようになった。ただし、破産者が占有する財産には、自由財産に属すべき財産も含まれる可能性があるので、判断を慎重に行うための規定がおかれている（破156条2項〜4項）。また、この決定に対しては即時抗告が可能であり（同条3項）、引渡しを命ずる決定は確定しなければ効力を有しない（同条5項）。

　この制度は、破産者が現に占有している財産の引渡しに関するものであり、第三者が占有するものについては、この者が引渡しを拒む場合、通常の訴えを提起

　　ことが受諾の意思表示とされている（伊藤3版190頁）。実際の運用については、実践マニュアル61頁以下、手引95頁以下、破産民再実務3版破産164頁等を参照のこと。また「直ちに」とは時を移さず、すぐに、という意味であり、破産手続開始決定の確定を待つ必要はなく、開始決定に対して即時抗告（破33条）がなされたとしても執行停止の効力はないから、管財人は破産財団に属する財産の管理に着手しなければならないし、いったん管理に着手した後に即時抗告が申し立てられたとしても、管理を中止する必要もない（注釈（上）570頁〔山田尚武〕参照）。

(2)　占有管理の具体的な方法については、破産民再実務〔新版〕（上）190頁以下〔山崎栄一郎〕、破産民再実務3版破産189頁以下、手引104頁以下、114頁以下が詳しい。

(3)　小川215頁参照。

第19講　破産財団の管理・換価と破産手続の終了　　545

することになる。

　なお、破産手続開始決定があったことを認識しながら、債権者を害する目的で、破産管財人の承諾その他の正当な理由がなく、債務者の財産を取得しまたは第三者に取得させたときは、破産犯罪として10年以下の懲役もしくは1000万円以下の罰金に処せられ、またはこれらが併科される（破265条2項）。

（3）　財産の封印・帳簿の閉鎖

　1）財産の封印　　破産法155条1項の「封印」は封印執行といわれるが、裁判所書記官、執行官または公証人に、破産財団に属する財産に封印させることをいう[4]。封印は対象となる物件に封印票を貼付し、さらに見やすい場所に公示書を貼付して、当該物件の占有が破産管財人に移転したことを公示する方法で行われる[5]。封印をしたときには、調書を作成しなければならず、そこに、封印をした裁判所書記官等が記名捺印しなければならない（破規53条1項2項）。封印執行がなされた場合、その封印を損壊したりすると刑事罰が科せられる（刑96条）。

　破産管財人は、職務の執行に際して抵抗を受けるときは、裁判所の許可を得て、警察上の援助を受けることができる（破84条）ので、破産者、従業員または債権者等の妨害の程度によっては、このような措置をとることも可能である。

　2）帳簿の閉鎖　　帳簿の閉鎖とは破産手続開始後の帳簿の散逸や記載内容の変更などを防止し、破産管財人に破産財団の内容やそれに関する種々の権利関係を把握させるものである。ここでいう破産財団に関する帳簿とは、破産財団に属する積極財産および消極財産（破産債権、財団債権）に影響を及ぼす事項を記載する帳簿（必要事項を記入するための帳面・冊子）である。破産者が商人であるときは商業帳簿（会計帳簿〔会社432条〕および貸借対照表をいう〔商19条2項〕）を意味する[6]が、いずれも、財産評定（破153条1項）、財産目録等の作成（同条2項）、債権調査のための届出債権の認否（破117条・121条等）、否認権行使の可否、相殺禁止か否かの判断、不正支出の調査その他管財業務を行う上で欠くことのできないも

---

(4)　東京地方裁判所破産再生部では、裁判所書記官が行うことが通例であり、裁判所書記官以外の者に申立てがなされた事例は認められないとされる。また、実務上は、建物や物品等に破産管財人名義で告知書を貼付するなどの措置により封印執行に代える場合が多い。これは事実上の効果を狙ったものであるが、実際はこのような措置で足りる場合がほとんどであるといわれる（破産民再実務〔新版〕（上）193頁194頁〔小河原寧〕、破産民再実務3版破産191頁）。

(5)　具体的な封印の方法については、破産民再実務〔新版〕（上）194頁以下〔小河原寧〕参照。なお、前注で述べたように、実務上は、建物や物品等に破産管財人名義で告示書を貼付するなどの措置により封印執行に代える場合が多いといわれる（破産民再実務3版破産191頁）。

(6)　条解破産2版1045頁。

のである[7]。これには、電磁的記録をもって作成されている帳簿も含まれる[8]。

帳簿の閉鎖とは、通常は、裁判所書記官が、紙に書かれた各帳簿の現物の最後の記載部分の次に「この帳簿を閉鎖した」旨を記し記名捺印することにより行う（破規 53 条 4 項）[9]。旧法では、裁判所書記官は、破産宣告（破産手続開始決定）の後、直ちに財産に関する帳簿を閉鎖し、これに署名捺印した上で調書を作成して、帳簿の現状を記載しなければならないものとされていた（旧破 187 条）。しかし、①破産管財人がその帳簿を管轄下に置けば、帳簿を閉鎖する必要性は乏しく、②実務上も、帳簿の閉鎖の制度はあまり利用されていないと指摘されていた。そこで現行法では、破産手続の簡素・合理化を図るという観点から、帳簿の閉鎖を必要的な制度とはせずに、裁判所書記官は、必要があると認めるときは、破産管財人の申立てにより、破産財団に関する帳簿の閉鎖をすることができるとした（破 155 条 2 項）[10]。

閉鎖された帳簿を隠滅し、偽造し、または変造した者に対しては刑罰が科せられる（破 270 条後段）。

（4）　財産の評定と財産目録・貸借対照表の作成

破産管財人は、破産手続開始後遅滞なく、破産財団に属する一切の財産につき、破産手続開始の時における価額を評定しなければならない（破 153 条 1 項前段）。この場合には破産者を立ち会わせることができる（同後段）[11]。これは、破産管財人の換価業務の基礎資料として、どのような財産があり、どのくらいで換価できる見込みがあるかを明らかにする必要があるからである。この財産評定を前提として、破産管財人は、財産目録および貸借対照表を作成し、これらを裁判所に提出しなければならない（同条 2 項）。これによって、破産債権者等の利害関係人がこれらの資料を閲覧謄写することが可能となり（破 11 条）、破産管財人の換価業務の透明性を高め、また債権者等からの情報提供・意見表明などを通じて、換価業

---

[7]　大コンメン 609 頁〔多比羅誠〕参照。

[8]　最判平 14・1・22 刑集 56 巻 1 号 1 頁。

[9]　電磁記録をもって作成されている帳簿については、紙などに印刷して可視化したものについて、上記のような記載・記名捺印を行う方法が考えられる。また当該電磁記憶媒体そのものを他からアクセス・修正等できない状態に固定し、その旨を電磁記録内部または媒体に記す方法も考えられる（条解破産 2 版 1045 頁）。

[10]　小川 214 頁。

[11]　旧法では、裁判所書記官等の立会いの上で財産評定を行うことになっていたが（旧破 188 条）、裁判所が選任し善管注意義務を負う破産管財人が評定の主体であるから、屋上屋を架すものであり、現行法ではこの制度は廃止された。また、旧法では遅滞の虞がある場合を除き破産者の立会を求めることを要するとされていたが（旧破 188 条）、現行法では、手続の迅速性を確保する観点からこの立会は任意的なものとされた（小川 213 頁）。

務のさらなる適正化を図ることが可能となる[12]。ただし、破産財団が小規模な場合には、管理費用を節約するという意味で、破産財団に属する財産の総額が1000万円に満たない場合には、破産管財人は、裁判所の許可を得て、貸借対照表の作成および提出をしないことができる（破153条3項、破規52条）。

　財産評定の対象は、「破産財団に属する一切の財産」である。ここにいう破産財団とは法定財団を指す。したがって、破産者・破産管財人の占有管理下にないものでも、第三者の所有名義になっているものでも、破産者の帳簿に計上されていないものでも、また、否認権行使によって取り戻されるべき財産も、破産法34条の定義に該当するものは、すべて評定しなければならない[13]。また、別除権の目的物についても、破産財団に帰属する剰余価値の把握、換価権行使（破184条2項）、受戻し（破78条2項14号）等の可能性を判断する必要があるし、たとえオーバーローンが明白であっても、予定不足額の調査、担保権消滅許可請求（破186条以下）の必要性などの判断のために同じく評定の対象とされる[14]。

　財産評定の時期として、法は「破産手続開始後遅滞なく」と規定している（破153条1項）が、財産評定の結果は、財産状況報告集会で報告される内容（破31条1項2号・158・157条1項）の一部をなすと考えられるので、特段の事情がないかぎり、同報告書の作成前に評定を完了しておく必要がある[15]。

　財産評定を完了したときは、直ちに破産手続開始の時における財産目録および貸借対照を作成し、裁判所に提出しなければならない（破153条2項）。財産目録とは、破産財団に属する財産の品目（明細）を整理し並べて記載した書面である。また、貸借対照表とは、破産者のすべての資産とすべての負債・純資産とを対照表示した書面である。これらは、非常財産目録、非常貸借対照表と呼ばれるが、その評価基準は破産手続開始時の処分価額であり、取得価額を基準とする従来の評価基準（会社計算規5条参照）とは連続性のないものであることに注意を要する[16]。これらの書面によって、破産財団全体の現状を把握することができる。た

---

(12)　条解破産2版1036頁参照。

(13)　条解破産2版1037頁、注釈（下）66頁注8〔小島伸夫〕、伊藤3版643頁。

(14)　条解破産2版1037頁、伊藤3版643頁。

(15)　条解破産2版1037頁参照。なお、大コンメン605頁〔多比羅誠〕は、財産評定の実施結果は、破産法157条の報告書の記載事項に含まれるわけではないが、結論としては報告書提出期限までに完了させておくことが望ましいという。実務の扱いも、財産状況報告集会開催前あるいは集会開催と同時に裁判所に提出されているようであるが、実際の運用については、東京地方裁判所と大阪地方裁判所とでは若干異なる（注釈（下）66頁〔小島伸夫〕）。

(16)　概説2版補訂387頁〔山本和彦〕、条解破産2版1039頁、大コンメン604頁〔多比羅誠〕、注釈（下）65頁〔小島伸夫〕。

だ、評定した清算価値が、現実の処分価値と異なることが実務上、多々生ずるが、これはやむを得ないことである[17]。

（5） 郵便物の管理

破産管財人は、破産財団に属する財産を管理処分する権限を有しており（破78条1項）、その職責を果たすためには、郵便物を管理することは、破産者の財産状況や取引状況を把握したり、破産財団に属すべき財産を発見し、また、破産者の財産隠匿行為を発見・防止し、さらには財産の散逸を未然に防止すること等につき有力な手段となる。そこでは、法は、破産管財人の調査の権限（破83条）のほか、郵便物等の管理について規定している。すなわち、裁判所は、破産管財人の職務の遂行のため必要があると認めるときは、信書の送達の事業を行う者に対し、破産者に宛てた郵便物または信書便物（民間信書送達2条3項）を破産管財人に配達すべき旨を嘱託することができ（破81条1項）、また、破産管財人は、破産者に宛てた郵便物を受け取ったときは、これを開いてみることができるとされている（破82条1項）。

しかし、郵便物についての管理は、上述のように破産管財人の職務の遂行のためには必要な処置ではあるが、憲法21条2項との関係で問題が生じる。これに関して、旧法では転送嘱託は必要的であったが（旧破190条）、新法では、転送嘱託をするか否かは裁判所の裁量に委ねられ、また裁判所は、管財人への配達の嘱託を、破産者の申立てまたは職権により（旧法では、破産者の申立てによる場合に限られていた〔旧破191条1項〕）取り消しまたは変更することができるものとされた（破81条2項）。さらに、配達の嘱託が、通信の秘密に関する憲法上の権利（憲21条2項後段）を侵害するおそれが大きいことに配慮し、転送嘱託決定に対しては、破産者にも即時抗告権を付与して、その当否を裁判所に判断させることにした（破81条4項）。ただ、破産者による濫発のおそれもあることなどから、即時抗告による執行停止効は否定されている[18]。上述のように、郵便物の転送嘱託の有用性が高いこと、破産者には破産法82条の閲覧権等が認められていること、および、不服申立ての制度が設けられていること等に鑑みれば、憲法違反と解すべきではあるまい。なお、これらの規定については、プロバイダーに対する電子メールの転送嘱託についても類推してもよいであろう。なお、旧法では、電報も転送嘱託の対象とされていたが、実際の重要性は低いため、現行法では、電報は送達嘱託の対象から除外された[19]。

---

(17) 大コンメン606頁〔多比羅誠〕。

(18) 条解破産2版652頁、大コンメン348頁〔重政伊利〕、基本構造と実務53頁、小川134頁。

（6）　破産管財人による調査等

旧法には、破産者等の破産管財人に対する説明義務を定めた規定（旧破153条）はあったが、実務上、破産手続開始決定後に破産管財人に協力的でなくなることが多いとの指摘があり、このような説明義務に関する規定のみでは、破産管財人は、破産者の財産状況を的確に把握することができないと考えられていた[20]。そこで、現行法では、民事再生法や会社更生法の規定（民再78条・59条、会更77条1項）にならって、破産管財人は、法人である破産者の役員およびこれらの地位にあった者（破40条1項2号）に対して、破産に関して必要な説明を求め、または破産財団に関する帳簿、書類その他の物件を検査することができるものとされた（破83条1項）。調査の対象となるべき帳簿等の意味については、民事再生法・会社更生法との均衡を考え、破産者所有のものに限られるとする見解もある[21]が、文言上そのような限定はないこと、「破産財団に関する」で相応の限定がなされること、第三者は正当な理由があれば検査を拒否できると考えられること、第三者の検査拒否に刑事罰は定められていないこと（破268条3項）などから、破産者所有のものに限定する必要はないと解する[22]。また破産管財人は、その職務を行う必要があるときは[23]、破産者の子会社等に対して、その業務および財産の状況につき説明を求め、または、その帳簿、書類その他の物件を検査することができる（破83条2項）。これは、破産会社が子会社等の関連会社を通じて資産隠しや不明朗な経理処理をしている場合など、否認権の行使などを容易にするためのものである。したがって、その対象は、破産会社の子会社や孫会社にも拡張されている（破83条3項）。ただ、子会社等に正当な理由がある場合には、説明・検査を拒否できると解されている[24]。

（7）　裁判所および債権者集会への財産状況等の報告（破157条〜159条、破規54条）

破産管財人は、その職務執行に際しては善管注意義務を負ってはいるが（破85

---

[19]　小川134頁以下。

[20]　小川135頁。

[21]　大コンメン355頁〔菅家忠行〕。

[22]　同旨、条解破産2版656頁、注釈（上）590頁〔山田尚武〕、伊藤3版639頁。

[23]　破産法83条1項とは異なり、ここで「職務を行うため必要があるとき」ということが要件とされているのは、子会社とはいえ別の法人格の関係者について刑事罰による間接的な強制が定められていることに鑑み、子会社等関係者に対する説明請求権および物件検査権の行使については、破産者等の場合と比較してより厳しい要件の下、行使されるべきであるとの趣旨である（注釈（上）592頁〔山田尚武〕参照）。

[24]　条解破産2版657頁、大コンメン354頁〔菅家忠行〕、注釈（上）592頁〔山田尚武〕。

条1項）、基本的にはその裁量によって事務を処理することができる。しかし他方で、裁判所は、破産管財人が職務を適法に行うように監督する権限と義務があり（破75条1項）、監督権行使の一方法として、管財人の解任権が認められている（同条2項）。裁判所がその監督権を適切に行使するためには、破産財団の状況および管財業務の進行状況その他を把握していなければならない。そこで、破産管財人は、破産手続開始後遅滞なく、破産手続開始に至った事情、破産者および破産財団に関する経過および現状、役員の財産に対する保全処分または役員責任査定決定を必要とする事情の有無、ならびに破産手続に関し必要な事項を記載した報告書を裁判所に提出しなければならないものとされている（破157条1項）。それ以外にも、破産財団に属する財産の管理処分の状況その他裁判所の命ずる事項を裁判所に報告しなければならない（同条2項）。

それに対し、破産債権者との関係では、破産管財人は、裁判所に提出する報告書の要旨を財産状況報告集会において報告しなければならない（破158条）。ただし、現行破産法では、財産状況報告集会の期日を定めないこともできるから（破31条4項）、その場合には、裁判所は、破産管財人の意見を聴いて、破産管財人が財産状況報告書を出すべき期間を定め（破規54条1項）、その期間内に提出されなかったときは、破産管財人に対し、その理由を記載した書面の提出を命じることができる（破規54条2項）。破産管財人が提出した財産状況報告報告書については、その要旨を知れたる破産債権者に周知させるために適当な措置[25]を執らなければならない（破規54条3項）。

（8） 破産管財人の職務の執行の確保

破産管財人が、破産財団に属する財産の管理などの職務執行に際して、破産者や第三者の抵抗を受けるときは、その抵抗[26]を排除するために、裁判所の許可を得て、警察上の援助を受けることができる（破84条）。警察上の援助を求めるについては、執行官の場合には自らの判断ですることができるが（民執6条1項本文）、

---

[25] たとえば、管財人が提出した財産状況報告書の要旨を知れている破産債権者に送付するとか、破産者の事務所や破産管財人の法律事務所など適当な場所に報告書を備え置くとか、破産債権者に対する個別的説明やインターネットのウェブサイトへの掲載など、が考えられる（伊藤3版641頁）。なお、条解破産規130頁も参照のこと。

[26] 抵抗とは、実力による妨害をいい、有形力の行使による積極的・物的な妨害だけでなく、座込み・バリケードの設置・門扉の閉鎖・不退去のような消極的・人的抵抗、言語による脅迫等による心理的な抵抗、放し飼いの猛犬を鎖につながないなどの不作為による抵抗も含む。また、破産管財人に対して向けられた抵抗に限らず、職務の執行の補助者や、立会人（破153条1項参照）に対して向けられた抵抗をも含む（条解破産2版660頁、大コンメン357頁以下〔菅家忠行〕、注釈（上）593頁以下〔堀部俊治〕）。

破産管財人は国家機関としての地位をもたないため、警察上の援助を求めるためには裁判所の許可を要するものとされているのである。なお、それ以外に、破産管財人等の職務を妨害した者には刑罰が科せられる（破272条）。

（9）　破産手続開始決定前からの契約関係の処理（破53条以下）・係属中の手続関係の処理（破42条・43条・44条・46条等）・否認権の行使（破160条以下）

これらは、管財人の重要な管理行為であるが、それぞれの箇所で既に説明した。

2　管財人の管理行為の制限

破産管財人は、上記の行為のほか、時効中断処置、各種債権の取立て等さまざまな行為を原則としてその裁量によってなす。しかし、法は、一定の重要な管理行為については、破産手続にもっとも密接な利害関係を有する破産債権者、その集合体である債権者集会やその利益を代表する債権者委員会、あるいは破産管財人に対する監督権を有する裁判所が管理に関与することを要求しており（破159条・146条・147条等）、その限りで、破産管財人の管理行為は制限を受けることになる。

まず、破産債権者の利益に重大な影響をもつ管理および換価行為を破産管財人がするについては裁判所の許可を要する（破78条2項各号）。ただし、破産法78条2項7号〜14号に掲げる行為については、100万円以下の価額（破規25条）を有するものに関するとき、および裁判所が許可を要しないものとしたものに関するときは、許可は不要である（破78条3項）。

これに関連して、破産財団所属財産の放棄をめぐる問題がある。まず第1に、特定の財産につき破産管財人が管理処分権を放棄し破産者の管理処分下に戻す行為、いわゆる「破産財団からの放棄」がなされた場合、放棄により、破産者が個人の場合は破産者の自由財産となり、破産者が法人の場合には、法人の自由財産を認める立場に立てば、清算法人がその管理・処分権を有することになる。従来、破産者が法人の場合にはこのような放棄は許されないとの議論があったが、判例は、いわゆるオーバーローン不動産について破産財団からの放棄が有効であることを前提として判断をした[27]。しかし、放棄後に管理者が事実上不在となり問題

---

[27]　最判平12・4・28金法1587号57頁。破産規則56条も、このような放棄が有効であることを前提にしていると考えられる。なお、不動産につき、破産財団からの放棄は、①不動産の性質上換価が著しく困難と考えられる物件（河川敷・原野等）で、放棄後も管理上重大な問題が残らないと考えられる場合、②いわゆるオーバーローン物件で、破産管財人の予定する任意売却の方法に担保権者が協力せず、担保権消滅許可の申立てをすることも相当でない場合、③破産管財人において換価の努力をしたにもかかわらず、買受希望者が現れず、近い将来も換価の見込みが立たない場合にはよく利用されているとのことである（条解破産2版596頁、注釈（上）565頁以下〔服部一郎〕）。

552　　　第12章　破産財団の管理・換価と破産手続の終了

が生じる場合や、崖崩れの危険のある土地や、土壌汚染等公害を内包しているような土地（PCBやアスベスト、ダイオキシン、六価クロム等）の場合[28]、破産管財人の破産債権者に対する善管注意義務の観点や破産法人（破産債権者を含む）の社会に対する責任の観点から慎重に検討することが必要であり、安易な放棄は許されない[29]。また裁判所も、単に経済的観点のみならず、公益上の観点をも加味して放棄の可否を慎重に判断すべきである[30]。第2に、目的物が破産財団から放棄された場合、とくに破産者が法人の場合には、清算法人がその管理・処分権を有することになる。ただ、具体的に、誰がそれを行うかについては議論がある。判例[31]は、清算人を新たに選任し、その者が管理すべきであるとするが、学説上は、旧取締役がすべきであるとの見解も有力である[32]。

　破産法78条2項各号には、管理行為と換価行為の双方が含まれており、管理行為には、5号・6号・9号・10号・11号・12号・13号・14号・15号が含まれる。また換価行為には、1号〜4号・7号・8号が含まれるが、強いてこれらを区別する必要はないであろう。これらの事項につき裁判所の許可を得ないでした行為は無効であるが、善意の第三者には無効を対抗することができない（破78条5項）。

　なお、破産管財人が、裁判所の許可を要する行為をするについては、遅滞を生じるおそれがある場合を除き、破産者の意見を聴かなければならない（破78条6項）。ただし、破産管財人の聴取違反行為は、損害賠償責任事由・解任事由になりうるにとどまり、行為そのものが無効になることはない[33]。また、裁判所が、営業または事業の譲渡について許可をする場合には、それらが破産会社の従業員に重大な影響を及ぼす可能性があるから、労働組合の意見を聴かなければならないものとされている（破78条4項）。

3　破産法人の役員に対する責任追及

（1）　法人の役員の責任追及の制度

法人が破産手続開始決定を受けた場合、何とか破産（倒産）を先延ばしするため

---

[28]　実務Q&A111頁以下、116頁以下〔長島良成〕、同113頁以下〔進士肇〕参照。

[29]　条解破産2版637頁、伊藤眞「破産管財人の職務再考」判タ1183号35頁、大コンメン338頁〔田原睦夫〕。なお、この場合、裁判所と事前に協議した上で、破産管財人報酬見込額を除くすべての換価回収金を投入してでも危険物の除去に努めるべきであろう（手引166頁参照）。なお、はい6民です229頁以下も参照。危険物や有害物質を含む物の、放棄も含めた処理については、財産換価359頁以下〔佐藤三郎〕が詳しい。

[30]　大コンメン338頁〔田原睦夫〕。

[31]　最判平16・10・1判時1877号70頁〔百選5版59事件〕。

[32]　百選4版55事件〔八田卓也〕、百選5版59事件〔三上威彦〕等参照。

[33]　条解破産2版639頁、大コンメン333頁〔田原睦夫〕。なお、大判昭11・7・31民集15巻1547頁参照。

に粉飾決算や違法配当を行ったり、法人財産を横領したり、背任行為がなされていたなどといった、その役員の違法行為が明るみに出ることが少なくない。このような場合、こうした違法な行為をした役員に対しては、実体法上、当該法人の損害賠償請求権（会社423条・120条4項、民法644条等）が発生し、これは破産財団所属の財産となる。そこで、破産管財人としては、債権者に対する最大限の配当を実施するためにも、この、法人の破産財団に所属する役員に対する損害賠償請求権を行使することにより、破産財団を増殖させることが求められる。しかし、当該取締役が、そのような損害賠償債権の存在あるいは額を争うような場合、一般の民事訴訟によらなければならないとすると、時間と費用を要するだけでなく、その訴訟が管財人の管財事務の負担となる可能性がある。そこで、破産法は、法人の役員に対し、破産管財人が、決定手続によって簡易・迅速にその損害賠償責任を追及するための手続として、役員の責任の査定の手続（破178条以下）を設けた。ただ、事柄の性質上、この種の紛争は、実体権である損害賠償請求権の存否・内容に関わるものであるから、最終的には判決手続による判断を求める機会を保障するために、査定決定に対する異議の訴え（破180条）という判決手続による審判が保障されている。さらに、この手続を実効性あらしめるために、破産手続開始決定の前後において、当該役員の財産に対して保全処分をすることができるものとした（破177条1項2項）。

（2） 役員の責任の査定手続

1） 査定手続の開始　役員責任査定決定は、裁判所が破産管財人の申立てまたは職権によって行う（破178条1項）[34]。申立てによる場合、申立権は破産管財人のみが有する。役員責任査定決定ができるのは、破産手続開始決定があった後だけであるが、それは、査定申立ても管財人の財産管理の一環として行われるからである。申立ては書面でしなければならない（破規1条2項4号）。申立書と証拠書類の写しは相手方（役員）に送付[35]しなければならない（同2条4項）。申立手数料は不要である。破産管財人が査定の手続開始の申立てをする場合は、その原

---

(34)　ただし、東京地方裁判所破産再生部における実務では、職権により査定手続が開始された例はないとされる（破産民再実務〔新版〕（上）253頁〔片山憲一〕、破産民再実務3版破産227頁）。

(35)　ここでいう「送付」とは、破産規則12条が準用する民事訴訟規則47条に規定する「直送」に該当する。したがって、送付の方法としては、送付すべき書類の交付のほか、ファクシミリを利用しての送信によることも可能であり（民訴規47条1項）、また、直送を困難とする事由その他相当とする事由があるときは、裁判所に対し、相手方の送付を裁判所書記官に行わせるよう申し出ることもできる（民訴規47条4項）。これについては、条解破産規9頁以下を参照。

因たる事実（損害賠償請求権を具体的に基礎づける事実）を疎明しなければならない（破178条2項）が、これは、濫用的な申立てを防止する趣旨である。これに対し、職権によるときには、裁判所は、疎明を待つまでもなく手続開始の決定をしなければならない（破178条3項）。査定申立ておよび職権による手続開始決定には、裁判上の請求としての時効中断効が与えられる（破178条4項）。

　査定申立ての相手方は、破産した法人の役員、すなわち「当該法人の理事、取締役、執行役、監事、監査役、清算人またはこれらに準ずる者（破177条1項参照）」である。「これらに準ずる者」とは、法人の事務を決定し、あるいは財産や業務執行の状況を監査する機関にある者であり、会計参与、会計監査人（会社326条2項）などがこれに当たる[36]。また既に退任している元役員に対して責任査定の申立てができるかについて議論の余地はあるが、文言上も「役員の責任に基づく損害賠償請求権」と規定されており、査定の対象を当該役員が法人に対して負っている責任に基づく損害賠償請求権に限定しているのであり、対象となる役員を破産手続開始の申立て時の役員に限定する趣旨とは解されない。また、当該役員が違法行為を行うなどして法人に対して損害賠償責任を実体法上負っている場合、直前に退任しさえすれば査定の申立を受けることを免れるとすると、役員責任査定決定の趣旨が没却されることにもなりかねないから、立証の困難性はあるにせよ、肯定説に立つべきであろう[37]。なお、相手方である役員も破産手続開始決定を受けた場合には、役員個人の破産手続からみれば、当該役員の責任査定手続は、破産法44条1項の破産債権に関する「訴訟手続」にあたると解されるので、破産手続開始時に中断する。その後、査定の対象である損害賠償請求権の破産債権届出に異議等が出された場合、この役員責任査定決定の手続は、破産法127条の受継すべき「訴訟手続」にもあたると解するのが相当である[38]。

　査定の対象は、役員の責任に基づく損害賠償請求権である（たとえば株式会社では、会社53条・120条4項・423条・462条・464条・486条等）。同じく取締役に対する損害賠償請求権であっても、第三者が有するもの（会社429条・430条等）は、査定の制度によることはできず、損害賠償請求権を有する各人が個別的に通常の訴訟により責任追及をすべきである（第25章2(4)参照）。

---

[36]　破産民再実務〔新版〕（上）253頁〔片山憲一〕、破産民再実務3版破産227頁。なお、民法上の法人に関しては、一般社団・財団法人法79条2項・81条等を参照。

[37]　東京地方裁判所破産再生部でも、肯定説に立った運用がなされていることにつき、破産民再実務〔新版〕（上）253頁〔片山憲一〕、破産民再実務3版破産228頁参照。否定説として、大コンメン727頁〔田頭章一〕。

[38]　谷口安平「損害賠償の査定」金商1086号104頁、条解破産2版1139頁、注釈（下）229頁〔志浦治宣〕。

2) 査定に関する裁判　　裁判所は、法人である債務者について破産手続が開始された場合において、必要があると認めるときは、破産管財人の申立てによりまたは職権で、決定をもって、役員の責任に基づく損害賠償請求権の査定の裁判（役員責任査定決定）をすることができる（破178条1項）。ここでいう「必要があると認めるとき」とは、この手続によって損害賠償請求についての債務名義を作成する必要性を意味する。

　査定手続は決定手続ではあるが、損害賠償請求を受ける役員に対する重大な効果を及ぼすため、当該役員に対する手続保障のために、判決に準じた取扱いがなされている。すなわち、査定に関する裁判をする際には、裁判所は役員を審尋しなければならない[39]し（破179条2項。なお、民訴87条参照）、役員責任査定決定またはその申立てを棄却する決定には、理由を付さなければならない（破179条1項。なお、民訴253条1項3号、民訴規67条1項7号を参照）。さらに、裁判所は、その決定書を当該役員や破産管財人に送達しなければならず（破179条3項前段。民訴119条参照）、送達代用公告（破10条3項）をもって代えることはできない（破179条3項後段）。なお、査定決定においては、その非訟事件としての性格上、裁判所は、査定申立書に記載された金額に拘束されることなく損害賠償額の査定ができるとする見解[40]もあるが、査定手続は決定手続であるとはいえ、その対象となるのは、当事者の処分性が認められる損害賠償請求権であるから、処分権主義が妥当すると見た方が、手続の実質に合致するのではなかろうか[41]。

　損害賠償請求権を基礎づける事実の原因事実については、証明が必要か疎明でよいかという点については問題があるが、証明説が有力[42]である。たしかに、疎明で足りるとする定め（民保13条2項）がない点、および査定決定が損害賠償請求を受ける当該役員に重大な影響を与えることに鑑み、証明説にも一理ある。しかし他方で、上述したように、判決に準じた扱いがなされているとはいえ、口頭弁論は開かれることなく反対尋問権も必ずしも保障されていない手続において証明

---

[39]　簡易迅速に債務名義を取得できるようにするという本制度の趣旨および必要的審尋を定める破産法179条2項の定め（民訴87条2項参照）から、役員責任の査定手続で口頭弁論をすることは原則として許されないと解されている（条解会更（上）621頁、注釈民再新版（上）452頁〔松下淳一〕、谷口安平・前掲・金商1086号104頁）。

[40]　谷口安平・前掲・金商1086号104頁、大系113頁〔中島弘雅〕、条解破産2版1199頁。

[41]　高田昌宏「更生会社役員の責任の追及」判タ1132号161頁、大コンメン731頁〔田頭章一〕。

[42]　田原睦夫「DIP型会社更生事件の管財人の欠格事由」企業紛争と民事手続法理論〔福永有利先生古希記念〕（商事法務・2005年）716頁、倒産と訴訟236頁〔岡伸浩〕、中島452頁等。疎明説をとるものとして、民再手引238頁〔乾俊彦〕がある。

第12章　破産財団の管理・換価と破産手続の終了

まで要求するのは妥当ではあるまい。しかも、査定決定手続の後に、役員査定決定に対する異議の訴えが控えており、査定決定に不服がある場合には、この判決手続において十分に争うことが予定されていることを考慮すれば、査定という決定手続においては可能な限り迅速に処理がなされるべきであろう。さらにいえば、役員の査定決定の申立てに際しては、原因となる事実の疎明が要求されており（破178条2項）、さらにここで証明を要求するならば、決定手続であるにもかかわらず、通常の判決手続よりも重い手続になってしまう（判決手続では訴えの提起に際して請求原因事実につき疎明は要求されていない）ことになり、バランスを失することになろう。このような事情を考慮すれば、決定手続たる査定の手続においては原則的に疎明説に立つべきであろう。ただ、査定の裁判は決定手続ではあるものの、審理の対象は、役員に対する損害賠償請求権の有無という実体法上の権利義務であるから、その心証度は、査定手続の申立ての際の疎明よりも高度なものが要求されると解すべきであろう[43]。

この手続は、破産手続に付随するものであるから、役員責任査定決定があるまでに破産手続が終了したときには、査定手続も終了する（破178条5項）。

3）査定の裁判の効力　裁判所は、損害賠償請求権が認められれば査定決定をし、認めないときは申立てを棄却する旨の決定（職権による開始の場合は手続を終結する決定）をする。

役員責任査定決定がなされた場合、当事者がその決定書の送達を受けた日から1月の不変期間内に異議の訴えを提起しなかったとき、または、訴えを提起したが出訴期間の徒過等により却下されたときは、役員責任査定決定は確定し、給付を命ずる確定判決と同一の効力を有する（破181条）。これは執行力のみならず、既判力も生じることを意味する[44]。よって、破産管財人は、これを債務名義として（民執22条7号）、当該役員の個別財産に対し強制執行をすることができる。

それに対し、役員責任査定決定の申立てが棄却された場合、これは、査定という簡易な方法では損害賠償を命じることができないことを確認するものに過ぎず、損害賠償請求権自体の不存在を既判力をもって確認するものではない。よって、査定申立てを棄却する裁判には既判力はなく、理論的には、後日、通常の訴

---

[43]　倒産と訴訟237頁〔岡伸浩〕は、証明説に立ちつつ、その証明度は民事訴訟一般の高度の蓋然性という確信レベルと必ずしも同様に解する必要はないとしており、このように解するならば、本文に述べた疎明説と実質的には差がなくなるであろう。

[44]　谷口安平・前掲・金商1086号104頁、大コンメン736頁〔田頭章一〕、新注釈民再2版（上）841頁〔阿多博文〕、条解民再3版789頁〔中島弘雅〕、注釈民再新版（上）458頁〔松下淳一〕等通説である。

第19講　破産財団の管理・換価と破産手続の終了　　*557*

えにより当該役員に対して責任追及を行うことは妨げられない[45]。

（3）　役員責任査定決定に対する異議の訴え

1）趣　旨　　役員責任査定決定は、決定手続であるが、法人の当該役員に対する損害賠償請求権の存在および内容を確定する効果を有するので（破181条）、その当否については、最終的には、必要的口頭弁論に基づく判決手続によって判断を受ける機会を保障しなければならない。そのための制度が、役員責任査定決定に対する異議の訴え（破180条）である。この訴えは、役員責任査定決定の取消しあるいは変更を求めるという意味で、訴訟法上の形成の訴えであり、したがって、訴えを却下する場合を除いて、判決においては、査定の裁判を認可し、変更し、または取り消す（破180条4項）。ただ、一部認容を内容とする役員責任査定決定を変更し、追加的給付を求める場合には、給付訴訟としての性質を併有する[46]。

2）訴えの提起　　役員責任査定決定に不服がある者は、その送達を受けた日から1月の不変期間内に異議の訴えを提起することができる（破180条1項）。この訴えについては破産裁判所（破2条3項）が管轄裁判所となる（破180条2項）。ここでいう破産裁判所とは、いわゆる官署としての地方裁判所（破2条3項）であり、破産事件を担当する裁判体としての裁判所ではない[47]。

この訴えにおける請求の趣旨には、役員責任査定決定の取消しまたは変更を求める旨を明示すべきであり、その限りでは、査定決定の効力にかかる形成的宣言を求める形成訴訟としての性質を持つとする見解と、異議の訴えの本質は、損害賠償請求権に基づく給付命令（債務名義）を求めることにあるというべきであり、給付の訴えとしての理解を基礎におくべきであろうとする見解が分かれている[48]。

破産法180条1項の異議の訴えは、「役員責任査定決定」に対してのみ提起することができる。ここでいう役員責任査定決定とは、役員に損害賠償を命じる決定（全部認容の場合と一部認容の場合とがある）であり、役員責任査定の申立てを全面的に棄却する決定は、査定決定とは区別されており（破179条1項参照）、ここでいう異議の訴えの対象にはならない[49]。

---

[45]　中島453頁。

[46]　伊藤3版596頁注400、条解破産2版1202頁、大コンメン733頁〔田頭章一〕。

[47]　条解破産2版1203頁、大コンメン733頁〔田頭章一〕。

[48]　形成訴訟説を採るものとして、条解破産2版1202頁、伊藤3版596頁注400。それに対して、給付訴訟説を採るものとして大コンメン733頁〔田頭章一〕、注釈民再新版（上）455〔松下淳一〕がある。

[49]　大コンメン732頁〔田頭章一〕。もっとも、この場合、破産管財人は、異議の訴えを提起することはできないが、通常の訴えを提起することは許される（棄却判決には既判力

3）役員責任査定決定に対する異議の訴えの提起権者および当事者　　役員
責任査定決定よって損害賠償が命じられた場合、役員は、破産管財人を被告とし
て役員責任査定決定に対する異議の訴えを提起することができる。また、役員責
任査定の申立てが一部しか認容されなかった場合には、責任査定の申立人たる破
産管財人も役員を被告としてこの異議の訴えを提起することができる（もちろん、
役員も破産管財人を被告として異議の訴えを提起することができる）。したがって、この
場合、訴訟の当事者は、役員と破産管財人である。

役員責任査定決定に対する異議の訴えの出訴期間は査定決定の送達を受けた日
から1ヶ月であるが、控訴に対する附帯控訴の関係（民訴293条）と同様に、たと
えば、一部認容（棄却）の査定決定に対して役員が異議の訴えを提起した場合に、
破産管財人は、異議訴訟の出訴期間経過後であっても、役員責任査定決定よりも
有利な判決を得るために、既に役員が提起している異議訴訟の中で、反訴として
異議の訴えを提起することができる。同様に、一部認容（棄却）の査定の裁判に対
して破産管財人が異議の訴えを提起した場合には、役員も、異議訴訟の出訴期間
経過後であっても、反訴として異議の訴えを提起して、役員責任査定決定よりも
自己に有利な判決を求めることができると解すべきである[50]。

4）役員責任査定決定に対する異議訴訟の審理　　この異議の訴えは通常の
民事訴訟であるから、必要的口頭弁論に基づいて（民訴87条）、損害賠償請求権の
有無について審判がなされる。審判の対象としての訴訟物については、①役員が
原告として異議の訴えを提起する場合には、査定された損害賠償の取消しを求め
る範囲が訴訟物となる。それに対し、②破産管財人が原告となる場合には、求め
る損害賠償額と査定された賠償額との差額が訴訟物ということになる。このよう
にして画された訴訟物の範囲を超える変更ないし取消しを求めるためには、被告
において、反訴として役員責任査定決定に対する異議の訴えを提起しなければな
らない[51]。

役員責任査定の申立てを 一部認容（棄却）する決定に対し、破産管財人および役
員の双方から、役員責任査定決定に対する異議の訴えが提起された場合、これら

はない）。

[50]　大コンメン733頁〔田頭章一〕、注釈民再新版（上）455頁〔松下淳一〕、伊藤3版596
　　頁注399、中島454頁。反対、条解会更（上）624頁。

[51]　役員または破産管財人が提訴期間内に異議の訴えを提起した場合に、被告が提訴期間
　　経過後に反訴として異議の訴えを提起することができるかについては、提訴期間の規律
　　を重視して、これを否定する見解（条解会更〔上〕624頁）と、附帯控訴に関する民事訴
　　訟法293条1項を類推して肯定する見解（谷口安平・前掲・金商1086号106頁、条解破
　　産2版1203頁、大コンメン733頁〔田頭章一〕）とが分かれているが後説が妥当である。

数個の異議訴訟についてそれぞれ別々に審理・判断がなされると、判断に矛盾が生じるおそれがあるから、これらは必要的共同訴訟（民訴40条1項〜3項）として併合審理がなされる[52]。これに対し、複数の役員に対してそれぞれ査定の裁判が行われ、異議の訴えがそれぞれについて提起されたとしても、それらは合一確定の必要はない[53]。

役員が異議の訴えを提起する場合には、原告たる役員は訴訟物の特定をすればたり、損害賠償請求権の実体的要件の存在については、一般原則通り破産管財人が証明責任を負うと解すべきである。また、破産管財人が異議の訴えを提起するときも、一般原則通り破産管財人が損害賠償請求権の実体的要件の存在について証明責任を負う[54]。

破産債権者が、破産管財人側に補助参加できるか否かについては争いがあるが、破産債権者は、その訴訟の勝敗につき、一般的な反射的な事実上の利害関係を有するにすぎないので、否定すべきであろう[55]。

5）役員責任査定決定に対する異議訴訟の判決　　役員責任査定決定に対する異議の訴えが、訴訟要件の欠缺または提訴期間の徒過などを理由として却下される場合を除くと、裁判所は、査定決定を正当とするのであれば当該決定を認可し、当該決定を全部不当とするのであれば当該決定を取消し[56]、一部不当とするのであれば正当な範囲での内容に変更する旨の判決をする（破180条4項）。

役員責任査定決定を取り消す判決は、損害賠償請求権の不存在について既判力を生じる[57]。査定決定を認可または変更する判決は、判決主文中には給付を命じる文言は含まれていないが[58]、実質的には役員に対する損害賠償を命ずる内容を

---

(52)　伊藤3版596頁注399、中島455頁、条解破産2版1204頁、大コンメン734頁〔田頭章一〕、注釈（下）236頁〔志浦治宣〕。なお、深山119頁、注釈民再新版（上）457頁〔松下淳一〕、新注釈民再2版（上）836頁〔阿多博文〕も参照のこと。

(53)　注釈民再新版（上）457頁〔松下淳一〕、中島455頁、新注釈民再2版（上）836頁〔阿多博文〕。

(54)　条解破産2版1204頁、注釈（下）236頁〔志浦治宣〕。

(55)　条解破産2版1204頁。反対、大コンメン734頁〔田頭章一〕。

(56)　条解破産2版1205頁は、査定決定取消しの場合、査定申立てにより開始された事件では、その申立てに対する応答の裁判が必要になると思われるが、取消しの判決には査定申立てを棄却する旨の判示が黙示的に含まれていると解すべきであろう、とする。

(57)　この場合、申立てに対する応答の裁判が必要になると思われるが、取消しの判決には査定申立てを棄却する旨の判示が黙示的に含まれていると解すべきであろう（条解破産2版1205頁）。

(58)　伊藤3版596頁、条解破産2版1205頁は、判決主文において、給付の内容を明確にすべきであるとする。

含んでいるので、その判決には給付判決と同一の効力が生じる（破180条5項）。すなわち、執行力と既判力が生じると解される。また、否認の請求を認容する決定に対する異議の訴え（破175条）の場合と同様に、異議の訴えにおいて役員責任査定決定を認可し、または変更した判決については、仮執行宣言を付することができることを規定上明らかにしている（破180条6項）[59]。

なお、異議の訴えが1月の不変期間内に提起されなかったとき、または出訴期間の徒過などによって却下されたときは、役員責任査定決定には、給付を命ずる確定判決と同様、既判力と執行力が認められる（破181条）。また、たとえば、1000万円の損害賠償請求の査定申立てに対して、500万円の支払いを命じる役員責任査定決定がなされ、それに対して破産管財人のみが異議の訴えを提起し、1000万円の支払いを命じる判決への変更を求めた場合、既に支払いを命じられている500万円の部分については、役員からの不服申立てが存在しないが、異議の訴えが提起された以上、その部分についても役員責任査定決定は確定しない[60]。

査定の申立てを棄却する決定（破179条1項）に対しては、異議の訴えは認められていないから（破180条1項）、管財人としては、破産財団の増殖ということを考えた場合、別途、通常の訴えによって損害賠償を訴求する以外に方法はない。しかも、査定の申立てを棄却する裁判は、決定という簡易な方法では損害賠償を命じることができないことを確認するものにすぎず、損害賠償請求権の不存在自体を確認するものではないから、査定の申立てを棄却する裁判には既判力はなく、このような訴えは適法であると解される[61]。

6）株主代表訴訟との関係　役員の責任査定の制度は、破産法だけでなく他の倒産法制（民事再生〔民再143条以下〕、会社更生〔会更100条以下〕、特別清算〔会社545条〕）にも共通して導入されており、いずれの法制度においても、会社法上の責任追及等訴訟（株主代表訴訟）との関係が問題となる。すなわち、株式会社が破産者の場合、いずれの制度においても、株主には査定の申立権は認められていないのであり、そこで、株主が株主代表訴訟によって会社の利益を守ろうとする

---

[59]　小川244頁、条解破産2版1205頁、伊藤3版596頁。なお、民事再生手続について、新注釈2版（上）839頁〔阿多博文〕、条解民再3版787頁〔中島弘雅〕も参照のこと。

[60]　伊藤3版596注402。

[61]　伊藤3版595頁。そこでは（595頁注398）、相手方たる役員の立場を考えれば、いったん査定申立てが棄却された後に、さらに、損害賠償請求訴訟を提起するのは、例外的な場合に限られるべきであり、裁判所の許可（破78条2項10号）にも慎重な運用が求められるとする。なお、民事再生手続についても、一問一答民再187頁、条解民再3版790頁〔中島弘雅〕、Q&A民再2版347頁〔三木浩一〕等は、かような損害賠償請求の訴えを肯定している。

場合に、①株主は、会社に倒産手続が開始された後も、会社に対する役員の損害賠償責任を株主代表訴訟（会社847条）によって追求できるか、また、②既に株主代表訴訟が係属している場合、倒産手続の開始が、係属中の株主代表訴訟にどのような影響を及ぼすのか、といった問題が生じる。

　破産手続においては常に管財人が選任され（破31条1項）、この者に破産財団の管理処分権が包括的に帰属し（破78条1項）、当事者適格も管財人に認められている（破80条）。そこで、下級審裁判例は、会社更生事件や破産事件[62]に関し、各倒産手続開始後の株主代表訴訟の提起を不適法とし、また、既に係属中の株主代表訴訟は、倒産手続の開始によって中断・受継の対象になるとしている。その理由としては、①倒産手続の開始により、会社財産の管理処分権や事業の運営権は管財人に移るから（会更72条、破78条1項）、会社の取締役に対する責任追及の訴えは、会社の財産関係ないし破産財団に属する訴えとして管財人が当事者適格を有すること（会更74条、破80条）、②取締役に対する責任追及を行うか否か、またその手段の選択は、もっぱら管財人の判断に委ねられていること、等があげられている。

　学説も、通説は、上記裁判例の挙げる理由のほか、会社財産に対して株主より優先する債権者ですら個別的権利行使等が禁じられるのであり（破100条）、劣後する株主にも会社財産に関する個別的権利行使等を禁止するのが相当である、管財人が取締役等との特殊な関係から損害賠償請求権の行使を怠ることはありえないこと等を理由として、会社更生や破産手続開始後の株主代表訴訟の提起を不適法とするとともに、既に株主代表訴訟が係属している場合、倒産手続の開始によって係属中の株主代表訴訟は中断し、管財人がそれを受継すると解している[63]。これに対しては、民事再生手続をめぐって、①管財人による経営陣に対する責任追及は、会社の再建という目的の下に、広範な裁量権を伴って行われるものであり、株主による責任追及とは立場や視点の違いが存在すること、②もともと株主には会社とは別個・独立の立場から代表訴訟を提起する固有の権限があり、かかる権限は、管財人が会社の事業遂行権・財産の管理処分権を専有するようになっ

---

[62]　東京地判昭41・12・23下民17巻11＝12号1311頁（会社更生事件）、東京高判昭43・6・19判タ227号221頁（会社更生事件）、大阪高判平元・10・26判タ711号253頁（会社更生事件）、東京地決平7・11・30判タ914号249頁（破産事件）、東京地決平12・1・27金商1120号58頁（破産事件）。

[63]　谷口201頁・203頁、伊藤3版409頁、基本コンメン130頁〔池田辰夫〕、大コンメン188頁〔菅家忠行〕、条解破産2版372頁、新基本コンメン117頁〔垣内秀介〕、注釈民再新版（上）451頁〔松下淳一〕、再生法の実務新版85頁〔佐藤鉄男〕、最新実務372頁〔三村藤明〕、条解会社更生法〔上〕595頁・616頁、注解会社更生239頁〔生田治郎〕。

た後も、再生手続上株主の権限がすべて停止する旨の規定がない以上、株主は代表訴訟を提起する権原を失うものではないこと、③株主による代表訴訟を認めても、再生手続の目的と積極的に矛盾するものではないこと、④民事再生法上裁判所による管財人の選任・監督の規定や管財人の善管注意義務の規定があるからといって、役員に対する責任追及の懈怠の可能性がないとはいえないこと等を考慮して、管財人が選任された後も、管財人が役員に対して責任追及を行わない場合には、株主による代表訴訟を認めてもよいとする見解[64]も有力に唱えられている（本書第27講2(6)参照）。

（4）　役員の財産に対する保全処分

1）　役員の財産に対する保全処分の意義　法人である破産者がその役員に対して損害賠償請求権を有する場合、この損害賠償請求権は破産財団に属する重要な財産となる。そこで、破産法は役員の査定決定手続（破178条以下）を用意して迅速に権利関係の確定を図ってはいるが、その前に役員の財産が処分されてしまうと、実際上、損害賠償請求権の実現は不可能ないし著しく困難となる。そこで破産法は、責任が追及される役員の財産について、特殊な保全処分を発することを認めた。すなわち、裁判所は、法人である債務者について、原則として、破産手続開始決定があった場合において、必要があると認めるときは、破産管財人の申立てによりまたは職権で、当該法人の取締役、理事、執行役、監事、監査役、清算人、またはこれに準じる者（たとえば、会社法上の会計参与や会計監査人など）の責任に基づく損害賠償請求権について、当該役員の財産に対する保全処分をすることができるものとされ（破177条1項）、また、破産手続開始申立てから手続開始についての裁判がなされるまでの間においても、緊急の必要があると認めるときは、裁判所は、債務者、保全管理人の申立てによりまたは職権で、当該役員の財産に対する保全処分をすることができるものとされている（破177条2項）[65]。この保全処分は、申立人のみの利益のためにされるのではなく、総債権者の利益のために、破産財団に属する財産を保全するためになされる点で、通常の民事保全法上の保全処分とは異なる。

2）　保全処分の開始　①　申立権者　保全処分は裁判所が職権でも発令できるが（破177条1項2項）、ほとんどの場合は申立てに基づいて発令される[66]。そ

---

[64]　条解民再3版772頁〔中島弘雅〕、佐藤鉄男「破綻処理手続と代表訴訟」競争法の現代的諸相〔上〕（厚谷襄児先生古希記念）（信山社・2005年）294頁。

[65]　この制度の導入の経緯については、条解破産2版1185頁以下参照。

[66]　大コンメン723頁〔田頭章一〕、注釈（下）220頁〔浅沼雅人〕、谷口安平・前掲・金商1086号106頁。

第19講　破産財団の管理・換価と破産手続の終了　　563

して、申立てがなされる時期によって、申立権者は異なる。まず、破産手続開始決定後に保全処分の申立てをする場合には、申立権者は破産管財人に限られる（破177条1項）。

それに対して、破産手続開始申立てから破産手続開始決定までの間に申し立てる場合には、申立権者は、債務者または保全管理人である（破177条2項）。債務者が法人である場合、債務者が申し立てるとは具体的にいえば次のようになる。すなわち、債務者が一般社団法人・一般財団法人の場合、保全管理人が選任されていれば保全管理人が申立権者である。保全管理人が選任されていない場合には、一般社団法人にあっては、理事または社員総会で代表者と定められた者、一般財団法人では理事が法人を代表して申し立てる（一般法人77条1項2項・81条・197条）。債務者が会社の場合、監査役設置会社では監査役が会社を代表し（会社386条1項類推）、非設置会社では取締役もしくは代表取締役または株主総会で会社を代表する者と定められた者（会社349条1項2項・353条参照）が申立権者となる。

なお、民事再生法（民再142条3項）とは異なり、破産手続においては、手続開始前の保全処分につき、債権者の申立権は認められていない。よって、債権者は、保全処分につき代表者が積極的でない場合には、裁判所の職権による保全処分の発令を求めるしか方法はないが、その立法論的な当否については疑問がある。

②　申立手続

破産法177条には、破産手続開始申立前については別段の規定はないし、破産手続が開始されるか否か明らかでない時点で保全処分を命じることは、当該役員の財産権を侵害する可能性があるから、破産手続開始申立前の保全処分の申立てはできないと解される。申立ては、一定の事項を記載した書面によってなさなければならず、申立書には証拠書類の写しを添付する（破規1条・2条）。この保全処分の申立ても、民事保全の申立てに類似し、相手方との関係で、申立ての内容を明確にする必要がとくに高い手続といえるからである[67]。なお、第三者を相手方とする否認権のための保全処分には立担保が要求される可能性があるが（破171条2項）、法人の役員はいわば破産者の内部者とみられるから（破161条2項参照）、立担保は要求されていない[68]。

被保全権利は、法人である債務者の役員の責任に基づく損害賠償請求権という金銭債権であるから、保全処分の内容は仮差押え（民保20条）が原則となる。保全処分を発令するのは、破産事件が係属する（裁判体としての）裁判所である。手続開始後においては、保全処分を発令するには、「必要と認める場合」[69]でなけれ

---

[67]　条解破産規5頁。

[68]　伊藤3版593頁。

ばならない。これに対して、開始申立てから開始決定の間には、「緊急の必要があると認めるとき」にのみ、裁判所は保全処分を命ずることができるとされ、要件が加重されている（破177条2項）。したがって、この場合には、保全処分の発令のためには被保全権利と保全の必要性が疎明されただけでは十分ではなく、財産の隠匿・費消のおそれなど保全の緊急性が高い特別の事情を疎明することが必要になろう[70]。

　保全処分が発令されると、裁判所書記官の嘱託に基づいて当該財産に保全処分の登記がなされる（破259条1項2号）。また、裁判所は、必要に応じて保全処分を変更し、または取り消すことができる（破177条3項）。これらの変更・取消しについても登記嘱託がなされる（破259条2項）。

　保全処分決定、およびその変更・取消しの決定に対して不服のある利害関係人は即時抗告による不服申立てが認められる（破177条4項）。ただし即時抗告は、執行停止の効力を有しない（同条5項）。これに対して、保全処分の申立てを棄却する決定に対しては、即時抗告は認められていない。保全処分決定、およびその変更・取消しの決定ならびにこれらに対する即時抗告についての裁判書は、当事者に送達しなければならず、この場合は破産法10条3項本文は適用されない（破177条6項）。これらは決定でなされる裁判であるが、当事者の地位に重大な影響を与える裁判であることから、判決に準じた扱いがなされている（民訴255条・119条参照）。

4　破産財団の換価

　破産管財人は、破産債権者に配当を行うためには、管理した財団所属財産を換価しなければならない。そしてこの換価は、配当を早期に実施するためにも、また財産の価値下落を防ぐためにも迅速になされることが要請される。そのために、破産管財人は、原則として、その裁量によって換価行為をなしうるが、一定の場合には、その行為に制限が課せられている。

（1）　換価に関する制限

　1）　重要な換価行為についての制限　　換価行為は、原則として破産管財人の裁量に委ねられるが、以下のような重要な行為については、裁判所の許可が要

---

[69]　被保全権利と保全の必要性が疎明された場合を意味する（大コンメン724頁〔田頭章一〕）。条解破産2版1190頁は、より具体的に、査定手続等を経て強制執行を行うまでの間に、相手方がその個人財産を隠匿・処分・消費等して、強制執行の実効性が確保されないおそれがあり、破産法177条の特殊保全処分を発令する必要があることをいう、と説明する。

[70]　大コンメン724頁〔田頭章一〕。なお、条解破産2版1190頁も参照のこと。

求される（破78条2項柱書）。すなわち、不動産に関する物権等の任意売却（破78条2項1号）、鉱業権等の任意売却（同2号）、営業または事業の譲渡（同3号）、商人の一括売却（同4号）、借財（同5号）、相続の放棄や包括遺贈の放棄の承認または特定遺贈の放棄（同6号）、動産の任意売却（同7号）、債権または有価証券の譲渡（同8号）などである。ただし、78条2項7号ないし14号に関しては、目的物の価額が100万円以下の場合、または裁判所の許可を要しないものとされた場合には許可は不要である（破78条3項、破規25条）。破産管財人が、裁判所の許可を要する行為につき、裁判所の許可を得ないで換価をしたときはその行為は無効とされるが、その無効は善意の第三者には対抗できない（破78条5項）。

2）意見聴取　破産管財人は、上記の許可を要する行為をなすに際して、遅滞を生じるおそれがある場合を除いて、破産者[71]の意見を聴かなければならない（破78条6項）。これは、破産財団に属する財産については、一般に、破産者（代表者）が、その現状、価値、有利な換価方法等をもっともよく知っていると考えられるからである[72]。ただ、破産法78条5項のような規定がないことから、破産管財人は、意見を聴いて判断の参考にすれば足り、その意見に拘束されることはないと考えられる[73]。

　また、裁判所は、営業等の譲渡の許可をする場合には、労働組合等（破32条3項4号）の意見を聴かなければならない（同条4項）。営業等の譲渡については、破産者の労働者は多大な利害関係を有しているからである。なお、裁判所は、労働組合等の意見を、営業等の譲渡の許可の可否を判断する際の参考にすれば足り、その意見に拘束されない。また、破産法78条5項のような規定もないことから、意見を聴かないで判断した場合でも、その判断は有効であると解される。

（2）　換価の方法、別除権の目的物の換価

1）不動産の換価・処分　① 民事執行法等による換価　破産法は、破産管財人がする破産財団に属する不動産の換価について、任意売却の方法（破78条2項1号）によるほか、民事執行法その他強制執行の手続に関する法令の規定によることを定めている（破184条1項。不動産が別除権の目的となっている場合につき同条2項）。ただ、実務上は任意売却の方法によって換価され、破産管財人が任意売

---

[71]　法人の場合は、破産手続開始の決定時の代表取締役と解される（大コンメン333頁〔田原睦夫〕、条解破産2版639頁）。

[72]　大コンメン333頁〔田原睦夫〕。ただ、法人破産の場合には、代表者に意見を聴くよりも、実務担当者の意見を聞く方が実務上はるかに有用であるとされる。

[73]　ただ、破産者の意見を聴かなかったことが、破産管財人の損害賠償責任事由ないし解任事由になることはあり得るであろう。大判昭11・7・31民集15巻1547頁参照。

却によることができないと判断した場合は破産財団から放棄されることが多いとされる[74]。これは、通常、任意売却の方が高価に売却できるから、手続費用と時間をかけて強制執行の手続により換価する実益がないことがその理由であろう。なお、ここでいう「強制執行」とは、破産手続開始決定を債務名義として行われる、いわゆる形式競売（民執195条）に属し、換価代金は破産管財人に交付されて、強制執行手続による場合のように債権者への配当がなされることはない[75]。

民事執行法上、差押債権者の債権に優先する債権を弁済して剰余が生ずる見込みがないときは、当該差押債権者の申立てに基づく執行手続は原則として取り消されるものとされており（民執63条・129条）、旧法の下では、この無剰余執行禁止の規定は、破産管財人の旧法203条の規定に基づく換価についても適用されると解されていた[76]。しかし無剰余である場合であっても、別除権者が破産債権として行使する不足額（破108条1項本文）が破産債権者全体の利益に影響するところから、無剰余執行禁止の原則は明文で排除されている（破184条3項）。

　②　別除権目的物の換価　　別除権は、破産手続によらずに行使することができる権利であり（破65条）、別除権をいつ行使するかは原則として別除権者の自由に委ねられている。しかし、別除権の目的財産に担保余剰がある場合には、破産財団充実の観点からは、早期に換価されることが望ましい。また、賃貸用マンションの賃料が抵当権の物上代位により差押えがなされて、収益が上がらずに管理コストのみ破産財団の負担となるような場合や、遊休資産で固定資産税の負担の

---

[74]　破産民再実務〔新版〕（上）210頁〔山崎栄一郎〕、破産民再実務3版破産197頁。これらの文献によれば、東京地方裁判所破産再生部では強制執行の手続による換価の申立てがされた事例はないとされる。不動産の任意売却については、実務上の諸問題172頁以下、財産換価93頁〜210頁〔清水祐介・三枝知央、相羽利昭、野村剛司、上石奈緒、木村真也、高橋弘子、田川淳一、北村治樹〕が詳しい。

[75]　条解破産2版1228頁、伊藤3版650頁。なお、最判平9・11・28民集51巻10号4172頁、最判平9・12・18判時1628号21頁参照。なお、形式競売において抵当権その他の物上負担の処遇については見解が分かれているが（その概要につき、中野貞一郎『民事執行法〔増補新訂6版〕』（青林書院・2010年）776頁以下）、いわゆる純換価型の形式競売では引受け、清算型の形式競売では消除とする見解が有力である。たしかに、破産法における形式競売は、直接的には清算を目的とはしていないが、破産手続は最終的には清算を目的とするものであり、この場合にあえて純換価型と解するのは迂遠であるし、別除権者が、破産管財人の換価を拒否することができない（破184条2項後段）ことからも、破産管財人による強制執行により抵当権などは破産手続の中で清算されるべき物上負担が消除されることを前提としているから、換価により抵当権等の別除権は消除されると解する見解が有力である（新基本コンメン424頁〔服部敬〕、注釈（下）258頁〔黒木和彰〕）が、妥当であろう。

[76]　小川248頁、注解3版（下）460頁〔斎藤秀夫〕。

みが生じるような場合も早期の換価が求められる。このような場合に、破産法は、破産財団の拡充または破産財団の負担軽減を図るために、担保権者の実行時期の自由を奪い、破産管財人に別除権の目的財産の換価権を与えている[77]。すなわち、破産管財人は、別除権の目的たる財産を民事執行その他強制執行の手続によって換価することができ、別除権者はそれを拒絶することはできないとされている（破184条2項）[78]。この破産管財人の換価権によって、優先弁済権実現のための別除権者の換価権は制限されることになるが、包括執行たる破産手続の性質を考慮し、別除権者には目的物の価額によって優先弁済を認めれば足りるし、民事執行等は公正な手続であると考えられることから、このような方法での換価ができるものとされている。なおこの場合に、破産管財人が別除権の目的物について強制執行による換価に代えて任意売却（破78条2項1号〜4号7号8号）をすることができるかという問題がある。理論的には、任意売却自体は破産者自身にもできたはずであり、目的物につき管理処分権を取得した破産管財人について、これを否定する理由はないし、任意売却によって別除権者の利益が大きく侵害される場合でなければ、これを認めてもよい。したがって、別除権の目的である財産の帰属が変更するにとどまり、その財産的価値には変動がなく担保権も存続するような任意売却等や、別除権者の同意がある場合には、破産法184条2項の定める方法以外の任意売却等によって換価することも可能である[79]。ただ、実際上は、担保権がついたままでは、買受人は担保権を実行されるリスクがあるから、買い手はつかない可能性がある。その点、強制執行の場合には、競売実施の結果として担保権が消滅するが（民執59条1項等）、任意売却の場合には、これと同様の結果を実現するためには、①破産管財人が被担保債権を全額支払うか、別除権者との合意によってその金額を減額の上支払って、担保権の負担のないものとして目的物を売却する（受戻しの方法。破産法78条2項14号）か、②担保権消滅請求権（破186条以下）を行使することになる。したがって任意売却をする場合には、管財人としては、被担保債権や目的物の価額等を検討した上で、いかなる方法を採るかを考える必要があろう。

　ここでなされる強制執行の手続による換価も形式競売であるから、強制執行と

---

[77]　条解破産2版1228頁以下参照。

[78]　なお、実務上は、別除権者の希望する任意売却が経済合理性を欠くと判断された場合に、公正さや手続の透明性を確保するために、この手続が執られることがあるといわれる（注釈（下）258頁〔黒木和彰〕）。

[79]　大コンメン744頁〔菅家忠行〕、伊藤3版65頁等参照。その他、山木戸239頁、谷口221頁、霜島473頁、石原522頁等も同旨である。担保権の負担がある不動産の売却については、財産換価127頁以下〔相羽利昭〕も参照のこと。

しての配当手続は行われず、執行裁判所は、売却代金全額を破産管財人に交付する。管財人は、この売却代金を別除権者に優先的に弁済した後、残額があればそれを破産財団に組み入れる。ただし、別除権の被担保債権につき争いがあり、別除権者が優先弁済を受けるべき金額が確定しないときには、破産管財人は、代金を寄託しなければならず、別除権者は、寄託された代金について別除権を行使することができる（破184条4項）。

　別除権者が法定の権利実行方法以外の方法によって目的物を処分する権利をもつ場合[80]には、裁判所は、破産管財人の申立てにより、その処分をなすべき期間を定め（破185条1項）、その期間内に処分がなされないと、別除権者は、その処分権を失う（同条2項）。別除権者が法律に定められた方法によらないで別除権の目的物を処分する権利を有する場合には、破産管財人もそれを尊重すべきではあるが、別除権者がその財産の処分をしないときは破産手続の進行が阻害されるから、そのような事態を防止しようとするものである。なお、処分期間を定める申立てに関する決定については、利害関係人が即時抗告をすることができる（同条3項）。

　2）動産の換価・処分　　具体的な方法は管財人の裁量に委ねられており、機械、什器、家具、原材料、商品など目的物によって適切なものを選択すればよい。在庫商品や原材料等は、ときの経過とともに急速にその資産価値を損なうものであるほか保管費用の問題もあり、管財人としてはできるだけ早期に換価処分する必要がある。これらには、一括売却方式と個別売却方式があるが、前者は、それを必要とするものには高額で売却することができるが、換価まで長時間を要し、しかも売れ残りが生ずることが多いのに対し、後者は、早期に全部を換価することができるが、全体について適正な評価をすることが困難であり、不良品や商品価値が減少しているものが含まれていることを理由に買い叩かれてその代金は低額に抑えられることが多いといわれる[81]。機械・工具類は、破産債権者に買受けの機会を与えた方がより早く適切な処分方法が見いだせる。大型機械は、工場建物との一体処分も考慮すべきである。什器備品・家具等については、一般に換価収入はそれほど見込めず、散出や減価の度合いも多いから、売却代価の多少の多寡にこだわるより迅速処理が肝要である。家具は破産者の家族等に買い取らせる

---

(80)　流質契約（商515条、質屋19条）、抵当直流、譲渡担保や所有権留保の実行、リース目的物の処分、銀行取引約定書による担保目的物の処分に関する定めが代表的なものである（条解破産2版1233頁、伊藤3版650頁注147）。

(81)　実務上の諸問題176頁以下参照。なお、破産民再実務3版破産215頁以下も参照。動産の換価における実務上の諸問題については、財産換価313頁～386頁〔蓑毛良和・志浦治宣、本山正人、島田敏雄、内藤滋、佐藤三郎、都野道紀〕が詳しい。

方がより高価に売却できるのが通例であるといわれる[82]。

3）債権等の換価・処分　とくに法人破産の場合、破産財団に属する財産に、預金、売掛金、受取手形、貸付金、保証金等の債権が含まれることが一般的であり、また個人破産にあっても、預金、保険金の解約返戻金、退職金、貸付金や賃貸借契約に関連して敷金返還請求等の債権が破産財団に含まれる場合がある。破産管財人が、これらの債権の存在を的確に把握し、その回収を確実かつ早期に実現することは、破産手続における弁済・配当の増大や手続の迅速な処理にとって非常に重要である。したがって、債権の回収も、各種債権の特殊性に沿って迅速になされる必要がある[83]。

債権の換価は、原則として債務者からの取立てによる。一般に、債権者が倒産すると、債務者は種々の苦情を申し立てて、その義務の履行を拒むことが多いといわれている。よって、名目額通りの債権の回収を破産管財人に要求することは、管財人に過大な負担を負わせることになる。かといって、債務者から苦情があることを理由に回収をあきらめると、管財人としての善管注意義務違反（破85条1項）に問われる可能性がある。そこで、破産管財人としては、債権譲渡による換価（破78条2項8号）をも含めて、債権者を納得させるに足る程度の回収の努力をしなければならない[84]。

債権回収に類するものとして、法人社員の出資義務についての履行請求（破182条、会社663条）がある。また、匿名組合契約が営業者の破産によって終了したときに（商541条3号）、損失分担や苦情があれば、破産管財人は分担すべき損失額を限度として、未履行出資義務の履行を求めることができる（破183条）。

5　破産手続の終了

破産手続の終了には、配当によって終了する場合と、配当に至ることなく終了する場合とがある。

（1）配当による終了

1）配当の意義　配当とは、破産財団に属する財産を換価して得た金銭を、

---

[82]　実務上の諸問題178頁以下、破産民再実務〔新版〕（上）226頁～237頁〔片山憲一〕、破産民再実務3版破産210頁以下、財産換価348頁〔本山正人〕参照。なお、破産民再実務3版破産212頁は、換価処分方法の公正性を確保するため、例えば債権者集会等において、あらかじめ換価先、換価方法等について債権者に開示しておくことも考慮されて良いであろうとする。

[83]　各種債権の具体的な債権回収の方法については、実務上の諸問題179頁以下、破産民再実務3版破産218頁以下、財産換価211頁～312頁〔上野保、池上哲朗、柴田祐之、大澤加奈子、野田聖子、神原千郷、上田愼、河野慎一郎、石井芳明〕が詳しい。

[84]　伊藤3版652頁。

管財人が破産債権者にその順位および債権額に応じて公平に分配することをいう。一方で破産財団の換価が進行して一定の金銭が得られ、他方で、破産債権者の範囲および債権の額が調査手続によって確定されると、管財人が破産債権者に対して配当を行うことが可能となる。

2）配当の時期と種類　　現行破産法は、配当の時期を基準として、3種類の配当を規定している。すなわち、破産財団に属する財産の換価の終了前に行われる中間配当（破209条1項）、財産の換価終了後に行われる最後配当（破195条1項）、最後配当の配当額の通知後に行われる追加配当（破215条1項）がこれである。そのほか、配当の方法について最後配当に代わる配当手続として、簡易配当（破204条）と同意配当（破208条）が規定されている。

① 中間配当　a. 意義　　中間配当とは、一般調査期間の経過後または一般調査期日の終了後であって、配当をするのに適当な破産財団に属する金銭があるときに、破産財団に属する財産の換価の終了前に行う配当手続である（破209条1項）[85]。中間配当を行うには、裁判所の許可を要する（同条2項）。これに対し、最後配当、簡易配当、同意配当の場合は裁判所書記官の許可を得ることになっている（破195条2項・204条1項・208条1項）。この違いは、中間配当の場合は配当可能金額や中間配当の必要性など実質的判断が要求されるため、裁判所の許可が必要であるのであるが、最後配当等には必ずしもそのような実質的判断がなされる必要性は高くはないと考えられるからである[86]。

中間配当は、配当に加えられる債権と配当可能金額とを基礎として破産管財人が配当表を作成し、これに対する異議申立てなどを経て配当率を確定し、債権者に対する配当を実施する形で行われる（破209条3項）。

b. 配当に加えられる債権（破209条3項・196条1項2項）　　管財人は、中間配当の許可があったときは遅滞なく、まず配当に加えられる債権と配当可能金額とを基礎として配当表を作成し、これを裁判所に提出しなければならない（破196条1項2項）。そして、これに対する異議申し立てなどを経て配当率を確定し、債権者に対する配当を実施する。よって、配当を得るためには、当該債権が配当に加えられるものでなければならない。まず、配当に加えられるべき債権は、調査の

---

[85]　旧法（旧破256条）と異なり、現行法下では中間配当を実施するか否かは、破産管財人の裁量に委ねられているが（破209条1項）、中間配当を行う事案は、一般的には、「破産財団の規模が大きく配当するに適当な破産財団が形成され、かつ、今後も換価業務が続き、終結まで一定の期間が見込まれる場合」と解されている（手引318頁、実務Q&A344頁〔服部敬〕、条解破産2版1388頁、注釈（下）414頁〔菅野修〕）。

[86]　条解破産2版1389頁参照。

第19講　破産財団の管理・換価と破産手続の終了　　　*571*

結果異議なく確定した債権および異議等が出たが債権の確定手続によって確定された債権である。異議ある破産債権を有する債権者が中間配当の手続に参加するためには、当該破産債権に関して債権確定手続が係属していることをその破産債権者が証明しなければ中間配当から除斥される（破209条3項・198条1項）。別除権者および準別除権者が中間配当の手続に参加するためには、中間配当に関する除斥期間（破210条・198条1項）内に、破産管財人に対して当該別除権の目的である財産の処分に着手したことを証明し、かつ、当該処分によって弁済を受けることができない債権の額を疎明しなければならない（破210条1項2項）。その証明と疎明があったときには、破産管財人は、直ちに配当表を更正しなければならない。

　配当手続に先立って配当に相当する金銭の弁済を受けた破産債権者、すなわち給料等の請求権者（破101条1項）および外国で弁済を受けた者は、ほかの同順位の破産債権者が自己の受けた弁済と同一割合の配当を受けるまでは、配当を受けることはできない（破209条3項・201条4項）。なお、破産法214条1項に規定された債権者は、配当手続には加えられるが、配当額は寄託される（破214条1項柱書）ので、実際には配当を受けることはできない。また解除条件付債権である破産債権については、相当の担保を供しなければ、中間配当を受けることはできない（破212条1項）。この場合、破産管財人は破産債権に対する配当額を寄託する（破214条1項5号）。

　c．配当表の作成・提出　　破産管財人は、配当を実施するために、破産債権者の氏名等、債権の額、中間配当をすることができる金額（破209条3項・196条1項1号2号）および、優先・劣後の区別を記載して（破196条2項）配当表を作成する（破209条3項・196条1項柱書）。ここでの「中間配当をすることができる金額」（配当可能金額）とは、現実に配当することができる金額であり、管財人の管理下にある金銭から手続費用をはじめ、今後、支出や弁済が必要となる費用、将来の公租公課等の財団債権の支出予定額を予想し、それらを控除した残額である[87]。

　作成された配当表は、利害関係人の閲覧に供するために裁判所に提出される（破196条1項柱書）。破産管財人は、配当表を裁判所に提出した後、遅滞なく、配当手続に参加することができる債権の総額および配当可能金額を公告し、または届出破産債権者に通知しなければならない（破209条3項・197条1項）。この通知は、通常到達すべきであったときに到達したものとみなされる（破197条2項）。通知が届出破産債権者に通常到達すべきであったときを経過したときは、破産管財人

---

[87]　条解破産2版1391頁、伊藤3版676頁、破産民再実務3版破産498頁等。

第12章　破産財団の管理・換価と破産手続の終了

は、遅滞なく、その旨を裁判所に届け出なければならない（破 209 条 3 項・197 条 3
項）。また、届出書には、通知の方法および通知を発した日をも記載しなければな
らない（破規 69 条・64 条）。このように厳格な定めがなされているのは、この公告
や届出の日が、異議を述べられた債権者や別除権者が配当に加わる手続きをとる
ための除斥期間の起算点となるからである（破 209 条 3 項・198 条 1 項）。

d．配当表の更正　　作成された配当表につき、破産法 199 条 1 項所定の事由
が生じると、破産管財人は配当表の更正を行わなければならない（破 209 条 3 項・
199 条 1 項柱書）。そのほか、書き損じや違算等の明白な誤謬についても、更正が許
される（破 13 条、民訴 257 条）。また、中間配当の除斥期間内に不足額の疎明があ
った場合も、配当表の更正事由に当る（破 210 条 3 項）。配当表の更正は、管財人が
職権によってなすものであり、裁判所の許可は必要としない[88]。更正が行われる
と、更正配当表が裁判所に提出される（破 209 条・196 条 1 項柱書）。配当に加える
べき破産債権総額などに変動が生じた場合に公告や通知（破 209 条 3 項・197 条 1 項）
を要するか否かについては見解の対立があるが、不要説が有力である[89]。

e．配当表に対する異議　　破産管財人によって作成された配当表または、更
正された配当表に対しては、破産債権者は、中間配当に関する除斥期間（破 209 条
3 項・198 条 1 項）経過後 1 週間以内にかぎり、配当表の誤りを主張して、裁判所に
異議の申立てをすることができる（破 209 条 3 項・200 条 1 項、破規 1 条）。これは、
配当を受ける権利を迅速に確定するための特別な手続であるから、訴訟手続によ
る申立ては認められない。異議の事由は、配当に加えるべき債権を記載しなかっ
たり、加えるべきでない債権を記載したり、債権額や順位の記載に誤りがあるな
ど、配当表の記載や更正が不当であることである。なお、配当表に対する異議の
申立ては裁判所に対してなされるため、異議の申立てがあったことを破産管財人
が当然に了知するとは限らない。そこで、異議申立てがあったときは、裁判所書
記官から破産管財人にその旨を通知することとされている（破規 65 条）。

異議について裁判所は、任意的口頭弁論に基づく決定手続によって裁判する（破
8 条 1 項）。異議に理由がなければ、異議の申立てを却下し、その裁判所は当事者
に送達する（破 209 条 3 項・200 条 4 項）。異議に理由があれば、裁判所は、破産管財
人に対して配当表の更正を命じなければならない（破 209 条 3 項・200 条 2 項）。異
議の申立てについての裁判に対しては、申立人、破産管財人や更正に利害関係の
ある破産債権者は、即時抗告をすることができる（破 209 条 3 項・200 条 3 項前段）。

---

[88]　手引 339 頁、はい 6 民です 341 頁。

[89]　伊藤 3 版 677 頁、大コンメン 857 頁〔舘内比左志〕、条解破産 2 版 1349 頁、新基本コ
ンメン 476 頁〔伊藤一夫〕、石原 585 頁、基本コンメン 295 頁〔小島浩〕等。

第 19 講　破産財団の管理・換価と破産手続の終了　　　573

即時抗告の期間は、異議の申立てを却下する裁判の場合は、当事者に対する裁判書の送達から1週間であるが（破13条、民訴332条）、配当表の更正を命じる決定は送達されず、利害関係人は、記録の閲覧（破11条）によって内容を確認しなければならないので、1週間の期間は、利害関係人がその裁判書の閲覧を請求することができるようになった日（破11条1項参照）から起算される（破209条3項・200条3項）。

　f．配当の実施　　配当表の異議申立期間（破209条3項・200条1項）経過後、または配当表に対する異議申立てがなされた場合には、それについて裁判所の決定がなされた後に、破産管財人は、遅滞なく、配当率を定め、中間配当に参加することができる破産債権者に対してその通知を発しなければならない（破211条）。中間配当は、その実施後に少なくとも最後配当が控えていることから、配当率の設定が重要な意味をもってくると考えられるからである[90]。管財人は優先的破産債権の配当率を決定し、それが100％に達した後に一般の破産債権につき配当率を定める。それが100％に達した後に劣後的破産債権に、さらにそれが100％に達したときにはじめて約定劣後破産債権の配当率を定める（破194条1項）。同順位の破産債権の内部では配当率は平等でなければならない（破194条2項）。配当率の通知により各債権者の配当金請求権が具体化するので、その後はこれを変更することはできない。したがって、それまでに破産管財人に知られていなかった財団債権者は配当金から弁済を受けられない（破209条3項・203条）。

　g．配当金の交付　　配当金は各破産債権者が破産管財人のところに出向いて受け取るのが原則である（破193条2項）。これは、民法484条、商法516条の原則を変更している。ただ、実際には、破産管財人が現金を債権者に交付することはほとんどなく、債権者が届け出た銀行口座に振り込むのが一般的である。この場合、振込の費用は破産債権者が負担する[91]。配当を実施したときは、破産管財人は、破産債権者表に配当した金額を記載しなければならない（破193条3項）。なお、破産管財人の配当事務を簡素化・合理化するために、配当金額が1000円未満の場合も配当金を受領する意思があるときはその旨を届け出なければならないものとされ（破111条1項4号・113条2項、破規32条1項）、この届出をしなかった破産債権者の配当額は寄託される（破214条1項6号）[92]。

---

[90]　条解破産2版1397頁。なお、実務では、配当率のほか、配当額も通知しているようである。大コンメン893頁〔深沢茂之〕。

[91]　伊藤3版679頁。配当の具体的内容につき、破産民再実務3版破産508頁以下参照。

[92]　そのため、破産管財人としては、配当額が1000円未満の破産債権者がいるかどうか、いる場合には、その破産債権者が少額配当金の受領意思の届出をしているかどうかを確

② **最後配当**　a. 意　義　最後配当とは、一般調査期間の経過後または一般調査期日の終了後であって、破産財団に属する財産の換価の終了後に行われる配当をいう（破195条1項）。実務上は、財産の換価が終了した後に一度配当を実施する事件がほとんどであり、中間配当を実施することがむしろ例外となっている[93]。最後配当を実施するには、破産管財人は、裁判所書記官の許可を得なければならない（破195条2項）。否認訴訟（または否認の請求手続）が係属中であって、財団が将来増加する可能性がある場合、その他の財産の換価が終了していれば迅速に最後の配当を行い、後の処理は追加配当に委ねるのが適切であるとする見解もある[94]。しかし、最後配当が終了し、裁判所が破産終結決定をすると（破220条1項）、否認訴訟等も当然終了すると解されていることからすれば、破産手続終了までに管財人が否認訴訟等において勝訴の判決（または決定）を得ておかないと、追加配当の財源を現実に確保することができない。したがって、破産管財人においては、裁判所と協議した上で否認訴訟等を継続すべきと判断した場合には、最後配当を実施しないで中間配当の実施にとどめて、最後配当の実施は否認訴訟等の帰趨を見極めたうえで決断すべきであろう[95]。これに関連して、中間配当を行った後、最後配当を予定していたが、予定していた金銭が得られなかった場合（否認訴訟で敗訴したり、新たな財団債権者の出現や財産の滅失が生じた場合等）の処理については争いはあるが、通説および実務の扱いは、少なくとも中間配当の寄託金がある場合（破214条1項）には、その決着をつけるために、最後配当手続を行うべきであると解している[96]。

b. 配当に加えられる債権　原則として中間配当の場合と同様であるが、以下の点で若干異なる。(a) 停止条件付債権および将来の請求権は、中間配当の場合には配当額は寄託されるが、最後配当では、寄託はせず、最後配当に関する除

　認する必要があり、事務作業が増加する。そこで、東京地裁破産再生部では、全件について、破産債権届出書用紙に不動文字で少額配当金の受領意思の届出を記載し、届出債権者においてこれを削除する等して受領意思がない旨を示さない限り、受領意思がある届出がされたものとして取り扱っている（手引331頁、破産民再実務3版破産508頁参照）。

[93]　条解破産2版1326頁。

[94]　伊藤3版679頁以下。

[95]　条解破産2版1326頁以下、注釈（下）353頁以下〔阿部弘樹〕。

[96]　伊藤3版680頁。なお、この点につき見解が分かれていることにつき、条解破産2版1327頁、注解3版（下）598頁〔高橋慶介〕、基本コンメン291頁〔小島浩〕等参照。なお、中間配当を行うに当たり最後配当ができるようにある程度の配当原資を残して中間配当を行うのが通例であり、このような問題が発生することは、実務上は稀であると考えられる（運用と書式300頁、注釈（下）354頁注3〔阿部弘樹〕）。

斥期間（破198条1項）内にその発生が確定しないと、配当から排斥される（破198条2項。打切主義）[97]。(b)別除権者の不足額について、中間配当においては、権利実行着手の証明および不足額の疎明によって配当額の寄託がなされるが（破214条1項3号）、最後配当では、除斥期間内に被担保債権の全部もしくは一部が破産手続開始後に担保されないことになったこと（破108条1項但書参照。別除権の放棄もこれに含まれる）を証明し、または当該担保権の行使によって弁済を受けることができない債権の額の証明がなされないと配当から除斥される（破198条3項）。根抵当権については、当該根抵当権を有する破産債権者が、破産管財人に対し、当該根抵当権の行使によって弁済を受けることができない債権額を証明しない場合においても、最後配当の許可があった日における被担保債権のうち、極度額を超える部分が最後配当の手続に参加できる破産債権の額とされる（破196条3項）。(c)解除条件付債権は、除斥期間内に条件が成就しなければ、担保は効力を失って解除条件付債権者に返還されるし、担保を供しないために寄託された金銭は、解除条件付債権者に支払われる（破214条4項）。なお、解除条件付債権者が、相殺のた

---

[97] 停止条件付債権については、最後配当時における合理的な評価金額に基づき最後配当をする立法や、行使できるか否か確定した後に初めて最後配当を行う立法も考えられるところであるが、わが破産法は、破産手続の安定性を確保するため、やむ得ない措置として打切主義を採用した（概説2版補訂395頁〔山本和彦〕）。しかし、この打切主義によると、たとえば瑕疵担保請求権のように、破産手続開始時点では、瑕疵が発見されていなければ額未定であり、直ちに権利行使可能な状態ではない。しかし、その条件が最後配当の除斥期間内（①破197条1項による公告が効力を生じた日または②同197条3項による届出があった日から起算して2週間）に成就しなければ、配当から除斥されてしまう（破198条2項）といった不都合は否定できないであろう。

　担保権についても同様に打切主義が採用されているが、上記のような酷な結果を緩和するため、①担保権者と破産管財人との合意等により不足額を確定させる制度（破198条3項）、②根抵当権によって担保される債権については極度額を超える部分を不足額とする制度（破196条3項、198条4項等）が導入されている。それに比べ、停止条件付債権または将来の請求権について合意による確定を解釈論として認めることは原則として許されない。

　近時、耐震偽装にかかるゼネコン会社の破産事件において、建替工事をいまだ行っていなくとも、その意味で実損害額が確定していなくても、耐震偽装の程度によって数段階に類型化した金額の慰謝料請求権を破産債権として認容した事例がある。これは、打切主義の弊害を防止・緩和する工夫の1つである。また、法律で打ち切ることができるとされていても、破産管財人および破産裁判所は、事案ごとに適正かつ公平な工夫をすべきである。たとえば打切対象となっている停止条件付権利の要保護性が高いとか、「行使できる」ようになる可能性が高いとか、条件成就の成否が分かる時期が遠くない等の事情がある場合には、配当時期を延期した場合に他の債権者が受ける不利益の程度・質が大きくない限り、最後配当の時期を遅らせることが妥当であるとされる（以上につき、演習ノート2版402頁以下〔岡正晶〕）。

めに供した担保、および寄託した金銭は債権者に支払われる。(d)異議等のある破産債権（破129条1項の有名義債権を除く）について、最後配当に関する除斥期間内に、破産管財人に対し、当該異議等のある破産債権の確定に関する破産債権査定申立てにかかる査定の手続、破産債権査定異議の訴えに係る訴訟手続または受継がなされた訴訟手続（破127条1項）が係属していることを証明しないと配当には加えられない（破198条1項）。

c. 配当表の作成・提出　　上述のように、最後配当をするには裁判所書記官の許可を得なければならないが（破195条2項）、その許可があったときは、遅滞なく配当表を作成して裁判所に提出しなければならない（破196条1項柱書）。配当表の作成および確定のための手続も中間配当の場合とほぼ同じである。但し、配当表の更正事由には、破産法199条1項1号2号に規定するもののほか、別除権者の破産債権の不足額について最後配当に関する除斥期間内に証明があったものが加わる（破199条1項3号）。準別除権についても同様である（同条2項）。

中間配当では、破産管財人から破産債権者に対して配当率が通知される（破211条）のに対して、最後配当の場合には、配当額の通知がなされる（破201条7項）。配当額の通知を発する前に、新たに最後配当に充てることができる財産があるに至ったときは、破産管財人は、遅滞なく配当表を更正した上で配当額を決定しなければならない（破201条6項）。

d. 配当の実施　　中間配当の場合、配当表に対する異議があっても、それに対する決定がなされれば、たとえ不服申立手続が係属中でも配当を実施できるが（通説）、最後配当においては、期間中に異議が提出されないか、または、異議手続が終了してからでないと配当を実施できない（破201条1項）。

配当金の交付は中間配当と同じであるが、最後配当までに確定されない債権に対する配当および債権者が受け取らない配当は供託される（破202条柱書）。寄託と異なり、供託は債権者の利益のためになされ、破産管財人は、これによって支払いの責任を免れる。供託の対象となるものは、破産法202条各号に規定されている。また、少額配当金の扱いも中間配当と若干異なる。すなわち、配当金額が1000円未満の場合も配当金を受領する意思があるときはその旨を届け出なければならないが（破111条1項4号・113条2項、破規32条1項）、破産管財人はこの届出をしなかった破産債権者に対しては、最後配当で定めた配当額が1000円未満のときは配当をせず、その配当額を他の破産債権者に対して配当しなければならない（破201条5項）。

③ 最後配当に代わる配当の手続　a. 沿　革　　旧法下では、財団規模が小さい破産事件について、本来の破産手続を簡略化した小破産の手続（旧破358条以下）

があった。これは破産財団を構成する財産が100万円に満たない場合に、第1回の債権者集会期日と債権調査期日との併合（旧破362条）、監査委員の不置（旧破363条）、債権者集会決議に代わる裁判所の決定（旧破364条）、1回配当（旧破365条）、小破産に関する手続の公告（旧破366条・116条）など一般の手続に比べて簡略化されていた。しかし、小破産とはいえども破産手続の形式を備えなければならないため、実務ではほとんど利用されていないといわれていた。

　よって、平成16年の改正では、この制度を廃止すると共に、それに代えて、破産財団の規模が小さい小規模破産事件について、簡易・迅速な手続として最後配当に代わる簡易配当（破204条以下）と同意配当（破208条）の制度が設けられた。

　b.　簡易配当（破204条以下）　(a)簡易配当の意義　　簡易配当とは、裁判所書記官の許可に基づいて、配当すべき金額が1000万円に満たない場合（破204条1項1号）、簡易配当をすることにつき破産債権者から異議が述べられなかった場合（同2号）、その他簡易配当が相当と認められた場合（同3号）につき、簡易な手続により配当を実施する手続である。すなわち、配当の公告は不要とされ（破205条かっこ書きによる同197条の不適用）、配当表に対する異議の手続における即時抗告は許されない（破205条かっこ書きによる同200条3項の不適用）。また、配当表に対する異議申立てを却下する裁判の裁判書の送達は不要であり（破205条かっこ書きによる同200条4項の不適用）、配当見込額は通知で足り配当額の通知は不要である（破205条かっこ書きによる同201条7項の不適用）。このように、最後配当の手続に比べ簡略化された手続となっている。なお、中間配当を実施した場合には、簡易配当は許されず（破207条）、もっぱら最後配当によることになる。なぜならば、中間配当が行われる場合は比較的破産財団の規模が大きい場合と考えられるから、破産手続の簡易迅速性を重視する必要はなく、また中間配当をした場合には、最後配当を行うに際してさまざまな調整を図る必要があり（破213条・214条2項〜5項）、簡易配当によるよりも最後配当の手続による方が相当であるからである[98]。

　なお、簡易配当は（同意配当も同じであるが）最後配当ができる場合に行われる手続であるから（破204条1項・208条1項）、一般調査期間の経過後または一般調査期日の終了後であって、破産財団財産に属する財産の換価の終了後に実施しうることになる（破195条1項）。

　(b)裁判所書記官による許可　　裁判所書記官は、一般調査期間の経過後または一般調査期日の終了後であって破産財団に属する財産の換価の終了後において（破195条1項）、ⓐ配当することができる金銭が1000万円に満たないと認めると

---

[98]　大コンメン882頁〔前澤達朗〕、条解破産2版1380頁、理論と実務423頁等参照。

き（破204条1項1号）[99]、ⓑ裁判所が、簡易配当をするにつき異議のある破産債権者は異議を述べるべき旨の公告をし（破32条1項5号）、その旨を知れている破産債権者に通知した場合（破32条3項1号）において、届出をした破産債権者が所定の時（破32条1項5号）までに異議を述べなかったとき（破204条1項2号、破規66条参照）、ⓒこれらの場合以外に相当と認められるときにおいて（破204条1項3号）、最後の配当に代えて、簡易配当を許可することができる（破204条1項）。なお、すでに中間配当（破209条1項）が実施されている場合には、簡易配当は許されない（破207条）のは前述した通りである。

　この許可があったときは、破産管財人は、配当表を作成して、裁判所にこれを提出しなければならない（破205条前段による196条の準用）。

　(c)配当見込額などの破産債権者への通知　　簡易配当の許可があったときは、破産管財人は、配当表を裁判所に提出した後に、遅滞なく、届出をした破産債権者に対する配当見込額を定めて、簡易配当の手続に参加することができる債権の総額、簡易配当をすることができる金額および当該配当見込額を届出をした破産債権者に通知しなければならない（破204条2項）。通知は、届出をした各破産債権者に通常到達すべきであった時に到達したとみなされるので、（破204条3項参照）これを経過したときは、破産管財人は、遅滞なく、その旨を裁判所に届け出なければならない（破204条4項）。

　(d)簡易配当の取消し　　破産管財人は、上述した(c)の通知と同時に、簡易配当をすることにつき異議のある破産債権者は裁判所に対し、通知が通常到達すべきであった時を経過した旨の届出の日から1週間以内に異議を述べるべき旨をも通知しなければならない（破206条前段）。届出をした破産債権者がこの期間内に異議を述べたときは、裁判所書記官は、簡易配当の許可を取り消さなければならない（破206条後段）。

　(e)簡易配当による破産手続の終了　　裁判所は、簡易配当が終了した後、破産管財人の任務終了による債権者集会（破88条4項）が終結したとき、また書面による計算の報告書の提出から一定の期間が経過したとき（破89条2項）は、破産手続終結の決定をしなければならない（破220条1項）。簡易配当であっても、これにより破産手続が終結したときは、確定した破産債権については、破産債権者表の

---

[99]　この要件をめぐっては、たとえ配当可能金額が1000万円以上の事案であっても、届出破産債権者数がさして多数ではなく、届出債権について異議等もなく換価等の管財業務に別段問題がなかった事案等の場合、簡易配当によることについても届出債権者から異議の申述がなされることはあまり考えられないことから、最後配当ではなく簡易配当によることも十分検討に値するとの見解も唱えられている（注釈（下）397頁〔須藤力〕）。

第19講　破産財団の管理・換価と破産手続の終了　　　579

記載は、破産者に対し、確定判決と同一の効力を有する（破221条前段）。

c．同意配当（破208条）　(a)同意配当の意義　破産管財人が定めた配当額などにつき破産債権者全員が予め同意することで、最後配当の手続を簡略にした配当の手続である。これは、簡易配当と並んで、最後配当に代わる簡易・迅速な手続であるが、簡易配当が最後配当に関する規定が一部を除いて準用されており（破205条）、最後配当手続の基本構造を踏まえているのに対して、同意配当は、届出破産債権者の事前の同意を得ていることを前提として、最後配当に関する規定のうち配当表の作成・提出についての規定（破196条1項2項）のみを準用している点で、より簡易な手続となっている。

なお、同意配当の取扱いは裁判所によって異なっている[100]。

(b)破産債権者全員の同意　破産管財人が同意配当の許可の申立てをするに当たっては、予め破産管財人が作成した配当表を提出すると共に、その配当表、配当額ならびに配当の時期および方法につき届出をした破産債権者の全員が同意していなければならない（破208条1項後段）。

(c)同意配当の実施　裁判所書記官が同意配当を許可したときは、破産管財人は、その作成にかかる配当表、配当額ならびに配当の時期および方法に従って、届出をした破産債権者に対して同意配当を実施することができる（破208条2項）。同意配当においては、破産債権者全員の同意を要することから、同意配当が配当手続に私法上の和解契約の要素を最大限取り入れたものであると理解し、同意配当においては必ずしも最終的に公平・平等な配当がなされることが想定されておらず、同意した配当額により配当がなされることから、破産法194条の定める順位等によらずに配当額を定めることも可能と解する余地もあるとする見解も唱えられている[101]。

(d)破産管財人に知れていない財団債権者の取扱い　同意配当の許可があった時においては、破産管財人に知れていない財団債権者は、同意配当をすることができる金額をもって弁済を受けることはできない（破208条3項前段による同203項の準用）。

(e)同意配当による破産手続の終結　裁判所は、同意配当が終了した後に、破

---

[100]　東京地方裁判所においては、同意配当が可能と思われる事案であっても、届出破産債権者全員の同意を得るためにかえって時間や手間を要する可能性があること、簡易配当であっても迅速に手続を終結することが可能であること等から、少額型の簡易配当を行うことができる場合には、ほぼ全件について簡易配当の方法によることとされているが（手引317頁以下）、大阪地方裁判所においては、同意配当が可能な事案については同意配当によることとされている（運用と書式280頁）。

[101]　大コンメン885頁〔前澤達朗〕。

産管財人の任務終了による債権者集会（破88条4項）が終結した時、または書面による計算の報告書の提出から一定の期間が経過したとき（破89条2項）は、破産手続終結の決定をしなければならない（破220条1項）。同意配当の場合でも、これにより破産手続が終結したときは、確定した破産債権については、破産債権者表の記載は、破産者に対し、確定判決と同一の効力を有する（破221条前段）。

④ **追加配当**　a.　追加配当の意義　　通常の場合、最後配当、またはこれに代わる簡易配当や同意配当によって配当手続は終了する。しかし、最後配当額の通知を発した後（最後配当額の場合）、配当異議の除斥期間経過後（簡易配当の場合）または裁判所書記官の許可があった後（同意配当の場合）に新たに配当に充てるべき相当の財産が生じることがあり、そのような場合に破産管財人が裁判所の許可を受けて行う配当（破215条1項前段）を追加配当という。

　b.　追加配当に充てられる財産　　追加配当の対象となる具体的な財産としては、届出破産債権に対して破産管財人などから異議等が提出されて、債権確定手続が係属中の破産債権について供託されていた金銭で（破202条1号2号）、手続の結果が届出破産債権者側の敗訴に確定した場合のその金銭、否認訴訟等において破産管財人が勝訴し、破産財団に回復される財産、過払いの配当金について破産債権者から返還される配当金や税金の還付金などがあげられよう。ところで、破産手続終結後に発見された財産が追加配当の財源となり得るかという点については争いがある。通説は、破産手続終結決定によって破産者は管理・処分権を回復するから、管財人の任務が残るといってもそれは手続終結当時に占有管理している財産に限られ、特段の事情のない限り、破産手続終結後に発見された財産に対する破産管財人の管理処分権は消滅すると解している[102]ので、このような財産は追加配当の対象とはならないことになる。

　なお、追加配当に宛てることができるのは「相当な」財産でなければならない。相当な財産といえるためには、追加配当の実施に必要な費用や破産管財人の追加報酬を考慮してもなお、最後配当の配当表で配当を受けることができる破産債権者へ配当するに足りる価値がある必要があろう[103]。その価額が僅少であるとき

---

[102]　山木戸261頁、谷口323頁、実務大系（6）423頁、442頁〔宗田親彦〕、条解破産2版1410頁等。なお、最判平5・6・25民集47巻6号4557頁〔百選5版100事件〕も基本的には通説の立場に立脚している。反対、伊藤3版687頁以下、大コンメン902頁〔深沢茂之〕。

[103]　注釈（下）438頁〔樋口正樹〕。なお、実務上は、具体的な事案に即し、新たな財産の額、最後配当の手続に参加することができる破産債権者の数や債権の額、それらを前提に追加配当をした場合に必要と思われる費用、中間配当を含むこれまでの配当額、これまでの報酬額等を考慮して、追加配当を行うか、破産管財人に対する追加報酬や事務費に充

は、当該財産は破産者に引き渡される。

c．追加配当の手続　　追加配当を行うためには、破産管財人は、最後配当とは異なり裁判所の許可を得なければならない（破215条1項）。裁判所から追加配当の許可を得たときは、遅滞なく、配当手続に参加できる破産債権者に対する配当額を定め（破215条4項）、それらの破産債権者に通知しなければならない（破215条5項）。追加配当は、最後配当、簡易に配当または同意配当について作成した配当表によって行う（同条3項）[104]。追加配当を実施した場合には、破産管財人は、遅滞なく、裁判所に書面による計算の報告をしなければならない（同条6項、破規63条1項2項）。追加配当に際しても、給料の請求権等の破産債権者で弁済を受けた者（破101条1項）、および外国で満足を受けた者（破109条）の配当における劣後化の規定（破201条4項）、配当額の供託の規定（破202条）、ならびに破産管財人に知れていない財団債権者の取扱いに関する規定（破203条）が準用される（破215条2項）。

3）計算報告の手続と破産終結決定　**①　計算報告の手続**　a．計算報告書の提出　　破産管財人の任務が終了したときは、破産管財人は、遅滞なく、計算の報告書を裁判所に提出しなければならない（破88条1項）。任務が終了したときとは、(a)配当終了による破産終結決定（破220条）、財団不足による異時破産廃止決定（破217条1項）、同意破産廃止決定（破218条1項）、破産手続開始決定の取消し（破33条3項）がそれぞれ確定したとき、(b)再生計画・更生計画の認可決定が確定して破産手続が失効したとき（民再39条1項・184条本文、会更50条1項・208条本文）、(c)破産管財人の辞任（破規23条5項）・解任（破75条2項）、(d)個人の破産管財人の死亡、法人の破産管財人の合併による消滅の場合等が考えられる。上記(a)から(c)までの場合はそれまで職務を行ってきた管財人に報告義務がある[105]。破産管財人が欠けたときは、後任の破産管財人が、計算の報告書を提出しなければなら

てるか、破産者に委ねるかが決められている（注釈（下）438頁〔樋口正樹〕、手引351頁、355頁、運用と書式303頁以下、破産民再実務3版破産500頁等）。ただ、一応の基準として、5万円以上であれば追加配当すべきであるとする見解もみられる（実務上の諸問題223頁、加藤6版357頁）。

[104]　実務上は、破産債権者への配当額を明確にするなどのために追加配当表を作成するのが通例であるといわれる（手引352頁、実践マニュアル477頁、注釈（下）439頁〔樋口正樹〕）。

[105]　ただし、(b)の場合の報告義務の存否については見解が分かれている（積極説として、大コンメン374頁〔田原睦夫〕、消極説として条解破産639頁）。また、辞任者・被解任者が計算報告をしない場合は、後任の破産管財人が報告義務者となるとする有力説もあるが（大コンメン375頁〔田原睦夫〕）、その場合も含めて辞任者・被解任者自身を報告義務者と解するのが多数説である（条解破産2版682頁）。

ない（破88条2項）。この場合、破産管財人または後任の破産管財人は、債権者集会への計算の報告を目的として、裁判所に対して債権者集会招集の申立て（破135条1項本文）をしなければならない（破88条3項）。この申立てがあると、裁判所は債権者集会を招集しなければならない（破135条1項本文）。

　なお、現行法は、破産管財人の任務終了時における計算報告に関し、債権者集会における報告（破88条3項）に代えて、書面による報告も認めている（破89条1項）。すなわち、旧法では、計算報告のための債権者集会の招集が必要的なものとされていたが、従来かかる債権者集会に出席する破産債権者はほとんどいないとの指摘がされており、また、管財業務の適正さの確保というこの制度の趣旨が実現される限り、とくに債権者集会における報告という形式に限る必要性はないと考えられる。したがって、平成16年改正により、こういった事情を考慮して、書面による計算報告の制度が導入された[106]。書面による計算の報告をする旨の申し立てがあり、かつ、裁判所に計算書が提出されたときは、その提出があった旨、および、その計算に異議があれば一定期間内にこれを述べるべき旨を裁判所は公告しなければならない（破89条2項）。

　b．計算についての異議　　破産者、破産債権者または後任の破産管財人（破産管財人が欠けた場合の後任の破産管財人は除く〔破88条4項〕[107]）は、招集された債権者集会の期日において、報告される計算に対して異議を述べることができる（破88条4項）。そのため、異議を検討する時間が必要であり、破産管財人は、債権者集会の3日前までに計算の報告書を裁判所に提出しなければならないものとされている（破88条5項）。期日に欠席した場合、出席したが異議を述べなかった場合は、計算を承認されたものとみなされる（破88条6項）。その結果、異議申立権者は、計算報告の内容が事実と異なることを理由に、破産管財人の責任（損害賠償義務、不当利得返還義務等）を追求することはできなくなる。

　書面による計算報告が認められた場合には、異議の申述は、裁判所の定める期間内に書面でしなければならない（破規28条）。異議の申述期間内に適式な異議がなかった場合は、破産管財人の計算報告は承認されたものとみなされる（破89条4項）。

　c．破産管財人の残務処理　　破産管財人の任務が終了した場合において、急迫の事情があるときは、破産管財人またはその承継人は、後任の破産管財人または破産者が財産を管理することができるに至るまで、必要な処分をしなければな

---

[106]　小川138頁。
[107]　計算報告義務を負う後任の破産管財人は、前任の破産管財人の計算に異議があれば、当該異議の内容を反映した計算報告をすべきであるから、異議者とはされていない。

らない（破90条1項）。また、破産手続開始の決定の取消しまたは破産手続廃止の
決定が確定した場合には、破産管財人は、財団債権を弁済しなければならないが、
その財団債権の存否または額について争いがあるときは、その債権を有する者の
ために供託をしなければならない（破90条2項）。

② **破産手続終結決定** a.**破産手続終結の事由** 破産手続は配当によりそ
の目的を達成する。そこで、裁判所は、最後配当、簡易配当または同意配当が終
了した後、計算報告のための債権者集会が終結したとき（破88条4項）、または利
害関係人による異議申述の期間が経過したときは（破89条2項）、破産手続終結の
決定をしなければならない（破220条1項）。この決定に対しては即時抗告をする
ことができる（破9条）。

裁判所は、破産手続終結の決定をしたときは、直ちに、その主文および理由の
要旨を公告し、かつ、これを破産者に通知しなければならない（破220条2項）。破
産者が法人であるときは、裁判所書記官は、職権で、遅滞なく破産手続終結の登
記を、破産者の各営業所または各事務所の所在地の登記所に嘱託しなければなら
ない（破257条7項1項）。破産者が個人であるときは、裁判所書記官は職権で、遅
滞なく、破産手続終結の登記を登記所に嘱託しなければならない（破258条2項1
項）。

b.**破産手続終結の効果** 破産財団に残余財産があれば、破産者は、これら
の財産についての管理処分権を回復する。また、自由の制限（破37条・40条・41
条・81条・82条）等から脱する。ただし、公私の資格制限からは、復権（破255条
以下）によらなければ脱しない。

破産債権者は、破産手続上の拘束から解放されるから、破産者の破産財産に対
して個別的に権利を行使することができる。この場合、破産手続において確定し
た破産債権（破産者が異議を述べた破産債権を除く。破221条2項）については、破産
債権者表の記載は、破産者に対して、確定判決と同一の効力を有する（破221条1
項前段）から、これを債務名義として強制執行をすることができる（同条1項後段）。
ただし、破産者が債権調査にあたって異議を述べていた場合には強制執行するこ
とはできない（破221条2項）。

（2） 破産終結以外の事由による破産手続の終了

1） 破産終結以外の事由による破産手続の終了原因 破産手続は、破産債
権者に対する配当によって終了するのが本来の姿である。しかし、法律上は、そ
の外にもいくつかの手続終了原因が規定されている。すなわち、①破産手続より
優先する他の手続（民事再生手続や会社更生手続）が破産手続係属中に開始されるこ
とによって、破産手続が中止され、再生計画や更生計画認可決定の確定によって

失効する場合（民再 39 条 1 項・184 条、会更 50 条 1 項・208 条）、②破産手続の廃止に全債権者が同意する、いわゆる同意破産手続廃止（破 218 条）による場合、③破産財団の内容が十分ではなく、破産手続の費用を賄うのに不足し、破産債権者に対する配当の可能性がないために、手続を終了せざるを得ない場合である。③には、破産手続開始と同時に手続が廃止される同時破産手続廃止（破 216 条 1 項）と破産手続開始の後に財団不足が明らかになったことから手続が廃止される異時破産手続廃止（破 217 条 1 項）があるが、両者を合わせて財団不足による廃止という。①から③の場合はいずれも、破産手続は将来に向かってのみその進行を止めるものであり、手続が遡及的に効力を失う破産取消し（破 33 条 3 項）とは区別される。旧法下では、これら破産手続が将来に向かって終了するすべての場合を包括して、破産手続の解止と呼ばれていた。これに対し、現行法では、これらは破産手続の終了と呼ぶ。ここでは、破産手続廃止について説明する。破産手続廃止とは、破産手続の終了のうち、配当に至ることなく途中で破産手続が終了する場合であり、そのうち上記①を除いたものといえよう。

2）破産手続廃止の種類　破産手続廃止には、大きく財団不足による破産手続廃止と同意破産手続廃止とに分けることができる。財団不足による破産手続廃止とは、配当原資となりうる財団はおろか、手続費用を賄うに足りる財団すら形成することができない場合には、それ以上手続を遂行することは費用倒れとなりまったく意味がないことから、手続を途中で終了させるものである。これには、破産手続開始決定と同時に手続を終了させる同時破産手続廃止（同時廃止ともいう。破 216 条）と、破産手続開始決定後、破産手続遂行中に破産財団をもって破産手続の費用を支弁するのに不足することが明らかになった場合に手続を終了させる異時破産手続廃止（異時廃止ともいう。破 217 条）とがある。

これに対して同意破産手続廃止（破 218 条）とは、必ずしも破産財団の規模の大小を問うことなく、破産手続により利益を受けようとする破産債権者の全員が破産手続の終了に同意しているような場合に、破産手続をそれ以上続行する理由がないことから、破産手続を終了するものである。

$$
\text{破産廃止}\begin{cases}
\text{財団不足による廃止}\begin{cases}\text{同時破産手続廃止（破 216 条）}\\[1.5em]\text{異時破産手続廃止（破 217 条）}\end{cases}\\[1em]
\text{同意破産手続廃止（破 218 条）}
\end{cases}
$$

3）同時破産手続廃止　①　意　義　破産手続開始決定の要件は具備しているが、破産財団を構成すべき財産が少なく、破産手続の費用[100]さえ賄うに足りないときは、破産手続を実施することは費用倒れになって無意味である。よって、

このような場合、裁判所は、破産手続開始決定と同時に破産手続廃止の決定をしなければならない（破216条1項）。これを同時破産手続廃止（同時廃止）という。

② **手続**　裁判所は、破産財団をもって破産手続の費用を支弁するのに不足すると認められるときは、破産手続開始の決定と同時に、破産手続廃止の決定をしなければならない（破216条1項）。同時破産手続廃止の決定は、その要件を満たす限り、自然人たると法人たるとを問わずにすることができる[108]。ここでいう破産財団はいわゆる法定財団（破2条14項）を意味する。すなわち、現有財団が僅少で、一見して破産手続費用を捻出することができないようにみえる事案でも、消費者金融業者に対する過払金など法律上請求可能で回収見込みがある相当額の債権が存在する場合や、否認権の行使によって財団に回収する可能性のある財産などがあるなどの場合には、破産手続費用を支弁するのに不足すると認めることはできない[110]。なお、たとえ破産財団をもって破産手続の費用を支弁するのに不足すると認められる場合であっても、破産手続の費用を支弁するに足りる金額の予納があったときは、かかる廃止の決定をすることはできない（破216条2項）。

同時破産手続廃止がなされると、裁判所は直ちに、破産手続開始決定の主文、および破産手続廃止の決定の主文および理由の要旨を公告し、かつ、これを破産者に通知しなければならない（破216条3項）。同時廃止の決定に対しては、即時抗告をすることができる（同条4項）が、この即時抗告は執行停止の効力を有しない（同条5項）。なお、同時破産手続廃止の決定を取り消す決定が確定した場合には、裁判所は、破産手続開始の決定と同時に手続開始に関する所定の事項を定め、公告などをしなければならない（破216条6項・31条・32条）。

③ **効力**　同時破産手続廃止の決定は、告知によって効力を生じる。ただし、この場合には、同時処分（破31条）および付随処分（破32条）はなされない。

自然人の場合には、同時破産手続廃止においても、破産手続開始決定はなされるから、破産手続開始決定の効力自体は生じる[111]。したがって、公私の資格喪失

---

[108]　破産手続の費用とは、破産手続開始申立てから破産手続の終了までに必要とされる一切の経費である。これには、各種書類の送達費用・公告・通知費用、破産管財人の報酬、破産財団の管理・換価費用、否認等の訴訟費用、配当手続に要する費用などが含まれる（条解破産2版1430頁、注釈（下）460頁〔野口祐郁〕、大コンメン919頁〔瀬戸英雄〕、基本コンメン213頁〔鬼頭季郎〕等）。

[109]　近時、いわゆる少額管財、小規模管財の運用が拡大するにしたがって、法人については同時破産手続廃止を原則的に認めない裁判所が増加しつつある（破産民再実務3版破産522頁、望月千広「東京地方裁判所における破産事件の運用状況」金法1965号20頁、伊藤一夫「大阪地裁倒産部における破産事件の状況①」法律のひろば61巻2号46頁）。

[110]　破産民再実務〔新版〕（中）217頁以下〔杉本正則〕、破産民再実務3版破産514頁、条解破産2版1429頁等参照。

の効果が生じる一方、事業活動は継続して営むことができ、また、免責の申立て
もすることができる（破248条1項）。なお、資格制限の解消のためには、復権を得
なければならない（破255条1項1号、256条1項）。

　法人の場合には、破産手続開始の決定があり解散した以上、事業の継続は考え
られないが、残余財産があった場合には清算手続が行われる。この場合の清算人
については、清算人選任の必要性があるのか、それとも従前の取締役が当然にな
るのかが問題となる。これに関して判例[112]は、会社法478条2項により清算人の
選任が必要になるとするが、学説上は、清算人選任説と取締役清算人説とが対立
している[113]。会社の破産手続開始によって、会社と取締役との間の委任関係は当
然には終了しないと解されることと、会社法475条1号の文言から、同478条の
適用があると考えられるので、取締役清算人説に賛成すべきであろう。

　同時破産手続廃止の決定があると、破産債権者について個別的権利行使の禁止
（破100条1項）は解かれるから、破産債権者は破産者に対し権利を行使すること
ができる。ただし、個人である破産者につき免責許可の申立てがあるときは、免
責許可の申立ての裁判が確定するまでの間は、破産者に対して強制執行等をする
ことができない（破249条1項）。

　4）異時破産手続廃止　①　意　義　　破産手続が開始され、手続が進んだ段
階で、破産財団に破産手続の費用をまかなうだけの十分な財産がないことが判明
した場合にも、それ以上破産手続を進める意味はない。そこで、破産手続開始決
定があった後であっても、破産財団をもって破産手続の費用を賄うことができな
いことが判明した場合には、破産手続廃止の決定をしなければならない（破217条
1項前段）。これを異時破産手続廃止または異時廃止という。異時破産手続廃止
は、同時破産手続廃止と同様、財団不足による破産手続廃止であるが、破産手続
開始決定時には破産財団が手続費用を賄うことができた場合、または手続費用に
不足することが判明しなかった場合である。

　②　手　続　　異時破産手続廃止の原因としては、当初存在すると予想された
財産が存在しなかったり、その価値が著しく滅失した場合（たとえば、第三者からの
取戻権の行使があった場合、否認訴訟で敗訴した場合、破産手続開始決定時に存在していた

---

(111)　これに対して、ドイツ倒産法26条1項は、「債務者の財産が手続費用を償うのに十分
　　　ではないことが見込まれるときは、倒産手続開始の申立てを却下する」と規定しており、
　　　このような法制度の下では、破産手続開始決定の効力は生じない。

(112)　最判昭43・3・15民集22巻3号625頁〔百選3版108事件、百選4版87事件〕。

(113)　学説上は、取締役清算人説が有力である。この点については、条解破産2版1462頁参
　　　照。

第19講　破産財団の管理・換価と破産手続の終了　　　　*587*

ある程度の財産が、租税債権などの財団債権の弁済に費消され、結局財団不足に陥ったような場合等）などが考えられる。

異時破産手続廃止は、破産管財人の申立てまたは職権で行なわれる（破217条1項前段）。異時破産手続廃止の決定をするに当たっては、裁判所は、債権者集会の期日において破産債権者の意見を聴かなければならない（破217条1項後段）が、相当と認めるときは、この意見聴取に代えて、書面で意見を聴くことができる（破217条2項）[114]。後者の場合には、意見聴取を目的とする債権者集会の招集を求める申立てをすることはできない（破217条2項後段）。なお、破産手続の費用を支弁するのに足りる金額の予納があった場合には、異時破産手続廃止の決定をすることはできないし、破産債権者の意見を徴する必要もない（破217条3項）。

裁判所は、異時破産手続廃止の決定をしたときは、直ちに、破産手続廃止の決定および理由の要旨を公告し、かつ、その裁判書を破産者および破産管財人に送達しなければならない（破217条4項）。異時破産手続廃止の申立てを棄却する決定をしたときは、その裁判書を破産管財人に送達しなければならない（破217条5項前段）。

破産手続廃止の決定、および破産手続廃止の申立てを棄却する決定に対しては、即時抗告をすることができる（破217条6項）。この場合の即時抗告は執行停止の効力を有する。なお、破産手続廃止の決定を取り消す決定が確定したときは、その決定をした裁判所は、直ちに、その旨を公告しなければならない（破217条7項）。

③　**異時破産手続廃止の効力**　　異時破産手続廃止の決定は、その確定により効力を生じる（破217条8項）。すなわち、決定の確定により、破産者は破産財団に属する財産の管理処分権を回復し、破産者が破産手続係属中に行った行為で破産債権者に対抗することができない行為は完全に有効になる。また、破産手続中に破産管財人がなした管理処分行為は、廃止後においても有効である。

個人である破産者は復権の申立てが可能である（破256条1項）。法人である破産者は、同時破産手続廃止の場合と同様に、事業の継続は考えられないから、解散に伴う清算手続が行われる。この場合の清算人には、同時破産手続廃止の場合と同様に、従前の代表取締役が就任すると解する。

破産債権者は、個別的権利行使の禁止を解かれるから、破産者に対する権利行使が可能となる。なお、個人である破産者につき免責許可の申立てがあるときは、免責許可の申立ての裁判が確定するまでの間は破産者に対して強制執行をすることができない（破249条1項）。

---

[114]　東京地方裁判所破産再生部では、書面による意見聴取を利用した例はない、とされる（破産民再実務〔新版〕（中）225頁〔杉本正則〕、破産民再実務3版破産532頁）。

第12章　破産財団の管理・換価と破産手続の終了

5）同意破産手続廃止　a．意義　　破産者が債権届出期間内に届け出た総債
権者の同意を得た場合、または、同意をしない債権者に対して他の破産債権者の
同意を得て破産財団から担保を供した場合には、破産手続を将来に向かって終了
させることを同意破産手続廃止という（破218条1項）。配当に与るすべての破産
債権者がもはや破産手続を実施することが必要ではないと認める時には、これを
無視して破産手続を強行する意味はないからである。

　b．廃止の申立て　　債権届出期間内に届出をした破産債権者全員が破産手続
の廃止に同意したとき（破218条1項1号）、または、これに同意しない破産債権者
がいる場合であっても、同意しない破産債権者に対して破産財団より担保を供し
たとき（同条1項2号）は、破産者の申立てにより、裁判所は、破産手続廃止の決
定をしなければならない（破218条1項柱書き）。ただし、破産者が免責許可の申立
てをしているときは、破産者はこの廃止申立てをすることができない（破248条6
項）。

　この申立ては、もっぱら破産者の利益のためであるから、破産者のみがするこ
とができる（破218条1項）。法人である破産者が申立てをするには、当該法人を
継続する手続を予めとらなければならない（破219条）。相続財産の破産にあって
は、相続人による廃止の申立てによる（破237条1項）。

　c．廃止の同意　　破産手続廃止についての破産債権者の同意は、破産手続を
続行しないことに異議がない旨の意思表示であるから、裁判所に対してなされな
ければならない。したがって、同意は債権そのものの放棄を意味するものではな
い。同意は、所定の債権届出期間内に届出をした破産債権者のそれに限られるか
ら、届出をしない破産債権者および届出を取り下げた破産債権者の同意は必要で
はない。別除権については、不足額責任主義によって破産債権の行使が認められ
た場合以外は、同意を受ける対象にはならない[115]。未確定債権については、裁判
所は、その破産債権を有する破産債権者について廃止の同意（破218条1項1号2
号）を得ることを要しない旨の決定をすることができる（破218条2項前段）。

　d．廃止申立てにかかる裁判　　裁判所は、同意破産手続廃止の申立てがあっ
たときは、その旨を公告しなければならない（破218条3項）。届出をした破産債
権者は、この公告の効力が生じた日から起算して2週間以内に、裁判所に対して、
同意破産手続廃止の申立てについて意見を述べることができる（破218条4項）。

　裁判所は、同意破産手続廃止の決定をしたときは、直ちに、その主文および理
由の要旨を公告し、かつ、その裁判書を破産者および破産管財人に送達しなけれ

---

[115]　名古屋高決昭51・5・17判時837号51頁〔新百選101事件〕。

ばならない（破218条5項前段・217条4項）。これに対し、申立てを棄却したとき
は、その裁判書を破産者に送達しなければならない（破218条5項前段・217条5項
前段）。廃止決定・申立棄却決定に対しては、即時抗告をなし得る（破218条5項前
段・217条6項）。廃止決定が確定すると、当該廃止決定をした裁判所は、直ちに、
その旨を公告しなければならない（破218条5項前段・217条7項）。

　破産手続廃止の決定が確定したときは、破産管財人は、財団債権を弁済しなけ
ればならない（破90条2項本文）。その存否または額について争いのある財団債権
については、その債権については、その債権を有する者のために供託しなければな
らない（破90条2項但書）。廃止決定の確定により、管財人の任務は終了するか
ら、遅滞なく、計算の報告書を裁判所に提出しなければならない（破88条1項）。

　法人である破産者につき廃止決定が確定したときは、裁判所書記官は、職権で、
遅滞なく、破産手続廃止の登記を当該破産者の各営業所または各事務所の所在地
の登記所に嘱託しなければならない（破257条7項・1項）。個人である破産者につ
いて破産手続廃止決定が確定したときは、当該破産者に登記があることを知った
とき、または破産財団に属する権利で登記がされたものがあることを知ったとき
は、裁判所書記官は、職権で、遅滞なく、破産手続廃止の登記を登記所に嘱託し
なければならない（破258条2項1項・262条）。

　e．廃止の効力　　破産手続廃止の効力は、廃止決定が確定したときに生じる
（破218条5項・217条8項）。廃止決定が確定すると以下のような効力が生じる。

　(a)破産者は、破産財団所属財産に関する管理処分権を回復する。なお、回復に
は遡及効はないから、管財人が既になしていた管理処分行為の効力には影響はな
い。破産手続開始後に破産者がなした行為で破産債権者に対抗することができな
い行為（破47条1項）の効力は、完全に有効になる。また、異時破産手続廃止や同
時破産手続廃止とは異なり、破産者は当然に復権する（破255条1項2号）。破産手
続開始によっていったん解散した法人は、法人を継続する手続がとられている場
合（破36条参照）には解散前の状態に復帰する。

　破産管財人を当事者とする破産財団に関する訴訟手続は、破産手続廃止決定の
確定により中断し（破44条4項）、財産の管理処分権が破産者に回復されることに
伴って、その後は破産者との間での訴訟法律関係となるから、破産者がこれを受
継しなければならない（破44条5項前段・5項後段）。否認訴訟はもはや続行する意
味がなくなるから、当然に終了する。なお、破産手続の開始に伴い中断し破産管
財人または相手方によって受継された詐害行為取消訴訟の手続（破45条1項2項）
は、破産手続廃止決定の確定により中断し（同条4項）、これを破産債権者が受継
しなければならない（破45条5項）。

(b)債権者は、廃止決定の確定により、個別的権利行使の禁止（破100条1項）を解かれ、自由に旧破産者に対して権利行使ができる。破産手続において確定した破産債権であって、債権調査期間ないし債権調査期日において破産者が異議を述べなかったものについては（破221条2項）、破産債権者表の記載は確定判決と同一の効力を有し（破221条1項前段）、この場合には、破産債権者は、確定した破産債権について、破産債権者表の記載に基づいて強制執行をすることができる（破221条1項後段）。

＜設問についてのコメント＞

　問1は、管財人の管理行為について問う問題である。前段については、第12章1(2)(3)1)2)等を参照のこと。後段の①は、主として引渡命令（破156条）について説明するものである。これについては、1(2)を参照のこと。また、②は、封印執行（破155条）、警察上の援助（破84条）等について検討する問題であり、③は、帳簿の閉鎖（破155条2項）に関する問題である。これらについては1(3)を参照のこと。④は、①の引渡命令との違いを説明する問題である。この場合破産管財人としては、当該目的物が財団に帰属することを主張し、返還を求めることになろう。

　問2は、役員の責任追及の手続全般を説明する問題である。これについては、3(1)〜(4)を参照のこと。

　問3は、役員の責任追及をする際の保全処分について問う問題である。これについては、3(4)を参照のこと。

　問4は、別除権の目的物の換価権は、原則として別除権者にあるが（破65条）、別除権者がこの権限を適時に行使しない場合には、破産法184条・185条等の規定がある。本問はそれらの内容を問う問題である。これについては、4(2)1)②を参照のこと。

　問5は、抵当権の目的となっている不動産の換価に関する問題である。これについては、4(2)1)②を参照のこと。

　問6は、放棄後に管理者が事実上不在となり問題が生じる場合や、崖崩れの危険のある土地や、土壌汚染等公害を内包しているような土地について放棄することができるか、ということを問う問題である。これについては、2.を参照のこと。

　問7は、異時破産手続廃止の手続について問う問題である。これについては、5(2)4)を参照のこと。

第 20 講　個人債務者の破産、免責・復権・少額管財手続

ケース

　Aは地元の高校を卒業した後、東京の大学に進学し、大学卒業後は、そのまま東京でOLをしている。Aの手取り月収は約25万円であり、その中から、毎月、Bにアパートの賃料9万円を支払い、その残りで、食事代とその他の生活費をまかなっているが、独身なので、日常の生活に不便は感じたことはない。

　ところが、平成25年の夏に実家の父親が脳溢血で倒れ入院した。そのため、母親一人に介護をさせるわけにはいかず、一人っ子である自分が手伝わなければ、と思い、遠距離看護を続けた。そのため、月に3回は帰省することになり、そのたびに交通費が往復3万円程度かかるほか、医療費もかさむので、その援助もしなければならず、それが毎月15万円ほどにもなった。そのため、満足な食事も取れず、それに看護による疲労が重なり、自らも2週間の入院を余儀なくされた。

　これらの費用をまかなうために、最初は預貯金を取り崩していたが、それもすぐに底をつき、仕方なく消費者金融から借金をした。ところが、父親の入院が1年にも及んだため、だんだんと、消費者金融への返済が滞りがちになり、弁済期の到来した借金を返済するために、他の消費者金融から借金するといった、まさに自転車操業の状態に陥っていた。そして気がつけば、消費者金融7社から500万円を借りており、毎月の返済額が25万円にもなってしまっていた。しかし、さらに入院費と医療費および生活費の資金を捻出する必要に迫られたAは、平成26年9月頃、これまで取引のあった消費者金融から借りることは無理だと考え、新たに見つけた消費者金融C社に行って30万円の融資を申し込んだ。その際、申込書の「他からの借入れの有無・金額」という欄には、本当のことを書けば融資が受けられないと思い、そこには何も書かずに融資申込書を窓口に提出した。窓口では社員が接客マニュアルに従って、「他社からの借入れはありませんね。」と質問したのに対して、「はい。」とだけ答え、30万円の融資を受けることができた。その後、消費者金融で借入れをする際には、いつもそのようにして融資を受けた。そして、平成27年に入ると、いよいよ消費者金融からの借入れも困難となったAは、ある消費者金融業者の助言もあって、クレジット会社と契約し、クレ

592

ジットカードで家電製品を購入しては、それを他に転売し、その代金を借金の返済に充てるようになっていた。

しかし、Aの経済状況が好転するわけもなく、アパートの賃料を平成27年の8月と9月の2か月分を滞納したほか、D社に対するガス代も、平成27年の6・7・8月の3か月分を滞納した。そしてAの財産としては、身の回りのブランド品（古道具屋に売っても全部で10万円にもならない）のほか、賃料2か月分に相当する額の敷金18万円を支払っていたが、既に家賃を2ヶ月分滞納しており、それが戻ってくる見込みはない。

◆問1　Aは破産手続の開始を申し立てようと思い、東京地方裁判所に問い合わせてみたら、通常の管財事件では、申立手数料が1500円、予納金が50万円、その他、郵便切手を4100円ほど納める必要があるといわれた。Aには、50万円もの大金は持ち合わせがないので、どうすればよいか。

◆問2　仮に、Aが平成27年9月10日に破産手続開始申立てをし、これに対して、同年9月30日に同時破産手続廃止の決定がなされたとする。この場合において、ガス会社Dは、同時破産廃止の決定が出る前に既に債務の履行を遅滞しており、それが支払われるまでは、ガスの供給はしないと主張している。この場合の解決方法としてはどのようなものがあるか。

◆問3　もし仮に、Aの破産手続開始申立てに対して同時破産手続廃止の決定がなされた場合、大家であるBは、それを理由として当該賃貸借契約を解除して、Aにアパートからの立ち退きを請求することはできるか。また、解除が、破産手続開始前の2か月分の家賃滞納を理由としている場合はどうか。

◆問4　仮に問2で、Aに対して、同時破産手続廃止の決定の確定後、間もなく免責許可決定が下された。これに対して、消費者金融業者C社は、Aは、自社からの借入れに際しては詐術を弄したし、また取込み詐欺をしていたような不誠実な債務者には、免責は認められるべきではない、と主張して即時抗告をした。これは認められるか。

◆問5　Aに対して免責許可決定が確定した場合において、Cが、Aへの30万円の貸付は、Aの詐欺によるものであると主張し、不法行為に基づく損害賠償として30万円の支払いを求めて訴えを提起した。この訴えは認められるか。

第20講　個人債務者の破産、免責・復権・少額管財手続　　593

第13章 個人債務者の破産、免責・復権・少額管財手続

1 消費者破産制度

(1) 消費者破産とその特徴

1) 消費者破産とは 消費者破産とは法律用語ではないが、一般的にいえば、事業活動をしていないか、ごく小規模な事業をしている自然人たる債務者が、経済的に破綻したことを理由に、経済生活の再生のために、免責決定を受けることを主たる目的として、自らが破産手続開始の申立てをすることをいうと定義することができる[1]。

2) 消費者破産の特徴 消費者破産も破産の一種であるから、通常の企業破産と基本的には相違はないが、以下のような点が特徴的である[2]。

① **免責による経済生活の再建を目的とするものであること** 消費者破産における破産者が負っている債務は、ほとんどが消費者金融等の貸金業者からの借入金や、クレジット会社に対する立替金債務であるから、再建を目的とする倒産処理の方法は、破産以外には、特定調停、個人再生（もちろん通常の民事再生手続も使えないわけではない）がある。しかし、特定調停も個人再生も定期的な収入があることが前提となるので、債務者に定期的な収入がない場合や、定期的な収入があるが、負債の額が過大で特定調停や個人再生にはなじまない場合には、これらの手続は利用することができない。よって、このような場合や、定期的収入を弁済原資に充てないで破産者になってもよいから一挙に免責を受けたいというような場合に破産手続が選択される。

② **破産事件の大半を占めている** 消費者金融に対する多重債務者の債務整理の方法として、免責制度が注目され、昭和57年以降、爆発的に利用件数が増大し、それ以降は、個人による破産申立て件数が、破産の全申立件数の大半を占めるようになっている（【資料1】～【資料3】）。平成12年から特定調停制度が、同13年から個人再生制度が発足したが、依然として破産手続の利用は多い。

---

(1) 破産法1条も、「債務者について経済生活の再生の機会の確保を図ること」もその目的として規定している。

(2) 実務倒産3版900頁～902頁〔今泉純一〕参照。

③　債務のほとんどが消費者金融等の貸金業者やクレジット会社の立替金債務であり、ほとんどが一般の破産債権であり、債権者の数も少なく、債権額も多額ではなく、財団債権や優先的破産債権となるような公租公課の負担もあまりない

　債務の内容はほとんどが無担保の小口の借入金であり、債権者も数社から10数社程度の場合が多い。債務者は消費者であるから、労働契約上の債務等の優先債権もないし、給与所得者の場合は源泉徴収がされているので、未払の公租公課といった債権もあまりない（退職による地方税の普通徴収の未払いや、国民年金・国民健康保険料の未払いがある場合はある）。

④　資産をほとんどもっていないから、申立事件のほとんどは同時破産手続廃止になる　　消費者破産においては債務者財産は乏しいのが通常であり、申立事件のほとんどが、同時破産手続廃止で終わる。ただ、管財事件として異時廃止や少額管財事件として多少の配当が可能な事案もある。司法統計年報によれば、同時廃止による既済事件数は、平成14年が19万7088件（既済事件に対する同時廃止の割合。以下同じ。89.8％）、平成15年が22万9015件（89.2％）、平成16年が19万5242件（87.5％）、平成17年が16万6279件（84.5％）、平成18年が14万3675件（81.8％）、平成19年が12万3506件（78.2％）、平成20年が10万1692件（73.1％）、平成21年が9万5335件（69.4％）、平成22年が9万1766件（68.1％）、平成23年が7万4294件（64.5％）、平成24年が5万8359（61.1％）、平成25年が4万9323（59.34％）、平成26年が4万3591（57.51％）である（【資料3】）[3]。これを見ると年々、同時破産手続廃止事件は数および割合ともに減少しているが、おそらくは、少額管財事件や個人再生事件としての処理が定着してきていることが影響しているものといえよう。

　なお、配当が可能な場合であっても、通常、債権者数は少なく、同種の債権が多く、かつ配当財源も僅少であるから、同意配当や簡易配当となるのが普通である。

⑤　手続開始前の法律関係は複雑なものはほとんどない　　消費者は事業者ではないから、それほど複雑な法律関係があるわけではなく、同時破産手続廃止の場合は破産手続開始と同時に破産手続が廃止されて終了するから、特別な法律上の問題は生じないし、管財事件でも特別の法律関係の処理を行うことが多いわけではない。従来から問題となっている法律関係としては、継続的供給契約（電気・ガス・水道の供給等）、賃貸借契約（消費者は賃借人）、労働契約（消費者は労働者）の処理が問題となる程度である。

---

(3)　自己破産および同時破産手続廃止の既済件数は事業者破産も含むので、消費者破産の割合は正確には不明である。

⑥　**経済生活の破綻の原因は類型化されることである**　　消費者金融等の高利の金融に手を出す理由は生活費や遊興費の補塡がその大半であるといわれる[4]。つまり、債務者の収入では消費等による支出を賄い切れないことが唯一の原因であるといえよう。

⑦　**各裁判所において定型的な大量処理が行われていること**　　倒産原因も似たような原因で、債務は類似し、有する資産の内容も類型化できる同じようなものであり、複雑な法律関係はないし、膨大な量の事件処理に対応するため、各地方裁判所は、運用基準を定めて、定型的な申立書式等を整備して、手続もマニュアル化され、破産申立てから免責まで流れ作業のように事件処理を行っているのが実情である。

3）消費者破産の原因　　日本弁護士連合会消費者問題対策委員会の調査によれば、消費者破産の負債原因として以下のようなものがあげられている[5]。すなわち、生活苦・低所得（60.24％）、保証債務（22.42％）、事業資金（21.37％）、病気・医療費（20.73％）、失業・転職（19.84％）、負債の返済（保証以外）（17.18％）、給料の減少（13.47％）、生活用品の購入（11.21％）、教育資金（7.82％）、クレジットカードによる購入（6.61％）、住宅購入（6.05％）、浪費・遊興費（5.97％）、第三者の債務の肩代わり（4.76％）、ギャンブル（3.87％）、名義貸し（2.10％）、冠婚葬祭（1.61％）、投資（株式、会員権、不動産等）（1.21％）、その他（13.47％）となっている。

このように消費者破産の原因として上位にあるのは、生活苦・低所得、他人の債務保証、病気・医療費、失業・転職、負債の返済、給料減少等であり、これらは、かならずしも本人自体を一概に責められないような事項であって、従来説かれていたような浪費やギャンブル等は消費者破産の主要な原因ではない。しかし、これらの原因はいずれも遠因であり、直接的には、生活苦を免れるため、あるいは負債の返済などのために、消費者金融やクレジットカード等といった消費者信用の利用の結果その債務の弁済ができなくなったことが、消費者破産の大きな原因をなしていると考えられる。

4）消費者信用の現状　　わが国では、昭和50年代の後半から破産申立件数が急増したが、これはいわゆる消費者金融業者からの借金を返済できなくなくなった消費者による自己破産の申立てが激増したためであった。しかし、消費者金融業者の高利貸付や悪質な取立てによる被害が社会問題となり、国が貸金業規制法等の立法的手当をしたことや、最高裁判所の判例が出たこと等により[6]、この

----

(4)　実務倒産 3 版 901 頁〔今泉純一〕。

(5)　日本弁護士連合会消費者問題対策委員会「2014 年破産事件及び個人再生事件記録調査」16 頁。ただし、割合の多い順に順番は変えてある。

問題は一応沈静化した。しかし、近時、法律に違反していることを承知で、年利2,000％〜73,000％といった途方もない金利を取るといった、犯罪的なヤミ金融業者による被害が問題視されている。その意味では、これらの多重債務者救済のために、貸金業規制法や出資法など数々の法制度が改正・整備されてはいるが、最後の砦として、消費者破産制度をはじめとする消費者倒産処理手続の存在の意義は大きいといえよう。

（2）　消費者破産手続

基本的には、事業者破産と異なるところはないが、消費者破産手続には特徴的な点がいくつかある。

1）申立て　①　手続開始原因　破産者は自然人であるから、手続開始原因は支払不能である（破15条1項）。消費者破産の場合、ほとんどが、消費者金融等からの借入債務の弁済ができなくなり自己破産の申立をするものであり、債務者はほとんど例外なく支払不能の状態にあり、手続開始原因の有無が問題となることは実務上ほとんどない[7]。

②　申立て　破産手続開始の申立ては、最高裁判所規則で定める事項を記載した書面に一定の書類を添付して行う（破20条、破規13条・14条）[8]。また、裁判所は、破産手続の円滑な進行を図るために必要な資料の提出を求めることもできる（破規15条）。

なお、債務者が破産手続開始の申立てをした場合には、反対の意思を表示しない限り、当該申立てと同時に免責許可の申立てをしたものとみなされる（破248条4項）。したがって、破産手続開始の申立てと同時に免責の申立てを行う必要はない。同時破産手続廃止は裁判所が職権で行うが（破216条1項）、同時破産手続廃止事案においては、申立人が、この職権の発動を促す目的で同時破産手続廃止の申立て（上申）を行うことが多いと思われる。

消費者破産においては、債権者も申立権がないわけではないが（破18条1項）、

---

(6)　昭和58年の「貸金業の規制等に関する法律」の制定と、平成21年の同法の改正、昭和58年および平成22年の「出資の受入れ、預り金及び金利等の取締に関する法律（いわゆる出資法）」の改正、平成18年の利息制限法の改正等があげられる。また、最判平18・1・13民集60巻1号1頁も、事態の沈静化に大きく貢献した。

(7)　実務倒産3版905頁以下〔今泉純一〕。

(8)　添付書類としては、債権者一覧表（破20条2項）、住民票、収入・支出の記載書面（家計状況報告書）、源泉徴収票・課税証明書、財産目録（破規14条3項）などが挙げられるであろう。実務上は、その他、債務者の陳述書、生活状況報告書（勤務先、家族構成、住居状況等）、生活保護受給証明書、住居賃他借契約書、生命補年証書などの提出が求められるようである（概説2版補訂549頁〔山本和彦〕）。

ほとんどが、債務者自らが（または、弁護士を申立代理人として、または司法書士に申立書を作成してもらう場合もある）破産手続開始申立てをなす、いわゆる自己破産である。そこで、申立人の便宜と、大量の事件処理の便宜を考えて、申立書、同時廃止申立て、同時廃止用の報告書（申立代理人に作成させるという取扱いもある）、家計収支表等の申立てに必要な定型的書式を定めて、それに空欄を埋める等して必要事項を記載するような方法がとられている[9]。

　③　**申立ての費用と国庫仮支弁**　　破産手続開始の申立てをするには申立手数料を支払う必要がある。自己破産の申立てが1000円、免責申立てが500円の合計1500円を、破産手続開始申立書に収入印紙を貼付して支払う。さらに、申立人は、破産手続の費用として裁判所の定める金額を予納しなければならない（破22条1項）。実務上は、予納金の基準額を各裁判所が定めている（【資料4】参照）。東京地裁破産再生部によると、同時破産手続廃止事件でかつ後述の即日面接事件の場合は1万290円（これは官報公告費である）、個人の少額管財事件では20万円および個人1件につき1万6090円である。これらの予納金は、一般の管財事件に比べて割安になっている。そのほか、一定額の郵券を予納しなければならない（【資料4】）。

　この費用は一括払いであり、支払いがないときは、破産申立ては棄却される（破30条1項1号）。ただし、この費用につき、裁判所は、申立人の資力、破産財団となるべき財産の状況その他の事情を考慮して、申立人および利害関係人の利益の保護のためとくに必要があると認めるときは、破産手続の費用を仮に国庫から支弁することができる（破23条1項）。これは国庫仮支弁と呼ばれ、旧法では、債権者申立ての場合にだけ費用の予納を要求し、それ以外の申立てにおいては費用は国庫から仮に支弁するとされていたが（旧破140条）、旧法下の実務では、法文の文言に反して、全件に費用の予納を要求するという運用をしていた[10]。新法では、旧法下での実務に合わせる形で規定が改められた。

　実務上は、消費者破産の場合は大半が同時破産手続廃止事案で費用が低廉であることや、従来から、法律扶助協会が立て替え払い事業を行っており、全扶助事業の半分以上を破産事件への援助が占めていた。また、総合法律支援法を根拠として2006年に日本司法支援センター（法テラス）が設置されたことにより、司法援助の体制はより強化されて、扶助対象の拡大が期待されている（総合法律支援法30条1項2号〔民事法律扶助業務〕）。これに対して、国庫仮支弁の要件が厳しいこと

---

(9)　実務倒産3版906頁〔今泉純一〕。

(10)　大阪高判昭59・6・15判時1132号126頁〔新百選14事件〕、広島高決平14・9・11金商1162号23頁〔百選4版10事件、百選5版A2事件〕等。

もあって、実務では国庫仮支弁の制度は利用されていないといわれる[11]。

④　申立ての審理　　申立てが受理されると、裁判所書記官により受付票が発行され、これが債権者に提示されると、金融庁の通達により、貸金業者の債権回収のための追及が事実上停止されることになっている。また、破産手続開始原因（破15条1項）や同時破産手続廃止の要件の有無（破216条1項）、免責不許可事由（破252条1項）の有無について債務者の審尋がなされる。ただ、この審尋は通常きわめて簡単なもので、上掲の提出書類に誤りがないことを確認するにとどまる。また、生活保護受給者などについては、審尋自体を省略して、破産手続を開始する運用もなされているようである[12]。

2）開始決定　①　**開始決定の手続**　　自己破産申立ての場合、申立てから比較的早期に破産手続開始決定がなされ、官報に公告がなされる。最近では、個人の自己破産事件につき、全体として適正かつ迅速に事件を処理するために、弁護士が代理人となって申し立てる自然人（個人）の自己破産申立事件のうち問題がないと認められる事件について、面接を通じて同時廃止の処理が可能か否かを判断し、その処理が可能なものについて面接の当日に破産手続開始決定・同時廃止決定を行う即日面接事件と呼ばれる運用もなされている[13]。

消費者破産においては、通常これといったみるべき財産はないので、従来の破産実務では、同時破産手続廃止（破216条）の事件が多数を占めていた。しかし、管財事件や、同時破産手続廃止の申立て（上申）を認めない場合には、裁判所は、破産管財人の選任やその他の同時処分や付随処分を行うことになる。この場合は、事業者破産と特に異なることはない。

②　**開始決定と係属する契約関係**——**継続的供給契約・賃貸借契約・労働契約**　a．**総説**　　管財事件の場合は、破産法の規定の適用があるが、同時破産手続廃止の場合は手続開始と同時に破産手続は終了し破産管財人も選任されないから、破産管財人の権限として規定されているものは適用されないことは明らかである。よ

---

(11)　実務倒産3版908頁〔今泉純一〕。

(12)　概説2版補訂549頁〔山本和彦〕。

(13)　この制度は、法律の専門家である申立代理人弁護士が同時破産手続廃止を希望して破産手続開始の申立てをする場合は、債務整理または破産手続開始申立ての受任に当たり債務者と面談した上、速やかに各債権者に対し介入通知を行い、資産、負債および免責の各点について十分な調査を尽くし、その調査結果に基づいて法的にも検討を加え、裁判所が同時廃止の可否を検討するために必要な事実関係等を申立書および陳述書に記載しており、裁判官との面接でも質問について適切な回答ができるのが通例であるとの弁護士への信頼を基礎とするものである（破産民再実務〔新版〕（中）238頁〔松井洋＝細川栄治〕、破産民再実務3版破産524頁、手引2頁、32頁以下）。

って個人破産者は、そのまま継続して事業活動を営むことができる。ただ、破産手続開始という事実は残るから、手続開始によって生じる効力も原則として生じる。したがって、公私の資格喪失の効果が生じる一方、免責申立てもできる（破248条1項）。また、破産手続廃止決定があると、破産債権者について個別的権利行使の禁止（破100条1項）は解かれるから、破産債権者は破産者に対し権利を行使することができる。ただし、個人である破産者につき免責許可の申立てがあるときは、免責許可の申立ての裁判が確定するまでの間は、破産者に対して強制執行等はすることができない（破249条1項）。

　b．継続的供給契約　　ガス・上水道・電気等のいわゆる継続的供給契約では、破産手続開始の時点では双方の債務は未履行の状態にある。

　管財事件の場合は、供給者は、破産手続開始申立前の不履行を理由として、手続開始後は給付の履行を拒むことはできない（破55条1項）。供給者の債権は、破産手続開始申立前の給付に対するものについては破産債権（そのうち開始前6ヶ月分は優先的破産債権、それ以前のものは一般の破産債権になる〔破98条1項、民306条・310条〕）とし、開始申立てから開始決定までの給付の対価の部分は財団債権になる（破55条2項）。破産手続開始後の給付に対する請求権はそれが破産財団のための給付であれば財団債権となる（破148条1項2号）が、破産者の生活のための給付（消費者の場合はこれが通常である）であれば財団債権とはならず、破産者が自由財産（新得財産）で支払うことになる。

　破産手続廃止の場合に破産法55条1項の規定が適用されるかどうか問題となる。適用説に立てば、管財事件と同様、供給を拒否できないということになるが、継続的供給契約に関する処理は、双方未履行の双務契約の処理規定（破53条・54条）の特則と考えられ、管財事件の場合の規定であると考えるべきであろう。したがって同時破産手続廃止の場合には、契約相手方は破産手続開始申立前の給付に対する弁済がないことを理由に、供給義務の履行を拒むことができると解すべきであろう(14)。したがって、破産者はこれを避けるためには、自己の財産からこの債権の弁済をせざるを得ない。ただ、このような債権は非免責債権（破253条1項）ではないから、免責決定が確定したときは供給者はこのような主張をすることはできない。これに対して異時廃止の場合は、破産手続開始申立後破産手続開始までの間の給付に係る請求権は財団債権となり（破55条2項）、免責の対象とはならないから（破253条1項柱書）、たとえ免責決定が確定しても、供給者は、この債務の履行がないことを理由に、以後の供給を拒むことはできるであろう。それ

----

　(14)　実務倒産3版909頁〔今泉純一〕。なお、大判明41・4・23民録14輯477頁。

に対して、破産手続開始申立前に供給した分については通常の破産債権であり、免責の対象となるから、供給者は、以前の債権の未履行を理由として、事後の供給を拒むことはできない。

なお、下水道使用料請求権は地方税の滞納処分の例によって徴収することができるから租税等の請求権の一種である（地方自治 231 条の 3 第 3 項、下水道 20 条）。

c. 賃貸借契約　とくに消費者破産では、主として問題となるのは、建物賃借人が破産した場合である。管財事件では、賃貸借契約は破産手続開始決定時では双方未履行の双務契約であるから、破産法 53 条によって処理される。よって、管財人は解除と履行との選択権を有する。しかし、消費者破産においては、賃借建物が破産者の住居である場合、賃貸借契約を解除することは破産者の生活の本拠を奪うことになり、経済生活の再生（破 1 条）という観点からみて妥当ではない。一方では敷金返還請求権は、破産財団に属する財産となるが、破産手続開始後の賃料は財団債権であるので（破 148 条 1 項 7 号）、破産者個人の利益のために、破産財団から賃料を支出しなければならないことになってしまう。そこで破産者が継続して当該建物の利用を望むときは、管財人は、破産者が自由財産や新得財産から今後の賃料を支払って居住ができるようにする一方、敷金返還請求権自体を放棄するという取扱いや、敷金の返還額の相当部分（返還額から現状回復費用や移転費用の見積額を控除する）程度の金額を破産者の自由財産（新得財産）から破産財団に組み入れさせて（その額が 20 万円程度以下の場合は組入れを不要とする取扱いが多い）、敷金返還請求権を放棄するという取扱いをする実務運用が多い、といわれる[15]。

これに対して同時破産手続廃止の場合には、賃貸借契約は、そのまま賃貸人と賃借人との間で存続する。また、管財事件、同時破産手続廃止事件を問わず、建物賃貸人は賃借人の破産を理由として賃貸借契約を解除することはできない[16]。賃貸借契約の中に、賃借人が破産した場合は賃貸人は賃貸借契約を解除することができる旨の特約があっても、この特約は、借地借家法 30 条に違反して無効と解すべきである。もし、同時破産手続廃止後、賃料が支払えなければ、賃貸人としては、その時に催告をして賃借人がこれに応じなければ、債務不履行解除をすればよいからである。

それに対して、賃貸人は、破産手続開始前の破産者の賃料未払いを理由に債務不履行による解除権が行使できるかという問題がある。破産手続開始前に債務不履行による解除をしていた場合には、その解除は有効である。債務不履行はあったが、破産手続が開始した場合、管財事件の場合には、破産手続開始により賃借

---

[15]　実務倒産 3 版 910 頁以下〔今泉純一〕。

[16]　実務倒産 3 版 911 頁〔今泉純一〕。

第 20 講　個人債務者の破産、免責・復権・少額管財手続　　*601*

人は、破産債権の弁済や個別的な権利行使はできなくなるから、この未払賃料を支払わないことは債務不履行にはならず、破産手続開始後は、賃貸人は賃貸借契約を解除することはできない。同時破産手続廃止の場合も、免責手続中は破産債権による個別的権利行使はできない（破249条1項）から、契約を解除することはできない。破産手続開始時点で解除権が発生していた場合（たとえば、相当期間を定めた支払催告をしたが破産手続開始前に相当期間が経過していたような場合等）、争いはあるが、破産手続後に解除の意思表示が可能であると解する。

d. 労働契約　消費者破産では、労働者の破産だけが問題となる。同時破産手続廃止の場合、労働契約には何ら影響はないし、管財事件でも、労働契約は労働者が自ら労働を提供する一身専属的な契約であるから、双方未履行双務契約の処理規定の適用はない（通説）。管財事件の場合は、破産者の給料請求権は自由財産となる差押禁止部分以外は、破産財団に属することになる（破34条1項）[17]。

管財事件の場合で退職金があるときは、破産者の将来の退職金請求権のうち破産手続開始前の労働に対する部分は自由財産となる部分（民執152条2項で、4分の3が差押禁止財産であり自由財産となる）以外は破産財団に属する財産となるが、破産管財人は労働契約を解除することはできないし、破産者に退職を勧告することも破産者の経済生活の再生という観点からみて妥当ではない。そこで、破産手続開始時点の退職金見込額の8分の1相当額程度（使用主の倒産や懲戒解雇で不支給になる等の不確定要素を勘案して差押え可能額の半分ということである）の額を破産者の自由財産や破産者の借り入れ等で破産財団に組み入れるとする取扱いが多い。もっともその額が20万円以下の場合は組み入れを要しないとする取扱いが大半であるといわれる[18]。

使用者が労働者の破産手続開始自体を理由に解雇することはできないと解すべきである（労働契約法16条参照）。ただ、破産は労働者の経済生活の破綻であるから、担当業務が金銭を扱うような部署の場合は、破産を理由として配置転換を受

---

[17] 破産財団に属する額は給与の月額が44万円まではその4分の1、給料の月額が44万円を超過する場合は11万円と44万円を超過する額の合計額である（民執152条1項2号、民執施行令2条1項1号参照）。給料の一部を破産財団に所属させることは、給料が高額であるというような事情でもない限り破産者の再建の障碍になることは明らかであり、財団に帰属する給料請求権部分は当然に自由財産の拡張の対象としてもよさそうであるが、そのような実務運用はなされておらず、給料については、最初から破産財団に帰属する部分も破産者に取得させて、破産財団に組み入れるという処理をしていない（黙示の破産財団からの放棄）のではないかといわれる（実務倒産3版912頁〔今泉純一〕参照）。

[18] 実務倒産3版912頁〔今泉純一〕。

ける可能性はある。破産手続開始自体は、公務員として欠格事由でも懲戒事由でもないから、任命権者は、公務員に破産手続が開始されたことをもって、分限処分や懲戒処分をすることはできない。

3）消費者破産の問題点　消費者破産の最大の問題点は、破産手続開始の申立てが遅れることにより、債務が増大し、債務者はその返済に長い間苦しむことになると同時に経済生活の再生を阻害するということであろう。他方、債権者にとっても、免責決定の確定により、債務者の責任が免除されるという効力が生じるため（破253条1項）、不満が増大することになる。このような状況は以下のような事情に起因すると思われる。まず第1に、破産制度が、実質的な懲戒制度となっていることである。旧々破産法はフランス法にならい、破産を罪悪と考え、債務者の公私の資格を剥奪することにより破産者を懲戒し、破産の一般予防をも目的とするものであった（懲戒主義）。しかし1922年に制定された旧破産法は、ドイツ法に倣い非懲戒主義をとったが、特別法上種々の資格制限規定があり[19]、実質的な懲戒主義になっており、このような状況は現行法下においても大差はない。このことから、破産すれば資格を喪失する債務者は経済的破綻が決定的になるまで破破産手続開始の申立てを躊躇し、傷口を一層広げ、そのことが破産者の経済的再生を阻害している。また、破産手続開始には暗いイメージがつきまとっており、破産によって、選挙権がなくなり、公務員になれない、公務員であれば辞職しなければならない等といった誤った認識はかなり流布しているし、世間の破産者に対する風当たりもかなり強いものがあり、このことも、債務者に破産申立てを躊躇させる原因となっている。たしかに、このような資格制限の制度の存在理由はそれぞれの資格によって異なりうるが、資格制限のすべてが合理性を有するとはかぎらず、それぞれの業務との関連で、本当に破産者がその業務を担当することには支障があるか否かについて精査してみる必要があろう[20]。

第2には、近親者が保証人等になっていることが挙げられるであろう。消費者破産においては、債務者の親族や親しい友人が連帯保証している場合が多く、本

---

[19]　たとえば、破産手続開始によって資格が喪失する例として、後見人（民847条3号）、後見監督人（民852条）、遺言執行者（民1009条）、弁護士（弁護士7条5号）、公証人（公証人14条2号）、司法書士（司法書士5条3号）、税理士（税理士4条3号）、弁理士（弁理士8条10号）、公認会計士（公認会計士4条4号）、商品取引所会員（商取31条1項）、建設業（建設8条1号）、旅行業務取扱管理者（旅行業6条1項5号）、宅地建物取引主任者（宅建18条1項3号・21条2号・22条2号）等非常に多い。

[20]　西澤宗英「倒産者の地位」ジュリ1111号169頁以下、伊藤3版176頁注262。なお、宮川・法理論92頁～96頁、大系510頁以下、とくに535頁以下〔萩屋昌志〕は、このような資格制限規定の原則的な廃止を主張する。

人が破産して免責を受けても、保証人等の責任は免除されない（破253条2項）。また、債務者が破産手続開始決定を受ければ期限の利益は当然に喪失するので、保証人に対し直ちに支払いが求められる結果、保証人自身が生活に困窮するおそれがあり、保証人から、主たる債務者が破産申立てをすることに対し、きつく批判されることなどが予想され、これらも破産申立てを躊躇する一因となっていると考えられる。

　さらに第3には、司法的救済窓口の不備という点も挙げられるであろう。現在、さまざまな努力にもかかわらず、いまだ弁護士会を含む多重債務者の相談窓口が不十分であり、そのため、現行法上設けられている消費者倒産手続の利用等について適切なアドバイスが受けられていない。また、破産の申立て費用や、弁護士等の専門家への相談費用等の扶助など法律扶助制度の一層の充実が望まれる。その意味で、2006年に設置された日本司法支援センター（法テラス）による、各種情報提供や、法律扶助等の業務の充実・拡大がが期待されるところである。

2　免　責

（1）　意　義

1）免責制度の意義と沿革　　破産法における免責とは、破産手続による配当によって弁済が得られなかった債務につき、破産者の責任を免除することをいう（破253条1項）。一般に法人は破産によって解散・消滅するから、破産手続終了後に債務が存続するということはない。したがって、免責は自然人のための制度である。

　免責制度はイギリスに始まり、破産者が誠実で、配当またはその後の弁済によって債権額の5割以上の満足を与えた場合に、債務者に対する報奨ないし特典として、免責の申立てを認めた。免責制度は、アメリカにも継受されたが、制度の趣旨内容は次第に修正された。すなわち、配当の有無を問わず、債務者の不誠実性を示す事由がない限り免責を与えることとされ、さらに、破産手続開始決定があれば自動的に免責の申立てがあったものとみなされ、申立ては不要となった[21]。

　一方、ドイツ法を模範として作られたわが国の旧破産法には、当初、免責制度はなく、自然人たる破産者は、破産手続が終了しても、そこで弁済できなかった債務がある限り、債務者は、一生かかっても払い続けなければならなかった[22]。

---

(21)　各国の免責制度については、宮川・法理論124頁以下、谷口21頁以下参照。

(22)　ドイツではこのような状態を「債務奴隷（Schuldknechttum）」「債務監獄（Schuldturm）」などと表現する。なお、ドイツで免責制度が導入されたのは、1994年に成立した倒産法（1999年施行）においてであった。その287条2項では、免責の申立てには、給与またはこれに代わる継続的な給付を求める差押可能な債権を倒産手続終結後7年間

このように、破産によって全財産を失った上に、いつまでも債務の重圧に苦しめられるのでは、破産者としては破産を極度におそれ、財産状態の悪化を隠して無理算段を重ねるためにますます泥沼に陥ることにもなり、債権者の中には、これに乗じて自分だけ満足を得るために破産申立てを脅迫手段として利用する傾向もみられた。このような事態を改善する有力な手段として、免責主義の採用が早くから唱えられていたが、①破産を罪悪とする懲戒主義的観点が払拭されていなかったこと、②債務に対する義務意識の希薄化が懸念されたこと、等により、採用は見送られていた。しかし、1952 年（昭和 27 年）にアメリカ法の影響のもと会社更生法が制定されたのに伴い、自然人たる破産者の更生を容易にするために、免責の制度が導入された。わが国の免責制度は、配当率を問わないなどの点でアメリカ法に近いが、免責につき独自の申立てが必要な点ではイギリスの制度に近い。ただ、平成 16 年の改正により、免責手続と破産手続とは別個の手続と構成しつつも、破産法 248 条 4 項において、破産手続開始申立てをした場合には、免責許可の申立てがなされたものとみなす旨の規定が設けられ、アメリカ法の規定に近づいたといえる。

（2）　免責制度の根拠と理念

1）　免責制度の根拠　　人的無限責任という場合、そこには、一生涯を通じて財産のある限り弁済しなければならないとする多分に人格的道徳的意味が加味されている。しかし、今日の取引の実際においては、対人信用といっても一般的資産状態や客観的な企業の見込みに対して与えられるのであり、決して債務者の良心や道徳的人格に信頼して与えられるわけではない。つまり、個人が自己の財産の管理に当たっている場合、その財産の限度で責任を負うべきものであり、無限責任ということも、その者が管理している全財産が債務の責任財産をなすということであり、財産の存する限りの責任という点では有限であり、有限責任との区別は、別に同一人に属する責任外の財産が存するか否かの相対的な意味に過ぎない。その結果，破産手続開始決定があると、破産者の総財産は破産財団としてその支配を離れ、破産者の全財産関係は破産財団の関係に移ってしまう。すなわち、破産者の自然的人格は消滅しないのに拘わらず、財産的主体性は清算の目的のた

にわたって受託者に譲渡する旨の意思表示を添付しなければならないものとされていた。しかし、2014 年に施行された改正倒産法においても、免責には 3 年ないし 5 年の期間が設けられており、依然として厳しい免責制度を維持している。ドイツの免責制度については、三上威彦「ドイツ倒産法における消費者倒産規定の改正について」現代社会における民事手続法の展開（下）〔石川明先生古希祝賀〕（商事法務・2002 年）563 頁以下、同「ドイツにおける消費者倒産規定の最近の改正について」民事手続方法の現代的機能〔石川明＝三木浩一編〕（信山社・2014 年）458 頁以下参照。

めに破産財団へ移される点では、財産法上の関係での一種の死亡破産手続開始決定ということができ、破産者はそれまでまとっていた財産主体性という外衣を脱ぎ棄て、文字通り裸一貫となって、経済的に生まれ変わる。免責制度が認められたことによって、破産が「財産主体性の更新」であることが明確になったといわれる[23]。ここに免責制度の理論的根拠が見出される。

　しかし、以上の理論的な根拠のほか、近時ではむしろ自然人破産者の経済的な再起更生を図ることが人間の尊厳の確保のために必要なのだという、免責の政策的根拠が強調されている[24]。

　2）免責制度の理念　　免責制度の理念については、(a) 誠実な破産者に対する特典とする考え方[25]と、(b) 不誠実でない債務者の経済生活の再建・更生の手段とする考え方[26]に大きく分かれている。前者の立場に立つと、債務者に積極的な誠実性を求めることになりがちで、免責不許可事由は広く解され、裁量免責は制限的に用いられることになる。また、無配当の場合の免責付与についてはとくに慎重になって、同時廃止や異時廃止の場合には、自由財産などから一定の弁済をさせたうえで免責を許可する、という条件付免責の積極的運用を説く考え方にも通じる。それに対し後者の立場によれば、免責不許可事由は、債務者の不誠実性の徴表に限定され、しかも、それに該当する場合でも、その不誠実性が局面的あるいは一過的な軽微なもので、債務者のこれまでの生活や行動を総合的に評価す

(23) 兼子一「破産免責の法理」民事法研究2巻（酒井書店・1956年）133頁以下。とくに138～143頁。

(24) 谷口337頁。すなわち、兼子理論によれば、免責は当然認められることになるが、現実には、1952年に免責制度が導入されるまでは免責制度はなかったのであり、現実に免責がなされるためには、免責制度の存在および免責の裁判が必要であるから、免責制度を基礎づけるためには、必ずしも理論的説明だけでは十分ではないと思われる。

(25) 最判昭36・12・13民集15巻11号2803頁〔百選5版82事件〕、最判平3・2・21金商866号26頁、中田263頁等に見られる考え方である。実務は、この判例を基礎としながら、破産者の経済生活の再建・更生の機能を考慮に入れる立場であるとされているが、個々の事案では、免責の許可・不許可（特に裁量的免責の可否）を判断する裁判官の倫理観・価値観にある程度左右される問題であるとされる（実務倒産3版928頁〔今泉純一〕）。

(26) 伊藤眞『債務者更生手続の研究』（西神田編集室・1984年）15頁、宮川・構想258頁以下、宮川・法理論15頁、38頁以下。条解破産2版1605頁注14は、免責制度の意義は、債務者の経済的再生を主たる目的とするものであるとの見解が定着し、これを前提として現行法が制定された（小川秀樹「破産免責をめぐる諸問題」現代民事法の実務と理論〔田原睦夫先生古稀・最高裁判事退官記念論文集〕（下）（きんざい・2013年）494頁）のであり、したがって現行法のもとにおいては、かかる免責制度の考え方が定着する昭和60年ころ以前の裁判例は、先例としての意義はほとんどないものというべきである、という。

れば断定的に不誠実とまではいえず、全体的にみればそれほど不誠実ではない、そういう程度の債務者には裁量免責を認める傾向になる。学説はほぼ一致して、後者の見解に賛成する立場に立つとされている[27]。

（3） 免責制度の合憲性

破産免責は、破産免責許可決定という裁判により破産債権者の権利を変更するものであるから、財産権を保証する憲法 29 条との整合性が問題となる。しかし、判例[28]は、免責は、破産清算後における債権者の追及を遮断し、破産者を経済的に再生させる目的をもち、かつ、不誠実な破産者については免責不許可事由が定められ、さらに一定の債権が非免責債権とされるなど、その要件および効果について合理的制限が設けられているから、公共の福祉のために憲法上で許された必要かつ合理的な財産権の制限として認められるとする。この考え方は学説によっても支持されているといえよう[29]。これは、結局、憲法 29 条の財産権の保障と、破産者の生存権を保証する憲法 25 条の間でバランスを取るべき問題であるが、どちらを強調するかによって、免責の理念の捉え方、免責不許可事由の判断や審理方法などに影響が生じるであろう。

（4） 消費者破産と免責

昭和 50 年代半ばまでは破産申立件数自体が少なく、免責制度の利用はさらに低調であった（【資料 1】、【資料 2】）。しかし、昭和 50 年代半ばからの消費者信用の急成長に伴い、多重債務を負って債務の返済に行き詰まる消費者の数は構造的に増加した。とりわけ、消費者金融被害が社会的な問題となり、悪質な取立てを受ける債務者の最後の救済手段として、免責制度が積極的に利用されるようになり、昭和 50 年代末から、同時破産廃止と結合した免責の恩恵を受けようとする自己破産の申立てが急激に増加した（【資料 2】）。

このような動向に対しては、実務上、債権者保護や「借りたものは返す」という取引倫理・道徳の遵守を根拠に、免責を「誠実な債務者の特典」とみる考え方を重視する立場から、裁判所が借金踏み倒しの手先になっているという厳しい批判もなされていた。これに対しては、消費者信用産業の貸倒れ損失は信用調査の不備という自己責任でもあること、消費者信用産業は、一定割合の貸倒れの発生を見込んだ利息・手数料等を予め設定していること、予想を上回る貸倒れ損失も

---

[27] 宮川・法理論 137 頁。

[28] 最判昭 36・12・13 民集 15 巻 11 号 2803 頁〔百選 5 版 82 事件〕。なお、会社更生手続につき合憲性を肯定するものとして、最判昭 45・12・16 民集 24 巻 13 号 2099 頁〔百選 5 版 2 事件〕がある。

[29] 条解破産 2 版 1606 頁、大コンメン 1057 頁〔花村良一〕。

相当程度は顧客たる消費者一般に転嫁できることなどを指摘して、消費者にのみ一方的に倫理感を要求することには疑問が投げかけられていた。

これに対し、東京地裁では、いわゆる「東京地裁方式」とよばれる、一部弁済の勧告の制度が実施されていた[30]。破産申立てをした本人、またはその代理人に対して、破産手続以外のところで、一定の弁済を債権者に対してなすよう勧告し、この勧告通りの弁済がすんではじめて免責決定をするという運用方式をいう。一部弁済の勧告の基準としては、①生命保険の解約返戻金が支払われる場合や、退職金が得られるなど、債務者に換価容易な財産があり、そのまま同時廃止、免責処理をすることが相当でない場合、②生活費を圧縮すれば収入に一部弁済の余裕が生じるような場合、③免責不許可事由がある場合には、一部弁済の努力を裁量免責の判断の一資料とする。但し、免責不許可事由が明白な場合や積立ての余裕が全くない場合は勧告しない。④一部弁済の割合は、浪費関係で1割ないし2割、賭博関係で2割ないし3割、詐欺関係はそれ以上が勧告される。場合により、問題となる債権についてだけの一部弁済の勧告例もある。その背景として、将来の生活のことを考えれば、本人の将来の更生のための制度として免責をしなければならないが、本人の生活態度等を改めさせる必要があり、再度の破産を回避するためにも、破産者に一時的な緊縮財政を経験させることが本人の更生にもつながるし、債権者と債務者の利害調整上の問題からも妥当であるとするのである。

(30) 田中康久「東京地裁破産部における免責事件処理について」自由と正義 1993 年 12 月号 37 頁。たしかに、免責は、債権者の債権の免除というドラスティックな法的効果を与えることは事実であるが、免責制度が、破産者の経済的更生の最後の手段として導入された経緯に鑑みるとき、その活用自体を否定的に評価すべきではないであろう。しかし、他方で、経済観念の麻痺を疑わせるような無責任な経済生活をする者がいることも事実であり、きちんとした返済をするという基本的生活態度が形成されていない債務者がいることもまた事実である。その意味では、免責に付随する制度として、裁判上・裁判外の債務整理ないし更生支援制度を整備していく必要があろう。ドイツやオーストリアでは、債務者相談所での債務整理手続が、裁判上の手続に前置されている。このような手続過程において、相談員のきめ細かい教育・指導が債務者の更生に大きな役割を果たすと思われるし、再度の経済的破綻を予防することもでき、さらには、ここで解決できれば、裁判所の倒産処理の負担を軽減させることにもなる。また、倒産処理手続とは別に、一方で消費者信用業者の営業活動に対して、より合理的な規制（高金利や無差別・過剰信用供与の抑制、取立行為の規制等のための実効性ある方策の定立）がなされるべきであり（現在では、利息制限法〔昭 29 年法律 100 号〕や出資法〔昭 29 年法律 195 号〕の改正、貸金業法〔昭 58 年法律 32 号〕の制定と改正、最高裁判例〔最判平 18・1・13 民集 60 巻 1 号 1 頁〕等によって、この面での規制はかなり完備したものとなっているといえよう）、他方、消費者破産予備軍にならないようにするためにも、とくに若年層に対して学校教育の一環として、クレジットや消費者金融とうまくつき合っていける賢い消費者教育を施すことも不可欠であろう。

たしかに、あまり安易に同時破産廃止の決定をすると、管財人が選任されない結果、隠匿財産や免責不許可事由（破250条・252条）などを見落とす危険があり、債権者の不満が生じることになる。東京地裁方式も上記のような事情に対処するものであったが、平成11年4月から東京地裁破産再生部では、管財手続を簡略化し、費用も低廉にすることによって、申立代理人たる弁護士が債務者の財産状態を第1次的に調査し、免責不許可事由の調査、債務者の給与等の差押えの回避などの目的で、管財人を選任する実務（いわゆる少額管財手続）が行われている（これについては、後述4参照のこと）。なお、翌年から少額管財手続は法人に対しても拡大された。

（5）　免責の手続

1）申立て　　わが国では、アメリカとは異なり[31]、免責手続は破産手続とは一応別立てである（破248条1項参照）が、破産手続開始の申立てがなされた場合には、申立ての際に反対の意思を表示していない限り、当然に免責許可の申立てをしたものとみなされている（破248条4項）。そのほか、破産手続開始申立ての際の債権者一覧表が免責許可の申立ての際の債権者名簿になるものとされている（同条5項）。それらによって、破産手続と免責手続とは申立手続として一体化されるに至った。その結果、裁判所は、破産手続開始の申立ての審理の中で、免責不許可事由の有無等免責の可否についても審理することが可能となった[32]。

債務者は、破産手続開始の申立てがあった日から、破産手続開始の決定が確定した日以後1月を経過する日までの間に、破産裁判所に対し免責許可の申立てをすることができる（破248条1項）。ただ、この規定は、同条4項のみなし規定があるため、1項が適用されるのは、債権者申立てによって破産手続が開始する場合か、破産法248条4項但書で免責の申立てをしないという意思を表明した[33]後に、気が変わって免責の申立てをするような場合であろうが、このような事態は、消費者破産ではほとんど考えられない。

(31)　アメリカ合衆国連邦倒産法における免責制度については、アメリカ倒産（下）107頁以下、および福岡228頁以下、276頁以下、375頁以下が詳しい。

(32)　小川332頁。

(33)　小川333頁は、免責許可の申立てがあったとみなされることを望まない者として、①免責の許可を受けることを潔しとしない者、②免責不許可事由があることが明らかである者をあげる。これに関連して、実務上、多くの裁判所で、免責観察型（免責調査型）の破産管財類型（大阪地裁の実践例として、運用と書式315頁以下参照）を設定し、相当程度の免責不許可事由がある場合であっても、破産者の経済的再生を図るために、破産管財人に一種の保護観察官的な立場を期待し、破産手続開始後の事情も総合考慮して裁量免責の判断を行う運用が行われている旨が指摘されている（新基本コンメン594頁〔野村剛司〕）。

債務者は、その責めに帰することができない事由により免責許可の申立てができなかった場合には、その事由が消滅した後1月以内に限り申立てをすることができる（破248条2項）。免責許可の申立てをするには、一定の事項（破規74条3項）を記載した債権者名簿を提出しなければならない。ただし、申立てと同時にそれが提出できないときは、申立後遅滞なく提出すれば足りる（破248条3項）。なお、破産手続開始の申立てと同時に免責許可の申立てがあったとみなされる場合は、破産手続開始の申立てに際して提出される債権者一覧表が債権者名簿とみなされる（破248条5項）。

免責の申立てをしたときは、同意破産手続廃止の申立てまたは再生手続開始の申立ては許されない（破248条6項）。ぜならば、同意破産手続廃止は債権者の同意によって破産手続を終了させる制度であり、破産手続終了後の弁済が予定されているし、民事再生手続では再生計画で再生債権の減免等の権利変更がなされることが予定されており、これらは、いずれにしても免責とは両立しえないからである。

なお、一部免責許可の許否[34]については、下級審裁判例においては、縦割型一部免責を認めるものや割合的一部免責を認めるものが公表され[35]、東京地方裁判所でも、一時積極的な運用がなされ、各地の裁判所でも一部免責決定がなされた[36]。学説は、立割型、割合的一部免責の双方につき肯定する見解[37]、詐術（旧破366条ノ9第2号）の場合につき立割型一部免責を肯定する説[38]、立割型一部免責は否定するが割合的一部免責は肯定する説[39]、一部免責自体を否定する説[40]等、多様な見

---

[34] 一部免責については、全債権の割合的一部について免責を認める場合と、特定の債権のみの免責を認める場合とがある。これらのうち、前者を割合的一部免責ないし横割型一部免責といい、後者を立割型一部免責という（この用語に関しては、松下淳一「一部免責決定について」学習院大学法学会雑誌32巻1号46頁、酒井一「一部免責の可否と基準について」判タ844号36等を参照）。

[35] 立割型一部免責を認めたものとして、名古屋地一宮支決平元・9・12金法1236号34頁、東京地決平5・10・15判時1484号91頁、高知地決平7・5・31判タ884号247頁（なお、同決定は、公告され、高松高決平8・9・9判時1587号80頁により差し戻されている）等がある。また、割合的一部免責を認めたものとして、上記裁判例のほか、東京地決平5・7・6判タ822号158頁、東京地決平6・1・17判時1484号91頁、東京地決平6・2・10判時1484号91頁等がある。

[36] 櫻本正樹「判批」法研68巻9号170頁参照。

[37] 松下淳一「一部免責決定について」学習院大学法学会雑誌32巻1号59頁以下、栗田隆「破産者の免責制度について」民訴雑誌32号74頁（87頁以下）、酒井一「一部免責の可否と基準について」判タ844号34頁以下。

[38] 山本克己「消費者信用取引と民事裁判手続」金融法研究資料編（9）93頁、111頁。

[39] 村上敬一「破産者の一部免責をめぐって」民訴雑誌41号74頁（82頁）、木納敏和「同

解が唱えられていたが、近時では消極説が有力であるとされる[41]。

2）審　理　免責許可の申立てがあると、裁判所は、破産管財人に、免責不許可事由（破252条1項）の有無または裁量許可の可能性の判断に当たって考慮すべき事情（同条2項）につき調査させ、その結果を報告させることができる（破250条1項、破規75条1項3号）。免責許可の申立てをした者に対して、それに関する判断に当たって考慮すべき事情についての調査のために必要な資料の提出を求めることができ（破規75条1項）、相当と認めるときは、免責不許可事由の有無等の調査を裁判所書記官に命じることもできる（破規75条2項）。さらに、裁判所は、破産手続開始決定があったとき以後、破産者について免責許可の決定をすることの当否について、破産管財人および破産債権者（破253条1項各号に掲げる非免責破産債権者を除く）が裁判所に対し意見を述べることができる期間を定めなければならない（破251条1項）。破産債権者などによる意見の申述は、期日においてする場合を除いて、書面でしなければならない（破規76条1項）。また、申述は免責不許可事由（破252条1項各号）に該当する具体的な事実を明らかにしてしなければならず（破規76条2項）、破産者の不誠実性を抽象的に主張するだけでは足りない。免責の審理についても、裁判所は、必要があれば職権で調査をし、または口頭弁論を開くことも可能である（破8条）。

3）免責許可申立に対する裁判　①　免責許可・不許可の決定　免責許可の申立てが不適法な場合には、申立却下の決定をするが、申立てが適法な場合には、免責許可または不許可の決定をする（破252条1項柱書）。法は、裁判所は、免責不許可事由（破252条1項各号）のいずれにも該当しない場合には、免責許可の決定をすると規定し（同条1項柱書）、また、免責不許可事由に該当する事由がある場合でも、破産手続開始決定に至った経緯、その他一切の事情を考慮して免責を許可することが相当であると認めるときは、免責許可決定をすることができる（裁量的免責）と規定し（同条2項）[42]、免責を広く認める立場に立っている。ただ、裁量

　　時破産廃止及び免責決定と破産債権の行使をめぐる諸問題」判タ885号20頁。

[40]　実務上の諸問題248頁、伊藤眞「消費者信用と債務整理手続」民訴雑誌33号121頁、注解3版（下）810頁〔白川和雄〕、破産民再実務〔新版〕（中）313頁〔安福達也〕、宮川・構想273頁、基本コンメン358頁〔藤田敏〕、伊藤3版709頁。

[41]　条解破産2版1611頁、注釈（下）631〔佐谷道浩〕。なお、澤野芳夫「東京地裁破産部における破産・和議事件の現状」金法1475号38頁、園尾隆司「東京地裁における破産事件の実情と課題」金法1644号6頁によれば、東京地方裁判所では、平成8年以降一部免責決定の事例はないとされ、長井秀典＝戸田久「大阪地裁における倒産処理の概況」金法1510号22頁によれば、大阪地方裁判所でも平成6年に実例があったものの、それ以降は実例がないとしている。

[42]　このような規定のなかった旧法下でも、同旨を述べた裁判例として、東京高決昭45・

的免責の場合、法は、裁量の一般的基準については裁判所の解釈に任せており、実際には、この裁量の幅は免責の理念（誠実な債務者に対する特典か、債務者の経済生活の再生か）についての、担当裁判官の理解と連動せざるを得ないであろう。もっとも、両者は二者択一の対立関係にあるものではなく、実務上は両方の要素を考慮しつつ、当該事例との関係で、どちらをより重視すべきかという観点から判断がなされるべきである。その際には、現行法上、債務者の経済的再生が法の目的の１つに定められたことに鑑み、軸足は債務者の再生に置かれることになろう[43]。

裁判所は、免責許可決定をしたときは、直ちに、その裁判書を破産者および破産管財人に、その決定の主文を記載した書面を破産債権者に、それぞれ送達しなければならない（破252条3項前段）。この場合、送達代用公告の規定（破10条3項本文）は適用しない（破252条3項後段）。これに対し、免責不許可決定をしたときは、裁判所は、直ちに、その裁判書を破産者に送達しなければならない（破252条4項前段）。この場合にも、送達代用公告の規定（破10条3項本文）は適用しない（破252条4項後段）。

なお、多数の債権者の利害に関する破産免責につき、口頭弁論を保障しない決定によって行われる裁判は憲法32条・76条3項・82条に違反するとして争われた事件について、判例は、免責の裁判は、その性質は、本質的に非訟事件についての裁判であるから公開の法廷における対審を経ないからといって憲法に違反するものではないとしている[44]。

② **免責許可申立てについての裁判に対する不服申立て**　免責許可の申立てについての裁判に対しては、即時抗告をすることができる（破252条5項）。即時抗告ができるのは、「免責許可の申立てについての裁判」であるから、これには、申立てを却下する決定、免責許可決定または免責不許可決定のいずれもが含まれる[45]。抗告期間は、免責決定の送達の日から1週間（破13条、民訴332条）、または、

2・17高民23巻1号24頁、大阪高決昭55・11・19判時1010号119頁等があった。

[43]　同旨を述べるものとして、条解破産2版1602頁、注釈（下）679頁以下〔石川貴康〕がある。

[44]　最判昭45・6・24民集24巻6号610頁〔百選5版1①事件〕、最判平3・2・21金法1285号21頁〔百選5版1②事件〕。

[45]　抗告状には、「抗告の趣旨」として、抗告審で求める裁判を記載する。すなわち、免責不許可の決定に対しては「原決定を取り消す。破産者の免責を許可する。」、免責許可の決定に対しては「原決定を取り消す。破産者の免責を許可しない。」と記載するのが通例である。「抗告の理由」は必要的記載事項ではないが（破13条、民訴331条・286条2項）、原決定の結論を導いた理由のどの部分に不服があるかを記載することが望ましく、実務上も抗告の理由が記載されていないものはほとんどみられないといわれる（破産民再実務3版破産581頁以下）。

裁判の公告があったときから2週間である（破9条後段）。免責決定につき送達と
公告が重複してなされたときでも、即時抗告期間は、公告があった日から起算し
て2週間である[46]。即時抗告についての裁判があった場合には、その裁判書を当
事者に送達しなければならない（破252条6項前段）。この場合にも、送達代用公告
の規定（破10条3項本文）は適用しない（破252条6項後段）。なお、免責許可決定は
確定しなければその効力を生じない（破252条7項）。確定した場合、破産債権者
表があるときは、裁判所書記官は、これに免責許可決定が確定した旨を記載しな
ければならない（破253条3項）。

（6）　免責不許可事由と裁量免責

1）免責不許可事由　　免責許可の申立てが不適法として却下される場合を
除けば、裁判所は、免責不許可事由のいずれにも該当しない場合には、免責許可
の決定をする（破252条1項柱書）。この場合の免責不許可事由としては、法律上以
下の事項が規定されている。

① 破産財団の価値を不当に減少させる行為（破252条1項1号）　　債権者を害
する目的で、破産財団に属し、または属すべき財産の隠匿、損壊、総債権者にと
って不利益な処分、その他の破産財団の価値を不当に減少させる行為をしたこと
が免責不許可事由となる。したがって、単純に、自己の利益を図るために財産を
隠匿するような行為は、ここには入らない[47]。また、財産減少行為であれば、それ
がなされたのが破産手続開始の前後を問わない。さらに、債権者を害する目的を
もって財産減少行為がなされることが必要である。旧破産法366条の9第1号は
破産犯罪に該当する事由を免責不許可事由としていたが、免責不許可事由と破産
犯罪類型とを直接結びつけるべき合理的な理由はなく、刑事手続における事実認
定との相違等の問題も生じうるところから、現行法では、免責不許可事由と破産
犯罪類型とは切り離された[48]。したがって、この要件の判断も、免責不許可制度
の目的から判断すべきであろう。その意味からいえば、債権者を害する目的が要
求されている以上、否認要件としての詐害性（破160条1項1号）や、詐害行為取消
権（民424条1項）における詐害性要件とは異なり、単なる詐害性の認識では足り
ないが、債権者を害することを主たる目的とするとまで限定する必要もない[49]。
たとえば、財産の隠匿や損壊は、行為の性質自体から債権者を害する目的を認め

---

[46]　最判平12・7・26民集54巻6号1981頁〔百選5版85事件〕。

[47]　条解破産2版1650頁。なお、旧法366条の9第1号・374条柱書は「自己若ハ他人ノ
　　利益ヲ図リ又ハ債権者ヲ害スル目的ヲ以テ」と規定していた。

[48]　小川343頁、伊藤3版714頁、条解破産2版1609頁。

[49]　条解破産2版1651頁。

第20講　個人債務者の破産、免責・復権・少額管財手続　　　*613*

てよいが、廉価売却などの不利益処分については、資金繰りの必要に迫られて行ったというだけでは不十分であり、債権者を害する積極的な目的が要求される。また、行為の結果たる財産価値の減少も、実質的に債権者の利益を侵害する程度のものでなければならない[50]。

② 不利益な条件での債務負担行為・信用取引で買い入れた商品の不利益処分行為

（破252条1項2号） 破産手続の開始を遅延させる目的で、著しく不利益な条件で債務を負担し、または信用取引により商品を買い入れて、これを著しく不利益な条件で処分したことが免責不許可事由になる。典型的には、経済的危機に瀕した債務者が、弁済期の到来した借金を返済するために、他の消費者金融から高利の借金するといったいわゆる自転車操業の場合や、クレジットカード等によって買い入れたパソコン等の商品を廉価で売却して資金を捻出するといった場合が考えられる。ただ、これらが免責不許可事由になるためには、これらの行為が、ⓐ破産手続開始を遅延させる目的でもってなされること、およびⓑ著しく不利益な条件でなされた場合でなければならない。ⓐは、既に破産手続開始原因たる支払不能状態が発生していることを認識しながら、あえて借入れや信用取引を行うような場合には満たされるであろう。ⓑは、債務者の置かれている状況下で、著しく経済合理性を欠く条件でなされることをいう。たとえば出資法の上限金利を超える借入れや、買い入れた商品の著しい廉価処分（いわゆる取り込み詐欺〔刑246条1項〕）等が代表的なものである[51]。

③ 不当な偏頗行為（破252条1項3号） 特定の債権者に対する債務について、当該債権者に特別の利益を与える目的または他の債権者を害する目的で、担保の供与または債務の消滅に関する行為であって、債務者の義務に属せず、またはその方法若しくは時期が債務者の義務に属しない場合にも、免責不許可事由となる[52]。これは、非義務偏頗行為に対する否認（破162条1項2号）と同様の内容をなすものであるが、否認の場合と異なり、支払不能などを基準とする時期的要件

---

(50) 伊藤3版714頁以下。なお、実務上、破産法252条1項1号の不許可事由が問題となることはあまりないといわれる（実務倒産3版934頁〔今泉純一〕）。なぜならば、このような悪質な行為をする者は自己破産の申立てをしないであろうし、消費者破産ではこの種の財産がそもそも債務者にはないからである。

(51) 条解破産2版1654頁、伊藤3版715頁。なお、これらの行為の性質上、事業者の破産で問題となる場合が多いと思われ、実務上、消費者破産では、この不許可事由が問題となる例もあまりないといわれる（実務倒産3版935頁〔今泉純一〕）。ただ、取り込み詐欺などは、消費者破産でも問題となる場合もあろう。

(52) 消費者破産の場合には、もともと担保に供するような資産をほとんど持っていないし、本旨弁済に追われて切羽詰まって自己破産の申立てをする場合がほとんどであり、非本旨弁済を対象とする本号が適用される場合はほとんどないといってよかろう。

は存在しない。しかし、債務者の資力が十分であれば、担保の供与や債務の消滅行為につき、特定の債権者に対する特別の利益供与目的や他の債権者に対する詐害目的が認められることはないから、少なくとも、債務者において近い将来に支払不能に至る蓋然性が認められる時期以降になされた場合に限られる[53]。

④ **浪費、賭博、その他の射幸行為（破252条1項4号）**　ここでの免責不許可事由は、浪費または賭博その他射幸行為をしたことによって著しく財産を減少させ、または過大な債務を負担したことである。ここでいう「浪費」とは評価概念であるが、単に不要不急の支出を意味するものではなく、支出の程度が社会的に許されうる範囲を逸脱することを意味する。したがって、裁判官は、自らの価値判断だけではなく、現代の消費社会において一般に通用している価値観を考慮して、浪費に該当するか否かを決すべきである[54]。また、浪費や賭博、その他の射幸行為と破産者の著しい財産減少や過大な債務負担との間には相当因果関係が必要である[55]。よって、賭博等が過大な債務負担の遠因に過ぎないときは、相当因果関係は認められない[56]。また、賭博や射幸行為に著しい財産減少や過大な債務負担

---

[53]　条解破産2版1656頁．なお、伊藤3版716頁は、支払不能時期になされた場合とする。

[54]　伊藤3版716頁参照。少し背伸びをしてより豊かな生活を営むために消費をした場合（たとえば、子供を有名私立校に入れたり、情操教育のためにピアノを購入する等）、通常は浪費とはいえないであろうが、そういった生活を送るための収入がそもそもない場合はもとより、世間並みの収入がある者でも借金があってその返済のためにはそのような生活ができないのにあえて支出をするような場合には、浪費とみなされる可能性があろう。「浪費」にあたるとして免責不許可とされた裁判例としては、①負債が4000万円以上あるとして自己破産の申立てがなされた事件につき、被服・物品購入によって生じた負債が700〜800万円にのぼり、それでも依然としてスナックを経営して派手な生活をしていたという例（東京高決昭63・1・20金法1198号24頁）、②自転車操業状態になってからも60着もの洋服を購入して644万円の債務を負った例（仙台高決平4・5・7判タ806号218頁）等がある。それに対し、浪費を認定しながらも、債務負担の原因や債務の支払い状況などを考慮して免責を認めたものとして、①東京高決平8・2・7判時1563号114頁〔百選5版84①事件〕、②福岡高決平9・2・25判時1604号76頁、③福岡高決平9・8　22判時1619号83頁〔百選5版84②事件〕等がある。また、「射幸行為」につき、証券会社の従業員であったものが高額な手数料を要し、投機性が非常に強く高度な運用手法を要する先物・オプション取引を始めたものの、間もなく判断ミスにより損失を出し、これを取り戻すべく強引な取引を行ってさらに損失を拡大させた結果、取引は破綻し、不正行為も露見し、最終的に3億4000万円余の債務を負った事例で、当該行為は免責不許可事由たる射幸行為に当たり、証券取引法上禁止された不正取引を継続的に多数回行い、「破産債権額、破産債権者の数、破産に至る経緯等に照らして、事案軽微とは到底いえない」として裁量免責をも否定したものとして、福岡高決平8・1・26判タ924号281頁〔百選5版A15事件〕がある。

[55]　実務と理論331頁〔納谷廣美〕。

[56]　東京高決昭60・11・28判タ595号91頁〔新百選86①事件〕参照。それに対し、東京

との間に相当因果関係が認められても、それは一因に過ぎず、他に主要な原因があるときは、その主要な原因を下に免責不許可事由の有無を検討すべきである[57]。

なお、条文にいう「著しく」や「過大な」はいずれも評価概念であるから、当該破産者の経済状態、職業などを総合的に判断して、個別的に認定すべき事項であり、一般的に判断すべき事項ではない[58]。

⑤　**詐術による信用取引（破252条1項5号）**　破産手続開始の申立てがあった日の1年前の日[59]から破産手続開始の決定があった日までの間に、破産手続開始の原因となる事実があることを知りながら、当該行為がないと信じさせるため、詐術を用いて信用取引により財産を取得したことがこれにあたる。自然人の破産原因は支払不能であるから、ここでいう「破産手続開始の原因となる事実」とは支払不能のことである。免責不許可になるのは、破産者が支払不能の事実を知っていなければならないから、破産者が自己の信用や将来の収入見込みにつき認識を誤っていて、未だ支払不能状態に陥ってはいないと認識している場合には、免責不許可事由にはならない[60]。ここでいう「詐術」とは、積極的な欺罔行為を要するのか、財産状態についての単なる不告知も含むのかについては争いがある[61]が、免責制度が導入された頃とは破産者を取り巻く環境は大きく変わっており、とくに個人情報収集量の飛躍的増大に伴う与信者の信用調査能力は高度化、システム化しているという状況にかんがみ、財産状態についての単なる不告知のために与信が行われるようなことはほぼないと考えられるから、ここでいう詐術とは、氏名、職業、収入、他からの借金の有無、保証人等につき虚偽の内容を告知するなど、積極的な欺罔行為を講じる場合を意味するというべきである[62]。また、たと

高決昭61・5・28東高民時報37巻4～5号35頁〔新百選86②事件〕は、経済的破綻が、根本的には、債務者の競馬、競艇等のギャンブルへの熱中がもたらした結果であるとして、免責を認めなかった。

[57]　条解破産2版1659頁。

[58]　条解破産2版1659頁。なお、東京高決平13・8・15金商1132号39頁（賭博の事例）、東京地決平13・11・22金商1132号39頁（交際費や遊興費の事例）はいずれも債務総額が二百数十万円の事件であったが、裁量免責も認めず、免責不許可とした。

[59]　旧破産法では、詐術を用いて信用取引による財産を取得する行為をしたことが免責不許可事由となる期間は破産宣告前1年以内とされていた（旧破366条の9第2号）が、破産手続開始の時期は、破産手続開始の原因となる事実の証明の難易や破産手続開始に伴う事務の準備に要する期間等といったさまざまな事情に左右されるので、これを起算点とするのは合理的ではないとの指摘がされていたことから、現行法では、より客観性のある破産手続開始の申立てがあった日を起算点とした（小川344頁）。

[60]　条解破産2版1659頁。

[61]　学説については、実務と理論337頁〔徳田和幸〕、百選4版73事件〔三木浩一〕、百選5版83事件〔萩澤達彦〕等参照。

え詐術が認定されたとしても、それが軽微であり、かつ、十分な信用調査を行わなかったなど債権者の側に重大な過失が認められれば、裁判所は、裁量によって免責を許可することができるであろう[63]。

⑥ **帳簿隠滅等の行為（破252条1項6号）**　業務および財産の状況に関する帳簿、書類その他の物件を隠滅し、偽造し、または変造したことがこれにあたる。これらの行為が破産財団たるべき財産の管理を困難にし、破産債権者の利益を害するところから免責不許可事由とされたものである。ここでいう、隠匿、偽造、変造という概念は、いずれも破産者の積極的意思を前提とするものであり、無知無能による商業帳簿不備はここでいう免責不許可事由にはならない[64]。「業務および財産の状況に関する」帳簿という文言からして、商業帳簿のほか破産者の財産の変動や資金の出入りを記録する帳簿類もすべて含まれる。また、電磁的な媒体上の記録も含まれる[65]。

なお、この不許可事由は事業を行っている個人に限られる。家計簿は、業務および財産の状況に関する帳簿等にあたらないから、事業者でない者にはここに規定する不許可事由は適用されない[66]。

⑦ **虚偽の債権者名簿提出行為（破252条1項7号）**　虚偽の債権者名簿（破248条5項によって債権者名簿とみなされる債権者一覧表〔破20条2項〕を含む）を提出したことがこれにあたる。免責許可申立てに対しては、破産債権者には意見申述の機会が保障されており（破251条）、それを実現するためには、破産債権者が裁判所に明らかでなければならない。そのために、免責の申立てをする場合には債権者名簿を提出することが義務づけられており（破248条3項）、それに虚偽の記載をすることは免責手続の適正な遂行を妨げる行為であるから、免責不許可事由とされているのである。この場合、債権者名簿・債権者一覧表に記載されなかった破産債権は非免責債権となる（破253条1項6号）。したがって、虚偽の債権者名簿を提出するというのは、特定の債権者を害する目的で、架空の債権者名を記載したり、特定の債権者名を記載しないといった積極的な行為であることを要するので

---

[62]　条解破産2版1660頁、伊藤3版717頁等。下級審裁判例には、単なる不告知でも詐術になるとするもの（大阪高決平元・8・2判タ714号249頁）と、積極的な行為がある場合を指すと解するもの（大阪高決平2・6・11判時1370号70頁〔百選5版83①事件〕）とがある。

[63]　伊藤3版717頁は、実務の運用も、ほぼこの考え方に沿って行われているという。

[64]　伊藤3版718頁、実務倒産3版941頁〔今泉純一〕、注釈（下）674頁〔石川貴康〕、大阪高決昭55・11・19判時1010号119頁。

[65]　最判平14・1・22刑集56巻1号1頁参照。

[66]　実務倒産3版941頁〔今泉純一〕参照。

第20講　個人債務者の破産、免責・復権・少額管財手続　　　*617*

あり、過失によって債権者名や債権の内容を一部脱落させたような場合には、当該債権者の債権が非免責債権（破253条1項6号）になるにとどまり、免責不許可事由とはならない[67]。

⑧　**調査協力義務違反行為（破252条1項8号）**　破産手続において裁判所が行う調査おいて、説明を拒み、または虚偽の説明をしたことがこれにあたる。免責許可の申立てがあった場合、免責不許可事由の有無および裁量免責の可否を判断する上での事情は、裁判所の職権調査事項であるが（破8条2項）、この調査に当たって説明を拒み、または虚偽の説明をすること[68]は、免責手続の円滑・適正な遂行を妨げるものであるから、免責不許可事由とされている。

⑨　**管財業務妨害行為（破252条1項9号）**　不正の手段により、破産管財人、保全管理人、破産管財人代理または保全管理人代理の職務を妨害したことがこれにあたる。これも、破産手続の適正な遂行を妨げるものであることから免責不許可事由とされたものである。

⑩　**7年以内の免責取得など（破252条1項10号）**　当該破産者について、①免責許可決定の確定の日、②給与所得者等再生（民再239条1項）における再生計画認可決定が確定した日、③民事再生法上の免責決定にかかる再生計画認可決定（民再235条1項）が確定した日から、それぞれ7年を経過してないことは免責不許可事由となる。この期間は旧破産法では10年とされていたが、長すぎるとの批判もあり、現行法では7年に短縮された。これは、いったん免責許可決定を受けた者に対し、短期間のうちに再度の免責を許可することはモラルハザードにつながることから、これを防止しようとするものである。ただし、これに当たる場合であっても、裁量免責（破252条2項）がなされる可能性はある。

⑪　**破産法上の義務違反行為（破252条1項11号）**　破産者の説明義務（破40条1項1号）、重要財産開示義務（破41条）または免責についての調査協力義務（破250条2項）、その他破産法に定める義務[69]に違反したことがこれに当たる。このような行為は破産者の不誠実性の顕著な表れであるとみられるからである。

2）裁量免責　以上あげた免責不許可事由に該当する場合であっても、裁判所は、破産手続開始の決定に至った経緯、その他一切の事情を考慮して免責を

---

[67]　伊藤3版718頁、条解破産2版1663頁。

[68]　説明拒絶につき、大阪高決昭60・6・20判タ565号112頁、虚偽説明につき、東京高決平7・2・3判時1537号127頁〔百選5版A16事件〕、東京高決平16・2・9判タ1160号296頁を参照。

[69]　たとえば、居住等の制限義務（破37条1項）違反、債権調査期日出頭義務（破121条3項）違反、保全処分（破28条）違反などが挙げられる（伊藤3版719頁注42、条解破産2版1668・1669頁）。

許可することが相当であると認めるときは、免責許可の決定をすることができる（破252条2項）。これを裁量免責という。裁量免責の可否の判断に当たっては、免責不許可事由の種類・内容・程度のほか、債権者側の事情（法人か個人か、規模、破産者との関係、与信審査の有無・程度等）、破産開始決定に至った事情等[70]を総合的に評価すべきである。その際には、社会的に見て、破産者自身の経済的再生を図ることが相当か否かという視点がとくに重要であろう。

（7）　免責審理期間中の強制執行の禁止

1）問題の所在　　アメリカと違い[71]、破産手続と免責手続を別個のものと構成するわが国の制度にあっては、破産手続が終結すれば、旧破産債権者は個別的権利行使の禁止（破100条1項）から完全に解放されるから、免責手続が継続していても、法の建前上は、破産者の財産（給料債権等）に対して強制執行することが

---

[70]　裁量免責に当たって考慮すべき項目については、条解破産2版1669頁以下が詳しい。なお、仙台高決平5・2・9判時1476号126頁〔百選5版83②事件〕も、破産者が支払不能に至った動機とその経緯、債権者の1人から異議が申し立てられているに留まっていること、破産者側において、できる限りの債権者に対する債務の弁済に努力したこと、破産者において今回の破産に至った生活態度を反省し、健全な社会人として生活することを誓うなど更生の見通しが十分期待できること、等を総合評価して裁量免責を認めている。

[71]　アメリカ連邦倒産法524条(a)項は次のように規定しており、免責がなされると、広い範囲での債務者の個人的責任が消滅することになる。すなわち、免責の効力が発生する前に確定判決を得ていても、既に債権を回収し終わったあとでも、夫婦共同財産（541条(a)(2)）からの回収・相殺行為も、さらには、債務者が免責を受ける権利を放棄していたとしても、この責任消滅の効果は生じるものとされている。すなわち、

524条(a) 本法による手続における免責は、

(1) 免責が放棄されたかどうかにかかわりなく、本法第727条、第944条、第1141条、第1228条または第1328条に基づき免責された債務について債務者の人的責任を当判決を、その判決がなされた時期がいつであるかにかかわりなく無効とし、

(2) 免責が放棄されたかどうかにかかわりなく、債務者の人的責任として、あるいは債務者の財産から、免責された債務を取り立て、回収し、あるいは債務者の財産と相殺するための訴訟、令状の使用、その他のすべての行為の開始または継続に対する差し止めとして働き、

(3) 免責が放棄されたかどうかにかかわりなく、認容可能な夫婦共同債務に対応する共同体に対する債権を、手続開始後に取得された本法第541条(a)(2)に定める債務者の財産から取り立て、回収し、あるいはその財産に対して相殺するための訴訟、令状の使用その他すべての行為の開始あるいは継続に対して差止命令として作用する。ただし、本法第523条、第1228条(a)(1)または第1328条(c)(1)により免責から除外された場合、または、債務者に関する手続の申立日にその配偶者についての手続が開始されたとした場合にその配偶者の手続において免責から除外されるであろうとされる共同体に対する債権を除く。

第20講　個人債務者の破産、免責・復権・少額管財手続　　　*619*

できるようになる。しかし、これでは、免責制度が目指している、債権者の追求
を遮断して破産者の経済的再生を図る、という目的が達成できなくなってしまう。
とくに、同時破産手続廃止の場合は廃止決定の確定と共に破産手続は終了するか
ら、免責の審理はその後になるため、免責の審理中に強制執行を受ける可能性が
高い。

　2）判例・学説　　この問題に対して、旧法下のもとで、下級審裁判例は、こ
のような強制執行の効力は認めざるを得ないが、その後免責決定がなされて確定
すると、免責の効果が破産手続開始決定時ないしは破産手続終了時まで遡及し、
執行による満足は不当利得になる、と解することによって、事実上強制執行を抑
止していた[72]。しかし、最高裁[73]は、破産手続廃止決定の確定後は、免責審理中で
あっても強制執行が許されるだけでなく、その後免責決定が確定しても、これに
遡及効を認める規定はないから、執行によって得た弁済は不当利得にもならない
と判示した。

　これに対して、旧法下の学説の多数は、下級審の裁判例と同様に、不当利得の
成立を肯定しており、有力説は、破産者の保護を重視する観点から、免責主義を
採用した以上、伝統的な解止概念を同時廃止の場合にまで機械的に適用するのは
不合理であるから、免責手続の終了までは広い意味での破産手続が継続している
とみて（旧破16条〔現破100条〕類推）、したがって強制執行はできない（免責手続係
属の事実を執行障害事由として扱い、新得財産に対する強制執行に対して破産者が執行異
議〔民執11条〕または執行抗告〔民執10条〕を申し立てることができる）という解釈論
を展開していた[74]。

　3）現行法の規定　　立法者は、上記有力説の立場を明文の規定として取り入
れた（破249条）。すなわち、免責許可の申立てがあり、かつ、同時破産手続廃止決
定（破216条1項）、異時破産手続廃止決定（破217条1項）または配当終結決定（破
220条1項）があったときは、免責許可の申立てについての裁判が確定するまでの
間は、破産債権に基づく強制執行等または破産債権に基づく国税滞納処分はする
ことができず（ただし、租税債権に基づく交付要求は禁止の対象とならない）、破産債権
に基づく強制執行等の手続で破産者の財産に対して既に開始されているものは中

---

[72]　鳥取地判昭62・6・26判時1258号121頁、広島高松江支判昭63・3・25判時1287号
　　89頁〔新百選90事件〕等。それに対し、大阪高決平6・7・18高民47巻2号133頁〔百
　　選5版A17事件〕は、強制執行手続中に、確定した免責決定の正本が執行裁判所に提出
　　されても、強制執行の停止、取消しはできないとした。
[73]　最判平2・3・20民集44巻2号416頁。
[74]　伊藤・前掲債務者更生手続の研究29頁、谷口演習183頁等。

止する（破249条1項）。そして、免責許可決定が確定したときは、中止した破産債権に基づく強制執行は失効するものとされた（同条2項）。しかし、免責不許可決定がなされる可能性、および破産債権者の中には非免責破産債権者（破253条1項各号）も含まれることを考えると、強制執行の着手を禁止された破産債権者が、消滅時効中断の機会を失うことに対する配慮が必要になる。そのために、非免責破産債権者については、免責許可の申立てについての決定が確定した日の翌日から2月を経過する日までは、消滅時効が完成しないこととし（破249条3項柱書および同1号）、それ以外の破産債権については、免責許可の申立てを却下した決定または免責不許可決定の確定の日の翌日から2月を経過する日までは、時効が完成しないこととされた（同2号）。

（8）　免責許可決定の効力

1）　破産債権者に対する効力　①　免責の効果の法的性質　法は、免責許可決定が確定したときは、破産者は、破産手続による配当を除き、破産債権について、その責任を免れると規定している（破253条1項）。この免責された後における債務の法的性質については、条文の文言を重視し、債権そのものは消滅せず、ただ責任が消滅するので、債務は自然債務として残るとする説（自然債務説）と、免責の効果として債務そのものが消滅するとする見解（債務消滅説）とが対立している[75]。平成16年の破産法改正ではこの点につき立法化は見送られたため、依然としてその対立は残っているが、いずれの説に立つ場合でも、結果の妥当性には配慮がなされており、学説の相違によって、結論が異なることは少ないといえよう[76]。

---

[75]　自然債務説をとるものとして、山木戸300頁、石原668頁、注解3版（下）822頁〔池田辰夫〕、条解破産2版1675頁があり、最判平9・2・25判時1607号51頁〔百選5版88事件〕、最判平11・11・9民集53巻8号1403頁〔百選5版89事件〕、東京高判平20・4・30金商1304号38頁もこの見解を前提としている。これに対し、債務消滅説をとるものとして、兼子267頁、伊藤・前掲債務者更生手続の研究21頁、伊藤3版724頁以下、浦野雄幸「最近の破産事情（5）」NBL355号13頁19頁、実務と理論360頁361頁等がある。

[76]　たとえば、破産債権につき、免責許可決定確定前になされた弁済の合意には、債務消滅か自然債務かはともかくとして免責の効力が及ぶが（名古屋地判昭55・12・12判タ440号139頁〔新百選91事件〕）、免責許可決定後になされた弁済の合意も、債務消滅説をとれば当然に無効であるが、自然債務説でも、免責制度の本旨に反するものとしてその効力は否定されている（横浜地判昭63・2・29判時1280号151頁〔百選5版87事件〕、実務と理論366頁以下〔納谷廣美〕、条解破産2版1676頁）。
　なお、自然債務説の論拠としては以下の点があげられる。すなわち、①破産法253条1項柱書本文の「破産債権について、その責任を免れる」という文言に忠実な解釈である。②免責の効果が保証人などには及ばないこと（もし主債務が消滅するのであれば、

② **破産免責の具体的効果**　免責許可決定が確定した場合、破産債権者は、破産者の自由財産に対して破産債権者表を債務名義として強制執行することはできない（破253条3項参照）。仮に強制執行の申立てがあった場合でも、破産者はこれに対して請求異議の訴え（民執35条）をもって、破産免責の許可があったことを主張することができる。

　免責許可決定の確定による免責の効力は、破産者との関係では破産債権を消滅させる（自然債務説では、破産債権についての責任を免れさせる、と説明する）。しかし、破産債権者のために破産者と共に債務を負担する保証人、連帯債務者、連帯保証人などの関係では、その責任を免れさせるものではない。すなわち、免責の効力は、保証人など破産者と共に債務を負担する者のために及ばないし、また、物上保証人などに対する破産債権者の権利も、免責による影響を受けないとされている（破253条2項）。この点、消費者破産の場合には、破産者の親族や友人が保証人になっている場合が多く、これにより、保証人に対し直ちに支払いが求められる結果、保証人自身が生活に困窮するおそれがあるほか、破産申立てをすることに対しては、保証人等からきつく批判されることなどが予想され、これらが破産申立てを躊躇する一因となっており、破産者の経済的再生という目的が達せられない可能性がある（1(2)3）参照）。したがって、立法論的には検討の余地がある[77]。

　免責許可の決定が確定したときは、破産者は当然に復権する（破255条1項1号）。

③ **免責の国際的効力**　これは、①わが国における免責許可決定の対外的効

附従性によって、保証債務等も消滅するはずである）。③たとえ免責を得ても、破産者の義務を全面的に免除してしまうのは好ましくなく、これを道徳的義務として存続させ、破産者による自発的支払を期待すべきである等である。これは旧法下では通説・判例とされていた（注解3版（下）822頁〔池田辰夫〕、基本コンメン363頁〔山垣清正〕。また、最判平9・2・25判時1607号51頁〔百選5版88事件〕、最判平11・11・9民集53巻8号1403頁〔百選5版89事件〕も自然債務説を前提としている）。それに対して、債務消滅説の論拠としては以下の点があげられる。すなわち、①自然債務説の第2点については、破産法253条2項は、立法的にその例外を定めたものと解することができる。②第3点について、とくに消費者信用における債権者と債務者との力関係などからみて、破産債権者に対する債務を自然債務として残すことは、破産者の真に自発的な履行を促す効果よりも、破産債権者が裁判外の圧力によって、破産者に対して事実上弁済を要求したり、あるいは自然債務として残っているものを更改の合意によって通常の債務として復活させるよう要求したりするおそれを生じさせ、免責によって破産者の経済的再生を図る制度目的の実現そのものが阻害されるおそれがある等の諸点が指摘されている（伊藤3版725頁以下）。

[77]　多くの論者が指摘するところである（伊藤・前掲債務者更生手続の研究31頁、注解3版（下）827頁〔池田辰夫〕、伊達聡子「最近のアメリカ合衆国消費者倒産法制の動向（下）」判タ634号40頁等）。

力、および②外国免責許可決定の対内的効力とに分けることができる。

　a．対外的効力　　わが国の免責許可決定の対外的効力については、破産手続開始の対外的効力が認められていること（破34条1項かっこ書）を前提とすれば、免責許可決定についても対外的効力を認め、債務者または責任消滅の効果は、破産手続の結果として破産債権について生じた効果として外国においても主張できると解すべきである。もっとも、国内における強制執行と異なり、わが国の免責許可決定は外国における強制執行を当然に中止せしめる効力を有するということはないから、破産者は、外国財産に対する強制執行が行われたときには、債務消滅などの実体的効果を主張して、強制執行を中止する裁判を外国において求めざるを得ない。

　b．対内的効力　　旧法下では、外国破産の対内的効力が否定されることを理由として（旧破3条2項）、わが国における効力を否定するのが判例であった[78]。しかし、旧破産法3条2項が廃止され、それに代わって、外国倒産処理手続の承認援助に関する法律が制定された現在、このような理由から外国免責許可決定の対内的効力を否定することはできない。問題は、対内的効力を認めるために、外国倒産処理手続の承認を経なければならないか、それとも、外国判決に準じて（民訴118条参照）、外国免責許可決定の効力を自動的に承認してもよいかどうか、という点につき見解は分かれている[79]。

（9）　非免責債権

　免責許可の決定が確定すると、破産者は原則として、破産手続による配当を除いて、破産債権全部についてその責任を免れる。ただし、破産法253条1項柱書の文言から、財団債権は免責債権にはならないと解される。その他、法は、さまざまな理由により、免責の対象とならない破産債権（非免責債権）を規定している。

1）　租税等の請求権（破253条1項1号）

国税徴収法または国税徴収の例によって徴収することのできる請求権は非免責債権とされる。先に述べたように、財団債権は免責の対象にはならないから、財団債権たる租税債権（破148条3号）も免責の対象とはならない。よって、ここでいう租税等の請求権とは、優先的破産債権となるもの（破98条1項）および劣後的破産債権となるもの（破99条1項1

---

[78]　大判明35・6・17民録8輯85頁〔新百選120事件〕。

[79]　伊藤3版732頁は、破産手続と免責手続は、実質的に一体のものと考えられること、いくつかの国では、破案手続の結果として自動的に免責の効果を認めていること、外国倒産法の目的には、国際的に整合のとれた財産の清算のみならず、債務者についての経済的再生を図ることも含まれていることを考慮すると、外国免責許可決定または免責の効果を伴う外国倒産処理手続については、外国倒産処理の手続の承認（外国倒産17条以下）を経てはじめてその対内的効力が認められるべきであるとする。

号・97 条 4 号 5 号）を意味すると解される。

2）破産者が悪意をもって加えた不法行為に基づく損害賠償債権（同 2 号）

破産者が悪意で加えた不法行為に基づいて、他人に損害を与えた場合の当該損害に係る賠償請求権は非免責債権とされる。この種の請求権は、破産者の道徳的に非難されるべき行為によって生じるものであるから、加害者の道徳的責任および被害者救済という側面から非免責債権とされたものである。ここにいう悪意とは、従来、単なる故意ではなく、他人を害する積極的な意欲、すなわち「害意」を意味するものと解されてきた[80]。それに対して、無謀運転による交通事故等の不法行為による損害賠償請求権のように、故意に匹敵するような過失に起因する損害賠償請求権が免責されることになるのは、被害者救済の観点からも認められないとして、「害意」の意義につき通常の「故意」と解すべきであるとの説も有力であった[81]。しかし平成 16 年改正により、現行法上、新たな非免責債権の類型として 3 号が規定されたことに伴い、現在では、2 号の「悪意」とは「害意」を意味すると考えられている[82]。

3）破産者が故意または重大な過失により加えた人の生命または身体を害する不法行為に基づく損害賠償請求権で、2 項の悪意で加えた不法行為に基づく損害賠償請求権を除いたもの（同 3 号）

これは、従来の通説によると、暴走運転などの重過失による不法行為に基づく損害賠償請求権について非免責債権にはならないことに対する批判があり、被害者に対する救済や加害者に対する制裁の面から非免責債権とされたものである[83]。これにより、企業活動に伴う重大な安全管理上のミスによる人身被害に基づく損害賠償請求権なども非免責債権とされることが明らかになったが、製造物責任による責任（製造物 3 条）は非免責対象とはならない[84]。

4）親族関係にかかる一連の請求権（同 4 号イーホ）

これらの義務に基づく請求権は、それ自体は財産上の請求権ではあるが、人の生存を確保し、また幸福を追求する上で（憲 13 条参照）不可欠なものとしての性質をもつのであり、それを免責することはモラルハザードにつながることから非免責債権とされた[85]。な

---

[80] 中田 267 頁、山木戸 300 頁、谷口 339 頁、基本コンメン 365 頁〔山垣清正〕等。

[81] 注解 3 版（下）825 頁〔池田辰夫〕、伊藤・破産 3 版補訂 482 頁。

[82] 伊藤 3 版 728 頁、条解破産 2 版 1681 頁、基本構造と実務 547 頁・548 頁。なお、最判平 12・1・28 金商 1093 号 15 頁〔百選 5 版 86 事件〕は、破産者がクレジットカードを利用して商品を購入した場合につき、悪意による不法行為を構成するものとした。

[83] 小川 347 頁。

[84] 条解破産 2 版 1681 頁・1682 頁。

[85] 小川 347 頁、伊藤 3 版 729 頁、条解破産 2 版 1682 頁参照。

お、離婚に伴う財産分与請求権については、夫婦財産の清算的要素と離婚後の扶養的要素を含むとされるが、前者に当たる部分は免責債権となるが、後者に当たる部分は非免責債権になると解する可能性はある。しかし、1個の財産分与請求権をこのように2つに分けることは困難であり、全体として免責の対象となると解さざるを得ない[86]。

5）雇用関係に基づいて生じた使用人の請求権および使用人の預り金の返還請求権（同5号）　使用人（労働者）の給料等の請求権で財団債権とされるもの（破149条）は、そもそも免責の対象とならないから、ここで対象となるのは、雇用関係に基づく使用人の請求権のうち、財団債権とされないものである。これらの債権は優先的破産債権とされており（破98条1項、民306条2号）、優先権は認められているものの破産債権の一種であり、本来免責の対象となり得る債権であるが、使用人保護の趣旨から、この部分は非免責債権とされている。また、預り金返還請求権は、一般の破産債権であるが、それについても雇用者の責任を徹底させるために、その全額が非免責債権とされる。

6）破産者が知りながら債権者名簿に記載しなかった請求権（同6号）　ある債権者名を破産者がその債権者名簿に記載しないと、免責についての意見申述期間の通知（破251条2項）もなされず、免責に対する意見申述権を行使する機会も事実上奪われる。このような債権者について免責の効果を発生させるのは適当ではないので、法はこれを非免責債権とした。「知りながら」とは、故意の場合のみならず、破産者が過失により債権者名簿に記載しなかった場合も含まれる[87]。しかし、債権者名簿に記載しなかったことにつき、破産者に過失が存しない場合には、免責の効力を受ける[88]。なお、債権者が破産手続開始決定の事実を知っていたときは、かかる債権者は自ら免責の審理に参加することができたはずであるから、免責の効果が生じる（破253条1項6号かっこ書）。

---

[86]　条解破産2版1682頁、注釈（下）695頁〔永嶋久美子〕。

[87]　条解破産2版1684頁、注解3版（下）826頁〔池田辰夫〕、実務と理論364頁〔照屋雅子〕。東京地判平11・8・25金商1109号55頁、東京地判平14・2・27金法1656号60頁。

[88]　条解破産2版1684頁、注釈（下）696頁〔永嶋久美子〕、山内八郎「破産免責に関する判例法理（下）」判タ804号24頁、神戸地判平元・9・7判時1336号116頁、東京地判平15・6・24金法1698号102頁。反対、井上薫『破産免責概論』（ぎょうせい・1991年）426頁。なお、実務上、明らかに非免責債権と思われる債権や、破産手続開始の申立てをしたことを知られたくない債権者で、破産者が破産手続開始後も返済したい意向を有している親族等の有する債権について、意図的に債権者一覧表に記載せずに申し立てる例が見受けられる。しかし、これらの行為は、免責不許可事由としての虚偽の債権者名簿の提出（破252条1項7号）に該当する可能性もあるため、そのような債権も債権者一覧表に記載すべきであるとの指摘がある（破産民再実務3版破産579頁）。

第20講　個人債務者の破産、免責・復権・少額管財手続

7）罰金等の請求権（同7号）　罰金等の請求権とは、罰金、科料、刑事訴訟費用、追徴金、過料の請求権である（破97条6号）。これらの債権は、他の破産債権者との関係では、劣後的破産債権とされているが（破99条1項1号）、これらの債権は、刑事罰または秩序罰として破産者本人に履行させなければ意味がないものであることから非免責債権とされたものである。

(10)　免責の取消し

1）取消事由　いったん免責許可決定が確定した後であっても、一定の事由が認められれば、裁判所は、破産債権者の申出によりまたは職権で免責取消しの決定をすることができる（破254条1項）。すなわち、免責許可決定確定後に、免責許可手続中にその事由が判明していれば、許可決定がなされなかったような破産者の誠実性を否定すべき事由が明らかになったときは、免責の効力を維持することが正義に反することになるところから、免責取消しの制度が設けられたものである。免責取消事由は以下の2つである。

①　まず第1は、詐欺破産罪（破265条）につき破産者の有罪判決が確定したときである（破254条1項前段）。詐欺破産罪は、破産犯罪の中でとくに破産者の悪性が強いものであるから、免責取消事由とされたものである。詐欺破産罪に当たる行為は、免責不許可事由でもあるが（破252条1項1号）、これに該当しても裁量免責（同条2項）がなされる可能性がある。したがって、免責を取り消すためには、必ず刑事裁判所による有罪判決が確定していなければならないものとされている。もっとも、詐欺破産罪の有罪判決が確定したからといって、裁判所が必ず免責を取り消さなければならないものではなく、破産者の不誠実性が著しいものではなく、免責手続中および免責許可決定後の破産者の生活状況等から見て、取り消すまでの必要が認められない場合には、裁判所は免責を取り消す必要はないとする見解が有力である[89]。

②　第2は、破産者の不正な方法（詐欺、脅迫、贈賄、特別利益供与等）によって免責許可の決定を得た場合、その手続は著しく公正さを欠いたものであるから免責取消事由とされたものである。このような方法以外に、免責不許可事由に該当する事実やその他裁量免責に関する具体的事実を陳述しないとか虚偽の陳述をして、誤って免責許可の決定を受けたような場合も、不正の方法に含まれるか否かという点については、積極説・消極説の両説があるが、下級審裁判例は積極説をとる[90]。また不正な方法と免責許可決定との間に直接の因果関係を要するか否かについても見解が分かれている[91]。なお、免責取消しの申立てをする場合、法的

[89]　実務と理論370頁〔加波眞一〕、伊藤3版732頁注77、条解破産2版1691頁等。

[90]　東京高決平13・5・13金商1144号16頁、大阪高決平15・2・14判タ1138号302頁。

安定性の見地から、免責取消しの申立ては破産債権者が当該免責許可の決定があった後1年以内にしなければならないとされている（破254条1項後段）。

2）免責取消しの手続 免責取消手続は、前記①の取消事由については、破産債権者の申立てまたは職権によって開始される。それに対し、②の取消事由については、破産債権者の申立てによって手続が開始する。裁判所は、審理にあたり、職権で必要な調査をなし、または口頭弁論を開くこともできる（破8条）。裁判所は、免責取消しの決定をしたときは、直ちに、その裁判書を破産者および申立人に、その決定の主文を記載した書面を破産債権者に、それぞれ送達しなければならず（破254条2項前段）、公告で送達に代えることはできない（破254条2項後段・10条3項本文）。申立てを却下する決定の送達については規定がないが、却下決定は、破産者や破産債権者の権利・義務に影響をもたないことから、当事者には相当と認める方法で告知される（破13条、民訴119条）が、一般の破産債権者には送達されない[92]。免責取消申立てについての裁判（すなわち却下決定と取消決定と棄却決定）および職権による免責決定取消決定に対しては、即時抗告が認められる（破254条3項4項）。

3）取消しの効果 免責取消決定が確定したときは、免責許可決定はその効力を失う（破254条5項）。したがって、免責の効力を受けた破産債権者に対する破産者の責任は復活する。

債権者表があるときは、裁判所書記官は、これに免責取消決定が確定した旨を記載しなければならない（破254条7項・253条3項）。これにより破産債権者表の執行力も回復する。免責許可決定が取り消されても、当然に新たな破産手続が開始されるわけではない。しかし、破産者は新たに破産手続開始の申立てをすることができる。ただ、免責許可決定確定後に破産者に信用を与えた債権者は、旧破産債権の権利行使がなされることがないことを前提として取引を行ったのであり、免責が取り消されて旧債権が復活すると、破産者は一挙に多大な債務を負担することになるから、このような債権者は思いもかけない不利益を被ることになる。そこで、このような債権者を保護するために、新たな破産手続が開始されたときは、免責許可決定確定からその取消決定確定までの間に生じた原因に基づく債権者には、他の債権者に対する優先権が与えられるものとされた（破254条6項）。

3 復　権

---

(91) 不要説として、条解破産2版1689頁、必要説として、実務と理論370頁〔加波眞一〕がある。

(92) 条解破産2版1691頁、注釈（下）702頁〔永嶋久美子〕。

(1) 意　義

　復権とは、個人破産者が受ける公私の資格喪失の不利益を消滅させ、破産者に本来の法的地位を回復させることをいう。復権には、一定の事由が存することにより復権する「当然復権」と、一定の事由が存する場合に申立て基づく裁判によって復権する「裁判による復権（申立てによる復権）」とがある。

(2) 当然復権

　当然復権は、復権の申立てや裁判を必要としない。当然復権の事由は、①免責許可の決定が確定したとき（破255条1項1号）、②同意破産手続廃止決定が確定したとき（同項2号）、③再生計画認可の決定が確定したとき（同項3号）、④破産者が破産手続開始決定後、詐欺破産罪について有罪の確定判決を受けることなく10年を経過したこと（同項4号）である。このうち、③についていえば、いったん破産手続が開始した後に民事再生手続が開始されたときには、破産手続は中止され（民再39条1項）、再生計画認可決定確定によって破産手続は失効する（民再184条本文）。したがって、それによって破産手続開始による人的な制限的効果から破産者を解放することが正当化される。

　復権により、破産手続開始に伴う公私の資格制限はすべてその効力を失い、破産者は、破産手続開始の決定前の法的地位に復帰する。なお、上記④の事由によって復権する場合、破産手続がまだ係属中であるときには、破産財団に属する財産の管理処分権は破産者に復帰することなく、破産管財人に専属している[93]。

(3) 裁判による復権

　法律上当然には復権しない破産者が、弁済その他の方法（免除・消滅時効・免除・不執行の特約等）によって、破産債権者に対する全債務について責任を免れたときは、破産裁判所は、破産者の申立てにより、裁判所は復権の決定をしなければならない（破256条1項）。ここでいう破産債権者とは、届出をなさなかった者も含む[94]。復権の効力は、復権の決定が確定した時に生じる（破255条1項柱書後段）。復権の審理においては、裁判所は、職権で必要な調査をなし、また必要に応じて口頭弁論を開くことができる（破8条・3条第2かっこ書）。復権手続は、破産者が破産裁判所に対して復権の申立てをなすことによって開始する。申立ては書面で（破規11条）行い、所定の事項を記載しなければならない（破規2条1項2号）。申立てがあったときは、裁判所はその旨を公告し（破256条2項）、破産債権者は申立てに対して意見を述べることができる（破256条3項）。裁判所は、復権申立てについての裁判をしたときは、その裁判書を破産者に、その主文を記載した書面を

---

[93]　名古屋高判昭58・7・13判時1095号124頁。

[94]　伊藤3版736頁。

破産債権者に、それぞれ送達しなければならない（破256条4項前段）。この場合、公告で代用することはできない（破256条4項後段）。復権申立ての裁判に対しては即時抗告が認められる（破256条5項）。即時抗告についての裁判があった場合には、その裁判書を当事者に送達しなければならないが、この場合には、送達代用の公告をすることはできない（破256条6項）。

4 少額管財手続

（1） 少額管財手続の定義

少額管財手続とは、平成11年4月から東京地裁破産再生部において運用が開始された新しい破産手続であり、財団収集業務がないか、または短期間でこれを終えることができると見込まれる代理人申立ての法人・個人の破産事件について、管財業務の簡素化を図ることによって、原則として、20万円の予納金により破産管財事件の申立てを受理する手続である[95]。この手続は、管財人を付することで公正な清算を実現し、かつ、管財業務を大幅に簡素化することにより低額の費用を実現したものであるといえる。

この手続は当初、同時破産手続廃止によって管財人を付することなく処理していた個人破産事件について、広く管財人を選任するために用いられてきたが、平成12年12月、予納金が準備できないために破産手続開始の申立てをすることができない法人もこの手続の対象とすることに踏み切り、以後、法人・個人全破産事件に適用範囲が拡大された[96]。

---

[95] 園尾隆司＝杉浦徳志＝國井恒志＝植村京子編『少額管財手続の理論と実務』（経済法令研究会・2001年）20頁以下〔園尾隆司〕。20万円の予納金といっても、これは原則であり、20万円より低額に設定した例も多数にのぼっている。すなわち、会社と代表者個人の場合、両者併せて20万円とされており、法人少額管財手続は、通常は、代表者個人も同時に破産申立てをしているため、代表者個人については、予納金が無料であることが原則化している。また、個人の少額管財の場合、生活保護者などの生活困窮者で管財人を選任する必要性が高い事案では、経験豊富な弁護士に他の事件と合わせて管財人に就任してもらい、当該少額管財手続については、5万円ないし10万円の予納金で管財業務に着手してもらっている。更に、給与の差押えがされ、20万円の予納金の納付が困難で、かつ、差押金銭の解除が確実視されるような場合には、0～10万円の予納金で管財人を選任して直ちに管財業務に入ってもらっているとのことである。

[96] 少額の予納金で管財業務がペイするようにするために、手続の徹底的な簡素化がなされている。少額管財手続は、第1回債権者集会期日において、管財人の報告と債権調査を実施するのに加えて、異時破産手続廃止の場合の意見聴取集会期日、配当終了の場合の任務終了集会期日、破産者の免責審尋期日等のすべてを併わせて実施する。また、管財人の報告書は、収支計算書と財産目録および法人の貸借対照表のみで足り、その余は口頭報告とし、免責に関する意見書は簡単な定型書面を用意するなどしている。申立てから終結までの期間を原則3か月とした上、同一管財人に数件同時に受任してもらい、

（2）　少額管財手続と即日面接の関係

　即日面接とは、代理人が付いて同時破産手続廃止の申立てをした破産事件につき、申立ての当日またはその後3日以内の日に裁判官と代理人が面接し、代理人の調査に問題がないと認められる場合には、面接の当日、直ちに破産手続開始決定と同時破産手続廃止決定をする手続をいう。これにより、代理人の調査に問題がないと認められる事件については、申立後速やかに破産手続開始・同時廃止決定がされることになる[97]。問題は、即日面接において、裁判所が、当該事件につき同時廃止の決定をするのは適当ではなく、破産管財人を選任して事実の調査や財団収集をする必要があると判断した場合である。この場合、従来の管財手続では、最低でも50万円の予納金を納付しなければならず、その調達が困難である場合、その手続は行き詰まってしまう。そのような場合に管財人の調査なしに同時破産手続廃止の決定をすると、悪質な財産隠匿がある場合など、破産手続への債権者や一般国民からの信頼が失われるであろう。その点少額管財手続によれば、20万円または事情によってはそれより少ない予納金額で管財人を選任して調査を行わせることができるので、正義にかなった破産手続を実現しやすい。

（3）　個人少額管財手続

1）同時破産手続廃止の手法が直面していた問題点

　破産者の経済的再生を図るために、以前は同時破産手続廃止と免責をセットで運用するという手法がとられていた。しかしそのような手法には、数々の問題点が表面化した。その第1が個人破産申立ての増加による審理期間の長期化という問題である。平成4年以降、個人破産事件の申立件数は毎年大幅に増加し、破産者の審問とそれまでの間に実施される債権者への意見照会等の事務が繁忙となり、いきおい破産者の審問期日の指定が遅れがちとなり、そこで遅延を避けるため、債権者への意見照会が徐々に縮小された。また、生活保護受給者の審問は原則として実施せず、書面審理のみで終えるなど負担軽減策が次々と採用されたが、これらを広く採用すればするほど事実の解明がおろそかになり、裁判所の審査が甘いことを利用した杜撰な申立てを誘発し、ひいてはモラルハザードを招くおそれがあった。

　第2は、免責積立て指示の問題である。すなわち、免責不許可事由や財産の存否の調査が行き届かないまま免責の審理を行うと、何らかの隠し財産があるのではないか、免責不許可事由が隠されているのではないか、といった疑惑が生じ、そのために、多くの事例で、事実を厳格に確定することのないまま、些細な事実

　　困難な事案が生ずる事件と困難度が低い事件の同時並行的処理のなかで報酬の平準化を
　　図ることにしているとされる（前掲少額管財手続の理論と実務21頁以下〔園尾隆司〕）。
[97]　前掲少額管財手続の理論と実務24頁〔園尾隆司〕。

を根拠にして免責不許可事由の存在を推認し、その結果、免責を得るために債務の一定割合の金額を自由財産から積み立てること（免責積立て）を指示することを原則化する運用が広まった[98]。しかし、バブル崩壊後の長引く不況により、平成8、9年になると、免責積立てをすると約束しながら金銭の積立ての実行ができない者が続出するに至り、免責積立ての仕組みに関する問題が日増しに増大した。しかし、いったん広がった免責積立てにかわる手法が考案されておらず、審理の効率化を図ればモラルハザードの危険が高まり、慎重に審理すれば多数の事件が滞留するというジレンマに陥っていた。

第3は、給与差押えの頻発という問題であった。破産申立ての多発に伴って、クレジット業者の側では、これに対抗して、給与の差押えが可能な場合には同時破産廃止の決定後であっても差押えに及び、免責許可決定に即時抗告をして時間稼ぎをしてでも回収額を増やそうとする者が多くなってきていた。しかし、従来の同時破産手続廃止手続では打つ手がなく、手続の進行を早めるしかなかったが、審理を急ぐと杜撰な審理になるという問題が生じていた。また、免責許可決定の確定証明を執行裁判所に出しても、それは民事執行法上の執行取消書面（民執40条）ではないから、差押えの解除はなされないのであり、破産者が差押えの解除を求めるには、請求異議訴訟を提起し、その勝訴判決に基づいて差押えの取消しを求める必要があった。

第4には、同時破産手続廃止の手続を進めている場合には、管財人が選任されないので、一部債権者による不当な取立行為や利息制限法違反の債権回収があっても、否認権行使や不当利得返還訴訟を背景にした正義に則った交渉をすることが困難であり、免責の審理を急ぐしか方法がなく、不当な事態が放置されるという問題が生じていた[99]。

2）個人少額管財手続および即日面接制度の創設と免責　　上記のような問題点を克服するために、できる限り多くの事件で管財人を選任し、専門の第三者

---

[98]　手引8頁によると、このような免責積立ての運用については、①債務者による自主配当は、債務者限りの情報で作成した債権者一覧表に基づいて行われるため、その債権の存否及び債権額の正確性についての保障はなく、債権者間の平等に反する配当がされる可能性を否定できないこと、②債務者が自主配当を実行して同時廃止決定を受けた場合、その処理が債権者にとって不透明であるため、同時廃止の決定に対する即時抗告を招きやすい上、免責の審理において、債権者からの指摘により債務者に財産隠匿行為があることが判明した場合、解決困難な事態に陥ること、③自主配当においては公租公課等の財団債権の取扱いに問題を残すこと等の問題点が指摘されていた。

[99]　これらの指摘については、前掲少額管財手続の理論と実務32頁～35頁〔園尾隆司〕参照。

第20講　個人債務者の破産、免責・復権・少額管財手続　　　*631*

機関による、事実関係の確定と平等弁済その他の適正手続による破産手続を実現する必要があった。それに応えるものが少額管財手続である。

個人少額管財手続では、管財手続期間は原則として3か月と定められ、その間に郵便物の管理その他の事実の調査を実施し、管財人が事実を確定した上で意見を述べるので、免責の許可・不許可について、関係者の意見の相違がなくなり、迅速かつ穏当な管財手続および免責手続が行われることが確認されるようになった。その結果、平成11年4月に出発した制度であるが、平成13年には、全個人破産の申立てのうちの25％を占めることとなった。これは、管財人を選任する個人破産事件の約95％にあたる。一方、同時破産手続廃止事件の大半は即日面接で処理されることとなり、平成13年8月には、即日面接処理事件は全個人破産事件のうちの65％に達し、即日面接と少額管財手続の進展により、従来の方式で書面審査と審問がされた上で同時破産手続廃止がなされる事件は、全個人破産申立ての10％をしめるに過ぎなくなっている[100]。

（4） 少額管財手続の基本的な進行

東京地裁破産再生部によると、少額管財手続は以下のような流れで進行する[101]。申立代理人は、破産・免責申立てに当たって、債務者の資産、負債および免責不許可事由の有無・程度を調査していることが前提となる。調査の結果、同時破産手続廃止ができない場合および同時廃止をすると問題がある場合には、申立書の「手続についての意見」の該当箇所にチェックするなどして、最初から少額管財手続を希望する旨を明らかにすべきである。また裁判官との審問を経て、少額管財手続に移行することもある。

少額管財手続では、事前に予納金を納付することなく、申立当日直ちに審問が可能である。本人の同行は不要であり、審問では、申立代理人と裁判官が事件の規模や問題点を確認し、開始決定日や集会期日等を打ち合わせる（本人の同行は不要）。印紙や郵券は申立時に、裁判所予納金（官報公告費用）は、審問後に裁判所へ納付する。裁判所予納金は銀行振り込みでもよい。

審問当日または翌日、裁判所から申立代理人に対し、管財人候補者および債権者集会期日および免責審尋期日の日時の連絡がある。申立代理人は、直ちに管財人候補者に連絡し、打合わせの日時・場所を調整し、申立書（追完書類も含め、裁判所に提出したすべての書類）の副本を、遅くとも破産手続開始決定日までに管財人

---

[100]　前掲少額管財手続の理論と実務37頁〔園尾隆司〕。

[101]　これについては、前掲少額管財手続の理論と実務136頁〜141頁〔國井恒志＝植村京子〕参照。なお、近時の少額管財手続の運用については、破産民再実務3版破産138頁以下が詳しい。

候補者事務所へ直送する。法人少額管財手続では打合せ補充メモも直送する。管財人は、直送された副本等に基づいて破産者本人、申立代理人および関係者から事情を聴取する。

　手続開始手続は、原則として審問した日の翌週水曜日午後5時付けで書面により行う。書面開始決定なので、管財人、申立代理人、破産者は、裁判所へ来庁する必要はない。開始決定日の翌日以降、手続開始決定関係書類を管財人に交付する。

　裁判所としては、原則として、個人は2か月、法人は3か月後に指定する債権者集会までに換価などを終えて手続を終了できるよう、申立代理人および管財人に協力を要請している。少額管財手続は、申立代理人によって破産手続開始前に資産、負債および免責不許可事由の調査がなされているから、管財人はゼロから調査する必要はない[102]。

　財産状況報告集会、債権調査期日、破産手続廃止に関する求意見集会期日、管財人の任務終了集会期日および破産者の免責審尋日を同一日時に指定し、原則として1回で終結する。また、少額管財手続は、財産状況報告集会等を民事口頭弁論と同じ方式で同一時間帯に20件程度を集中的に開催する。とくに問題のある場合を除き、報告は、簡単な口頭報告のみにとどめている。

　破産手続廃止事案では、財産状況報告集会で併せて廃止に関する意見聴取および計算報告集会を開催し、同日付けで廃止決定をする。財産状況報告集会までに廃止すべきことが明らかになった場合、管財人による債権調査は行われるが、債権調査期日を開くことなく、異時破産手続廃止で手続を終了する。

　通常の報告のほか、総括認否表に基づいて債権調査の結果を報告し、収支計算書に簡易配当（予定）金額を記入し、その旨を報告する。正式配当の場合に備えて、債権者集会を続行し、次回期日は簡易配当に関する異議期間末日の翌日とする。債権者から異議が出ない限り、次回期日に簡易配当を実施して、破産手続は終了する。

　免責審尋期日に破産者本人が正当な理由により出頭できない場合、申立代理人は、その理由を記載した報告書を免責審尋期日当日に提出する。

　管財人はチェック式の免責に関する意見書を提出する。後日、免責異議や即時抗告が出された場合にのみ、反論書や意見書（免責不許可事由はない・免責不許可事

---

[102]　たとえば、最低予納金しかない場合、管財人としては、①申立資料を検討し、②関係者から事情を聴取し、③郵便物を点検し、④債権者からの情報提供に留意すれば、資産、負債および免責の調査としては十分である（前掲少額管財手続の理論と実務139頁〔國井恒志＝植村京子〕）。

由はあるが免責相当・免責不相当のいずれかを選択する）を提出すれば足りるので、免責不相当意見を除き、理由の記載は不要である。集会が続行する場合でも、管財人が免責審尋期日も続行すべきであるとの意見を述べない限り、免責審尋期日は1回で打ち切る。

　1ヶ月間の免責に対する異議期間を告知して免責審尋期日を終了する。異議期間経過後、免責拒否の決定が申立代理人に送達される。

＜設問についてのコメント＞

　問1については、破産手続関連費用については、【資料4】を参照のこと。なお、予納金50万円というのは通常管財事件のそれであり、現在、多くの管財事件は少額管財手続によって処理されている。手数料や予納金については、国庫仮支弁の制度や、日本司法支援センター（法テラス）の援助も検討してみるべきであろう。これらに関しては、1(2)1) ③、4を参照のこと。

　問2は、継続的供給契約が消費者の破産においてどのような影響を受けるか、という点を考える問題である。すなわち、通常の管財事件では、破産法55条が適用されるが、消費者破産につき、その類推適用が可能かを問うものである。これについては、1(2)2) ②bを参照のこと。

　問3は、消費者破産と双方未履行の関係を問う問題である。これについては、1(2)2) ②cを参照のこと。

　問4では、破産法252条1項5号の要件について問うものである。ここではとくに、他社からの借入れの有無について問われたのに対して、単に「はい」と答えたことが、「詐術を用いて」といえるか否かが問題となろう。なお、「取り込み詐欺をしていたような不誠実な債務者」という点については、破産法252条1項5号の文言からは、免責不許可事由を判断する際の基準にはなり得ないが、場合によっては、免責許可を否定する場合の不誠実性の判断につき影響することはあるかも知れない。これについては、2(6)1) ⑤を参照のこと。

　問5は、Cの債権が、とくに破産法253条1項2号との関連で、非免責債権になるか否かを検討する問題である。本件では、害意があったとまではいえない事例であろう。これについては、2(9)2) 3) を参照のこと。

第21講 相続財産や信託財産をめぐる破産、破産犯罪、私的整理、国際倒産

ケース

21—① 甲は、3000万円の積極財産と8000万円の債務を残して平成20年11月30日に死亡したが、その法定相続人は乙のみであった。その当時乙は実質的に支払不能状態にあり、平成21年1月8日に破産手続開始の申立てをなし、同年2月5日に破産手続開始決定がなされた。このとき、Aは甲に対し1000万円の貸金債権を有しており、Bは乙に対して1000万円の代金債権を有していた。

◆**問1** 乙が平成20年12月15日に単純承認した場合と、平成21年2月15日に単純承認した場合とで、乙の破産手続においてAおよびBはどのような権利行使をすることができるか。

◆**問2** 平成22年3月1日に相続財産に対しても破産手続開始決定がなされた場合、AおよびBはどのような権利行使をなすことができるか。

21—② 平成22年1月10日、AとBは、Aを信託者、Bを受託者とする信託契約を締結した。この契約においては、受託者Bに破産手続など倒産手続開始決定がなされた場合には、当該信託関係は終了する旨の条項が規定されていた。その後、同年4月10日にBにつき破産手続開始決定がなされ、甲が破産管財人に選任された。

◆**問1** このケースの場合、Bは信託事務の遂行ができるか。また、破産管財人甲は当該信託事務を遂行することができるか。Bに対して破産手続開始決定がなされた後に、信託財産に対しても破産手続開始決定がなされた場合、信託債権者は、どのように権利行使をすることになるか。

◆**問2** もしBではなく、Aに破産手続開始決定がなされた場合、信託契約はどのようになるか。

21—③ Xは個人商店を営んでいるが、経営破綻した。そこで、Xは、Xの再起の際には出資をし、全面的に援助すると約束してくれたYに対してのみ、その負担していた債務を全額弁済し、その翌日、破産の申立てをし、破産開始決定がなされ、それは確定した。またZは、Xの破産手続において自己の破産債権を届け出たにもかかわらず、商店に来て大声で即時の弁済を迫った。

◆**問1** Xの行為は、刑罰の対象になるか。

◆**問2** Zの行為は、刑罰の対象になるか。

21—④ 甲は、金属板を加工して食器を製造する株式会社であるが、メインバンクであるA銀行から2000万円、その他、B銀行から500万円、C銀行ら300万円、D信用金庫から200万円、合計3000万円の債務を負担していた。その他、原料の仕入先10社に対して、合計1500万円の代金債務を負担していた。甲は、取引先から取得した手形が不渡りとなったことをきっかけとして資金繰りに窮し、経営破綻した。

◆**問1** 法的整理手続と、私的整理手続のメリットとデメリットを説明しなさい。

◆**問2** 私的整理にはどのような種類があり、それらはどのような特色を有するか説明しなさい。

21—⑤ A社は、名古屋に本店を構える会社であるが、アメリカ合衆国とドイツに支社を有していた。しかし、経営に行き詰まり、まず日本において破産手続が開始された後、アメリカ合衆国とドイツにおいても倒産手続が開始された。

◆**問1** 日本においてアメリカで開始された倒産手続の承認が求められた場合、それは、どのように扱われるか。

◆**問2** わが国でドイツの管財人が同じくドイツの倒産手続の承認を求めてきた場合、これと、アメリカの倒産手続の承認手続とはどのように扱われるか。

第14章 相続財産や信託財産をめぐる破産

1 相続財産等の破産

（1） 相続人の破産

相続人は個人であり、相続人の破産については破産能力は問題なく認められる。現行破産法は、その第10章において、相続財産の破産と並んで、相続人の破産における破産財団および破産債権に関する特別の規定を置いている。

1) 相続人の承認・放棄の選択権と債権者の利益 相続開始後、相続人に対し破産手続開始決定がなされた場合には、破産債権者としては、破産者たる相続人が単純承認をするか、限定承認をなすか、または相続放棄をなすかについては重大な関心を有する。なぜならば、相続財産が債務超過であるのに単純承認がなされると、破産債権の総額が増大して（民920条）彼らの配当額が減少するし、相続財産が積極財産の方が多いのに相続放棄がなされると、相続人の債権者は、配当財源の増加の期待が裏切られることになる（民939条）。しかし他方では、い

636 第14章 相続財産や信託財産をめぐる破産

ずれを選択するかは本来相続人自身の固有の権利であるので、破産債権者が合理的な範囲を超えてこれに干渉することは許されないであろう。したがって、破産手続開始決定前に単純承認や相続放棄がなされた場合には、破産債権者がその効果を覆すことは認められない。よって、たとえ、単純承認や相続放棄が破産債権者の利益を害する場合であっても、否認の対象とはならないと解される。

　問題は、相続開始後に相続人に対して破産手続が開始された後になって、破産者による承認や放棄がなされた場合に生じる。この場合、相続財産は、一応破産財団を構成するが、承認などの行為が破産手続開始後の破産者の行為として破産債権者に対抗できないとすること（破47条1項）は、法が、承認や放棄の選択権を相続人に認めた趣旨に反する。よって、破産手続開始後であっても、破産者の選択権の行使を認めざるを得ないが、反面、その効果に何らかの制限を加えないと、逆に破産者債権者の利益を害する可能性も生じうる。そこで現行破産法は、以下のような調整規定を設けている。すなわち、①破産者が単純承認をした場合には、破産財団に対しては限定承認の効力を認め、また、相続放棄についても同様の取扱いをする（破238条1項）。ただし、放棄については、破産管財人は、裁判所の許可を得て（破78条2項6号）それを承認することもできる（破238条2項）。これは相続財産の債務超過が明白な場合に、破産管財人の負担を軽減するためのものである。また、②破産者が限定承認をしたとき、または当該相続人につき財産分離があったときは、破産管財人は、相続財産を破産財団所属財産として分割管理し、相続債権者については相続財産から、相続人債権者については固有財産から配当を行う（破242条1項3項・240条4項）。さらに、③このように、分割管理・処分をした後に、相続財産についてなお残余財産があれば、当該相続人に帰属すべき部分は相続人固有の財産とみなされ、破産財団のうち固有財産部分の財産目録等が補充される（破242条2項）。また、④破産手続開始後も破産者たる相続人や他の相続人が限定承認または財産分離をすることは妨げられない（破239条本文）。しかし、この場合に破産者たる相続人のみが相続財産について債務の弁済に必要な行為をする権限を有するときは、破産手続終了まで限定承認または財産分離の手続は中止する（破239条但書）。なぜならば、この場合には、相続人のその権限は、破産管財人に専属するところとなり、その破産管財人の権限の行使と離れて、限定承認または財産分離の手続が観念されないからである[1]。なお、破産者が包括受遺者である場合には相続人と同じ地位に立つので（民990条）、相続人が破産者である場合と同様に扱われる（破243条）。それに対して、破産者が特定遺贈を

---

[1]　小川316頁、条解破産2版1529頁。なお、伊藤3版94頁も参照のこと。

受けている場合には、破産手続開始決定の時においてその承認または放棄をしていなかったときは、破産管財人は、破産者に代わって、その承認または放棄をすることができる（破244条1項）。

2）相続人破産における破産債権者　相続人が破産した場合、破産債権者としては、相続人の債権者のほかに、相続債権者および受遺者が存在する。相続債権者および受遺者は、財産分離や相続財産破産の開始と関わりなく、その債権全額について破産手続に参加できる（破240条1項）。ただし、破産手続開始前に相続人が相続放棄をした場合には、相続債権者および受遺者は、相続人の破産手続に参加することはできず、相続財産破産などの手続によってのみ相続財産から満足を受けることになる。限定承認がなされた場合にも、これらの者は、破産財団のうち相続人の固有財産部分については破産債権の行使が許されない（破240条4項）。

相続人破産と相続財産破産が競合した場合は、相続人債権者の権利は、相続人の破産財団については、相続債権者や受遺者の権利に優先する（破240条2項）。これは、相続債権者および受遺者はもともと相続人の固有財産を引当とはしていなかったためであるし、これによって、相続人の財産のみを引き当てにできるに過ぎない相続人の債権者を保護することができるからである[2]。

相続財産破産の申立期間（破225条）内に相続人に対する破産手続開始申立てがなされ、破産手続が開始されたときは、相続人の固有財産部分については、相続人債権者が相続債権者および受遺者に優先し、相続財産部分については、相続債権者および受遺者の債権が相続人債権者に優先する（破240条3項）。これは、相続債権者および受遺者は相続財産をその債権の引当てとし、相続人の債権者は相続人の固有財産をその債権の引当てとしていることに配慮したものである。

相続債権者または受遺者は、相続人について破産手続開始決定後に限定承認または財産分離の手続においてその権利を行使したことにより、破産債権について弁済を受けた場合であっても、その弁済を受ける前の債権の額について破産手続に参加することができる（破241条1項前段）。相続人債権者が財産分離の手続において弁済を受けた場合も同様である（同後段）。ただし、これらの債権者は、他の同順位の破産債権者が自己の受けた弁済と同一の割合の配当を受けるまでは、配当を受けることができない（破241条2項）。また、財産分離などによって弁済を受けた債権額については、議決権の行使が認められない（同条3項）。これらの規律は、破産債権者が在外財産から弁済を受けた場合の規律（破109条・142条2

---

(2)　条解破産2版1531頁、注釈（下）554頁〔畑知成〕、注解3版（上）197頁〔宮川知法〕。

項・201条4項）と同様のものであり、一方で破産手続開始時における債権全額を破産債権として行使することを認めつつ、他方で、相続財産または相続人固有財産も同じく相続人の財産であることをふまえ、これらの債権者と他の破産債権者との間の公平を図ろうとするものである。

（2）　相続財産の破産

1）　相続財産破産の機能　　相続財産は、権利義務の帰属主体である個人または法人のいずれにも当たらないが、破産法が相続財産自体に破産能力を認めていることは明らかである（破2条1項・222条以下）。相続財産に対する破産手続開始決定は、相続財産が被相続人に対する債権者、すなわち相続債権者などへの完済に足りないときに行われる（破223条）。その機能は、被相続人の資産と負債を相続財産の限度で清算することによって、相続財産を相続債権者への優先的満足に充てることにある（この場合、相続人の債権者は破産債権者たり得ない〔破233条〕）。類似の制度として、民法上の限定承認（民922条以下）や財産分離（民941条以下）があるが、限定承認は、相続人の意思に基づいて相続債権者のための責任財産を相続財産に限定する役割を持つ（民922条）。それに対して財産分離は、相続債権者もしくは受遺者または相続人の債権者（相続人債権者）の意思に基づいて相続財産と相続人の固有財産を分離し（民941条1項・950条1項）、相続財産については相続債権者等の優先弁済権を、固有財産については相続人債権者の優先権を認めるものである（民942条・948条・950条2項）[3]。さらに民法は、限定承認や財産分離の請求が、相続財産が債務超過に陥っているか、そのおそれがあると判断される場合になされるであろうことを考慮して、限定承認者や相続人に対して債権者

---

[3]　わが国では、ドイツ民法（BGB1975条）とは異なり、相続財産の破産手続を利用しても、限定承認の効力が与えられないために、相続財産が債務超過の場合には、たとえ相続財産の破産手続が行われても、なお後に相続債権者や受遺者が相続人の固有財産に対して権利行使をしてくる可能性がある（実例として、大阪高判昭63・7・29判タ680号206頁〔百選5版46事件〕）。そこで相続人としては、相続放棄または限定承認をして、自らの固有財産への権利を阻止しておく必要がある。他方，相続人固有の債権者としても、相続人が相続放棄も限定承認もしないときには、財産分離の請求をして、相続人の固有財産から優先的に弁済を受けられるようにしておく必要がある（破228条本文）。また、限定承認や財産分離については民法上、期間制限があるので（民924条・941条・950条）、他日、相続財産の破産手続開始決定が取り消されたり（破33条3項）、破産手続が廃止された場合（破216条1項・217条1項）に備えて、限定承認や財産分離をしておく必要がある。よって、相続財産破産は、限定承認や財産分離と重複して行われることが多いが、破産手続の方が厳格かつ適正な手続であるので、限定承認や財産分離に対して優先的に扱われている（破228条但書）。これについては、中島弘雅「相続財産破産をめぐる近時の問題」大阪市立大学法学雑誌45巻3＝4号511頁、中島530頁・531頁参照のこと。

に公平な弁済をなすべき義務を課している（民929条・947条2項・950条2項）。

2）相続財産破産の法律構成　相続財産破産においては誰が破産者になるのか、という点については争いがあり、判例[4]は相続人が破産者であるとしており、学説上もこの説が有力であった。しかし、近時の通説は、①相続人の破産と相続財産の破産とが区別されていること、②破産法224条1項がとくに相続人の破産手続開始申立権を規定していること、③破産法232条2項によって相続人に破産債権者としての地位が認められていること等を根拠として、相続財産自体に破産能力を認めている[5]。ただ、相続財産が破産者であるとしても、相続財産破産の場合は、相続財産は実体法上権利能力がないから、相続財産の帰属主体となったり相続債権の債務者となることはできない。その結果、相続財産の帰属主体および相続債権の債務者は、相続人以外にはあり得ない。よって、破産清算の対象となるのは、第三者たる相続人に帰属する相続財産および相続人を債務者とする相続債権であるということになる。そのように考えれば、相続財産破産とは、相続財産自体に破産能力を認めるとはいっても、破産管財人は、相続人などに代わって、相続人に帰属する相続財産について管理処分権を行使し、相続人を債務者とする相続債権との清算を行う手続である、というように理解すべきことになる[6]。

3）相続財産破産の手続　**① 申　立　て**　相続財産についての破産手続開始の申立ては、被相続人の相続開始の時の住所地または相続財産に属する財産が日本国内にあるときに限りすることができる（破222条1項）。管轄裁判所は、被相続人の相続開始の時の住所地を管轄する地方裁判所である（同条2項）。

申立権者は、相続債権者、受遺者、相続人、相続財産の管理人、遺言執行者（破224条1項）である[7]。申立てに当たっては、相続債権者、受遺者が申し立てる場

---

(4)　大決昭6・12・12民集10巻1225頁。

(5)　中田35頁、山木戸39頁、谷口71頁、注解3版（下）150頁〔林屋礼二＝宮川知法〕、基本コンメン200頁〔河野正憲〕、伊藤3版86頁、大コンメン952頁〔中島弘雅〕。学説については、条解破産2版1474頁以下参照。

(6)　伊藤3版87頁、条解破産2版1475頁、大コンメン952頁〔中島弘雅〕。

(7)　旧破産法は、限定承認または財産分離がなされ、相続財産が債務超過の状態にあることが発見された場合には、相続人に相続財産破産の申立義務を課し（旧破136条2項）、他方、相続財産破産が終結するまで限定承認等の手続を中止するとしていた（旧破5条但書）。しかし実際には、債務超過にある相続財産について相続人による破産申立てがなされることは希であり、相続人による平等弁済をもって処理が終了することが多かった。しかも、否認権の行使など破産手続によらなければならない理由が存在しないにもかかわらず、相続人に破産申立義務を課し、相続財産破産の優先性を確保しなければならないかどうかについては疑問があったため、現行法の立法に際しては、相続人の申立

合は、その有する債権の存在および当該相続財産の破産手続開始の原因となる事実、すなわち債務超過（破223条）を疎明しなければならない（破224条2項1号）。相続人、相続財産管理人、遺言執行者が申し立てる場合は、当該相続財産の破産手続開始の原因となる事実、すなわち債務超過（破223条）を疎明しなければならない（破224条2項2号）。

　一般の破産事件では破産手続開始の申立てに期間制限は設けられていないが、相続財産破産については、申立ては、財産分離の請求（民941条1項）をすることができる間に限りすることができる（破225条本文）。これは、相続財産は、被相続人の財産が相続人等の財産として確定的に帰属して混合するまでの過渡的・暫定的な財産であるから、相続財産を相続人の固有財産から切り話して別個に清算するためには、相続人の固有財産とが混合せずに分離されていること、あるいは少なくとも分離されうることが前提となるからである。それに対して、限定承認または財産分離があったときは、相続債権者および受遺者に対する弁済が完了するまでの間においても、申立てをすることができる（破225条但書）。限定承認や財産分離に基づく清算手続が開始されて進行している間は、相続財産と相続人の固有財産とは分離されているからである[8]。

　なお、債務者について破産手続開始申立てがあり、破産手続開始決定前に死亡し、その者につき相続が開始した場合、相続債権者、受遺者、相続人、相続財産の管理人、遺言執行者の申立てにより、裁判所は、当該相続財産についてその破産手続を続行する旨の決定をすることができる（破226条1項）。

　義務は廃止された。

[8]　旧破産法は、民法941条1項の規定により財産分離の請求をすることができる間に限定した上で、その間に限定承認等があれば破産の申立てが可能な期間を延長するという取扱いをしていた（旧破131条）。しかし、破産手続が限定承認の手続等に比べてより厳格な清算手続であることをも考慮すると、限定承認等により財産が分別された状態になるのであれば、破産手続開始の申立てを認め、破産手続による清算を可能としてよいと考えられる。そこで、現行法は、旧破産法の「その間に」という要件を外し、いったんは破産手続開始の申立てができなくなった場合でも、その後に限定承認等があれば、再び破産手続開始の申立てができるようにしたのである（小川308頁）。なお、限定承認等があった場合は、相続財産が相続人の固有財産と混同を生じていないのであるから、破産法225条但書がなくても、同条本文および民法941条1項後段により相続財産の破産の申立てが可能であって、この但書は確認的な意味を有するにすぎないとの見解が有力である〔条解破産2版1489頁以下、大コンメン962頁〔中島弘雅〕、注釈（下）516頁〔山野史寛〕〕。これに対し、伊藤3版87頁注22は、破産法225条本文は財産分離請求がなされていない場合を規定しているという理解を前提に、財産分離等が既になされている場合について破産手続開始の申立てを許すための規定として同条但書の意味があるとする。

② **破産手続開始決定**　　相続財産破産の手続開始原因は債務超過のみである（破223条・30条1項）。相続財産破産においては、それ自体の信用や技能ないし労力によって財団に属する財産の増殖が見込めるということは考えられないから、支払不能は破産原因とされていない。相続財産につき破産手続開始決定があった場合でも、限定承認または財産分離を妨げないが（破228条本文）、破産手続開始決定の取消しもしくは破産手続廃止決定の確定、または、破産手続終結決定があるまでの間は、限定承認または財産分離の手続は中止される（破228条但書）。

　破産手続開始決定があった場合、相続財産に属する一切の財産（日本国内にあるか否かを問わない）が破産財団を構成する。被相続人が相続人に対して有していた権利および相続人が被相続人に対して有していた権利は、混同の原則（民179条1項2号・520条本文）の例外として、消滅しないものとみなされる（破229条1項）。したがって、被相続人が相続人に対して有していた債権などは、破産財団所属の財産になるし、逆に、相続人が被相続人に対して有していた債権は、相続債権者と同様に、破産債権となる（破232条1項後段）。

　相続開始から破産手続開始までの間に相続人が相続財産を処分した場合には、反対給付について相続人が有する権利が破産財団に帰属し（破229条2項）、既に受領した反対給付については、原則として破産管財人に引き渡さなければならない（同条3項本文）。ただし、相続人が当該反対給付を受けた当時、破産手続開始の原因となる事実または破産手続開始の申立てがあったことを知らなかったときは、現存利益を返還すれば足りる（同条3項但書）。

　破産手続開始決定があったときは、破産管財人もしくは債権者委員会の請求または債権者集会の決議に基づく請求があったときは、被相続人の代理人であった者、相続人およびその代理人、相続財産管理人、および遺言執行者等は、破産に関し必要な説明義務が課せられるほか（破230条1項2項）、相続人などに対する居住制限や引致の規定が適用され（同条3項・37条・38条）、同意破産手続廃止の申立て資格が相続人に認められる（破237条）。

③ **相続債権者・受遺者・相続人の地位**　　相続財産に対し破産手続開始決定があった場合、相続債権者および受遺者は、相続人について破産手続開始決定がなされたときでも、その債権の全額をもって相続財産の破産手続に参加することができる（破231条1項）。この趣旨は、以下の点にある。すなわち、相続債権者および受遺者は債権者であるから、相続財産破産手続開始時の額で破産債権を行使できるのは当然であり、また、相続財産破産手続とは別に相続人についても破産手続開始決定がなされた場合、相続債権者や受遺者は、相続人の破産手続において、その手続開始決定時の債権全額を破産債権として権利行使することも認められて

いるから（破240条1項）、相続債権者や受遺者は、相続人の破産手続で権利行使ができるにもかかわらず、相続財産の破産手続において、債権の全額をもって破産債権として権利行使をすることができるということである（ただし、同条2項により、相続人の債権者の債権は、相続債権者や受遺者のそれに優先する）。しかしこの点については、立法論的に問題であるとする見解が有力である[9]。しかし条文上は、相続人に破産手続が開始し、相続財産破産手続と併存する場合には、相続債権者および受遺者は、相続人の破産手続においても権利行使ができるものと解さざるをえない[10]。なお、相続財産の破産手続においては、相続債権者の債権は受遺者の債権に優先する（同2項）。

相続人が被相続人に対して有していた権利は、相続財産について破産手続開始決定があった場合には、消滅しなかったものとみなされる（破232条1項前段）。この場合、相続人は、被相続人に対して有していた債権について、相続債権者と同一の権利を有する（破232条1項後段）。また、相続人が相続債権者に対して自己の固有財産をもって弁済その他の債務を消滅させる行為をしたときは、相続人は、その出捐の額の範囲内において、当該相続債権者が被相続人に対して有していた権利を行使することができる（破232条2項）。なお、相続人の債権者は、相続財産の破産手続においては、破産債権者としてその権利行使することはできない（破233条）。

④　**否認権との関係**　　相続財産破産における否認権との関係では、否認の対象行為に関しては、相続財産の場合には、破産者は権利能力なき財団たる相続財産であると解されている。したがって、自然人または法人とは異なって、破産者自身が破産財団所属財産について詐害行為や偏頗行為を行うことは考えられず、被相続人など相続財産について相続開始前後の管理処分権を行使する者の行為を対象とする以外にない。よって、法は、被相続人、相続人、相続財産管理人（民952条）、および遺言執行者（民1012条）が相続財産に関してなした行為について否認の成立を認め（破234条）、また、否認の相手方の地位についても、これらの者の行為を破産者の行為と同視している（破234条）。また、受遺者に対する担保の供与または債務の消滅に関する行為が、その債権に優先する債権を有する破産債権者を害するときは、当該行為を否認することができる（破235条1項2項）。

---

(9) 注解3版（下）140頁〔林屋礼二＝宮川知法〕、中島・前掲・大阪市大法学雑誌45巻3＝4号515頁、山本和彦「相続財産破産に関する立法論的検討」大阪市立大学法学雑誌45巻3＝4号557頁等。

(10) ただし、相続人が限定承認をする場合（破240条4項）、単純承認または相続放棄が限定承認の効力を有するとされる場合（破238条1項）を除く。

被相続人、相続人、相続財産管理人または遺言施行者が相続財産に関してなした行為が否認されたときは、破産管財人は相続債権者に弁済をした後、否認された行為の相手方にその権利の価額に応じて残余財産を分配しなければならない（破236条）。

2　信託財産等の破産

（1）総　説

信託財産は、信託の目的を実現するために受託者によって運用されるものであるが（信託2条1項参照）、支払不能または債務超過という破産原因が生じたときは（破244条の3）、受託者の固有財産と区別して、信託財産限りでの清算を実施することが公平に合致するのであり、それに資するのが信託財産破産の制度である。旧信託法の下では、信託契約の受託者や委託者が破産した場合についての規定は必ずしも十分ではなく、解釈に委ねられる部分も多かった。平成18年12月に、85年ぶりの大改正となる改正信託法（平成18年法律第108号）と同時に、信託法の施行に伴う関係法律の整備等に関する法律（平成18年法律第109号）が成立した。この整備等に関する法律第68条により、信託財産の破産手続を創設するための改正が行われた。その結果、現行破産法244条の2ないし244条の13という12箇条が新たに挿入された[11]。

（2）信託財産の破産

1）序　説　破産法上、破産能力に関しては、破産法13条により、民事訴訟法の規定が準用されているが、法人でもなく、民訴法29条にいう法人格なき社団または財団にも当たらない信託財産には破産能力は認められていなかった。それに対して、アメリカ連邦倒産法は、事業信託（business trust）について破産能力を認めているが、信託財産一般について破産能力を認めているわけではない。

しかし、我が国では、信託債権者が、信託財産だけを清算して配当を受けたいとする期待があり、かつ、それは不合理ではないこと、限定責任信託を認めると倒産制度が必要になることに加え、土地信託など事業信託的な清算として倒産制度は必要であること、無限責任社員がいる合同会社についても倒産処理手続が法定されていること（破16条2項）などから、限定責任信託（信託216条）の場合のみ

---

[11]　改正信託法の立法過程において、①信託法の現代化や信託業法の改正による受託者資格の拡大により、信託を利用した事業活動も活発になることが予想されるとともに、固有財産が必ずしも十分ではない受託者が現れる可能性も増えると予想されること、②限定責任信託（信託9条）の創設や、特定債権について責任財産を信託財産に限定する特約の有効性の承認（信託21条2項4号）により、欠乏した信託財産を債権者間で公平・平等に分配する必要のある場面が生じる頻度が高くなることが想定されたことから、信託財産そのものについて特別の破産手続が創設された（条解破産2版1547頁）。

644　　第14章　相続財産や信託財産をめぐる破産

ならず、すべての信託財産についての破産手続を制定とすることとされた[12]。

2）信託財産破産の手続　①　申立てと保全管理命令　a. 申立て　信託財産についての破産手続開始の申立ては、信託財産に属する財産または受託者の住所が日本国内にあるときに限りすることができる（破244条の2第1項）。管轄裁判所は、受託者の住所地を管轄する地方裁判所である。これによる管轄裁判所がないときは、信託財産に属する財産の所在地を管轄する地方裁判所が管轄権を有する（破244条の2第2項）。

　申立権者は、信託債権者（信託21条2項4号）、受益者（信託2条6項）、受託者（同5項）、信託財産管理者（信託63条1項）、信託財産法人管理人（信託74条2項）、もしくは、裁判所の管理命令によって選任された管理人（信託170条）である（これらを受託者等という。破244条の4第1項）。これらのうち、信託債権者と受益者は、信託財産に対する権利行使が認められる者であるから、申立てに際しては、手続開始原因の疎明のほか、信託債権または受益債権の存在の疎明を要する（破244条の4第2項1号）。その他の者は、破産手続開始原因事実の疎明で足りる（同項2号）。また、受益者が1人であるとき、または受託者が数人ある場合において受託者等の全員が破産手続開始申立てをする場合には、破産手続開始原因事実の疎明も不要である（同条3項。破19条3項参照）。清算中の信託において、信託財産に属する財産がその債務を完済するのに足りないことが明らかとなったときは、清算受託者（信託177条参照）は、信託財産についての破産手続開始の申立てをする義務がある（信託179条1項。破244条の4第4項）。

　なお、信託が終了した後であっても、残余財産の給付（信託177条4号）が終了するまでの間は、破産手続開始の申立てをすることができる（破244条の4第4項）。その場合には、破産管財人は、清算受託者（信託177条柱書）が既に信託財産責任負担債務にかかる債権を有する債権者に支払ったものがあるときは、それを取り戻すことができる（信託179条2項）。

---

[12]　立法の経緯については、条解破産2版1546頁以下、大コンメン1012頁以下〔松村秀樹〕、注釈（下）566頁〔深山雅也〕参照。なお、信託財産に対して破産能力が認められたことから、立法過程においては、信託財産に対する民事再生手続等の再建型倒産手続を制定すべきかという点につき議論された。しかし、信託財産に対する破産手続が今回新たに制定されたばかりであり、再建型倒産処理手続の実務上の必要性がどの程度あるか不明である上に、再建型倒産手続を制定するとなると、受益債権と信託債権との間に優劣関係がある（信託101条）ことを前提とし、再建型倒産手続における両者の組分け手続を制定する必要があること、受益債権の全部消滅の手続の可否、新たな受益権の発効の手続など制定する必要がある等の点を考慮して、規定化は見送られた（条解破産2版1548頁、大コンメン1016頁〔村松秀樹〕、注釈（下）567頁〔深山雅也〕）。

b. 保全管理命令　　信託財産につき破産手続開始申立てがなされた場合において、信託財産に関する財産の管理・処分が失当であるとき、その他信託財産に属する財産の確保のために特に必要があると認められるときは、裁判所は、利害関係人の申立てにより、または職権で、破産手続開始申立についての決定があるまでの間、保全管理人による管理命令を発することができる（破244条の12・91条以下）。保全管理命令は、本来、債務者が法人である場合に限り発令されるものであるが（破91条1項）、法人ではない信託財産についても、信託財産に属する財産の管理及び処分が失当であるとき、その他財産の保全のために特に必要があると認められる場合にもなしうるものとされたのである。

　② **破産手続開始決定**　　信託にあっては、受託者の才覚で財産を増殖させる可能性もあるから、相続財産破産の場合（破223条）とは異なり、手続開始原因は支払不能または債務超過とされている（破244条の3）。信託財産につき破産手続開始決定がなされると、信託は終了する（信託163条7号）。信託財産につき破産手続が開始すると、破産法34条と同じく、破産手続開始決定時に日本国内にあるかどうかは問わず、信託財産（信託2条3項・16条・17条〜19条）に属する一切の財産が破産財団を構成する（破244条の5）。財産の集合体である点で相続財産と類似する点が多く、そのことを反映して、両者の破産に関する規律の間には、相当の類似性が認められる[13]。

　③ **説明義務を負う者**　　信託財産破産においても、相続財産破産の場合と同様、具体的な破産者に当たる概念が存在しない。そのため、相続財産破産の場合の説明義務者に関する規定（破230条）をふまえて、破産法上の説明義務（破40条）を、受託者と会計監査人（破244条の6第1項）、およびこれらであった者（同2項）に課している。さらに個人である受託者等については、居住制限（破37条）と引致命令（破38条）とが規定されている（破244条の6第3項）。

　3）信託債権者と受益者の地位　　信託債権者の中には、①信託債権者や受益者のように、信託財産に責任が限定されない債権者[14]のほか、②信託財産に責

---

(13)　相続財産破産と同じく、信託財産破産についても破産者は誰か、という点につき争いがあるが、①受託者の財産と信託財産が区別されていること、②破244条の4第1項が特に受託者の破産手続の開始申立権を規定していること、③破244条の8によって受託者に破産債権者としての地位が認められていることなどを考えると、信託財産そのものを破産者とみなすべきである。
　　もっとも、信託財産が受託者に帰属し、かつ、破産債権である信託債権（信託21条2項2号）および受益債権（信託2条7項）の債務者が受託者であることを考えれば、破産清算の対象となるのは、第三者たる受託者に帰属する信託財産と受託者を債務者とする信託債権および受益債権である。

任が限定された債権を有する者も存在する。

　信託財産に責任が限定されない債権者は、信託財産の破産に参加して配当を受けるほか、受託者の破産においてもその固有財産から配当を受けることができる（破244条の7第1項）。この場合、当該債権者が、信託財産破産と受託者破産手続に参加するのは、複数の全部義務者について破産手続開始決定があった場合、債権者は債権の全額について各破産手続に参加することができるとされていること（破104条1項）と同様に、当該信託債権者および受益者が、各破産手続に参加することができる債権額は、破産手続開始決定のときにおいて、当該債権者が有する債権の全額である（破244条の7第1項）。

　信託債権と受益債権との優劣関係につき、破産法244条の7第2項は、信託債権が受益債権に優先することとしている。これは、受益者は受託者の行った信託事務処理のいわば果実として信託財産の分配を受けることになるため、受益債権は信託事務処理に基づいて生じた債権（信託債権）に劣後することが公平にかなうと考えられるからである。換言すれば、信託債権は受益者全体の利益のために支出された費用と同視しうるものであり、受益債権に優先させるべきであるからである（信託101条）。受益債権は信託債権に劣後するとしても、約定劣後破産債権とは同順位とされている。ただし信託行為により、約定劣後破産債権を受益債権に優先させることはできる（破244条の7第3項）。

　信託財産に責任が限定された債権（固有財産等責任負担債務（信託22条1項）にかかる債権）を有する債権者は、信託財産のほかには、受託者の固有の財産に対し権利行使することはできない（破244条の9）。

　4）受託者の地位　　受託者は信託財産から負担した費用等の補償を受け、または報酬の支払いを受けたり、損害賠償を受けたりすることができる（信託48条・53条1項・54条1項）。これらの場合に、受託者は、信託財産から受ける額の限度で、信託財産に属する金銭を固有財産に帰属させることができる（信託49条1項・53条2項・54条4項）。この受託者が信託財産に属する金銭を固有財産に帰属させることができる地位は「権利」であるとされているが（信託49条4項）、信託財産

---

⑭　信託債権は、信託財産を責任財産とするのに加えて、責任財産限定特約（信託財産のみをもって履行責任を負う旨の特約）がある場合、限定責任信託の場合、その他信託法の規定により信託財産に責任が限定されている場合（信託21条2項2号～4号）を除き、受託者の固有財産をも責任財産としている。また、受益債権は、信託財産に責任財産が限定されているが（信託21条2項1号・100条）、例外的に、受益者と受託者との間で受託者が当該受益債権について固有財産でも履行責任を負う旨を約した場合（例えば、元本填補特約など）には、受託者の固有財産も引当となる。これにつき、注釈（下）589頁註1〔深山雅也＝新保勇一〕参照。

も固有財産も共に受託者に属する財産であり、信託財産は独自の法人格を有しないために、義務者の存在を前提とする「権利」ではない。しかし、その実質は信託財産を責任財産とする金銭債権であることから、信託財産の破産手続において債権者としての権利行使を可能にするため、これらの権利につき、信託財産破産との関係においては金銭債権とみなされている（破244条の8）[15]。

また、受託者が、受託者の固有財産（信託2条8項）に属する財産のみをもって履行をする責任を負う債務は（信託22条1項）、信託財産をその債務の引き当てとしていない。よって、信託財産につき破産手続が開始されても、固有財産等責任負担債務にかかる債権を有する債権者は、信託財産の破産手続においても同様に破産債権者として手続に参加することはできない（破244条の9）。

5）否認との関係　否認権との関係では、受託者等がした行為は、破産者がした行為とみなされ、これが否認の対象となる（破244条の10第1項）。

破産法は、不動産の適正価格売買につき、取引の相手が破産者の対価として取得した財物につき隠匿の意思を知っていた場合に否認を認める（破161条1項）。信託財産破産の場合、受託者等が取引の相手方である場合、取引当事者は同一人であることから、破産法における内部者の推定規定と同様に（同2条）、隠匿処分の意思を知っていたことを推定している（破244条の10第2項）。

破産法は、支払不能後の偏頗行為について否認を認める（破162条1項）。この場合、行為者が受託者等または会計監査人であるときは、破産の内部者の推定規定（破162条2項）と同様に、債権者の支払不能および支払停止に関する悪意、または破産手続開始申立てに関する推定規定を設けている（破244条の10第3項）。

詐害行為否認により目的物が破産財団に復帰する場合、相手方の反対給付は相手方に返還しなければならない（破168条1項）。この場合、破産法は、相手方が内部者である場合、隠匿処分に関する悪意を推定しているが（破168条3項）、受託者等（受託者のほか、信託財産管理者、信託財産法人管理人または信託法170条1項の管理人を指す〔破244条の4第1項〕）が相手方である場合にも、内部者としてその悪意を推定している（破244条の10第4項）。

6）破産管財人の権限　破産管財人は、通常の管理処分権のほか、信託財産の保全に関する一連の権限、すなわち受託者の権限違反行為や利益相反行為の際に受益者の有する取消権や追認権（信託27条1項2項・31条5項〜7項）を行使するほか、信託法32条4項の規定による競合行為禁止違反行為に対する介入権の行使、および各種責任追及行為（信託40条・41条・226条1項・228条1項・254条1項）、

---

[15]　なお、条解破産2版571頁以下、注釈（下）591頁以下〔深山雅也＝廣瀬正剛〕参照。

648　　第14章　相続財産や信託財産をめぐる破産

ならびに責任免除（信託42条）などの権限行使をすることができる（破244条の11第1項）。

7）破産債権者の同意による破産手続廃止の申立て　信託財産破産においては、相続財産破産の場合と同様、具体的な破産者に当たる概念は存在しない。よって、信託財産の破産について破産債権者の同意による破産手続廃止の申立て（破218条1項）は、受託者等がする（破244条の13第1項）。受託者等が数人ある時は各受託者等がすることができる（同2項）。また、同意破産手続廃止の申立てをするには、信託の変更に関する規定に従い、あらかじめ、当該信託を継続する手続をしなければならない（同3項）。これは、信託財産破産は信託の終了事由であり（信託163条7号）、信託財産の破産について同意廃止の申立てをする場合には、既に終了して清算段階にある信託をあらかじめ継続させておく必要があるからである[16]。

（3）　受託者の破産

1）信託の帰趨　信託契約の受託者が破産手続開始決定を受けても、信託自体は、原則として当然には影響を受けない。なぜならば、信託契約に基づいて受託者が管理・処分を行っている信託財産は、受託者に帰属する財産ではあるが、受託者の固有財産とは分離・独立した財産であり、また、受託者も当該財産を自己の固有財産から分別して管理することが義務づけられており（信託34条1項本文）、受託者の固有の債権者に対する責任財産ではないからである（信託23条1項）。このことを信託法25条1項は明文で規定している。ただし、信託行為において、受託者が破産手続開始決定を受けたときは信託が終了する旨の定めをしているときは、当該信託は終了する（信託163条9号）。このように、受託者が破産手続開始決定を受けたからといって、信託自体は当然には終了しない。しかし、受託者の破産は、原則としてその任務終了事由とされている（信託56条1項3号）ので、新受託者が選任されることになる（信託62条1項）[17]。これは、信託契約が受託者に対する信認関係を基礎として成立するものであるから、受託者の破産手続開始によって、信託関係の基礎にある信認関係が失われるのが通常であるとの考え方に基づくものである。ただ、受託者が破産しても、破産財団に属しない信託財産についてまで管理処分権を失うわけではないから、破産者が受託者として行った行為を絶対的に無効とする必要がないだけでなく、破産の開始をもって受託者の不適格事由とする必要はない。よって、個人たる受託者について破産手続開始によ

---

[16]　条解破産2版1580頁以下、注釈（下）604頁〔深山雅也＝桑田寛史〕。

[17]　これに対して、民事再生手続または会社更生手続の開始は、信託行為に別段の定めがない限り、受託者の任務の終了事由とはならない。

って任務が終了しない旨の定めをすれば、破産者たる受託者は、そのまま信託事務を行うことができるとされている（信託 56 条 1 項但書・同 4 項）。

2）任務終了後の受託者の責務　受託者が破産手続開始決定を受けることによって受託者の任務が終了した場合、①前受託者は受益者に対し、その旨を通知しなければならない（信託 59 条 1 項本文）。また、②前受託者は、破産管財人に対して、信託財産に属する財産の内容および所在、信託財産責任負担債務（受託者が信託財産に属する財産をもって履行する責任を負う債務〔信託 2 条 9 項参照〕）の内容その他法務省令で定める事項を通知しなければならない（信託 59 条 2 項）。①は、速やかに新受託者を選任し、信託財産の破産財団への混入を防ぐためであり、②は、破産者たる受託者の固有財産を破産管財人が誤って処分するような事態を防止するためである。

3）受託者の任務終了後の破産管財人の責務　受託者に破産手続が開始されたことにより受託者の任務が終了した場合、受託者の破産管財人は、新受託者等（受託者のほか、信託 64 条 1 項の規定により信託財産管理者が選任された場合にあっては、信託財産管理者をいう〔信託 59 条 3 項〕）が信託事務を処理することができるに至るまで、引き続き信託財産に属する財産の保管をし、かつ、信託事務の引継ぎに必要な行為をしなければならない（信託 60 条 4 項）。

新受託者が就任すると、破産管財人は、遅滞なく信託事務に関する計算を行い、受益者（受益者が現に存しない場合に、信託行為による指名または裁判所の裁判によって選任される信託管理人がいるときは、信託管理人〔信託 123 条 1 項 4 項参照〕）に対して、その承認を求めるとともに、新受託者等が信託事務の処理を行うのに必要な信託事務の引継ぎをしなければならない（信託 78 条・77 条 1 項参照）。

4）信託財産・受益債権・信託債権に与える影響　破産法 34 条 1 項によれば、破産手続開始時の一切の財産は破産財団を構成するから、原則論からいえば、信託財産も破産財団に属することになる。しかし、信託契約に基づいて受託者が管理・処分を行っている信託財産は、受託者に帰属する財産ではあるが、受託者の固有財産とは分離・独立した財産であり、また、受託者も当該財産を自己の固有の財産から分別して管理することを義務づけられており（信託 34 条 1 項本文）、受託者の責任財産からの独立性が保障されており（信託 22 条 1 項・23 条 1 項・75 条等）、受託者の固有の債権者に対する責任財産とはなっていない。そこで、信託法は、破産法 34 条の例外として、受託者が破産手続開始決定を受けた場合であっても、信託財産に属する財産は、破産財団に属しないと規定した（信託 25 条 1 項）。

受益債権（信託行為に基づいて受託者が受益者に対し負う債務であって、信託財産に属する財産の引渡し、その他の信託財産にかかる給付をすべきものにかかる債権）は、破産

手続開始前の原因に基づいて生じた破産者に対する財産上の請求権であるから、本来破産債権として扱われるべきものである（破2条5項）。しかし、受益債権は、もっぱら信託財産の運用にかかる給付を目的とするものであり（信託2条7項）、信託財産のみを引当財産とするものである（信託100条）。しかも、信託財産に属する財産は破産財団には属しないから（信託25条1項）、これは破産債権としては扱われていない（信託25条2項前段。民事再生手続および会社更生手続については、信託25条5項前段および同7項に規定がある）。

　信託債権は、受託者の固有財産も責任財産となるので、破産債権となることは明らかであるが、信託財産のみが責任財産となるもの（信託21条2項2号～4号）については、受託者の固有財産は責任財産とはならないから、限定責任信託における信託債権についても、破産債権とはならない旨が規定されている（信託25条2項後段）。なお、それ以外の通常の信託債権については、上述のように破産債権になるが、自然人たる受託者が破産手続開始決定を受け、さらに免責許可決定（破252条1項）を受けた場合には、免責の効力は、受託者の固有財産との関係で認められれば足りると考えられるから、信託法は、信託債権にかかる債務の免責については、信託財産との関係においては、免責の効力を主張することはできないと規定している（信託25条3項）。

（4）　委託者の破産

1）　信託の帰趨　信託契約の委託者が破産手続開始決定を受けても、委託者の委託にかかる信託自体は原則として当然には影響を受けない。なぜならば、信託財産は、信託契約に基づいて委託者の他の財産から分離されて受託者に移転しており、委託者の債権者に対する責任財産ではなくなっているからである。なお、委託者の破産の場合につき、信託法に特別の規定はないから、原則として破産法の規定が適用されると解される。そうすると、信託契約の期間満了前に委託者につき破産手続開始決定がなされた場合、破産管財人が、破産法53条1項に基づいて信託契約を解除するか履行を選択するかの選択権を行使することができる。もし解除を選択すれば、当該信託関係は終了することになる（信託163条8号）[18]。

---

[18]　しかし、委託者保有の資産について流動化目的で自益信託が設定され、委託者兼受益者であるオリジネーターが受益権を投資家に売却しているような事案において委託者の信託報酬支払義務と受託者の信託事務遂行義務が双方未履行であることに着目して、委託者の破産管財人が信託契約の解除（破53条1項）を主張する可能性がある。このような場合には、管財人による解除を否定すべしとの見解もみられる（小野傑「委託者破産の場合の破産管財人による信託契約に対する破産法53条1項に基づく、解除権行使の可否」グローバリゼーションの中の日本法〔西村利郎先生追悼論文集〕（商事法務・2008年）133頁）。

2）詐害信託の否認　　委託者が破産手続開始前に債権者を害する信託を設定した場合には、破産法によれば、破産管財人はその詐害信託を否認することができる（破160条1項）。しかし、信託法12条1項によれば、詐害信託によって利益を受けた受益者の全部または一部が、信託行為の当時、破産債権者を害する事実を知らなかったときは、これを否認することはできないものとされている。

　信託法は、委託者が債権者を害する信託を設定した場合について、民法424条の詐害行為取消権の信託に関する特則として、詐害行為の取消権に関する規定を置いているが（信託11条1項）、そこでは、信託財産は形式的には受託者に帰属するものの、実質的には、受益者こそが信託財産の利益享受主体であるとの理解に基づき、詐害信託によって利益を受ける受益者の全部または一部が、信託行為の当時、債権者を害すべき事実を知らなかった場合には、債権者は、信託を取り消すことができないとして、委託者の債権者の利益と受益者の利益との調整を図っている。信託法12条1項は、詐害信託についての詐害行為取消権の要件を定める同法11条1項の規律を否認権にも及ぼし、両者の平仄を合わせたものである[19]。また、信託法上、委託者が破産手続開始前に債権者を害することを知って信託を設定した場合において、受益者が、受益者としての指定を受けたことを知ったときまたは受益権を譲り受けたときに債権者を害すべき事実を知っていたときは、受託者の破産管財人は、受益者を被告として、受益権を破産財団に返還することを訴えをもって請求することができる（信託12条2項）。

（5）　受益者の破産

　受益者は、受益権を有する者をいうが（信託2条6項）、受益権とは、信託行為に基づいて受託者が受益者に対して負う債務であって、信託財産に属する財産の引渡し、その他の信託財産にかかる給付をなすべきものにかかる債権（受益債権）、およびこれを確保するために信託法の規定に基づいて受託者その他の者に対し一定の行為を求めることができる権利のことをいう（信託2条7項）。受益者は、信託契約の当事者ではないから、受益者が破産手続開始決定を受けても信託自体は、原則として影響を受けない。ただ、上述したような意味での受益権は、財産上の請求権であるから、これは、受益者の破産財団を構成する財産となる。よって、破産管財人は、当該受益権が換価可能であれば、これを適宜売却し、換価不可能であれば、裁判所の許可を得たうえで、破産財団から放棄することになる（破78条2項12号）。

---

[19]　中島548頁以下。

第15章　破産犯罪

1　破産犯罪規定の必要性

破産手続の開始前後には、経済的に行き詰まった債務者が、破産財団に属すべき財産を隠匿したり毀損したり、特定の債権者のために重要な財産を代物弁済に供したりして、破産債権者の利益を害することがある。これらの行為については、破産管財人が否認権（破160条以下）を行使して逸失した財産を取り戻す可能性はある。しかし、破産債権者の財産権を侵害する強度の違法性が認められる場合、単にこれらの行為の私法上の効果を否定するだけでなく、犯罪として刑罰を科すことによって違法行為の抑止を図る必要がある。さらに、破産者が破産手続上の義務に違反したり、破産管財人がその職務の遂行に際して不正の行為を行うこと等があれば、破産手続はとうてい円滑には進まない。よってそのような行為も、刑罰を持って抑止する必要があるのである。現行法が規定する破産犯罪は、次に述べるように、法定刑および保護法益から3種類に分類される。

2　破産犯罪の種類

①法定刑がもっとも重いのは、詐欺破産罪（破265条）と破産管財人等の特別背任罪（破267条）である。これらの罪は、総債権者の財産的利益を直接の保護法益とすることから、法定刑が重く定められている[20]。②次いで重いのが、特定の債権者に対する担保の供与等の罪と（破266条）、不正の請託のある贈収賄罪（破273条2項4項5項・274条2項）である。これらの罪の保護法益は次の③と同じであるが、不正の請託がある場合には、違法性・当罰性が単純贈収賄よりも高いといえるからである。③もっとも軽いのが、説明検査の拒絶等（破268条）、重要財産開示拒絶等（破269条）、業務および財産の状況に関する物件の隠滅等（破270条）、審尋における説明拒絶等（破271条）、破産管財人に対する職務妨害の罪（破272条）、不正な請託を含まない収賄罪（破273条1項3項）、不正な請託を含まない贈賄罪（破274条1項）、破産者に対する面会強請等（破275条）である。これらは、総債権者の財産的利益を直接の保護法益とはせず、もっぱら国家の作用としての破産手続の機能を直接の保護法益としている[21]。

3　各種の破産犯罪

（1）　詐欺破産罪（破265条。国外犯につき破276条1項。両罰規定として破277条）

---

[20]　条解破産2版1765頁。なお、伊藤3版738頁は、破産管財人等の任務違反が中核となっている点に着目し、この罪を手続的侵害罪としている。

[21]　条解破産2版1767頁。

第21講　相続財産や信託財産をめぐる破産、破産犯罪、私的整理、国際倒産　　653

破産手続開始の前後を問わず、債権者を害する目的[22]で、①債務者の財産を隠匿または毀損する行為（破265条1項1号）、②債務者の財産の譲渡または債務の負担を仮装する行為（同2号）、③債務者の財産の現状を改変して、その価格を減損する行為（同3号）、④債務者財産を債権者の不利益に処分し、または債権者に不利益な債務を債務者が負担する行為（同4号）をした者は、債務者（相続財産の破産では相続財産、信託財産の破産では信託財産）について破産手続開始の決定が確定したときは、詐欺破産罪として、10年以下の懲役もしくは1000万円以下の罰金に処し、またはこれを併科する（破265条1項前段）。また、情を知って、④の行為の相手方となった者にも、破産手続開始決定が確定したときには、同じ刑罰が科せられる(破265条1項後段)。さらに、⑤債務者について破産手続開始の決定がされ、または保全管理命令が発せられたことを認識しながら、債権者を害する目的で、破産管財人の承諾その他の正当な理由がなく、その債務者の財産を取得し、または第三者に取得させた者も同様の処罰を受ける（同条2項）。

　この罪は、破産手続の開始決定の確定が処罰要件になっているほか、所定の行為をすることにより成立するもの（いわゆる抽象的危険犯）であり、破産債権者に実害が生じる必要はない。ただ、行為者には、故意に加えて債権者を害する目的が認められることを要する。この場合の故意とは、以下の①〜⑤に列挙された行為を認識していることである。すなわち、①債務者の財産（相続財産の破産では相続財産に属する財産。信託財産の破産では信託財産に属する財産）を隠匿し、または損壊する行為（破265条1項1号）、②債務者の財産の譲渡または債務の負担を仮装する行為（同2号）、③債務者の財産の現状を改変して、その価格を減損する行為（同3号）、④債務者の財産を債権者の不利益に処分し、または債権者に不利益な債務を債務者が負担する行為（同4号）、⑤債務者について破産手続開始決定がなされ、または保全管理命令が発せられたことを認識しながら、債権者を害する目的で、破産管財人の承諾その他の正当な理由がなく、その債務者の財産を取得し、または第三者に取得させる行為（破265条2項）である。なお、詐欺破産罪の対象とな

---

[22]　旧破産法では、詐欺破産罪の目的要件として、背任罪の場合と同様に、「債権者を害する目的」がある場合のほか、「自己または他人の利益を図る目的」がある場合が処罰の対象とされていた。これに対しては、背任罪の場合は、結果として本人の財産上の利益を害したことが要件とされているのに対し、詐欺破産罪の場合はそのような要件はなく、「自己または他人の利益を図る目的」があったというだけで、総債権者の利益を害する罪としての詐欺破産罪の違法性を基礎づけることに疑問が提起されていた。そこで、現行法では、詐欺破産罪の目的要件を「債権者を害する目的」に限定した（小川361頁、条解破産2版1781頁、大コンメン1135頁以下〔髙崎秀雄〕、理論と実務37頁〔佐伯仁志〕等）。

るこれらの行為は、破産手続開始の前後を問わない。ただし、「債権者を害する目的」は、単に行為者の主観的認識もしくは意図だけでは足らず、客観的にその目的実現の可能性が存在することが必要であって、そのためには、行為時に「現実に破産手続が開始するおそれのある客観的状態」が必要であると解されている[23]。

なお、詐欺破産罪にあっては、主体についての限定はないから、自然人であれば誰でも行為主体たりうる。すなわち、債務者、法人たる債務者の取締役・使用人・従業者、債権者・取引先等の第三者、破産管財人および保全管理人のいずれも行為主体になる[24]。破産法265条1項4号の場合については、常に相手方（財産処分を受け、または債権を取得する者）が存在するが、情を知って行為の相手方になった者も同様の処罰を受ける（破265条1項本文後段）。

（2） 破産管財人等の特別背任罪（破267条。国外犯につき破276条2項）

破産管財人（破74条1項）、保全管理人（破91条1項）、破産管財人代理（破77条1項）または保全管理人代理（破95条1項）が、自己もしくは第三者の利益を図りまたは債権者に損害を与える目的で、その任務に背く行為をし、債権者に財産上の損害を与えたときは、10年以下の懲役もしくは1000万円以下の罰金に処し、またはこれを併科する（破267条1項）。旧法下では破産管財人等の収賄行為は処罰の対象とされていたが、破産管財人等の背任行為を処罰する規定はなかった。しかし、破産手続は、破産管財人等の適正な職務執行に依拠しているところが大きく、現行法上、破産管財人等に認められた裁量の幅がより大きくなっていることからすると、破産管財人等がその裁量権を逸脱することにより破産債権者等の利益を害することのないよう、裁量権の逸脱に対して抑止的効果を働かせる必要があること、破産管財人が背任行為をした場合に、刑法上の背任罪（刑247条）の適用があるかどうかは必ずしも明らかでなかったこと、さらには、破産管財人と類似の清算事務を行う株式会社の清算人にも特別背任罪（会社960条2項）の適用があることとの平仄をとる必要があることから、この破産管財人等の特別背任罪が新設された[25]。なお、この保護法益については、学説上議論がある[26]。

---

[23] 最判昭35・6・24刑集14巻8号1103頁、条解破産2版1780頁、大コンメン1134頁、1144頁〔高崎秀雄〕、理論と実務38頁〔佐伯仁志〕。

[24] 条解破産2版1774頁、大コンメン1135頁〔高崎秀雄〕、注釈（下）778頁〔大川治〕。

[25] 小川365頁参照。

[26] 保護法益に関して、①破産手続における総債権者の財産的利益の確保であるとする説（新基本コンメン634頁〔安田拓人〕、注釈（下）801頁〔大川治〕、理論と実務38頁〔佐伯仁志〕）、②破産手続の適正な遂行であるとする説（伊藤3版738頁、747頁）、③総債権者の財産的利益と国家の作用としての破産手続の機能の2つであるとする説（条解破産2版1806頁）が唱えられている。

第21講　相続財産や信託財産をめぐる破産、破産犯罪、私的整理、国際倒産　　655

この特別背任罪は、破産管財人または保全管理人が法人である場合は、破産管財人または保全管理人の職務を行う役員または職員にも適用される（破267条2項）。この罪は、抽象的危険犯ではなく、債権者に財産上の損害が発生することを要し、行為の結果として、破産財団に属する財産が減少したり、属すべき財産が増加しなかったりすることが必要である[27]。また、背任行為の相手方の共同加功行為が認められれば、その者は、身分のない共同正犯として処罰の対象となるが（刑65条1項）、通常の背任罪（刑247条）の刑が科せられる。

（3）　特定の債権者に対する担保供与等の罪（破266条。国外犯につき破276条1項。両罰規定として破277条）

　債務者（相続財産の破産にあっては相続人、相続財産の管理人または遺言執行者を、信託財産の破産にあっては受託者等を含む）が、破産手続開始の前後を問わず、特定の債権者に対する債務について、他の債権者を害する目的で、担保の供与または債務の消滅に関する行為であって債務者の義務に属せずまたはその方法もしくは時期が債務者の義務に属しないものをし、破産手続開始決定が確定したときは、5年以下の懲役もしくは500万円以下の罰金に処し、またはこれを併科する（破266条）。

　ここで対象とされているのは、いわゆる非義務的偏頗行為であり、これは、偏頗行為否認の対象とされ（破162条1項2号）、また免責不許可事由ともされているが（破252条1項3号）、ここでは、他の債権者を害する目的という主観的要素を要求した上で、刑罰の対象となるものとされている。「他の債権者」とは、総債権者の中からここでの行為の相手方となる「特定の債権者」を除いた者を意味する。「害する」とは、そのような「他の債権者」の引当てとなっている財産を減少させることにより、その権利の実現を不能または困難ならしめることをいう。当該行為が自らの義務に属しないものであることの認識があれば、故意が肯定され、自らについて現実に破産手続が開始するおそれがある客観的状態であることの認識が重なれば、主観的違法要素である他の債権者を害する目的が肯定される[28]。この場合、行為がなされたのは破産手続開始の前後を問わないが、破産手続開始決定の確定という客観的要件は必要である。

　なお、この規定については、担保供与または債務の消滅に関する行為のうち「その方法が債務者の義務に属しない」もの（対価的に均衡している代物弁済等）は、その違法性の低さに鑑み、支払不能の前30日以内の行為を例外的に否認する条文（162条2項2号）から意識的に除外されたが、否認の対象から除外された行為を刑

---

(27)　条解破産2版1811頁、大コンメン1152頁〔高崎秀雄〕、伊藤3版747頁。

(28)　伊藤3版746頁。

656　　　　第15章　破産犯罪

罰の対象とすることは疑問であるとの批判がなされている[29]。

（4）　不正の請託のある収賄罪（破273条2項4項5項。国外犯につき破276条1項）

　破産管財人、保全管理人、破産管財人代理または保全管理人代理、破産管財人または保全管理人が法人である場合には、その役員または職員が不正の請託を受けその職務に関し賄賂を収受し、または要求もしくは約束をしたときは、5年以下の懲役若しくは500万円以下の罰金に処し、またはこれを併科する。破産債権者若しくは代理委員またはこれらの者の代理人、役員もしくは職員が、債権者集会の期日における議決権の行使または書面投票による議決権の行使に関し不正の請託を受けて賄賂を収受等をしたときも同様である。

　これらの者は、破産手続の機関として、その職務遂行につき善管注意義務を負っており、公正誠実にその職務を遂行することが期待されている。これらの行為は、総債権者の財産的利益を直接の保護法益とはしていないが、これらの行為がなされると、破産手続遂行の適正性や公正性が疑われ円滑な破産手続の遂行はとうてい望めないのであり、刑罰をもって当該行為の抑制が図られている。ただ、この場合は不正の請託によってなされている場合であるから、違法性・当罰性は高いとみられ、法定刑も通常の収賄罪よりも重くなっている。なお「不正な請託」とは不正な職務行為の依頼、あるいは不正に職務行為をしないよう依頼することを指す。ここで「不正」とは、破産手続の適正かつ公正な実施に支障を与えるおそれのあるもの一切が含まれ、違法行為（ただし、手続に関する法令の形式的または軽微な違反は除かれるべきである）のほか、不当な裁量権行使も含まれる[30]。

（5）　不正な請託のある贈賄罪（破274条2項。国外犯につき破276条1項。両罰規定として破277条）

　不正な請託を受け、賄賂を供与し、または申し込みもしくは約束したときも、5年以下の懲役若しくは500万円以下の罰金に処し、またはこれを併科する。その趣旨は、不正な請託を受けた収賄の場合と同様である。

（6）　破産者等の説明及び検査の拒絶等の罪（破268条。両罰規定として破277条）

　これは、平成16年改正で拡張および強化された破産者等の説明義務（破40条・96条・230条、平成18年に244条の6が追加）の違反に対する刑事罰（破268条1項2項）と、同改正で新設された、破産管財人・保全管理人の物件検査権等（破83条・

---

[29]　条解破産2版1801頁、注釈（下）795頁〔大川治〕、基本構造と実務566頁〔山本和彦発言、松下淳一発言〕参照。なお、再生犯罪について同旨を述べるものとして、新注釈民再2版（下）627頁〔大川治〕。

[30]　条解破産2版1846頁、大コンメン1171頁〔高崎秀雄〕、注釈（下）832頁〔大川治〕、新基本コンメン642頁〔安田拓人〕等。

96条）に対する拒否罪等の刑事罰（破268条3項4項）を定めるものである。破産者をはじめとして説明義務のある者（破40条1項・230条1項。なお、破40条2項および破230条2項）が正当の理由なく説明を拒み、または虚偽の説明をしたときは、3年以下の懲役もしくは300万円以下の罰金に処し、またはこれを併科する（破268条1項2項4項）。破産者が破産管財人による検査（破83条1項）を拒んだ場合等も同様である（破268条3項4項）。破産手続を適正かつ迅速に進めるためには、破産管財人や債権者集会等が破産に関する情報を収集できるようにする必要があり、そのために、破産法は、破産者等の関係者に説明義務や検査受忍義務を課している。そこで、これらの義務違反に対して刑罰を科することにより、これらの義務の履行を確保しようとするものである。この規定は、国家作用としての破産手続の適正な遂行を保護法益とする手続的侵害罪と解される[31]。ここでの説明義務および検査等の権限は、破産手続開始の決定または保全管理命令に基づいて発生するものであるから、この後の行為のみが処罰の対象となる。

（7）　重要財産開示拒絶等の罪（破269条。両罰規定として破277条）

　破産者（信託財産の破産にあっては受託者等）は、その所有する財産の内容を記載した書面を裁判所に提出することを義務づけられているが（破41条・244条の6第4項）、その書面の提出を拒み、または虚偽の書面を裁判所に提出したときは、3年以下の懲役もしくは300万円以下の罰金に処し、またはこれを併科する（破269条）。破産管財人が破産手続を円滑に進めるためには、破産的清算の基礎となる破産者の財産の状況が明らかになっている必要がある。そのための制度として、破産法は、破産者に対していわゆる重要財産開示義務を課した（破41条）。よって、破産者がこの義務に違反して、財産開示の書面の提出を拒み、または虚偽の書面を裁判所に提出したような場合に、これに刑罰を科すことによって、この開示義務の実効性を高めようとするものである。

　ここでは犯罪の主体は破産者であるが、両罰規定が適用されているので、破産者・受託者等が法人である場合の代表者、代理人、使用人その他の従業者が、破産者の業務または財産に関し書面の提出を拒み、または虚偽の書面を提出したときには、この行為者と共に、破産者・受託者等も処罰の対象となる。

（8）　業務および財産の状況に関する物件の隠滅等の罪（破270条。国外犯につき破276条1項。両罰規定として破277条）

　破産手続開始の前後を問わず、債権者を害する目的で、債務者の業務および財産（相続財産の破産にあっては、相続財産に属する財産、信託財産の破産にあっては、信託

---

(31)　条解破産2版1816頁、注釈（下）808頁〔大川治〕。

財産に属する財産）の状況に関する帳簿、書類その他の物件を隠滅し、偽造し、または変造した者は、債務者（相続財産の破産にあっては、相続財産、信託財産の破産にあっては、信託財産）について破産手続開始決定が確定したときは、3年以下の懲役もしくは300万円以下の罰金に処し、またはこれを併科する（破270条前段）。また、破産法155条2項の規定によって閉鎖された破産財団に関する帳簿を隠滅し、偽造し、または変造した者も、同様とする（同後段）。

ここでも、行為の時期は、破産手続開始の前後を問わないが、詐欺破産罪のところで述べたように、行為時に、現実に破産手続が開始するおそれのある客観的な状態が必要であると解すべきであろう。

（9）　審尋における説明拒絶等の罪（破271条。両罰規定として破277条）

債務者が、破産手続開始申立て（債務者以外の者がしたものを除く）または免責許可の申立てについての審尋（破13条、民訴87条2項・187条）において、裁判所が求めた事項について説明を拒み、または虚偽の説明をしたときは、3年以下の懲役もしくは300万円以下の罰金に処し、またはこれを併科する（破271条）。破産手続開始の申立てがなされてから開始決定までの段階や、同時破産手続廃止決定、および免責許可申立てがなされた後これについての判断がなされる前の段階においては、破産管財人による調査は行われないため、これらの申立てについての裁判は、主として債務者自身の申立内容を基礎として行われることになる。にもかかわらず、債務者が審尋において必要な情報を提供せず、または虚偽の情報を提供することを許すと、不確かな情報に基づき同時破産手続廃止の決定や免責許可の決定がなされる可能性があり、それによって債権者に重大な不利益が生じるおそれがある。したがって、そのような債務者の行為に対して刑罰を科すことによって、破産手続の適正な遂行を確保しようとするものである。ここでいう説明義務は、同時破産手続廃止決定によって破産管財人が選任されずに破産手続が終了し、免責審理手続が開始されるときにも処罰の対象となる[32]。

（10）　破産管財人等に対する職務妨害の罪（破272条。国外犯につき破276条1項。両罰規定として破277条）

偽計または威力を用いて、破産管財人、保全管理人、破産管財人代理または保全管理人代理の職務を妨害した者は、3年以下の懲役もしくは300万円以下の罰金に処し、またはこれを併科する（破272条）。破産管財人等の職務に対して妨害行為をすることは、業務妨害罪（刑233条・234条）として処罰の対象となりうるが、破産手続の適正な進行は、破産管財人等の職務にかかっており、その妨害に

---

(32)　伊藤3版749頁。

対して特別の刑事罰を科するのが適当であるとの判断に基づいて、現行破産法によって創設されたものである。

(11) 贈収賄罪（破273条・274条。国外犯につき破276条1項2項3項。両罰規定として破277条）

破産管財人、保全管理人、破産管財人代理または保全管理人代理（破産管財人等と呼ぶ）が、その職務に関し、賄賂を収受し、またはその要求もしくは約束をしたときは、3年以下の懲役もしくは300万円の以下の罰金に処し、またはこれを併科する（破273条1項）。これは、（4）（5）の場合と異なり、不正の請託がない場合であるから、それらの場合に比べて法定刑が軽くなっている。

(12) 破産者等に対する面会強請等の罪（破275条。両罰規定として破277条）

個人である破産者（相続財産の破産にあっては、相続人）またはその親族その他の者に破産債権（免責手続の終了後にあっては、非免責債権に限る）を弁済させ、または破産債権について破産者の親族その他の者に保証させる目的で、破産者またはその親族その他の者に対し、面会を強請し、または強談威迫の行為をした者は、3年以下の懲役もしくは300万円以下の罰金に処し、またはこれを併科する（破275条）。

面会強請とは、相手の意思に反して面会を要求する行為、強談とは、相手に対して言語をもって強いて自己の要求に応じるよう迫る行為、威迫とは、相手に対して言語、動作をもって気勢を示し、不安、困惑を生じさせる行為を意味する[33]。破産債権者は、破産手続中は個別的権利の行使を禁じられているが、それにもかかわらず面会を強請するなどの実力によって、破産者やその関係者から弁済や保証を求める行為を処罰の対象とし、破産者の経済的再生を妨げる行為を排除するために、現行法が新設した破産犯罪の類型である[34]。

---

[33] 小川368頁、注釈（下）839頁以下〔大川治〕等参照。

[34] 伊藤3版751頁。なお、保護法益として、このような個人債務者の経済生活の再生の機会を与えることと同時に、個人である破産者およびその親族その他の者の私生活の平穏ないし自由という個人的法益をも保護法益としているとする見解が有力に唱えられている。この見解は、破産手続における債権者平等原則が法的に及ばない場面（破産者による自由財産からの任意弁済、親族その他の者による第三者弁済）における実力行使をも処罰対象とすること、法人である破産者を保護対象としていないことを根拠とする（条解破産2版1852頁以下、基本構造と実務569頁〔佐伯仁志発言〕）。

第16章 私的整理

1 私的整理の意義

　私的整理（任意整理）とは、債務者と債権者との自治的な協議に基づいて、裁判所外で、債務者の倒産事件を処理する手続（またはその結果としての関係者間の合意）をいう[35]。私的整理については本書第1章2(3)も参照のこと。

　統計[36]をみると、負債1000万円以上を抱えて倒産手続（法的手続と私的整理手続を含む)）に入った企業は、2010年度が1万3321件、2011年度が1万2734件、2012年度が1万2124件、2013年度が1万855件、2014年度が9731件、2015年度が8812件と、ここ6年間連続して減少している。また、法的手続（民事再生、会社更生、破産、特別清算）で処理されたものの割合は、2013年度が84.9%、2014年度が86.5%、2015年度が88.3%と、現在では、多くの事件が法的手続で処理されており、その分、倒産処理手続全体に占める私的整理の割合は減少しているといえる。

　しかし、統計に表れない倒産事件について私的整理が行われている可能性もあり、また個々の事情から倒産事件を法的整理で処理することが必ずしも妥当とはいえない場合もあるであろう。また、企業等のある程度の規模以上の倒産事件においても、関係人間の合意による処理自体を排斥すべきではない。このように考えれば、たしかに企業倒産においては、多くが法的手続で処理されているとはいえるが、私的整理手続の必要性は依然としてあるであろう（後述のように、現在では

---

(35)　私的倒産処理の手続としては、大きく二つの種類に分けることができる。一つは、当事者の相対（あいたい）の契約によって処理する方式であり、これは結局、個々の関係者間の個別的和解契約によって処理する方式である。これは私的整理ないし任意整理と呼ばれるものであり、債権者と債務者との自治的な協議に基づいて裁判所外で、倒産事件を処理するものである。他の一つは、債務者が裁判所ないし裁判所外で、中立的かつ公正な第三者の関与の下に、債権者と共に、企業のための再生計画を策定し、または債務の整理を合意する手続である。前者では近時、私的整理ガイドライン【資料12】に則った再建型倒産処理が注目を集めている。そして後者に属するものとして、いわゆる事業再生ADRといわれるものが注目を集めている。これらに関しては、拙稿「近時における私的倒産処理手法の可能性」慶應法学17号63頁以下参照。ただ、私的整理でかつて一般的であった事業清算型私的整理は、ほとんどその姿を消し、現在は、事業再生型私的整理と個人の経済生活を再生するための私的整理が広く行われている（伊藤3版45頁）。

(36)　民間データバンクである株式会社東京商工リサーチのホームページ（http://www.tsr-net.co.jp/news/status/）による。

第21講　相続財産や信託財産をめぐる破産、破産犯罪、私的整理、国際倒産　　*661*

法的手続によらない様々な倒産処理が行なわれている）。また、個人の倒産事件の処理
は、現在でも、弁護士の介入通知により、弁護士を中心として、相当数が私的整
理によって処理されていると考えられ、この点からも私的整理の重要性は肯定で
きる。ただ、重要なことは、私的整理にあっては、法的整理の中で示される手続
的および実体的準則が、関係人自身の努力によって、可能な限り私的整理の中に
反映され、公正・公平の見地からみて社会的に正当と評価されるような手続が形
成されつつあるということである。

2　私的整理の長所と短所

（1）　私的整理の長所[37]

　私的整理を法的整理手続と比較した場合、一般的には以下の点が指摘される。

　1）簡易・迅速・廉価性　　破産手続など法的整理の場合には、申立てから管
財人の選任、債権届出、債権調査、確定、債権者集会における決議、裁判所の認
可、終結といった一連の法的手続を経由することが要求される。その点、私的整
理は、法的規制を受けず、裁判所にも関与を求めない手続であるから、たとえば、
裁判所への予納金の納付や管財人等の報酬も不要となるため、必要な出費も、法
的手続に比べて、比較的少額に留めることが可能になる。また大口債権者の合意
を取り付けることができれば、その他の債権者の合意も得やすいため、簡易な処
理が可能となる。財産の換価や債権の調査等についても、関係者の合意の上で簡
便な方法をとることができる。また簡易な処理によって、迅速な解決が得られる。
たとえば、事実上倒産した債務者に対し、その日のうちに債権者が集合し、債務
者の現に所有する財産を即日換金し、ただちに配当すれば、倒産処理は、申立て
から配当まで1日で完了する。このような例は極端であるにしても、数ヶ月で終
了するものも少なくないといわれる。その分、債権者の配当額も増加するという
ことになる。

　しかし最近では、法人少額管財手続（13章4）の導入などもあり、法的整理手続
の進行が簡易・迅速・低廉になってきたため、これらの私的整理手続が有すると
されていたメリットは相対的に希薄になっている。このことは、上述のように、
最近では企業倒産の9割近くが法的手続によって処理されていることからも裏付
けられるであろう。

　2）柔軟性　　私的整理は、債務者と債権者の私的な合意によって進める手
続であるから、大口債権者を中心とした合意内容に弾力的な内容を盛ることがで
きるため、形式的平等主義から実質的平等主義によって処理することができる。

---

(37)　これに関し、全書2版（下）2頁以下〔信國篤慶〕も参照のこと。

たとえば、私的整理ガイドラインなどの私的整理手続の基本的コンセプトは、金融債権者の債権のみに負担を課し、取引債権者の債権には影響を及ぼさないというものである[38]が、これは、公正・公平を旨とする法的処理手続ではとりにくい手法であろう。

3）密行性と高配当　破産や民事再生手続の開始は、官報に掲載して公告されるほか、新聞紙上に掲載されることもあり、債務者の経済的破綻が広く世間に知られることになり、そのことが債務者自身の早期の経済的再生の妨げになるし、債権者にとって大口取引先であった債務者の倒産による経済的不安は、連鎖倒産を警戒して取引を萎縮させ、さらに倒産に拍車をかける結果にもなる。また、新聞紙への掲載は、無関係な第三者をしていたずらに不況感を煽り、ために取引経済社会における活気を沈滞させ、景気の進展を阻害する要因ともなる。

この点、私的整理では、倒産前に債務整理を実行するときは、大口債権者等の、債務免除等の協力を要請される利害関係人等のみに影響を及ぼすだけで、その他の多数の利害関係人への波及を最小限度に押さえることができる。また、倒産後であっても私的整理手続の進行を担当する弁護士等が大口債権者を中心として債務免除、財産の換価、債務者企業のリストラ等を行うことにより、多数の一般債権者に対してできる限り多額の弁済をすることが可能となる。

4）法的倒産処理手続の障碍の回避　賃借店舗における営業の譲渡代金を債権者に対する主要な配当財源として見込んでいるような場合、法的倒産処理手続が開始すると、その賃借権の譲渡は極めて困難になるが、私的整理ではこれを回避することができる。また、倒産前に債務整理を実行するときは、大口債権者等債務免除等の協力を要請される利害関係人に対してのみ影響を及ぼすだけであり、その他の多数の利害関係人への波及を最小限度に押さえることが可能になる。

5）少額管財事件としては受理されない場合のカバー　未処理の不動産が多数にのぼる等、破産管財人の事務が多量に及ぶ場合には、そのままでは、裁判

---

[38]　私的整理ガイドラインでは「『対象債権者』とは、再建計画が成立したとすれば、それにより権利を変更されることが予定されている債権者であって、主要債権者も対象債権者に含まれます。また、既存の債権者から債権の譲渡を受けたサービサーやファンドといった金融債権者なども、当然に含まれます」とされている（私的整理ガイドラインQ&A8）。また「一般の商取引債権者を対象債権者とした場合、商取引の縮小を通じ損失回避を図る結果、当該債務者の債権に著しい支障が生じることも十分に考えられます。事業基盤の毀損を回避し、回収額の極大化を図るという私的整理に関するガイドラインの趣旨に鑑みれば、通常の小口の商取引債権者はもとより、一般的な商取引債権者を対象債権者にすることは、通常適切でないと考えられます。」とされている（私的整理ガイドラインQ&A17）。

所が少額管財事件手続での事件処理を拒絶することがある。このようなケースでは、裁判所に対し通常管財事件としての予納金を支払うことができないのであれば、管財人が少額管財事件として処理できるような適正な事務量になるまで私的整理を行った後に、少額管財手続の申立てをすることにより、事件が受理される可能性が出てくる。

（2）　私的整理の短所[39]

1）手続の成功不成功が進行担当者の力量にかかってくること　　私的整理においては、法的手続のように、法律上一定の資格を有する者が手続の遂行をしそれに対して裁判所が監督するといった規律があるわけではないから、倒産法の基本理念である債権者の公平・平等・債権者保護といった事柄を実現できるか否かは、手続進行担当者の力量に大きく左右されるとされていた。ただ、近時では、事業再生 ADR の一環として、進行担当者として、株式会社地域経済活性化支援機構、特定認証紛争解決事業者として認定された、事業再生実務家協会などが活用されており、その信頼性、公正性については高いものがあるといえよう。

2）任意性 ── 契約自由の原則の支配　　私的整理は契約自由が妥当する領域であり、何人も手続に参加することを強制されないし、また、その権利の内容は多数債権者の投票によって左右されるものでもない[40]。この任意性が、一部の非協力的な債権者がいる場合には倒産処理全体を頓挫させてしまうことがある。

3）手続化しない取扱いがなされること　　私的整理も債権者と債務者の利害を調整するものであるから、1つの手続に違いないが、その進行が手続化していないために、当該倒産処理が公正性を有するか否かは、その進行担当者が、倒産法の基本理念である債権者の公平・平等、債権者の保護を実践するか否かにかかっている。すなわち、手続がうまくいくか否かは、手続進行者の力量にかかっているのであり、誰がやっても一定の成果が得られるという保障はない[41]。

4）関係人が不正の行為をする可能性があること　　私的整理手続には、法的規制が働かないから、不正の入り込む余地がある。たとえば、債権者委員会のメンバーや同委員長等が、私利私欲により、その地位を利用して、債権者に分配

---

[39]　これに関し、全書2版（下）3頁以下〔信國篤慶〕も参照のこと。

[40]　最判昭 51・11・1 金法 813 号 39 頁〔百選 4 版 101 事件〕は、「内整理のために債権者集会において選任された委員によって組織された債権者委員会における議決は、同委員会の権限の内容および議決要件等について何らの取決めもなされていない以上、その表決に加わらなかった委員を拘束することはできない」と述べている。

[41]　近時では、私的整理については、「私的整理に関するガイドライン」等に見られるように、手続準則がかなり確立してきており、この点に関しては、状況がかなり変わってきたといえるであろう。

すべき財産から不当な利益を得たり、債権者も不当に高額な権利行使を行うおそれがある。また、債務者についても、財産隠匿のおそれがあるといった諸点が指摘されている。

5）債権者を害するような債務者の行為の効力を規制する手段がない　債務者が、破綻が顕在化する直前に、運転資金を得る目的で不動産の廉価売却をしたり、特定債権者のみに不公平な弁済・担保供与をしたりすると、破産手続や民事再生手続等においては否認権が行使され、このような行為の効力は否定されるが、私的整理では、せいぜい詐害行為取消権（民424条）の行使ができる程度である。また、私的整理開始後の偏頗弁済についても同様である[42]。

6）公明正大な情報開示がなされないおそれ　手続の経過や内容が利害関係人に開示されなければならないはずであるにも拘わらず、私的整理手続担当者が、たとえ整理債務を適正に執行していても、法的整理手続のような情報開示に関する規定がないために、開示されない危険がある。

3　私的整理の法律構成

（1）　債務者・債権者・債権者委員長の関係

従来、私的整理の法律構成としては、債務者と債権者との間の個別的和解契約または総債権者との間の集団的和解契約であると解されてきた。たしかに、私的整理においては多数決によって権利変更を行う可能性がなく、債権者・債務者間の合意に基づいてのみ期限の猶予や債権の減額・免除を行えるのであるから、これらの法律効果の根拠となる合意の性質を和解契約に求めることは正当である。

しかし、和解契約は私的整理の内容たる合意についての法律構成ではあっても、私的整理の手続全体の法律構成といえるわけではない。よって近時の議論としては、信託法理を利用して説明する見解が有力となっている[43]。この考え方によると、倒産処理（清算ないし再建）を委託する債務者が委託者、これを引き受ける債権者委員長などが受託者、倒産処理によって利益を受ける債権者が受益者となる。

---

[42]　最判昭47・5・1金法651号24頁は、私的整理が失敗し破産に移行した場合、私的整理段階での弁済を否認できるものとした。この場合、近時では、私的整理において、債務者ないし主要な債権者との連名で、債権者に対し権利行使等の一時停止の要請がなされることがある。したがって、否認権行使の前提として、これが支払停止になるかという問題がある。これについては、伊藤3版49頁以下が詳しい。

[43]　宮川・構想420頁以下、伊藤2版40頁以下等。なお、高木新二郎＝中村清『私的整理の実務』（きんざい・1998年）209頁以下〔中村清〕は、それぞれの具体的事案によって判断されるべきものであり、特に清算型の私的整理と再建型の私的整理では債権者委員会、ないし債権者委員長の職務内容も大きく異なるのが実情である。したがってこれを一義的に決定することは困難でもあり、また適切でないとする。

すなわち、債務者が債権者委員長などに対して、受益者たる総債権者のために公平な配当をすることを目的として、その財産の管理処分権を与えることによって、私的整理信託が成立することになる。したがって、債務者がその財産の一部を隠匿して整理を委託する場合には、詐害行為として、債権者は、民法424条1項または信託法11条1項に基づいて私的整理信託を取り消すことができる。

　受託者たる債権者委員長（弁護士などの第三者が受託者になる場合をも含む）の義務は、基本的には、信託事務遂行義務（信託29条1項）、善管注意義務（同2項本文参照）、および忠実義務（同30条参照）とに分けられる。忠実義務の内容としては、債権者に対する公平な配当などを含む公正な倒産処理の実施という、信託目的にしたがった財産の管理義務が債権者委員長に課せられ、整理に当たって自らの利益を図るなど、これと反する行為をしてはならないということである。また、善管注意義務の内容としては、債権者への配当に宛てるべき財産の散逸を防ぐこと、およびできるかぎり迅速に配当を実施することなどがあげられる。たとえば、倒産前後の混乱期には、抜け駆け的に自力で商品などを引き揚げようとする債権者の自力救済行為が見られることがままあるが、債権者委員長としては、一般債権者による自力救済を防止するのはもちろん、担保権者の場合であっても被担保債権額と担保目的物の価額を調査するなどの方策をとり、自力救済によって他の債権者に損害が発生しないように注意しなければならない。また、債権者委員長の手続費用償還請求権や報酬請求権は、一般的には共益費用として一般の債権者に対する配当に優先して支払われるのが慣行であるが、問題は、手続が破産に移行したときに、これらの債権は破産債権にしかならないのか、それとも民事再生法252条6項などを類推して財団債権として扱われるべきか、ということである。これにつき、私的整理から破産への移行を円滑にするために、民事再生法252条6項の類推または、破産法148条1項2号の拡張によって、少なくとも合理的な範囲でこれらの債権を財団債権とすべきであるとの見解が唱えられている[44]。

（2）　債権者会議の決議の拘束力

　私的整理が、関係人の自発的意思に基づくものである以上、関係人は、会議に参加することを強制されないし、また、会議の議決自体は、不参加者や決議に反対した者に対しては拘束力を持たない[45]。よって、不参加・不同意債権者は、破産など法的整理の申立てをすることによって私的整理を覆しうるし、不参加・不同意債権者は、債務免除など整理契約による権利変更を受けることはない[46]。

---

(44)　伊藤2版41頁。

(45)　最判昭51・11・1金法813号39頁〔百選4版101事件〕。

(46)　もっとも、不参加債権者等による破産手続開始申立てに対しては、参加債権者側で民

債権者会議における権利変更の決議は、債務者と債権者との間の集団的合意として、決議に参加し、積極的に賛成しまたは異議を述べない債権者については実体法上の効力を生じるが、現在の実務慣行では、その効力を確実にするために、配当に当たって、個々の債権者から債権放棄についての同意書を徴収しているとのことである[47]。

　これに対し、債権者会議に参加せず、配当も受け取っていない債権者について免除の効力を及ぼす可能性は、権利濫用など例外的な場合を除けば考えられない。ただ、両者の中間として、免除の決議に参加し、かつ、異議を述べることなく配当も受領したが、債権放棄の同意書を提出しなかった債権者については、決議自体が集団的合意として権利変更の効力を認められる以上、免除の効力を認めるべきだとする説が有力である。私的整理で債務免除がなされた場合、破産・民事再生・会社更生と同様に、免除の効果は保証人の責任に影響しない（破253条2項、民再177条2項、会更203条2項）といえるかという問題がある。これらの規定が、倒産の場合にこそ債権担保が必要である旨を法文化したものであると解すれば、倒産手続が、法的手続であろうと私的整理手続きであろうと異なるところはないということになろう。

　なお、このような相対（あいたい）の契約によって倒産事件を処理するいわゆる私的整理の手続のうち、近時では、再建型倒産処理手続として、私的整理に関するガイドラインに従った倒産処理手続が注目を集めている。

4　私的整理に関するガイドラインに従った私的整理[48]（【資料12】）

　私的整理手続に関して重要な意味を有するものとして、「私的整理に関するガイドライン」があげられる。

（1）　私的整理に関するガイドラインの制定とその背景

　1997年の三洋証券、山一証券、北海道拓殖銀行の大手金融機関の相次ぐ破綻を受けて、預金保険法が改正され、翌1998年に「金融機能の再生のための緊急措置に関する法律（金融再生法）」が制定され、これによって日本長期信用銀行等の破綻処理がなされた。これを機に、金融機関の不良債権処理の促進と企業の過剰債務の解消が緊急の課題とされ、1999年4月に株式会社整理回収機構（RCC）が設

　事再生手続開始申立てによって対抗し、整理計画の内容が再生計画として実現する可能性があるし、また、破産手続開始申立て自体が権利濫用として却下される可能性もある。

(47)　高木＝中村・前掲125頁以下〔高木新二郎〕。

(48)　これについては、田中亀雄＝土屋章＝多比羅誠＝須藤英章＝宮川勝之『私的整理ガイドラインの実務』（きんざい・2007年）が詳しい。なお、拙稿・前掲慶應法学17号68頁以下参照。

立された。そして政府は、2001年4月に緊急経済対策を発表し、その中で「企業の再建の円滑化」が掲げられ、それを受けて、同年6月に「私的整理に関するガイドライン研究会（座長・高木新二郎）」が発足した。そこでの検討を経て、2001年9月19日に、「私的整理に関するガイドライン」が採択・公表された[49]。

このガイドラインは、ガイドラインの定める要件を備えた私的整理を公正かつ迅速に行うための準則であり、金融界と産業界を代表する者が中立公平な学識経験者などと共に協議を重ねて策定したものであって、法的拘束力はないものの、金融機関等である主要債権者および対象債権者、企業である債務者、ならびにその他の利害関係人によって、自発的に尊重され遵守されることが期待されている（ガイドライン2項(1)）。これまで、本ガイドラインを直接に適用した事件数はそれほど多くはないが[50]、株主・経営者責任や再建計画案の基本要件を明確にする等、いわば法的整理に準ずる透明な手続モデルを示した意味は大きい。現に、後述の株式会社地域経済活性化支援機構による再生手続や、事業再生ADRの手続などは、多かれ少なかれ私的整理ガイドラインの基本的コンセプトを承継しており、手続自体も類似してる。

（2）　ガイドラインの基本的スキーム

1）　対象となる私的整理　　会社更生法や民事再生法などの法的整理手続によったのでは事業価値が著しく毀損されて再建に支障を生ずるおそれがあり、私

---

[49]　英国では1990年代の後半から不文律の準則であるロンドン・アプローチに基づいて金融機関債権者の間でアウト・オブ・コート・ワークアウト（私的整理）が行われていたが、2000年10月に倒産実務家国際協会（INSOL International〔International Association of Restructuring, Insolvency & Bankruptcy Professionals〕）は、これを整理してINSOL8原則を策定し、その採用を呼びかけた。私的整理ガイドラインは、このロンドン・アプローチとINSOL8原則に範をとったものである（田中ほか・前掲ガイドライン2頁以下）。なお私的ガイドラインの手続の流れについては、【資料12】を参照。

[50]　山本入門第4版25頁によれば、施行後1年で6件、2005年3月末までで18件である。なお、この利用の少なさは、実質的債務超過解消・黒字転換の3年以内の達成、支配株主の権利消滅・経営者の退陣、債権者全員一致の必要性などガイドラインの要件の厳格さによるものとの批判があった。そこで、私的ガイドラインの運用に関する検討結果が公表された（私的整理に関するガイドライン実務研究会「『私的整理に関するガイドライン』運用に関する検討結果」NBL749号51頁）。なお、全書2版（下）54頁以下、特に56頁〔稲生隆浩〕は、ガイドラインは制定後2006年ころまでは一定の利用件数があったが、徐々に利用件数は減少していった。その理由として、①ガイドラインは主要債権者（メインバンク）との連名で申請するため、メインバンクが存在しない債務者はガイドラインを利用できないこと、②メインバンクが存在する場合でも、ガイドラインを利用した場合、いわゆる「メイン寄せ」という他の債権者からメインバンクのみに負担を求める現象が生じやすかったため、メインバンクが抵抗感をもったということをあげる。

的整理によった方が債権者と債務者の双方にとって経済合理性がある場合に限って適用される（ガイドライン1項(2)、3項(3)(4)）。対象者となる企業は、過剰債務を主因として経営困難な状況に陥っていて自力による再建は困難であるが、事業価値があり、重要な事業部門で営業利益を計上しているなど債権者の支援により再建の可能性があることが必要である（ガ3項(1)(2)）。

　2）　金融債権者による支援　　私的整理ガイドラインによる手続は、多数の金融機関等が主要債権者または対象債権者として関わり、債務の減免・支払い猶予などの協力が求められる手続であり（ガ1項(1)(3)）、商取引債権については原則として手続の影響を受けることはなく、約定通りの弁済が継続される。

　3）　公正衡平と透明性の重視　　ガイドライン手続は公正衡平を旨とし、透明性が尊重される（ガ2項(5)）。

（3）　ガイドラインによる処理

　私的整理ガイドラインによる処理は以下のような流れで行われる（【資料12】）。①過剰債務を主因として経営困難な状況に陥っており、自力による再建が困難な企業が、主要債権者（通常は、いわゆるメインバンク）に対し、再建計画案を添付してこのガイドラインによる私的整理を申し出る。②申出を受けた主要債権者は、(a) 債務者にガイドライン3項に規定する申立て資格があるか否か、(b) 再建計画案につき対象債権者の同意を得られる見込みがあるかどうか、(c) 再建計画案の実行可能性があるかどうか、について検討する。③主要債権者が、提出された資料を精査した上で提案が妥当であるとの結論に至ったときは、主要債権者と債務者の連名で、対象債権者全員に一時停止の通知を発する。④主要債権者は債務者との連名で、一時停止の通知を発した日から2週間以内の日を開催日とする第1回債権者会議を招集する（ガ5項(1)）。⑤第1回債権者会議では、債務者による資産・負債と損益状況、再建計画案の内容等について説明を受け、出席した対象債権者間における意見交換を行うほか、一時停止の期間や、第2回債権者会議の開催日時場所、債権者委員会設置の有無等を決定する。⑥第2回債権者会議では、再建計画案の相当性と実行可能性などについての調査結果の報告を聞き、対象債権者が書面により再建計画案に対する同意不同意を表明すべき期限を定める（ガ8項(2)(3)）。⑦対象債権者全員が再建計画案に同意する旨の書面を提出した時に再建計画は成立し、債務者は再建計画を実行する義務を負担し、対象債権者の権利は、成立した再建計画の定めに従って変更され、対象債権者は、猶予・減免など再建計画の定めに従った処理をする（ガ8項(4)）。⑧債務者は対象債権者に対し、再建計画の定めに従って、その成立後に定期に開催される債権者会議などにおいて、再建計画の実施状況を報告しなければならない（ガ9(2)）。

第21講　相続財産や信託財産をめぐる破産、破産犯罪、私的整理、国際倒産　　　　669

5 特定調停による私的整理の進め方 ── 司法型（【資料9】）[51]

この手続は「特定債務等の調整の促進のための特定調停に関する法律（平成11年法律第158号）」に規定されている。特定調停手続は民事調停手続の一種であるが、特定調停手続にあっては、通常の民事調停手続に対して、支払不能に陥るおそれのある者のみを経済的に再生させる点において違いがある。その点ではこの手続は倒産処理手続の一種として位置づけられるものとなっている。それに対応して、特定調停法は、1人の裁判官（調停主任）と通常2名の民間人（民事調停委員）からなる調停委員会の調査権能および決定権能の強化と、大量処理の可能性を規定している。たとえば、調停委員会は事実関係を職権で調査することができ、また、当事者間に有効な合意を得ることが困難であるか、あるいは、不可能であるような場合には、処理のための決定をなすことができる。もちろん、その決定は当事者が異議を述べたときはその効力を失う（特定調停18条・22条、民調17条）。さらには、一定の場合には、特定調停事件が係属する裁判所は、民事執行手続の停止を命じることもできる（特定調停7条）。

一般的にいえば、特定調停制度は、その司法連結型という手続の特質が、かなりうまく機能しているように思える。なぜならば、わが国においては、裁判所は国民から高い信頼を勝ち得ており、調停委員会による倒産処理提案は、裁判所への信頼を背景として、当事者によって妥当なものとして受け入れられているように思われるからである。とくに、東京におけるように、倒産処理の裁判体がこの手続を遂行するシステムの下では、人はこの手続を法的手続に連続する手続として、公正・衡平なものと理解することができるであろう。

6 中小企業再生支援協議会による事業再生ADR ── 行政型[52]

中小企業再生支援協議会は、中小企業者からの事業の再生に向けた取り組みの相談を受け、課題の解決に向けた適切な助言、支援施策・支援機関の紹介を行う（第一次対応）。

さらに第二次対応として、専門家による再生計画策定支援を行う。①支援対象は、以下の要件を充たす中小企業者である。ⓐ財務内容の悪化、生産性の低下等が生じ、経営に支障が生じているか、または生じる懸念のあること。ⓑ再生の対象となる事業に収益性や将来性など事業価値があり、関係者の支援により再生可能性があること。ⓒ過剰債務を主因として経営困難な状況にあり、自力による再生が困難であること。ⓓ法的整理を申し立てることにより信用力が低下し、再生に支障が生じるおそれがあること。ⓔ法的整理手続によるよりも多い回収を得ら

---

(51) 三上・前掲・慶應法学17号77頁以下参照。

(52) 中小企業再生支援協議会事業実施基本要綱（中小企業庁ホームページ参照）

れるなど、対象債権者にとっても経済合理性があることである。

　②再生計画策定支援を行うことが決定した場合は、ⓐ統括責任者や統括責任者補佐から構成される個別支援チームを編成し、再生計画の策定支援を行う。なお、必要に応じて、弁護士、公認会計士または税理士等の外部専門家を含めることができる。ⓑ再生計画案は、相談企業の自助努力が十分に反映されたものであると共に、企業の概況、財務状況の推移、経営が困難になった原因、事業再構築計画の具体的内容、今後の事業見通し、財務状況の今後の見通し、資金繰りの計画、債務弁済計画、金融支援を要請する場合はその内容を含むものとする。ⓒ実質的に債務超過である場合は、再生計画成立後最初に到来する事業年度開始の日から5年以内を目処に実質的な債務超過を解消する内容とする。ⓓ経常利益が赤字である場合は、再生計画成立後最初に到来する事業年度開始の日から概ね3年以内を目処に黒字に転換する内容とする。また、再生計画の終了年度における有利子負債の対キャッシュフロー比率が概ね10倍以下となる内容とする。ⓔ対象債権者に対して金融支援を要請する場合には、経営者責任の明確化を図る内容とする。ⓕ金融支援の内容として債権放棄等を要請する場合には、株主責任の明確化も盛り込んだ内容とする。ⓖ再生計画案における権利関係の調整は、債権者間で平等であることを旨とし、債権者間の負担割合については衡平性の観点から、個別的に検討する。ⓗ債権放棄等を要請する内容を含む再生計画案である場合にあっては、破産手続による債権額の回収の見込みよりも多くの回収を得られる見込みが確実であるなど、対象債権者にとって経済的な合理性が期待できることを内容とする。

　③再生計画案が作成された後、ⓐ統括責任者は、再生計画案の相当性および実行可能性を調査し、調査報告書を対象債権者に提出する。ⓑすべての対象債権者による債権者会議を開催し、意見交換をしたうえで、再生計画案に対する同意不同意の意見を表明する期限を定める。ⓒ対象債権者のすべてが再生計画に同意し、その旨を文書等により確認した時点で再生計画は成立する。

　④再生計画策定支援は、ⓐ再生計画が成立した時点で完了する。ⓑ第二次対応開始から再生計画策定支援の完了までは原則として2か月とする。ⓒ再生計画策定支援を開始した後、再生計画の作成を断念した場合、再生計画についてすべての対象債権者の同意を得られる見込みがない場合、再生計画についてすべての対象債権者の同意を得られなかった場合など、再生計画策定支援が完了しないことが明らかになったときは、相談企業に対して再生計画策定支援の終了を通知すると共に、第二次対応終了報告書を作成し、各経済産業局等に提出する。

7　地域経済活性化支援機構による事業再生 ADR —— 行政型[53]（【資料 13】）

（1） 概　要

　近時、日本航空の倒産処理に関する報道でにわかに注目を集めたのが、企業再生支援機構（Enterprise Turnaround Initiative Corporation of Japan=ETIC）であった。これは、株式会社企業再生支援機構法（平成 21 年法律第 63 号）を根拠として、2009年 10 月 14 日に設立された日本で唯一の株式会社組織によって運営される倒産企業の再生を支援する機関であった。この会社は、国（2009 年度予算において 100 億円の政府出資）、金融機関（130 行で合計 100 億円）の出資により資本が形成され、機構の資金の借入れには政府保証がなされる（2009 年度予算において 1.6 兆円。さらに、中小企業再生支援協議会や地域活性化策との連携も図られており、国および金融機関の全面的バックアップを背景に積極的な活動がなされた。これは、2013 年 3 月 18 日には、地域経済の低迷が続く中、地域の再生現場の強化や地域経済の活性化に資する支援を推進していくことが喫緊の政策課題になっていること等を踏まえた法の再改正がなされ（株式会社地域経済活性化支援機構法〔平成 25 年法律第 2 号〕）、事業再生支援に係る決定期限を更に 5 年間延長する等の改正がなされるとともに、従前からの事業再生支援に加えて、地域経済活性化事業活動に対する支援に係る業務を担う支援機関へと改組され、商号も株式会社地域経済活性化支援機構に変更された。そして、2010 年 1 月から、2016 年 4 月まで、58 社に対して事業再生支援を行った[54]。なおこの機構の業務完了期限は平成 35 年 3 月末までとされている時限組織である。

（2） 地域経済活性化支援機構による支援対象となる事業者の主な要件

　地域経済活性化支援機構の支援対象となるのは、すべての事業者であり、製造業、小売業、サービス業、建設業、運輸業等の各業種に加え、病院、学校等も支援対象となる。また、全ての地域が対象となり、地方圏に限らず、東京や大阪等の都市圏の企業も支援対象になる。さらに、会社形態のいかんも問わないから、株式会社だけでなく、持分会社、個人事業者、非営利法人も対象となる。ただし、以下の①〜③の事業は支援対象から外れる。すなわち、①大規模な事業者（資本金の額又は出資の総額が 5 億円を超え、かつ、常時使用する従業員の数が 1000 人を超える事業者）。ただし、再生支援による事業の再生が図られなければ、当該事業者の業務のみならず地域における総合的な経済活動に著しい障害が生じ、地域経済の再建、地域の信用秩序の維持または雇用の状況に甚大な影響を及ぼすおそれがある

---

[53]　拙稿・前掲慶應法学 17 号 79 頁以下、株式会社地域経済活性化支援機構『REVIC による地域の再生と活性化』（金融財政事情研究会・2015 年）参照。

[54]　地域経済活性化支援機構のホームページ（http://www.revic.co.jp/business/target.html）、前掲・REVIC による地域の再生と活性化 112 頁以下参照。

と主務大臣が認める事業者は支援対象となる。②地方三公社（地方住宅供給公社、地方道路公社及び土地開発公社）。③第三セクター（国または地方公共団体が１／４以上を出資している法人〔ただし、株式会社の場合、１／４以上の議決権を保有しない場合は除く〕、国または地方公共団体からの派遣職員等が役員の１／２超を占める法人、国または地方公共団体からの補助金、委託費等が収入の２／３以上を占める法人、国または地方公共団体がその子法人等と合わせて１／４以上を出資している法人〔ただし、株式会社の場合、１／４以上の議決権を保有しない場合は除く〕）である。

なお、支援決定にあたっては、以下の要件を全て満たす必要がある。すなわち、①有用な経営資源を有していること。②過大な債務を負っていること。③例えば、主要債権者との連名による申込みであること等、申込みに当たり事業再生の見込みがあると認められること。④再生支援決定から５年以内に「生産性向上基準」（注1）及び「財務健全化基準」（注2）を満たすこと。⑤機構が債権買取り、資金の貸付け、債務の保証または出資を行う場合、支援決定から５年以内に申込事業者に係る債権または株式等の処分が可能となる蓋然性が高いと見込まれること。⑥機構が出資を行う場合、必要不可欠性、出資比率に応じたガバナンスの発揮、スポンサー等の協調投資等の見込み、回収の見込み等を満たすこと。⑦労働組合等と話し合いを行うこと[55]である。

(注1)「生産性向上基準」として、以下のいずれかを満たすことが必要である。

    a.　自己資本当期純利益率が２％以上向上

    b.　有形固定資産回転率が５％以上向上

    c.　従業員１人当たり付加価値額が６％以上向上

    d.　上記に相当する生産性の向上を示す他の指標の改善

(注2)「財務健全化基準」として、以下のいずれも満たすことが必要。

    e.　有利子負債（資本性借入金がある場合は当該借入金を控除）のキャッシュフローに対する比率が10倍以内（キャッシュフロー＝留保利益＋減価償却費＋引当金増減）

    f.　経常収入が経常支出を上回ること

（3）　事業再生業務の流れ（【資料13】）

まず、事業者や債権者たる金融機関が地域活性化支援機構に事前の照会や相談をする。相談を受けた支援機構は、事業再生支援における資産等の査定（DD：デュー・ディリジェンス）を行なう。資産等の査定を経て再生計画を作成した後に、事業者は、主要債権者との連名で支援機構に正式な支援の申込みを行う。支援機

---

[55]　「支援基準」は、前掲・REVIC による地域の再生と活性化46頁以下を参照。

構は、支援申込みを受け、再生支援決定基準に基づき、当該事業者の再生可能性
等を審査し、再生支援の可否を決定する。再生支援決定を行った事業者に対して
は、支援機構自身が新たな融資を実行することができる。支援機構は、経済情勢、
対象事業者の事業の状況等を考慮しつつ、再生支援決定時から5年以内（ただし、
最長で平成35年3月31日まで）の再生支援完了を目指す。再生支援決定と同時に、
機構は主要な取引金融機関等以外の非メインの金融機関等に対して、①事業再生
計画に従って一部の債権放棄等を行い、残った債権を引き続き保有することに同
意するか、②債権を機構に売却するか、のいずれかの回答を求める旨の通知をす
る。なお、機構に対して売却する場合の機構買取価格は、再生支援決定に係る事
業再生計画を前提にした適正な時価に基づき算定する。それと同時に、機構は、
関係金融機関等の再生支援対象事業者に対する債権回収により、その再生が困難
になると判断した場合には、再生支援決定と同時に、関係金融機関等に対して貸
出金の「回収等停止要請」を行う。関係金融機関等からの必要な同意等が得られ
た場合、債権買取り等をするかどうかの決定を行う。その一方で、債権買取り等
の申込み期間が満了するまでに、関係金融機関等から必要な同意等が得られず、
再生に必要な債権額を満たさない等、再生支援に必要な同意が不十分と判断した
場合には、機構は速やかに再生支援決定を撤回しなければならない。機構は、買
取決定等を行った後、再生支援対象事業者に対し事業再生計画に基づく出資を行
うことができる。買取決定等の後は、機構が債権買取りや投融資を行った場合は、
事業再生計画の進捗をモニタリングするとともに、必要に応じて、再生支援対象
事業者に経営人材を派遣するなどして、事業再生計画の実現に向けた支援を行う。
再生支援対象事業者が、機構の関与なく、メイン金融機関を中心に通常の事業継
続が可能となった段階で、機構手続きを完了する。なお、支援完了は支援決定後
5年以内とされており、機構は、再生支援対象事業者に係る債権または株式等を
保有していた場合は、この期間内に譲渡やリファイナンス等の手法により処分を
行うよう努める。経営支援人材の派遣終了も含めた全ての機構関与の終了をもっ
て支援完了となる。

（4）　機構を活用するメリット[56]

1）　関係者間の利害調整の円滑化　　機構の再生支援は、債権者間の利害調
整の円滑化のみならず、出資によるリスクマネーの投入やプロフェッショナル人
材の派遣による経営改善支援等からなる積極的かつ集中的な再生手法に特徴があ
り、事業者や債権者等はそれらに伴うメリットを享受することができる。

---

[56]　前掲・REVICによる地域の再生と活性化48頁以下も参照のこと。

2）利害調整の円滑化　機構は、公的・中立的な第三者であり、民間の当事者だけでは難航しがちな債権者間の利害調整等にも対応が可能である。法律上、政策金融機関や都道府県の信用保証協会等について、機構が債権の買取申込みをするよう求めた場合の協力規定が設けられており、これらの関係者との利害調整も行いやすくなる。機構は、支援を受けた事業者の債権者である金融機関等に対して、債権の回収を一時停止するよう要請することができるので、事業者にとって資金繰りを安定させる効果が期待できる。また、金融機関等の事業者に対する債権の買取りを行うことで、債権者の数を減らし、事業再生計画実施に際しての利害調整を容易にすることができる。

3）資金支援　機構は、投資ファンドの機能を有し、金融機関やスポンサー等と連携して、金融機関等が保有する貸出債権の買取りや事業者に対する出資、融資による資金提供を行うことができる。そのために資本金（約231億円）および借入れにかかる政府保証（平成26年度予算で1兆円）が設けられている。

4）プロフェッショナル人材の派遣　機構には、全国から金融や事業再生、法務や会計等のプロフェッショナルが集結しており、事業者に対して事業再生に必要な処方箋を提供する。案件に応じて、事業者にプロフェッショナルな人材を派遣して経営についての助言・指導を行う、全国レベルで最適なスポンサーを探す等、事業再生のための人的支援を行っている。

5）税負担の軽減　地域経済活性化支援機構が再生支援決定を行った事業再生計画により債務免除が行われた事業者については、資産の評価損の損金算入や期限切れ欠損金の優先利用等の優遇が受けられる。これによって事業者には、①債務免除益への課税が行われない。②資産売却をしなくても評価損の計上ができる。③再建期間中の税負担を抑えることができる、というメリットがあり、早期の事業再生が可能になる。また、事業再生計画により金融機関等が債権放棄等を行った場合には、当該債権放棄による金融機関等の損失は貸倒損金として損金の額に算入される。また、機構の支援対象となる事業者の代表者等が、事業者が抱える債務の個人保証を行っており、その債務を保証するために個人所有の事業用資産を譲渡し、その譲渡代金相当額の求償権を放棄した場合には、当該放棄金額が代表者等の課税対象所得から除かれる。

6）債務者区分の改善　機構の支援が決定した事業者の事業再生計画の内容が、金融庁の監督指針に規定する「実現可能性の高い抜本的な経営再建計画」と認められる場合には、上記の計画に基づく貸出金は不良債権である「貸出条件緩和債権」に該当しなくなる。よって、対象事業者の債務者区分は原則「要管理先」には該当しなくなる。

７）病院や学校を含む幅広い支援対象　　このスキームでは、支援対象から除外される事業者（大規模事業者・地方三公社・第三セクター等）以外の全ての事業者が対象となるので、個人事業主もとより、病院や学校等を含む幅広い事業者の再生支援を行うことができる。

8　事業再生実務家協会による事業再生 ADR ── 民間型[57]（【資料 14】）

（1）概　要

経済産業大臣は、裁判外紛争解決手続の利用の促進に関する法律（いわゆる ADR 法）に基づき法務大臣によって、企業の民事紛争を解決することにつき認証された認証紛争解決事業者が、事業再生の専門家を使用することができ、かつ、経済産業大臣の定める要件を満たす場合には、それらのうち若干を、特定認証紛争解決事業者として選任することができる。この制度は、2007 年に、産業活力再生特別措置法改正法（平成 19 年法律第 36 号）[58]によって導入されたものである。特定認証紛争解決事業者（産強法 2 条 15 項）は、地方公共団体によって創設された中小企業再生支援協議会とは異なり、純然たる民間の組織であり、かつその活動の対象は、中小企業に限定されるものではなく、対象業種も限定されない。

このように広い活動領域が認められる反面、その手続の公正・衡平性を保持するために、事業再生の支援のために相応しい機関として、経済産業大臣による認定を受けなければならないものとされている（産強法 51 条）。経済産業大臣の認定を得るためには、この機関は手続の主宰者としての専門家を選任することができなければならない。なぜならば、法的な知識と事業再生の経験を有している専門家が手続に関与することが非常に重要だからである。また、再生手続の遂行方法は、経済産業大臣が定めた基準に従う（産強法 51 条）。これは、専門家が手続に関与するとしても、それらの者は、一定の合理的な手続に従って業務を遂行すべきだからである。

ただ、この制度はごく新しいものであり、しかも、経済産業省令が要求するような手続実施者を実際に選任できる組織は限られており、現在のところ、特定認

---

[57]　事業再生実務家協会編『事業再生 ADR のすべて』（商事法務・2015 年）が詳しい。なお、拙稿・前掲慶應法学 17 号 83 頁以下も参照のこと。なお、「事業再生 ADR」という用語は、事業再生実務家協会による手続のみをさして用いられることもある。

[58]　この法律は、1999 年（平成 11 年）に、2003 年 3 月末までの時限立法として成立した。その後、数回の改正を重ね 2009 年の改正により名称も「産業活動の再生及び産業活動の確信に関する特別措置法」と変更された上で、それぞれ適用範囲を拡大し期限が延長されていたが、2014 年 1 月 20 日、「産業競争力強化法」の施行に伴い廃止された。ただ、規定の多くは産業競争力強化法に受け継がれている。認定紛争解決事業者に関する規定も、同法 51 条以下に引き継がれている。

証紛争解決事業者として認証されたものとしては、事業再生実務家協会（Japanese Association of Turnaround Professionals=JATP）が唯一のものである。この機関が事業生成のために活発に活動することが大いに期待されている[59]。

（2） 事業再生 ADR の長所[60]

この手続は債務者やその取引相手にとっては勿論であるが、金融機関債権者（その中心はメインバンクである）や地域経済にとっても、数々のメリットを有する。まず第1に、債務者の事業価値の毀損を防ぐことができ、法的整理に比べ、金融機関へのダメージが少ない点があげられる。すなわち、会社更生や民事再生といった再建型法的倒産手続による限り、債務者の信用毀損は決定的であり、信用毀損は商圏の喪失をもたらし事業価値の毀損は避けられない。これに対して、私的再生手続である事業再生 ADR 手続では、債務者が金融支援を求めようとしていることや事業再生計画の内容について公表されることなく、一定の金融機関の間だけで秘密を保持することができる。これにより、手続中も取引債権者および得意先との取引を通常通り継続することができ、商圏の確保、ひいては事業価値の維持が可能になる。第2に、金融機関等のみを対象債権者とすることで、多数の零細かつ中小規模の取引債権者を巻き込むことなく債権債務関係の調整が進められることによって、簡易迅速な事業再生を実現することができる。この点は私的整理ガイドラインによる手続と同様である。第3に、事業再生 ADR が私的整理手続であることから、原則として対象債権者全員の同意が得られれば、比較的柔軟な事業再生計画を策定することができる。たとえば、政府支援に基づく公的機関による債権買取スキームや事業再生スキームが存在するが、民間金融機関にとって、決定される債権買取価格や提示される事業再生計画案の内容が必ずしも本意に沿ったものではないことがあり得る。その意味では、事業にもっとも精通する債務者が、専門家の助言・指導を得ながら主体性をもって計画案の策定に臨むことで、より現実で実行可能性の高い事業再生計画案の策定が可能となる。第4に、上場会社が法的倒産手続を必要とするに至った場合、上場廃止基準に抵触することになり一定の期間を経て上場廃止を余儀なくされる。それに対し、事業再生 ADR の場合、2期連続の債務超過、時価総額の基準割れといった実質的理由によ

---

[59] 山本入門4版42頁は、事業再生 ADR は、現在では法的手続（会社更生、民事再生等）と並ぶ事業再生の一つの選択肢として実務においては完全に定着したものと評価することができるという。

[60] これに関しては、全書2版（下）16頁以下〔稲生隆浩〕、前掲・事業再生 ADR のすべて30頁以下〔清水祐介〕、拙稿・前掲慶應法学17号76頁以下、84頁以下、事業再生実務家協会『事業再生 ADR 活用ガイドブック〔第2版〕』（http://www.turnaround.jp/adr/guidebook.pdf）等を参照のこと。

る上場廃止の可能性はあるものの、手続に入ったことをもって直ちに上場が廃止されるわけではない。債権者としても上場が維持される限り、デッド・エクイティー・スワップ（DES）により取得した株式を市場で売却して資金回収ができるため、債権放棄と DES を組み合わせた金融支援を伴う事業再生計画を受け入れやすい旨も指摘されている。第5には、事業再生 ADR に対しては、つなぎ融資、税制、そして手続移行時の取扱いにおいて、制度的な恩典が与えられている。すなわち、産業競争力強化法は、事業再生 ADR の手続をスタートした後に、事業の継続に欠くことができない資金の借り入れ（いわゆるプレ DIP ファイナンス）を行う場合について、中小企業基盤整備機構の債務保証や信用保険の特例への途を開くことで、つなぎ融資を円滑に供給できる仕組みを講じている（産強法53条・54条）。また、事業再生 ADR が成立せず、法的整理に移行することになった場合も想定して、民事再生または会社更生における優先的な弁済が許容されうるという産業競争力強化法上の手当がなされている（産強法59条・60条）。さらに、事業再生 ADR の手続実施者が関与するプロセスを利用すると、税務上は、民事再生法の再生計画認可の決定に準ずる事実に該当するものとされ、債務者は、資産の評価損の損金算入と期切れ欠損金の利用ができ、債権者は、債権放棄による損失を損金算入できるメリットがあるといわれる。第6は、中立的な第三者が関与することにより、手続の透明性が確保でき、公正・衡平な手続処理が可能になる。また、この手続では、手続主宰者は、公正な第三者たる事業再生 ADR 事業者および手続実施者であるため、私的整理ガイドラインのように、他行がメインバンクに対して、メイン寄せを強いる機会がなく、理不尽なメイン寄せを回避することができる。また第7には、債務者主導の手続であるため、メインバンクが、他行からの非難・攻撃の矢面に立つことを回避することができる。第8は、基本的にはすべての取引金融機関が対象となるため、キャッシュフローが計画外で他行への返済に回るおそれがない。第9は、再生計画は債務者の手作りではなく、外部の専門家である債務者アドバイザーが関与して精緻に作成されたものであり、その上で手続実施者が十分な検証を行ったものであり、金融債権者等は、自己の労力をかけずして信頼性が格段に高い事業再生計画となる。第10は、事業再生 ADR においては、他行の説得についても原則として債務者企業自身が行い、必要に応じて手続実施者が支援する仕組みであるから、金融債権者の労力は大幅に削減されることが期待できる。第11は、とくにメインバンクは、取引関係の深い企業を破綻させることなく再生に協力したことで地元のレピュテーションが守られる。第12は、商取引債権を手続の対象としないので、連鎖倒産を防ぐことができ、地元経済へのダメージを回避することができる。第13は、一時停止から、3ヶ月程度

678　　　　　第16章　私的整理

の短期間で成否が来まることから、迅速な手続が可能となる。第14は、ADRに
よる合意成立後の債務者区分は上方遷移が可能になる。第15は、この手続が利
用できる債務者について、中小企業再生支援協議会による倒産処理スキームのよ
うな制限はないから、上場企業や大企業も利用することができる。その意味で、
手続対象債務者の規模を問わない、簡易、迅速、かつ公正な手続としての利用が
大いに期待される。そして最後に、事業再生ADRは、対象となる債権者全員の
同意を得て、再生計画を成立させることがベストであるが、仮に、一部に反対者
が残り、特定調停に手続を移行せざるを得なくなったとしても、事業再生ADR
では策定された再生計画案が無駄になるわけではない。たとえば、事業再生
ADRが成功せず、特定調停に移行した場合には、裁判官による単独調停により、
迅速な手続を利用して、私的整理を成立させる等の手段も開かれている（産強法
52条）、といった数々のメリットがあげられるであろう。

（3） 手続の流れ（【資料14】）

既に述べたように、私的再建手続は「私的整理ガイドライン」によってルール
化がなされ、当該ルールは、その後の中小企業再生支援協議会の手続にも踏襲さ
れた。さらに事業再生実務家協会による事業再生ADR手続も、基本的には、手
続は「私的整理ガイドライン」によるものと類似したものとなっている。

第17章 国際倒産

1 概　説

経済活動の国際化・ボーダレス化が著しく進んでいる現代社会においては、企
業活動は世界的規模で行われており、その結果、ある企業が、海外に支店・営業
所・工場等のほか、世界各地に様々な資産を保有し、債権者も国内だけでなく、
広く世界中に散らばっているという状況も、もはや当たり前になっている。また、
個人レベルでも、海外に不動産等の資産を有することは、もはや特別のこととは
みられなくなっている。したがって、このような国際的に活動している企業や海
外に資産を有している個人が経済的に破綻したような場合に開始されるであろう
倒産処理手続は、必然的に、国境を越えて存在する資産を対象としたものになら
ざるを得ない。このような、債務者の保有財産や債務者と利害関係を有する人々
が、日本および外国にまたがって存在するような倒産事件を国際倒産事件といい、
それを処理するための規律を定める法を国際倒産法という。このような国際倒産
事件においては、たとえば、倒産した企業が日本と外国の工場を一体化してある

製品を製造している場合、両者を一体として換価した方が高額の配当が可能になることがあるし、両者を対象としなければ、本来再建できる企業が再建できなくなってしまうおそれもある。また、外国の手続と日本の手続とで配当の対象となる債権者が異なる場合には、債権者間に不平等が生じてしまう。さらには、グローバル化した経済の下では、債務者が資産を隠匿・処分したり、一部債権者に偏頗的な弁済を行ったりする行為も国際的な平面で行われることになるが、そのような事態に対しては国際的に協力した対応が必要不可欠となる。そういった意味で、国際倒産事件の処理に際しては、国際的な不公平感をなくし、可能な限り国際間で統一的かつ調和のとれた合理的処理をするためには、国際協調的な仕組みを備えた国際倒産法制の整備が必要不可欠である。

しかし、地球上には数多くの国家が存在しており、それぞれの国に主権が認められている以上、国家主権に基づいて制定される倒産処理手続を規律する法も、各国で異なったものとならざるを得ない。したがって、世界共通の倒産法制というようなものが成立していない以上、国際倒産事件の解決は結局、各国の倒産法制に委ねられざるをえないのである。したがって、国際倒産法制というのは、実は、ある国からみて、国際的な関係を有する国際的な倒産事件をどのように処理すべきかという国内法の問題なのである。

ただ、近時においては、世界的に見れば、この国際倒産の問題について協調的な措置を執ろうとする動きが強まってきている。すなわち、1978年のアメリカ連邦倒産法改正において国際倒産に関する規定が設けられたのを嚆矢として、国際的倒産実務家協会（INSOL International）の国際倒産法の改善と統一に向けての活発な活動があったほか、各国の国内立法でこの問題に対応する協調的な国内法制を整備するという動向も生じてきた（イギリス、オーストラリア、ドイツ等）。さらに、ヨーロッパ諸国を中心に、多くの二国間条約が締結されたほか、多国間条約によっても協調の努力が図られ、それが、EU国際倒産条約の締結、後のEU国際倒産規則の制定という成果となって結実した。このような倒産処理の国際的なハーモナイゼイションの努力をいわば総括するものとして、国際連合国際商取引法委員会（UNCITRAL）のモデル法が作成された。そして、わが国の国際倒産規定も、このような国際協調的な倒産処理制度を大幅に受け入れたものとなっている[61]。

2　従来のわが国の国際倒産処理規定とその問題点

従来、わが国には体系的な国際倒産処理規定は存在しなかった。ただ、存在していた若干の国際倒産法規定は、国内の倒産処理手続の効力は外国にある財産に

---

[61]　立法の経緯については、新展開6頁以下〔深山卓也〕、倒産法制3頁以下、341頁以下参照。

は及ばず、外国の倒産処理手続の効力は国内にある財産には及ばないとする、厳格な属地主義によって貫かれていた[62]。

　しかし、このような厳格な属地主義の下では、以下のような問題が生じる。すなわち、まず第1に、債務者が日本で破産手続開始決定を受けても、個別的権利行使などを禁止する手続の効力（破100条等）は債務者の国外にある財産には及ばないため、一部の債権者（特に力のある債権者）が手続開始後に債務者の国外財産に強制執行等を行って優先的に満足を得ることが可能となるが、それは債権者平等の理念に反する。第2に、債務者につき、日本でたとえば会社更生手続が開始された場合においても、債務者の事業継続に不可欠な財産が国外にあるときには、更生債権者が強制執行を申し立ててこの財産を換価し、そこから事実上優先的に満足を得ることが可能であるために、国際的な視野に立った上でもっとも有効な再建計画を策定し、これを実行に移すことが困難になるおそれがある[63]。第3には、属地主義の下では、債務者が弁済に当てるべき財産を手続開始国以外の国に持ち出して隠匿する行為に対しても有効な規制を及ぼすことができない。したがって、たとえば、日本国内で破産手続開始決定を受けた債務者であっても、外国にある財産を処分することが可能であり、もともと国外にあった財産はもとより、破産手続開始決定直前に国外に持ち出した財産も同様に取り扱われるため、容易に財産隠匿がなされることにより、著しく正義に反する結果を招く。以上のようないくつかの問題点を見るだけでも、属地主義の倒産法制によっていたのでは、国際的取引が日常化し、国外資産の保有が一般化した今日の社会経済状況においては、企業倒産はもとより、個人倒産にも適切に対処できないことは明らかであ

---

[62]　旧破産法3条は「日本ニ於テ宣告シタル破産ハ破産者ノ財産ニシテ日本ニ在ルモノニ付テノミ其ノ効力ヲ有ス（1項）外国ニ於テ宣告シタル破産ハ日本ニ在ル財産ニ付テハノ其ノ効力ヲ有セス（2項）民事訴訟法ニ依リ裁判上ノ請求ヲ為スコトヲ得ヘキ債権ハ日本ニ在ルモノト看做ス（3項）」と規定しており、会社更生法旧4条もこれとほぼ同じ文言の規定を置いていた。

[63]　わが国における属地主義の見直しの動きが生じる結果となった、いわゆる－成汽船事件がある。これは、更生会社たる海運会社の船舶がカナダの港に入港したところ、第1順位の抵当権者が抵当権に基づく競売申立てをモントリオールのカナダ連邦裁判所に行なった事件である。同裁判所の差押えに対してわが国の更生管財人が差押えの取消しと競売申立棄却を申し立てたが、カナダ連邦裁判所は、わが国の旧会社更生法4条の属地主義により、申立を斥けた（Oriental Leasing Co. Ltd. v. The Ship "Kosei Maru", 94 D. L. R.（3d）658）。しかし、このような差押えを回避しようとすれば、船の運航を停止せざるを得ず、それでは、会社の更生にとって大きな支障となる。これについては、松田安正「海運更生会社所有船舶の外国における差押え」海事法研究会誌75号1頁、貝瀬3頁以下、同「会社更生の外国における効力」NBL167号4頁、174号4頁参照。

第21講　相続財産や信託財産をめぐる破産、破産犯罪、私的整理、国際倒産　　*681*

ろう。また、これまで、統一的な国際倒産規定がないことにより、これらの解決
は学説および実務に任されていたのであり、国際倒産事件の規律に必ずしも明確
な指針は示されてはいなかったといえよう。その意味で、統一的な国際倒産規定
の整備が強く要請されていたのである。

3 新しいわが国の国際倒産法制の概要

（1） 概 要

　以上のような状況の下、わが国では国際倒産事件処理のための国際倒産法制を
うち立てるための立法がなされた。立法は、大きく2つからなる。一つは、「外国
倒産処理手続の承認援助に関する法律（以下「承認援助法」という）」の新設であり、
もう一つは、破産法・民事再生法・会社更生法に個別的に規定された国際倒産関
連規定の整備である。さらに、細則等を定める最高裁判所規則として、「外国倒産
処理手続の承認援助に関する規則」、「破産規則」、「民事再生規則」、「会社更生規
則」がある。これらの法律等を根拠とするわが国の国際倒産法制は、その体系・
構成の点においてはUNCITRALのモデル法[64]（以下、単に「モデル法」という）とは
異なるものの、その中心的な内容はほぼ取り入れられており、さらには、モデル
法以上に国際協調主義を追求した規定もみられるのであり、おそらくは、もっと
も進化した国際倒産法制のひとつであると評価しうるものである。

（2） 属地主義の撤廃

　すでに述べたように、旧破産法3条および旧会社更生法4条は、厳格な属地主
義を規定していた。たしかに、立法当時としては、わが国が一方的に普及主義を
採用する立法をしても他国がこれに協力してくれる保証がない以上、破産手続開
始決定の効力の及ぶ範囲を国内に限定することは、やむをえない選択であり、そ
れなりに合理性はあったといえよう。

　しかし、今日のようなボーダレス社会においては、厳格な属地主義が国際倒産
事件の国際的に調和の取れた倒産事件の処理を妨げていることは事実であり、そ
の不都合性はすでに以前から気づかれており、学説判例上、結果として普及主義
を採用したのと異ならないような結論を導くためのさまざまな理論が提唱されて
いた。しかし、運用によってそれらの問題を解決することには限界がある。そこ
で、現行法では、旧法の属地主義の規定を削除すると共に、倒産手続については
内外国人を問わず平等に扱う旨を規定した（破3条、民再3条、会更3条）ほか、保
全管理人や管財人の管理処分権の及ぶ財産について、日本国内にあるか否かを問
わないことを明文で規定した（破34条1項、民再38条1項、会更32条1項）。

---

[64]　モデル法については、倒産法制191頁〜337頁に解説がある。

（3） 国際倒産管轄

　国際倒産事件が起こった場合、どの国の裁判所がそれを処理するかという問題が国際倒産管轄の問題であるが、従来、わが国には国際倒産管轄を統一的に規定するものはなく、民事再生法制定時においても規定は設けられなかった。そのため一般的に、国内倒産手続の土地管轄の規定により、わが国に土地管轄があれば国際倒産管轄も認められると解されていたが、破産法（旧破104条ノ2・105条・107条）・民事再生法と会社更生法（旧会更5条の2）とでは規定が異なっていたし[65]、会社整理や特別清算手続については土地管轄についての規定はなく、国際倒産管轄は一義的に明らかであるとはいえない状態であった。

　このような事情を背景として、国際倒産管轄についての新たな規定が設けられたが、具体的な基準は、破産・民事再生手続と会社更生手続とでは異なっている。すなわち破産手続と民事再生手続では、①債務者が個人である場合には、日本国内に営業所、住所、居所または財産のいずれかを有するときに、また、②債務者が法人・社団・財団であるときには、日本国内に営業所、事務所または財産のいずれかを有するときに限り、わが国の裁判所に国際倒産管轄を認めた（破4条、民再4条）。債務者の財産である債権については、民事訴訟法の規定によって裁判上の請求をすることができる債権は、日本国内にあるものとされる（破4条2項、民再4条2項）。

　それに対し、会社更生手続では、会社が日本国内に営業所を有するときにのみ管轄権が認められている（会更4条）。この点、旧法下での規律と同様であるが、これは、会社更生手続の原則的国内管轄が、主たる営業所の所在地を管轄する地方裁判所に認められていること（会更5条1項）に対応するもので、担保権者等に大きな影響を与え、また会社の組織再編にも関係する更生手続では、国内営業所の所在が最低限の関連性を示すものとして必要と判断されたものである。

　また相続財産破産については、被相続人の相続開始時の住所または相続財産所

---

[65]　旧破産法104条の2は、「此ノ法律ノ規定ニ依ル破産ノ申立ハ債務者カ個人ナル場合ニ於テハ日本ニ其ノ営業所、住所、居所又ハ財産ヲ有スルトキニ限リ法人其ノ他ノ社団又ハ財団ナル場合ニ於テハ日本ニ営業所、事務所又ハ財産ヲ有スルトキニ限リ為スコトヲ得」と規定し、同法105条は、「破産事件ハ債務者カ営業者ナルトキハ其ノ主タル営業所ノ所在地、外国ニ主タル営業所ヲ有スルトキハ日本ニ於ケル主タル営業所ノ所在地、営業者ニ非サルトキ又ハ営業所ヲ有セサルトキハ其ノ普通裁判籍ノ所在地ヲ管轄スル地方裁判所ノ管轄ニ専属ス」と規定していた。また同法107条1項は、「前2条ノ規定ニ依ル管轄裁判所ナキトキハ財産ノ所在地ヲ管轄スル地方裁判所ノ管轄ニ専属ス」と規定し、財産所在地の管轄権を認めていたのに対し、旧会社更生法5条の2は、「この法律の規定による更生手続開始の申立ては、会社が日本国内に営業所を有するときに限り、することができる。」としており、財産所在地の管轄を認めていなかった。

第21講　相続財産や信託財産をめぐる破産、破産犯罪、私的整理、国際倒産　　683

属財産が日本国内にあるときに限り、わが国の国際破産管轄が認められる（破222条1項）。また、信託財産破産については、信託財産所属財産または受託者の住所が日本国内にあるときに限り、わが国の国際破産管轄が認められる（破244条の2第1項）。

なお、承認援助の申立てについての国際管轄においては、「債務者の住所、居所、営業所または事務所」とされており、債務者の財産所在地の管轄権は認められていない（承認援助17条1項）。

（4） わが国の倒産手続の外国財産に対する効力

ある者に対してわが国の破産手続開始決定がなされた場合、その者が海外に財産を有していたとき、わが国の破産手続の効力がその在外財産[66]にも及ぶか、という問題がある。これにつき、現行法は、わが国の倒産手続の効力は倒産者の在外財産に対しても及ぶという普及主義を規定している（破34条1項かっこ書、民再38条1項かっこ書、会更72条1項かっこ書）。したがって、破産管財人、更生管財人、再生債務者等は在外財産の管理や換価などの事実行為をし、また外国の裁判所における訴訟提起などの法律行為をする権限を有する[67]。また、債権者も、倒産手続の効力を受けるから、個別的権利行使の制限（破100条1項、民再85条1項・94条1項、会更47条1項・138条1項）は、在外財産にも及ぶ。

（5） 外国の倒産手続の国内財産に対する効力

わが国の新しい国際倒産法制は、厳格な属地主義を排し普及主義を採用した。その結果、国内倒産手続の効力は外国にも及ぶことになったが、反面、外国倒産手続の国内財産について属地主義を維持し、その効力を認めないというのは不合理である。そこで、外国倒産手続のわが国での円滑な手続の遂行を実現すべく、外国の倒産手続のための承認・援助の制度を導入し、外国倒産処理手続の承認援助に関する法律（平成12年法律第129号。以下承認援助法という）が制定された。

1）承認手続 ① 外国倒産手続の承認の法的性質 承認援助法の目的は、「国際的な経済活動を行う債務者について開始された外国倒産処理手続に対する承認援助手続を定めることにより、当該外国倒産処理手続の効力を日本国内において適切に実現し、もって当該債務者について国際的に整合性のとれた財産の清算または経済的再生を図る」ことにある（承認援助1条）。ただ、外国倒産処理手続の承認を外国判決の承認と比べると、そこには大きな違いがある。すなわち、わ

---

[66] 動産や不動産はその所在地が明らかであるから、その所在地が国内か外国かによって決まってくる。それに対して債権については、在外財産か否かは、わが国において裁判上の請求をなし得るかどうかによって決まる（破4条2項、民再4条2項）。

[67] 伊藤3版249頁参照。

が国民事訴訟法 118 条によって承認された外国判決が、一定の制限はあるものの、日本において直接的に効力を有するのに対し、外国の倒産処理手続が承認援助法 17 条以下によって承認されても、自動的にわが国においてその効力を有するものではなく、外国倒産手続に日本国内で効力を付与するためには、改めて外国倒産手続のための援助の申立てをしなければならないとされている（承認援助 25 条～55 条参照）。その意味で、承認は、外国の倒産手続のための国内における援助処分の要件にすぎない[68]。また援助処分はその効果において司法共助に類似するが、ハーグ民事訴訟手続条約 11 条 3 項やハーグ送達条約 13 条 1 項によれば、一定の場合を除いて共助を拒否できないのに対し、援助処分にあっては、援助処分の必要性が日本の裁判所によって個別的に調査される点で、両者は異なる。ただ、このような法制度は決して、外国倒産手続の承認に対して消極的な態度を示すものではないと解すべきである。すなわち、倒産処理手続はそれに基づく効果が多様な内容をもち、また関係人の権利義務に重大な影響を与えるものであることを考えれば、個別の効果が問題となる場面で個々的に各裁判所が判断するよりも、いわば事件の入口で一元的に判断することが望ましいし、また、それに続く援助手続によって、それぞれの外国倒産手続にとって、わが国においてとるべきもっともふさわしい処分とは何かという観点から、具体的な援助行為につき定めることができることはむしろ合理的なものであるといえよう。

② **承認の要件**　a．当該手続が「外国倒産処理手続」の定義に該当すること

具体的には、「外国で申し立てられた手続で、破産手続、再生手続、更生手続又は特別清算手続に相当するもの」であることをいう（承認援助 2 条 1 項 1 号）[69]。

---

[68]　この点、モデル法は、外国手続の承認がされたときには、①訴訟手続および担保権の実行としての競売手続等の中止、②強制執行等の手続の中止、③債務者の財産の処分権限の停止という効果が当然生じるものとしている（モデル法 2 条(a)・20 条）。しかしながら、承認援助手続のもとでも、裁判所が援助のための処分を個別的に行うことにより①から③までの各効力を得ることは可能であり、その実質においてモデル法と大きく異なるものではない（新展開 12 頁注 4〔深山卓也〕。なお、大系 147 頁〔山本克己〕、倒産法制 32 頁も同旨を述べる）。

[69]　「相当する」といえるか否かは、個別具体的に実質を見て判断することにならざるを得ないが、（モデル法 2 条(a)の定義にあるように）債務処理の集団性、裁判所等による監督清算や再建の手続目的などが判断の要素になるであろう。アメリカ合衆国連邦倒産法の第 11 章手続は、再生手続に相当するか更生手続に相当するかはやや微妙であるが、いずれにせよ、どれかの手続には該当するといえるから、承認援助の対象となる（アメリカ連邦倒産法第 11 章手続については、アメリカ倒産（下）351 頁以下が詳しい。また、福岡 280 頁以下も参照）。なお、モデル法については、倒産法制 191 頁～337 頁に、逐条解説を含めた詳しい解説がある。

第 21 講　相続財産や信託財産をめぐる破産、破産犯罪、私的整理、国際倒産　　　685

b. 国際倒産管轄の要件が満たされていること　これは、当該外国倒産処理手続が申し立てられている国に債務者の住所、居所、営業所または事務所があることを意味する（承認援助 17 条 1 項）。

この規定は、承認の対象を、債務者の住所、主たる営業所または事務所のある国において開始された手続（いわゆる外国主手続〔承認援助 2 条 1 項 2 号〕）のみに限定するのではなく、それを越えていわゆる外国従手続（同項 3 号）の一部も包含している（たとえば、債務者の主たる営業所でない営業所の所在地で開始された倒産手続も承認援助の対象となる）。この規定は、広範にモデル法の規定に対応するものであるが、単なる債務者の財産所在地国において開始された従手続は、関連性が乏しいため承認の対象とはされていない。

c. 承認援助法 21 条各号の事由に当たらないこと　すなわち、承認援助法 21 条各号の事由がある場合には承認申立ては棄却される。すなわち、ⓐ手続費用の予納がないとき（1 号）、ⓑ当該外国倒産処理手続の対外的効力がないことが明らかであるとき（2 号）、ⓒ援助の処分をすることが、わが国の公序良俗に反するとき（3 号）、ⓓ当該外国倒産処理手続について援助する必要がないことが明らかであるとき（4 号）、ⓔ外国管財人等が、わが国裁判所に対する報告義務を怠ったとき（5 号）、ⓕ申立てが不当な目的でなされたか、誠実になされたものではないとき（6 号）である。この中で、とくに重要なのは、ⓒの公序の要件である。すなわち、ある具体的な外国倒産処理手続について援助処分することが、日本の公の秩序または善良の風俗に反するときは、承認申立ては棄却される。すなわち、これは外国倒産処理手続自体の公序違反を問題とするものではなく、そのような手続についての承認援助手続上の援助処分をすることの公序違反性を問題とするものであるが、実際の差はそれほど大きくはあるまい。公序の内容としては、その外国手続が、外国債権者を外国債権者であるなど債権者の属性（他に、宗教や性別等）にかかる理由のみに基づき、差別的に取り扱っているような場合が典型である[70]が、外国の倒産法秩序や実体法秩序は相対的なものであることに十分配慮し、公序による承認拒絶を濫用することのない姿勢が必要とされる。

d. すでに外国倒産処理手続につき手続開始の判定がされたこと（承認援助 22 条 1 項・17 条 2 項）　未だ開始されていない外国手続について、国内倒産手続の開始に相当する承認援助手続を開始して本格的な援助処分をすることは、過大であり相当ではないからである。ただ、外国手続が開始していなくても、承認の申立てはできる（承認援助 17 条 2 項）。したがって、外国の保全管理人等としては、

---

[70]　その他の具体例につき、倒産法制 42 頁以下参照。

日本国内での財産凍結などの援助を要するときは、まず承認の申立をして、それに伴う承認決定前の仮の処分を得て、その後、外国手続が開始した後に承認決定を得て本格的な援助処分に移行することで、その目的を達することができるようになっている。

③　承認手続　　わが国の承認援助法は、モデル法17条に対応した自動承認制度は採用しておらず、裁判所の承認決定があることを必要的要件としている。そこで、外国管財人等はまず承認の申立てをしなければならない（承認援助17条1項）。この承認手続は、東京地方裁判所の専属管轄に属する（承認援助4条）。したがって、東京地方裁判所以外の裁判所に承認の申立てがなされたときは、管轄違いとして、事件は同裁判所に移送される（承認援助15条、民訴16条1項）。ただ、債務者の主要な財産や事業が東京以外の場所にある場合や、国内の併行倒産手続が他の裁判所に係属している場合など、個別事件の状況によっては、他の裁判所で承認援助手続を追行した方が適当な場合もある。そこで、承認決定後は、著しい損害または遅延を避けるために、債務者の住所、居所、営業所、事務所または財産の所在地を管轄する地方裁判所に移送することが認められている（承認援助5条）。

承認の申立権者は、承認の対象となる外国倒産処理手続の外国管財人等である（承認援助17条1項）。これは、外国手続において事業の遂行権および財産の管理処分権を有している者を指すものであり、外国手続において外国管財人がある場合には外国管財人、それがない場合には債務者である（承認援助2条1項8号）。

承認申立てに伴い、申立人は、債務者の住所等、国際倒産管轄の原因事実の疎明義務（承認援助19条）、および費用の予納義務（同20条）を負う。また、外国管財人等は、承認申立て後、一定の事項につき裁判所への報告義務を負っている（同17条3項）。

承認申立てがなされた場合、裁判所は、その決定前においても一定の仮の処分をすることができる（承認援助25条以下・51条）[71]。これは国内倒産処理手続の場合の倒産手続開始前の保全処分に相当するもので、承認決定の後の援助処分の前倒しの意味を持つ。これもモデル法19条1項を考慮したものである。

承認の要件が満たされると裁判所は外国倒産処理手続の承認の決定をする（承認援助22条1項）が、これは、モデル法などに倣って、手続の明確性を期するため

---

[71]　仮の処分としては、援助処分のうち、他の手続の中止命令（承認援助25条2項）、処分禁止・弁済禁止その他の処分（承認援助26条2項）、競売中止命令（承認援助27条2項）、財産持出し等の要許可決定（承認援助31条1項）が可能であり、また管理命令の保全版として保全管理命令も認められている（新展開129頁〔山本和彦〕）。

に自動承認制をとらないことにしたものである。承認は、決定の時から直ちに効力を生じる（同条2項）。承認援助手続に関する裁判に対しては、利害関係を有する者は、承認援助法に特別の定めがある場合[72]に限り、即時抗告をすることができる（承認援助7条前段）。したがって、承認申立てに対する承認決定や棄却決定に対しては即時抗告をなし得る（同24条）。なお、この場合に、執行停止効が生じるかという問題がある。承認援助法には、即時抗告には執行停止の効力がないと定められている場合が多い[73]が、そのような定めがない場合には、執行停止の効力があると解すべきであろう（同15条、民訴334条1項）。ただし、承認決定はその決定の時から直ちに発行するから（同22条2項）、抗告申立は執行停止効を有しないものと解される[74]。

この承認決定の後に個々の援助処分がなされることになる。いったん承認決定がなされても、一定の事由があるときにはその決定は取り消されることがある。取消原因には、必要的取消原因と任意的取消原因とがある（承認援助56条）。

2）援助手続　すでに述べたように、たとえ外国の倒産手続が承認されても、それは直ちに国内において効力を生じるものではなく、裁判所は、以下のような援助手続により外国倒産手続の国際的調和性ある実現に努力することになる。その意味で、承認の効果がすべて裁判所の裁量に委ねられている点に承認援助法の大きな特徴がある。裁判所の裁量に基づき、承認決定を基礎としてなされる処分を援助処分とよぶ。裁判所の援助処分としては、強制執行等他の手続の中止や取消し（承認援助25条）、処分や弁済等の禁止処分（同26条）、担保権実行としての競売手続等の中止（同27条。ただ、その要件は、他の援助処分に比べて限定されている）、強制執行等禁止命令（同28条）、債務者の国内財産の処分等に対する許可（同31条）、管理命令[75]（同32条）などがある。

（6）　並行倒産手続の処理

---

[72]　具体的には、承認援助法14条4項・20条2項・24条1項・25条6項・26条6項・27条6項・28条5項・30条3項・32条5項・49条4項・51条5項・55条1項・56条4項・57条4項・58条4項・59条3項・60条4項・63条3項などがある。

[73]　たとえば、執行援助法22条2項・25条7項・26条6項・27条7項・28条6項・30条4項・51条6項などがある。

[74]　倒産法制81頁。

[75]　管理命令が発令される場合としては、①外国手続がDIPによる場合に、日本の弁護士等を承認管財人として選任するケース、②外国手続に管財人がある場合に、その管財人を承認管財人として選任するケース、③外国手続に管財人がある場合に、その管財人ではなく、日本の弁護士等を承認管財人として選任するケース、などが考えられる。とくに、外国手続の主宰者が必ずしも十分に信用できない場合には、①ないし③が選択されるであろう（倒産法制112頁以下参照）。

1）手続の競合とその解決　わが国の国際倒産法制の大きな特徴として、外国倒産手続を承認しても、いわゆる併行倒産を許容している点が指摘できる。すなわち、承認手続の開始決定は当然に国内倒産手続に対する停止効を有するものではない。したがって、外国倒産手続のための承認援助手続が国内の倒産手続と競合したり、複数の承認援助手続が競合する場合が発生する可能性がある。そこで、それらの間で矛盾した処分がなされるとするならば法律関係が混乱するおそれがある。それを回避するために、わが国の承認援助法第5章（57条〜64条）は、モデル法28条とは異なり、いわゆる一債務者一手続主義（一債務者一手続進行の原則）とでも名付けるべき原則を採用した[76]。また、両者の手続が円滑に進行するように、国内手続が係属する裁判所や承認援助手続が係属する裁判所の裁判所書記官同士の通知義務も規定されている（承認執行規41条）。

① 国内倒産手続と承認手続の競合　まず、国内倒産手続が承認援助手続と競合した場合には原則として国内手続が優先するという、いわゆる国内手続優先の原則がとられている[77]。たとえば、その債務者につき国内倒産手続が係属している場合は、承認申立ては原則として棄却される（承認援助57条1項）。また、承認決定後に同一債務者について国内手続が開始されたか、またはすでに開始していたことが判明した場合は、承認援助手続は中止される（同59条1項）。ただ、例外として、一定の要件を満たす場合には、承認援助の対象たる外国の倒産手続の方が優先する場合がある（承認援助57条1項・59条1項・60条1項）。例外的に承認援助手続の方を優先させるための要件は、①承認される外国倒産手続が主手続であること、②国内債権者の利益が不当に侵害されるおそれがないこと、③外国手続

---

[76]　日本法がこのような立場を採用したのは、効果レベルの調整に委ねることとすると、複数の承認援助裁判所・国内倒産裁判所との間で緊密な連携をとって最も適切な効果が発生するように常に相互に協力しなければならなくなるが、それは裁判所にとって大きな負担となるおそれがある上、適切な効果の選択については裁判所の広い裁量に委ねるをえないこととなり、大陸法上の裁判官の役割とは整合しない面もあるためである。他方、一債務者　手続進行としても、承認援助手続はもちろん、国内手続においても外国手続と十分な協力措置がとられる限り、実質的には効果調整が図られるのときほど異ならない協調の実をあげることは決して不可能ではないと思われるからである（倒産法制119頁以下参照）。

[77]　このような国内手続優先の原則は、モデル法をはじめとして、多くの国が採用しているものである。国内手続が優先される理由は、国内債権者保護にある。もちろん、外国手続においても国内債権者は参加し配当を受ける余地はあるが、実際上は、その手間・費用等から、国内債権者の現実の手続参加は困難な場合も多いと思われる。むしろ国内債権者は国内手続からの回収を望むことが多いとみられ、そのような債権者の利益・予測可能性を重視するとすれば、国内手続を優先させるべきものと考えられるからである（倒産法制120頁以下参照）。

の承認援助が債権者の一般の利益に適合すること、である。よって、外国の事業と一体的に事業譲渡をしたり再建計画を立てたりした方が高価に換価できたり、債権が容易になったりし（要件③）、かつ、その外国手続に国内債権者の参加を求めるのが必ずしも酷ではない（要件②）ような場合には、裁判所は、国内手続の係属にもかかわらず、外国主手続について承認援助手続の進行を認めることができる。これは、日本法の大きな特徴であり、モデル法などの世界的な水準を上回る国際協調的な姿勢を示すものと評価される。

②　**複数の外国手続についての複数の承認援助手続が併行する競合**　複数の外国手続についての複数の承認援助手続が並行する場合とは、たとえば、アメリカとドイツで同一債務者について倒産手続が並行して行われている場合に、両方の手続について日本で承認が求められたような場合である。この場合には主手続優先の原則が採用されている。すなわち、主手続（承認援助2条1項2号）が承認された後の従手続（同条1項3号）の承認申立ては棄却されるし（承認援助62条1項1号）、逆に従手続が承認された後の主手続の承認申立ては当然に認められ、従手続の承認援助手続の方が中止される（同62条2項）。これは主手続の方が債務者と密接に関連しており、その手続を優先させることが債権者一般の利益に適合していると定型的にいってよいからである。

他方、従手続間では原則的な優劣関係は設けられておらず、原則として先行の手続が優先する。ある従手続の承認後に他の従手続の承認申立てがあったときは、その手続の承認が債権者の一般の利益に適合するときに限り、承認される（同62条1項2号）。

いずれにせよ、後続手続を承認する場合には、先行する承認援助手続は中止し（同62条2項）、また承認決定前でも仮の処分として他の承認援助手続の中止を命じることができる（同63条）。なお、このような形で中止された承認援助手続は、進行している承認援助手続の対象外国手続が終結して承認決定取り消されたときは失効するが（同64条）、それがその他の理由で取り消されたときは続行される。

2）併行倒産の際の協力　わが国では原則として「一債務者一手続主義」をとっているので、複数の手続が競合する範囲は並行倒産主義をとる場合におけるよりも狭いが、並行倒産自体は広く認められており、国内手続優先の原則が採用されているので、並行倒産状態における手続間協力の必要性にはなお大きなものがある。そこで、わが国の倒産処理法は、それぞれ独立の章を設けて対処している（破11章、民再11章、会更10章）。それには以下のものがある。

①　**外国管財人との協力**　外国管財人との協力については各倒産処理法に規定がある（破245条、民再207条、会更242条）。そこでは、管財人等国内手続の機関

が外国倒産手続の管財人等に対して、必要な協力や情報の提供を求めることができると規定すると同時に、外国手続の適切な実施のために必要な情報の提供や協力をするという努力義務をも規定している。これは、並行倒産状態が生じた場合に、管財人間の協力によりできるだけ国際的に調和する倒産手続を実現しようとするものである。これはモデル法26条27条の内容をほぼ忠実に取り込んだものである。

② **外国手続が行われている場合の国内手続開始の容易化**　外国手続が行われている場合に国内手続の開始を容易にすることにより、国内債権者や外国管財人等を保護するために、外国手続の存在により国内手続の開始原因事実の存在を推定する規定が置かれている（破17条、民再208条、会更243条）。これにより、たとえば、外国管財人等は支払不能等の事実を立証しなくても、国内手続の開始決定を得ることが可能となる。

③ **国内手続における外国管財人の権限**　外国管財人に対し、わが国において、国内手続の開始の申立てをなす権限を認めるほか、債権者（関係人）集会の出席権、意見表明権、再生・更生計画案の提出権も認められている（破246条1項、民再209条1項、会更244条1項）。また、その権限の行使を保障するために、外国管財人には、重要な各種書面の送達をすべき旨が規定されている（破246条、民再209条、会更244条）。これらの規定は、モデル法11条・12条でも認められているものである。

3）**クロス・ファイリング**　外国手続への参加が実際上困難である国内弱小債権者の権利を保護し、債権者平等を実質的に確保する一方、外国管財人等に対しても国内手続において同様の便宜を図るために、外国管財人と国内手続機関による相互の手続に対する参加権が認められている（破247条、民再210条、会更245条）。すなわち、外国管財人は国内手続に届出をしていない手続債権者であって外国倒産処理手続に参加している者を代表して国内手続に参加することができ、他方、国内管財人・再生債務者等は国内手続の届出債権者であって外国倒産処理手続に参加していない者を代表して外国倒産処理手続に参加することができることとしたものである。このような制度をクロス・ファイリングという。このようなクロス・ファイリングの制度は、EU倒産条約32条2項など条約レベルでは規定の例があるが、国内法レベルでは明示的な規定をおく国は、わが国以外にはないようであり、モデル法でも、各国の立法に期待するものとして統一条項は見送られた。その意味で、これらの規定は、国際的な水準を一歩ぬきんでた画期的な国際協調規定であるといえる[78]。

4）**ホッチポットルール（hotchpot rule）**　国内手続の対外的効力に関して、

第21講　相続財産や信託財産をめぐる破産、破産犯罪、私的整理、国際倒産　　　*691*

債権者の外国での債権回収と国内手続による弁済との調整という問題も解決しておく必要がある。これにつき、いわゆるホッチポットルールが採用された。この原則は、債権者が、国内倒産手続の開始後に、債務者の外国財産に対する権利行使に基づき弁済を受けたときは、その債権者は、他の債権者がその倒産手続において同一の割合・弁済を受けるまでは、手続上配当・弁済を受けることができないものとされることをその内容とするものである（破201条4項、民再89条2項、会更137条2項）[79]。

このような考え方は、モデル法32条においても明らかにされているところであり、倒産債権者間の実質的な平等を図るためには、国際倒産法上の必要不可欠な規律内容である。なお、そのような債権者は、外国での弁済前の債権全額で手続に参加することはできるが（破109条、民再89条1項、会更137条1項）、議決権を行使できるのは、弁済受領額を控除した範囲に限られる（破142条2項、民再89条3項、会更137条3項）。なお、更生手続では、更生担保権も者も同様の規律の対象とされている。

（7） 外国人の地位

破産法3条、民事再生法3条、会社更生法3条は、いずれも、旧破産法2条[80]の相互主義の規律を削除し、外国人にも内国人と同一の地位を与えている。

＜設問についてのコメント＞

・ ケース 21 —①

問1は、相続人が破産した場合において、単純承認が為されたのが、破産手続開始決定の前か後かで、どのような効果が生じるかを問うものである。これについては、第14章1（1）1）を参照のこと。

問2は、相続財産と相続人自身に破産手続が開始された場合、相続債権者Aおよび、相続人の債権者B破格破産手続においてどのように権利行使をすべきか、を問う問題である。これについては、第14章1（1）2）および（2）4）③を参照のこと。

---

[78] 倒産法制177頁。

[79] たとえば、破産手続開始後に、1億円の破産債権を有する債権者が、破産者の外国財産から3000万円の回収をしたときは、破産手続で他の債権者が30％の配当を受けるまで、その債権者は破産配当を受けることができないという原則である。

[80] 旧破産法2条は「外国人又ハ外国法人ハ破産ニ関シ日本人又ハ日本法人ト同一ノ地位ヲ有ス但シ其ノ本国法ニ依リ日本人又ハ日本法人カ同一ノ地位ヲ有スルトキニ限ル」と規定していた。

第 17 章 　国際倒産

・ **ケース** 21 —②

問1前段および中段は、受託者Bが破産したときに、Bおよびその管財人が職務遂行ができるか否かを問うものである。その際、倒産手続開始が任務終了事由にあたるとの約定がある場合が問題となる。後段は、受託者と信託財産の双方に破産手続が開始した場合である。これらについては、第14章2（3）1）〜3）および2（2）3）を参照のこと。

問2は、委託者破産の場合の信託契約の帰趨を問うものである。これについては、第14章2（4）1）を参照のこと。

・ **ケース** 21 —③

問1は、偏頗行為は否認の対象にはなるが（破162条）、それとは別に破産犯罪になるか否かを問う問題である。設例では、本旨弁済であるから、偏頗行為否認の対象にはなるであろうが、破産法266条違反にはならないであろう。これについては、第15章3（3）を参照のこと。

問2は、「商店に来て大声で即時の弁済を迫った」というZの行為の評価の問題になろうが、破産者に対してなされたのなら、面会の強請ないし強談に当たるであろう。それ以外の者、たとえば、事務員などに対して為されたような場合、それが代位弁済を迫るような内容であれば、本条の構成要件は満たすであろう。これについては、第15章3（12）を参照のこと。

・ **ケース** 21 —④

問1については、第16章2を参照のこと。

問2については、第16章4〜7を参照のこと。

・ **ケース** 21 —⑤

問1は、日本における破産手続と、アメリカで開始された倒産手続の承認が求められた場合、どちらが優先するかを問う問題である。この場合、原則として、日本の国内手続が優先するが、例外規定にあたるか否かが判断されることになろう。これについては、第17章3（5）1）①を参照のこと。

問2は、わが国において、複数の外国手続についての複数の承認援助手続が競合した場合の問題を問うものである。これについては、第17章3（5）1）②を参照のこと。

第21講　相続財産や信託財産をめぐる破産、破産犯罪、私的整理、国際倒産　　　693

第22講　民事再生手続総論、利害関係人と機関

ケース

　A株式会社は、神奈川県横浜市に本社を有する外国製品の輸入販売を業とする商社であるが、岐阜県の高山市内に子会社であるB株式会社を有していた。A社は、外国の食料品や穀物の輸入販売については、国内に強い販売ルートを有しており、実績があり業績も上がっている。それに対し、数年前に新たに進出した、外国ブランド衣料品の輸入販売分野については完全に失敗し、それが大きく会社全体の経営を圧迫し、これ以上経営を続行することは困難であった。またそのときには、既に岐阜地方裁判所において、子会社であるB社について破産手続が開始していた。Aの代表取締役社長である甲は、長年手塩に掛けて企業であり、できることならば、民事再生手続によって事業の再生を図りたいと考えている。

　なお、A社は、以前C社にA社所有の土地を売却し、C社から代金全額を支払ってもらったにもかかわらず、まだ当該土地の所有権移転登記をしていなかった。

- ◆問1　民事再生手続を選択する場合の考慮要素としてはどのようなものが考えられるか。
- ◆問2　A社の民事再生手続につき管轄権を有する裁判所はどこか。また、A社は、岐阜地方裁判所に民事再生手続開始の申立てをすることができるか。
- ◆問3　A社に民事再生手続が開始した後になって、C社がA社に対して当該土地につき所有権移転登記を求めてきた場合、A社としてはこれに応じる必要があるか。また、再生債務者が、手続開始後に、確定日付ある証書によって、債務者に債権譲渡の通知をした場合、債権の譲受人は債権譲渡の対抗力を主張することができるか。
- ◆問4　仮に、甲の経営手腕につき疑問がある場合、再生手続開始の前後において、どのような措置をとりうるか。

第18章 民事再生手続総論、再生手続の利害関係人と機関

1 民事再生手続総論

(1) 民事再生手続の特色

市場経済秩序において、法人または個人が経済的に破綻した状態を倒産というが、このような経済的破綻状態を処理する手続が倒産（処理）手続である。民事再生法は、その第1条において、「この法律は、経済的に窮境にある債務者について、その債権者の多数の同意を得、かつ、裁判所の認可を受けた再生計画を定めること等により、当該債務者とその債権者との間の民事上の権利関係を適切に調整し、もって当該債務者の事業又は経済生活の再生を図ることを目的とする。」と規定しており、民事再生手続がいわゆる再建型倒産手続であることを明らかにしている。このような民事再生手続は、同じ再建型の倒産手続である会社更生手続と比べ種々の特色があるし、また、清算型倒産手続である破産手続や特別清算手続に対しても種々の特色を有する。以下では、民事再生手続が有している特色について説明しよう。

1) 適 用 対 象 民事再生法は、その適用対象となるものについて「債務者」としか規定しておらず（民再1条）、したがって、民事再生手続の適用対象になるのは、経済的に窮境にある、すべての法人および個人であると考えられる。この点、対象を限定していない破産手続と同じであるが、会社更生手続が対象を株式会社に限定している（会更1条）のと異なる。また、民事再生法の当初の立法コンセプトは、中小企業等に利用しやすい再建型倒産処理手続を提供することであった[1]が、必要とされる手続コストがより少ない、利害関係人の自治がより尊重されるという民事再生手続の特色は、再建型倒産処理一般にとっても望ましいものといえよう。したがって、担保権や一般優先債権に損失を負担させなくても事業再生が可能であるような場合（つまり、財務毀損の程度が低い段階で手続が開始された場合）、あるは、権利変更（損失分担）につき利害関係人間で容易に合意が成立しそうであるような場合、さらには、利害関係人が再生債務者を信頼している等の事情があるような事件では、大規模な株式会社であっても、民事再生手続で処理されることが合理的であろう[2]。

---

(1) 一問一答民再4頁参照。

(2) 新注釈民再2版（上）4頁以下〔中西正〕。そして近時においては、大企業（そごう百貨店、青木建設、日立精機等）から、自然人に至るまで大いに利用されている（実務倒

2）原則としてのDIP型手続　　倒産処理手続には、破産手続や会社更生手続のように、管財人を選任し、その者に債務者財産の管理処分権を移転し、その者が手続を遂行するといういわゆる管理型倒産手続（破78条・79条、会更72条・73条）と、手続開始後も、債務者が依然として自己の財産の管理処分権を失うことなく、自らが手続を遂行するといういわゆるDIP型倒産手続がある。民事再生手続は、再生手続の開始によっても、債務者は、原則として、事業経営権および財産の管理処分権を失わない、いわゆるDIP〔Debtor In Possession〕型の倒産処理手続である（民再38条1項）。しかし、事案に応じて、DIP型の手続をとりながらも、監督委員を選任し、債務者の財産に対する管理処分権の行使に一定の制限を加える後見型（民再54条以下）、さらには、管財人を選任し、この者に、財産の管理処分権を全面的に移転させる管理型の手続（民再64条以下）をもとることもできる柔軟な構造になっている。

3）手続に参加を義務づけられるのは一般の債権者のみ　　一般債権者は再生手続への参加が義務づけられるが（民再84条・85条1項）、一般の優先権ある債権者は、一般優先債権者として、手続外で満足を受けることができる[3]（民再122条1項2項）。また、特定の財産上の担保権者は別除権者とされ、同じく手続外での満足が保障されている（民再53条1項2項）。さらに、株主も利害関係人として手続に参加することはない。これは、一般債権者のみを対象として再生計画による権利変更を行うことによって、手続を簡素化し、迅速な手続処理を可能にするためである。

4）さまざまな機関　　債務者の権限の適切な行使を確保すると共に、倒産処理に必要となる調査・情報収集のために、任意の設置機関として、監督委員、管財人、調査委員、債権者委員会等を用意するほか、裁判所が債務者に対して必要な監督を行えるようにしている。

5）手続開始要件の緩和と再生計画の提出時期　　従来存在していた簡易な再建型倒産処理手続としては和議法があったが、そこでは、手続開始原因は破産におけるそれと同様であり、また、手続開始申立てと同時に和議条件（再建計画）を提出するものとされていた。しかし、それでは、再建型倒産処理手続としては手続開始が遅きに失するおそれがあり、また、このような倒産の混乱時に和議開始申立てに伴う影響や債権内容等を十分に把握できないまま和議条件を作成する

産3版31頁〔今中利昭〕、Q&A民再2版3頁〔岡正晶〕等参照）。
(3)　このような扱いは、組分けによる決議の必要性（会更196条1項）が生じることによる手続の複雑化を避けるためである（伊藤3版854頁）。これに対して破産手続では、これらの債権は優先的破産債権とされており、手続参加が強制されている。

ことは困難であり、そのため、和議条件を可決してもらうために、債権者に有利
なしかし実現困難な和議条件が作られることもあった。そこで、民事再生法は、
手続開始原因を緩和する（民再21条）と共に、債権者の、再生計画案の提出期間
を、申立時ではなく、債権届出期間の満了後の裁判所が定める期間内としている
（民再163条1項）ほか、債権調査・確定の手続を導入し（民再99条以下）、合理的な
内容を有する再建計画が作成される可能性を確保している。

　6）担保権の処遇　　本来、再建型倒産処理手続においては、担保目的物が債
務者財産から逸失しないために、担保権は制限されるべきものである（会更138条
2項・144条1項3項・168条1項等）。しかし、民事再生手続においては、手続を簡素
化するために、破産手続におけると同様に担保権を別除権とし、その実行につい
ては法律上の制限を加えないこととし（民再53条1項2項）、実行の制限は、原則
として再生債務者と担保権者との間の合意に委ねられている。ただし、担保目的
物が債務者の経済的再生にとって必要な場合のために、担保権実行中止の制度（民
再31条）や、担保権消滅許可の制度（民再148条以下）が設けられており、その散
逸の防止が図られている。

　7）権利変更の特色　　再建型倒産処理手続においては、債務者の経済的再生
を図るためには、一方で事業の収益力を回復させると共に、他方で、債務負担を
軽減し、収入を事業資金などに用いる必要がある。そのために、手続内での債務
の免除や期限の猶予、あるいは債権の株式への振替えなど、利害関係人の権利を
変更する必要がある。そのために、原則的な方式としては、会社更生手続と同様
なものが採用されている（民再156条・157条・176条）。

　8）再生計画の履行確保　　従来の和議手続においては、和議条件の認可決
定の確定により、手続は終了し、その後の和議条件の履行については、もっぱら
債務者の誠実性に委ねられていた。そのため、和議条件が当初から実現困難な内
容を有していることも少なからずあったこともあり、内容通りの履行が行われな
いという状況がしばしば見られた。そこで、民事再生法においては、成立した再
生計画の履行を確保するために、再生計画認可の決定があった後にもその変更を
認め（民再187条）、監督委員や管財人または債権者集会による履行の監督（民再
188条2項3項）、弁済が遅滞した場合の債権者表に基づく強制執行や（民再180条3
項）、弁済が著しく遅滞した場合の計画取消（民再189条）等の各種の手段を講じる
ことにより、再生計画の履行を確認しようとしている。

（2）　再建型倒産処理手続としての民事再生手続

1）再建型手続と清算型手続　　民事再生手続は、再建型の法的倒産処理手
続であるが、民事再生法1条によれば、その目的として、「経済的に窮境にある債

務者について・・・当該債務者とその債権者との間の民事上の権利関係を適切に調整し、もって当該債務者の事業又は経済生活の再生を図ること」と規定されている。このことから、民事再生手続は、事業者の経済的な破綻にあっては、その事業の解体を回避し、再び市場における競争に立ち戻らせる手続[4]であり、債務者たる消費者にあっては、その経済生活を継続・再建することを目的としており、いわゆる再建型倒産処理手続であることがわかる。

　もし再建手続が成功すれば、事業者倒産の場合には、雇用を一定限度確保することが可能であり、また、従前の取引関係も維持することができるから、社会的に悪影響が及ぶことを最小限に留めることにもなる。しかしその反面、再建型手続は、継続事業価値を維持または保全するために、手続開始前後の段階で資産に対する担保権の実行を中止させたり、再建の見込みの有無を調査したり、手続開始後においては、継続事業価値の評価を前提として利害関係人に対するその配分案、すなわち再生計画を策定したり、それらについて利害関係人の賛否を問うなど数々の業務が必要になるので、手続自体、清算型手続に比べて複雑である。

　それに対して清算型手続は、債務者の差押え可能な財産を換価し、これを債権者に対してその債権の優先順に応じて公平に弁済（配当）する手続であり、再建型手続に比べて相対的に簡単である。清算型手続の終了により、事業債務者にあっては、その事業は解体され、事業主体は消滅することになる。

　ただ、再建型と清算型との区別は、相対的なものであることに注意しなければならない。すなわち、清算型手続の典型である破産手続においても、特に消費者破産の場合、債務者には換価に値する財産はほとんどなく、債務者財産を換価して債権者へ配当するということははじめからほとんど意図されておらず、その手続の目的は、もっぱら破産者の経済的更生にある。また、企業を対象とした清算型手続でも、事業譲渡をし、それによって得られた金銭で債権者に弁済して手続を終了する場合、債務者の財産は換価清算され、その経済活動は終了するが、譲渡された事業は、譲渡先で、従業員と共になお存続することになり、実質的には再建型の手続と変わりはない。逆に、再建型の民事再生手続においても、特別の規定はないが、実質的に清算を内容とする再生計画も適法であると解されており[5]、会社更生法では、185条・196条5項が、事業の継続を内容とする更生計画

---

　(4)　会社更生法（会更1条）では、その目的として、「当該株式会社の事業の維持更生」となっているが、対象が株式会社に限られていることから、主として消費者を対象とした「経済生活の再生」という文言は入っていない。

　(5)　逐条研究164頁以下〔松下淳一・田原睦夫発言〕参照。実務倒産3版362頁〔今泉純一〕は、清算を目的とする民事再生の申立ては許されないが、手続開始後に再建が不可

の作成が困難なときには、手続を廃止して破産に移行するまでもなく、更生手続の内容での清算を行うことを認めている。

2）債権の棚上げと債務の圧縮　①　総　説　再建型倒産処理手続にあっては、債権者の恣意的な債権の取立て等を許すと、到底、合理的な再建計画を立てることはできない。したがって、まず①現在の債権をいったん棚上げにして債権者からの取立てを防ぐ必要がある。次いで、②遊休資産の売却や将来に見込める収益等によって弁済できる範囲に、債務の圧縮を図らなければ、事業の継続は到底望めない。さらに、③圧縮した債務を実際に弁済できる原資を確保するためには、企業の収益力を回復させる必要がある[6]。

②　現在の債権の棚上げ　債権を棚上げするということは、債務の弁済を一旦停止して、その債権者には倒産手続でしか権利行使をさせないということである。これによって、弁済の原資を確保し、かつ、合理的な再建計画を作成することが可能になる。法的倒産手続においては、再建型、清算型の別を問わず、円滑な手続遂行のために原則としてこの債権の棚上げがなされる。すなわち、債権者は、破産手続では破産手続によらなければ（破100条1項）、また、民事再生手続では再生計画によらなければ（民再85条1項）、会社更生手続では更生計画の定めるところによらなければ（会更47条1項）、それぞれ権利行使をすることができないと規定されているのがそれである。この棚上げされる債権のことを、民事再生手続では再生債権、破産手続では破産債権、会社更生手続では更生債権という。

③　債務の圧縮　債務の圧縮とは、債務の免除や期限の猶予、DES〔デット・エクイティー・スワップ〕、DDS〔デット・デット・スワップ〕等によって、遊休資産の売却や、将来の収益で弁済できる範囲に縮小することをいう[7]。

　　能なことが判明したときは、破産手続に移行させるより従来の再生手続を利用して迅速な清算処理ができることから、このような再生計画も認められている、と述べている。

(6)　消費者の民事再生にあっても債権の棚上げや債務の圧縮はなされるが、圧縮後の債務の弁済のための原資となる財産をほとんど有していないのが通常であり、将来の収入だけが主な弁済原資にならざるを得ない点が、企業の民事再生とは異なる。

(7)　DES（デット・エクイティ・スワップ）とは、過剰債務を解消するために、借入金の一部を株式に切り換える手法である。単に権利を放棄してしまう債権放棄とは異なり、DESの場合には、債権者は債務者である株式会社の株式を取得するものであるため、将来的に債務者が再建された場合には、当該株式の継続保有や売却により債務者の企業価値の上昇分を確保して回収に充てられる可能性を維持できる。また債務者にとっては、債務を株式に切り替えることにより、元金の返済も支払利息の返済もなくなり、収益とキャッシュフローが改善する。しかし、この手法は、商法の新株発行手続によって行われるが、商法上「現物出資」として扱われるため、手続が複雑になるほか、銀行法や独占禁止法上の5%ルールの制約を受け、また多額の債権をDESにより株式化すると資本

債権の圧縮に際しては、多数決で、かならずしも個々の債権者の意思によることなく強制的に債権者の権利の変更が行われる。よって、そのような権利変更は公平、平等、衡平および手続保障の理念のもとに行われなければならない。公平に関しては、実体法上同じ性質をもつ権利について手続上平等な取扱いを、異なる性質を持つ権利についてその差異に応じた取扱いをすることを基本とする。これを債権者平等原則という（民再155条1項本文・122条1項2項・53条1項2項）。そして、権利変更の内容（たとえば、弁済期の猶予や分割弁済等）は、再建計画において明確に定められなければならない。また、衡平の原則は、いわゆる配分的正義の視点から公平・平等原則を修正するものであるが、少額債権などについて権利変更に関する差を設けることが認められているのは（民再155条1項但書）、その現れといえよう。債権をどの程度圧縮でき、圧縮後の債務をどのように支払うのかということは、再建の成否を決する上で重要な点となる。しかし、債務者はできるだけ多くの債務免除を受けたいと望むし、債権者はできる限り多くの債権回収を図ることを望むのであり、そこでは、債権者と債務者の利益とが鋭く対立する。ただ、法的再建型倒産処理手続においては、多数決で反対債権者の意思を無視して強制的に債務の圧縮が行なわれる以上（民再172条の3、会更196条等）、反対債権者の利益保護の観点から、債権者は債務者が清算（破産）した場合より高率の弁済が受けられるべきであるという、いわゆる清算価値保障原則（清算価値維持原則）が妥当する。そこで、清算価値とは何か、という点が問題となるが、一般的には、企業の再建では、債務者である企業の財産（資産）を会計帳簿上の価額（簿価）ではなく、資産を処分したと仮定した場合の価額で評価し直し、その評価の価額をやや上回る程度（通常は事業を継続するものとして資産を評価した額〔継続事業価値〕）であるとされる[8]。

（3）　民事再生手続選択の際の留意点

　　　　金が巨大化してしまい、中小企業に適用しにくいなどの難点が指摘されていた。これに対して、DDS（デット・デット・スワップ）とは、既存の借入金を劣後ローンとして借り換える手法であるから、新株発行などの法的手続は不要であり、また5％ルールの適用もなく、比較的容易に利用できる。これについては、ハンドブック355頁〔高橋典明〕、増田健一＝渡邉剛「デット・エクイティ・スワップをめぐる諸問題」金法1700号64頁＝金書2版（下）91頁以下および128頁以下〔井上愛朗〕を参照。また、事業再生研究機構税務問題委員会編『事業再生における税務・会計Q&A〔増補改訂版〕』（商事法務・2011年）109頁以下〔富永浩明〕も参照。

　(8)　実務倒産3版133頁〔今泉純一〕。なお、消費者たる債務者の再建でも原則として清算価値保障原則は妥当するものの、消費者は弁済の原資になる財産をほとんど持っておらず、将来の収入が主な弁済原資にならざるを得ないから、実際上は企業のような清算価値保障原則はあまり問題にはならないであろう。

民事手続を選択するに当たっては、いくつかの条件をクリアしなければならない。

　①　まず第1に、債務者の財産状況を把握することが何よりも大事である。上述したように、再建型倒産処理手続である民事再生手続においては、清算価値保障原則をまずクリアーしなければならない。すなわち、資産を処分または回収可能価額で評価し、それに若干上乗せした額を資産の額とし、それから現実に支払うべき負債金額を計算し、そこから導き出された債権者への配当金額を上回る再生計画が作成できない場合には、民事再生手続の遂行は不可能であるといわざるを得ない（民再174条2項4号参照）。

　②　第2には、債務者の収益性である。債務を圧縮した後の債務の弁済は、遊休資産があればその売却によってもなされるが、中心となるのは、債務者の将来の収益によってなされる。したがって、弁済原資は再建した場合における予想収益の額であるから、それは厳密に算定されていなければならない。この額の判断に当たっては、金利を除いた本業の収益、すなわち営業利益段階のものが重要である[9]。この算定・評価が甘ければ、たとえ再生手続に入っても、弁済は不可能となり、再生手続も頓挫することになる。

　③　第3には資金繰りである。収益が弁済原資となるといっても、現実に弁済原資になるのは、会計上の利益ではなく、資金の余剰である。したがって、再建の見通しの判断のためには、資金繰り計画も合わせて立てる必要がある。特に、再生手続のような法的手続に入った直後には、平常時であれば回収できる売上金が回収できなくなるほか、棚上げされた債権者たる取引先が、今後の取引については現金決済ないし短期間での代金決済を要求するなど、資金繰りが厳しくなることが予想されるので、当面の運転資金だけは確保しておく必要があろう。

　④　第4は、破綻原因の究明である。破綻の原因が、不動産投資や財テク等過去のものであったり、あるいは不採算部門のからの撤退等、経営の合理化などにより除去可能なものであれば、再建の可能性は高いといえるが、事業全部が構造不況分野であり、黒字化するだけの手段もないなど、破綻原因の除去が難しい場合には、再建は困難である[10]。

　⑤　第5は、利害関係人の状況である。再生手続は様々な利害関係人の支援と協力によってはじめて成功しうるものである。すなわち、民事再生手続は原則としてDIP型の手続であるから、債務者ないし債務者企業の経営者の強力なイニシアチブの下に従業員と一体となって再建に邁進しない限り、その成功の可能性は

---

(9)　全書（上）356頁〔清水真〕参照。
(10)　全書（上）357頁〔清水真〕。

ない。よって、経営者等に再建の意欲がない場合には最初から民事再生手続の遂行は不可能である。また、従前の顧客が従来通りの取引を継続してくれるかという点も重要である。もしこれらが望み得ない場合には、また新たな顧客の開拓が不可欠となるが、それは非常に困難を伴うのであり、再建はおぼつかないであろう。さらに、民事再生手続においては債権者の債権は棚上げされ、個別的な権利行使がなされるおそれはないが、債権者がはじめから協力的でなければ、再生計画を成立させることはできない。したがって、最低限でも、過半数の債権者の協力を取り付けておくことは不可欠である。また、民事再生法上、担保は別除権とされているから（民再53条）、これら担保権者の理解がないと、再建に不可欠な財産に対して担保権実行手続をとる（これに対しては、担保権消滅許可の制度はあるが）など円滑な手続遂行は期待できないであろう。また、従業員の給料債権は、再生法上一般優先債権とされており（民再122条）、再生手続開始申立後に合理化や事業譲渡により従業員が退職することを前提に再生計画を作る場合には、退職金全額の手当ても必要であろう。さらに、再生手続においては、従来の経営陣、すなわち株主に選任された取締役が手続を遂行していくので、株主の反対が強い場合には、取締役が解任されたりして、その後の手続遂行に支障を来すおそれがある[11]。

⑥　第6に、一括弁済の原資確保や信用力補完のためにスポンサー支援があることが再建にとって必要もしくは有用なことが多い。現在、高い収益力を有している会社では、法的整理の申立てをすると、複数のスポンサーが名乗りを上げることが多い。したがって、そのような会社では、手続開始申立ての前に具体的なスポンサー候補がいないことは、整理を行うことの支障とはいえない。ただ、資金繰りが厳しく、申立後の事業価値の毀損が早いと見込まれる会社では、直ちにスポンサーを得られる見込みがないと、一般的には再建型手続は困難である[12]。

2　再生手続の利害関係人・機関

手続に密接な利害関係を有する者としては、債務者（再生債務者）、債権者（再生債権者）、別除権者（担保権者）、相殺権者、取戻権者、共益債権者などがあるが、債権者以下は、再生債権、別除権、相殺権、取戻権、共益債権についての説明において触れる。よって、ここでは、再生債務者と、再生手続の機関についてのみ説明する。

（1）　再生債務者

1）　業務遂行権・財産管理処分権の維持　　再生債務者は、再生手続が開始さ

---

[11]　全書（上）357頁〜359頁〔清水真〕が詳しい。

[12]　全書（上）359頁〔清水真〕。

れた後も、原則として、その業務を遂行し、その財産を管理・処分する権利を有する（民再38条1項）。すなわち、民事再生手続は基本的にDIP（Debtor in possession）型手続であり[13]、この点が、原則的に管財人が選任され、業務遂行権や財産の管理処分権をすべてこれに委ね、管財人のもとで手続が遂行されるいわゆる管理型手続である破産手続や会社更生手続と大きく異なる。ただし、裁判所は、再生手続開始後に、必要があると認めるときは、再生債務者等が一定の行為をするには裁判所の許可を得なければならないものとすることができ（民再41条）[14]、この場合には、債務者が、これに違反して裁判所の許可を得ないで行為をしても、それは無効であるが（民再41条2項）、その無効は善意の第三者には対抗できない（同但書）。もっとも、全国のほとんどの地方裁判所では、全件において監督委員が選任されており（民再54条1項）、裁判所の許可事項に相当する事項が監督委員の同意を要する事項とされるので[15]、裁判所が要許可事項の指定によって、直接に再生債務者に監督を行うことは多くはない。その意味では、いわゆる後見型手続がむしろ原則になっているといえよう。同意事項に該当する行為を監督委員の同意なくしてなした場合は、その行為は無効[16]であるが（民再54条4項）、その無

---

(13) 民事再生手続で原則としてDIP型手続がとられるのは、①この手続の主な対象である中小企業や個人事業者の事業の再建のためには、再生債務者またはその代表者個人の有する情報、技術、人脈等が重要な意味をもつことが多いので、それらを生かすことのできる手続が望ましいこと、②費用や人材確保の可能性を考えると、管財人の選任を必要的とすることは実際的ではないこと、③再生債務者にとっては、業務遂行を継続できることで、再生手続への抵抗が小さくなるので、早期の開始申立てに繋がり、手遅れになることを防止することができること、などが挙げられる（概説2版418頁〔笠井正俊〕）。なお、松下入門2版35頁以下はこのような理由に加え、仮に経営者の経営判断の誤りが破綻の原因であるとしても、事業の中身について一番よく知っているのは当該経営者であり、必要に応じて適切な介入・監督さえすれば、債権者の利益を守りながら事業の再生をすることも可能である点を上げる。

(14) 実務では、原則として、監督委員が選任され、民事再生法41条1項の要許可事項の多くが、監督委員の要同意事項として監督命令に記載され、監督委員の同意が得られれば、別途裁判所の許可を必要としない運用となっている（新注釈民再2版（上）214頁〔長澤美智子〕）。そして、東京地方裁判所の運用では、原則として、裁判所の許可を要する行為の指定をせず、監督委員の同意を要する行為の指定（民再54条2項）によることにしているとされる。これは、裁判所が直接監督する場合は、書面審査に基づく形式的で厳格な監督が行われることになる傾向が強いこと、再生債務者の自主再建に向けた努力の尊重という趣旨を実現するためには裁判所が監督委員を通じて間接的に監督する方が適切であること、加えて、東京地方裁判所管内に監督委員の適材を得られる環境にあることがその理由であるとされている（破産民再実務〔新版〕（下）115頁以下〔小河原寧〕、破産民再実務3版民再120頁参照）。

(15) 条解民再3版221頁〔相澤光江〕、304頁〔高見進〕。

効は善意の第三者には対抗することができない（同但書）。それに対し、管理命令が発令され、管財人が選任されれば、再生債務者の事業遂行権や財産の管理処分権はすべて裁判所が選任する管財人に専属するので（民再66条）、それによって選任された管財人は、再生債務者から制約を受けることなく、自らの意思決定により業務を執行できる。この場合の手続は、管理型ということになる。ところで、民事再生法上、「再生債務者等」という用語が用いられることがあるが、これは、管財人が選任されていない場合には再生債務者を、管財人が選任されている場合には管財人を意味するものである（民再2条2号）。

　なお、再生債務者が企業等である場合には、再生債務者等が再生債務者の営業または事業の全部または重要な一部の譲渡をするには、裁判所の許可を得なければならない（民再42条1項前段）。裁判所は、当該再生債務者の事業の再生のために必要であると認める場合に限り、許可をすることができる（同後段）。裁判所は、許可をする場合には、知れている再生債権者の意見またはこれに代わる債権者委員会の意見、および労働組合等の意見を聴かなければならない（民再42条2項3項）。

2）再生債務者の公平誠実義務と第三者性　① 公平誠実義務

　再生手続が、再生債権者の権利を多数決によって棚上げ・圧縮する手続であることから、債権者の利益保護のためにも、手続は公平かつ誠実に行われなければならない。そこで、民事再生法上、再生債務者は、公平かつ誠実に、業務遂行権や財産の管理処分権を行使するほか、再生手続を追行する義務を負うものとされている（民再38条2項）。これを公平誠実義務という。これに類した責任を課している現行規定としては、特別清算手続における清算人（会社523条）、社債管理者（会社704条）等がある。このうち公平義務とは、多数の債権者を公平に扱う義務である[17]。また誠実義務とは、会社法上、取締役などが負う忠実義務と同じものと解されている。つまり、「自己又は第三者の利益と債権者の利益が相反する場合に、自己又は第三者の利益を図った債権者の利益を害することは許されない」との意味であるとされる[18]。なお、明文の規定はないが、解釈論として再生債務者の善管注意

---

[16]　監督委員の同意なくしてなした行為後に、追認することができるか、という問題があるが、監督命令の趣旨が、行為後の追認の可否についての監督委員の判断に委ねる趣旨と評価できる場合には、例外的に追認を認めるべきであろう（QA500第3版106頁〔三森仁〕）。

[17]　最新実務409頁〔山本和彦〕、条解民再3版197頁〔河野正憲〕。なお、この義務は単純な平等扱いを意味するのではなく、共益債権者への随時・優先弁済等は公平義務に違反することはないが、たとえば同じ再生債権者の一部に対して弁済をしたり手続上の便宜を図ったりするような行為は公平義務に反することになる。

義務を認めるべきであろう[19]。

なお、このような義務に違反した場合の効果について、一般に損害賠償責任が認められるとされる[20]。しかしこの債権は開始後債権（民再123条）に留まり、実際上の意味は少ない。そこで、再生債務者の義務違反については、管理命令の発令[21]に加えて、それによっては他の債権者の損害が回復できないような義務違反行為については、相手方の義務違反についての悪意等を条件に、その効力を否定するという見解が有力である。これによれば、相手方が悪意の場合には、公平義務に違反する弁済は効力を否定されて返還請求の対象となり、誠実義務に反する財産処分は効力を生じないものと解される[22]。

このように、再生債務者が業務を遂行し、財産を管理・処分する権利は、再生債権者全体の利益のために行使されなければならないという拘束を受けるので、再生債務者は、再生手続の機関としての性格を有するものといえる[23]。

② **第三者性** a. 学 説　破産手続において、破産管財人は第三者性を有するというのが多数説である。同様に、民事再生手続においても、第三者性の承認に慎重な意見[24]はあるものの、多数説は、その第三者性を肯定している[25]。その

---

(18)　最新実務410頁〔山本和彦〕、上柳克郎＝鴻常夫＝竹内昭夫編集代表『新版注釈会社法第2補巻』（有斐閣・1996年）171頁〔神田秀樹〕。

(19)　たとえば、債務者や第三者の利益を目的としないで単に再生債務者の怠慢で財産等を散逸させるような行為については、公平誠実義務では対処できないであろう。これに対し、詳解2版32頁〔高田裕成〕は、公平誠実義務の内容を、「財産の再有効活用を図る責務」と理解しており、これによれば、上記のような行為は、公平誠実義務違反ということになる。また、田頭章一『企業倒産処理法の理論的課題』（有斐閣・2005年）49頁は、善管注意義務の不存在を再生債務者の機関性の限界であるとしているが、その結果は妥当であろうか。

(20)　最新実務410頁〔山本和彦〕。社債管理会社につき前掲注釈会社法第2補巻171頁、清算人につき前掲注釈会社法8-2〔増補版〕277頁。

(21)　伊藤3版795頁、新注釈民再2版（上）362頁〔籠池信宏〕。この場合、管理命令の発令には、裁判所の裁量的要素が大きく、当該義務違反の内容だけでなく、再生債務者の意思や経営能力、再生債務者の事業の性質、債権者その他利害関係人の意向、スポンサー選定手続に及ぼす影響、再建の見込み等を総合的に考慮して判断される（前掲籠池362頁）。なお、従来、東京地裁破産再生部では、再生手続がDIP型の自主再建手続であることからして制限的に運用されていたが、平成22年1月からこの運用を改めた（破産民再実務3版民再191頁）。

(22)　最新実務410頁〔山本和彦〕。なお、田頭・前掲48頁、逐条研究55頁参照。

(23)　もっとも、再生債務者には、破産管財人のような否認権の行使権限は与えられていない（民再56条・135条1項）。

(24)　条解民再3版158頁以下〔河野正憲〕。

(25)　条解民再3版165頁〔園尾隆司〕、最新実務411頁〔山本和彦〕、松下入門2版50頁、

点を示す具体的な規定としては、再生債務者が公平誠実義務を負うこと（民再38条2項）、再生手続の開始により、再生債権者の個別執行が禁じられること（民再39条）、双方未履行双務契約において再生債務者が解除と履行の選択権を有していること（民再49条）、相殺制限（民再93条）、担保権消滅許可申立権（民再148条）、再生手続開始前に生じた登記原因に基づき開始後になされた登記・登録がその効力を主張し得ないとしていること（民再45条）等が挙げられている[26]。その他、このような条文上の根拠のほか、第三者性は公平誠実義務から演繹されるとする見解も有力である[27]。また、第三者性を肯定する下級審裁判例もある[28]。

民再実務291頁〔須藤英章〕等。

[26] 最新実務411頁〔山本和彦〕、新注釈民再2版（上）190頁〔三森仁〕、松下入門2版51頁、民再入門3版65頁〔濱田芳貴〕等参照。

[27] 最新実務411頁〔山本和彦〕。また、岡伸浩「再生債務者の法的地位と第三者性－公平誠実義務に基づく財産拘束の視点から」慶應法学26号35頁は、再生手続の機関として公平誠実義務（民再38条2項）を負い、再生債権者の利益を実現するという拘束を受ける再生債務者の地位が第三者性の実体であり、民法177条等の関係で、再生債務者を第三者として認めるべきかどうかは、それぞれの実体法規の趣旨や目的に照らして決せられるとする。

[28] 大阪地判平20・10・31判時2039号51頁〔百選5版21事件〕、およびその控訴審である大阪高判平21・5・29（判例集未登載）があるが両者は、その論理構成を異にしている。すなわち、前者は、①再生債権者は当然に民法177条の第三者に当たる。②再生債務者は、債権者に対し、公平かつ誠実にその財産を管理処分する権利を行使し、再生手続を追行する義務を負う（民再38条2項）。③再生手続が開始された以上、再生債務者は、再生債権者のために公平かつ誠実に財産を管理処分すると共に再生手続を遂行する責務を有する再生手続の機関として、民法177条の第三者である再生債権者の利益の実現を図るべき再生手続上の義務を有するとしている。①の点については、民法177条の第三者の典型は差押債権者であり（最判昭39・3・6民集8巻3号437頁）、一般債権者はこれに該当しないとされている（大判大4・7・12民録21輯1126頁）。しかし、再生債権者のほとんどが一般債権者にすぎず、そうだとすれば、この前提には疑問がある。その他、岡伸浩『倒産法実務の理論研究』（慶應義塾大学出版会・2015年）241頁以下（とくに249頁以下、268頁以下）は、この論旨を批判的に検討し、再生債務者は、公平誠実義務（民再38条2項）に基づいて再生債権者の利益を最大化すべき要請から、再生債務者に関する管理処分権の行使につき財産拘束を受ける再生手続の機関として捉えた上で、再生債務者が民法177条・94条2項の第三者に該当するかという問題は、それぞれの場面における実体法上の解釈の問題であり、その解釈あたっては、そのような再生債務者の機関性を考慮すべきであるとする。これに対し、後者は（この判旨については、岡・前掲書245頁以下を参照）、①民事再生法1項本文は、不動産に関し再生手続開始前に生じた登記原因に基づき再生手続開始後にされた登記は、再生手続の関係においてはその効力を主張することができない旨を定めていること、②民事再生法44条・45条・39条1項の規定により、再生手続開始の時点で一般債権者に対し自己の根抵当権を主張することができなかった者が、再生手続開始後に対抗要件を具備して優先弁済を受けること

これに対して、第三者性否定説は、再生債務者は再生手続開始後も個別的な財産の処分管理権を有するから、その背後にいるにすぎない再生債権者の利益を強調することは困難であること、再生債務者は破産管財人と異なり、否認権の行使権限を有しないことなどを根拠とする。ただ、この見解に立つ論者であっても、すべての場合につき第三者性を否定するものではなく、柔軟に対処しており[29]、実際には、大きな差異は生じないであろう。

　思うに、民事再生法の規定をみると、たとえば、同法38条2項・45条以下・49条・50条2項・93条以下・148条以下・174条2項4号のいわゆる清算価値保障原則等再生債務者の第三者性を肯定する見解に親和的な規定がある一方で、例えば、同法38条1項や、民再135条1項・56条1項など、否認権の行使が再生債務者に与えられていない法規制など、必ずしもそれと整合的でない規定もある。したがって、再生債務者は、民事再生法上、このような当事者的地位と、第三者的地位を併有する存在であると解すべきであろう[30]。よって、再生債務者のこれらのうち、いずれか一方の性質を強調することにより、再生債務者の実体法上の第三者性を肯定したり否定したりすることは必ずしも妥当とはいえないのではあるまい

　　ができるとすることは、法の容認するところではないこと、③仮に再生手続開始前に、再生債務者が再生債権者に対して信義則に反するような対応をしていたとしても、再生手続が開始された以上、再生債務者は、債権者に対し、公平かつ誠実に、その財産を管理処分する権利等を行使し、再生手続を追行する義務を負うとされており（同法38条2項）、再生債務者の財産管理処分権は、あくまでも債権者全体のために行使されなければならないこと、④よって、本件登記請求を認め、本件根抵当権を別除権と認めることは、債権者全体の利益を図る見地からも容認することはできないとした。このように、後者においては、再生債務者が民法177条の第三者に当たるか否かについては明言していない。

[29] 条解民再3版190頁以下、193頁〔河野正憲〕、加藤哲夫「再生債務者の地位」倒産法学の軌跡と展望（櫻井孝一先生古希祝賀）（成文堂・2001年）32頁等。

[30] 岡・前掲書267頁は、再生債務者は、当事者性を維持しつつも債権者の利益に配慮しなければならない存在として、純粋に自己の利益のみを追求することできず、公平誠実義務を履行すべき主体として自己の財産の拘束を受けた存在という意味で、純粋な当事者性を維持せず、この限度で第三者性を有し当事者性を基軸として第三者性が加味された存在であるといえる。再生債務者の第三者性とは、「第三者」そのものではなく、当事者性を維持しつつも第三者的立場に立つ場面のあることを総称する概念として捉えるべきであろうとする。なお、三木浩一「民事再生手続における機関」ジュリ1171号38頁は、民事再生手続における債務者の地位は、民事再生法の規定ぶりを通観する限り、中間的な性格を帯びているとし、管財人が選任されていないときに、債務者に対して特別清算人の場合（商434条）と同種の公平誠実義務を課す規定（民再38条2項）が設けられたことを考えると、否認権の行使の場合のような例外を除いて、できるだけ債務者を機関として位置づける趣旨であると思われる、とする。

第22講　民事再生手続総論、利害関係人と機関

か。むしろ、このような再生債務者の法的地位を前提とするかぎり、実体法上の第三者性を考える場合にも、第三者性を問題とする実体法規定の趣旨から考察することが必要であると思われる[31]。

　b．個別的問題　　再生債務者の第三者性をめぐっては、破産手続におけるのと同様に、個別的な問題の解決について議論がなされている。

　ⓐ対抗要件について

　まず、対抗問題の関係でいえば、たとえば、債務者Aが再生手続開始前にBに不動産を譲渡し、移転登記未了のまま再生手続開始決定がなされ、その後Bが移転登記を具備した場合、民事再生法によれば、再生手続との関係ではその効力は主張できないが、Bが手続開始を知らずに登記を得た場合は効力を主張することができる（民再45条1項）。この条文の意味につき、第三者性肯定説は、債務者Aが再生手続開始前にBに不動産を譲渡し、移転登記未了のまま再生手続開始決定がなされた場合には対抗問題として捉え、移転登記を具備していないBはAに対してAB間の譲渡を対抗できないと解し、自説の根拠とする。このような第三者性肯定説に対しては、そもそもこの場合に物権の「変動」（民177条）があったといえるかという疑問があるほか、再生債務者自らが売却しながら買主の権利を拒むことができるという結論は法感情として理解が得られるかとの疑問が提示されている[32]。また、民事再生法45条は、開始決定後になされた登記の効力の問題であり、直接に登記なくして対抗できるか否かの問題について直ちに決定的な意味をもたないとして第三者性を否定する見解も唱えられている。ただし、この立場に立っても、裁判所による処分制限（民再41条）や監督命令による処分制限（民再54条2項）がされた場合には、開始後の再生債務者が民法177条の第三者に該当すると解している[33]。

　思うに、民法177条の対抗問題は、当該不動産の所有権をどちらの当事者に主張させるのが妥当かという面での解決方法を提示したものと考えられる。そうだ

---

(31)　岡・前掲書268頁は、再生債務者が再生手続上の機関であり、第三者性が認められるとしても、このことから実体法が用意した各規定にいう「第三者」に該当するか否かは、一律に決定されるべき問題とはいえないとする。そして、再生債務者が民法177条の「第三者」に該当するかとか、民法94条2項の「第三者」に該当するかという問題は、それぞれの場面における実体法上の解釈の問題に帰着する。その解釈に際しては、当該実体法の解釈を通じて、再生債務者は、公平誠実義務（民事再生法38条2項）に基づいて再生債権者の利益を最大化すべき要請から、再生債務者に関する管理処分権の行使につき財産拘束を受ける再生手続の機関としての法的地位に立つ存在であることを考慮して決定すべきであるとするが、傾聴すべき見解である。

(32)　破産民再実務〔新版〕（下）118頁〔小河原寧〕、破産民再実務3版民再122頁。

(33)　条解民再3版195頁〔河野正憲〕。

とするならば、再生手続の開始により、再生債権者は独自の権利行使が禁じられ（民再26条1項・39条1項・85条）、自己の債権の実現を再生債務者に委ねざるを得ない地位に置かれることになる。そのことは逆に言えば、再生債務者は、そのような再生債権者の利益の最大化を実現することが債権者への公平誠実義務を果たすことになるといえ、そこにおいて、再生債権者の利益を一身に担った再生債務者と、登記権利者との間に鋭く対立する利害関係（いわゆる「食うか食われるかの関係」）が生じることになる。これを解決するのが民法177条であり、したがって、再生債務者はここでいう第三者に当たると解することになる[34]。

これに対し、同じ対抗要件の問題であっても、債権譲渡の場合には若干事情が異なる。すなわち、再生手続開始後に再生債務者が、確定日付ある証書によって債権譲渡の通知をしたような場合に、不動産のときのような明文の規定がないことから、債権の譲受人は対抗力を主張できるか、という問題が生じる。これに関しては、民事再生法45条を類推適用してその効力を否定すべしとするもの[35]と、再生債務者の公平誠実義務違反の行為に基づき対抗要件が具備された場合には、相手方の手続開始に関する悪意（民再30条6項・41条2項参照）を条件として対抗要件具備の効力を否定できるとする見解[36]が唱えられている。結論的には変りはないが、この場合、相手方は一種の背信的悪意者の地位に立つと考えられることから、後説が妥当であろう。

ⓑ第三者保護規定（民94条2項・96条3項・545条1項但書等）について

再生債務者の第三者性を前提とすれば、債務者はこれらの第三者に当たるということになる。ただ、民事再生手続においては、まったくの利害関係のない破産管財人とは異なり、当該行為をした張本人である再生債務者が第三者として保護を受けるのは、直感的に違和感がある。これは、この場合の債務者は、従前の行為の当事者という立場から、手続開始後は、再生債権者の利益代表としての立場に立って行動しているのだと説明するほかあるまい。したがって、再生債務者の善意・悪意の判断の基準も、破産の場合と同じく、再生債権者の中に一人でも善意の者がいれば、善意性が肯定されるということで調整を図るべきであろう[37]。

---

(34)　岡伸浩・前掲書256頁、269頁以下参照。なお、入門民再67頁〔松下淳一〕は、清算価値の保障があれば、対抗問題で勝った利益のうち最低限の分は再生債権者に行くと考えてよいのではないかとして、結論として、再生債務者の第三者性を肯定する。

(35)　Q&A民再2版118頁〔中井康之〕。

(36)　最新実務412頁〔山本和彦〕。

(37)　最新実務413頁〔山本和彦〕、伊藤3版869頁。なお、「善意」の判断基準として、再生債権者の主観的要素を基準とするのは現実的でないという批判がある（破産民再実務3版民再123頁）。

第22講　民事再生手続総論、利害関係人と機関　　　709

第一に、再生債務者が、民法94条2項の第三者に当るか否かという問題がある。通謀虚偽表示による法律行為の無効を理由に財産の引渡しが求められている債務者に再生手続が開始した場合、債務者は手続開始後は「善意の第三者（民94条2項）」だとの理由で、目的物の引渡しを拒絶できるかという問題である。この場合、第三者が保護されるのは、外形上有効になされている法律行為を信頼した第三者を保護しようとするものであり、債務者自身がこのような保護の利益を受ける立場にはないが、上述したように、再生債務者は背後に存在する再生債権者一般の利益を代弁していると解されることから、再生債務者は民法94条2項の第三者に該当すると考えてよかろう(38)。この場合の「善意」の判断基準としては、破産管財人の第三者性の議論と同様、再生債権者のうちに1人でも善意の者がいれば善意性が肯定されると解されている。これに対して、第三者性を認めることに慎重な見解は、一般的には本項の第三者には該当しないという見解をとることになろうが、仮にこの説に立ったとしても、民事再生法41条や同54条2項の処分制限がなされている場合には、第三者に該当するという取扱いも可能であろう(39)。

　第二は、再生債務者が、民法96条3項の第三者に当るかという問題である。すなわち、債務者に対して詐欺を理由に法律行為の取消しが主張されているのに対して、債務者に再生手続が開始したことを理由に、第三者としての地位を主張してこの取消しに対抗できるか、という問題である。ここでも、再生債権者の利益を担う再生債務者と、相手方の利益保護という対立構造で考えることができ、再生債務者は、民法96条3項の保護を受けることになり、再生債権者のうち1人でも善意の者がいれば、善意性を満たすと解することになろう。これに対しては、第三者性否定説の立場から、手続が開始したことだけで、債務者がこれまでの立場とは全く別に第三者だとして詐欺による取消しを否定できるとすることは、詐欺の被害者の立場を無視することになる、との批判がなされている。ただこの場合でも、通謀虚偽表示の場合と同様、民再41条や54条2項の処分制限がなされている場合には、第三者に該当するという取扱いは考えうるが、詐欺による被害者との関係でもない一般の債権者の利益を優位して保護すべきではないと解する余地はある(40)。

　第三には、再生債務者が、民法545条1項但書の第三者に当るかという問題である。すなわち、契約が解除された場合、各当事者は相手方を原状に復させる義務を負うが、第三者の権利を害することはできないとされている（民545条1項）。

---

(38)　最新実務413頁〔山本和彦〕。
(39)　条解民再3版193頁以下〔河野正憲〕。
(40)　条解民再3版193頁以下〔河野正憲〕。

そこで、債務者に再生手続が開始された場合に、債務者は相手方の契約解除による現状回復を拒みうるかが問題になる。この場合にも、上述した、対抗要件の場合や、通謀虚偽表示おける議論がそのまま当てはまる。

ⓒ動産売買の先取特権（民333条）の効力に関し、動産の売買がなされた場合の代価および利息につき、債務者の手許にある動産上に生じた先取特権は、再生手続開始後も売主が再生債務者に対して主張できるか、という問題である。第三者性肯定説によれば、売主の先取特権の主張を拒むことができよう。これに対しては、この場合「引渡し」があったとはいえないし、手続開始によって対象動産の帰属自体に変更が生じているわけではないし、目的物の差押えの効力があるわけでもないから、第三者としての地位を否定する見解の方がむしろ有力であり、実務の運用もこれを前提としているといわれる[41]。

（2）裁判所

1）意義 再生手続（民再2条4号）の事件を担当する裁判所を再生裁判所というが、再生事件は地方裁判所の職分管轄に属する（民再5条）。すなわち、再生手続に関する種々の裁判を行い、債権者集会の指揮など自らその手続を主宰し、または手続を遂行する機関である再生債務者等を監督する職務を行う機関である[42]。

2）裁判所の職務 現行法上、裁判所の職務は、大まかに、以下の4つに分類できる。

① 再生手続の開始や終了にかかわる裁判を行うこと（民再33条1項・188条1項〜3項・191条〜194条）。

② 監督委員、調査委員、管財人あるいは保全管理人の選任（民再54条1項・62条1項・64条1項・79条1項）や、債権者集会の招集・指揮（民再114条・116条）、再生債権届出の受理（民再94条）、再生計画案の受理（民再163条1項2項）、再生計画案を決議に付する旨の決定（民再169条1項）、再生計画認可または不認可の決定（民再174条1項2項）等、手続の遂行に関する職務である。

③ 再生債務者等、監督委員、調査委員、管財人、保全管理人といった手続機関に対する監督をなすこと（民再41条1項・57条・63条・78条・83条1項、民再規23

---

[41] 破産民再実務3版民再124頁、破産民再実務〔新版〕（下）120頁〔小河原寧〕、条解民再3版196頁〔河野正憲〕。破産管財人についてであるが、最判昭59・2・2民集38巻3号431頁〔百選5版55事件〕も同旨。

[42] 民事再生法は、再生手続（2条4号）を担当する裁判体を単に裁判所と呼び（民再21条1項・33条・114条・116条・169条・174条等）、その裁判体が所属する官署としての裁判所を再生裁判所と呼んで（民再17条3項・106条2項・135条2項・137条2項・145条2項・149条3項・183条3項・248条・249条1項）区別している。

条・23 条の 2・26 条 2 項・27 条 1 項）。

④ 再生債権者等利害関係人間の権利義務に関する争いを裁判によって解決することと（民再 105 条・106 条 2 項・135 条 2 項・137 条 2 項・143 条・145 条 2 項・149 条 3 項等）。

3）**管　轄**　再生事件の管轄は、破産事件と同じく、すべて専属的であり（民再 6 条）、合意管轄は認められない。管轄は職分管轄と土地管轄とに分けることができるが、再生事件の職分管轄は、地方裁判所にある（民再 5 条）が、土地管轄については、民事再生法上、当事者の利便性や、再生手続の統一性・効率性といった観点から、次のように規定されている。

① **原則的土地管轄**　(a)再生債務者が営業者であるときは、主たる営業所の所在地を管轄する地方裁判所である。(b)再生債務者が営業者で外国に主たる営業所を有するときは、日本におけるその主たる営業所の所在地を管轄する地方裁判所である。(c)再生債務者が営業者でないときまたは営業者であっても営業所を有しないときは、その普通裁判籍（民訴 4 条 2 項〜6 項）の所在地を管轄する地方裁判所が管轄する（民再 5 条 1 項）。さらに、(d)これらの管轄がない場合、再生債務者の財産の所在地（債権については、裁判上の請求をすることができる地）を管轄する地方裁判所が管轄権を有する（民再 5 条 2 項）。これらは、破産の場合の規定（破 5 条 1 項 2 項）と同様である。

② **親子会社等についての関連土地管轄**　会社間に親子の関係があったり、連結計算の関係がある場合、それらの会社の再生手続は一体的に進めるのが望ましい。また、中小企業においては、会社の代表者が支配的なオーナーであり、代表者個人の財産が会社の担保に提供されていることが多く見られるから、この場合も統一的に処理できることが望ましい。したがって、このような場合につき、破産手続の場合と同様（破 5 条 3 項〜6 項）、関連土地管轄が認められている（民再 5 条 3 項〜6 項）。ただし、破産手続の場合には、親会社または子株式会社について破産事件、再生事件または更生事件が係属しているときに、関連土地管轄が認められるが、再生手続の場合には、たとえば、親会社に破産手続が継続してる裁判所に、子会社の再生手続あるいは更生手続の申立てをすることは認められない。これは、関連会社の破産手続が係属しているだけで、技術性が高く、より難しい再生手続あるいは更生手続を係属させても、その後の両手続の円滑な進行は必ずしも図れないからである[43]。

③ **連帯債務者等の関係にある個人についての特例**　相互に連帯債務者の関係

---

[43]　基本構造と実務 47 頁〔小川秀樹発言〕参照。

にある個人、相互に主たる債務者と保証人の関係にある個人、または夫婦のいずれか1人について再生手続が継続しているときは、他の者についても、その継続裁判所に再生手続開始の申立てをすることができる（民再5条7項）。これも破産手続と同様の規定である（破5条7項）。

④　**大規模事件の特例**　債権者の数が多い大規模再生事件においては、これを、人的体制が整い、また事件処理に関する知見等が集積されている裁判所で処理することが、効率的であり、かつ有効であることは、破産手続におけると同様である。そこで、民事再生法は、破産の場合（破5条8項9項）と同様の規定を置いている（民再5条8項9項）[44]。

⑤　**管轄が競合する場合の処置**　民事再生法は、破産法と同じく、原則的管轄と競合する管轄を複数認めた（民再5条1項〜9項、破5条1項〜9項）ために、その間の調整が必要となった。そこで、民事再生法は、破産法と同様、先に再生手続開始の申立てがあった裁判所が管轄権を有するものと規定した（民再5条10項、破5条10項）。

⑥　**移　送**　再生裁判所の管轄は専属管轄であり、管轄違いの裁判所に再生手続開始申立てがなされた場合には移送が可能である（民再18条、民訴16条1項）。しかし、開始申立てがなされた裁判所が管轄裁判所である場合であっても、利害関係人の利益を考慮して、適正、かつ迅速な手続の進行を図るために、より適切な裁判所に再生事件を移送する可能性を認める必要がある。そこで、民事再生法は、破産の場合（破7条）と同じく、著しい損害または遅滞を避けるために必要があると認めるときは、裁判所が職権で[45]事件を特定の裁判所に移送することができるものと規定している（民再7条1号〜5号）。

⑦　**国際再生管轄**　国際再生管轄の内容は、国際破産管轄に関する破産法の規定（破4条）の内容とほぼ同じである。すなわち、債務者が個人である場合には、日本国内に営業所、住所、居所または財産を有するときに限り、法人その他の社団または財団である場合には、日本国内に営業所、事務所または財産を有するときに限り、日本の裁判所の国際再生管轄が認められる（民再4条1項）。

（3）　監 督 委 員

---

[44]　東京地方裁判所破産再生部でも、地方に本店を有するスーパーマーケット業、ゴルフ場経営会社等について、民事再生法5条8項または9項に基づく申立てがなされているとのことである（破産民再実務3版民再30頁）。

[45]　これは再生手続には公共的な要請が働くためであるが、実務上は、当事者等からの職権発動を促す申立てがあって初めて移送決定するのが通常であろう（破産民再実務3版民再31頁）。

第22講　民事再生手続総論、利害関係人と機関　　*713*

裁判所は、再生手続開始の申立てがあった場合において、必要があると認める
ときは、利害関係人の申立てまたは職権で、監督委員による監督を命じる処分（監
督命令）をすることができる（民再54条1項）。監督委員には、通常、倒産事件の経
験のある弁護士から選任されることが多いようである[46]。

　民事再生手続においては、手続開始後も、再生債務者が業務の遂行および財産
の管理を行うのが原則（DIP型倒産処理手続）であるが（民再38条1項）、監督委員
は、それが適正になされるように、再生債務者を監督するための機関である。監
督は、実際には主として、裁判所が定めた行為を再生債務者がする際の同意権の
行使を通じて行われる（民再54条2項）。監督委員は、再生債務者を監督して再生
手続の公正を確保するために選任されるものであるから、その職務の遂行に当た
っては、再生債権者その他の利害関係人に対して、善良なる管理者としての注意
義務を負い、それに違反した場合には、損害賠償の責任も負担する（民再60条）。

　現在、多くの裁判所では、原則として全件で監督委員を選任する方針が維持さ
れている[47]。監督命令を発する場合、裁判所は、当該命令において、監督委員の同
意を得なければ再生債務者することのできない行為を指定するが（民再54条2
項）、そのような行為としては、民事再生法41条1項に規定されている各種の行
為が指定されるのが普通である。

　その他の監督委員の主な職務としては以下のものがある。①否認権行使の権限
付与を受けて、必要な行為をすること（民再56条）、②再生債務者やその機関、あ
るいは従業員、さらに再生債務者の子会社等に対して、業務および財産の状況に
ついての報告を求め、帳簿等の物件を検査すること（民再59条）。そのために必要
があるときは、裁判所の許可を得て鑑定人を選任することができる（民再規24条）。
③再生債務者からの報告を受けること（民再規22条）、④再生計画案の作成の方針、
その他、再生手続の進行に関し必要な事項について、裁判所と再生債務者との間
で協議を行うこと（民再規23条の2）、⑤手続開始前の借入金によって生じた債権
の共益債権化について、裁判所の許可に代わる承諾をすること（民再120条1項2
項、民再規55条）、⑥再生計画の遂行の監督（民再186条2項）[48]、⑦再生計画の変更

---

[46]　破産民再実務3版民再182頁によれば、東京地方裁判所破産再生部では、弁済禁止の
　　保全処分の申立てがある場合にはその発令と同時に、また、保全処分の申立てがない場
　　合は、申立て直後の進行協議期日において、倒産事件の経験が豊富な弁護士を監督委員
　　に選任しているという。

[47]　民再実務と理論383頁〔村田典子〕。また、中井康之「主要裁判所における運用状況」
　　事業再生と債権管理115号40頁は、東京地方裁判所以外の高裁所在地の地方裁判所の
　　運用では、原則としてすべての再生申立事件について、監督命令が発令されている旨を
　　指摘する。

申立て（民再187条1項）、⑧再生手続終結の申立て（民再188条2項）、⑨再生手続
廃止の申立てや意見陳述（民再193条・194条、民再規98条）等があげられる。さら
に、東京地裁破産再生部で取り扱う事案においては、⑩再生手続開始決定に際し、
主要債権者からの意見聴取の結果に基づいた意見書の提出、⑪再生債務者の会
計・経理関係の調査。この調査の力点は、経営が苦しくなった原因、帳簿の正確
性、財務関係の違法行為の有無にある[49]。⑫事業譲渡先等のスポンサー選定過程
の適正さの監督、⑬再生計画案についての意見書の提出なども監督委員の職務と
されている[50]。

　また、監督委員は、裁判所が定める報酬を受けることができ（民再61条1項、民
再規25条）、報酬請求権は共益債権とされる（民再119条4号）。

（4）　調査委員

　調査委員とは、裁判所が定めた事項を調査し、その結果を裁判所に報告するこ
とを職務内容とする機関である（民再62条1項2項）。調査委員が選任されるのは、
①裁判所が再生手続開始決定をするかどうか判断するために、申立人が提出した
資料や裁判所書記官に行わせる事実調査（民再規15条）のみでは不十分な場合や、
②再生手続開始後再生債務者を監督したり、再生計画認可に関する判断をしたり
するために、再生債務者の報告（民再125条）のみでは不十分な場合などである。
ただ、再生手続開始後は、実際上監督委員が選任されているので、調査委員まで
選任する必要がないことが多く、今のところ調査委員の選任例は少ないといわれ
ている[51]。

（5）　管財人

　管財人とは、再生債務者の財産の管理または処分が失当であるとき、その他再
生債務者の事業の再生のために特に必要があると裁判所が認めたときに、管理命
令によって選任される機関である（民再64条1項2項）。ただ、管財人を選任でき
るのは、再生債務者が法人である場合に限られる（民再64条1項括弧書）[52]。

---

(48)　履行監督の範囲については、民再手引379頁〔佐野友幸〕参照。

(49)　破産民再実務3版民再184頁。

(50)　破産民再実務3版民再184頁～186頁。

(51)　松下入門2版48頁。ただ、札幌地裁では、他の裁判所とは異なり、全件で申立て直後
　　に調査命令を発令するとの方針を採っており、調査委員は、債権者審尋や債権者説明会
　　に立会い、債務者の財産状態、主要債権者の動向等を早期に把握し、開始決定前に棄却
　　事由の存否等について裁判所に報告を行うとされる（鈴木信行＝須田浩司「札幌地裁に
　　おける民事再生申立事件の概要と課題」事業再生と債権管理92号57頁参照）。

(52)　管理命令の発令は、再生債務者が法人である場合に限られているが、これは、①事業
　　者でない個人の場合には、経済生活の再生のための管理命令の発令が必要となる事案が
　　想定しにくいこと、②事業者である個人の場合であっても、その事業はもっぱら個人の

第22講　民事再生手続総論、利害関係人と機関　　　715

管理命令が発せられると、再生債務者の業務の遂行並びに財産の管理および処分をする権利は、管財人に専属することになる（民再66条）。原則として民事再生手続は DIP 型手続であるが、実際上、ほとんどの場合に監督委員が選任されるので、むしろ後見型が原則形態となっている。それに対して、管理命令は例外的な措置であり、この命令が発令されると、再生債務者は、業務遂行権や財産管理処分権を失い、破産手続や会社更生手続と同様の管理型倒産処理手続となる。

　管財人は、「その職務を行うに適した者」から選任されることになっており（民再規27条1項・20条1項）、実務上は、倒産事件処理の経験を十分に積んだ弁護士から選ばれているようである[53]。なお、管財人は、調査委員（民再規26条1項）とは異なり、利害関係のないことは選任要件とはなっていない。これは、その適任者の選任を容易にするためである[54]が、管財人も、中立・公正な立場で職務をすべき点では同じであるから、強い利害関係のある者を選任すべきではない[55]。

　管財人は、再生債務者の業務遂行および財産の管理処分を行う権限を有し、義務を負うが（民再66条）、その職務遂行については善管注意義務を負っており、これに違反した場合には、利害関係人に対し連帯して損害を賠償する義務を負う（民再78条・60条）。業務遂行権および財産の管理処分権は管財人に専属するので、例えば事業譲渡のような重要な行為であっても、管財人は取締役会の同意を得る必要はない。ただし、株主総会の権限が失われるわけではないので、事業の譲渡（会社467条）など株主総会の決議を要する行為については、民事再生法に特則がある場合（営業譲渡につき民再43条、発行済株式の取得につき民再154条3項）を除き、その決議を得る必要がある[56]。なお、管財人は、業務遂行権および財産管理権はもつ

信用等に依拠しており、事業主体の交代になじみにくく、事業上の財産と私生活上の財産との峻別も困難であること等が考慮されたことによるものである（一問一答民再93頁）。

[53]　管財人は、債権調査、財産評定、再生計画案の作成等の職務を遂行するほか、否認権の行使権限を有する再生手続上の機関であることから、管財人の職務には高度の法的知識と経験を要すると考えられており、弁護士が管財人に選任されることが多い（法律家管財人）。実務では、迅速かつ的確に業務遂行ないし財産管理に着手できるように、当該再生債務者の経営状況等に精通している監督委員はまたは調査委員を管財人に選任している（小久保孝雄ほか「大阪地方裁判所第6民事部における倒産処理の概況」判タ1340号28頁）。また、再生債務者の業務遂行権をもつことから、法律家管財人に加えて事業家（スポンサー企業の経営者等）が管財人に選任されることがある（事業家管財人と呼ばれる）。これらにつき、新注釈2版（上）363頁以下〔籠池信宏〕、条解民再3版338頁以下〔高田賢治〕、条解破産2版600頁等参照。

[54]　条解民再規69頁。

[55]　条解会更（中）238頁、条解民再3版338頁〔高田賢治〕、伊藤3版800頁等。

[56]　QA500第3版108頁〔高木裕康〕参照。

が、会社の組織上の権限をもつわけではない。したがって、株主総会を招集したり、募集株式の発行や取締役の選任・解任といった行為をすることはできない。

（6）　保全管理人

保全管理人とは、再生債務者の業務遂行権および財産の管理処分権が専属する機関であり、手続開始の申立後かつ開始決定（あるいは開始申立ての却下・棄却）までの間に、再生債務者の財産管理または処分が失当であるとき、その他再生債務者の事業継続のために特に必要とがある場合[57]に、裁判所が保全管理命令によって選任するものである（民再79条1項2項）。保全管理命令が発せられると、再生債務者の業務の遂行並びに財産の管理および処分をする権利は、保全管理人に専属する（民再81条1項）。また、管財人の場合と同様、保全管理命令を発しうるのは再生債務者が法人である場合に限られる（民再79条1項括弧書）。保全管理命令は、管理命令の効果を手続開始前の時点にまで前倒ししたものといえ、保全管理人に対する規律は、概ね管財人のそれと同様である（民再83条）。

裁判所は保全管理命令で一人または数名の保全管理人を選任しなければならない（民再79条2項）。保全管理人は適任者から選任すればたり、利害関係がないことは要件とされていない（民再規27条1項）。これは、たとえ再生債権者である銀行の顧問を兼ねている弁護士であっても（倒産処理に練達な弁護士の多くはそうである）、適任であれば保全管理人に選任することができるようにして、保全管理人の人材を確保するためである[58]。また法人を保全管理人に選任することも可能である（民再83条1項・54条3項）。

（7）　債権者集会・債権者説明会・債権者委員会・代理委員

1）債権者集会　　再生債権者は、再生手続における最大の利害関係人といえるから、再生債権者への情報開示や、再生の方針等について集団的な意思決定をする場が設けられなければならない。そして、そのような場として設けられているのが、裁判所によって招集される債権者集会である（民再114条〜116条）。ただ、旧破産法や旧会社更生法の下では、債権者集会が形骸化したり、時には濫用的に用いられたりするという状況が生じていた。そこで、民事再生法は、債権者集会

---

[57]　現実に必要がある場合として、債権者申立事件で、再生手続開始の決定をする見通しがあるが、開始の決定まで業務および財産の管理を再生債務者に委ねておくことができない特別な事情がある場合が挙げられる。ただし、経営が破綻した再生債務者についてその協力が得られない状況下で、裁判所が選任する第三者がその事業を継続したとしても、再生には多くの困難が伴う。再生計画の立案可能性や再建の見通しもないままに保全管理人を選任して事業の継続に関与させることには慎重でなければならないといわれる（破産民再実務3版民再193頁）。

[58]　条解民再3版392頁〔中島肇〕。

第22講　民事再生手続総論、利害関係人と機関　　　*717*

の開催を必要的なものとせず、情報提供については、文書の閲覧（民再16条）、再生債務者による情報開示（民再規1条2項）、債権者説明会（民再規61条）や債権者委員会（民再117条）等の制度を設け、再生計画案に関する決議については、書面等投票によって行うことなどを認めている（民再169条2項2号3号・171条・187条2項）。ただ、実務上は、再生計画案決議の場面では、可決に至らない場合の期日の続行（民再172条の5第1項）が可能な債権者集会方式が選択されることが多い[59]のに対して、手続の早い段階で再生債務者が主宰する債権者説明会（民再規61条・63条）が開催され、債権者への情報提供が行われることが多いことから、財産状況報告集会が行われることは稀であるといわれる[60]。

2）債権者説明会　既に述べたように、財産状況報告集会はあまり開催されていないようであり、実質的にこれに代わる役割を果たしているのが債権者説明会（民再規61条）である。債権者説明会は、再生債務者等（保全管理人が選任されている場合にあっては保全管理人を含む〔民再規61条1項〕）が開催し、再生債権者に対して、再生債務者の業務や財産に関する状況や再生手続の進行に関する事項を説明するものである。これには、債権者に対する情報提供という意義と、監督委員が債権者から情報提供を受けるという意義がある[61]。債権者説明会は、再生手続開始決定前に開催することも可能であり、ほとんどの事例で再生手続申立て直後に開催されている。その場合には特に、再生債務者等が再生手続開始申立てに至った経緯、再生計画の大まかな方向性を説明し、また、再生手続の概要および監督委員の役割等を説明することが多いとされ、東京地裁の場合には、標準スケジュールを債権者に配布するのが通例であるといわれる[62]。

3）債権者委員会　従来から、倒産処理の実務では、債権者が自主的な組織としての委員会を設け、この委員会を通じて債権者が意思を表明するという方法がとられることがあった。それに対して、再生債権者全員で構成される債権者集会は機動性を欠くことから、倒産処理の上記のような実情を考慮して、民事再生法は、既に存在する再生債権者を構成員とする委員会（債権者委員会）が、一定の要件の下で（民再117条1項、民再規52条）、裁判所の承認を得て再生手続に関与で

---

[59]　債権者集会方式と比較した場合の書面決議方式の問題点を指摘するものとして、条解民再3版588頁〔園尾隆司〕。

[60]　松下入門2版82頁、条解民再3版588頁〔園尾隆司〕、658頁〔松下淳一〕、新注釈民再2版（上）702頁〔服部敬〕。

[61]　破産民再実務3版民再11頁。

[62]　破産民再実務3版民再11頁、概説2版・423頁〔笠井正俊〕。なお、東京地裁破産再生部の民事再生手続標準スケジュールおよびその具体的な運用については、民再手引8頁～16頁〔鹿子木康〕が詳しい。

きることとした。ただ、選任要件（民再117条1項）が厳格なことなどもあって、実際には債権者委員会はほとんど使われていない状況にあるといわれる[63]。

　承認を得た債権者委員会には、裁判所がその意見の陳述を求めることができ（民再117条2項）、また債権者委員会は、裁判所、再生債務者等または監督委員に対して意見を述べることができる（民再117条3項）。さらに、再生債務者等は、債権者委員会の意見を聴かなければならず（民再118条2項）、財産について裁判所に提出した報告書等を債権者委員会にも提出しなければならず、必要があるときは、債権者委員会は、裁判所に対して報告命令の申立てをすることもできる（民再118条の2・118条の3）。債権者委員会に再生債務者の再生に貢献する活動があったと認められる場合には、委員会が支出したその活動に必要な費用は、再生債務者財産から相当な費用の償還を受けることができ（民再117条4項）、それは共益債権となる（民再119条4項）。

4）代理委員　　利益を共通にする複数の再生債権者のために、再生債権者が有する権限を代わって行使するのが代理委員である。すなわち、代理委員はこれを選任した債権者のために、再生手続に属する一切の行為をすることができる（民再90条3項）。たとえば再生債権の届出（民再94条〜97条）、再生債権についての異議の申出（民再102条1項）、再生債権査定の申立て（民再105条1項）やその異議の訴え（民再106条1項）のみならず、債権者集会の招集請求（民再114条）、再生計画に対する議決権の行使（民再87条）、再生計画案の提出（民再163条2項）についても、特別の授権なくしてこれらの行為を行うことができる。

　代理委員の制度は、再生債権者内部に利害の対立があって、債権者委員会が裁判所の承認を得られないような場合であっても利用することができる。なお、代理委員が再生債権者によって選任されたときは、その代理人として、選任者に対して善管注意義務を負うほか、費用や報酬請求権も有する（民644条・648条〜650条）。それに対し、裁判所によって選任されたときは、本人に対して善管注意義務は負うが（民再90条の2第6項）、費用や報酬等の請求権は共益債権として、再生債務者財産から支払われる（民再90条の2第5項・119条4号）。これは、当該代理委員が、本人の利益のためというよりも、手続の円滑な進行という利害関係人全体の利益のために活動することを前提としているからであり、代理委員の地位が手続機関に準じるものであることを示している[64]。

　代理委員の資格には制限はないから、再生債権者の中から選んでもいいし、第三者であっても差し支えない。また第三者は必ずしも弁護士であることを要しな

----

[63]　新注釈民再2版（上）438頁〔森恵一〕。

[64]　伊藤3版831頁。

第22講　民事再生手続総論、利害関係人と機関

いが、弁護士でない第三者が代理委員の候補に上げられた場合、事件屋や整理屋の介入を排除するため、裁判所は許可を与えるに当たって、慎重な態度をとることになろう[65]。

なお、実際には多数の利益を共通にする債権者が同一の弁護士に委任することによって、代理委員制度の目的を達成しており、代理委員選任によらずとも特に支障がないばかりか裁判所の許可を得たり、裁判所から解任されたりするおそれがないなど、債権者にとってはむしろ代理人選任の方法による方が代理委員の選任によるよりも簡便であるとの指摘もある。また、民事再生法がモデルとした会社更生法の実務の運用においては、代理委員制度はほとんど活用されていないといわれている[66]。

（8）労働組合

労働組合は、いかなる意味でも再生手続の機関ではないが、企業の民事再生手続において、従業員およびその利益代表としての労働組合は、手続の推移につき重大な関心と利害関係を有する。そこで、民事再生法は、様々な場面で、労働組合等の手続関与を認めている。すなわち、①再生手続開始申立てを棄却または開始決定すべきことが明らかな場合を除き、裁判所は、決定に先立ち労働組合等（再生債務者の使用人その他の従業者の過半数で組織する労働組合があるときはその労働組合、再生債務者の使用人その他の従業者の過半数で組織する労働組合がないときは再生債務者の使用人その他の従業者の過半数を代表する者をいう）の意見を聴かなければならない（民再24条の2）としているし、再生債務者等による事業（営業）譲渡を許可する場合（民再42条3項）や、再生債権者による決議前の再生計画案についても意見を聴かなければならない（民再168条）。また、②労働組合等の意見の聴取権は、財産状況報告集会（民再126条3項）や、再生計画案の認可に際しても保障されている（民再174条3項）。さらに、③債権者集会の期日は労働組合等にも通知されるし（民再115条3項）、再生債務者等が簡易再生、同意再生の申立てをする場合にもその旨を通知され（民再211条2項・217条6項）、かつ簡易再生の決定があった場合には、債権者集会の期日を通知しなければならない（民再212条3項）。さらに、④労働組合等は、財産状況報告集会において意見を述べることができる（民再126条3項）。

---

[65]　最新実務441頁以下〔相澤光江〕。
[66]　最新実務442頁、443頁〔相澤光江〕。

┌─────────────────────────────┐
│ ＜設問についてのコメント＞ │
└─────────────────────────────┘

　問1については、民事再生手続の特徴、条件等を考察すること。これに関しては、第18章1.（1）（2）（3）を参照のこと。

　問2は、管轄の問題であり、これについては、第18章2.（2）3）を参照のこと。

　問3は、再生債務者の公平誠実義務、再生債務者の第三者性等について考える問題である。ここでは、登記と、債権譲渡の通知という対抗要件の違いについて考慮することが必要である。これについては、第18章2.（1）2）を参照のこと。

　問4は、監督命令、調査命令、管理命令、保全管理命令等について考える問題である。これらについては、第18章2.（3）〜（6）を参照のこと。

第 23 講　民事再生手続の開始

ケース

　A株式会社は、資本金2000万円の、医療用器具、特に病院に納める注射器や点滴用具等を製造販売する、従業員40名を抱える会社である。近時の不況で、売り上げが減少したことと、それを挽回するために営業力強化の一環として、病院回りの営業担当社員を増やしたことによりかえって人件費が膨張するという悪循環に陥っていた。

　A社は、主として、注射筒や点滴筒の原料となるプラスチックやガラスをB社から、針の原料となる鉄粉をC社から調達していたが、B・C社共に、従業員10人未満の零細企業であった。A社は、D信用金庫から、2500万円の融資を受けており、その担保として、工場および敷地（①不動産）につき、Dのために抵当権を設定しその旨の登記をしていた。A社は、自転車操業で、何とか債務の支払いは続けていたが、従業員への給料は1か月分が遅配となっていた。それに加え、悪いことに、従業員へボーナスの支払い、B・C等に対する原材料費の支払い、D信用金庫からの借入金の返済時期が一度に到来し、そのとき、A社の弁済期が到来した債務は、B社に対して150万円、C社に対して100万円、従業員全員への給料等の支払債務が約1000万円であった。しかし、もはやA社に融資してくれる金融機関はなく、これらの債務を支払うためには、資材置場として使っている担保に入っていない土地（②不動産）を処分する以外に方法はなかった。

　また、E社は、平成23年1月にA社から土地（③不動産）を買い、代金を支払ったにもかかわらず、未だ所有権移転登記がなされていないとして、平成24年2月1日に、A社を被告として所有権移転登記請求の訴えを提起した。

　このような状況においても、A社はその代表取締役社長である甲が一代で築きあげた会社であり、甲としては、会社を潰すようなことは是非とも避けたいと思い、A社を代表して、平成24年7月20日に民事再生手続開始の申立てをし、それと同時に弁護士である乙が監督委員に選任された。そしてその後、同年8月8日にA社に対して民事再生手続開始決定がなされた。

722

◆問1　A社が民事再生手続の開始申立てをする場合、どのようにすべきか。B社・D社は民事再生手続の開始申立てをすることができるか。さらに、給料を支払ってもらっていない従業員のひとりである丙はどうか。

◆問2　A社としては、民事再生手続開始前に、D信用金庫が①不動産につき抵当権を実行してくるならば、到底事業を継続していくことはできないと考えている。この場合、A社としてはどのような法的手段をとることができるか。

◆問3　A社に民事再生手続開始決定がなされた後に、A社は、B社に対して、売掛代金の弁済をすることができるか。

◆問4　Eが提起した訴訟はどのように扱われるか。

第19章　民事再生手続の開始申立てから開始決定まで

1　民事再生手続の流れ

民事再生手続の個別的な説明に入る前に、通常の再生手続の大まかな流れを説明しておく。

（1）通常の民事再生手続の大まかな流れ（企業の再生手続【資料7-1】）

まず大まかな手続の流れは以下のようなものであるが、その手続はいくつかの段階に区切ることができる。すなわち、①民事再生手続開始申立てから再生手続開始決定まで、②再生手続開始決定から再生計画の作成・提出まで、③再生計画の決議から認可まで、④再生計画の認可から再生手続終結までである。以下ではそれぞれにつき簡単に説明しよう。

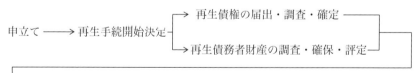

①　**民事再生手続開始申立てから再生手続開始決定まで**　民事再生手続は一定の者からの申立てによって開始する。すなわち、再生手続開始申立ては、申立権を有する者が、管轄権を有する裁判所に対してしなければならない。申立てが受理されると、必要がある場合には、財産の保全処分命令、強制執行等の中止命令

が、また特別の事情がある場合は担保権実行の中止命令、権利行使の包括的禁止命令が発令される（民再26条～31条）。なお、多くの場合、裁判所は監督委員を選任し、この者に一定の調査をさせる（民再59条）ほか、その同意を得なければ再生債務者がすることができない行為を指定する（民再54条2項）。また、経営者の信用、能力不足が甚だしい場合は、破産手続や会社更生手続と同様、保全管理命令により保全管理人（手続開始後は管理命令による管財人〔民再64条〕）が選任されることもある（民再79条）。これらの場合、再生債務者が有していた業務の遂行権や財産の管理処分権は、保全管理人や管財人に専属する（民再81条・66条）。

　通常は、手続開始申立て後速やかに（申立てから2日～5日）、再生債務者（保全管理人が選任されていれば、保全管理人）が主宰する債権者説明会（民再規61条）が開かれ、申立てに至った経緯、業務や財産の状況、手続進行の見通し、その他の事項を説明するなどして、債権への情報提供がなされる。

　裁判所は、監督委員や裁判所の調査の結果、再生の見込みがないことが明らかである場合を除き、原則として手続開始決定をする。東京地方裁判所の標準スケジュールによれば、申立てから手続開始まで1週間とされているが、遅くとも1ヶ月程度と考えられている[1]。再生手続開始決定があっても、再生債務者は経営権や財産の管理処分権を失うことはないが（DIP型）、債権者に対し、公平かつ誠実に経営権を行使し、再生手続を追行する法的義務を負う立場に立つ（民再38条）。

　②　再生手続開始決定から再生計画案の作成・提出まで　　裁判所は、再生手続開始決定と同時に、債権届出期間と債権調査期間を定める（民再34条1項）。手続開始決定があると、手続は大きく2つに分かれ、それぞれ同時並行的に進行する。すなわち、第1の手続は、再生債権の届出・調査・確定の手続である（民再94条以下）。調査は、届け出られた債権について、認否書を作成して行われる。債権届出をしなかった再生債権者で、再生債務者等に知られていない者は、後日、再生計画案が認可されると失権する。第2の手続は、再生債務者をめぐる法律関係の整理と、財産の調査・確保・財産価額の評定等の手続である（民再124条以下）。ここでは、双方未履行の双務契約等の係属中の法律関係が整理されるほか（民再49条）、担保権の消滅許可請求（民再148条以下）の行使等により、再生に必要な財産が再生債務者のもとに確保される。また、否認権の行使（民再127条以下）や法人役員の責任追及（民再142条以下）により債務者財産の維持・増殖が図られる一方で、取戻権（民再52条）、別除権（民再53条）、相殺権（民再92条以下）、共益債権（民再119条以下）、一般優先債権（法122条）等の債権者による手続外での権利行使によ

---

(1)　民再入門3版10頁〔松嶋英機〕。

り、債務者財産は減少する。そしてこれらを総合的に評価して財産価額の評定がなされる。なお、ここでは、必要に応じて、財産状況報告集会が開催されることもある。

　上記第1の手続と第2の手続で明らかになった、再生債務者の財産の現状と再生債権者の債権の内容・額等を勘案して、再生計画案が作成される（民再154条以下）。再生計画案は、再生債務者等のみならず、届出再生債権者も作成・提出することができる（民再163条2項）。再生計画案には、再生債権者の権利変更、共益債権および一般優先債権の弁済、知れている開始後債権の内容その他を定めなければならない（民再154条1項2項）。裁判所の許可を得た上で、減資および増資（再生債務者の株式の取得等および募集株式を引き受ける者の募集）を定めることができ（民再154条3項4項）、債務超過の株式会社の場合には、定款の変更も含めて、会社法による株主総会の特別決議は不要である。また、再生計画に弁済の猶予を定める場合は、計画案の認可決定確定から最長10年を超えることはできない（民再155条3項）。なお、個人である再生債務者は、住宅ローンについて特別条項を定めることができる（民再198条2項）。再生計画案ができると、一定の期間内に裁判所に提出する（民再163条1項）。再生計画案は、再生債務者等だけでなく、届出再生債権者も作成・提出することができる（民再163条2項）。

③　**再生計画の決議から認可まで**　　再生計画案が提出されたら、裁判所は、特定の事由（民再169条1項1号〜4号）がない限り、当該再生計画案を決議に付する旨の決定をする（民再169条1項）。再生計画案は、債権者集会で出席債権者の過半数でかつ、総議決権額の2分の1以上の賛成で可決される（民再172条の3第1項）。再生計画案が可決されると、再生手続の根本規範としての再生計画が成立するが、その効力は、裁判所の認可決定の確定によって生じる（民再176条）。したがって、再生計画案が可決されると、裁判所は、不認可事由の有無を判断して、再生計画の認可または不認可の決定を行う。再生計画が多数決で可決されたにもかかわらず、さらに認可の手続が設けられている理由は、再生計画が、民事再生法の目的（民再1条）を達成するのに適しているかどうかを、再生裁判所に改めて審査させ、その際、後見的な見地から、少数債権者の保護を図り、再生債権者の一般の利益を保護しようとしたためである[2]。再生計画案が可決されると、即日または1週間以内ぐらいには認可決定があるといわれる[3]。なお、東京地裁破産再生部の標準スケジュールによれば、再生手続開始申立てから再生計画の認可までは5ヶ月となっている。

---

[2]　最判平20・3・13民集62巻3号860頁〔百選5版91事件〕。

[3]　民再入門3版12頁〔松嶋英機〕。同書282頁〔別表2〕。

④　**再生計画の認可から再生手続終結まで**　　再生計画認可決定の確定後は、計画に従った履行がなされることになるが、履行の主体や監督機関等の違いによって、手続の終結時期は異なる。民事再生手続において監督委員も管財人も選任されていない純粋 DIP 型の再生手続においては、再生計画認可の決定が確定したときには、裁判所は再生手続終結決定をしなければならない（民再 188 条 1 項）。したがって、この時点で再生手続は終了し、その後は、再生債務者が再生計画を遂行することになる（民再 186 条 1 項）。

　それに対して、監督委員が選任される、いわゆる後見型の再生手続においては、監督委員の監督の下に再生債務者が再生計画を遂行する（民再 186 条 2 項）が、再生計画が遂行されたとき、または、再生計画認可の決定が確定した後 3 年間を経過したときは、裁判所は、再生債務者もしくは監督委員の申立てによりまたは職権で再生手続終結決定をしなければならない（民再 188 条 2 項）。

　以上に対して、管財人が選任されるいわゆる管理型の再生手続においては、再生計画が遂行されたとき、または、裁判所が再生計画が遂行されることが確実であると認めるに至ったときは、再生債務者もしくは管財人の申し立てによりまたは職権で再生手続終結決定をしなければならないものとされている（民再 188 条 3 項）。

（2）　簡易再生と同意再生

　民事再生手続は中小企業をその主たるターゲットとして、簡易な再建型倒産処理手続として創設された制度であるが、会社更生法に類似したかなり重装備の手続になっており、零細企業や、債権者の協力が得られることが確実な中小企業にとっては不向きな場合がある。そこで、より簡易な手続として設けられたのが、簡易再生と同意再生である。

　簡易再生とは、総債権額の 5 分の 3 以上の債権を有する届出再生債権者が、書面により、再生債務者等が提出した再生計画案に同意し、かつ、再生債権の調査・確定の手続を経ないことに同意している場合に、裁判所は、簡易再生の決定をすることができ（民再 211 条 1 項）、その決定があったときは、直ちに再生計画案の決議をすることができる（212 条 3 項）という制度である。

　これに対して、同意再生とは、全ての届出再生債権者が、書面により、再生債務者等が提出した再生計画案に同意し、かつ、再生債権の調査・確定の手続を経ないことに同意している場合に、裁判所は、同意再生の決定をすることができ（民再 217 条 1 項）、その決定が確定したときには、再生計画案について、認可決定が確定したものとみなすという制度である（民再 219 条）。

（3）　小規模個人再生および給与所得者等再生（【資料 7−2−1, 7−2−2】）

再生債務者が将来において継続的または反復して収入を得る見込みがある個人の場合、一定の要件を満たせば、簡便な手続で、迅速に経済生活の再生を図るものとして設けられたのが、小規模個人再生手続と給与所得者等再生手続である。

　前者は、個人である債務者のうち、将来において継続的または反復して収入を得る見込みがあり、かつ、再生債権の総額が5000万円を超えないものが、法定の最低弁済額以上の額を原則として3年（最長5年）で分割弁済する再生計画案を作成し、書面決議による消極的決議（半数以上または債権額の2分の1以上の反対がなければ可決する）を経て裁判所の認可を受け、これを履行することで残債務を免れるという制度である（民再221条・229条・231条等）。この手続では監督委員や調査委員は置かれず、その代わりに個人再生委員が選任されるし（民再223条）、債権者集会や債権者委員会ならびに財産状況報告集会（民再126条、民再規60条）の制度も排除されている（民再245条・238条）。ただし、債権者説明会を適宜開催し、財産の状況等について債権者に報告することができると解される[4]。

　後者は、その適用対象が、小規模個人再生が適用されうる個人の債務者のうち、給与またはこれに類する定期的な収入を得る見込みがある者であって、かつ、その額の変動の幅が小さいと見込まれるものとされている（民再239条）。このような者については、収入の点で、小規模個人再生手続が適用されるものよりも安定していることから、手続はそれを反映しより簡易なものとなっている。たとえば、再生計画案について決議はせず（民再245条による238条の排除）、代わりに裁判所は債権者の意見を聴取（民再240条）した上で、認可、不認可の判断をするものとされている。その他、不認可事由として、可処分所得に基づく最低弁済額要件が加重されている（民再241条2項7号）ほか、給与所得者等再生の認可決定や免責決定の確定から7年以内に再びそれらの申述がなされた場合（民再241条2項6号）等が規定されているが、そのほかの手続は、小規模個人再生と同様である。

2　民事再生手続の開始

ここでは、民事再生手続が開始されるための要件を説明する。

（1）　民事再生能力

１）意　義　　民事再生手続が開始されるためには、債務者に民事再生能力がなければならない。民事再生能力とは、民事再生手続の対象となる再生債務者（民再2条1号）となりうる地位または資格のことをいうが、民事再生法上、具体的に誰が民事再生能力を有するかについての直接の規定はなく、民事訴訟法の当事者能力に関する規定に従って判断されることになる（民再18条参照）。すなわち、民

---

(4)　始関271頁。

事訴訟法上当事者能力を有するとされているのは、自然人、法人、および法人でない社団または財団で代表者または管理人の定めがあるものである（民訴28条・29条、民3条・33条等参照）。ただ、後述するように、権利能力なき社団・財団の破産能力・民事再生能力の有無については争いがある。

　2）**自然人**　　自然人は一般的に民事再生能力が認められる。民事再生法では、自然人は「個人」と呼ばれる（民再4条1項）。個人について民事再生能力が認められることにつき争いはない。事業者であるか否かも問わない。ただし、民事再生手続が係属中に再生債務者たる個人が死亡した場合には、相続財産には再生能力が認められないところから[5]、再生手続は終了する。民事再生能力に関しては、外国人も日本人と同様に扱われる（民再3条。完全平等主義）。

　3）**法　人**　　法人については、主に破産能力をめぐって、私法人と公法人を区別して議論がなされてきた。私法人には一般的に破産能力が認められているが、民事再生能力についても、それらの議論は、原則としてそのまま妥当する[6]。すなわち、株式会社や持分会社等の会社はもちろんのこと、医療法人・学校法人・宗教法人・一般社団法人および一般財団法人に関する法律による法人・清算手続中の法人[7]（破19条5項参照）等すべて民事再生能力を有する。なお、小規模個人再生および給与所得者等再生手続は、個人のみを対象としているから、この限度で、法人の民事再生能力は制限される。

　公法人の破産能力の有無につき争いがあるが、近時では、公法人と私法人の区別も曖昧になっており、法人格を有する以上、立法政策による特別の規定がない以上、破産能力を肯定し、破産的な清算手続の可能性を認めるとしたうえで、破産手続の適用があることを前提として法人の特性に応じた解釈論による手続上の特別扱いをするか否かおよびその内容と限界を検証していくアプローチの方が有益であるとする見解が有力である[8]。このような考慮は基本的に民事再生手続にも妥当するであろうし、さらに、民事再生の場合には、破産とは異なって、手続終了に伴って法人格の消滅が予定されるわけでもないから、公益的事業が喪失することにより国民に深刻な影響が生じるというおそれもないので、公法人の民事再生能力を否定する理由がない。ただし、国家や地方公共団体のような本源的統

---

(5)　花村24頁、条解民再3版82頁〔園尾隆司〕、園尾隆司「債務者の死亡と倒産手続」現代民事法の実務と理論（田原睦夫先生古稀・最高裁判事退官記念論文集）（下）（きんざい・2013年）489頁、伊藤3版758頁。

(6)　詳解2版156頁以下〔山本克己〕。

(7)　詳解2版157頁〔山本克己〕。

(8)　条解破産2版233頁。

治団体については、債権者の多数によって事業の再生を図るという民事再生の目的になじまないから、民事再生能力を否定すべきである[9]。また、外国法人も、日本法人と同視されている（民再3条）から、民事再生能力を有する。

4）法人格なき社団・財団　法人格なき社団または財団で代表者または管理人の定めがあるものの民事再生能力については議論がある。それらについては、破産法はその13条により民事訴訟法29条を準用しているから破産能力が認められると解されている[10]。それと同様に、民事再生法18条も民事訴訟法の規定を準用しているから、破産能力の場合と同様に考えられる。しかし、破産能力について述べたのと同様に、民事再生能力が認められるからといって、法人でない社団等には実体法上の権利能力が認められるわけではない。したがって民事再生法1条の「債務者とその債権者との間の民事上の権利関係を適切に調整し」というのも、結局、債務の実体法上の帰属主体としての債務者とその債権者との間の権利関係を調整することを意味することになる。すなわち、法人格なき社団等に民事再生能力が認められるという意味は、当該社団等の実質的構成主体の債務について、法人でない社団等が再生債務者となって再生計画による権利の調整を行うことができるということを意味するものである[11]。

5）その他　相続財産や信託財産については、破産能力は認められている（破222条以下、244条の2以下）が、民事再生能力は否定すべきである。すなわち、相続財産については、事業や消費生活の再建を観念することができず、信託財産についても多くの場合、事業の再建を観念できないからである[12]。

（2）再生手続開始の要件

再生手続開始の要件は、積極的要件たる再生手続開始原因（民再21条1項）と、消極的要件たる手続開始の条件（手続開始障害事由）（民再25条）に分けることができる。

1）再生手続開始原因　再生手続開始原因とは、「法律が民事再生手続を開

---

[9] 伊藤3版759頁。これに対し、QA500第3版9頁〔高木裕康〕は、地方公共団体にも民事再生能力を認める。また、立法論としてではあるが、中島弘雅「地方自治体の法的倒産処理手続をめぐる論点」Business & Economic Review 2008年12月号58頁も、地方自治体に対する倒産処理手続の可能性を指摘している。

[10] 条解破産2版237頁。ただ、訴訟上の当事者能力に加え破産能力が認められるとはいっても、法人でない社団等には実体法上の権利能力が認められることになるわけではないので、破産財団に属する裁判は、破産者である社団等の財産ではなく、その構成員など第三者に帰属することになるし、社団等ではなく構成員などと第三者を債務者とする債権が破産債権になる（伊藤3版105頁参照）。

[11] 伊藤3版579頁参照。

[12] 詳解2版157頁〔山本克己〕。相続財産について同旨、概説2版補訂404頁〔笠井正俊〕。

第23講　民事再生手続の開始　　*729*

始するために要求している債務者の財産状態の破綻を推測させる一定の事態」の
ことである。民事再生手続が開始することにより、再生債権者の個別的権利行使
は禁止される（民再39条1項・85条1項）。これに対し、債務者は、手続の開始によ
っても原則としてその業務遂行権や財産の管理処分権を失うことはないが（民再
38条1項）、監督委員が選任されたり（民再54条以下）管財人が選任される場合（民
再64条以下）には、それらの権限に何らかの制限を受ける。したがって、民事再
生手続開始によるこれらの効果を正当化するためには、債務者の財産状況が一定
程度以上悪化していることが必要となるのである。民事再生法は、再生手続開始
原因として2つの場合を規定している。

①　破産手続開始の原因となる事実の生ずるおそれがあること（民再21条1項前
　　段）　　これは、事業者および非事業者共に妥当する一般的な手続開始原因
であり、「破産手続開始の原因となる事実」とは、支払不能（破2条11項）ないし
債務超過をいう（破15条1項・16条1項）。ただ、民事再生手続は再建型倒産処理
手続であり、債務者の事業または経済生活の再生のためには（民再1条参照）、経済
的破綻の早期の段階での手続開始が望ましいことから、破産手続開始の原因とな
る事実の「生ずるおそれ」さえあれば、手続を開始しうるものとして、債務者の
経済的再生が可能な状態の間に、手続開始の申立てと決定がしやすいようにした
のである[13]。ここでいう「生ずるおそれ」があることには、既にこのような事実が
生じている場合のほか、事態がそのまま推移すれば支払不能または債務超過の状
態になるであろうと考えられる場合も含まれる[14]。既にその事実が生じている場
合にも、再生手続開始決定をすることはできないわけではないが（民再26条1項1
号参照）、手続が成功する可能性は低いであろう。

②　債務者が事業の継続に著しい支障を来すことなく弁済期にある債務を弁済す
　　ることができないこと（民再21条1項後段）　　これは、第1の原因よりもさら
に財産状態の悪化の程度が軽い場合を手続開始原因とし、事業の継続に支障が生
ずる前に再生手続による再建の機会を与えようとするものである。したがって、
支払不能や債務超過に陥っている必要はないし、また、それらの生じるおそれも
必ずしも必要としない。ただし、この開始原因については、必ずしも一般的に債
務の弁済が不可能である場合に限られないが、単なる一時的な現金の不足等の場
合には、いまだ、債務者が「経済的に窮境にある」（民再1条）とはいえないので、

---

[13] 旧和議法は、「破産ノ原因タル事実アル場合」を開始原因としていたため（旧和12条
　　1項）、再建型の手続としての役割を発揮することに対するブレーキになっているとの批
　　判があった（谷口44頁、77頁、概説2版補訂415頁〔笠井正俊〕）。
[14] 条解民再3版97頁〔上野泰男〕、新注釈民再2版（上）105頁〔高井章光〕。

この要件を満たさない。具体的には、資金調達をして債務を弁済することが絶対にできないわけではないが、そのためには、製品を不合理に安く売らなければならないとか、事業の継続に必要な重要財産（たとえば工場や機械）を売らなければならないとか、高利の金融に頼らなければならないとかの状態がこの開始原因にあたる[15]。この開始原因は条文の文言上および事柄の性質上事業者のみに適用される。なお、民事再生法1条が、手続の目的として「債務者の経済生活の再生」を図ることも規定していることに鑑み、立法論としては、非事業者たる個人についても、同様の開始原因（経済生活の継続に著しい支障を来すことなく弁済期にある債務を弁済することができないこと）を定めるべきであったといえる[16]。

債務者が再生手続開始の申立てをする場合には、第1および第2の開始原因のいずれを主張してもよいが、債権者が申し立てる場合には、第1の開始原因に限られる（民再21条1項2項）。ただ、現実の実務は、再生手続開始の原因となる事実が発生してすぐの早期申立ての例は稀であり、経営者が事業の窮境を乗り越える努力を続けながら結局それが実を結ばず、財産状態が相当悪化してから再生手続開始の申立てをする例が多いようであり、事業再生の専門家らからは、早期の申立てを促進する必要がある旨が指摘されているといわれる[17]。

なお、再生債務者につき外国倒産処理手続がある場合には、再生手続開始原因たる事実の存在が推定される（民再208条）。

2）**手続開始障害事由**　　再生手続開始原因があれば、手続を開始することができるのが原則であるが、民事再生法は、一定の事由がある場合には、手続開始申立てを棄却しなければならないものと規定している（民再25条）。これを、手続開始障害事由という。

①　**手続費用の予納がない場合（民再25条1号）**　　手続開始の申立てをするにあたっては、裁判所が定める一定の額の金銭を予納しなければならない（民再24条1項。【資料5】）。これが棄却事由とされているのは、そもそも国の負担（すなわち国民の税金）で当該債務者の再生手続を進めるべきではないし、予納された金銭は、送達・公告の費用や、監督委員の報酬等に充てられるものであるが、予納がなければ、開始手続を円滑に進行させることができないからである。なお、条文の文言は「棄却」となっているが（民再25条柱書）、手続費用を予納しない場合は、本案の審理に入る前の門前払いであるから、実質的には不適法却下とみるべきものである[18]。

---

[15]　概説2版補訂416頁〔笠井正俊〕、新注釈民再2版（上）105頁〔高井章光〕参照。

[16]　詳解2版162頁〔山本克己〕。

[17]　松下入門2版19頁。

② **債務者について破産・特別清算の各手続が係属しており、かつ、その手続によることが債権者の一般の利益に適合する場合（同2号）**　　一般論としては、倒産処理としては清算型倒産手続よりも、再建型手続を行う方が望ましいといえる（民再26条参照）。よって、民事再生手続は原則として、清算型倒産処理手続である破産手続や特別清算手続に優先するものとされている（民再16条・39条・184条）。しかし、債務者の事業の再生の見込みが薄く、再生手続を開始しても清算価値が保障されないことが予測でき、むしろ財産価値のあるうちに債務者の財産を換価して債権者の満足を図る方が債権者一般が、より大きな満足を得ることが見込まれるならば、あえて再建型倒産処理手続をとる必要はないし、またとるべきではない。この要件はその旨を明らかにしたものである（第1章1(3)3)①〜③参照）。債権者の「利益」とは、弁済率、弁済の時期、弁済期関等を総合的に考慮して判断することになる。また、「一般」の利益とは、個々の債権者や特定のグループの債権者ではなく、債権者全体にとって利益になることである。典型的には債権者一般の利益として、清算型倒産処理手続による以上の弁済が期待できる場合である（清算価値保障原則）[19]。

③ **再生計画の作成もしくは可決の見込みまたは再生計画認可の見込みがないことが明らかである場合（同3号）**　　再生手続は、再生計画に従って債権者・債務者間の権利関係を調整し、債務者の事業または経済生活の再生を図るものである（民再1条）から、そもそも再生計画の作成・可決または認可の見込みがないことが明らかな場合には、再生手続を開始する意味はない。したがって、このような場合を棄却事由としているのである[20]。再生計画の作成の見込みがないとは、再生債務者の資金残高、資金調達力、事業の収益力が著しく低く、再生手続によっても弁済計画が立てられない場合、再生債務者に再生計画を作成する意思がない場合、事業に不可欠な資産に別除権を有する他の債権者が強硬に反対している場合などがこれに当たる[21]。再生計画案の可決の見込みがないとは、総債権の

---

(18)　新注釈民再2版（上）119頁以下〔高井章光〕、条解民再3版119頁〔瀬戸英雄＝上野尚文〕、条解会更（上）344頁。

(19)　条解民再3版120頁〔瀬戸英雄＝上野尚文〕、新注釈民再2版（上）120頁〔高井章光〕、伊藤3版763頁。

(20)　再生計画不認可決定が確定した後、再度の再生手続開始申立てがなされた事例において、東京高決平17・1・13判タ1200号291頁〔百選5版9事件〕は、①再生計画不認可の決定がされた場合の再度の申立てを禁止する直接の規定は置かれていないこと、②いったん再生計画不認可の決定が確定した場合であっても、異なる再生計画のもとに再度債権者との利害関係を適切に調整し、事業の再生を図る機会を与えることが適当な場合も少なくないこと、等を理由として、このような申立ても適法であるとした。

(21)　東京高決平12・5・17金商1094号42頁参照。

50％以上を有する大口債権者が反対し、あるいは総議決権数の過半数を占める多数債権者から再生債務者に対する不信感が表明されるなど、再生計画案の議決に必要とされる法定多数の同意を得ることが見込めない場合等がこれに当たる[22]。そして、再生計画の認可の見込みがないとは、再生手続申立てが法律に違反し、その不備を補正できない場合や、再生計画の遂行可能性がない場合には、裁判所は再生計画不認可の決定をするが（民再174条2項）、手続開始前にそのことが判明しているような場合である[23]。

④　**不当な目的で再生手続開始の申立てがなされた場合、その他申立てが誠実にされたものでない場合（同4号）**　これは、民事再生法25条1号から3号に列挙された事由に該当しない場合につき包括的な棄却事由を規定するものであり、再生手続開始の申立てが本来の目的（民再1条）を離れた不当な申立てである場合を排除する趣旨である。すなわち、申立てが本来の目的から逸脱した濫用的な目的で行われた場合をいうと解される[24]。たとえば、債権者申立ての場合は、債務者への嫌がらせ、自らの債権回収を有利に進める目的で手続の取下げを交渉材料に利用する場合、株価操作を目的とする場合などがあげられる。また債務者申立ての場合には、債務者が本心では再生手続開始を望まず、再生手続開始申立てに伴う保全命令や他の手続の中止命令を得て、一時的に債権者からの追及をかわし、その間に資産隠しをしようとする場合や、あるいはその後の手続を進める意思がなく、一時しのぎの目的を達した後には取下げを企図するような場合がこれに当たる[25]。同様の規定として、会社更生法41条1項4号や、破産法30条1項2号がある。

なお、債務者が、再生手続開始申立ての意図を隠して多額の融資を受けたり、原材料を大量に購入して代金等の支払いをする前に申立てがなされるような場合につき、それが申立棄却事由に該当するか否かについては見解が分かれている[26]。ただ、民事再生法25条が消極的要件という形式で再生手続開始の要件を規定し

---

[22]　東京高決平13・3・8判タ1089号295頁〔百選5版10事件〕、高松高決平17・10・25金商1249号37頁。

[23]　条解民再3版120頁121頁〔瀬戸英雄＝上野尚文〕。

[24]　東京高決平24・3・9判時2151号9頁〔百選5版11事件〕参照。

[25]　条解民再3版121頁〔瀬戸英雄＝上野尚文〕、新注釈民再2版（上）121頁以下〔高井章光〕、札幌高決平15・8・12判タ1146号300頁、名古屋高決平16・8・16判時1871号79頁参照。

[26]　棄却事由に該当するという見解（注釈民再新版（上）89頁〔須藤英章〕）もあるが、棄却事由にはあたらないとする見解が多数である（条解民再3版122頁〔瀬戸英雄＝上野尚文〕、新注釈民再2版（上）122頁〔高井章光〕、破産民再実務〔新版〕（下）90頁〔中山孝雄〕、破産民再実務3版民再92頁等）。

第23講　民事再生手続の開始　　　　733

ていることからすれば、多数の被害者が生じて刑事事件として立件されてしまうような詐欺的行為がなされるなど、明らかに濫用目的が認められるような場合以外においては、手続棄却事由の判断は慎重になされるべきであり、前記のような状況下での申立てがなされたとしても、手続開始原因が存在している場合には、もっぱら第三者を騙して利得を得る目的で申立てがなされたと認められるような場合でない限り、棄却事由には該当しないと考えるべきであろう[27]。

（3）　再生手続開始申立権者

　民事再生法上、再生手続開始の申立権者は、破産法と同じく（破18条1項）、原則として債務者および債権者である（民再21条1項2項）。ただし、清算人のように、破産手続または特別清算開始の申立義務を課されている場合には（一般法人215条1項、会社484条1項・511条2項等）、これらの者は、それに代えて再生手続開始の申立てをすることができる（民再22条）。また、小規模個人再生および給与所得者等再生については、制度の趣旨からいって、債務者にのみ申立権が認められる（民再221条1項・239条1項）。なお、特殊な場合として、外国管財人（当該外国倒産処理手続で再生債務者の財産の管理処分権を有する者）も申立権を有する（民再209条1項）。

　1）債務者　　債務者は、「破産手続開始の原因となる事実の生ずるおそれがあること（民再21条1項前段）」、または「事業の継続に著しい支障を来すことなく弁済期にある債務を弁済することができないこと（民再21条1項後段）」を理由として、再生手続の開始の申立てをすることができる。破産手続（破18条1項2項）とは異なり、再生手続では、債務者申立ての場合であっても、手続開始原因の疎明が要求されている（民再23条1項）。これは、再生手続開始によって、債務者は業務遂行権や財産の管理処分権を失うことがないから（民再38条1項）、債務者が債権者からの一時的な追求逃れのために申立てを行うといった濫用のおそれがあることに対処するものである。

　法人である債務者が申立てをする場合、理事またはこれに準ずる者の全員一致を要するといった特別の制限規定（旧和議12条1項但書。なお、破19条3項参照）はないから、意思決定は実体法の準則によってなすことになる。例えば、株式会社のうち取締役設置会社では、取締役会の決議に基づいて代表取締役等が（会社349

---

[27]　新注釈民再2版（上）122頁〔高井章光〕、破産民再実務3版民再92頁。もちろん、当該行為自体が、民事上・刑事上の責任を問われることがありうることは別論である。なお、下級審裁判例においても、このような立場に立つと思われるものがある（東京高決平17・1・13判タ1200号291頁、粉飾決算や財産隠匿行為がある場合につき東京高決平19・7・9判タ1263号347頁、東京高決平19・9・21判タ1268号326頁）。

条 4 項・362 条 2 項 1 号）、一般社団法人または一般財団法人で理事会が設置されている場合には、理事会の決議に基づいて代表理事等が申立てをする（一般法人 77条 4 項・90 条 2 項 1 号）。なお、民事再生手続では、株主は原則として手続の外にあり、株主の権利変動も予定されていないから、株主には申立権はない[28]。

　　2）債　権　者　債務者に破産手続開始の原因となる事実が生じるおそれがあるときは、債権者もまた申立権を有する（民再 21 条 2 項）。会社更生法のように、資本の 10 分の 1 以上に当たる債権有する債権者（会更 17 条 2 項 1 号）といった限定はないから、債権者であれば 1 人でも、また債権額の多少にかかわらず申立権を有する（破産の場合も同様）。債務者の場合とは異なり、債権者は民事再生法 21条 1 項後段の場合には申立てをすることはできない。

　　なお、条文上は「債権者」とのみ規定されているが、これに一般優先債権者（民再 122 条）も含まれるか、という点については争いがある。通説は、債権者に申立権が認められるのは民事再生が債権者の権利実現手続であることによるのであるから、再生手続によらないで随時弁済を受ける一般優先債権者には再生手続利用の利益がないとする[29]。それに対し、一般優先債権者にも申立権が認められるとする見解は、民事再生法 21 条 2 項は単に「債権者」とのみ規定しており何ら制限を付していないこと、債務者が再生債権の弁済を続けていくと、弁済原資が減ってしまい、一般優先債権の弁済が確保できない場合があること等を根拠とする[30]。思うに、そのような場合であれば、一般優先債権者は、わざわざ再生手続開始を申し立てることなく直ちにその権利を行使すればよいし、それによって満足を受けても、それは偏頗行為否認の対象にはならないと考えられるから、申立権を認める必要はないであろう。

（4）　申立ての手続

　　1）管轄・移送　① 管　轄　民事再生手続開始の申立ては、管轄裁判所になされなければならない。民事再生手続については、地方裁判所が職分管轄を有する（民再 5 条）。土地管轄の定めは一見複雑であるが、以下の 4 つのグループに分けることができる。また、再生事件の管轄は専属管轄である（民再 6 条）。これらの規定は、基本的には破産手続における土地管轄と同様である。

　　a. 原則的管轄　再生事件は、再生債務者が営業者であるときはその主たる

---

[28]　破産民再実務 3 版民再 45 頁、伊藤 3 版 766 頁。

[29]　伊藤 3 版 767 頁、破産民再実務 3 版民再 46 頁、注解民再 3 版 101 頁以下〔上野泰男〕、概説 2 版補訂 405 頁〔笠井正俊〕等。

[30]　新注釈民再 2 版（上）103 頁〔高井章光〕、破産民再実務〔新版〕（下）42 頁〔小河原寧〕、最新実務解説 148 頁〔佐藤正八〕。

第 23 講　民事再生手続の開始　　　735

営業所の所在地、営業者で外国に主たる営業所を有するものであるときは、日本におけるその主たる営業所の所在地、営業者でないときまたは営業者であっても営業所を有しないときはその普通裁判籍の所在地を管轄する地方裁判所が管轄権を有する（民再5条1項）。これによっても管轄裁判所がないときは、再生事件は、再生債務者の財産の所在地（再建については、裁判上の請求をすることができる地）を管轄する地方裁判所が管轄する（民再5条2項）。

　b．親子会社、連結会社、代表者等の特例　　会社間に親子関係があったり、連結計算の関係がある場合、さらには、法人に再生事件が係属している場合における当該法人の代表者について再生手続を開始する場合、経済的に関連の深い複数の主体の再生事件を一つの裁判所に係属させることができるようにして、再生手続の実効化を図っている（民再5条3項〜6項）。

　c．連帯債務者・保証債務者等の関係にある個人についての特例　　相互に連帯債務者の関係にある個人、相互に主たる債務者と保証人の関係にある個人、または夫婦のいずれか1人について再生手続が係属しているときは、他の者についても、その再生事件が係属している裁判所に再生手続開始の申立てをすることができる。このような関係にある者には経済的に密接な関係があるのが通常であるから、再生事件を一つの裁判所に係属させることができるようにして、再生手続の実効化を図っている（民再5条7項）。

　d．大規模事件の特例　　再生債権者が多数存在する大規模な再生事件は、これを専門的・集中的に処理する体制が整っている裁判所で処理することが効率的かつ有効であることから、特別の土地管轄が規定されている（民再5条8項9項）。

　なお、再生事件の管轄はすべて専属管轄であり（民再6条）、合意管轄は認められない（民再18条、民訴13条）。ただ、原則的管轄と競合する管轄を複数認めたために、その間の調整として、破産法と同様（破5条10項）、先に再生手続の開始が申し立てられた裁判所が管轄権を有するとされている（民再5条10項）。

　e．国際裁判管轄　　債務者が個人である場合は、日本国内に営業所、住所、居所または財産を有するときに限り、法人その他の社団または財団である場合は、日本国内に営業所、事務所または財産を有するときに限り、再生手続開始の申立てをすることができる（民再4条1項）。

　②　移　送　　再生事件の管轄は、破産事件におけると同様、専属管轄であり（民再6条、破6条）、合意管轄や応訴管轄は認められない。これは、再生事件（破産事件も同様である）が、個々の債権者や債務者間の問題ではなく、多数の関係人の利害に関わるため、迅速・公平に事件処理をすべきであるという公共的な要請が働くためである[31]。

しかし、たとえ、申立てがなされた裁判所に管轄権がある場合でも、その裁判所で手続を進めることによって、著しい損害や遅滞が生じるならば、あえて当該裁判所で手続を進めることは不合理であり妥当ではない。そこで、民事再生法は、破産法と同様に、たとえ再生事件の管轄が専属管轄であっても、著しい損害または遅滞を避けるために必要があるときには、職権により、再生事件を法律の定める特定の裁判所（民再7条1号～5号）に移送することを認めている（民再7条、破7条）。ただ、民事訴訟法（民訴17条）とは異なり、当事者や利害関係人による移送申立ては認められていない。

2）申立ての方式　①　申立書　申立ては、申立書を管轄権ある裁判所に提出して行うが（民再21条、民再規2条1項）、申立書には民事再生規則12条1項に定める事項を記載しなければならない[32]。これらを必要的記載事項といい、どれかが欠けていれば補正命令の対象となり、補正がなければ、裁判長は命令により申立てを却下する（民再18条、民訴137条1項2項）。以上に対して、民事再生規則13条1項に掲げられている記載事項[33]は、その記載がなくても、そのことだけ

---

(31)　管轄の判断に時間を費やし、迅速な手続の進行が妨げられたり、事件がたらい回しにされたりするような運用は厳に慎まなければならないとして、東京地方裁判所破産再生部では、再生債務者が東京地方裁判所に管轄があるものとして申立てをした場合、原則として申立書を受け付けた上で、管轄の有無については債権者説明会等で意見を聴いて判断する運用としているとのことである（破産民再実務3版民再31頁）。

(32)　民事再生規則12条1項各号は次のように規定している。すなわち、①申立人の氏名又は名称及び住所並びに法定代理人の氏名及び住所（1号）、②再生債務者の氏名又は名称及び住所並びに法定代理人の氏名及び住所（2号）、③申立ての趣旨（3号）、④再生手続開始の原因となる事実（4号）、⑤再生計画案の作成の方針についての申立人の意見（5号）である。なお、これらは、できる限り、予想される再生債権者の権利の変更の内容および利害関係人の協力の見込みを明らかにして記載しなければならない（民再規12条2項）。

　とくに、第5号の記載は、具体的には、①事業を継続していくための具体的方法、特に開始申立てに至った原因の解消方法、今後の事業計画や資金繰りの見込み等、②主要な債権者や取引先、従業員の協力が得られる見込み、③これらを踏まえた申立人の意見を記載することになろう（詳解民再2版184頁〔河合裕行〕）。なお、この記載は、裁判所が事件の進行の見通しを把握できるようにするためのものであって、将来の再生計画案の作成を拘束するものではないので、「できる限り」明らかにして記載すれば足り、これらの事項がある程度抽象的なものにとどまったとしても、「申立人の意見」としては足り、それだけで申立てが不適法になるわけではない（運用モデル3頁、条解民再規34頁、36頁以下参照）。

(33)　民事再生規則13条1項各号は以下のように規定している。すなわち、①再生債務者が法人であるときは、その目的、役員の氏名、株式又は出資の状況その他の当該法人の概要（1号）、②再生債務者が事業を行っているときは、その事業の内容及び状況、営業所又は事務所の名称及び所在地並びに使用人その他の従業者の状況（2号）、③再生債務

第23講　民事再生手続の開始　　　*737*

で申立てが不適法となり、申立てないし申立書が却下されることになるわけではないが[34]、申立人としては極力記載し、今後の手続の円滑な進行に寄与すべきである[35]。これらの事項は、実質的記載事項と呼ばれている[36]。

② **疎 明**　破産手続開始の申立てにあっては、債務者が申し立てる場合には、破産原因となる事実の疎明は不要とされているが（破18条2項反対解釈）、民事再生手続では、申立人たる債務者も再生手続開始の原因となる事実の存在を疎明しなければならない（民再23条1項）。これは、民事再生手続にあっては、破産手続におけるのとは異なり、一方では手続開始によっても債務者の事業経営権および財産管理処分権が失われることがないのにもかかわらず（民再38条1項）、他方で、再生債権者の個別的権利行使は禁止されることになるため（民再39条1項・85条1項・32条）、債務者が経営の続行を企図して、債権者の追及を免れるためだけに手続開始を申し立てるといった濫用的申立てがなされる可能性があり、そのような事態を防止するためである。会社更生法20条1項も同趣旨の規定である。なお、債権者が申立てをするときは、再生手続開始原因のほか債権の存在をも疎明しなければならない（民再23条2項）。

③ **労働組合等の意見聴取**　裁判所は、再生手続開始の申立てがあった場合には、当該申立てを棄却すべきこと、または再生手続開始の決定をすべきことが

者の資産、負債（再生債権者の数を含む。）その他の財産の状況（3号）、④再生手続開始の原因となる事実が生ずるに至った事情（4号）、⑤再生手続開始の財産に関してされている他の手続又は処分で申立人に知れているもの（5号）、⑥再生債務者について次のイ又はロに掲げる者があるときは、それぞれ当該イ又はロに定める事項：イ　再生債務者の使用人その他の従業者で組織する労働組合　当該労働組合の名称、主たる事務所の所在地、組合員の数及び代表者の氏名、ロ　再生債務者の使用人その他の従業者の過半数を代表する者　当該者の氏名及び住所（6号）、⑦法第169条の2（社債権者等の議決権の行使に関する制限）第1項に規定する社債管理会社等があるときは、その称号（7号）、⑧再生債務者について法第207条（外国管財人との協力）第1項に規定する外国倒産処理手続があるときは、その旨（8号）、⑨再生債務者が法人である場合において、その法人の設立又は目的である事業について官庁その他の機関の許可があったものであるときは、その官庁その他の機関の名称及び所在地（9号）、⑩申立人又は代理人の郵便番号及び電話番号（ファクシミリの番号を含む。）（10号）。

また、民事再生規則13条2項は、法5条3項～7項までに規定する特例管轄の再生事件等があるときは、当該再生事件が係属する裁判所、当該再生事件の表示及び再生債務者の氏名または名称等を記載するものとしている。

(34)　条解民再規則〔新版〕36頁。

(35)　民再入門3版24頁〔飛田博＝濱田芳貴〕。なお、詳解2版184頁〔河合裕行〕は、記載が欠けているときは補正を促すことになろうとする。

(36)　民再手引28頁〔寺田聡〕、破産民再実務3版民再43頁、条解民再3版103頁〔上野泰男〕、詳解2版184頁〔河合裕行〕等。

明らかである場合を除き、労働組合等の意見を聴かなければならない（民再24条の2）。事業の再生を図るためには、労働組合との協力が重大な意味をもつからである。

ところで、再生手続開始申立てがなされると、債務者の事業が危機に瀕している事実が広く世間に知られる可能性がある。そのことによって、債権者の個別的権利行使などが多発する可能性があり、それに対処するためには、そのような行為を抑止するために適時に保全処分発令などの措置をとる必要がある（民再26条〜31条）。したがって裁判所は、申立てが適式に行われることを確保し、債務者の事業等の内容などに関する情報をあらかじめ把握しておかなければならない。こうした必要を満たすために行われる実務慣行が事前相談と呼ばれるものである[37]。ただ、これにより手続を遅延させてしまう可能性があり、東京地方裁判所破産再生部では、原則として事前相談はしていないが、早期に事案を把握し、保全処分の要否の判断を円滑に行うため事前相談の代わりに「再生事件連絡メモ」に必要事項を記入してもらい、遅くとも申立予定日の3日前までに法人の登記事項証明書（個人の場合は住民票の写し）を添付して、ファクシミリで連絡してもらっているとのことである[38]。

④ **申立手数料・費用の予納**　申立人は再生手続開始の申立手数料を支払わなければならない。破産の場合とは異なり、債務者申立て・債権者申立てを問わず、申立手数料は一律1万円である（民訴費別表第1第12項の2）。

そのほかに、申立人は申立書の提出と共に、裁判所の定める金額の費用を予納しなければならない（民再24条1項）[39]。費用の予納がないと、再生手続開始申立ては棄却される（民再25条1号）。費用は一括納付が原則であるが、裁判所は、相当と認めるときは、費用を分割して納付することを認めることができる。分割納付を認めるか否かは裁判所の裁量によって決められる。東京地方裁判所では、予納金額の4割を限度として、これを申立てから2ヶ月以内に分割納付することを認めている[40]が、大阪地裁や他の裁判所では分割納付は原則として認められてい

---

[37]　伊藤3版770頁。この問題点に関しては、逐条研究42頁〔林道晴発言〕を参照。なお、大阪地裁第6民事部は、原則として事前相談を必要としている（はい6民です516頁）。

[38]　破産民再実務3版民再33頁、民再手引22頁以下〔寺田聡〕、破産民再実務〔新版〕（下）33頁〔高久洋子〕。再生事件連絡メモのひな型については、破産民再実務3版民再34頁、民再手引23頁を参照のこと。

[39]　予納金の基準については、【資料5】および中井康之「主要裁判所における運用状況〜裁判所アンケート結果の紹介と分析〜」事業再生と債権管理115号60頁、全書2版（上）28頁〔山﨑良太〕等参照。

[40]　新注釈民再2版（上）115頁〔中山孝雄〕。破産再生実務3版民再51頁、民再手引43

ないようである[41]。

予納金額は、再生債務者の事業の内容、資産および負債その他の財産状況、再生債権者の数、監督委員その他の再生手続の機関を選任する必要性その他の事情を考慮して定められるが（民再規16条1項前段）、その相当部分は手続機関の費用及び報酬に使われる。なお、東京地裁では、窓口で民事再生事件の手続費用一覧表を配布している（【資料5】）[42]。

⑤ **審 理**　再生手続開始の申立てがなされると、申立ての適法性（申立権、申立書の必要的記載事項、手続開始原因となる事実の疎明〔民再23条1項〕等）のほか、再生手続開始原因（民再21条1項）の存否、申立棄却事由の有無（民再25条）、保全の必要性等につき審理がなされる。なお、申立書および添付書類によって手続開始原因の主張・疎明がされていることが多いため、調査の対象の中心は申立棄却事由の存否になる。民事再生法上、審理方法について定めた規定はなく、もっぱら実務の運用に委ねられているが、一般的には、申立書および添付書類の検討に加え、再生債務者等の審尋をすることが基本となる[43]。

3）申立ての取下げ　いったん民事再生手続開始申立てをしても、再生手続開始決定によって全利害関係人のために手続が進行する以前であれば、自由にそれを取り下げることができるのが原則である（民再32条前段）。しかし、既に手続開始決定前の保全処分（民再26条1項・27条1項・30条1項・31条1項・54条1項・79条1項・134条の2第1項等）のいずれかがなされているような場合には、利害関係人の権利行使が制約されることになるから、任意の取下げを認めるべきではない。よって、保全処分の濫用を防ぐために、このような場合における申立ての取下げには裁判所の許可を要するものとされている（民再32条後段）。これは、会社更生法23条や破産法29条と同趣旨の規定である。

4）プレパッケージ型再生手続申立て　近時、実務上行われているプレパッケージ型再生手続という手法が注目されている。「プレパッケージ型」という呼称は、米国連邦倒産法におけるプレパッケージド・プランに由来するものとされているが、わが国でいうプレパッケージ型民事再生とは、一般的に、主要債権者らの同意を取得するか否かにかかわらず、事前に事業譲渡先または支援企業たる

　　頁〔寺田聡〕によれば、東京地方裁判所破産再生部では、申立て時に6割、開始決定後2か月以内に4割の分割納付も認めている。開始決定後2か月以内の4割の納付については、2回までの分納を認めている。
(41)　詳解2版187頁〔河合裕行〕。
(42)　実務上は、東京地裁に限ることなく、各裁判所が予納金の基準額を公表するなどして、申立人の便宜を図っている（概説2版補訂406頁〔笠井正俊〕）。
(43)　詳解2版188頁〔河合裕行〕参照。

740　　第19章　民事再生手続の開始申立てから開始決定まで

スポンサーを内定した上で民事再生手続を申し立てることをいう[44]。

　民事再生手続が申し立てられた場合、得意先は再生債務者が事業を継続できるか否かについて疑念を抱き、再生債務者との取引をやめて、他社との取引に乗り換えたり、納入業者や業務委託先は、再生債務者に商品やサービスを提供しても代金が支払われないかもしれないという疑念を抱きがちである。このことによって、民事再生手続開始が申し立てられた場合、得意先や取引先が離れていき、売り上げが激減することがある（事業毀損）。また、通常、再生債務者は再生手続開始申立ての直後には資金が不足しており、事業の安定的継続が困難であることが多い。このような場合に、再生手続開始申立時にスポンサー等が決まっており、その関与のもとに事業が継続されることが公表され、必要な資金援助がなされるならば、得意先や取引先の離反は起こりにくくなり、安定した事業継続の可能性が出てくる。したがって、プレパッケージ型再生手続申立てには、このような大きなメリットがあることは否定できない[45]。

　しかし、このようなメリットがある反面、プレパッケージ型再生手続では申立て前にスポンサー等が選定されるために、選定過程において裁判所や監督委員の審査を受けることがなく、選定過程の公正性・適正性が十分に担保されていないおそれがある。また、スポンサー等の選定について主要債権者らの同意を取り付けていない場合、選定されたスポンサー等が債権者の多数の意思に沿っているとは限らない。このようなことから、申立て前に選定したスポンサー等を前提に作成した再生計画案が可決されないといった事態が生じたり、スポンサーの選定をやり直す必要が生じることもある。またスポンサー候補者間の競争により、回収を最大化する機会を債権者から奪う可能性もある。さらに、スポンサーの選定をやり直す場合に、内定していたスポンサーに対する保護という問題もあろう[46]。なお、これらの不都合を回避するために、スポンサー等の選定が尊重されるため

---

[44]　最新実務102頁〔高木裕康〕、民再実務と理論181頁〔深山雅也〕。ただ、後者によれば、米国のプレパッケージド・プランは、手続開始前に法定多数の債権者の受諾した再建計画案について、一定の要件の下に、手続開始後に投票手続を経ることなく裁判所が認可する制度である。それゆえ、このような米国連邦倒産法上の制度とは異なる手続でありながら、これと同様の呼称を用いることは適当ではないともいえる、とする。なお、米国におけるプレパッケージ型再建手続については、阿部信一郎「米国と英国におけるプレパッケージ型倒産手続」プレパッケージ型事業再生〔事業再生研究機構編〕（商事法務・2004年）35頁以下、福岡352頁以下が詳しい。

[45]　最新実務103頁〔高木裕康〕。

[46]　これらの問題点につき、最新実務103頁〔高木裕康〕、須藤英章「プレパッケージ型事業再生に関する提言」プレパッケージ型事業再生〔事業再生研究機構編〕（商事法務・2004年）101頁以下、民再実務と理論182頁〔深山雅也〕を参照。

の要件として、①あらかじめスポンサー等を選定しなければ事業が劣化してしまう状況にあること。②実質的な競争が成立するように、スポンサー等の候補者を募っていること。または（これが困難である場合には）価額がフリーキャッシュフローに照らして公正であること。③入札条件に、価額を下落させるような不当な条件が付されていないこと。④応札者の中からスポンサー等を選定する手続において、不当な処理がされていないこと。⑤スポンサー契約等の内容が、会社側に不当に不利な内容となっていないこと。⑥スポンサー等の選定について、公正である旨の第三者の意見が付されていること。⑦スポンサー等が、誠実に契約を履行し、期待通りに役割を果たしていること、といった7つが提案されている[47]。

3　再生手続開始前の保全処分

（1）　再生手続開始決定前の保全処分の意義と必要性

再生開始決定がなされると、債務者は業務遂行権や財産管理処分権の行使について個別的制限を課される場合もあり（民再41条・42条）、また再生債権者は、再生計画に基づく集団的満足を実現するために、個別的権利行使や満足が制限される（民再85条1項等）。しかし、たとえ再生手続開始の申立てがなされても、手続開始決定が出るまでは債務者や債権者の権利行使については何ら制限を受けることはないから（民再33条2項）、その間に、債権者の個別的権利行使や債務者の財産処分行為がなされると、それによって債務者の財産は散逸する。その結果、それらの財産を用いて事業の再生を図ろうとした企図も頓挫してしまい、「債務者の事業または経済生活の再生」という民事再生手続の目的（民再1条）は到底達成されない。そこで、再生手続開始前の段階において、債権者や債務者の権利行使を制限して、再生手続の実効性を確保するための制度が、再生手続開始決定前の保全処分である。

（2）　他の手続の中止命令（民再26条）

裁判所は、再生手続開始の申立てがあった場合において、必要があると認めるときは、利害関係人の申立てまたは職権で、再生手続開始申立てについて決定があるまでの間、次の手続の中止を命じることができる。すなわち、①破産手続・特別清算手続、②再生債権に基づく強制執行・仮差押え・仮処分、民事留置権（商

---

[47]　須藤・前掲書102頁以下は、この7つの要件がいずれも満たされる場合には、再生債務者は双方未履行の双務契約に関する民事再生法49条1項の選択にあたり、スポンサー等と会社との間の契約を尊重すべきである。換言すれば、再生手続開始後にさらに良い条件を申し出る者がいても、「手遅れである」として謝絶し、既存のスポンサー契約等の解除を選択しなくても公平誠実義務（民再38条2項）の違反にはならず、監督委員も善管注意義務（同法60条）違反とならない、とする。これは、「お台場アプローチ」と呼ばれているようである（最新実務104頁〔高木裕康〕）。

742　　第19章　民事再生手続の開始申立てから開始決定まで

事留置権を除く）による競売手続、③再生債務者の財産関係の訴訟手続、④再生債務者の財産関係の事件で行政庁に継続しているもの（たとえば、租税に関する不服申立手続〔国税通則 75 条、地方税 19 条〕、公正取引委員会に係属する審判手続〔独禁 49 条〕、特許に関する審判手続〔特許 121 条〕等）、⑤再生債権である共助対象外国租税の請求権に基づき国税滞納処分の例によってする処分で、再生債務者の財産に対して既にされているものである。これらの手続を許すと、再生債権の偏頗的な満足が生じたり、再生債務者の財産が毀損されるおそれがあるからである。なお、民事再生手続は、一般の無担保債権者の権利を対象として、再生債務者と債権者との間の権利関係を調整する手続であるため、一般優先債権となる租税債権（民再 122 条 1 項、国税徴収 8 条）に基づく滞納処分は中止命令の対象にはなっていない。

　ただし、②については、中止命令が発令できるのは、申立人である再生債権者に不当な損害を及ぼすおそれがない場合に限られる（民再 26 条 1 項但書）。「不当な損害」とは、中止によって受ける再生債務者および他の債権者などの関係人の利益に比して、中止によって蒙る債権者側の損害が著しく大きい場合をいう[48]。たとえば、速やかに執行・換価しなければ目的物の価値が大きく減少し、当該債権者の経営に支障が出たり、倒産の危機に瀕するといったような場合が考えられるであろう。「不当な損害」の存在については再生債権者側に主張・立証責任がある。なお、事情の変更等に柔軟に対応できるように、裁判所は、職権により、中止命令を変更し、または取り消すことができるものとされている（民再 26 条 2 項）。

　裁判所は、再生債務者の事業の継続のために特に必要があると認めるときは、再生債務者等の申立てにより、担保を立てさせて、中止の対象となっている強制執行等の取消しを命じることができる（民再 26 条 3 項）。たとえば、在庫商品や原材料、売掛代金債権等が差し押さえられていると、それらの処分が禁止される結果、それらを販売したり、代金を回収したり、あるいはそれらを担保に供することによって資金を調達することが不可能になり事業活動に支障が生じる。このような場合、強制執行等の中止だけでは不十分であることから、取消しが認められたものである。

　中止命令や取消命令に対しては即時抗告をすることができる（民再 26 条 4 項）。ただ民事訴訟では即時抗告があると対象とされた決定の効力は停止するが（民訴 334 条 1 項）、これをそのまま民事再生手続に適用すると、中止命令等に対して即時抗告がなされると抗告審での裁判があるまでに強制執行等の手続が進行してしまい、この保全処分の目的が達せられない。よって、この種の保全処分に対する

---

[48]　条解民再 3 版 127 頁〔瀬戸英雄＝上野尚文〕。

即時抗告には執行停止効は否定されている（民再26条5項）。

（3）　包括的禁止命令（民再27条～29条）

1）概　要　　強制執行等に対する中止命令は、既に開始されている個別の手続を止めるものであるが、将来なされるであろうこれらの手続を予防的かつ包括的に止めることはできない。そこで、将来行われることが予想される強制執行等を予防的かつ包括的に禁止の対象とするのが包括的禁止命令の制度である。多数の債権者が多様な資産に対して強制執行を試みるような事例を想定すると、抑止の実効性を確保するためには、対象財産、手続、または時期を問わず権利行使を一律に禁止した方が効率的である。これに応えるための1つの制度が、アメリカ連邦倒産法にみられる自動停止（automatic stay）の制度である。これは、倒産事件開始申立てによって、当然にすべての債権者等の個別的権利行使は禁止されるという制度である[49]。民事再生法の立法段階では、その導入を求める意見も有力であったが、その濫用を危惧する声も大きく、自動停止のもつ利点に配慮しつつ、厳格な要件を設けて、裁判所の判断を介在させることによって、濫用に対する危惧を払拭したものが包括的禁止命令の制度である[50]。もっとも、再生手続開始決定がなされれば、当然に再生債権に基づく強制執行は禁止されるから（民再39条1項）、再生手続開始決定を早期に行えば包括的禁止命令の必要性は少なくなるであろう[51]。

民事再生法の包括的禁止命令の対象となるのは再生債権のみであり、一般の先取特権や租税債権等は一般優先債権として再生手続によらずに随時弁済を受けられるし（民再122条1項2項、国税徴収8条）、共益債権も同様であるから（民再121条1項）、これらの債権による権利行使は中止命令の対象にも、包括的禁止命令の対象にもならない。これに対して、破産法では、開始決定時に既に開始されている滞納処分の続行が妨げられないのに対し（破43条2項）、開始決定後の滞納処分の開始が禁じられること（破43条1項）を反映して、国税滞納処分は中止命令の対象にならないのに対し（破24条1項1号）、包括的禁止命令は破産債権のみならず財団債権を含むすべての債権を対象としているから、国税滞納処分や財団債権に基づく強制執行ともすべて禁止の対象とされている（破25条1項）。

---

[49]　オートマチック・ステイに関しては、アメリカ倒産（上）359頁以下、福岡46頁以下、361頁以下が詳しい。なお、高木新二郎『アメリカ連邦倒産法』（商事法務研究会・1996年）59頁、注釈民再新版（上）130頁〔高木裕康〕等も参照のこと。

[50]　伊藤3版776頁。その他、逐条研究44頁〔松下淳一発言〕も参照。

[51]　東京地方裁判所、大阪地方裁判所等では、再生手続開始申立てから開始決定まで通常1週間程度であり、包括的禁止命令を発令すべき案件は多くはないといわれている（新注釈民再2版（上）131頁〔高木裕康〕、破産民再実務〔新版〕（下）68頁〔小河原寧〕）。

なお、特定の債権者のみを対象にして、包括的禁止命令を発令することができるか、という問題がある。たとえば、ゴルフ場運営会社にかかる事案で数千人の債権者がいるが、うち数十人の債権者が債務名義を有しており、事業用動産に対する差押えや売掛債権に対する転付命令が予測されるような場合、すべての再生債権者を対象に包括的禁止命令を発令することは不要であり、また、すべての再生債権者に決定主文を通知する（民再28条）こともきわめて煩雑であることから、このような特定の債権者のみを対象として包括的禁止命令が発令することができれば便利であろう。しかし、①この制度が、申立てと同時にすべての権者の権利行使が禁止されるというアメリカ連邦破産法の自動停止制度を参考にして創設され、法文上も「すべての再生債権者に対し」と規定されていること、②包括的禁止命令の解除は、いったん全債権者に対して発令された命令について、当該再生債権者の申立てにより一部を解除するものであり（民再29条1項参照）、はじめから特定の再生債権者に対して発令する場合とは場面を異にすること、③会社更生の場合と異なり、包括的禁止命令の対象から一部を除外する旨の明文の規定（会更25条2項）がないことなどからすれば、特定の再生債権者に対してのみ包括的禁止命令を発令することはできないと考えるべきであろう[52]。

2）包括的禁止命令の発令の要件　　この包括的禁止命令が強力な作用を営むことに鑑み、発令のためには以下の2つの要件を満たすことが要求されている（民再27条1項）。

まず第1は、事前または同時に、次の@〜©のうち、いずれか1つ以上が為された場合である。すなわち、@再生債務者の業務および財産に対する仮差押え、仮処分その他必要な保全処分が為された場合（民再30条1項）、⑥監督委員による監督を命ずる処分（監督命令）がなされた場合（民再54条1項）、©保全管理人による管理を命ずる処分（保全管理命令）がなされた場合（民再79条1項）である。包括的禁止命令がなされると、再生手続の開始を待たずにすべての再生債権者の権利行使に制約を加えることになるが、他方で、債務者がその財産の管理処分権に制約を受けないとすれば、財産散逸等により債権者の利益を害する可能性が高くなり、それを@から©の各処分によって防止する必要があるからである。

次に包括的禁止命令発令の第2の要件としては、包括的禁止命令が発令されるためには、中止命令によっては再生手続の目的が十分に達成できないおそれがあると認められる特別の事情があるときでなければならない。この要件にある「特

---

[52]　破産民再実務3版民再70頁参照。なお、それによれば、東京地方裁判所破産再生部では、平成25年9月末現在、特定の再生債権者に対して包括的禁止命令を発令した事例は存しないとのことである。反対、新注釈民再2版（上）132頁〔高木裕康〕。

第23講　民事再生手続の開始　　*745*

別の事情」とは、たとえば、広い地域にわたって多数の資産を有する再生債務者について多数の個別執行がされ、またされることが予測されるときに、個別的に中止命令を得るのでは事務量が膨大なものとなり、事業の継続が困難になって、再生手続の目的を達成しがたい場合などがあげられる[53]。しかし、財産が広い地域にわたって存在していなくても、再生債務者の資金繰りが逼迫している場合において、債務名義を有している再生債権者が存在し、売掛金、預金、現金、在庫商品等に対する差押えが予想される場合もこの要件を満たすであろう。なぜならば、売掛金等に対し差押えがなされた場合、直ちに再生債務者の資金繰りに影響が出るため、個別の中止命令（民再26条1項）や取消命令（同条3項）の手続を行っている間に、運転資金が行き詰まったり、業務が停止したりすることがあるからである[54]。それに対して、一般的に再生債権者から仮差押えを受ける可能性があるというだけでは、特別の事情とは認められない。

3）包括的禁止命令に関する手続　　包括的禁止命令の変更または取消し（民再27条3項）や中止された強制執行等や外国租税滞納処分の取り消し（同4項）が認められること、また、包括的禁止命令、包括的禁止命令変更または取消決定および強制執行等取消命令に対する即時抗告が許されること（同5項）、ならびに即時抗告が執行停止の効力を有しないこと（同6項）は、他の手続の中止命令等（民再26条）と同様である。

申立却下決定は、相当と認める方法で申立人に告知されるが（民再18条、民訴119条）、包括的禁止命令およびその変更または取消決定は、利害関係に重大な影響を及ぼすことから公告がなされ[55]、かつ、その裁判書は債務者等（保全管理人が選任されている場合には、保全管理人）および申立人に送達し、決定主文は知れている債権者および再生債務者（保全管理人が選任されている場合）に通知しなければならないものとされている（民再28条1項）。再生債務者または保全管理人、および申立人に対する決定書の送達については、公告をもってこれに代えることは許されず（民再10条3項但書）、送達は民事訴訟法の規定（民訴第1編第5章第4節）に従って行う（民再18条）。

---

(53)　伊藤3版776頁、条解民再3版132頁〔永石一郎〕。

(54)　新注釈民再2版（上）130頁〔高木裕康〕参照。その他の例として、破産民再実務3版民再68頁参照。

(55)　新注釈民再2版（上）135頁〔高木裕康〕によれば、東京地方裁判所や大阪地方裁判所の運用のように、再生手続開始申立てから開始決定までの期間が1週間程度である場合には、包括的禁止命令の公告の手続を行ったとしても、公告が掲載される前に開始決定がなされることになるから、公告の意味がない。そのため、東京地方裁判所では、実際には包括的禁止命令の公告を行っていないようである、とする。

4）包括的禁止命令等の効力　　包括的禁止命令および包括的禁止命令変更または取消決定の効力は、再生債務者に対する裁判書の送達がなされたときに、すべての再生債権者に対して生じる（民再28条2項）。なお、包括的禁止命令は、再生債務者の財産に対する手続を禁止の対象としているので、再生債権の保証人や物上保証人に対してはその効力は及ばない。包括的禁止命令が効力を生じると、既に開始されているものおよび将来に開始を予想される強制執行等全体について執行障害事由となり、再生債権に基づいて再生債務者財産に対して行われている強制執行等は、当然に中止される（民再27条2項）。外国租税滞納処分も同様である（同）。また再生債権者が再生債権に基づく強制執行を申し立てた場合に、強制執行等の申立てが係属する裁判所に包括的禁止命令の正本が提出されると、当該申立ては却下される。再生債権者が包括的禁止命令が発令されていることを知りながら、再生債務者の財産に対し強制執行等を行った場合には、不法行為となり得る[56]。なお、ここでいう「強制執行等」とは、強制執行、仮差押えもしくは仮処分または留置権（商事留置権を除く）による競売を指す（民再26条1項2号）。租税債権に基づく滞納処分や労働債権に基づく強制執行、担保権の実行手続は、それらの権利が一般優先債権として、本来手続外での権利行使が認められているものであるから（民再122条1項2項）、包括的禁止命令の対象にはならない。これに対して、破産手続における包括的禁止命令は、民事再生法におけるそれとは異なり、破産債権のみならず財団債権を含むすべての債権と同様に国税滞納処分も包括的禁止命令の対象とされている（破25条1項）。

5）債権者の保護　　包括的禁止命令によって再生債権者は、再生手続開始前に一律に権利行使を妨げられるのであるから、包括的禁止命令が執行債権者等に不当な損害を及ぼすおそれがあると認めるときは、当該債権者を保護するために、その債権者の申立てによって、当該債権者に限って包括的禁止命令を解除する決定をすることができ（民再29条1項）、解除決定を受けた債権者は、再生債務者に対する強制執行等ができるようになる。外国租税滞納処分についても同様である（民再29条1項後段）。また、この解除決定があった日の翌日から2ヶ月を経過するまでは時効は完成しない（同2項）。

また、包括的禁止命令が発せられると、債権者は強制執行等により時効の中断（民147条2号）をすることができなくなることから、再生手続開始決定や開始申立ての棄却決定、あるいは包括的禁止命令の取消し（民再27条3項・5項）により命令が効力を失った日の翌日から2ヶ月間は時効は完成しないものとされている

---

[56]　新注釈民再2版（上）132頁〔高木裕康〕、東京高判昭62・2・17判タ650号200頁参照。

（民再27条7項）。

（4）　仮差押え、仮処分その他の保全処分（民再30条）

再生手続開始の申立てがあると、裁判所は、手続開始の条件（民再25条）の有無等を調べるために時間を要する。その間に債務者が自己の財産の処分等をすることにより財産を散逸させたり、債権者が自己の債権の回収を図ったり、保全の行動を開始したりすることにより、債務者が企業として存続できなくなるような混乱を生じるおそれがある。それを防止するために認められたのが民事再生法30条の保全処分である。同条が規定する保全処分は、①仮差押え、②仮処分、③その他必要な保全処分であるが、後に個別の金銭執行が続くわけではないので、①が実際に発令されることはなく、処分禁止の保全処分が中心になる。実際によく用いられるのは、弁済・担保提供の禁止の保全処分、業務・財産管理の状況の報告書を監督委員に提出する旨を命ずる保全処分であるといわれる[57]。なお、現在の実務では、ほぼ全件について再生手続開始前の段階で監督委員が選任されており（民再54条1項）、その監督命令において資産処分や借入れを監督委員の同意を必要とする事項とすることにより（民再54条2項）、債務者の不当な資産の散逸、負債の増大を防ぐことができるから、資産処分の禁止や借入禁止の保全処分はほとんど発令されていない[58]。

（5）　担保権の実行手続の中止命令（民再31条）

1）　総　説　民事再生手続においては担保権は一般に別除権として扱われ、再生手続の影響を受けることなく、手続外で自由にその権利を行使することができる（民再53条）。しかし、担保権の実行につき何らの制約もないものとすると、再生債務者の事業または経済生活の再生のために必要ないし有用な財産につき担保権が実行されてしまうと、再生債務者の再生が困難となり、ひいては、再生債権者の一般の利益に反する場合がある。そこで、民事再生法は、再生債務者が担保権者と交渉し、被担保債権の弁済方法等について合意による解決（これを別除権協定という）を図るための時間的余裕を与えるなどのために、担保権の実行としての競売手続を一時的に中止する制度を設けている[59]。ただ、被担保債権が共益債権または一般優先債権であるときは、再生債務者がその担保目的財産を維持するために当然に随時弁済すべきものであるので（民再121条1項2項・122条2項）、この中止命令の対象から外されている（民再31条1項但書）。これに対して、破産手続においては債務者財産は換価清算されるものであり、それを用いて債務者の経

---

(57)　松下入門2版29頁。
(58)　条解民再3版141頁〔永石一郎〕、松下入門2版29頁参照。
(59)　一問一答民再62頁参照。

748　　　第19章　民事再生手続の開始申立てから開始決定まで

済的更生を図るという要請はないから、このような担保権の実行手続の中止命令
という制度は設けられていない。

2）中止命令の対象　　中止命令の対象となるの、民事再生法 53 条 1 項に規
定する再生債務者の財産につき存する担保権の実行手続（民執 180 条〜194 条）で
ある。民事再生法の規定上は「競売」申立人という文言が用いられているが、担
保不動産収益執行（民執 180 条 2 号）も対象に含まれる[60]。それに対し、民事留置
権に基づく競売は、担保権実行手続の中止命令の対象ではなく、強制執行等の中
止命令の対象となる（民再 26 条 1 項 2 号）。なお、譲渡担保、所有権留保、ファイナ
ンス・リースといったいわゆる非典型担保につき、その実行がこの中止命令の対
象になるか否かについては争いがある。これにつき、非典型担保であっても、債
務者が実質的に所有し現に占有または使用している財産につき、その担保権が実
行されれば債務者の再生が困難になることは典型担保の場合と同じであるとし
て、典型担保に関する規定を類推適用して中止の対象とすることができるとする
ものが通説である[61]。

3）担保権実行手続の中止命令の要件（民再 31 条 1 項）　①　再生手続開始の申
立て後であること　　中止命令を発令できるのは、再生手続開始申立てがあった
後であればよく、再生手続開始決定の前後を問わない。

②　再生債権者の一般の利益に適合すること　　「再生債権者の一般の利益に適
合すること」とは、再生債務者の事業または経済生活の再生のために必要な財産
を確保あるいは有効利用することにより、再生債権者一般の利益に適合する場合
（典型的には、再生債権者一般に対する弁済率の増加が見込まれる場合であるが、企業を維
持再生する利益も含まれる）である。具体的には、ⓐ事業の再生のためには担保権
の目的物が不可欠または必要であり、その目的物が換価されると、債務者の事業
または経済の再建が不可能ないし著しく困難になる場合（たとえば、債務者の工場
の土地建物や機械器具等の生産設備、店舗、倉庫に対する担保権実行の場合等）や、ⓑそ

---

[60]　概説 2 版補訂 413 頁〔笠井正俊〕、民再入門 3 版 32 頁〔飛田博＝濱田芳貴〕。

[61]　注解会更 140 頁〔春日偉知郎〕、条解民再 3 版 148 頁以下〔高田裕成〕、新注釈民再 2 版
　　（上）151 頁〔三森仁〕、概説 2 版補訂 413 頁〔笠井正俊〕、詳解 2 版 212 頁〔三木浩一〕、
　　伊藤 3 版 785 頁。福岡高那覇支判平 21・9・7 判タ 1321 号 278 頁、大阪高決平 21・6・3
　　金判 1321 号 30 頁〔百選 5 版 60 事件〕、東京地判平 16・2・27 金法 1772 号 92 頁。なお、
　　民再入門 3 版 32 頁〔飛田博＝濱田芳貴〕、西謙二「民事再生手続における留置権および
　　非典型担保の扱いについて」民訴雑誌 54 号 70 頁、小河原 31 頁も、問題がある旨を指摘
　　しているが、類推適用自体は否定していない。それに対し、最判平 19・9・27 金判 1277
　　号 19 頁、東京高判平 18・8・30 金商 1277 号 21 頁は、民事再生法 31 条 2 項の要件を欠
　　く等を理由として、譲渡担保にかかる中止命令は無効であるとする。

第 23 講　民事再生手続の開始　　749

の目的物の換価はやむを得ないとしても、換価の時期または方法によって、高額に処分することができる見込みがある場合等がこれに当たるであろう[62]。

③　競売申立人に不当な損害を及ぼすおそれがないこと　　担保権実行手続の中止は、一般的には担保権者の意に反して行われるものであり、その不利益になることは明らかであるから、ここでいう「不当な損害」とは、再生手続遂行にあたって、社会通念上要求される受忍すべき犠牲の程度を越えて損害が生じる場合を意味すると解される。具体的には、担保権者自身の資金繰りが悪化し、倒産の危険が生じるおそれがある場合や、担保余力の小さい物件について価値の著しい下落が見込まれ、担保割れの金額を増加させる場合などであるが、他方で、営業譲渡やスポンサーによる信用供与により早期に相当額での弁済見込みがある場合、担保権の実行手続の中止を前提とする担保権消滅請求に理由が認められる場合、担保減価分について代替担保を提供する場合等の事情を総合的に勘案して判断することになる[63]。

4）　**中止命令発令の手続**　　裁判所は、中止命令を、利害関係人の申立てまたは職権により命じるが（民再31条1項）、その際には競売申立人の意見を聴かなければならない（同2項）。意見聴取は口頭でも書面でもよく、また意見を聴く機会を与えれば足りる[64]。裁判所は、職権で、中止命令を変更し、または取り消すことができ（民再31条3項）、それに対しては競売申立人に限り即時抗告をすることができる（同4項）。即時抗告は執行停止効を有しない（同5項）。

5）　**中止命令の効力**　　中止命令は相当の期間を定めて発令される（民再31条1項）。「相当な期間」とは、債務者等（再生債務者と、選任されていれば、保全管理人、管財人）と担保権者との間で競売申立ての取下げ、今後の弁済の態様等について交渉するのに一般的に必要な期間を意味する。その意味で、中止命令は、担保権の実行手続を現状のまま凍結し、それ以上進行させない、すなわち権利実行の時期を遅らせる効力を有するのみであり、担保権の実行手続を取り消すものではない[65]。実務上は、この期間は3ヶ月間と定めることが多いが、別除権協定の交渉に要する期間や従前の交渉系統を踏まえこれより短い中止期間を定めることもある[66]。この期間が経過すると中止命令は当然にその効力を失う[67]。中止命令が発

---

[62]　新注釈民再2版（上）157頁〔三森仁〕、詳解2版212頁〔三木浩一〕、破産民再実務3版民再77頁。

[63]　新注釈民再2版（上）158頁〔三森仁〕。

[64]　新注釈民再2版（上）163頁〔三森仁〕、条解民再3版153頁〔髙田裕成〕。

[65]　したがって、たとえば競売手続の差押えの効力はそのまま維持される。新注釈民再2版（上）159頁160頁〔三森仁〕、破産民再実務〔新版〕（下）79頁80頁〔中山孝雄〕参照。

令されると、中止命令の対象とされた手続は中止し、中止命令で定められた相当な期間中は手続は進行しない。しかし、現実には、たとえば不動産競売手続の進行を止めるためには、中止命令を執行停止文書（民執183条1項6号）として、停止の申立てをしなければならない。

非典型担保の実行手続の中止を認める場合には、引渡執行等（あるいは引渡請求権の保全のための保全処分）が用いられる場合においては、中止命令を一時停止文書に準じて、その実行を止める実務上の取扱いが必要となろう[68]。それに対して事実上の引上げ等の場合には、債務者は、債権者に対し、中止命令の決定書を提示して引上行為の停止を求めることになろう[69]。なお、担保権実行中止命令は、中止を命ずべき実行行為を観念できるものでなければならない。しかし、たとえば、ファイナンス・リースについては、契約解除の意思表示をすることによって実行が終了するとすれば、その中止の効果を実現する余地はないことになる。そこで、近時では、非典型担保については、その実行手続に応じた規律を想定することが必要になるとして、担保権実行の着手前の中止（実質的には禁止）を認めること、あるいはその効果として、端的に担保実行の実体的効果を否定する効果を認めることを提唱する見解も主張されている[70]。

（6）　保全管理命令

再生債務者が法人である場合に、再生債務者の財産の管理または処分が失当であるとき、その他、再生債務者の事業の継続のために特に必要があると認めるときは、裁判所は、利害関係人の申立てまたは職権により、再生債務者の業務および財産に関し、保全管理人による管理を命じる処分（保全管理命令）をすることができる（民再79条1項2項）。保全管理命令をなすための要件である、「再生債務者の財産の管理または処分が失当であるとき」とは、再生債務者が、放漫な経営を続けてその財産をいたずらに減少させたり、恣意的な弁済や財産の処分等により債権者間の平等を害するような行為を行っているような場合をいう。その場合、債権者に対する「公平誠実義務」（民再38条2項）に違反するかどうかが判断の指

---

[66]　破産民再実務3版民再81頁、新注釈民再2版（上）160頁〔三森仁〕。なお、破産民再実務（下）149頁〔植村京子〕も参照。

[67]　民再理論と実務〔下〕45頁〔森恵一〕。

[68]　条解民再2版131頁〔髙田裕成〕。

[69]　新注釈民再2版（上）161頁〔三森仁〕、民再実務124頁〔松村昌人〕。

[70]　山本和彦「倒産手続におけるリース契約の処遇」金法1680号13頁、同「いわゆる債権集合譲渡担保の実行に対する再生手続上の中止命令」金商1321号2頁、伊藤眞「倒産処理手続と担保権——債権集合譲渡担保を中心として」NBL872号69頁。なお、民再実務と理論39頁〔小林信明〕も参照のこと。

針となるであろう⁽⁷¹⁾。なお、規定の形式からは、この要件が満たされれば、再生債務者の事業の継続のために特に必要があると認められなくても保全管理命令を発令することはできそうであるが、「事業の継続のために特に必要があると認めるとき」という要件は、本要件を「その他」で受けていること、また、事業の継続のために保全管理命令が必要ではないような場合には、発令する必要はないのであり、この要件の解釈としては、再生債務者の事業の継続のために保全管理命令を発令することが特に必要があると認める程度に、再生債務者の財源の管理または処分が失当である場合と解すべきである⁽⁷²⁾。また、「再生債務者の事業の継続のために特に必要があると認めるとき」とは、たとえ経営陣に公平誠実義務違反がなくても、管理型に移行することが事業の継続に必要である場合を含む⁽⁷³⁾。

　裁判所は、事情の変化に応じて、決定により、一度なした保全管理命令を変更したり、取り消したりすることができる（民再79条4項）。この決定に対しては、即時抗告が認められている（同5項）。保全管理命令を発したとき、その変更または取消しの決定をしたときは、その旨を公告しなければならない（民再80条1項）。保全管理命令、その取消し・変更決定、即時抗告についての裁判書は当事者に送達しなければならない（民再80条2項）。

　保全管理命令が発令されたときは、再生債務者の有していた業務遂行権や財産の管理・処分権は、保全管理人に専属することになる（民再81条1項）。

　これらと同様の規定は、破産法91条以下にも置かれている。

（7）　否認権行使のための保全処分

　裁判所は、再生手続開始の申立てがあった時から当該申立てについて決定があるまでの間、否認権を保全するために、利害関係人の申立て、または職権により、

⑺　条解民再3版389頁〔中島肇〕。

⑺　新注釈民再2版（上）411頁〔印藤弘二〕、条解民再3版389頁〔中島肇〕参照。

⑺　条解民再3版389頁〔中島肇〕。なお、新注釈民再2版（上）411頁以下〔印藤弘二〕は、事業継続のため管理命令を必要とする方向での考慮要素として、①財産隠匿や一部債権者への偏頗弁済がなされたり、放漫経営が続くなど不公平・不誠実な業務遂行の有無、②経営者の事業再生の意思・能力・信用等の欠如や低下の程度、③債権者の利益が害される程度や蓋然性、④債権者、従業員、取引先などの経営者に対する信用や信頼の欠如や低下の程度等が想定される一方で、実際の考量においては、①経営者の事業継続の意欲、個人的技能、信用等の活用、手続の簡易・迅速性の確保等、民事再生法がDIP型を原則則とした趣旨が失われ、あるいは一定程度犠牲にされること、②多くの場合債務者の意思に反して、暫定的にせよ全面的にその財産管理処分権を剥奪するという、債務者に対する重大な財産権の制限であること等、発令を抑制する方向での考慮要素が十分に勘案されるべきであり、それでもなお、事業の継続に必要がある場合に「特に必要がある」とされるものと解する、としている。

第19章　民事再生手続の開始申立てから開始決定まで

仮差押え、仮処分その他の必要な保全処分を命じることができる（民再134条の2）。これは、再生手続開始後に否認権限を有する監督委員または管財人が否認権を行使する前に、受益者が当該財産を処分するなど、否認権の行使が不可能ないし困難になるような事態を防止するための制度である。これは、破産法171条と同趣旨の規定である。

4　再生手続開始決定と不服申立て

（1）　手続開始決定

1）方　式　再生手続開始申立てがあった場合、審理の結果、その申立てが適法であり、手続開始原因が認められ、かつ申立棄却事由がない限り再生手続開始決定をしなければならない（民再33条1項）。東京地方裁判所破産再生部では、標準的には申立てから1週間程度で開始決定が発令される運用となっている[74]。再生手続開始の効力は開始決定の時に生じる（民再33条2項）。同趣旨の規定としては、破産法30条2項、会社更生法41条2項がある。再生手続開始申立てについての裁判（決定）は裁判書を作成し（民再規17条1項）、かつ、決定の年月日時を記載しなければならない（同2項）。その趣旨は破産手続（破規19条2項）におけるのと同様である。

2）同 時 処 分　裁判所は、再生手続開始決定と同時に、再生債権の届出期間および再生債権の調査期間を定めなければならない（民再34条1項）。これを同時処分という。なお、再生手続開始に際し、知れている債権者数が1000人以上であり、かつ裁判所が相当と判断した場合には、知れている債権者に対する通知をせず、届出債権者（民再102条1項）を債権者集会の期日に呼び出さない旨の決定をすることもできる（民再34条2項）。債権届出期間は、手続開始決定の日から2週間以上4ヶ月以下、債権調査期間は、その初日と債権届出期間の末日との間に1週間以上2ヶ月以下の期間を置き、1週間以上3週間以下の範囲内で定める（民再規18条1項）。

3）附 随 処 分　裁判所は、再生手続開始決定と同時でなくてもよいが、その後直ちに以下の処分を行うこととされており、これを附随処分という。すなわち、①一定事項の公告（民再35条1項2項）、②公告対象事項の一定の者への通知（同3項5項）である。ただし、再生債務者財産が約定劣後再生債権に優先する債権を完済することができない状態にあることが明らかであるときは、この通知は不要である（同4項）。その他、③登記の嘱託（民再11条）である。この登記の「嘱託」は裁判所書記官が行う。

---

[74]　破産民再実務〔新版〕（下）93頁〔諸星聖臣〕、破産民再実務3版民再95頁。

4）不服申立て　再生手続開始決定に対しては、債務者申立ての場合には他の債権者が、債権者申立ての場合には、他の債権者および債務者が、また、再生手続開始の申立てを棄却する決定に対しては、申立人である債務者または債権者が即時抗告をすることができる（民再36条1項）。ただ、再生手続によらない権利行使が認められている一般優先債権者（民再122条1項2項）、共益債権者（民再121条）、別除権者（民再53条1項2項）等に即時抗告権が認められるかという点については争いがある[75]。不服申立ては、利害関係人の権利に制限を課す裁判に対して認めれば足り、上記権利者は、再生手続開始決定そのものに影響を受けず、利害関係をもつ者とはいえないから、消極説に与すべきであろう。開始後債権者についてはその地位（民再123条1項2項）は再生手続開始により大きな影響を受けるから即時抗告権を認めてよい。なお、株主についても、即時抗告権を認めるか否かについて見解が対立している[76]が、再生手続開始決定は会社の解散原因となるわけではないから、このような説の対立は想定しがたい[77]といえよう。

以上に対して、棄却決定の場合には、債務者申立事件においては債務者のみが抗告権者であり、債権者申立事件においては当該申立債権者のみが抗告権者である。これに対し、申立人以外の債権者に即時抗告権があるか否かについては争いがある[78]が、民事再生手続上、債権者申立てによる場合はあくまで例外的なものと位置づけられており、申立てをせず静観している債権者に強い利害関係は認められず、棄却決定については、公告や知れている債権者に送達すべきことを定める規定がないこと等から、即時抗告権を否定するのが多数説である[79]。

即時抗告期間は、開始決定の場合には、公告が効力を生じた日から2週間であり（民再9条後段）、開始申立棄却決のように公告がなされない場合には、裁判の告知を受けた日から1週間である（民再18条、民訴332条）。なお、開始申立てを棄却する決定があると、裁判所が認めた保全処分（民再26条〜30条）も失効するはずであるが、債務者の財産の散逸を防ぐために、棄却決定に対し即時抗告がなされた場合には、破産手続や強制施行等の手続を一時中止し、あるいは保全処分を発令

---

[75]　積極説として条解民再3版178頁〔園尾隆司〕が、消極説として伊藤3版792頁がある。

[76]　いずれも破産宣告をめぐってのものであるが、積極説としては山木戸59頁、谷口99頁等があり、消極説としては、中田65頁、注解3版（下）34頁（安藤一郎）、大決大5・1・26民録22輯29頁、大阪高決平6・12・26判時1535号90頁等がある。

[77]　条解民再3版178頁〔園尾隆司〕。

[78]　注釈民再新版（上）120頁〔田中等〕は肯定説に立つ。

[79]　新注釈民再2版（上）179頁〔武笠圭志〕、条解民再3版178頁〔園尾隆司〕。なお、後者は、これが判例および裁判実務の見解であるという。

することが認められている（民再36条2項）。

（2）　再生手続開始決定の効果

1）再生債務者の地位　　再生手続開始決定により、再生債務者がいかなる地位に立つかについては既に説明した（第18章2(1)参照）。ここでは、その要約を記しておく。

破産手続における（破78条1項）のとは異なり、再生手続開始決定がなされても、再生債務者は、その業務を遂行し、またはその財産を管理・処分する権利を失わない（民再38条1項）。しかし、再生債務者は債権者に対して公平誠実義務を負っており（民再38条2項）、再生手続の機関としての性格を有するものといえよう。そこから多数説は、再生債務者の第三者性を肯定している。そして具体的な問題については、①不動産の対抗要件（民177条）をめぐっては、再生手続開始前に不動産を譲渡した再生債務者と、譲受人の関係は対抗問題になるとする。そして、②通謀虚偽表示（民94条2項）と第三者保護の関係では、再生債務者の第三者性は肯定されるが、「善意」については、再生債権者の中に1人でも善意の者がいれば善意と解するとしている。③詐欺による意思表示と善意の第三者の問題（民96条3項）についても、多数説は、②の場合と同様な解決を導いている。また、④契約解除と第三者の問題（民545条1項但書）についても、通謀虚偽表示における議論がそのまま当てはまる。さらに、⑤動産売買の先取特権（民333条）に関しては、「引渡し」があったとはいえないので、再生債務者については第三者としての地位を否定する見解の方がむしろ有力である[80]。⑥融通手形（手17条）の振出人は、当該手形が第三者に渡ってしまえば、融通手形の抗弁は切断される（手17条）。そこで、再生債務者は再生手続が開始したことを理由に、自らが第三者であるとして、抗弁権の切断を根拠として、手形の支払いを求めるうるかということが問題となりうるが、第三者性肯定説・否定説いずれの見解に立つにしても、抗弁権の切断は、当該手形の流通性確保のためであるところ、裏書譲渡という手形本来の流通方法によらずに手形を取得した者を保護する必要はなく、第三者性は否定されると解されている[81]。

2）再生債権者の個別的権利行使禁止　①　個別的権利行使禁止の原則　　再生計画が効力を生じるまでは再生債権者は再生債務者の財産から満足を得てはな

---

[80]　破産民再実務3版民再124頁、破産民再実務〔新版〕（下）120頁〔小河原寧〕、条解民再3版196頁〔河野正憲〕。破産管財人についてであるが、最判昭59・2・2民集38巻3号431頁〔百選5版55事件〕も同旨。

[81]　条解民再3版197頁〔河野正憲〕。破産管財人につき同旨、最判昭46・2・23判時622号102頁。

らない（個別的権利行使禁止の原則）。このような原則がなければ、再生債務者の財産を保全できず、債権者への対応に追われ再生債務者は事業の再構築に専念することができない。それに加え、弁済を得た債権者と得なかった債権者の間で不公平な結果が発生する等の弊害が生じ、再生計画を作成し、再生債権者の権利を変更し、再生債務者の事業を再生するという手続が効果的に実現できないであろう。したがって、再生手続開始決定がなされると、再生債権者は、自らが有する再生債権をもって再生手続に参加することを強制され、再生計画によらなければ、満足を得ることができないものとされている（民再85条1項・86条）。そのため、破産手続や再生債務者の財産に対する強制執行の申立てが禁止され、既に係属している手続は当然に中止ないし効力を失う（民再39条）。もっとも、この個別的権利行使禁止の原則は、再生手続開始前の保全処分（民再26条・27条・30条）がなされれば、再生手続開始申立てから再生手続開始決定の間にも生じる。

また、再生手続開始後、再生債権につき、再生債務者財産に関して、再生債務者等の行為によらずに権利が取得されても、再生債権者は再生手続の関係においてその効力を主張できない（民再44条1項）。さらに、再生債権者は、再生手続開始後に再生債務者に対して債務を負担したときには、その債権・債務とを相殺することはできない（民再93条1項1号）。

②　個別的権利行使禁止の原則の例外　しかし個別的権利行使禁止の原則をあくまで貫くと、社会・経済的に様々な不都合が生じる可能性がある。そこで、民事再生法は、いくつかの例外を認めている（詳しくは、第21章3(2)で説明する）。

a．中小企業への弁済許可制度　再生債務者は、以上述べたように、再生手続開始決定後は、再生計画によらずに再生債権につき弁済等をすることは禁じられるが、例外的にそれが認められる場合がある。すなわち、再生債務者を主要な取引先とする中小企業（再生債権者）が、再生債権の履行期における支払いがないため、資金繰りがつかなくて連鎖倒産するおそれがあるような場合には、裁判所は、申立てまたは職権により、その債権の全部または一部の弁済をすることを許可することができる（民再85条2項〜4項）。

b．少額債権の早期弁済制度　少額の再生債権を早期に弁済することにより再生手続を円滑に進行することができるとき、または少額の再生債権を早期に弁済しなければ再生債務者の事業の継続に著しい支障を来すときは、裁判所は、再生計画認可の決定が確定する前でも、再生債務者等の申立てにより、その弁済を許可することができる（民再85条5項）。

3）再生手続開始決定に伴う他の手続の効力　再生手続開始決定があると、破産手続や再生債務者の財産に対する再生債権に基づく強制執行、仮差押え、

仮処分または再生債権を被担保債権とする留置権による競売を申し立てることができず、既にされている強制執行等の手続は中止される（民再39条1項）。ただし、裁判所は、再生に支障を来さないと認めるときは、再生債務者等の申立てまたは職権により、中止した強制執行等の手続の続行を命じることができる（民再39条2項前段）。また必要があれば、再生債務者等の申立てまたは職権で、担保を立てさせ、または立てさせないで、中止した強制執行等の手続の取消しを命じることもできる（民再39条2項後段）。

破産手続における（破44条1項）のとは異なり、再生手続では、再生債務者が財産の管理処分権を有するので、債務者財産に関する訴訟手続は中断しない。これに対して、再生債権の存否や額は、破産手続におけると同様、債権確定手続に基づく債権調査の中で確定することが予定されている。そこで、民事再生法は、再生手続開始決定があった場合は、再生債権に関する訴訟手続は中断する旨を規定している（民再40条）。したがって、たとえば、同じ金銭債権請求訴訟でも、賃金債権は一般優先債権として扱われるので、その訴訟手続は中断しないのに対し、下請け契約に基づく未払い代金の請求訴訟であれば当該債権は再生債権であるから、当該訴訟は中断する。

再生債権者が提起した債権者代位訴訟は再生手続開始決定によって中断し、再生債務者または管財人（再生債務者等という）がこれを受継することができ、また、相手方も再生債務者等に対して受継の申立てをすることができる（民再40条の2第1項2項）。再生債務者等は、相手方からの受継申立てを拒むことはできないと解すべきである。再生債権者が提起した詐害行為取消訴訟、破産法上の否認訴訟、否認の請求を認容する決定に対する異議の訴訟は、再生手続開始決定によって中断し（民再40条の2第1項）、否認権限を有する監督委員または管財人がこれを受継することができる。また、訴訟の相手方は受継申立てをすることができる（民再140条1項）。

なお、否認権限を有する監督委員または管財人が相手方からの受継申立てを拒めるか否かについては見解が分かれるが、民事再生法140条1項の条文が「受け継ぐことができる」と規定していること、再生手続における否認権は、管轄の集中（民再135条2項）や否認の請求（136条）といった詐害行為取消権にはない固有のメリットを有していることを理由に、拒絶できると解するのが通説である[82]。

---

[82] 条解民再3版755頁〔斎藤善人〕、Q&A民再2版333頁〔三木浩一〕、新注釈民再2版（上）808頁〔山本和彦〕。なお、詳解2版384頁〔水元宏典〕は、受継に何らの支障がなく、かつ、受継により再生債権者への弁済率が増加する見込みのある場合に限り、再生債権者に対する信認義務として受継の義務を負うとする。なお、東京高決平15・7・25

┌─────────────────────────┐
│ ＜設問についてのコメント＞ │
└─────────────────────────┘

　問1は、再生手続開始に当り、誰が申立権者になりうるかという点、およびその手続を問う問題である。これについては、2(3)を参照のこと。

　問2は、設例においてとりうる再生手続開始前の保全処分の内容を問う問題である。これについては、3(2)(3)(5)等を参照のこと。

　問3は、再生手続の効果を問うものであり、原則として、再生債権者への弁済は禁止される（民再85条）が、本問は、その例外として弁済が認められるか否かを問うものである。これについては、4(2)2)　①②を参照のこと。

　問4は、再生手続開始が、係属中の訴訟手続にいかなる影響を与えるかということを検討する問題である。これについては、4(2)3)を参照のこと。

　金法1688号37頁参照。

第24講　再生債務者財産、再生債権、共益債権等

ケース

　婦人服の服地の製造販売を業とする A 株式会社 (資本金 5000 万円、株主 50 人、従業員 150 人、労働組合がある) は、関連会社への貸付けの増加、新規事業への参入失敗等により倒産したが、まだ何とか企業の収益力はあると判断して、再建の道を歩みたいと考え、一方では民事再生手続開始の申立てをした。そして、その後も経営継続のために、取引先への原材料費の支払いや、腕のいい職人をつなぎ止めるために遅配していた給料を支払ったり、その他、運転資金を賄うための原資として、取引銀行である B から 500 万円の緊急融資を受けたが、結局、その 10 日後に民事再生手続開始決定がなされ、監督委員に C が選任された。

　A 社は全国に 3 カ所の服地製造工場 (甲・乙・丙) を有していたが、経営陣としては、経営のスリム化のためには、そのうちの乙と丙をどこかに事業譲渡したいと考えているが、議決権の 40% を有する株主 20 名は、その譲渡については強硬に反対している。また、A 社は服地に使う糸の 80% を、品質のよい品を納入してくれる D 有限会社 (従業員 5 人) から調達していた。また D 社も、A 社を大口取引先 (D 社の総取引額の約 70%) としており、A 社に再生手続が開始したときには、100 万円の売掛代金債権を有しており、それに対する民事再生手続での予想配当率は 30% であるということであった。

◆**問1**　民事再生手続における財産評定とは何をするのか。また何のためにするのか。さらに、誰が、どのような基準でするのか。

◆**問2**　A 社が、乙・丙の工場を従業員ともども事業譲渡するには、どのような条件をクリアする必要があるか。

◆**問3**　B 銀行は、再生手続開始申立て後に融資した 500 万円の貸金債権をどのようにして行使することができるか。

◆**問4**　D 社は、A 社に対する 100 万円の債権はどのように権利行使すべきか。このうち、再生手続開始申立て後かつ手続開始前に生じたものが 20 万円あった場合はどうか。

◆**問5**　Ａ社の従業員の１人であるＥは、その給料債権につき、再生手続開始前に遅配となっていたものが250万円、手続開始後も遅配になっているものが50万円あった。Ｅは、その遅配している給料債権をどのようにして行使すべきか。

第20章　再生債務者の財産と事業

1　財産評定と調査報告

（1）　財産評定の意義

　民事再生手続は、再建型の倒産手続であるから、その基本構造は、現在の債権をいったん棚上げにして債権者からの取立てを防ぎつつ、遊休資産の売却や将来的に見込める事業収益等によって弁済できる範囲に債務を圧縮し、圧縮した債務を実際に弁済できる原資を確保するためには、企業の収益力を回復させる必要がある。しかし、手続開始時における債務者財産の現状が把握できていなければ、合理的な再生計画を策定することはできず、民事再生手続の目的（民再1条）も達成することはできない。そこで、民事再生法124条1項は、再生債務者等は再生手続開始後（管財人については、その就職後）遅滞なく、再生債務者の財産につき再生手続開始の時における価額を評定しなければならないと規定している。これを財産評定という。したがって、財産評定は、再生計画を立案する前提として、再生債務者の財産状況を正確に把握して、債権者および利害関係人に対してその状況を適切に開示することを目的とする制度である。

（2）　財産評定の機能

　このような財産評定の目的とも密接に関連するが、財産評定は、多少重なり合う面もあるが、以下のような種々の機能を有すると考えられる[1]。

　1）清算価値以上の配当の保障機能　　財産評定は、財産の処分価値をもってするものとされており（民再規56条1項）、また、再生計画の定めによる弁済率が、破産手続における予想配当率より低い場合には、裁判所は再生計画を不認可としなければならない（清算価値保障原則）と解されている（民再174条2項4号参照）。したがって、再生債務者に属する一切の財産の清算価値（処分価額）を明らかにすることは、裁判所にとっては、将来の再生計画の認可または不認可の判断の基礎資料を入手する上で極めて重要なこととなる。その意味で、財産評定は、破

---

[1]　最新実務394頁以下〔三村藤明〕、詳解2版350頁以下〔中井康之〕、破産民再実務3版民再238頁以下、条解民再規123頁等参照。

産手続による場合の配当率計算の基礎を提供し、それによって、最低限、再生手続によって、清算価値以上の配当をなすべきという目標設定を示すことになる（清算価値保障機能）。また、再生債権者に対しては、再生計画による配当率が、破産手続による配当よりも有利か、また有利であるとしても事業の継続の態様次第ではさらに有利な弁済を受けられる可能性があるか否かを判断して、再生計画案への賛否を決するための資料を提供する機能もある。

　2）**債務超過の判断のための資料提供**　　再生手続開始後において、株式会社である再生債務者が債務超過である場合に、裁判所は、事業の継続のために必要と判断したときは、再生債務者等の申立てにより、当該再生債務者の事業の全部または重要な一部の譲渡について株主総会の特別決議に代わる許可を与えることができる（民再43条）。また、再生計画では、再生債務者が債務超過の株式会社である場合（民再166条2項）には、裁判所の許可を得て、資本の減少に関する条項を定めることができる（民再154条3項・166条1項・161条）。これにより、会社法の規定による株主総会の特別決議や債権者保護手続を行うことなく減資ができることとなった。財産評定は、これらの場合に、債務者たる株式会社が、債務超過か否かの判断材料を提供する機能もある。

　3）**事業の全部または重要な一部の譲渡の額についての判断のための資料提供**　　再生債務者が債務超過であれば、裁判所は、事業の全部または重要な一部の譲渡について株主総会の特別決議に代わる許可を与えることができるが（民再43条）、債務超過でない場合にも、再生手続開始後、裁判所の許可を得て（民再42条1項）、営業または事業の全部または重要な一部の譲渡をする必要がある場合もありうる。財産評定は、この判断の際の基準を提供する機能を有する。

　4）**別除権の予定不足額の判断のための資料提供**　　別除権者は再生手続によることなく権利を行使することができ（民再53条2項）、別除権によって弁済を受けることができない不足額の部分についてのみ再生債権者として権利行使をすることができる（民再88条）。しかし、別除権行使による不足額が確定していない再生債権があるときは、再生計画において、その不足額が確定した場合における再生債権者としての権利行使に関する的確な措置を定めなければならないとされている（民再160条1項）。また、再生債権を担保する根抵当権の元本が確定している場合には、その根抵当権の被担保債権のうち極度額を超える部分について、再生計画で仮払いに関する定めをすることができる（民再160条2項）。これらの再生計画における定めをする際には、財産評定の結果が利用されることになろう。

　5）**別除権目的物の受戻しの価額の判断のための資料提供**　　別除権の対象となっている目的物について、担保権者との合意により、その担保されている債

務を再生債務者等が弁済して当該担保権を消滅させ、別除権を受け戻すことが認められている（民再 41 条 1 項 9 号）。この受戻しの際の目的物の価額の適否については、財産評定における価額が基準となるであろう。

6）担保権消滅許可における申出額の判断のための資料提供　再生債務者等には、担保権消滅許可の申立権が認められているが（民再 148 条 1 項）、この申立ての際には、当該財産の価額を申し出ることを要する（民再 148 条 2 項）。この価額の算定に際しては、財産評定における価額が基準となるであろう。

（3）　財産評定の際の評価基準

　会社更生手続の場合、財産評定は、更生会社の会計処理の基礎資料ともなることから、原則として「時価」によるものとされている（会更 83 条 2 項）。そして、その「時価」とは、清算価値を意味するものではないと解されている[2]。

　それに対して民事再生手続における財産評定は、「財産を処分するものとして」しなければならないとされている（民再規 56 条 1 項本文）。ここでいう財産を処分するものとしての価額（処分価額）とは、原則として強制競売の方法による売却により得られるであろう価額（買受可能価額〔民執 60 条 3 項〕以上）である[3]。民事再生手続は、いわゆる「清算価値保障原則」がとられているといわれ、再生債権者に対しては、再生債務者が破産した場合以上の割合の弁済ができない場合には、再建型倒産手続を遂行する意味はなく、したがってそれは不認可事由の 1 つとされている（民再 174 条 2 項 4 号）。すなわち、再生計画が清算価値以上の弁済を行う旨を定めているかどうかが重要であることから、財産評定は処分価額基準によるとされているのである。

　しかし、再生債務者が、その営業または事業の全部または一部の譲渡（民再 42 条参照）を検討している場合などは、当該譲渡の対価を検討する際の参考とするため、譲渡にかかる営業または事業に属する財産については、当該事業を継続するものとして評価すること（いわゆる継続事業価値を求めること）が有益である。そこで、例外として、必要がある場合には、清算価値の評定に加えて、全部または一部の財産については再生債務者の事業を継続するものとして評価するができる（民再規 56 条 1 項但書）[4]。たとえば、再建後も経営のために継続的に使用され、収

---

[2]　高田正昭＝佐々木伸悟＝萩原壽治『徹底詳解企業再生の税務』（税務研究会出版局・2006 年）39 頁、150 頁〔高田正昭〕。

[3]　松下入門 2 版 55 頁。民再手引 171 頁〔鈴木義和〕、破産民再実務 3 版民再 240 頁は、処分価格とは、市場で売却する際の正常な価格ではなく、再生債務者の事業を清算して早期に処分を行うことを前提とする価格をいうとする。

[4]　条解民再規 124 頁。

益に貢献する機械設備等のように、事業を継続するかしないかによってその評価が著しく変わるものがある。これらの資産は、生産を中止し売却するならばスクラップに過ぎないが、事業が継続されることを前提にするならば、通常処分価値よりも遥かに大きな価値を有する。よって、これらについては、継続事業価値で判断するのが適切な場合もあるであろう[5]。ただ注意すべきは、これは少なくとも処分価額による評定を行った上で、必要に応じてさらに併せて継続事業価値による評定を行うことを許す趣旨であり、評定手法は二者択一的ではない[6]。

（4） 財産評定の主体・対象・実施時期

1） 評定の主体 財産評定は再生債務者等が実施するが（民再124条1項）、裁判所は必要があると認めるときは、利害関係人の申立て、または職権で、評価人を選任し[7]、財産の評価を命ずることができる（民再124条3項）。

2） 評定の対象 評定の対象となる財産は、「再生債務者に属する一切の財産」である（民再124条1項）。別除権に服する財産も評定の対象に含まれる。具体的には、再生債務者の現金・預貯金、売掛金や貸付金等の金銭債権、株式や社債等の有価証券、商品・原材料・仕掛品等の棚卸資産などの流動資産、土地、建物、機械・器具等の有形固定資産、暖簾、借地権、工業所有権等の無形固定資産等のすべての財産の評定を行う。ファイナンス・リースの目的物については、リース債権者が別除権者として扱われることから評定の対象とすべきであるとする見解[8]がある一方で、破産手続では担保権実行の結果として取戻権者として取り

---

(5) 最新実務392頁〔三村藤明〕。なお、継続事業価値の算定は、将来の予想収益を収益還元率で除することにより行うものであるところ（いわゆるディスカウンテッド・キャッシュフロー〔DCF〕法）、この算定はコストがかかることから、中小企業を典型的な債務者として想定する再生手続においては必須のものとはされていない（松下入門2版55頁56頁）。民事再生規則56条1項但書も、必要がある場合であっても継続事業価値による評定をすることができると規定するにとどめているところからみて、再生債務者において継続事業価値による評定を義務づけられているわけではない。

(6) 新注釈民再2版（上）689頁〔服部敬〕。

(7) 評価人が選任されるのは、再生債務者等が、不当に低く見積もった財産評定を行って予想破産配当率を下げることにより、再生計画案における弁済条件を低く抑えようとしている場合等に対処するために、再生債権者らからの対抗手段を定めたものである。但し、東京地方裁判所破産再生部では、原則として全件に監督委員が選任されており、その補助者として公認会計士が財産評定の適正さも判断しているので、評価人が選任されることは通常ないといわれている（最新実務解説394頁〔三村藤明〕）。これに対し、札幌地裁では、全件について調査命令を発して公認会計士を調査委員として選任するという運用がなされているようである（貝原信之「札幌地裁（本庁）にみる民事再生手続4年の特徴と総括的諸問題」事業再生と債権管理105号86頁）。

(8) 条解民再3版647頁〔松下淳一〕。

第24講　再生債務者財産、再生債権、共益債権等　　　*763*

扱うことも行われており、財産評定の主たる目的が開始時点における破産清算を
想定しつつ財産の清算価値を計ることにあるとすれば、これを除外しても違法で
はないとの見解も唱えられている[9]。また破産における自由財産に相当するもの
が再生手続にはないことから、再生債務者が個人事業者の場合、もっぱら個人や
家族の生活の用に供する財産についても評定の対象となるとするもの[10]と、財産
評定の主たる目的が開始時点における破産清算を想定しつつ財産の清算価値を計
ることにあるとして、評定の対象外とする見解[11]とが唱えられている。個人事業
者の場合、その財産が個人や家族の生活の用に供される財産か否かは必ずしも明
瞭ではなく、債務者財産の清算価値から除外する基準も明かではないことを考え
れば、原則としては、財産評定の対象とすべきであろう。それに対して、破産財
団に含まれない差押禁止財産（破34条3項、民執131条・152条等）は、破産手続に
おける配当の原資とならないことは明かであるから、再生計画案が清算価値保障
原則を満たしているかどうかを判断する基礎資料を得るための財産評定において
は除外すべきであろう[12]。

3）実施時期　財産評定は、再生手続開始後（管財人については、その就職の
後）遅滞なく行わなければならない（民再124条1項）。民事再生法125条1項2号
によれば、再生債務者等が裁判所に提出すべき報告書に再生債務者の財産の現状
を記載するものとされており、この報告書は再生手続開始決定の日から2ヶ月以
内に提出するものとされている（民再規57条1項）。また財産状況報告集会（民再
126条2項）が開かれる場合には、再生債務者の財産の現状の要旨がその場で報告
されることになっているから、財産状況報告集会も再生手続開始決定の日から原
則として2ヶ月以内に招集されることになっている（民再規60条1項）。したがっ
て、財産評定も、再生手続開始決定の日から2ヶ月以内に終了している必要があ
る。なお、ここで行う財産評定は、再生手続開始の時における価値を明らかにす
るものである[13]（民再124条1項）。

---

(9)　新注釈民再2版（上）692頁〔服部敬〕。もっとも、実務上は、リース資産とリース債
　　務とを両建てで計上することが一般的であるという。

(10)　条解民再3版647頁〔松下淳一〕。

(11)　新注釈民再2版（上）692頁〔服部敬〕はこの趣旨か。

(12)　新注釈民再2版（上）692頁〔服部敬〕。なお、条解民再3版648頁注14〔松下淳一〕
　　は、差押禁止財産に当たるものは除外するか、あるいはその旨注記することも考えられ
　　るとする。

(13)　開始決定日における財産評定が困難である場合は、開始決定日に近い月末等の日を評
　　価時点とすることも、裁判所によっては認められているようである（全書2版（下）342
　　頁〔鶯海量明〕）。財産評定上の留意点については、民再手引173頁以下〔鈴木義和〕が
　　詳しい。

（5）　財産目録および貸借対照表の作成

再生債務者等は、財産評定が完了したときは、直ちに、再生手続開始時における財産目録および貸借対照表を作成して裁判所に提出しなければならない（民再124条2項）[14]。東京地方裁判所破産再生部の標準スケジュールによれば、財産評定書の提出は開始申立日から2ヶ月である（民再規57条1項・60条1項参照）[15]。なお、再生債権者等が再生債務者の財産状態についての情報を財産目録等から適切に検討することができるようにするために、財産目録および貸借対照表には、作成の際に用いた財産の評価方法その他の会計方針を注記するものとされている（民再規56条2項）。基本的には、財産目録については会計の理論および慣行に基づき、貸借対照表については商法施行規則および財務諸表等の用語、様式および作成方法に関する規則（昭和38年大蔵省令第59号）に準じて作成されることになろう[16]。

利害関係人は、裁判所書記官に対し、裁判所に提出された財産目録および貸借対照表等の閲覧、謄写等を請求することができる（民再17条）。これは、債権者等に対して情報開示をすることにより、民事再生手続に対する債権者等の信頼性を高めようとしたものである。

（6）　裁判所への報告書の提出

民事再生手続は、裁判所および監督委員の後見的な監督のもと、再生債務者自

---

[14]　これに対して、小規模個人再生手続においては、貸借対照表の作成は不要であり（民再228条）、財産目録についても、再生手続開始の申立書に添付書面の一つである財産目録の記載を引用することができるとされ（民再規128条）、手続が簡素化されている。

[15]　破産民再実務3版民再239頁以下によれば、再生債務者が再生計画案の提出期限の直前になって既に提出した財産評定を修正してくる事案も見られるが、再生計画案が清算価値保障原則を満たしているか否かを判定するための有力な判断資料であるから、監督委員による事前の審査を受けずに不正確な内容の財産評定を提出し、事後的に安易に修正することがあってはならないが、財産評定の提出後に評価の前提となった事実関係に変動があったときは、財産評定の重要な機能に鑑み、再生債務者は、監督委員およびその補助者の公認会計士の審査を受けた上、速やかに財産評定の修正を行う必要があるとする。また、QA500第3版349頁〔渡邉光誠＝松村昌人〕も、財産評定書の提出後に、再評価が必要ないし有益となった場合には、再生手続開始時の価額評定であるという時点枠組みは変更せず、（1）売却により現実化した資産額への置換、（2）鑑定や評価等の基礎とした将来予測数値に係わる部分等を置換するなどして、開始時点での評価額を再評価することも実務上行われているとする。

[16]　条解民再規124頁、条解会更（下）128頁。なお、QA500第3版344頁〔三森仁〕は、再生債務者はそれぞれ事業の種類も事業規模も異なるので、再生債務者の事業規模等に応じて、どの程度の内容のものを作成するのが妥当か異なってくると考えられるとする。財産評定における資産項目の評価基準については、QA500第3版345頁以下〔三森仁〕参照。

身が再生計画案を策定し、これが再生債権者らの決議に付されるという流れを基本形とする。そして、再生計画によって債権の一部免除等さまざまな負担を求められる再生債権者としては、決議に付される再生計画案の内容が、再生債務者の財産状況や収益力の関係から真にやむをえないものであると納得できるものでない限り、不満が残るであろう。また、裁判所においても、監督権を適切に行使するためには、再生債務者に関するこれらの情報を得ておく必要がある。これらの要請を満たすために、再生債務者等は、再生手続開始後（管財人については、その就職の後）遅滞なく、再生手続開始に至った事情や再生債務者の業務および財産に関する経過および現状等の事項を記載した報告書を裁判所に提出しなければならないものとされている（民再125条1項）。財産状況報告集会が招集されない場合には、再生手続開始決定の日から2ヶ月以内に報告書を提出しなければならず（民再規57条1項）、その際には、副本も添付しなければならない（民再規57条2項・56条3項）。さらに、裁判所が相当と認めるときは、報告書に、再生手続開始申立ての日前3年以内に終了した再生債務者の営業年度等の終了した日における貸借対照表・損益計算書等の会計書類を添付させる（民再規58条1項）。

　再生手続では、原則として再生債務者が自ら、再生債権についての認否書の作成および提出（民再101条）や再生計画案の作成および提出（民再163条1項）などの手続上の基本的な行為を行い、手続を追行することになる。したがって、再生手続の円滑な進行を図る上では、裁判所による手続の進行管理は、裁判所により選任されその一般的な監督を受ける管財人が手続を追行する破産手続や会社更生手続以上に重要になってくる。そこで、裁判所の対外的窓口の役割を果たしている裁判所書記官に、再生債務者（管財人が選任されている場合を除く）に報告書の提出を促すこと、または再生手続の進行に関し問い合わせをすること、その他の再生債務者による再生手続の円滑な進行を図るために必要な措置を行わせることができるものとされた（民再規59条）[17]。

（7）　再生債権者への情報開示

　再生手続を円滑に進めるためには、再生債権者の協力が不可欠であるが、そのためには、再生債権者に情報を開示してその理解を得なければならない。よって、民事再生法は、多彩な情報開示のメニューを規定している。

　①　まず、財産状況報告集会において再生債務者等は、裁判所に報告する事項（民再125条1項）の要旨を報告しなければならない（民再126条1項）。集会を開催することの意義は、関係者が一堂に会して行われることから意思の疎通や認識の

---

[17]　条解民再規129頁参照。なお、これによれば、これは従前の運用に明文の根拠を与えたものである（同旨、民再入門3版97頁〔濱田芳貴〕）。

第20章　再生債務者の財産と事業

共有を図るのに便宜であり、また書面だけでは伝わりにくい債務者の再生に向けた熱意や、ほかの債権者の動向などを伝えることができるところにある。よって、再生債務者等は、単に当該事項を報告するに留まらず、これに関連する質疑に積極的に応答するなどして、債権者の理解を得るよう努めるべきだろう[18]。もっとも財産状況報告集会が開催されるのは例外的であり、それに代わって、再生債務者財産の状況等に関する再生債権者への情報開示の手段として、債権者説明会（民再規61条）が開催されることが多いといわれる[19]。民事再生規則上、債権者説明会の開催は任意であるが（民再規61条1項）、裁判所との関係では、手続開始決定の判断要素であり、説明会において手続に支障をきたす大きな反対の確認の場となるし、債権者との関係では、早期の情報開示による説明を尽くして、その後の手続を円滑に進行させるためにも、特別な事情がないかぎり、開催する必要がある[20]。

②　第2には、財産状況報告集会の開催の有無にかかわりなく、再生債権者に対する情報提供の手段として、再生債権者は、再生債務者によって提出された財産目録や貸借対照表（民再124条2項）を、閲覧したり謄写したりすることが認められている（民再16条、民再規62条・64条1項）。

③　第3には、財産状況報告集会の招集がなされない場合、再生債務者等は、裁判所に提出した報告書（民再125条1項）の要旨を、知れている再生債権者に周知させるため、報告書の要旨を記載した書面の送付、債権者説明会の開催その他の適当な措置をとらなければならないものとされている（民再規63条1項）。労働組合等に対しても同様の措置をとらなければならない（民再規63条2項）。

④　第4には、再生債務者等は、再生計画認可または不認可の決定などの確定まで、裁判所に提出した財産目録等（民再124条2項）および報告書に記載されている情報の内容を表示したものを、再生債権者が再生債務者の主たる営業所または事務所において閲覧することができる状態に置くなどの措置をとらなければならないものとされている（民再規64条1項本文2項）。ただし、営業所または事務所を有しない場合は、この措置は不要である（民再規64条1項但書）。

2　営業（事業）等の譲渡

---

[18]　新注釈民再2版（上）703頁〔服部敬〕。

[19]　伊藤3版960頁以下、大竹たかし「東京地裁における民事再生手続の現状と課題」事業再生と債権管理105号55頁、森宏司「大阪地裁における民事再生実務の現状と課題」事業再生と債権管理92号46頁。なお、民事再生手続における債権者説明会の実務上の運用については、全書2版（上）854頁〜857頁〔島田知子〕が詳しい。

[20]　QA500第3版65頁〔山本正〕。

（1）　営業等の譲渡の趣旨

　債務者企業が経済的に破綻した場合、業種・業態にもよるが、有機的一体をなす営業ないし事業は求心力を失い、そのまま放置しておけば、取引先や従業員の散逸等により、その価値は急速に劣化する。とくに、営業ないし事業[21]になお収益力があり、存続可能である場合には、当該営業等を第三者に譲渡することができれば、債権者の債権回収にとって有利であり、また少なくともその部分については、社会的に有用な営業等の解体清算を回避することができ、さらに、従業員にとっても職場が保障されることになり、社会経済的な損失を最小限にとどめることできる。

　再生債務者が法人である場合、営業等の全部が譲渡されると、債務者の法人格は清算手続を経て消滅することになるが、民事再生法は、再生債務者の「事業」の再生を図ることを目的としているが（民再1条）、債務者の法人格の存続自体は必ずしも目的としていない。その点から、このような営業等の譲渡という倒産処理の手法も、民事再生法の目的に違反するものではない。ただ、譲渡の必要性や相当性を欠く営業等の譲渡がなされると、再生債権者の利益が害されたり、再生債務者や当該営業等の再生が挫折する事態が生じたりする可能性がある。このように、①営業等の譲渡をするか否か、②どの範囲の営業等を譲渡するか、③譲渡の対価その他譲渡契約の内容をどうするか等の事項は、いずれも再生債権者や従業員の利害にかかわる重大な問題であり、これらをどのように処理するかということは、事業譲渡の基本的枠組みを決定するものであるといえよう。そこで、再生手続開始後に、再生債務者の営業または事業の全部または重要な一部を譲渡する場合には、裁判所の許可を要するものとされている（民再42条1項）[22]。

（2）　営業等の譲渡の通常の手続・要件

　1）総　説　　破産手続においては、営業等の譲渡は、裁判所の許可を得ることにより可能とされている（破78条2項3号）。これに対し、会社更生手続では、原則として、更生計画の定めによらなければできないものとされており（会更46条1項本文）、更生計画認可後に更生計画に定めのない事業譲渡をしようとするときは、所定の手続に基づき更生計画を変更して（同法233条）、営業の全部または

---

[21]　個人商人が商号1個ごとに営むのが「営業」であるのに対して（商登43条1項3号参照）、1個の商号しか持ち得ない株式会社（会社27条2号）等が営むものの総体は「事業」と呼ばれる。しかし、いずれも実質的な内容は同じであり、一定目的のために組織化され有機的一体として機能する財産であって、得意先関係等の経済的価値のある事実関係を含むものを意味する（条解民再3版228頁〔松下淳一〕）。

[22]　一問一答民再72頁参照。

重要な一部の譲渡に関する事項を更生計画に定める必要がある[23]。ただし、更生手続においても企業価値の劣化を回避するために迅速に事業譲渡を行う必要性があることから、更生計画案の付議決定までは、裁判所の許可を得て営業等の譲渡は可能であるとされている（会更46条2項）。

　これに対して、民事再生手続では、このような制限はなく、再生裁判所の許可を得ることにより、営業等の全部または重要な一部（会社467条1項2号参照）を譲渡することができるものとされている（民再42条1項前段）。ただし、裁判所は許可をする場合においては、知れている再生債権者の意見を聞かなければならない（同条2項本文）。

　たしかに、営業等を譲渡すると、その営業等の帰趨が決まること、譲渡後に作成される再生計画案は譲渡代金の分配を定めるものとなり、譲渡代金の額次第で再生債権者への弁済率も決まってくることから、再生債権者の利害に重大な影響を及ぼす。これらの点を強調すれば再生債権者の意見を反映させるために、営業等の譲渡は再生計画の定めによるする会社更生法のような規定が望ましいことになる。しかし他方、営業等が窮境に陥ると、取引先が代金の不払いを恐れて納入を控えたり、ブランド・イメージが崩れて顧客が離れたりする可能性があり、業種によっては事業価値が急速に毀損する場合があることから、債権者集会の決議等の手続を経ずに迅速に営業等の譲渡の可否を決する必要がある[24]。このような考慮から、一方では裁判所の許可を要求することで、営業等の譲渡の適正性・妥当性等をチェックすると共に、インフォーマルな手続を通じて可能な限り再生債権者の意見も反映させる制度を創設したのである。また、明文の規定はないが、再生計画によって営業等の譲渡をすることは、再生債権者の決議、裁判所の認可決定を経なければならず、さらに労働組合も意見聴取の機会が与えられており（民再168条・174条3項）、手続の適正性はより高いものといえ、これを否定する必要はない[25]。ただ、その場合、民事再生法42条1項との関係で、再生計画案の決議、裁判所の認可・不認可の決定という通常の手続に加え、営業等の譲渡自体について裁判所の許可を要するかという問題がある。しかし、裁判所は、再生計画案の決議をを通して再生債権者の意見を確認することができるし（民再172条の3等）、労働組合等も再生計画案について意見聴取の機会が与えられ（民再168条）、かつ再生計画案を認可すべきかどうかについて意見を述べることができるのであり

---

[23]　深山80頁以下、225頁。

[24]　条解民再3版227頁〔松下淳一〕参照。

[25]　この点につき争いはない（新実務大系（21）451頁〔宮川勝之〕、注釈民再新版（上）138頁〔松嶋英機〕、新注釈民再2版（上）236頁〔三森仁〕、伊藤3版962頁等）。

（民再174条の3）、裁判所はそれらを参考にしながら認可要件を検討した上で認可・不認可の決定をする（民再174条1項2項）のであるから、その上にさらに裁判所の許可を得る必要はあるまい[26]。

2）要　件　　営業等の譲渡をするには、以下の要件が満たされなければならない。

①　再生手続開始後であること　　債務者が倒産すれば、従前通りの取引が困難になり、顧客も離れていき、その事業価値は急激に劣化するのが通常である。そのため、営業等の譲渡をするならば、まだ事業価値があるうちに、できるだけ早い段階で行うのが望ましいともいえる（その意味では、手続開始前の段階で譲渡した方がいい場合も考えられる）。しかし、再生手続開始前の段階では、裁判所が許可を与える前提としての、譲渡が適正かどうかを判断するための資料が十分ではないし、再生債権者も定まっていない段階では、これらの者の意見を反映させることもできない。このような事情があるためか、法は、開始前の営業等の譲渡が認められるか否かについては明文規定を置いていない（民再42条1項参照）。

そこで、再生手続開始前、特に再生手続開始申立てから開始決定までの、いわゆる保全期間中に営業等の譲渡をすることができるか否かについて見解が分かれている。すなわち、ⓐ否定説は、営業等の全部または重要な一部の譲渡は、再生債務者の事業に大きな影響を与えるものであるから、本来、再生計画に定めて再生債権者の審議・決議及び裁判所の認可決定を得るべきものである（会更217条参照）。しかし、資産の劣化が激しい営業または事業の場合、再生計画の認可をまっていては、再建そのものが困難となったり、価値が激減するおそれがあるので、再生計画認可前の譲渡を認めたものであり、それならば、再生手続開始前の、いわゆる保全期間中の譲渡も認めるべきであるとの考えもあるとしながらも、再生手続開始前は、再生債務者の財務内容も、事業の再生可能性も判然としない場合もあり、再生債権者、従業員、株主等糊外関係人保護の観点から、営業の全部または重要な一部については、保全期間中の譲渡は時期尚早であるとして、保全期間中の営業等の譲渡を否定する[27]。それに対して、ⓑ肯定説は、再生債務者の財産管理処分権は、再生手続開始の申立てにより当然に制限を受けるわけではないから、保全期間中も再生債務者が営業等の譲渡をすることは妨げられない。その場合には、再生債務者が株式会社の場合には株主総会特別決議という通常の手続

---

[26]　新実務大系(21)451頁〔宮川勝之〕、新注釈民再2版（上）236頁〔三森仁〕、破産民再実務3版民再132頁、伊藤3版963頁等参照。

[27]　伊藤3版964頁、注釈民再新版（上）138頁・139頁〔松嶋英機〕若干理由は異なるが、新実務大系(21)447頁〔宮川勝之〕も同旨。

を経る必要があるとする。ただし、監督委員が保全段階から選任されており要同
意事項（民再 54 条 2 項）のなかに一定額以上の財産の処分が含まれていれば、営業
等の譲渡はその対象となることがほとんどであろうから、その場合には監督委員
の同意が必要となる。また再生債務者の財産の処分権限を制限する保全処分（民
再 30 条）が出されていれば、その制約に服する、という[28]。ただ、肯定説の論者
も、再生手続開始の申立てが棄却された場合に、その後に何も裁判上の倒産処理
手続が行われないと譲渡代金の取扱いが不明確になるおそれがあること、および
営業等の譲渡が利害関係人に及ぼす影響が大きいこと等を考慮して、民事再生法
42 条 2 項が意見聴取の手続を定めている趣旨からして、保全期間中に営業等の譲
渡を行うことは望ましくないとしている[29]のであり、両説の隔たりは必ずしも大
きくないといえる。たしかに、事業の毀損を避けるためには、早期の営業等の譲
渡が必要な場合もあろうが、譲渡について見込みがついているのであれば、譲渡
先の選定過程の公正性や譲渡代金の相当性等に配慮するのは勿論であるが、早期
に再生手続開始決定をして、民事再生法 42 条 2 項の意見聴取の手続を経た上で
営業等の譲渡をするのがすじであろう[30]。

② **再生債務者の事業の再生のために必要であること**　ここでいう「必要であ
る」場合とは、現在の経営陣に対する取引先からの信用が失われているが、第三
者のもとで事業を続ければ取引の継続とそれによる事業の再生が可能となる場合
や、再生債務者による事業の再生も不可能ではないが、他へ譲渡したほうが再生

---

[28]　条解民再 3 版 229 頁〔松下淳一〕、詳解 2 版 437 頁〔山本弘〕。民再手引 198 頁〔鹿子
木康＝住友隆行〕によると、東京地裁破産再生部では、再生手続開始の申立後に発令す
る監督命令において、スポンサーとの支援契約の締結を監督委員の同意事項と定めてい
るので、監督委員の同意を得ることが必要であるし、開始前では民事再生法 43 条の代替
許可を得ることもできないことから、実務上は、事業譲渡を行うべき緊急の必要性が認
められる場合には、早期に開始決定をして、民事再生法 42 条所定の手続を経た上で事業
譲渡を行うことになろう。この場合においても、譲渡先選定過程の公正性や譲渡代金の
相当性について、債権者の意見を踏まえて慎重に検討する必要があるとする。なお、学
説の状況については、新注釈民再 2 版（上）224 頁以下〔二森仁〕、民再実務 226 頁以下
等参照。

[29]　条解民再 3 版 229 頁〔松下淳一〕。

[30]　条解民再 3 版 229 頁〔松下淳一〕、民再手引 198 頁〔鹿子木康＝住友隆行〕、破産民再
実務新版（下）128 頁〔中山孝雄〕。なお、破産民再実務 3 版民再 132 頁以下によれば、
実務上は、民事再生法 42 条の趣旨に照らして、保全期間中に事業譲渡を行うことはなく、
早期に事業譲渡を行う必要がある場合は、早期に再生手続開始決定をして、同条所定の
手続を経た上で事業譲渡を行っている（ただし、早期の事業譲渡を行う場合は、譲渡先
の選定過程の合理性と事業譲渡の対価の相当性について一層慎重な判断が求められ
る。）、とのことである。

がより確実であり、かつ、再生債権者や従業員にとっても利益となる場合、事業の一部譲渡により、残存する事業の再生・継続に必要な資金が得られる場合、等を意味する[31]。なお、上記の必要性のほか、民事再生法 42 条 1 項には明記されていないが、譲渡が再生債権者、株主の利害と絡むことに鑑み、譲受人の選定過程の公正さ、譲渡代金や譲渡条件の相当性なども斟酌されるべきである[32]。

③　意見の聴取　　裁判所は、営業等の譲渡の許可をする場合には、知れている再生債権者（債権者委員会）および労働組合等の意見を聴かなければならない（民再 42 条 2 項 3 項）。これは、譲渡価額や契約内容、譲渡後の従業員の待遇など、再生債権者および従業員に重大な影響を与えるためである。ただ、債権者委員会（民再 117 条 2 項）が存在していれば、その意見を聴けば足りる（民再 42 条 2 項但書）。なお、再生債務者が再生手続開始の時においてその財産をもって約定劣後再生債権に優先する債権にかかる債務を完済することができない状態にあるときは、当該劣後再生債権を有する者から意見を聴取する必要はない（民再 42 条 2 項本文かっこ書）。

　意見聴取の方法はとくに規定されておらず、裁判所の裁量に委ねられている。たとえば、集会を開催する方式、書面や電子メール等で個別的に意見聴取を行ったり、複数の方法を併用することも可能であろう。なお、東京地方裁判所破産再生部では、事業譲渡許可の申立てがあると、その 2 週間程度後に意見聴取期日を開催して、全再生債権者の意見を直接聴く（もっとも、再生債権権者に投票させるわけではなく、意見を聴取する機会を与える期日である）ことを原則とし、再生債権者が多数（200 人程度を超えるような場合）に及ぶ場合には、主要債権者について意見聴取期日の招集通知を行って直接意見を聴取し、残る債権者については書面で意見を提出するよう新聞広告をするという方法が行われているようである[33]。この意見聴取手続を適正に行うため、意見聴取期日に先立ち、再生債務者において、再生債権者に対し、事業譲受人の選定過程や事業譲渡の条件および価格の相当性について十分な情報提供を行うことが必要である[34]。

---

[31]　新注釈民再 2 版（上）227 頁〔三森仁〕、条解民再 3 版 230 頁〔松下淳一〕等、東京高決平 16・6・17 金法 1719 号 51 頁〔百選 5 版 24 事件〕参照）。

[32]　東京高決平 16・6・17 金法 1719 号 51 頁〔百選 5 版 24 事件〕、民再手引 198 頁〔鹿子木康＝住友隆介〕、条解民再 3 版 230 頁以下〔松下淳一〕参照。なお、これに関しては、新注釈民再 2 版（上）227 頁以下〔三森仁〕が詳しい。

[33]　新注釈民再 2 版（上）231 頁〔三森仁〕、園尾隆司「東京地裁にみる民事再生法による企業再生手続の現状と課題」事業再生と債権管理 94 号 29 頁、重автор伊利「民事再生手続における登記嘱託と公告」金法 1594 号 49 頁、破産民再実務〔新版〕（下）129 頁〔中山孝雄〕、破産民再実務 3 版民再 134 頁等参照。

772　　　　第 20 章　再生債務者の財産と事業

（3） 債務超過の株式会社の事業譲渡と代替許可

1） 代替許可制度の趣旨　　会社が倒産した場合には、事業譲渡をすることにより、譲渡先において事業を存続させると共に、倒産会社の債権者に対しても適正な弁済をすることが可能となる場合が少なくない。しかも、事業譲渡における事業の価値は、倒産状態にあることが公になると一般的に急速に劣化するものであり、事業の価値を維持しつつ適切な事業譲渡を行うためには、事業譲渡を可及的速やかに行う必要がある。ただその際には、再生債務者が株式会社である場合には、原則として、その事業の全部または重要な一部を譲渡するためには、株主総会の特別決議による承認が必要である（会社 467 条 1 項 1 号 2 号・309 条 2 項 11号）。しかし、倒産状態に陥った株式会社の株主は、その会社の経営に関心を失い、株主総会決議の成立が困難となる場合が多いといわれており、その一方で、債務超過にある会社の株主の株主権は実質的に価値を喪失していると考えられる。そこで、再生手続においては、株式会社が債務超過に陥っている場合において、裁判所による株主総会決議に代わる許可（代替許可）の制度が設けられた（民再 43条）[35]。

2） 代替許可の要件　①　再生債務者が債務超過の株式会社であること　　裁判所が代替許可をなすためには、再生債務者たる株式会社が、その財産をもって債務を完済することができないこと（債務超過）が必要である（民再 43 条 1 項）。債務超過か否かは、継続事業価値で判断すると解する見解が通説である[36]。

②　事業の全部または重要な一部の譲渡が事業の継続のために必要であること

この要件の理解としては、ⓐ株主権を制約するために、民事再生法 42 条と異なり、厳格な要件を課すべきである等の理由から、事業譲渡をしないと早晩廃業に追い込まれざるを得ない事情がある場合に限られるとする見解[37]と、ⓑ債務超過会社の株主に債権者よりも強い拒否権を認める理由はないことや、倒産処理手続としての事業譲渡の有用性等を理由として、上記の場合に限らず、事業譲渡をし

---

[34]　そのため、東京地方裁判所破産再生部では、裁判所が主催する意見聴取期日に先立ち、再生債務者において、事業譲渡の内容や経緯等について再生債権者に説明するための債権者説明会を開催することを求めている（破産民再実務 3 版民再 134 頁）。

[35]　一問一答民再 73 頁参照。

[36]　条解民再 3 版 235 頁〔松下淳一〕、新注釈民再 2 版（上）240 頁〔三森仁〕、破産民再実務 3 版民再 135 頁、小河原 46 頁等。これと異なる見解を示すものとして、東京高決平 16・6・17 金法 1719 号 51 頁〔百選 5 版 24 事件〕がある。

[37]　一問一答民再 73 頁、注釈民再新版（上）143 頁以下〔松嶋英機〕、最新実務解説 266 頁〔綾克己〕、伊藤 3 版 967 頁、東京高決平 16・6・17 金法 1719 号 51 頁〔百選 5 版 24 事件〕等。

なければ当該事業の価値や規模に大きな変化が予想される場合も必要性を肯定してよいとする見解[38]といった2つの見解が対立している。民事再生法42条と43条の差を考えれば、前説に賛成すべきであろう。

③　**再生手続開始決定後であること**　再生手続開始の申立てから開始決定までのいわゆる保全期間には、事業譲渡に関する代替許可は与えられない。代替許可は、株主の権利に対する重大な制限であるから、再生手続の開始の各条件（民再25条）の充足について判断する前にかかる制約を課すことは適当ではないからである[39]。

3）送　達　代替許可の決定があった場合には、その裁判書を再生債務者等に、決定の要旨を記載した書面を株主に、それぞれ送達しなければならない（民再43条2項）。代替許可の決定は、裁判書が再生債務者等に送達されたときから効力を生じる（同3項）。なお、代替許可決定の要旨を記載した書面の株主への送達は、株主に送達しなければならないが（民再43条2項）、株主に対する送達は、株主名簿に記載もしくは記録された住所または株主が再生債務者に通知した住所に宛てて、書類を通常の取扱いによる郵便等に付してすることができる（同4項）。この送達は、通常郵便等で足りるという送達方法と宛先の画一化という2点について、通常の送達と比べて簡易なものとされている[40]。さらに、この送達は、官報に公告（民再10条3項）することにより代用しているようである[41]。

4）即時抗告　代替許可の決定に対しては、株主は即時抗告をすることができる（民再43条6項）。代替許可決定は公告されないから、即時抗告期間は、各株主に決定の要旨を記載した書面が送達された日から1週間の不変期間である（民再9条・18条、民訴332条）。これに対し、代替許可の申立てを棄却・却下する決定に対しては、不服申立てに関する特別の定めはなく、即時抗告は認められない[42]。

一般的に即時抗告には執行停止効があるが（民再18条、民訴334条1項）、代替許可決定に対する即時抗告が確定するまで事業譲渡ができないとすると、迅速性を損なうから、とくにこの即時抗告にあっては執行停止効を有しないものとされている（民再43条7項）。即時抗告により代替許可が取り消されたが、その前に事業

---

(38)　条解民再3版236頁〔松下淳一〕、実務解説207頁〔藤縄憲一〕等。

(39)　条解民再3版234頁〔松下淳一〕、伊藤3版967頁。

(40)　条解民再3版236頁〔松下淳一〕。

(41)　破産民再実務〔新版〕（下）130頁〔中山孝雄〕、新注釈民再2版（上）243頁〔三森仁〕。なお、公告手続に関して、重政伊利・前掲・金法1594号49頁参照。

(42)　条解民再3版237条〔松下淳一〕、新注釈民再2版（上）243頁〔三森仁〕。なお、民事再生法9条も参照。

譲渡が完了していた場合には、会社法に基づく株主総会の特別決議が後に取り消された場合に準じて、事業譲渡契約が事後的に無効となる[43]。

5）代替許可の効果　代替許可を受けた場合には、会社の事業の全部または重要な一部の譲渡について必要とされる株主総会の特別決議（会社467条1項1号2・309条2項11号）が不要になる。ただ、①譲渡する資産の規模が小さい場合の事業の重要な一部の譲渡（いわゆる簡易手続。会社467条1項2号）や、②譲受会社が「特別支配会社」（会社468条1項、会社施規136条）である場合の事業の全部または重要な一部の譲渡の場合には、株主総会の承認決議がそもそも不要であり、代替許可は問題とはならない[44]。株式会社である再生債務者が代替許可を得て事業の全部または重要な一部の譲渡をする場合には、反対株主の株式買取請求の規定（会社469条・470条）は少数株主の保護という制度の趣旨が当てはまらないので、適用されない（民再43条8項）。

第21章　再生債権

1　再生債権の意義

再生債権とは、再生債務者に対し再生手続開始前の原因に基づいて生じた財産上の請求権（共益債権または一般優先債権であるものは除く）である（民再84条1項）。この債権は、①再生手続開始後は、原則としてその弁済が禁止され、また再生債権に基づく強制執行はすることができなくなり（民再39条1項）、後日認可される再生計画によってのみ弁済が可能になる（民再85条1項）。また、②再生債権者が届出をして調査・確定された再生債権については、再生計画によって一部免除・期限の猶予等の権利変更がされ（民再154条1項1号・156条）、権利変更後の権利について再生計画に基づく弁済がなされる。破産債権と比べると、満足の対象が、破産財団の換価金か、再生債務者の将来の収益かという違いはあるが、共に倒産手続の拘束を受け、個別の権利行使が禁じられる点、および、手続内で割合的共同弁済を受けるという点では共通性を有する。

2　再生債権となる請求権

（1）破産債権と再生債権——共通点

再生債権の要件は、①再生債務者に対する人的請求権であること、②再生手続

---

[43]　条解民再3版237頁〔松下淳一〕、新注釈民再2版（上）243頁〔三森仁〕、伊藤3版967頁。

[44]　新注釈民再2版（上）244頁〔三森仁〕。

開始前に基礎となる発生原因事実が生じている請求権であること、③財産上の請求権であること、④強制執行が可能な請求権であることであり、これらの点では破産債権の要件と異なるところはない（これらについては、本書第5章1参照）。ただ、以下の点では両者の間には差がある。

（2） 破産債権と再生債権 —— 相違点

まず、破産債権にはなるが、再生債権とならない請求権として、一般の先取特権その他一般の優先権がある請求権がある。これらは破産手続上は優先的破産債権とされ（破98条1項）、会社更生法では優先的更生債権とされているが（会更168条1項2号・3項）、民事再生法では、それらの権利は、一般優先債権として手続外で随時優先弁済を受ける権利とされている（民再122条）[45]。

また破産手続におけるのとは異なり、劣後的再生債権という概念もない。破産手続上劣後的破産債権として扱われている請求権は、民事再生手続においては次のように扱われている。すなわち、①手続開始後の利息・損害金等は再生債権とされるが（民再84条2項各号）、議決権は認められず（民再87条2項）、再生計画において一般の再生債権よりも劣後的に扱う（民再155条1項但書）。②再生手続開始前の罰金等は再生債権ではあるが（民再97条）、これらの債権は、再生計画による権利変更をすることができず（民再155条4項）、再生計画認可の決定が確定しても免責されない（民再178条但書）。また、議決権も認められないし（民再87条2項）、他方で再生計画に基づく弁済期間が完了しないと弁済は受けられない（民再181条3項）。

なお、破産手続が開始された場合には、配当において劣後的破産債権に後れる旨の合意がされた債権（破産手続では約定劣後破産債権〔破99条2項〕）は、民事再生手続上も約定劣後再生債権として扱われ（民再35条4項）、再生計画による権利変更の際には一般の再生債権よりも不利に扱う条項を設けるべきであり（民再155条2項）、したがって決議の際にも組分けが必要になる（民再172条の3第2項）。しかし、一般の再生債権を完全に弁済することができないという通常の場合には、約定劣後再生債権を有する者は再生債務者財産に対して実質的な持分権を有しないことから、議決権を認めないこととし（民再87条3項）、実際には手続が複雑にならないように配慮がなされている。

---

[45] その理由は次の点にある。すなわち、再生計画案の決議の際には、計画案と、権利の種類ごとに計画案に対する利害が異なることから、本来なら、会社更生法が規定しているように（会更196条1項）、権利の種類ごとに組み分けをして決議を行う必要がある。しかし、決議の際の組分け等を定めると、手続が複雑になり、中小企業を典型的な債務者として想定し手続を低廉・迅速にする必要のある再生手続には不適切だからである。

3 手続上の取扱い

（1） 弁済禁止（手続参加）

再生債権は、再生手続開始決定後は、特別の規定がある場合を除いて、原則として再生手続に参加し（民再86条1項）、再生計画によらなければ、弁済をし、弁済を受け、その他これを消滅させる行為をすることはできない（民再85条1項）。これは、再生計画によらない個別的な権利行使を許すと、再生債務者の財産が流出して再生債務者の事業の再生が困難となるおそれがあり、また、一部の債権者に対する弁済は衡平を害することになり、いずれにせよ、民事再生法1条所定の再生手続の目的を達成することができないからである。

これに違反してなされた特定の債権者に対する個別弁済等の満足を与える行為は無効である（絶対的無効）[46]。したがって、弁済等の満足を受けた再生債権は消滅しなかったものとして扱われ、相手方が弁済その他の給付を受けたときは、不当利得として再生債務者等に返還しなければならない[47]。

禁止される行為とは、再生債務者の側からする弁済だけでなく、再生債権者側が行う強制的な取立行為を含めた広く債務を消滅させる一切の行為であり、代物弁済、更改、相殺（民再85条の2の許可を得た再生債務者による相殺と、民事再生法92条による相殺は除く）、および供託が含まれる。

再生債権者がその権利を行使できる範囲・額については、①多数債務者関係についての破産法104条から107条までの規定が準用されており、手続開始時現存額主義を基本とする再生債権者および再生債務者に対する求償権者の地位が規定されている。②別除権者については、破産法108条と同様の不足額責任主義が規定されており（民再88条）、別除権の行使によって弁済を受けられない債権の部分についてのみ、再生債権として行使することができる（民再182条）。

ところで、破産手続においては、期限未到来の債権や非金銭債権に対しても手続内で現金による配当をするので、手続開始の当然の効果として、そのような破産債権を等質化（現在化・金銭化）する必要がある（破103条2項3項）。これに対し民事再生手続においては、再生債権者への弁済は再生計画の定めに基づいて行うから、弁済のために必要な権利変更は再生計画によって行えば足り、手続開始の当然の効果として等質化をする必要はない。したがって、再生債権については等質化の処理はなされない。ただし、議決権を行使する場合には、議決権の額は同一基準で決める必要があるから、期限未到来の債権、非金銭債権、条件付債権等について、中間利息の控除や評価を経た額を議決権の額とする旨が規定されてい

---

[46] 条解会更（中）374頁、条解民再3版425頁〔杉本和士〕、詳解2版235頁〔中西正〕。

[47] 新注釈民再2版（上）449頁〔森恵一〕。

る（民再87条1項）。

（2）　弁済禁止とその例外

再生債権者間の平等を確保するために、再生手続中は原則として、再生債権に対して、再生計画によらずに、再生債務者から任意に弁済をし、あるいは債権者から強制的に履行を求めることは禁じられている（民再85条1項）。しかし、民事再生法は、以下の場合には例外として、再生債権の消滅行為が許されるものとしている。

1）債権者の免除（民再85条1項かっこ書）　再生債権者による債務免除は、再生債務者の財産からの出捐を伴わずに再生債権を消滅させる行為であり、再生債権を満足させる行為にはあたらないため、明文で弁済等禁止から除外されている（民再85条1項かっこ書）。その他、第三者弁済（民474条）や、いわゆる複数債務者関係がある場合において、再生債務者以外の全部義務者たる連帯債務者、保証人もしくは連帯保証人、または物上保証人からその債務の履行を受けることで再生債務者に対する再生債権が消滅することも、民事再生法85条1項の例外と位置づけることができよう[48]。

2）商取引債権等に対する再生計画認可決定前の弁済　再生債権の満足は再生計画の定めによらなければならないという原則に対しては、民事再生法上、さらに2つの例外が規定されている。まず第1は、中小企業者の再生債権に対する弁済許可であり、第2は、少額の再生債権に対する弁済許可の制度である。これらはいずれも、再生計画による弁済の前倒しではなく、再生計画による弁済とはかかわりなく、当該債権の全部または一部の弁済を可能にするものであり、実質的な共益債権化としての性質を有する[49]。

---

[48]　条解民再3版425頁〔杉本和士〕。

[49]　伊藤3版846頁以下、新版一問一答民再実務158頁〔島崎邦彦〕。なお、旧会社更生法112条の2に関して、宮脇幸彦＝時岡泰『改正会社更生法の解説』（法曹会・1975年）101頁以下によれば、経済界からは、このような債権を共益債権化せよとの意見が強かったが、①莫大な金額の即時支払の負担を更生会社に負わせることで更生会社を破産に至らしめ、かえって中小企業者や下請企業者を苦境に追い込むという点、②共益性を根拠に優先性が認められている共益債権の範疇に含めるだけの理論的根拠が曖昧である点、③取引銀行や取引先といった大口債権者たる担保権者がむしろ破産手続を志向することとなり、更生のための協力が得られなくなる点、④仮に一部だけを共益債権化するとしてもその基準を設けることには立法技術上困難を伴う、などといった点が障害となり、多数の支持を得られず、その採用は断念された。そして、それに代わるものとして、裁判所の許可により先払いすることを認めることによってその債権の優遇を図る方向で検討が加えられたとする。

この制度に対しては、以下のような理由から疑問が提示されている。すなわち、①完

①　**中小企業への弁済許可**　a．趣旨と要件　　再生手続の開始により、再生債権者への個別的弁済が禁じられる結果、再生債務者を主な取引先とする再生債権者たる中小企業が、再生債権の履行期における支払いがないため、資金繰りがつかなくなり連鎖倒産に陥る可能性がある。このような事態を防ぐための、いわば社会政策的な制度として、法は、再生債務者を主要な取引先とする中小企業者が、その有する再生債権の弁済を受けなければ、事業の継続に著しい支障を来すおそれがあるときは、裁判所は、再生計画認可の決定が確定する前でも、再生債務者等の申立てまたは職権で、その全部または一部の弁済を許可することができるとしたのである（民再85条2項）。たしかにこの制度は中小企業者の保護という公益的目的を有する制度ではあるが、他の再生債権者に対しては、平等を害することにもなるので、弁済を許可するについては慎重に判断する必要があろう[50]。そこで、この場合の弁済許可には2つの要件が定められている。

まず第1に、このような例外が認められるのは、「再生債務者を主要な取引先」としている中小企業である（民再85条2項）。再生債務者を主要な取引先としているかどうかは、当該中小企業者の再生債務者に対する依存度によって決せられるが、その依存度は、当該中小企業者の取引高に占める再生債務者の取引高の比率によって計算される[51]。具体的な依存度については、一定の割合だけでは決定す

　　全な弁済をする場合、このような再生債権の優先的取扱いは、法に規定のない優先権を創設する点でも、優先権を手続の外に置く構造に反する点でも正当化され得ない。②完全な満足には至らない、他の再生債権より有利な弁済を行う場合には（たとえば、他の再生債権者は10％の配当なのに当該再生債権者には40％の配当を行う）、公正・衡平な差等が問題となろう。この場合、優遇を再生計画で行うのであれば、理論上も条文上も根拠づけは可能であるが、裁判所の許可により行うことは、再生債権者全体がもつ差等が衡平か否かの第1次の判断権を奪う点に鑑みて問題である。したがって、当該中小企業に認められると予想される弁済を、その時期を早めて行うというのが、正当化される最大限の保護であると解すべきであるとする（詳解民再2版239頁以下〔中西正〕参照）。
　　以上に対し、民再手引183頁〔片山健〕、破産民再実務3版民再202頁は、当該再生債権を共益債権化するものではなく、再生債権の性質を維持したままで早期に弁済するにすぎない。そこで、その弁済額は、再生計画においてその者が弁済を受けると予想される額の範囲内とする必要があるとする。そして、上記民再手引184頁では、東京地方裁判所破産再生部の近時の事例として、一般の再生債権に対する弁済率が15％と見込まれた事案において再生債権2800万円のうち50万円の弁済許可がなされた例があげられているが、それは、再生計画による弁済見込額（約2800万円×0.15＝約420万円）の範囲内であることから、弁済許可がされたものであるとする。
[50]　新版一問一答民再実務158頁〔島崎邦彦〕は、この制度は、連鎖倒産を防止する目的で設けられたものであるが、債権者の要求によって安易にこの制度を利用した場合には、再生自体を危うくする上、債権者の衡平を害する結果にもなりかねないことから、大阪地方裁判所においては、あまり利用されていないという。

第24講　再生債務者財産、再生債権、共益債権等　　*779*

ることができず、中小企業の取引先として他にどの程度の依存度を有する会社が
存在するかどうかにより異なってくるといえる[52]。

そして第2には、再生債務者を主要な取引先としている「中小企業者」でなければならない。この中小企業者の意味については、民事再生法上定義規定はなく、見解は分かれている[53]。ちなみに、中小企業基本法（昭和38年7月20日法律第154号）は中小企業者を次のように定義している（中小企基2条1項1号〜4号）。しか

主たる事業	資本金または出資の総額	従業員
製造業・建設業・運輸業その他	3億円以下の会社	300人以下の会社・個人
卸売業	1億円以下の会社	100人以下の会社・個人
サービス業	5000万円以下の会社	100人以下の会社・個人
小売業	5000万円以下の会社	50人以下の会社・個人

し、たとえその定義に該当しなくても、連鎖倒産防止という立法趣旨からすれば、再生債務者の事業規模との比較や、再生債権の額などを総合して判断することができるものと解すべきである。したがって再生債務者の規模が大きい場合には、この基準を超える会社であっても、ここでいう中小企業者と解すべき場合がある。また、再生債務者自身が中小企業の場合には、取引先は、必ずしも再生債務者よりも小規模である必要はないが、資本金や従業員数において上記の基準を超えるような企業はここでいう中小企業とはいえないであろう[54]。

また、第3に、このような弁済を許可するためにはさらに、事業の継続に著しい支障を来すおそれがある場合でなければならない（民再85条2項）。「事業の継

[51] 条解会更〔中〕383頁、新注釈民再2版（上）450頁〔森恵一〕。なお、条解民再3版427頁〔杉本和士〕は、依存度がおおむね20%以上であれば、一応は「主要な取引先」に該当するといえるが、その他のファクター（特に連鎖倒産のおそれ）をも考慮して弾力的に判断する必要があるとする。

[52] 注解会更388頁〔上原敏夫〕、新注釈民再2版（上）450頁〔森恵一〕。なお、条解会更（中）383頁も、2割から3割を占めていることを「主要」の一応の基準とすべきとしつつも「この要件も他の要件との関連において解釈されるべきであって一律に何パーセントと表現することは必ずしも適当ではない」とする。

[53] 会社更生法の場合と同様に、再生債務者よりも規模が小さい企業でなければならないと解する見解（一問一答民再実務172頁〔西村健〕、条解民再3版427頁〔杉本和士〕と、このような制限は不要とする見解（詳解民再2版240頁〔中西正〕、Q&A民再2版188頁〔八田卓也〕等）である。

[54] Q&A民再2版18頁〔中井康之〕、詳解民再2版240頁〔中西正〕等参照。なお、新注釈民再2版（上）450頁〔森恵一〕、条解民再3版427頁〔杉本和士〕は、再生債務者の方が取引先よりも規模において小さい場合には、その取引先は原則として「中小企業」には該当しないとする。

続に著しい支障を来すおそれ」とは、当該再生債権が弁済されないことにより、当該中小企業者の事業の継続が困難になり、連鎖倒産のおそれがある場合をいう[55]。そしてその判断に際しては、裁判所は、再生債務者と当該中小企業者との取引の状況、再生債務者の資産状態、利害関係人の利害その他一切の事情を考慮しなければならない（民再85条3項）。

b．手　続　この弁済許可は、再生債務者等の申立てまたは職権でなされるのであり（民再85条2項）、当該中小企業者には独自の申立権はない。したがって、当該中小企業者の申立ては、裁判所の職権行使を促す意味しかない。ただ、再生債務者等は、再生債権者からの申立てがあった場合には、直ちにその旨を裁判所に報告することを要し、この場合において、その申立てをしないこととしたときは、遅滞なくその事情を裁判所に報告しなければならないものとされており（民再85条4項）、中小企業者の要求が再生債務者等によって握りつぶされることがないように配慮がなされている。この報告により、再生債務者等の判断が不当であると判断したときは、裁判所は職権で弁済の許可をすることができる。

許可または不許可の裁判に対する不服申立ては認められない（民再9条前段参照）。また、許可の裁判の効力は、再生債権についての弁済禁止効を解除し、再生債務者等に弁済の権限を与えるに留まり、中小企業者の再生債権を共益債権化するものではないから、再生債権者の側から当該債権の弁済を求めたり、強制執行などの手段をとることは許されない[56]。なお、許可に基づいて弁済をした場合には、再生債務者等は、再生計画案を裁判所に提出するときに、その事実を記載した報告書をあわせて提出しなければならない（民再規85条1項1号）。

② **少額債権の早期弁済**　a．趣　旨　少額債権の早期弁済制度とは、ⓐ総額の再生債権を早期に弁済することにより再生手続を円滑に進行することができるとき（民再85条5項前段）、または、ⓑ少額の再生債権を早期に弁済しなければ再生債務者の事業の継続に著しい支障を来すとき（民再85条5項後段）は、裁判所は、再生計画認可の決定が確定する前でも、再生債務者等の申立てにより、その弁済を許可することができるとするものである。この点、中小企業への弁済許可の制度が、取引先の連鎖倒産の防止という主として中小企業たる取引先を保護する趣旨であるのに対し、少額債権の早期弁済制度は、むしろ再生債務者を保護し、再

---

[55]　新注釈民再2版（上）451頁〔森恵一〕、条解民再3版428頁〔杉本和士〕。具体的には、債務の棚上げにより、当該中小企業者が、支払不能や債務超過に陥るおそれが生じる場合や、債務の棚上げによって、弁済期の到来した債務の支払いのためには、事業の継続にとって重要な財産を処分せざるを得なくなるような場合をいう（民再21条1項参照）。

[56]　伊藤3版879頁。

生手続の円滑化を図ることを目的としており、両者の立法趣旨はかなり異なる。ここでは2つの要件が規定されている。

　b.　要　件　　第1は、総額の再生債権を早期に弁済することにより再生手続を円滑に進行することができることである（民再85条5項前段）。民事再生手続においては、再生手続開始決定の通知(民再35条2項)や債権者集会の期日の通知(民再115条1項) などは、個々の再生債権者に対して行う必要がある。また、再生手続では、再生計画が可決されるためには議決権について債権額のみならず、頭数の過半数の同意が必要とされている（民再172条の3第1項)。したがって、債権額が少額である再生債権が多数ある事案では、債権者集会の期日の通知(民再115条1項本文・169条3項) 等に手間がかかるほか、それに伴い費用も増大する。また、再生計画案の立案やその可決に向けた手続が煩雑になる（民再172条の3第1項等)。そこで、債権者間の形式的平等を犠牲にしても、少額の再生債権者にのみ全額弁済して再生債権者の数を減らすことにより、これらの手数や費用を節約して、再生手続の進行を円滑にすることを目的とするものがこの制度である[57]。したがって、許可の内容としては、再生債権の発生原因やその属性を問わず、一定額以下のものについて画一的に弁済を認めるべきであり、また、再生債権の一部の弁済は、この制度の目的に合わないので、許されない[58]。

　ただ、早期弁済がなされる再生債権が「少額」かどうかは、再生債務者の総債権額、事業規模、弁済能力などを総合的に勘案して決定される。「少額」の範囲は、10万円以下の債権とされるのが一般的であるが、再生債務者の資金力によっては20万円、30万円とされたり、逆に5万円とされたりした例もある。さらに、異例ではあるが、300万円以下の債権を少額債権とした事例や500万円以下の債権を少額債権として事例もあるといわれている[59]。

　第2は、少額の再生債権を早期に弁済しなければ再生債務者の事業の継続に著しい支障を来すときである（民再85条5項後段)。

　この要件に該当する場合とは、たとえば、再生債務者がレストランを経営する会社であるような場合に、多数の少額債権者に対して、原則通りに平等弁済を貫

---

(57)　新注釈民再2版（上）452頁〔森恵一〕、条解民再3版431頁〔杉本和士〕参照。

(58)　伊藤3版850頁。

(59)　新注釈民再2版（上）452頁〔森恵一〕、破産民再実務〔新版〕（下）196頁〔中山孝雄〕、逐条研究81頁等参照)。破産民再実務3版民再203頁は、負債総額3兆4000万円の外資系証券会社の事件で1000万円以下の債権を少額債権とした事例があるとしている。なお、伊藤3版850頁注20は、少額の範囲を一律に決定することはできないが、実質的平等に反しない限度で再生債権の数を絞り込むという趣旨から、数十万円から数百万円程度が通常であろう、という。

いて弁済を禁止すると、取引業者が食材の納入を拒んだり、わざと納入を遅らせたりすることによって、再生債務者の事業の継続が困難になり、ひいては、再生債務者の再生が困難になったり、事業規模を縮小せざるを得ない事態に陥るおそれがあるような場合を意味する。そこで、そのような事態を避けるために、裁判所の許可を得て、少額債権に限って前倒しで弁済をすることが認められているのである[60]。ただ、取引債権者は、再生債権の弁済が禁止されると事後の取引に非協力的な態度をとることも多く、このような場合のすべてについて「事業の継続に著しい支障を来すとき」に該当すると解すると、強硬な姿勢を示した債権者のみが優遇されることになってしまい、再生債権者の実質的不平等を是認することにもなりかねない。したがって、その判断は慎重になす必要がある[61]。

ここでも、「少額」の再生債権であることが要件となっている。この要件に関しては、民事再生法 85 条 5 項前段の場合とは異なり、厳格な文言解釈により客観的・絶対的な数値が「少額」であることをことさら重視する見解は見当たらず、一般的に、弁済の対象となる債権の額、再生債務者の資産総額、再生債務者の業務の規模、弁済の必要性の程度などを判断要素として、一定の規範的評価を許す相対的概念として解釈されている[62]。民事再生法 85 条 5 項前段の少額債権の金額と比較すれば、相対的に大きな金額になる事態も許容されていると解されているが、実際例としては、大阪地裁では 100 万円を超える事案も相当数にのぼり、事案によっては 300 万円を超えるものもあるとされている[63]。思うに、この制度の主眼は再生債務者の事業の継続に著しい支障を来すことを回避することにあり、本来、弁済する債権の額は重要ではない。しかし、これが債権者平等原則の例外を認めるものであることにかんがみ、それが無制限であってはならない、という一種の歯止めの意味で少額債権性が要求されていると考えるべきである。したがって、このようにかなり高額な債権が、少額債権として弁済を認められてい

---

[60] この制度趣旨・問題点等については、伊藤眞「新倒産法制 10 年の成果と課題～商取引債権保護の光と陰」新倒産法制 10 年を検証する－事業再生実務の深化と課題（伊藤眞＝須藤英章編）（きんざい・2011 年）2 頁、特に 8 頁以下、判例・実務 提言 197 頁「縣俊介＝朝田規与至」、上田裕康＝杉本純子「再建型倒産手続における商取引債権の優先的取扱い」銀行法務 21 第 711 号 44 頁、杉本純子「共益債権・少額債権・債権の劣後化等」NBL1004 号 61 頁、菅野博之「東京地方裁判所における会社更生事件の運用の実情と今後の展望」法の支配 159 号 29 頁等を参照。

[61] 破産民再実務〔新版〕（下）197 頁〔中山孝雄〕、条解民再 2 版 364 頁〔山本弘＝山田明美〕、条解民再 3 版 435 頁〔杉本和士〕等参照。

[62] 条解民再 2 版 364 頁〔山本弘＝山田明美〕、条解民再 3 版 435 頁〔杉本和士〕。

[63] 破産民再実務〔新版〕（下）197 頁〔中山孝雄〕、会更生実務（上）178 頁以下〔鹿子木康〕、新注釈民再 2 版（上）453 頁〔森恵一〕参照。

るのも、そのような観点から是認することができるであろう。

c. 手続　裁判所は、再生債務者の申立てに基づいて弁済許可の裁判を行う（民再85条5項）のであり、職権による許可はない。また中小企業者の再生債権に対する弁済の場合とは異なり、弁済許可の対象となる再生債権者に対する優遇措置ではなく、再生手続の円滑を図るものであるから、弁済許可の求めがなされたことなどについての再生債務者等の裁判所に対する報告義務（民再85条4項）も存在しない。

（3）届出・調査・確定

1）再生債権の届出・調査・確定　再生債権の届出・調査・確定の手続は、若干の差異はあるが、基本的には破産手続におけるそれと同様である。すなわち、債権の届出は、一定の事項を記載した債権届出書およびその写しを裁判所に提出してする（民再規31条・32条）。届け出られた債権については、再生債務者等が作成した認否書ならびに再生債権者および再生債務者（管財人が選任されている場合に限る）の書面による異議に基づいて調査が行われる（民再100条・101条1項5項・102条）。調査において、再生債務者等が認め、かつ調査期間内に届出債権者の異議がなかったときは、その再生債権の内容および議決権の額は確定する（民再104条1項）。債権調査の結果は、裁判所書記官が再生債権者表に記載し（同条2項）、確定した再生債権については、再生債権者表の記載は、再生債権者全員に対して確定判決と同一の効力を有する（同条3項）。これに対し、再生債権の内容につき再生債務者等がこれを認めず、または届出再生債権者が異議を述べた場合は、再生債権の査定の裁判、裁定の裁判に対する異議の訴え等の手段に委ねられる（民再105条～107条）。なお、破産手続と異なる点として、以下の点があげられる。

2）自認債権　破産手続と同様、再生手続においても、再生計画認可の決定が確定すると債権届出がなかったために再生計画に記載されない再生債権は免責される（民再178条）。しかし、再生債務者等が、届出がされていない再生債権があることを知っている場合にまで失権させてしまうことは、自己の債務の詳細をもっともよく知っている再生債務者に手続遂行権を付与するDIP型である再生手続においては衡平の理念に反する。そこで民事再生法においては、再生債務者が届出がされていない再生債権の存在を知りながら認否書への記載をしなかった場合には、当該債権は失権しない非免責債権とされ、権利変更の一般的基準に基づき変更されるものとされた（民再181条1項3号）。ただ、再生債権者がその債権の届出を怠ったことを考慮して、劣後的に扱われている（同条2項）ほか、他の届け出られた再生債権に対する異議権、議決権などの手続に積極的に参加する権利は認められていない[64]。そして、再生債務者等は、当該再生債権につき、自認す

る内容その他の事項を認否書に記載しなければならないものとされている（民再101条3項、民再規38条2項）。そして当該債権の記載がなされれば、債権調査の対象になり（民再102条1項）、異議等がなければ確定し（民再104条1項）、再生計画による権利変更の対象になり（民再157条1項・179条）、届出再生債権者と同様に成立した再生計画の定めによる弁済を受けることができる。このような債権を「自認債権」という。

第22章　一般優先債権、共益債権、開始後債権

1　一般優先債権

（1）　意　義

一般の先取特権その他一般の優先権がある債権は、破産法では優先的破産債権（破98条。ただし一部は財団債権〔破148条1項3号・149条〕として扱われている）として、会社更生法で優先的更生債権（会更168条1項2号。ただし一部は共益債権〔会更129条・130条〕として扱われている）として扱われており、いずれも手続内で権利行使すべきものとされている。再生手続においても、このような取扱いをすることは不可能ではないが、そうすると、再生計画案の決議の際に、計画案が優先順位の異なる複数の種類の権利の変更を認めているような場合、権利の種類ごとに計画案に対する利害が異なるから、権利の種類ごとに組分けをして決議を行う必要がある。しかし、このような規定を置くとすると、手続が複雑となり、中小企業を典型的な債務者として想定し、手続を低廉・迅速にする必要のある再生手続には不適切である[65]。このような理由から、一般の先取特権その他一般の優先権がある債権（共益債権であるものを除く）は、一般優先債権として、手続外で随時優先弁済を受ける権利とされたのである（民再122条）。

（2）　一般優先債権の取扱い

1）一般優先債権となる債権　　一般優先債権となる債権は、破産法上の優先的破産債権、会社更生法上の優先的更生債権となる債権と同じである。具体的には、一般の先取特権ある債権（民306条〜310条）および、企業担保権（企業担保2条）で担保される債権、租税債権（国徴8条、地方税14条・14条の2）、国税徴収の例により徴収しうる請求権（健保183条、厚生年金保険法89条、国民年金95条）等で

---

[64]　新注釈民再2版（上）573頁〔久末裕子〕。

[65]　松下入門2版73頁以下。

第24講　再生債務者財産、再生債権、共益債権等　　*785*

ある。ただし、共益債権は除外される（民再122条1項かっこ書）。なお、民事再生法とは異なり、破産法や会社更生法は、民事再生法上の一般優先債権とされる債権の一部については、財団債権（破148条1項3号・149条）や共益債権（会更129条・130条）として、手続外での権利行使を認めている[66]。

2）随時の権利行使とその制限　　民事再生法においては、一般の先取特権その他一般の優先権ある債権を一般優先債権とし、共益債権と同じく、再生手続によらずに随時弁済するものとした（民再122条2項）。すなわち、届出・調査・確定等の手続を経る必要はなく、再生計画による権利の変更の対象にもならない。その点で、再生手続においては、その扱いは共益債権と異なるところはない。ただ、再生手続から破産手続に移行した場合には両者では差が出てくる。すなわち、共益債権は破産手続に移行した場合財団債権とされる（民再252条6項）。これに対して、一般優先債権については特別の規定がないから、破産法に従って、財団債権ないし優先的破産債権になると解される（破148条1項3号・98条、民306条〜310条。ただ、労働債権については、その保護のために財団債権の拡大規定が設けられている〔民再252条5項〕）。ただ、一般優先債権は先行する再生手続では債権届出がなされないため、後続する破産手続に参加するためには、新たに優先的破産債権の届出をしなければならない。

一般優先債権は、再生手続の影響を受けずに権利行使することができる権利であるから、再生債務者に任意の履行を求めうるほか、これに基づく滞納処分、もしくは強制執行・仮差押え、または一般の先取特権の実行としての競売を行うことも可能である。しかし、再生債務者の一般財産に対して一般優先債権に基づく強制執行もしくは仮差押えまたは一般の先取特権の実行としての競売がなされた場合、これらが債務者の再生に著しい支障を及ぼし、かつ、再生債務者が他に換価の容易な財産を十分に有するときは、裁判所は、再生手続開始後に、再生債務者等の申立てまたは職権で、担保を立てさせまたは立てさせないで、強制執行等の中止または取消を命ずることができる（民再122条4項・121条3項〜6項）。ただし、租税債権等に基づく滞納処分、企業担保権の実行は中止または取消命令の対象とはならないと解されている[67]。

---

[66]　このような違いは、優先的破産債権および優先的更生債権が手続内で処理されることを前提としていることから、とくに債権者保護のために、そのような債権の一部については、そのような制限のない手続外での権利行使を認めたのである。それに対して、民事再生法は、一般優先債権についてはすべて手続外での行使を認めているため、このような区別をする必要がなかったと考えられる。

[67]　条解民再3版635頁〔坂井秀行＝渡部香菜子〕、新注釈民再2版（上）673頁〔野村剛司〕。

3）再生計画における一般優先債権の取扱い　　再生計画には一般優先債権の弁済に関する条項を定めなければならない（民再154条1項2号）。一般優先債権は再生手続によらないで随時弁済されるものであるため、これらの条項は、共益債権と同様、再生計画の妥当性、履行可能性等について再生債権者が判断するために必要な情報といえるからである。ただし、将来弁済すべき額を明示すれば足りる（民再規83条）。

4）財産不足の場合の措置　　再生債務者の財産が一般優先債権全額を弁済するに足りない場合につき、民事再生法には、破産法152条や会社更生法133条のような規定がないので、民法、民事執行法の定める一般原則により、弁済や配当を受けることになる。このため、再生計画案認可前であれば、再生計画案の作成が困難で付議できないとして廃止し（民再191条1号）、認可後であれば、再生計画が遂行できないとして廃止して（民再194条）、破産手続に移行することで公平な処理を行うべき場合があり得る[68]。

5）牽連破産との関係　　再生手続から破産手続に移行すると、一般優先債権である①租税債権は一部が財団債権となり（破148条1項3号）、②労働債権も一部が財団債権になる（破149条、民再252条5項）が、その他の一般優先債権は優先的破産債権にとどまる（破98条）。優先的破産債権となる場合、これは破産債権の一種であるから、改めて債権届出をしなければならない[69]。

2　共益債権

（1）　共益債権の意義

民事再生手続における共益債権は、破産手続における財団債権や会社更生手続における共益債権に対応する概念であり、再生債権に先立って（民再121条2項）、しかも再生手続によらずに随時弁済を受けることのできる権利（同条1項）である。共益債権は、基本的には、再生手続を遂行し、その目的（民再1条）を実現するために総債権者が共同で負担しなければならない費用としての性質を有するが、その他，特別の政策的な理由から共益債権とされているものもある。破産手続の場合（破42条1項2項）とは異なり、再生手続開始の効力によって当然に共益債権に基づく強制執行等が禁止され、また中止されるわけではないが（民再39条1項）、裁判所の命令による中止や取消しの可能性がある（民再121条3項）。そして、民事再生法119条に基づくものを一般の共益債権といい、それ以外の個別規定に基

---

[68]　新注釈民再2版（上）674頁〔野村剛司〕。

[69]　一般優先債権は、手続外での権利行使が認められており、届出・調査・確定等の手続を経る必要はないので、民事再生手続では届出はなされていない。したがって、破産手続に移行した場合には、改めて届出を要するのである。

づくものを特別の共益債権という。ただ、一般の共益債権と特別の共益債権との間には、破産手続の場合のように取扱いにおける違い（破152条2項）はないから、もっぱら講学上の区別にすぎない。

1）一般の共益債権　①　**再生債権者の共同の利益のためにする裁判上の費用の請求権**（民再119条1号）　これには、再生手続開始申立ての費用、保全処分・開始決定その他の裁判費用、各種裁判（開始決定、認可決定、終結決定、廃止決定等）の公告および送達の費用、債権者集会期日の公告および呼出しの費用等が含まれる。なお、会社更生法127条1号とは異なり、株主等の出資者の共同の利益のためにする裁判上の費用の請求権は、共益債権とはされていない。

②　**再生手続開始後の再生債務者の業務、生活ならびに財産の管理および処分に関する費用の請求権**（同条2号）　再生債務者が事業者の場合、業務に関する費用は、会社更生法127条2号の事業の経営に関する費用とほぼ同義であり、原材料の購入費、商品の仕入代金、従業員の給与・退職金・福利厚生費、工場・事務所・機械・器具の維持・修理・賃借費用、電気・ガス・水道料、広告宣伝費、租税、社会保険料などが含まれる[70]。再生債務者が個人である場合は、その生活に要する費用が共益債権となる。

生活に要する費用の範囲については明文の規定はないが、必要最低限度の生活費というような限定を付する[71]ことなく、通常の生活に関する費用であれば、原則として共益債権になるとしてよいであろう[72]。

財産の管理処分の費用とは、再生債務者が事業者の場合には業務に関する費用と多くは重複すると思われるが、個人の場合、屋根の修繕や壁の塗り替え等の居宅の維持・管理の費用や、居宅の売却にかかった費用などがこれに該当するであろう。

③　**再生計画の遂行に関する費用の請求権**（再生手続終了後に生じたものを除く）（同条3号）　監督委員や管財人が選任されている再生手続の場合、再生計画認可決定が確定した後も当然に手続は終了しないため（民再188条2項3項）、手続が終結するまでの再生計画遂行に関する費用が共益債権となる。具体的には、減・増資、定款変更等の手続費用、再生債権の弁済に要する費用などが含まれる。

---

[70]　条解民再3版613頁〔清水建夫＝増田智美〕、新注釈民再2版（上）649頁〔柴野高之〕参照。

[71]　新版一問一答民再実務174頁〔四宮章夫〕は、通常の生活費の枠を大きく上回る費用をかけて、友人の還暦祝賀会や子供の華美な結婚式を営んだために発生した債権等は開始後債権となるという。

[72]　新注釈民再2版（上）650頁〔柴野高之〕、条解民再3版613頁〔清水健夫＝増田智美〕参照。

④ 監督委員、調査委員、管財人および保全管理人等（民再 61 条 1 項・63 条・78 条・83 条 1 項）、裁判所が選任した代理委員等（同 90 条の 2 第 5 項）、再生に貢献したと認められる再生債権者、代理委員等（同 91 条 1 項）、再生債務者財産が利益を受けたときの再生債権の確定に関する訴訟で異議を主張した再生債権者（同 112 条）、再生に貢献する活動があったと認められる債権者委員会（同 117 条）、および、個人再生委員（同 223 条 9 項・244 条）に対し支払うべき費用、報酬および報奨金の請求権（同条 4 号）　これらはいずれも再生手続に関する費用であり、再生手続に必要な費用として共益債権とされる。再生債権者もしくは再生債権者が選任した代理委員またはこれらの代理人が再生に貢献し、裁判所がこれらの者に支払うことを許可した費用・保証金（民再 91 条 1 項）、再生債権の確定に関する訴訟によって再生債務者財産が利益を受けたときに異議を主張した再生債権者の訴訟費用（民再 112 条）、債権者委員会の活動が再生に貢献したときに裁判所が支払うことを許可した費用（民再 117 条 4 項）も共益債権とされる。

⑤ 再生債務者財産に関し再生債務者等が再生手続開始後にした資金の借入その他の行為によって生じた請求権（同条 5 号）　本条 2 号が再生債務者の費用の面から規定するのに対して、本号は、相手方の請求権の面に着目して共益債権であることを明確にしたものであるが、大半は 2 号と重複する。いずれも、事業の継続に必要な行為から生じた債権の全般であって、典型例は、DIP ファイナンスによって生じた相手方の請求権である[73]。その他、再生債務者の不法行為により相手方に生じた損害賠償請求権[74]、再生債務者が、取引先等の利害関係人との間で和解等の合意をしたことによって生じる請求権、相手方が開始決定後に約定解除権を行使したことによって相手方が取得する現状回復請求権[75]などもこれに含まれる。

⑥ 事務管理または不当利得により再生手続開始後に再生債務者に対して生じた請求権（同条 6 号）　これらの債権は、再生債務者に利益や利得が生じているため、衡平の趣旨から共益債権とされたものであり、破産 148 条 1 項 5 号と同趣旨の規定である。たとえば、譲渡担保に供された原因債権の支払いのために振り出された手形の取立てにより、譲渡担保権者が取得した不当利得返還請求権もこれに当たる[76]。

---

[73]　条解民再 3 版 614 頁〔清水健夫＝増田智美〕、新注釈民再 2 版（上）651 頁〔柴野高之〕参照。

[74]　逐条研究 104 頁以下。

[75]　東京地判平 17・8・29 判タ 1206 号 79 頁。

[76]　東京地判平 14・8・26 金法 1689 号 49 頁。

⑦　**再生債務者のために支出すべきやむを得ない費用の請求権で、再生手続開始後に生じたもの（前各号に掲げるものを除く）（同条7号）**　これは、前各号に該当しない費用で、支出することがやむを得ないものを指す。たとえば、法人の組織上の活動に関する費用で、その支出をすることがやむを得ないもの（取締役会、株主総会の開催費用、株主名簿の整備費用等）などがこれに当たる[77]。

2）特別の共益債権　①　相手方との公平の見地から共益債権とされたもの

これは、再生手続において再生債務者が負担する請求権のうち、その内容にしたがって、本来の弁済期に弁済しなければ相手方との公平を欠くと判断された請求権を共益債権とするものである。その例として、双方未履行の双務契約に関する履行請求権、解除による価値返還請求権（民再49条4項5項、破54条2項）や、継続的給付を目的とする双務契約に基づく請求権（民再50条2項。これは、破55条、会更62条と同趣旨の規定である）、対抗要件を有する賃借権等を設定する契約に基づく賃借人の請求権（民再51条、破56条2項）、事業の継続に欠くことのできない行為により生じた請求権で、共益債権とする旨の裁判所の許可があるもの（民再120条1項3項）、保全管理人が同様の行為をしたことによって生じる相手方の請求権（同条4項）、否認権行使の結果として生じる相手方の再生債務者に対する反対給付または価額償還請求権（民再132条の2第1項2号・2項1号3号）等があげられる。

民事再生法120条1項・3項に関していうと、再生債務者が、再生手続開始申立てから、開始決定までの間にも、事業を継続するためには、原材料を仕入れたり、運転資金を借り入れたりしなければならない。しかし、この段階では再生手続が開始されるか否かも決まっておらず、取引の相手方としては、リスクの高い行為を行うことになる。しかもこれらの行為から生じた債権は、たとえ事業の継続に必要なものであっても、原則として再生債権にしかならない（民再84条1項）。そこで、民事再生法は、このような債権につき、共益債権にする旨の裁判所の許可（または、監督委員による承認）を得て、共益債権とする途を開き（民再120条1項2項3項）、申立後、開始決定までの間の事業の継続を容易にしている。なお、共益債権とする旨の許可を得るには、当該行為が「事業の継続に欠くことのできない」ものであることが必要であるが（民再120条1項）、資金の借入れ、原材料の購入はその典型例を例示したものであって、再生債務者の事業の継続に欠くことができない行為と評価されるものはすべて含まれる。その判断に当たっては、事業の種類、規模、弁済能力等を考慮することになるが、この要件をあまりに厳格に解す

---

[77]　花村335頁、新注釈民再2版（上）651頁〔柴野高之〕、条解民再3版614頁〔清水健夫＝増田智美〕。

ると、再生の途を閉ざすことになりかねない[78]ので慎重にする必要がある。

近時、法的倒産手続に入る前段階に行った事業再生 ADR や私的整理ガイドライン等の私的倒産処理手続で、同手続中に受けたプレ DIP ファイナンスを再生手続開始申立て後に、民事再生法 120 条により共益債権化できないかという点につき議論がなされている。私的倒産処理手続が頓挫して再生手続開始申立てに至った場合、プレ DIP ファイナンスは、再生手続開始前の原因に基づいて生じた債権であり、再生債権にしかならないのが原則である（民再 84 条 1 項）。しかし、プレ DIP ファイナンスも事業の継続に欠くことができないとして実行されるものであり、かつ今後の私的整理手続の円滑な運用という点からも、倒産実務上、民事再生法 120 条による保護の必要があることは否定できない[79]。その意味で、私的整理手続から再生手続に移行した海洋土木会社の案件においては、私的整理手続中に実行されたプレ DIP ファイナンス全額について、再生手続開始後も DIP ファイナンスを継続することを条件に、プレ DIP ファイナンス全額の共益債権化の承認・許可がなされた事例[80]は、プレ DIP ファイナンス保護の要請を満たすための試みであると評価することができるであろう。

② 再生債権者が共同で負担すべき費用としての性質から共益債権とされたもの

これに属するものとしては、再生手続開始決定により中止ないし失効した他の

---

[78] 新注釈民再 2 版（上）659 頁〔柴野高之〕。

[79] なお、産業競争力強化法は、事業再生 ADR により事業再生を図ろうとする事業者は、特定認証紛争解決事業者に対し、事業再生 ADR の開始から終了に至るまでの間における当該事業者の資金の借入れが、当該事業者の事業の継続に欠くことができないものであること、かつ、当該資金の借入れに係る債権の弁済を、債権者が当該事業者に対して当該資金の借入れの時点において有している他の債権の弁済よりも優先的に取り扱うことについて、当該債権者全員の同意を得ていることの確認を求めることができるとしている（産競 58 条）。そして、この確認が得られた債権を優先扱いする再生計画案が提出されまたは可決されたときは、その確認されていることを考慮した上で、当該再生計画案が同法第 155 条 1 項但書に規定する差を設けても衡平を害しない場合に該当するかどうかを判断するものとするものとしており（産競 59 条）、また、会社更生法第 168 条 1 項但書の判断についても同様にするものと規定している（産競 60 条）。ただ、この法律は、民事再生手続や会社更生手続において、これらの債権を共益債権化することまでは規定していない。

[80] 高木新二郎「早期事業再生と債権法の課題」金法 1723 号 19 頁が紹介するところである。なお学説上、条文の文言から解釈上、民事再生法 120 条の適用は難しいとする見解もあるが（破産民再実務〔新版〕（下）217 頁〔松井洋〕）、実務的観点から、これを肯定すべきであるとの見解も唱えられている（須藤英章「民事再生とプレパッケージをめぐる諸問題」事業再生と債権管理 105 号 116 頁、同「私的整理との相互乗り入れと更生計画」更生計画の実務と理論（事業再生研究機構編）（商事法務・2004 年）519 頁、中井康之「事業再生 ADR の手続上の諸問題（下）」銀行法務 21 第 718 号 36 頁）。

手続に関する請求権（民再39条3項）、各種の訴訟費用償還請求権（民再40条の2第3項・67条5項・112条・140条2項）、社債管理者の再生債務者に対する当該事務処理に要する費用の請求権（民再120条の2）、担保権消滅許可の決定または価額決定に基づいた金銭の納付がされないことによって取り消された場合の再生債務者に対する価額決定の費用請求権（民再151条4項）などがあげられる。

（2）　共益債権化の手続

裁判所は、再生手続開始後、必要があると認めるときは、共益債権（民再120条1項に基づく物は除く）の承認を許可事項とすることができ（民再41条1項8号）、またこれを監督委員の同意事項とすることができる（民再54条2項）。

民事再生法120条に掲げられた請求権については、裁判所は、自ら共益債権化を許可するほか、監督委員に対し、共益債権とする旨の許可に代わる承認をする権限を付与することができる（民再120条1項2項）[81]。許可ないし承認の方式については、民事再生法120条3項の文言から、事前に許可ないし承認を得る必要がある。ただ、再生債務者が日常的に行っている継続的な商取引については、申立て後の混乱の中で、多種多様な取引を、逐一具体的に特定して網羅的に許可を受けることは極めて困難である。そこで、実務においては、監督委員が、事前に、当該取引により発生する債権を共益債権とすることについて概括的あるいは包括的な承認をして、事後に再生債務者から承認にかかる取引の内容についての報告を受けるということも認められているようである[82]。

（3）　共益債権の地位

共益債権は、再生手続によることなく随時に、しかも、再生債権に先立って弁済される（民再121条1項2項）。同じく手続外での弁済が認められる一般優先債権（民再122条2項）との間には優劣の関係はない。

破産手続における財団債権の取扱い（破42条1項）とは異なり、共益債権に基づく強制執行や一般の先取特権の実行等は禁止されない（民再39条・121条3項参照）。財団債権の場合とは異なり、再生手続開始後の取得財産すべてを含む再生債務者財産に対する権利行使を禁止する理由がないからである[83]。ただし、強制執行等が再生に著しい支障を及ぼすような場合には、中止または取消しの対象となり得

---

[81]　東京地方裁判所破産再生部では、全件で監督委員に対してこの承認権限を付与しているといわれる（破産民再実務〔新版〕（下）218頁〔松井洋〕）が、これによれば、監督委員が、共益債権とする旨の許可に代わる承認をすることになる。

[82]　新注釈民再2版（上）659頁以下〔柴野高之〕。なお条解民再3版623頁〔清水建夫＝増田智美〕参照。

[83]　伊藤3版864頁。

る（民再121条3項）。

　再生債務者財産がすべての共益債権を弁済するのに不足することが明らかになった場合、破産手続や会社更生手続（破152条、会更133条1項）とは異なり特別の規定がない。よって、再生債務者等は、弁済期の順序に従って弁済すれば足り、強制執行の中で各種の共益債権が競合したときは、実体法の優先順序によって配当がなされる。また、管理命令が発令されている場合であって、再生手続廃止決定等の確定によって再生手続が終了し、かつ、手続が破産に移行しないときには、管財人は、任務終了に際して共益債権等を弁済するなどの措置をとらなければならないが（民再77条4項）、その際には、破産手続における優先順序を類推適用すべきである[84]。管理命令が出されていないときは、それらの行為は、そのまま再生債務者が負担し、再生債務者は手続終了後に通常の弁済をすることになる。

（4）　弁済による代位と共益債権性

　破産手続におけるのと同様に、代位弁済によって取得した原債権を共益債権として行使できるかということが問題となる。この問題についての議論状況は、破産手続におけるのとほぼ同様である（破産手続における議論については、第6章4を参照のこと）。

　これについて、最高裁判所[85]は、破産手続および民事再生手続において、代位弁済によって取得した原債権を財団債権や共益債権として行使できるとの解釈を示した。また、多数説もこのような結論に賛成している[86]。ただ、ここでも、破産手続に関して指摘したように、租税債権を代位弁済した第三者が、共益債権たる租税債権を行使しうるか否かについては議論の余地があろう。

　これに関連して、以下のような事例で問題が生じた。すなわち、本来共益債権である債権について債権者が再生債権としての届出を行い、その際には、「本来共益債権であるものを予備的に再生債権であるとして届出をする」旨の付記がなされなかった。その後、上記届出に基づき作成された再生計画案につき付議決定がなされ（民再169条）、これが可決され認可決定が確定した場合に、再生債務者の

---

[84]　概説2版97頁〔沖野眞巳〕、伊藤3版865頁。

[85]　最判平23・11・22民集65巻8号3165頁〔百選5版48①事件〕、最判平23・11・24民集65巻8号3213頁〔百選5版48②事件〕。

[86]　伊藤眞「財団債権（共益債権）の地位再考」金法1897号12頁、松下淳一「共益債権を被担保債権とする保証の履行と弁済による代位の効果」金法1912号20頁、高部眞規子「民事再生法上の共益債権を弁済により代位した者が民事再生手続によることなくこれを行使することの可否」金法1897号36頁、上原敏夫「判批」判評618号〔判時2078号173頁〕11頁、杉本和士「判批」金商1361号54頁、野村秀敏「判批」金商1394号8頁等。

委託保証人が、保証債務の履行として前記債権を代位弁済しそれによって承継した上記債権が共益債権であると主張してその返還を求めた事件につき、最高裁[87]は、決議に付する旨の決定がされた場合には、当該債権が共益債権であることを主張して再生手続によらずにこれを行使することは許されないとした（民再95条4項参照）。

3 開始後債権

開始後債権とは、再生手続開始後の原因に基づいて生じた財産上の請求権であって、共益債権、一般優先債権または再生債権に該当しないものをいう（民再123条1項）。ただ、再生手続開始後の原因に基づいて生じた債権の大半は、共益債権（民再119条）に含まれるので、開始後債権となるのは例外的であるが、通常、以下のものが挙げられる[88]。

①再生債務者がその業務や生活に関係なく行った不法行為を原因とする債権。ただし、法人の場合、業務外であっても使用者責任が認められると共益債権となり、逆に認められなければ法人に債務はないことになる。よって、個人債務者が生活に関係なく行った不法行為ということになるが、実際には想定しにくい。②管財人が選任された場合に、法人の理事等が組織法上の行為を行うこと等によって生じる請求権で共益債権（民再119条7号）に該当しないもの、③管理命令により管財人が選任された後に、再生債務者が再生債務者財産に関して法律行為について、相手方がその行為の当時管理命令が発せられた事実を知っていた場合の相手方の損害賠償請求権（民再76条1項参照）、④為替手形の振出人または裏書人である再生債務者について、再生手続開始後に支払人または予備支払人がその事実を知って引受けまたは支払いをしたときの支払人または予備支払人の再生債務者に対する請求権（民再46条参照）、⑤再生計画遂行に関する費用で再生手続終了後に生じたもの（民再119条3号かっこ書）、⑥再生債務者等が裁判所の許可または監督委員の同意を得ないで財産を処分し、または、借入等をした場合に、相手方が許可（同意）を得ていないことを知っていたときの相手方の請求権（民再41条1項1号3号・2項・54条2項・4項参照）、⑦社債管理者の再生債権である社債の管理に関する事務処理費用の償還請求権、報酬請求権のうち、相当と認められなかった額（民再120条の2第2項・3項参照）等である。ただ、開始後債権の例はほとんどないといわれる[89]。

---

[87] 最判平25・11・21金商1431号32頁。

[88] 新注釈民再2版（上）676頁以下〔野村剛司〕、条解民再3版638頁〔坂井秀行＝渡部香菜子〕、破産民再実務〔新版〕（下）226頁〔松井洋〕。

[89] 概説2版73頁以下〔沖野眞已〕。

開始後債権は、手続開始時に再生債務者財産を引当てにしていた債権ではなく、また再生債権者全体の利益のために生じた債権でもないから、一方では再生計画による権利変更の対象とならず、他方では、再生計画で定められた弁済期間が満了するときまでの間、弁済・強制執行は許されないとされている（民再123条2項3項）。これにより開始後債権は、共益債権、一般優先債権はもちろん、再生債権が弁済を受けた後でなければ弁済されないことになり、実質的に再生債権よりも劣後的に扱われることになる。なお、再生計画認可の決定が確定する前に再生手続が終了した場合、再生計画で定められた弁済期間の満了前であっても繰上弁済が行われて再生計画に基づく弁済が完了した場合、または再生計画が取り消された場合は、開始後債権に基づく権利行使を制約する理由がなくなると考えられるため、これらの場合には、再生手続が終了したとき、弁済が完了したとき、または再生計画が取り消されたときから、開始後債権に基づく権利行使ができることになる（民再123条2項）。

＜設問についてのコメント＞

　問1は、財産評定の、意義、目的、機能等についての説明を求めるものである。これについては、第20章1(1)(2)(3)(4)を参照のこと。

　問2は、営業等の譲渡の意義と要件等を問うものである。これについては、第20章2(2)(3)を参照のこと。

　問3は、Bの債権がいかなる債権として取り扱われるべきかを問う問題である。Bの債権の発生は、再生手続開始申立後、再生手続開始前に発生していることに注意すること。これについては、第22章2(1)2)を参照のこと。

　問4は、再生手続開始によって、再生債権への弁済は禁じられる（民再85条1項）が、例外として、民事再生法85条2項ないし5項の適用の可否について検討する問題である。なお、Dの有する債権のうち20万円分については、民事再生法120条1項の適用可能性を検討すること。これについては、第21章3(2)、第22章2(1)2)を参照のこと。

　問5は、給料債権については、民法上、一般の先取特権（民306条以下）が認められている。それとの関係で、一般優先債権と開始後債権の関係を問うものである。これについては、第22章1.3を参照のこと。

第25講　再生債務者をめぐる法律関係の処理

ケース

　A社は、パソコンのゲームソフトの開発を主たる業務とする従業員50人の株式会社である。平成18年4月1日、A社は事務所として使うため、B社所有の建物につき賃貸借契約を締結し、目的物の引渡しを受けた。その賃貸借契約の主な内容は、①賃貸借期間は5年とする。②賃料月額は100万円とし、毎月末までに翌月の賃料を支払うものとする。③賃借人が契約を解約する場合には6ヶ月間の予告期間を置くか、6か月分の賃料を支払わなければならない。④A社はB社に対して敷金として1000万円を支払う、⑤賃借人が、破産手続開始申立て・民事再生手続開始申立て・会社更生手続開始申立ての内のどれかをなした場合、B社は何らの催告をすることなく賃貸借契約を解除することができる、というものであった。

　A社の経営が比較的順調だったのに対して、B社は経営不振が続くようになり、平成22年6月1日、ついにB社は、民事再生法による再生手続開始の申立てに及び、平成22年6月14日、B社に再生手続開始決定がなされた。このとき、AB間の賃貸借契約はあと10ヶ月残っていた。

　A社は、C社に対して、商品の売掛代金債権200万円を有していた。また、A社はD社に対して平成22年12月15日に、自社所有の甲土地を2000万円で売り渡し、D社は代金を支払ったが、所有権移転登記はなされなかった。D社は、A社とは長年の取引関係にあったし、A社の経営も順調にみえたことから、そのうち登記をしてくれるだろうと思っていたが、売買契約から1年経っても登記を移転してくれないので、強硬に申し入れた結果、やっと、平成24年6月30日になって登記をしてくれた。その他、A社は、新たなゲームソフトの開発の資金を調達するために、平成23年5月10日に、E社との間で、弁済期を平成24年5月9日、利息年利10%の約定で、1000万円の融資契約を締結した。

　ところが、平成23年の末に、A社が受け取った5000万円の手形が不渡りになってしまい、一挙に経営が悪化した。さらに、ゲームソフト開発のために優秀な技術者を高給で数人雇い入れたことも経営の足を引っ張り、A社は平成24年6

月1日に民事再生手続開始の申立てをし、同月8日に再生手続開始決定がなされ、弁護士であるFが監督委員に選任された。

◆**問1**　B社に民事再生手続が開始していないことを前提として、A社に対して民事再生手続が開始した後、A社としては、直ちにB社との賃貸借契約を解除することができるか。またこの場合、B社は直ちに賃貸借契約を解除することはできるか。

◆**問2**　賃貸借契約が継続中、B社に民事再生手続が開始されたことから、A社としては、敷金が全額戻ってくるか不安に感じており、敷金返還請求権を自働債権とし、賃貸借契約の残り期間10か月分の賃料債権を受働債権として相殺したいと考えている。このような相殺は認められるか。

◆**問3**　A社がB社の再生手続開始後に生じる賃料債務を弁済するとき、A社は、B社の再生手続においてどのように権利行使をすることになるか。

◆**問4**　平成24年8月31日になってC社がA社に対して、買掛代金200万円を弁済した。この弁済は有効か。仮に、A社に対して管理命令が発令されていた場合はどうか。

◆**問5**　A社はD社に対して、自社が移転登記に協力したのは民事再生手続の開始後であるから、D社は土地の所有権をA社には対抗することができないと主張した。この主張は認められるか。

◆**問6**　A社の優秀なプログラマーであったFは、A社からの給料が3か月も支払われておらず、民事再生手続が開始されたA社にはもはや将来性はないと感じ、高給で迎えようといってくれた会社があったので、退職願を出そうとしていた矢先、A社が、雇用契約の履行を選択するといってきた。Hは3か月の給料の未払いを理由に就労を拒むことはできないか。

◆**問7**　E社は、返済期限が過ぎてもA社が融資金額と利息の返済をしないので、いろいろ調べた結果、A社が倒産寸前であることが判明した。しかるにA社は、残った唯一の財産ともいえる乙地をG社に時価の5%程度の値段で売った。そこで、平成24年7月15日に、EはGを被告として債権者取消訴訟を提起した。A社に対する民事再生手続の開始により、この債権者取消訴訟はどのような影響を受けるか。

第23章 再生債務者をめぐる法律関係の処理

1 手続開始後の再生債務者の法律行為等の効力

　破産手続における（破78条1項）のとは異なり、再生債務者は、再生手続が開始された後も、その業務を遂行し、またはその財産を管理・処分する権利を有する（民再38条1項）。すなわち、再生手続開始後にあっても、再生債務者は、経済活動としての取引や法律行為としての契約などは、自らの判断と責任においてすることができる。したがって、破産法47条や会社更生法54条のような規定は置かれていない。

　しかし、この原則に対しては、以下のようないくつかの例外がある。すなわち、①再生債務者は、特別の定め（民再49条4項・50条2項等）がある場合を除いて、再生債権について弁済その他の再生債権を消滅させる行為をすることができないから（民再85条1項）、これに反する行為は無効である。また、②裁判所が、再生債務者の一定の行為について許可を要するものと定めたときは（民再41条1項）、相手方が善意である場合を除き、その許可を得ないでした行為は無効となる（同条2項）。さらに、③再生手続開始決定前の原因に基づいて、再生債務者が、再生手続開始決定後に対抗要件を備えさせても、相手方は手続開始の事実について善意でない限りその権利を主張することはできない（民再45条）。また、④監督委員の同意を得なければ再生債務者がすることができない行為が指定されたときは（民再54条2項）、相手方が善意である場合を除き、監督委員の同意を得ないでした行為は無効である（同条4項）。⑤管財人が選任された場合（民再64条1項2項）は、管理命令が発せられた後に再生債務者が再生債務者財産に関してした法律行為は、無効である（民再76条1項）が、相手方がその行為の当時管理命令が発せられた事実を知らなかったときは、この限りではない（同項但書）。

　なお、これらの明文の規定には該当しないが、公平誠実義務を定めた一般規定（民再38条2項）に違反する行為の効力については問題がある。この問題に関しては、それに違反した行為であっても無効にはならないとする有効説が有力である。有効説の根拠は、以下の点にある。すなわち、①再生債務者には業務執行権や財産管理処分権が認められていること、②管財人が選任されたのちに再生債務者が再生債務者財産に関してした法律行為は、再生手続との関係においてその効力を主張することができないと定められている（民再76条1項）ことの反対解釈として、管理命令が出されていない限り当該行為は有効と解されること、③公平誠実

義務に違反する行為の外延は明確ではなく、違反行為を一律に無効とすると、取引の安全が害されること、④民事再生法41条1項の定める許可事項や同法54条2項の定める同意事項は商業登記簿に記載されるが、一般的に公平誠実義務に違反する行為はこのような公示がないこと、等である[1]。

2 再生債務者の行為によらない第三者の権利取得

再生債務者は、再生手続開始後も、その財産の管理処分権を失うものではない（民再38条1項）が、他方で、再生債務者は債権者に弁済その他の債務を消滅させる行為をしてはならず、また再生債権者も弁済を受けることを禁じられ（民再85条1項）、手続に参加してのみその権利の行使が許されるものとされている（民再86条以下）。そして、民事再生法は、その効果を徹底させるために、再生手続開始後に、再生債権者が、再生債権につき再生債務者（管財人が選任されている場合にあっては、管財人または再生債務者）の行為によらずに偶然に再生債務者財産に関して権利を取得したとしても、その権利取得を再生手続との関係では認めないものとしている（民再44条1項）。さらに、再生手続開始の日に取得した権利は、再生手続開始後に取得したものと推定されるものと規定し（同条2項）、再生債務者財産の確保を図っている。

なお民事再生法44条の規定と類似の規定は、破産法48条、会社更生法55条にも置かれているが、その規定の仕方には違いがある[2]。

---

(1) 詳解民再2版268頁〔三木浩一〕、Q&A民再2版117頁〔中井康之〕。なお、後者117頁以下は、「たしかに再生債権について再生債務者の行為によらないで再生債務者財産について権利を取得したときはその権利の主張ができないのに（44条1項）、再生債務者の行為によるときはその権利の主張ができると解することは不当のようにも思えますが、再生債務者に業務執行権と財産の管理処分権を認めた以上やむをえない結果であり、実際にもこれらの行為は、多くの場合85条1項・41条1項・54条2項もしくは45条等に違反するものとして無効になると解されるため、必ずしも不当な結論ではないと考えます。」と述べる（条文は民事再生法のそれである〔三上〕）。

(2) 民事再生法44条1項が、再生債権についての権利取得に関して規定しているのに対して、会社更生法55条は、更生債権のみならず更生担保権についての権利取得に関しても規定している。民事再生手続では担保権は別除権として手続の規制外におかれる（民再53条）のに対し、会社更生手続では担保権も手続に取り込まれる（会更2条10項～13項・46条・135条）ことによるものである。他方、破産法48条は、文言上は「破産債権につき」といった限定を含まない広いものとなっているが、何らかの程度で限定的に解釈されるのが今日では通常であり、民事再生法44条との実質的な差異はその限定のあり方にかかることになる。また破産法48条の文言は管財人の行為による場合を除外しておらず、そのような場合をも規律の対象に含んでいるようにもみえるが、これらの点は解釈に委ねられているというべきであろう（条解民再3版240頁〔畑瑞穂〕参照。なお、新注釈民再2版（上）245頁以下〔長澤美智子〕も参照のこと）。

民事再生法44条1項が実務上問題となることは多くないといわれるが[3]、問題
となる具体例としては、代理商がその取引先の民事再生手続開始後に、その再生
債務者に帰属すべき手形を受け取った場合に、自己の有する再生債権の担保として
その手形に対し商事留置権を主張することは本条により許されないことや、根
抵当権者が再生手続開始後に再生債権を譲り受けても、当該再生債権が被担保債
権の範囲に含まれることを主張し得ないこと、等がその例として挙げられるほか、
対抗要件の具備も問題になっている[4]。

3 善意取引の保護

再生手続開始後に第三者が再生債務者財産について法律上の地位を取得した場
合であっても、再生手続開始が一種の包括的差押えの効果を有し、再生債務者に
は差押債権者類似の地位が認められることから、当該第三者は、その地位を再生
手続上主張することが否定される場合がある。しかし、第三者が再生手続開始に
ついて善意の場合にまでこのような原則を貫くと、第三者に不測の損害を生じる
おそれがあるので、民事再生法はいくつかの善意取引保護の規定を置いている。

（1） 再生手続開始後の登記・登録

再生手続開始前に生じた登記原因（たとえば、売買契約や担保権設定契約）に基づ
き、再生債務者を登記義務者として再生手続開始後になされた登記、および不動
産登記法105条1号の仮登記は、再生手続との関係では効力を主張することがで
きない（民再45条1項本文・2項）。これは、再生債務者には差押債務者類似の地
位[5]が認められる結果、再生手続の関係においては、再生手続開始までに対抗要
件たる登記を備えていなければ、その権利取得を第三者に対抗できないからであ
る。しかし、登記権利者が再生手続開始について善意でした登記・仮登記につい
てはその効力が認められる（同但書）。そして、善意か悪意かは、再生手続開始の
公告の前後によって善意・悪意が推定されている（民再47条）。

そもそも、破産手続や会社更生手続においては、手続開始により債務者は財産
の管理処分権を失う（管理型倒産手続）ので、債務者が登記義務者として手続開始
後にした登記が債権者に対抗できないのは当然である（破47条・会更54条）。よっ

---

(3) 新注釈民再2版〔上〕246頁〔長沢美智子〕。

(4) 条解民再3版238頁238頁注3〔畑瑞穂〕は、債権譲渡について破産宣告（現行法では
破産手続開始決定）後に債務者がした承諾の効力を旧破産法54条（現破48条）によっ
て否定した例（盛岡地判昭14・7・28新聞4458号7頁）をあげる。

(5) これは比喩的言い回しであり、強制執行における差押えの効力は、債務者の処分禁止
効を中心とするものであるから、破産や会社更生手続におけるのとは異なり、手続開始
後にもその管理処分権を失うことのない再生債務者（民再38条1項）に関しては、かな
らずしも適切な表現であるとはいえないであろう。

て、破産法 49 条 1 項本文や会社更生法 56 条 1 項本文は、そのことを確認する規定としての意味しかない[6]。それに対して、民事再生手続においては、管財人が選任される場合（民再 64 条 1 項）を除いては、再生債務者は手続開始後も財産の管理処分権を有しているので（民再 38 条 1 項）、本来、再生債務者は、再生手続開始前の原因に基づく登記義務の履行として有効に登記を行うことができるはずである。しかし、利害関係人の地位・優先順位を再生手続開始の時点でいわば固定し、これらの者の権利関係を適切に調整することを可能とするために、再生手続開始自体の効力として、開始前の原因に基づく登記を開始後に取得することを認めないことを原則としたものである[7]。

民事再生法 45 条は、登記原因は開始決定前に生じており、開始決定をまたがって決定後に、本登記ないし仮登記ができる状態でそれらの登記が行われた場合の取扱いを定めるものである。したがって、共同申請による場合（不登 60 条）のみならず、登記権利者が単独で登記申請しうる場合（不登 63 条）についても適用される[8]。なお、民事再生法 45 条 1 項但書は、同項本文とは異なり、いわゆる 1 号仮登記（不登 105 条 1 号）に限定していないが、通説は条文の構成からも公平の見地からも、いわゆる 2 号仮登記（不登 105 条 2 号）は、この規律に服さないと解している[9]。また、文言上は、不動産または船舶の登記のみを問題としているが、工場抵当、鉄道抵当、建設機械抵当等特別法上の抵当権についても類推適用されるものと解される[10]。さらに、民事再生法 45 条 1 項は、2 項の準用により、自動車、特許権（特許 66 条）、実用新案権（実用新案 14 条）、商標権（商標 18 条）、意匠権（意匠 20 条）、著作権（著作権 77 条）、回路配置利用権（半導体集積回路の回路配置に関する法律 10 条）などにも準用される[11]。

（2） 再生手続開始後の手形の引受け・支払い

為替手形の振出人または裏書人である再生債務者について再生手続が開始された後に、支払人または予備支払人（手形 55 条）が引受けまたは支払いをした結果、再生債務者に対して求償権を取得しても、それが再生手続開始後の原因に基づくものであるとすれば、共益債権とならない限り開始後債権（民再 123 条）となるの

---

(6) 基本コンメ 2 版 81 頁〔中野貞一郎〕。

(7) 花村 147 頁、新注釈民再 2 版（上）246 頁以下〔長沢美智子〕、条解民再 3 版 242 頁〔畑瑞穂〕参照。

(8) 条解民再 3 版 243 頁〔畑瑞穂〕、新注釈民再 2 版（上）248 頁〔長沢美智子〕。

(9) 花村 146 頁、条解民再 3 版 243 頁〔畑瑞穂〕、新注釈民再 2 版（上）249 頁〔長沢美智子〕、詳解民再 2 版 270 頁〔三木浩一〕等。

(10) 詳解民再 2 版 309 頁以下〔山本和彦〕、新注釈民再 2 版（上）249 頁〔長沢美智子〕。

(11) 新注釈民再 2 版（上）247 頁〔長沢美智子〕。

が原則である[12]。しかしこれでは、手形の引受けないし支払いの際には、いちいちその手形の債務者（振出人、裏書人）について、再生手続が開始されているか否かを調査・確認しなければ、安心して引受・支払いができないことになり、手形の円滑な流通を著しく阻害することになるほか、支払人等の保護に欠けることにもなる。したがって、その者が再生手続開始の事実につき善意であったときにかぎり、再生債権者としての権利行使を認めるものである（民再46条1項）。反対に、悪意の場合には、原則通り、開始決定後の原因に基づくものとして開始後債権（民再123条1項）になる[13]。小切手および金銭その他の物または有価証券の給付を目的とする有価証券の場合にも、その支払い等によって生じる求償権について、同様の取扱いがなされる（民再46条2項）。善意・悪意については、再生手続開始の公告による推定が働く（民再47条）。類似の規定として、破産法60条、会社更生法58条がある。

（3） 管理命令発令後の再生債務者に対する弁済

原則として、再生債務者は、再生手続開始後も自己の財産に対する管理処分権を失わない（民再38条1項）ので、再生手続開始後に、当該債権の債務者が、再生債務者に対して弁済した場合、それは有効である。しかし、管理命令（民再64条1項）が発令されると、再生債務者の財産の管理処分権は、管財人に専属するから（民再66条）、その後に再生債務者に対してなされた弁済は、破産手続開始後の破産者に対する弁済と同様に、再生手続に対してその効力を主張することができず、債務者は二重の弁済を強いられることとなるはずである。しかしこの場合につき、破産手続における（破50条）のと同様の規律がなされている。すなわち、管理命令の発令につき善意でなされた弁済にかぎり、再生手続の関係においてもその効力が認められ、悪意でなされた弁済については、再生債務者財産が利益を受けた限度においてはその効力が認められている（民再76条2項3項）。また、善意・悪意については、管理命令の公告の前後による推定が働く（民再76条4項）。

4 契約関係の処理

（1） 総 説

再生手続開始前に再生債務者が第三者と契約関係を結んでいた場合において、再生手続開始時において再生債務者側の義務のみが存在するのであれば、相手方はそれを再生債権として行使する（民再84条1項）。また、相手方の義務のみが存

---

[12] 逆に言えば、手続開始前に引受等がなされていれば、将来の債権としての求償権が再生債権に該当することになる（民再84条1項）ので、民事再生法46条の問題にはならない。

[13] 花村149頁。

在するのであれば、その履行を求める権利は、再生債務者財産に属し、再生債務者等がその権利を行使する。これに対し、双務契約上の双方の義務が未だ互いに未履行（双方未履行の双務契約）である場合、民事再生法49条以下によって契約関係を処理することになるが、それは破産法53条以下とほぼ同様の趣旨・内容となっている。

（2）　双方未履行の双務契約関係一般

　再生手続開始の時において、再生債務者とその相手方との間の双務契約について、いずれの当事者も自己の債務の履行を完了していない場合には（全く履行していない場合でも、一部のみ履行している場合でもよい）、再生債務者等は、当該契約を解除するか、または自己の債務を履行して相手方に債務の履行を請求するかの選択権を行使することができる（民再49条1項）。再生債務者等が履行の選択をした場合には、相手方が有する履行請求権は共益債権となる（民再49条4項）。他方、再生債務者等が解除を選択をした場合、相手方が既に一部履行をしていたときは、相手方はその履行部分について、再生債務者財産の中に現存していればその返還を求めることができ、現存していなければその価額について共益債権として権利行使をすることができる（民再49条5項、破54条）。また、再生債務者等の解除によって損害賠償請求権が発生する場合には、相手方は、それを再生債権として権利行使することができる（民再49条5項）。これら一連の処理は、破産53条1項・148条1項7号・54条2項と同様である。

　再生債務者等が上記の選択権を行使することについては時間的制限はないから、いつまでも法律関係が安定しない可能性がある。そこで、民事再生法は、破産法（破53条2項）と同様に、相手方から相当の期間を定め、その期間内に契約の解除をするかまたは履行を選択して、債務の履行を請求するかを確答すべきことを催告することができる旨を規定している（民再49条2項前段）。そして、催告があったにもかかわらず、再生債務者等が期間内に確答しなかった場合には、民事再生手続が再建型手続であることに鑑み、破産手続における（破53条2項後段）のとは異なり、解除権の放棄が擬制されている（民再49条2項）。その結果、履行が選択されたのと同様に、契約関係が存続し、相手方の請求権は共益債権として扱われることになる。ただし、この規律は、労働協約には適用されない（民再49条3項）。これらは、会社更生法61条3項と同旨の規定である[14]。

　なお、再生債務者が契約の解除を選択するについては、裁判所の許可やそれに代わる監督委員の同意が求められることがある（民再41条1項4号・54条2項）。

---

[14]　この趣旨については、条解会更（中）321頁、新注釈民再2版（上）271頁〔中島弘雅〕、条解民再3版256頁〔西澤宗英〕。

（3） 各種の双方未履行契約の取扱い

1） 継続的給付を目的とする双務契約　継続的給付を目的とする双務契約とは、相手方が再生債務者に対して一定期間にわたり、反復継続して、物を供給したり、役務を提供する義務を負い、他方がこれに対する対価を支払う義務を負担する契約類型である。たとえば、電気、ガス、水道等の供給契約が典型的であるが、そのほか、ビル清掃・エレベーターの保守管理・ビル警備といった継続的な役務提供を内容とする契約もここに含まれる。これらは、財の給付と金銭が対価関係をなしているものと考えられ、売買契約の特殊形態とみられる。

契約期間内に需要者につき再生手続が開始された場合、契約当事者双方の将来の債務（物または役務の給付義務と料金支払義務）は未履行であり、民再49条1項により、再生債務者は、契約の解除か履行かの選択権を有することになる。解除が選択されれば、相手方はその後の給付の義務を免れ、開始前の給付の対価や、解除による損害賠償請求権は、再生債権になる（民再84条1項・49条5項、破54条1項）。これに対して、履行が選択された場合には、相手方が手続開始後に給付したものの対価は共益債権となることについては異論はないが（民再49条4項）、手続開始前の給付の対価については再生債権説と共益債権説の対立がある[15]。ただ、民事再生法は、旧会社更生法104条の2（現行会更62条。破55条も同旨の規定である）にならい立法的な解決を図っている。すなわち、再生手続開始申立前の給付にかかる対価分については、それが再生債権であるという前提に立ち、かつ、その弁済がないことを理由として相手方は再生手続開始後の給付義務の履行を拒むことはできないとした（民再50条1項）。そして、再生手続開始申立後、再生手続開始決定までにした給付にかかる請求権は共益債権とされており（同条2項）、したがって、その不履行を理由とする手続開始後の給付義務の履行拒絶は認められることになろう。

なお、労務の供給を目的とする労働契約も、性質上は継続的給付を目的とする双務契約ではあるが、労働者の基本権を考慮すると、上記のような処理は適当ではないので、民事再生法50条3項は、同条1項2項の適用を排除している。

2） 賃貸借契約　賃貸借契約においても、当事者の一方に再生手続開始決定があったときには、双方の義務は未履行であると考えられ、特則がある場合を除き、双方未履行の双務契約として処理される。なお、ライセンス契約についても同様の処理がなされる。

① 賃借人の民事再生　この場合、民法には特別規定はなく、民事再生法49

---

[15] 伊藤3版359頁以下、875頁参照。

条によって処理される。すなわち、再生債務者たる賃借人が契約の解除を選択した場合には、再生債務者は目的物を賃貸人に返還し、将来の賃料支払義務を免れる。賃借人が賃貸借契約を解除する場合、予告期間を置く必要はない。これは、賃貸借契約中に賃借人が契約を解除するには、予告期間を置くか、予告期間分の賃料を支払わなければならないと規定されている場合も同様である[16]。もっとも、賃借人が民事再生法49条によって賃貸借契約を解除したことによって賃貸人に損害賠償請求権が生じた場合、その債権は再生債権になる（民再49条5項、破54条1項）。したがって、賃貸借契約中に賃借人が契約を解約するには予告期間を置くか、予告期間分の賃料を支払わなければならないと規定されている場合には、賃貸人は、賃借人が予告期間を置かずに契約を解除したことによって予告期間分の賃料相当額の損害（逸失利益）をこうむったとして、予告期間分の賃料雄等の損害賠償請求権を再生債権として届け出ることができる[17]。

　なお、この場合に、賃貸人から解除ができるかという問題があるが、民再49条1項は再生債務者等にしか選択権を認めておらず、また民法にも、賃貸人に解除権を認める規定はないから、賃貸人からの解除はできないと解すべきであろう。さらに、賃借人が民事再生手続開始の申立てをした場合、賃貸人は何らの催告を要しないで直ちに賃貸借契約を解除することができるとの条項（倒産（即）解除条項）が定められることがあるが、土地・建物の賃貸借ではこのような条項は無効と解される可能性がある（借地借家9条・30条）。よって、このような特約がある場合でも、賃貸人は賃借人の民事再生手続開始申立てを理由に賃貸借契約を解除することはできないと解する[18]。なお賃借人による契約の解除によって賃貸人には、予告期間分の賃料相当額の損害が生じていると考えられるから、賃貸人は、その損害賠償請求権を再生債権として行使することができる（民再49条5項、破54条1項）。また、明渡しまでの間の賃料または賃料相当額の損害金は共益債権となる（民再119条2号・6号）。また敷金を支払っている場合には、その返還請求権は再生債務者財産となる。したがって、再生債務者たる賃借人は、契約の終了後、目的物を返還（停止条件の成就）した場合にはこの敷金返還請求権を行使することができる。

　以上に対して履行が選択されれば、賃貸人の賃料債権はそのまま存続する。こ

---

[16]　QA500第3版120頁〔上床竜司〕。

[17]　QA500第3版120頁〔上床竜司〕、大阪地判平21・1・29判時2037号74頁。破産事件につき東京地判平20・8・18判時2024号37頁も同旨を述べる。

[18]　QA500第3版121頁〔上床竜司〕。破産事件につき、東京地判平21・1・16金法1892号55頁。

の場合、再生手続開始後の賃料債権が共益債権になることについて異論はないが（民再49条4項）、開始前の賃料債権の扱いについては見解の対立があるが、通説は再生債権になると解している[19]。

② 賃貸人の民事再生　賃貸借契約については、原則として民事再生法49条が適用されることになるが、その結果、特に賃貸人が契約を解除した場合、賃貸人の倒産について何の責任もない賃借人は、何の補償もなく賃借権を失うことになり、不当な不利益を被る可能性がある。そこで、破産法は56条1項の規定を設け、賃借権その他の使用および収益を目的とする権利につき、賃借人が登記、登録その他の対抗要件（たとえば、借地借家法10条1項・31条等）を備えるときには、破産管財人の選択権を排除した。このような事情は民事再生手続においても異なるところはないので、民事再生法51条により、破産法56条の規定が準用されている。ただし以下に述べるように、その規律は、破産後のそれとは種々の点で異なっている。

　なお、再生手続開始前に賃借人が賃料を前払いしていたり、再生債務者が賃貸借契約から生じる将来の賃料債権を譲渡していた場合、民事再生法51条は、旧破産法63条を準用していたが、それによれば、この処分の効力は、破産手続の開始の当期および次期に関するものに限って認められ、それより後の分については破産手続において効力は主張できないとされていた。しかしその後、旧破産法63条が削除されたため、民事再生法上もこのような処分制限は消滅した。

　これに類似する問題として、賃借人たる再生債権者が、再生債権を自動債権として賃料債権を受動債権として行う相殺の許容性の問題がある。これについて破産法上は制限規定は置かれていないが、民事再生や会社更生のような再建型倒産処理手続においては、相殺によって賃料収入が得られないことが再生の妨げとなる可能性があることから、破産法の規定とは異なり、相殺に関しては一定の制限規定を置いている（民再92条2項〜4項、会更48条2項〜4項）。すなわち、再生債権者は、再生手続開始後にその弁済期が到来すべき債務については、再生手続開始の時における賃料の6ヶ月分に相当する額を限度として、かつ、債権届出期間内に限り、再生計画によらないで相殺をすることができるものとされている（民再92条2項）。

　また、賃借人が敷金を支払っている場合、民事再生法における扱いも、破産法におけるそれとは異なっている。すなわち、破産法70条後段は、支払った賃料については、後に相殺するために、敷金の額の限度において弁済額の寄託を請求で

---

[19]　伊藤3版876頁は共益債権になるとする（民再49条4項）。

きるものとしている。これに対して、民事再生法においては、受働債権たり得る賃料債務について弁済期に弁済したときは、再生債権者が有する敷金返還請求権は、再生手続開始時における賃料の6ヶ月分に相当する額の範囲内における弁済額を限度として共益債権になるものとされている（同条3項）[20]。ただし、6ヶ月分の範囲内で相殺をするときには、相殺によって免れる賃料債務を控除した額が、共益債権化の上限となる（同条3項かっこ書）。そして、このような規律は、地代または小作料の支払いを目的とする債務について準用されている（同条4項）。このように、敷金返還請求権に関して共益債権化の規定が設けられた目的は、賃借人が別口の再生債権を有するときに、それを自働債権とする相殺をせずに賃料を弁済する場合、および別口の再生債権を有しない賃借人が賃料を弁済する場合のいずれにおいても、本来は再生債権である敷金返還請求権について共益債権化による利益を与えることを通じて、賃料の弁済を促そうとすることにあると考えられる[21]。

このことを具体例で説明すると次のようになる。すなわち、冒頭の ケース において、仮に、A社がB社に対して1000万円の貸金債権を有しており、かつ、A社が、貸金債権を自働債権として3ヶ月分の賃料債務を受働債権として相殺権を行使し、賃貸借契約が切れるまでの残り7ヶ月分の賃料を支払ったとしよう。この場合、貸金債権1000万円と3ヶ月の賃料相当額300万円の債務との相殺は有効である（民再92条2項）。しかし、貸金の残債権700万円については、再生債権として再生計画によって満足を得ることになる。また、A社は7ヶ月分の賃料700万円を支払っているが、本来は6ヶ月分の賃料分については、敷金返還請求権を共益債権として行使できるはずであるが（民再92条3項）、すでに賃料の3ヶ月分については別の債権との相殺に供されているから、6ヶ月分から相殺に供された3ヵ月分の賃料債権を差し引いた、残り300万円賃料額の限度で敷金返還請求権が共益債権化される（民再92条3項かっこ書）。したがって、敷金として1000万円を支払っている本件では、A社としては、残り4ヶ月分（400万円）の敷金返還請求権は、再生債権として権利行使することになる。

また、賃借人が敷金を支払っている場合、敷金返還請求権と賃料債務とを相殺し、敷金の限度まで賃料を支払わないことが許されるか、という問題もある。これについては、敷金返還請求権は、目的物の返還時に、未払い賃料等を控除し、

---

(20)　再生手続から更生手続に移行する事案では、再生手続の6ヶ月分と更生手続の6ヶ月分を合計した、12ヶ月分が共益債権となるかという問題がある（基本構造と実務40頁、伊藤3版877頁注11）。

(21)　伊藤3版878頁参照。

なお残額があることを条件として残額につき発生するものである[22]から、目的物を明け渡していない限り、自働債権たる敷金返還請求権は未だ具体的に発生しておらず、賃借人は、敷金と賃料の相殺を主張することはできない[23]。

3）ファイナンス・リース契約　①　ユーザーの民事再生　　この場合の議論は、破産手続に関してなされているものとほぼ同様である（第7章3(9)参照）。まず、リース契約への民事再生法49条（破53条、会更61条）の適用の可否の問題があるが、肯定説と否定説とが対立しているが[24]、判例は否定説に立つ[25]。これに従えば、再生債務者等は履行か解除かの選択権を有せず、残リース料債権は再生債権となる（民再84条1項）[26]。そして、未払いリース料債権を担保するために、リース会社には、ユーザーに帰属する物件の利用権を目的物とする担保権が成立していると理解する見解が有力である[27]。

---

(22)　最判平14・3・28民集56巻3号689頁、最判昭48・2・2民集27巻1号80頁。

(23)　東京地判平12・10・16判時1731号24頁。

(24)　肯定説として、注解3版（上）293頁〔斎藤秀夫〕、伊藤3版374頁、否定説として、福永有利「ファイナンス・リース契約と倒産法」判タ507号15頁、藤田耕三「東京地方裁判所における会社更生事件の現状と問題点」民訴雑誌30号84頁、山本和彦「各種のリース契約」実務と理論239頁、手塚宣夫「倒産処理法制の理論と実務」（学陽書房・1994年）144頁等がある。なお、学説の状況については、条解破産2版424頁参照。
　　実務上は、会社更生の場合、双方未履行双務契約に該当しないことを前提として、リース会社は更生担保権者として取り扱われている。ただ、破産の場合には、通常破産管財人がリース物件を継続利用する必要がなく、リース物件をリース会社に返還すれば足りるため、実務上、双方未履行債務契約に該当するか否かはさしたる争点となっていない（リース会社としてもファイナンス・リース契約が双方未履行双務契約に該当すると主張しても、破産管財人により契約が解除されれば、リース料債権は財団債権にならないため、そのような主張をする実益がない）。民事再生の場合、ユーザーにリース物件の継続利用の必要性があり、他方で、リース会社にはリース物件の継続使用を認める見返りにリース料債権を共益債権化したいとの希望があり、再生手続に関する最高裁判例もないため、双方未履行双務契約に該当するか否かが争点になっている（以上につき、全書2版（上）419頁以下〔早川学〕。なお、リース契約について民事再生法49条の適用可能性の議論については、条解民再3版286頁〔山本浩美〕、民再実務と理論167頁〔南賢一〕を参照のこと）。

(25)　会社更生事件につき最判平7・4・14民集49巻4号1063頁〔百選5版74事件〕、民事再生事件につき最判平20・12・16民集62巻10号2561頁〔百選5版76事件〕も否定説を前提としている。また、下級審も否定説とっている（東京地判昭63・6・28判時1310号143頁〔新百選81事件〕）。

(26)　上記平成7年最判のほか、大阪地決平13・7・19判時1762号148頁〔百選5版62事件〕、東京地判平15・12・22判タ1141号279頁等がある。

(27)　山本和彦「倒産手続におけるリース契約の処遇」金法1680号9頁、巻之内茂「ユーザーの民事再生申立とリース契約の解除・継続についての法的考察」金法1597号30頁、

808　　第23章　再生債務者をめぐる法律関係の処理

また、ファイナンス・リース契約には、ユーザーに倒産手続開始の申立て等があった場合には、何ら催告を要することなく、リース会社が契約を解除できる旨のいわゆる倒産（即）解除特約が定められているのが通例であり、この特約の有効性については議論がある。会社更生手続の場合には、担保権も更生担保権として更生手続に取り込まれることや（会更47条1項）、高度の必要性から、当該特約の効力を否定する見解が有力である[28]。これに対して民事再生の場合は、担保権は別除権として、再生手続外での自由な権利行使が認められている（民再53条2項）ため、上記会社更生手続をめぐる議論がストレートに適用できるか否かという点に疑問が提起され、そのような倒産解除条項については、有効説[29]と無効説[30]が対立している。なお、近時、最高裁判所は無効説に与した[31]。

　②　リース会社の民事再生　　ここでは、民事再生法49条の適用否定説はもちろん、肯定説の立場にあっても、破産法56条と同様の考えから、再生債務者等の解除権は否定されることには異論はない。したがってユーザーは、リース期間が満了するまで、従来通り、リース料を再生債務者に支払ってリース目的物を利用することができる。

　4）請負契約　　請負契約は、仕事の完成と報酬の支払いとが対価的意義を有する債務となることから双務契約であり、しかも、仕事が完成する前に当事者のいずれかが倒産すると、それは仕事の完成も、報酬の支払いも未履行であるから、双方未履行の双務契約があることになる。

　①　注文者の民事再生　　注文者が破産した場合については民法642条の特則があるが、民事再生手続についてはそのような規定はないので、民事再生法49条が定める一般的規律が妥当する。したがって再生債務者等は、契約の解除または履行請求の選択権を有することになる。注文者が解除を選択すると、既にされた仕事の結果は再生債務者に帰属し、請負人は既にした仕事に対応して発生した報酬請求権を再生債権として行使できるとともに、解除によって生じた損害賠償請求権を再生債権として行使することになる（民再49条5項、破54条1項）[32]。仕事

　　大阪地決平13・7・19金法1636号58頁〔百選5版62事件〕、東京地判平15・12・22判タ1141号279頁、東京地判平16・6・10判タ1185号315頁等。

[28]　大系〔本間靖規〕565頁。

[29]　井田宏・判タ1102号5頁、市川充・銀法578号22頁、巻之内茂・金法1597号28頁、大阪地決平13・7・19金法1636号58頁、東京地判平16・6・10判タ1185号315頁。

[30]　山本和彦「倒産手続におけるリース契約の処遇」金法1680号8頁、手塚宣夫・前掲書（注21）314頁、東京高判平19・3・14判タ1246号337頁。

[31]　最判平20・12・16民集62巻10号2561頁〔百選5版76事件〕。

[32]　破産民再実務〔新版〕（下）139頁以下〔小河原寧〕、破産民再実務3版民再147頁、伊

の出来高が請負人に帰属するのであれば、請負人はそれについて取戻権などを行使できる（民再52条1項・49条5項、破54条2項）[33]。

　ただ、この場合、請負人の報酬請求権は再生債権にしかならないから、一見すると請負人にとって酷にみえるが、建築請負のような場合、請負人は不動産工事の先取特権（民325条2号・327条）を有するから、それを別除権として行使することができ（民再53条1項2項）、それほど酷な結果にはならないであろう。

　再生債務者が履行を選択した場合、請負人は請負契約に基づいて仕事を完成させる義務を負う。この場合、請負契約の仕事内容は一般に不可分であるから、請負代金債権は、再生手続開始前と後にした仕事についての報酬を区別することなく、全額が共益債権となると解すべきである（民再49条4項）[34]。

　② **請負人の民事再生**　　請負人の再生手続にも民事再生法49条の一般規律が妥当し、再生債務者等は履行か解除かの選択権を有する。解除が選択された場合には、注文者は解除による現状回復請求権として前払金、その他すでに給付した物の返還を請求でき、現存していないときは価額相当額を共益債権として行使することができる。この場合、未完成の仕事の結果は注文者に帰属し、前払金の額が報酬請求権の額を上回るときは、破産手続におけるのと同様に、注文者はその差額を共益債権として権利行使をすることができる（民再49条5項、破54条2項）[35]。さらに、注文者は、再生債務者が中途で仕事をやめたことによって生じた損害など、解除に基づいて発生した損害賠償請求権を再生債権として行使することができる（民再49条5項、破54条1項）。逆に、報酬請求権は、再生債務者財産に

　藤3版879頁。ただ、請負人が自ら材料を提供して仕事を行った場合などは、請負人は仕事の結果につき、反対給付として返還を受けるか、価値について共益債権として行使できる余地があるという見解もある（破産民再実務3版民再147頁）。

(33)　伊藤3版879頁、破産民再実務3版民再147頁。

(34)　破産民再実務3版民再147頁。なお、ゼネコン業者と下請業者との契約の特殊性等に鑑みて、可分的評価が可能な場合もあるとの有力説もあり（新実務大系（21）230頁〔那須克己〕）、再生手続に実務でも同様の取扱いをするのが一般的であるとの指摘もある（講座4巻419頁〔河野玄逸〕）。

(35)　本来であれば、再生債務者は解除に基づく原状回復義務として既に行った仕事の結果を撤去しなければならないはずであるが、実際には、請負人と注文者との間には原状回復をせずに前払い金と工事出来高との差額決済がされるという取引の慣行が存在している（破産民再実務3版民再148頁）。したがって、注文者としては、請負人が既に行った仕事の結果に見合う報酬に相当する金額を、前払金から控除し、その差額を請求することになるのである。そして、伊藤3版880頁注17、詳解民再2版285頁〔徳田和幸〕は、この差額返還請求権につき、共益債権説をとる。この点は、破産手続において述べたように、争いがある（第7章3(4)3)③）。したがって、そこで、破産債権説をとる場合には、ここでも再生債権であると解することになろう。

なるから、再生債務者等がそれを行使することになる（民再49条5項、破54条2項）。

　再生債務者が契約の履行を選択したときは、再生債務者は契約に基づき仕事を遂行し、注文者は契約に基づき請負代金を支払う義務を負う。

5）労働契約（雇用契約）　**①　使用者の民事再生**　　使用者の破産については、民法631条の特則があるが、民事再生についてはこれに対応する規定がない。したがって民事再生法49条1項の一般規律が妥当することになり、再生債務者たる使用者は、労働契約を解約するか、または履行を選択して、自らの債務を履行して相手方の債務の履行を請求することができる。

　a．契約の履行が選択された場合

　再生債務者等が履行を選択した場合、労働者は就労の義務を負うが、民事再生法50条3項で同条1項2項の適用は排除されているから、労働者は、再生手続開始前の賃金の不払いを理由に、開始後の就労を拒むことができると解される（民再50条1項参照）。また、未払いの給料債権のうち再生手続開始前の労働の対価に相当する部分には一般の先取特権（民308条・306条2号）が認められるから、民事再生法122条により一般優先債権として扱われる。これに対し、未払いの給料債権のうち再生手続開始後の労働の対価に相当する部分は、民事再生法119条2号により共益債権となると解される。

　b．契約の解除が選択された場合

　契約の解除が選択された場合、労働者保護のための労働法上の諸規定が優先適用される。したがって、契約の解除は使用者からの解雇となるから、解雇制限（労基19条）および解雇予告期間・解雇予告手当（同20条）等に関する規定が遵守されなければならない[36]。また、再生債務者等が解雇権行使の形式をとらず、いわゆる希望退職を募集し、労働者がこれに応じる場合であっても、実質的に解雇と同様にみなされる場合には、解雇権が行使されたものとして取り扱われる[37]。労働者の有する賃金債権や退職金債権は、民法上、一般の先取特権が認められているので（民306条2号・308条）、再生手続上は、一般優先債権として再生手続によることなく随時に弁済される（民再122条1項2項）。もっとも、再生手続開始後の労働の対価としての労働債権は、共益債権となる（民再119条2号）。また、未払いの給料債権のうち再生手続開始前の労働の対価に相当する部分には一般の先取特権（民308条・306条2号）が認められるから、一般優先債権として扱われる（民再122条）。ただし、再生計画上の取扱いについては、給与所得者等再生において特別の

---

[36]　使用者についての再生手続開始決定は、労働基準法20条1項但書の「やむを得ない事由」には当たらない（条解会更（中）313頁、伊藤3版883頁注23）。

[37]　伊藤3版883頁。

第25講　再生債務者をめぐる法律関係の処理　　*811*

定めがある（民再241条2項7号）。

　なお、民事再生法49条3項で同条1項2項の規定は労働協約には適用されない旨を明らかにしている。会社更生法61条（旧会更103条）に関し、この規定の背後には、会社更生は企業（事業）の再建を目的とする手続であるから、たとえ更生管財人といえども、労働協約の一方的破棄は認めないという考え方があるが[38]、民事再生法についても同様の配慮がなされたものである[39]。したがって、再生債務者は、労働協約の効力を受け、労働協約に定められた労働条件に拘束される。したがって、解雇の順位や労働組合との協議の必要性等、当該労働協約中に解雇手続に関する規定がある場合は、その規定に従わなければならない[40]。

　② **労働者の民事再生**　　雇用契約は双方未履行の双務契約であり、民事再生法49条が適用されるように思われるが、使用者が再生債務者である労働者について再生手続が開始されたことを理由として労働契約を解除することは、解雇権の濫用となり許されない[41]。

　6）保 険 契 約　　破産手続のところで述べたように、保険契約は、保険契約者の保険料の支払義務と保険者（保険会社）の財産上の給付義務とが対価関係に立つので、双務契約である。

　① **保険者の民事再生**　　民事再生手続に関しては、保険法96条のような特則はなく、また、会社更生法61条の規定を排除するような更生特例法439条のような規定もないから、民事再生法49条の一般規律が妥当すると解さざるをえない。よって、再生債務者等は、保険契約の解除または履行の選択をすることができる。なお、管理命令が発令された場合については、破産手続におけるのと同様に、保険法上の介入権の制度（保険60条〜62条・89条〜91条）が適用される。

　② **保険契約者の民事再生**　　保険契約は双方未履行の双務契約であり、基本的には民事再生法49条1項が適用されるから、再生債務者等は、保険契約の履行または解除の選択権を有する。ただ、保険法には保険契約者の任意解除権（保険27条・54条・83条）が規定されており、保険契約者に民事再生手続が開始された場合は、再生債務者等は、この解除権を行使することも可能である。再生債務者等が保険契約を解除した場合、保険契約者は保険者に対し、保険料積立金払戻請求権および未経過保険料返還請求権を有し（ただし、これらの権利の有無および内容は保険契約の内容によって異なる）、保険者の保険契約者に対する損害賠償請求権は再

---

[38]　注解会更366頁〔宗田親彦〕参照。

[39]　花村・要説156頁参照、新注釈民再2版（上）271頁〔中島弘雅〕。

[40]　破産民再実務3版民再149頁。

[41]　破産民再実務3版民再150頁。

生債権になる。

　保険契約者が契約の履行を選択した場合は、保険契約者は保険者に対して保険
給付請求権を有し、保険者の保険契約者に対する保険料請求権は、共益債権とな
る（民再49条4項）。

　7）市場の相場がある商品の取引にかかる契約および交互計算　　清算型倒
産処理手続である破産手続においては、一方当事者の信用や財産状態に重大な変
化が生じた場合、当事者の信用に基礎を置くこれらの契約は迅速に終了させるの
が妥当であるとの考慮から、破産法は市場の相場がある商品の取引にかかる契約
（58条）と、交互計算（59条）について規定を置いている。これらの取扱いにつき、
民事再生手続が債務者の再生を目指しているにもかかわらず、民事再生法は、破産
法の規定を準用し（民再51条）、これらの契約関係につき早期決着を図ろうとする
ものである。その結果、前者については、基本契約に基づきデリバティブ取引の
当事者間で再生手続開始の時点で一括清算ネッティング条項が効力を生じる旨の
合意がなされていた場合、当事者の一方が再生手続開始決定を受けると、再生手
続開始時を基準時として一括清算処理が行われ、解除に伴う損害賠償については、
基本契約の定めにしたがってその額が決定されることになる。よって、再生債務
者の相手方が差額について損害賠償請求権を有するに至った場合には、相手方は
当該請求権を、民事再生法49条5項、破産法54条2項に従い再生債権として行
使するが、再生債務者が差額について損害賠償請求権を有するに至ったときは、
それは再生債務者財産を構成する。また後者については、交互計算の終了による
計算の結果、いずれかに残額請求権があるときは、各当事者は残額の請求ができ
る。残額請求権が再生債務者側にあるときは、その請求権は再生債務者財産に属
し、相手方にあるときは、それは再生債権になる。また、特別法として、「金融機
関等が行う特定金融商品取引の一括清算に関する法律（一括清算法）」が一括清算
の特約に法的基礎を与えている。

　8）その他の契約　　その他の契約としては、組合契約、特定融資枠契約、委
任契約等がある。破産手続においては、これらの契約に関して民法などが特則を
設けていることが多いが（民589条・653条・679条・681条等）、特則が存在しない再
生手続については、民事再生法49条などの一般規定によって取扱いが決定され
る[42]。

5　手続関係の処理

（1）　係属中の訴訟手続等

---

[42]　伊藤3版881頁。

第25講　再生債務者をめぐる法律関係の処理　　*813*

再生手続開始前後における手続関係も再生手続の遂行のために、一定の規律に服する。それには以下のような場合が考えられる。

① **再生債務者財産に関する訴訟で再生債権に関しないもの、および再生債務者の財産に関係のない訴訟**　管理命令が発令されていない場合、再生債務者が再生手続開始の前後を通じて再生債務者財産について管理処分権を保持するから（民再38条1項）、再生債務者財産に関する訴訟であって、再生債権に関しないものに関する訴訟についての当事者適格は変動せず、したがって、訴訟の中断も生じない（民再40条1項反対解釈）。その例としては、取戻権、別除権、共益債権、一般優先債権に関わる訴訟が考えられる。

また、再生債務者が当事者として関与する訴訟であっても、財産関係に関わらない訴訟は中断しない。たとえば、再生債務者が自然人である場合の離婚関係訴訟・養子縁組訴訟・親子関係訴訟などの人事訴訟や、再生債務者が会社である場合の会社設立、合併無効訴訟（会社828条1項1号・7号・8号）、会社解散の訴え（会社833条）等の会社の組織・その存立自体にかかわる訴訟等である[43]。それに対し、株主総会決議無効確認訴訟（会社830条）、株主総会決議取消訴訟（会社831条）については、営業譲渡や蛸配当など決議の内容が会社の財産関係に影響する場合には中断を認めるべきだとする見解もあるが、個々の決議内容で区別するのは妥当とはいえず、これらの訴訟は、本来、株主総会決議という会社機関の活動を、裁判所によるコントロールに服させることを目的とするものであり、会社の組織としての活動自体の基本的な規律にかかわるが、これらの訴訟を直接会社の財産関係に関する訴訟だと位置づけることはできず、中断は否定すべきであろう[44]。

② **再生債権等に関する訴訟**　管理命令が発令されない場合であっても、再生債務者財産に関する訴訟で再生債権に関するものは中断する（民再40条1項）。本来、再生手続が開始しても再生債権者の自己の財産に対する管理処分権は失われることはないから（民再38条1項）、再生債務者自身、再生手続の開始によって当然にその訴訟の当事者適格を失うことはない。したがって、それを根拠として訴訟手続が中断するわけではない。しかし、民事再生法は、再生債権は再生手続によらなければその権利行使をすることはできないものとし（民再85条1項）、再生債権者は再生手続開始後にその債権を裁判所に届け出て（民再94条等）、再生手続による調査を受け（民再99条以下）、確定される（民再104条以下）という、再生債権の確定のための一連の手続を特別に規定している。したがって、再生債権者

---

(43)　条解民再3版210頁〔河野正憲〕。
(44)　条解民再3版210頁以下〔河野正憲〕等、多数説である。また、これらの点については、倒産処理法制92頁以下〔川崎祐子〕を参照のこと。

814　　　　第23章　再生債務者をめぐる法律関係の処理

は、その権利をもっぱら再生手続の中で、こうした一連の手続によって確定されなければならないという拘束を受けるのであり、その結果、再生債権者はその債権行使についての訴訟の当事者適格を失い、係属中の訴訟は中断することにしているのである。これらの場合、再生債務者が再生債権の存在を認めなかったり、他の再生債権者が届出債権に異議を述べた場合には、査定の裁判（民再105条）、およびそれに対する異議の訴え（民再106条1項）を経ることに代えて、中断中の訴訟について当該再生債権者が異議者等の全員を相手方として受継の申立てをすることが認められている（民再107条1項）。この場合、受継の申立ては、異議等のある再生債権にかかる調査期間の末日から1か月の不変期間内にしなければならない（民再107条2項・105条2項）[45]。ただ、届け出られた債権が執行力ある債務名義を備えた再生債権（有名義債権）である場合には、異議者等の側から中断した訴訟を受継することが義務づけられている（民再109条2項）。

　国または地方公共団体が民事再生法97条の規定に基づいて届け出た追徴金や過料の請求については、通常の再生債権のような調査手続は行われず（民再113条1項）、審査請求や訴訟などの方法により異議を主張することが求められるが（同条2項）、係属中の訴訟や行政手続があれば、それらは中断するが（民再40条1項・3項）、異議を主張する再生債務者等がそれらの手続を受継することを義務づけられている（民再113条3項）。

　以上述べたように、再生債権に関する訴訟が中断するのは、再生債権の確定のために特別の手続が設けられていることを前提とするものであったが、小規模個人再生・給与所得者等再生（民再221条以下）では、そもそも再生債権の確定が予定されていないので、再生手続開始決定に基づく訴訟中断効は生じない（民再238条・245条による40条の適用排除）。これに対し、簡易再生（民再211条1項）および同意再生（民再217条1項）では再生債権の確定を予定していないが、民事再生法40条の適用除外規定がないので、再生手続開始決定に基づいて中断効は生じる。しかし、簡易再生・同意再生の決定確定後までこれを維持する理由はないので、いったん中断した訴訟は、再生債務者等が受継するものとされている（民再213条5項・219条2項）。

③　債権者代位訴訟・債権者取消訴訟（詐害行為取消訴訟）等　　債権者代位訴訟

---

[45]　再生債権者Xがこの期間経過後に受継の申出をした場合につき、大阪高判平16・11・30金法1743号44頁〔百選5版A14事件〕は、再生計画案の付議の時に受継が生じ、訴訟自体は未だ係属しているが、一般調査期間の末日から1か月の不変期間内に本件訴訟につき受継の申立てをしていないから、再生債務者は、再生債権につき責任を免れるとして、Xの請求を排斥した。

（民 423 条）もしくは債権者取消訴訟（民 424 条）、または破産法上の否認訴訟（破 173 条）もしくは否認の請求を認容する決定に対する異議訴訟（破 175 条）が係属中に、当事者の一方に再生手続が開始したときは、これらの訴訟は中断する（民再 40 条の 2 第 1 項）[46]。債権者代位訴訟や債権者取消訴訟が中断する理由は、破産法 45 条によってこれらの手続が中断する場合と同様である。再生債務者等はこれを受継することができる（民再 40 条の 2 第 2 項）。また訴訟の相手方も再生債務者等に対して受継の申立てをすることができる（同項）。

　上述したように、破産法上の否認訴訟および否認の請求を認容する決定に対する異議訴訟は、民事再生手続開始決定により中断する。その理由は、これらの訴訟と再生手続上の否認訴訟がその性質および要件がほぼ共通であり、再生手続開始により破産手続は中止するため（民再 39 条 1 項）、破産管財人はこれらの訴訟につき当事者適格を失うことに求められる。

　債権者取消訴訟、破産法上の否認訴訟、否認の請求を認容する決定に対する異議訴訟が中断した場合、否認権を行使しうる者が受継する。すなわち、管理命令が発令されていれば、管財人が受継し、発令されていない場合は、否認権限を有する監督委員が受継する（民再 140 条 1 項前段）。この場合、相手方も受継申立てをすることができるが（同後段）、管財人等は相手方の受継申立てを拒絶することができるか否かについては争いがある。再生手続における否認権は、管轄の集中（民再 135 条 2 項）や否認の請求（民再 136 条）といった詐害行為取消権にはない固有のメリットを有しており、再生手続独自の立場からする否認訴訟を追行する余地を認める必要があること、また、民事再生法の条文上、受継が義務である場合は「受け継がなければならない」としている（民再 40 条の 2 第 5 項・6 項・141 条 2 項）のに対して、民事再生法 140 条 1 項の条文は「受け継ぐことができる」という裁量性を認める規定ぶりになっていることなどから、通説は、受継の拒絶ができるとする[47]。

---

[46]　当初、民事再生法には、債権者代位訴訟については中断・受継に関する規定はなかったが、平成 16 年の現行破産法 45 条において中断・受継の規定が置かれたことに平仄を合わせて、民事再生法にも同様の規定が置かれたのである。なお、この改正前に、民事再生手続が開始し管理命令が出された後に債権者代位権が行使された事件につき、東京高判平 15・12・4 金法 1710 号 52 頁〔百選 5 版 A10 事件〕は、本件訴訟提起前から、その財産の管理処分権は管財人に専属していたのであるから、再生債務者を代位してその財産に関する訴訟を提起することはできないとした。

[47]　新注釈民再 2 版（上）808 頁〔山本和彦〕、詳解民再 2 版 296 頁以下〔三木浩一〕、Q&A2 版 333 頁〔三木浩一〕。反対、伊藤 3 版 407 頁・888 頁以下、破産民再実務 3 版民再 130 頁。

否認権限を有する監督委員または管財人が受継した後に再生手続が終了したときは、その否認訴訟は再び中断する（民再140条3項）。この場合には、再生債権者または破産管財人は義務的に受継しなければならず、訴訟の相手方も受継の申立てをすることができる（同4項）。

債権者代位訴訟については、財産の管理処分権を有する再生債務者等が受継することができる（民再40条の2第2項前段）。この場合は、訴訟の相手方も受継申立てをすることができる（同後段）。なお、この場合、債務者が自己の債権を積極的に行使しないために、債権者が代位訴訟を提起していたのであり、民事再生手続では、再生債務者は、債権者のために、自己の権利を積極的に行使することはその義務に属するものというべきであるから、債権者取消訴訟の場合とは異なり、再生債務者等は受継を拒絶できないと解すべきである[48]。

債権者代位訴訟を再生債務者等が受継した後に再生手続が終了したときは、管理命令の取消しによる中断の場合を除き、その訴訟手続は再び中断する（民再40条の2第4項）。この場合は、本来の当事者である再生債権者は義務的に受継しなければならず、訴訟の相手方も受継の申立てをすることができる（同5項）。また、管理命令の取消しによる中断の後に再生手続が終了した場合も、民事再生法68条4項において準用する同条3項の規定にもかかわらず、再生債務者はこれを義務的に受継しなければならず、訴訟の相手方も受継の申立てをすることができる（民再40条の2第6項）。

なお、民事再生法40条1項2項の規定は、行政庁に係属する事件について準用される（民再40条3項）。たとえば、公害被害に基づく損害賠償の責任裁定手続（公害紛争42条の12）、建設工事紛争審査会における幹旋・調停・仲裁（建設25条2項）等がこれに当たる。もっともこれらの場合に手続が中断するのは、再生債権につき再生手続中における債権確定手続との関連に基づくものではない。さまざまな再生債権者間での債権確定訴訟の特殊性からして、このような行政庁に係属する手続で債権確定訴訟を代替することはできないからである[49]。その再生債権に異議を主張しようとする再生債務者等は、当該債権を有する再生債権者を相手方とする手続を受け継がなければならないが（民再113条3項後段参照）、この受継がなされるまでに再生手続が終了したときも、再生債務者が当然にその手続を受継する。なお、同じく行政庁に継続する手続であっても、租税に関する処分に対する不服審査手続（国税通則75条〜113条、地方税19条〜19条の10）は、これらの租税債

---

[48] 条解民再3版217頁〔河野正憲〕、新注釈民再2版〔上〕208頁〔深山雅也〕、破産民再実務3版民再130頁。

[49] 条解民再3版211頁、213頁〔河野正憲〕。

権は優先権が認められており（国税徴収8条、地方税14条）、再生手続上は一般優先債権として扱われるから、中断することはない。

（2）　係属中の強制執行等

　再生債権者は、再生手続開始と共に再生手続によらない権利行使を禁止されるから（民再85条1項）、再生債務者財産に対する再生債権に基づく強制執行等の申立てをすることはできず、既に開始されている強制執行等の手続および財産開示手続は中止する（民再39条1項）。破産手続では、手続開始と共に、既に開始されている強制執行等の手続は失効するものとされている（破42条2項本文・6項）のと比較すると、再生型手続の場合は中止にとどめられ、再生計画認可決定の確定と共に失効するのは（民再184条本文）、再生型手続の成功が必ずしも担保されていないためである[50]。また、破産手続においては、破産債権に基づく強制執行等のみならず、財団債権に基づく強制執行等や一般の先取特権の実行等も失効する（破42条2項本文）のに対し、再生手続においては、対象となるのは再生債権に基づく強制執行等だけである。

　強制執行等の目的物が遊休資産であるなど、それを換価しても再生の支障を来さないと認めるときは、裁判所は、再生債務者等の申立てにより、または職権で、中止した強制執行等の手続の続行を命じることができる（民再39条2項）。ただし、その場合でも、再生債権者がそれによって満足を得ることは認められないから（民再85条1項）、配当は実施されず、売却代金は再生計画に基づく弁済原資として再生債務者等に交付されるべきである[51]。

　再生のために必要があると認めるときは、裁判所は、再生債務者等の申立てによりまたは職権で、担保を立てさせ、または立てさせないで、中止した強制執行等の取消を命じることができる（民再39条2項）。

＜設問についてのコメント＞

　問1は賃借人に再生手続が開始した場合の賃貸借契約の帰趨を問う問題である。前段は、賃借人たる再生債務者等からの解除の可否を問うものであり、後段は、賃貸人からの解除の可否を問うものである。これらについては、第23章4(3)2)①を参照のこと。

　問2は、賃貸人に再生手続が開始された場合に、敷金返還請求権を自働債権とし、賃料債権を受働債権とする相殺の可否を問うものである。これにつ

---

[50]　伊藤3版892頁。なお、条解民再3版206頁〔河野正憲〕も参照。
[51]　伊藤3版893頁。

いては、第23章4(3)2) ②を参照のこと。

問3は、賃料債務を弁済した場合の、賃料の取扱いと、敷金返還請求権の取扱いを問うものである。ここでは、破産手続における取扱いとの相違に注意すること。これについては、第23章4(3)2) ②を参照のこと。

問4は、再生手続開始後の再生債務者の法律行為等の効力を問う問題である。これについては、第23章1、3(3)を参照のこと。

問5は、再生手続開始後になされた登記の効力を問うものである。これについては、第23章3(1)を参照のこと。

問6は、使用者の再生手続が労働契約に及ぼす効果を問うものである。これについては、第23章4(3)5) ①を参照のこと。

問7は、再生手続開始前に係属していた債権者取消訴訟の帰趨を問うものである。これについては、第23章5(1)③を参照のこと。

第25講　再生債務者をめぐる法律関係の処理

第26講　再生債務者財産の減少

ケース

　A株式会社は、建売住宅の販売を主たる業とする会社である。A社は、顧客の希望に応じた使用材料や設計仕様など細かな要求に応える営業戦略が功を奏し、好調な売り上げを維持していた。しかし、近時の長引く不況のため建売住宅の販売が伸びないことに加え、A社の事業形態は、製造コストが利益を圧迫するという構造的な弱点を有しているために、苦しい経営を余儀なくされていた。そのため、利益を上げるために、ホテル事業にも進出したが、経営のノウ・ハウが十分でなかったために、それが裏目に出て大幅な赤字を出してしまい、経営破綻は決定的になった。しかし、ホテル事業から撤退し、かつ、建物の建築事業をやめ、建売住宅の販売に専念することによって何とか事業の再建の目処がついたため、A社は、平成26年11月5日に民事再生手続開始の申立てをし、それを受けて、同年同月8日に民事再生手続開始決定がなされ、弁護士であるHが監督委員に選任された。そのときのA社をめぐる法律関係の主なものは以下のようなものであった。

　A社は、平成24年10月に、取引先の材木会社B社に、自社所有のビルの5階部分を、賃貸借期間3年、賃料月額100万円という約定で賃貸し、敷金として、B社から家賃の10か月分に相当する1000万円を受け取っていた。なお、民事再生手続開始当時、B社はA社に対して内装用壁紙等の売掛代金債権1000万円を有していた。平成25年7月10日に、A社は、C銀行から運転資金として1500万円の融資を受けたが、その債権を担保するために、現在本社として使っている自社所有の甲建物（簿価1800万円、実勢価格1000万円）につきC銀行のために抵当権を設定しその旨の登記を経由した。平成25年9月頃、A社は、C銀行に対し、額面1500万円の約束手形の取立てを委任し、手形を交付していたが、A社に対して民事再生手続開始決定がなされたため、C銀行は、平成26年12月24日に、当該手形については商事留置権が生じているとして、銀行取引約定の基づき、手形を取り立て、それによって得られた金員全額を、C銀行のA社に対する貸金債権の弁済に充当した。

820

さらにA社はD社との取引債務を担保するために、D社のために、自社所有の乙土地（簿価3000万円、実勢価格2000万円）に対し、極度額2500万円として根抵当権を設定しその旨の登記を経た。またA社は、E社との間で建売用住宅丙の建築請負契約を締結し、その際、請負代金は1000万円とされた。また、A社は、建売用住宅丁の建築資金をF信用金庫から借り、当該建物につきFのために抵当権を設定した。

またB社は、自社の資材置き場がいっぱいになっていたために、A社に頼んで、床柱にするための上質の杉材100本（時価2億円相当）を預かってもらっていたが、経営難に陥っていたA社は、悪いとは知りながらそれを無断で、まったく事情を知らないG社に5000万円で売却してしまった。ただ、G社はその代金を未だ支払っていない。

◆**問1**　B社はA社に対して、床柱用の杉材100本の返還を求めることはできるか。その他、B社はA社に対していかなる権利主張をすることができるか。この場合、G社が再生手続開始前に5000万円をA社に支払っていた場合と、再生手続開始後にA社に支払った場合とで違いはあるか。B社はG社に対して杉材100本の返還を求めることができるか。仮に、A社がG社に売却したのではなく、Iが杉材100本を盗んでいたことが発覚した場合、B社は、誰にどのような請求をすることができるか。

◆**問2**　C銀行としては、A社に対する1500万円の貸金債権につき、民事再生手続上、具体的にはどのようにして行使することになるか。

◆**問3**　C銀行は、手形を取り立てて得た金員を、自己の債権への弁済充当にあてることはできるか。

◆**問4**　Dの根抵当権の元本が2500万円で確定していた場合、Dの被担保債権はどのように扱われるか。民事再生手続開始時に元本が確定していなかった場合はどうか。

◆**問5**　A社が支払期限が過ぎても請負代金を支払わないので、E社は、自社の従業員を建物丙に送り込んで占有させ、請負代金1000万円が支払われるまで当該建物丙を引き渡さないと主張した。これに対して、A社としてはどのような法的主張ができるか。

◆**問6**　A社は、甲建物に設定されているC銀行の抵当権に対して、担保権消滅許可の申出をすることはできるか。また、建物丁に設定されているF信用金庫の抵当権についてはどうか。

◆**問7**　B社は、再生手続開始後に、自己の1000万円の売掛代金債権を自働債権

として、賃料債務を受働債権として相殺をすることができるか。また、B
社が、自分は既に敷金を 10 か月分支払っているから、その返還請求権と賃
料債務を相殺すると主張して、賃貸借契約の残り 10 か月分の賃料を一切
支払わなかった場合、A 社および B 社は、いかなる権利・義務を有するこ
とになるか。

第24章 取戻権、別除権、相殺権

1 取戻権

（1） 意義と種類

再生債務者は再生手続開始後も、その業務遂行件および財産の管理処分権を失
うことはないが（民再38条1項）、管理命令が発せられた場合には再生債務者の業
務遂行権や財産の管理処分権は、裁判所が選任する管財人に専属するものとされ
ている（民再66条）。しかし、現実問題として、再生債務者等の管理処分権の対象
として実際に占有管理している財産の中に、第三者の財産が混入している場合も
ありうる。しかし、そのような場合、それらの財産は再生債務者の事業の再生の
ために利用されるべき財産ではない。したがって、第三者はそのような財産を、
実体法上の支配権に基づき、再生債務者のもとから取り戻す権利が認められなけ
ればならない。そこで、民事再生法は、再生手続の開始は、再生債務者に属しな
い財産を再生債務者から取り戻す権利に影響を及ぼさないと規定している（民再
52条1項）。同様の規定は破産法にもある（破62条）。このような、再生債務者に
属しない財産を再生債務者から取り戻す権利を一般の取戻権という。この意味で
の取戻権は、当該財産につき再生債務者の支配の排除を求めるものであるから、
再生債務者のもとにある目的物の返還を求める（取戻権の積極的機能）という通常
の場合のほか、第三者がもっている財産につき、再生債務者が自己の所有に属す
ると主張してその引渡しを求めてきた場合に、第三者が自己の権利を主張して拒
否すること（取戻権の消極的機能）も、取戻権の作用に含まれる。

なお、取戻権には、破産手続の場合と同様に、民事再生法52条1項の一般の取
戻権のほか、実体法上の支配権とは別に、民事再生法が特別の考慮から創設した
特別の取戻権（民再52条2項で破産法63条・64条が準用されている）がある。

（2） 一般の取戻権

上述したように、一般の取戻権は、再生債務者のもとにある第三者の財産を取
り戻す権利であるから、ある財産が第三者に属するか否かは、民法等の実体法の

822　　　第24章　取戻権、別除権、相殺権

一般原則によって決められる。この理は、破産手続について述べたことと同じである（本書第11章参照）。

1) 一般の取戻権の基礎となる権利 ① 所有権 第三者の所有する物（不動産・動産）は、当然のことながらが、再生債務者のものではないから、その所有権は取戻権の基礎となる。ただし、再生債務者側に質権や賃借権のように、占有を正当化する権利が存続している限り、所有権者とはいえども取戻権を行使することはできない。また、再生債務者や管財人は、再生手続の関係においては第三者とみなされるから、取戻権を行使する第三者は、再生手続開始前に所有権を取得していても、登記や引渡しといった対抗要件を備えていなければ取戻権の行使は認められない[1]。ただし、再生手続開始後にその事実を知らないで登記を得たときはその効力を主張することができるから（民再45条1項但書）、取戻権の行使は認められる。

なお、再生手続開始時において、不動産登記法105条1号の仮登記を備えている場合には、手続開始後に本登記請求をし、取戻権を行使しうることについては争いはない[2]。それに対し、不動産登記法105条2号の仮登記の場合には、破産法49条や会社更生法56条に関するのと同様、争いがある[3]。

② その他の物権 所有権のほか、物の占有・使用を内容とする用益物権（地上権・永小作権）や担保物権（質権）も、取戻権の基礎となる。それに対して、抵当権や特別の先取特権等の占有を伴わない担保物権は、別除権が認められており（民再53条1項）、取戻権は認められない。また、一般の先取特権も一般優債権として優先弁済権が認められており、取戻権は認められない。なお、留置権や質権については問題があるが、すでに破産手続について述べたように[4]、占有訴権に基づいて取戻権を行使することは格別、留置権および動産質権自体に基づいて取戻権を行使することはできないが、不動産質権に基づく取戻権の行使は可能であると解する。

③ 債権的請求権 債権的請求権であっても、再生債務者に属しないことを主張し、しかも債権の内容として物の引渡を求めうる場合には取戻権の基礎となる。たとえば、再生債務者が転借していた物について転貸人が転貸借の終了を理

---

[1] 破産事件に関し、大判昭8・7・22新聞3591号14頁、伊藤3版419頁。

[2] すなわち、手続開始後に本登記をおえれば、善意・悪意を問わずその効力を再生手続との関係で主張しうるし、再生債務者に対して本登記手続を請求しうることを意味する（新注釈民再2版（上）250頁〔長澤美智子〕、条解民再3版244頁〔畑瑞穂〕、大コンメン197頁〔大村雅彦〕等）。

[3] 学説については、大コンメン198頁〔大村雅彦〕、条解民再3版244頁〔畑瑞穂〕参照。

[4] 本書第18章2(1)②参照。

由として取戻権を行使するような場合である。

④ **非典型担保**　譲渡担保や所有権留保については、目的物の所有権の所在を基準とすれば、取戻権が認められると解する余地があるが、通説は、その担保としての実質的機能を重視して、取戻権を否定し、別除権（民再53条1項）のみを認める[5]。なお、ファイナンス・リース契約、特にフルペイアウト方式のファイナンス・リースについては、未払いのリース料債権はその全額が再生債権になり、リース会社は、ユーザーの有する、リース物件の利用権について当該再生債権を被担保債権とする担保権（別除権）を有すると解する見解[6]が有力である（詳しくは第7章3(9)参照）[7]。ただ、下級審裁判例によると、リース会社が、特約に基づき権利行使（通常は契約解除）をすることによって、担保権の実行は完了したものとみなされ、担保権の実行によってリース会社は利用権の制限のない完全な所有権を取得することになるから、特約の権利行使後は、取戻権の行使として、所有権に基づきリース物件の返還を求めることができると解している[8]。

⑤ **その他**　問屋が委託者のために物品を買い付けた後、委託者に引き渡

---

(5)　一問一答民再16頁、福永有利「担保権消滅請求制度」金商1086号59頁60頁、山宮慎一郎「担保権消滅請求の対象となる担保権の範囲」銀行法務21第575号34頁35頁、最新実務解説514頁〔多比羅誠〕、民再理論と実務〔下〕36頁以下〔森恵一〕、最判平22・6・4民集64巻4号1107頁〔百選5版58事件〕等。

(6)　フルペイアウト方式のファイナンス・リース契約は、会社更生法上は、更生担保権と解するのが通説・実務であるが、破産法上では取戻権説と別除権説とが対立していて、学説や実務の取扱いが分かれているため、民事再生法上の取扱いも必ずしも明らかでなかったが（一問一答民再40頁）、最近では、再生手続上は別除権が認められると解する説が多い（条解民再3版287頁〔山本浩美〕、民再理論と実務〔下〕37頁〔森恵一〕、山宮慎一郎「担保権消滅請求の対象となる担保権の範囲」銀行法務21第575号35頁以下等）。ただし、別除権の目的が、リース物件かリース物件についての利用権であるかについては争いがあるが、後者が有力である。これに対し、リース契約を締結したリース会社もユーザーもリース物件に担保権を設定する意思は全くないのであるから、ファイナンス・リースは、民事再生法53条1項に規定する担保権ではないとし、リース料債権は共益債権であるとする見解（土屋文輝「会社更生・民事再生手続におけるリース料債権の処遇」金法1597号15頁以下）、および、リース債権を担保権付債権と構成することに無理があるから、リース会社が契約を解除して物件を引き揚げるのは、担保権の実行というより自己の所有権を実現させる取戻権の行使によるものと構成することが当事者の意思解釈として実態に即しているとの説（市川充「民事再生手続におけるリース取引の処遇」銀行法務21第578号25頁）等が唱えられている。

(7)　ファイナンス・リース契約の民事再生法上の取扱いについては、条解民再3版285頁～290頁〔山本浩美〕が詳しい。

(8)　東京地判平16・6・10判タ1185号315頁、東京地判平15・12・22判タ1141号279頁、大阪地決平13・7・19判時1762号148頁〔百選5版62事件〕。このような帰結に対して、疑問を提するものとして、藤澤治奈「判批」ジュリ1290号138頁がある。

す前に再生手続開始決定を受けた場合、委託者はその物品につき取戻権を有するかという点については議論があるが、通説は、委託者が買入代金を支払っていた場合には、実質的にはその物品の所有者とみてよいとし、取戻権を認める[9]。

2）取戻権の行使　　取戻権は、再生手続の開始の影響を受けるものではないから（民再52条1項）、再生手続によらないで行使される。よって第三者は再生債務者に対して直接に目的物の引渡しを求めればよい。もし、再生債務者等がそれを争えば、給付訴訟などを提起することになる。争わなければ、訴えを提起する必要はなく、任意の履行を受ければよい。但し、この場合、再生債務者等が目的物の取戻しを承認する場合には、破産手続における（破78条2項13号）のと同様に、裁判所の許可を得ることが要求される（民再41条1項8号）。

（3）　特別の取戻権

民事再生法は、一連の破産法の規定を準用している（民再52条2項）から、民事再生法上も、売主の取戻権、問屋の取戻権、代償的取戻権が、特別の取戻権となる。

1）売主の取戻権　　隔地者間の売買において、売主が売買の目的物を発送した後、買主がいまだ代金の全額を弁済せず、かつ、その目的物を到達地で現実に受け取っていない間に買主につき再生手続開始決定があった場合、売主は、その目的物を取り戻すことができる（民再52条2項、破63条1項本文）。これが売主の取戻権である。売主が目的物についての所有権などの支配権を有しているかどうかを問題としないところに特別の取戻権の意義が認められる。売主がこの取戻権に基づいて目的物を取り戻すことによって、双方未履行の状態が復活し、民事再生法49条の適用が可能になる。

ただし、買主たる再生債務者等は代金の全額を支払ってその目的物の引渡しを請求することができるから（民再52条2項、破63条1項但書）、その場合には取戻権は行使できない。なお、破産の場合におけると同様、この取戻権はほとんど機能していないといわれる[10]。

2）問屋の取戻権　　物品買入れの委託を受けた問屋がそれに応じて買入れた物品を遠隔地の委託者に発送した後、委託者がまだ代金の全額を弁済せず、か

---

[9]　なお、最判昭43・7・11民集22巻7号1462頁〔百選5版49事件〕は、必ずしも金銭の授受は前提としていない。これに関しては、破産法における議論（本書第11章2（1）5））を参照のこと。

[10]　詳解2版302頁〔德田和幸〕。なお、伊藤3版424頁は、破産手続に関して、売主は動産売買先取特権をもち（民311条5号・321条）、これを基礎として別除権者の地位を与えられるが（破2条9項）、目的物自体を取り戻すことはできない。ここに特別の取戻権の独自の意義が認められる、とするが、これは民事再生手続にも妥当するであろう。

つ、到達地においてその物品の受け取らない間に、委託者が再生手続開始決定を
受けたときは、問屋は、運送中の物品の売主に準じて、取戻権を行使することが
できる（民再52条2項、破63条3項）。これを問屋の取戻権という。問屋と委託者
との関係は代理関係と解されており（商552条2項参照）、目的物の所有権は委託者
にあることになるから、委託者の再生手続において問屋には一般の取戻権は認め
られない。しかし、経済的には隔地者間売買と類似の関係がみられるので、売主
の取戻権の規定を準用している。それによって、問屋は、取戻権の行使により、
買い入れた物の上に商事留置権（商557条・31条）を回復し、その物品につき別除
権（民再53条1項）を行使することができる。ただ、この場合にも破産手続におけ
るのと同様、民事再生法が、破産法63条1項のみを準用する同法63条3項を準
用しているため、双務契約における双方未履行の場合を規律する破産法53条と
同趣旨の民事再生法49条が適用されるか否かという問題がある。ここでも、破
産手続におけるのと同様（第11章3(3)参照）、民事再生法49条の適用はないと解
される[11]。

　　3）代償的取戻権　①　意　義　　　一般の取戻権であれ、特別の取戻権であれ、
取戻権の目的は、再生債務者等から目的物を取戻権者に返還させるところにある。
しかし、目的物が第三者に譲渡され再生債務者の財産中に現存していなければ、
返還は不可能になる。しかしこのような場合であっても、その代位物が特定され
た形で存在している限りにおいては、取戻権者にその権利を行使したのと同じ結
果を保障するのが公平である。そこで、目的物に代わる反対給付、あるいはその
請求権がある場合、それらについて取戻権を認めるのが、代償的取戻権の制度で
ある（民再52条2項）。これは破産手続における代償的取戻権と同じ趣旨であるか
ら、破産法64条が準用されている（民再52条2項）。

　　②　内　容　a. 反対給付が未履行の場合　　　再生手続開始の前後を問わず、
再生債務者が、取戻権の目的となるべき物を第三者に譲渡したが、再生手続開始
の時点で反対給付義務が未履行であった場合、それによって生じる反対給付請求
権は、再生債務者の財産に属する財産であり、取戻権の対象財産の代位物である
ことは明らかなので、取戻権者は再生債務者等（再生債務者または管財人）に対して
その請求権を自己に移転せよと請求することができる（民再52条2項、破64条1項
前段）。再生債務者等は、通常、指名債権譲渡の方法により、移転の意思表示およ
び対抗要件としての通知をする必要があり、取戻権者はそのように要求すること
ができる。再生手続開始後に再生債務者等が取戻しの目的物である財産を譲り渡

----

[11]　反対、条解民再3版276頁〔原強〕。

826　　　　　　　第24章　取戻権、別除権、相殺権

した場合も同様である（民再52条2項、破64条1項後段）。

b. 反対給付が手続開始後に履行された場合　　以上に対し、取戻権の目的物たるべき物が第三者に譲渡され、第三者が再生手続開始後に反対給付義務を履行した場合、取戻権者は、その受領した給付物が特定性を保っているような場合には、再生債務者等が反対給付として受領したその財産の給付（その物の引渡し等）を請求することができる（民再52条2項、64条2項）。ただし、反対給付として得た財産が金銭である場合のように、特定性が失われているときは、その価額分は再生債務者の不当利得になるから、取戻権者は共益債権としてその支払を請求することができる（民再119条6号）。

c. 反対給付が手続開始前に履行されていた場合　　再生債務者が手続開始決定前に反対給付を受けてしまっているときは、たとえ反対給付の目的物が現存し、特定している場合でも債権者の信頼を優先させるべく、民事再生法52条2項は適用されず、取戻権者は、再生債務者に対する不当利得返還請求権ないし不法行為に基づく損害賠償請求権を再生債権として行使することになる[12]。この場合に、譲渡を受けた第三者が即時取得をしたときは、取戻権者は再生債権を行使するほかないが、即時取得の要件を満たさないときは、取戻権者は所有権に基づいて当該第三者に対し直接目的物の返還を請求できるし、不当利得返還請求権等を再生債権として行使することもできる。ただし、両方の請求が同時に認められることはない。

　なお、第三者の不法行為のように譲渡以外の原因による代位物がある場合については、民再52条2項（破64条）の適用を認め代償的取戻権を肯定する見解もあるが[13]、取戻権者は直接不法行為者に対して損害賠償請求権を取得するから、請求権の移転を請求する代償的取戻権を認める必要はないであろう[14]。

③　特別の取戻権に代償的取戻権が認められるか　　これについては、破産手続におけるのと同様な議論が妥当するが、代償的取戻しを否定する見解に与すべきであろう（第11章3(4)5）参照）。

2　別除権

(1)　意義・要件・内容

1)　典型担保　　再生手続開始のときにおいて再生債務者の財産につき存在する[15]、特別の先取特権、質権、抵当権または商法・会社法上の留置権には別除

---

[12]　条解民再3版277頁〔原強〕、新注釈民再2版（上）293頁〔長屋憲一〕。

[13]　山木戸159頁、林屋ほか209頁〔福永有利〕。

[14]　条解民再3版277頁〔原強〕。なお、注解3版（上）643頁〔野村秀敏〕、注解会更221頁〔西澤宗英〕も参照。

権が与えられ（民再53条1項）、再生手続によらない権利行使が認められている（同条2項）。これは、破産法2条9項・65条1項と同様の規定である。ただ、破産手続における別除権が優先弁済権の実現を第一次的に考えているのに対し、民事再生手続においては、担保評価をめぐる争いや議決についての組み分けの問題を避けて手続を単純化し迅速に手続を進めるためのものであり、それらの規定の趣旨は両者では異なる[16]。

民事留置権（民295条）は、民事再生法53条1項の反対解釈から別除権としては扱われない。したがって、別除権の目的物の受戻し（民再41条1項9号）や担保権消滅許可（民再148条）の対象にもならない。ただ、再生手続開始前の中止命令によって（民再26条1項2号）、また再生手続開始に伴って、その実行が禁止または中止されることはある（民再39条1項・26条1項2号）。しかし、民事再生法は、破産法（破66条3項）とは異なり、民事留置権は再生債務者財産に対しては失効するとの規定を置いていないので、留置的効力自体は手続開始後も存続すると考えられる[17]。そのため、民事留置権の目的物が事業の継続にとって必要な物である場合、債権者の目的物の留置により、事業の継続に支障を生じるおそれがある。そのような場合には、再生債務者としては、少額債権の例外として被担保債権の弁済許可を裁判所から得るか（民再85条5項参照）[18]、裁判所の許可を得て、和解をして留置物を取り戻すことになろう[19]。しかし、この場合、被担保債権は再生債権であり、和解によって共益債権とすることは妥当ではないし、別除権の目的物の受戻しを類推適用することも考えられないではないが、再生債権についての弁済禁止効（民再85条1項）との関係が問題となる[20]。

商事留置権については、倒産法制によって、それぞれ取扱いが異なる[21]。

---

[15]　再生手続開始前に会社分割が行われ、新設会社に財産が承継され、再生手続開始時においては、分割会社の財産ではなかったという事案において、東京地判平18・1・30金法1783号49頁は、再生債権者が、再生手続前の時点で、再生債務者の財産について担保権を有していたとしても、その後当該財産が、再生債務者から他の者へ移転したことにより再生手続の開始の時点において、再生債務者の財産について担保権を有していない状況となった場合には、当該債権者の有する担保権は当該再生債務者の再生手続において別除権としては扱われないとする。

[16]　伊藤3版896頁、新注釈民再2版（上）294頁以下〔長澤美智子〕参照。

[17]　同旨、東京地判平17・6・10判タ1212号127頁。

[18]　この可能性を指摘するものとして、詳解民再2版305頁以下〔山本和彦〕、QA500第3版181頁〔古里健治〕。

[19]　倒産と担保112頁〔小林信明〕、松下入門2版94頁、詳解2版306頁〔山本和彦〕、新注釈民再2版（上）296頁〔長澤美智子〕等。

[20]　伊藤3版897頁注4。

民事再生法においては、商事留置権には別除権が認められているが（民再53条1項）、破産法のように、特別の先取特権とみなすという規定（破66条1項）が存在しないことから、手形の商事留置権者たる金融機関に、取立委任手形の取立てによって得た取立金を貸金債権に弁済充当することができるか否かについては議論があり[22]、これについて、下級審では見解が分かれていた[23]。それに対して、最高裁判所[24]は、銀行の計算上分別管理されている取立金に留置的効力が及ぶことを前提として、銀行取引約定に基づく弁済充当を別除権の行使に附随する合意に基づくものとして、貸金債権への弁済充当を認めた。しかし、再生債権者が再生手続開始後に債務を負担したときには相殺が禁止されるから（民再93条1項1号）、商事留置権者は換価代金を再生債務者に返還しなければならないと考えられるし[25]、民事再生法は破産法とは異なり、商事留置権を特別の先取特権としていない点から見て、優先弁済権は否定され、商事留置権者は目的物を留置することにより債務者の弁済を促す効力が認められるに留まると考えるべきである[26]。そのほか、判例が、取立金について留置することができることから弁済充当を導くことには、論理に飛躍がある旨が指摘されている[27]。したがって、立法論はともか

---

(21) 破産法では商事留置権は特別の先取特権とみなされており、別除権が与えられる（破66条1項・65条2項・2条9項）。それに対し、民事再生法上は別除権とされているが（民再53条）、それ以上の詳しい規定はおかれていない。会社更生法においては、更生担保権とされている（会更2条10項）。

(22) 伊藤3版898頁注5を参照のこと。

(23) 否定説は、商事留置権を特別の先取特権とみなす旨の規定が存在しない以上、留置権能はあるが、優先弁済権は認められないことを理由とする（東京地判平21・1・20金法1861号26頁、東京高判平21・9・9金法1879号28頁）。それに対して肯定説は、商事留置権者としては、留置物を留置することによって、これの返還と引換えに再生債務者に対して被担保債権の任意の弁済を求めることができるから、本来、留置物は再生債務者の責任財産を構成している訳ではないこと、もし否定説に立つと、割引依頼手形に商事留置権を有し、留置権能を行使することができるとともに、本件銀行取引約定により、割引依頼手形による優先弁済を受けることを期待し得た銀行の予期に反すること等を理由とする（名古屋高金沢支判平22・12・15判タ1354号242頁）。

(24) 最判平23・12・15民集65巻9号3511頁〔百選5版53事件〕。

(25) 民再実務295頁〔須藤英章〕、倒産と担保113頁〔小林信明〕、条解民再3版493頁〔山本克己〕、条解民再3版280頁〔山本浩美〕。

(26) 判例・実務・提言356頁以下〔中島弘雅〕、三上威彦「民事再生手続における手形状の商事留置権の取扱いについて」民事手続における法と実践（栂善夫先生・遠藤賢治先生古希祝賀）（成文堂・2014年）1060頁以下。また、銀行取引約定書4条4項も、担保権を設定する趣旨の定めだとは解すことはできない。なお、倒産と担保117頁〔小林信明〕も参照。

(27) 中井康之・百選5版109頁、山本克己・平成24年度重判136頁、野村剛司・民商146

く、手形の商事留置権については、解釈論としては、換価金についての弁済充当という形での優先弁済権は否定されるべきであろう[28]。

2）非典型担保　　非典型担保については、破産手続に関連して説明したことが、ほぼ当てはまる。すなわち、譲渡担保や所有権留保の留保所有権には別除権が与えられ[29]、リース契約については、再生債権たる残リース料債権を被担保債権とする担保権として扱うべきであろう[30]。また、仮登記担保については、抵当権を有する者に関する規定が準用されている（仮登19条3項）から、民事再生手続においても別除権が認められると解される。

集合動産譲渡担保や集合債権譲渡担保については、それが事業の継続によって設定者が取得する動産や売掛代金債権等を担保目的物としているために、再生手続開始後に取得する目的物（開始後取得財産）について譲渡担保権の効力がおよぶかどうかが問題となる。この点については、再生手続の開始により集合物の固定化が生じ、集合動産譲渡担保権や集合債権譲渡担保権は、手続開始決定後に流入した動産や、新たに発生した債権にはその効力が及ばないとするのが多数説である[31]が、第三者対抗要件を具備した集合動産譲渡担保権等が、再生手続の開始という事実をもって、以後設定者が取得する動産に効力が及ばないとする理由はなく、動産譲渡担保権等の実行によってはじめて固定化が生じるとする見解も有力に唱えられている[32]。

　巻3号318頁、三上・前掲1074頁。

[28]　この旨を指摘するのは、「＜座談会＞商事留置手形の取り立て充当契約と民事再生法との関係」金法1884号34頁〔山本和彦発言〕、中島弘雅「判批」金法1953号18頁、三上威彦・前掲1077頁。なお、ソリューション74頁〔植村京子〕は、弁済充当の合意は、民事再生法85条に反し、無効であるとする。

[29]　会社更生手続に関し、最判昭41・4・28民集20巻4号900頁が、破産手続に関しては、札幌高決昭61・3・26判タ601号74頁〔新百選57事件、百選3版59事件〕がある。

[30]　民事再生手続につき、最判平20・12・16民集62巻10号2561頁〔百選5版76事件〕は、担保契約性を明示している。

[31]　最新実務541頁〔加茂善仁〕、道垣内弘人『現代民法Ⅲ担保物権法〔第3版〕』（有斐閣・2008年）340頁、高橋眞『担保物権法〔第2版〕』（成文堂・2010年）310頁。なお、東京弁護士会倒産法部主催シンポジウム「動産および債権の譲渡担保の倒産手続における法的問題点」NBL846号25頁〔小林発言〕によれば、固定化する時期については担保権設定契約に書かれており、法的整理手続開始自体が固定化事由かどうかという点はあまり問題にならないという。これに対し、民再273頁〔内田博久〕は、再生手続開始の申立てないしその原因となるべき事実が生じたことにより担保目的財産が固定化する旨の特約が締結されていた場合には、こうした特約は、民事再生法の趣旨、目的に反するので無効と解するべきであろうとする。

[32]　伊藤3版904頁。なお、実務でも手続開始により直ちに固定化が生じるものとは扱われていないと言われる（民再273頁〔内田博久〕）。

別除権として扱われるためには、それぞれの権利についての対抗要件を、原則として民事再生手続開始前に具備していることが必要である（例外、民再45条1項但書）。抵当権や質権のように登記・登録を対抗要件とする担保権については、対抗要件は登記・登録であり、動産質権や動産譲渡担保権については引渡しである。また、債権質や債権譲渡担保では債権譲渡の通知・承諾であり、仮登記担保については仮登記である。動産・債権譲渡特例法に基づく場合、対抗要件は動産・債権譲渡の登記である。なお所有権留保は、物権変動はないから、対抗要件は不要である。手続開始前に対抗要件を具備していても、当該対抗要件が否認されると（民再129条）、当該対抗要件は存在しないものとして扱われ、再生手続上は別除権としては扱われない[33]。

（2）　不足額責任主義

1）別除権の実行と不足額責任主義の意義　別除権の行使は、破産手続におけるのと同様、手続外で、当該担保権本来の実行方法によってする（民再53条2項、破65条1項）。

別除権者が有する被担保債権は再生債権であるが、別除権の行使と同時に当該再生債権全額の行使を認めるとするならば、当該別除権者に二重の満足を与えることに等しく、他の債権者に対して不公平になる。したがって、民事再生法も、破産法と同様に（破108条1項本文）、別除権者は、別除権の行使によって弁済を受けることができない債権の部分についてのみ、再生債権者として権利行使を行うことができるとして、いわゆる不足額責任主義を規定している（民再88条本文）。もっとも、民事再生法は、当該担保権によって担保される債権の全部または一部が再生手続開始後に担保されないこととなった場合には、その債権の当該全部または一部について、再生債権者として権利行使することを妨げない旨を規定しているから（民再88条但書。破108条但書）、別除権者は、担保権の全部または一部を放棄したり、再生債務者等との合意（別除権協定）により担保権の全部または一部を解放して、それに対応する被担保債権額を不足額として、再生債権として行使することもできる。

2）不足額についての権利行使　再生計画案の作成段階で既に不足額が確定していれば[34]、その不足する額の再生債権についての権利変更を再生計画案で

---

(33)　最判平16・7・16民集58巻5号1744頁〔百選5版37事件〕参照。

(34)　不足額が確定する事由としては、①別除権の実行による債権額の回収、②別除権の放棄、③別除権の受戻しによる担保権の消滅（民再41条1項9号）、④担保権消滅許可による担保権の消滅（民再148条）、⑤再生計画の認可決定の確定を条件として不足額の合意による確定（いわゆる別除権協定。民再88条但書）がある。ただ、不足額の合意によ

定めることになる（民再157条1項）。

　それに対して、再生計画案作成段階で、担保権の実行未了等によりまだ不足額が確定していない場合は、計画案に権利変更の定めを置けないとすると、再生計画認可の決定の確定により失権する可能性もあるから（民再178条）、予定不足額が確定していない再生債権者のために、「その債権の部分が確定した場合における再生債権者としての権利の行使に関する適確な措置を定めなければならない」と規定されている（民再160条1項）。

　不足額を再生債権として行使しようとする別除権者は、被担保債権そのものの届出（民再94条1項）に加えて、「別除権の目的である財産および別除権の行使によって弁済を受けることができないと見込まれる債権の額（いわゆる予定不足額）」を届け出なければならない（同条2項）[35]。ただ、再生計画による弁済は原則として担保権の実行後でなければ受けられないから、予定不足額の届出は、手続との関係では当面、議決権行使について意味があるに過ぎない。そこで、民事再生法は、債務の調査・確定の対象を債権の「内容」と「議決権」とに分け（民再101条1項等）、債権調査については議決権をも対象とする（民再101条1項・102条1項・104条1項等）が、査定の裁判・異議の訴えの対象は債権の内容に限定している（民再105条1項）。したがって、別除権との関係では、予定不足額の届出は認否・異議の対象となり、仮に再生債務者等が認め、他の再生債権者に異議がなければそのまま確定するが（民再104条1項・170条1項但書）、再生債務者が争い、または他の債権者の異議があれば、査定の手続には入らず、債権者集会において裁判所が議決権を行使させるかどうか、およびいかなる額につき議決権を行使させるかを決めることになる（民再170条2項3号。書面決議の場合につき、民再171条1項2号）。

　3）不足額責任主義の例外　　不足額が確定するには、担保権の実行をまたなければならない。しかし、担保権の実行が再生手続の係属中に終了する保障はないし、担保の目的物が事業の継続のために不可欠であるような場合、目的財産を処分しなければ担保権者の手続参加が認められないというのでは妥当ではない。そこで、民事再生法は、不足額責任主義に対して例外規定を置いている。すなわち「当該担保権によって担保される債権の全部又は一部が再生手続開始後に担保されないこととなった場合には、その債権の当該全額又は一部について、再

　　る確定の場合、その旨の変更登記まで必要とするか否かが問題となるが、実務上は変更登記まではなされていない（新注釈民再2版（下）33頁〔土岐敦司〕。なお新注釈民再2版（上）472頁以下〔中井康之〕も参照）。

[35]　逆にいえば、別除権の行使により被担保債権全額の満足を受けうると考える債権者は、債権届出の必要はない。

生債権者として、その権利を行うことを妨げない」ものとされている（民再88条但書）。その結果、別除権者は、①一方的に担保権を全部または一部放棄して、または、②再生債務者等との話し合いの結果、合意（別除権協定）[36]に基づき担保権の全部または一部を解除して、再生手続に参加することが可能となった。

　根抵当権については、再生債権を担保する根抵当権の元本が確定している場合には、当該根抵当権の極度額を超える部分は不足額部分となる可能性が極めて高いから、民事再生法は、極度額を超える部分の被担保債権について、他の再生債権者と同様の権利変更の一般基準（民再156条）に従った権利変更を経た権利への仮払いと、不足額部分がその後確定した場合の清算（被担保債権が減少していれば、一部返還、増加していれば追加払い）について再生計画で定めることができるものとしている（民再160条2項）。ここでいう「仮払に関する定め」とは、平等原則の見地から、極度額超過部分につき、他の同種の再生債権に関する権利変更の一般基

---

[36]　別除権協定とは、たとえば、冒頭の ケース でいえば、C銀行の被担保債権は1500万円であるが、抵当権を実行することなく、工場建物の実勢価格である1000万円を抵当権の被担保債権として、それを越える500万円の部分を抵当権の被担保債権から除外し、無担保債権たる再生債権として合意し、予定不足額を確定させることである（新注釈2版（上）471頁〔中井康之〕、詳解民再2版312頁〔山本和彦〕参照）。なお、別除権協定に関しては、倉部真由美「別除権協定について」民事再生の実務と理論342頁参照。

　なお、別除権協定をめぐっては、近時、さまざまな問題点が議論されている。すなわち、①別除権協定に基づいて再生手続によらず弁済する債権の性質については、再生債権説（山本和彦「別除権協定の効果について」倒産法制の現代的課題〔有斐閣・2015年〕124頁、岡伸浩「別除権協定の効力をめぐる考察」倒産法実務の理論研究〔慶應義塾大学出版会・2015年〕302頁、東京地判平24・2・27金法1957号150頁）と共益債権説（島岡大雄「東京地裁破産再生部（民時第20部）における牽連破産事件の処理の実情について（下）」判タ1363号33頁、井田宏「民事再生手続におけるリース料債権における取扱い－大阪地裁倒産部における取扱い及び関連する問題点の検討」判タ1102号4頁）とが対立している。②別除権協定で受戻価格が定められたことによって別除権の被担保債権のうち別除権で担保される部分は実体法的に受戻価格相当額に減額されるか、という点については、判例は肯定しているとみられる（最判平26・6・5民集68巻5号403頁。なお、これは、実体法的効果が発生するためには、その旨の登記は不要であるとする。高松高判平24・1・20金商1398号50頁、松山地判平23・3・1金商1398号60頁）。③仮に②が認められるとして、別除権協定は再生計画履行完了前になされた破産手続開始決定（民再190条1項）により失効するか、という問題がある。これにつき、別除権協定の効力は、別除権協定の解除や破産手続への移行によって失効し、別除権の被担保債権はもとの額に復活するという説（復活説。前掲松山地判平成23年）と、別除権協定の効力は、別除権協定の解除や破産手続への移行によっても影響を受けないとする説（固定説。前掲高松高判平成24年）が対立している。これに対して、上記、最判平26・6・5民集68巻5号403頁は、当事者の意思解釈として、破産手続への移行に伴って、別除権協定は失効するとした。

準（民再156条）に従って権利変更した内容を定めることになる[37]。したがってこの仮払いの措置は、根抵当権者の利益のためであるから、根抵当権者がそれを望まない場合には仮払いの措置を定める必要がないので、この措置をとる場合には予め根抵当権者の書面による同意を取りつけ、再生計画と同時に同意書面を裁判所に提出しなければならないものとされている（民再165条2項、民再規87条1項2項）。なお、根抵当権の元本は、破産手続開始により確定するが（民398条の20第1項4号）、民事再生手続の開始決定によっては当然には確定しないので、民法の定める元本確定事由（民398条の19・398条の20、民再148条6項）が発生しない限り、民再160条2項の適用はないことになる[38]。

（3） 担保権消滅許可制度

1）概　要　再生債務者は、事業継続に不可欠な資産に設定されている担保権が実行されてしまうと再生に困難を来すため、再生を実現するためには、担保権の目的である財産の受戻しをせざるを得ない（民再41条1項9号参照）。しかし、別除権協定ができなければ、財産の価値が大きく担保割れしている場合でも、担保権を消滅させるためには、担保権不可分性の原則から被担保債権を全額弁済しなければならず、後順位担保権者がいる場合には、順位上昇の原則との関係で、その被担保債権まで弁済しなければならないことになる。しかし、それでは債務者の再生に著しい支障を来すばかりか、無担保の再生債権者との公平を害することになる。そこで民事再生法は、再生債務者等が、当該財産の価額に相当する金銭を裁判所に納付して担保権を消滅させることの許可を得ることができるものとした（民再148条以下）。これを担保権消滅許可制度という。この制度は、破産法および会社更生法にも規定があるが（破186条以下、会更104条以下）、それぞれの手続の性質に応じて、その趣旨はおのずから異なっている[39]。その中でも、とく

---

(37)　新注釈民再2版（下）33頁〔加々美博久〕。なお、この仮払いの具体的な定めとしては、「再生債権を担保する根抵当権の元本が確定している場合には、その根抵当権の被担保債権のうち極度額を超える部分について、前記第2項（再生債権に対する権利の変更に一般基準）の定めに従い、仮払いをする。この場合、不足額が確定し、仮払金と前記第2項の定めによる金額との差額が生じたときは、当該再生債権者から不足額が確定した旨の通知を受けた日から1か月以内に前記差額を支払う。」等があげられる（最新実務解説523頁〔多比羅誠〕）。

(38)　新注釈民再2版（下）33頁〔加々美博久〕、条解民再3版757頁〔河野玄逸〕参照。

(39)　担保権消滅許可制度は、各倒産手続においてその趣旨は異なっており、それに応じて、要件も異なって規定されている。すなわち、再生手続においては、「再生債務者の事業の継続に欠くことができない」ことが要件となっており（民再148条1項）、破産手続では「一般の利益に適合するとき（破186条1項）」とされ、さらに、会社更生手続では「更生会社の事業の更生のために必要であると認めるとき（会更104条1項）」となっている。

に民事再生手続と破産手続における担保権消滅許可制度を比較してみると、その相違は以下の点に求められる（なお、この点については、第1回目の講義を参照のこと）。

①破産手続においては、担保権消滅請求の目的は、任意売却によって担保目的物がもつ処分価値を最大化し、その中で破産債権者全体に帰属させるべき部分を破産財団に組み入れることにあるが（破186条1項本文）、民事再生手続における担保権消滅許可請求の目的は、目的物を事業資産として保持するために担保権を消滅させることにある。

②民事再生手続においては、換価権の発動を抑止するために担保権消滅請求がなされるのに対し、破産においては、目的物の処分価値の最大化が第一義的な目的であるから、担保権者による換価権の発動そのものを抑止すべき理由はない。

③目的物を処分して得られた価値は、民事再生手続の場合には、それは担保権者に交付される（民再153条）のに対し、破産の場合には、担保権者への優先弁済に充てられる部分と破産債権者のために破産財団に組み入れられる部分とに分けられる（破186条1項1号・191条1項）。

④それぞれの手続の目的および機能の差異から、破産では認められている担保権実行の申立て（破187条1項）や買受申出（破186条1項）など、財産の任意売却に対する担保権者の側の対抗手段は民事再生では認められておらず、担保権者は担保権消滅許可決定に対して即時抗告で争うか（民再148条4項）、その財産の価額決定の請求により争う手段（民再149条1項）しか認められていない。

2） 担保権消滅許可の要件（民再148条1項） **① 担保目的物が再生債務者の財産であること**　債務者の財産に設定された担保権でなければ担保権消滅許可請求の対象とはならない。逆に、債務者の財産に設定された担保権である以上、その被担保債権が再生債務者に対するかどうかは問わない[40]。

なお、担保目的物が不動産である場合、実質的に再生債務者所有の財産であれば足りるのか、それとも、登記名義上も再生債務者名義であることが必要であるか、という点については、(a)所有者である再生債務者と担保権者との関係は対抗問題ではないので、登記は不要であるとする見解[41]と、(b)対抗要件としての登記

なお、各倒産手続における担保権消滅許可制度の目的と要件については、倉部真由美「担保権消滅請求の要件論」担保権消滅請求の理論と実務〔佐藤鉄男＝松村正哲編〕（民事法研究会・2014年）31頁以下参照。

[40] 物上保証人兼保証人である債務者の再生手続では、被担保債権が主債務者に対する債権であり、債務者に対する求償権ではないので、再生債権は保証債務履行請求権であり、担保権によって担保される債権ではないから民事再生法88条の不足額責任主義の適用はない。よって無担保債権として手続参加できるが、その担保権は、担保権消滅許可請求の対象になる（新注釈民再2版（上）849頁〔木内道祥〕参照）。

が必要であるとはいえないが、登記名義人に対して再生債務者が登記名義の移転ないし回復を請求する権利がなければ、その不動産を事業のために用いることができるとはいえないのであり、一般的に登記が不要であるということはできないとする見解[42]が対立している。たしかに、この場合、所有者である再生債務者と担保権者との関係は対抗問題ではなく、登記の所在は、担保権消滅許可の要件である「債務者の財産」であるか否かの認定のための資料にすぎない。この意味で言えば、登記は不要であろう。しかし、再生債務者以外の登記名義の不動産についての担保権消滅許可が認められるためには、現在の登記名義人に対して、再生債務者等が移転登記等の請求権を有している等、具体的な所有権の存在を証明する必要がある。逆に、再生債務者名義の不動産につき担保権消滅許可の請求がなされた場合は、当該不動産についての登記は、当該不動産が再生債務者の所有に属することにつき高度の証明力を有するのであり、当該不動産が担保権消滅許可請求の対象ではないとするには、担保権者は、それが「債務者の財産」ではないことを認定するための、登記の証明力を上回るような資料を提出しなければならない。その意味で、後説に賛成したい。

② **消滅許可の対象は、別除権として認められている担保権（民再53条1項）であること**　担保権消滅許可の対象となるのは、特別の先取特権、質権、抵当権、商事留置権である。したがって、民事留置権や一般の先取特権、企業担保権等は担保権消滅許可の対象にはならない。民事留置権については、留置権者が事業の再生に不可欠な目的財産を占有するという事態も想定できるが、実際には、民事留置権が問題となる場合の多くは、その発生原因となる契約が同時に双方未履行の双務契約になっているものと思われる。そうだとすれば、占有を回復したい再生債務者等は当該契約の履行を選択すれば、代金を共益債権として弁済し、物の引渡しを受けることができるであろう。そのような方法によって、実際上不都合な結果を回避することができる。しかし、この方法では、契約外の第三者が留置権者となっている場合には対処できないし、より抜本的には、実際上もっとも強い地位を持つ民事留置権者に実体法上の優先弁済権が付与されていない点に原因があり、この点について正面から検討し、その倒産手続上の地位を根本的に見直すことが先決問題となろう[43]。

---

(41)　福岡高決平18・3・23判タ1222号310頁、小河原115頁、条解民再3版797頁〔小林秀之〕。

(42)　詳解民再2版424頁注27〔山本和彦〕、概説2版437頁〔笠井正俊〕。新注釈民再2版（上）850頁〔木内道祥〕も同旨か。

(43)　詳解民再2版408頁〔山本和彦〕が指摘するところである。

譲渡担保、所有権留保、ファイナンス・リース、等いわゆる非典型担保が、担保権消滅許可の対象になるか否かは、結局、これらの担保権が別除権とされるか否かによる。現在の多数説によれば、これらの非典型担保権には別除権が与えられているから、これらの権利も担保権消滅許可の対象になると考えられる[44]。

③　**担保権の目的物が再生債務者の事業の継続に欠くことのできないものであること**　　この趣旨は、担保権消滅により再生債務者の継続事業価値を増加させるところにあり、したがって、たとえ事業資金捻出のためであっても、遊休資産についてはこの制度は利用できない[45]。なお、この不可欠性の要件は、「再生債務者が」事業を継続するのに不可欠であるというものではなく、再生債務者が「現在行っている事業」の継続に不可欠であるということを意味するものであり、事業譲渡がなされ事業主体は変わるが事業は継続されるという場合についても担保権消滅許可制度は適用される[46]。さらに、製造業における原材料や商品についても、担保権消滅許可の対象になると解される[47]。たしかにこれらの財産は最終的

---

[44]　非典型担保については、再生債務者等が目的物の財産価額を納付して担保権を消滅させうる点、価額に争いがある場合には価額決定請求によりうる点等については、通常の担保権の場合と特に違いはない。それに対し、納付された金銭の配当については問題がある。民事再生法は民事執行法の規定を広く準用しているが（民再153条3項）、これらはいうまでもなく典型担保権の実行に関するものであり、譲渡担保等を想定したものではない。そこで、担保権消滅許可制度を非典型担保に妥当させるためには、配当について独自の規律を採用する必要がある。具体的には、当該非典型担保に優先する典型担保がある場合にはまずそれに配当し、残額は非典型担保権に配当し、さらに残余があれば再生債務者等に交付されることとなる。現在の非典型担保の理解では、非典型担保権間の担保順位は想定されていないので、たとえば、二重に譲渡担保に供された場合でも、第1順位の譲渡担保権者にのみ配当がされ、残金は債務者に返還されるべきものと解されよう（詳解民再2版410頁〔山本和彦〕）。その根拠としては、譲渡担保権にあっては、所有権が譲渡担保権者に移転していること、判例（大判大5・5・16民録22輯961頁、最判昭32・12・27民集11巻14号2485頁）でも、占有改定による即時取得が認められていないことを合わせて考えるならば、第2順位の譲渡担保権者は、設定者留保権を担保目的として取得するにとどまる（道垣内弘人『担保物権法〔第3版〕』312頁（有斐閣・2008年）参照）ということになろう。もっとも、これを根拠として、第2順位の譲渡担保権者には、債務者の残金返還請求権に対して物上代位権の行使を認める余地はあろう。

[45]　詳解民再2版412頁〔山本和彦〕、伊藤3版971頁、民再実務と理論174頁〔高山崇彦〕。

[46]　新注釈民再2版（上）850頁〔木内道祥〕、詳解民再2版412頁〔山本和彦〕、伊藤3版971頁以下等。なお、田原睦夫「担保権消滅請求制度の機能と課題」民事手続法と商事法務〔新堂幸司＝山本和彦編〕（商事法務・2006年）130頁は、これまで担保権消滅請求が認められた事件のうちの相当数が、事業譲渡に伴うものであった旨を指摘する。

[47]　田原・民事手続法と商事法務128頁、詳解民再2版412頁〔山本和彦〕。反対、新注釈民再2版（上）852頁〔木内道祥〕、民再実務と理論179頁以下〔高山崇彦〕。反対説は、事業継続不可欠性を満たす財産とは、再生債務者の事業の再生という再生手続の目的を

には売却することが想定されているが、売却されるとしても商品が円滑に通常の市場で流通することは再生債務者の事業の再生にとって極めて重要な意義を有するところ、そのような商品の相当部分が通常の流通から外れて競売市場等に流れることは、再生債務者の事業の価値・信頼を大きく損ない、一般にその事業の再生を害することになるからである。なお、売却予定の不動産[48]や販売用不動産[49]についても担保権消滅許可の対象となるとする下級審裁判例がある。

なお、この不可欠性は再生計画の内容とも密接に関連する問題であり、再生計画の内容を加味して慎重に判断する必要がある。

④　**価額が納付されること**　　再生債務者等は、納付すべき金額を裁判所の定める期限までに裁判所に納付しなければならず（民再152条1項）、価額に相当する金銭の納付があったときに担保権は消滅する（同条2項）。なお、担保権消滅許可は金銭の納付がなくても可能であるが、納付がなければ担保権消滅許可は取り消される（民再152条4項）。

3）担保権消滅許可の手続　　担保権消滅許可の申立ては、一定の事項を記載した書面でなさなければならない（民再148条2項、民再規70条）。また申立ての際には、一定の書面を添付しなければならない（民再規71条）。担保権消滅許可決定がなされたときには、許可決定書と共に担保権消滅許可の申立書が、申立書に記載されたすべての担保権者に送達されなければならない（民再148条3項）。担保権消滅許可決定に対しては、担保権者は即時抗告をすることができる（同条4項・5項）。即時抗告の理由は、許可の要件にかかるものであるが、消滅許可の対象となり得る担保権かどうかや、事業継続についての不可欠性が中心となろう[50]。

　達成するのに必要不可欠な範囲に限定されることが相当であり、担保権が実行されて当該財産を活用できない状態になったときには再生債務者の事業の継続が不可能となるような代替性のないものであることが必要であるとし、担保権消滅許可の対象になる財産は、事業継続のために実際に使用されるものであることを前提としている。

[48]　名古屋高決平16・8・10判時1884号49頁。なお、条解民再3版797頁以下〔小林秀之〕もこれに賛成する。これに対し、概説2版補訂444頁〔笠井正俊〕は、制度趣旨から外れるように思われるとする。

[49]　東京高決平21・7・7判タ1308号89頁〔百選5版61事件〕。その理由は、①債務者の事業は戸建住宅の分譲であり、事業の仕組みとして、一連の事務の流れが構成されており、その中で分譲すべき戸建住宅の敷地に担保権を設定し消滅させることが織り込まれていること、②担保権者もこれを了解していること、③このような場合、敷地に設定された担保権の消滅なくしては戸建住宅を通常の不動産市場で売却して利益を得るという事業の仕組みそのものが機能しなくなり、事業そのものが継続できなくなる蓋然性が高いこと、④戸建分譲事業にとっては、その敷地部分に相当する土地は、その担保権が実行されてこれを活用できない状態になったときには、その事業の継続が不可能になる代替性のないものということができること、といった点に求められている。

なお、担保権消滅許可の申立てを棄却する決定に対しては即時抗告をすることはできない[51]。

担保権者は、担保権消滅許可決定に対して、上述のように即時抗告をなし得るほか、再生債務者が提示した目的物の価額が不相当であると判断する場合には、裁判所に対して価額決定の請求をすることができる（民再149条1項）。この請求があった場合には、裁判所は、評価人を選任し、財産の評価を命じなければならず（民再150条1項）、その評価に基づいて決定で財産の価額を定める（同条2項）[52]。

4）金銭の納付　目的財産の価額が確定したときは、再生債務者等は、それに相当する金銭を裁判所の定める期限（民再規81条1項）までに裁判所に納付しなければならない（民再152条1項）。担保権者の有する担保権は、この金銭の納付があったときに消滅する（民再152条2項）。

5）配当等　再生債務者等が納付した目的価額に相当する金銭は、弁済金の交付（民再153条2項3項、民執88条・91条・92条。民執84条2項参照）ないし配当（民再153条1項3項、民執85条・88条〜92条）という形で担保権者に弁済される。

3　相殺権

（1）総説

相殺は、双方の当事者がお互いに債権・債務を弁済し合う手間を省いて、意思表示のみによってそれらを対等額で消滅させる制度であり、債権・債務の簡易な決済の手段としての機能を有する。しかし、それに留まることなく、現実取引では、担保権の一種としての機能も果たしている[53]。これを相殺の担保的機能という。この担保的機能は、取引相手方が倒産した場合にもっとも強く期待されるも

---

[50]　伊藤3版973頁。

[51]　花村408頁、新注釈民再2版（上）858頁〔木内道祥〕。

[52]　価額決定請求に対する具体的な手続については、民再手引258頁以下〔中村悟〕、破産民再実務3版民再178頁を参照のこと。なお、東京地裁破産再生部では、経験豊富な不動産鑑定士等を評価人に選任し、評価命令が発令されて評価人が選任されてから概ね1か月半から2か月で評価が終了しているとのことである（破産民再実務3版民再178頁）。

[53]　次のような例で考えてみよう。すなわち、XがYに対し貸金債権を有していたが、これについては担保を取っていなかったとする。ところが、Yの経営が悪化して、Xの債権が弁済される見込みがほとんどなくなったとしよう（Yの倒産がその典型である）。しかし、このとき、XがYから購入した部品の代金債務を負担していたとすると、Xは、貸金債権と代金債権を同額で相殺して互いの債務を消滅させることができる。この場合、受働債権たる代金債権はYの財産の一部をなすものであるが、これが優先的にXへの弁済にあてられたのと同じことになる。つまり、Xに相殺権があるということは、実質的には受働債権である代金債権と同額の担保を取っていたことになるのであり、これを称して、相殺の担保的機能というのである。

のであり、民事再生法も、それを尊重し、再生債権者は、当該債権届出期間内に
かぎり、再生計画によらないで、相殺をすることができるとしている（民再92条1
項）。類似の規定は、破産法や会社更生法にもあるが、手続の特質に応じて、その
要件等は若干異なっている。

（2）　相殺権の規定の適用範囲

民事再生法が規定する相殺は、再生債権者がその再生債権を自働債権とし再生
債務者の有する債権を受働債権としてする相殺に限られ（民再92条1項）、それ以
外の相殺については個別的に検討する必要があるが、概ね、破産手続に関して述
べたところ（第10章1（2））と同様である。ただし、民事再生手続には自由財産と
いう概念はないから、破産法上のそれに関する議論は妥当しない。

再生債務者等からする相殺については、破産法102条と同趣旨の規定が設けら
れている（民再85条の2）。共益債権と再生債務者の有する債権との相殺について
は、共益債権は、再生債権に先立って、再生手続によらないで随時弁済されるも
のであるから（民再121条1項・2項）、共益債権者および再生債務者のいずれから
でも、民法の規定に従って相殺することができる。なお、破産手続や会社更生手
続においては、債務者財産が財団債権ないし共益債権の総額を弁済するのに足り
ない場合、その弁済は債権額の割合による旨の規定（破産法152条、会社更生法133
条1項）との関係で、相殺が許されない場合があり得ると考える余地はあるが、民
事再生法にはそのような規定は設けられていないから、このような場合でも相殺
は許されると解される。

（3）　相殺権行使の要件

1）　相殺適状にあること　　破産手続におけるのと異なり、民事再生手続に
おいては、再生手続開始の効果としての実体的な金銭化・現在化は生じない[54]。
したがって、相殺が認められるためには、自働債権となる再生債権と受働債権と
なる再生債務者に対する債務が、債権届出期間の満了前に、相殺適状になってい
なければならない。

①　自働債権　　債権届出期間満了前に相殺適状になっているとは、第1に、
自働債権と受働債権とは同種の債権でなければならない。たとえば、再生債権が
垣根修補請求権といった非金銭債権であり、反対債権が貸金債権等の金銭債権で
あるような場合には相殺適状にはない。破産手続においては、破産債権は、非金
銭債権は金銭化されるから（破103条2項1号イ）、非金銭債権たる破産債権を自働

[54]　民事再生法87条による金銭化・現在化は、議決権行使のためという手続上のものにす
　　　ぎず、また、同法232条・244条の金銭化・現在化は再生計画認可の効果として生じるに
　　　すぎない。

840　　　　　　　第24章　取戻権、別除権、相殺権

債権として、金銭債権を受働債権としてする相殺は認められている（破67条2項前段）が、民事再生法にはこのような規定がなく、金銭化の処置はなされないからである。

第2に、債権届出期間満了前に相殺適状になっているといえるためには、債権届出期間満了前に自働債権の弁済期が到来している必要がある（民505条1項本文）。したがって、たとえば、自働債権たる再生債権が期限付債権であり、期限未到来である場合には、破産法のように現在化の処理（破103条3項）はなされないから、債権届出期間満了までに自働債権の弁済期が到来していなければ（また、期限の利益喪失条項により弁済期が到来したものとみなされる場合でもよい）、相殺はできない。自働債権が停止条件付債権ないし将来の請求権であり、かつ条件未成就の場合は、債権届出期間満了までに条件が成就しないと相殺適状にはならないので、相殺はできない[55]。また、その場合でも、民事再生法には破産法70条前段のような規定も設けられていないから、弁済した額の寄託を請求することもできない。自働債権たる再生債権が解除条件付の場合は、少なくとも債権自体は発生しているから、相殺適状にある限り、相殺を否定する理由はない。ただ、相殺権行使後に解除条件が成就した場合には、自働債権たる再生債権が発生しなかったとみなされるから、相殺の効力は生ぜず、再生債務者側から受働債権の履行を改めて求めることになる[56]。

②　受働債権　受働債権は自働債権と同種の債権であることが必要であるほか、債権届出期間満了前に弁済期が到来していることが必要である（民505条1項本文）。ただ、受働債権が期限付の場合は、相殺権者（再生債権者）の方で期限の利益を放棄することはできるから、相殺は可能である（民再92条1項後段）。

それに対し、受働債権が停止条件つきの場合には見解が対立する。否定説は、破産法67条2項のような規定がない再生手続においては、反対債権は再生手続開始時において現実化している必要があり、停止条件付債権や将来の請求権である反対債権が再生手続開始後に現実化しても、これを受働債権とする相殺は、民事再生法93条1号により無効となるという理由のほか、条件という事象の性質上、成就または不成就は不確定であり、成就の場合には、再生債権者としては、再生手続においてその権利を行使する一方、再生債務者に対する債務を履行しなければならない。そうだとすると、再生債権者が停止条件不成就の利益を放棄して相殺をすることは、再生債務者が有する当該債務履行に対する期待を侵害する

---

[55]　条解3版480頁〔山本克己〕、詳解民再2版326頁以下〔徳田和幸〕。

[56]　松下入門2版113頁、伊藤3版906頁。なお、破産法は、このような場合、担保の提供・寄託の制度（破69条・201条3項・212条1項・214条1項5号）を設けている。

第26講　再生債務者財産の減少

結果となるので、債務者の事業の再生を目的とする再生手続においては、相殺を許さないというのが立法者の判断と理解すべきであるという[57]。これに対して肯定説は、民法の一般原理として、期限の利益の放棄と同様に条件に関する利益の放棄も可能であること、開始された手続が破産手続か再生手続かによって手続開始時における相殺の合理的期待の有無に変わりはないこと、相殺の担保的機能を保護するためには、合理的相殺期待が成立した時点で、担保として保護されるか否かが明確でなければならないが、否定説によると、相殺の担保的機能の十分な実現は不可能となる、といった論拠から相殺が認められると解する[58]。たしかに、再建型倒産処理手続である民事再生手続にあっては、このような場合に相殺権の行使を認めることは事業の再生にとって望ましくないとはいえる。しかし、再生債権者の相殺に対する正当な期待は保護されるべきであるし、否定説によると、相殺可能期間内（民再92条1項）は、受働債権の停止条件が成就することによって相殺権が行使される可能性は常に存在し、法律関係が安定しないことになるから、肯定説に与すべきであろう。

　受働債権に、解除条件がついている場合にも見解が分かれる。相殺否定説は、受働債権が停止条件付の場合と同じ理由を挙げる[59]。それに対して相殺肯定説は、民法の一般原則として、期限の利益の放棄と同様に条件に関する利益の放棄も可能であることを理由とする[60]。解除条件は、債権としては既に発生しており、債権届出期間満了前に自働債権の弁済期が到来している限り、相殺を認めてもよいであろう。ただし、事後に解除条件が成就した場合には、再生債権者は、条件成就の可能性を既に放棄している以上、あらためて、再生債権の履行を求めることはできないと解する。

2）相殺権の行使が債権届出期間内であること　　相殺権者は、債権届出期間内に限って相殺権を行使することができる（民再92条1項・94条1項）。このように民事再生手続において、相殺権行使期間が制限されているのは、①相殺権の

---

(57)　伊藤3版907頁以下、条解民再3版479頁〔山本克己〕、条解会更（中）892頁。また、最判昭47・7・13民集26巻6号1151頁〔会社整理の事案〕も参照のこと。なお、債権届出期間満了前に停止条件が成就した場合には、それが民事再生法93条1項1号にいう再生手続開始後の債務負担とみなされるかどうかの問題になるが、合理的相殺期待が認められる場合には、相殺を許すとの見解が有力である（破産民再実務3版民再208頁、伊藤3版908頁注25）。

(58)　松下入門2版115頁、概説2版補訂269頁〔沖野眞巳〕、論点（上）100頁〔山本和彦〕、新注釈2版（上）504頁以下〔中西正〕。

(59)　伊藤3版907頁以下。

(60)　松下入門2版115頁、概説2版補訂269頁〔沖野眞巳〕、新注釈2版（上）503頁〔中西正〕。

範囲を広く認めれば認めるほど、債務者の事業再生が困難になるので、それを防止する意味と、②相殺適状の時的限界だけでなく、相殺権行使の時的限界も同様にしなければ、再生計画立案の基礎となる再生債権額や再生債務者財産の内容の確定が遅れ、再生計画の立案が遅れるために、再生手続の効果的な遂行を妨げることになるので、それを回避するという２つの理由がある[61]。それに対し、破産手続においては、民事再生法92条１項のような規定はないから、破産手続の終了（通常は、最後配当に関する除斥期間の経過時）までは相殺は可能である。ただ、債権確定や配当の遅延を避けるために、破産管財人には破産債権者に対する催告権が認められている（破73条）。

３）相殺が禁止されていないこと　　民法その他の法律が定める相殺禁止（民509条・510条、会社208条３項・281条３項等）のほか、民事再生法93条および93条の２が定める相殺禁止に該当する場合には、相殺することはできない。

（４）　賃料債務・地代・小作料の特則

この点に関しては、以下に述べる内容のほか、前述の第23章4（3）2）の説明も参照のこと。

１）　賃借人の相殺権の特則（民再92条２項）　　下の図のように再生債権者Ｂが再生手続開始当時再生債務者Ａに対して負担する債務が賃料債務である場合には、再生債権者Ｂは、再生手続開始後その弁済期が到来すべき賃料債務（債権届出期間の満了後にその弁済期が到来するものを含む）については、再生手続開始の時における賃料の６か月分に相当する額を限度として、債権届出期間内にかぎり、再生計画の定めるところによらないで相殺をすることができる（民再92条２項）。

この点、旧破産法103条は、破産手続開始の「当期および次期」についてのみ相殺の有効性を認めていたが、現行破産法ではこの規定は削除されており、賃借人たる破産債権者が賃料債務を受働債権とする相殺は、制限なくその効力が認められることとなった。しかし、再建型倒産処理手続である民事再生手続においては、賃貸目的財産からの収益の確保は事業の再生の実現にとっては極めて重要である。そこで、民事再生法は、手続開始後の賃料債権を受働債権とする相殺について一定の範囲を設定すべく、相殺可能な範囲を、再生手続開始時における賃料の６か月分という総額で一律に画した[62]。

---

[61]　新注釈民再２版（上）501頁〔中西正〕、小川120頁、条解民再３版478頁〔山本克己〕も参照。

第26講　再生債務者財産の減少　　*843*

2）敷金返還請求権の共益債権化　　敷金返還請求権を有する賃借人が、賃貸人の再生手続開始後に、弁済期が到来する賃料債務を弁済期に弁済した場合には、再生手続開始時の賃料の6か月分に相当する額を上限として、弁済した賃料債務の額の限度で、賃借人の有する敷金返還請求権は、共益債権とされる（民再92条3項）。地代または小作料の支払いを目的とする債務についても同様である（同条4項）。ただし、既に相殺に供した賃料債務がある場合には、再生手続開始時の賃料の6か月分から、相殺に供した賃料債務の額を差し引いた額が、共益債権となる額の上限となる。なお、この場合、敷金への未払い賃料の当然充当は認められない。たとえば、冒頭の ケース において、Bが、10か月の賃料の支払を拒み続けた上で目的物を明け渡した場合、未払賃金分1000万円は敷金に充当されて敷金返還請求権は0円になるが、これでは賃料債務10か月分を相殺に供したことと同じことになり、賃料債務6か月分の限度でのみ敷金返還請求権は共益債権とするという取扱いが骨抜きになってしまうからである[63]。

民事再生法92条2項の相殺の自働債権として、賃借人が有する敷金返還請求権が認められるか、という点については見解が分かれる。肯定説[64]によると、たとえば冒頭の ケース で、Bが賃料債務を一切弁済することなく10か月分を滞納した場合、延滞賃料10か月分の内6か月分に相当する600万円のみについて相殺が許される（Bは400万円の敷金返還請求権を再生債権として行使し、Aは400万円の延滞賃料債権を有する）ことになる。その理由として、①民事再生法92条2項が相殺の自働債権とできる債権につきとくに制限をしていないこと、②支払賃料分の敷金返還請求権を共益債権化することと未払賃料と敷金返還請求権の相殺を許すことは内容的にほぼ等しいことに鑑みれば、共益債権化するのであれば相殺を許さない理由はない、という点をあげる。これに対して、否定説[65]によれば、敷金返還請求権と賃料債務とは相殺することができないから、Bは1000万円の敷金返還請求権を再生債権として行使し、Aは1000万円の延滞賃料債権を有することになる。否定説の論拠としては、①相殺を認めると、賃貸目的財産の収益が再生債務者の財産に入ってこないことになり、再生の実現に困難が生じる可能性があること、②敷金返還請求権は停止条件付債権であり、そもそも民事再生手続上相殺の自働債権とはなり得ないものであること、等が考えられるであろう。ここでは否定説に賛成したい。

⑿　小川384頁、新注釈民再2版（上）506頁〔中西正〕、詳解民再2版327頁〔徳田和幸〕。

⒀　Q&A民再2版230頁〔八田卓也〕。

⒁　Q&A民再2版231頁〔八田卓也〕。

⒂　小川386頁。

（5） 相殺権の制限

　再生債権者は、相殺権を行使することにより、事実上、再生手続によることなく自らの債権を優先的に回収することができることになる。したがって、合理的な相殺期待が生じていないような場合にまでそのような相殺を認めることは妥当ではない。その趣旨は、破産手続と民事再生手続とで異なることはないから、民事再生法上も（民再93条・93条の2）、破産法（破71条・72条）と類似した規定が置かれている。

　1） 再生債権者の債務負担と相殺禁止（民再93条）　①　再生債権者が、再生手続開始後に再生債務者に対して債務を負担したとき（民再93条1項1号）　これは破産法71条1項1号と同趣旨の規定である。なお、再生債権者が再生手続開始の時に負担する停止条件付債務につき、再生手続開始後、債権届出期間満了までに条件が成就した場合が、本号に当たるか否かについては問題がある。破産手続上は停止条件付債務を受働債権とする相殺は許されているが（破67条2項）、民事再生法上そのような規定はない。その点をどう評価するかによって見解は分かれるが、多数説は、停止条件付債務であっても、合理的相殺期待が認められる場合にはそれを保護すべきであり、したがって、債権届出期間満了までに停止条件が成就したときは、相殺を認める[66]。

　②　支払不能（再生債務者が、支払能力を欠くために、その債務のうち弁済期にあるものにつき、一般的かつ継続的に弁済することができない状態をいう。以下同じ。）になった後に契約によって負担する債務を専ら再生債権をもってする相殺に供する目的で再生債務者の財産の処分を内容とする契約を再生債務者との間で締結し、又は再生債務者に対して債務を負担する者の債務を引き受けることを内容とする契約を締結することにより再生債務者に対して債務を負担した場合であって、当該契約の締結の当時、支払不能であったことを知っていたとき（同2号）　これは、破産法71条1項2号と同趣旨の規定であり、ここでも、そこで説明したことがそのまま妥当する（第10章3(1)2）参照）。

　③　支払の停止があった後に再生債務者に対して債務を負担した場合であって、その負担の当時、支払の停止があったことを知っていたとき（同3号）　支払停止によって再生債務者の経済的破綻が広く外部に認識された後に、再生債務者から物を買い受けるなどの行為によって債務を負担し、それを受働債権とする相殺によって、実質的価値が低下した再生債権の回収を図ることは債権者平等の理念に反する。これが本条によって相殺が禁止される理由である。支払停止があった

---

[66]　伊藤2版709頁、詳解民再2版329頁〔德田和幸〕、新注釈民再2版（上）525頁〔中西正〕。なお、伊藤3版910頁では、反対説に転じた。

事実および再生債権者の悪意の証明責任は、相殺の無効を主張する再生債務者にある。また、支払停止があったときにおいて支払不能でなかった旨を再生債権者が証明したときは相殺は許される（同3号但書）。これらは、破産法71条1項3号について述べたところと同様である（第10章3(1)3）参照）。

④　再生手続開始、破産手続開始又は特別清算開始の申立て（以下この条及び次条において「再生手続開始の申立て等」という。）があった後に再生債務者に対して債務を負担した場合であって、その負担の当時、再生手続開始の申立て等があったを知っていたとき（同4号）　　この相殺禁止の趣旨は、民事再生法93条1項3号と同様であり、危機時期を画する基準として、再生手続開始申立てが用いられている点に違いがあるに過ぎない。

⑤　3つの例外　　民事再生法も、破産法と同様、上記②〜④にあたる場合でも、例外として相殺が禁じられない3つの場合を規定している（民再93条2項）。すなわち、債務負担が、(a)法定の原因に基づくとき（同項1号）、(b)支払不能であったことまたは支払停止もしくは再生手続開始申立て等があったことを再生債権者が知ったときより前に生じた原因に基づくとき（同項2号）、および、(c)再生手続開始申立て等があったときより1年以上前に生じた原因に基づくときである（同項3号）。それぞれの内容については、破産手続について説明したところがほぼ妥当する（第10章3(1)5）参照）。ここでも、民事再生法93条1項1号の場合には、同条2項による例外規定の適用がないことに注意を要する。

2）再生債務者に対し債務を負担する者の再生債権取得と相殺禁止　　この場合の相殺禁止の内容は以下のとおりである。

①　再生債務者に対して債務を負担する者が再生手続開始後に他人の再生債権を取得したとき（民再93条の2第1項1号）　　これは、再生債務者に対して債務を負担している者が、実勢価格の下落した他人の再生債権を取得することによってなす相殺を禁じるものであり、破産法72条1項1号と同趣旨の規定である。

②　再生債務者に対して債務を負担する者が、支払不能になった後に再生債権を取得した場合であって、その取得の当時、支払不能であったことを知っていたとき（民再93条の2第1項2号）　　この場合の再生債権の取得は、他人の再生債権を廉価で買い入れる場合はもちろん、自らの行為によって債権を取得する場合も含まれる。その趣旨については、破産法72条1項2号について述べたところと同様である（第10章3(2)2）参照）。

③　再生債務者に対して債務を負担する者が、支払の停止があった後に再生債権を取得した場合であって、その取消の当時、支払の停止があったことを知っていたとき。ただし、当該支払の停止があったときにおいて支払不能でなかったとき

は、この限りではない（民再93条の2第1項3号）　　この相殺禁止規定は、破産法72条1項3号に対応するものであり、趣旨や要件は、破産手続におけるものと同様である（第10章3(2)3)参照）。

④　再生手続開始申立て等があった後に再生債権を取得した場合であって、その取得の当時、再生手続開始申立て等があったことを知っていたとき（民再93条の2第1項4号）　　この相殺禁止は、破産法72条1項4号に対応するものであり、趣旨や要件は、破産手続におけるものと同様である（第10章3(2)3)4)参照）。なお、ここでいう再生手続開始申立て等が、再生手続開始申立てのほかに、破産手続や特別清算手続の開始申立てを含むことは、民再93条1項4号と同様である。

⑤　4つの例外　　受働債権たる債務の負担の場合の相殺禁止の場合（民再93条2項）に対応して、再生手続開始前の再生債権の取得の場合の相殺禁止（民再93条の2第1項2号〜4号）については4つの例外が規定されている（民再93条の2第2項）。この趣旨等についても、破産手続に関して説明したことがそのまま妥当する（第10章3(2)5)参照）。ここでも、民事再生法93条の2第1項1号の場合には、この例外規定の適用はない。

（6）　相殺権の行使

再生債権者は、再生計画の定めによらないで相殺をすることができる。ただし、破産手続におけるのとは異なり、民事再生法においては、相殺権の行使は債権届出期間内に限るという独自の規律が定められており（民再92条1項）、この時期以降になされた相殺の意思表示は無効である。また、相殺権を行使する前提として、債権の届出を要するか否かについては争いがあるが、破産手続について述べた（第10章5(1)参照）のと同様に、その必要はないと考えるべきである。

相殺権の行使は、管財人が選任されていない場合は、財産の管理処分権を有する再生債務者に対する意思表示によって行い、管財人が選任されているときは、管財人に対する意思表示によって行う。

相殺権が行使されると、債権・債務の消滅の効果は、相殺適状発生時に遡る（民506条2項）。

（7）　そ　の　他

その他、民事再生手続においても、相殺権濫用や相殺否認論も問題となり得るが、それらの問題状況は、破産手続におけるのとほぼ同様であるので、破産手続に関して述べたところに譲る（第10章4参照）。

第26講　再生債務者財産の減少

＜設問についてのコメント＞

　問1は、代償的取戻権について整理をしてもらう問題である。これについては、第24章1(3)3)を参照のこと。

　問2は、再生手続における別除権における不足額責任主義との関係一般を問うものである。これは、条文に丹念にあたり説明する必要がある。これについては、第24章2(2)を参照のこと。

　問3は、民事再生手続における商事留置権の取扱いを検討する問題である。とくに、民事再生法においては、商事留置権には別除権が認められてはいるものの(民再53条1項)、破産法66条1項のような、特別の先取特権とみなすという規定がないことから、問題が生じていることに注意すること。これについては、第24章2(1)1)を参照のこと。

　問4は、根抵当権について、不足額責任主義のもとにおける権利行使について問うものである。これについては、第24章2(2)2) 3)を参照のこと。

　問5は、設問の留置権が民事留置権か商事留置権かによって扱いが異なる。いずれにせよ、破産法における取扱いを意識しつつ、民事再生法における取扱いにつき説明する問題である。これに関しては、第24章2(1)(3)2) ② ③を参照のこと。

　問6は、担保権消滅許可の要件について問う問題である。とくに、「担保権の目的物が再生債務者の事業の継続に欠くことのできないものであること」について考えること。これについては、第24章2(3)2) ③を参照のこと。

　問7は、賃借人がなす相殺についての民事再生法の規律を問うものである。本問の場合も、破産法との相違を念頭において論じることが必要であろう。これについては、第24章3(4)を参照のこと。

第27講　再生債務者財産の増殖

ケース

　自動車部品メーカーである A 株式会社は、おもに B 社の大手下請企業として B 社に部品を供給するほか、みずから中古車の販売、自動車の修理、車検業務等も行っている従業員 100 名を有する企業である。A 社は C 銀行から 2500 万円の融資を受けていた。ところが、近時の長引く不況で A 社の中古車販売台数は年々減少し、最盛期の 3 分の 1 にまで落ち込み、車の性能の向上により、修理の件数も減少し、さらに、車検業務も、固定客が来てくれるほかは、格安車検業者に客を奪われていた。さらに、この規模の会社にしては多すぎる 100 名もの従業員を抱えており、その給料支払が経営を大きく圧迫していた。しかしこれらの従業員は、創業当時から働いており、苦楽をともにしてきた仲間であり、解雇することもできないでいた。そのため、C 銀行に対する返済も滞りがちであった。そのような中、平成 26 年 12 月 5 日に A 社は 2 回目の不渡手形を出し、銀行取引停止処分がなされ事実上倒産した。

　しかし、A 社の社長としては、A 社を何とか立て直したいと思い、主たる取引先である B 社に融資を懇請した。B 社は A 社が不渡りを出し、銀行取引停止処分がなされたことは知っていたが、A 社の部品は品質がよく、これからも調達を続けたいと考えていたので、A 社に対し、従業員を半分に減らし、中古車販売、自動車修理、車検業務からすべて撤退し、業種を部品の製造販売に特化すること、および、融資の担保として、抵当権の設定されていない、A 社所有の甲土地に抵当権を設定することを条件として、1500 万円を融資してもいいと申し出た。A 社はこの条件をすべてのんで、平成 27 年 1 月 15 日に B 社との間で 1500 万円の融資契約を締結すると共に、同日、B 社のために A 社所有の甲土地に抵当権を設定し、その旨の登記を経た。さらに、運転資金の調達をするために、平成 27 年 1 月 20 日に、乙土地（時価 1000 万円）を、D 社に売却することにしたが、手形の不渡りを出した事実が知られたために足元を見られ、500 万円なら買うと言われ、やむなくそれを承諾した。

　A 社は会社の再建のために可能な限りの努力をしたが、結局、平成 27 年 10 月

第 27 講　再生債務者財産の増殖　　*849*

5日に民事再生手続開始の申立てをし、同月13日に再生手続が開始されたが、監督委員は付せられなかった。なお、A社には、銀行に次ぐ大口債権者Eのほか約150名の債権者と、大株主Fのほか、約2000名の株主がいる。

◆**問1**　A社とB社の間で、平成27年1月15日になされた一連の行為は、否認の対象になるか。

◆**問2**　A社に再生手続が開始した後に、D社がA社を被告として、乙土地の移転登記と引渡しを請求する訴えを提起した場合、A社としては、当時としてはやむを得なかったとしても、1000万円の価値のある土地を500万円で売ったことで、債権者に迷惑をかけたと考えている。A社としては、どのような法的手段をとることができるか。仮に、監督委員が選任されていた場合と、管財人が選任されていた場合とで、何か違いは生じるか。

◆**問3**　再生手続開始後、C銀行が融資していた2000万円について担保割れが生じていたことに加え、A社が手形の不渡りを出したことを知ったC銀行の要請により、A社が、C銀行のために平成26年11月20日に追加の抵当権を設定し、その登記をしていたことが発覚した。債権者E社は、この追加担保設定行為は不当であり、A社に対し、C銀行とこの抵当権設定登記の抹消を交渉するよう求めたが、A社はその要求を拒否した。これに対し、E社としてはどのような法的手段をとることができるか。

◆**問4**　A社の代表者がいわゆる蛸配をして、A社に損害を与えていたことが発覚した。この場合、A社はこの代表者に対してどのような責任追及をすることができるか。その際の、手続開始の申立権を有するのは誰か。

◆**問5**　仮に、A社に管理命令が出され管財人が選任された場合、Fは、株主代表訴訟を提起して、A社の代表者をはじめとして、蛸配にかかわった役員に対して損害賠償請求の訴えを提起することはできるか。また、既にFが株主代表訴訟を提起してた場合、再生債務者等は、査定の申立てをすることができるか。

（第25章）否認権と法人役員の責任追及

1　否認権
（1）　民事再生法における否認権の意義
民事再生法による否認の制度は、破産法および会社更生法による否認と同様に、

手続開始前に、債務者またはこれと同視しうる第三者がなした、債権者を害することを知ってした行為や、他の債権者等との平等を害するような弁済、担保の供与等について、手続開始後にその効力を否定して、減少した財産を回復し、債権者間の平等を回復することを目的とする制度である[1]。そして否認権とは、再生手続開始決定前に再生債務者またはこれと同視しうる第三者によってなされた再生債権者を害すべき行為の効果を取り消し、逸失した再生債務者の財産を回復する権利のことであると定義することができよう。民事再生法では、概ね破産法や会社更生法と同内容の否認権規定が置かれており（民再127条以下）、その要件・効果はほぼ同じものとされている。

　しかし、とくに破産手続と民事再生手続とでは制度的な差異があり[2]、それに伴って、否認権についても両者の手続においては差異がみられる。たとえば、第1に、民事再生手続が債務者の事業または経済生活の再生を図ることを目的とする再建型倒産手続であることに鑑み、手続の早期開始が望ましく、そのため、破産の場合（破15条参照）とは異なり、手続開始原因が前倒しされている（民再21条）。したがって、再生手続においては、更生手続と同様、支払不能になる以前に手続が開始する場合があり、この場合には、危機時期においてなされた行為の否認の役割は減少するであろう。第2には、民事再生手続においては管理機関（管財人）の選任が任意的であることから、否認権の行使主体が、破産手続や会社更生手続におけるのとは異なっている。すなわち、破産手続と会社更生手続は、必ず管財人の選任がなされる管理型倒産処理手続であるから、否認権の行使主体は管財人に限られる（破173条1項、会更95条1項）。それに対して、民事再生手続においては、裁判所が管理命令を発しているときは管財人であるが（民再135条1項）、管財人が選任されていない場合には、否認権限を付与された監督委員が否認権を行使するものとされている（民再135条1項・56条1項）。管財人も監督委員も選任されない純然たるDIP再生債務者は、手続開始後もその財産に対する管理処分権を維持するものとはされているが（民再38条1項）、否認権の行使は認められていない[3]。

---

(1)　一問一答民再165頁。

(2)　すなわち、破産手続が管理型かつ清算型倒産処理手続であるのに対して、民事再生手続は原則としてDIP型かつ再建型倒産処理手続であるという点である。

(3)　否認権の行使主体については、改正検討事項の第1部の第1の3（6）oｂにおいて「……管理人（仮称）又は監督委員（仮称）がするものとするとの考え方」が掲げられていた。その後、立法過程では、再生債権者や再生債務者にも否認権の行使権限を与える案が検討されたが現行法の規定に落ち着いた。この経緯については、花村367頁以下注2を参照のこと。

（2）　否認の要件

1）否認の一般的要件　　民事再生手続においても、破産手続におけると同様、各否認類型に固有の要件のほかに、否認の一般的要件として、債務者の行為の存在、行為の有害性や不当性が問題となる。そこでの議論は、破産手続におけるのと同様である（第8章2参照）。

2）詐害行為否認　　詐害行為否認（民再127条1項）については、破産における（破160条1項1号2号）のと同様、行為の時期に応じて2つの類型に分けて規定されている。すなわち、第1類型は、当該行為に行われた時期を問わず詐害行為否認の対象とするものであり、積極的要件として詐害行為の存在と債務者の害意を要求するものであり、消極的要件として詐害の事実についての受益者の善意を要求している（民再127条1項1号）。それに対して第2類型は、支払停止等（すなわち、支払停止または再生手続開始、破産手続開始もしくは特別清算開始の申立てをいう）の後の詐害行為を否認の対象とするものであり、積極的要件としては詐害行為の存在のみで足り、消極要件として支払停止等および詐害の事実についての受益者の善意を要求している（同2号）。また、債務消滅行為は詐害行為否認の対象にならないのが原則であるが（民再127条1項柱書かっこ書）、詐害的債務消滅行為がその対象となる（民再127条2項）点も破産と同様である（破160条2項）。さらに、民事再生法131条は、破産法166条と同様、再生手続開始の申立ての日から1年以上前にした詐害行為は、支払停止後の行為であること、または支払停止の事実を知っていたことを理由として否認することはできないものとした。

相当の対価を得てした財産の処分行為についても破産否認の場合と同様である（民再127条の2、破161条）。

なお、詐害行為否認の一種である無償行為否認についても、破産法160条3項と同様、支払停止等があった後、またはその前6月以内に再生債務者がなした無償行為またはこれと同視すべき有償行為も否認の対象とされている（民再127条3項）。ここでも、再生債務者の詐害意思や、支払停止等についての受益者の認識など、主観的要素は必要とされていない。その趣旨および債務保証行為の無償行為否認の可能性[4]については、破産否認について述べたところと同様である（第8章3（1）6）参照）。

3）偏頗行為否認　　偏頗行為否認は、「既存の債務」についてなされた担保の供与または債務消滅行為を対象とする（民再127条の3第1項柱書かっこ書）。したがって、新規債務についての担保供与や債務消滅行為という、いわゆる同時交

---

(4)　最判昭62・7・3民集41巻5号1068頁〔百選5版34事件〕参照。

換的行為は否認の対象とはならない（民再127条の3第1項柱書かっこ書）。また、法は、偏頗行為を義務的偏頗行為（民再127条1項1号）と非義務的偏頗行為（同2号）を分けて規定している。これらの点も破産法上の否認（破162条1項柱書かっこ書・1項1号・1項2号）と同様である（第8章3(2)参照）。

　①　義務的偏頗行為の否認　　民事再生法127条の3第1項1号は、同2号との関係で、再生債務者の義務に属する偏頗行為についての否認を規定しているものと解される。この場合、当該偏頗行為は、支払不能または再生手続開始申立て等（すなわち、再生手続開始、破産手続開始、特別清算開始の申立てをいう）から再生手続開始までになされたものであることが必要である（民再127条の3第1項1号）。また、以下の事実について、受益者たる債権者の悪意が必要である。すなわち、①支払不能後の行為である場合は、支払不能または支払停止について（同1号イ）。ただし、支払停止についての悪意に関しては、民事再生法131条の制限がある。②再生手続開始申立等の後の行為である場合は、申立て等について（同1号ロ）。ただし、一定の内部者である場合、または支払不能後等の偏頗行為で義務に属しないもの、またはその方法もしくは時期が義務に属しないものについては、支払不能等についての悪意の推定がなされており、受益者側が善意につき証明責任を負担する（民再127条の3第2項）。これらは、破産における偏頗行為否認（破162条）と基本的な考え方は同一である。また、破産法上の否認（破163条3項）と同様、再生債務者が再生手続開始前の罰金等（民再97条かっこ書）について、その徴収の権限を有する者に対してした担保の供与または債務の消滅に関する行為は否認の対象とはならないものとされている（民再128条3項）。

　②　非義務的偏頗行為の否認　　再生債務者の義務に属しない行為については、支払不能になる前30日以内になされたものも否認の対象になるとされ、否認の範囲が拡大されている（民再127条の3第1項2号）。この点も破産法の規定（破162条1項2号）と同様である。

　4）否認に関する特別の要件　　以上述べたほか、民事再生法は、否認の対象となる法律関係の特質などを考慮していくつかの特別の要件を規定しているが、その内容は破産法とほぼ同様である。これらについては、第8章4を参照のこと。

　①手形支払に関する否認の制限（民再128条）

　②権利変動の対抗要件の否認（民再129条）

　③執行行為の否認（民再130条）

　④転得者に対する否認（民再134条）

（3）　否認権の行使

1）否認権行使の主体　　民事再生手続において、管理命令が発せられ、それ

第27講　再生債務者財産の増殖　　853

によって管財人が選任される場合には、管財人のみが否認権を行使することができる（民再135条1項）。すなわち、管財人は再生債務者財産につき包括的な管理処分権・事業遂行権を有していることから、否認権についても一般的かつ包括的権限を与えられているのである。この場合、管財人は、否認の訴えを提起するのに裁判所の許可を要する場合（民再41条1項5号）を別とすれば、善管注意義務（民再78条・60条1項）の範囲内で自由裁量を有している。管財人が選任されている場合には、たとえ監督委員が選任されていても、この者に否認権を行使する権限はない。

　管財人が選任されない場合には、理論的には、民事再生法上、再生債務者は、自己の財産に対する管理処分権を失うことなく、かつ、再生債権者に対して公平誠実義務を負っており（民再38条1項2項）、再生債務者自身が総債権者の利益代表者たる地位にある。したがって、再生債務者財産の管理処分権を有する再生債務者本人を否認権の行使権者とする規律がもっとも簡明である。しかし、民事再生法の立法段階では、当該行為をした本人が再生手続に入ってからその行為を取り消して効力を覆滅することに対する抵抗感や、公平で適切な行使を期待しがたいという懸念が表明され、再生債務者を行使権者とする規律は採用されなかった[5]。管財人が選任されない場合には、民事再生法は、否認権は、裁判所によって否認権限を付与された監督委員が行使するものとしている（民再135条1項・56条）。これは、監督委員が再生債務者の利害から独立して再生債権者全体のために適切な職務執行を行うことが期待できるからである[6]。

　監督委員も管財人も必置の機関ではないから（民再54条1項・64条1項）、両方とも選任されない場合がある。その場合には、たとえ否認権は生じていても、行使権者が存在しない状態が生じていることになるから、利害関係人は裁判所に監督委員の選任（民再54条1項）と否認権限の付与（民再56条1項）を申し立てなければならないし、裁判所も、否認の必要性が認められるかぎり、職権で監督委員を選任し、否認権限を付与すべきであろう（民再56条1項参照）[7]。

----

(5)　花村367頁以下注2、一問一答民再85頁、条解民再3版728頁〔高地茂世〕、新注釈民再2版（上）788頁〔中西正〕、最新実務333頁以下〔笠井正俊〕、松下入門2版62頁以下。

(6)　監督委員は、債務者の行為に同意を与えることを本筋とする監督機関であるから、立法段階においては、管理処分権の一部である否認権行使を認めることについては疑問も提起された（花村366頁）。したがって、現行法では、それに配慮すべく、否認権の行使権限を認めるとしても、その範囲を最小限にとどめるべく、管財人が有するような一般的かつ包括的な否認権限ではなく、特定の対象行為について個別に否認権限の付与を受けるものとされた（民再56条1項）。

2）否認権限の付与　　監督委員が否認権を行使するには、利害関係人の申立てまたは職権により、裁判所が、特定の行為につき否認権を行使する権限を付与する必要がある（民再56条1項）[8]。否認権の付与が利害関係人の申立てによる場合、利害関係人とは、再生債権者、再生債務者、監督委員などである。

否認権行使の権限は、「特定の行為」につき付与されるものであるから、包括的に否認権限を付与することは認められておらず、付与決定で、対象行為を他の行為から識別できる程度に特定することを要する。裁判所は、いったん下した否認権限の付与の決定を変更し、または取り消すことができる（同条4項）。否認権限を付与された監督委員は、当該権限の行使に関し必要な範囲内で、再生債務者のために、金銭の収支その他の財産管理処分権を付与される（同条2項）。

否認権限付与の決定は、監督委員が一般的に有する権限事項に否認権限を追加的に付与する趣旨であり、否認権限（およびこれに附随する財産管理処分権）のみを有する監督委員の存在は予定されていない。そのため、否認権限の行使のみを目的に監督委員を選任できるか否かについては争いがある[9]。

---

[7]　条解民再3版312頁〔多比羅誠〕参照。

[8]　東京地方裁判所破産再生部では、以下の事項を否認権限を付与する際の要件としている。すなわち、①総債権者の意向や監督委員の意見も踏まえて否認権を行使する必要があること、②再生計画認可決定の確定後3年以内に否認の判断が確定する見込みがあること、③再生債務者が監督委員に相当な報酬を支給する負担能力があること、である（破産民再実務〔新版〕（下）235頁〔中山孝雄〕、破産民再実務3版民再243頁、新注釈民再2版（上）333頁〔石井教文〕）。

[9]　このような選任が認められないと解する否定説は、その理由として、①監督委員は、同意権の行使により、再生債務者の業務の遂行および財産の管理処分ならびに手続の追行を監督する機関であり、否認権限は、監督機関の本来的性格から見れば付随的な権限であること、②監督委員に否認権限が付与されるのは、再生債務者が過去において否認該当行為を行った蓋然性が高い場合であるから、そのような再生債務者に対しては、その財産処分等を監督すべく監督委員が選任されているのが通常であること、③仮に、監督委員か未だ選任されていない場合であっても、否認権行使の結果、再生債務者のもとに財産が回復した場合に、これを自ら否認該当行為を行った再生債務者の自由な処分に委ねることは、再生債権者の利益を損なう、という点があげられている（花村175頁、条解民再3版312頁〔多比羅誠〕）。

これに対して、肯定説は、監督委員に対する否認権限の付与がこうした構造になったのは、否認権の主体に関する立法過程での配慮からのことであり、これを理由に否認事案があるにもかかわらず、放置することは相当でないとの主張がなされている（新注釈民再2版（上）333頁以下〔石井教文〕）。ただ、裁判所が監督命令を発する場合、同意を得なければ再生債務者がすることができない行為を指定することが必要であり（民再54条2項）、否認権のみを有する監督委員が選任されることはまずないから、これは、必ずしも実益のある議論ではない。

なお、否認権限付与の決定は、特定の行為について否認権を行使しうる法的地位を監督委員に付与するに留まり、監督委員に否認権限を行使すべき手続上の義務を負わせるものではない[10]。したがって、否認権限を行使するか否かは、監督委員がその善管注意義務（民再60条1項）の範囲内で、自らが決することになる。

　3）否認権の行使　①　訴え・否認の請求・抗弁による行使　　管財人が否認権を行使するときは、訴え、否認の請求のほか（民再135条1項）、抗弁によって行使することもできる（民再135条1項3項。破173条1項、会更95条1項参照）。なぜならば、管財人は、再生債務者財産につき全面的な管理処分権を有し、再生債務者の財産をめぐる訴訟については、排他的に当事者適格を有するから（民再67条1項）、このような訴訟において被告になることがあり、その場合には抗弁として否認権の主張ができるからである。しかしそれに留まらず、管財人は債務者の財産につき完全な管理処分権を持つことから、否認を理由としない訴えにおいて、攻撃方法の一つとして否認権を行使することも認められる[11]。

　これに対して監督委員は、再生債務者の財産に関して一般的な管理処分権を有しておらず、再生債務者の財産関係に関する訴訟一般の当事者適格を有するわけではない（民再67条1項）。したがって、監督委員は、与えられた否認権限によって、否認の訴えと否認の請求という形態で行使することはできるが、財産関係訴訟の被告適格を有しないため、抗弁による否認権行使は認められていない（民再135条1項3項）。

　②　訴訟参加による行使　a.　再生債務者を当事者とする訴訟への否認権限を有する監督委員の参加　　たとえば、相手方が、再生手続開始決定前に締結された不動産の廉価での売買契約に基づいて不動産の引渡しを請求したり、再生債務者が、当該取引は、錯誤無効や虚偽表示であるなどとして無効を主張して、引渡義務不存在確認や所有権確認の訴えを提起しているような場合がある。そのうち、前者の場合においては、上述したように、監督委員は被告適格を有しないから、相手方の訴え提起に対して、抗弁として否認権を主張することはできない（民再135条1項）。また、後者の場合、否認権限を付与された監督委員が、当該売買契約が廉価売却であり詐害行為にあたるとして、否認訴訟を提起する場合、請求の趣旨としては、原則として再生債務者のそれと同一になろう（引渡義務不存在確認・所有権確認）。また、既に引渡しが完了していた目的物について再生債務者が返還請求訴訟を提起していた場合、監督委員が提起する否認訴訟についても、引

---

　(10)　条解民再3版312頁〔多比羅誠〕、詳解民再2版381頁以下〔水元宏典〕、新注釈民再（上）2版334頁〔石井教文〕。
　(11)　新注釈民再2版（上）789頁〔中西正〕。

渡しを受ける主体が異なっていても、債権者代位訴訟などの場合と同様、訴訟物の同一性は認められ、重複起訴の禁止（民訴142条・115条1項2号）に抵触することになり不適法却下されることになる。そこで、このような場合、否認権限を有する監督委員は、再生債務者と相手方との間の先行訴訟に参加することができると規定されている（民再138条1項）[12]。

なお、再生債務者が抹消登記請求をしている場合に、監督委員が否認権行使として訴えを提起する場合にはその請求の趣旨は、否認の登記の請求であり、厳密に言えば、訴訟物は同一ではない。しかし、この場合にも実質的に両請求に同一性が認めうるのであり、この場合にも民事再生法138条1項を適用してもよいであろう[13]。

この監督委員の参加の法的性質に関しては、監督委員が独立の請求を立てるという点では独立当事者参加（民訴47条）に似ており、他方、再生債務者も監督委員も財産の回復を目的としているため両者の間には権利主張参加におけるような牽制関係がない点では共同訴訟参加（民訴52条）に似ている。そのどちらを強調するかによって、性質論は区々となり得えようが、いずれにせよ、参加の手続に関しては、独立当事者参加の規律（民訴43条・47条2項3項）が準用されており（民再138条4項）、参加の手続が異なることはない。すなわち、参加の申出は書面により、参加の趣旨・理由を明らかにする必要がある。また、参加後の審理については、合一確定を実現するために、必要的共同訴訟の規定（民訴40条1項～3項）が準用されている（民再138条4項）。

b．否認権限を有する監督委員を当事者とする訴訟への再生債務者の参加
これは、a．の場合とは逆に、たとえば、再生手続開始決定前に締結された売買契約について、当該売買契約が廉価売却であり詐害行為に当るとして、否認権限付与を受けた監督委員が、当該売買契約を否認して売買目的物の返還を請求する訴訟を提起し、その訴訟が係属中に、売主であった再生債務者が、再生手続開始後に錯誤無効を主張して、売却した目的物の返還請求訴訟を提起しようとするような場合を規律するものである。この場合、監督委員が管理処分権を有するのは、否認権行使に関してであり、返還請求が否認以外の請求原因事実によって基礎づけられるときには、その請求原因事実は、監督委員の処分管理権の範囲外となり、

---

[12]　条解民再3版742頁〔斎藤善人〕、新注釈民再2版（上）800頁〔山本和彦〕、伊藤眞「否認権」金商1086号70頁。

[13]　宗田親彦「否認制度と問題点〔下〕」銀行法務21第577号31頁、Q&A民再2版332頁〔三木浩一〕、新注釈民再2版（上）800頁〔山本和彦〕。なお、松下入門2版70頁は、抹消登記手続請求には否認の登記手続の請求が含まれているとする。

第27講　再生債務者財産の増殖　　　*857*

監督委員はそれを訴訟上主張することはできず、それを主張することができるのは、自己の財産につき管理処分権を有する再生債務者であるということになる（民再38条1項）。しかし、監督委員は、否認の訴えについては法定訴訟担当者とみられるから、その判決の効力は再生債務者に及ぶ（民訴115条1項2号）。したがって、再生債務者が提起する後訴は重複起訴の禁止（民訴142条）に抵触することになる。そこで、民事再生法は、このような場合、再生債務者は相手方に対する請求を定立し、当事者としてその訴訟に参加することができるものとしているのである（民再138条2項）[14]。この場合の参加の方式および審理の規律に関しては、同じく、独立当事者参加の規律（民訴43条・47条2項3項）および、必要的共同訴訟の規定（民訴40条1項〜3項）が準用されている（民再138条4項）。

　c．否認訴訟の相手方による再生債務者の引き込み　たとえば、否認権限を与えられた監督委員Xが、再生債務者Aが再生手続開始前にYと締結した売買契約につき否認権を行使して、Yに対し不動産の返還を請求する訴えを提起したとしよう。このとき、不動産の返還請求の請求原因事実として、錯誤無効の主張が考えられる場合、Yとしては、Xに勝訴しても、再生債務者Aから再度錯誤無効に基づき不動産の返還が求められる可能性がある[15]。したがって、Yとしては、XとAの双方に勝訴しない限り自己の利益を守ることはできない。そのためにYが、Aを被告として目的物返還義務不存在確認訴訟等の訴えを提起しようとしても、XY間の訴訟が係属している限り、やはり重複起訴の禁止により遮断される。そこで、Yは、否認訴訟の口頭弁論終結に至るまで、再生債務者Aを被告として、当該否認訴訟の目的である権利または義務にかかる訴えを否認訴訟に併合して提起することができるものとされた（民再138条3項）[16]。この訴訟の提起は事実審の口頭弁論終結時まで可能であり、否認訴訟が控訴審に係属中でも許される[17]。この場合も、必要的共同訴訟の規律が準用される（同条4項）。この制度趣旨は、債権執行における取立訴訟の場合の参加命令の制度（民執157条1項）に類

---

[14]　この場合には、再生債務者は、錯誤無効を理由とする不動産返還請求を立てることになろう（山本克己「再生手続の開始決定とその効果」銀行法務21第566号42頁、条解民再3版746頁〔齊藤善人〕）。

[15]　訴訟物が同一であるとすれば、理論上では、否認訴訟に勝訴すると、錯誤無効を理由とする再生債務者からの返還請求も既判力によって遮断される。しかし、この点については、訴訟物を別とする考え方もあり、再生債務者からの返還請求が常に遮断されるという保障はないところに、この制度の必要性が求められる（伊藤3版925頁注44）。

[16]　この場合、Yが併合提起するのは、不動産返還義務不存在確認請求となろう（山本克己・銀行法務21第566号43頁、伊藤眞・前掲金商1086号71頁、条解民再3版747頁〔齊藤善人〕）。

[17]　花村377頁。

似するが、より抜本的な解決のために相手方に積極的な請求を定立することも許すこととし、併合訴訟の提起（主観的追加的併合）まで認めたものである。また、引き込みの一種である訴訟引受けでは、併合後の規律が民事訴訟法41条の同時審判共同訴訟の準用にとどまっているのに対し、ここでは同法40条が準用されており、この制度が、相手方の両負け防止の趣旨よりも、両者に対して勝訴できるというより強い利益を保護するという趣旨に出たことに由来するものといえよう(18)。

③　**否認訴訟等の中断・終了等**　管財人や否認権限を有する監督委員が当事者となっているときに、その権限の基礎となっている裁判所の管理命令（民再64条1項）、または監督命令（民再54条1項）もしくは否認権限付与決定（民再56条1項）が取り消されると、否認権を行使できる権限自体が消滅する。そこで、否認権限を有する監督委員が当事者である否認の訴え、もしくは否認の請求を認容する決定に対する異議訴訟（民再137条1項）、否認権限を有する監督委員が参加した訴訟（民再138条1項）、または否認権限を有する監督委員が受継した詐害行為取消訴訟等（民再140条1項）が係属しているときには、それらの訴訟等は中断する（民再141条1項1号）。同じく、管財人が当事者である否認請求認容決定に対する異議訴訟、または管財人が受継した詐害行為取消訴訟も中断する（民再141条1項2号）。これら中断した再生手続上の否認訴訟は、新たな否認権行使権者が現れたときには、その者によって受継がなされる。たとえば、中断後に再び否認権限付与決定がなされたり、管財人が選任された場合には、その監督委員または管財人が中断中の訴訟を受継しなければならない（同条2項前段）。この場合、訴訟の相手方も、もはや訴訟追行権を失った監督委員や管財人との間で訴訟をするのは無駄であるから、相手方にも新たに権限を付与された監督委員や後任の管財人に対する受継申立権が認められている（同条2項後段）。

　否認権限を有する監督委員または管財人が受継した詐害行為取消訴訟等（民再140条1項）は、既に中断している場合（民再141条1項1号）を除いて、再生手続終了と共に中断し（民再140条3項）、再生債権者または破産管財人が受継しなければならない（同条4項）。管財人が提起した否認訴訟は、再生手続終了と共に中断し（民再68条2項）、再生債務者が受継する（同条3項）。ただし、再生債務者は否認権行使を攻撃防御方法として主張できない。それに対し、否認権限を有する監督委員が提起した否認訴訟の係属中に再生手続が終了した場合については明文の規定がない。これについては、管財人が提起した否認訴訟と同様に中断と再生債

---

(18)　新注釈民再2版（上）803頁・804頁〔山本和彦〕。

第27講　再生債務者財産の増殖　　　*859*

務者による受継を認める、あるいは当然に終了するという考え方が分かれうるが、後説が有力である[19]。

（4） 否認権の消滅

否認権は、再生手続開始の日から2年間を経過したとき、また否認の対象となる行為の日から20年を経過したときは、消滅する（民再139条）。この2年および20年の期間はいずれも除斥期間である[20]。

（5） 否認権行使の効果

① **財産権の再生債務者財産への復帰**　否認権の行使によって再生債務者の財産は原状に復する（民再132条1項）。これは破産法167条1項と同様の規定である。この「原状に復させる」という意味については、物権的効果説と債権的効果説とが対立しているが、破産法におけると同様[21]、前者が通説である[22]。これによれば、否認権は、その行使により、行使時点で直ちに否認の効力が生じる[23]。また、否認の相手方の地位に関する定め（民再132条2項・132条の2・133条等）も、基本的には破産法（破167条2項・168条・169条）と同様である。ただ、否認権の行使によって再生債務者の財産は原状に復するといっても、これは観念的なものにすぎないので、実際に再生債務者等がその財産権を管理処分することを可能にするためには、当該行為によって相手方に交付した目的物を相手方から任意に返還を受けるとか、強制執行をするとかの具体的な行為が必要となる場合がある。

② **反対給付の返還等**　否認権が行使されると、再生債務者財産は原状に復するものとして（民再132条1項）、その物権的な復帰、すなわち、逸出していた財産は再生債務者財産に当然に復帰する（物権的効果説）。もっとも上述したように、この復帰は観念的な権利の移転を意味するにすぎないので、実際に再生債務者等がその財産権を管理処分するためには、否認権行使権限を付与された監督委員ま

---

(19) 伊藤3版927頁注50。なお、詳解民再2版385頁以下〔水元宏典〕参照のこと。

(20) 条解民再3版749頁〔齊藤善人〕、新注釈民再2版（上）806頁、伊藤3版928頁、575頁。破産の場合につき、大コンメン720頁〔田頭章一〕、新基本コンメン407頁〔菱田雄郷〕。

(21) 破産法における議論については、新基本コンメン383頁〔菱田雄郷〕を参照のこと。

(22) 条解民再3版696頁〔加藤哲夫〕、新注釈民再2版（上）760頁〔中西正〕。

(23) 条解民再3版700頁〔加藤哲夫〕は、否認権の行使は抗弁によっても可能であることからいえば一般的には否認の意思表示が相手方に到達した時点ということになろうが、監督委員または管財人が提示した否認の抗弁が容れられた場合（民再135条3項から、監督委員は抗弁により否認権を行使することはできない。―三上）、否認権行使にかかる訴訟が否認の宣言を求める形成の訴えや否認の請求であり、そこにおいて監督委員または管財人が勝訴した場合に、否認権の効果が確定的になるという意味で、否認の効果はその行使の時から発生したことが確定されることになるという。

たは管財人が否認の相手方から任意または強制的に目的物の返還を受けたり、否認の登記請求するなどの具体的な行為が必要となる。たとえば、再生債務者の売却行為が否認された場合、これにより当該財産の所有権は直ちに再生債務者財産に復帰し、また、再生債務者が再生債権を被担保債権として抵当権を設定し、これが否認された場合には、抵当権は当然に消滅するが、実際にそれらの目的物を管理処分するためには、その目的物の引渡しを求めたり、所有権や財産権の復帰を第三者に対抗するためには、否認の登記その他の対抗要件を具備しなければならない。登記・登録のある財産の場合、監督委員または管財人は否認の登記・登録を申請しなければならない（民再13条1項・15条）[24]。また、否認により回復される目的が金銭である場合、否認により金銭の所有権が復帰することはなく、再生債務者財産に金銭返還請求権が帰属することになる[25]。よって、監督委員はまたは管財人は、相手方に対し、再生債務者から受領したのと同額の金銭の返還に加え、受領時からの利息の支払いを求めることができる。この場合の利率は法定利率による[26]。なお、破産手続におけるのと同様に、担保権設定行為の否認の場合に問題が生じる。ここでも、先順位担保権設定行為が否認された場合でも、その担保権は再生債権者の「権利の目的」（民179条1項但書）に準じて扱って消滅することなく、再生債務者がその主体に入れ替わるのみであって、後順位担保権の順位は上昇しないと解すべきである[27]。

　否認権の行使は、再生債務者の財産を原状に復させるためのものであり、再生債務者を不当に有利な地位に置くものではない。したがって、再生債務者の受けた反対給付が再生債務者財産中に現存する場合、相手方はその返還を請求することができる（民再132条の2第1項1号）。もし、反対給付が再生債務者財産中に現存しない場合には、相手方は、共益債権者として反対給付の価額償還請求権を行使することができる（民再132条の2第1項2号）。

　再生債務者が反対給付として得た財産について行為の当時隠匿等の処分（民再127条の2第1項1号）をする意思を有し、かつ、相手方がそれについて悪意である場合には、反対給付によって生じた利益が再生債務者財産中に現存する場合に限って、相手方の現存利益返還請求権を共益債権とし（民再132条の2第2項柱書・同

---

[24]　条解民再3版697頁以下〔加藤哲夫〕、新注釈民再2版（上）760頁〔中西正〕参照。

[25]　新注釈民再2版（上）760頁〔中西正〕。

[26]　否認の対象行為の性質により、民事法定利率（民404条）または商事法定利率（商514条）によるとするのが通説・判例である（伊藤3版928頁、新注釈民再2版（上）760頁〔中西正〕、最判昭40・4・22民集19巻3号689頁等参照）。

[27]　新注釈民再2版（上）760頁〔中西正〕。なお、破産につき、条解破産2版1132頁参照。

第27講　再生債務者財産の増殖

1号）、反対給付によって生じた利益が現存しない場合は、反対給付の価額償還請求権が再生債権となる（同2号）。利益の一部が現存するときは、その限度で現存利益返還請求権が共益債権となり、その部分を控除した反対給付の価額償還請求権が再生債権となる（同3号）。

③ 相手方の債権の復活　弁済その他の債務消滅に関する行為が偏頗行為否認の対象とされ、相手方が再生債務者から受けた給付を返還し、またはその価額を償還した場合には、相手方の債権が復活する（民再133条）。これは破産法と同じく、否認によって債権が当然に復活するものではない旨を規定することによって、相手方が否認の結果生じた義務を履行することを確実にしようとしたものである。

なお、ここでも、破産手続におけると同様、否認の相手方が給付の返還・価額の償還をし、消滅していた再生債権が復活した場合、復活した再生債権を被担保債権として、再生債務者の財産上に設定されていた担保権も復活するかという問題がある。さらには、消滅した再生債権を被担保債権としていた保証・物上保証も、被担保債権の原状回復により、復活するかという問題がある。これらの議論については、破産手続におけるそれが妥当するであろう（第8章7(7)2）参照）。

④ 否認の効果の相対性　否認権行使の効果として、否認対象行為は無効となるが、その無効は、受益者との関係で、かつ、再生手続との関係で、相対的に生じるにすぎない。すなわち、受益者に対する否認の効果は、当然には転得者には及ばず、転得者に対して否認の効果を主張するためには、転得者否認として、特別の要件が満たされなければならない（民再134条）。また、否認により回復された財産が換価されずに、手続が、再生計画認可決定確定前に終了した場合には、否認権行使の効果は消滅し、当該行為は当事者間では有効であったことになるから、当該財産は否認の相手方に返還されるべきことになる。これらの議論も、基本的には破産法におけるのとほぼ同一である（第8章7(2)参照）[28]。

（6）　否認のための保全処分

裁判所は、再生手続開始の申立てがあったときから当該申立てについての決定があるまでの間、否認権を保全するために必要があると認めるときは、利害関係人の申立てにより、または職権で、仮差押え、仮処分、その他の必要は保全処分を命じることができる（民再134条の2）。これも破産法（破171条）と同様の規定である。

2　法人の役員の責任の追及等

[28]　詳しくは、条解民再3版698頁〜700頁〔加藤哲夫〕、新注釈（上）2版761頁以下〔中西正〕参照。

（1）　総　説

　再生債務者が法人である場合、経営が破綻した原因として法人の役員（取締役等）に善管注意義務違反等の法的責任がある場合が少なくない。また、再生計画では再生債権者の権利が強制的に減縮されるのであるから、これとの均衡上、役員の責任追及を適切に行うことが公平である。また、そのことによって、再生債務者の財産の増殖を図ることが可能となり、その分、再生債権者に対する弁済原資を充実させることになる。したがって、役員責任追及の制度は、否認権と並んで再生債務者財産の増殖の手段であるといえる。ただ、通常の訴訟で役員等の責任を追及し確定するためには、かなりの時間と費用を要することになるが、これは、迅速性が要求される再生手続にはなじまない。そこで、決定手続によって簡易迅速に役員に対する損害賠償請求権を確定するのが、役員の損害賠償請求権の査定の制度（民再 143 条）である。しかし他方で、簡易迅速な手続で損害賠償請求権が確定される役員等にとっては、手続保障が十分になされない可能性があるから、最終的には、民事再生法は査定の裁判に対する異議の訴えという制度（民再 145 条）を認め、判決手続による審理判断を保障している。これらは、以下に述べる差異を除いて、概ね破産法上の役員の責任追及制度（第 12 章 2 参照）と同様である（破 178 条・180 条等）。

（2）　申 立 権 者

　民事再生手続においては、査定手続は職権によるほか、管財人が選任されている場合は管財人の申立てにより（民再 143 条 1 項 2 項）、管財人が選任されていない場合は再生債務者（同条 1 項）または再生債権者の申立てによって開始する（同条 2 項）[29]。再生債務者が会社である場合、申立権者は誰か、という問題があるが、会社法では、会社が取締役の責任を追及する場合には、監査役や監査委員等が会社を代表して訴訟を提起、追行することから（会社 386 条・408 条）、再生債務者が査定を申し立てる場合には、会社法 386 条・408 条を類推し、開始決定の前後を問

---

[29]　再生債務者は、総再生債権者に対する公平誠実義務を負っているが（民再 38 条 2 項）、再生債務者のみが査定の申立権者であるとすると、従前の役員が大部分入れ替わったような場合を除くと、役員に対して実効性のある責任追及が期待できないおそれがある。したがって、管財人が選任されていない場合には、再生債務者自身のほか、再生手続にもっとも利害関係を有する再生債権者にも査定の申立権を認めて民事再生制度の実効性を確保しようとしたものである（一問一答 183 頁以下、注釈（上）450 頁〔松下淳一〕、新注釈民再 2 版（上）820 頁〔阿多博文〕、条解民再 3 版 766 頁〔中島弘雅〕、民再 201 頁〔島岡大雄〕参照）。もっとも、実際には、大部分が再生債務者自身による査定の申立てであり、再生債権者による査定申立ての事例はさほど多くないようである（新実務大系（21）480 頁〔小原一人〕）。

わず、監査役や監査委員等が会社を代表すると解すべきであろう[30]。

査定の裁判は、裁判所が職権によってすることもできるが、実務上は申立てによるのが通例である[31]。職権で査定手続を開始する場合には、査定手続の開始時期や時効中断の時期を明確にするために、裁判所は査定手続を開始する旨の決定をしなければならない[32]。これに対し、破産・会社更生手続にあっては、申立権者は常に管財人である（破178条1項、会更100条1項）。

なお、管理命令が発令されている場合に、管財人の査定申立て義務があるか否かについては問題となり得るが、多数説は、役員に対する責任追及は、その方法も含め、管財人に広い裁量権が与えられていることから、管財人が申立てをしないことが任務懈怠となるのは、当該役員の責任原因が明白であり、かつ、回収が確実であるにもかかわらずこれを放置するような、いわば裁量権の消極的濫用といえる場合に限られると解している[33]。

（3）相 手 方

損害賠償請求権の査定の相手方は、申立てによるか職権によるかを問わず、法人である再生債務者の理事[34]、取締役、執行役、監事、監査役、清算人またはこれらに準ずる者（以下「役員」という）である（民再143条1項・142条1項）。これらに準ずる者とは、株式会社の場合には設立時取締役、設立時監査役、会計参与、執行役、会計監査人が、また、民法上の法人の場合には、仮理事、特別代理人がこれにあたると解される[35]。「発起人」がこれに含まれるか否かについては争いがある[36]。また、退任後の「役員」はこれに含まれる[37]が、事実上の役員は含まれない[38]。

---

(30) 注釈（上）450頁〔松下淳一〕、新注釈民再2版（上）820頁以下〔阿多博文〕、条解民再3版766頁〔中島弘雅〕。

(31) 破産民再実務〔新版〕（下）237頁〔中山孝雄〕、破産民再実務3版民再246頁、民再手引236頁〔乾俊彦〕。

(32) 花村392頁。

(33) 田原睦夫＝石井教文「取締役等に対する倒産責任の追及と会社更生法72条」NBL592号17頁以下、大系111頁以下〔中島弘雅〕、条解民再3版768頁〔中島弘雅〕参照。

(34) 民事再生法は、公益法人型、一般法人型の法人の利用も予定されているので、会社更生法、会社法とは異なり「理事」が明記されている（新注釈民再2版（上）822頁〔阿多博文〕）。

(35) 新注釈民再2版（上）822頁〔阿多博文〕、条解民再3版768頁〔中島弘雅〕。

(36) 肯定説として、新注釈民再2版（上）822頁〔阿多博文〕が、否定説として、条解民再3版765頁、768頁〔中島弘雅〕がある。

(37) 萩本177頁、新注釈民再2版（上）822頁以下〔阿多博文〕、条解民再3版768頁〔中島弘雅〕。

(38) 新注釈民再2版（上）822頁〔阿多博文〕、条解民再3版768頁〔中島弘雅〕、講座3巻207頁〔石井教文〕。

（4）　査定の対象等

査定の対象は、役員の責任に基づく損害賠償請求権である。株式会社では、役員等の会社に対する損害賠償請求権（会社53条・423条・486条）、取締役・執行役の株主の権利の行使に関する利益の供与に伴う責任（会社120条4項）、取締役・執行役の剰余金の配当等に関する責任（会社462条・464条・465条）に基づく損害賠償請求権等である。申立てを基礎づける事実とは、これらを基礎づける義務違反を構成する事実であり、たとえば、株主総会または取締役会の承認を欠く利益相反取引、競業取引（会社356条1項2項）等の違法取引、違法配当、会社財産の横領、濫用的費消、不正な資金流出から経営上の違法判断、他の取締役、執行役に対する監督義務違反等任務懈怠まで様々である[39]。

なお、同じく取締役に対する損害賠償請求権であっても、会社が有するものではなく、第三者の有するもの（たとえば、会社429条・430条）については、査定の制度によることはできず、この場合は、損害賠償請求権を有する各人が、個別的に、通常の訴訟提起によって責任追及すべきである[40]。

査定の申立書には、申立ての趣旨および理由を記載するが、申立ての理由では、損害賠償請求権の原因となる事実を具体的に記載し、かつ、立証を要する事由ごとに証拠を記載することが必要である（民再規69条1項2号・2項）。また、申立書には証拠書類の写しを添付しなければならない（民再規69条4項）。

（5）　査定の審理・裁判

査定の審理では役員を審尋しなければならない（民再144条2項）。すなわち、査定手続は本来非訟手続であり、簡易・迅速の要請から決定手続によることとされているので（民再144条1項）、判決手続におけるのとは異なり必ずしも口頭弁論を開く必要はない（民再18条、民訴87条1項）。しかし、査定手続が損害賠償請求権という実体法上の権利の存否という再生債務者と役員間の先鋭的な利害関係につき判断するものであることに鑑み、役員に防御の機会を保障するために必要的審尋とされているのである。審尋は、裁判所の裁量により、口頭ないし書面によることができる[41]。なお、簡易・迅速の要請、査定手続後の異議訴訟という2段階構造を採用していることから、民事訴訟の一般原則（民訴87条1項但書）とは異

---

[39]　新注釈民再2版（上）822頁以下〔阿多博文〕、最新実務369頁〔三村藤明〕。

[40]　条解会更（上）615頁参照。

[41]　小河原113頁。東京地方裁判所破産再生部では、申立てから2週間程度先に審尋期日を指定し、監督委員の立会いを求めた上で、申立人および相手方から意見を聴取した後（多くの場合、相手方からは答弁書が提出される）、速やかに査定の裁判を行っているといわれる（破産民再実務〔新版〕（下）238頁〔中山孝雄〕、破産民再実務3版民再246頁以下）。

なり口頭弁論を開くことは許されないと解される[42]。

査定の裁判および査定の申立てを棄却する決定に対しては異議の訴えを提起することができるので（民再145条1項）、その決定には理由を付さなければならない（民再144条1項）。しかも、査定の裁判があった場合、決定書は当事者に送達される（同条3項）。査定の裁判に仮執行宣言を付すことができるかについては争いがある[43]が、否定説が妥当であろう。査定の裁判の主文については、学説上は給付を命ずる裁判であることを理由に「役員○○は、再生債務者に対し○○円を支払え」となるとするが、実務では、「役員○○に対する（責任原因）に基づく損害賠償請求権を○○円と査定する」との主文が用いられているとのことである[44]。

なお、役員の損害賠償責任の査定の申立てをするときは、その原因となる事実を疎明しなければならないとされているが（民再143条3項）、査定の裁判については、損害賠償請求権を基礎づける事実の原因事実について疎明で足りるか、それとも証明まで必要となるかにつき争いがある。これについては、破産におけると同様、疎明でよいのではないかと解する（第12章3(2)2）参照）。

査定の裁判に対して不服のある役員が、査定の裁判の送達を受けた日から1か月の不変期間内（民再145条1項）に異議の訴えを提起しなかったとき、または、異議の訴えは提起されたがそれが却下されたときは、査定の裁判は、給付を命ずる確定判決と同一の効力、すなわち既判力と執行力を生じる（民再147条）。なお、異議の訴えが提訴期間経過後に取り下げられた場合についても、却下と同様に取り扱ってよい[45]。

（6） 株主代表訴訟との関係

査定制度は、民事再生法だけでなく他の倒産法制（破産〔破178条以下〕、会社更生

---

[42] 谷口安平「損害賠償の査定」金商1086号104頁、新注釈民再2版（上）827頁〔阿多博文〕、条解民再3版777頁〔中島弘雅〕等。

[43] 肯定説（条解民再3版778頁〔中島弘雅〕）は、その根拠として民事再生法18条および民訴法259条1項を類推するが、否定説は、民再146条5項のような明文の規定がないこと、民訴法259条の文言等をその根拠とする（新実務大系（21）488頁〔小原一人〕、破産民再実務〔新版〕（下）238頁〔中山孝雄〕。破産手続につき、条解破産2版1199頁、大コンメン736頁〔田頭章一〕）。

[44] 新実務大系（21）488頁〔小原一人〕、新注釈民再2版（上）829頁〔阿多博文〕、破産民再実務〔新版〕（下）238頁〔中山孝雄〕、破産民再実務3版民再247頁）。なお、実務の例として、東京地決平12・12・18金法1600号94頁を参照。実務は、査定の裁判は給付を命ずる確定判決と同一の効力を有すると規定されているので（民再147条）、あえて給付を命ずる形の主文とせず、査定の求めに応じた表現ととっているものと思われる（QA500第3版330頁〔古里健治〕）。

[45] 条解民再3版790頁〔中島弘雅〕、新注釈民再2版（上）841頁〔阿多博文〕。

〔会更 100 条以下〕、特別清算〔会社 545 条〕）にも共通して導入されており、いずれの
法制度においても、会社法上の責任追及等訴訟（株主代表訴訟）との関係が問題と
なる。すなわち、債務者が株式会社の場合、いずれの制度においても、株主には
査定の申立権は認められていないのであり、そこで、株主が代表訴訟によって会
社の利益を守ろうとする場合に、①株主は、会社に再生手続が開始された後も、
会社に対する役員の損害賠償責任を株主代表訴訟（会社 847 条）によって追求でき
るか、また、②既に株主代表訴訟が係属している場合、倒産手続の開始が、係属
中の株主代表訴訟にどのような影響を及ぼすのか、といった問題が生じる。以下
では、民事再生法を中心として説明する。

　　①　**管財人が選任されている場合**　　管理命令が発せられて管財人が選任され
ている場合、下級審裁判例は、会社更生事件や破産事件[46]に関しては、各倒産手続
開始後の株主代表訴訟の提起を不適法とし、また、既に係属中の株主代表訴訟は、
倒産手続の開始によって中断・受継の対象になるとしている。その理由としては、
①倒産手続の開始により、会社財産の管理処分権や事業の運営権は管財人に移る
から（会更 72 条、破 78 条 1 項）、会社の取締役に対する責任追及の訴えは、会社の
財産関係ないし破産財団に属する訴えとして管財人が当事者適格を有すること
（会更 74 条、破 80 条）、②取締役に対する責任追及を行うか否か、またその手段の
選択は、もっぱら管財人の判断に委ねられていること、等があげられている。

　　学説も、通説は、上記裁判例の挙げる理由のほか、会社財産に対して株主より
優先する債権者ですら個別的権利行使等が禁じられるのであり（破 100 条）、劣後
する株主にも会社財産に関する個別的権利行使等を禁止するのが相当であるこ
と、管財人が取締役等との特殊な関係から損害賠償請求権の行使を怠ることはあ
りえないこと等を理由として、会社更生手続や破産手続が開始した後の株主代表
訴訟の提起を不適法とするとともに、既に株主代表訴訟が係属している場合、倒
産手続の開始によって係属中の株主代表訴訟は中断し、管財人がそれを受継する
と解している[47]。これに対しては、①管財人による経営陣に対する責任追及は、
会社の再建という目的の下に、広範な裁量権を伴って行われるものであり、株主

----

[46]　東京地判昭 41・12・23 下民 17 巻 11 ＝ 12 号 1311 頁（会社更生事件）、東京高判昭 43・
　　6・19 判タ 227 号 221 頁（会社更生事件）、大阪高判平元・10・26 判タ 711 号 253 頁（会
　　社更生事件）、東京地決平 7・11・30 判タ 914 号 249 頁（破産事件）、東京地決平 12・1・
　　27 金商 1120 号 58 頁（破産事件）。

[47]　条解会社更生法（上）595 頁・616 頁、注解会社更生 239 頁〔生田治郎〕、注釈民再新
　　版（上）451 頁〔松下淳一〕、再生法の実務新版 85 頁〔佐藤鉄男〕、最新実務 372 頁〔三
　　村藤明〕、谷口 201 頁・203 頁、基本法コンメン 130 頁〔池田辰夫〕、大コンメン 188 頁
　　〔菅家忠行〕、条解破産 2 版 372 頁、新基本コンメン 117 頁〔垣内秀介〕。

第 27 講　再生債務者財産の増殖　　　*867*

による責任追及とは立場や視点の違いが存在すること、②もともと株主には会社とは別個・独立の立場から代表訴訟を提起する固有の権限があり、かかる権限は、管財人が会社の事業遂行権・財産の管理処分権を専有するようになった後も、再生手続上株主の権限がすべて停止する旨の規定がない以上、株主は代表訴訟を提起する権原を失うものではないこと、③株主による代表訴訟を認めても、再生手続の目的と積極的に矛盾するものではないこと、④民事再生法上裁判所による管財人の選任・監督の規定や管財人の善管注意義務の規定があるからといって、役員に対する責任追及の懈怠の可能性がないとはいえないこと等を考慮して、管財人が選任された後も、管財人が役員に対して責任追及を行わない場合には、株主による代表訴訟を認めてもよいとする見解[48]も唱えられている。

②　**管財人が選任されていない場合**　管財人が選任されていない場合には、再生手続の開始によって、係属中の株主代表訴訟には何ら影響はない。したがって、株主代表訴訟の提起・追行は妨げられないと解する説が通説である[49]。

さらに、株主代表訴訟等が係属中に、再生債務者等が査定の申立てを行うことができるかという問題がある。これについては、再生債務者等が査定の申立てをした場合には、株主代表訴訟等の審理が終結し判決言渡しが間近である場合は別にして、原則として査定手続を優先させるべきであり、先行する株主代表訴訟等は重複起訴の禁止（民訴142条）に触れると解すべきであろう[50]。ただ、近時は、債権者代位訴訟の規律（民再40条の2）を準用し、管財人の存否を問わず、代位訴訟の提起・追行を認めない見解[51]も有力である[52]。

（7）　査定の裁判に対する異議の訴え

査定の裁判に不服があるときは、決定の送達を受けた日から1か月の不変期間内に異議の訴えを提起することができる（民再145条1項）。これを査定の裁判に対する異議の訴えという。これは査定の申立てを一部棄却された申立人や損害賠償請求権を査定された役員が当該裁判に不服のあるときには、査定の裁判が損害

---

(48)　条解民再3版676頁〔中島弘雅〕、佐藤鉄男「破綻処理手続と代表訴訟」競争法の現代的諸相（厚谷襄兒先生古稀記念）〔上〕（信山社・2005年）294頁。

(49)　条解民再3版773頁〔中島弘雅〕、注釈民再新版（上）451頁〔松下淳一〕、Q&A民再2版345頁〔三木浩一〕、再生法の実務新版85頁〔佐藤鉄男〕、佐藤鉄男・前掲厚谷古希294頁、最新実務371頁〔三村藤明〕。

(50)　条解民再3版773頁〔中島弘雅〕、Q&A民再2版346頁〔三木浩一〕、最新実務372頁〔三村藤明〕。

(51)　伊藤3版887頁。

(52)　詳解民再2版400頁〔水元宏典〕。なお、この点に関しては、新注釈民再2版（上）823頁以下〔阿多博文〕を参照のこと。

賠償請求権という実体権の存否に関わるものであるため、最終的には口頭弁論に基づく判決手続を保障する必要があることから設けられた制度である。

この訴えは、再生裁判所が専属管轄を有する（民再145条2項・6条）。民事再生法は、再生事件が係属する裁判機関（裁判体）を「裁判所」、民事再生事件を取り扱う裁判体が所属する官署としての裁判所を「再生裁判所」と書き分けているので、ここでいう「再生裁判所」とは、再生事件が係属している裁判体を指すのではなく、それを含む官署としての裁判所を意味する[53]。

査定手続では、「査定の裁判」と「申立てを棄却する裁判」とが区別されており（民再144条1項）、ここでいう査定の裁判とは、査定申立てを全部または一部を認容する裁判を指すのであり、査定申立てを全面的に棄却する決定は含まない。なお、査定の申立てを棄却する裁判（民再144条1項）は、決定という簡易な方法では損害賠償を命じることができないことを確認するものにすぎず、損害賠償請求権の不存在自体を確認するものではないから、査定の申立てを棄却する裁判には既判力がなく、後日、通常の訴えにより、当該役員に対して損害賠償請求訴訟を提起することも妨げられない[54]。

なお、査定の裁判を認可し、または変更した判決については、受訴裁判所は仮執行の宣言をすることができる（民再146条5項）。この趣旨は、これらの判決の主文には給付を命じる文言はなく、しかも、認可・変更判決の性質は形成判決と解されることから、これに仮執行宣言を付することができるかどうかにつき疑義があったので、その旨を明文で規定したものである[55]。

（8）保全処分

1）意義　役員の損害賠償責任が認められたとしても、そのような裁判の強制執行までの間に、当該役員がその責任財産を隠匿したり、散逸させたり、費消してしまったのではその実効性はなくなる。そこで、このような役員の責任財産の散逸を防止し、それを確保するために、民事保全法に基づかない特殊な保全処分制度が設けられている（民再142条）[56]。

---

[53]　条解民再3版781頁〔中島弘雅〕、新注釈民再2版（上）832頁〔阿多博文〕。

[54]　一問一答民再187頁、条解民再3版790頁〔中島弘雅〕、Q&A民再2版347頁〔三木浩一〕、大系114頁〔中島弘雅〕。なお、破産手続との関係で、伊藤3版595頁も同旨を述べるが、同注398は、相手方たる役員の立場を考えれば、いったん査定申立てが棄却された後に、さらに、損害賠償請求訴訟を提起するのは、例外的な場合に限られるべきであり、裁判所の許可（破78条2項10号）にも慎重な運用が求められるとする。

[55]　新注釈民再2版（上）839頁〔阿多博文〕、条解民再3版787頁〔中島弘雅〕等参照。

[56]　一問一答民再182頁以下。なお、東京地裁破産再生部では、平成12年4月から平成16年12月までの間に役員に対する損害賠償請求権の査定の申立てがなされた事案は合

２）申立権者および申立ての時期　　申立権者は、管財人が選任されていない場合には法人である再生債務者（民再142条1項）および再生債権者（民再142条3項）である。管財人が選任されている場合は管財人である（民再142条1項・2条2号）。また職権でも保全処分の手続を開始することできる（民再142条1項）。

申立ての時期は、再生手続開始決定後が原則であるが（民再142条1項）、緊急に資産の保全の必要がある場合には、再生手続開始決定前でも、再生債務者（保全管理人が選任されている場合にあっては、保全管理人）の申立てにより、または職権で、保全処分をすることができる（民再142条2項）。

３）登記等　　保全処分は決定でなされるが、実際には財産の処分禁止を目的とするものが多いであろう。裁判所書記官は、保全処分の決定があった場合、それが登記または登録ある物権についてなされた場合には、保全処分の登記を嘱託しなければならない（民再12条1項2号）。また、裁判所は、必要に応じて、保全処分を変更し、または取り消すことができる（民再142条4項）。この変更・取消についても登記の嘱託がなされる（民再12条2項）。

４）不服申立て　　保全処分の決定、または保全処分の決定に対する変更または取消しについては、即時抗告による不服申立てをすることができる（民再142条5項）が、これには執行停止の効力はない（民再142条6項）。これらの決定および即時抗告についての裁判があったときには、その裁判所が当事者に送達される（民再142条7項前段）が、この場合には、送達を公告で代用することはできない（民再142条7項後段）。

＜設問についてのコメント＞

問1は、偏頗行為否認が問題となるが、同時に、民事再生法127条の3柱書きの、同時交換的行為の有無を検討する問題である。これについては、第25章1(2)3）および第8章3(2)を参照のこと。

問2は、詐害行為否認の問題となるが、否認権の行使の問題（行使権者、行使の手続等）を中心として問う問題である。なお、ここでは、否認権行使のた

計35件に上るが、保全処分を発令した事案は2件（資本の額が144億円余及び41億円余と大規模な再生債務者が前役員を相手に仮差押えを行った事案である）にとどまる。これは、役員に損害賠償義務が認められると考えられたとしても、現実には当該役員には既に資産がなく、また仮にあったとしても申立代理人の指導にしたがい、私財の提供を行うなどの方策が取られる（最新実務282頁〔三村藤明〕）などしており、あえて保全処分にまで及ぶ必要性に乏しいためである（民再実務481頁〔三村義幸〕）。

めだけに監督委員の選任を申し立てることができるか、という論点にも触れること。本問については、第25章1(2)2) および(3)を参照のこと。

問3は、偏頗行為否認に関するものである。本件が、偏頗行為否認のうち、どの類型か、また、Eは債権者であり、否認権の行使権者ではないから、どのような方法が考えられるか等を検討すること。これらについては、第25章1(2)3) および(3)を参照のこと。

問4は、会社の役員の責任追及の手段につき、申立権者について問うものである。これについては、第25章2(1)(2)を参照のこと。

問5は、会社役員の損害賠償査定の手続と株主代表訴訟との関係を問うものである。これについては、第25章2(6)を参照のこと。

第 28 講　再生計画案の作成から再生計画の成立まで

ケース

　Aカントリークラブは資本金 5000 万円の株式会社であるが、B 社の子会社であり、預託金会員制ゴルフクラブの運営を主たる業務としている。近時の不況で、客数が激減し、さらに多数の会員の預託金返還請求権につき満期が到来し、債務超過の状態に陥ってしまった。しかし、A 社としては、債務を圧縮して、遊休資産を売却し、営業規模を縮小することで、何とか事業継続の見込みはあると思われ、顧問弁護士と相談した結果、民事再生手続の申立てをすることにした。そして、A 社の再生手続開始申立てを受けて再生手続開始決定がなされ、甲が監督委員に選任された。A 社の財産評定の結果作成した貸借対照表では、資産の清算価値の合計は 50 億円と評価されていた。そのうち、有担保資産が 30 億円、20 億円分の資産についてはまだ担保権が設定されていなかった。その他、A 社に対しては、再生手続開始後にした資金の借入れや、監督委員の報酬、再生手続遂行上の費用等の債権が合計 9 億円、従業員の未払給料債権や退職金債権が 1 億円、その他、A 社に対する売掛代金債権や、担保権によってカバーされない債権部分や、預託金返還請求権など、無担保の債権が合計 100 億円あった。なお、債権者は預託金返還請求権者を中心として、約 3 万人にも上る。

◆**問 1**　A 社が再生計画案を作成する場合、計画案にはどのような条項を記載しなければならないか。

◆**問 2**　以下のような再生計画案の条項は適法か。

　　①200 万円までのゴルフ・プレー関連用具の納入業者の債権は、据置期間なし、100％弁済するという条項。

　　②再生債権のうち元本 10 万円以下のものは全額弁済し、元本 10 万円を超え 100 万円以下の部分は 7 割免除、元本 100 万円を超えるものは 8 割免除するという条項。

　　③一般の再生債権については、弁済率を 20％とし、それを 5 年間で弁済する旨を規定する一方、B 社の A 社に対する貸付債権については、弁済率

872

を 5%とし、それを 5 年間据え置き、10 年間で弁済するという条項。

　　④会員は、退会と会員契約の継続を自由に選択することができ、退会を選択した会員の預託金返還請求権は他の一般債権者と同じく、弁済率20%、それを 10 年間で弁済するが、会員契約の継続を選択した会員には、10 年据え置き、弁済率 100%とするという条項。

◆**問 3**　A 社は資本金を 500 万円に減資した後、スポンサーに 2000 万円の増資を引き受けてもらう計画を立てている。A 社としては、このような条項を再生計画案に盛り込むことはできるか。

◆**問 4**　A 社が再生計画案を提出したが、3 万人もの債権者がいるような本件再生手続において、その決議はどのようにして行われるか。

◆**問 5**　再生計画案の決議のために債権者集会が開かれたが、その場で、届出再生債権者乙が届け出た債権に対して、他の届出債権者から異議が出された。この場合、乙はどのようにして議決権を行使することができるか。また、再生債権者たる債権回収業者（サービサー）丙から、議決権の一部については再生計画案に賛成するが、残りについては再生計画案に反対するとの意向が伝えられた。この場合、再生計画案の可決要件はどのようになるか。

◆**問 6**　再生計画案が可決された場合、再生計画の効力はいつ発生するか。また、その内容はどのようなものか。さらに、その効力は、届出はしたが決議に参加しなかった債権者や、そもそも届出をしなかった債権者にも及ぶか。また、再生債務者の保証人はどのような影響を受けるか。

第26章　再生計画案の作成から再生計画の成立まで

1　再生計画の意義および内容

（1）　再生計画の意義

　再生計画とは、再生債権者が有する権利の全部または一部を変更する条項、その他民事再生法 154 条に規定する条項を定めた計画をいう（民再 2 条 3 号）。再生計画案につき、可決、認可決定がなされ、認可決定が確定したときは、再生計画の定めにしたがって再生債権者の権利は変更され（民再 179 条）、再生債務者が株式会社である場合には、それについて組織再編等の効果が生じ（民再 183 条以下）、かつ再生債務者等は、速やかに再生計画を遂行する義務を負う（民再 186 条 1 項）。

　民事再生法は、このような再生計画を定めること等によって債務者と債権者間

第 28 講　再生計画案の作成から再生計画の成立まで　　*873*

の権利関係を適切に調整し、債務者の事業や経済生活の再生を図ることを目的とするものであるから（民再1条）、端的に、再生手続は、再生計画を定める手続であるということができよう（民再2条4号）。その意味で、再生計画は民事再生手続の中核的な意味を有する[1]。

（2） 再生計画案の類型

再生計画案はいくつかの視点から分類することができる[2]。まず、①スポンサーの有無により、スポンサー支援型と自主再建型に分けることができる。②弁済原資の調達方法に応じた分類として、事業収益による弁済を前提とする収益弁済型と、事業（営業）譲渡による代金で弁済する事業（営業）譲渡型、および増資・借入資金により弁済する増資・借入資金弁済型に分けられる。その他、③再生債権者の弁済方法に応じた分類として、一括弁済型と分割弁済型を区別することが可能である。また、④再生債権の弁済率の定め方による分類として、弁済率を再生計画で確定させる確定弁済型、再生計画に定めた一定の基準ないし算定方式に従って弁済率が確定される変動弁済型、確定弁済率で一括弁済した後に余剰資金が生じた場合に追加弁済を行う追加弁済型等が区別される。さらに、⑤法人格の維持の有無に応じた分類として、認可決定後に解散して最終的には清算して消滅する清算型、法人格を維持する存続型、会社分割・合併等による組織再編を行う組織再編型等がある。もちろん、実際の再生計画においては、スポンサーの資金援助を受けながら事業収益による弁済をしたり（スポンサー支援型でかつ収益弁済型）、再生債務者の弁済資金の大半をスポンサーによる資本の引受けと貸付金等によって賄う場合には、スポンサー型で収益弁済型かつ増資・借入資金弁型になるし、さらに、再生債権者への弁済の態様がこれらに加わる。したがって、通常、再生計画は、上記のもののいくつかが組み合わされて作成されることになる。

なお、再生計画案の作成に当たっては、それによって大きな影響を受ける従業員の利益代表たる労働組合等（民再24条の2参照）の意見を聴かなければならない（民再168条前段）。また、民事再生法167条による修正があった場合も同様である（同条後段）。

2 再生計画案の記載事項

（1） 概 説

---

[1] 再生計画案の策定に当たっての注意点につき、民再入門3版146頁以下〔金山伸宏〕参照。

[2] 再生計画案の類型については、民再入門3版146頁以下〔金山伸宏〕、最新実務580頁以下〔坂井秀行〕、実務倒産3版361頁以下〔今泉純一〕、全書2版（上）75頁以下〔山﨑良太〕、講座3巻171頁以下〔池田靖〕等参照。

再生債務者の再生は、再生計画で定められた再生債権の減免等によって実現されるものであるから、この「再生債権の減免等」がすべての再生計画の核心をなす。したがって、再生計画案にはこれが必ず記載され、債権者の決議を経たうえで、裁判所の許可を得なければならない。このような事項を絶対的必要的記載事項という。絶対的必要的記載事項が記載されていないと、再生計画が不適法なものとして再生計画不認可の理由（民再174条2項1号）になる。なお、再生計画に記載する事項には、そのほかにも、当該事項に関する条項を定めなくても再生計画が不適法になるわけではないが、その事項についての効力を生じさせるためには必ず再生計画において定めることが要求される相対的必要的記載事項がある。さらには、再生計画に記載するかどうか任意であり、これを記載しなかったからといって再生計画が無効となることはないが、記載した場合には法律上特別の効果が認められている任意的記載事項と、再生債権者等への情報提供の趣旨で記載され、特別の法的効力が認められていない説明的記載事項とがある[3]。

（2）　絶対的必要的記載事項

　再生計画案には、①全部または一部の再生債権者の権利の変更、②共益債権および一般優先債権の弁済、③知れている開始後債権があるときは、その内容、という3点については必ず定めなければならず、これらの記載を欠くと、再生計画案自体が不適法なものとなる。

1）　全部または一部の再生債権者の権利の変更に関する条項（民再154条1項1号）　①　概　要

　ここでいう再生債権者は、通常の再生債権者のほか、届出や確定の有無を問わず、①手続開始後の利息等の請求権（民再84条2項）、②約定劣後再生債権（民再35条4項）、③手続開始前の罰金等（民再97条・181条3項）を含む、すべての再生債権者を意味する。また、異議等が出され確定手続が終了していない債権（民再159条）や、別除権の行使が未了で不足額が確定していない債権（民再160条）など、「権利の変更」に工夫が必要となる債権[4]の債権者も含まれる[5]。

---

(3)　従来、任意的記載事項の中には2つの異なった性質のものがあるということは早くから認識されていた（民再理論と実務〔下〕133頁以下〔中島弘雅〕）。しかし、任意的記載事項という概念の下に、このような性質の異なったものをまとめて説明するのは妥当とはいえない。むしろ、前者を任意的記載事項、後者を説明的記載事項と区別して説明する方が分かりやすいであろう。このような区別をするものとして、民再実務490頁〔宮川勝之〕、小河原寧131頁、破産民再実務〔新版〕〔下〕245頁以下〔中山孝雄〕、破産民再実務3版民再251頁以下、最新実務589頁〔坂井秀行〕等がある。

(4)　敷金返還請求権などの停止条件付債権も再生債権であり、民事再生法160条に準じた工夫がなされるので、これらの債権と同様の扱いになる。

また、権利の変更とは、再生債権の全部または一部の免除、分割弁済等による弁済期限の猶予、権利内容の変更（債権を株式に振り替えるいわゆるデット・エクイティー・スワップ（DES）[6]など）、第三者による債務引受・保証（民再158条）、担保供与など、再生債権の権利内容に関するあらゆる変更を含む[7]。

　これらの条項の記載に当たっては、権利の変更に関する基準を明らかにして平等原則などに適合していることを示すほかに、届出のない再生債権等が一般的基準に従って変更される旨（民再181条1項）を明らかにするために、権利変更の一般的基準（約定劣後再生債権の届出があるときは、約定劣後再生債権についてその一般的基準を含む）を定めなければならない（民再156条）[8]。

　再生計画案には、このような一般的基準を踏まえて、届出再生債権および自認債権（民再101条3項）のうち変更されるべき権利を明示し、かつ一般的基準（民再156条）に従って変更した後の権利の内容を定めなければならない（民再157条1項本文）。これは、通常の民事再生手続では、各再生債権（届出再生債権および自認債権）が債権調査確定手続を経て実体的に確定していることから、これを利用して、変更後の権利に執行力を付与するために（民再180条）、各再生債権についての変更後の権利の内容を、再生計画案に個別的かつ具体的に定めることを命じたものである。したがって債務名義として執行手続に利用できる程度に明確な記載が必要である[9]。未確定の再生債権や別除権者の不足額（民再88条本文）の未確定部分については、その権利が確定した場合のため「適確な措置」を定めるべきこととされている（民再159条・160条1項。これについては、第24章2(2)2)参照）。

　また、再生債権者の権利で、再生計画によってその権利に影響を受けないものがあるときは、その権利も明示しなければならない（民再157条2項）。このような債権としては、少額債権（民再155条1項但書）や罰金等の請求権がある（同条4項）。これは、権利変更を受ける再生債権についての明示規定（同条1項）との関係から、影響を受けない権利がある場合には、これを明示することによって、利害

---

(5)　新注釈民再2版（下）10頁〔岡正晶〕。

(6)　事業再生研究機構税務問題委員会編『事業再生における税務・会計Q&A〔増補改訂版〕』（商事法務・2011年）109頁～111頁〔富永浩明〕、伊藤3版980頁。なお、条解民再3版827頁〔松嶋英機〕は、会社更生法上は債権を新株に振り替える更生計画が認められているが（会更175条・215条）、民事再生法154条にはこのような規定がないことから、デット・エクイティ・スワップは認められないとする。

(7)　伊藤3版980頁以下、新注釈民再2版（下）9頁〔岡正晶〕。

(8)　例えば、債務の免除の場合、再生債権につき、元本および再生手続開始決定の前日までの利息・遅延損害金について何パーセントの免除を受けるか等が定められる。

(9)　新注釈民再2版〔下〕25頁〔岡正晶〕。

関係人に知らせ、再生計画による再生債権の処理が公正、衡平であるかを担保する機能を有する[10]。また、これらの債権はその内容が確定していることを前提とするものであり、したがって、再生債権の調査確定手続が存在しない簡易再生、同意再生、個人再生には適用されない（民再216条1項・220条1項・238条・245条）[11]。

② **権利の変更に関する平等原則**　a．原　則　再生計画による権利の変更の内容は、再生債権者の間では原則として平等でなければならない（民再155条1項本文。平等原則）。類似の規定は、会社更生法168条1項、会社法565条にも存在する。この平等原則は、再生手続が多数決原理を採用して債権者の個別の同意なくして権利を変更するものであることにかんがみ、反対者の権利を守るためのものである[12]。平等原則に適合しているかどうかは、事案ごとに個別的に判断せざるをえないが、金銭債権の場合であれば、弁済率や弁済期間などに照らし、再生債権者が受ける経済的利益が同一であることを意味し、非金銭債権であれば、目的たる給付の財産的価値を基準として金銭債権との間の平等を判断することになる[13]。ただ、平等原則は、法自体が例外を認めている（民再155条1項但書）ことからして、あまりに厳格に解するのは妥当ではなく、違反があっても、それが軽微であり、実質的不公平が明白とまではいえないときには、再生計画を認可することは許される[14]。それに対して、再生債権の多寡にかかわらず一律に一定額を弁済し、その余の部分について免除を受けるとする条項（例えば、再生債権者1人当た

---

[10]　条解民再3版843頁〔松嶋英機〕。なお、同旨の規定として会社更生法170条2項がある。

[11]　伊藤3版982頁。

[12]　新注釈民再2版（下）17頁〔岡正晶〕、条解民再3版834頁〔松嶋英機〕、民再入門3版151頁〔金山伸宏〕。

[13]　伊藤3版982頁以下。なお、東京高決平16・7・23金商1198号11頁〔百選5版90事件〕は、ゴルフ場経営会社の民事再生事件に関し、大略、(1) 一般再生債権者については、1％ないし0.2％の弁済。最長、再生計画認可決定確定後10年間の分割払い。(2) 会員債権者については、①会員プレー権の継続を希望する場合は、それを維持継続し、3年後に名義変更禁止を解除し、資格保証金については、60％の資格保証金券面額を継続保有するものとし、資格保証金の返還請求権は、平成26年1月1日以降退会を希望する継続会員債権者に対して、毎年の決算における税引き後利益に減価償却費を加算した金額の50％（弁済原資）を限度として償還。弁済原資を超える退会申込みの場合には、抽選で当選した者に償還。②会員債権者で会員プレー権の継続を希望せず資格保証金の返還を希望する場合は、確定後3か月以内に退会し、資格保証金返還請求権の権利変更は、一般再生債権の権利変更に従う、という内容の再生計画は、継続会員債権者間で著しい格差を設けている上、一般再生債権者と継続会員債権者との間にも著しい格差を設けているから、債権者平等原則（民再155条1項）に反し実質的衡平を害するとして、民事再生法174条2項1号の不認可事由に該当するとした。

[14]　東京高決平13・9・3金商1131号24頁〔百選4版81事件〕。

り1万円を弁済し、その余の部分について免責を受けるといった条項）は、再生債権額との均衡を一切考慮していないため、実質的平等原則に反して許されない[15]。

　ｂ．例　外　　平等原則を形式的に貫くとかえって公平を害する場合があるので、差を設けても公平を害しない場合は例外を定めることができる。そのような考慮から、民事再生法は、平等原則に対して以下のような例外を規定している（民再155条1項但書）。

　(a)不利益を受ける再生債権者の同意がある場合　　同意があるかぎり、その者に対する弁済率を低くするなどの不平等な扱いが許される。たとえば、親会社が子会社に債権を有していたり、会社の代表者や役員が再生債務者会社に貸付けをして再生債権を有しているが、経営責任をとる趣旨でその弁済を受けない、あるいは他の再生債権者より多くの免除を受けることに同意する場合等があげられる。これらの場合、このような不利益な取扱いをしても衡平を害しない場合に該当するとも考えられるが、争いを避けるために明確な同意を求めることが一般的である[16]。また、再生債権の20%（8割免除）を10年間で分割弁済するのを原則とするが、再生債権の15%（8割5分免除）について5年間で弁済を受けることを希望する者にはその弁済を行うといった選択型の条項も、それについて不利益を受ける再生債権者の同意がある弁済条項として、その条項を定める合理的な必要性を肯定できる場合は許容されると考える。

　(b)少額の再生債権　　少額の再生債権については、別段の定めをすることが許される。ここでいう別段の定めとは、再生計画において、他の再生債権よりも免除率を少なくしたり、弁済時期を早くしたりする有利な取扱いを定めることを意味する。このような例外が認められる趣旨は、一つには、手続開始後再生計画認可確定前においても早期弁済が許されているように（民再85条5項）、議決権者の頭数を減らすことによって、手続費用を節減し、再生計画についての可決を容易にすることができることである。また他方では、少額債権者に早期の弁済や高い率の弁済をすることによって彼等の権利の実質を確保することができる結果、事業継続に必要不可欠な原材料の納入が少額な売掛金が棚上げになっていることを理由に拒否されるような事態を未然に防止することができるのである。

　実務においては、民事再生手続開始申立後の弁済禁止の保全処分命令において、一定額以下の再生債権を弁済禁止の対象外とすることによって、少額債権のより早期の処理を行っている（民再30条1項）。ただ、少額債権の範囲は一定ではなく、再生債務者の個別事情によって異なり、保全処分の段階では10万円から500万

---

　[15]　破産民再実務〔新版〕（下）248頁〔中山孝雄〕、破産民再実務3版民再255頁。

　[16]　条解民再3版835頁〔松嶋英機〕参照。

円までの間で決定されているようである[17]。

(c)再生手続開始後の利息請求権等　再生手続開始後の利息の請求権等（民再84条2項）については、他の債権に対し劣後的な取扱いを内容とする別段の定めをすることが許されている。このような債権は他の債権に対して劣後的性質を持つものである（破99条1項参照）が、民事再生法は債権の性質による組み分けをしなかったため、このような劣後的な性質を有する債権も再生債権とされている（ただ、再生手続においてはこのような債権者の議決権は否定されている〔民再87条2項〕）。そこで、このような再生債権を他の再生債権より劣後的に取り扱うことがむしろ衡平にかなうと考えられるから、劣後的な扱いが認められている（会更136条2項・168条1項も同様の規定である）。ただし、金融債権の一部に再生手続開始決定日の前日までの利息及び遅延損害金の額が相当額に上るものがある場合に、一律に利息及び遅延損害金の免除を受けることを定めることは、特定の債権者に偏った負担を求めることになり、許されない[18]。

(d)その他差を設けても衡平を害しない場合　以上に該当しない場合であっても、再生債権者の間に差を設けても衡平を害しない場合がある。ここでいう衡平とは、権利の性質や発生原因を考慮したときに、当該権利を他の再生債権者より有利にまたは不利に扱うことに合理的理由が認められることを意味する。

不利に扱うことが合理化できるものとして、再生債権の免除がある。その例として、債権額をある範囲で区分して、区分ごとに免除率を設定し、金額が大きくなるほど免除率を高くする方法があげられる。具体的には、再生債権のうち10万円までの部分は免除を受けず、10万円を超えて100万円までの部分は7割、100万円を超える部分は8割の免除を受けるといった累積段階方式といわれるものである[19]。それに対して、免除額を累積的に記載しない方法、例えば、再生債権のうち10万円までのものは免除を受けず、10万円を超えて100万円までのものは7割、100万円超のものは8割の免訴をそれぞれ受けるといった方法（単純段階方式）では、再生債権の金額が高い債権者が低い債権者より弁済額が少額になるといった逆転現象が生じるので（この例では、10万円の債権者は10万円の弁済を受けるが、30万円の債権者は9万円の弁済しか受けられない）、債権者平等の原則に反し許

---

(17)　条解民再3版835頁〔松嶋英機〕。また、事業再生ADRから法的手続へ移行した場合に、実務においては従前の条件で取引を継続することを条件として、弁済禁止の保全命令の対象から除外するのが一般的であるといわれる（改正展望88頁〔松嶋英機〕）。

(18)　民再手引278頁〔鹿子木康〕。

(19)　破産民再実務〔新版〕（下）247頁以下〔中山孝雄〕、破産民再実務3版民再254頁があげる例である。また、民再手引280頁〔鹿子木康〕、民再実務494頁〔宮川勝之〕も類似の例をあげる。

されない[20]。また、債権者を段階的に分けて、それぞれ一律の弁済額を定める計画案、例えば、10万円から50万円までは一律に10万円、50万円から100万円までは一律に15万円というものも、等しくない債権者にその差に応じて異なる弁済を行うことが求められるのであり、やはり平等原則に反するであろう[21]。その他、不利に扱うことができるものとしては、同意がない場合であっても、親会社ないし内部者の再生債権があげられる[22]。

有利に扱うことができるものとしては、人身事故に基づく損害賠償請求権（会社更生事件でデパート火災事件の被害者債権やじん肺被害者債権が優遇された実例がある）や再生債務者自身の従業員と同視すべき下請業者の従業員の賃金相当分の請求権などがあげられる[23]。これらは、金額的には少額とはいえないものであっても、社会的・経済的弱者保護の見地から、弁済率を金融機関など大口債権者に比べ優遇しても、衡平を害しない場合もありうる。ただし、その結果、相対的に劣後する債権者に対する再生計画上の処遇が再生債務者の清算価値（破産的清算を仮定した場合の配当率）を下回るときは、当該債権者各自の同意が必要である[24]。

ところで、近時、預託金会員制ゴルフ場の会員権の取扱いが議論されている[25]。実務上、この場合の再生計画案の典型例としては、①会員に退会と会員契約の継続を選択させ、退会する会員の預託金返還請求権は他の一般再生委債権と同様の低率の弁済率（ただし、清算配当率は上回る）による10年間程度の分割弁済、②会員契約の継続を選択した会員にはさらに10年間程度の据え置き期間を設けて、その後の退会に際しては預託金について全額か高率の弁済率での返還を行うが、その返還は抽選方式による、③会員数が少ない場合は、会員の希望により預託金額を基準として会員権を分割する、というものであった。このような再生計画案を策定するのは、ゴルフ場事業は設備投資の割には収益性が非常に低く、預託金全

---

[20] 破産民再実務〔新版〕（下）247頁以下〔中山孝雄〕、破産民再実務3版民再254頁。

[21] 民再手引280頁〔鹿子木康〕。

[22] 条解民再3版836頁〔松嶋英機〕、伊藤3版984頁、詳解2版501頁〔山本弘〕。なお、新注釈民再2版（下）19頁〔岡正晶〕は、事件ごとにその程度等を具体的に判断する必要があるとする。更生事件に関するものであるが、代表取締役の債権につき同意を得ることなく全額免除とした更生計画を平等原則違反を理由に取り消した高裁決定がある（名古屋高金沢支決昭59・9・1判タ537号237頁）が、他方で、経営者や親会社の再建の免除率を他より高くした更生計画につき衡平を害しないとした決定例もある（福岡高決昭56・12・21判時1046号127頁〔百選5版95事件〕）。

[23] 詳解2版501頁〔山本弘〕、条解民再3版836頁〔松嶋〕、伊藤3版984頁。

[24] 詳解2版501頁〔山本弘〕参照。

[25] これにつき、実務倒産3版371頁以下〔今泉純一〕、Q&A民再2版383頁以下〔小林信明〕、民再手引281頁以下〔鹿子木康〕参照。

部に高率の権利変更を行って分割弁済をするとすると分割弁済の原資が収益では到底調達できないからで、継続を選択した者には高率の配当を約束して退会会員の出現を抑制して、権利変更後の再生債権の支払いの資金繰りを楽にしようとする意図に出たものである。このような再生計画案は、従来は債権者平等原則に反しないものとして、数多くの事例で付議され認可されてきた[26]が、最近では、このような差は衡平を害すると判断される事例もみられる[27]。

 ③ **約定劣後再生債権** 約定劣後再生債権とは、再生債権者と再生債務者との間において、再生手続開始前に、当該再生債務者について破産手続が開始されたとすれば当該破産手続におけるその配当の順位が破産法99条1項に規定する劣後的破産債権に後れる旨の合意がされた債権をいう（民再35条4項）。これは、平成16年の破産法および倒産実体法の見直しに当たり、BIS規制やソルベンシー・マージン規制との関係において、いわゆる劣後ローンの取扱いに関する法的安定性を図るために、各倒産処理手続において劣後ローンが劣後的に取り扱われることを規定上明確化することとされ、その一環として規定されたものである。したがって、同趣旨の規定は、破産法や会社更生法にも設けられている（破99条2項、会更43条4項1号）。この債権は、債権者が破産配当の順位劣後化に合意していることを根拠に、民事再生手続においても制度的に劣後的に取り扱うこととしたものであり、不利益を受ける再生債権者の同意ある場合の劣後的取扱いの一種である[28]。したがって、約定劣後再生債権の届出がある場合における再生計画においては、約定劣後再生債権とそれ以外の債権との間においては、民事再生法35条4項に規定する配当の順位についての合意の内容を考慮して、再生計画の内容に公正かつ衡平な差を設けなければならない（民再155条2項）。したがって、約定劣後再生債権は、通常100％免除とされる手続開始後の利息等の請求権（民再84条2項）よりも劣後させなければならないのであるから、特段の事情がない限り100％免除される[29]。

 ④ **債務の弁済期限** a. **原則** 再生計画により新たに再生債務者が債務を負担し、または既存の債務の期限が猶予される場合には、特別の事情がある場合を除き、再生計画認可の決定の確定から10年を超えない範囲でその債務の期限を定めなければならない（民再155条3項）。事業譲渡を内容とする計画・清算

---

[26] 東京高決平14・9・6判時1826号72頁、大阪高決平18・4・26金法1789号24頁等。

[27] 最決平16・11・12判例集未登載、東京高決平16・7・23金商1198号11頁〔百選5版90事件〕。

[28] 注釈民再2版（下）20頁〔岡正晶〕参照。

[29] 注釈民再2版（下）21頁〔岡正晶〕。

を内容とする計画とは異なり、弁済期間が長期となっている場合、その弁済原資の多くは事業収益であることが予想されるが、長期間の事業計画がその計画通り遂行される保証はない。したがって、弁済期間が長期になればなるほど弁済の履行が不確実になったり、債権者の権利が有名無実のものになるおそれが高まることになるから、債権者に対しては、できるだけ短期に確実に弁済をすることが要請される。10年以内というのは、その要請に応えるための政策的規定であるといえよう。この点、会社更生法では債務の弁済期限は15年を超えてはならないとされているが（会更168条5項・6項。なお、旧会社更生法では、この期間は20年とされていた）、担保権者をも手続関係人に巻き込むことまで許容する会社更生法は、それだけ社会的公共的必要性の大きい企業の再建のための手続であるから、弁済期間の面においても債権者に犠牲を強いることが正当化されるのに対し、民事再生法ではその要請は低いので、弁済期間は会社更生手続よりも短くなっている[30]。

なお、小規模個人再生や給与所得者等再生の再生計画においては、その期間はさらに短く、原則として、再生計画認可決定の確定の日から3年（特別の事情がある場合は5年）後の日が属する月中の日としなければならないとされている（民再229条2項2号・244条）。このような規定は、あまりに長期間の分割弁済とすることは、債務者がいつまでも債務に拘束され、自由が奪われてしまうことになりかねず、途中で挫折してしまう率も高くなって、債権者の納得も得にくいという点に配慮するとともに、逆に、あまりに短い期間の再生計画が許されると、再生債権者からの圧力によって、再生債務者が無理な再生計画を立てることがあるので、そのような事態を防止する意図をも有するものである[31]。

なお、民事再生法は担保権を別除権として再生計画の対象外としているから（民再53条）、担保付債権の弁済期間は10年以上であっても違法ではない[32]。

b.　例　外　　特別の事情がある場合には、弁済期間は10年を超えて定めることが許される。特別の事情としては、第1に、10年を超える期間を定めれば弁済率が「とくに」有利なものになる場合である。したがって、これには、期間が長くなった分だけ単純に弁済額が増えるだけのような場合は含まれない（会更168条5項2号かっこ書参照）[33]。第2には、本来の弁済期が10年を超える再生債権が

---

(30)　条解民再3版837頁〔松嶋英機〕、注釈民再2版（下）21頁〔岡正晶〕、詳解2版501頁〔山本弘〕参照。ただし、経済情勢の変動が早い現在では、長期にわたる分割弁済には反対の債権者が多いのが実情であり、収益弁済型であっても10年の分割弁済計画案を定める事例は比較的少なく、5年ないし7年程度に短縮された者が主流になっている（破産民再実務3版民再255頁）。

(31)　注釈民再2版（下）461頁〔岡精一〕もほぼ同旨を述べる。

(32)　条解民再3版837頁〔松嶋英機〕。

相当な割合を占めている場合、第3には、10年を超えた時期に特別な弁済原資が生ずるような場合、第4には、会社更生法を適用してもよいような規模の大型倒産の場合などが想定される[34]。

2）共益債権および一般優先債権の弁済に関する条項（民再154条1項2号、民再規83条）　共益債権および一般優先債権は、再生手続によらないで随時弁済すると定められており（民再121条・122条）、再生計画による権利変更は受けない。したがって、このような債権の額、権利内容および弁済期等は再生計画の履行可能性に重大な影響を及ぼすことになるので、再生計画の内容の当否や履行可能性について判断するための前提情報を再生債権者に開示するために、絶対的必要的記載事項とされたものである。なお、再生計画においては、旧会社更生法216条のような、既に弁済したものの明示や将来弁済すべきものについての合理的な定めまでの記載は不要であり、「将来弁済すべきものの明示」で足りる（民再規83条）。これは、過去の事実についての報告的な事項であって、過去の弁済の事実は再生計画の記載事項として決議の対象とする必要性が乏しいと考えられるし、また、将来弁済すべきものについての「合理的な定め」についても、それらの債権が再生手続によらずに随時弁済されるものであって（民再121条1項・122条2項）、再生計画によってその権利に影響を受けるものではないこと（民再154条1項参照）、さらには、旧会社更生法下の会社更生事件処理の実務においても抽象的な記載に留まっていたことなどからして、「合理的な定め」も再生計画の記載事項とする必要性が乏しいと考えられるからである[35]。さらに、共益債権や一般優先債権の弁済は、裁判所の許可または監督委員の同意事項とすることができ（民再41条1項8号・54条2項）、かつ、裁判所への報告書にも記される（民再125条1項2項）。そして、再生債権者等は、これらの書類を閲覧することができるので、わざわざ再生計画に既に弁済した共益債権、一般優先債権を記載しなくても、情報の提供としては十分である[36]ということもその理由となろう。

3）知れたる開始後債権があるときは、その内容（民再154条1項3号）　開始後債権とは、再生手続開始後の原因に基づいて生じた財産上の請求権で、共益債権、一般優先債権、または再生債権のいずれもにも該当しないものをいい[37]、そ

---

(33)　新注釈民再2版（下）21頁〔岡正晶〕。

(34)　新注釈民再2版（下）21頁〔岡正晶〕、花村435頁、条解民再3版837頁〔松嶋英機〕等を参照。

(35)　条解民再規179頁参照。

(36)　条解民再3版828頁〔松嶋英機〕参照。

(37)　開始後債権の例としては、①再生債務者が業務や生活に関係なく行った不法行為を原因とする債権、②管理命令により管財人が選任されている場合に、再生債務者の理事等

れらについては、開始前の罰金等に類した取扱いがなされている。すなわち、開始後債権は、再生手続開始の時から再生計画で定められた弁済期間の満了までは弁済を受けられないし（民再123条2項）、それに基づく強制執行等もできない（同条3項）。これにより、開始後債権は、共益債権、一般優先債権はもちろん、再生債権が弁済を受けた後でなければ弁済されないことになり、実質的に再生債権よりも劣後的に扱われることになる。しかし、この債権は、全部または一部の免除も受けず（民再178条本文）、その全額が再生債務者の負担になるので、再生計画の履行可能性に影響を及ぼす可能性があるほか、手続の移行が生じる場合等に備えて、知れている開始後債権があるときは、再生計画の必要的記載事項として、その内容を記載すべきものとされた[38]。ただ、開始後債権の例はほとんど存在しないといわれている[39]。

（3）　相対的必要的記載事項

絶対的必要的記載事項とは異なり、相対的必要的記載事項は、その事項に関する条項を定めなくても再生計画案が不適法になるわけではないが、その事項についての効力を生じさせるためには、必ず再生計画案において定めることが要求される事項のことである。とくに、民事再生法に定める所定の事由がある場合には必ず記載しなければならない。

1）　債権者委員会の費用負担に関する条項

裁判所は、利害関係人の申立てがある場合には、一定の要件を満たすことを前提に、債権者委員会が再生手続

が組織法上の行為を行うことなどにより生ずる債権で、共益的費用ではないためやむを得ない費用とは認められないもの、③管理命令により管財人が選任された後に、再生債務者が再生債務者財産に関してした法律行為について、相手方がその行為の当時管理命令が発せられた事実を知っていた場合の相手方の損害賠償請求権、④為替手形の振出人または裏書人である再生債務者について再生手続が開始された場合に、支払人または予備支払人がその事実を知って引き受けまたは支払いをしたときの相手方の請求権、⑤再生債務者等が裁判所の許可または監督委員の同意を得ないで財産を処分し、または、借入等をした場合に、相手方が許可（同意）を得ていないことを知っていたときの相手方の請求権、⑥社債管理者の再生債権である社債の管理に関する事務処理費用の償還請求権、補修請求権の内、相当と認められた額は、裁判所の許可で共益債権となるが（民再120条の2第2項3項）、相当と認められなかった額、等があげられている（新注釈民再2版（上）676頁以下〔野村剛司〕、条解民再3版828頁〔松嶋英機〕、詳解2版54頁・259頁〔中西正〕、概説2版補訂74頁〔沖野眞巳〕）。

[38]　民事再生法制定当初は、必要的記載事項とされていなかったが、現行会社更生法で必要的記載事項として追加された（会更167条1項7号）ことを受け、また手続の移行が生ずる場合等に備えて、破産法改正に伴い平成16年に、再生計画においても必要的記載条項とされたものである（新注釈民再2版（下）11頁〔岡正晶〕）。

[39]　概説2版補訂73頁〔沖野眞巳〕、条解民再3版828頁〔松嶋英機〕。

に関与することを承認することができる（民再117条1項）。そこで、債権者委員会が再生計画で定められた弁済期間内に、その履行を確保するため監督その他の関与を行う場合において、再生債務者がその費用の全部または一部を負担するときは、その負担に関する条項を定めなければならない（民再154条2項）。これは、その費用負担の額および程度が再生債権者の利益や再生計画の遂行可能性に影響するからであり、その費用負担について計画条項とすることで必ず再生債権者の議決を経ることにし、費用負担の透明化を図ったものである。したがって、再生計画中に費用の負担にする条項が定められていない場合には、債権者委員会（具体的にはその委員）が自ら負担することになり[40]、その後は各再生債権者に対する費用償還（民650条1項）の問題となる。

2）債務の負担および担保の提供に関する定め　破綻した企業の再建計画については、スポンサー企業や親密なグループ企業、第二会社その他の受皿会社等が、弁済予定債務の全部または一部の履行確保のため、新たに、保証や債務引受等の人的担保、不動産その他の物的担保の提供を申し出ることは、従来から、私的整理および法的整理の別を問わず、再建型の倒産整理においてはしばしば行われてきた。そこで、民事再生手続においても、人的・物的担保スキームを利用した再生計画が立案される場合、必ず再生計画の条項中で、①人的・物的担保の提供主体、および、②提供される人的・物的担保の内容を定めなければならないものとされている（民再158条1項）。これは、再生計画にその定めをしなければ効力がないこと、および、新たに提供される人的・物的担保が再生計画の条項において明示的に特定され、同計画が認可確定すると、再生計画の効力はこれらの人的・物的担保権者に対しても及び（民再176条・177条1項）、しかも、再生計画での定めは確定判決と同一の効力を有することから（民再180条2項3項）、債務名義となり得る程度にその内容を明確する必要があるからである。これは、会社更生法171条と同趣旨の規定である。

①　人的担保の提供等　第三者が債務を引き受けたり保証人になるなど、再生のために債務を負担した者がいる場合、再生計画に基づく再生債務者の債務の履行を確保するために、再生計画において、その者を明示し、かつ、その債務の内容を定める必要がある（民再158条1項）[41]。

---

[40]　花村431頁。

[41]　民事再生法158条1項では例示として、第三者による債務引受と保証を挙げているが、具体的には、債務の減免と長期の収益弁済等の提案に際し、一定の資力信用のある親密な取引先やグループ企業、旧経営陣の関係者その他企業再生に強い利害関係を有する第三者が、権利変更後の残債権部分の履行確保のため連帯保証を申し出るケース、資金力

第28講　再生計画案の作成から再生計画の成立まで　　　885

この場合、再生計画では、関係当事者、債務負担の内容等を、債務名義となり得る程度に明示特定しなければならない。再生債務者以外の者が債務を引き受け、または保証人になる場合とは、再生計画によって新たに債務を引き受ける場合をいい[42]、従来からの人的担保は含まれない。すなわち、再生債権者は、従来からの人的担保については、再生計画の影響を受けることなく、手続外で従前どおりの権利行使を続けることができる（民再177条2項）。

② 物的担保の提供　再生債務者または再生債務者以外の者が、再生のために担保を提供したときは、再生計画において、担保を提供する者を明示し、かつ、担保権の目的財産、担保権の内容、設定順位等を明示特定しなければならない（民再158条2項）。なお、ここでいう「担保」とは物的担保を意味し、人的担保については民事再生法158条1項の規定による。ここでも、従前からの物的担保は含まれない。

再生債務者自身が物的担保を供する場合としては、権利変更後の各再生債権の履行確保のため、会社所有の不動産に後順位抵当権を設定するとか、会社の売上金や在庫商品等に新たに譲渡担保権を設定する場合が想定され、再生債務者以外の者が物的担保を供する場合としては、比較的少数の大口債権者の弁済時期を後回ししたり長期化したりする場合、スポンサーその他の利害関係人が当該債権者のために不動産担保その他の物上保証を申し出るケース、資力の乏しい受皿会社が、事業譲受代金ないし引受債務の履行確保のため、譲り受けた事業用資産を再生債務者ないし再生債権者に担保提供するケースなどが考えられる[43]。

③ そ の 他　このような内容の再生計画案を提出しようとする者は、あらかじめ、当該債務を負担し、または当該担保を提供する者の同意を得なければならない（民再165条1項）。また、これらの者は債権者集会の期日に呼び出される（民再115条1項本文）。このような条項を含む再生計画の認可決定が確定したとき

に乏しい事業の受皿会社が、事業価値に見合う部分につき債務引受を行うケース等が考えられる（条解民再3版845頁〔河野玄逸〕）。

[42]　なお、債務の引受けについては、免責的債務引受を内容とする再生計画が許されるか否かが問題となるが、民事再生法158条が「債務を引き受け」としてこれを除外していないことから、免責的債務引受を内容とする再生計画も許容されると解される。この点につき、実務では、会社分割（会社757条以下・763条以下）を利用した再生計画が多く立案されており、会社分割により承継会社（吸収分割）、あるいは新設会社（新設分割）が再生債務を免責的に引き受ける内容の再生計画も見受けられるといわれる。その結果、このような再生計画案が確定し、免責的債務引受により再生計画が遂行されたことになり、再生債務者について民事再生手続による弁済が行われないまま再生手続が終了することとなる（民再188条2項）（新注釈民再2版（下）28頁29頁〔加々美博久〕）。

[43]　条解民再3版845頁〔河野玄逸〕。

886　　　第26章　再生計画案の作成から再生計画の成立まで

は、再生計画における定めは確定判決と同一の効力を有し、再生債権者の債務負担者に対する金銭その他の給付の請求を内容とする権利については、債権者表の記載に基づき強制執行することができることになる（民再180条2項3項）。

3）未確定の再生債権者の権利　債権調査手続で否認され、または異議が述べられた再生債権で、査定の申立て（民再105条1項）や査定の裁判に対する異議の訴え（民再106条1項）などの確定手続が係争中である未確定の再生債権については、変更後の権利内容を確定的に再生計画に記載することは不可能である。したがって、これら確定手続が終了していない再生債権については、再生計画において、将来の権利確定の可能性を考慮し、これに対する適確な措置を定めなければならない（民再159条）。再生債権は確定している場合に限り再生計画で認められた権利行使ができるのであり、未確定のままでは権利行使をすることができず、特別の規定がない限り失権してしまうことになる（民再178条）。したがって、この規定は、未確定の再生債権についても、将来、権利の存在が認められる場合を考慮して、再生計画にその旨の定めをおくことが必要であるし、未確定再生債権者と確定再生債権者との間で不平等な取扱いを禁止する趣旨である[44]。これは会社更生法172条と同趣旨の規定である。

ここでいう「適確な措置」とは、未確定再生債権の存否・内容がどのような結果になっても、未確定再生債権者の地位が他の再生債権者との間で、有利・不利に扱われることなく、かつ、再生計画を確実に遂行できる措置をいうものと解される。具体的には、「一般的基準（民再156条）に従って、確定後最初に到来する弁済期後は、他の再生債権と同一の弁済率での支払いをするほか、確定後最初に到来する弁済期に、そのときまでに既に他の再生債権につき再生計画による弁済が開始されていたが未確定であるために受領することができなかった部分があれば、これに遅延利息を付して弁済する。」というような定めをすることになろう[45]。適確な措置を定めない場合には、当該再生計画は平等原則違反となり（民再155条1項）、再生計画を決議に付することはできず（民再169条1項3号）、たとえ決議されたとしても、不認可の決定がなされる（民再174条2項1号）。

4）別除権者の権利に関する定め（民再160条1項）　別除権については、いわゆる不足額責任主義がとられており、別除権者は担保権の実行によって弁済を受けられなかった部分（不足額）に限って再生債権者として権利行使できる（民再

---

[44]　一問一答民再213頁、花村441頁、新注釈民再2版（下）30頁〔加々美博久〕、条解民再3版846頁〔河野玄逸〕等参照。

[45]　一問一答民再213頁。その他、花村441頁、新注釈民再2版（下）30頁〔加々美博久〕、条解民再3版846頁以下〔河野玄逸〕、伊藤3版988頁以下等参照。

88条）⑷。しかし、再生計画が認可されても、それまでに担保権実行手続が終了していなければ、未確定債権と同様であり、適切な措置が規定されていない限り失権する（民再178条）。そこで、不足額が確定していない再生債権を有する者があるときは、再生計画において、その債権の部分が確定した場合における再生債権者としての権利の行使に関する適確な措置を定めなければならない（民再160条1項）として、このような債権者を保護している。ここにいう「適確な措置」とは、不足額の確定がどのような結果となっても、別除権を有する再生債権者の地位が他の再生債権者との間で、有利・不利に扱われることなく、かつ、再生計画を確実に遂行できる措置をいうものと解される⑷。

　5）再生計画によって影響を受けない権利の明示　　再生手続開始前の罰金等については、再生計画において減免その他権利に影響を及ぼす定めをすることができない（民再155条4項）。このような債権は、その性質は再生債権であるが、これらの請求権の主体は国または地方公共団体であって民事上の手続により減免することに親しまないものであり、また現実の弁済を強要することにより、「制裁としての役割」を果たすことに本来の目的がある⑷ものなので、法律上、この性質に応じた特殊な取扱いが認められている。すなわち、これらの債権については、再生計画において金額の減免その他権利に影響を及ぼす定めをすることを禁じる一方で、再生計画で定められた弁済期間満了時までの弁済・弁済受領行為を禁じている（民再181条3項）。また、未届けでも免責対象とせず（民再178条）、偏頗弁済否認規定を適用しない（民再128条3項）反面、これらの債権には議決権は与えられていない（民再87条）。これらと同旨の規定は会社更生法にもみられる（会更168条7項・204条・87条3項）。

⑷　なお、不足額が確定するのは、別除権の実行による債権額の回収のほかに、別除権が放棄された場合、別除権の受戻しによる担保権の消滅（民再41条1項9号）、担保権消滅許可による担保権の消滅（民再148条）、再生計画の認可決定の確定の条件として不足額の合意による確定（いわゆる別除権協定）（民再88条但書）がある。

⑷　新注釈民再2版（下）33頁〔加々美博久〕。適確な措置とは具体的には、確定の時点で、不足額として確定した債権部分について、再生計画に定められた権利の変更の一般的基準（民再156条）に従い、債務の減免、期限の猶予その他の権利変更を行うとするのが、一般であろう。ただ、再生計画が分割弁済を内容とするものであって、不足額確定時にすでに、計画による弁済が一部開始されている場合については、弁済実行日の統一的管理の必要から、「すでに弁済期日を経過した分については、確定後最初に到来する弁済期日に、経過した弁済期日に支払うべきであった分割金を加算して弁済する」といった定めをする（具体例については、条解民再3版850頁以下〔河野玄逸〕、運用モデル129頁等参照）。

⑷　条解会更〔中〕475頁以下。

したがって、権利変更を受ける再生債権については明示することが要求されている（民再157条1項）こととの関係で、再生計画による再生債権の処理の公正・公平性の担保のために、再生計画によって影響を受けない権利を明示することが要求されているのである（民再157条2項）。なお、影響を受けない権利の弁済にあたっても、期限の猶予をすれば権利の変更となるから、弁済方法としては「再生計画認可決定確定後直ちに支払う、または、随時支払う」との規定が必要となる[49]。

（4）　任意的記載事項

任意的記載事項とは、既に述べたように、再生計画案に記載するかどうかは任意であり、これを記載しなかったからといって再生計画案が無効となることはない事項である。ただ、記載した場合には、それによって一定の効力が生じるし、また計画の遂行可能性などの判断も、これらの事項を前提としてなされることになる。

1）資本額の減少・株式の併合・自己株式の取得等に関する条項　再生債務者が株式会社である場合、債務超過であるか、そうでなくても累積損失により自己資本が相当程度毀損されているのが通例である。このような場合、資本をその実勢価値まで削減した上、新たに株式を発行するなどして自己資本を積み増さないかぎり、永続的な事業再生は望めない。この点、会社更生手続においては、株主も関係人として手続に引き込まれ（会更165条以下）、債務の縮減措置だけでなく、更生会社の資本構成の再編も、更生計画に対する債権者や株主の組ごとによる多数決と裁判所の計画認可決定を通じて、会社法所定の手続によらないで、認可された更生計画の効果として行われる（会更45条・167条2項・174条〜182条の4・196条・199条以下等）。

これに対し、民事再生手続においては、株主を利害関係人としていないために、資本構成の変更にかかる事項を再生計画案に記載し、株主を含む利害関係人の決議および裁判所の認可によってその効力を発生させることは本来予定されていない。そこで、その必要がある場合には、再生債務者が、再生手続の外で会社法所定の手続を通じて行う以外にない。しかし、経営が破綻した株式会社においては、株主総会等の組織や機関が正常に機能するという保障はなく、これらの決議が有効に成立する見込みも不確かである。しかも、再生債務者たる株式会社が債務超過であるような場合、株主の権利は実質的には無価値である。それにもかかわらず、再生計画外での資本構成の変更が実際上行われないということになると、会

---

[49]　条解民再3版843頁〔松嶋英機〕。

社財産の分配において債権者に劣後すべき地位にある株主の権利を優遇するという、不合理な結果を生じさせるおそれがある。そこで、民事再生法は、再生計画案において、①再生債務者の株式の取得に関する条項、②株式の併合に関する条項、③資本の減少に関する条項、または、④再生債務者が発行することができる株式の総数についての定款の変更に関する条項を定めることができるものとした（民再154条3項）。これにより、再生計画案が認可されると、会社法上の本来の手続によることなく、同じ内容を簡素な形で実現できることになる（民再183条）。ただし、このような内容の再生計画案を提出しようとする者は、あらかじめ裁判所の許可を得なければならず（民再166条1項）、裁判所は、再生債務者が株式会社である場合、その財産をもって債務を完済することができない場合、すなわち債務超過の場合に限って、その許可をすることができる（同条2項）[50]。この場合には、そもそも会社債権者に劣後する株主の権利は保護するに値しないと考えられるから、というのが法の趣旨である[51]。

　①　**資本金の額の減少等に関する条項**　　資本金の額の減少を内容とする再生計画では、(a)減少する資本金の額（会社447条1項1号）、(b)減少する資本金の額の全部または一部を準備金とするときは、その旨および準備金とする額（同2号）、(c)資本金の額の減少がその効力を生ずる日（同3号）を定めなければならない（民再161条3項）[52]。このような条項を定めた再生計画案を提出しようとするときは、あらかじめ裁判所の許可を得なければならない（民再166条1項）。裁判所は、再

---

[50]　債務超過の状態にないことを理由として、許可を与えなかったものとして、東京高決平16・617金法1719号58頁〔百選5版24事件〕がある。

[51]　新注釈民再2版（下）56頁〔土岐敦司〕参照。

[52]　会社更生手続では、債務超過の場合に資本金の額の100％減少を行うことが常態化している。東京高決昭54・8・24判時947号113頁〔百選5版96事件〕も、株主の権利を100パーセント無償で消却することを持って、旧会社更生法228条1項（現会更168条3項）に違反するものではないとしている。民事再生手続においても、これを内容とする再生計画を作成することに問題はない。ただ、所有と経営が未分離の中小企業にあっては、経営者の再建意欲を減殺させる意味でも、また申立てのインセンティブを損ねる点でも、100％減資の慣行はむしろ有害ですらあるとの厳しい批判がある（民再理論と実務〔下〕236頁〔佐藤鉄男〕、条解民再2版761頁〔那須克己〕等）。これに対しては、このような内容の計画案は再生債務者のみが提出するすることができ、この計画案を提出する再生債務者会社の経営陣の地位は、結局その支配株主に依存しており、その限りで、資本金の額を100％減少するか否かの最終的な決定は事実上支配株主に委ねられているとする見解が唱えられている（詳解2版513頁〔山本弘〕参照）。なお、再生手続においては、更生手続に比較して100％減資は少ないと思われるが、スポンサーによるM&Aの対象とされている場合は100％減資を行い、かつ、スポンサーに第三者割当増資を行うのが通常であるとの指摘もある（条解民再3版831頁〔松嶋英機〕）。

生債務者がその財産をもって債務を完済することができない場合（債務超過）に限り、その許可を与えることができる（同条2項）。なお、債務超過の株式会社の場合、株主に実質的な残余財産分配請求権はないが、資本金の額の減少については株主も強い利害関係を有しているため、裁判所が減資の許可を与えるに際しては、許可決定の要旨を株主に送達することが必要とされており、株主には当該許可決定に対しては即時抗告権が与えられている（同条3項4項、民再規88条）。このような内容の再生計画案の認可決定が確定したときに、その定められた日に資本金の額の減少の効力が生じ、会社法上本来必要とされる株主総会の決議（会社447条1項）、債権者異議手続（会社449条・740条）は不要となる（民再183条4項）。また、資本金の額の減少無効の訴えも提起することができなくなる（民再183条5項、会社828条1項5号・2項5号）。

　② **株式の併合に関する条項**　　株式の併合とは、数個の株式を併せてそれよりも少数の株式とすることにより、発行株式総数を減少させることである。たとえば、10株を1株にすることであるが、会社財産に変更がなく、発行済み株式総数が減少するので、この場合、発行株式総数が減少するから、1株の価値は大きくなるが、その分だけ各株主の有する株式数がその持ち株数に応じて減少する。このような措置によって、スポンサーに対する新株発行による増資が実現しやすい環境作りができることになる[53]。

　株式の併合を内容とする再生計画では、(a)併合の割合、(b)株式の併合がその効力を生じる日、(c)株式会社が種類株式発行会社である場合には、併合する株式の種類を定めなければならない（民再161条2項、会社180条2項）。再生計画で株式併合を定める場合は資本減少を理由とすることが通常と思われる[54]。株式併合を定めた再生計画案の認可決定が確定すると、再生債務者は、株主総会の特別決議を経る必要はなく、その定めによって株式を併合することができる。ただし、M&Aの手段として、100％の減資および第三者割当増資が行われる場合は、株式の併合による方法ではなく株式の消却が行われることになる[55]。また、この場合、反対株主の株式買取請求権および買取価額の決定に関する会社法116条・117条は適用されない（民再183条2項）。再生計画案の定めによる株式の併合により生

---

[53]　Q&A民再2版393頁〔小林信明〕。

[54]　詳解2版513頁〔山本弘〕。もっとも、資本金の額の減少と株式の併合または株式の消却とは必ずしも連動しない。したがって、スポンサー候補もなく、株主も新たに払込みによる出資ができる状況でないときは、資本金の額のみを減少させて損失の補填を行い、株式の併合も消却も行わないことも可能である（条解民再3版831頁〔松嶋英機〕）。

[55]　条解民再3版830頁〔松嶋英機〕。

第28講　再生計画案の作成から再生計画の成立まで

じる端株を競売以外の方法におり売却する許可の申立てについては、再生裁判所が管轄する（民再183条3項、会社235条2項・234条2項）。

③　**再生債務者が発行することができる株式の総数についての定款の変更に関する条項**　再生債務者が発行することができる株式の総数についての定款の変更しようとするときは、その変更の内容を定めなければならない（民再161条4項）。そして、再生計画案の認可決定が確定すると（民再176条）、定款は再生計画の定めによって変更される（民再183条6項）。このような扱いがなされる趣旨は以下の点にある。すなわち、②で述べた資本の額を減少しても、発行済株式総数に変動はないから、スポンサー等からの資金導入のために増資（募集株式の発行）を行うとすれば、定款に定められた発行可能株式数が支障となる場合がある。そこで定款を変更して発行株式を増額しようとすると、定款の変更は、株主総会の特別決議事項（会社309条2項11号）であるので、機動的に増資を行うことができない。そのような事態を回避するために、民事再生法は、会社法の特例を設けたものである。

④　**再生債務者の株式の取得に関する条項**　再生債務者の株式取得とは、自己株式の消却を行う前提となるものであり、会社法本来の手続（会社155条）によることなく、再生債務者が株式を強制的取得することを意味する。資本金の額を減少する手続には、株式数を減少しないで行う方法（前述した①の方法）もあるが、資本金の額を減少するのに伴い、株式数を減少することも可能である。そして株数を減少する方法としては株式の併合（前述した②の方法）と株式の消却とがある。旧商法下においては、株式消却の方法について議論があったが、平成17年制定の会社法は、株式の消却は自己株式を取得して、それを償却する方法より行うものとした（会社178条）。それを受け、民事再生法においても株式の取得に関する規定が設けられた[56]。それによると、自己株式の強制取得を内容とする再生計画案では、(a)再生債務者が取得する株式の数（種類株式発行会社にあっては、株式の種類および株式の種類ごとの数。民再161条1項1号）、および、(b)再生債務者が自己株式を取得する日（同2号）を記載しなければならない。そして、再生計画案の認可決定が確定すると（民再176条）、再生債務者はその取得日に再生計画の定めによって自己株式を取得する（民再183条1項）。再生債務者は、こうして取得した自己株式を消却することができる（会社178条）。

2）　募集株式を引き受ける者の募集に関する定め　上記1）で述べたような方法で減資や株式の取得・併合が実施されたとしても、会社の財産に対する株

---

[56]　条解民再3版855頁〔那須克己＝園尾隆司〕。

主の割合的持分は変化しないので、これだけでは資本構成の変更としての意味がない。そこで、減資や株式の取得・併合と同時に、第三者に対する新株発行によって資本を注入し、従来の株主の権利を薄める必要がある。これによってはじめて資本（株主）構成の変更が行われたものといえることになる。会社更生法では、これらの資本構成を更生計画において定めることが認められているが（会更175条）、民事再生法は、基本的には、募集株式の発行等、増資に関する規定を設けていない。したがって、再生債務者たる株式会社が、資本金の額の減少を行うとともに、募集株式の発行等（会社199条1項柱書）について、第三者割当の方法によってそれを行おうとすると、それが既存株主の利益に重大な影響を及ぼす可能性があることから、株主総会の特別決議を要する（会社199条2項4項・309条2項5号・324条2項2号）。しかし、とくに、株式の譲渡制限がされている株式会社の民事再生手続において、株主総会の特別決議が成立しないために、株主以外の者に対する新株発行ができない事例が報告され、再生債務者の事業の再生のためには、特別決議を経ないで株主でない者に対する新株発行ができる特例を認めるべきであるとの議論が強くなされていた。これを受けて、民事再生法は、例外として、譲渡制限株式であるものに限り、再生計画において、募集株式の発行等に関する条項を定めることができ（民再154条4項）、この場合には、会社法の規定にかかわらず、取締役の決定（取締役会設置会社の場合は取締役会の決議）によって、会社法199条2項に規定する募集事項を定めることができるものと規定した（民再183条の2第1項）[57]。なお、かかる事項を定めた再生計画案は、再生債務者のみが提出することができ（民再166条の2第1項）、しかも、提出の際には、あらかじめ裁判所の許可を得なければならない（民再154条3項・166条の2第2項）。この場合、裁判所は、株式会社である再生債務者が債務超過の状態にあり、かつ、当該募集が、再生債務者の事業の継続に欠くことができないものであると認める場合に限り、その許可をすることができる（民再166条の2第3項）。この場合の再生計画案には、①募集株式の数（種類株式発行会社にあっては、募集株式の種類および数。会社199条1項1号）、②募集株式の払込金額（募集株式1株と引換えに払い込む金銭または給付する金銭以外の財産の額をいう。同2号）、③金銭以外の財産を出資の目的とするときは、その旨ならびに当該財産の内容および価額（同3号）、④募集株式と引換えにする金銭の払込みまたは現物出資の財産の給付の期日またはその期間（同4号）、および、⑤株式を発行するときは、増加する資本金および資本準備金に関する条項（同5号）を定める（民再162条）。

---

[57] この間の経緯については、条解民再3版832頁〔松嶋英機〕、注釈民再2版（下）13頁〔岡正晶〕参照。

ただ、上記のような扱いは再生手続による場合の特例であり、再生手続外で行われる募集株式の発行等については会社法上の規律に服し、株主総会の特別決議を経る必要がある（会社309条2項5号・324条2項2号）。

3）根抵当権の極度額超過額の仮払いに関する条項　根抵当権の元本が確定し（ただし、根抵当権の元本の確定は、元本の確定事由〔民398条の19・398条の20、民再148条6項等〕による確定が必要であり、再生債務者の再生手続開始決定は当然には元本の確定事由とはならない〔民398条の20第1項4号〕）、根抵当権の被担保債権が極度額を超える場合には、その超過部分に相当する再生債権額が不足額（民再88条本文）となる蓋然性が高いことから、権利変更の一般的基準（民再156条）に従って、仮払いをする定めをすることができる（民再160条2項前段）。このことによって、別除権者は、別除権の不足額部分につき正式の確定を待つことなく、その不足額部分につき、再生計画において他の再生債権の弁済条件に準じた弁済を受けることができるのである。ただ、再生計画に仮払条項を置く場合には、不足額が確定した後になって、被担保債権が減少したり増加したりすることがあるから、あわせて、再生債務者に対し減少額に対応する計画による弁済額を返済し、それが増加している場合には、増加額に対応する計画による弁済額を追加払いする旨の清算に関する措置を定めなければならない（民再160条2項後段）。

しかし、極度額を超える被担保債権を有する根抵当権者が存在するときでも、仮払条項を置くか否かは任意である上に、仮払いは清算の必要性が生じる可能性があることによりかえって権利関係を不安定にする面もある。したがって、当該根抵当権者がこれを欲しない場合にまで仮払いを認める必要はないから、これを定める再生計画案の提出をする場合には、それに先立って当該根抵当権者の同意を得る必要があるものとされている（民再165条2項）。仮払条項が定められた場合には、認可決定の確定後不足額の確定前でも仮払いを受けることができるが、それは不足額の確定後清算に関する措置の定めによる（民再182条但書）。

（5）説明的記載事項

説明的記載事項とは、再生計画案の認可決定の確定によって何ら法的効力を生じるものではないが、再生計画案の内容およびその適法性、履行可能性等につき理解しやすくするためなどの目的から記載することが望ましい事項である[58]。実

---

(58)　したがって、再生計画の遂行可能性等に関する債権者の判断を十全ならしめるために、わかりやすく記載することが求められる。たとえば、事業による収益弁済を行う再生計画案については、事業計画表を添付して再生債務者が予定している収支の見込みを一覧できる形で説明し、また、事業譲渡によりスポンサーに事業が承継される内容のゴルフ場の再生計画案については、継続会員が有するプレー権の内容（年会費、プレーフィー、

務上しばしば記載される事項としては、「今後の事業方針（事業分野の選択と集中、リストラ等）」「再生計画の基本方針」「事業計画」「弁済資金の調達方法に関する条項（スポンサーからの借入れ、資産売却、事業譲渡等）」「破産配当率との比較」「別除権者に対する弁済計画の概要」「今後遵守・締結予定の別除権協定の内容」「今後の組織上の事項の変更方針（事業譲渡、合併、新会社設立、会社分割、役員変更、解散等）」「子会社、関連会社の処理に関する条項」等がある[59]。

3　再生計画案の提出

（1）　再生計画案の提出権者

再生債務者等（管財人が選任されていないときは再生債務者であり、管財人が選任されているときには管財人をいう〔民再2条2号〕）は、再生計画案を作成して裁判所に提出しなければならない（民再163条1項）。これらの者を必要的提出者という。再生債務者等が再生計画を提出するときは、裁判所の許可を得てなした中小企業者や少額債権者への弁済（民再規85条1項1号、民再85条2項5号）、再生債務者等が裁判所の許可を得てなした再生債務者財産に属する債権をもって再生債権とした相殺（民再85条の2）、在外財産から満足を受けた再生債権（民再89条1項）について記載した報告書を合わせて裁判所に提出しなければならない（民再規85条1項）。

管財人が選任されている場合であっても、再生債務者、届出再生債権者および外国管財人も、再生計画案を作成して裁判所に提出することができる[60]（民再163

　　譲渡承諾料等、会員規約に定める事項）を詳細に説明することが相当であり、そのほか、再生手続外の手続によって合併、会社分割など会社組織の変更を予定している場合には、その概要や手続の流れなどを説明することが相当であるとされている（民再手引308頁〔鹿子木康〕参照）。

[59]　民再実務511頁以下〔宮川勝之〕、破産民再実務〔新版〕（下）245頁以下〔中山孝雄〕、破産民再実務3版251頁以下、新注釈民再2版（下）14頁〔岡正晶〕、最新実務589頁〔坂井秀行〕、再生実務Q&A249頁〔佐長功〕・251頁〔辺見紀男〕等参照。

[60]　東京地方裁判所破産再生部の取扱実績では届出再生債権者から再生計画案が提出された事例は数例にとどまっており（平成19年4月末現在）、届出再生債権者から再生計画案が提出される例は極めて少ないのが現状といえる。届出再生債権者は必ずしも再生債務者の経営の内情に明るくないこともあり、現実に遂行可能性のある再生計画案を作成・提出することが困難であることがその理由と思われる。また、仮に再生計画案を提出しても、複数の再生計画案が出てきたときのその間の調整や、債務者の財産についての管理処分権や経営権を有しない債権者が定めうる条項についても紛議が生じる余地があるし、債権者提出の再生計画案中の事業譲渡を再生債務者が実行する意思がない旨を表明しているような場合、そのような再生計画の実行可能性があるのかといった様々な問題が生じる可能性があることも、債権者提出が少ない理由であろう（債権者による再生計画案提出の問題点については、破産民再実務〔新版〕（下）257頁以下〔西謙二＝松

条 2 項・209 条 3 項。会社更生法にも同趣旨の規定がある〔会更 184 条 2 項〕）。これらの
者を任意的提出者という。再生債務者は、たとえ管財人が選任されていても、自
己の財産関係を熟知している者であり、合理的な再生計画案を作成することが期
待できるし、再生債権者は、再生計画よって権利変更の対象となる者であって再
生計画に利害関係を有していることから提出権が認められたものである。

外国の管財人も、わが国で独自に再生計画の提出権を有する（民再 209 条 1 項）。
これは、再生債務者についての外国倒産処理手続における倒産処理と日本におけ
る再生手続に基づく倒産処理との間で調整を図り、調和を保つことにより、より
実効性のある再生を実現するためには、外国倒産処理手続の状況を熟知している
外国管財人に、わが国の再生手続における固有の計画提出権限を認めることが相
当であると考えられることによるものである[61]。

（2）　再生計画案の提出時期

1）原　則　　再生債務者等は、債権届出期間の満了後、裁判所の定める期間
内に再生計画案を提出しなければならない（民再 163 条 1 項）。この期間は、特別
の事情がある場合を除き、一般調査期間の末日から 2 か月以内の日としなければ
ならない（民再規 84 条 1 項）[62]。

管財人が選任されているときの再生債務者、再生債権者、外国管財人は、裁判
所の定める期間内に再生計画案を提出する（民再 163 条 2 項）。この場合には、提
出期間について特段の規定は置かれていない。これは、これらの者が提出する再
生計画案は、再生債務者等の提出する再生計画案の対案となることにかんがみる
と、その提出期間も、再生債務者等の提出期間との対応により自ずと定まること
になると考えられることから、あえて、これを制限するまでの必要性が乏しいと
考えられたことによるものである[63]。期間内（後出の提出期間の伸長があった場合は
伸長された期間内）に再生計画案が提出されない場合には、再生手続は廃止される
（民再 191 条 2 号）。

2）提出期間の伸長　　裁判所は、申立てによりまたは職権で、提出の期間を
伸長することができる（民再 163 条 3 項）。しかし、合理的な理由なく再生手続が

井洋〕、破産民再実務 3 版民再 264 頁以下が詳しい）。

[61]　花村 544 頁。

[62]　東京地方裁判所破産再生部では、標準スケジュールにより原則として再生手続開始申
　　立てから 2 か月までに再生計画案の草案（正式な再生計画案の提出に先立って事実上作
　　成される文案）を作成することを求め、再生手続開始申立てから 3 か月を再生計画案の
　　提出期限としている（破産民再実務〔新版〕（下）255 頁〔西謙二＝松井洋〕、破産民再実
　　務 3 版民再 263 頁）。

[63]　条解民再規 181 頁。

遅延するのを防止するために、特別の事情がある場合を除き、2回を超えて伸長することはできないものとされている（民再規84条3項）[64]。

3）再生計画案の事前提出　再生債務者等は、再生手続開始申立後債権届出期間の満了前に再生計画案を提出することができる（民再164条1項）[65]。これを事前提出という。これは、まだ再生債権が確定する前の段階で再生計画の提出を認めるものであり、早期に再生手続を進める必要がある場合を想定したものである[66]。

ただ、このような計画案の提出は、再生債権が確定していない段階でなされるものであるので、権利変更の一般的基準を定めたものとならざるを得ない。したがって、届出再生債権者等の権利に関する定め（民再157条）、および、未確定の再生債権に関する定め（民再159条）は記載することができないので、債権届出期間の満了後裁判所の定める期間内に、これらの事項について再生計画案の条項を補充しなければならない（民再164条2項）。そして、補充した条項を加えた再生計画案を作成して裁判所に提出することになる（民再規86条2項）。なお、簡易再生または同意再生手続では、再生債権の調査・確定の手続は省略されるから、個々の再生債権の変更を再生計画に記載または補充する必要はなく、権利変更の一般基準のみの記載で足りる（民再215条・219条・156条）。

---

[64]　再生手続が、再生債権者等、多数の利害関係者を巻き込みながら迅速な再生を目指すものである以上、提出期間の伸張が繰り返し行われ手続が理由もなく遅延してしまうことは厳に慎まなければならない。このような観点から、東京地方裁判所破産再生部は、再生計画案提出期間の伸張を原則として1回限りとし、その期間も1か月程度とする運用であり、現状も、ほとんどの事件で当初の提出期間または1回の伸長によって再生計画案が提出されているといわれる（破産民再実務〔新版〕（下）255頁以下〔西謙二＝松井洋〕、破産民再実務3版民再263頁）。

[65]　再生手続の申立前から、債権者との交渉が進み、十分な準備ができている事案や、私的整理の最終段階として再生手続に移行するような事案では、再生債務者等は再生債権の届出・調査・確定手続の前に再生計画案の骨子を作成して再生計画案を提出することが可能であり、さらにいわゆるプレパッケージ型の申立事案では、スポンサーの協力による再建表明が早期になされることによって、手続申立てに伴う混乱回避、信用不安の回避、営業資産の劣化防止、そして債権者の意見の早期形成に資することが期待される（新注釈民再2版（下）51頁〔長島良成〕）。このように、この手続が利用されるのは、債権の内容について再生債権者との間で争いがないような場合が多いと思われる。したがって、簡易再生（民再211条1項）や同意再生（同217条1項）を利用しようとする場面にも利用されることになる（詳解2版492頁〔森恵一〕参照）。

[66]　東京地方裁判所破産再生部では、手続の迅速化や問題点の事前洗出し等の観点から、申立日から2か月後ころに、財産評定書および民事再生法125条所定の報告書の提出と同時に、正式な再生計画案の提出に先立って事実上作成される文案である再生計画案の草案の提出を求めているとのことである（破産民再実務3版民再264頁）。

第28講　再生計画案の作成から再生計画の成立まで

4）再生計画案の修正

再生計画案の作成、提出には時間的制約（民再163条）があることから、必ずしも完全な再生計画案が作成、提出されるとは限らない。すなわち、作成過程において不備が見過ごされたり、再生計画案について述べられた利害関係人の意見（民再168条参照）を計画案に反映させたり、経済情勢等の変化に対処したりする必要性が生じることがある。このような場合に、再生計画案の修正を一切認めないものとすると、不十分な計画案であることを前提として、裁判所は決議に付するかどうかを判断し（民再170条・171条1項・172条1項参照）、再生債権者は賛成（同意）するかどうかを決定し（民再171条4項・172条3項参照）、さらに、裁判所は認可するかどうかを判断しなければならなくなり（民再174条1項2項参照）、手続の廃止または再生計画の不認可という事態を招くおそれがある。しかし他方で、再生計画案について決議をするための債権者集会を招集する旨の決定または再生計画案を書面による決議に付する旨の決定がされた後まで修正を認めることとすると、利害関係人の期待や信頼を裏切り、決議の手続において無用の混乱をきたすおそれがある[67]。そこで、提出した再生計画案の不備を補ったり、労働組合の意見（民再168条）やその他の利害関係人の意見を反映したり、経済情勢等の変化に対応したものにしたりするために、裁判所の許可を得て、いったん提出した再生計画案を修正することが認められている（民再167条本文）。ただし、修正は、再生計画案を決議に付する旨の決定がなされるまでにしなければならないとして、時間的制限が付されている（民再167条但書）。なお、裁判所は、再生計画案の提出者に対し、再生計画案を修正すべき旨を命じることもできる（民再規89条）[68]。

4　再生計画の成立と発効

提出された再生計画案は、再生債権者の決議（民再169条以下）によって可決されたときに再生手続の根本規範として成立し、裁判所の認可によってその効力を生じる（民再176条）。

（1）　再生計画案を決議に付する旨の決定

再生計画案の提出があったときは、裁判所は、次のいずれかに該当する場合を除き、当該再生計画案を決議に付する旨の決定（付議決定という）をする（民再169

---

[67]　一問一答民再225頁、条解民再3版878頁〔園尾隆司〕参照。

[68]　再生手続が基本的に債務者の自力再建型の手続であることに鑑みると、再生計画案の内容についても、裁判所が必要以上に後見的に介入することは適当ではないと考えられる。したがって、修正命令を出すにあたっても、提出された再生計画案に決議に付することができない事由（民再169条1項3号・174条2項）がある場合以外については、その必要性を慎重に検討するべきである（条解民再規191頁注2）。

条1項柱書）。裁判所は、この付議決定において、議決権者の議決権の行使方法および議決権の不統一行使をする場合における裁判所に対する通知の期限を定めなければならない（同条2項柱書）。なお、以下の場合には付議決定をすることができない。

　1）一般調査期間が終了していないとき（民再169条1項1号）　　一般調査期間が終了していないときは、決議に加えるべき再生債権者の範囲を確定することができず、決議をすることができないためである。再生債権の届出の追完は付議決定まではすることができるので（民再95条4項）、特別調査期間の終了は要件とされていないが、実務上は、債権者集会の期日前に特別調査を終了させておくという運用がとられている[69]。なお、簡易再生や同意再生には債権の調査・確定の手続はないから、簡易再生の決議および同意再生の決定には、この規定は適用されない（民再216条・230条）。

　2）財産状況報告集会における再生債務者等による報告または民事再生法
　　125条1項の報告書の提出がないとき（民再169条1項2号）　　再生計画案についての決議は、再生債務者の財産状況に関する適切な情報が開示された上でなされるべきであるから、それらの情報が開示される前には付議決定ができないものとされたのである。

　3）裁判所が再生計画案について民事再生法174条2項各号（3号を除く）に
　　掲げる要件のいずれかに該当するものと認めるとき（民再169条1項3号）

　裁判所が再生計画案について不認可事由があるときは、あえて再生計画案を決議に付することは無駄であるからである。ここで、民事再生法174条2項3号が除外されているのは、付議決定の段階ではまだ決議はなされておらず、この不認可事由は付議決定との関係では無意味だからである。なお、簡易再生の決議や同意再生の決定については、これと同趣旨の規定が別に置かれている（民再214条2項・217条2項）。

　民事再生法169条1項3号により再生計画案について付議決定をしない場合に、当該再生計画案の排除決定をする必要があるのか否かが問題となるが、同法169条が付議決定をする場合を定める体裁をとっていることからして、排除決定は要しないとする見解が有力である[70]。

　再生計画案を排除する決定をするかどうかということが、平成14年の改正前の民事再生法170条の規定（再生計画案の排除）との関係で問題になる。従来の同

---

[69] 破産民再実務〔新版〕（下）267頁〔伊藤聡〕、破産民再実務3版民再274頁。
[70] 条解民再2版784頁〔深沢茂之〕、条解民再3版886頁〔園尾隆司〕、破産民再実務〔新版〕（下）268頁〔伊藤聡〕。

第28講　再生計画案の作成から再生計画の成立まで

法170条は再生計画案に不認可事由があるときは、これを決議に付することができないと規定しながら、従来の旧会社更生法199条にならって、その見出しを「再生計画案の排除」としていたため議論が生じた[71]。しかし、民事再生法169条1項3号は、一般調査期間を経過していないこと等の手続進行上の事由と再生計画案に不認可事由がある場合と同一の項の中の号として規定しており、再生計画案排除決定の文言もなくなっているので、不認可事由がある場合に、再生計画案の排除決定を要するとする考え方は採らないことが明確にされているものといえる[72]。

ただし、複数の再生計画案が提出され、その一部に不認可事由がある場合には、決議の対象となる再生計画案を明らかにして手続の混乱を避けるのが妥当であるから、不認可事由がある再生計画案について排除決定をするのが相当である[73]。なお、提出された複数の再生計画案のすべてに不認可事由がある場合は、民事再生法169条1項3号のほかに同4号にも該当することになるが、その場合は再生手続廃止決定（民再191条2号）がされるので排除決定は要しない[74]。

4）民事再生法191条2号の規定により再生手続を廃止するとき（民再169条1項4号） この場合、裁判所の定めた期間またはその伸長した期間内に提出されたすべての再生計画案が決議に付するに足りないものであるときは、民再191条2号により再生手続を廃止することになるため、付議決定は無意味になるからである。なお、この場合には、再生計画案に不認可事由があるのが通常であり、民再169条1項3号と同4号が重畳適用になる場合が多いであろう。ただし、再生計画案に可決の見込みがない（民再25条3号）として民再191条2号の廃止決定がなされる場合には、民再169条1項3号の適用はなく、同4号のみが適用されることになる[75]。

（2）議決権

提出された再生計画案は、決議という形で再生債権者の集団的意思決定に委ねられ、それが可決されたときには、再生手続の根本規範として成立するが、それに加えて、裁判所の認可によってその効力を生じる。そこで、誰が議決権を行使

---

[71] 逐条研究187頁以下、注釈民再新版（下）50頁〔安木健〕。

[72] 条解民再2版784頁〔深沢茂之〕、条解民再3版886頁〔園尾隆司〕、破産民再実務〔新版〕（下）268頁〔伊藤聡〕。

[73] 条解民再2版784頁〔深沢茂之〕、条解民再3版887頁〔園尾隆司〕、破産民再実務〔新版〕（下）268頁〔伊藤聡〕。

[74] 一問一答民再228頁。

[75] 条解民再2版784頁〔深沢茂之〕、条解民再3版887頁〔園尾隆司〕、新注釈民再2版（下）70頁〔三村藤明〕。

することができるのか（議決権者）、またその議決権はどのように確定されるのか（議決権の確定）ということが問題となる。

1）議決権者　①　再生債権者　再生計画案の決議において議決権を行使しうる者は、届出をなし、議決権が認められた再生債権者である。たとえ再生債権であっても、債権届出を行わない自認債権については議決権は認められない（民再101条3項）。再生債務者に対して債権を有する者であっても、一般の先取特権その他一般の優先権がある債権者（民再122条）、共益債権者（同119条）、開始後債権者（同123条）、別除権者（同53条）および再生手続開始後の利息・損害金・違約金あるいは再生手続参加の費用等の再生債権者ならびに再生手続開始前の罰金等の債権については（同87条2項・84条2項・97条）議決権を有しない。ただし、別除権者であっても、その別除権の行使によって弁済を受けることができない債権の部分（不足額）については、再生債権者として権利行使をすることができるから（同88条）、この限度で議決権を有する。

②　社債権者等　再生債務者が社債を発行しており、社債権者が再生債権者となる場合に、社債管理者（会社702条以下）としては、債権届出については、債権保全行為としてこれを行うことができるが（会社705条1項）、再生計画案の決議における議決権行使のような再生債権者としての手続上の権利行使に関しては、会社法上、社債権者集会の決議による授権が必要とされている（会社706条1項2号）。しかし、社債権者の多くは投資目的で社債を購入しているにすぎず、この手続上の授権の決議のために社債権者集会を招集しても定足数を集めることは困難であり、また、その費用は莫大なものとなるので、現実的でない場合も多い[76]。他方、議決権者である以上、議決権を行使しない社債権者は、再生計画に同意しなかったものとして扱われるから（民再172条の3第1項参照）、結局、再生計画案の可決が困難になる。社債権者の多くが再生計画案に対して実質的に反対でない場合であっても、このような結果が生じるのは不合理であり、かえって社債権者の利益を損なうおそれがある。そこで、民事再生法169条の2は、議決権行使についての社債管理者への授権を原則として不要とし、例外的に、社債権者が再生債権の届出や裁判所に対する申出等の積極的な意思の表示によって、議決権行使の申出を行った場合に限り、当該社債について議決権行使を認めることにした。

すなわち、再生債権者である社債または民事再生法120条の2第6項各号に定める債権（社債等という）を有する者（社債権者等という）は、当該社債等について社債管理者または同法120条の2第6項各号に掲げる者（社債管理者等という）が

---

[76]　新実務大系（21）133頁〔大橋正春〕参照。

ある場合には、次のいずれかに該当する場合に限って、当該社債等について議決権を行使することができるものとされている（民再169条の2第1項柱書）。すなわち、第1は、その者が当該社債等について再生債権の届出をしたとき、または届出名義の変更を受けたときである（同1号）。この場合には、当該社債権者自身による積極的な再生手続参加の意思が認められるからである。第2は、当該社債管理者等が当該社債について再生債権の届出をした場合であっても、再生計画案を決議に付する旨の決定があるまでに、裁判所に対し、当該社債について議決権を行使する意思がある旨の申し出をしたときである（同2号、民再規90条の2）。議決権の申出にも、再生手続参加についての積極的意思が認められるからである。

③　その他　　約定劣後再生債権については、再生債務者が債務超過の状態にあるときは議決権が否定される（民再87条3項）。これは、通常の再生債権にさえ完全な満足が与えられない以上、それに後れる約定劣後再生債権者には配当が回らないことになり、もはや議決権を与える必要がないからである。また、再生債権者が外国で弁済を受けた場合にも、議決権行使について制限が課せられている（民再89条3項）。

2）議決権の確定　　届出再生債権者の議決権の額は、債権調査の結果として再生債務者等が認め、かつ、調査期間内に届出再生債権者の異議がなければその再生債権の内容または議決権の額は確定し（民再104条1項）、その額をもって議決権を行使することができる（民再170条2項1号・171条1項1号）。債権者集会が開催された場合でも、再生債務者等または届出再生債権者は、そのようにして確定された議決権について異議を述べることはできない（民再170条1項但書）。債権調査によって確定しなかった再生債権については、債権者集会が開催されるときは、その期日において、再生債務者等または届出再生債権者が議決権について異議を述べることができ（民再170条1項本文）、異議がなければ、届出額によって議決権を行使することができる（同条2項2号）。異議があれば、裁判所が議決権行使の可否および議決権の額を定める（同条2項3号）。裁判所は、利害関係人の申立てによりまたは職権で、いつでもその決定を変更することができる(同条3項、民再規90条の3)。

議決権行使の方法として、書面等投票（民再169条2項2号）が定められた場合においては、裁判所が、議決権を行使させるかどうか、および議決権額を定める（民再171条1項2号）。

3）基準日における議決権者の決定　　再生債権は自由に譲渡できるし、また保証債務の弁済等による再生債権の代位取得等により議決権者が変更することがあり、このような場合、届出をした再生債権を取得した者は、届出名義の変更

を受けることができる（民再96条）。しかし、債権者集会の直前や書面等投票の直前または最中に再生債権の主体が変更すると、議決権行使について混乱を来し、集計作業等の事務処理に支障を来たすことになりかねない。そこで、裁判所は、相当と認めるときは、再生計画案を決議に付する旨の決定（民再169条1項）と同時に、一定の日（基準日）を定めて、基準日における再生債権者表に記録されている再生債権者を議決権者と定めることができるものとして（同172条の2第1項）、基準日以降に再生債権の帰属主体に変動があっても、基準日の再生債権者を議決権者として扱えば足りるものとした。なお、基準日を定めたとしても、基準日以降に再生債権を譲り受けた債権者は、議決権を行使できないものの届出名義を変更することは可能である[77]。

（3） 議決権行使の方法

裁判所は、付議決定において、議決権を行使することができる再生債権者の議決権行使の方法、および民再172条2項の規定により議決権の不統一行使をする場合における裁判所に対する通知の期限を定めなければならない（民再169条2項前段）。

1）再生計画案の議決方式の種類　付議決定にあたり、裁判所は、議決権行使の方法として、①債権者集会の期日において議決権を行使する方法（民再169条2項1号）、②書面等投票により裁判所の定める期間内に議決権を行使する方法（同2号）、③①および②の方法のうち議決権者が選択するものにより議決権を行使する方法（同3号）のうち、いずれかを定めなければならない（民再169条2項後段）。

①の方法を定めた場合には、裁判所は、債権者集会の期日および会議の目的を公告し、再生債務者、管財人、届出再生債権者（議決権を行使できない者を除く）および再生のため債務を負担しまたは担保を提供する者を呼び出さなければならない（民再115条1項2項4項）。この場合には、これらの者に再生計画案の内容またはその要旨を通知しなければならない（民再169条3項）[78]。

②の方法を採用した場合、裁判所は、その旨を公告し、かつ、議決権者に対して、書面等投票は裁判所の定める期間内（民再規90条4項）に限りすることができる旨を通知しなければならない（民再169条4項）。なお、②の方法を定めた場合

---

[77]　新注釈民再2版（下）85頁〔綾克己〕。

[78]　東京地方裁判所破産再生部では、「債権者集会招集通知書」「議決票」「監督委員の意見書」「再生計画案」「返信用封筒（議決票を再生債務者に直送する場合）」を普通郵便で発送している。そして、議決票等の発送作業は再生債権者の人数にかかわらず再生債務者に依頼しているとのことである（破産民再実務〔新版〕（下）271頁〔伊藤聡〕、破産民再実務3版民再278頁）。

でも、再生債務者、管財人、債権者委員会または一定の要件を満たした再生債権者（民再114条1項前段参照）が債権者集会招集の申立てをした場合には、この定めを取り消して、債権者集会を開催する方法または債権者集会と書面等投票を併用する方法を採用しなければならない（民再169条5項）。このように、書面等投票は例外的にしか採用されていないが、これは、書面等投票が、債権者集会を招集する方法に比べ、公開性および柔軟性において劣後するものであると考えられるためである[79]。

なお、書面等投票の方法としては、従来の書面決議の方法のほかに、平成14年の改正により、電磁的方法で投票することも認められたが（民再規90条2項2号）、そのような方法の実施が具体的に見込まれているわけではなく、将来の可能性を考慮したものにとどまる[80]。

③の方法は併用型とも呼ばれるが、平成14年の改正において、会社更生法（会更189条2項3号）にならって新たに導入されたものである。これにより、債権者集会の当日に差し支えがある場合などにも、書面投票によって再生債権者がその意思表示をすることが可能となった[81]。ただし、両者を併用するといっても、あくまで原則は債権者集会方式であり、書面等投票の期日の末日は、債権者集会の期日より前の日でなければならいとされている（民再169条2項3号後段）。

2）議決権者の議決権行使の方法　　議決権の行使は、提出された再生計画案に対する議決権者の賛否の意思表示である。民事再生手続においては、議決権者は、議決権の一部については再生計画に賛成し、残部については反対するといったように、その有する議決権を統一しないで行使することができるものとされ

---

[79]　条解民再2版786頁〔深沢茂之〕、条解民再3版889頁〔園尾隆司〕。なお、そのほかにも、書面等投票方式は、債権者集会方式に比べ、①再生計画案の変更が許されないこと（民再172条の4）、②否決された場合に続行が許されないこと（同172条の5）のほか、③議決権者と手続を主催する裁判所との接触が希薄となり、再生債権者に対して議決の結果を知る機会が保障されていないという問題点が指摘されている。

[80]　条解民再2版786頁〔深沢茂之〕、条解民再3版890頁〔園尾隆司〕。

[81]　東京地方裁判所破産再生部では、原則として併用型を採用しているといわれる。これは併用型導入の趣旨が、集会決議を基本としつつ、再生債権者が集会当日に差し支えがある場合に当該債権者の便宜を考慮して不在者投票のような事前投票の制度を実現したことにある（破産民再実務〔新版〕（下）270頁〔伊藤聡〕、破産民再実務3版民再275頁、条解民再2版787頁〔深沢茂之〕）。その他、この方式によれば、再生計画案提出後の事情の変化に応じた再生計画案の変更（民再172条の4）や再生計画案が否決された場合の期日の続行（民再172条の5第1項）をする余地を残すことができる（民再手引335頁〔吉井篤〕）等のメリットがあるからである。なお、これに関する実務上の運用については、Q&A民再2版409頁以下〔小林信明〕が詳しい。

904　　第26章　再生計画案の作成から再生計画の成立まで

ている（民再172条2項）。これは、複数の債権者から回収代行を行うために債権譲渡を受けた債権回収会社（サービサー）や、合併して間もない金融機関など、複数の意思を反映させることが必要な場合があるからである[82]。ただし、このような不統一行使を無制限に認めると、事務手続が煩瑣になるだけでなく、投票結果の集計に誤りが出たりして混乱を生じるおそれがある。そこで、議決権の不統一行使をする場合には、議決権者は、裁判所の定める通知の期限内に、不統一行使をする旨を書面で通知しなければならない（民再172条2項後段）。裁判所は、再生計画案について付議決定をする場合に、議決権者の議決行為意思の方法および不統一行使をする場合における裁判所に対する通知の期限を定めなければならず[83]、かつ、その期限を公告し、さらに議決権者等に通知しなければならない（民再169条2項3項）。

また、代理人による議決権行使についても、不統一行使が許されている（民再172条3項）。

（4） 再生計画案の決議

1） 再生計画案の可決要件　**① 原 則**　再生計画案を可決するには、(a)債権者集会に出席しまたは書面等投票をした議決権者の過半数の同意(頭数要件)と、(b)議決権の総額（すなわち、債権者集会に出席していないまたは書面等投票をしていない議決権者を含めた議決権者の議決権）の2分の1の議決権を有する者の同意（議決権数要件）という、双方の要件を満たさなければならない（民再172条の3第1項）。ここで頭数要件が規定されているのは、少額債権者を保護するためである[84]。

② 約定劣後再生債権の届出がある場合　　約定劣後再生債権とは、再生債権者

---

[82]　小川395頁、条解民再3版902頁〔野口宣大〕、破産民再実務〔新版〕（下）273頁〔伊藤聡〕、破産民再実務3版民再276頁、新注釈民再2版（下）83頁〔綾克己〕。

[83]　東京地方裁判所破産再生部では、原則として、債権者集会の14日前を通知期限として定めている（破産民再実務3版民再276頁）。

[84]　最決平20・3・13民集62巻3号860頁〔百選5版91事件〕は、再生計画について、議決権者の過半数の同意が見込まれない状況にあったにもかかわらず、再生債務者の取締役の1人から再生債務者の他の取締役に対し回収可能性のない債権の一部が譲渡され、再生債務者の関係者4名が再生債務者に対する債権者となり議決権者の過半数を占めることによって可決された場合について、再生計画の決議は、民再172条の3第1項1号の少額債権者保護の趣旨を潜脱し、再生債務者らの信義則に反する行為によって成立するに至ったものであり、再生計画の決議は不正の方法によって成立したものであるとして、再生計画の認可を否定した。また、東京高決平19・4・11判時1969号59頁も参照のこと。
　なお、会社更生手続における更生計画案の可決の要件としては（会更196条5項）、大規模事件における事務負担などの理由から、頭数要件は設けられていない（会更基本構造160頁）。

と再生債務者との間で再生手続開始前に、当該再生債務者にして破産手続が開始されたとすれば当該破産手続におけるその配当の順位が破産法99条1項に規定する劣後的破産債権に後れる旨の合意がなされた債権である（民再35条4項）。そのため、再生計画においても、それ以外の再生債権との間においては、配当の順位についての合意の内容を考慮して、再生計画の内容に公正かつ衡平な差を設けること、すなわち劣後的取扱いをすることが要求されている（民再155条2項）。したがって、決議に際しても、約定劣後再生債権とそれ以外の再生債権とを平等に扱うことは妥当ではない。そこで、民事再生法は、約定劣後再生債権の届出がある場合には、再生計画案の決議は、一般再生債権を有する者の組と約定劣後再生債権を有する者の組とに分かれて行うことを原則とした（民再172条の3第2項）。この場合、再生計画を可決するには、一般再生債権者の組と約定劣後再生債権者の組の双方について、頭数要件と議決権数要件のいずれもが充たされなければならない（民再172条の3第6項）。

　なお、約定劣後再生債権者が議決権を行使できない場合（民再87条3項。その他、同170条2項3号・171条1項2号等）など、議決権を有する約定劣後再生債権者がいない場合には、組分けの必要はない（民再172条の3第2項但書）。また、組分けの必要がある場合であっても、裁判所が相当と認めるときには、組分けをしないで決議させることができる（民再172条の3第3項）。「相当と認めるとき」としては、約定劣後再生債権者の債権者数または議決権額がわずかであり、かつ、再生計画案において再生債務者について破産手続が開始された場合に配当を受けることが見込まれる額以上を約定劣後再生債権者に対して支払うこととなっており（民再174条の2第1項参照）、組分けをしないでも約定劣後再生債権者の利益を害しないと認められる場合等が考えられる[85]。裁判所は、再生計画案を決議に付する決定をするまでは、組分けをしないで決議させる旨の決定を取り消すことができる（民再172条の3第4項）。この決定を行った場合、裁判書を議決権者に送達しなければならないが、債権者集会の期日に当該決定を行った場合には、送達は不要である（同5項）。

　③　議決権の不統一行使の場合　　議決権の不統一行使が行われた場合、民事再生法172条の3第1項1号または同6項の規定の適用については、当該議決権者1人につき、同号に規定する議決権者の数に1を、再生計画案に同意する旨の議決権の行使をした議決権者の数に2分の1をそれぞれ加算する（民再172条の3第7項）。これは、①議決権の不統一行使をしない他の債権者との均衡上、複数の

---

[85]　新注釈民再2版（下）93頁〔富永浩明〕。

議決権を行使したのと同様の結果となるのは適当ではないこと、②議決権の不統一行使の制度は、再生計画案の可決の難易に対しては中立的であるべきであると考えられることを考慮したものである[86]。

2）債権者集会における再生計画案の変更　付議決定がなされた後の再生計画案の変更は許されないのが原則である（民再167条）。しかし、再生計画に不備があるような場合にまでそのまま議決を強行することは妥当ではなく、よって、法は、再生債権者に不利益な影響を与えないときに限り、裁判所の許可を得て、当該再生計画案を変更することができるものとした（民再172条の4）。再生債権者に不利益な影響を与えないときとは、典型的には、スポンサーからの援助が増額されることで弁済原資が増額され当初の案よりも弁済率が向上する場合や、弁済時期につき一部繰り上げて弁済するような場合などが考えられる[87]。

これに対して、再生債権者に不利益な影響を与えないが、再生計画案の本質的部分に変更が加わるような場合、変更を認めることが可能か否かは問題である。たとえば、いわゆる計画内事業譲渡により弁済原資を確保する案から、いわゆる増減資の方法により弁済原資を確保する案への変更を申し立て、しかも変更後の計画案の方が弁済原資が大きくなって弁済率が上がり、しかも履行可能性等も十分にあるというような場合である。しかし、このような本質的に異なる再生計画案の修正を認めることは、新たな再生計画案の提出を認めることと実質的に同じであり、付議決定後は変更は認められないという原則（民再167条但書）にもとることにもなるから、このような変更は認めるべきではあるまい[88]。

3）債権者集会の期日の続行　議決につき債権者集会方式が採用された場合において、再生計画案が可決されるに至らなかったときは、裁判所は、一定の同意（民再172条の3第1項各号のいずれかの同意、または、債権者集会の期日における出席議決権者の過半数であって出席した議決権者の議決権総額の2分の1を超える者の同意）があるときは、再生計画案の提出者の申立てまたは職権により、続行期日を定め

---

[86]　小川395頁以下によれば，具体的には以下のようになる。

　　（1）議決権の一部に同意するものとして行使し、残りを行使しなかった（放棄した）場合には、分母である債権者集会に出席し、または書面等投票をした議決権者の総数に1を、分子である同意をした議決権者の数にも1を加える。(2）議決権の一部を同意するものとして行使し、残りを積極的に同意しないものとして行使した場合には、分母である債権者集会に出席し、または書面等投票をした議決権者の総数には1を、分子である同意をした議決権者の数には0.5を加える。

[87]　破産民再実務〔新版〕（下）275頁〔西謙二＝松井洋〕、破産民再実務3版民再280頁参照。

[88]　Q&A民再2版406頁〔小林信明〕、破産民再実務〔新版〕（下）264頁・275頁以下〔西謙二＝松井洋〕、破産民再実務3版民再280頁、272頁参照。

て言い渡さなければならない（民再172条の5第1項本文）。これは、再生債権者に再考の機会を与えることにより、再生計画ができるだけ可決されるように配慮した制度である。したがって、可決される見込みがない場合には期日の続行はなされない（民再172条の5第1項但書）。

　続行期日が言い渡されたときは、その期日における再生計画案の可決は、当該再生計画案が決議に付された最初の債権者集会の期日から2か月以内になされなければならない（民再172条の5第2項）。この場合、裁判所は、必要があると認めるときは、1か月以内の範囲で、続行期日までの期間を伸長することができる（民再172条の5第3項）。

　4）再生計画案が可決された場合の法人の継続　　民事再生法は、清算中もしくは特別清算中の法人または破産手続開始後の法人に対しても、再生手続開始申立てがなされることおよび再生手続開始決定がなされることを予定している（民再11条6項8項・26条1項1号・39条1項・59条1項3号・76条の2）。しかしこれらの手続中の法人については、すでに解散の効果が生じていることから、事業継続を内容とする再生計画案が可決されても、そのままでは、計画の遂行可能性がないものとして、再生計画不認可決定がなされるおそれがある（民再174条2項2号）。そこで、そのような事態を避けるために、このような法人である再生債務者について民事再生手続が開始された場合において、再生計画案が可決されたときは、定款その他の基本約款の変更に関する規定に従い、法人を継続することができるとされた（民再173条）。そして継続するかどうかが決まったときは、再生債務者等は速やかにその旨を裁判所に届け出なければならず（民再規92条）、届出がなされたときまたは再生計画案の可決後相当な期間内に届出がなされないときには、裁判所は、再生計画の認可または不認可の決定をする（民再規93条）。

　すなわち、法人の継続は、定款その他の基本約款の変更に関する規定に従って行われる。たとえば、一般社団法人については一般社団・財団法人法146条・49条2項4号により、一般財団法人については同法200条1項・189条2項3号により、また、株式会社については会社466条・309条2項11号、さらに、持分会社については会社637条等の手続によって継続される。

　（5）再生計画の認可・不認可

　再生計画案が再生債権者の法定多数によって可決された場合、裁判所は、不認可事由の存否を審理し、これが認められないときは再生計画認可の決定をしなければならない（民再174条1項）。この場合には、裁判所には裁量権はない。これは、たとえ再生計画案が再生債権者の法定多数によって可決されたとしても、不認可事由（民再174条2項各号）がある場合には、再生計画の効力を認めることは

相当でないからである。その意味で、裁判所による認可・不認可の決定は、当事者の私的自治に対する後見的な審査・監督という意義を有する[89]。すなわち、再生計画案の可決が再生計画の成立要件であるのに対し、裁判所の認可決定の確定は、再生計画の効力要件である。

1）再生計画の不認可事由（民再 174 条 2 項）　①　**再生手続または再生計画が法律の規定に違反し、かつ、その不備を補正することができないものであるとき**（同 1 号）　ここで、再生手続の法律違反を不認可事由としているのは、違法な手続の実施によって再生債権者をはじめとする利害関係者の利益が害されることを防止するために、再生計画認可の段階で、手続の適法性を裁判所に再点検させる趣旨である。また、再生計画の法律違反を不認可事由としているのは、再生計画の策定は基本的には当事者の自治に委ねられているが、再生計画案に賛成しない少数者である再生債権者の保護を中心として、当事者自治によっても犯すことのできない利害関係者の権利を保護するために、裁判所に後見的な監督権を付与したものである[90]。

再生手続が法律の規定に違反するときとは、再生手続開始後になされる裁判所、再生債務者等などの行為に関する違法[91]を含む。また、再生手続開始申立てについての取締役会決議が存在しない場合など、再生手続開始前の事由も含むと解される[92]。また、再生計画が法律の規定に違反するとは、絶対的記載事項（民再 154 条 1 項）に不備があったり、平等原則（民再 155 条 1 項本文）に違反する条項が存在する場合[93]、法律の手続によらずに別除権者に対する弁済についての定めをしたような場合などがあげられる[94]。

②　**再生計画が遂行される見込みがないとき**（同 2 号）　再生計画に基づく弁済原資調達の見込みがない場合が典型であるが、その他、事業遂行に不可欠な不動産についての担保権者が再生計画に反対しており、しかも、その担保権に対して消滅許可を申し立てるだけの資金手当の見込みのないような場合である[95]。

会社更生法の場合には、更生計画が遂行可能であることが認可要件とされており（会更 199 条 2 項 3 号）積極的要件として規定されているのに対し、民事再生法の場合は、遂行の見込みがないことが不認可要件（消極的要件）となっているが、

---

[89]　条解民再 3 版 915 頁〔三木浩一〕。
[90]　条解民再 3 版 918 頁〔三木浩一〕。
[91]　東京高決平 16・6・17 金法 1719 号 61 頁参照。
[92]　伊藤 3 版 1014 頁、詳解 2 版 542 頁〔森惠一〕。
[93]　東京高決平 16・7・23 金法 1727 号 84 頁。
[94]　伊藤 3 版 1014 頁、詳解 2 版 542 頁〔森惠一〕。
[95]　伊藤 3 版 1014 頁、詳解 2 版 543 頁〔森惠一〕。

この趣旨は、再生計画を承認した再生債権者の意向を尊重したものと説明されている[96]。

③　**再生計画の決議が不正の方法によって成立するに至ったとき（同3号）**　再生計画の決議が不正の方法によって成立するに至ったときとは、議決権を行使した再生債権者が詐欺、脅迫または不正な利益の供与等を受けたことにより再生計画案が可決された場合はもとより、再生計画案の可決が信義則反する行為に基づいてされた場合も含まれる[97]。ただし、決議が不正の方法により成立した場合であっても、たとえば、詐欺や脅迫により真意に反して同意をさせられた再生債権者の頭数または議決権総額を除いても、なお可決に必要な法定多数の同意があると認められる場合には、裁判所は再生計画を不認可とすべきではない[98]。

④　**再生計画の決議が再生債権者の一般の利益に反するとき（同4号）**　再生債権者の一般の利益に反するとは、特定の債権者の利益でなく、再生債権者全体としての利益に反するこという。これは、一般的に清算価値維持原則（清算価値保障原則）を規定したものと解されており[99]、再生計画によって配分される利益が、再生債務者財産を解体清算した場合の配分利益、すなわち破産配当を上回ることを意味する。この要件が充足されているか否かは、形式的な弁済率のみならず、実

---

[96]　詳解2版543頁〔森惠一〕、新注釈民再2版（下）111頁〔須藤力〕。なお、東京高決平14・9・6判時1826号72頁は、監督委員の委嘱を受けた公認会計士が弁済計画の不確実性を指摘しながらも遂行の見込みがないとは結論づけてはいないこと、監督委員は意見書において遂行される見込みを肯定していること、再生債権者の大多数は再生計画案に賛成したことから、再生計画にかかわる大多数の者が再生計画が遂行されるものと判断しているとして、遂行される見込みがないと断定できないとした。これは、再生債権者の意向を重視したものといえるであろう。

[97]　最決平20・3・13民集62巻3号860頁〔百選5版91事件〕は、民事再生手続によると破産手続によるよりも債権者ABCにとって不利であり、再生計画案が提出されても、甲と再生債務者Xの取締役である乙の2名の債権者の賛成しか得られないことから頭数要件を満たさず、可決される見込みがない状況の下で、Xが再生手続開始の申立てをする直前に、Xの取締役であってそれまでXに対する債権を有していなかった丙が、回収可能性のないXに対する債権を譲り受け、その一部を同じくXの取締役であってそれまでXに対する債権を有していなかった丁に譲渡し、甲乙に加え丙と丁が再生計画案に同意するものとして議決権を行使したことにより民事再生法172条の3第1項1号の要件を充足し、再生計画案が可決されたという事例であった。それに対し、上記最高裁決定は、「本件再生計画の決議は、法172条の3第1項1号の少額債権者保護の趣旨を潜脱し、再生債務者である抗告人らの信義則に反する行為によって成立するに至ったものといわざるを得（ず）本件再生計画の決議は不正の方法によって成立したものというべきであ」るとした。

[98]　条解民再3版921頁〔三木浩一〕、全書2版（上）89頁注110〔山﨑良太〕。

[99]　一問一答民再235頁。

質的に判断する必要があり、手続に要する時間の長短、費用の多寡、財産の換価の難易、履行の確実性など総合的に考慮して行うべきである[100]。よって、第1回の弁済までの期間（いわゆる据置期間）が長期にわたる場合には、この要件に該当する可能性がある[101]。

2）再生計画の審理手続　　裁判所は、再生計画案が可決された場合、不認可事由が存在するか否かにつき審理する。その際、再生債務者、管財人、届出再生債権者および再生のために債務を負担しまたは担保を提供する者（すなわち、民再115条1項本文に規定する者）および労働組合等は、再生計画案に対して認可すべきか否かについて意見を述べることができる（民再174条3項）。これらの者は、再生計画が認可されるか否かについて重大な利害関係を有するからである。認可または不認可の決定があった場合は、再生債務者等（民再115条1項本文）には、その主文および理由の用紙を記載した書面を送達しなければならない（民再174条4項）。労働組合等には、その決定があった旨を通知しなければならない（同条5項）。

認可決定の時期については明文の規定はない。ただ、実務の運用では、再生計画案の決議は通常は債権者集会の方法によって行われ、また再生計画の提出前に裁判所において監督委員同席の上で事前に打ち合わせを行っているとのことである。このようなことからして、再生計画案の議決のための債権者集会に労働組合の担当者らに出席してもらい、再生計画案が可決された後に直ちにそれらの者から意見を聴いて、問題がなければ直ちに認可決定をしているといわれる[102]。

3）約定劣後再生債権の届出がある場合における認可等の特則　　約定劣後再生債権の届出があったときは、再生計画案の決議に際しては、原則として一般の再生債権を有する者と約定劣後再生債権を有する者とに組分けをして行なう（民再172条の3第2項）。その結果、1つの組で再生計画案が否決されることもあり得る。そのような場合、裁判所は、再生計画案を変更し、その同意が得られな

---

[100]　伊藤3版1016頁、条解民再3版922頁〔三木浩一〕。

[101]　詳解2版544頁〔森恵一〕、伊藤3版1016頁。なお、東京高決平15・7・25金法1688号37頁〔百選5版92事件〕は、再生債務者の行為を対象とする詐害行為取消訴訟が再生手続開始前に係属していたにもかかわらず、監督委員がこの訴訟を受継しなかった場合において、監督委員が受継をしていれば、再生債権者に対して再生計画によるよりも多額の弁済を可能にする蓋然性が高いときは、民再174条2項4号の不認可事由に該当するとした。また、東京高決平22・10・22判タ1343号244頁（百選5版94事件）は、小規模個人再生について、再生債務者が、特定の債権者に対し偏頗弁済を行っていた場合、弁済相当額が清算価値から流出していることになるから、同額が計画弁済総額に上乗せされない限り、再生計画案は、『再生債権者の一般利益』に反するとする。

[102]　詳解2版545頁〔森恵一〕、破産民再実務〔新版〕（下）288頁〔西謙二＝小河原寧〕参照。

かった種類の債権を有する者のために、破産手続が開始された場合に配当を受けることが見込まれる額を支払うことや、それに準じて公正かつ衡平に当該債権を有する者を保護する条項（いわゆる権利保護条項）を定めて、再生計画認可の決定をすることができる（民再174条の2第1項）。また、裁判所は、同意が得られないことが明らかな場合には、当該種類の債権を有する者のためにあらかじめ権利保護条項を定めて再生計画案を作成することを許可することができるとし、その場合には当該種類の債権を有する者の議決権行使を認めないこととした（同2項）。なお、あらかじめ権利保護条項を定めることについて許可の申立てがあった場合には、裁判所は申立人および同意を得られないことが明らかな種類の債権を有する者のうち1名以上から意見聴取をしなければならない（同3項）。これらの措置は、会社更生法における同種の規定（会更200条）を、民事再生法にも導入したものといえよう。

4）不服申立て　再生計画の認可・不認可の決定に対しては、利害関係人は、即時抗告をすることができる（民再175条1項・9条前段）。議決権を有しなかった再生債権者も即時抗告をすることはできるが、再生債権者であることを疎明しなければならない（民再175条3項）。利害関係人の中に再生債務者、届出再生債権者が入るのは当然であるが、別除権者も、別除権の行使によって弁済を受けられない限度で再生計画の効力を受ける立場にあるから、即時抗告権を有する。株主は、再生計画に資本の減少を定める条項があるときには、即時抗告権がある[103]。

以上に対して、約定劣後再生債権者は、再生手続開始決定時において優先する債権について再生債務者が完済できない状況にある場合には、民再155条1項に定める平等違反を理由とする場合を除いては即時抗告することはできない（民再175条2項）。また、労働組合等（民再24条の2）も、再生計画によってその権利に直接の影響を受ける立場にはないので、即時抗告は認められない[104]。

5　再生計画の効力
（1）　再生計画の効力発生の時期
再生計画は認可決定の確定により効力を生じる（民再176条）。したがって、認可決定に対して即時抗告が提起されなかったときは、1週間の即時抗告期間（民再9条前段・18条・174条4項、民訴332条）の満了と共に、再生計画の効力が発生し、即時抗告が提起されたときは、その却下または棄却の決定が確定したときにその効力が生じる。これに対し、会社更生手続では、更生計画の認可決定の時から効力が生じる（会更201条）。再生手続では管理機関の選任が必要的とはされていな

---

[103]　東京高決平16・6・17金法1719号61頁。

[104]　伊藤3版1020頁。

いので、即時抗告による取消しがあると事後処理に困難が生じるおそれが高いことから、会社更生法とは異なり、認可決定の確定をもって効力を生じるものとしている[105]。

（2） 再生計画の効力を受ける者の範囲

再生計画は、再生債務者、すべての再生債権者および再生のための債務を負担し、または担保を提供する者のために、かつ、それらの者に対して効力を有する（民再177条1項）。再生計画は再生債務者の事業の再生のために作成されるものであるから、その性質上、その効力は当然に再生債務者にも及ぶ。また、再生計画は再生債権者の権利変更等を定めることにより、再生債務者の事業の再生を図るものであるから、再生計画の決議に参加した再生債権者はもちろん、届出はしたが決議に参加しなかった者や、そもそも届出を行わず決議に参加しなかった者を含め、すべての再生債権者にもその効力は及ぶ。また、再生債務者以外の者が再生計画において債務を負担したり担保を提供した場合に、再生計画の効力を及ぼさないとすると、再生計画の実効性が何ら担保されないことになり妥当でないし、それらの者は再生計画にその旨の条項が定められることをあらかじめ同意しているのであるから（民再165条1項）、それらの者に再生計画の効力を及ぼしても問題はないと考えられる。

（3） 再生債務者の権利変更

再生計画認可決定が確定したときは、届出再生債権者および再生債務者が自認する再生債権（民再101条3項）を有する再生債権者の権利は、再生計画の定めにより変更される（民再179条1項）[106]。もっとも、変更の基礎となっている再生計画が取り消されれば（民再189条1項）、変更の効力は失われ、再生債権者の権利は、原状に復する（同条7項本文）。また、再生計画の履行完了前に、再生債務者について破産手続開始の決定または新たな再生手続開始の決定がなされた場合にも、変更の効力が失われ、再生債権者の権利は原状に復する（民再190条1項本文）。なお、変更された内容にしたがって権利行使が認められるのは、その権利が確定してい

---

[105] 一問一答民再236頁。

[106] 最判平23・3・1判時2114号52頁〔百選5版97事件〕は、届出のない再生債権である過払金返還請求権につき、請求があれば再生債権の確定を行った上で、届出があった再生債権と同じ条件で弁済する旨を定める再生計画は、届出のない再生債権についても一律に民事再生法181条1項1号所定の再生債権として扱う趣旨であると解され、上記過払金返還請求権は、本件再生計画認可決定が確定することにより、本件再生計画による権利変更の一般的基準に従い変更され、その再生債権者は、訴訟等において過払金返還請求権を有していたことおよびその額が確定されることを条件に、上記の通り変更されたところに従って、その支払いを受けられる、とする。

る場合に限られる（民再179条2項）。そこで、査定手続や異議の訴えが係属中（105条・106条）であるといった、未確定の再生債権については、再生計画において、その権利確定の可能性を考慮して、これに対する適確な措置を定めなければならないものとされている（民再159条）。

それに対し、共益債権（民再119条）や一般優先債権（民再122条）は、そもそも再生計画による権利変更の対象とはならないから、再生計画によって権利変更を受けることはない。別除権者が有する担保権（特別の先取特権、質権、抵当権、商法または会社法の規定による留置権〔民再53条1項〕のほか、譲渡担保等の非典型担保も含まれる）に対しても、再生計画の効力は及ばない（民再177条2項）。また、再生債権者が再生債務者の保証人や再生債務者と共同して債務を負う者に対して有する権利にも再生計画の効力は及ばない（民再177条2項）。保証人には、通常の保証人のほか、連帯保証人も含まれる。再生債務者と共同して債務を負う者とは、連帯債務者、不真正連帯債務者、合同債務者などである。なお、主債務たる再生債務が再生計画によって権利変更がなされた場合は、付従性により保証債務も減免されるのが原則であるが（民448条）、保証制度は主債務者が弁済できない事態に備えて責任を負う制度であるから、再生計画の効力が及ばないこととされたものである。また、再生債務者と共同して債務を負う者についてもその趣旨は同じである。この規定は、破産法253条2項と同趣旨の規定であるといえる。

以上の例外として、住宅資金貸付特別条項を定めた再生計画の認可決定が確定した場合は、民事再生法177条2項の適用は排除され、民法の原則に戻って、住宅資金貸付債権にかかる担保権や保証人に対してもその効力を有するものとされている（民再203条）。これは、再生債務者の住宅の保持を目的として住宅資金貸付特別条項付再生計画の制度趣旨を貫徹するには、担保権の実行や保証人への保証履行を制限する必要があるからである[107]。

（4）　再生債権の免責

1）原　則　　再生計画認可の決定が確定したときは、再生計画の定めまたは民事再生法の規定によって認められた権利以外のすべての再生債権について、再生債務者は責任を免れる（民再178条本文）。この「責任を免れる」という文言をめぐって、免責の効果については、破産法253条の破産免責の解釈におけるのと同様の争いがあり、債務消滅説と自然債務説が対立している。現在では自然債務説が有力であるが[108]、とくに、自然債務として残すことにより、債権者と債務者の力

---

(107)　最新実務618頁〔南賢一〕。

(108)　破産民再実務〔新版〕（下）290頁〔西謙二＝小河原寧〕、詳解2版550頁〔佐藤鉄男〕、条解民再3版943頁〔三木浩一〕。最判平9・2・25判時1607号51頁〔百選5版88事件〕、

関係などからみて、事実上の弁済を期待する債権者の圧力等を助長し、再生債務者の再生を阻害する危険性が大きい。また、保証債務等が免責の対象外となっている点についても、破産法および民事再生法の当該規定が例外を定めたものと考えれば説明がつくことであり、債務消滅説[109]に賛成すべきであろう。

2）例　外　免責の効力が生じても、以下のものは失権しない。

①　届出債権者等の有する再生債権　届出債権者が有する再生債権および自認債権のように、再生計画の定めによって権利変更されその内容が確定される権利は、「再生計画の定め」によって認められた権利であり、失権しない（民再178条本文）。

②　再生手続開始前の罰金等（民再97条）　これらの債権は、その性質上は再生債権であるが、届出がなくても失権しない（民再178条1項但書）。ただし、これらは、再生計画で定められた弁済期間が満了しなければ権利行使することはできない（民再181条3項・2項）。これらの権利については、再生計画において減免その他の権利変更を定めることができないため（民再155条4項）、再生計画に記載を求める意味はなく、また、弁済時期が他の再生債権者より劣後しているため、弁済期間に弁済を受ける再生債権者の権利にも影響しないことから失権しないものとされている[110]。

③　民事再生法181条1項各号に該当する再生債権　これらの権利は、民事再生法178条本文において失権の対象から除外されている「この法律の規定によって認められた権利」に当たるからである。なお、届出のない約定劣後再生債権については失権する（民再181条1項柱書かっこ書）。

a. 再生債権者がその責めに帰することができない事由によって債権届出期間内に届出ができなかった再生債権で、その事由が再生計画案の付議決定までに（民再95条4項）消滅しなかったもの（民再181条1項1号）　この場合は、再生債権者に何ら落ち度がないことから、たとえ届出がない場合でもその債権を失権させることは酷であり、失権させることは、かえって再生債権者間の平等にも反すると考えられるからである。このような場合としては、開始前に原因のある不法行為に基づく損害賠償請求権で具体的な損害が付議決定後に生じた場合等があげられるであろう[111]。

　　最判平11・11・9民集53巻8号1403頁。

[109]　伊藤3版724頁、1021頁注95、最新実務620頁〔南賢一〕等。

[110]　最新実務621頁〔南賢一〕。

[111]　東京地判平16・3・24判タ1160号292頁。また、最決平23・3・1判時2114号52頁〔百選5版97事件〕は、届出のない再生債権である過払金返還請求権について、請求が

b. 再生計画案の付議決定後に生じた再生債権（民再 181 条 1 項 2 号）　たとえば、双方未履行の双務契約について再生債務者により解除された場合の相手方の損害賠償請求権（民再 49 条 5 項）や、否認の相手方の反対給付の価額償還請求権（民再 132 条の 2 第 2 項 2 号・3 号）など、個別的に付議決定後に生じうる再生債権についても、a. の場合と同様、届出期間内の債権届出は期待できないからである。

c. 再生債務者に知れたる債権で、再生債務者が自認しなかった再生債権（民再 181 条 1 項 3 号）　再生債務者等が自認した債権については、再生計画に取り入れられ（民再 101 条 3 項・157 条 1 項）、債権届出がなくても免責されない（民再 179 条）。それに対して、再生債務者が再生債権の存在を知りながら自認しなかった場合に、その再生債権が失権するとすれば、再生債務者が自認義務を履行しない事態が想定される。かような事態を防止するために、再生債務者が知っているにもかかわらず、自認されなかった再生債権につき、政策的に失権しない取扱いとしたのである。なお、管理命令によって管財人が選任されている場合、管財人も自認義務を負う（民再 101 条 3 項参照）が、管財人が自認しなかった債権は原則通り失権する。これは、管財人が故意に任務懈怠を行うことは想定しがたいこと、さらには、この規定の主たる目的が、再生債務者をして自認する再生債権を認否書に記載する義務を遵守させることにあり、そもそも、管財人がいる場合にまで非免責債権とすることが、管財人の適正な職務遂行に資することにもならないからである[112]。

これらの権利は、そもそも再生計画に記載されていないことから、再生計画の条項において個別・具体的な権利変更を定めることができないため、再生計画に定められた権利変更の一般的基準（民再 156 条）に従って権利変更され（民再 181 条 1 項本文）、変更された内容に従って再生計画に定められた再生計画と同時期に支払われる（民再 181 条 2 項）。

あれば再生債権の確定を行った上で、届出のあった再生債権と同じ条件で弁済する旨を定める再生計画に関し、届出のない再生債権についても一律に民事再生法 181 条 1 項 1 号所定の再生債権として扱う趣旨と解され、訴訟等により過払金返還請求権の存在・額が確定されることを条件に、権利変更の一般基準に従い変更されたところにしたがって支払を受けられるとする。これに対し、更生事件であるが、最判平 21・12・4 判時 2077 号 40 頁〔百選 5 版 98 事件〕は、過払金返還請求を有する者が多数いる可能性があることを認識し、あるいは容易に認識できたか否かにかかわらず、更生手続において、顧客に対し、過払金返還請求権が発生していることや更生債権の届出をしないと失権することにつき注意を促す措置をとらなかったからといって信義則に反するとか、権利濫用に当たるということはできないとして、届け出られなかった更生債権は失権するとした。

[112]　一問一答民再 241 頁、条解民再 3 版 956 頁〔村上正子〕、新注釈民再 2 版（下）136 頁〔馬杉榮一〕等。

（5）　再生債権者表の記載の効力

1）認可決定が確定した場合　　再生計画の認可決定が確定したときは、裁判所書記官は、再生計画の条項を再生債権者表に記載しなければならない（民再180条1項）。これにより、再生債権者表の記載は、再生計画により権利変更された再生債権について、再生債務者、再生債権者および再生計画において再生のために債務を負担し、または担保を提供する者に対して、確定判決と同一の効力を有する（民再180条2項）。認可決定前は、再生債権者間でのみ確定判決と同一の効力を生じさせれば足りるが（民再104条3項・111条）、関係人の多数の意思により可決された再生計画が裁判所によって認可された以上は、計画の内容は、再生計画が及ぶすべての者に対して、もはや争い得ないものとする必要がある。さもなければ、①将来に向かって、いつまでも再生の青写真が固まらず、計画遂行の目標が定まらないことになるし、②計画に基づいて既になされた遂行行為の結果が覆され、せっかくの再生が無駄になる危険性があるからである[113]。ただ、この「確定判決と同一の効力」と同一の文言は、民事再生法104条3項、破産法124条3項、会社更生法206条2項、民事訴訟法267条にもあるが、いずれも既判力が認められるか否かについては争いがある。これについては、肯定するのが多数説であるといえよう[114]。

　再生債権者表の記載が確定判決と同一の効力を有することにより、再生債権者は、再生債権者表を債務名義として再生債務者および再生のために債務を負担した者に対し、強制執行をすることができる（民再180条3項）。破産手続や更生手続では、手続の終了後でないと強制執行することができない（破産221条、会更240条）のとは異なり、原則DIP型である民事再生手続においては、再生計画の履行の確保を担保するために、再生手続係属中であっても強制執行を認めることにしたものである。したがって、この強制執行は、再生計画において定められた履行期が到来すれば、随時行うことができる。

　なお、この制度は、債権調査および確定の手続が前提となっているから、簡易再生および同意再生においては、適用されない（民再216条・220条）。

2）不認可決定が確定した場合　　不認可決定が確定したとき場合に、再生債権者表の記載の効力を覆滅させるべきか否かは立法政策の問題であるが、現行法は、債権者に改めて債務名義を取得する負担を負わせることは適当ではないとの判断から、再生債権者表の記載は再生債務者に対し、確定判決と同一の効力を

[113]　条解民再3版949頁〔村上正子〕。
[114]　伊藤3版1025頁、新注釈民再2版（下）129頁以下〔矢吹徹雄〕。反対、条解民再3版950頁〔村上正子〕。

有するものとしている（民再185条1項）。なお、管財人が選任されていない場合において再生債務者が異議を述べたときは債権確定の手続により当該債権の存否等が確定される。管財人が選任されている場合において再生債務者が異議を述べたとき（民再102条2項・103条4項）は、再生債務者の立場を尊重する見地から、民再185条1項は適用されない（民再185条1項但書）。

再生債権者は再生債務者に対して債権者表を債務名義として強制執行することができる（民再185条2項）。執行力のほか、既判力があるかについては、認可決定が確定した場合の債権者表の効力についてと同様の争いがある。

＜設問についてのコメント＞

問1については、再生計画における記載事項に関する問題である。ここでは、絶対的必要的記載事項、相対的必要的記載事項、任意的記載事項、説明的記載事項につき、要領よくまとめることが必要である。これについては、第26章2.を参照のこと。

問2は、権利の変更に関する平等原則を問う問題である。①は少額債権者への弁済として平等原則の例外が認められるかを検討する問題であり、②は、「その他差を設けても衡平を害しない場合」といえるか否かを検討する問題である。③④については、第26章2.(2)1)②を参照のこと。

問3は、任意的記載事項に関する問題である。これについては、第26章2.(4)を参照のこと。ここでは会社法上の原則との対比で考えること。

問4は、議決権の行使方法一般に関する問題であるが、多数の債権者がいる場合、各議決方法の利害得失を考えること。これについては、第26章4.(3)を参照のこと。

問5は、議決権者の議決権行使の方法を問うものである。ここでは、とくに、議決権の不統一行使の問題が問われている。これについては、前段については、第26章4.(2)2)を、後段については、第26章4.(3)2)を参照のこと。

問6は、再生計画の効力に関する問題である。これについては、第26章5.を参照のこと。

第29講　再生計画の遂行、再生手続の終了、他の手続との関係

ケース

レジャー施設の運営を主たる業務とする資本金1000万円の株式会社A社に民事再生手続が開始され、大略、以下のような再生計画が作成され、かつ債権者集会で議決され、裁判所の認可決定を受け、その決定は確定した。すなわち、

①A社は10％の再生債権を10年間で支払う。

②第1項の定めにかかわらず、債権額50万円以下の債権は全額弁済する。

③A社の資本金の額を10万円に減少すると同時に、新たに新株を発行し、それをB社に割り当て、1000万円を調達する。

④テーマパークはC社に売却し、かつホテル業務からも撤退する。今後の業務は、経営が順調なスポーツセンターと水族館の運営に特化する。

◆**問1**　このような再生計画は誰が遂行するのか、また、その監督は誰がなし、かつ、どのような点についてするのか。

◆**問2**　再生計画に従って事業を継続していたが、A社は、当初予定した利益が上がらず、10年間の弁済期間を変更しないとすると、5％の配当しか見込めないこと、また、コスト面から水族館事業からも撤退した方がよいことが判明した。A社とすればどうすればよいか。また、経済環境の激変で、このような再生計画の遂行の見込みも立たなくなった場合は、再生手続はどのようになるか。

◆**問3**　A社は当初の再生計画を履行できる財務状態でありながら、履行しようとしない場合、再生債権者Dはどのような手段を講じることができるか。

◆**問4**　再生計画取消決定がなされた場合、再生債権者Eは、破産手続開始決定の申立てをすることができるか。仮にこれによって破産手続開始決定がなされた場合、Eは、改めて破産債権の届け出をしなければならないか。また、破産手続開始決定がなされたのが、民事再生手続開始決定の確定から4ヶ月たっていた場合、その間のA社の従業員Fの給料債権は、移行した破産手続ではどのような権利として扱われるか。仮に、再生手続開始決定

第29講　再生計画の遂行、再生手続の終了、他の手続との関係　　　*919*

時には未だ破産原因が存在していなかったとして、Ｅが、再生手続開始決定直後にＡ社に対して債務を負担した場合、移行した破産手続において、Ｅは、相殺をすることができるか。

◆**問5** Ａ社が民事再生手続開始申立てをしたのに対し、債権者グループＧは、Ａ社の執行部の経営責任を曖昧にしたままでの再建手続には応じられないとして、会社更生手続開始の申立てをした。この場合、民事再生手続開始申立てはどのように扱われるか。また、民事再生手続開始決定が確定した後に、会社更生手続が申し立てられた場合はどうか。

第27章 再生計画の遂行、再生手続の終了、他の手続との関係

1 再生計画の遂行

再生計画認可決定が確定したときは、再生債務者等（管財人が選任されている場合は管財人。民再2条2号）は、速やかに再生計画を遂行しなければならないが（民再186条1項）、これは、再生債務者は、再生計画に記載された事項全般を遂行する義務を負うことであると解されている[1]。また、再生計画には、絶対的必要的記載事項（全部または一部の再生債権者の権利の変更に関する条項、共益債権の帯一般優先債権の弁済に関する条項）および、相対的必要的記載事項（知れている開始後債権があるときは、その内容に関する条項〔民再154条1項3号〕、債権者委員会の費用負担に関する条項〔同条2項〕、債務の負担及び担保の提供に関する条項〔民再158条〕、未確定の再生債権に関する条項〔民再159条、別除権者の権利に関する条項〔民再160条1項〕等）、ならびに任意的記載事項（再生計画による事業の譲渡に関する条項〔民再42条〕、再生債務者の株式の取得に関する条項〔民再154条3項〕、株式の併合に関する条項〔同項〕、資本の額の減少に関する条項〔同項〕、再生債務者が発行することができる株式の総数にかかる定款の変更に関する上項〔同項〕、募集株式を引き受ける者の募集に関する条項〔同条4項〕、根抵当権の極度額を超える部分の仮払いに関する条項〔民再160条2項〕等）、さらには説明的記載事項（再生手続開始に至る経緯、再生計画の基本方針、事業計画、弁済資金の調達方法、清算配当率との比較、別除権者に対する弁済計画の概要、役員変更等の会社組織の変更に関する事項、関連会社の処理に関する事項等）といったさまざまな事項が記載される。再生計画は、債務者の再生のための基本方針を定めるものであるが、それ

---

(1) 伊藤3版1032頁。なお、条解民再3版978頁〔須藤英章〕も、遂行義務と捉えている。

らによって、再生のために必要ないし有効な事項が記載されているのである。したがって、再生計画に記載された条項は、原則として、すべて遂行しなければならないと解する。ただし、説明的記載事項は何ら法的効力を生じるものではないから、ここには含まれないと解される[2]。

2　再生計画遂行の主体と遂行の監督

（1）　再生計画遂行の主体

民事再生手続は原則として DIP 型倒産処理手続であるから、再生計画の遂行も、原則として再生債務者自らが行う。もっとも管理命令によって管財人が選任されている（民再 64 条 1 項）ときは、管財人が遂行する（民再 186 条 1 項）。ただし、管財人は自らの権限として、例えば株式発行の権限がないから、再生計画に株式発行による増資の定めがあっても、管財人としては、本来の発行権限者に働きかけて、これを説得し、株式発行に必要な費用を支出するといった周辺的な努力をすることになる[3]。再生債務者の機関がその求めに応じた行為をせず、再生計画が遂行される見込みがないことが明らかになったときには、管財人は、再生手続廃止の申立てをすることができる（民再 194 条）。なお、監督委員は、再生債務者が一定の行為をするについて同意権は有する（民再 54 条 2 項）が、再生債務者の財産につき管理処分権を有しているわけではないから、再生計画の遂行主体とはなり得ない。

（2）　再生計画遂行の監督

再生計画遂行の主体が、再生債務者自身かあるいは管財人であるかによって、監督の主体が異なる。

1）再生債務者自身が再生計画の遂行主体であり、かつ監督員が選任されて

いる場合　　監督委員が選任されているときは、監督委員は、再生計画が遂行されるまで、または認可決定確定後 3 年間（民再 188 条 2 項）、再生債務者の再生計画の遂行を監督する（民再 186 条 2 項）。監督委員は裁判所の監督を受ける（民再 57 条 1 項）。監督委員は、指定事項について再生債務者に同意を与える権限（民再 54 条）、および指定行為について再生債務者から報告を受ける権限（民再規 22 条）、ならびに再生債務者から業務および財産の状況について報告を求め、再生債務者の帳簿等を検査する権限を有している（民再 59 条）。したがって、監督委員は、これらの権限を駆使して再生計画の遂行状況を報告させ、資料の提出を求めたり検

---

(2)　同旨、伊藤 3 版 1032 頁。なお、条解民再 3 版 978 頁〔須藤英章〕は、必要的記載事項か任意的記載事項かを問わず、「再生計画に記載されたことは、ともなくやりなさい」という趣旨であるとするが、いわゆる説明的記載事項も含むか否かについては不明である。

(3)　逐条研究 209 頁〔深山卓也発言〕、伊藤 3 版 1032 頁以下。

第 29 講　再生計画の遂行、再生手続の終了、他の手続との関係　　　*921*

査したりして、計画遂行の有無を監督することになる。そして、監督委員がこのような監督業務を行うに際しては、善管注意義務を負う（民再60条）。もし再生債務者が再生計画の履行を怠ると、再生債権者の申立てに基づき、再生計画が取り消される可能性があるが（民再189条1項2号）、監督委員が上記の監督行為をなし、債務者に履行するよう述べたにもかかわらず、債務者が再生計画の履行を怠った場合には、監督委員の善管注意義務違反は問えない。また、監督委員が、再生計画の遂行状況に鑑み、その遂行が困難になったと認めるときは、再生計画の変更の申立て（民再187条1項）や、再生手続の廃止の申立て（民再193条1項）を検討することになろう[4]。

2）管財人が再生計画の遂行主体である場合　この場合には管財人が再生計画を遂行することになるが、裁判所がその遂行を監督する（民再78条・57条1項）。裁判所の監督は、再生計画の遂行完了、または、再生計画が遂行されることが確実であると認められて、再生手続終結決定がなされるまで継続する（民再188条3項）。

3）再生債務者自身が再生計画の遂行主体であり、かつ管財人も監督員も選任されていない場合　この場合は、再生手続は、再生計画認可決定の確定にもとづく再生手続終結決定によって終結する（民再188条1項）。したがって、この場合には、その後は再生債務者自身がなす再生計画の遂行を監督する機関は存在しない。したがって、再生債務者自身が誠実に再生計画を遂行していかなければならない[5]。

3　担保提供命令

裁判所は、再生計画の遂行を確実にするため必要があると認めるときは、再生債務者等または再生のために債務を負担し、もしくは担保を提供する者に対して、

---

(4)　ただ、監督委員としては直ちに本文に述べたような措置をとることは望ましことではない。再生計画の遂行が困難になる事情が生じた場合、再生債務者（代理人弁護士）としては、直ちに監督委員に状況を説明することが求められる。そして、再生債務者（代理人弁護士）と監督委員との間で、また必要に応じて、裁判所も交えて対応策が協議される。具体的には、一時的に弁済が遅れるが、債権者に対して適切に説明することで了解が得られそうであれば、まずはそのような対応を行う。一時的な弁済の遅れに止まらず、弁済率や弁済時期を変更する必要があるのであれば、再生計画の変更を検討する。それでも対応できないほど収益状況が悪化している場合は、再生手続を廃止して破産手続に移行することも検討することになる（最新実務630頁〔蓑毛良和〕参照）。

(5)　実務上では、当初は監督命令に代わって調査命令を出していた地裁もあったようであるが、近時では、全国ほぼすべての裁判所が、原則として全件で監督命令を出し、監督委員を選任しているようである（民再実務と理論357頁〔村田典子〕以下が詳しい。特に375頁・381頁参照）。したがって、このような場合は想定しにくいであろう。

一定の権利者のために、相当な担保を立てるよう命じることができる（民再 186 条
3 項）[6]。これは、裁判所が後見的に再生計画の遂行を確実にしようとする制度で
ある。担保提供命令に違反した場合には、過料の制裁が課せられる（民再 266 条 1
項）。

　担保提供命令の受益者となるのは、①再生計画の定めまたは民事再生法の規定
によって認められた権利を有する者（民再 186 条 3 項 1 号）。これに該当する者と
しては、たとえば、再生計画の定めによって権利を有する再生債権者、共益債権
者、一般優先債権者等である。②異議等のある再生債権者でその確定手続が終了
していないものを有する者（同 2 号）、③別除権の行使によって弁済を受けること
ができない債権の部分が確定していない再生債権を有する者（同 3 号）である。

　担保提供の方法については民事訴訟法の規定が準用される（民再 186 条 4 項）。
したがって、金銭または有価証券の供託、支払い保証委託契約の締結、担保供与
契約のいずれかの方法による（民訴 76 条、民訴規 29 条 1 項）。また、担保提供を受
けた者の権利、担保の取消し、担保の返還についても民事訴訟法の規定（民訴 77
条・79 条・80 条）が準用される。

4　再生計画の変更
（1）　意　義
　再生計画は、債権者の決議に基づいて成立し、裁判所の認可決定の確定によっ
て効力を生じるが（民再 176 条）、それ以降は、その再生計画が、再生手続の根本規
範になり、それにしたがって債務者の事業または経済生活の再生が図られること
になる。したがって、それが安易に変更されるようなことがあってはならない。
しかし、認可後の取引環境の変化等、情勢の変化によって計画の遂行が困難にな
る場合も起こりうることを考えれば、そのような場合に、常に再生計画の取消し
（民再 189 条 1 項 2 号）や再生手続の廃止（民再 194 条）によって、破産手続に移行し
なければならないとすると（民再 249 条・250 条）、再生債権者をはじめとする利害
関係人の利益に重大な影響を及ぼすことになり、必ずしも妥当な結果を導くこと
にはならない。よって、そのような場合に、従前から係属している手続を利用し
つつ再生計画の定めを履行可能なものに変更することができれば、再生債務者お
よび再生債権者の双方にとって利益になると考えられる。そこで、民事再生法は、
手続終了前に限り、再生債務者、管財人等の利害関係人の申立てにより、再生計
画の変更をすることができるものとしている（民再 187 条）。

---

[6]　再生債務者は提供可能な担保財産を有しない場合が多く、第三者に提供してもらうこ
　　とも簡単ではないから、このような命令が発せられることは希であろう（条解民再 3 版
　　981 頁〔須藤英章〕）。

なお、再生計画案の提出後、計画案を決議に付する旨の決定が為されるまでは、裁判所の許可を得て再生計画案を修正することが許されている（民再167条）。

（2）　変更の要件と手続

1）要　件　①　やむを得ない事由があること　　やむを得ない事由とは、再生計画の策定時に予測できなかった事由が生じ、それにより再生計画を遂行することが困難となるような事由をいう。具体的には、自然災害、経済情勢の変化や取引先の業績不振・倒産、火災による事業用設備の焼失等があげられる[7]。そのほか、再生債務者の業績悪化といった将来収益についての見込みが外れたというような再生債務者側の個別事情によるものもここに含めてよいであろう[8]。また、「やむをえない事由」とは、原則として再生計画認可後に生じた事情に限られるが、例えば、製造物責任の被害者が多数存在することが後日の事故発生によって明らかになった場合のように、客観的に予測困難なものは計画認可前の事情であってもこれに該当する[9]。

②　再生計画に定める事項を変更する必要が生じたこと　　通常は、再生債務者の経済状況等から、弁済内容等を再生債権者の不利益に変更する必要が生じていることが必要であろうが、条文上はこれにとどまるものではなく、弁済の繰り上げなど、当初の計画を再生債権者に有利に変更する場合も含まれる[10]。よって、この場合にも裁判所の決定を要する（民再187条）。

2）変更の内容　　再生計画の変更に当たる範囲については、再生計画の絶対的必要的記載事項や相対的必要的記載事項が含まれることについて争いはないが、任意的記載事項の変更がこれに含まれるか否かについては争いがあるが、再生計画の変更の規定に従って変更しうるとするものが有力である[11]。それに対して、説明的記載事項については、それが、再生計画案の認可決定の確定によっても何ら法的効力を生じるものではないことに鑑みれば、わざわざ再生計画変更の手続をとらなければ変更することはできない、とまで解する必要はないであろう[12]。

3）手　続　　再生計画の変更の必要性が生じたときは、裁判所は、再生債務

---

(7)　破産民再実務〔新版〕（下）297頁〔西謙二＝小河原寧〕、破産民再実務3版民再301頁、新注釈民再2版（下）174頁〔伊藤尚〕、民再手引391頁〔佐野友幸〕参照。

(8)　伊藤3版1035頁注123、詳解民再2版563頁〔森恵一〕参照。

(9)　注釈民再新版（下）105頁〔増田勝久〕、条解民再3版983頁〔須藤英章〕。

(10)　伊藤3版1035頁、破産民再実務〔新版〕（下）296頁〔西謙二＝小河原寧〕、破産民再実務3版民再301頁。

(11)　伊藤3版1036頁、新注釈民再2版（下）175頁〔伊藤尚〕。

(12)　同旨、最新実務632頁〔蓑毛良和〕。

者、管財人、監督委員または届出再生債権者の申立てにより[13]、再生手続の終了前に限って、再生計画を変更することができる（民再187条1項）。再生計画の変更は、手続の終了までに限って許されるとされているが、その時期は、管財人や監督委員が選任されていないときは、再生計画認可決定が確定し、再生手続終結決定がなされる（民再188条1項）までであり、監督委員が選任されている場合は、再生計画認可決定の確定から3年を経過し、再生手続終結決定がなされる（同条2項）までである。管財人が選任されているときは、再生計画が遂行され、または遂行されることが確実であると認められた時になされる再生手続終結決定（同条3項）までである。なお、再生計画の変更については、現計画の認可決定の確定前であっても、その必要が生ずる場合があると考えられることから、再生計画認可決定の確定後といった限定は設けられていない[14]。

　申立ては書面で行い（民再規2条1項）、申立書には、申立人の氏名・住所のほか、再生計画の変更を求める旨およびその理由を記載し（民再規94条1項）、その理由においては、変更を必要とする事由を具体的に記載しなければならない（同条2項）。また、それと同時に、変更計画案を書面で提出しなければならない（同条3項・2条2項）。

　変更計画案が再生債権者に不利な影響を及ぼすと認められるときは、再生計画案の提出があった場合の手続に関する規定が準用される（民再187条2項）。ただし、再生計画の変更によって不利な影響を受けない再生債権者は、手続に参加させることを要せず、また、変更計画案について議決権を行使しない者（変更計画案について決議をするための債権者集会に出席した者を除く）であって従前の再生計画に同意した者は、変更計画案に同意したものとみなされる（民再187条2項、民再規94条4項）。

　なお、ここでいう「不利な影響を及ぼすと認められるとき」とは、権利の再減縮や弁済期の繰延等のように現計画と対比して、計画変更の法的効果が利害関係人の会社に対する地位を質的ないし量的に減少させ、あるいは極めて危うくする場合をいうものと解される[15]。

---

(13)　再生手続においては、監督委員が再生計画の遂行の監督をする場合があることから（民再186条2項）、会社更生手続（会更233条）におけるのとは異なり、再生計画変更の申立権者に監督委員が加えられている。

(14)　一問一答民再248頁参照。

(15)　真髄552頁〔江木晋〕、新注釈民再2版（下）177頁〔伊藤尚〕。このような観点からすると、分割弁済を繰り上げて、残額を一括して弁済する旨の計画変更をして、債権者に残債権額を一括償還するような場合、計画上の残債権額全額を繰上償還するのであれば、一般に債権者に有利といえようが、計画で予定していた償還時期までの中間利息

4）再生計画変更の効力　変更計画が不利な影響を及ぼすものと認められる場合[16]には、原再生計画の場合と同様に、再生計画案についての決議および裁判所の認可を要する（民再187条2項本文）。これに対し、変更計画が不利な影響を及ぼすものと認められない場合には、裁判所の変更決定のみでよい（民再187条1項）。ただし、再生計画の変更は、再生計画変更の決定が確定しなければその効力を生じない（民再187条3項・176条）。なお、再生計画の変更によって不利な影響を受けない再生債権者は手続に参加させなくてもよく、また、変更計画案について議決権を行使しない者（変更計画案について決議をするための債権者集会に出席した者を除く）であって、従前の再生計画に同意した者は、変更計画案に同意したものとみなされる（民再187条2項但書）。

5）不服申立て　再生計画の変更を認める決定に対しては即時抗告をすることができる（民再187条3項・175条）。他方、民事再生法187条3項は、再生計画変更の決定があった場合にのみ同法175条を準用しているから、変更を認めない決定に対しては即時抗告はできず、これに対しては不服申立てはできないと解される（民再9条）。再生計画変更の効力は、将来に向かってその効力を生じる[17]。

5　再生手続の終結

（1）　再生手続終結の時期

再生手続終結の時期は、再生計画の遂行機関の種類や監督機関の有無によって異なる。

1）監督員が選任されている場合──後見型　この場合、裁判所は、再生計画が遂行されたとき、または、再生計画認可の決定が確定した後3年を経過したときは、たとえ再生計画の履行が完了していなくても、再生債務者もしくは監督委員の申立てまたは職権で、再生手続終結の決定をしなければならない（民再188条2項）[18]。この場合には裁量の余地はない。

を控除するような場合には、一概に債権者に有利とは言い切れず、不利益な影響を与えていると解されないかについて議論があり得よう（新注釈民再2版（下）178頁〔伊藤尚〕）。

[16]　不利な影響を及ぼす場合とは、権利の再減縮や弁済期の繰延べ等のように原計画と対比して、計画変更の法的効果が利害関係人の会社に対する地位を質的ないし量的に減少させ、あるいはきわめて危うくする場合をいう（条解会更〔下〕969頁、新注釈民再2版（下）177頁〔伊藤尚〕）。なお、繰上一括弁済を弁済率の削減とを組み合わせたものが不利な影響に当たるかどうかは、再生債権者の意見などを聴取して、裁判所が実質的判断をする以外にない（伊藤3版1037頁）。

[17]　新注釈民再2版（下）178頁〔伊藤尚〕、条解民再3版985頁〔須藤英章〕。

[18]　後見型における再生手続の存続期間を3年に限っているのは、旧和議法による和議手続等の実務において、計画の遂行段階に入ってから2、3年間、計画に基づく弁済ができ

2）管財人が選任されている場合 —— 管理型　　この場合、裁判所は、再生計画が遂行されたとき、または再生計画が遂行されることが確実であると認めるに至ったとき[19]は、再生債務者もしくは管財人の申立てにより、または職権で、再生手続終結決定をする（民再188条3項）。

3）監督委員も管財人も選任されていない場合 —— 純粋 DIP 型　　この場合は、再生計画認可決定が確定したときは、直ちに再生手続終結決定をする（民再188条1項）。この場合には、監督委員や管財人が選任されていないため、監督の機関がないからである。再生計画の認可までは DIP 型で進行した事案であっても、再生計画の遂行を監督することが適当な場合には、認可前に監督委員を選任して3年間履行を監督させることもできる[20]。ただし、既に述べたように、実務上、全国のほぼすべての裁判所が、原則として全件で監督委員を選任しており、このようなケースはほとんどないといってよいであろう。

（2）　再生手続終結決定の効果

再生手続終結決定がなされると、再生手続は終了し、監督命令および管理命令が発せられている場合、その効力は失なわれる（民再188条4項）。この場合、裁判所は、利害関係人に対して再生手続終結決定があったことを明らかにするために、再生手続終結決定の主文および理由の要旨を公告しなければならない（同条5項）。また、再生債務者が法人である場合には、裁判所書記官は、職権で、その旨の登記を再生債務者の営業所又は事務所の所在地の登記所に嘱託しなければならない（民再11条1項・5項3号）。

再生手続の終了に伴って、それに附随する手続である否認の請求やそれを認容する決定に対する異議の訴えの手続も終了する（民再136条5項・137条6項7項）。

た場合にはその後も順調に推移することが多いといわれること、それ以上に履行の監督を続けることとした場合、監督員の負担や再生債務者の費用の負担が重くなり過ぎることが考慮されたものである（一問一答民再249頁）。ただ、監督委員が否認権を行使した場合（民再56条1項2項）には、否認訴訟などが3年を超えて係属する可能性がある。この可能性に着目して、再生手続の終了についての例外を設けるべきであるとする立法論がある（松下淳一「民事再生法の立法論的再検討についての覚書」ジュリ1349号37頁）。

[19]　「遂行されることが確実であると認めるに至ったとき」とは、裁判所の監督をもはや必要とせず、再生計画の遂行を会社のみに任せても大丈夫であると裁判所が認める段階を指す、と解されているが、何％実行した段階ということではなく、計画の内容、会社の規模や経営陣に対する信頼などを考慮し、他方、手続を終結しないことによるマイナスなどを比較して決することになる（条解民再3版987頁〔須藤英章〕、新注釈民再2版（下）182頁〔小原一人〕、条解会更〔下〕984頁）。

[20]　条解民再3版986頁〔須藤英章〕。

管財人が提起した否認訴訟は、再生手続終了と共に中断し（民再 68 条 2 項）、再生
債務者が受継する（同 3 項）。それに対して、監督委員については明文の規定がな
い。しかし監督委員による否認訴訟の場合には、再生債務者はその否認訴訟係属
中に訴訟参加し、別の攻撃方法を主張することが認められていることから（民再
138 条 2 項）、そのような機会を行使しなかった再生債務者については、再生手続
終了後に別の攻撃方法の追加を認める必要はないとの観点から、監督命令の失効
に伴って終了すると解する説が有力である[21]。なおこの問題については、本書第
25 章 1.（3）3）③を参照のこと。

　また、担保権消滅許可の申立て（民再 148 条 1 項）も、再生手続の終了に伴って、
申立適格が消滅し、却下される。価額決定の手続（民再 149 条・150 条）も同様であ
る。ただし、当該目的物の価額決定が確定し、裁判所が金銭の納付期限を定めた
後（民再 152 条 1 項）に終結決定があった場合は、確定した手続の執行が残るのみ
であるから、期間内に金銭を納付すれば、担保権は消滅する（同条 2 項）と解され
ている[22]。

6　再生計画の取消し

（1）　意　義

再生計画の取消しとは、たとえ再生計画認可の決定が確定し効力が生じた後で
あっても、再生計画が不正な方法により成立したことが発覚したり、再生債務者
が再生計画の履行を怠るなど一定の事由が生じたときに、裁判所の再生計画取消
決定により（民再 189 条 1 項）、再生計画によって変更された再生債権を原状に復
させ（同条 7 項）、その債権によって権利行使ができるようにするという重大な効
果を有する制度である[23]。

（2）　再生計画取消事由と申立権者

1）　再生計画が不正の方法によって成立したこと（民再 189 条 1 項 1 号）

①　取　消　事　由　　ここでいう「再生計画が不正の方法によって成立したこと」

---

[21]　伊藤 3 版 927 頁、条解民再 3 版 987 頁〔須藤英章〕。

[22]　注釈民再（下）109 頁〔園尾隆司〕、条解民再 3 版 877 頁〔須藤英章〕、新注釈民再 2 版
（下）183 頁以下〔小原一人〕。

[23]　東京地方裁判所破産再生部では、再生計画取消しの申立件数は極めて少なく、（平成
25 年 3 月末現在で 7 件）。その理由として、申立権者の制限があることのほか、民事再
生法 189 条 1 項 2 号の取消事由に関していえば、少なくとも監督委員の履行監督期間中
に不履行があった場合、再生債務者や再生債権者から監督委員に情報が伝わり、再生計
画の変更を含めた対策を講じ、それができない場合は再生手続の廃止を検討するなど、
機敏な対応をしていることなどが指摘されている（破産民再実務 3 版民再 313 頁、破産
民再実務〔新版〕（下）308 頁以下〔小河原寧〕）。

とは、再生計画不認可事由の1つである「再生計画の決議が不正の方法によって
成立するに至ったとき（民再174条2項3号）」と同義であり、再生計画の成立過程
に、詐欺・脅迫があったり、賄賂が交付されたり（民再262条）、特別の利益供与が
なされたりした場合などがその典型であるが、再生計画案の可決が信義則に反す
る行為に基づいてなされた場合もこれに含まれる[24]。要するに、再生計画案が可
決されることに向けられた、社会通念上不正と認められるすべての行為を意味し、
その行為者が誰であるかも問わない。また、「不正な方法により成立した」との文
言からみて、その不正行為と計画案が可決されたこととの間に因果関係が必要と
解される[25]。なお、再生手続開始申立てによって中断した取引を再開してもらう
ために、要求のあった債権者について支払条件を現金取引に変えることは、再生
計画を成立させるための有利扱いではないから、これには該当しない[26]。

②　**申立権者**　申立権者は再生債権者である（民再189条1項柱書）。しか
し、再生計画の取消しはすべての再生債権者に対して影響を及ぼすものであるか
ら、申立てをすることができる再生債権者については一定の制限が加えられてい
る（同条2項）。すなわち、まず第1に、再生計画の認可決定に対する即時抗告に
おいて計画の不正な方法による成立を主張した者や、不正な方法で成立したこと
を知りながら即時抗告をしてこれを主張しなかった者は、再生計画の取消を申し
立てることはできない。これらの者は、すでに即時抗告でその旨を主張したか、
または、即時抗告においてこれらを主張するチャンスがあったにもかかわらず、
その権限を行使しなかった者であり、前者についてはすでに手続保障がなされて
おり、後者は手続保障をする必要性が認められない者だからである。第2は、再
生計画が不正な方法によって成立したことを知ったときから1か月を経過したと
き、または再生計画認可の決定が確定したときから2年を経過した場合にも、取
消の申立てはできなくなる。前者の場合は、自己の権利を積極的に行使する意思
が認められない点でこのような者を保護する必要はないし、後者については、こ
のような長期間が経過した場合は、むしろ法的安定性を優先させるべきであると
考えられるからである。

なお、民事再生法189条2項の解釈上、即時抗告を提起した者が、この事由を
知りながら主張しなかった場合だけではなく、この事実を知りながら、2週間の
期間（民再9条）内に即時抗告を提起しなかった場合も含まれるか、という問題が

---

[24]　最判平20・3・13民集62巻3号860頁〔百選5版91事件〕参照。

[25]　新注釈民再2版（下）186頁〔小原一人〕、条解民再3版990頁〔須藤英章〕、破産民再
実務3版民再310頁、民再実務583頁・556頁〔小田幸生〕。

[26]　条解民再3版990頁〔須藤英章〕。

ある。これについては、即時抗告の機会が与えられていた以上、別異に解する必要はないから、その場合も含まれると解すべきであろう[27]。

2）再生債務者等が再生計画の履行を怠ったこと（民再189条1項2号）

① 取消事由 ここでいう「履行」とは、権利変更後の再生債権の弁済を意味するものであり、再生計画の「遂行」（民再174条2項2号・186条・188条・194条等）とは異なる概念である[28]。再生手続は、再生債権者の権利について減免その他の変更することによって、再生債務者がその変更された債務を弁済することによって経済的な再生を図るものである。したがって、この要件は、権利変更後の債務の弁済ができない以上、もはや再生債務者には再生債権の減免等の利益を受ける資格はないと判断されることに基づくものであるといえよう。その点からいえば、再生債務者が、再生債権に対する弁済以外に関する再生計画の条項、例えば、説明的記載事項は、再生計画案の認可決定の確定によっても権利変更等の効果は何ら生じるものではないから、その履行を怠っても、ここでいう取消事由には当らない[29]。

債権者としては、再生債務者等が履行を怠った場合、再生債権者表に基づいて強制執行をすることはできるが（民再180条）、執行できるのは再生計画による権利変更後の債権に過ぎない。よって、再生債務者等が再生計画による履行すらしない場合には、再生計画を取り消して、債権を権利変更前の状態に復帰させるのが妥当である。そして、再生債務者等の再生計画の不履行に対してこのような再生計画の取消しという制度を設けることにより、間接的に再生債務者を強制して、再生計画の履行確保を図ることが可能になる。

② 申立権者 再生計画の取消しはすべての再生債権者に対して影響を及ぼすものであるから、再生計画の履行を少しでも怠ると直ちに再生計画が取り消されるものとすると、かえって再生債権者の一般的利益を害することになりかねない。したがって、法は、申し立てることができる再生債権者の範囲を実際に不利益を受けている一定の再生産権者に限定している（民再189条3項）。すなわち、(a)再生計画の定めによって認められた権利の全部のうち未履行部分について裁判所が評価した額の10分の1以上に当たる権利を有する再生債権者であること。(b)当該再生債権者の有する権利について履行がされていないこと、が要求されている。なお(b)の要件を満たす複数の再生債権者について、その権利を合算するこ

---

(27) 民再実務583頁〔小田幸生〕、新注釈民再2版（下）186頁以下〔小原一人〕、伊藤3版1068頁注14等。

(28) 新注釈民再2版（下）187頁〔小原一人〕、最新実務636頁〔蓑毛良和〕。

(29) 詳解民再2版573頁〔石井教文〕、最新実務636頁〔蓑毛良和〕参照。

とにより(a)の要件が満たされる場合には、共同申立てが可能である[30]。

　3）**再生債務者が裁判所の許可または監督委員の同意を得なければすることができない行為をその許可または同意を得ないで行ったこと**（民再189条1項3号）　①　**取消事由**　これらの行為によって直ちに再生計画の履行の可否に影響するものではないが、このような行為は再生債務者の再生に対する不誠実さの表れと評価することができる上に、再生債務者の不相当な財産の管理処分により、再生債権者の一般の利益が害される危険性が高いことから、その防止を図るために取消事由とされているものである[31]。

　②　**申立権者**　この場合の申立権者については制限規定はおかれていないから、再生債権者であれば誰でも再生計画の取消しを申し立てることはできる。

（3）　再生計画取消しの手続

　再生計画取消しの申立ては、一定の事項を記載した書面によって（民再規95条）しなければならない（民再規2条1項）。

　取消しの申立てを受けた裁判所は、申立人の適格の欠缺等を理由として申立てを却下する場合を除いて、申立てを棄却するか、あるいは、再生計画を取り消すかの決定をする。ただ、民事再生法189条1項が、取消事由がある場合でも、取消決定を義務的なものとはしていないこと、および、再生計画取消しの効果の重大性に鑑み、取消事由が認められる場合であっても、当該事由の重大性や再生債権者の意向、再生計画の履行状況、再生計画の変更可能性や今後の資金繰りの状況等、諸般の事情を考慮して、再生計画を取り消すことがかえって再生債権者の一般の利益に反すると認められるようなときは、再生計画取消しの申立てを棄却することもできると解すべきである[32]。

　再生計画取消決定をしたときは、裁判所は、直ちに、その裁判書を申立てをした者および再生債務者等に送達し、かつ、その主文および理由の要旨を公告しなければならない（民再189条4項）。再生計画取消申立てに対する棄却決定または取消決定（認容決定）に対しては、即時抗告が認められる（民再189条5項）。取消決定の場合には、確定しなければその効力を生じない（同条6項）。再生債務者が法人の場合、再生手続終了前に取消決定が確定したときは、裁判所書記官は、職権で、遅滞なく、再生債務者の各営業所または各事務所の登記所に再生計画取消しの登記を嘱託しなければならない（民再11条5項2号）。その他、裁判所書記官は、法人である再生債務者のうち、その設立または目的である事業について官公庁そ

---

(30)　一問一答民再251頁。

(31)　一問一答民再251頁。

(32)　一問一答民再251頁、花村509頁、条解民再規205頁注1等参照。

第29講　再生計画の遂行、再生手続の終了、他の手続との関係　　*931*

の他の機関の許可があったものについて、再生計画の取消決定が確定した場合には、その旨をその官庁その他の機関に通知しなければならない（民再規6条2項）。

（4）　再生計画取消決定の効果

1）　手続的効果　　再生手続が終了する前に再生計画取消決定が確定した場合には、再生手続は、その目的を失い当然に終了する。それに伴い、監督命令や管理命令も効力を失う（民再189条8項後段・188条4項）。また、再生債務者は、手続的拘束を脱し、各種の行為制限（民再41条1項・42条1項・54条2項・66条）を解かれることになる。また、再生手続に附随する手続である否認の請求や役員の責任に基づく損害賠償請求権の査定の手続も当然に終了する（民再136条5項・143条6項）。ただし、再生計画取消決定が確定すると、再生手続は終了するが、原則的に破産手続に移行してその後始末が為されることになる（民再249条・250条）。したがって、否認の請求を認容する決定に対する異議の訴えが係属するときは、この訴訟手続は中断し（民再137条1項6項・68条2項）、その後の破産手続において破産管財人による受継の可能性がある（民再254条1項3項4項）。役員の責任に基づく損害賠償請求権の査定の手続について異議の訴えが係属するときも、中断および受継の可能性がある（民再146条6項・145条1項・68条3項）。再生債務者が当事者であれば、当該手続は、引き続きそのまま係属する。その場合に備え、再生裁判所は、必要と認めるときは、職権で破産手続開始前の保全処分等を命じることができる（民再251条1項）。

2）　実体的効果　　再生計画取消しの決定が確定すると、再生計画認可によって変更された再生債権は原状に復する（民再189条7項本文）。再生計画の認可決定が確定すると、再生債権者の権利は、再生計画の定めによって変更されるほか（民再179条1項）、一般的基準に従って変更されたり、劣後的処遇を受け（民再181条）、さらには、再生計画に定められないことによって免責される（民再178条）といったように種々の不利益を受けることになるが、「原状に復する」とは、このような再生計画による変更がなされる前の債権調査により確定した状態に復するということを意味する（民再189条7項本文）。原状に復した再生債権のうち、再生債務者が異議を述べずに確定したものについては、再生債権者表の記載は、再生債務者に対して確定判決と同一の効力を有し、また、復帰した権利内容にしたがって、再生債務者に対して強制執行ができることになる（民再189条8項前段・185条2項。再生債務者の異議のあったものについては、185条1項但書参照）。

　ただし、再生計画取消決定の確定は、再生債権者が再生計画によって得た権利に影響を及ぼさない（民再189条7項但書）。その結果、たとえば、再生計画取消決定確定時までに再生計画の定めに従って受けた弁済等は有効であり、また、再生

計画の定めによって再生債権者が再生債務者以外の者に対して取得した保証債務
や担保権（民再165条、177条1項）も影響を受けない。

　なお、再生計画の取消しは、再生計画認可の決定が確定したことによって再生
債権に関して生じた減免等の権利変更の効力を覆滅させるだけであり、たとえば、
再生計画に基づいて資本の減少や授権資本の変更がなされた後に再生計画が取り
消されても、減資等の効力が覆滅されることはない。また、法人組織の変更計画
等の説明的記載事項については、もともと何ら法的な効力を生じるものではなく、
再生計画外でなされるものにすぎないから、再生計画の取消しによって、すでに
なされた行為の効力に影響はないと解される[33]。また、否認の効果、およびこれ
に基づく登記の移転や目的物の占有復帰も再生計画取消決定の確定によって影響
を受けない[34]。

7　再生手続の廃止

（1）　意　義

　再生手続の廃止とは、再生手続の終了形態の一つであるが、再生手続開始決定
後に、当該再生手続が目的を達成することなく、裁判所の決定により、再生手続
を将来に向かって終了させることをいう（民再191条～195条）。再生手続の廃止
は、再生手続の終結（民再188条）、再生計画の不認可（民再174条2項）および再生
手続係属中における再生計画取消し（民再189条）と並ぶ再生手続の終了原因の一
つである。再生手続の廃止には、その時期および内容によって、再生計画認可前
の手続廃止（民再191条・192条）、再生計画認可後の手続廃止（民再194条）、再生債
務者の義務違反による手続廃止（民再193条）という3つの種類に分けられる。

（2）　再生計画認可前の手続廃止

　これには、民事再生法191条の事由がある場合の手続廃止と、同192条の事由
がある場合の廃止とがある。

　1）民事再生法191条による廃止　　第1に、決議に付するに足りる再生計
画案の作成の見込みがないことが明らかになったときは、裁判所の職種により、
再生手続は廃止される（民再191条1号）。これは計画案の排除といわれることが
ある。決議に付するに足りる再生計画案といえるためには、少なくとも再生計画
の不認可事由（民再174条2項各号。ただし3号を除く）がないことが必要である（民
再169条1項柱書・3号参照）が[35]、これに加え、法定多数の同意を得て可決される

---

[33]　詳解民再2版578頁〔石井教文〕、新注釈民再2版（下）190頁〔小原一人〕、条解民再
　　　3版992頁〔須藤英章〕参照。

[34]　伊藤3版1070頁注16。

[35]　たとえば、租税債権や労働債権等の一般優先債権（民再122条）の未払いが多額であ

（民再172条の3）可能性がなくはないことも要すると解するのが一般的である[36]。作成中の再生計画案に対し大多数の債権者が反対しており、いずれにせよ可決される見込みがほとんどない場合に再生手続を遂行させるのは無駄だからである。なお、会社更生手続においては、認可要件を充足しない更生計画案でも裁判所の裁量によって認可する余地が認められているが（会更199条3項）、民事再生法はこのような余地を認めていないので（民再174条2項）、このような事情があれば、必ず再生手続を廃止しなければならないと解される[37]。

　また、民事再生手続が債務者の事業の再生を目的とする手続であることに鑑み、清算を目的とする再生計画案が「決議に付するに足りる」再生計画案といえるかということが問題となる。まず、再生債務者が事業の全部を譲渡することは、事業は譲渡先で生き続けること、また、事業譲渡は民事再生法自体が予定するところからすれば（民再42条1項）、このような再生計画案も許されるものであり、再生手続廃止事由にはならないと解してよい。次に、再生手続を誠実に遂行する中で、事業譲渡を予定していたがかなわず、やむなく清算に移行した場合には、清算を内容とする再生計画も認めてよいであろう[38]。それに対して、最初から事業の継続は視野に入っておらず、単に清算だけを目的とする再生手続開始の申立ては、民事再生手続の制度趣旨に反して許されないのではあるまいか[39]。

り、事業を継続しても再生債権の弁済可能性がないときや、資金に乏しく事業の継続に不可欠な工場等に別除権を有する別除権者との間で別除権協定を締結する見込みがなく、担保権消滅許可の申立て（民再148条）によることもできないため、履行可能性のある再生計画案を作成できないときなど（民再174条2項2号）、清算価値保障原則（同項4号）を満たす再生計画案を作成できない場合等があげられる（民再手引417頁・418頁以下〔島大雄〕参照）。なお、再生手続開始後の再生債務者による偏頗弁済も、その程度が清算価値保障原則（民再174条2項4号）や遂行可能性（同2号）に影響するときは、廃止事由に該当する。これにつき、東京高決平22・10・22判タ1343号244頁〔百選5版94事件〕、破産民再実務3版民再316頁参照。

[36]　条解民再3版1003頁〔我妻学〕、新注釈民再2版（下）204頁〔佐長功〕。なお、条解会更〔下〕1000頁も参照。

[37]　一問一答民再228頁参照。

[38]　実務の扱いも、おおむねそのように運用されているようである。たとえば、東京地方裁判所破産再生部では、債権者の法定多数の同意が得られる見込みがある場合にまで牽連破産の手続で処理するのは不合理であるとの観点から、このような清算型の再生計画案を提出することも許されるという立場で運用しているとされる（破産民再実務3版民再317頁）。また、このような扱いに学説も賛成している。たとえば、実務倒産3版362頁〔今泉純一〕、新注釈民再2版（下）205頁〔佐長功〕、伊藤3版1072頁注19、条解民再3版1004頁〔我妻学〕等。

[39]　東京地方裁判所破産再生部は、一律に否定するのではなく、債権者説明会などで債権者の意見を聴き、異議がなければ手続を進行する運用であるとされている（破産民再実

第2に、再生債務者が、再生手続開始後、一部の債権者に偏頗弁済をしていた場合、民事再生法191条1号の再生手続の廃止事由に該当するか、という点も問題となる。たしかに偏頗行為自体、当然に再生手続廃止事由になるものではないが（もちろん、再生手続開始後の偏頗弁済は無効であり〔民再85条1項〕、再生債務者による返還請求の対象となる）、偏頗弁済がなされた場合は事実上財産を回復できないことも多く、債務者に対する制裁の必要性があることにも鑑み、その程度や再生計画案の内容いかんによっては、再生計画案の内容が客観的に再生債権者の一般の利益に反する（民再174条2項4号）として、民事再生法191条1号の再生手続廃止の事由に該当すると解される[40]。

　第3に、裁判所の定めた期間（民再163条1項2項）もしくはその伸長した期間内（民再163条3項）に再生計画案の提出がないとき、またはその期間内に提出されたすべての再生計画案が決議に付するに足りないものであるときも、手続は廃止される（民再191条2号）。このような期間内に再生計画案の提出がない場合（提出されたすべての再生計画案が決議に付するにたりないときも同様）には手続を進めることができないので、これを廃止事由としたのである。なお、付議決定後、決議がされるまでの間に再生計画案の履行可能性がなくなった等の理由から、決議前に付議決定が取り消され、再生手続が廃止される場合も、ここに入る[41]。

　第4は、再生計画が否決されたとき、または決議のための最初の債権者集会から2か月以内もしくはその伸長した期間内に再生計画案が可決されなかった場合も、再生手続は廃止される（民再191条3号）。最初の債権者集会で再生計画案が否決されても、期日が続行され（民再172条の5）、その期日において可決される例も少なくないといわれる[42]。しかし、このような手続を経てもなお可決されない場合はもはや、可決の見込みはないといえるから、廃止事由とされたものである。

2）民事再生法192条による廃止　　債権届出期間経過後、民事再生法21条1項に規定する再生手続開始の申立ての事由がないことが明らかになったとき（すなわち、債務者に破産手続開始の原因となる事実の生じるおそれがないことが明らかであり、かつ、事業の継続に著しい支障を来すことなく弁済期にある債務を弁済することができることが明らかになったとき）は、裁判所は、再生債務者、管財人、届出再生債権者の申立てにより、再生手続廃止の決定をしなければならない（民再192条1項）。この場合、申立人は廃止の原因となる事実を疎明しなければならない（民再192条

　　務3版民再317頁）。

[40]　条解民再3版1004頁〔我妻学〕、破産民再実務3版民再317頁以下等。

[41]　民再手引418頁以下〔島大雄〕。

[42]　破産民再実務〔新版〕（下）314頁〔小河原寧〕、破産民再実務3版民再318頁。

2項）。この場合の廃止は、再生手続が不要であることを基礎づける客観的事情に基づいて手続を打ち切るものであるから、裁判所は、職権で廃止の決定をすることはできない。このような場合、いたずらに手続を係属したままにするときは、資力があるにもかかわらず弁済が許されず（民再85条）、しかも債権者による回収行為も制約するという不当な状態が継続することから、廃止が認められたものである[43]。なお、再生開始決定後に開始事由がなくなった場合のほか、そもそも開始決定時点において開始事由がなかったが、開始決定後にこれが判明した場合を含む[44]。

（3）　再生計画認可後の手続廃止

　再生計画が認可された後でも、景気の変動など諸般の事情の変更等により、再生計画の遂行の見込みがなくなる場合がある。このような場合には、計画の変更によって対処することもできるが（民再187条）、それでは対処できないほどの重大な事情の変更のために再生計画の遂行の見込みがなくなってしまったり[45]、再生計画の変更そのものができないような事情がある場合には、できるだけ早く再生手続を廃止して、利害関係人等の損害の発生や拡大を防止しなければならない。そのために民事再生法は、再生計画認可の決定が確定した後に再生計画が遂行される見込みがないことが明らかになったときは、裁判所は、再生債務者等もしくは監督委員の申立てにより、または職権で、再生手続廃止の決定をしなければならないものと定めた（民再194条）。ここで要件とされている「再生計画が遂行される見込み」、すなわち遂行可能性[46]は、再生計画に定められた再生債権に対する弁済の履行の可能性のほか、事業等の再生を目的とした趣旨（民再1条）からして、計画案を実行して健全な財務状態におくことができるかどうかも勘案すべきであ

---

[43]　新注釈民再2版〔下〕209頁〔佐長功〕。

[44]　破産民再実務〔新版〕〔下〕315頁〔小河原寧〕、破産民再実務3版民再319頁。

[45]　このような原因としては、経済状況や取引先の状況の変化による売上げの減少、仕入れ状況の変化・労働状況の変化などによる経費の増大、労働意欲の低下、労働争議の頻発などが考えられる（条解民再3版1017頁〔小林信明〕）。

[46]　ここでいう「遂行」の概念は、再生債権者に対する弁済を意味する「履行」より広い概念であることにつき争いはないが、この範囲については、基本的に、再生計画に定められた事項全般に及ぶとの理解を前提に、再生計画に定められた再生債権の履行を軸として、民事再生法の目的である事業の再生の観点から、再生計画における当該記載の内容、再生計画における位置づけ、「遂行」概念の適用場面（認可不認可の判断か、再生債務者の義務とすべきか、監督委員の監督場面か、終結決定の判断か、廃止決定の判断か）などに応じて、個々に判断すべきものであり、殊に、廃止決定における「遂行」の範囲については、その影響の大きさや利害関係人の損害の発生・拡大を防ぐ必要性という趣旨を踏まえた慎重な判断が要求される（新注釈民再2版〔下〕216頁〔小原一人〕）。

る[47]。また「明らかになった」とは、再生債務者の財務状況・事業内容等から客観的に見て、全体として、再生計画の定めた弁済が今後履行される見込みがないことが確実視される場合をいう[48]。

廃止は、再生債務者等もしくは監督委員の申立てまたは職権でなされる。再生債権者は申立権者ではないが、裁判所に対して職権発動を促すことはできるし、また、監督委員に対して廃止の申立てをなすよう促すことも可能である。裁判所が廃止の決定をする際には、当該決定をすべきことが明らかである場合を除き、あらかじめ、再生債務者、監督委員、管財人および民事再生法179条2項に規定する権利行使することができる者のうち知れている者の意見を聴くものとされている（民再規98条）。

（4）　再生債務者の義務違反による手続廃止

再生債務者が、裁判所の命令や法が定める重大な義務に違反した場合には、再生債務者に再生手続を利用させるのは適当ではないし、また、そのまま手続を進めることは再生債権者の利益を害するほか、再生手続に対する社会的信用を毀損することにもなる。そこで、法は、そのような場合には一種の制裁として手続を廃止するものとした（民再193条）。この場合、裁判所は、当該事案による具体的事情に則して裁量的に廃止の要否を決定する。なお、この場合の廃止は、再生計画認可の前後を問わない。手続廃止事由は、①再生債務者が保全処分命令（民再30条1項）に違反した場合（民再193条1項1号）、②裁判所の許可（民再41条1項・42条1項）または監督委員の同意（民再54条2項）を要する行為を、許可または同意を得ないでした場合（民再193条1項2号）[49]、③再生債務者が、裁判所が定めた

---

[47]　この意味からいえば、再生債権の履行は完済したが、会社事業としての収益力がないため、事業としての存続が困難な場合などは「再生計画が遂行される見込みがない」といえよう（破産民再実務〔新版〕（下）320頁〔小河原寧〕。なお、条解更〔下〕1023頁も参照のこと）。更生事件につき、東京高決平元・4・10金法1237号20頁〔百選5版A18事件〕は、①計画認可後も経常利益が終始赤字続きであり、これはその業界全体の一般的要因によるところが多いこと、②収益から弁済予定の更生債権がほとんど弁済されないまま推移し、③多額の共益債権も未済となっているといった諸事情を挙げて廃止を決定した。

[48]　詳解2版583頁〔石井教文〕、破産民再実務3版民再323頁、条解民再3版1018頁〔小林信明〕等参照。

[49]　民事再生法85条に違反して行った弁済（偏頗弁済）行為については、ここでの廃止事由とはされていない。その理由は、偏頗弁済については、当然に無効とされ、再生債務者等において返還請求がされることとなる一方で、保全処分違反の弁済行為については、善意者保護の規定が設けられており（民再30条6項・41条2項但書・54条4項但書参照）、再生債務者財産の回復が不可能となることがありうることから、①および②の場合についてはとくに、制裁としての廃止事由に含めることにより、再生債務者の違反行為

一定の期間内（民再101条5項・103条3項）に認否書を提出しなかった場合[50]（民再193条1項3号）である。

廃止は、監督委員もしくは管財人の申立てまたは職権でなされる（民再193条1項柱書）。ここでも再生債権者は申立権者ではないが、裁判所に対して職権発動を促すことはできるし、また、監督委員に対して廃止の申立てをなすよう促すことは可能である。なお、義務違反の程度は様々であり、裁判所は裁量により廃止するか否かを決する（民再193条1項柱書）。裁判所は、廃止の決定をする際には、再生債務者を審尋しなければならない（民再193条2項）。

（5）　再生手続廃止の効果

裁判所は、廃止決定をしたときは、直ちに主文および理由の要旨を公告しなければならない（民再195条1項）。この決定に対しては即時抗告をすることができるが（民再195条2項）、確定しなければその効力は生じない（195条5項）。再生債務者が法人である場合、この決定が確定したときは、裁判所書記官は、職権で再生手続廃止の登記の嘱託をしなければならない（民再11条5項1号）。再生手続廃止決定が確定すると再生手続は終了する。したがって、監督命令や管理命令も失効する（民再195条7項・188条4項）。

1）再生計画認可後の廃止の場合　　再生手続廃止決定に遡及効はないから、再生計画認可後の廃止の場合には既に再生計画の効力は生じており、したがって、廃止決定は再生計画の遂行および民事再生法の規定によって生じた効力に影響を及ぼさない（民再195条6項）。その結果、再生債務者がした財産管理行為はもとより、再生債務者や管財人が既になした事業の遂行、双方未履行の双務契約の解除（民再49条1項）、役員の損害賠償請求権の査定の結果（民再147条）、再生手続中になされた担保権消滅許可（民再148条1項）の結果などには影響がない。また、再生債権の免責（民再178条本文）、権利変更（民再179条1項・181条1項）、再生計

を抑止すべき必要性が高いためと説明されている（花村528頁、逐条研究239頁〔深山卓也発言〕参照）。

[50]　形式的には認否書が提出されたものの、未届再生債権を不当に記載しない場合や、何の理由もなくすべての債権に異議を述べるなどの不誠実な対応をした場合に、民事再生法193条1項3号の要件に該当するという見解もある（詳解2版583頁〔石井教文〕）が、同号の文言が「認否書を提出しなかった場合」と規定していること、「認否書の不提出」と「提出した認否書の内容の不当性」とは、債権調査・確定に対する影響が異なり（前者の場合には、債権調査をすることができないが、後者の場合には債権調査・確定手続を進行することができる）、再生債務者の不誠実性の程度として同一視できないことから、不誠実な認否書であっても、形式的に提出されていれば、民事再生法193条1項3号違反にはならないと解される（条解民再3版1015頁〔小林信明〕、破産民再実務3版民再322頁）。

画に基づく債務負担や担保供与（民再177条1項）、再生計画に基づく定款変更等（民再183条6項）、再生手続開始決定に伴って中止した手続の失効（民再184条本文）、再生計画の条項の再生債権者表記載の効力（民再180条2項3項）などは、再生手続廃止後も存続する。また、再生計画認可決定確定前の廃止とは異なり、再生計画認可決定の確定により、再生債権者表の記載は確定判決と同一の効力を生じているから（民再180条2項3項）、民事再生法185条の準用はない（民再195条7項）[51]。

否認の請求が係属しているときは、廃止決定の確定により手続は終了する（民再136条5項）。否認の請求を認容した決定に対する異議の訴えが係属しているときは、廃止決定の確定により訴訟手続は中断し（民再68条2項・137条6項）、破産管財人に受継されるかまたは終了する（民再254条1項3項4項）。なお、再生債務者はこの訴訟手続を受継することはできない（民再68条3項かっこ書）。

役員に対する損害賠償請求権の査定が係属しているときは、廃止決定の確定により手続は終了する（民再143条6項）。査定の裁判に対する異議の訴えに係る訴訟手続は、債権者が当事者であれば中断し（民再146条6項）、再生債務者が受継する（民再68条3項）。再生債務者が当事者であれば、そのまま係属する。

2）再生計画認可前の廃止の場合　　これに該当するものは、民事再生法191条から193条の規定によるもので、認可決定確定前になされたものである。この場合、そもそも再生計画の効果が生じていないから、再生計画の影響を論じる余地はない。これらの手続廃止の場合は、民事再生法185条が準用されるから、確定した再生債権については、再生債権者表の記載は確定判決と同一の効力を有し、再生債権者は、再生債務者に対し再生債権者表の記載により強制執行をすることができる（民再195条7項前段）。

8　簡易再生・同意再生

再生手続は、再生債権の調査および確定の手続を経て、その存否および内容を確定し、再生計画によってその権利変更を確定するという基本的な構造を有しており、一定程度の時間と費用がかかるものとなっている。そこで、民事再生法は、問題点が少ないとみられる場合には、通常の再生手続の一部を省略する等によって、簡易・迅速な再生手続を遂行ための手続として、簡易再生（民再211条以下）と同意再生（民再217条以下）という2つの手続を定めている（【資料7-1】参照）[52]。

---

(51)　条解民再3版1023頁〔小林信明〕、新注釈民再2版（下）220頁〔小原一人〕、破産民再査実務3版民再325頁。

(52)　簡易再生や同意再生の利用件数は、きわめて少ない（条解民再3版1102頁〔腰塚和男〕、新注釈民再2版（下）338頁〔多比羅誠〕）。しかし、これは、各地の裁判所が、再生申立てから債権者集会決議まで5か月〜6か月とする再生手続の標準スケジュールを公表

(1) 簡 易 再 生

簡易再生は、再生債権の調査および確定の手続を省略し、直ちに再生計画案の決議に移行するところにその特徴がある（民再211条1項かっこ書）。

1）簡易再生の申立てと簡易再生の決定　① 申 立 て　簡易再生の申立権者は再生債務者等であるが、管財人が選任されているときは、申立てができるのは管財人だけである（民再2条2号）。申立ては、債権届出期間の経過後一般調査期間開始前に裁判所に対して行う（民再211条1項前段）。この場合には、届出再生債権者の総債権については、単に届出総債権額ではなく、裁判所が評価した額の5分の3以上に当たる債権を有する届出再生債権者が再生債務者等が提出した再生計画案に同意し、かつ、再生債権の調査・確定の手続を経ないことについて同意している旨を記載した書面を提出しなければならない（民再211条1項後段、民再規107条1項～3項）。申立てに際しては、労働組合等（民再24条の2かっこ書）にその旨を通知しなければならない（民再211条2項）。労働組合等は、再生計画につき意見を述べることができる（民再168条）が、これは、従業員が知らないうちに、簡易再生という簡易な再生手続によって、これらの者の権利が損なわれることを防止するためである。

なお、再生債権者には申立権はない。簡易再生は、再生債権の確定手続を省略する手続であり、事後の権利関係についての紛争が残存する可能性があるので、再生債務者（あるいは管財人）の意思に反して行うことは、再生手続の中で実体権の確定をして、後日に紛争の種を残さない確実な再生手続を望んでいる再生債務者（あるいは管財人）の期待に反することになるからである[53]。

なお、上述のように、簡易再生の申立てに際しては、届出再生債権者の総債権について裁判所が評価した額の5分の3以上にあたる債権を有する届出再生債権者が、書面により、再生債務者等が提出した再生計画案について同意し、かつ、再生債権の調査および確定の手続を経ないことについて同意していなければならないが（民再211条1項後段）、前者の要件についていえば、未だ再生債権の調査・確定が行われていないため、届出総債権額を基準にすると、再生債権の存否・額について争いが生じるおそれがあるので、それを防止するためである。また、再生計画への同意が要求されているのは、はなから再生計画につき争いがあるよう

し、弁護士会等の協力を得て、ほぼ標準スケジュールに沿って運用しており、簡易再生によらなくても、再生債務者や再生債権者の満足がいく迅速な処理ができていることによる（条解民再3版1102頁〔腰塚和男〕、新注釈民再2版（下）337頁〔多比羅誠〕参照）。

[53]　花村557頁、条解民再3版1102頁以下〔越塚和男〕、新注釈民再2版（下）345頁〔多比羅誠＝三枝知央〕、最新実務127頁〔相羽利昭〕。

な場合には、債権者集会においてそのような再生計画が可決される見込みはないからである。

② **簡易再生の決定**　適法な簡易再生の申立てがあったときは、裁判所は簡易再生の決定をするが、民事再生法174条2項各号（3号を除く）の再生計画不認可事由があるときは申立てを却下しなければならない（民再211条3項）。この裁判に対しては即時抗告ができるが、執行停止の効力はない（民再213条1項2項）。

裁判所が簡易再生の決定をしたときは、それと同時に、決定の主文、再生計画案の決議のための債権者集会の期日、議決権の不統一行使をする場合にはその通知の期限、および当該再生計画案を公告すると共に、これらの事項を民事再生法115条1項本文に規定する者に通知しなければならない（民再212条2項～5項）。また、簡易再生決定があった場合、債権の調査期間に関する決定は効力を失い（民再212条1項）、債権調査が行われないために債権は確定せず、その債権に執行力が付与されることもない（民再216条）。

簡易再生の決定が確定した場合、再生手続開始決定により中断した再生債務者の財産関係の事件のうち、再生債権に関する訴訟手続および再生手続開始当時行政庁に係属する手続は、再生債務者等において受継しなければならない。この場合、受継申立ては相手方もすることができる（民再213条5項）。

2）債権者集会における決議　簡易再生の決定があると、それと同時に再生計画案を決議に付する旨の決定をしなければならない（民再212条2項）が、特別の事情がある場合を除き、この期日は簡易再生の決定日から2か月以内でなければならない（民再規108条1項）。ただし、再生計画案は、財産状況報告集会における再生債務者等による報告、または民事再生法125条1項の報告書が裁判所に提出された後でなければ決議に付すことができない（民再214条2項）。

なお、簡易再生においては、議決権行使の方法は債権者集会を開催する方式しか認められておらず、書面等投票は認められない（民再216条1項）。再生計画案の可決要件は本来の再生手続と同様である（民再172項の3第1項）。ただし、再生計画に同意している届出再生債権者が債権者集会に出席しなかった場合は、債権者集会に出席して再生計画案に同意したものとみなされる（民再214条3項）。もっとも、再生計画案に同意している届出再生債権者でも、債権者集会前であれば書面により同意を撤回することはでき（同項但書）、また、債権者集会に出席の上再生計画に反対することもできる[54]。

3）簡易再生の認可・不認可および再生計画の効力　債権者集会で再生計

---

[54]　破産民再実務〔新版〕（下）342頁〔瀬川元伸〕。

画案が可決されたときは、裁判所はその認可または不認可の決定をする（民再174
条）。認可決定の確定によりその効力が生じ（民再176条）、すべての再生債権者の
権利（届出のない約定劣後再生債権および再生手続開始前の罰金等を除く）は、債務の減
免、期限の猶予その他の権利の変更の一般的基準（同156条）に従い変更される（民
再215条1項）。ただし、個々の再生債権者の権利の変更についての定めは再生計
画案の内容とされないから、個々の権利についての変更内容は確定しない（民再
216条1項による同157条・159条・164条2項後段・179条の適用排除）。その結果、別除
権者の再生計画による権利行使（民再182条）、再生計画の取消申立ての要件（民再
189条3項・206条1項）については、調査および確定を経て再生計画に定められた
権利に代えて、一般的基準に従って変更された権利が基準となる（民再215条2
項）。また、再生計画の記載には失権効がなく、届出などの有無にかかわりなく、
すべての再生債権は、一般的基準に従って変更され（民再216条1項による同178
条・181条1項2項の排除）、再生計画遂行の対象となる。ただ、債権調査および確
定の手続を経ていないことから、それらの債権に執行力が付与されることはない
（民再216条1項）。ただし、約定劣後再生債権については、その届け出がないと、
再生債務者はその責任を免れる（民再215条3項）。

再生計画案が否決されたとき、または決議のための債権者集会の第1期日から
2か月もしくはその伸長した期間内に再生計画案が可決されないときは、裁判所
は職権で再生手続廃止の決定をしなければならない（民再191条3号）。

（2）　同 意 再 生

同意再生は、届出再生債権者全員の同意があることを前提として、再生債権の
調査・確定の手続、および、再生計画案についての決議が省略されるものであり、
簡易再生よりもさらに簡易・迅速に再生計画の効力が生じる手続である。

　1）同意再生の申立て　　同意再生の申立ては、再生債務者等が、債権届出期
間の経過後一般調査期間開始前に裁判所に対して行う（民再217条1項前段）。こ
の場合には、簡易再生（ここでは同意する届出再生債権者の数は5分の3以上であれば
よい）とは異なり、すべての届出再生債権者が、書面により、再生債務者等が提出
した再生計画案に同意し、かつ、再生債権の調査・確定の手続を経ないことにつ
いて同意していなければならない（民再217条1項後段、民再規110条1項・107条1
項～3項）。再生債権者には申立権はないが、その理由は、簡易再生と同様である。
申立てに当たっては、労働組合等への通知が義務づけられている（民再217条6項・
174条3項・211条2項）。

　再生計画案が住宅資金特別条項を定めたものであるときは、それによって権利
の変更を受けることとされている者には、意見陳述の機会が与えられる（民再217

942　　　第27章　再生計画の遂行、再生手続の終了、他の手続との関係

条6項後段・202条3項）。

　2）同意再生の決定　　同意再生の決定時期は、同意した再生債権者が届出債権者の全員であるかを判断するため、債権届出期間の経過後に限られる（民再217条1項前段）。裁判所は、財産状況報告集会における再生債務者等による報告、または民事再生法125条1項の報告書が裁判所に提出された後でなければ、同意再生の決定をすることができない（民再217条2項）。同意再生では、再生計画案の決議の手続が省略されているので、これらは簡易再生におけるような付議の前提ではなく、同意再生決定の前提とされている。

　適法な同意再生の申立てがあったときは、裁判所は同意再生の決定をするが（民再217条1項）、民事再生法174条2項各号（3号を除く）の再生計画不認可事由があるときは申立てを却下しなければならない（民再217条3項）。

　同意再生の決定があると、その主文、理由の要旨および再生債務者等から提出された再生計画案を公告すると共に、これらの事項を再生債務者、管財人や届出再生債権者等（民再115条1項本文）に通知しなければならない（民再217条4項）。同意再生の決定があった旨は労働組合等にも通知される（民再217条6項・174条5項）。同意再生の決定が確定した場合には、再生手続開始決定にともなって中断していた再生債権に関する訴訟手続等（民再40条1項3項）は、再生債務者等においてこれを受け継がなければならず、相手方も、受継の申立てをすることができる（民再219条2項・213条5項）。管財人が選任されているときは、再生債務者の財産関係の訴訟手続は、再生債権に関するものも含めて中断し（民再67条2項）、すべて管財人が受け継ぐことができる（民再220条2項・67条3項）。

　同意再生の申立てについての裁判に対しては、利害関係人たる再生債務者等および再生債権者は即時抗告をすることができる（民再218条1項）が、執行停止の効力は有しない（同条2項）。なお、再生債務者が債務超過の状態にある場合には、約定劣後破産債権者は、再生計画の内容が約定劣後再生債権を有する者の間で平等原則（民再155条1項）に違反することを理由とする場合を除いて、同意再生の決定に対して即時抗告をすることはできない（民再218条3項・175条2項）。即時抗告の結果、同意再生の決定を取り消す旨の決定が確定した場合には、裁判所は、遅滞なく一般調査期間を定めなければならない（民再218条3項・213条3項）。

　3）同意再生決定の確定の効力　　同意再生の決定が確定すると、再生債務者等が提出した再生計画案について、再生計画認可の決定が確定したものとみなされる（民再219条1項）。確定にともなって、再生手続開始前の罰金・届出のない約定劣後再生債権等を除くすべての再生債権者の権利は、一般的基準（同156条）に従って変更される（同219条2項・215条1項）。同意再生の手続では再生債権の

調査・確定の手続は行われず、再生計画案の決議を経ずに直ちに実質的な認可または不認可の決定に相当する裁判を行うものであるから、同意再生の決定があった場合はこれらに関する規定の適用は除外されている（民再220条）。

9　民事再生手続と他の法的倒産処理手続との関係

（1）　総説 —— 倒産処理手続相互間の優先劣後関係

ドイツにおけるとは異なり、わが国には統一的な倒産法典は存在せず、各種の倒産処理手続はそれぞれ別個の法律によって規律されている。したがって、このような法制度の下にあっては、すべての倒産事件が、複数の倒産処理手続のうちもっとも適切な手続によって処理されることが必要であるが、もし、選択された手続による倒産処理が十分ではないことが判明した場合には、より適切な他の倒産処理手続によって処理されることが必要である。そこで、各種倒産処理法においては、そのための規定が置かれている。以下では、特に、清算型の倒産処理手続である破産手続と、再建型の倒産処理手続である民事再生・会社更生手続を中心として説明する。

これらの倒産処理法相互間の関係については、一言で言えば、再建型の手続は清算型の手続に優先し、同種の手続間ではより厳格な手続が簡易な手続に優先するという基本的な考え方に基づいているということである。すなわち、清算型手続である破産手続・特別清算手続と、再建型手続である民事再生・会社更生手続に関していえば、後2者が優先し、再生手続開始申立があった場合、破産手続および特別清算手続の中止を命じることができ（民再26条1項1号）、また再生手続開始決定があったときは、破産手続・特別清算開始申立はすることができず、また、係属していた破産手続は中止し、特別清算はその効力を失う（民再39条1項）。そして、再生計画認可決定が確定したときは、中止した破産手続はその効力を失う（民再184条）。会社更生法にも同様の規定が置かれている（会更24条1項1号・50条1項・208条）。また、同じ再建型手続相互間では、民事再生手続係属中であっても、会社更生手続の申立ては可能であり（会更24条1項）、再生手続係属中に更生手続の申立てがあった場合、更生裁判所は、再生手続の中止を命じることができ、更生手続開始決定があると、再生手続は当然に中止するものとされている（会更50条1項）。これは、厳格な再建型手続である会社更生手続をより簡易な手続である民事再生手続に対して優先させるものである[55]。

（2）　民事再生手続・会社更生手続から破産手続へ

---

[55]　ただし、特別清算（会社510条以下）は清算型倒産処理手続であるが、厳格な清算型倒産処理手続である破産手続に優先するものとされている（会社512条1項1号・515条1項2項）。

1）職権による牽連破産　　上述したように、現行倒産法制は、再建型倒産処理手続を清算型倒産処理手続に対して優先させているが、再建型倒産処理手続を遂行したものの、債務者の事業や経済生活の再建が困難であることが判明したような場合には、できるだけ早期に破産手続を開始し、利害関係人の利害や債権者と債務者との間の権利関係を適切に調整し、債務者の財産等の適正かつ公平な清算を図り、少しでも多くの配当を債権者に与えることが必要となる。そこで、民事再生法は、①破産手続開始前の再生債務者について再生手続開始申立ての棄却、再生手続廃止、再生計画不認可または再生計画取消しの決定が確定した場合において、裁判所は、当該再生債務者に破産手続開始原因があると認めるときには、職権で、破産手続開始決定をすることができることとし（民再 250 条 1 項）、また、②破産手続開始後の再生債務者について再生計画認可の決定の確定により破産手続が効力を失った後に、再生手続廃止（民再 193 条・194 条）や再生計画取消決定（民再 189 条）が確定した場合には、裁判所は、職権で、破産手続開始決定をしなければならない（民再 250 条 2 項）と規定している。これを「職権による牽連破産」という。同様の規定は、会社更生法にも置かれている（会更 252 条 1 項 2 項）。なお、①の場合は、要件が満たされていても、破産手続開始決定をするか否かは裁判所の裁量に任されている。認可の見通しがある再生計画の立案が不可能であるとして再生手続開始申立てが棄却された場合でも、再生債務者が、任意整理で再建を図ったり、自ら条件整備をした上で再生手続開始申立てをしたりする余地を残すのが妥当であるような場合には、破産手続開始決定をするのは相当ではない[56]からである。②は、再生手続開始前にいったん破産手続が開始されていた場合であるから、破産手続開始原因の認定をすることなく、裁判所は、破産手続開始決定をすることを義務づけられている。

　なお、これらの場合、職権による破産手続開始決定までの間に財産が散逸することを防ぐために、裁判所は、他の手続の中止命令（破 24 条 1 項）、包括的禁止命令（破 25 条 2 項）、財産保全処分（破 28 条）等の各種保全処分等を命じることができる（民再 251 条 1 項 1 号 2 号）。なお、会社更生法にも同様の規定が置かれている（会更 253 条）。

　2）申立てによる牽連破産　　破産手続開始前の再生債務者について再生手続開始決定の取消し、再生手続廃止決定もしくは再生計画不認可決定または再生計画取消決定（破産手続終了前になされた申立てに基づくものに限る）があった場合には、それらの決定が確定する前であっても、再生裁判所に当該再生債務者につい

---

[56]　条解民再初版 54 頁〔園尾隆司〕。なお、新注釈民再 2 版（下）585 頁〔笠井正俊〕も参照。

ての破産手続開始申立てをすることが認められている（民再249条1項前段）。これを「申立てによる牽連破産」というが、これは、再生手続の確定的な終了を待たずに申立てを認めることで、破産手続への円滑な移行の可能性を認めるものである[57]。これにより、終了する再生手続と申立てに基づいて開始される破産手続との連続性を実現することを通じて、両手続の一体性を確保しようとするものである。また、破産手続開始後の再生債務者について、再生計画認可決定の確定によって破産手続が効力を失った後に、再生手続廃止決定や再生計画取消決定があった場合に、それらの決定の確定前に、再生裁判所に再生債務者についての破産手続開始申立てをすることもできる（民再249条1項後段）。ただし、いずれの場合であっても、破産手続開始決定は、再生手続廃止決定等が確定し、再生手続が最終的に終了した後でなければすることができない（民再249条2項）。なお、会社更生法にも同様の規定が設けられている（会更251条1項3項）。

　　3）**再生手続開始決定があった場合の破産事件の移送**　　破産手続開始申立てまたは開始決定の後に再生手続開始の決定があると、当該破産手続は中止するが（民再39条1項）、その後に当該再生手続が目的を達成できずに廃止される（民再191条〜193条・237条・243条）ときには、中止していた破産手続は再び進行することになる。そこで、再度進行を始める破産手続を迅速円滑に進めることができるように、裁判所（破産事件を取り扱う1人または裁判官の合議体）は、当該破産事件を処理するために相当と認めるときは、職権で、当該破産事件を再生裁判所に移送することができるものとされている（民再248条）。なお、会社更生法にも同様の規定が設けられている（会更250条）。

　　4）**先行手続と後行手続との一体性の確保**　　民事再生手続から破産手続への移行がなされるとしても、両者は本来別個独立の手続であり、利害関係人の地位などが両手続において共通のものとして認められなければ、利害関係人に対して不当な結果が生じ、後行手続の円滑な遂行が妨げられる可能性がある。そこで、民事再生法は、そのような問題を解決するために、いくつかの制度を規定している。

　　①　**みなし届出**　　民事再生手続が破産手続に移行すると、先行する再生手続上の債権届出が効力を失うから、本来であれば、改めて破産債権の届け出が必要となる。しかし、後行の破産手続において先行の再生手続上の債権届出を破産債権の届出とみなすことができれば、債権者や破産管財人の負担を軽減することができ、手続の円滑な移行に資することになる。そこで民事再生法は、牽連破産（民

---

[57]　小川414頁、伊藤3版1139頁参照。

再252条1項1号～4号・3項）の場合において、裁判所は、終了した再生手続において届出があった再生債権の内容等の事情を考慮して相当と認めるときは、牽連破産の開始決定と同時に、再生債権としての届出をした破産債権者については、その破産債権の届出を要しない旨の決定をすることができるものとした（民再253条1項）。これを「みなし届出決定」という。再生手続終了後再生計画の履行完了前に破産手続が開始された場合も同様である（民再253条7項）。みなし届出決定があった場合、当該債権は、再生債権の届出をした者が破産法111条1項に規定する債権届出期間の初日に破産債権の届け出をした者とみなされる（民再253条3項）。なお、みなし届出決定がなされた場合でも、再生債権として届出をした者が後行の破産事件で債権届出期間内に破産債権の届出をした場合、当該債権についてみなし届出決定の効果は生ぜず、後行の債権届出が破産債権の届け出として扱われる（民再253条6項）。

　ただ、みなし届出決定がされた場合、再生手続開始後の利息・再生手続開始後の不履行による損害賠償債権および違約金請求権、再生手続参加の費用の請求権が劣後的破産債権とされるので（民再253条4項3号・84条2項各号）、再生手続開始時から破産手続開始までに相当の期間が経過している場合、みなし届出が認められた破産債権者と実際の破産債権の届出をした破産債権者との間で、再生手続開始後の利息、損害金等につき不平等な結果が生じる。また、再生手続開始後の利息・損害賠償債権等が劣後的破産債権と扱われることを防止するため、多くの再生債権者が破産手続で新たな届出をすることになれば、結局、破産管財人等の事務負担は軽減されないから、みなし届出決定をする実益が失われることになる。さらに、再生手続開始後に多数の代位弁済や債権譲渡がある場合、新たな届出がないと、破産管財人は、当然には債権者を把握することができず、債権者の確定に手間取ることになり、費用対効果の観点から導入されたみなし届出の制度によって、かえって破産管財人の調査業務が煩雑になることもある。また、再生手続から破産手続に移行した場合において、そもそも配当の見込みがない事案では、債権届出期間を定めずに留保する場合も多いことから、みなし届出決定をする実益はあまりないといわれる[58]。そうすると、みなし届出決定をなしうる際の「相当と認めるとき」とは、①配当可能事案であること、②再生手続開始から破産手続開始までの期間が比較的短期で、その間の利息や損害金等の発生が問題になりにくいこと、③代位弁済や債権譲渡による権利変動が少ないか、債務者側で権利変動を正確に把握していること、④個人債権者の数が極めて多数であり、破産手

---

[58]　この点を指摘するのは、破産民再実務3版民再328頁以下である。

続で新たな債権届出を要求することが債権者や破産管財人にとって極めて煩雑であるような場合等をいうものと解される[59]。なお、会社更生法にも同様の規定が置かれている（会更249条）。

②　共益債権の財団債権化　　先行する再生手続もしくは更生手続が挫折し牽連破産に移行した場合、または中止されていた破産手続が続行される場合には、共益債権が財団債権として取り扱われる（民再252条6項）。これは、再生手続外でしかも再生債権に先立って弁済を受けられる（民再121条1項2項）と期待されていた債権が、牽連破産によって財団債権としての扱いを受けられないとすると、リスクをおそれて共益債権を取得する行為（例えば、いわゆるDIPファイナンスなど〔民再119条5号、120条参照〕）をしようとする者が躊躇し、再生手続が円滑に進行しないおそれが生じるほか、再生手続と牽連破産後の破産手続とを一連のものと考えれば、再生手続で共益債権と認められる者を破産手続でも財団債権として取り扱うのが合理的だからである[60]。会社更生法にも同様の規定が置かれている（会更254条6項）。

なお、再生手続上の共益債権には、原材料の購入費、商品の仕入代金等、再生手続開始後にした業務に関する費用の請求権も含まれるから（民再119条2号）、多数の取引先がある場合、破産手続移行後、財団債権の存否や額について、破産管財人との間で紛争が生じるケースがあり得る。しかも、財団債権については、破産債権とは異なり査定の裁判等の簡易迅速な債権確定手続が用意されていないから、結局、民事訴訟により解決することになり、このことが管財人の負担を重くする可能性がある[61]。

③　労働債権の扱い　　再生手続では、再生手続開始前の労働債権は一般優先債権として扱われ（民再122条1項）、再生手続によらないで、随時弁済される（同条2項）。しかし、牽連破産では、一般優先債権は、破産手続開始前の原因に基づいて生じた債権として破産債権に該当し、優先的破産債権（破98条1項、民308条・306条2号）としての取扱いを受ける限度でその保護が図られることになり、労働債権の優先性が確保されないこととなるおそれがある。そこで、牽連破産におい

---

[59]　このような事例として、多数の会員を有するゴルフ場やスポーツクラブの運営会社などが想定されるが、実際にはみなし届出の採用が妥当な事例はほとんど認められず、東京地方裁判所破産再生部でも事実上みなし届出を採用していないといわれる（破産民再実務〔新版〕（下）327頁〔小河原寧〕参照）。なお破産民再実務3版民再329頁は、みなし届出決定した事例は4件にとどまるとする。

[60]　松下淳一「倒産処理手続相互の関係」ジュリ1273号110頁、新注釈民再2版（下）594頁〔笠井正俊〕、破産民再実務3版329頁等参照。

[61]　破産民再実務3版329頁以下参照。

て、破産手続開始の日より前に再生手続開始の決定があったときは、再生手続開始前3か月間の給料の請求権について、労働債権の保護の観点から、財団債権化することで労働債権の優先性を維持している[62]。すなわち、民事再生法は、破産手続開始日より前に再生手続開始決定があるときは、再生手続開始前3か月間の給料の請求権についてのみ財団債権になるものとしている（民再252条5項）。

退職金請求権については、再生手続開始前に退職した場合の退職金請求権は一般優先債権として扱われるが、牽連破産によりその全額が優先的破産債権となる（破98条1項、民308条・306条2号）。ただし、退職前3か月間の給料の総額（破産手続開始前3か月の給料の総額のいずれか多い額）に相当する額を限度として財団債権化される（破149条2項）。再生手続中に退職した場合、退職金請求権は、全額が共益債権（民再119条2号）になるとする説と、退職金請求権が給料の後払い的性格を有することを理由に、退職金請求権のうち、再生手続開始前の労働の対価に相当する部分は一般優先債権（民再122条）として扱い、再生手続開始後の労働の対価に相当する部分については共益債権（民再119条2号）と解する説とがある。前説によれば、牽連破産の場合、退職金請求権はその全額が財団債権になる（民再252条6項）。これに対して後説によると、再生手続開始前の労働の対価に相当する部分を優先的破産債権として（破98条1項）、再生手続開始後の労働の対価に相当する部分を財団債権として扱うことになる（民再252条6項）。再生手続廃止後に退職した場合は、民事再生法の規律する問題ではなく、破産法によって処理がなされる。すなわち、退職前3か月間の給料の総額（破産手続開始前3か月の給料の総額のいずれか多い額）に相当する額を限度として財団債権化され（破149条2項）、その余の部分は優先的破産債権として扱われる（破98条1項、民308条・306条2号）。

④　**相殺禁止および否認の基準時等**　a．相殺禁止および否認の基準時　　破産手続における相殺禁止および否認の要件として、破産手続開始申立てが基準とされている場合がある（破71条1項4号・160条1項2号等）。しかし牽連破産の場合、そもそも破産手続開始申立てがない場合があるし、破産手続開始申立てが存在する場合であっても、相殺禁止や否認の趣旨からして、その要件たる危機時期の基準としては、後行手続である破産手続ではなく、先行手続である再生手続や会社

---

[62]　小川419頁、条解民再3版1282頁〔八田卓也〕。なお、松下・ジュリ1273号110頁、論点（下）217頁〔菅家忠行〕、新注釈民再2版（下）593頁〔笠井正俊〕は、牽連破産の開始日を起算日とすると、民事再生手続係属中に発生する賃金債権は共益債権になるから（民再119条2号）、再生手続が3か月以上係属してから移行があった場合には、破産法149条1項による賃金債権の保護と重複してしまい、同条による保護の意義が没却されてしまう。よって、破産手続において財団債権として保護される賃金債権の「3月」の起算日は、先行する再生手続の開始日とされたと説明する。

更生手続を基準に考える方が合理的である。それを実現すべく以下のような規律
がなされている。

(a)破産手続前の再生債務者に関して、先行手続たる民事再生手続と後行手続た
る牽連破産（民再252条1項1号〜4号）に関しては、相殺禁止や否認の要件として
破産手続開始申立てが関わる破産法の規定の適用については、再生手続開始申立
て等[63]は、当該再生手続開始申立て等の前に破産手続開始申立てがないときに限
って、破産手続開始申立てとみなす（民再252条1項柱書）。

(b)破産手続開始後の再生債務者に関しても、民事再生法193条もしくは194条
の規定による再生手続廃止決定または再生計画取消決定（再生手続の終了前になさ
れた申立に基づくもの）の確定にともなって、破産手続申立て（民再249条1項後段）
または職権（民再250条2項）によって牽連破産に移行した場合には、既に再生計
画が決定の確定によって効力を失った破産手続における破産手続開始申立てが相
殺禁止等の要件において基準とされる（民再252条3項1号）。

(c)再生手続の終了後の申立てに基づく再生計画取消決定の確定にともなって、
破産手続開始決定があった場合には、再生計画取消決定の申立てが破産手続開始
申立てとして扱われる（民再252条3項2号）。以上と類似の規定は、会社更生法に
も置かれている（会更254条1項3項）。

b. 否認権の除斥期間の起算日　　破産法上、否認権は、破産手続開始の日か
ら2年を経過したときは行使することができない（破176条前段）。しかし再生手
続から牽連破産に移行した場合に、牽連破産の開始日を基準として2年の除斥期
間を起算すると、受益者などを長く不安定な地位に置く結果となる。よって民事
再生法は、破産手続開始前の再生債務者について再生手続終了にともなって牽連
破産が開始されたときには、再生手続開始決定日を破産手続開始決定日とみなし
（民再252条2項）、破産手続開始後の再生債務者については、再生計画認可の決定
によって効力を失った当初の破産手続開始の日をもって除斥期間の起算日たる破
産手続開始の開始日とみなしている（民再252条4項）。会社更生法にも類似の規
定が置かれている（会更254条2項4項）。

---

[63]　ここでいう「再生手続開始申立て等」とは、再生手続開始申立ての棄却、再生手続廃
止、もしくは再生計画不認可の決定または再生計画取消しの決定（再生手続の終了前に
された申立てに基づくものに限る）が確定した場合にあっては再生手続開始の申立て、
再生手続開始によって効力を失った特別清算の手続における特別清算開始の申立てまた
は破産法265条の罪に該当することとなる再生債務者、その法定代理人もしくは再生債
務者の理事、取締役、執行役もしくはこれらに準ずる者の行為をいい、再生計画取消し
の決定であって再生手続の終了前にされた申立てに基づくもの以外のものが確定した場
合にあっては再生計画取消しの申立てをいう（民再252条1項柱書）。

なお、牽連破産を前提とせず、破産手続が先行し、それに続いて再生手続が開始した場合にも（破産手続が開始した後に再生手続開始の申立てがなされ、破産手続が中止されているような場合〔民再 26 条項 1 号・39 条 1 項〕等）、両者を連続一体のものとみて、否認の除斥期間は、再生手続開始の日からではなく、破産手続開始の日から否認権の除斥期間が起算されるものと規定されている（民再 139 条かっこ書）。会社更生法にも同様の規定がある（会更 98 条かっこ書）。

　⑤　**再生手続における裁判手続等の牽連破産手続における帰趨**　a．否認権行使のための裁判手続の帰趨　　否認の請求の手続は、再生手続が終了したときには当然に終了する（民再 136 条 5 項）。これは、否認の請求の手続は、もっぱら否認権行使のために行われる裁判手続であり、再生手続が終了して、否認権が消滅した後にこれを継続する利益は認められない上、簡易迅速な審理手続である決定手続の方式を採用しており、既存の手続における裁判資料を破産手続に移行した後に利用するという必要性にも乏しいことから、牽連破産の可能性を考慮することなく、すべて終了させることにしたものである[64]。

　否認の請求を認容する決定に対する異議の訴えに係る訴訟手続は、再生計画不認可、再生手続廃止または再生計画取消しの決定の確定により再生手続が終了した場合には、中断し（民再 137 条 6 項後段・68 条 2 項）、中断の日から 1 か月以内に牽連破産が開始された場合には、破産管財人は異議の訴えに係る訴訟手続を受け継ぐことができる（民再 254 条 1 項前段）。相手方にも受継申立権がある（同後段）。これは、再生手続が終了すると否認権は消滅し、異議の訴えはその目的を失い、本来であれば終了するところであるが、既存の異議の訴えに係る訴訟手続における訴訟資料を牽連破産で利用することを可能とするために、いったん中断させて、受継の対象としたものである。したがって、再生債務者がこれを受け継ぐことはできない（民再 68 条 3 項）。

　これに対し、再生手続開始の決定の取消しの決定の確定により再生手続が終了した場合には、異議の訴えに係る訴訟手続は終了する（民再 137 条 6 項前段・7 項）。再生手続開始の決定の取消決定の確定により再生手続が終了したときは、否認権は遡って消滅することになるし、異議の訴えに係る訴訟手続はもっぱら否認権行使のために行われる倒産処理手続固有の特殊な裁判手続であるため、他の手続において異議の訴えにおける訴訟資料を利用することを認める合理性に乏しいからである[65]。

　b．再生債権の査定の手続　　再生債権の査定の手続は、再生手続が再生手続

---

[64]　小川 423 頁。
[65]　小川 423 頁。

認可決定確定前に終了した場合には、その目的を失って終了する（民再112条の2第1項）。それに対し、再生手続が再生手続認可決定確定後に終了した場合には、再生債務者が当事者であるものは引き続き係属し（民再112条の2第1項）、管財人が当事者であるものは、再生手続の終了により中断し、再生債務者が受継して引き続き係属する（民再112条の2第2項・68条2項3項）。さらにその後に手続が破産に移行したときは、係属する査定の手続は終了する（民再254条5項）。この場合には、再生手続における査定手続の資料を、後発破産手続で利用するよりも、破産手続で新たに調査・確定した方が合理的だからである[66]。

　再生債権の査定の申立てについての裁判に対する異議の訴えに係る訴訟手続は、再生債務者が当事者であれば、再生手続は終了してもそのまま係属する（民再112条の2第4項）。ただし管財人が当事者であるときは中断し、再生債務者が受継しなければならない（民再68条2項3項）。その後に牽連破産が開始したときは、訴訟手続は中断し（破44条1項）、破産債権に関する訴訟として受継されることがある（破127条1項）。それに対し、再生債務者等が当事者でない場合で、再生計画認可決定確定前に再生手続が終了すれば、訴訟は中断し（民再112条の2第4項）、中断の日から1か月以内に牽連破産が開始された場合には、破産債権に関する訴訟として受継されることがある（破127条1項）。しかし1か月以内に牽連破産が開始されなかった場合には、訴訟手続は終了する（民再254条6項4項）。再生債務者等が当事者でない場合で、再生計画認可決定確定後に再生手続が終了したときは、異議の訴えに係る訴訟手続は引き続き係属し（民再112条の2第4項）、その後に牽連破産に移行した場合には、中断・受継の対象となる（破44条1項・127条1項）。

　さらに、再生手続における債権調査において異議等の対象となった再生債権について、再生手続開始当時訴訟が係属する場合には、対象となった再生債権者による受継がなされるが（民再107条1項・109条2項）、その訴訟において再生債務者等が当事者であるときは、再生手続の終了後も訴訟は引き続き係属する（民再112条の2第5項）。ただし管財人が当事者であるときは、中断し、再生債務者が受継する（民再68条2項3項）。その後に牽連破産に移行した場合には、中断・受継の対象となる（破44条1項・127条1項）。再生債務者等が当事者でない場合には、再生計画認可決定確定前に再生手続が終了した場合には、訴訟手続は中断し（民再112条の2第5項）、再生債務者が受継する（同6項・68条3項）。その後に牽連破産に移行した場合には、中断・受継の対象となる（破44条1項・127条1項）。確定後

---

[66]　小川420頁、条解民再3版1292頁〔八田卓也〕。

に再生手続が終了した場合には、訴訟は引き続き係属し（民再112条の2第5項）、その後に牽連破産に移行した場合には、中断・受継の対象となる（破44条1項・127条1項）。

c. 役員の責任に基づく損害賠償請求権に関する裁判手続の帰趨　損害賠償請求権の査定の手続は、再生手続が終了したときは、査定の裁判があった後のものを除き、当然に終了する（民再143条6項）。これに対し、損害賠償請求権の査定の裁判に対する異議の訴えに係る訴訟手続その他の役員の責任に基づく損害賠償請求権に関する訴訟手続は、再生債務者が当事者である場合には、再生手続が終了したときでも、引き続き係属する。その後、破産手続への移行があった場合には中断し（破44条1項）、管財人がこれを受継することができる（同条2項）。

これに対し、管財人または再生債権者が当事者である場合（民再145条3項）には、再生手続が終了したときは、訴訟手続は中断し（民再68条2項・146条6項前段）、再生債務者が受継しなければならない（民再68条3項・146条6項後段）。その後、破産手続への移行があった場合には、訴訟手続は再び中断し（破44条1項）、破産管財人がこれを受け継ぐことができる（同条2項）。このように、損害賠償請求権の査定の裁判に対する異議の訴えに係る訴訟手続が、その他の役員の責任に基づく損害賠償請求権に関する訴訟手続と同様の扱いを受けるのは、役員の責任に基づく損害賠償請求権は、否認権とは異なり、再生手続開始の有無にかかわらず存在し得るものであり、その査定の手続における攻撃防御方法も、否認の請求の手続とは異なり、特段の限定がなく、これを前提とする異議の訴えも、むしろ、給付訴訟である通常の損害賠償請求訴訟に近い性質を有していることによる[67]。

（3）　破産手続・会社更生手続から民事再生手続へ

破産手続が進行しているときでも、未だ事業が継続している場合など、債務者企業を清算・処分するよりも再生手続により、事業を継続させた方が債権者にとって有利になる場合もあり得ないではない。そこで、民事再生法は、破産手続から再生手続への移行の制度を認めている[68]。この場合、申立権者は債権者・債務

---

[67]　小川426頁参照。

[68]　ただ、破産手続が開始されると事業価値の毀損が著しく進行するため、事業再建に向けて再出発することは一般的にはきわめて困難であって、実例もほとんどないのが実情である（詳解2版600頁〔林圭介〕。破産民再実務3版民再340頁は、東京地方裁判所破産再生部ではこれまで破産管財人が再生手続開始の申立てをした事例はない〔平成25年3月末現在〕という）。また、破産手続から再建型手続への移行を安易に認めることは、かえって資産劣化を進行させて配当原資を食いつぶし、一般債権者の利益を害する結果となる可能性が高く、そのような移行には慎重であるべきである。仮に再生手続に移行する場合には、破産管財人を再生管財人とする管理型の再生手続によることが相当な場

者（民再 21 条）および裁判所の許可を得た破産管財人である（民再 246 条 1 項 2 項）。この場合、みなし届出の制度（上述（2）4）①参照）も適用されるし（民再 247 条）、否認権の除斥期間の起算日も破産手続開始の日となる（民再 139 条かっこ書）。また、財団債権は共益債権として扱われる（民再 39 条 3 項 1 号）。

　会社更生手続は再生手続に優先するから、更生手続から再生手続への移行は例外的であるが、たとえば、再生事件が係属している株式会社について、更生手続開始申立てを棄却する決定の確定（会更 234 条 1 号）、更生手続開始決定を取り消す決定の確定（同 2 号）、更生計画不認可決定の確定（同 3 号）のいずれかの事由によって更生手続が終了する場合、または更生計画認可前の更生手続廃止（会更 236 条・237 条 1 項）の場合には、中止命令によって中止されていた再生手続（会更 24 条 1 項 1 号）または更生手続開始決定によって中止されていた再生手続（会更 50 条 1 項）が続行され、更生手続上の共益債権は再生手続上の共益債権とされる（会更 257 条）。更生手続から再生手続への移行は、当該株式会社について既に再生手続が係属していることが前提となるから、相殺禁止や否認の基準時もその再生手続における規律により、また除斥期間の起算日も続行される再生手続の開始日になるから、特別な規定は置かれていない[69]。

（4）　民事再生手続・破産手続から会社更生手続へ

1）　民事再生手続から会社更生手続へ　　再生手続から更生手続への移行が問題となるのは、株式会社について資本構成の組替えや担保権を手続的に拘束する必要がある場合である。会社の規模の大小は必ずしも決定的な要因としては運用されていない[70]。同じく再建型倒産処理手続であっても、更生手続は再生手続に優先する。すなわち、更生手続が開始されれば再生手続は中止し（会更 50 条 1 項）、更生計画認可決定によって失効する（会更 208 条本文）。更生手続開始の申立権者は、再生債務者たる株式会社である（会更 17 条 1 項）。また、管理命令が発令されている場合は、管財人も再生裁判所の許可を得た上で更生手続開始の申立てをすることができる（会更 248 条 1 項）。この場合、みなし届出制度も適用される（会更 249 条 1 項）。また、再生手続上の共益債権は更生手続上の共益債権とされる（会更 50 条 9 項 1 号）。さらに、相殺禁止や否認の基準時に関しても、先行する再生手

　　　合が多いと考えられるとされる（詳解 2 版 601 頁、604 頁注 10〔林圭介〕）。

[69]　伊藤会更 729 頁。

[70]　詳解 2 版 594 頁〔林圭介〕。なお、東京地方裁判所でも中小企業の会社更生申立てが増加しており（西岡清一郎「東京地裁における新たな会社更生実務」判タ 1132 号 20 頁）、大阪地方裁判所でも、会社規模の大小は手続選択の副次的要因であるとする運用が行われている（林圭介「大阪地裁における新たな会社更生の実務」判タ 1132 号 26 頁）。

続開始申立てがその基準時とされる（会更 86 条 1 項 2 号本文・2 項・3 項・86 条の 3 第
1 項 1 号・3 項・87 条 2 項・88 条 1 項・90 条・91 条 2 項・93 条 2 項・49 条 1 項 4 号・2 項
2 号 3 号・49 条の 2 第 1 項 4 号・2 項 2 号 3 号など）。否認権の除斥期間の起算日は、再
生手続開始日である（会更 98 条かっこ書）。

　2）破産手続から会社更生手続へ　　再建型倒産処理手続である会社更生手
続は、清算型倒産処理手続である破産や特別清算に優先する（会更 24 条 1 項 1 号・
50 条 1 項・208 条本文）。更生手続開始の申立権者は破産管財人である（会更 246 条 1
項 2 項）。この場合、財団債権は更生手続上は共益債権となる（会更 50 条 9 項 1 号前
段）。ただし、共益的費用性の薄い財団債権（破 148 条 1 項 3 号）は共益債権化の対
象から除外されている反面、破産手続が開始されなかった場合でも共益的費用性
の強い財団債権（破 55 条 2 項・148 条 4 項）は共益債権化されている（会更 50 条 9 項
1 号かっこ書）。相殺禁止や否認の基準時に関しても、先行する破産手続開始申立
てがその基準時とされる（会更 86 条 1 項本文・2 項 3 項・86 条の 3 第 1 項 1 号・3 項・
87 条 2 項・88 条 1 項・90 条・91 条 2 項・49 条 1 項 4 号・2 項 2 号 3 号・49 条の 2 第 1 項 4
号・2 項 2 号 3 号など）。否認権の除斥期間の起算日は、破産手続開始日である（会
更 98 条かっこ書）。

┌─────────────────────┐
│ **＜設問についてのコメント＞** │
└─────────────────────┘

　　問 1 は、再生計画の遂行について問うものである。これについては、第 27
章 1.2. を参照のこと。

　　問 2 は、再生計画の変更や再生計画取消し、再生手続の廃止等についての
要件や手続について説明する問題である。これらについては、第 27 章
4.6.7. を参照のこと。

　　問 3 は、再生計画の取消しの問題である。これについては、第 27 章 6.
（2）2）を参照のこと。

　　問 4 は、再生手続から破産手続への移行の問題、とくに、申立てによる牽
連破産について問うものである。これについては、第 27 章 9.（2）2）を参照
のこと。

　　問 5 は、同じ再建型倒産処理手続である民事再生手続と会社更生手続との
優劣を問う問題である。これについては、第 27 章 9.（4）を参照のこと。

第30講　個人再生手続、再生犯罪

ケース

　農業を営むＡは現在40歳であるが、農作物の不作に加え、外国からの安い農作物の流入によって大きな打撃を受け、倒産の危機に瀕していた。しかし、小麦や大豆の栽培は将来性が薄いにしても、肉牛の飼育と乳製品の製造・加工業務は軌道に乗りつつあり、この畜産を中心とした農業経営を拡大していくならば、一応将来性が見込めるものであり、経営再建の柱になると考えていた。ただ、現在、5年前に住宅を新築したさいにＢ銀行との間で、35年の住宅ローンを組み、4000万円を借り入れたが、その残高がまだ3500万円残っていた。この住宅ローン契約に際しては、保証会社Ｃが保証人となっていた。そのほか、トラクターやコンバイン等の農業機械を購入するために農林中央金庫から受けた融資が2000万円、その他、牛舎やサイロの改築費用としてＤ信用金庫から融資を受けた債務が2500万円あり、農業経営によって得られる年収はほぼ600万円であり、その額も、気候の変動や農作物の相場等によってかなり変動する可能性があるものであり、これらの債務を短期間で弁済することは到底できない状況である。なお、住宅ローンについてはＢ銀行のために新築した住宅およびその敷地（実勢価額2500万円）につき、また、農林中央金庫からの融資については農林中金のために甲土地（実勢価額1000万円）に、さらにＤ信用金庫からの融資についてはＤ信用金庫のために乙土地（実勢価額800万円）に、それぞれ抵当権が設定され、かつ、その登記もなされていた。Ａは、Ｅ社からも500万円の融資を受けていたが、既に弁済期が到来していたが、手許に現金がなく、弁済することができないでいた。そうこうしているうちに、Ｅ社からは、10日以内に500万円とその利息を支払わなければ、丙土地とその土地上に建っている牛舎に対して強制執行をする旨の内容証明郵便が送られてきた。Ａは、丙土地上に建っている牛舎は肉牛飼育の中心となるものであり、それに対して強制執行がなされると経営再建は不可能であると考え、唯一残っていた丁土地（実勢価額600万円）を代物弁済に供した。

　Ｆは、仕事がうまくいかずむしゃくしゃしており、たまたまＡの農場を通りかかったとき、思わずサイロに放火してこれを全焼させてしまった。しかし、Ｆは、

すでにＡが倒産状態にあることは知っており、サイロは、どうせ債権者への弁済に供される運命にあるのだから、Ａに対しては大したダメージにならないだろうと考えていた。

　そのような事情のもと、Ａは、農業で得られる年収600万円では、月々の債務の弁済はとうてい不可能であるとし、民事再生手続開始の申立てをしたいと考えている。

◆**問1**　この場合において、個人たるＡが経済的再建を図る法的制度としてはどのようなものがあるか、それぞれにつき、その利害得失を述べよ。

◆**問2**　冒頭の ケース のような場合、Ａは小規模個人再生手続・給与所得者等再生手続を利用することができるだろうか。その場合の手続はどのようなものであるか。

◆**問3**　Ａは、住宅ローンが払えず、民事再生手続開始の申立てをする際、小規模個人再生を行うことを求める申述をした。Ａが住宅ローンを支払わなかったため、Ｃ保証会社はＢ銀行に対し保証債務を履行した。その後、住宅資金特別条項を定めた再生計画の認可決定が確定した場合、Ｃは、保証債務の弁済によって取得した求償権をどのようにして行使することになるか。

◆**問4**　Ａは、Ｅに丁土地を代物弁済に供したことによって、何か、刑罰を受けることはあるだろうか。

◆**問5**　Ｆは、サイロを燃やしたことについて、放火罪（刑110条1項）にあたることは別として、ほかに何か刑罰を科せられるであろうか。

第28章　個人再生手続

1　総　説

（1）　個人再生手続導入の社会的背景と、他の倒産処理手続の問題点

　バブル経済が崩壊した平成3年以降の長引く不況の下、国民の経済生活に大きな影響が生じ、これに伴い倒産事件も激増した。そこで、もっとも緊急を要する中小企業等に利用しやすい新たな再建型倒産手続の創設について、他の検討課題と切り離して集中的に検討がなされ、平成11年12月に民事再生法（平成11年法律第225号）が成立した。その後、住宅ローン等の債務を抱えた個人債務者の破綻件数が急増したことから、民事再生法の制定に次いで緊急を要する課題である個

人債務者の再生手続の創設について、直ちに集中的な検討を行い、平成12年11月21日に個人再生手続等を規定する民事再生法等の一部を改正する法律（平成12年法律第128号）が成立した[1]。

　従来、個人債務者が経済的に破綻した場合、その生活を再建するための法的処理手続としては、破産法上の破産免責手続と民事再生法による民事再生手続とがあったが、いずれにも問題があるといわれていた。まず、破産免責については、債務者にとっては、①差押え可能な財産に限定されるものの、全財産の清算が行われるため、現に居住している住宅を保持することができない、②専門資格者や取締役の場合には、さまざまな法律において資格喪失規定が置かれているために、破産手続開始によって資格を喪失するという不利益がある、③破産者の烙印を押されることになり、勤務先を退職せざるを得なくなる等の事実上の社会的不利益がある、④無担保債権者にとっても債務者の多くは配当原資となる財産を有していないため、債権の回収がほとんどできないといった種々の問題点が指摘されていた。また、民事再生手続についても、①それが主として中小企業以上の規模の事業者の再生のための手続として構想されたものであるため、個人債務者にとっては、手続の負担が重すぎて利用が困難である、②担保権は、破産の場合と同様に別除権とされている（民再53条）ので、住宅ローンを抱えて経済的な破綻に瀕した個人債務者がこの手続を利用しても、現に居住している住宅は保持できない、といった問題点があった[2]。

　さらに、特定調停や、いわゆる任意整理によって、多重債務者の再生を図ることも広く行われていたが、これらの手続においても、①多重債務の元本総額を分割払いできる状況にない個人債務者の場合には、債権者との合意を成立させることが実際上困難である、②元本総額を分割払いできる債務者であっても、利息等の減免に同意しない債権者がいると、これらの手続を利用して再建を図ることが困難となる、といった問題があった。そこで、住宅ローン等の債務を抱えて経済的破綻に瀕した債務者が、破産せずに、現に居住している住宅を保持しながら、経済生活の再生を図ることができ、債権者にとっても、債務者が破産した場合よりも多くの債権回収を図ることができる新たな再建型倒産処理手続が必要とされた[3]。そして、それに応えるものとして、個人再生手続が創設されたのである。

---

(1)　立法の経緯については、始関3頁を参照のこと。

(2)　以上につき、始関6頁参照。実際にも、民事再生手続は、個人が利用するには複雑すぎる手続で、事業者以外の個人が利用するケースはほとんどなかったといわれる（入門個人再生2頁〔多比羅誠〕）。

(3)　始関7頁。なおそこでは、個人破産件数の急増、住宅ローン破綻者の増加、そのよう

（2）　個人再生手続の基本的コンセプト

住宅ローンその他の債務を抱えて経済的破綻に瀕した個人債務者が、破産しないで、住宅を保持しながら、経済生活の再生を図ることができるようにするという個人再生手続の基本的コンセプトから、個人再生手続においては、①住宅資金貸付債権に関する特則と、②小規模個人再生および給与所得者等再生という2種類の簡易・迅速な手続が設けられている。すなわち、①は、住宅ローンについて、その弁済の繰り延べ等を内容とする特別条項を再生計画で定め、その認可を得た上で、これを履行することにより、担保権の実行によって住宅を失うことなく、住宅ローンを完済することができるようにしたものであり、②は、いずれも継続的な収入の見込みがある個人債務者の小規模な事件を対象とするものであるが、小規模個人再生は主として商店主や農業などの個人事業者を対象とし、給与所得者等再生は主として収入額の変動が少ないサラリーマンを対象としている。いずれの手続においても、再生債権の調査手続や再生計画の認可のための手続を簡潔で合理的なものとすること等により、個人債務者が利用しやすい再生手続を整備すると共に、債権者においても、破産の場合よりも多くの債権回収を図ることができるように制度設計がなされている(4)。

2　住宅資金貸付債権に関する特則

（1）　概要 ── 制度趣旨

住宅は個人生活の本拠であるが、それが高額であるために、現金で購入できる個人は少なく、住宅購入のためには、多くが金融機関から融資を受け(住宅ローン)、金融機関の貸付債権またはその関連会社である保証会社の求償権を担保するために、住宅に抵当権を設定することが一般的である。その結果、債務者に民事再生手続が開始された場合、通常の再生手続においては、抵当権等の担保権は別除権とされており、手続開始後も原則として担保権者はその担保権を手続外で自由に実行することができるものとされている（民再53条）。また、再生計画が成立しても、その効力は担保権には及ばない（民再177条2項）。したがって、住宅ローンを抱えて経済的に破綻した個人債務者に対して再生手続が開始された場合、再生手続外で住宅ローン債権者等の個別の同意を得ない限り、住宅に設定された抵当権

な社会情勢に伴う自殺者の増加、破産予備軍として多重債務者の多数の存在といった事情もあげられている。

(4)　始関9頁。なお、東京地方裁判所破産再生部では、通常の再生手続と同様に、個人再生手続についても標準スケジュールを定めており（個人再生手引29頁〔進藤光慶〕）、それによれば、申立から、再生計画の認可・不認可決定まで25週間とされ、手続の迅速化が図られている。

が実行され、せっかく取得した住宅を失うことになる。

そこで民事再生法は、再生債務者は、住宅資金貸付債権（民再196条3号）について、再生計画に弁済期限の繰延べ等を内容とする住宅資金特別条項を定めることができるものとし（民再198条・199条）、これを定めた再生計画の効力は住宅や住宅の敷地に設定されている抵当権にも及ぶものとした（民再203条1項）。そして、その目的を達するために必要と認められる場合には、別除権行使（民再53条2項）についての例外として、住宅上の抵当権実行に対する中止命令が認められている（民再197条1項）。その結果、再生債務者が再生計画に基づく弁済を継続している限り、住宅等に設定されている抵当権の実行を回避することができ、居住住宅を失うことを防止することができることになる[5]。

なお、この特則は、規定の位置から明らかなように、単に、小規模個人再生および給与所得者等再生のみに適用されるだけではなく、通常の再生手続（簡易再生・同意再生を含む）を選択した個人にも適用される特則であることに注意しなければならない。ただ、通常の民事再生手続を事業者以外の個人が利用するケースはほとんどないという現状に鑑みれば[6]、この制度は主として、小規模個人再生手続や給与所得者等再生手続において利用されるものと考えられる。

（2）　適用対象

住宅資金貸付債権に関する特則の対象となるためには、再生債務者が住宅を保有しており、かつ、その住宅の取得のために住宅資金貸付を利用している場合でなければならない。なお、再生債権者の有する住宅資金貸付債権の全部または一部を、民事再生法199条1項から4項までの規定によって変更する再生計画の条項を住宅資金特別条項という（民再196条4号）。住宅資金特別条項は、それが住宅資金特別条項であることを明示しなければならない（民再規99条本文）。

ここでいう「住宅」とは、以下の4つの要件すべてを満たすものをいう（民再196条1号）。すなわち、①個人である再生債務者が所有する建物であること[7]、②個人である再生債務者が自己の居住の用に供する建物であること、③建物の床面積の2分の1に相当する部分がもっぱら自己の居住の用に供されること、④右①

---

(5) 破産民再実務3版民再454頁、破産民再実務〔新版〕（下）454頁〔西野光子〕。

(6) 入門個人再生2頁〔多比羅誠〕。

(7) 離婚した元夫婦の共有住宅の場合、夫が住宅ローンを負担し、これを保証会社が保証し、住宅には、保証会社の求償権を被担保債権とする抵当権が設定され、かつ、妻が保証会社の夫に対する求償権の連帯保証人となっている場合、妻が夫の連帯保証人であって、離婚後も、妻のみが、この抵当権が設定された住宅に居住し続けたとしても、妻単独では、住宅資金特別条項を定めた再生計画案を提出することはできない（個再100問172頁〔小関伸吾〕、個人再生手引325頁）。

〜③の要件を満たす建物が複数ある場合には、これらの建物のうち、再生債務者が主として居住の用にする建物であること、である。なお、特別手続においては、住宅資金貸付債権に関する再生計画の効力を住宅の上に設定された抵当権に及ぼすことになるが、抵当権は、住宅だけでなく、その敷地（住宅の用に供されている土地または当該土地に設定されている地上権をいう。民再196条2号）をも目的としていることが通常であるため、敷地を目的物とする抵当権も再生計画の効力を及ぼす対象となる[8]。

　また、「住宅資金貸付債権」とは、以下の要件のすべてを満たす債権である（民再196条3号）。すなわち、①次の行為（住宅の建設、住宅の購入、住宅の用に供する土地の取得、住宅の用に供する借地権の取得、住宅の改良）に必要な資金の貸付債権であること、②分割払いの定めのある再生債権であること、③次のいずれかの債権（すなわち、当該貸付債権、当該貸付債権に係る債務の保証人である保証会社の主たる債務者に対する求償権）を担保するための抵当権が住宅に設定されていること、である（住宅資金貸付債権に係る資金の貸付契約を、住宅資金貸付契約という。民再196条5号）。なお、③に関していえば、この「抵当権」には、根抵当権や仮登記担保も含まれる[9]。また、住宅ローンの実務上、住宅の敷地のみに抵当権が設定されることは通常あり得ないので、実際上の不都合は生じないと考えられることから、抵当権はあくまで「住宅」に設定されているものとされた（土地との共同抵当の場合はもちろんこれに含まれる）。したがって、ごく例外的ではあろうが、土地だけに抵当権が設定されている場合は対象外である[10]。また、住宅を購入する際に、購入資金だけでなく、仲介業者への手数料、登記手続費用、各種税金（印紙税、登録免許税、不動産取得税等）、保険料等の諸費用のための資金が必要となることから、住宅購入を使途とする住宅ローン契約とは別に、諸費用ローンが行われることがあるが、これらも、住宅資金貸付債権には当たらない[11]。

（3）　抵当権の実行中止命令等

　再生債務者が住宅資金貸付債権に係る債務の返済を遅滞している場合には、住宅またはその敷地に設定されている抵当権が実行されるおそれがあるが、実行されてしまえば、住宅資金特別条項を定めることができなくなってしまう。そこで、住宅資金特別条項を定める再生計画の実効性を確保するために、民事再生法は、

---

[8]　伊藤3版1039頁。個人再生手引355頁以下〔安齊浩男〕も参照。

[9]　始関84頁、条解民再3版1031頁〔山本和彦〕、新注釈民再2版（下）239頁〔江野栄〕。

[10]　始関63頁以下、条解民再3版1031頁〔山本和彦〕、新注釈民再2版（下）239頁〔江野栄〕、伊藤3版1040頁。

[11]　個人再生手引351頁〔安齊浩男〕。

住宅資金特別条項を定める再生計画の認可の見込みがあるときには、裁判所は、抵当権の実行としての競売手続の中止を命じることができるものとしている（民再197条1項2項）。また、再生債務者が再生手続開始後に住宅資金貸付債権の一部を弁済しなければ、住宅資金貸付契約の定めにより当該住宅資金貸付債権の全部または一部について期限の利益を失うこととなる場合には、再生計画認可決定前でも、その弁済を許可することができるものとしている（民再197条3項）。

　1）競売手続の中止命令　　中止命令の対象になるのは、再生債務者が所有（共有を含む）する住宅または住宅の敷地に住宅資金貸付債権を被担保債権として設定された抵当権の実行としての競売手続に限られている[12]。

　また、この中止命令を発するためには、住宅資金特別条項を定めた再生計画の認可の見込みがあれば足り、担保を立てる必要はない（民再197条1項）。住宅資金特別条項を定めた再生計画の認可の見込みがないと場合とは、①再生債務者の収入等からして計画弁済を遂行する見込みがない場合や、②住宅上に住宅資金貸付債権以外の通常の債権を被担保債権とする担保権が存在していたり、③保証会社による代位弁済から6ヶ月以上を経過していたりして住宅資金特別条項を定めることができない場合などが考えられる[13]。

　住宅資金特別条項を定めた再生計画案の提出権者が再生債務者に限定されていることから（民再200条1項）、中止命令の申立権者は再生債務者に限られている（民再197条1項）。また、中止命令は、包括的禁止命令（民再27条）のように、競売申立をあらかじめ禁止するものではないので、既に抵当権に基づく競売開始決定（民執181条）がなされていることが必要である。なお、この中止命令を発するに先立って、競売申立人の意見を聴かなければならない（民再197条2項・31条2項）。裁判所は、中止命令を変更し、または取り消すことができる（民再197条2項・31条3項）。中止命令およびこれを変更する決定に対しては、競売申立人に限り、即時抗告をすることができるが、これは執行停止の効力を有しない（民再197条2項・31条4項5項）。

　中止命令の裁判は、執行停止文書となり、再生債務者は、中止命令の謄本を執行裁判所に提出して執行の停止を求めることができる（民執183条1項7号）。中止命令は、裁判所が定めた相当期間の経過により当然に失効し、競売手続は再び

---

[12] これは、再生債務者を当事者とする手続における保全処分として、その効力を物上保証人等の第三者のために拡張するのは相当ではないと考えられるためである（始関76頁、伊藤3版1042頁、条解民再3版1035頁〔山本和彦〕、新注釈民再2版（下）243頁〔江野栄〕）。

[13] 新注釈民再2版（下）242頁〔江野栄〕。

進行するが、住宅資金特別条項を定めた再生計画の効力が発生すると、その効力が住宅等の上の抵当権にも及ぶために（民再203条1項前段）、抵当権者が競売手続を取り下げない場合であっても、再生債務者が再生計画の認可決定謄本を執行裁判所に提出することにより、競売手続は取り消される（民執183条1項3号・2項）。

　2）住宅資金貸付債権に対する弁済許可　　従来、住宅を所有する再生債務者が住宅資金特別条項を使って債務整理を図ろうとする場合に、住宅資金貸付債権も再生債権であることから、開始決定後はこれを支払うことができず、そのため、再生手続中に期限の利益を失ってしまうのではないかということが実務上問題とされてきた[14]。この問題に対処するため、実務において、様々な解決策がとられてきたが、平成14年に会社更生法が全面改正された際に、その関連改正により、裁判所の許可によって弁済を継続することを許容する旨が民事再生法197条3項に規定され、立法的解決が図られた[15]。

　すなわち、住宅資金貸付債権に関する弁済許可の申立権は、再生債務者にのみ認められている（民再197条3項）。弁済許可の要件は、①再生債務者が再生手続開始後に住宅資金貸付債権の一部を弁済しなければ住宅資金資金貸付契約の定めにより当該住宅資金貸付債権の全部または一部について期限の利益を喪失することになる場合[16]、であって、②住宅資金特別条項を定めた再生計画の認可の見込みがあると認めるときである。

（4）　住宅資金特別条項の内容

　原則として、再生計画における再生債権に関する権利変更の定めはかなり柔軟なものとなっているが（民再156条）、住宅資金貸付債権についての住宅資金特別条項は、①原則型 —— 期限の利益回復型、②リスケジュール型、③元本猶予期間併用型、④合意型の4種類に限定されている（民再199条）。それら相互間の関係は、①の期限の利益回復型の条項を定めた「再生計画の認可の見込みがない場合」に二次的な条項として②のリスケジュール型（同条2項）が、さらに二次的な条項を定めた再生計画の認可の見込みがない場合に、第三次的な条項として③の元本猶予期間併用型（同条3項）が定められる。以上に対して、④の合意型については以上のような補充性の要件はなく、債権者との合意により常に任意の内容の条項

---

(14)　園尾隆司「東京地裁における個人再生手続の実情」銀行法務21第592号6頁、逐条研究336頁以下〔山本和彦、松下淳一、田原睦夫、始関正光、林道晴等発言〕参照。

(15)　この経緯については、条解民再3版1036頁〔山本和彦〕参照。

(16)　したがって、既に期限の利益を喪失している場合には、弁済許可をすることができないことになるが、この場合においても、実務上の工夫として、担保権者と交渉して期限の利益の再度付与を受けた上で弁済許可を申し立てることも行われている（新注釈民再2版（下）245頁〔江野栄〕）。

を定めることが認められている。

1）原則型（民再199条1項）　①　期限の利益回復型　　期限の利益回復型（民再199条1項）は住宅資金特別条項の原則的形態である。住宅ローンについては、債務者が遅滞に陥った場合、期限の利益を失い、残元本全額とそれに相当する利息や遅延損害金を一括して支払わなければならないのが通常である。しかしそのような場合、住宅ローンにあってはその額が巨額になることが多く、通常の条項によっては遂行可能性のある計画を立てることは困難であろう。かといって、再生債権そのものの減免を認めることも不適当である。そこで、法は、遅滞してしまった分の元本・利息・損害金については期限の利益を回復させて、その全額につき、一般の再生債権について再生計画で定める弁済期間（一般弁済期間という）内に支払うことを認めた（民再199条1項1号）。条文は難解であるが、簡単に言えば、①将来の弁済分（再生計画認可の決定の確定後に弁済期が到来する元本およびそれに対する約定利息）については、当初の住宅資金貸付契約の弁済期・弁済額の約定に従って支払い（民再199条1項2号）、②既に遅滞に陥っている元本・利息・損害金については、再生計画で定める一般弁済期間内に支払う（同項1号）という内容である[17]。そして、このような特別条項を定めた再生計画が認可されれば、債務の弁済期については前記条項記載のとおりに変更され、その結果、いったん喪失した期限の利益が回復されることになる。なお、ここでいう「一般弁済期間」とは、住宅資金特別条項以外の一般の再生債権について再生計画で定める弁済期間をいう[18]。ただし、再生計画で定める弁済期間が5年を超える場合は、一般弁済期間は再生計画認可の決定の確定から5年に短縮される（民再199条1項1号4番目のかっこ書）。弁済期間については、通常再生の場合は10年以内で、特別の事情がある場合には10年を超えることもできる（民再155条2項）。しかしながら、住宅ローン債権者に与える不利益を最小限度にとどめるという民事再生法199条1項の趣旨に照らせば、既に弁済期が到来した住宅ローンの元本等を支払うべき期

---

[17]　住宅ローンの弁済に苦しみ再生手続開始申立に至った債務者が、再生債権については再生計画に従って弁済しながら、住宅ローンについて当初の契約どおりの弁済を行い、さらに延滞分については短期間（最長5年）の間に弁済をするということは、一般的には非常に困難であると考えられる。しかし、消費者金融等への債務弁済に追われて住宅ローンの弁済に支障が生じてしまい再生申立を行ったような場合は、消費者金融への債務が大幅に圧縮されれば住宅ローンの弁済がスムーズにいく場合もあり、実際にも本条項の利用例は少なくないといわれる（藤原克彦＝中西寛「札幌地裁（本庁）における個人再生事件の現状」金法1765号22頁、新注釈民再2版（下）259頁〔平澤慎一〕等参照）。

[18]　新注釈民再2版（下）257頁〔平澤慎一〕。

間を、通常の再生手続におけるような長期の弁済期間に従って定めることは相当
ではないから、小規模個人再生および給与所得者等再生において、一般の再生債
権の弁済期間が最長5年とされている（民再229条2項2号・244条）ことに鑑み、
これと同じ期間を限度とすることとされた[19]。

②　**正常返済型**　　住宅資金貸付債権に対する弁済許可（民再197条3項）がな
されれば、再生手続開始後であっても元本や利息についての弁済が続けられ、延
滞分は存在しないから、期限の利益を回復させて延滞分の定めをする必要はない。
したがって、この場合は、期限の利益回復型とはいえず、正常返済型と呼ばれて
いる。この場合、権利変更は行われないが、住宅資金特別条項として記載してお
かないと、通常再生の場合は、住宅資金貸付債権といえども再生計画における一
般的基準に従って減免または免除の対象になってしまうため（民再156条・178条・
181条1項）、再生計画の成立を困難にし、抵当権の実行によって住宅が失われる
おそれが生じる。そこで、再生計画による権利変更の例外となることを明示する
ために、このような定めが必要となるのである[20]。なお、この場合、民事再生法
199条1項1号に定める金額はゼロであるから、同項2号に定める内容のみを記
載することになる。

2）リスケジュール型（民再199条2項）　　第1の原則型、すなわち、期限の
利益回復型によって遂行可能な計画が立てられればよいが、実際には、債務者は
リストラ・病気等による収入の減少等により、当初の返済計画自体の履行が困難
となっている場合が多いと思われる。そのような債務者が、再生債権については
再生計画に従って弁済しながら、住宅ローンについて当初の契約どおりの弁済を
行いつつ、さらに延滞分を上積みして短期間（最長5年）で弁済をすることは、実
際にはきわめて困難であるとみられる[21]。そこで、原則的な条項（利益回復型）を
定めた再生計画の認可の見込みがない（民再174条2項2号）場合に、第二次的な
条項として、住宅資金特別条項において、住宅資金貸付契約の条項を緩和して、
弁済期間を延長する内容を定めることができるものとされている（民再199条2項
柱書前段）。これをリスケジュール型という。この条項における権利変更の内容
は、それが債権者の同意なしに債務者の弁済期限を変更するものであることから、
以下のような限定が付されている。

①　**支払い対象債権**　　この特別条項によって支払対象となる債権の金額は、

---

[19]　始関98頁・99頁、条解民再3版1047頁〔山本和彦〕、新注釈民再2版（下）257頁以
　　下〔平澤慎一〕。

[20]　深山255頁、条解民再3版1047頁〔山本和彦〕参照。

[21]　条解民再3版1048頁〔山本和彦〕、新注釈民再2版（下）259頁〔平澤慎一〕等。

第30講　個人再生手続、再生犯罪　　　965

住宅資金貸付債権の元本・利息・損害金の全額である（民再199条2項1号）。具体的には、住宅資金貸付債権の元本およびこれに対する再生計画認可の決定確定後の住宅約定利息（同号イ）と、再生計画認可の決定の確定時までに生ずる住宅資金貸付債権の利息および不履行による損害賠償（同号ロ）である。ここでも、住宅資金貸付債権の金額については一切手をつけないという特別条項に関する基本方針が維持されている。

②　弁済期間の延長　　弁済期間の延長については、住宅資金特別条項による変更後の最終の弁済期を、約定最終弁済期から最大で10年の範囲内で後ろにずらすことができる。これによって、1回あたりの弁済額の負担を軽減することができる。ただし、住宅資金特別条項による変更後の最終の弁済期における再生債務者の年齢が70歳を超えないものであることが必要である（民再199条2項2号）[22]。

③　弁済の態様　　住宅資金貸付債権の元本およびこれに対する再生計画認可決定確定後の住宅約定利息（民再199条2項1号イ）については、一定の基準により住宅資金貸付契約における弁済期と弁済期との間隔、および各弁済期における弁済額が定められている場合には、当該基準におおむね沿うものでなければならない（同項3号）。これは、弁済期間の延長以外の契約条項はできるだけ尊重することが望ましいからである。ここでいう「一定の基準」とは、具体的には「弁済期と弁済期との間隔」については月賦払いや半年賦払い、「各弁済期における弁済額」については元利均等払いや元金均等払いなどである[23]。ただ、ここで求められているのは、「おおむね」の尊重であり、当初の条項について全く変更が認められないというものではない。たとえば、従来併用していた半年賦払い（いわゆるボーナス払い）を取りやめたり、逆に新たに、半年賦払いを併用したりすることや変動金利型と固定金利型を切り替えること（切り替えの基準が事前に定まっている場合に限る）も、「おおむね基準に沿う」といえる範囲内のものとみるべきであろう[24]。

　リスケジュール型の条項は、住宅ローンの元本とこれに対して今後発生する利息（民再199条2項1号イに掲げる債権）のみを対象とする。他方で、既に遅滞している再生計画認可決定確定時までに生じた住宅資金貸付債権の利息および不履行

---

[22]　ただ、例えば40歳の時に30年の住宅ローンを組んでいる債務者については、最終弁済期に70歳に達しており、リスケジュールは不可能であるなど、年齢制限の関係で利用できない場合が多いとの指摘がある（新注釈民再2版（下）263頁〔平澤慎一〕）。

[23]　新注釈民再2版（下）262頁〔平澤慎一〕。

[24]　始関101頁、座談会「改正民事再生法『住宅資金貸付債権に関する特則』をめぐる諸問題〔第2回〕」金法1600号57頁〔筒井健夫・始関正光発言〕、条解民再3版1049頁〔山本和彦〕。

966　　　　第28章　個人再生手続

による損害賠償（民再199条2項1号ロ）は、当然に直ちに支払うべきものであり、住宅ローン契約において、その弁済期等につき特段の定めが設けられることはあり得ないから、住宅資金特別条項において新たにその弁済期等を定める上での拠るべき基準はないことになる。このため、既に遅滞している利息および損害金は、民事再生法199条2項3号および3項2号による規律の対象とはされていない。しかしながら、住宅資金特別条項を定めた再生計画は、遂行可能であると積極的に認められるものでなければ認可されない（民再202条2項2号）から、たとえば、既に遅滞している利息および損害金の全額を最終弁済期に一括して支払うという内容の住宅資金特別条項を定めても、そのような再生計画は一般的に遂行可能であるとは認められず、不認可になるものと考えられる。したがって、既に遅滞している利息および損害金についての弁済期等の定め方についても、計画の遂行可能性という観点からの制約を受けることになる[25]。

3）元本猶予期間併用型（民再199条3項）　これは、リスケジュール型の特別条項でも、なお1回あたりの弁済額が多すぎて、履行可能な再生計画を立てることができない再生債務者がいる場合の、第三次的な条項である。リスケジュール型では、一般弁済期間においては、再生債務者は、一般再生債権と住宅資金貸付債権の元本等に対する弁済を併行して行わなければならないが、収入の状況等によっては、それが困難な場合も十分に想定できる。そこで、一般弁済期間の間は住宅ローンの弁済を軽減し、その分の弁済を弁済期間終了後にまわすという条項を定めることができることにした[26]。これを元本猶予期間併用型という。この特別条項での支払い対象債権はリスケジュール型におけるそれと同様である（民再199条3項1号・2項1号）。また、全体の支払いについての延長期間についても、リスケジュール型と同様、約定最終弁済期から10年を超えず、かつ、住宅資金特別条項による変更後の最終の弁済期における再生債務者の年齢が70歳を超えないものでなければならない（民再199条3項1号・2項2号）。さらに、弁済の態様もリスケジュール型と同様である（同3項2号）。

---

[25]　始関102頁。

[26]　例えば、毎月15万円の住宅ローン債権の約定弁済が困難である再生債務者について、リスケジュールによって毎月10万円に弁済額を減額することができたとして、一般債権について毎月5万円の弁済が必要であるとされると、合わせて毎月15万円の弁済が必要となり、再生計画が遂行可能性に欠ける。そのような場合に、当初5年間は特別条項の弁済額を6万円に減額し、当該期間終了後は毎月11万円を弁済することにすれば、一般弁済期間の前後を問わず11万円を弁済することで計画を作成することができ、遂行の見込みが立つことになる。このような弁済額の「均し」を可能にするのが、この元本猶予期間併用型の特別条項の意義である（条解民再3版1050頁〔山本和彦〕参照）。

４）同意型ないし合意型（民再199条4項）　　上述の３つの型については、住宅資金貸付債権者の同意を必要としないことから、その本質的利益を侵害しないために厳格な要件の下に特別条項の内容が法定されているほか、各手続間では、先順位の手続が不奏功の場合にのみ後順位の手続がとられるという補充性の原則が採用されている。しかし、住宅資金貸付債権者が同意するのであれば、必ずしも法定の条項による必要はなく、これらの要件と異なる特別条項を定めることによって、より実効性のある再生計画を作成して再生債務者の経済生活の再生を図ることは認められてよい。そのような趣旨から、法は、いわゆる同意型ないし合意型といわれる特別条項を認めている。法文上は、「約定最終弁済期から10年を超えて住宅資金貸付債権に係る債務の期限を猶予すること」がその例としてあげられている（民再199条4項）が、それに限られず、住宅資金貸付債権の支払期間を70歳を超えて延長したり、一般弁済期間は住宅資金貸付債権の元本の支払いを完全に猶予してもらったり、年14％程度の遅延損害金を既発生分に限って約定利息の利率にまで減縮してもらうような条項を作成することも可能である[27]。

　住宅資金貸付債権者の同意は他の計画関係者の同意（民再規87条参照）と同様に、手続上重要な事柄であるから、明確性を記するために必ず書面でしなければならず（民再規100条1項）、再生債務者は、同意内容に基づく住宅資金特別条項を定めた再生計画案を提出するときは、その書面を并せて提出しなければならないものとされている（同条2項）。

（５）　住宅資金特別条項を定める再生計画の成立および認可

１）再生計画案の提出　　住宅資金特別条項を定めた再生計画案の提出権者は、通常の民事再生手続の場合（民再163条2項参照）であっても、再生債務者に限定される（民再200条1項）。これは、住宅資金特別条項の目的が、生活の本拠たる住宅を保持するという再生債務者の利益保護にあることを考慮したものだからである[28]。なお、再生債務者がこのような再生計画案を提出しようとする場合は、あらかじめ[29]、住宅資金貸付債権者と協議を行うものとし（民再規101条1項）、当

---

[27]　新注釈民再2版（下）265頁〔平澤慎一〕、条解民再3版1051頁〔山本和彦〕、伊藤3版1051頁等参照。

[28]　その意味では、仮に再生債務者が住宅を放棄して住宅ローンも含めて免除を受けることを選択しようとしているときに、住宅ローン債権者や他の再生債権者が長期全額の弁済を債務者に押しつけることは許されないし、また仮にそれが許されても実効的な弁済はなされないと考えられる（条解民再3版1054頁〔山本和彦〕参照）。

[29]　「あらかじめ」とは、再生計画案の提出前を意味するが、事前協議に関する実際の運用手順について、全国銀行協会が最高裁判所事務局から協力を受けてとりまとめを行い、平成13年2月9日付で会員宛に通知した「民事再生規則に基づく住宅資金特別条項手

該権利の変更を受ける者は、住宅資金特別条項の立案について、必要な助言をするものとした（同条2項）。これらは訓示、規定ではあるが、住宅ローン契約の内容は相当複雑であるから、再生債務者は事前に住宅ローン債権者である金融機関等との間で十分に相談し、その助言を得るなどの協力がないと、適切な計画案を作成することは実際上困難であるし、他方、住宅ローン債権者にとっても、事前の相談がされることとなれば、客観的に履行可能性が高い条項が作成されることが多くなるというメリットがある[30]。

住宅資金特別条項は再生計画案の一部をなすものであるから、債権届出期間満了後、裁判所の定める期間内（原則として、一般調査期日の末日から2か月以内の日）に作成して裁判所に提出しなければならない（民再163条、民再規84条）。ところで、再生計画案を提出後、その修正をなしうるかという問題がある。再生計画案に違算や誤記等の不備が発見された場合、その修正を認めないと不備を伴ったまま現実と乖離した計画案を前提に手続を進めることになり、その結果、再生手続の廃止や再生計画の不認可といった関係者の合理的期待にそぐわない事態を招くおそれがある。よって、修正は認められるべきである。ただ、個人再生手続においては、再生計画案は再生債務者のみが提出することができるので（民再238条。245条による163条2項の適用除外）、再生債務者のみが、裁判所の許可を得て再生計画案を修正することができると解される（民再167条本文参照）[31]。

小規模個人再生および給与所得者等再生においては、申立人は、再生手続開始の申立ての際に各手続を求める旨を申述するが、その申述において提出する債権者一覧表に、住宅資金貸付債権であることと、住宅資金特別条項を定めた再生計画を提出する意思があることを記載しなければならない（民再221条3項4号・244条）。

2）住宅資金貸付債権の調査・確定　　住宅ローン債権者は、本来、再生手続で抵当権を実行できる等の優先的な地位を有する者であるから、住宅資金特別条項を定めた再生計画案のみが提出される場合には、共益債権や一般優先債権が債

　　順例・参考例」（全銀協平13・2・9全企会第3号）と題する通達では、再生手続開始申
　　立前に協議を行うことが想定されている。もっとも、実際には申立ての前に事前協議が
　　行われているケースは少なく、住宅資金特別条項を従来どおりの返済方法とする原則型
　　が多いため、その限りにおいてはそのような取扱いも大きな問題はないが、銀行として
　　は事前であればあるほどありがたい、とのことである（座談会「東京地裁の個人再生に
　　おける新たな問題点と債権者の対応」金法1658号17頁。その他の事前協議の実情につ
　　いては、新注釈民再2版（下）271頁以下〔飯田修〕参照）。
[30]　条解民再規215頁、個人再生手引325頁以下〔福本悟〕。
[31]　個人再生手引302頁〔西林崇之〕。

権調査の対象とならないのと同様に、住宅ローン債権についての債権調査等の手続を行う必要はない。しかし、再生債務者が住宅資金特別条項を定めた再生計画案を提出する一方で、届出再生債権者からは住宅資金特別条項の定めのない再生計画案が提出されることがあり得る（民再163条2項）。よって、この場合、住宅資金特別条項の定めのない再生計画案が可決される余地がある限りは、住宅資金貸付債権も、通常の別除権付債権と同様に、債権調査手続を進める必要がある。ただ、住宅資金特別条項の定めのない再生計画案が可決される余地がなくなった時点からは、住宅資金特別条項を定めた再生計画に関しては、その全額が弁済の対象となって別枠で取り扱うことになるので、通常の債権の調査・確定は必要ない。そこで、法は、以下の3つの場合には、それ以前に届出再生債権者が再生債権の調査において住宅資金貸付債権の内容について述べた異議は、それぞれの時において効力を失うものと規定し、その債権調査手続を打ち切ることにした[32]。よって、異議が効力を失った場合には、民事再生法104条1項および3項の規定は適用されない（民再200条3項）。

①　いずれの届出再生債権者も裁判所の定めた期間またはその伸長した期間内に住宅資金特別条項の定めのない再生計画案を提出しなかったときは、当該期間が満了したとき（民再200条2項1号）

②　届出再生債権者が提出した住宅資金特別条項の定めのない再生計画案が決議に付されず、住宅資金特別条項を定めた再生計画案のみが決議に付されたときは、住宅資金特別条項を定めた再生計画案を決議に付する旨の決定（民再167条但書）がなされたとき（民再200条2項2号）

③　住宅資金特別条項を定めた再生計画案および届出再生債権者が提出した住宅資金特別条項の定めのない再生計画案がともに決議に付され、住宅資金特別条項を定めた再生計画案が可決されたときは、当該可決がされたとき（民再200条2項3号）

以上とは異なり、住宅資金貸付債権の額を再生債務者自身が争っている場合には、通常の債権確定手続に従って決着することが相当であるので、この場合については、住宅資金特別条項を定めた再生計画案が可決される可能性がなくなった後も、当該手続は継続することとしている[33]。

3）住宅資金貸付債権者による異議　　上記2）で述べたような事由によって異議が失効する場合、住宅資金貸付債権は確定手続の対象外となる。これとの均衡上、当該住宅資金貸付債権に係る債権者が他の届出債権につき異議を述べてい

---

[32]　始関108頁、新注釈民再2版（下）274頁〔飯田修〕参照。

[33]　始関108頁。

る場合に、その異議の効力を維持することは適当でない。そこで、再生債務者により住宅資金特別条項を定めた再生計画案が提出され、かつ、民事再生法200条2項各号のいずれかに該当する場合には、住宅資金貸付債権を有する再生債権者であって当該住宅資金貸付債権以外に再生債権を有しない者、または保証会社であって住宅資金貸付債権に係る債務の保証に基づく求償権以外に再生債権を有しない者が再生債権の調査において異議を述べている場合についても、この異議は同時に失効するものとされている（民再200条4項前段、民再規103条）。この場合においては、再生債権者表の確定力（民再104条3項・180条2項）は、異議を述べた者には及ばないものとされている（民再200条4項後段）。

　また、再生債務者によって住宅資金特別条項を定めた再生計画案が提出され、かつ、上記2）の①または②の理由によって住宅資金貸付債権に対する異議が失効したときは、民事再生法200条4項前段に規定する再生債権者または保証会社は、住宅資金特別条項を定めた再生計画案の決議に関して議決権を有しないことになるから、同法170条1項本文に基づいて、債権者集会において届出再生債権者の議決権につき異議を述べることもできない（民再200条5項）。

（6）　住宅資金特別条項を定めた再生計画案の決議

　一般的には、再生計画案が再生債務者により提出されると、再生債権者の決議を経た上で、認可決定がなされることが原則である（民再169条・230条。ただし、240条は再生債権者の決議は予定されていない）。しかし、住宅資金特別条項を定めた再生計画案の決議にあっては、住宅資金貸付債権者や保証会社は再生債権者であるが（民再196条3号）、住宅資金貸付債権や住宅資金貸付債権に係る債務の保証に基づく求償権については議決権を有しないものとされている（民再201条1項）。このような扱いがなされているのは、①住宅資金貸付債権またはそれと実質的に同視される保証会社の求償権は、一方で、住宅資金特別条項によって、原則的に元本、利息および損害金の全額についての弁済を受けられること、②住宅ローンは、一般の個人向け融資の中でも融資額が著しく大きいものであり、住宅ローン債権にも一般の再生債権と同様の議決権を与えることにすると、住宅ローン債権者の意向によって再生計画の内容がすべて左右されてしまうという不都合が生じること、③会社更生手続のように、利害関係を異にする者の組み分けをして計画案の決議を行う（会更196条1項・168条1項）とすれば、住宅ローン債権者の組を構成する者がごく少数となるため、事実上住宅ローン債権者の全員の同意が得られなければ住宅資金特別条項を定めることができなくなるからである[34]。

---

(34)　始関110頁、伊藤3版1053頁参照。

しかし、住宅資金貸付債権者や保証会社は、再生計画の認可決定により権利の行使等に変更を受ける者であるから、たとえ議決権が否定されたとしても、これらの者の意思を再生手続に反映させることは必要である。よって、住宅資金特別条項が提出されたときは、裁判所は、それによって権利の変更を受けることとされている者の意見を聴かなければならないとされている（民再201条2項前段）。また再生計画案の修正（民再167条）があった場合にも、それが住宅資金貸付債権者らに不利な影響を及ぼさないことが明らかな場合を除いて、これらの者の意見を聴取しなければならない（民再201条2項後段かっこ書）。

再生計画不認可事由が認められる場合を除き、裁判所は、住宅資金特別条項を定めた再生計画につき付議決定をする。ただし、不認可事由は民事再生法202条2項各号（4号を除く）による（民再201条3項・169条1項）。再生計画案に関する決議の方法は、通常の再生計画案の場合（民再169条2項）と同様である。

（7）　住宅資金特別条項を定めた再生計画案の認可・不認可

住宅資金特別条項を定めた再生計画案が可決された場合には、裁判所は、不認可事由（民再202条2項各号）がないかぎり、再生計画認可の決定をする（同1項）。不認可事由には、通常の再生計画と共通のもの（民再202条2項1号4号・174条2項1号4号）と、住宅資金特別条項を定めた再生計画に特有のもの（民再202条2項2号3号）とがある。後者についていえば、通常の再生計画では、遂行される見込みがない場合に限って不認可事由となる（民再174条2項2号）のに対し、住宅資金特別条項を定めた再生計画の場合には、積極的に遂行可能性が認められなければ不認可決定がなされる。また、たとえば、住宅に対して租税債権等に基づく滞納処分が開始されているような場合、租税債権は再生手続の制約を受けない一般優先債権であるから（民再122条1項2項、国税徴収8条）、滞納処分が続行されれば、再生債務者は住宅を失い、住宅資金特別条項を定めた再生計画の意義が失われるから、このような場合も不認可事由とされている（民再202条2項3号）。住宅の底地についても同様のことがいえる[35]。

なお、住宅資金特別条項によって権利の変更を受けることとされている者は、再生債権の届出をしていない場合であっても、住宅資金特別条項を定めた再生計画を認可すべきかどうかについて、意見を述べることができる（民再202条3項）。これは通常の再生計画案に対する扱い（民再174条3項・115条1項）の例外を認めるものである。

（8）　住宅資金特別条項を定めた再生計画案の効力

---

[35]　始関114頁、伊藤3版1055頁参照。

再生計画の基本的効力（民再177条以下）については、住宅資金特別条項を定めた再生計画の場合も、通常の再生計画のそれと変わるところはない。しかし、住宅を再生債務者に保持させるという住宅資金特別条項の目的から、以下に述べるように、種々の例外が認められている。

1）住宅等に係る抵当権、保証人または物上保証人、連帯債務者に対する効力　　住宅資金特別条項を定めた再生計画認可決定が確定したときは、民事再生法177条2項は、その適用を排除される（民再203条1項前段）。もし、民事再生法177条2項を住宅資金特別条項付再生計画の場合に適用すると、住宅資金特別条項は、住宅・敷地に設定された抵当権には及ばず、住宅資金貸付債権について期限の利益を付与されたとしても、住宅資金貸付債権者または保証会社は、これを担保する抵当権を手続外で自由に権利行使することが可能となる。住宅資金貸付債権に関する特則は、住宅資金貸付債権に関して、期限の利益を付与する等して抵当権の実行を回避するための制度であることから、民事再生法177条2項の特則として、同条の適用を排除し、民法の一般原則に戻すことが必要であるために、このような規定がなされたのである[36]。また、敷地が第三者の所有であり、その第三者が再生債務者に対する住宅資金貸付債権のために物上保証人として抵当権を設定しているときであっても、その抵当権が実行されると、物上保証人たる第三者が、住宅資金貸付債権者が有する住宅に対する権利を代位行使するなどの問題が生じることから、このような第三者にも再生計画の効力は及ぶものとされている（民再203条1項前段）。

住宅資金特別条項を定めた再生計画の効力は、保証人にも及ぶ（民再203条1項前段）。もし、通常の再生計画のように、これらの者に対して再生計画の効力が及ばない（民再177条2項）とすると、住宅資金貸付債権者の請求により保証人が保証債務を履行すると、債権者に代位して（民500条）、住宅上の抵当権を実行できることになり、住宅資金特別条項を定めた目的が達成できないからである。

連帯債務者の場合、担保権や保証の場合と異なり、被担保権との附従性はなく、連帯債務者の1人に対してなされた期限の猶予は相対的な効果しかない（民440条）。しかし、住宅資金貸付債権の連帯債務者が抵当権の共同債務者となっている場合には、抵当権の実行を回避するために、期限の利益の猶予の効果を及ぼす必要がある。また、抵当権の共同債務者ではない場合であっても債権者から連帯債務者への請求がなされ、連帯債務者が履行を行うと、民法500条によって代位して住宅に設定された抵当権を実行することになるが、このような事態を避け

---

(36)　新注釈民再2版（下）287頁以下〔黒木和彰＝千綿俊一郎〕参照。

る必要がある。そこで、民事再生法203条1項後段は、同法177条2項の適用を除外するというものではなく、民法の連帯債務の相対効の特則として再生計画の効力が連帯債務者にも及ぶことを規定した[37]。

2）履行済みの保証債務に対する効力――いわゆる巻戻し　住宅ローンの実務においては、債務者がローンの返済を遅滞すると、保証会社がローン債権者たる金融機関に代位弁済し、その求償権に基づいて住宅に対する抵当権を行使することが多い。このような事態を避けるためには、保証会社が代位弁済によって取得した求償権について住宅資金特別条項を定める必要があるが、その結果、保証会社は代位弁済に要した資金を抵当権の実行等によって短期間で回収することができなくなり、再生計画に従った長期の分割弁済を甘受しなければならない。このような結果は保証会社の事業にとって著しい負担となる。他方、住宅ローン債権者は、もともと著しく長期の分割払いを受けることを予定していたものである上に、住宅資金特別条項を定めた再生計画は、裁判所が遂行可能であると積極的に認定できる場合でなければ認可されない（民再202条2項2号）ので、債務者が住宅資金特別条項を定めることができるものであるかどうかを見通した上で代位弁済を求めることも可能であると考えられるので、住宅ローン債権者の立場を保護する必要性は、保証会社との比較において低いと考えられる[38]ことから、法は、住宅資金特別条項を定めた再生計画の認可決定が確定したときは保証債務の履行ははじめからなかったものとみなした（民再204条1項本文）。

その結果、住宅資金貸付債権者は代位弁済された資金を保証会社に返還しなければならないことになるが、保証会社が代位取得した住宅資金貸付債権は住宅資金貸付債権者に当然に復帰するので、それが住宅資金特別条項の定めによって変更され、その効力は保証会社にも及ぶことになる（民再203条1項前段）。これは、保証債務が履行される前の法律関係に戻すことを意味することから「巻戻し」と呼ばれる[39]。なお、保証人が保証債務の履行をした日から6か月を経過した後に再生手続開始申立てがあった場合には、巻戻しによって復帰する住宅資金貸付債権について住宅資金特別条項を定めることはできない（民再198条2項）。

巻戻しがなされた場合、それ以前に再生債務者が保証会社の求償権を一部弁済

---

(37)　始関120頁、条解民再3版1069頁〔山本和彦〕、新注釈民再2版（下）289頁〔黒木和彰＝千綿俊一郎〕。

(38)　始関132頁以下。その他、新注釈民再2版（下）294頁〔黒木和彰＝千綿俊一郎〕も参照。

(39)　巻戻しの効果については、詳しくは、始関136頁～144頁、条解民再3版1074頁以下〔山本和彦〕、新注釈民再2版（下）296頁以下〔黒木和彰＝千綿俊一郎〕等参照。

していた時は、巻戻しの効果として求償権が消滅する結果、保証会社は弁済額を再生債務者に返還し、再生債務者は、これを改めて住宅資金貸付債権者に弁済しなければならないことになるが、そのような手間を省くために、保証会社は、当該弁済額を住宅資金貸付債権者に交付し、再生債務者は、その弁済額を住宅資金貸付債権者に弁済することを要しないものとされた（民再204条2項）。

（9）　住宅資金特別条項を定めた再生計画の取消し

住宅資金特別条項を定めた再生計画の取消しについても、原則として、一般の再生計画の取消しに関する規定（民再189条）が適用される（民再206条1項）。ただ、特則としていくつかの規律が定められている。すなわち、①住宅資金特別条項によって権利変更を受けた住宅資金貸付債権者は、再生計画不履行を理由とする再生計画取消し（民再189条1項2号）の申立権を有しない（民再206条1項）。これは、住宅資金貸付債権者は、住宅資金貸付債権の弁済がなされなかった場合には、当初の住宅資金貸付契約おける期限の利益の喪失条項を適用することができるためである。②再生計画の不履行を理由とする再生計画取消しの申立ては、未履行の再生債権総額の10分の1以上に当たる再生債権を有する再生債権者でなければすることができないが（民再189条3項）、この10分の1の算定に当たっては、住宅資金貸付債権の額を控除することを認めている（民再206条1項）。これは、一般の個人向け融資では、住宅資金貸付債権は額がきわめて大きく、これを含めて計算すると、一般の再生債権者の再生計画取消しの申立ての機会を奪ってしまう結果になるからである。③いわゆる巻戻しの後に当該再生計画が取り消された場合には、この巻戻しの効力は影響を受けない（民再206条2項）。これは、いったん巻戻しによって遡及的な権利変動を認めた上に、さらに、その後に取消しによる変更を受けることになるとすると法律関係が錯綜することになるので、それを避けるためである。

3　小規模個人再生手続

（1）　小規模個人再生手続の利用適格要件

通常の民事再生手続は、その適用対象に制限はなく、広く自然人や法人をその適用対象としている。これに対して小規模個人再生手続は、特に個人の経済的再生を目的として設けられた特則であるから、適用対象となる再生債務者には一定の限定が付されている。すなわち、①個人（自然人）であること、②将来において継続的にまたは反復して収入を得る見込みがあること、③再生債権の総額が5000万円を超えないこと（以上、民再221条1項）、④債務者が小規模個人再生を行うことを求める旨の申述をしたこと、⑤債務者が所定の事項を記載した書面を提出することである（以上、民再221条2項3項）。

第30講　個人再生手続、再生犯罪　　*975*

①は、手続の性質上当然の要件である。また、小規模個人再生は、債務者がその収入の中から、原則として3年間（最長5年間）にわたり、3か月に1回以上の割合で債権者へ弁済を行う（民再229条2項）という再生計画を作成し、これを遂行することによって、残債務の免除を受け、その経済的な再生を図る手続であるから、その手続を利用できる者は、類型的に見て、このような再生計画を現実に遂行することができる見込みがある者でなければならない。これを担保するのが、②の要件である。したがって、3年間ないし5年間にわたり3か月に1回以上の収入が見込まれる者がこれに当たる。しかし、収入の間隔が3か月以上あいている者や収入が不定期である者であっても、1回の収入から弁済原資を確保し、それにより3か月に1回以上の割合による弁済をすることができる者であれば、この適格要件を満たすことになる[40]。給与所得者等再生の場合のように、可処分所得の算定が必要ない小規模個人再生にあっては、収入の定期性や不変性は給与所得者等再生ほど強くは要請されないとみるべきである。また、③の要件が設けられているのは、個人債務者であっても、負債額が多い場合には、再生計画認可による債権の免除額が高額となり、債権者に与える不利益が大きいので、小規模個人再生という簡素化した手続の利用を認めることは相当ではないからである[41]。ところで、ここでいう再生債権の総額が5000万円というのは、無担保の再

---

[40] 具体的に問題とされるのは、年金受給者、家賃収入のみがある者、パートタイマーやアルバイト従事者、個人商店主、農業・漁業に従事する者、生活保護受給者である。年金受給者、家賃収入のみがある者の場合、年金や家賃収入も「収入」であることに変わりはないし、個人商店主の場合は日々収入が入るので、いずれもその収入が継続性・反復性を有しているなら、問題はない。いわゆるパートタイマーやアルバイトに従事している者でも、同一の勤務先で継続して仕事をして収入を得ている者については問題はないが、短期のアルバイトを繰り返しているような者については適格を否定すべきであろう。農業に従事する者の場合も1年に1回以上農業収入が入り、これを均等にならせば3か月に1回以上の割合で弁済を履行することが可能な場合であれば、適格を有すると解すべきである。漁業に従事する者も同様に考えることができよう。生活保護受給者の場合、「将来において継続的に又は反復して収入を得る見込み」がある点に着目すれば問題ないといえそうだが、他方年金は、国から必要不可欠な生活資金を付与する趣旨であるだけに、その金銭を債権回収の配当原資に回すべきでないと考えるなら、その適格を否定されることになろう（始関153頁以下、条解民再3版1139頁〔中西正〕、新注釈民再2版（下）409頁〔鈴木嘉夫〕、個人再生実務解説50頁以下〔田中弘史〕、入門個人再生20頁〔茨木茂〕等参照）。

[41] 始関155頁、条解民再3版1140頁〔中西正〕、新注釈民再2版（下）410頁〔鈴木嘉夫〕。なお、立法当初は、個人破産事件の破産債権総額が、500万円から1000万円までの範囲内にあるといわれる一方で、商工ローンの保証債務を負っている個人債務者の場合には、再生債権の総額が2000万円を超えることがあること等を考慮して、無担保の再生債権の総額が3000万円とされた。しかし、平成16年の破産法改正の際、個人の倒産事

生債権であり、別除権の行使により弁済を受けうると見込まれる再生債権の額、住宅資金貸付債権の額、民事再生手続開始前の罰金の額などは、この5000万円の算定から除外されている（民再221条1項第1かっこ書）。これらの債権は、債務者の弁済原資を他の債権者と分け合う関係にないので、再生債権の総額から除外することにされた[42]。

（2）　手続の開始

1）　小規模個人再生を行うことを求める旨の申述　　小規模個人再生手続は、通常の再生手続とは手続の当初からその内容が異なるので（民再222条1項等）、小規模個人再生手続の開始を求める者は、書面で（民再規112条1項）、再生手続開始の申立ての際に、小規模個人再生を行うことを求める旨の申述をしなければならない（民再221条2項）。しかし、再生手続開始の申立ては債権者もすることができるから（民再21条2項）、この場合には債務者は当該申立ての際に小規模個人再生を行うことを求める申述をすることができない。そこで、債務者が申述の機会を失うことのないように、裁判所書記官は、債権者が再生手続開始の申立てをした旨、および、再生手続開始決定があるまでに小規模個人再生を行うことを求めることができる旨を個人債務者に通知しなければならないものとされている（民再規113条1項）[43]。なお、小規模個人再生を行うことを求める旨の申述をするときは、当該申述が要件を満たさないことが明らかになった場合においても、再生手続の開始を求める意思があるか否かを明らかにしなければならない（民再221条6項）。

2）　債権者一覧表の提出　　通常の再生手続では再生手続開始の申立書の添付書類の一つとして、債権者一覧表の提出が要求されている（民再規14条3号）が、これは訓示規定であり、その添付がなくても申立てが不適法になるわけではない[44]。しかし、小規模個人再生にあっては無担保の債権が5000万円以下であることが手続開始要件となっており（民再221条1項）、この要件を判断するためには、再生債権の額や別除権の行使によって弁済を受けることができないと見込まれる再生債権の額などが記載された債権者一覧表の提出が不可欠である。そこで、小規模個人再生の申述をする際には、債権者一覧表を提出しなければならないことされた（民再221条3項）。なお、債権者一覧表の提出を法律で義務づけたことに

　　件が増加している実情に鑑み、破産をせずに個人債務者の経済的再起更生を図る途を拡
　　大するため、負債総額の上限が5000万円に引き上げられた（小川397頁）。
[42]　始関156頁、新注釈民再2版（下）411頁〔鈴木嘉夫〕。
[43]　条解民再規244頁以下参照。
[44]　条解民再規42頁。

伴い、再生債権者は、債権者一覧表の記載内容を争う意思がない限り、再生債権の届出は不要である（民再225条）。なお、個人債務者の多くは、利息制限法の制限超過利息を相当長期間にわたって支払ってきたことが想定でき、このような者の多くは、これまでの金銭の借入れや利息等の支払状況を確知しないために、残元利金がいくらであるかを正確に把握できないのが普通である。そこで、個人債務者自らが記載した再生債権の額についても、債権者一覧表に異議を留保すること（民再221条4項）を条件に、後に異議を述べる機会を与えることにした（民再226条1項但書）[45]。

　債務者が、住宅資金特別条項を定めた再生計画案を提出する意思がある旨の債権者一覧表を提出するときは、再生計画案と併せて提出すべき書面（民再規102条1項）を債権者一覧表の提出の際に併せ提出するものとされている（民再規115条1項）。

　3）開始決定　債務者が利用適格要件を満たし、かつ、小規模個人再生の要件を満たしている場合には、裁判所は、小規模個人再生手続の開始決定をする。債務者が、小規模個人再生の申述に際して、小規模個人再生の要件を満たさない場合においては通常の民事再生による再生手続の開始を求める意思を有することを明らかにしている場合（民再221条6項参照）には、小規模個人再生の要件を具備しないことが明らかになったときでも、それが手続開始前であれば、再生裁判所は、通常の民事再生手続を行う旨の決定をしなければならない（民再221条7項本文）。それに対し、上記の意思がないことを明らかにしていたときは、申立てを棄却する（民再221条7項但書）。

　小規模個人再生手続の開始決定にともなう同時処分および附随処分の内容は、通常の再生手続とはやや異なる（民再238条による同34条2項・35条・37条但書の適用排除。民再規135条による同18条2項の適用排除）。すなわち、同時処分として、再生債権の届出期間と再生債権の異議申述期間（一般異議申述期間）を定めるが（民再222条1項前段）、一般調査期間を定めることを要しない（同後段）。また附随処分として、開始決定の主文と債権届出期間および一般異議申述期間を公告する（民再222条2項）と共に、再生債務者および知れている再生債権者に、公告事項を通知しなければならない（同条3項）。さらに、知れている再生債権者には、債権者一覧表に記載された事項（民再221条3項4項）を通知しなければならない（民再222条4項）。一般調査期間に代えて一般異議申述期間を定めることとしたのは、小規模個人再生においては、通常の再生手続における債権調査手続が、再生債権の存

---

[45]　始関184頁、条解民再3版1143頁〔中西正〕、新注釈民再2版（下）416頁〔鈴木善夫〕。

否および額等について最終的には訴訟によって実体的に確定することとしているのとは異なり、これらについて手続内でのみ確定することを目的とした調査をすることとしたことに伴うものである[46]。

4）手続開始の効果　小規模個人再生手続開始の効果も、通常の再生手続のそれ（民再38条・45条・49条〜52条等）に準ずる。したがって、小規模個人再生手続の開始決定によっても、再生債務者は、業務遂行権や財産の管理処分権限を失うことないが（民再38条1項）、再生債権者に対し公平誠実義務を負う（同条2項）。なお、小規模個人再生にあっては債権確定の手続を欠いているから、再生債権に関する訴訟等の中断・受継に関する規定（民再40条）は適用が排除されている（民再238条）。また、清算型手続よりも再建型手続を優先させる趣旨から、民事再生法39条の適用は排除されていない。したがって、小規模個人再生の開始決定がなされた場合、破産手続開始申立ては許されないし、既に破産手続開始申立てがなされている場合は、小規模個人再生手続が開始されると、破産手続は中止される（民再39条1項）。また、再生債務者の財産に対する再生債権に基づいて行われている強制執行、仮差押え、仮処分等は当然に中止し、新たにこれらの手続を申し立てることもできなくなる（民再39条1項）。

（3）　小規模個人再生の機関 ── 個人再生委員

小規模個人再生は、個人たる再生債務者を対象とするものであるから、管財人は選任されない（民再64条1項かっこ書）。また、手続を簡素化するために監督委員や調査委員も選任されず、債権者集会や債権者委員会も存在しない（民再238条による民再3章1節2節・4章4節の適用除外。民再規135条による民再規3章1節2節・4章4節の適用除外）。その代わり小規模個人再生手続を遂行するについて、それを補助する機関として、個人再生委員という新たな機関が設けられた。

裁判所は、小規模個人再生を求める申述（民再221条2項）があった場合において、必要があると認めるときは、利害関係人の申立てまたは職権によって、1人または数人の個人再生委員を選任することができる（民再223条1項本文）。したがって、個人再生委員の選任は裁量的であり、かつ、選任は小規模個人再生手続の開始前でも可能である。ただし、再生手続開始後に再生債権の評価の申立てがなされたときは（民再227条1項本文）、その申立てを不適法却下する場合を除いて、個人再生委員を選任しなければならない（民再223条1項但書）。

個人再生委員の選任資格は、法律上制限されていない。指定される職務の内容に応じて裁判所が適任者を選任することになるが、最適任者は個人債務者の倒産

---

[46]　始関164頁以下。

処理に精通している弁護士である[47]。

裁判所は、個人再生委員の職務につき、次の３つの事項から１または２以上を指定する（民再223条２項柱書）[48]。すなわち、①再生債務者財産および収入の状況を調査すること（同項１号）、②再生債権の評価（民再227条１項本文）に関し裁判所を補助すること（民再223条２項２号）、③再生債務者が適正な再生計画案を作成するために必要な勧告をすること（同３号）である。

個人再生委員は費用の前払いと報酬を受け取ることができるが（民再223条9項）、それ以外の点については、監督委員の規定が準用されている（同条10項、民再規117条）。

（4）　再生債権の届出・調査

個人再生手続の対象となる個人再生債務者は、法人ではなく、非事業者を含む個人全般である上、その負債の規模も小さく、財産規模も大きくないことが通常である。したがって、個人再生手続においては、通常の再生手続に比してより債務者の負担を軽減し、簡易な手続による必要がある。そのため、手続の簡素化のために債権確定はなされないし（民再238条による同４章３節の適用除外）、通常の再生手続においては再生債務者に提出が義務づけられている貸借対照表の作成や提出も不要とされている（民再228条）。しかし他方で、再生計画案の決議における議決権額や計画弁済総額が法定の基準（民再231条２項３号４号）を超えているか否かを判断するために、簡略化された再生債権の異議申述および評価の手続が設けられている（次の2）・3）参照）。

1）　再生債権の届出　小規模個人再生においても、通常の再生手続と同様に、債権届出期間が定められ（民再222条１項・34条１項）、再生債権者は、その期間内に書面により届出をすることができる（民再94条〜96条、民再規118条）。ただし、小規模個人再生による再生手続を求める旨の申述に際しては、債権者一覧表の提出が義務づけられており（民再221条３項）、債権者一覧表に記載された再生

---

[47]　個人再生手引２頁、破産民再実務３版民再389頁。東京地方裁判所破産再生部では、在京三弁護士会との協議に基づき、全件について、申立を受け付けた当日に個人再生委員を選任する運用をしているとのことである（同390頁）。しかし、後者の文献も指摘するように、弁護士の少ない地域においては弁護士だけでは事件処理を賄えない場合もありうるため、当該地域の事情等を踏まえた選任を行うこともあろう。

[48]　個人再生委員の実務上の運用は、全件につき職権で民事再生法223条２項全号を権限とする個人再生委員を選任する東京地方裁判所方式、同様に職権で個人再生委員を選任するが、選任時の権限は同条２項１号・３号のみとする地方裁判所の方式、さらに原則として弁護士申立ての場合には個人再生委員を選任しない大阪地方裁判所等の方式があるとされる（新注釈民再２版（下）426頁〔大迫恵美子〕参照）。

第28章　個人再生手続

債権者は、届出期間内に、再生債権者から債権届出がされるか、当該再生債権を有しない旨の届出がされない限り、届出期間の初日に、債権者一覧表の記載内容と同一の内容で届出がされたものとみなされている（民再225条）。これは、議決権を行使できるのが届出債権者に限定され、自認債権の債権者は議決権を行使できないとされている通常の再生手続と異なる点である。

2）異議申述　　裁判所は、債権届出期間内の届出（民再225条におけるみなし届出を含む）に対しては一般異議申述期間を定め（民再222条1項前段）、届出の追完（民再95条）があった場合または届出事項に変更があった場合には、特別異議申述期間を定めなければならない（民再226条2項）。いずれの異議申述期間においても、再生債務者と他の届出再生債権者は、書面により届出債権に対して異議を述べることができる（民再226条1項本文・3項）。ただし、一般異議申述期間において、再生債務者が債権者一覧表に記載した再生債権に対して異議を述べるためには、債権者一覧表において異議を留保する旨の記載（民再221条4項）をしておかなければならない（民再226条1項但書）。

なお、異議申述の手続において、異議が述べられなかった債権は、無異議債権と呼ばれ、そのままの額・内容で議決権を行使することができる（民再230条8項前段）。

3）再生債権の評価　　①　評価の申立て　　再生債務者または届出再生債権者が異議を述べた場合には、当該債権を有する再生債権者は、裁判所に対し、異議申述期間の末日から3週間の不変期間内に、再生債権の評価を申し立てることができる（民再227条1項本文）。評価の手続は、通常の再生手続における査定の手続と似てはいるが、それとは異なって、再生債権の存否や内容自体を確定するものではなく、議決権や計画弁済総額の適法性を確定するためのものである。したがって、債権の査定は債権の確定のための手続であるから、査定の裁判に不服がある場合には、査定決定に対する異議の訴えが用意されているのに対し、評価の手続は債権確定を目的とするものではないため、評価の裁判に対する異議の訴えは用意されていない[49]。なお、当該再生債権が執行力ある債務名義または終局判決のあるものである場合には、当該異議を述べた者が評価の申立てをしなければならない（民再227条1項但書）。

評価の申立てをするときには、申立人は、手続の費用として裁判所が定める金額を予納しなければならない（民再227条3項）。予納がないときは、裁判所は、評価の申立てを却下しなければならない（同条4項）。

---

[49]　詳解民再2版636頁〔山本克己〕、伊藤3版1097頁参照。

② **評価の審理・裁判**　評価の申立てがあると、それを不適法として却下する場合の除いて、個人再生委員を選任しなければならない（民再223条1項但書）。選任された個人再生委員には、再生債権の評価に関し裁判所を補助するという職務が与えられる（同条2項2号）。裁判所が評価の裁判をするにあたっては、個人再生委員の意見を聴かなければならず（民再227条8項）、裁判所は、当該個人再生委員に対し、調査の結果の報告を求めるとともに、その報告を提出すべき期間を定めなければならない（同条5項）。また、個人再生委員が裁判所の評価の補助をするにあたっては、再生債務者もしくはその法定代理人または再生債権者に対して、再生債権の存否および額ならびに担保不足見込額に関する資料の提出を求めることができる（同条6項）。これに対してこれらの者が正当な理由なく資料の提出を拒むと、過料の制裁が課せられる（民再266条2項）。

　個人再生委員の報告や意見を踏まえて、裁判所は、申立てに係る再生債権について、その債権の存否および額または担保不足見込額を定める（民再227条7項）。これらの定めがなされた債権を評価済債権と呼ぶ（民再230条8項第2かっこ書）。条件付債権や非金銭債権である再生債権については、現在化や金銭化をして、評価額を定める（民再227条9項・221条5項・87条1項1号～3号）。

　評価の裁判は、再生債権の議決権額などの手続上の取扱いのみに関するものであるから、不服申立ては認められない。

（5）　再生債務者の財産の調査と確保

　小規模個人再生においても、再生債務者の財産（と業務）の調査については、原則として通常の民事再生の場合と同様である（民再124条以下）。しかし、対象となる個人は、消費者はもとより、事業者であっても小規模事業者であることが通常であるから、あまりに厳格な手続を要求すべきではない。したがって、貸借対照表の作成・提出は不要とされ（民再228条）、財産目録（民再124条2項）についても、再生手続開始申立書に添付した財産目録（民再規14条1項4号）の記載を引用することができる（民再規128条）。その他、財産状況報告集会（民再126条）は開催されず（民再238条による、同126条の適用除外。民再規135条による同60条の適用除外）、再生債務者の財産（と業務）の開示は、財産状況報告書（民再125条1項）だけでなされる。

　また、否認権は逸失した財産を確保するための制度ではあるが、その行使については相当の時間を要するので、簡易迅速を旨とする小規模個人再生にあっては、否認権の制度は認められていない（民再238条による同6章2節の適用除外、民再規135条による同6章2節の適用除外）。ただし、小規模個人再生手続の開始時に再生債権に関する訴訟手続が係属中であっても、その訴訟は中断しないため（民再238

条による40条及び40条の2の適用除外）、係属中の詐害行為取消訴訟も中断しない。そこで、小規模個人再生手続の開始後に新たに詐害行為取消訴訟を提起しうるかという問題が生じた。この点については明文の規定はないが、再生手続外で詐害行為取消権を行使することはできないとした下級審判決がある[50]。

（6）再生計画

1）再生計画の条項　再生計画の条項については、原則として、民事再生法154条1項の原則が妥当する。ただ、再生計画の簡略化のために、様々な例外が定められている。

①　権利変更の態様　小規模個人再生では、再生債権の確定がなされないために、再生計画による変更についても、個別の再生債権の内容の変更は認められず（民再238条による同157条・159条・164条2項後段の適用除外、民再規135条による同86条2項の適用除外）、権利変更の一般基準のみが認められるにとどまる。

②　平等原則の徹底　通常の再生計画においては、平等であることを原則としつつ、衡平を害しない限り再生債権者間において差等を設けることが許されている（民再155条1項但書。なお、同条2項3項5項参照）[51]。これに対して小規模個人再生においては、このような例外は認められておらず形式的平等が貫かれている（民再229条1項・238条による同155条2項の適用除外）。これは、①小規模個人再生における再生債権の多くが、消費者信用取引に基づく同質的なものであり、衡平の見地から例外を認める必要性が乏しいこと、②例外を設けることにより争いが生じると、再生計画の迅速な成立や認可の妨げを生じるおそれがあることなどを理由とする[52]。ただし、ⓐ不利益を受ける債権者の同意がある場合、ⓑ少額の債権の弁済時期、ⓒ民事再生法84条2項に掲げる再生手続開始後の利息・損害金等の請求権については、別段の定めをすることができるとされている（民再229条1項）。

2）再生計画案の提出・決議　小規模個人再生においては、再生債務者のみが再生計画案を提出できる（民再238条による同163条2項の適用除外）。提出は、債権届出期間満了後再生裁判所の定める期間内にしなければならない（民再163条1

---

[50]　東京高判平22・12・22判タ1348号243頁〔百選5版A11事件〕は、否認権制度がなくても、仮に否認対象行為が判明した場合には、再生手続申立ての棄却（民再25条4号）、再生手続の廃止（民再191条1号2号）、または不認可決定（民再174条2項4号）によってかかる行為を排除して債権者の利益を保護するための手続保障が用意されていること等をその理由とする。

[51]　一般の再生手続においても、再生手続開始前の罰金等については、再生計画において減免その他権利に影響を及ぼす定めをすることはできない（民再155条4項）。

[52]　伊藤3版1100頁以下。

項)。

再生債務者から再生計画案が提出されると、裁判所は、再生債権者による決議に付する点では通常の再生手続とは異なるところはないが、小規模個人再生の特質から、決議に関する通常の手続は排除され（民再238条による同7章3節〔172条を除く〕の適用除外、民再規135条による同7章3節〔90条の4を除く〕の適用除外）、以下に述べるような特別の規律がなされている。すなわち、①裁判所が再生計画案を決議に付するのは、異議申述期間が経過し、かつ、再生債務者の報告書（民再125条1項）が提出された後でなければならない（民再230条1項前段）。ただし、評価手続によって議決権の額を定めることとされていることとの関係上、異議申述期間に再生債務者または届出再生債権者から異議が述べられた場合（民再226条1項本文・3項）には、評価の申立てに関する3週間の不変期間（民再227条1項）を経過するまでの間は、再生計画案の付議は許されない（民再230条1項後段）。②再生計画案について不認可事由があると認められるときは、それについて届出再生債権者の意思を問うのは無意味であるから、付議は許されない（民再230条2項）。ここでいう不認可事由には、再生計画一般についての不認可事由（民再174条2項各号〔3号を除く〕）のほかに、住宅資金特別条項を定めた再生計画案の場合にはその不認可事由（民再202条2項1号～3号）、および小規模個人再生固有の不認可事由（民再231条2項）を含む[53]。③小規模個人再生においては債権者集会の制度が採用されていないから、再生計画案は書面決議の手続によって決議される（民再230条3項4項5項）。その際の議決権の額は、無異議債権については届出額（担保不足見込額を含む）、評価済債権については裁判所が評価した額（担保不足見込額を含む）によって定まる（民再230条8項）。④通常の再生計画の可決においては、議決権者には、積極的に、再生計画案に同意するか否かを回答すること（民再172条の3第1項）が求められるのに対し、小規模個人再生においては、再生計画案に同意しない議決権者にその旨の回答が求められている（民再230条4項、民再規131条2項）。またこれに対応して、⑤可決要件も緩和されており、不同意の回答をした議決権者が議決権者総数の半数に満たず、かつ、その議決権の額が議決権者の議決権の総額の2分の1を超えないこととされている（民再230条6項）。

なお、議決権が不統一行使された場合については、通常の民事再生における（民再172条の3第7項）のと同様の規定（民再230条7項）が置かれている。

3）再生計画の認可・不認可　再生計画案が可決されたときは、裁判所は、再生計画の認可または不認可の決定をする（民再231条）。不認可事由には、一般

---

[53]　伊藤3版1103頁。

984　　第28章　個人再生手続

の不認可事由（民再174条2項）のほか、住宅資金特別条項を定めた場合の不認可事由（民再202条2項）、および小規模個人再生に固有の不認可事由（民再231条2項）の3種類がある。小規模個人再生に固有の不認可事由は以下のようなものである。

① 再生債務者が将来において継続的または反復して収入を得る見込みがないこと（民再231条2項1号）

小規模個人再生における再生計画は、弁済期が3か月に1回以上到来する分割払いの方法により、3年間ないし5年間で支払を終えるものでなければならないので（民再229条2項）、安定した収入の見込みがないと、これを現実に遂行する見通しが立たないから、不認可事由とされた。

② 無異議債権（民再230条8項第1かっこ書）の額と評価済債権（同条8項第2かっこ書）の総額（住宅資金貸付債権の額、別除権の行使によって弁済を受けると見込まれる再生債権の額と民事再生法84条2項各号の請求権の額は控除される）が5000万円を超えること（民再231条2項2号）

これは、個人債務者であっても、負債が多い場合には、再生計画認可による債権のカット額が高額になり、債権者に与える不利益が大きいために不認可事由とされたものである。ただ、この5000万円の債権の中には、住宅ローン債権のほか、別除権に行使によって弁済を受けることができる債権および劣後的に扱われる債権（民再84条2項）は入らない（民再231条2項2号かっこ書）。

③ 無異議債権の額および評価済債権の額の総額が3000万円を超え5000万円以下の場合においては、当該無異議債権および評価済債権（別除権の行使によって弁済を受けることができると見込まれる再生債権および84条2項各号に掲げる請求権を除く。以下「基準債権」という）に対する再生計画に基づく弁済の総額（以下「計画弁済総額」という）が当該無異議債権の額および評価済債権の額の総額の10分の1を下回っているとき、および、無異議債権の額および評価済債権の額の総額が3000万円以下の場合においては、計画弁済総額が基準債権の総額の5分の1または100万円のいずれか多い額（基準債権の総額が100万円を下回っているときは基準債権の総額、基準債権の総額の5分の1が300万円を超えるときは、300万円）を下回っているとき（民再231条2項3号4号）

これは、再生計画に基づく弁済総額が最低弁済基準額を下回ることを不認可事由とするものである。もし、通常の不認可事由である清算価値保障原則違反（民再174条2項4号）のみとすると、将来の収入は期待できるが、有力な資産を持たない再生債務者が、低額の弁済総額を内容とする再生計画案を提出したときでも、それが認可される可能性があり、いわゆるモラル・ハザードを招くおそれがある

第30講　個人再生手続、再生犯罪　　*985*

ことを考慮したものである[54]。

再生計画の認可または不認可の決定に対しては即時抗告が認められ（民再 175 条 1 項）、認可決定の確定によって再生計画の効力が生じる（民再 176 条）。

4）再生計画認可の効力　①　債権の金銭化・現在化　小規模個人再生は、再生債務者の収入を基礎として、法定の弁済期間内に金銭での分割払いをすることによって（民再 229 条 2 項 1 号）、再生債務者のすべての債務から解放し、その再生を図る手続である。そのため、通常の民事再生手続とは異なり、弁済すべき再生債権を一律に確定するために、条件付債権や非金銭債権についても、現在化および金銭化した届出が要求されており（民再 224 条 2 項・221 条 5 項・87 条 1 項 1 号〜3 号）、再生計画認可決定の確定の効果として、再生債権そのものが現在化および金銭化された権利に変更される（民再 232 条 1 項）。

小規模個人再生手続においては、弁済期間は通常は 3 年、最長でも 5 年とされており（民再 229 条 2 項 2 号）、通常の再生手続の原則である 10 年（民再 155 条 3 項）に比して短期間である。そのため、通常の再生手続に比して弁済期間経過後に条件が成就したり期限が到来したりする可能性が高いといえるところ、これらの債権を再生計画に取り込むことなく再生計画の弁済期間経過後に（条件が成就したり、期限が到来した時点で）全額を弁済しなければならないとすると、債権の一部を弁済期間内に確実に弁済することで残債務を免れて経済的更生を図るという小規模個人再生手続の目的達成の障害となる。また、小規模個人再生における再生計画は、金銭による分割弁済を内容とするものであり、かつ、すべての再生債権を平等に取り扱う必要がある（民再 229 条 1 項）から、非金銭債権についてこれを金額に評価して金銭化することが必要となるのである。そこで、条件付債権や非金銭債権についても、現在化および金銭化した届出を要求し（民再 224 条 2 項・221 条 5 項・87 条 1 項 1 号〜3 号）、再生計画認可決定確定の効力として、民事再生法 87 条 1 項 1 号〜3 号に掲げる債権は、現在化および金銭化された権利に変更されるものとされたのである（民再 232 条 1 項）[55]。

②　計画による権利変更の効力　小規模個人再生においては、手続の簡易性・迅速性を重視して、再生債権の確定も評価（民再 227 条 1 項）という簡易な債権調査手続により、実体的な確定ではなく手続内確定にとどめていることから、小規模個人再生手続においては、再生計画認可決定が確定した場合にも、失権効（民再 178 条 1 項）という強力な効力を付与することは適当ではない。そこで、小規模個人再生手続においては、再生計画認可決定の確定に失権効までは付与せず（民再

---

[54]　始関 228 頁。なお、その具体的内容については、伊藤 3 版 1106 頁以下が詳しい。

[55]　以上につき、始関 239 頁、新注釈民再 2 版（下）485 頁以下〔付岡透〕参照。

238条による同178条の適用除外）、原則としてすべての再生債権について一般的基準（民再156条）に従った権利変更効を付与する（民再232条2項）にとどめたのである[56]。ただし、再生手続開始前の罰金等と民事再生法229条3項各号に掲げる請求権については、再生計画において権利の減免その他権利に影響を及ぼす定めをすることができないとされており（民再229条3項各号・155条4項）、例外的に権利変更の効力は及ばないものとされている（民再232条2項かっこ書後半部分）。

③　**劣　後　化**　　小規模個人再生手続において、再生計画認可決定が確定した場合、債権調査手続で確定してない再生債権は、権利変更された後、再生計画に定められた弁済期間内は、原則として弁済等を受けることができない（民再232条3項）。これは、小規模個人再生手続では、債権調査手続の簡易性から、再生計画認可決定の確定に失権効まで付与することは妥当ではなく、原則としてすべての再生債権について一般的基準に従った権利変更効を付与するにとどめるだけで、失権効を付与していない。そのため、計画の認可後に調査確定を経ていない債権の存在が判明することも考えられる。しかし、もしこれらの債権も計画に従って弁済しなければならないとすると、確定済みの債権の弁済に支障を来すことも考えられる。そのような事態は好ましくないので、債権調査手続で確定しなかった再生債権は、再生計画で定められた弁済期間が満了するときまでの間は弁済等を受けられないという形で劣後的取扱いをしたのである[57]。ただ、債権調査により確定しなかったことについて再生債権者に帰責事由がない場合にまで劣後化されるのは、当該再生債権者に酷であるから、このような再生債権については、債権調査で確定した再生債権と同様、再生計画に定める弁済期間内に弁済を受けることができるものとされている（民再232条3項但書）。たとえば、再生債権者が帰責事由なくして債権届出期間内に債権届出をすることができず、かつ、追完もできなかった場合などがあげられるであろう。

④　**非免責債権（非減免債権）の取扱い**　　非免責債権（民再229条3項各号・244条）については、債権調査によって確定した再生債権であるか否かによって、その取扱いが区別される。債権調査によって確定した再生債権（再生債権者の帰責事由なく確定しなかったもの、および再生債権の評価の対象となったものを含む）については、まず、弁済期間内に一般的基準（民再156条）に従って弁済をし、かつ、再生計画で定められた弁済期間が満了するときに、当該請求権の債権額から当該弁済期間内に弁済した額を控除した残額について弁済をしなければならない（民再232

---

[56]　新注釈民再2版（下）486頁〔付岡透〕参照。

[57]　始関242頁、条解民再3版1196頁〔佐藤鉄男〕、新注釈民再2版（下）487頁〔付岡透〕参照。

第30講　個人再生手続、再生犯罪

条4項)。これに対して、債権調査手続によって確定しなかった債権については、原則として、債権の全額を再生計画で定められた弁済期間満了時に弁済しなければならない(同条5項本文)。ただし、届出をしなかったことが再生債権者の責めに帰すべき事由によらない場合など(同条3項但書)には、債権調査手続によって確定した債権等と同様に扱われる(同条5項但書)。

(7) 小規模個人再生手続の終了

小規模個人再生手続の終了には、再生手続の終結による場合と再生手続の廃止による場合とがある。

1)小規模個人再生手続の終結 まず、通常の再生手続では、管財人や監督委員の有無により、手続終結の時期は異なっているが(民再188条1項～3項)、小規模個人再生においては、再生計画認可の決定の確定によって「当然に」終結する(民再233条)。したがって、通常のDIP型再生手続とは異なり、裁判所は終結決定をすることもないし、手続終結の公告もなされない[58]。その後は、再生計画の履行は債務者の誠実性に任され、裁判所が履行の監督をすることもない。このような制度の下では、計画の履行の確実性は必ずしも担保されるものではないが、これは、小規模個人再生は、債務者の利用適格を限定した(民再221条1項)ほか、手続自体簡素なものとされており、小規模の事件という本来の性質に照らし、費用対効果を考え、あえて認可後の履行に関しては目をつぶったことになる[59]。

2)小規模個人再生手続の廃止 小規模個人再生手続においても、一般の再生手続に関する、再生計画認可前の職権による必要的廃止(民再191条)[60]、および、再生計画認可前の申立てによる必要的廃止事由(民再192条1項)の規定によ

---

[58] 条解民再3版1200頁〔佐藤鉄男〕。

[59] 始関249頁、条解民再3版1200頁〔佐藤鉄男〕参照。なお、個人再生手引3頁以下〔鹿子木康〕によれば、東京地方裁判所破産再生部では、再生計画に基づく履行を確保するために、全件に個人再生委員を選任し、再生債務者に対して、再生計画で弁済しようとする額に相当する分割予納金を、事件係属中(通常は6か月間)、個人再生委員の口座に毎月送金することを求め、その間怠りなく送金できた者について認可決定をすることとして、履行可能性について確認するとともに、こうして送金された分割予納金から15万円の個人再生員報酬を差し引いた残額を申立代理人に返還して、その後の弁済資金等に宛ててもらう運用としているとのことである。なお、分割予納金については、同書86頁以下〔木村匡彦〕を参照のこと。

[60] 再生債務者が特定の債権者に対し偏頗弁済を行っていた場合につき、個人再生委員から、その弁済が清算価値保障原則に違反する可能性を指摘されたにもかかわらず、それに応じて本件弁済金を上乗せした再生計画の修正をすることもせず、その勧告(民再223条2項3号)に対する反論等の書面も提出しなかった場合につき、民事再生法191条2号に当たるとして、破産手続廃止の決定をした下級審裁判例がある(東京高決平22・10・22判タ1343号244頁〔百選5版94事件〕)。

って再生手続は廃止されることがある。また、民事再生法193条1項各号（ただし、認否書の制度を前提とする3号は除く）に定める場合にも再生手続は廃止される。なお、認可決定の確定により再生手続が当然に終結する小規模個人再生（民再233条）にあっては、一般の再生手続に関して認められている再生認可後の手続廃止（民再194条）というのは、理論上あり得ない。

そのほか、小規模個人再生手続独自のものとして、再生計画案に同意しない旨を書面で回答した議決権者が、議決権者総数の半数以上となり、または、その議決権の額が議決権者の議決権の総額の2分の1を超えた場合（民再237条1項）には裁判所が職権で、また、再生債務者が財産目録に記載すべき財産を記載せず、または不正の記載をした場合（民再237条2項）には、届出再生債権者もしくは個人再生委員の申立てによりまたは職権で、裁判所が再生手続を廃止する。

（8）　再生計画認可後の手続

1）再生計画の取消し　　再生計画の取消しについては、原則として、通常の民事再生手続の場合（民再189条1項各号）に準ずるが、それ以外に、小規模個人再生手続における特別の取消事由として、再生計画認可決定の確定後に、計画弁済総額が再生計画認可の決定があった時点で、再生債務者について破産手続が行われた場合における基準債権に対する配当の総額を下回ることが明らかになったこと（民再236条前段）があげられる。これは清算価値保障原則（清算価値維持原則）の現れといえる。

もともと再生計画による弁済総額が破産配当総額を下回ることは、再生計画の不認可事由（民再231条1項・174条2項4号）に該当する。しかし、小規模個人再生手続においては対象となる事件が小規模であることから、費用対効果を勘案して、機関として、監督委員や調査委員に代えて、必要最小限度に限られた職務しか有しない（民再223条）任意の機関として個人再生委員が設けられている。そのため個人再生委員による財産把握には限界があるため、後日、債務者が財産を隠匿等していたことが判明し、再生計画に基づく弁済総額が破産配当総額を下回っていたことが明らかになったような場合には、再生債権者の申立てによる再生計画の取消しを認めることによって、債権者の権利保護を図るとともに、債務者のモラルハザードを防止しようとしたものである[61]。

2）再生計画の変更　①　変更の要件・内容　　通常の再生手続では、再生手続終結後は再生計画の変更をすることはできない（民再187条1項）。それに対し、小規模個人再生においては、再生手続終結後も一定の要件を満たすことを前提に、

---

[61]　始関265頁、条解民再3版1211頁〔佐藤鉄男〕、新注釈民再2版（下）509頁〔佐藤昌己〕参照。

第30講　個人再生手続、再生犯罪　　　　989

計画の変更をすることが認められている（民再234条1項）。再生計画は、通常、計
画作成時における債務者の予想収入額・予想支出額を前提に作成されるが、さま
ざまな事情によって、債務者の収入が大幅に下回ったり、逆に支出が予想を上回
ったりして、再生計画をそのまま遂行することが不可能ないしそれに近い状態に
なることも起こりえないわけではない。このような場合に、再生計画の変更を一
切認めないことになると、常に再計画の取消し（民再189条）、ひいては牽連破産
（民再250条）へと移行することになる。しかし、これでは、個人債務者の経済的
再生を図ろうとする個人再生手続の理念にも悖ることになろう。そこで、個人再
生手続においては、民事再生法187条が排除され（小規模個人再生につき民再238条、
給与所得者等再生につき民再245条）、再生手続終結後の変更を認める民事再生法
234条が設けられたのである[62]。

　変更が許されるのは、再生計画認可決定の後に「やむを得ない事由」で再生計
画を遂行することが「著しく困難となった場合」に限られる（民再234条1項前段）。
これらの要件は、ハードシップ条項（民再235条）との関係では、「著しく困難」は
「極めて困難」よりも困難さの程度が低いものと考えるべきであり、「やむを得な
い事由」とは、「再生債務者に帰責性がないこと」まで求められているわけではな
いので、不可抗力によるものに限定する必要はない[63]。さらに、変更の内容は、再
生計画で定められた債務の期限を延長することに限られ、しかも、変更後の債務
の最終の期限は、再生計画で定められた債務の最終の期限から2年を超えない範
囲で定めなければならないとされている（民再234条1項後段）。よって、複数回の
延長の場合でも、当初の計画を基準にして2年を超える延長は認められないと解
される[64]。

　なお、従前の再生計画において住宅資金特別条項を定めている場合に、再生計
画の変更によって住宅資金特別条項の定めを変更することができるか、という問
題がある。しかし、①変更の内容は、債務の期限を延長することとされており、
しかも、それは、再生計画で定められた債務の最終の期限から2年を超えない範
囲で定めなければならないとされている（民再234条1項）。これは、一般の再生
債権の弁済の標準が3年であり、特別の事情がある場合に限り最長で5年までと
されていることを踏まえたものであると考えられること、②再生計画による期限
の猶予を規定した民事再生法229条2項が、もともと住宅資金特別条項について
は適用除外とされていること（民再229条4項）、③住宅資金貸付債権に関しては、

---

　(62)　新注釈民再2版（下）495頁以下〔服部一郎〕参照。
　(63)　条解民再3版1203頁〔佐藤鉄男〕、新注釈民再2版（下）496頁以下〔服部一郎〕参照。
　(64)　始関254頁・255頁、新注釈民再2版（下）498頁〔服部一郎〕。

法が「期限」との用語を使わず、「約定最終弁済期」といった別の表現をしていること（民再199条2項・4項）等からすると、再生計画の変更で住宅資金特別条項の変更を行うことは想定されていないと解するのが相当である[65]。

②　変更の手続　変更の申立てができるのは、再生債務者に限られ、債権者や個人再生委員には申立権はない（民再234条1項前段）。変更の申立ては、変更を求める旨やその理由などを記載した書面によって行い、同時に変更計画案を提出しなければならない（民再規132条1項2項・94条2項3項）。変更の申立てがあった場合には、再生計画案の提出があった場合の手続（民再230条）が準用される（民再234条2項）。変更の決定に対しては、即時抗告が認められ、変更計画の効力は、認可決定の確定によって生じる（民再234条3項・175条・176条）。

3）計画遂行が極めて困難になった場合の免責（ハードシップ免責）　債務者の勤め先が倒産したり、債務者が病気等により長期間入院してしまった場合のように、債務者が、帰責事由なくして再生計画を遂行することが事実上不可能となり、かつ、再生計画の変更（民再234条）をすることも事実上不可能となる場合がある。このような場合には、現行の再生手続では、再生計画が取り消され（民再189条1項2号）、このような債務者が履行不可能な残債務の免責を得るためには、別途破産免責手続をとらなければならない。しかし、これまで再生計画に基づいて誠実に債務を弁済してきた場合においても、常に再生計画を取り消し、破産者の烙印を押すのは債務者に酷であり、個人債務者が破産免責手続ではなく個人再生という特則手続を選択するインセンティブを失わせることにもなる。そこで、このような場合に、誠実な債務者の経済的再生を図るために、一定の厳格な要件の下に、債権者の同意を要せずに残債務の免責を得させる制度が設けられた。これは、アメリカ連邦倒産法第13章に定められているハードシップ免責（同法1328条（b））の考え方を導入したものである（民再235条1項）[66]。

①　免責の要件（民再235条1項）　a．再生債務者がその責めに帰すことができない事由により、再生計画を遂行することが極めて困難となったこと　　この「極めて困難」とは、ハードシップ免責を認めなければ，再生計画を取り消さざるを得ない状況にあることをいい、再生計画の変更の要件である「著しく困難」（民再

---

[65]　大阪地方裁判所＝大阪弁護士会個人再生手続運用研究会編『改正法対応　事例解説　個人再生〜大阪再生物語〜』（新日本法規出版・2006年）267頁、新注釈民再2版（下）498頁〔服部一郎〕、個人再生手引424頁、428頁以下〔島岡大雄〕。

[66]　始関256頁、条解民再3版1206頁〔佐藤鉄男〕、新注釈民再2版（下）502頁〔佐藤浩史〕参照。アメリカ合衆国連邦倒産法第13章の免責制度については、アメリカ倒産（下）155頁以下、福岡377頁以下を参照のこと。

第30講　個人再生手続、再生犯罪　　*991*

234条1項）よりも困難の度合いが深刻な場合を意味する[67]。次に、再生計画の遂行が極めて困難になったことにつき、債務者の責めに帰すことができない事由があることが必要である。具体例としては、債務者が病気になり、長期間入院せざるを得ない状況にいたり、再生計画で定められた弁済期に弁済をすることが極めて困難な場合、再生計画の終盤になってリストラによって失業し、債務者が再就職のための十分な努力をしたにもかかわらず、債務者の年齢や経済上正当な理由により、再就職ができない場合、店舗を営む個人事業者が、類焼によって店舗を焼失し、従前の事業を継続することができなくなった上、十分な努力にもかかわらず、就職もできない場合等があげられる[68]。

b．民事再生法156条の一般的基準により変更された後の各基準債権に対してその4分の3以上の額の弁済を終えていること　　ハードシップ免責は、再生債務者に、破産手続によらずに残債務の免除を得させ、かつ破産免責よりも免責の対象が広いことから、再生債権の大半の弁済を果たしていることを要件とすべきである反面、あまりに厳格な要件を要求すると、ハードシップ免責による救済措置を設けた意味がなくなることから、折衷的な内容となっている。

c．免責の決定をすることが債権者の一般の利益に反するものではないこと

これは、いわゆる清算価値保障原則にかかるものであり、破産によらないで再生債務者の再生を認める再建型手続において、これを正当化する最低限の担保となるものである。すなわち、すでになされた弁済額の総額が、再生計画認可時における再生債務者財産の清算価値を超えていることを意味する。

d．再生計画の変更をすることが極めて困難であること　　もし、再生計画の変更（民再234条）によって弁済が可能となる場合には、まずそれによるべきであり、それが困難な場合に限って、ハードシップ免責を認めるという趣旨である。その意味で、ここでいう「極めて困難」とは、民事再生法234条1項の「著しく困難」よりも程度が重い状況を意味する。

②　ハードシップ免責の手続　　ハードシップ免責手続は、再生債務者の申立てによって開始する（民再235条1項）。この申立てがあったときは、裁判所は、届出再生債権者の意見を聴いて（同条2項）、決定で免責の許否の裁判をする（民再235条1項）[69]。免責許否の裁判に対しては即時抗告ができ（同条4項）、また、免責

---

[67]　新注釈民再2版（下）503頁〔佐藤浩史〕。

[68]　始関258頁、新注釈民再2版（下）503頁503頁〔佐藤浩史〕参照。なお、個人再生実務解説234頁〔福田あやこ〕は、給料の大幅な削減も含まれるが、再生計画の変更をすることがきわめて困難であるという要件を満たさない場合が多いという。

[69]　民事再生法235条1項柱書きの「免責の決定をすることができる」とは、裁判所の権

の決定は、確定によりその効力を生じる（同条 5 項）。

③　ハードシップ免責の効果　　免責決定が確定した場合には、再生債務者は、履行した部分を除き、再生債権者に対する債務の全部につき責任を免れる。ただし、民事再生法 229 条 3 項各号所定の請求権と、再生手続開始前の罰金等（民再 97 条）は、免責の対象とはならない（民再 235 条 6 項）。免責決定の効果は、別除権である担保権、再生債権者が再生債務の保証人その他再生債務者と共に債務を負担する者に対して有する権利、そして、再生債務者以外の者が再生債権者のために提供した担保には影響を及ぼさない（民再 235 条 7 項）。

なお、住宅資金特別条項付の再生計画が認可された場合、住宅ローンについてもハードシップ免責の効果が及ぶかどうかが問題となる。この点、①ハードシップ免責の効果について定めた民事再生法 235 条 6 項は、そのかっこ書の除外事由に住宅ローン債権が挙げられていないこと、②同条 8 項が、再生計画に住宅資金特別条項を含む場合は住宅ローン債権者に意見聴取を要することを規定しており、この規定は住宅ローン債権に免責の効力が及ぶことを前提として考えられていること、③住宅ローン債権にハードシップ免責の効力が及ぶとしても、別除権者が有する担保権、保証人等に対する権利、再生債務者以外が提供した担保には影響を及ぼさない（民再 235 条 7 項・244 条）ので、住宅ローン債権者に不都合はないことから、ハードシップ免責の効力は及ぶと解すべきである[70]。

免責の対象は、破産免責よりも広く、破産免責で非免責債権とされている、雇用関係に基づいて生じた使用人の請求権および預り金の返還請求権（破 253 条 1 項 5 号）、および、債務者が知りながら債権者名簿に記載しなかった請求権（同項 6 号）も免責の対象となる。なお、租税等の請求権（同項 1 号）および使用人の請求権のうち一般先取特権で担保された部分は、再生手続において、一般優先債権（民再 122 条）として手続に服さないものであるから、免責の対象とはならない。

なお、小規模個人再生または給与所得者等再生の手続において、債務者がハードシップ免責を受けた場合、当該債務者は、再生計画の認可決定の確定の日から 7 年以内は、給与所得者等再生の手続を利用することができず（民再 239 条 5 項 2 号ロ）、また、原則として、破産免責を受けることもできない（破 252 条 1 項 10 号イ）。

4　給与所得者等再生手続

　　限を認めたものであり、裁量権を付与するものではないと解されている（条解民再 3 版 1209 頁〔佐藤鉄男〕、新注釈民再 2 版（下）506 頁 503 頁〔佐藤浩史〕、伊藤 3 版 1117 頁 注 61 等）。

[70]　個人再生手引 447 頁〔岸元則〕、個再 100 問 210 頁〔松本賢人〕。

（1）概　説

　個人を対象とした再生手続には、既に説明した、小規模個人再生があるが、この手続においては、再生債務者の作成した再生計画案につき再生債権者の決議を得なければならない。これに対して、給与所得者等再生手続では、小規模個人再生の適用対象者となり得る再生債務者のうち、定期的、かつ、安定的な収入がある再生債務者については、再生計画に基づく弁済原資として可処分所得に基づく最低弁済基準額を法定することにより（民再241条2項7号・3項）、再生計画案についての決議を省略することにより、より簡易、迅速な再生が図られる構造になっている[71]。

　なお、給与所得者等再生手続は小規模個人再生手続の特則であるから、別段の規定がない場合には、小規模個人再生に関する規定が適用される。

（2）給与所得者等再生の申立資格

　給与所得者等再生の申立資格を有するのは、給与またはこれに類する定期的な収入を得る見込みがある者であって、かつ、その額の変動の幅が小さいと見込まれるものである（民再239条1項）。この要件が要求されるのは、給与所得者等再生は、弁済原資について最低弁済基準額を法定するものであるために、将来の収入額（特に可処分所得）が確実に把握できるものでなければならないからである。これに該当する典型例はサラリーマンであるが、「定期的な収入」には、このような給与収入のほか、年金や恩給、定期的に受領する家賃収入なども含まれる。ただ、この要件を満たすか否かは、民事再生法239条1項前半の要件と後半の要件とを総合的に判断しなければならない。たとえば、タクシーの運転手や生命保険会社の外交員などは、固定給部分と歩合給部分に分かれているのが普通であるが、結果として年収の額には大きな変動がない者であればこの要件を満たす。逆に、サラリーマンであっても、その給与が完全歩合給であるような場合には、その額の変動の幅が大きく、申立資格を欠くこともあろう。また、アルバイト従業者やパートタイマーについても、その仕事が定期的で、かつ、その年収を基準にして

---

[71]　平成13年4月のこの制度の施行直後は、再生債務者にとって再生債権者の決議が不要な給与所得者等再生の申立件数が小規模個人再生の申立件数を上回っていたが、可処分所得2年分の基準が債権額基準および清算価値保障原則より負担となる事例が多かったこと、小規模個人再生においても再生債権者の不同意事例が少なかったこと等の要因から、結果的に弁済総額がより少なくなる小規模個人再生の申立件数が給与所得者等再生の申立件数を上回るようになり（平成15年に事件数が逆転）、その後は小規模個人再生の申立が大半となっている（平成21年には、給与所得者等再生の申立ての割合は8.5％となっている（新注釈民再2版（下）530頁〔野村剛司〕）、細井秀俊＝松山ゆかり「平成21年度における倒産事件申立ての概況」NBL926号31頁参照）。

も収入の額の変動が小さい場合には、この要件を満たすとえいるが、いわゆるフリーターのように、仕事が定期的なものではなく、その収入額も不安定なものは、この要件を満たさない。兼業農家の場合は、農業以外の部分については、将来の収入の額を確実かつ容易に把握することができる場合もあり得るが、農業による収入については、その年の天候等の状況により収入額が相当に異なると考えられ、当該収入についての将来の額を確実かつ容易に把握することができないため、原則としては、この手続の利用適格は否定されるべきであろう[72]。

また、収入の額の変動の幅が小さいと見込まれるものでなければならない。この要件は、定期収入が将来の弁済原資となり、その確実性を担保するために規定されたものであり、月収単位で比較するのではなく、年収単位で変動の幅が小さければ足りるものとされている。これは、再生債務者の過去および現在の収入状況、経済情勢などを総合的に考慮して判断することになるが、収入の変動の幅については、再生計画における弁済総額の算定の際、再生計画案提出前2年間に再就職その他の年収の5分の1以上の変動を生ずべき事由が生じた場合には変動後の収入額を基準としている趣旨から（民再241条2項7号イ）、年収換算で5分の1未満の変動であれば、要件に該当すると考えられる[73]。

その他、給与所得者等再生の申立てをするにあたっては、小規模個人再生の申立要件（民再221条）をも満たしていなければならない。

（3）開始手続

給与所得者等再生の手続を利用するか否かについては、債務者が選択権を有する。すなわち、債務者が給与所得者等再生により再生を図りたいと考える場合には、債務者は、再生手続開始の申立てと同時に、また、債権者が再生手続開始の申立てをする場合には、債務者は、再生手続開始決定までに給与所得者等再生の特則の適用を求める旨を申述しなければならない（民再239条2項、民再規136条1項2項・137条2項）。なお、債務者が再生手続開始の申立てをする場合には、申述に際して、給与所得者等再生の要件を具備しないときに、通常の民事再生および小規模個人再生による再生手続の開始を求める意思があるかどうかを表明しなければならない（民再239条3項）。

給与所得者等再生の申述が要件に該当しないことが明らかであると認めるときは、裁判所は、再生手続開始決定前に限り、再生手続を通常再生手続により行う

---

[72] 始関281頁以下。その他の例につき、新注釈民再2版（下）527頁〔野村剛司〕、個人再生手引372頁以下参照。

[73] 始関278頁以下、新注釈民再2版（下）528頁〔野村剛司〕、個人再生実務解説249頁〔福田あやこ〕。

旨の決定をする。ただし、再生債務者が通常再生手続による手続の開始を求める意思がない旨を明らかにしていたときは、再生手続開始申立てを棄却しなければならない（民再239条4項）。また、債務者が給与所得者等再生を求める旨の申述をした場合に、給与所得者等再生の資格要件は満たさないが、小規模再生個人再生の資格要件は満たしているときは、裁判所は、手続開始前であれば、小規模個人再生による再生手続を行う旨の決定をしなければならない（同条5項本文）。ただし、再生手続の開始申立てを債務者がした場合であって、債務者が申述に際して、小規模個人再生を望まない旨を明らかにしていた場合は、再生手続開始申立てを棄却しなければならない（同条5項但書）。

　裁判所は、給与所得者等再生手続開始の要件がすべて満たされていると認めるときは、再生手続開始決定の裁判書の主文に、給与所得者等再生により再生手続を開始する旨の決定をする旨を記載しなければならない（民再規138条1項）。また、それと同時に、債権届出期間、一般異議申述期間を定めなければならない（民再244条・222条、民再規138条2項・116条2項）[74]。

（4）　給与所得者等再生手続開始の制限

　給与所得者等再生手続においては、再生債権者の決議なしに再生計画が認可されるから（民再240条）、過去に破産免責等を受けた者が再度経済的窮境に陥った場合に、短期間に給与所得者等再生を受けることを認めるのはモラルハザードをもたらすとして、給与所得者等再生には以下のような特有の制限が設けられている。なお、小規模個人再生にはこのような制限はない。

　すなわち、以下の場合には、給与所得者等再生手続を開始することはできず、小規模個人再生手続を開始する、ただし、小規模個人再生手続を求める意思がない旨を明らかにしているときには、再生手続開始申立てを棄却する（民再239条5項柱書）。

①　給与所得者等再生における再生計画が遂行された場合は、当該再生計画認可決定の確定日から7年以内に給与所得者等再生の申述がなされたこと（民再239条5項2号イ）。

②　民事再生法235条1項（民再244条において準用される場合を含む）に規定された再生債務者が小規模個人再生または給与所得者等再生において計画遂行が極めて困難になった場合の免責（いわゆるハードシップ免責）の決定が確定している場合は、当該免責の決定にかかる再生計画認可決定の確定日から7年以内に当該申述がなされたこと（同条5項2号ロ）

---

[74]　一般的には、このほかに再生計画案の提出期間の終期（民再規140条・130条・84条）が定められている（新注釈民再2版（下）533頁〔野村剛司〕）。

996　　第28章　個人再生手続

③　破産法252条1項に規定された免責許可決定が確定している場合は、当該決定の確定日から7年以内に当該申述がなされたこと（同条5項2号ハ）

（5）　再　生　計　画

1）　再生計画の成立　　給与所得者等再生においては、再生計画の成立に再生債権者の決議を要しないから（民再245条）、再生計画が適式に提出され、かつ、次に述べる意見聴取期間（民再240条2項）が経過することにより、再生計画は成立する。

2）　再生計画の認可・不認可　　給与所得者等再生においては、裁判所は、再生計画の認可・不認可の決定をする前に、一定の期間を定めて、再生計画案の不認可事由の有無等について届出再生債権者の意見を聴かなければならない（民再240条、民再規139条）。

この意見聴取期間経過後、不認可事由（民再241条2項各号）がない限り、裁判所は、再生計画の認可決定をする（同条1項）。不認可事由には、一般の不認可事由（民再241条2項1号2号・174条2項1号2号）、住宅資金特別条項を定めた場合の不認可事由（民再241条2項1号かっこ書・3号・202条2項2号）、小規模個人再生の不認可事由（民再241条2項5号231条2項2号～5号）、給与所得者等再生に固有の不認可事由（民再241条2項4号6号7号）の4種類がある。以下では給与所得者等再生に固有の不認可事由につき説明する。

①　再生債務者が、給与またはこれに類する定期的な収入を得ている者に該当しないか、またはその額の変動の幅が小さいと見込まれる者に該当しないとき（民再241条2項4号）

これは、給与所得者等再生の申立資格を欠く場合であり、そもそも、このような者については、給与所得者等再生手続の利用を許すべきではなく、これらは手続開始要件とされている（民再239条1項）ほか、不認可事由とすることで、その充足を確認する趣旨である[75]。

②　民事再生法239条5項2号に規定する事由があるとき（民再241条2項6号）

すなわち、ⓐ給与所得者等再生の再生計画認可決定が確定した日（民再239条5項2号イ）、ⓑいわゆるハードシップ免責による免責を受けた場合は、免責の対象となった再生計画認可決定が確定した日（民再239条5項2号ロ）、ⓒ破産上の免責を受けた場合、免責決定が確定した日（民再239条5項2号ハ）から7年以内に給与所得者等再生の申述した場合である。これは、給与所得者等再生の手続開始要件を確認するものである。

---

[75]　伊藤3版1125頁。

③　計画弁済総額が、以下の区分に応じて、平均年収額から再生債務者および
　　その扶養を受けるべき者の最低限度の生活を維持するために必要な1年分の
　　費用の額（必要生活費。これにつき、民再241条3項）を控除した額（可処分所得）
　　に2を乗じた額以上の額であると認めることができないとき（民再241条2項
　　7号）

　給与所得者等再生には再生計画案を決議にかける手続がないため、小規模個人
再生よりも厳格な最低弁済額を定めたものである。すなわち、最低弁済基準額を
可処分所得の2年分相当額に法定するものである[76]。そして、最低弁済基準額算
定の基礎となる平均年収額の算定は、以下の区分に応じてなされる[77]。

　　a.　再生債務者の給与またはこれに類する定期的な収入の額について、再生
　　　計画案の提出前2年間の途中で再就職その他の年収について5分の1以上
　　　の変動を生ずべき事由が生じた場合（民再241条2項7号イ）

　このような場合には、当該事由が生じたときから再生計画案を提出したときま
での間の収入の合計額からこれに対する所得税等（民再241条2項7号イかっこ書）
に相当する額を控除した額を1年間当たりの額に換算した額が平均年収額にな
る。

　　b.　再生債務者が再生計画案の提出前2年間の途中で、給与またはこれに類
　　　する定期的な収入を得ている者で、その額の変動の幅が小さいと見込まれ
　　　る者に該当することとなった場合（アに掲げる区分に該当する場合を除く）（民
　　　再241条2項7号ロ）

　このような場合には、これに該当することとなったときから再生計画案を提出
したときまでの間の収入の合計額から、これに対する所得税等に相当する額を控
除した額を、1年間当たりの額に換算した額が平均額になる。自営業者が廃業し、
給与所得者になった場合などが典型例である[78]。

　　c.　それ以外の場合（民再241条2項7号ハ）

　この場合には、再生計画案の提出前2年間の債務者の収入の合計額からこれに
対する所得税等を控除した額を2で除した額が平均年収額になる。

　3）再生計画の効力等　　再生計画の効力が認可決定の確定によって生じる
こと（民再176条）、効力の内容として、債権の現在化および金銭化（民再244条・
232条1項）、一般的基準に基づく権利変更（民再244条・232条2項）、無異議債権等

---

[76]　これについて適合性を否定した裁判例として、福岡高決平15・6・12判タ1139号292
　　　頁〔百選5版93事件〕がある。
[77]　これらの計算方法については、個人再生手引374頁以下〔宮本さおり〕参照のこと。
[78]　始関293頁。

998　　　第28章　個人再生手続

以外の再生債権に関する劣後的取扱い（民再 244 条・232 条 3 項）および非減免再生債権の取扱い（民再 244 条・232 条 4 項 5 項）が妥当することは、小規模個人再生と共通である。

（6）再生手続の終了

小規模個人再生と共通の終了原因としては、再生計画認可決定の確定（民再 244 条・233 条）、財産目録の不実記載に基づく再生計画認可決定確定前の再生手続廃止（民再 244 条・237 条 2 項）がある。また、給与所得者等再生に固有ものとして、再生計画不認可事由（民再 241 条 2 項各号）のいずれにも該当しない再生計画案の作成の見込みがないことが明らかになったとき（民再 243 条 1 号）、裁判所の定めた期間もしくはその伸長した期間内に再生計画案の提出がないとき、またはその期間内に提出された再生計画案に不認可事由（民再 241 条 2 項各号）のいずれかに該当する事由があるときである（民再 243 条 2 号）。

（7）再生手続認可後の手続

再生手続認可後の手続も、小規模個人再生と基本的には共通するが、再生計画の取消しに関しては、給与所得者等再生に固有の規律が置かれている。

1）再生計画の取消し　通常の再生手続における再生計画の取消事由（民再 189 条 1 項各号）は、給与所得者等再生においても妥当するが、これに加えて、計画弁済総額が、再生計画認可決定があった時点で、再生債務者につき破産手続が行われた場合における基準債権に対する配当の総額を下回ることが明らかになったこと、または、再生計画が可処分所得基準を満たさないことが明らかになったことが取消事由とされている（民再 242 条前段）。

2）再生計画の変更　やむを得ない事由により再生計画を遂行することが著しく困難になったときに、再生計画の変更が認められること、また、その内容や手続は、小規模個人再生と共通である（民再 244 条・234 条）。

3）ハードシップ免責　再生債務者の責めに帰すことができない事由によって再生計画を遂行することが極めて困難になり、かつ、計画弁済総額の一定部分の弁済を終えていることなどを条件として、ハードシップ免責が認められることは、小規模個人再生と共通である（民再 244 条・235 条）。

第29章　再生犯罪

1　再生犯罪の意義と種類

再生犯罪とは、再生手続において、再生債務者等の行為で強度の違法性を帯び、

再生手続の目的を達成するためには、刑事罰をもって抑止すべきものとされる行為類型をいう。再生犯罪は、罪質ごとに5つの犯罪類型に分類することができる。すなわち、①債権者を害する行為（詐欺再生罪等。民再255条・256条）、②情報収集の妨害行為（報告検査拒絶罪等。民再258条・259条）、③裁判所選任に係る機関の義務違反（監督委員等の特別背任罪等。民再257条・261条・262条）、④監督委員等に対する職務妨害（民再260条）、⑤再生債務者等に対する面会強請（民再263条）である。

2　各種の再生犯罪

（1）　詐欺再生罪

1）意　義　再生計画の基礎となる債務者の財産の価値を不当に減少させ、あるいは、その把握を困難にして債権者を害する行為を罪に問うものである。違反者には、10年以下の懲役もしくは1000万円以下の罰金が科せられ、またはこれらが併科される（民再255条1項）。これは、破産法265条と同趣旨の規定である。

2）主　体　主体には制限がないので、自然人であればだれでも行為主体たり得る。再生債務者以外にも、その法定代理人や親族、あるいは再生債権者や管財人をも含む。民事再生法255条1項4号の罪については、常に相手方が存在するところ、情を知って行為の相手方となった者も同様の処罰を受ける（民再255条1項本文後段）。しかし、たとえば、再生手続の関与者ではなく、これと共犯関係にもない第三者が倒産状態を認識しつつ債務者の所有物を毀損しまたは焼失せしめたとしても、器物損壊罪や放火罪に当たるのはともかく、本罪には当たらないと考えるべきであり、本罪の主体の範囲は、債務者自身、および、その法定代理人や取締役など債務者の財産を管理、処分する権限を有する者、債務者の親族など債務者側に立ってこれと利害を共通にする者のほか、再生債権者や管財人などの再生手続関与者を限度とすべきであろう[79]。

3）行為の態様　本罪に該当するのは、基本的には、「再生手続の基礎となるべき債務者の財産」の侵害に向けられた行為である。具体的期には、①債務者の財産を隠匿しまたは損壊する行為（民再255条1項1号）、②債務者の財産の譲渡または債務の負担を仮装する行為（同2号）、③債務者の財産の現状を改変して、その価格を毀損する行為（同3号）、④債務者の財産を債権者の不利益に処分し、または債権者に不利益な債務を債務者が負担する行為（同4号）、⑤債務者について管理命令や保全管理命令が発せられたことを認識しながら、債権者を害する目

---

[79]　詳解民再2版686頁〔塩見淳〕。

的で、管財人の承諾その他の正当な理由がなく、その債務者の財産を取得し、または第三者に取得させる行為（同条2項）である。なお、これらの行為がなされた時期が、再生手続が開始された時期の前後を問わない点でも、詐欺破産罪と共通である。

4）客観的処罰条件　詐欺破産罪が成立するためには、当該行為が存在するほか、再生手続開始の決定が確定したことを要する（民再255条1項柱書。ただし、同条2項の場合を除く）。これは客観的処罰条件と呼ばれる。当該行為と再生手続開始決定確定との間に因果関係は不要で、事実上の牽連関係があれば足りる[80]。これは詐欺破産罪と共通である。

（2）　特定の債権者に対する担保供与等の罪

債務者が、再生手続開始の前後を問わず、特定の債権者に対する債務について、他の債権者を害する目的で、担保の供与または債務の消滅に関する行為であって、債務者の義務に属せずまたはその方法もしくは時期が債務者の義務に属しないものをし、再生手続開始の決定が確定したときは、5年以下の懲役もしくは500万円以下の罰金が科せられ、またはこれらが併科される（民再256条）。これは、平成16年の民事再生法の改正によって入れられたものであり、破産法266条と同趣旨の規定である。なお、これらの行為（方法が義務に属しないものを除く）が支払不能になる前30日以内になされた場合には否認権行使の対象になる（民再127条の3第1項2号）が、方法が義務に属しないものであっても刑罰の対象にしているのは問題であるとの指摘がある[81]。なお、債務の本旨に従った弁済については、この罪には当らない[82]。

（3）　監督委員等の特別背任罪

監督委員、調査委員、管財人、保全管理人、個人再生委員、管財人代理または保全管理人代理が、自己もしくは第三者の利益を図りまたは債権者に損害を与える目的で、その任務に背く行為をし、債権者に財産上の損害を加えたときは、10年以下の懲役もしくは1000万円以下の罰金に処し、またはこれを併科する（民再257条1項）。

---

(80)　最判昭44・10・31民集23巻10号1465頁。

(81)　新注釈民再2版（下）627頁〔大川治〕。すなわち、支払不能になる前30日以内になされた担保供与または債務消滅行為のうち、「その方法が債務者の義務に属しない」ものは、違法性が低いことから、意識的に否認権の対象から除外された（民再127条の3第1項2号）。それにもかかわらず、民事再生法256条が処罰対象としているのは問題であり、限定的な解釈・運用が必要であるとする。破産犯罪につき同旨を述べるものとして、条解破産2版1801頁。

(82)　最判昭45・7・1刑集24巻7号399頁。

第30講　個人再生手続、再生犯罪

この犯罪類型においては、債権者に財産上の損害を与えることについての認識が必要である。これに加えて、「自己もしくは第三者の利益を図りまたは債権者に損害を加える目的」を必要とする[83]。これは、刑法典上の背任罪（刑247条）より大幅に加重されている。ただし、未遂の処罰規定はないから、処罰のためには、債権者に財産上の損害が発生したことを必要とする。

なお、これらの機関が法人であるときは、特別背任の規定は、監督委員等の職務を行う職員または職員に適用する（民再257条2項）。これは、破産法267条と同趣旨の規定である。

（4）　情報収集を阻害する罪

再生手続を適正かつ迅速に進めるためには、再生債務者などの関係人が裁判所や監督委員などに対して必要な情報を提供することが不可欠である。したがって、法は、このような情報提供を阻害するような行為に刑罰を科することによってそういった行為を防止しようとしている。すなわち、第1は、説明および検査の拒絶の罪である。行為主体は、監督委員等から再生債務者の業務および財産の状況につき報告を求められたもの（再生債務者を除く。報告を求めるものが個人再生委員の場合は、再生債務者の法定代理人に限る）の代表者、代理人、使用人その他の従業員である。これらの者は、監督委員、調査委員、管財人、保全管理人の求めに応じて、また、再生債務者その法定代理人は個人再生委員の求めに応じて、再生債務者の業務および財産の状況を報告する義務、および再生債務者の帳簿、書類その他の物件の検査を受忍する義務を負うが、これらの義務に違反して、報告・検査を拒絶し、または虚偽の報告をしたときは、3年以上の懲役もしくは300万円以下の罰金に処し、またはこれを併科する（民再258条1項2項3項）。また、再生債務者の子会社等の代表者等が、その子会社等の業務に関し、報告もしくは検査を拒み、または虚偽の報告をしたときも同様の刑罰が科せられる（同条4項）。これは破産法268条と同趣旨の規定である。なお、この規定に関しては、使用人その他の従業員については、民事再生法上、明文を持って報告義務を課しているわけではないから、これらの者まで処罰対象とするのは問題であるとの指摘がなされている[84]。

第2は、業務および財産の状況に関する物件の隠匿等の罪である。再生手続開始の前後を問わず、債権者を害する目的で、債務者の業務および財産の状況に関する帳簿、書類その他の物件を隠匿し、偽造し、または変造した者は、債務者に

---

[83]　最判昭63・11・21刑集42巻9号1251頁は、図利加害の目的を肯定するためには、図利加害の点につき、必ずしも意欲ないし積極的認容までは要しないとする。

[84]　新注釈民再2版（下）637頁〔大川治〕。

ついて再生手続開始の決定が確定したときは、3年以下の懲役もしくは300万円以下の罰金に処し、またはこれを併科する（民再259条）。これは破産法270条と同趣旨の規定である。

（5）　監督委員等に対する職務妨害の罪

偽計または威力を用いて、監督委員、調査委員、管財人、保全管理人、個人再生委員、管財人代理または保全管理人代理の職務を妨害した者は、3年以下の懲役もしくは300万円以下の罰金に処し、またはこれを併科する（民再260条）。従来、監督委員等の職務に対して妨害行為がなされた場合、偽計・威力業務妨害罪（刑233条・234条）の対象とされうるに留まり、倒産犯罪としては処罰対象とはされていなかった。しかし、民事再生手続の成否は、監督委員等の適正な職務執行によるところが大きく、その適正かつ迅速な職務執行を害する妨害行為につき、処罰の対象とする必要性が高いと考えられ、平成16年改正により、新たに監督委員等に対する職務妨害の罪が新設された[85]。なお、この点で、民事再生法は、刑法に対しては特別法の関係に立ち、本罪の適用が優先する。

（6）　贈 収 賄 罪

監督委員、調査委員、管財人、保全管理人、個人再生委員、管財人代理または保全管理人代理が、その職務に関し、賄賂を収受し、またはその要求もしくは約束をしたときは、3年以下の懲役もしくは300万円以下の罰金に処し、またはこれを併科する（民再261条1項）。この場合に、監督委員等が不正の請託を受けたときは、5年以下の懲役もしくは500万円以下の罰金に処し、またはこれを併科する（同条2項）。監督委員等が法人である場合は、監督委員等の職務に従事する役職員も同様に扱われている（同条3項4項）。また、債権者集会等の決議に関しては、再生債権者、代理委員、これらの代理人および法人である場合の役職員が、不正の請託を受けて、賄賂を収受し、またはその要求もしくは約束をしたときは、5年以下の懲役もしくは500万円以下の罰金に処し、またはこれを併科する（同条5項）。これらいずれの場合についても、収受した賄賂に関して没収および追徴の規定が置かれている（同条6項）。また、収賄者に対応して，贈賄者側についても、処罰の規定が置かれている（民再262条）。

これらの行為は従来から処罰の対象とされていたが、平成16年の民事再生法の改正によって、監督委員等が「不正の請託」を受けて収賄行為をした場合につき、単純収賄よりも法定刑が加重され、再生債権者等が債権者集会の期日における議決権の行使または書面等投票による議決権の行使に関してした収賄行為につ

---

[85]　新注釈民再2版（下）644頁〔大川治〕。

第30講　個人再生手続、再生犯罪　　　*1003*

いては、「不正の請託」がある場合に限り処罰対象とすることとされた[86]。民事再生法上の罪は、刑法の単純収賄罪および受託収賄罪（刑197条1項）に対して特別法の関係に立つが、事前収賄、事後収賄、あっせん収賄等は処罰されない[87]。

（7） 再生債務者等に対する面会強請等の罪

個人である再生債務者またはその親族その他の者に再生債権（再生手続が再生計画認可の決定後に終了した後にあっては、免責されたものに限る）を再生計画の定めるところによらずに弁済させ、または再生債権について再生債務者の親族その他の者に保証をさせる目的で、再生債務者またはその親族その他の者に対し、面会を強請し、または強談威迫の行為をした者は、3年以下の懲役もしくは300万円以下の罰金に処し、またはこれを併科する（民再263条）。

これらの行為は、実力によって債権者間の平等を害し、債務者の経済的再生を妨げるものであることを理由として、新たに設けられた犯罪類型である。これらの行為は再生債務者本人だけでなく、広く親族等の関係者に対してなされる例も多いことから、再生債務者以外の関係者に対する行為も処罰対象とされている[88]。処罰の対象となる行為は、再生手続中の行為および再生計画認可決定確定後の行為を含むが、後者については、非免責債権に基づく行為は処罰の対象とならない。これらの行為に対する処罰は、刑事罰一般に委ねる趣旨である[89]。面会の強請とは相手方の意思に反して面会を強く要求すること、強談とは言葉により強いて要求に応じるよう迫ること、威迫とは言語・動作・態度で気勢を示し、相手方に不安・困惑の念を生じさせることをいう[90]。

（8） 国外犯の処罰・両罰規定

民事再生法の罰則は、それに触れる行為が日本国外で犯された場合でも適用される（民再264条）。また、法人の代表者または法人もしくは人の代理人、使用人その他の従業者が、その法人または人の業務または財産に関して、民事再生法255条、256条、258条（1項を除く）、259条、260条、262条または263条の違反行為をしたときは、行為者を罰するほか、その法人または人に対しても、同様の刑罰が科せられる（民再265条）。

---

[86]　新注釈民再2版（下）647頁〔大川治〕。

[87]　条解民再3版1310頁〔丸山雅夫〕。

[88]　条解民再3版1315頁〔丸山雅夫〕、新注釈民再2版（下）654頁〔大川治〕参照。

[89]　伊藤3版1134頁。

[90]　詳解2版695頁〔塩見淳〕。

＜設問についてのコメント＞

　問1は、個人が経済的再生を図るために適用可能な各種法的手続の利害得失を問うものである。これについては、第28章1(1)(2)を参照のこと。

　問2の前段は、小規模個人再生・給与所得者等再生手続開始の要件について問う問題である。これについては、第28章3(1)、4(1)(2)を参照のこと。なお、Aは、負債が合計で8000万円あるが、そのうち、3500万円は住宅ローン債務であるから、個人再生手続開始の要件の1つである再生債権の額が5000万円以下という要件は満たすと考えられるが、他の要件も検討すること。後段は、それぞれの手続を説明する問題である。これについては、第28章3(2)～(8)、4(3)～(6)を参照のこと。

　問3は、いわゆる巻戻しについて問うものである。これについては第28章1(8)2)を参照のこと。

　問4は、民事再生法256条の罪の成否を問うものであるが、冒頭の ケース では、いわゆる方法が義務に属しない場合である。民事再生法127条の3第1項2号は、支払不能になる前30日以内になされた担保供与または債務消滅行為のうち、「その方法が債務者の義務に属しない」者は、違法性が低いことから、意識的に否認権の対象から外していることとの関係について考えるべきであろう。これについては、第29章2(2)を参照のこと。

　問5は、詐欺再生罪適用の可否について問うものである。この場合、実際に行為したのは再生債務者ではなく、第三者であることに注意すること。これについては、第29章2(1)を参照のこと。

第30講　個人再生手続、再生犯罪　　　　　*1005*

資　料

【資料1】 各倒産処理手続の新受件数の推移（司法統計年報による）

年度	破産手続	和議	民事再生	会社整理	特別清算	会社更生
昭 50	1,048	191		139	34	121
昭 51	1,515	320		130	54	125
昭 52	1,984	493		182	59	80
昭 53	2,070	382		116	54	126
昭 54	2,321	401		74	48	61
昭 55	2,877	514		93	43	63
昭 56	3,221	517		74	51	39
昭 57	5,031	521		60	44	39
昭 58	17,878	557		65	36	28
昭 59	26,384	574		53	51	49
昭 60	16,922	575		64	58	41
昭 61	13,876	541		42	59	45
昭 62	11,584	320		28	81	16
昭 63	10,940	191		15	65	18
平 元	10,319	88		4	60	10
平 2	12,478	77		16	58	9
平 3	23,091	203		27	70	14
平 4	45,658	292		26	89	32
平 5	46,216	323		30	80	44
平 6	43,161	250		35	132	17
平 7	46,487	225		33	163	36
平 8	60,291	244		20	178	18
平 9	76,032	279		18	172	31
平 10	111,067	361		24	249	88
平 11	128,488	231		12	343	37
平 12	145,858	42	662 … …	6	352	25
平 13	168,811	—	1,110 1,732 4,478	2	335	47
平 14	224,467	—	1,093 6,054 7,444	4	336	88

（個人再生）
（給与再生）

資 料

(個人再生) (給与再生)	平15	251,800	—	941 15,001 8,611	—		290	63
	平16	220,261	—	712 19,552 6,794	—		326	45
	平17	193,179	—	646 21,218 4,830	2		398	44
	平18	174,861	—	598 22,379 3,734	2		400	14
	平19	157,854	—	814 24,059 3,369	15		325	30
	平20	139,009	—	731 22,976 2,626	6		404	31
	平21	137,346	—	661 19,452 1,936	1		396	20
	平22	134,767	—	565 18,801 1,564	5		393	18
	平23	110,449	—	567 15,476 1,323	1		343	27
	平24	95,543	—	615 10,507 1,014	2		288	39
	平25	81,136	—	432 7,980 820	—		310	31
	平26	73,368	—	291 7,254 683	—		306	16
	平27	72,026	—	277 7,474 650	—		296	11

1010※平成19年度からは、既済事件数を掲記

【資料 2】 破産新受件数と自己破産・免責申立件数

年　度	破産新受件数	自然人自己破産新受件数	免責申立新受件数	免責決定
昭 50	1,408	－	46	
昭 51	1,515	－	78	
昭 52	1,984	－	116	
昭 53	2,070	－	258	
昭 54	2,321	－	476	
昭 55	2,877	－	543	
昭 56	3,221	1,152	880	
昭 57	5,031	2,024	1,608	
昭 58	17,878	8,795	6,767	
昭 59	26,384	18,921	16,144	
昭 60	16,922	14,625	13,711	
昭 61	13,876	11,432	10,454	
昭 62	11,584	9,774	9,445	
昭 63	10,940	9,415	9,175	
平 1	10,319	9,190	9,355	
平 2	12,478	11,273	9,969	
平 3	23,091	23,228	15,895	
平 4	45,658	43,144	30,287	
平 5	46,216	43,545	38,940	
平 6	43,161	40,385	37,711	
平 7	46,487	43,414	38,770	
平 8	60,291	56,494	46,624	
平 9	76,032	71,229	63,421	
平 10	111,067	105,468	93,525	
平 11	128,488	122,741	131,467	
平 12	145,858	139,280	145,193	
平 13	168,811	160,457	167,559	
平 14	224,467	214,638	221,556	
平 15	251,800	242,849	247,380	
平 16	220,261	211,402	212,836 （民再 11）	
平 17	193,179	184,422	185,437 （民再 32）	
平 18	174,861	165,932	166,392	169,371
平 19	157,889	148,248	148,539	148,423
平 20	140,941	129,508	129,760	131,697

平21	137,957	126,265	126,499	122,984
平22	131,370	120,930	21,109	122,555
平23	110,449	100,510	100,568	105,169
平24	95,543	84,987	—	—
平25	83,116	73,425	—	—
平26	73,368	65,393	—	—
平27	71,533	63,856	—	—

【資料3】 破産既済事件と同時破産廃止

年　度	既済事件数	同時破産廃止件数	同時破産廃止割合	異時・同意廃止
平成14年	223,770	197,207	88.1%	15,913
平成15年	261,162	229,158	87.7%	21,443
平成16年	227,053	195,326	86.0%	22,905
平成17年	196,755	166,279	84.5%	21,658
平成18年	175,735	143,675	81.8%	20,313
平成19年	157,845	123,506	78.2%	21,876
平成20年	139,099	101,692	73.1%	24,870
平成21年	137,346	95,335	69.4%	28,111
平成22年	134,767	91,766	68.1%	28,461
平成23年	114,557	74,294	64.5%	27,049
平成24年	95,543	58,359	61.1%	24,815
平成25年	83,116	49,323	59.3%	22,764
平成26年	75,799	43,591	57.5%	22,030
平成27年	72,026	41,685	57.9%	20,742

【資料4】 破産手続費用関連費

(東京地裁民事20部、平26年4月1日現在)

1. 申立手数料（貼用印紙額）

個人自己破産および免責申立て	1,500 円
法人自己破産申立て	1,000 円
債権者破産申立	20,000 円

2. 予納金基準額

① 同時廃止事件

即日面接事件	10,290 円
上記以外	15,000 円

② 管財事件（自己破産申立事件）

法人管財事件	20万円	及び 法人1件につき12,830円
個人管財事件	20万円	及び 個人1件につき16,090円

③ 管財事件（債権者破産申立事件及び本人申立事件）

下表の通り

負債総額（単位：円）	法人	個人
5000万未満	70万円	50万円
5000万円～1億未満	100万円	80万円
1億円～5億未満	200万円	150万円
5億円～10億未満	300万円	250万円
10億円～50億未満	400万円	
50億円～100億未満	500万円	
100億円～	700万円～	

④ 関連事件や大型事件等の特別な事件の場合には予納金が変更される場合があります。

3. 予納郵券

① 4000円	② 14,100円
（通常同廃・即日・管財G，H，K）	（債権者・本人申立事件－管財K）

資　料

200 円×8 枚　　　　　　　　　420 円×10 枚、350 円×10 枚

80 円×29 枚　　　　　　　　　200 円×10 枚、80 円×50 枚

10 円×8 枚　　　　　　　　　　10 円×40 枚

※ただし大型合議事件は②と同じく 14,100 円。

【三上注】

　　　Hは、法人と共に破産している場合（法人と個人、法人と法人）

　　　Kは、比較的大規模な事件

　　　Gは純然たる個人の破産事件

4. 日本司法支援センター（法テラス）による費用立替え（平 22 年度標準額）

　自己破産申立書作成費用

　実費 17,000 円　　報酬 84,000 円　　立替額合計 101,000 円

【資料5】 民事再生手続費用関連費

(東京地裁民事20部 平成26年4月1日現在)

【通常再生事件】

1. 申立手数料（貼付印紙額）　　10,000円

2. 予納金基準額（法人・個人とも申立時6割、開始決定後2ヶ月以内に4割の分納を認める）

(1) 法人

　　　法人基準表の通り

　　　関連会社は1社50万円とする。

　　　ただし、規模によって増減する場合がある。

(2) 個人

　　① 再生会社の役員又は役員とともに会社の債務保証をしている者の申立て　　25万円

　　　ただし、会社の債権者集会の決議がなされた後の申立ての場合は

　　　35〜50万円

　　② 会社について民事再生の申立てをしていない会社役員の申立て

法人基準表

負　債　額	予納金基準
5千万円未満	200万円
5千万円〜1億円未満	300万円
1億円〜5億円未満	400万円
5億円〜10億円未満	500万円
10億円〜50億円未満	600万円
50億円〜100億円未満	700万円
100億円〜250億円未満	900万円
250億円〜500億円未満	1000万円
500億円〜1000億円未満	1200万円
1000億円以上	1300万円

　　　⑴　会社について法的整理・清算の申立てがされた後の申立て　　50万円

　　　⑵　会社について法的整理・清算を行っていない場合

　　　　　負債額5000万円未満　　80万円

　　　　　負債額5000万円以上　　100万円

　　　　　負債額　50億円以上　　200万円

　　　　　ただし、債権者申立ての破産手続が先行している場合、公認会計士の補助を得て会計帳簿の調査を要する場合などにおいては、金額が増額される。

　　③ 非事業者（①または②に該当する場合を除く）

　　　　　負債額5000万円未満　　50万円

　　　　　負債額5000万円以上　　80万円

　　④ 従業員を使用していないか、又は従業員として親族1人を使用している事業者

　　　　　100万円

　　⑤ 親族以外の者又は2人以上の親族を従業員として使用している事業者（従業員

資　料

が 4 人以下である場合に限る）

　　　負債額 1 億円未満　　　　200 万円

　　　負債額 1 億円以上　　　　法人基準表の基準額から 100 万円を控除した額。

　⑥ 5 人以上の従業員を使用している事業者

　　法人基準表のとおり

3．予納郵便切手　　3800 円（自己申立）

　　（内訳　　420 円 × 4 組、200 円 × 2 組、120 円 × 1 枚、80 円 × 20 組、10 円 × 20 組）

　　※　法人・個人を問わず、関連事件について郵便切手は予納不要

【個人再生事件】

1．申立て手数料（貼付印紙額）　　　10,000 円

2．予納金　　　　　　　　　　　　　11,928 円

3．予納郵便切手　　　　　　　　　　 1,600 円

　　（内訳　80 円 × 15 枚、20 円 × 20 枚）

【資料6】 特別清算手続費用関連費

(東京地裁民事8部 平成18年8月4日現在)

1. 申立手数料 　　　2万円
2. 予納郵券
    ○協定型 　　　3540円（500円券7枚、10円券4枚）
    ○和解型[*1] 　　3040円（500円券6枚、10円券4枚）
3. 予納金[*2]
    ○協定型 　　　5万円
    ○和解型 　　　8360円

＊1 　和解型とは、協定に代わるものとして債権者全員との個別和解により清算を行うことをいう。

＊2 　ただし事案によっては、さらに、負債総額に応じた破産予納金相当額も必要となる（例．総債権額の3分の2以上の債権者から申立同意書が提出されないときなど）。

資　料

【資料7-1】 民事再生手続の流れ ── 企業の再生手続

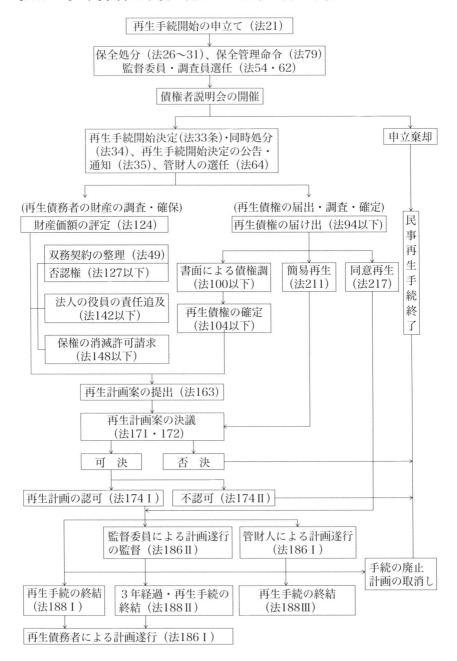

【資料7-2-1】 小規模個人再生手続の流れ

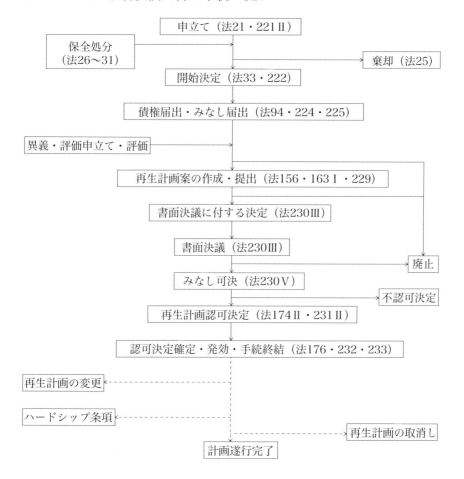

【資料7-2-2】 給与所得者等再生手続の流れ

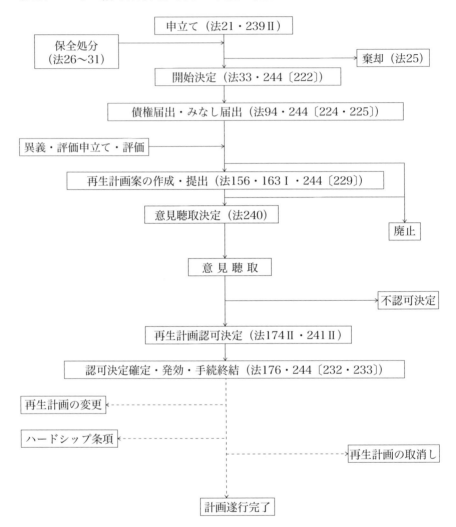

【資料8】 会社更生手続の流れ

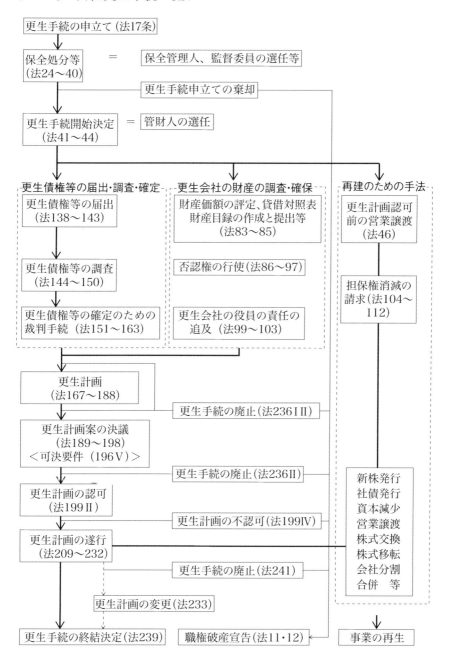

【資料9】 特定調停手続

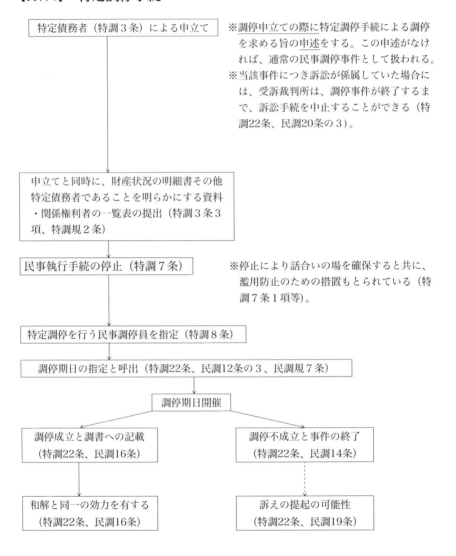

【資料10-1】 破産手続の流れ

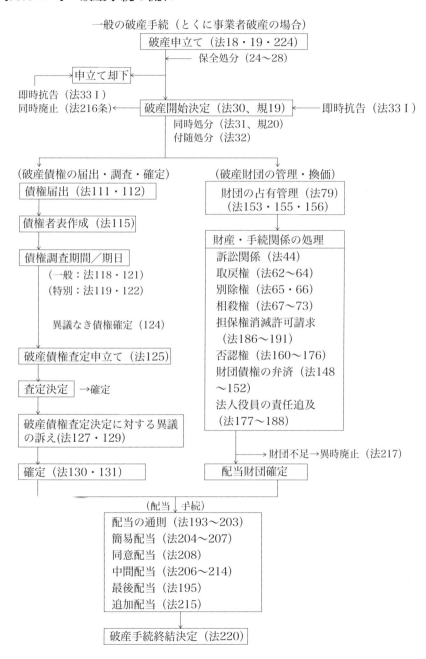

【資料10-2】 消費者破産手続

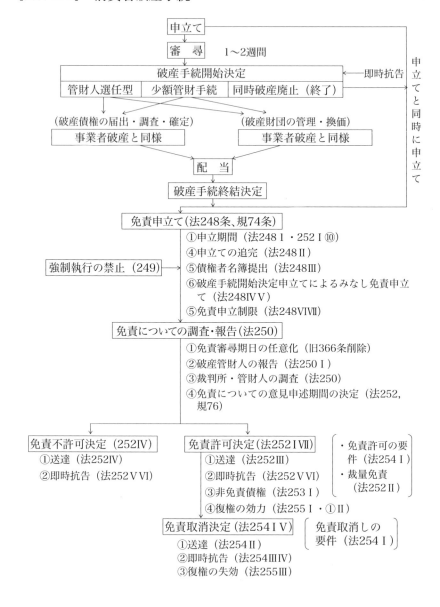

【資料11】 特別清算手続の流れ

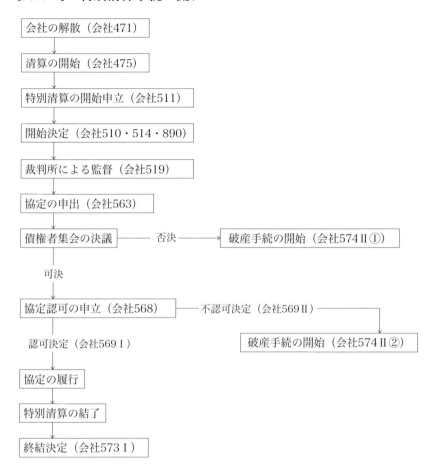

【資料12】 私的整理に関するガイドラインに基づく私的整理の流れ

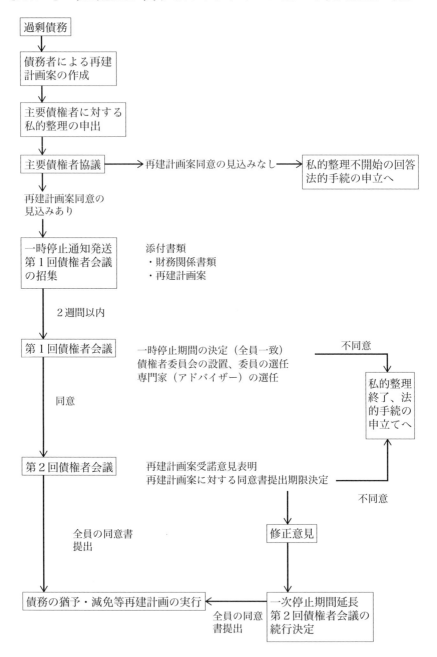

【資料13】 地域経済活性化支援機構（REVIC）による事業再生ADRの流れ（行政型）

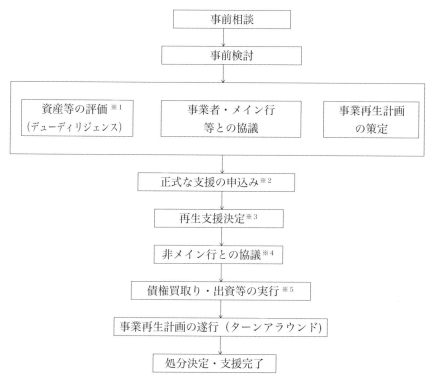

※1　REVICが行うデューデリジェンス（DD）は、REVICの内部人材が行う「プレDD」と、REVICが外部アドバイザーに委託して行う「DD」の二つの段階がある。
　　プレDDは、対象となる事業者の事業性（収益性）の有無の検証およびその後予定されるDDにおいて重点的に調査すべき事項を整理するために行う。具体的には、対象事業者が抱える事業再生上の課題を発見・分析し、その解決策を検討することとなる。その後、以下4点の確認をしたうえで再生支援決定・買取決定等に至れる可能性が認められれば、外部アドバイザーを起用した正式なDDに進むことになる。
・持込金融機関の金融支援に関する意向の確認
・対象事業者およびその関係者の責任（経営責任、株主責任、保証責任）の履行に関する意向の確認
・対象事業者の事業性の存在

・対象事業者と持込金融機関の再生ストラクチャーに対する意向の確認（自力再建またはスポンサーによる再建）

DD は、原則として事業 DD、財務（会計・税務）DD、不動産・環境 DD、ならびに法務 DD を実施している。それぞれの DD はフルスコープで行うことを原則としているが、個々の案件の必要性に即し、たとえば DD の範囲を限定するなど柔軟に対応することもある。範囲を限定したとしても DD の作業量は膨大であり、時に高い専門性が必要とされることもあるので、その作業の一部を外部アドバイザーに委託することが多い。

その際には、通常、複数の候補者に打診したうえでアドバイザーを選定する手続を踏む。REVIC は、DD 実施候補者たるアドバイザーに対し、提案依頼書（RFP）を作成して提出し、複数のアドバイザーから提案書を受領する。この提案書をもとにアドバイザーを選定し、REVIC と直接契約をする。選考にあたっては、報酬額も重要な要素であるが、動員できる人的資源の質または量、類似する案件の経験数等も加味して総合的に判断する。

DD 費用については、再生支援決定に至った場合は、以下のとおり事業者の規模に応じた負担割合に応じて事業者と REVIC が分担する。たとえば、中小企業については費用の 9 割を REVIC が負担する。支援決定に至らなかった場合は、REVIC が原則として費用の全額を負担する（事業者側の事情による場合は除く）。

中小企業：費用の 10 分の 1 を事業者が負担

中堅企業：費用の 2 分の 1 あるいは 1 億円のいずれか低い価額を事業者が負担

大企業：全額事業者負担

（注）中小企業：中小企業基本法（昭和 38 年法律第 154 号）による。

　　　中堅企業：中小企業、大企業以外。

　　　大企業：負債総額 200 億円超の企業。

　　　資本金がない場合は機構が別途相談。

※2　DD を経て、事業再生計画が作成された後に行われる正式な支援の申込みは、たとえば、事業再生に向けて重要な役割を担う取引金融機関と事業者の連名で行っていくことになるなるので、両者で、よく相談する必要がある。

　　　また、事業者とともに申込みを行う債権者は、複数の金融機関でもさしつかえなく、いわゆるメインの金融機関等ではなく再生を主導する金融機関等とともに申し込むことも可能である。

※3　REVIC は、支援申込みを受け、再生支援決定基準に基づき、当該事業者の再生可能性等を審査し、再生支援の可否を決定する。

　　　REVIC は、経済情勢、対象事業者の事業の状況等を考慮しつつ、再生支援決定

時から5年以内（ただし、最長で2023年3月31日まで）の再生支援完了を目指している。

2013年3月の改組前までは、原則企業名を公表することになっていたが、現在は、大規模な事業者（機構法25条1項1号に規定する主務大臣が認めるもの）以外の事業者については、一律の公表義務はなくなっており、企業名等を公表することなくREVICの支援を受けることが可能である。なお、企業名等の公表がむしろ信用補完になる等、事業再生にプラスであると事業者が判断する場合には、当該事業者を含む関係者の合意のもとで、公表することも可能である。

再生支援決定がされれば、REVICは支援対象事業者に対し融資が可能となる。再生支援決定後に、金融機関等が行った融資についても機構法35条に基づく確認を行うことで買取り等決定後に法的整理に陥った場合でも、当該融資について他の倒産債権の弁済条件よりも有利に扱われる仕組みがある。

※4　再生支援決定と同時に、REVICは、関係金融機関等に対して貸出金の「回収等停止要請」を行う。その後、一定の期間を経てREVICは金融機関説明会を開催し、関係金融機関に対し、再生支援決定した経緯、事業再生計画の内容、金融支援の依頼内容を説明する。そのうえで、個別に関係金融機関を訪問し、関係金融機関の質疑に対応している。

最終的にREVICは関係金融機関等に対して、
・債権を機構に対して売却するか、事業再生計画に同意して債権放棄等を行い債権を引き続き保有するか、または不同意か、
・債権をREVICに対して売却するか、または不同意か
・事業再生計画に同意して債権放棄等を行い債権を引き続き保有するか、または不同意か

いずれかの選択肢を示す方法により回答を求めることになる。なお、REVICに対して売却する場合のREVIC買取価格は、再生支援決定に係る事業再生計画を前提にした適正な時価に基づき算定する。

※5　REVICは、非メイン金融機関等からの必要な同意当が得られた場合、債権買取り等をするかどうかの決定を行う。一方、債権買取り等の申込期間が満了するまでに、非メインの金融機関等から必要な同意等が得られず、再生支援に必要な同意が不十分と判断した場合には、REVICはすみやかに再生支援決定を撤回しなければならない。

また、買取決定等は、支援決定の日から3カ月以内にしなければならない（機構法26条・28条）。REVICは、買取決定等を行った後、再生支援対象事業者に対し事業再生計画に基づく出資を行うことができる。

資　料

【再生支援の決定基準】

ⓐ 有用な経営資源を有していること。

ⓑ 過大な債務を負っていること。

ⓒ 主要債権者との連名による申込であること等、申込みに当たり事業再生の見込みがあると認められること。

ⓓ 再生支援決定から5年以内に「生産性向上基準」「自己資本当期純利益率が2%以上向上」等および「財政健全化基準」「経常収入が経常支出を上回ること」等を満たすこと。

ⓔ 機構が債権買取り、資金の貸付け、債務の保証または出資を行う場合、支援決定から5年以内に申込事業者に係る債権または株式等の処分が可能となる蓋然性が高いと見込まれること。

ⓕ 機構が出資を行う場合、必要不可欠性、出資比率に応じたガバナンスの発揮、スポンサー等の協調投資等の見込み、回収の見込み等を満たすこと。

ⓖ 労働組合等と話し合いを行うこと。

【資料14】 事業再生実務家協会による事業再生ADRの流れ（民間型）

【資料15】　労働者健康福祉機構による未払い賃金立替払制度

資金の支払の確保等に関する法律（賃確法）第7条の規定によって、倒産した企業について一定の要件を満たす場合に、独立行政法人労働者健康福祉機構（2004年に、旧労働福事業団を廃止して設立）が未払い賃金の一部を立替払いする制度である。

① 立替払いの対象となる「未払賃金」とは、退職日の6ヶ月前の日から労働者健康福機構に対する立替払い請求の日の前日までの間に支払期日が到来している「定期賃金および「退職手当」のうち、未払いとなっているものである。

② 立替払いを受けることができるのは、労災保険の適用事業で1年以上にわたり事業活動行ってきた企業に「労働者」（アルバイト等も含む）として雇用されており、かつ、破産続等の開始申立て日の6ヶ月前の日から2年の間に当該企業を退職した者である。

③ 立替払いを受けることができる金額は、原則として「未払い賃金」の総額の80%である。

ただし、以下のように、一定の制限がある。

退職日における年齢	未払賃金額の限度額	支払いの上限額
45歳以上	370万円	296万円
30歳以上45歳未満	220万円	176万円
30歳未満	110万円	88万円

④ 独立行政法人労働者健康福祉機構がこの制度に従って立替払いをした場合には、同機構は従業員の債権を代位取得する（代位する債権は、従業員の債権が財団債権か、優先的破産債権かによって決まる）。

事 項 索 引

◆ あ 行 ◆

相手方の債権の復活……………………442
頭数要件………………………………905
意思説…………………………………371
異時破産手続廃止………………………587
慰謝料請求権…………………………146
移　送……………………………78, 713
移送決定………………………79, 100
委託者の破産…………………316, 651
委託保証（人）…………………147, 511
1号仮登記……………………233, 527
一債務者一手続主義……………………689
一債務者一手続進行の原則……………689
一部免責許可の許否……………………610
一括清算条項……………………………288
一括清算ネッティング条項……………288
一括清算法………………………………289
一般債権者………………………………696
一般調査期間……………………………182
一般調査期日……………………………184
一般の先取特権……145, 154, 339, 459
一般の優先権……………………………154
一般破産主義………………………………82
一般優先債権………776, 785, 883, 914
一般優先債権者…………………………696
委任契約…………………………………322
委任者の破産……………………………322
委任当然終了説…………………………324
委任非当然終了説………………………325
威　迫……………………………………660
違約金……………………………………155
違約金条項………………………………257
引　致……………………………………127
請負契約………………………274, 809
請負人の破産……………………………279
請負人の民事再生………………………810
打切主義………………………153, 575
訴えによる行使…………………………421
訴えの取り下げ…………………………424
売主の取戻権…………………533, 825
売渡担保…………………………………464

◆ か 行 ◆

営業等の譲渡の許可……………………566
営業等の譲渡の趣旨……………………768
援助処分…………………………………688
援助手続…………………………………688
延滞金の請求権…………………………156
オプション取引…………………………286
オペレーティング・リース……………305

買受可能価額……………………………762
買受申出…………………………………484
概括主義……………………………………88
外国管財人との協力……………………690
外国従手続………………………………686
外国主手続………………………………686
外国通貨債権……………………………151
外国倒産手続の承認……………………684
外国倒産手続のための援助……………685
外国の管財人……………………………896
解雇権……………………………………294
解雇制限…………………………………811
解雇制限条項……………………………294
解雇予告期間……………………………295
解雇予告手当………295, 300, 811
開始後債権………705, 794, 802, 883
会社更生手続………………………………17
会社分割…………………………………359
会社分割無効の訴え……………………364
解除条件付債権…………………………153
介入通知……………………………………90
買戻し……………………………………464
解約返戻金請求権………………………140
価額償還請求（権）………364, 437, 441
確定金額債権……………………………150
確定日付ある承諾………………………433
確定日付ある通知………………………433
駆け込み相殺……………………………516
加算金……………………………………213
　　── の請求権………………………157
加算税…………………………157, 213
価値全賠償の原則………………………439
株主代表訴訟…………………335, 561

——との関係……………………866	義務的偏頗行為の否認………………853
仮差押え…………………………105, 117	客観的処罰条件………………………1001
仮処分……………………………………105	救済融資………………………………400
仮登記権利者の権利…………………527	給付・確認訴訟説……………………422
仮登記担保権…………………………476	給付を命ずる確定判決と同一の効力……557
仮登記担保権者破産…………………477	給与所得者等再生手続………………993
仮登記担保権設定者破産……………476	給　料………………………………299
科　料……………………………………157	給料債権………………………………296
過料の請求権…………………………157	共益権…………………………………146
簡易再生……………………………726, 940	共益債権……………………787, 883, 914
簡易配当………………………………578	一般の ——………………………788
——の取消し…………………………579	特別の ——………………………790
換価行為………………………………553	共益債権の財団債権化………………948
換価に関する制限……………………565	共益的費用……………………………199
管財人……………………………715, 921	強制執行等の中止命令………………109
——の管理行為の制限………………552	強制執行等の手続等の取消命令……111
——の法的地位………………………40	行政争訟事件…………………………340
官署としての破産裁判所……………423	強制的社内預金………………………302
間接強制………………………………146	供　託………………………………577
完全平等主義…………………………728	協　定………………………………96
監督委員……………………………713, 921	共同債務関係…………………………160
——の参加の法的性質………………857	共有関係………………………………326
監督委員等に対する職務妨害の罪……1002	虚偽表示………………………………49
監督委員等の特別背任罪……………1001	居住制限………………………………127
元本猶予期間併用型…………………967	金額不確定の金銭債権………………151
管理型…………………………………696	金額または存続期間が確定していない
管理型倒産(処理)手続……………70, 696	定期金債権…………………………151
管理機構人格説………………………44	金銭化…………………………………150
管理権喪失宣告………………………328	金銭債権………………………………146
管理行為………………………………553	金融派生商品取引……………………285
管理処分権の喪失……………………125	具体的納期限…………………………214
管理命令……………………………704, 715	組合契約………………………………313
関連土地管轄…………………………712	組入金…………………………………482
危機時期………………………………371	クロス・ファイリング………………691
危機時期後の詐害行為否認…………371	クロスライセンス契約………………270
企業担保権……………………………339	計画案の排除…………………………933
議決権者………………………………901	計算についての異議…………………583
議決権数要件…………………………905	計算報告………………………………582
議決権の確定…………………………902	形式的意義における破産債権………144
議決権の不統一行使…………………905	形式的危機時期……………………348, 384
期限未到来の期限付債権……………152	刑事訴訟費用…………………………157
基準日…………………………………902	形成権説………………………………420
帰属清算型……………………………465, 475	形成訴訟説……………………………421
期待権…………………………………472	継続事業価値……………93, 700, 763, 773
寄託請求権……………………………263, 265	係属中の訴訟手続……………………813
希望退職………………………………295	継続的給付を目的とする双務契約………804

1034　　　事　項　索　引

継続的供給契約……………………250, 600
競売手続の中止命令…………………………962
契約解除による現状回復…………………710
契約当事者双方とも未履行の双務契約……238
契約当事者の一方のみが未履行の双務契約
　………………………………………………237
契約の解除……………………………………52
決議無効確認の訴え…………………………62
決　定…………………………………………98
　——の取消し………………………………429
　——の認可…………………………………429
　——の変更…………………………………429
現在化…………………………………150, 152
検索の抗弁……………………………………166
原状回復………………………………………431
原状回復義務…………………………………258
原状回復請求権………………………………281
原状回復費用返還請求権……………………258
原則型…………………………………………964
原則的土地管轄………………………………712
現存利益返還請求権…………………………441
限定承認……………………………85, 637, 639
限定責任信託…………………………………644
現物返還………………………………………439
現有財団………………………………………134
権利の変更に関する平等原則………………877
権利変更の一般的基準………………………876
行　為…………………………………………349
　——の正当性………………………………356
　——の不当性………………………………355
後見型（手続）……………………………696, 703
公　告…………………………………………123
抗告期間………………………………………99
交互計算……………………………………289, 813
厚生年金基金…………………………………300
強　談…………………………………………660
口頭弁論終結後の承継人……………………434
口頭弁論終結後の転得者……………………423
公平誠実義務………………………………704, 705
衡平の原則……………………………………700
抗弁による行使………………………………425
公法人…………………………………………83
国際再生管轄…………………………………713
国際裁判管轄…………………………………33
国際倒産………………………………………679
国際倒産管轄…………………………………682

国際倒産事件…………………………………679
国税滞納処分…………………………………112
国税徴収法または国税徴収の例によって
　徴収することのできる請求権……………156
個　人…………………………………………728
個人再生委員………………………………979, 989
個人再生手続………………………………16, 957
国庫仮支弁……………………………………598
固定化…………………………………………468
固定資産税……………………………………218
固定主義……………………………137, 138, 147
個別的権利行使禁止の原則…………………755
個別ライセンス契約…………………………268
コミットメント・ライン契約………………327
固有財産等責任負担債務……………………647
雇用契約………………………………………811
ゴルフ会員権…………………………………151

◆ さ　行 ◆

再建型倒産処理手続………………………10, 698
債権質権者……………………………………72
債権者………………………………………71, 72
債権者委員会………………………………63, 718
債権者一覧表………………………………610, 977
債権者集会…………………………………54, 717
　——における再生計画案の変更…………907
　——の開催…………………………………59
債権者集会開催の任意化……………………55
債権者説明会………………………718, 767, 773
債権者代位訴訟……………………………334, 815
債権者取消訴訟………………………………815
債権者平等原則………………………………700
債権者平等阻害性……………………………352
債権者名簿……………………………………610
債権譲渡………………………………………48
債権説…………………………………………420
債権調査期日…………………………………183
債権調査手続…………………………………181
債権的効果説…………………………………432
債権的請求権…………………………………527
債権届出の期間………………………………175
債権等の換価・処分…………………………569
債権の確定……………………………………186
催告の抗弁……………………………………166
最後配当………………………………………574
最後配当に代わる配当の手続………………577

事 項 索 引　　　1035

財産管理権の喪失‥‥‥‥‥‥‥‥ 328
財産減少行為性‥‥‥‥‥‥‥‥‥ 352
財産状況等の報告‥‥‥‥‥‥‥‥ 550
財産状況報告集会‥‥‥‥‥‥ 57, 551
財産状況報告書‥‥‥‥‥‥‥‥‥ 551
財産上の請求権‥‥‥‥‥‥‥‥‥ 146
財産の評定‥‥‥‥‥‥‥‥‥‥‥ 547
財産の封印‥‥‥‥‥‥‥‥‥‥‥ 546
財産評定‥‥‥‥‥‥‥‥‥‥‥‥ 760
財産分与請求権‥‥‥‥‥‥ 146, 530
財産分離‥‥‥‥‥‥‥‥‥‥ 85, 639
財産目録‥‥‥‥‥ 547, 548, 765, 767
再生計画‥‥‥‥‥‥‥‥‥‥ 873, 983
　――の効力‥‥‥‥‥‥‥‥‥‥ 912
　――の取消し‥‥‥‥ 928, 989, 999
　――の不認可事由‥‥‥‥‥‥‥ 909
　――の変更‥‥‥‥‥ 923, 989, 999
　――の履行確保‥‥‥‥‥‥‥‥ 697
再生計画案の議決方式の種類‥‥‥ 903
再生計画案の決議‥‥‥‥‥‥‥‥ 905
再生計画案の事前提出‥‥‥‥‥‥ 897
再生計画案の修正‥‥‥‥‥‥‥‥ 898
再生計画案の提出‥‥‥‥‥‥‥‥ 895
再生計画遂行の監督‥‥‥‥‥‥‥ 921
再生計画遂行の主体‥‥‥‥‥‥‥ 921
再生計画取消決定の効果‥‥‥‥‥ 932
再生計画認可後の手続廃止‥‥‥‥ 936
再生計画認可の決定‥‥‥‥‥‥‥ 908
再生計画認可前の手続廃止‥‥‥‥ 933
再生計画変更の効力‥‥‥‥‥‥‥ 926
再生債権‥‥‥‥‥‥‥‥‥‥‥‥ 775
　――の査定‥‥‥‥‥‥‥‥‥‥ 951
　――の査定の裁判‥‥‥‥‥‥‥ 784
　――の査定の申立てについての裁判に対する
　　異議の訴え‥‥‥‥‥‥‥‥‥ 952
　――の評価‥‥‥‥‥‥‥‥‥‥ 981
　――の免責‥‥‥‥‥‥‥‥‥‥ 914
再生債務者‥‥‥‥‥‥‥‥‥‥‥ 702
　――と共同して債務を負う者‥‥ 914
　――の義務違反による手続廃止‥ 937
再生債務者等‥‥‥‥‥‥‥‥‥‥ 704
　――に対する面会強請等の罪‥‥ 1004
再生事件連絡メモ‥‥‥‥‥‥‥‥ 739
再生手続開始決定‥‥‥‥‥‥‥‥ 753
再生手続開始原因‥‥‥‥‥‥‥‥ 729
再生手続開始の要件‥‥‥‥‥‥‥ 729

再生手続開始前の保全処分‥‥‥‥ 742
再生手続開始申立権者‥‥‥‥‥‥ 734
再生手続終結決定の効果‥‥‥‥‥ 927
再生手続の終結‥‥‥‥‥‥‥ 926, 988
再生手続の廃止‥‥‥‥‥‥‥ 933, 988
再生犯罪‥‥‥‥‥‥‥‥‥‥‥‥ 999
財　団‥‥‥‥‥‥‥‥‥‥‥‥‥ 87
財団債権‥‥‥‥‥ 80, 199, 259, 301, 441, 600
　――に関する訴訟‥‥‥‥‥‥‥ 330
　――の意義‥‥‥‥‥‥‥‥‥‥ 199
　――の債務者‥‥‥‥‥‥‥‥‥ 199
　――の弁済‥‥‥‥‥‥‥‥‥‥ 208
　一般の――‥‥‥‥‥‥‥‥‥‥ 200
　特別の――‥‥‥‥‥‥‥‥‥‥ 204
財団債権・取戻権に基づく強制執行・
　保全処分‥‥‥‥‥‥‥‥‥‥‥ 338
財団債権者‥‥‥‥‥‥‥‥‥‥‥ 73
財団債権説‥‥‥‥‥‥‥‥‥ 259, 281
財団不足による破産手続廃止‥‥‥ 585
裁定の裁判に対する異議の訴え‥‥ 784
最低弁済基準額‥‥‥‥‥‥‥ 994, 998
再売買の予約‥‥‥‥‥‥‥‥‥‥ 464
裁判書‥‥‥‥‥‥‥‥‥‥‥‥‥ 99
裁判所書記官‥‥‥‥‥‥‥‥ 97, 99
　――の許可‥‥‥‥‥‥ 571, 575, 576
裁判所書記官による許可‥‥‥‥‥ 578
裁判所の許可‥‥‥‥‥‥ 552, 565, 571
裁判所の職務‥‥‥‥‥‥‥‥‥‥ 711
裁判による復権‥‥‥‥‥‥‥‥‥ 628
債務者‥‥‥‥‥‥‥‥‥‥‥ 71, 73
　――の詐害意思‥‥‥‥‥‥ 345, 346
債務消滅説‥‥‥‥‥‥‥‥‥‥‥ 621
債務超過‥‥‥‥‥‥‥‥‥‥ 92, 773
債務負担の原因‥‥‥‥‥‥‥‥‥ 506
裁量的免責‥‥‥‥‥‥‥‥‥‥‥ 611
裁量免責‥‥‥‥‥‥‥‥‥‥‥‥ 618
詐害行為‥‥‥‥‥‥‥‥ 346, 352, 369
詐害行為性‥‥‥‥‥‥‥‥‥‥‥ 352
詐害行為取消権‥‥‥‥‥‥‥‥‥ 345
　狭義の――‥‥‥‥‥‥‥‥‥‥ 370
詐害行為取消訴訟‥‥‥‥‥‥‥‥ 332
詐害行為否認‥‥‥‥‥‥ 346, 368, 852
詐害的債務消滅行為‥‥‥‥‥‥‥ 372
差額償還‥‥‥‥‥‥‥‥‥‥‥‥ 439
詐　欺‥‥‥‥‥‥‥‥‥‥‥ 50, 710
詐欺再生罪‥‥‥‥‥‥‥‥‥‥‥ 1000

詐欺破産罪	653	社員権	146
先物取引	285	借財禁止の仮処分	105
差押禁止金銭	137	社内預金返還請求権	302
差押禁止債権	139, 304	受遺者に対する否認	446
差押禁止財産	137, 304, 764	集合債権譲渡担保	470
差押禁止動産	304	集合動産譲渡担保	466
差押債権者	72	自由財産	138, 141
査定決定に対する異議の訴え	188, 554	―― の放棄	142
査定の裁判に対する異議の訴え	868	住宅資金貸付契約	961
査定の裁判の効力	557	住宅資金貸付債権	961
自益権	146	―― に対する弁済許可	963
資格喪失	128	住宅資金貸付特別条項	914
敷金返還請求権	140, 263	住宅資金特別条項	942, 960
―― の共益債権化	844	―― の内容	963
―― の承継	264	従手続	690
事業毀損	741	住民税	219
事業再生 ADR	22	重要財産開示義務	127, 658
事業再生実務家協会	25, 676	重要財産開示拒絶等の罪	658
事業譲渡	358	就労規則改正権	294
自己破産	73, 598	受益債権	318, 647
市場相場のある商品の取引にかかる契約		受益者の破産	652
	282, 813	受継の手続	329
事前求償権の行使	163	受継申立て	329, 331
自然債務	149	受託者等	645
自然債務説	621	受託者の破産	317, 649
自然人	82	主手続	690
事前相談	739	主手続優先の原則	690
執行異議	336	受任者の破産	325
執行官保管の仮処分	105	受任通知	90
執行行為に基づくものであるとき	412	準別除権者	455
執行行為の否認	409	傷害疾病定額保険契約	315
執行抗告	336	少額債権の早期弁済（制度）	756, 781
執行力ある債務名義があるとき	410	小規模個人再生手続	975
執行力の拡張	424	小規模個人再生手続開始の効果	979
実質的意義における破産債権	144	商業帳簿	546
実質的記載事項	738	承継会社	359
私的整理	22, 661	承継債権者	363
私的整理に関するガイドライン	667	承継執行文の付与	424
自動承認制度	687	条件付債権	152
自動停止	744	商事法定利率	432
自認債権	784	使用者の民事再生	811
支払停止	90, 346	商事留置権	276, 458, 487, 536
支払停止概念の二義性	92	商事留置権消滅許可請求制度	458
支払不能	89, 597	商事留置権消滅請求制度	487
私法人	83	商事留置権の消滅請求	487
死亡保険契約	315	譲渡担保	463

狭義の ――	464
譲渡担保権者破産	465
譲渡担保設定者破産	464
使用人	300
承認援助法	684
承認決定	687, 688
承認手続	687
使用人の給料	205
商人破産主義	83
消費寄託契約	302
消費者破産	69, 594
―― の特徴	594
―― の問題点	603
消費者破産手続	597
消費税	216
消費貸借の予約	327
情報収集を阻害する罪	1002
情報提供義務	299
証 明	98
将来の求償権の行使	162
将来の債権	153
将来の請求権	138, 496
職分管轄	75
職務説	42
除斥期間	431
職権による牽連破産	944
所得税	219
処分価額	762
処分禁止の仮処分	105, 117
処分清算型	465, 475
書面等投票	902
書面による報告	582
所有権留保	472
審尋における説明拒絶等の罪	659
新設会社	359
信託契約	316
信託債権	318, 647
信託財産	86
―― における否認	447
―― の破産	644
―― の分離	316
信託財産破産の手続	645
新得財産	138, 303
数人の一部保証人の破産	168
数人の全部保証人の破産	167
スワップ取引	286

請求権説	420
請求の放棄	424
制限説	405
清算型倒産処理手続	10, 69
清算価値	93
清算価値維持原則	8, 94, 700, 910
清算価値保障原則	
	8, 94, 700, 732, 760, 910, 992
清算受託者	645
正当事由	254
整理解雇	295
整理解雇4要件	295
絶対的必要的記載事項	875
折衷説	422
説明義務	126
説明的記載事項	894
善意取引	233
―― の保護	800
善管注意義務	39, 256, 704, 716
善管注意義務違反	139
専属管轄	75, 423, 735
占有移転禁止の保全処分	105
占有回収の訴え	526
占有訴権	526
専用実施権	268
戦略的異議	185
総合法律支援法	598
相互主義	82, 83
相殺権	490, 492, 839
―― の拡張	495
―― の行使	519
―― の制限	499, 845
相殺権規定の適用範囲	493
相殺権行使の要件	840
相殺権濫用論	516
相殺の意義	492
相殺の担保的機能	492, 839
贈収賄罪	660, 1003
創設説	405
相続財産	85
―― の破産	639
相続財産破産における否認	445
相続財産破産の手続	640
相続人の破産	636
相続放棄	637
相対的必要的記載事項	884

相対的無効……………………………230
相当の対価を得てした財産処分行為の否認
　………………………348, 374, 401
双方未履行の双務契約……………803
即時抗告…… 99, 485, 565, 569, 583, 586,
　　　　588, 589, 612, 687, 743, 752,
　　　　774, 912, 926, 931, 938, 943, 992
　──の期間…………………………573
即時抗告期間………………………754
即時抗告権…………………………754
即日面接……………………………630
即日面接事件………………………599
属地主義………………………681, 682
訴訟告知……………………………416
訴訟承継………………………423, 434
訴訟上の和解………………………424
訴訟手続の中断……………………126
訴訟費用償還請求権………………330
租税債権………………………154, 212
租税優先主義………………………154
疎　明…………………98, 427, 555
損失塡補請求権……………………318

◈ た　行 ◈

代位債権者……………………………72
代位物………………………………537
対抗要件具備行為の否認…………404
第三者異議の訴え……………336, 339
第三者性……………………………705
貸借対照表………547, 548, 765, 766
代償の取戻権……………537, 826
退職金債権………………139, 303, 811
退職手当……………………………300
退職手当債権………………………296
退職年金請求権……………………300
対人的な請求権……………………144
代替許可制度………………………113
代替的作為請求権…………………146
滞納処分……………………………339
代物弁済の予約……………………476
代理委員………………………65, 719
代理受領……………………………326
代理説…………………………………41
多数債務者関係……………………160
団交事項……………………………294
単純承認……………………………637

団体交渉応諾義務…………………294
担保価値維持義務……………………40
担保供与等の罪……………………656
担保権実行中止……………………697
担保権実行の申立て………………483
担保権証明文書……………………461
担保権消滅許可……………………697
　──の決定………………………485
　──の手続………………………838
　──の申立て……………………479
　──の要件………………………835
担保権消滅許可制度……311, 477, 834
担保権の実行………………………339
担保権の実行手続の中止命令……748
担保権の存在を証する文書………463
担保提供命令………………………922
担保物権……………………………145
担保割れ……………………………477
地域経済活性化支援機構……23, 671
チェリーピッキング………………288
中間配当……………………………571
　──に関する除斥期間…………571
中小企業再生支援協議会……23, 670
中小企業への弁済許可（制度）……756, 779
抽象的危険犯………………………654
注文者の破産………………………274
注文者の民事再生…………………809
懲戒主義……………………………603
懲戒処分……………………………603
調査委員……………………………715
帳簿の閉鎖…………………………546
賃金債権……………………………811
賃金立替払制度……………………297
賃借人の破産………………………253
賃借人の民事再生…………………805
賃貸借契約………………253, 601, 804
賃貸人の破産………………………261
賃貸人の否定………………………262
賃貸人の民事再生…………………806
追加配当……………………………580
追徴金………………………………157
通常共同訴訟………………………423
通常実施権…………………………268
通　知………………………………124
通謀虚偽表示………………………709
DDS…………………………………699

事 項 索 引

DES ……………………………… 699	特定調停 ……………………………… 670
定期行為性 …………………………… 283	特定調停手続 …………………………… 20
停止条件付債権 …………… 153, 264	特定の債権者に対する担保供与等の罪…… 1001
停止条件付代物弁済契約 …………… 476	特定融資枠契約 ……………………… 327
DIP 型会社更生手続 …………………… 17	特別清算 ……………………………… 22
DIP 型倒産処理手続 …………………… 70	特別調査期間 ………………………… 183
DIP 型倒産手続 ……………………… 696	特別調査期日 ………………………… 185
手形支払いに関する否認 …………… 401	特別の先取特権 ……………………… 458
手形の買戻しと否認 ………………… 402	特別背任罪 …………………………… 655
手形の譲渡担保 ……………………… 465	独立行政法人勤労者退職金共済機構 …… 300
適確な措置 …………………………… 887	土地管轄 ……………………………… 75
手数料 ………………………………… 79	土地重課税 …………………………… 218
手続開始時現存額主義 ……………… 777	届出事項の変更 ……………………… 177
手続開始障害事由 …………………… 731	取り込み詐欺 ………………………… 614
デット・エクイティー・スワップ … 699	取締役の地位 ………………………… 324
デット・デット・スワップ ………… 699	取立訴訟 ……………………………… 335
デリバティブ契約 …………………… 285	取戻権 ………… 145, 337, 440, 523, 524, 822
典型担保 ……………………………… 455	——行使 ……………………… 532
電磁的記録をもって作成されている帳簿… 547	——の消極的機能 …………… 525
転得者に対する否認 ………………… 413	——の積極的機能 …………… 525
転得者否認 …………………………… 862	一般の —— …………… 525, 822
転付命令 ……………………………… 412	特別の —— …………… 533, 825
同意型ないし合意型 ………………… 967	取戻権説 ……………………………… 308
同意再生 ………………………… 726, 942	取戻訴訟 ……………………………… 337
同意配当 ……………………………… 579	問屋の委託者の権利 ………………… 528
同意破産手続廃止 ………………… 585, 588	問屋の取戻権 …………………… 536, 825
同行相殺 ……………………………… 517	
倒　産 ………………………………… 3, 4	◆ な　行 ◆
倒産(処理)法制度 …………………… 4	2 号仮登記 …………………… 233, 528
倒産(即)解除条項 …………………… 805	日本司法支援センター …………… 598, 604
倒産解除特約 ………………………… 311	任意的恩恵の給付 …………………… 299
動産競売 ……………………………… 460	任意的記載事項 ……………………… 889
動産競売開始許可決定 ……………… 461	任意的口頭弁論 ……………………… 98
動産質権 ……………………………… 526	任意的社内預金 ……………………… 302
動産の換価・処分 …………………… 569	任意的提出者 ………………………… 896
動産売買先取特権 …………………… 460	任意売却 ……………………………… 568
動産売買の先取特権 ……… 353, 534, 710	認識説 ………………………………… 371
同時交換的行為 …………………… 399, 515	認否書 ………………………………… 182
—— と否認 ………………… 399	根抵当権 ………………… 454, 455, 576
当事者適格の喪失 …………………… 125	狙い打ち相殺 ………………………… 516
同時処分 ………………………… 121, 753	納期限 ………………………………… 213
等質化 ………………………………… 149	
同時破産手続廃止 ………………… 122, 585	◆ は　行 ◆
当然復権 ……………………………… 628	配転・出向命令権 …………………… 294
特殊登記説 …………………………… 435	配　当 ………………………………… 71
特定受遺者 …………………………… 446	—— に加えられる債権 ……… 571, 575

——による終了·····················570
——の実施················573, 577
配当金の交付·····················574
配当財団·························134
配当表···························571
——に対する異議··················573
——の更正·····················572
——の作成・提出·············572, 576
配当見込額などの破産債権者への通知·····579
売得金···························482
破　産···························4
破産管財人························35
——による調査等··················550
——の源泉徴収義務················219
——の催告権····················520
——の資格および選任···············35
——の職務······················37
——の第三者性···················44
——の任務終了の場合の計算報告のため
　の債権者集会··················58
——の任務の終了··················36
破産管財人等に対する職務妨害の罪·······659
破産原因··························88
——の疎明······················74
破産債権···············144, 259, 441, 600
——でも財団債権でもない債権に基づく
　強制執行・保全処分··············338
——に関する訴訟··················330
——に基づく強制執行・保全処分·······336
——の意義·····················144
——の届出·····················175
一般の ——····················154
破産債権査定決定··················193
——に対する異議の訴え·············193
破産債権査定決定手続···············188
破産債権査定申立て·················188
破産債権者·····················65, 72
——の一般の利益に適合する場合·······481
破産債権者表·····················180
破産債権説···················259, 281
破産債権届出の取下げ···············179
破産財団··························133
——からの放棄···················552
——の意義·····················133
——の換価·····················565
——の管理·····················544
破産財団所属財産の放棄·············552
破産財団代表説····················43
破産裁判所················29, 429, 558
破産式確定·······················187
破産者···························66
——の異議················183, 187
——の行為·····················349
破産者等に対する面会強請等の罪········660
破産者等の説明及び検査の拒絶等の罪······657
破産障害事由······················94
破産団体代表説····················43
破産手続·······················21, 69
——の終了·····················570
——と否認手続の帰趨··············424
破産手続開始決定··············70, 119
破産手続開始決定後の登記············233
破産手続開始決定後の不履行による損害賠償
·····························155
破産手続開始決定後の利息············155
破産手続開始決定前の保全処分·········104
破産手続開始後の行為···············228
破産手続開始後の遅滞税·············156
破産手続開始時現存額主義············161
破産手続開始時の処分価額············548
破産手続開始の申立て··············71, 73
破産手続参加の費用················157
破産手続終結決定··············71, 583
破産手続廃止に関する意見聴取のための
　債権者集会····················58
破産能力··························82
破産犯罪····················127, 653
破産法53条適用説··················307
破産法53条不適用説················307
破産法人の役員に対する責任追及·······553
破産申立ての費用··················157
罰　金···························157
ハードシップ免責··················991
ハンコ代·························178
反対給付の返還····················440
非義務偏頗行為···············393, 656
非金銭債権··················146, 151
非減免債権·······················987
被告適格·························423
非常財産目録·····················548
非常貸借対照表····················548
非懲戒主義·······················603

事項索引　　　　　　　　　　　　　　1041

必要的記載事項	737
必要的共同訴訟	559
必要的審尋	427
必要的提出者	895
非典型担保	463
1人の一部保証人の破産	167
否　認	342, 344, 850
停止条件付債権譲渡と ——	408
手形支払いに関する ——	401
非義務的偏頗行為の ——	347, 853
否認権	342, 344, 850
——の行使	420, 856
——の行使期間	430
——の行使主体	420
——の裁判外の行使	430
——の消滅	860
——の性質	420
——のための保全処分	115
——の定義	344
否認権行使の効果	860
否認権行使の主体	853
否認権行使のための保全処分	752
否認権行使の方法	421
否認訴訟	332
——の手続	422
否認訴訟の法的性質	421
否認の訴え	421
否認の効果	431
——の相対性	434
否認の請求	951
——による行使	426
——を棄却する決定	427
——を認容する決定	427
——を認容する決定に対する異議の訴え	
	428, 951
否認の請求書	426
否認の登記	433, 435
——の法的性質	435
否認の要件	852
非免責債権	623, 987
被申立担保権者などによる買受けの申出	484
評価済債権	982
評価人	763
費用の仮支弁	81
費用の予納	79, 739
ファイナンス・リース契約	304

不安の抗弁権	245
封印執行	546
夫婦財産契約	328
付議決定	899
普及主義	682, 684
不作為請求権	146, 151
不作為の否認	370
付随処分	123
附随処分	753
不正な請託のある贈賄罪	657
不正の請託のある収賄罪	657
不足額（残額）責任主義	453
不足額責任主義	145, 777, 831
附帯税	213
不代替的作為請求権	146, 151
負担付贈与	204
復　権	627
物権説	420
物権的効果説	432, 860
物件の隠滅等の罪	658
物上代位	265
物上代位権	462
——に基づく別除権	462
物的有限責任	145
不動産工事の先取特権	276, 810
不動産質権	526
不動産の換価・処分	566
不動産の物権変動	46
不当労働行為	294
扶養料請求権	148
プレパッケージ型再生手続	740
分割会社	359
分割債務関係	160
分限処分	603
分　納	80
平均年収額	998
併行倒産	688
別除権	145, 339, 449, 527, 697, 827
——の意義	450
——の行使	452
別除権協定	477, 748, 833
別除権者	696
別除権説	308
別除権目的物の換価	567
弁済禁止の仮処分	105
弁済による代位	210

弁済否認と担保・保証の復活の有無‥‥‥‥442
偏頗行為‥‥‥‥‥‥‥‥‥‥‥348, 352
　　── の否認‥‥‥‥‥‥‥‥‥384
　　本旨にしたがった ──‥‥‥‥390
　　本旨にしたがわない ──‥‥‥393
偏頗行為性‥‥‥‥‥‥‥‥‥‥‥352
偏頗行為否認‥‥‥‥‥‥‥348, 852
　　── の対象‥‥‥‥‥‥‥‥390
包括受遺者‥‥‥‥‥‥‥‥‥‥‥446
包括的禁止命令‥‥‥‥‥‥112, 743
包括的クロスライセンス契約‥‥‥‥270
包括的ライセンス契約‥‥‥‥‥‥269
報告書‥‥‥‥‥‥‥‥‥‥‥‥‥766
法　　人‥‥‥‥‥‥‥‥‥‥‥‥83
　　── の自由財産‥‥‥‥‥‥143
　　── の破産‥‥‥‥‥‥‥‥171
法人格なき社団‥‥‥‥‥‥‥‥‥87
法人住民税‥‥‥‥‥‥‥‥‥‥‥215
法人税‥‥‥‥‥‥‥‥‥‥‥‥‥216
膨張主義‥‥‥‥‥‥‥‥‥‥‥‥138
法定財団‥‥‥‥‥‥133, 134, 548, 586
法定信託説‥‥‥‥‥‥‥‥‥‥‥43
法定訴訟担当者‥‥‥‥‥‥‥‥‥858
法定担保物権‥‥‥‥‥‥‥‥‥‥145
法定納期限‥‥‥‥‥‥‥‥‥‥‥214
法的倒産処理手続‥‥‥‥‥‥‥‥70
法テラス‥‥‥‥‥‥‥‥‥598, 604
法律上の事実推定‥‥‥‥‥‥‥‥90
他の手続の中止命令‥‥‥‥‥746, 945
保険金請求権‥‥‥‥‥‥‥‥‥‥141
保険契約‥‥‥‥‥‥‥‥‥313, 812
保険契約者の破産‥‥‥‥‥‥‥‥314
保険契約者の民事再生‥‥‥‥‥‥812
保険者の破産‥‥‥‥‥‥‥‥‥‥313
保険者の民事再生‥‥‥‥‥‥‥‥812
補充的土地管轄‥‥‥‥‥‥‥‥‥76
保証人‥‥‥‥‥‥‥‥‥‥‥‥‥914
　　── の破産‥‥‥‥‥‥‥‥166
補助参加‥‥‥‥‥‥‥‥‥196, 416
保全管理人‥‥‥‥33, 107, 108, 716, 751
保全管理命令‥‥‥‥34, 106, 717, 751
保全処分の開始‥‥‥‥‥‥‥‥‥563
ホッチポットルール‥‥‥‥‥‥‥691
本源的統治団体‥‥‥‥‥‥‥‥‥83
本旨弁済行為‥‥‥‥‥‥‥‥‥‥390
本　　税‥‥‥‥‥‥‥‥‥‥‥‥212

◆ ま　行 ◆

前払金返還請求権‥‥‥‥‥‥‥‥281
巻戻し‥‥‥‥‥‥‥‥‥‥‥‥‥974
回り手形‥‥‥‥‥‥‥‥‥‥‥‥456
3つの例外‥‥‥‥‥‥‥‥‥‥‥505
民事再生手続‥‥‥‥‥‥‥‥‥‥13
　　── の開始‥‥‥‥‥‥‥‥727
　　── の特色‥‥‥‥‥‥‥‥685
　　── の流れ‥‥‥‥‥‥‥‥723
民事再生能力‥‥‥‥‥‥‥‥‥‥727
民事訴訟手続の中断と受継‥‥‥‥‥328
民事法定利率‥‥‥‥‥‥‥‥‥‥433
民事法律扶助業務‥‥‥‥‥‥‥‥598
民事留置権‥‥‥‥‥‥‥‥339, 457
民法上の組合‥‥‥‥‥‥‥‥‥‥87
無委託保証（人）‥‥‥‥‥147, 511
無限責任社員の破産‥‥‥‥‥‥‥170
無償行為‥‥‥‥‥‥‥‥‥‥‥‥380
　　── の否認‥‥‥‥‥‥347, 379
無資力‥‥‥‥‥‥‥‥‥‥‥‥‥369
名誉毀損による損害賠償請求権‥‥‥137
面会強請‥‥‥‥‥‥‥‥‥‥‥‥660
免　　責‥‥‥‥‥‥‥‥‥‥69, 604
　　── の国際的効力‥‥‥‥‥622
　　── の手続‥‥‥‥‥‥‥‥609
　　── の取消し‥‥‥‥‥‥‥626
免責許可決定‥‥‥‥‥‥‥‥‥‥612
　　── の効力‥‥‥‥‥‥‥‥621
免責許可申立に対する裁判‥‥‥‥‥611
免責審理期間中の強制執行の禁止‥‥619
免責制度の合憲性‥‥‥‥‥‥‥‥607
免責制度の根拠‥‥‥‥‥‥‥‥‥605
免責制度の理念‥‥‥‥‥‥‥‥‥606
免責積立て‥‥‥‥‥‥‥‥‥‥‥631
免責取消事由‥‥‥‥‥‥‥‥‥‥626
免責不許可‥‥‥‥‥‥‥‥‥‥‥303
免責不許可決定‥‥‥‥‥‥‥‥‥612
免責不許可事由‥‥‥‥‥‥127, 613
メンテナンス・リース‥‥‥‥‥‥305
申立権者‥‥‥‥‥‥‥‥‥‥‥‥71
申立手数料‥‥‥‥‥‥‥‥‥‥‥739
申立てによる牽連破産‥‥‥‥‥‥945
専ら破産債権をもってする相殺に供する目的
　‥‥‥‥‥‥‥‥‥‥‥‥‥‥‥503

事項索引　　　　1043

◆ や 行 ◆

役員責任査定決定……………………… 555
── に対する異議訴訟の判決…………… 560
── に対する異議の訴え…………… 557
── に対する異議の訴えの出訴期間…… 559
役員の財産に対する保全処分…………… 563
役員の責任の査定(手続)…………… 554
役員の損害賠償請求権の査定制度……… 863
役員報酬請求権…………………… 297
約定劣後再生債権…………… 776, 881, 906
約定劣後破産債権………………… 159
有限責任社員の破産……………… 170
融通手形の抗弁…………………… 52
優先的破産債権…… 154, 301, 331, 460, 600
郵便物等の転送嘱託……………… 128
郵便物の管理……………………… 549
有名義債権………………………… 815
4つの例外………………………… 514
予定不足額……………………… 454
予納金…………………………… 79

◆ ら 行 ◆

ライセンス契約……………………… 266
濫用的会社分割…………………… 358
履行拒絶権………………………… 251
利子税…………………………… 156
リスケジュール型…………………… 965
留置権…………………………… 526
留置的効力………………………… 458
流動動産譲渡担保………………… 467
留保売主の破産…………………… 475
留保買主の破産…………………… 474
利用権担保説……………………… 309
列挙主義…………………………… 88
劣後的破産債権……………… 147, 154
労働協約………………………… 294
労働組合………………………… 720
労働組合等の意見聴取……………… 738
労働契約………………… 250, 602, 811
労働者の民事再生………………… 812

事 項 索 引

判 例 索 引

◆ 大審院・最高裁判所 ◆

大判明 35・6・17 民録 8 輯 85 頁 ⋯⋯⋯⋯⋯ 623
大判明 37・2・1 民録 10 輯 65 頁 ⋯⋯⋯⋯⋯ 165
大判明 41・4・23 民録 14 輯 477 頁 ⋯⋯⋯⋯ 600
大判明 41・12・15 民録 14 輯 1276 頁 ⋯⋯⋯ 47
大判明 44・3・24 民録 17 輯 117 頁 ⋯⋯⋯⋯ 434
大決大 3・3・31 民録 20 輯 256 頁 ⋯⋯⋯⋯ 98
大判大 4・2・16 民録 21 輯 145 頁 ⋯⋯⋯⋯ 125
大判大 4・4・19 民録 21 輯 524 頁 ⋯⋯⋯⋯ 162
大判大 4・7・12 民録 21 輯 1126 頁 ⋯⋯⋯⋯ 706
大判大 5・5・16 民録 22 輯 961 頁 ⋯⋯⋯⋯ 837
大判大 5・6・3 民録 22 輯 1132 頁 ⋯⋯⋯⋯ 166
大判大 5・12・25 民録 22 輯 2509 頁 ⋯⋯⋯ 527
大判大 9・5・29 民録 26 輯 796 頁 ⋯⋯⋯⋯ 125
大判大 14・1・26 民集 4 巻 8 頁 ⋯⋯⋯⋯⋯ 324
大判大 14・11・12 民集 4 巻 555 頁 ⋯⋯ 350, 412
大判大 15・12・23 新聞 2660 号 15 頁 ⋯⋯⋯ 500
大判昭 3・4・27 民集 7 巻 235 頁 ⋯⋯⋯⋯ 33
大決昭 3・10・13 民集 7 巻 787 頁 ⋯⋯⋯⋯ 98
大判昭 4・7・10 民集 8 巻 717 頁 ⋯⋯⋯⋯ 438
大判昭 4・10・23 民集 8 巻 787 頁 ⋯⋯⋯⋯ 332
大判昭 5・11・5 新聞 3204 号 15 頁 ⋯⋯⋯⋯ 430
大判昭 6・5・21 新聞 3277 号 15 頁 ⋯⋯⋯⋯ 230
大判昭 6・7・11 新聞 3310 号 7 頁 ⋯⋯⋯⋯ 422
大決昭 6・7・31 民集 10 巻 619 頁 ⋯⋯⋯⋯ 82
大判昭 6・9・16 民集 10 巻 818 頁 ⋯⋯ 406, 407
大決昭 6・12・12 民集 10 巻 1225 頁 ⋯⋯ 86, 640
大判昭 6・12・21 民集 10 巻 1249 頁 ⋯⋯⋯ 430
大判昭 7・6・2 新聞 3445 号 12 頁 ⋯⋯⋯⋯ 422
大判昭 7・12・23 法学 2 巻 845 頁 ⋯⋯⋯⋯ 374
大判昭 8・4・15 民集 12 巻 637 頁 ⋯⋯ 374, 435
大判昭 8・4・26 民集 12 巻 753 頁 ⋯⋯ 354, 391
大判昭 8・7・22 新聞 3591 号 14 頁 ⋯⋯⋯⋯ 823
大判昭 8・12・19 民集 12 巻 2882 頁 ⋯⋯⋯ 50
大判昭 8・12・23 新聞 3675 号 7 頁 ⋯⋯⋯ 412
大判昭 8・12・28 民集 12 巻 3043 頁
⋯⋯⋯⋯⋯⋯⋯⋯⋯⋯⋯⋯ 350, 371, 410
大判昭 9・3・6 民集 13 巻 230 頁 ⋯⋯⋯⋯ 47
大判昭 9・3・7 民集 13 巻 278 頁 ⋯⋯⋯⋯ 255
大判昭 9・4・26 新聞 3702 号 9 頁 ⋯⋯⋯⋯ 374
大決昭 9・9・25 民集 13 巻 1725 頁 ⋯⋯⋯⋯ 98

大判昭 10・3・8 民集 14 巻 270 頁 ⋯⋯⋯⋯ 395
大判昭 10・6・4 新聞 3853 号 13 頁 ⋯⋯⋯⋯ 422
大判昭 10・8・8 民集 14 巻 1659 頁 ⋯⋯⋯⋯ 426
大判昭 10・8・8 民集 14 巻 1695 頁 ⋯⋯ 349, 370
大判昭 10・9・3 民集 14 巻 1412 頁 ⋯⋯ 354, 391
大判昭 10・10・26 民集 14 巻 1769 頁 ⋯⋯⋯ 513
大判昭 11・7・31 民集 15 巻 1547 頁
⋯⋯⋯⋯⋯⋯ 422, 430, 442, 553, 566
大判昭 11・7・31 民集 15 巻 1563 頁 ⋯⋯⋯ 500
大判昭 11・8・10 民集 15 巻 1680 頁 ⋯⋯⋯ 382
大判昭 11・10・16 民集 15 巻 1825 頁 ⋯⋯⋯ 198
大判昭 12・1・16 新聞 410 号 13 頁 ⋯⋯⋯⋯ 52
大決昭 12・10・23 民集 16 巻 1244 頁 ⋯⋯⋯ 84
大判昭 14・1・26 民集 4 巻 8 頁 ⋯⋯⋯⋯⋯ 130
大判昭 14・4・20 民集 18 巻 495 頁 ⋯⋯ 125, 130
大判昭 14・5・19 新聞 4448 号 12 頁 ⋯⋯⋯⋯ 422
大判昭 14・6・3 民集 18 巻 606 頁 ⋯⋯ 350, 410
大判昭 15・5・15 新聞 4580 号 12 頁 ⋯⋯ 354, 391
大判昭 15・9・28 民集 19 巻 1897 頁 ⋯⋯⋯ 90
大判昭 17・7・31 新聞 4791 号 5 頁 ⋯⋯⋯⋯ 435
最判昭 23・10・12 民集 2 巻 11 号 365 頁 ⋯⋯ 435
最判昭 32・12・27 民集 11 巻 14 号 2485 頁
⋯⋯⋯⋯⋯⋯⋯⋯⋯⋯⋯⋯⋯⋯⋯⋯ 837
最判昭 33・4・30 民集 12 巻 6 号 938 頁 ⋯⋯ 157
最判昭 35・4・26 民集 14 巻 6 号 1046 頁 ⋯ 371
最判昭 35・6・24 刑集 14 巻 8 号 1103 頁 ⋯ 655
最判昭 35・12・27 民集 14 巻 14 号 3253 頁 ⋯ 79
最判昭 36・10・13 民集 15 巻 9 号 2409 頁
⋯⋯⋯⋯⋯⋯⋯⋯⋯⋯⋯⋯⋯⋯⋯⋯ 230
最判昭 36・12・13 民集 15 巻 11 号 2803 頁
⋯⋯⋯⋯⋯⋯⋯⋯⋯⋯⋯⋯⋯⋯ 606, 607
最判昭 37・3・23 民集 16 巻 3 号 607 頁 ⋯⋯ 106
最判昭 37・11・20 民集 16 巻 11 号 2293 頁
⋯⋯⋯⋯⋯⋯⋯⋯⋯⋯⋯⋯⋯⋯⋯⋯ 403
最判昭 37・12・6 民集 16 巻 12 号 2313 頁
⋯⋯⋯⋯⋯⋯⋯⋯⋯⋯⋯⋯ 351, 371, 410
最判昭 37・12・13 判タ 140 号 124 頁 ⋯ 50, 433
最判昭 39・3・6 民集 8 巻 3 号 437 頁 ⋯⋯⋯ 706
最判昭 39・3・24 判時 370 号 30 頁 ⋯⋯ 406, 500
最判昭 40・3・9 民集 19 巻 2 号 352 頁
⋯⋯⋯⋯⋯⋯⋯⋯⋯⋯⋯⋯ 351, 395, 408
最判昭 40・4・22 判時 410 号 23 頁 ⋯⋯⋯⋯ 518

1045

最判昭 40・4・22 民集 19 巻 3 号 689 頁……861
最判昭 40・9・22 民集 19 巻 6 号 1600 頁…358
最判昭 40・11・2 民集 19 巻 8 号 1927 頁…514
最判昭 41・4・8 民集 20 巻 4 号 529 頁
　　　　　　　　　　　　……351, 395, 518
最判昭 41・4・14 民集 20 巻 4 号 584 頁…180
最判昭 41・4・14 民集 20 巻 4 号 611 頁
　　　　　　　　　　　　………355, 432
最判昭 41・4・28 民集 20 巻 4 号 900 頁
　　　　　　　　　　　　………464, 830
最判昭 42・3・9 民集 21 巻 2 号 274 頁…129
最判昭 42・6・22 判時 495 号 51 頁………438
最判昭 42・6・29 判時 491 号 52 頁………50
最判昭 43・2・2 民集 22 巻 2 号 85 頁
　　　　　　　　　　　　………356, 357
最判昭 43・3・12 民集 22 巻 3 号 562 頁…300
最判昭 43・3・15 民集 22 巻 3 号 625 頁
　　　……100, 130, 143, 324, 341, 587
最判昭 43・5・28 判時 519 号 89 頁………300
最判昭 43・6・13 民集 22 巻 6 号 1149 頁
　　　　　　　　　　　　………148, 202
最判昭 43・7・11 民集 22 巻 7 号 1462 頁
　　　　　　　　　　　　…529, 536, 825
最判昭 43・10・8 民集 22 巻 10 号 2093 頁…157
最判昭 43・12・12 民集 22 巻 13 号 2943 頁
　　　　　　　　　　　　　　　……203
最判昭 44・1・16 民集 23 巻 1 号 1 頁……354
最判昭 44・7・17 民集 23 巻 8 号 1610 頁…264
最判昭 44・9・2 民集 23 巻 9 号 1641 頁
　　　　　　　　　　　　………300, 303
最判昭 44・10・31 民集 23 巻 10 号 1465 頁
　　　　　　　　　　　　　　……1001
最判昭 45・1・29 民集 24 巻 1 号 74 頁……337
最判昭 45・5・19 判時 598 号 60 頁………255
最判昭 45・6・24 民集 24 巻 6 号 610 頁…612
最判昭 45・7・1 刑集 24 巻 7 号 399 頁…1001
最判昭 45・7・16 民集 24 巻 7 号 879 頁
　　　　　　　　　　　　………209, 339
最判昭 45・8・20 民集 24 巻 9 号 1339 頁…405
最判昭 45・9・10 民集 24 巻 10 号 1389 頁…79
最判昭 45・10・30 民集 24 巻 11 号 1667 頁
　　　　　　　　　　………40, 201, 210
最判昭 45・12・16 民集 24 巻 13 号 2099 頁
　　　　　　　　　　　　　　　……607
最判昭 46・2・23 判時 622 号 102 頁………52
最判昭 46・3・16 民集 25 巻 2 号 173 頁…166

最判昭 46・3・25 民集 25 巻 2 号 208 頁…465
最判昭 46・7・16 民集 25 巻 5 号 779 頁…376
最判昭 47・5・1 金法 651 号 24 頁………665
最判昭 47・6・15 民集 26 巻 5 号 1036 頁…371
最判昭 47・7・13 民集 26 巻 6 号 1151 頁
　　　　　　　　　　　　………500, 842
最判昭 48・2・2 民集 27 巻 1 号 80 頁
　　　　　　　　…259, 264, 496, 808
最判昭 48・2・16 金法 678 号 21 頁……45, 47
最判昭 48・4・20 判時 704 号 49 頁………268
最判昭 48・10・12 民集 27 巻 9 号 1192 頁
　　　　　　　　　　　　　　　……255
最判昭 48・10・30 民集 27 巻 9 号 1289 頁
　　　　　　　　　　　　………254, 255
最判昭 48・11・22 民集 27 巻 10 号 1435 頁
　　　　　　　　　　　　　　　……442
最判昭 48・11・30 民集 27 巻 10 号 1491 頁
　　　　　　　　　　　　　　　……373
最判昭 48・12・21 判時 733 号 52 頁…350, 410
最判昭 49・6・27 民集 28 巻 5 号 641 頁…436
最判昭 50・2・28 民集 29 巻 2 号 193 頁…312
最判昭 51・11・1 金法 813 号 39 頁…664, 666
最判昭 52・12・6 民集 31 巻 7 号 961 頁
　　　　　　　　　　　　………499, 507
最判昭 53・5・2 判時 892 号 58 頁………518
最判昭 53・6・23 金法 875 号 29 頁…275, 276
最判昭 53・12・15 判時 916 号 25 頁…408, 471
最判昭 54・1・25 民集 33 巻 1 号 1 頁
　　　　　　　　　　　　………232, 247
最判昭 54・2・15 民集 33 巻 1 号 51 頁…467
最判昭 56・12・22 判時 1032 号 59 頁……473
最判昭 57・1・22 民集 36 巻 1 号 92 頁…465
最判昭 57・1・29 民集 36 巻 1 号 105 頁…175
最判昭 57・3・30 判時 1038 号 286 頁
　　　　　　　　　……350, 395, 410
最判昭 57・3・30 民集 36 巻 3 号 484 頁
　　　　　　　　　……106, 246, 474
最判昭 57・9・28 民集 36 巻 8 号 1652 頁…141
最判昭 57・10・14 判時 1060 号 78 頁……467
最判昭 58・3・22 判時 1134 号 75 頁…49, 231
最判昭 58・10・6 民集 37 巻 8 号 1041 頁
　　　　　　　　　　　　………125, 137
最判昭 58・11・25 民集 37 巻 9 号 1430 頁
　　　　　　　　　　　　　　　……345
最判昭 59・2・2 民集 38 巻 3 号 431 頁
　　　　　　　　　……462, 711, 755

最判昭 59・5・17 判時 1119 号 72 頁………331
最判昭 60・2・14 裁判集民 144 号 109 頁…90
最判昭 60・2・14 判時 1149 号 159 頁………91
最判昭 60・2・26 金法 1094 号 38 頁………507
最判昭 60・11・15 民集 39 巻 7 号 1487 頁
　　　　　　　　　　　　　　　　143
最判昭 61・4・3 判時 1198 号 110 頁………438
最判昭 61・4・11 民集 40 巻 3 号 558 頁
　　　　　　　　　　　　　193, 329
最判昭 62・2・12 民集 41 巻 1 号 67 頁………465
最判昭 62・4・21 民集 41 巻 3 号 329 頁
　　　　　　　　157, 215, 217, 218
最判昭 62・7・3 民集 41 巻 5 号 1068 頁
　　　　　　381, 382, 383, 386, 852
最判昭 62・11・10 民集 41 巻 8 号 1559 頁
　　　　　　　　　　　　　467, 469
最判昭 62・11・26 民集 41 巻 8 号 1585 頁
　　　　　　　　　243, 279, 282
最判昭 63・10・18 民集 42 巻 8 号 575 頁…509
最判昭 63・11・21 刑集 42 巻 9 号 1251 頁
　　　　　　　　　　　　　　　1001
最判平 2・3・20 民集 44 巻 2 号 416 頁…620
最判平 2・7・19 民集 44 巻 5 号 837 頁
　　　　　　　　　　　　　391, 395
最判平 2・7・19 民集 44 巻 5 号 837 頁および
　853 頁　　　　　　　　351, 352
最判平 2・7・19 民集 44 巻 5 号 853 頁
　　　　　　　　　　　　　391, 395
最判平 2・9・27 判時 1363 号 89 頁………531
最判平 2・10・2 判時 1366 号 48 頁………391
最判平 2・11・26 民集 44 巻 8 号 1085 頁…518
最判平 3・2・21 金商 866 号 26 頁………606
最判平 3・2・21 金法 1285 号 21 頁………612
最判平 5・1・25 民集 47 巻 1 号 344 頁
　　　　　　　　　　　　　354, 392
最判平 5・6・25 民集 47 巻 6 号 4557 頁
　　　　　　　　　　　　　230, 581
最判平 5・11・25 金法 1395 号 49 頁………307
最判平 5・11・25 裁判集民 170 号 33 頁…308
最判平 6・2・10 裁判集民 171 号 445 頁…90
最判平 7・3・23 民集 49 巻 3 号 984 頁…175
最判平 7・4・14 民集 49 巻 4 号 1063 頁
　　　　　　　　　308, 309, 808
最判平 8・3・22 金法 1480 号 55 頁………384
最判平 8・10・17 民集 50 巻 9 号 2454 頁
　　　　　　　　　351, 395, 411

最判平 9・2・25 判時 1607 号 51 頁
　　　　　　　　　621, 622, 914
最判平 9・9・9 金法 1503 号 80 頁………175
最判平 9・11・28 民集 51 巻 10 号 4172 頁
　　　　　　　　　　　　　　　567
最判平 9・12・18 判時 1628 号 21 頁………567
最判平 9・12・18 民集 51 巻 10 号 4210 頁
　　　　　　　　353, 392, 416
最判平 10・3・24 民集 52 巻 2 号 399 頁…471
最判平 10・4・14 民集 52 巻 3 号 813 頁…515
最判平 10・7・14 民集 52 巻 5 号 1261 頁
　　　　　　　　　　　　　458, 487
最判平 11・1・29 民集 53 巻 1 号 151 頁
　　　　　　　　　408, 470, 471
最判平 11・3・25 金法 1553 号 43 頁………264
最決平 11・4・16 民集 53 巻 4 号 740 頁…72
最決平 11・5・17 民集 53 巻 5 号 863 頁…470
最判平 11・9・9 民集 53 巻 7 号 1173 頁…140
最判平 11・11・9 民集 53 巻 8 号 1403 頁
　　　　　　　　　621, 622, 915
最判平 11・12・17 判時 1707 号 62 頁………335
最判平 12・1・28 金商 1093 号 15 頁………624
最判平 12・2・29 民集 54 巻 2 号 553 頁
　　　　　　238, 242, 269, 276
最判平 12・3・9 判時 1708 号 123 頁
　　　　　　238, 242, 269, 276
最判平 12・4・21 民集 54 巻 4 号 1562 頁…470
最決平 12・4・28 判時 1710 号 100 頁………263
最判平 12・4・28 金法 1587 号 57 頁………552
最判平 12・7・26 民集 54 巻 6 号 1981 頁
　　　　　　　　　　　　　99, 613
最決平 13・3・23 判時 1748 号 117 頁………99
最判平 13・11・22 民集 55 巻 6 号 1056 頁
　　　　　　　　　49, 470, 471
最判平 14・1・17 民集 56 巻 1 号 20 頁…529
最判平 14・1・22 刑集 56 巻 1 号 1 頁
　　　　　　　　　　　　　547, 617
最判平 14・3・28 民集 56 巻 3 号 689 頁
　　　　　　　　　　　　　264, 808
最判平 15・2・21 民集 57 巻 2 号 95 頁
　　　　　　　　　　　　　137, 529
最判平 15・6・12 民集 57 巻 6 号 563 頁…137
最判平 16・6・10 民集 58 巻 5 号 1178 頁
　　　　　　　　　　　　　130, 324
最判平 16・7・16 民集 58 巻 5 号 1744 頁
　　　　　　　　　　　　　409, 831

判例索引

1047

最判平 16・10・1 判時 1877 号 70 頁
.... *130, 455, 553*
最決平 16・11・12 判例集未登載 *881*
最判平 17・1・17 民集 59 巻 1 号 1 頁
.... *498, 500*
最判平 17・11・8 民集 59 巻 9 号 2333 頁
.... *345, 433*
最判平 18・1・13 民集 60 巻 1 号 1 頁
.... *597, 608*
最判平 18・1・17 民集 60 巻 1 号 27 頁 *47*
最判平 18・1・23 民集 60 巻 1 号 228 頁
.... *142, 494*
最判平 18・7・20 民集 60 巻 6 号 2499 頁 *469*
最判平 18・12・21 民集 60 巻 10 号 3964 頁
.... *39, 40, 202*
最判平 19・2・15 民集 61 巻 1 号 243 頁
.... *49, 470, 471*
最判平 19・9・27 金判 1277 号 19 頁 *749*
最判平 20・3・13 民集 62 巻 3 号 860 頁
.... *725, 905, 910, 929*
最判平 20・12・16 民集 62 巻 10 号 2561 頁
.... *246, 312, 474, 808, 809, 830*
最判平 21・4・17 金法 1878 号 39 頁 *324*
最判平 21・4・17 判時 2044 号 74 頁 *130*
最判平 21・12・4 判時 2077 号 40 頁 *916*
最判平 22・3・16 民集 64 巻 2 号 523 頁
.... *162, 166, 172*
最判平 22・6・4 民集 64 巻 4 号 1107 頁 *824*
最判平 22・12・2 民集 64 巻 8 号 1990 頁 *470*
最判平 23・1・14 民集 65 巻 1 号 1 頁 *221*
最判平 23・3・1 判時 2114 号 52 頁 *913*
最判平 23・11・22 民集 65 巻 8 号 3165 頁
.... *210, 793*
最判平 23・11・24 民集 65 巻 8 号 3213 頁
.... *210, 793*
最判平 23・12・15 民集 65 巻 9 号 3511 頁
.... *829*
最判平 24・5・28 民集 66 巻 7 号 3123 頁
.... *148, 512*
最判平 24・10・12 民集 66 巻 10 号 3311 頁
.... *360, 362*
最判平 24・10・19 裁判集民 241 号 199 頁 ... *90*
最判平 24・10・19 判時 2169 号 9 頁 *91*
最判平 25・11・21 金商 1431 号 32 頁 *794*
最判平 26・6・5 民集 68 巻 5 号 403 頁 *833*
最判平 26・6・5 金商 1444 号 16 頁 *509*

最決平 27・12・17 裁判所時報 1643 号 41 頁
.... *94*

◆ 高等裁判所 ◆

広島高岡山支決昭 29・12・24 高民 7 巻
12 号 1139 頁 *179*
東京高判昭 31・10・12 高民 9 巻 9 号 585 頁
.... *413*
大阪高判昭 32・6・19 下民 8 巻 6 号 1136 頁
.... *528*
高松高判昭 32・11・15 高民 10 巻 2 号 601 頁
.... *474*
福岡高判昭 32・11・26 下民 8 巻 11 号 2191 頁
.... *412*
東京高決昭 33・7・5 金法 182 号 3 頁 *91*
大阪高判昭 36・5・30 判時 370 号 32 頁 *408*
東京高判昭 36・5・31 下民集 12 巻 5 号 1246 頁
.... *261*
東京高判昭 36・6・30 金法 282 号 7 頁 *90*
東京高判昭 38・5・9 下民 14 巻 5 号 904 頁
.... *438*
大阪高判昭 39・2・24 高民 17 巻 1 号 67 頁
.... *433*
大阪高判昭 40・12・14 金法 433 号 9 頁 *408*
東京高判昭 41・8・5 金法 450 号 7 頁 *438*
札幌高決昭 43・4・11 高民 21 巻 3 号 243 頁
.... *203*
東京高判昭 43・6・19 判タ 227 号 221 頁
.... *562, 867*
東京高判昭 44・4・1 下民 20 巻 3 = 4 号 189 頁
.... *528*
名古屋高決昭 45・2・13 高民 23 巻 1 号 14 頁
.... *196*
東京高決昭 45・2・17 高民 23 巻 1 号 24 頁
.... *611*
名古屋高決昭 51・5・17 判時 837 号 51 頁
.... *589*
東京高判昭 52・7・19 高民 30 巻 2 号 159 頁
.... *473*
福岡高決昭 52・10・12 下民 28 巻 9～12 号
1072 頁 *90*
名古屋高判昭 53・5・29 金法 877 号 33 頁
.... *466*
大阪高判昭 53・5・30 判タ 372 号 92 頁
.... *433, 437*
仙台高判昭 53・8・8 下民集 29 巻 5～8 号 516 頁

　　　　　　　　　　　　　　　　　……358
東京高決昭 54・8・24 判時 947 号 113 頁……890
大阪高決昭 54・11・29 判タ 408 号 120 頁
　　　　　　　　　　　　　　　　　……422
大阪高決昭 55・11・19 判時 1010 号 119 頁
　　　　　　　　　　　　　　　　611, 617
東京高決昭 56・9・7 判時 1021 号 110 頁……93
東京高判昭 56・11・16 下民 32 巻 9〜12 号
　　1026 頁……………………………466
名古屋高決昭 56・11・30 判タ 459 号 57 頁
　　　　　　　　　　　　　　　　　……337
福岡高決昭 56・12・21 判時 1046 号 127 頁
　　　　　　　　　　　　　　　　160, 880
東京高決昭 57・11・30 下民 33 巻 9〜12 号
　　1433 頁……………………………74
名古屋高判昭 57・12・22 判時 1073 号 91 頁
　　　　　　　　　　　　　　　　　……512
名古屋高判昭 58・3・31 判時 1077 号 79 頁
　　　　　　　　　　　　　　　　　……507
名古屋高判昭 58・7・13 判時 1095 号 124 頁
　　　　　　　　　　　　　　　　　……628
大阪高決昭 58・11・2 判時 1107 号 78 頁……424
東京高決昭 59・3・27 判時 1117 号 142 頁
　　　　　　　　　　　　　　　　　……106
大阪高判昭 59・6・15 判時 1132 号 126 頁
　　　　　　　　　　　　　　　　81, 598
福岡高判昭 59・6・25 判タ 535 号 213 頁……105
名古屋高金沢支決昭 59・9・1 判タ 537 号
　　237 頁……………………………880
大阪高判昭 59・9・27 判タ 542 号 214 頁……473
大阪高判昭 60・3・15 判時 1165 号 117 頁
　　　　　　　　　　　　　　　　　……514
大阪高決昭 60・6・20 判タ 565 号 112 頁……618
東京高決昭 60・11・28 判タ 595 号 91 頁……615
大阪高判昭 61・2・20 判時 1202 号 55 頁
　　　　　　　　　　　　　　　　354, 391
札幌高決昭 61・3・26 判タ 601 号 74 頁
　　　　　　　　　　　　　473, 474, 830
名古屋高判昭 61・3・28 判時 1207 号 65 頁……53
東京高決昭 61・5・28 東高民時報 37 巻
　　4〜5 号 35 頁……………………615
東京高判昭 62・2・17 判タ 650 号 200 頁……747
東京高決昭 62・10・27 判時 1256 号 100 頁
　　　　　　　　　　　　　　　　　……302
東京高決昭 63・1・20 金法 1198 号 24 頁……615
東京高判昭 63・2・10 高民 41 巻 1 号 1 頁

　　　　　　　　　　　　　　　　　……255
広島高松江支判昭 63・3・25 判時 1287 号
　　89 頁……………………………620
大阪高判昭 63・3・8 判時 1273 号 127 頁……230
大阪高判昭 63・7・29 判タ 680 号 206 頁……639
名古屋高判平元・2・21 判タ 703 号 259 頁
　　　　　　　　　　　　　　　　　……137
東京高決平元・4・10 金法 1237 号 20 頁……937
大阪高判平元・4・27 判時 1326 号 123 頁……392
大阪高決平元・8・2 判タ 714 号 249 頁……617
東京高判平元・9・28 判時 1328 号 42 頁……202
東京高判平元・10・19 金法 1246 号 32 頁……90
大阪高判平元・10・26 判タ 711 号 253 頁
　　　　　　　　　　　　　　　　562, 867
大阪高決平 2・6・11 判時 1370 号 70 頁……617
東京高決平 2・9・17 家月 43 巻 2 号 140 頁
　　　　　　　　　　　　　　　　　……328
仙台高決平 4・5・7 判タ 806 号 218 頁……615
東京高判平 4・6・29 判時 1429 号 59 頁……382
仙台高決平 5・2・9 判時 1476 号 126 頁……619
東京高判平 5・5・27 判時 1476 号 121 頁……374
大阪高決平 6・7・18 高民 47 巻 2 号 133 頁
　　　　　　　　　　　　　　　　　……620
大阪高判平 6・9・16 金法 1399 号 28 頁……459
東京高決平 6・12・19 金法 1438 号 38 頁……459
大阪高判平 6・12・26 判時 1535 号 90 頁……101
東京高判平 7・2・3 判時 1537 号 127 頁……618
福岡高判平 8・1・26 判時 924 号 281 頁……615
東京高判平 8・2・7 判時 1563 号 114 頁……615
福岡高判平 8・6・25 判タ 935 号 249 頁……186
高松高決平 8・9・9 判時 1587 号 80 頁……610
福岡高判平 9・2・25 判時 1604 号 76 頁……615
福岡高判平 9・4・22 判時 956 号 291 頁……93
東京高判平 9・5・29 判タ 981 号 164 頁……40
福岡高判平 9・8・22 判時 1619 号 83 頁……615
大阪高判平 10・7・31 金法 1528 号 36 頁……409
東京高決平 10・11・27 金法 1540 号 61 頁
　　　　　　　　　　　　　　　　　……459
東京高決平 10・11・27 判時 1666 号 141 頁
　　　　　　　　　　　　　　　　　……459
札幌高判平 10・12・17 判時 1682 号 130 頁
　　　　　　　　　　　　　　　　　……302
東京高決平 11・7・23 金法 1559 号 36 頁……459
名古屋高判平 12・4・27 判時 1748 号 134 頁
　　　　　　　　　　　　　　　　　……257
名古屋高判平 12・4・27 判タ 1071 号 256 頁

·· *258*

東京高決平 12・5・17 金商 1094 号 42 頁···· *732*

東京高判平 12・12・26 判時 1750 号 112 頁

·· *384*

東京高決平 13・1・30 金法 1652 号 49 頁··· *459*

名古屋高判平 13・1・30 金法 1631 号 97··· *179*

東京高決平 13・3・8 判タ 1089 号 295 頁··· *733*

東京高決平 13・5・13 金商 1144 号 16 頁··· *626*

東京高決平 13・8・15 金商 1132 号 39 頁··· *616*

東京高決平 13・9・3 金商 1131 号 24 頁··· *877*

大阪高判平 13・11・6 判時 1775 号 153 頁

·· *317*

大阪高判平 13・12・21LLI/DB 判例秘書

登載 L05620931 ····················· *383*

東京高決平 14・9・6 判時 1826 号 72 頁

·· *881, 910*

広島高決平 14・9・11 金商 1162 号 23 頁

···································· *81, 598*

大阪高決平 15・2・14 判タ 1138 号 302 頁

·· *626*

大阪高判平 15・3・28 金法 1692 号 51 頁··· *506*

福岡高決平 15・6・12 判タ 1139 号 292 頁

·· *998*

東京高決平 15・7・25 金法 1688 号 37 頁

·· *757, 911*

札幌高決平 15・8・12 判タ 1146 号 300 頁

·· *733*

東京高判平 15・12・4 金法 1710 号 52 頁··· *816*

東京高決平 16・2・9 判タ 1160 号 296 頁··· *618*

東京高決平 16・6・17 金法 1719 号 51 頁

···························· *772, 773, 909, 912*

東京高決平 16・6・17 金法 1719 号 58 頁··· *890*

東京高判平 16・7・21 金法 1723 号 43 頁··· *470*

東京高決平 16・7・23 金商 1198 号 11 頁

·· *877, 881*

東京高決平 16・7・23 金法 1727 号 84 頁··· *909*

名古屋高決平 16・8・10 判時 1884 号 49 頁

·· *838*

名古屋高決平 16・8・16 判時 1871 号 79 頁

·· *733*

東京高判平 16・10・19 判時 1882 号 33 頁

·· *259*

大阪高判平 16・11・30 金法 1743 号 44 頁

·· *815*

東京高決平 17・1・13 判タ 1200 号 291 頁

·· *732, 734*

東京高判平 17・6・30 金法 1752 号 54 頁

·· *210, 332*

高松高決平 17・10・25 金商 1249 号 37 頁

·· *733*

大阪高決平 18・4・26 金法 1789 号 24 頁··· *881*

東京高判平 18・8・30 金商 1277 号 21 頁··· *749*

東京高判平 18・12・22 判タ 1238 号 331 頁

·· *380*

東京高判平 19・3・14 判タ 1246 号 337 頁

·· *311*

東京高決平 19・4・11 判時 1969 号 59 頁··· *905*

東京高判平 19・7・9 判タ 1263 号 347 頁··· *734*

東京高判平 19・9・5 判例タ 1292 号 207 頁

·· *245*

東京高判平 19・9・21 判タ 1268 号 326 頁

·· *734*

大阪高決平 20・4・25 金法 1840 号 36 頁··· *221*

東京高判平 20・4・30 金商 1304 号 38 頁··· *621*

大阪高決平 21・5・27 金法 1878 号 46 頁··· *511*

大阪高決平 21・5・29（判例集未登載）··· *706*

大阪高決平 21・6・3 金商 1321 号 30 頁

·· *470, 749*

東京高判平 21・7・7 判タ 1308 号 89 頁··· *838*

福岡高那覇支決平 21・9・7 判タ 1321 号

278 頁 ······························· *749*

東京高判平 21・9・9 金法 1879 号 28 頁··· *829*

東京高判平 21・9・30 金法 1922 号 109 頁

·· *360*

大阪高判平 21・10・16 民集 65 巻 8 号 3197 頁

·· *210*

大阪高判平 21・12・22 金法 1916 号 108 頁

·· *360*

大阪高判平 22・2・18 金法 1895 号 99 頁··· *383*

大阪高判平 22・4・23 判時 2180 号 54 頁··· *335*

大阪高判平 22・5・21 金法 1899 号 92 頁··· *210*

大阪高判平 22・5・21 判時 2096 号 73 頁··· *210*

高松高判平 22・9・28 金法 1941 号 158 頁

·· *380*

東京高決平 22・10・22 判タ 1343 号 244 頁

·· *911, 934, 983*

東京高判平 22・10・27 金法 1910 号 77 頁

·· *360*

名古屋高金沢支判平 22・12・15 判タ

1354 号 242 頁 ······················· *829*

東京高判平 22・12・22 判タ 1348 号 243 頁

·· *983*

東京高判平 23・3・1 判時 2116 号 91 頁
·················383，384
名古屋高判平 23・6・2 金法 1944 号 127 頁
·················257
名古屋高判平 23・7・22 金法 1375 号 48 頁
·················360
大阪高判平 23・10・18 金商 1379 号 22 頁
·················210
高松高判平 24・1・20 金商 1398 号 50 頁····833
名古屋高判平 24・1・31 金法 1941 号 133 頁
·················509
名古屋高判平 24・2・7 判タ 1369 号 231 頁
·················360
東京高決平 24・3・9 判時 2151 号 9 頁····733
東京高決平 24・5・24 判タ 1374 号 239 頁
·················484
東京高決平 24・9・12 判時 2172 号 44 頁····141
東京高判平 24・12・13 判タ 1392 号 353 頁
·················258
東京高判平 25・7・18 金法 1982 号 120 頁
·················384，404
札幌高判平 25・8・22 金法 1981 号 82 頁····258

◆ 地方裁判所・簡易裁判所 ◆

盛岡地判昭 14・7・28 新聞 4458 号 7 頁·····800
浦和地判昭 30・2・26 下民 6 巻 12 号 358 頁
·················413
東京地判昭 31・12・26 下民 7 巻 12 号 3815 頁
·················422
高松地判昭 33・11・14 下民 9 巻 11 号 2248 頁
·················474
大阪地判昭 34・11・21 下民 10 巻 11 号 2478 頁
·················422
東京地判昭 36・12・19 下民 12 巻 12 号 2994 頁
·················422
東京地判昭 41・12・23 下民 17 巻 11 = 12 号
　　1311 頁·················562，867
東京地判昭 42・3・16 判時 483 号 48 頁·····514
東京地判昭 43・4・23 判時 531 号 47 頁·····422
名古屋地判昭 46・10・28 判時 673 号 68 頁
·················438
福岡地判昭 47・3・16 判時 667 号 64 頁·····422
大阪地判昭 49・2・18 金商 423 号 12 頁·····495
東京地判昭 49・9・19 判時 771 号 66 頁·····333
諏訪簡判昭 50・9・22 判時 822 号 93 頁
·················473，474

東京地判昭 50・10・29 判時 818 号 71 頁····333
東京地判昭 51・10・27 判時 857 号 93 頁····356
大阪地判昭 52・9・21 判時 878 号 88 頁
·················351，391
大阪地判昭 54・10・30 判時 957 号 103 頁
·················473，474
名古屋地判昭 55・12・12 判タ 440 号 139 頁
·················621
大阪地判昭 56・2・12 判タ 452 号 140 頁····495
浦和地判昭 57・7・26 判時 1064 号 122 頁··431
岐阜地大垣支判昭 57・10・13 判時 1065 号
　　185 頁·················358
大阪地判昭 58・4・12 労民 34 巻 2 号 237 頁
·················298
熊本地判昭 59・4・27 判タ 528 号 268 頁····438
仙台地決昭 59・9・3 判タ 537 号 247 頁·····95
大阪地判昭 61・5・16 判時 1210 号 97 頁····203
鳥取地判昭 62・6・26 判時 1258 号 121 頁
·················620
横浜地判昭 63・2・29 判時 1280 号 151 頁
·················621
東京地判昭 63・6・28 判時 1310 号 143 頁
·················308，808
神戸地判平元・9・7 判時 1336 号 116 頁····625
名古屋地一宮支決平元・9・12 金法 1236 号
　　34 頁·················610
東京地判平 2・12・20 判時 1389 号 79 頁····245
大阪地判平 3・1・29 判時 1414 号 91 頁·····246
東京地決平 3・10・29 判時 1402 号 32 頁
·················89，93
東京地判平 3・12・16 金商 903 号 39 頁·····160
東京地決平 4・4・28 判時 1420 号 57 頁·····93
静岡地判平 4・12・4 判時 1483 号 130 頁····90
東京地決平 5・7・6 判タ 822 号 158 頁······610
浦和地判平 5・8・16 判時 1482 号 159 頁····302
東京地決平 5・10・15 判時 1484 号 91 頁····610
東京地決平 6・1・17 判時 1484 号 91 頁·····610
東京地決平 6・2・10 判時 1484 号 91 頁·····610
東京地判平 6・9・26 金法 1426 号 94 頁·····90
東京地判平 7・5・29 判時 1555 号 89 頁·····90
高知地決平 7・5・31 判タ 884 号 247 頁·····610
東京地決平 7・11・30 判タ 914 号 249 頁
·················335，562，867
東京地決平 8・3・28 判時 1558 号 3 頁·······93
福岡地判平 8・5・17 判タ 920 号 251 頁·····500
大阪地判平 8・5・31 金法 1480 号 55 頁

······················· *384, 386*
東京地判平8・9・30判タ933号168頁······*40*
福岡地小倉支決平9・1・17判タ956号293頁
　　······················*93*
東京地判平9・3・25判時1621号113頁····*380*
広島地福山支判平10・3・6判時1660号
　　112頁 ··············*160*
大阪地判平10・3・18判時1653号135頁
　　······················*409*
東京地判平11・8・25金商1109号55頁····*625*
大阪地判平11・11・17労判786号56頁····*295*
東京地決平12・1・27金商1120号58頁
　　··············*335, 562, 867*
東京地判平12・2・24金判1092号22頁····*276*
東京地判平12・10・16判時1731号24頁
　　······················*808*
東京地決平12・12・18金法1600号94頁
　　······················*866*
大阪地決平13・7・19金法1636号58頁
　　··············*308, 311, 809*
大阪地決平13・7・19判時1762号148頁
　　··············*808, 824*
東京地決平13・11・22金商1132号39頁
　　······················*616*
東京地判平14・2・27金法1656号60頁····*625*
東京地判平14・8・26金商1689号49頁····*789*
大阪地判平14・9・5判タ1121号255頁····*409*
大阪地判平14・9・30金商1672号40頁····*506*
東京地判平15・6・24金法1698号102頁
　　······················*625*
東京地判平15・9・12判時1853号116頁
　　······················*409*
東京地判平15・12・22判タ1141号279頁
　　··········*308, 311, 319, 808, 809, 824*
東京地判平16・2・27金法1772号92頁····*749*
東京地判平16・3・24判タ1160号292頁
　　······················*915*
東京地判平16・6・10判タ1185号315頁
　　··············*308, 311, 809, 824*
東京地判平17・3・9金法1747号84頁····*210*
東京地判平17・4・15判時1912号70頁····*210*
東京地判平17・6・10判タ1212号127頁
　　······················*828*
東京地判平17・8・29判タ1206号79頁
　　··············*246, 789*
大阪地判平17・11・29判タ1203号291頁

······················· *335*
東京地判平17・12・20金法1924号58頁
　　······················*360*
東京地判平18・1・30金法1783号49頁····*828*
東京地判平18・9・12金法1810号125頁
　　······················*210*
東京地判平19・3・26判時1967号105頁
　　······················*332*
東京地判平19・3・29金法1819号40頁·····*89*
神戸地伊丹支決平19・11・28判時2001号88頁
　　······················*380*
東京地判平20・8・18判時2024号37頁
　　··············*259, 805*
東京地判平20・8・18判タ1293号299頁
　　······················*257*
大阪地判平20・10・31金商1309号40頁····*148*
大阪地判平20・10・31判時2039号51頁
　　······················*706*
大阪地判平20・10・31判時2060号114頁
　　······················*511*
東京地判平20・12・16金法1922号119頁
　　······················*360*
東京地判平21・1・16金法1892号55頁
　　··········*256, 257, 258, 805*
東京地判平21・1・20金法1861号26頁····*829*
大阪地判平21・1・29判時2037号74頁
　　··············*257, 805*
大阪地判平21・4・16金法1880号41頁
　　······················*91*
大阪地判平21・8・26金法1916号113頁
　　······················*360*
大阪地判平21・9・4判時2056号103頁····*210*
東京地判平21・11・10判タ1320号275頁
　　··············*503, 504*
福岡地判平21・11・27金法1911号84頁
　　··············*360, 363*
大阪地判平22・3・15判時2090号69頁····*504*
東京地判平22・5・27金法1902号144頁
　　······················*360*
福岡地判平22・9・30判タ1341号200頁
　　··············*360, 363*
東京地判平22・10・14判タ1340号83頁
　　······················*380*
名古屋地判平22・10・29金法1915号114頁
　　······················*509*

東京地判平 22・11・12 判タ 1346 号 241 頁…*91*
東京地決平 22・11・30 金商 1368 号 54 頁
　……………………………………… *358*
東京地判平 23・1・14 Westlaw Japan
　文献番号 2011WLJPCA 01148016 …*360. 363*
東京地判平 23・3・1 判タ 1348 号 236 頁…*383*
松山地判平 23・3・1 金商 1398 号 60 頁……*833*
大阪地判平 23・3・25 金法 1934 号 89 頁…*210*
東京地判平 23・7・27 判時 2144 号 99 頁…*257*
東京地決平 23・8・15 判タ 1382 号 349 頁
　…………………………………… *91, 407*
東京地判平 23・10・24 判時 2140 号 23 頁
　……………………………………… *380*
東京地決平 23・11・24 金法 1940 号 148 頁
　…………………………………… *91, 407*

東京地判平 24・1・26 金法 1945 号 102 頁
　…………………………………… *360, 363*
東京地判平 24・2・27 金法 1957 号 150 頁
　……………………………………… *833*
東京地判平 24・3・23 判タ 1386 号 372 頁
　……………………………………… *512*
東京地判平 24・3・29 労働判例 1055 号 58 頁
　……………………………………… *296*
東京地判平 24・12・13 判タ 1392 号 353 頁
　……………………………………… *257*
東京地判平 25・4・12LLI/DB 判例秘書
　〔L06830154〕……………………… *245*
東京地判平 25・4・15 判タ 1393 号 360 頁
　……………………………………… *203*

判 例 索 引

1053

条 文 索 引

◆ あ 行 ◆

一般法人法
64条……………………………………326
77条1項……………………………564
77条2項……………………………564
81条……………………………………564
148条6号………………………………129
172条……………………………………326
197条……………………………………564
202条1項5号…………………………129

◆ か 行 ◆

外国倒産承認援助法
1条……………………………………684
2条…………………………686, 690
2条1項1号……………………………685
2条1項8号……………………………687
4条……………………………………687
5条……………………………………687
7条……………………………………688
15条……………………………………687
17条……………………………………687
17条1項…………………………684, 685
17条2項………………………………686
19条……………………………………687
20条……………………………………687
21条……………………………………686
22条……………………………………687
22条1項………………………………686
24条……………………………………688
25条…………………………687, 688
26条…………………………687, 688
27条…………………………687, 688
28条……………………………………688
31条…………………………687, 688
32条……………………………………688
51条……………………………………687
56条……………………………………688
57条……………………………………689
59条……………………………………689
60条……………………………………689

62条……………………………………690
63条……………………………………690
64条……………………………………690

会社更生法
3条……………………………83, 682
4条……………………………………683
24条1項1号……………………………96
41条1項4号……………………………95
47条1項………………………………311
50条1項…………………………………96
55条……………………………………799
61条……………………………………812
61条3項…………………………295, 803
62条……………………………………804
63条……………………………………289
72条……………………………………696
73条……………………………………696
98条かっこ書…………………………950
100条1項………………………………864
122条1項…………………………………65
137条2項………………………………692
137条3項………………………………692
168条5項2号…………………………882
171条……………………………………885
208条本文………………………………97
240条……………………………………917
242条……………………………………690
243条……………………………………691
244条……………………………………691
245条……………………………………691
249条……………………………………947
250条……………………………………946
251条1項………………………………946
251条3項………………………………946
253条……………………………………945
254条1項…………………………505, 950
254条2項………………………………950
254条3項………………………………950
254条4項………………………………950
254条6項…………………………208, 948
256条2項………………………………208
257条……………………………………954

会社法

2 条 29 号 …………………	*359*
2 条 30 号 …………………	*359*
36 条 3 項 …………………	*171*
53 条 ……………………	*555, 865*
120 条 4 項 ……………	*555, 865*
178 条 ……………………	*892*
180 条 2 項 ………………	*891*
199 条 2 項 ………………	*893*
199 条 4 項 ………………	*893*
208 条 3 項 ………	*171, 499, 843*
281 条 3 項 ……………	*499, 843*
309 条 2 項 ………………	*894*
309 条 2 項 5 号 ………	*893*
309 条 2 項 11 号 ……	*892*
309 条 5 項 ………………	*894*
324 条 2 項 2 号 ……	*893, 894*
326 条 2 項 ………………	*555*
330 条 ……………………	*324*
331 条 ……………………	*325*
349 条 1 項 ………………	*564*
349 条 2 項 ………………	*564*
353 条 ……………………	*564*
386 条 ……………………	*863*
386 条 1 項 ………………	*564*
408 条 ……………………	*863*
423 条 …………………	*555, 865*
429 条 …………………	*555, 865*
430 条 …………………	*555, 865*
432 条 ……………………	*546*
462 条 …………………	*555, 865*
464 条 …………………	*555, 865*
465 条 ……………………	*865*
471 条 5 号 ………………	*129*
478 条 2 項 ………………	*587*
486 条 …………………	*555, 865*
510 条 ……………………	*22*
512 条 1 項 1 号 ………	*96*
515 条 1 項 ………………	*96*
515 条 2 項 ………………	*96*
523 条 ……………………	*704*
574 条 1 項 ………………	*96*
575 条 1 項 ………………	*326*
607 条 1 項 5 号 ……	*313, 326*
611 条 ……………………	*313*
641 条 6 号 ………………	*129*

663 条 ……………………	*570*
704 条 ……………………	*704*
810 条 1 項 2 号 ………	*360*
828 条 1 項 1 号 ………	*814*
828 条 1 項 5 号 ………	*891*
828 条 1 項 7 号 ………	*814*
828 条 1 項 8 号 ………	*814*
828 条 1 項 9 号 ………	*364*
828 条 1 項 10 号 ……	*364*
828 条 2 項 5 号 ………	*891*
830 条 ……………………	*814*
831 条 ……………………	*814*
833 条 ……………………	*814*
847 条 ……………………	*561*
847 条以下 ………………	*335*

仮登記担保法

2 条 1 項 …………………	*476*
11 条 ……………………	*476*
14 条 ……………………	*477*
15 条 ……………………	*476*
19 条 1 項 ………………	*476*
19 条 5 項 ………………	*477*

企業担保法

2 条 1 項 …………………	*154*
7 条 ………………………	*154*
7 条 1 項 …………………	*154*

刑法 96 条 ………………… *546*

下水道法 20 条 …………… *601*

建設機械抵当法 15 条 …… *459*

憲　法

21 条 2 項 ………………	*549*
25 条 ……………………	*607*
29 条 ……………………	*607*

国税徴収法

8 条 ………………	*154, 213, 340*
15 条 ……………………	*340*
16 条 ……………………	*340*

◆ さ　行 ◆

借地借家法

5 条 ………………………	*254*
6 条 ………………………	*254*
9 条 ………………………	*805*
10 条 ……………………	*44, 47*
10 条 1 項 ………………	*262*
28 条 ……………………	*254*

条文索引

1055

30条‥‥‥‥‥‥‥‥‥‥601, 805	60条5項‥‥‥‥‥‥‥‥‥‥318
31条‥‥‥‥‥‥‥‥‥‥‥262	62条1項‥‥‥‥‥‥‥‥‥‥529

商　法

19条2項‥‥‥‥‥‥‥‥‥546	77条‥‥‥‥‥‥‥‥‥‥‥650
31条‥‥‥‥‥‥‥‥‥458, 536	78条‥‥‥‥‥‥‥‥‥‥‥650
512条‥‥‥‥‥‥‥‥‥‥322	100条‥‥‥‥‥‥‥‥‥‥318
514条‥‥‥‥‥‥‥‥‥‥432	101条‥‥‥‥‥‥‥‥‥‥647
521条‥‥‥‥‥‥‥276, 458, 459	145条2項7号‥‥‥‥‥‥‥318
529条‥‥‥‥‥‥‥‥‥‥289	145条2項8号‥‥‥‥‥‥‥318
552条2項‥‥‥‥‥‥‥528, 536	163条7号‥‥‥‥‥‥‥‥‥646
557条‥‥‥‥‥‥‥‥458, 536	163条8号‥‥‥‥‥‥‥‥‥651
562条‥‥‥‥‥‥‥‥‥‥458	163条9号‥‥‥‥‥‥‥‥‥317
582条1項‥‥‥‥‥‥‥‥534	177条‥‥‥‥‥‥‥‥‥‥645
589条‥‥‥‥‥‥‥‥‥‥458	179条‥‥‥‥‥‥‥‥‥‥645
607条‥‥‥‥‥‥‥‥‥‥145	216条‥‥‥‥‥‥‥‥‥‥644
753条2項‥‥‥‥‥‥‥‥458	生活保護法58条‥‥‥‥‥‥‥142
810条‥‥‥‥‥‥‥‥‥‥154	総合法律支援法30条1項2号‥‥‥‥598
812条‥‥‥‥‥‥‥‥‥‥145	

◆　た　行　◆

信託法

2項1号‥‥‥‥‥‥‥‥‥318	地方税法14条‥‥‥‥‥‥‥‥154
2条7項‥‥‥‥‥‥‥‥‥318	地方自治法231条の3第3項‥‥‥‥601
2条9項‥‥‥‥‥‥‥‥‥318	中小企業倒産防止共済法2条2項‥‥‥4
3条1号‥‥‥‥‥‥‥‥‥316	**手形法**
11条‥‥‥‥‥‥‥‥‥‥652	17条‥‥‥‥‥‥‥‥‥44, 52
12条1項‥‥‥‥‥‥‥‥652	77条1項1号‥‥‥‥‥‥‥52
14条‥‥‥‥‥‥‥‥‥316, 529	**動産債権譲渡登記規則**
16条1項‥‥‥‥‥‥‥‥142	8条‥‥‥‥‥‥‥‥‥‥468
21条1項1号‥‥‥‥‥‥‥318	9条‥‥‥‥‥‥‥‥‥‥471
21条2項2号‥‥‥‥‥‥‥318	**動産債権譲渡特例法**
22条1項‥‥‥‥‥‥‥647, 648	3条1項‥‥‥‥‥‥‥‥‥467
23条1項‥‥‥‥‥‥‥‥649	7条‥‥‥‥‥‥‥‥‥‥468
25条1項‥‥‥‥‥317, 529, 649, 650	8条‥‥‥‥‥‥‥‥‥‥471
25条2項‥‥‥‥‥‥318, 529, 651	**特許法**
25条3項‥‥‥‥‥‥‥318, 651	77条‥‥‥‥‥‥‥‥‥‥268
40条1項‥‥‥‥‥‥‥‥318	78条‥‥‥‥‥‥‥‥‥‥268
41条‥‥‥‥‥‥‥‥‥‥318	98条1項2号‥‥‥‥‥‥‥268
48条‥‥‥‥‥‥‥‥‥‥647	99条‥‥‥‥‥‥‥‥‥‥269
49条‥‥‥‥‥‥‥‥‥‥647	100条1項‥‥‥‥‥‥‥‥268
49条4項‥‥‥‥‥‥‥‥647	
53条‥‥‥‥‥‥‥‥‥‥647	◆　は　行　◆
54条‥‥‥‥‥‥‥‥‥‥647	**破産法**
56条‥‥‥‥‥‥‥‥‥‥650	2条2項‥‥‥‥‥‥‥‥‥78
56条1項3号‥‥‥‥‥‥318, 529	2条3項‥‥‥‥‥‥‥‥‥75
59条1項‥‥‥‥‥‥‥‥318	2条4項‥‥‥‥‥‥‥‥‥66
59条2項‥‥‥‥‥‥‥‥318	2条5項‥‥‥‥‥‥66, 72, 144
60条4項‥‥‥‥‥‥‥318, 650	2条6項‥‥‥‥‥‥‥‥65, 72
	2条7項‥‥‥‥‥73, 199, 208, 239

2 条 8 項	199
2 条 9 項	145, 339, 458, 476, 534
2 条 9 号 10 号	450
2 条 10 項	476
2 条 11 項	89, 396
3 条	83, 682
4 条	683
4 条 1 項	76
5 条 1 項	75
5 条 2 項	76
5 条 3 項前段	76
5 条 3 項後段	76
5 条 4 項	76
5 条 5 項前段	76
5 条 5 項後段	76
5 条 6 項前段	77
5 条 6 項後段	77
5 条 7 項	77
5 条 8 項	77
5 条 9 項	77
5 条 10 項	78
6 条	75, 195
7 条	78
8 条 2 項	98
9 条	66, 99, 325, 584
11 条	56
13 条	79, 82, 87, 99, 325, 329, 427, 431
15 条 1 項	71, 89, 98, 120, 597
15 条 2 項	90
16 条 1 項	93
16 条 2 項	93
17 条	691
18 条	73
18 条 1 項	71
18 条 2 項	74
19 条	71, 73
19 条 1 項	72
19 条 2 項	72
19 条 3 項	74
19 条 4 項	74
19 条 5 項	84
20 条	597
20 条 1 項	73
20 条 2 項	74
21 条 1 項	79

21 条 1 項前段	97
21 条 1 項後段	97
21 条 2 項	97
21 条 5 項	97
21 条 6 項	79, 97
22 条 1 項	79, 81, 598
22 条 2 項	81
23 条 1 項	598
24 条 1 項	110
24 条 2 項	111
24 条 3 項	111
25 条 1 項	112
25 条 2 項	113
25 条 3 項	112, 114
25 条 4 項	114
25 条 6 項	113
25 条 7 項	113
25 条 8 項	114
27 条 1 項	114
28 条 1 項	105
28 条 6 項	106
29 条	81
29 条前段	82
29 条後段	82
30 条	98
30 条 1 項	71, 120
30 条 1 項 1 号	79, 94, 598
30 条 1 項 2 号	95
30 条 2 項	47, 125, 228, 344
31 条 1 項	36, 62, 121
31 条 1 項 1 号	175
31 条 1 項 2 号	56, 57
31 条 1 項 3 号	182, 184
31 条 2 項	122
31 条 3 項	122, 175
31 条 3 項 1 号	184
31 条 4 項	56, 122
31 条 5 項	62, 123
32 条	123
32 条 1 項	62
32 条 1 項 3 号	175, 184
32 条 1 項 4 号	235
32 条 2 項	62, 123
32 条 3 項	62, 63, 123, 124
32 条 3 項 1 号	235
32 条 4 項	124, 566

条 文 索 引

32条5項‥‥‥‥‥‥‥‥‥‥‥‥‥‥‥‥*124*	
34条1項‥‥‥‥‥*134, 137, 147, 602*	
34条2項‥‥‥‥‥‥‥‥‥‥‥*138, 303*	
34条3項‥‥‥‥‥‥‥‥‥‥‥*137, 142, 304*	
34条4項‥‥‥‥‥‥‥*140, 144, 257*	
34条5項‥‥‥‥‥‥‥‥‥‥‥‥‥‥*144*	

32条5項‥‥‥‥‥‥‥‥‥‥‥‥‥‥‥‥*124*
34条1項‥‥‥‥‥*134, 137, 147, 602*
34条2項‥‥‥‥‥‥‥‥‥‥*138, 303*
34条3項‥‥‥‥‥‥‥‥‥*137, 142, 304*
34条4項‥‥‥‥‥‥*140, 144, 257*
34条5項‥‥‥‥‥‥‥‥‥‥‥‥‥*144*
35条‥‥‥‥‥‥‥‥‥‥‥‥‥*67, 129*
36条‥‥‥‥‥‥‥‥‥‥‥‥‥‥‥*129*
37条‥‥‥‥‥‥‥‥‥‥‥‥‥‥‥‥*67*
37条1項‥‥‥‥‥‥‥‥‥‥‥‥‥*127*
37条2項‥‥‥‥‥‥‥‥‥‥‥‥‥*127*
38条1項‥‥‥‥‥‥‥‥‥*119, 127*
38条2項‥‥‥‥‥‥‥‥‥‥‥‥‥*128*
38条3項‥‥‥‥‥‥‥‥‥‥‥‥‥*127*
38条4項‥‥‥‥‥‥‥‥‥‥‥‥‥*128*
38条5項‥‥‥‥‥‥‥‥‥‥‥‥‥*128*
39条‥‥‥‥‥‥‥‥‥‥‥‥‥‥‥*130*
40条1項‥‥‥‥‥‥‥‥‥‥‥*57, 126*
40条1号‥‥‥‥‥‥‥‥‥‥‥‥‥‥*66*
41条‥‥‥‥‥‥‥‥‥‥‥*127, 658*
42条1項‥‥‥‥‥*73, 125, 131, 209,*
301, 336, 338, 340
42条2項‥‥*73, 125, 131, 336, 338, 339*
42条2項但書‥‥‥‥‥‥‥‥‥‥‥*328*
42条4項‥‥‥‥‥‥‥‥‥‥*207, 336*
42条5項‥‥‥‥‥‥‥‥‥‥*336, 339*
43条‥‥‥‥‥‥‥‥‥‥‥‥‥‥‥*209*
43条1項‥‥‥‥‥‥‥*125, 338, 339*
43条2項‥‥‥‥‥‥‥*125, 131, 339*
44条‥‥‥‥‥‥‥‥‥‥‥‥‥‥‥*340*
44条1項‥‥‥‥‥‥‥*126, 329, 330*
44条2項‥‥‥‥‥*45, 328, 329, 330*
44条3項‥‥‥‥‥‥‥‥‥*207, 330*
44条5項‥‥‥‥‥‥‥‥‥‥‥‥‥*336*
44条6項‥‥‥‥‥‥‥‥‥‥‥‥‥*336*
45条‥‥‥‥‥‥‥‥‥‥‥‥‥‥‥*328*
45条1項‥‥‥‥‥‥‥*332, 334, 425*
45条2項‥‥‥‥‥‥‥*332, 334, 425*
45条3項‥‥‥‥‥‥‥‥‥‥‥‥‥*207*
45条4項‥‥‥‥‥‥‥‥‥‥*333, 425*
45条5項‥‥‥‥‥‥‥‥‥‥‥‥‥*333*
45条5項前段‥‥‥‥‥‥‥‥‥‥‥*425*
45条5項後段‥‥‥‥‥‥‥‥‥‥‥*425*
45条6項‥‥‥‥‥‥‥‥‥‥‥‥‥*333*
46条‥‥‥‥‥‥‥‥‥‥‥‥*126, 340*
47条‥‥‥‥‥‥‥‥‥‥‥‥*125, 323*

47条1項‥‥‥‥‥‥‥‥‥‥*228, 234*
47条2項‥‥‥‥‥‥‥‥‥‥‥‥‥*228*
48条‥‥‥‥‥‥‥‥‥‥‥‥*125, 799*
48条1項‥‥‥‥‥‥‥‥‥‥‥‥‥*230*
49条‥‥‥‥‥‥‥‥‥‥‥‥‥‥‥*125*
49条1項‥‥‥‥‥‥‥‥‥‥‥‥‥*233*
49条1項但書‥‥‥‥‥‥‥‥‥‥‥‥*46*
50条‥‥‥‥‥‥‥‥‥‥‥‥*125, 235*
50条1項‥‥‥‥‥‥‥‥‥‥‥‥‥*539*
50条2項‥‥‥‥‥‥‥‥‥‥‥‥‥*539*
51条‥‥‥‥‥‥‥‥‥‥‥‥‥‥‥*233*
52条1項‥‥‥‥‥‥‥‥‥‥‥‥‥*326*
52条2項‥‥‥‥‥‥‥‥‥‥‥‥‥*327*
53条‥‥‥‥‥‥‥*45, 240, 256, 292*
53条1項‥‥*203, 244, 250, 252, 267*
53条2項‥‥‥‥‥‥*240, 244, 803*
54条1項‥*149, 239, 252, 256, 267, 804*
54条2項‥‥‥‥*239, 267, 533, 803*
54条2項後段‥‥‥‥‥‥‥‥‥‥‥*206*
55条1項‥‥‥‥‥‥*206, 252, 600*
55条2項‥‥‥‥‥‥*206, 252, 600*
55条3項‥‥‥‥‥‥‥‥‥‥‥‥‥*250*
56条1項‥‥‥‥‥‥*207, 262, 806*
56条2項‥‥‥‥‥‥‥‥‥*207, 262*
57条‥‥‥‥‥‥‥‥‥‥‥*149, 323*
58条‥‥‥‥‥‥‥‥‥‥‥‥‥‥‥*283*
58条1項‥‥‥‥‥‥‥‥‥‥‥‥‥*287*
58条3項‥‥‥‥‥‥‥‥‥‥‥‥‥*149*
58条5項‥‥‥‥‥‥‥‥‥‥‥‥‥*289*
59条1項‥‥‥‥‥‥‥‥‥‥*288, 289*
59条2項‥‥‥‥‥‥‥‥‥‥‥‥‥*289*
60条‥‥‥‥‥‥‥‥‥‥‥‥‥‥‥*236*
60条1項‥‥‥‥‥‥‥‥‥‥‥‥‥*149*
61条‥‥‥‥‥‥‥‥‥‥‥‥‥‥‥*328*
62条‥‥‥‥‥‥‥‥‥‥*45, 145, 525*
63条‥‥‥‥‥‥‥‥‥‥‥‥‥‥‥*533*
63条1項但書‥‥‥‥‥‥‥‥‥‥‥*535*
63条2項‥‥‥‥‥‥‥‥‥‥‥‥‥*536*
63条3項‥‥‥‥‥‥‥‥‥‥‥‥‥*536*
64条‥‥‥‥‥‥‥‥‥‥‥‥*533, 537*
64条2項‥‥‥‥‥‥‥‥‥‥‥‥‥*538*
65条‥‥‥‥‥‥*145, 527, 534, 567*
65条1項‥‥*311, 339, 450, 452, 463*
66条1項‥‥‥‥‥‥‥‥‥‥‥‥‥*458*
66条2項‥‥‥‥‥‥‥‥‥‥‥‥‥*458*
66条3項‥‥‥‥‥‥‥‥‥‥*339, 457*

67 条 1 項‥‥‥‥‥‥‥‥ *493, 496, 519*
67 条 2 項‥‥‥‥ *264, 496, 497, 841*
68 条 1 項‥‥‥‥‥‥‥‥‥‥‥ *497*
68 条 2 項‥‥‥‥‥‥‥‥‥‥‥ *495*
69 条‥‥‥‥‥‥‥‥‥‥ *153, 496*
70 条前段‥‥‥‥‥‥ *264, 496, 841*
70 条後段‥‥‥‥ *264, 265, 496, 806*
71 条 1 項 1 号‥‥‥‥‥‥ *499, 845*
71 条 1 項 2 号‥‥‥‥ *92, 501, 845*
71 条 1 項 3 号‥‥‥‥‥‥ *92, 846*
71 条 1 項 3 号本文‥‥‥‥‥‥ *505*
71 条 1 項 3 号但書‥‥‥‥‥‥ *505*
71 条 1 項 4 号‥‥‥‥‥‥‥‥ *505*
71 条 2 項 1 号‥‥‥‥‥‥‥‥ *506*
71 条 2 項 2 号‥‥‥‥ *92, 288, 506*
71 条 2 項 3 号‥‥‥‥‥‥‥‥ *509*
72 条 1 項 1 号‥‥‥‥‥‥ *509, 846*
72 条 1 項 2 号‥‥‥‥ *92, 512, 846*
72 条 1 項 3 号‥‥‥‥‥‥ *513, 847*
72 条 1 項 4 号‥‥‥‥‥‥ *514, 847*
72 条 2 項 1 号‥‥‥‥‥‥‥‥ *514*
72 条 2 項 2 号‥‥‥‥‥‥ *288, 514*
72 条 2 項 3 号‥‥‥‥‥‥‥‥ *515*
72 条 2 項 4 号‥‥‥‥‥‥‥‥ *515*
73 条 1 項本文‥‥‥‥‥‥‥‥ *520*
73 条 1 項但書‥‥‥‥‥‥‥‥ *520*
73 条 2 項‥‥‥‥‥‥‥‥‥‥ *520*
74 条 1 項‥‥‥‥‥‥‥‥‥‥‥ *36*
74 条 2 項‥‥‥‥‥‥‥‥‥‥‥ *36*
75 条‥‥‥‥‥‥‥‥‥‥ *66, 421*
75 条 1 項‥‥‥‥ *37, 209, 301, 551*
75 条 2 項‥‥‥‥ *37, 209, 301, 551*
76 条 1 項‥‥‥‥‥‥‥‥‥‥‥ *40*
77 条 1 項‥‥‥‥‥‥‥‥‥‥‥ *40*
77 条 2 項‥‥‥‥‥‥‥‥‥‥‥ *40*
78 条‥‥‥‥‥‥‥‥‥‥ *66, 696*
78 条 1 項‥‥‥‥‥‥‥ *46, 104, 124,*
　　　　　　　228, 237, 344, 544
78 条 2 項‥‥‥‥‥‥‥‥ *552, 565*
78 条 2 項 10 号‥‥‥‥‥‥‥‥ *423*
78 条 2 項 11 号‥‥‥‥‥‥‥‥ *424*
78 条 2 項 12 号‥‥‥‥‥‥ *142, 424*
78 条 2 項 13 号‥‥‥‥‥‥ *301, 532*
78 条 2 項 14 号‥‥‥‥‥‥‥‥ *453*
78 条 2 項 1 号‥‥‥‥‥‥ *565, 566*
78 条 2 項 2 号‥‥‥‥‥‥‥‥ *565*

78 条 2 項 3 号‥‥‥‥‥‥‥‥ *565*
78 条 2 項 4 号‥‥‥‥‥‥‥‥ *565*
78 条 2 項 7 号‥‥‥‥‥‥‥‥ *565*
78 条 2 項 8 号‥‥‥‥‥‥‥‥ *565*
78 条 3 項‥‥‥‥‥‥ *453, 552, 565*
78 条 3 項 1 号‥‥‥‥‥‥ *301, 532*
78 条 3 項 2 号‥‥‥‥‥‥‥‥ *301*
78 条 4 項‥‥‥‥‥‥‥‥‥‥ *553*
78 条 5 項‥‥‥‥‥‥‥‥‥‥ *553*
78 条 6 項‥‥‥‥‥‥‥‥‥‥ *553*
79 条‥‥‥‥‥‥ *38, 524, 545, 696*
80 条‥‥‥‥‥‥‥‥‥‥ *125, 329*
81 条‥‥‥‥‥‥‥‥‥‥‥‥‥ *67*
81 条 1 項‥‥‥‥‥‥‥‥ *128, 549*
81 条 2 項‥‥‥‥‥‥‥‥‥‥ *549*
81 条 4 項‥‥‥‥‥‥‥‥ *128, 549*
82 条‥‥‥‥‥‥‥‥‥‥ *35, 549*
82 条 1 項‥‥‥‥‥‥‥‥ *128, 549*
82 条 2 項‥‥‥‥‥‥‥‥‥‥ *128*
83 条‥‥‥‥‥‥‥‥‥‥‥‥‥ *35*
83 条 1 項‥‥‥‥‥‥‥‥ *127, 550*
83 条 2 項‥‥‥‥‥‥‥‥‥‥ *550*
83 条 3 項‥‥‥‥‥‥‥‥‥‥ *550*
84 条‥‥‥‥‥‥‥‥‥‥ *546, 551*
85 条‥‥‥‥ *35, 39, 139, 256, 544*
85 条 2 項‥‥‥‥‥‥‥‥ *209, 301*
86 条‥‥‥‥‥‥‥‥‥‥‥‥ *299*
87 条 1 項‥‥‥‥‥‥‥‥‥‥‥ *40*
88 条 1 項‥‥‥‥‥‥‥‥ *37, 58, 582*
88 条 2 項‥‥‥‥‥‥‥‥ *37, 58, 582*
88 条 3 項‥‥‥‥‥‥‥‥ *56, 58, 582*
88 条 4 項‥‥‥‥‥‥‥‥‥ *58, 583*
88 条 5 項‥‥‥‥‥‥‥‥‥ *58, 583*
88 条 6 項‥‥‥‥‥‥‥‥‥ *59, 583*
89 条 1 項‥‥‥‥‥‥‥‥ *56, 59, 582*
89 条 2 項‥‥‥‥‥‥‥‥ *56, 59, 583*
89 条 3 項‥‥‥‥‥‥‥‥‥‥‥ *59*
89 条 4 項‥‥‥‥‥‥‥ *56, 59, 583*
90 条 1 項‥‥‥‥‥‥‥‥‥ *37, 583*
90 条 2 項‥‥‥‥‥‥ *100, 208, 583*
91 条‥‥‥‥‥‥‥‥‥‥‥‥‥ *34*
91 条 1 項‥‥‥‥‥‥‥‥‥‥ *107*
91 条 2 項‥‥‥‥‥‥‥‥‥‥ *108*
92 条 1 項‥‥‥‥‥‥‥‥‥‥ *109*
92 条 3 項‥‥‥‥‥‥‥‥‥‥ *109*
93 条‥‥‥‥‥‥‥‥‥‥ *35, 108*

条 文 索 引

93 条 1 項但書	*109*	108 条 2 項後段	*455*
93 条 2 項	*109*	110 条 1 項	*65*
96 条	*35*	110 条 2 項	*65*
97 条 1 号	*151, 152*	111 条	*177*
97 条 2 号	*152*	111 条 1 項	*151, 175, 180, 452, 453*
97 条 3 号	*152*	111 条 1 項 4 号	*574*
97 条 4 号	*154*	111 条 2 項	*180, 454*
97 条 5 号	*154*	111 条 2 項 1 号	*452*
97 条 7 号	*149*	111 条 2 項 2 号	*452*
98 条	*213, 298*	111 条 3 項	*452*
98 条 1 項	*145, 154, 252, 297, 460, 600*	112 条 1 項	*176, 183*
		112 条 2 項	*176*
98 条 2 項	*154, 215*	112 条 3 項	*183*
98 条 3 項	*154*	112 条 4 項	*176, 183*
99 条 1 項	*154*	113 条	*178*
99 条 1 項 1 号	*151*	113 条 2 項	*574*
99 条 1 項 2 号	*151*	114 条	*215*
99 条 1 項 3 号	*151*	115 条 1 項	*180*
99 条 1 項 4 号	*300*	115 条 2 項	*180*
99 条 2 項	*159, 881*	115 条 3 項	*181*
100 条	*66, 130*	116 条	*454*
100 条 1 項	*144, 301*	116 条 1 項	*151, 181, 184*
100 条 2 項	*144*	116 条 2 項	*181, 184*
101 条	*131, 144*	117 条 1 項	*182, 184*
101 条 1 項	*299, 301*	117 条 1 項 1 号	*454*
101 条 2 項	*301*	117 条 1 項 4 号	*454*
102 条	*493, 840*	117 条 2 項	*176, 182*
103 条	*130*	117 条 3 項	*176, 182*
103 条 2 項	*66, 146, 151*	117 条 4 項	*182*
103 条 2 項 1 号イ	*151, 841*	117 条以下	*151*
103 条 2 項 1 号ロハ	*151*	118 条	*66*
103 条 2 項 2 号	*151*	118 条 1 項	*183*
103 条 3 項	*66, 152, 300, 841*	118 条 2 項	*183*
103 条 4 項	*66, 153, 163*	119 条 1 項	*183*
104 条 1 項	*161*	119 条 1 項本文	*175, 178*
104 条 2 項	*161*	119 条 1 項但書	*176*
104 条 3 項	*163*	119 条 2 項	*176, 183*
104 条 4 項	*165*	119 条 3 項	*176, 178, 183, 185*
105 条	*166*	119 条 4 項	*183*
106 条	*170*	119 条 5 項	*183*
107 条 1 項	*170*	119 条 6 項	*183, 185*
107 条 2 項	*171*	120 条	*185*
108 条	*453*	121 条	*185*
108 条 1 項	*145*	121 条 1 項	*184*
108 条 2 項	*455*	121 条 2 項	*184*
108 条 2 項前段	*455*	121 条 3 項	*67, 184*

121 条 4 項 ………………	*183, 184, 187*		139 条 1 項 ………………………	*60*
121 条 5 項 ………………	*67, 184*		139 条 2 項 ………………………	*60, 61*
122 条 1 項 ………………………	*185*		139 条 3 項 ………………………	*61, 62*
122 条 1 項本文 …………	*175, 178*		140 条 1 項 ………………………	*61, 454*
122 条 1 項但書 …………………	*176*		141 条 1 項 ………………………	*61*
122 条 2 項 ……………	*176, 178, 185*		142 条 1 項 ………………………	*61, 155*
124 条 ………………………………	*151*		142 条 2 項 ………………………	*61, 692*
124 条 1 項 …………	*144, 179, 186, 187*		143 条 ……………………………	*61*
124 条 2 項 ……………	*180, 186, 187*		144 条 1 項 ………………………	*64*
124 条 3 項 ………………………	*186*		144 条 2 項 ………………………	*64*
125 条 ………………………………	*144*		144 条 3 項 ………………………	*64*
125 条 1 項 ……………………	*188, 190*		144 条 4 項 ………………………	*65, 207*
125 条 1 項但書 …………………	*192*		145 条 ……………………………	*64*
125 条 2 項 ………………………	*188*		146 条 ……………………………	*64*
125 条 4 項 ………………………	*193*		147 条 ……………………………	*64*
125 条 5 項 ………………………	*193*		148 条 1 項 ………………………	*200*
126 条 ………………………	*144, 151*		148 条 1 項 1 号 …………………	*200*
126 条 1 項 ………………………	*193*		148 条 1 項 2 号 ……………	*200, 600*
126 条 2 項 ………………………	*195*		148 条 1 項 3 号 …	*144, 201, 213, 787*
126 条 3 項 ………………………	*195*		148 条 1 項 4 号 ……	*202, 259, 275*
126 条 4 項 ………………………	*195*		148 条 1 項 5 号 …	*202, 264, 324, 538*
126 条 5 項 ………………………	*196*		148 条 1 項 6 号 ……………	*203, 324*
126 条 6 項 ………………………	*196*		148 条 1 項 7 号 ……	*203, 239, 253,*
126 条 7 項 ………………………	*197*			*275, 293, 803*
127 条 ………………………………	*555*		148 条 1 項 8 号 ……………	*204, 293*
127 条 1 項 ………	*192, 328, 331, 952*		148 条 2 項 ……………	*204, 205*
127 条 2 項 ………………………	*192*		148 条 3 項 ……………	*203, 300*
128 条 ………………………………	*198*		148 条 4 項 ………………………	*205*
129 条 ………………………………	*151*		149 条 ……………………	*205, 297, 787*
129 条 1 項 ……………………	*190, 331*		149 条 1 項 ……………	*144, 298*
129 条 2 項 ……………………	*192, 331*		149 条 2 項 ……………	*298, 300*
130 条 ……………………	*180, 194*		150 条 1 項 ………………………	*205*
131 条 ………………………………	*197*		150 条 2 項 ………………………	*205*
131 条 1 項 ………………………	*195*		150 条 3 項 ………………………	*205*
131 条 2 項 ………………………	*194*		150 条 4 項 ………………………	*205*
132 条 ………………………………	*208*		150 条 5 項 ………………………	*205*
134 条 ……………………	*198, 213*		151 条 ……………	*199, 208, 239, 259*
135 条 ………………………………	*59*		152 条 1 項 ……………………	*73, 209*
135 条 1 項 ………………………	*60*		152 条 1 項本文 …………………	*494*
135 条 1 項 2 号 …………………	*64*		152 条 1 項但書 …………………	*494*
135 条 1 項但書 …………………	*57*		152 条 2 項 ……	*80, 201, 204, 210*
136 条 1 項 ……………………	*60, 62*		153 条 1 項 ……………	*38, 547*
136 条 2 項 ………………………	*60*		153 条 2 項 ……………	*38, 547*
136 条 3 項 ……………………	*60, 63*		153 条 3 項 ………………………	*548*
137 条 ………………………………	*60*		154 条 ……………………………	*453*
138 条 ……………………	*61, 66*		155 条 1 項 ……………	*38, 546*

条 文 索 引

1061

155 条 2 項 ………… 38, 547	166 条 …… 346, 372, 397, 403, 406, 852
156 条 1 項 …………………… 545	166 条かっこ書 ………………… 381
156 条 2 項 …………………… 545	167 条 1 項 ………… 420, 431, 860
156 条 3 項 …………………… 545	167 条 2 項 …………… 440, 860
156 条 4 項 …………………… 545	168 条 ……………… 374, 860
156 条 5 項 …………………… 545	168 条 1 項 …………………… 447
157 条 1 項 ……… 56, 57, 551	168 条 1 項 1 号 … 364, 440, 533
157 条 2 項 …………………… 551	168 条 1 項 2 号 … 207, 364, 368, 441
158 条 ………………… 57, 551	168 条 2 項 …………………… 447
159 条 ………………………… 57	168 条 2 項 1 号 ……… 207, 441
160 条 ……………………… 345	168 条 2 項 2 号 ……… 149, 441
160 条 1 項 ………… 346, 358	168 条 2 項 3 号 ……… 149, 207
160 条 1 項 1 号 …… 368, 852	168 条 2 項柱書 ……………… 441
160 条 1 項 1 号本文 ……… 371	168 条 4 項 …………………… 439
160 条 1 項 1 号但書 ……… 371	169 条 …… 374, 404, 441, 447, 860
160 条 1 項 2 号 … 92, 371, 852	170 条 ……………………… 115
160 条 1 項 2 号但書 ……… 372	170 条 1 項 1 号 …………… 414
160 条 1 項 2 号本文 ……… 371	170 条 1 項 2 号 …………… 415
160 条 1 項かっこ書き ……… 389	170 条 1 項 3 号 ……… 415, 440
160 条 1 項柱書かっこ書 …… 371	170 条 2 項 ………… 415, 440
160 条 2 項 ………… 347, 372	171 条 1 項 ……………… 116
160 条 3 項 … 92, 347, 379, 852	171 条 2 項 ……………… 117
160 条以下 ………………… 46	171 条 3 項 ………… 117, 118
161 条 …… 345, 348, 358, 374	171 条 4 項 ………… 117, 118
161 条 1 項 …………………… 357	171 条 5 項 ……………… 118
161 条 2 項 ………… 357, 379	171 条 6 項 ……………… 119
162 条 …… 345, 348, 388, 389	172 条 1 項 ……………… 118
162 条 1 項 ……… 347, 388, 853	172 条 2 項 ……………… 118
162 条 1 項 1 号 …… 390, 394	172 条 4 項 ……………… 117
162 条 1 項 1 号本文 ……… 396	173 条 1 項 ……… 332, 345, 415,
162 条 1 項 1 号但書イ … 393, 397	420, 421, 532
162 条 1 項 1 号但書ロ … 393, 397	173 条 2 項 ……………… 423
162 条 1 項 2 号本文 … 394, 396	174 条 ……………………… 332
162 条 1 項 2 号但書 … 394, 398	174 条 1 項 ……………… 427
162 条 1 項柱書かっこ書 … 400	174 条 2 項 ……………… 427
162 条 2 項 1 号 …………… 398	174 条 3 項 ……………… 427
162 条 2 項 2 号 ……… 347, 395	174 条 5 項 ……………… 428
162 条 3 項 ………… 348, 396	175 条 1 項 ……………… 429
162 条 3 項かっこ書 ……… 397	175 条 2 項 ……………… 429
163 条 1 項 …………………… 401	175 条 3 項 ……………… 429
163 条 2 項 …………………… 403	175 条 4 項 ………… 427, 429
163 条 3 項 …………………… 404	175 条 6 項 ……………… 429
164 条 …………………… 404	176 条 ……………………… 430
165 条 …………………… 409	177 条 1 項 ……… 554, 555, 563
165 条前段 …………………… 411	177 条 2 項 ………… 554, 563
165 条後段 …………………… 412	177 条 3 項 …………………… 565

177 条 4 項	565	188 条 6 項	484
177 条 5 項	565	188 条 7 項	485
177 条 6 項	565	188 条 8 項	485
178 条 1 項	554, 555, 864	188 条 9 項	485
178 条 2 項	555	189 条 1 項	483, 485
178 条 3 項	555	189 条 3 項	485
178 条 4 項	555	189 条 4 項	485
178 条 5 項	557	189 条 5 項	485
179 条 1 項	556, 558, 561	190 条 1 項	485
179 条 2 項	556	190 条 3 項	486
179 条 3 項	556	190 条 4 項	486
180 条	554, 558	190 条 5 項	486
180 条 1 項	558	190 条 6 項	486
180 条 2 項	558	190 条 7 項	486
180 条 4 項	558, 560	191 条	487
180 条 6 項	560	191 条 1 項	487, 835
181 条	557	192 条	458
182 条	570	192 条 1 項	487
183 条	570	192 条 2 項	488
184 条 1 項	566	192 条 3 項	488
184 条 2 項	453, 458, 566, 567	192 条 4 項	488
184 条 4 項	453, 568	192 条 5 項	489
185 条	453	193 条 2 項	574
185 条 1 項	466, 474, 476, 569	193 条 3 項	180, 574
185 条 2 項	569	194 条 1 項	574
185 条 3 項	569	194 条 2 項	154, 574
186 条	311	195 条 1 項	574, 578
186 条 1 項	478, 835	195 条 2 項	571, 575, 576
186 条 1 項 1 号	481, 482, 835	196 条	579
186 条 1 項 2 号	482	196 条 1 項	571, 577
186 条 2 項	481	196 条 1 項柱書	572
186 条 3 項	480	196 条 2 項	571
186 条 4 項	480	196 条 3 項	454, 576
186 条 5 項	480	197 条 1 項	572
187 条 1 項	479, 483, 835	197 条 2 項	572
187 条 2 項	483	197 条 3 項	572
187 条 3 項	483, 484	198 条 1 項	153, 571
187 条 4 項	483	198 条 2 項	153, 575
187 条 5 項	483	198 条 3 項	454, 576
187 条 6 項	483	198 条 4 項	455
188 条 10 項	485	199 条 1 項	572, 577
188 条 1 項	479, 484	199 条 2 項	577
188 条 2 項	484	200 条	66
188 条 3 項	484	200 条 1 項	573
188 条 4 項	484	200 条 2 項	573
188 条 5 項	484	200 条 3 項	573

条 文 索 引

200 条 4 項 ······	*573*	216 条 6 項 ······	*586*
201 条 1 項 ······	*577*	217 条 ······	*585*
201 条 2 項 ······	*497*	217 条 1 項 ······	*56, 587*
201 条 3 項 ······	*153, 496*	217 条 1 項前段 ······	*58*
201 条 4 項 ······	*572, 692*	217 条 1 項後段 ······	*58*
201 条 5 項 ······	*577*	217 条 2 項 ······	*56, 587*
201 条 6 項 ······	*577*	217 条 3 項 ······	*588*
201 条 7 項 ······	*577*	217 条 4 項 ······	*588, 589*
202 条 ······	*577*	217 条 5 項 ······	*588*
203 条 ······	*208, 574*	217 条 6 項 ······	*588*
204 条 1 項 ······	*571, 578, 579*	217 条 7 項 ······	*588*
204 条 2 項 ······	*579*	217 条 8 項 ······	*588, 590*
204 条 3 項 ······	*579*	218 条 ······	*585*
204 条 4 項 ······	*579*	218 条 1 項 ······	*588*
205 条 ······	*579*	218 条 2 項 ······	*589*
206 条 ······	*579*	218 条 3 項 ······	*589*
207 条 ······	*578*	218 条 4 項 ······	*589*
208 条 1 項 ······	*571, 580*	218 条 5 項 ······	*589, 590*
208 条 2 項 ······	*580*	219 条 ······	*589*
209 条 1 項 ······	*571*	220 条 1 項 ······	*579, 580, 583*
209 条 2 項 ······	*571*	220 条 2 項 ······	*584*
209 条 3 項 ······	*571-573*	221 条 ······	*579, 580, 917*
210 条 ······	*454, 571*	221 条 1 項 ······	*584*
210 条 1 項 ······	*572*	221 条 2 項 ······	*183, 187, 584*
210 条 2 項 ······	*572*	222 条 ······	*639*
210 条 3 項 ······	*573*	222 条 1 項 ······	*640, 683*
211 条 ······	*574*	223 条 ······	*93, 639, 642*
212 条 1 項 ······	*153, 572*	224 条 ······	*640*
212 条 2 項 ······	*153*	224 条 1 項 ······	*73, 640*
214 条 1 項 ······	*572*	224 条 2 項 1 号 ······	*74, 75*
214 条 1 項 3 号 ······	*454*	224 条 2 項 2 号 ······	*75*
214 条 1 項 4 号 ······	*153*	225 条 ······	*641*
214 条 1 項 5 号 ······	*153, 572*	226 条 ······	*641*
214 条 1 項 6 号 ······	*574*	227 条 ······	*231*
214 条 3 項 ······	*153, 454*	228 条 ······	*86, 639, 642*
214 条 4 項 ······	*153*	229 条 ······	*642*
215 条 1 項 ······	*581*	230 条 ······	*57, 642*
215 条 2 項 ······	*582*	231 条 ······	*642*
215 条 3 項 ······	*582*	231 条 1 項 ······	*447*
215 条 4 項 ······	*581*	231 条 2 項 ······	*446*
215 条 5 項 ······	*581*	232 条 ······	*642, 643*
215 条 6 項 ······	*582*	232 条 2 項 ······	*640*
216 条 1 項 ······	*122, 585*	233 条 ······	*643*
216 条 3 項 ······	*586*	234 条 ······	*446, 447, 643*
216 条 4 項 ······	*586*	235 条 ······	*643*
216 条 5 項 ······	*586*	235 条 1 項 ······	*446*

235 条 2 項 …………… 446	248 条 2 項 …………… 610
236 条 …………… 447, 644	248 条 4 項 …………… 597, 609
237 条 …………… 642	248 条 5 項 …………… 609, 610
237 条 1 項 …………… 589	248 条 6 項 …………… 589, 610
238 条 1 項 …………… 637	249 条 …………… 620
238 条 2 項 …………… 637	249 条 1 項 …………… 587, 588, 600
239 条 …………… 637	250 条 1 項 …………… 39, 611
240 条 …………… 643	251 条 1 項 …………… 39, 611
240 条 1 項 …………… 638	252 条 1 項 …………… 611, 613
240 条 2 項 …………… 638	252 条 1 項 10 号イ …………… 993
240 条 3 項 …………… 638	252 条 2 項 …………… 611, 619
240 条 4 項 …………… 637, 638	252 条 3 項 …………… 612
241 条 1 項 …………… 638	252 条 4 項 …………… 612
241 条 2 項 …………… 638	252 条 5 項 …………… 612
241 条 3 項 …………… 638	252 条 6 項 …………… 613
242 条 1 項 …………… 637	252 条 7 項 …………… 613
242 条 2 項 …………… 637	253 条 …………… 66, 914
242 条 3 項 …………… 637	253 条 1 項 …………… 604, 621, 623
243 条 …………… 637	253 条 1 項 1 号 …………… 156
244 条 1 項 …………… 638	253 条 1 項 7 号 …………… 157
244 条の 10 …………… 648	253 条 2 項 …………… 604, 622
244 条の 10 第 2 項 …………… 447	253 条 3 項 …………… 613, 622
244 条の 10 第 3 項 …………… 447	254 条 1 項 …………… 626
244 条の 10 第 4 項 …………… 447	254 条 3 項 …………… 627
244 条の 11 …………… 648	254 条 4 項 …………… 627
244 条の 12 …………… 646	254 条 5 項 …………… 627
244 条の 13 …………… 649	254 条 6 項 …………… 627
244 条の 2 …………… 645	254 条 7 項 …………… 627
244 条の 2 第 1 項 …………… 683	255 条 1 項 …………… 622, 628
244 条の 3 …………… 93, 644, 646	255 条 1 項 1 号 …………… 586
244 条の 4 …………… 645	255 条 1 項 2 号 …………… 590
244 条の 4 第 1 項 …………… 73	256 条 1 項 …………… 586, 588, 628
244 条の 4 第 2 項 1 号 …………… 74, 75	256 条 2 項 …………… 628
244 条の 4 第 2 項 2 号 …………… 75	256 条 3 項 …………… 628
244 条の 4 第 3 項 …………… 75	257 条 1 項 …………… 124
244 条の 5 …………… 646	257 条 7 項 1 項 …………… 584, 590
244 条の 6 …………… 57, 616	258 条 1 項 …………… 124
244 条の 7 …………… 647	258 条 2 項 1 項 …………… 584, 590
244 条の 8 …………… 648	259 条 1 項 2 号 …………… 565
244 条の 9 …………… 647, 648	259 条 2 項 …………… 565
244 の 10 第 1 項 …………… 447	260 条 1 項 …………… 433
245 条 …………… 690	260 条 1 項前段 …………… 435
246 条 …………… 691	260 条 1 項後段 …………… 435
247 条 …………… 691	260 条 2 項 1 号 …………… 436
248 条 …………… 67	260 条 2 項 2 号 …………… 436
248 条 1 項 …………… 586, 609	260 条 3 項 …………… 436

条 文 索 引

260 条 4 項 …… *437*
261 条 …… *436*
262 条 …… *433, 435-437, 590*
265 条 …… *653*
265 条 2 項 …… *546*
266 条 …… *656*
267 条 …… *655*
268 条 …… *657*
268 条 3 項 …… *550*
269 条 …… *658*
270 条 …… *658*
270 条後段 …… *547*
271 条 …… *659*
272 条 …… *659*
273 条 …… *660*
273 条 2 項 …… *657*
273 条 4 項 …… *657*
273 条 5 項 …… *657*
274 条 …… *660*
274 条 2 項 …… *657*
275 条 …… *660*
276 条 1 項 …… *653, 656-660*
276 条 2 項 …… *655, 660*
276 条 3 項 …… *660*
277 条 …… *653, 656-660*

破産規則
1 条 …… *189, 573*
1 条 1 項 …… *177, 426*
1 条 2 項 4 号 …… *554*
2 項 2 号 …… *426*
2 条 …… *189*
2 条 1 項 …… *426*
2 条 2 項 …… *426*
2 条 3 項 …… *426*
2 条 4 項 …… *426, 554*
5 条 1 項 …… *99*
13 条 …… *597*
14 条 …… *597*
15 条 …… *597*
19 条 1 項 …… *99, 120*
19 条 2 項 …… *120, 228*
20 条 1 項 1 号 …… *175*
20 条 1 項 4 号 …… *184*
23 条 1 項 …… *35*
23 条 5 項 …… *36*
25 条 …… *301, 532, 552, 565*

28 条 …… *583*
32 条 1 項 …… *574*
33 条 4 項 …… *180*
35 条 …… *178*
35 条 2 項 …… *180*
37 条 …… *180*
38 条 …… *182*
39 条 1 項 …… *183*
39 条 3 項 …… *183*
50 条 1 項 …… *208*
52 条 …… *548*
53 条 1 項 …… *546*
53 条 2 項 …… *546*
53 条 4 項 …… *547*
54 条 1 項 …… *551*
54 条 2 項 …… *551*
54 条 3 項 …… *551*
56 条 …… *552*
57 条 …… *480*
59 条 4 項 …… *485*
60 条 1 項 …… *484*
60 条 2 項 …… *484*
60 条 4 項 …… *485*
61 条 1 項 …… *486*
61 条 2 項 …… *486*
61 条 3 項 …… *486*
62 条 …… *487*
63 条 1 項 …… *582*
63 条 2 項 …… *582*
64 条 …… *572*
65 条 …… *573*
69 条 …… *572*
74 条 3 項 …… *610*
75 条 1 項 …… *611*
75 条 2 項 …… *611*
75 条 3 項 …… *611*
76 条 1 項 …… *611*
76 条 2 項 …… *611*
81 条 1 項 …… *437*
81 条 2 項 …… *437*
85 条 …… *180*

不動産登記法
3 条 6 号 …… *527*
105 条 1 号 …… *527*
105 条 2 号 …… *476, 527*
保険業法 117 条の 2 等 …… *154*

1066　　　　条文索引

保険法

2条1号	313
27条	315, 812
31条1項	314
54条	315, 812
59条1項	314
60条	315, 812
61条	315, 812
62条	315, 812
83条	315, 812
88条1項	314
89条	315, 812
90条	315, 812
91条	315, 812
96条	313

◆ ま 行 ◆

民事再生法

2条2号	704
2条3号	873
2条4号	874
3条	83, 682
4条	683
4条1項	713
5条	735
5条10項	713
5条1項	712
5条2項	712
5条3項	712
5条4項	712
5条5項	712
5条6項	712
5条7項	712
5条8項	713
5条9項	713
6条	711, 735
7条	713, 737
12条	870
16条	767
17条	765
18条	737
21条	697, 737
21条1項	729, 734
21条2項	734
23条1項	74, 738
23条2項	738

24条の2	720, 738
25条	95, 731, 739
26条	742
26条1項	944
26条1項1号	96
27条2項	747
27条4項	746
27条7項	747
28条	746
29条	747
30条	747
31条	311, 697, 748
31条2項	962
31条3項	962
31条4項	962
31条5項	962
32条	740
33条1項	753
33条2項	753
34条	753
34条1項	980
35条4項	776, 881
36条1項	753
38条	755
38条1項	696, 702, 798, 814
38条2項	704, 705
39条	705, 756, 792
39条1項	96, 775, 787, 818, 944
39条2項	818
39条3項	791
39条3項1号	953
40条	757
40条1項	814
40条3項	817
40条の2	757, 816
40条の2第2項	817
40条の2第3項	791
40条の2第4項	817
40条の2第5項	816, 817
40条の2第6項	816, 817
41条	703, 710, 798
41条1項4号	804
41条1項8号	792, 825
42条	704
42条1項	768, 769
42条2項	769, 773

条文索引

1067

42 条 3 項	*773*	64 条 2 項	*715*
43 条 1 項	*773*	66 条	*704, 715*
43 条 2 項	*774*	67 条 1 項	*856*
43 条 3 項	*774*	67 条 3 項	*943*
43 条 6 項	*774*	67 条 5 項	*791*
43 条 7 項	*774*	68 条 2 項	*859, 928, 951*
43 条 8 項	*775*	68 条 3 項	*859, 928, 939, 951, 952*
44 条 1 項	*756, 799*	76 条	*798, 802*
44 条 2 項	*799*	77 条 4 項	*793*
45 条	*706, 798, 800*	78 条	*716*
45 条 1 項	*708*	79 条 1 項	*717, 751*
46 条	*802*	79 条 2 項	*717, 751*
47 条	*800, 802*	79 条 4 項	*752*
49 条	*706, 805, 806, 809, 810*	79 条 5 項	*752*
49 条 1 項	*803, 804, 811*	80 条	*752*
49 条 2 項	*803*	81 条 1 項	*752*
49 条 3 項	*295, 812*	83 条	*717*
49 条 4 項	*790, 804, 810, 813*	83 条 1 項	*717*
49 条 5 項	*790, 803-805,*	84 条	*696*
	809-811, 813	84 条 1 項	*775, 791, 804*
50 条 1 項	*804*	84 条 2 項	*776, 947*
50 条 2 項	*790, 804*	85 条 1 項	*696, 756, 775, 777, 798, 818*
50 条 3 項	*804, 811*	85 条 2 項	*756*
51 条	*289, 790, 806, 813*	85 条 3 項	*756, 781*
52 条 1 項	*810, 822*	85 条 4 項	*756, 781*
52 条 2 項	*827*	85 条 5 項	*756, 781*
53 条 1 項	*696, 697, 700,*	85 条の 2	*840*
	810, 828, 829	86 条	*756*
53 条 2 項	*696, 697, 700,*	87 条	*888*
	809, 810, 828, 831	87 条 1 項	*777, 982*
54 条	*696, 798*	87 条 2 項	*776*
54 条 1 項	*703, 713*	87 条 3 項	*776, 902*
54 条 2 項	*703, 710, 714, 792, 804*	88 条	*777, 831, 833*
54 条 3 項	*717*	89 条 2 項	*692*
54 条 4 項	*703*	89 条 3 項	*692, 902*
56 条	*714*	90 条	*719*
56 条 1 項	*851, 854*	90 条 1 項	*65*
56 条 2 項	*855*	90 条の 2	*719*
56 条 4 項	*855*	92 条 1 項	*840, 841*
58 条	*813*	92 条 2 項	*806, 843*
59 条	*714, 813*	92 条 3 項	*806, 807, 844*
60 条	*714, 716*	92 条 4 項	*806, 807, 844*
62 条 1 項	*715*	93 条	*706, 843*
62 条 2 項	*715*	93 条 1 項	*845*
64 条	*696*	93 条 1 項 1 号	*756*
64 条 1 項	*715*	93 条 2 項	*846*

93 条の 2	843	123 条	705
93 条の 2 第 1 項	846	123 条 1 項	794
93 条の 2 第 2 項	847	123 条 2 項	795
97 条	776	123 条 3 項	795
99 条	697	124 条 1 項	760, 763, 764
100 条	784	124 条 2 項	765
101 条 1 項	784, 832	124 条 3	763
101 条 3 項	784, 901	125 条 1 項	766
101 条 5 項	784	125 条 1 項 2 号	764
102 条	784	126 条 1 項	766
102 条 1 項	785, 832	126 条 3 項	720
104 条 1 項	784, 785, 832, 902	127 条 1 項	852
104 条 2 項	784	127 条 2 項	852
104 条 3 項	784	127 条 3 項	852
105 条	784	127 条の 2	852
105 条 1 項	832	127 条の 3 第 1 項	853
105 条 2 項	815	127 条の 3 第 2 項	853
106 条	784	128 条 3 項	853, 888
107 条	784	131 条	852, 853
107 条 1 項	815	132 条 1 項	860
109 条 2 項	815	132 条 2 項	860
112 条	791	132 条の 2	860
112 条の 2 第 1 項	951	132 条の 2 項 1 号 3 号	790
112 条の 2 第 2 項	951	132 条の 2 第 1 項	861
112 条の 2 第 4 項	952	132 条の 2 第 1 項 2 号	790
112 条の 2 第 5 項	952	132 条の 2 第 2 項	861
112 条の 2 第 6 項	952	133 条	860, 862
113 条	815	134 条	862
113 条 3 項	817	134 条の 2	752, 862
115 条 3 項	720	135 条 1 項	851, 854, 856
117 条	718	135 条 3 項	856
118 条	719	136 条 5 項	932, 939, 951
119 条	788	137 条 6 項	951
119 条 2 号	805, 811	137 条 6 項後段	951
119 条 6 号	805, 827	137 条 7 項	951
120 条 1 項	714, 790, 792	138 条 1 項	857
120 条 2 項	714, 790, 792	138 条 2 項	858
120 条 3 項	790, 792	138 条 3 項	858
120 条の 2	791	138 条 4 項	857, 858
121 条	883	139 条	860
121 条 1 項	787, 792	139 条かっこ書	950, 953
121 条 2 項	787, 792	140 条 1 項	816, 859
121 条 3 項	787, 792	140 条 2 項	791
122 条	776, 785, 883	140 条 3 項	817, 859
122 条 1 項	696, 700, 811	140 条 4 項	817, 859
122 条 2 項	696, 700, 811	141 条 1 項	859

条 文 索 引

1069

141 条 2 項 ················· *816*, *859*		158 条 1 項 ·························· *885*	
142 条 ······························ *869*		158 条 2 項 ·························· *886*	
142 条 1 項 ·························· *864*		159 条 ············· *876*, *887*, *914*	
142 条 5 項 ·························· *870*		160 条 1 項 ······· *832*, *876*, *887*	
142 条 6 項 ·························· *870*		160 条 2 項 ················· *833*, *894*	
142 条 7 項 ·························· *870*		161 条 2 項 ·························· *891*	
143 条 1 項 ················· *863*, *864*		161 条 3 項 ·························· *890*	
143 条 2 項 ·························· *863*		161 条 4 項 ·························· *892*	
143 条 3 項 ·························· *866*		163 条 ······························ *969*	
143 条 6 項 ·········· *932*, *939*, *952*		163 条 1 項 ······· *697*, *895*, *896*, *983*	
144 条 1 項 ········· *865*, *866*, *869*		163 条 2 項 ················· *895*, *896*	
144 条 2 項 ·························· *865*		163 条 3 項 ·························· *897*	
144 条 3 項 ·························· *866*		164 条 1 項 ·························· *897*	
145 条 1 項 ·························· *868*		164 条 2 項 ·························· *897*	
145 条 2 項 ·························· *869*		165 条 1 項 ·························· *886*	
145 条 6 条 ·························· *869*		165 条 2 項 ················· *834*, *894*	
146 条 5 項 ·························· *869*		166 条 1 項 ·························· *890*	
146 条 6 項 ·························· *939*		166 条 2 項 ·························· *890*	
147 条 ······························ *866*		166 条の 2 第 1 項 ················· *893*	
148 条 ················· *697*, *706*, *834*		166 条の 2 第 2 項 ················· *893*	
148 条 1 項 ·························· *835*		166 条の 2 第 3 項 ················· *893*	
148 条 2 項 ·························· *838*		167 条 ············· *898*, *924*, *969*	
148 条 3 項 ·························· *838*		168 条 ······················ *720*, *874*	
148 条 4 項 ················· *835*, *838*		169 条 1 項 ················· *899*, *972*	
148 条 5 項 ·························· *838*		169 条 1 項 3 号 ·················· *887*	
149 条 1 項 ················· *835*, *839*		169 条 2 項 ················· *899*, *903*	
150 条 1 項 ·························· *839*		169 条 3 項 ·························· *903*	
150 条 2 項 ·························· *839*		169 条 4 項 ·························· *904*	
151 条 4 項 ·························· *792*		169 条 5 項 ·························· *904*	
152 条 1 項 ·························· *838*		169 条の 2 ·························· *901*	
152 条 2 項 ·························· *838*		170 条 1 項 ················· *832*, *902*	
153 条 ······························ *835*		170 条 2 項 ·························· *902*	
154 条 1 項 1 号 ·········· *775*, *875*		170 条 2 項 3 号 ·················· *832*	
154 条 1 項 2 号 ·········· *786*, *883*		170 条 3 項 ·························· *902*	
154 条 1 項 3 号 ·················· *883*		171 条 1 項 ·························· *902*	
154 条 2 項 ·························· *885*		171 条 1 項 2 号 ·················· *832*	
154 条 3 項 ················· *890*, *893*		172 条 2 項 ·························· *905*	
154 条 4 項 ·························· *893*		172 条 3 項 ·························· *905*	
155 条 1 項 ········· *700*, *776*, *877*		172 条の 2 第 1 項 ················· *903*	
155 条 2 項 ················· *776*, *881*		172 条の 3 第 2 項 ··· *776*, *906*, *911*	
155 条 3 項 ················· *881*, *986*		172 条の 3 第 4 項 ················· *906*	
155 条 4 項 ·························· *776*		172 条の 3 第 5 項 ················· *906*	
156 条 ················· *697*, *775*, *876*		172 条の 3 第 6 項 ················· *906*	
157 条 ······························ *697*		172 条の 3 第 7 項 ················· *906*	
157 条 1 項 ········· *785*, *832*, *876*		172 条の 4 ·························· *907*	
157 条 2 項 ················· *876*, *889*		172 条の 5 第 1 項 ················· *908*	

1070　　　　条 文 索 引

172 条の 5 第 2 項 ……………………… *908*		187 条 3 項 ………………………… *926*	
172 条の 5 第 3 項 ……………………… *908*		188 条 1 項 …………………… *922*, *927*	
173 条 …………………………………… *908*		188 条 2 項 ………… *697*, *714*, *926*	
174 条 1 項 ……………………………… *908*		188 条 3 項 ………… *697*, *922*, *927*	
174 条 2 項 ………………………… *909*, *984*		188 条 4 項 …………………… *927*, *938*	
174 条 2 項 1 号 …………………… *875*, *887*		188 条 5 項 ………………………… *927*	
174 条 2 項 4 号 …………… *94*, *701*, *760*		189 条 ……………………… *697*, *975*	
174 条 3 項 ………………………… *720*, *911*		189 条 1 項 …………………… *928*, *989*	
174 条 4 項 ……………………………… *911*		189 条 2 項 ………………………… *929*	
174 条 5 項 ……………………………… *911*		189 条 3 項 ………………………… *930*	
174 条の 22 項 …………………………… *912*		189 条 4 項 ………………………… *931*	
174 条の 23 項 …………………………… *912*		189 条 5 項 ………………………… *931*	
174 条の 2 第 1 項 ………………… *906*, *912*		189 条 6 項 ………………………… *931*	
175 条 …………………………………… *926*		189 条 7 項 …………………… *913*, *932*	
175 条 1 項 ……………………………… *912*		189 条 8 項 ………………………… *932*	
175 条 2 項 ……………………………… *912*		190 条 1 項 ………………………… *913*	
175 条 3 項 ……………………………… *912*		191 条 …………………………… *933*, *988*	
176 条 ………… *697*, *898*, *912*, *926*, *998*		191 条 2 号 …………………… *896*, *900*	
177 条 1 項 ……………………………… *913*		192 条 …………………………………… *935*	
177 条 2 項 ………………………… *886*, *914*		192 条 1 項 ………………………… *988*	
178 条 ………… *776*, *784*, *884*, *888*, *914*		193 条 …………………………………… *714*	
179 条 ……………………………… *785*, *873*		193 条 1 項 ………… *922*, *937*, *988*	
179 条 1 項 ……………………………… *913*		193 条 2 項 ………………………… *938*	
179 条 2 項 ……………………………… *914*		194 条 ………………… *714*, *921*, *936*	
180 条 …………………………………… *917*		195 条 1 項 ………………………… *938*	
180 条 2 項 ……………………………… *887*		195 条 2 項 ………………………… *938*	
180 条 3 項 ………………………… *697*, *887*		195 条 5 項 ………………………… *938*	
181 条 1 項 ………………………… *784*, *915*		195 条 6 項 ………………………… *938*	
181 条 2 項 ………… *784*, *915*, *916*		195 条 7 項 ………………………… *938*	
181 条 3 項 ………… *776*, *888*, *915*		196 条 1 号 ………………………… *960*	
182 条 ……………………………… *777*, *894*		196 条 3 号 ………………………… *961*	
183 条 ……………………………… *873*, *890*		196 条 4 号 ………………………… *960*	
183 条 1 項 ……………………………… *892*		196 条 5 号 ………………………… *961*	
183 条 2 項 ……………………………… *892*		197 条 1 項 ………………………… *962*	
183 条 3 項 ……………………………… *892*		197 条 2 項 ………………………… *962*	
183 条 6 項 ……………………………… *892*		197 条 3 項 …………………… *962*, *963*	
183 条の 2 第 1 項 ……………………… *893*		198 条 2 項 ………………………… *974*	
184 条 …………………………… *96*, *944*		199 条 1 項 ………………………… *964*	
185 条 …………………………………… *918*		199 条 2 項 ………………………… *965*	
186 条 1 項 ………… *873*, *920*, *921*		199 条 3 項 ………………………… *967*	
186 条 2 項 ………………………… *714*, *921*		199 条 4 項 ………………………… *967*	
186 条 3 項 ……………………………… *923*		200 条 1 項 …………………… *962*, *968*	
186 条 4 項 ……………………………… *923*		200 条 2 項 ………………………… *970*	
187 条 ……………………………… *697*, *923*		200 条 4 項 ………………………… *971*	
187 条 1 項 ………… *714*, *922*, *925*, *989*		200 条 5 項 ………………………… *971*	
187 条 2 項 ……………………………… *925*		201 条 1 項 ………………………… *971*	

条 文 索 引

201 条 2 項 …… 972	221 条 3 項 …… 977, 980
201 条 3 項 …… 972	221 条 3 項 4 号 …… 969
202 条 1 項 …… 972	221 条 4 項 …… 978
202 条 2 項 …… 972, 984	221 条 5 項 …… 982, 986
202 条 3 項 …… 972	221 条 6 項 …… 977
203 条 …… 914	221 条 7 項 …… 978
203 条 1 項 …… 963, 973	222 条 …… 996
204 条 1 項 …… 974	222 条 1 項 …… 978, 980, 981
204 条 2 項 …… 975	222 条 2 項 …… 978
206 条 1 項 …… 975	222 条 3 項 …… 978
206 条 2 項 …… 975	222 条 4 項 …… 978
207 条 …… 690	223 条 1 項 …… 979, 981
208 条 …… 691, 731	223 条 2 項 …… 980
209 条 …… 691	223 条 2 項 2 号 …… 981
209 条 1 項 …… 896	224 条 2 項 …… 986
209 条 3 項 …… 895	225 条 …… 977, 980
210 条 …… 691	226 条 1 項 …… 978, 981
211 条 1 項 …… 940	226 条 3 項 …… 981
211 条 2 項 …… 720, 940	227 条 1 項 …… 981, 986
211 条 3 項 …… 940	227 条 3 項 …… 981
212 条 1 項 …… 941	227 条 4 項 …… 981
212 条 2 項 …… 941	227 条 5 項 …… 982
212 条 3 項 …… 720	227 条 6 項 …… 982
213 条 1 項 …… 940	227 条 7 項 …… 982
213 条 2 項 …… 940	227 条 8 項 …… 982
213 条 5 項 …… 815, 941	227 条 9 項 …… 982
214 条 2 項 …… 941	228 条 …… 982
214 条 3 項 …… 941	229 条 1 項 …… 983, 986
215 条 1 項 …… 941	229 条 2 項 2 号 …… 882, 986
215 条 2 項 …… 942	229 条 3 項 …… 987
215 条 3 項 …… 942	230 条 1 項 …… 984
216 条 …… 941	230 条 2 項 …… 984
216 条 1 項 …… 941	230 条 3 項 …… 984
217 条 2 項 …… 942	230 条 4 項 …… 984
217 条 3 項 …… 943	230 条 5 項 …… 984
217 条 4 項 …… 943	230 条 6 項 …… 984
217 条 6 項 …… 720, 942, 943	230 条 7 項 …… 984
218 条 1 項 …… 943	230 条 8 項 …… 981, 982, 984
218 条 2 項 …… 943	231 条 …… 984
218 条 3 項 …… 943	231 条 2 項 …… 984
219 条 1 項 …… 943	232 条 1 項 …… 986
219 条 2 項 …… 815, 943	232 条 2 項 …… 986, 987
220 条 …… 943	232 条 3 項 …… 987
220 条 2 項 …… 943	232 条 4 項 …… 987
221 条 …… 995	232 条 5 項 …… 988
221 条 2 項 …… 977	233 条 …… 988

234 条 1 項 ……………………… *989*
234 条 2 項 ……………………… *991*
234 条 3 項 ……………………… *991*
235 条 1 項 ……………………… *992*
235 条 2 項 ……………………… *992*
235 条 4 項 ……………………… *992*
235 条 5 項 ……………………… *992*
235 条 6 項 ……………………… *993*
235 条 7 項 ……………………… *993*
235 条 8 項 ……………………… *993*
236 条 ……………………………… *989*
237 条 1 項 ……………………… *989*
237 条 2 項 ……………………… *989*
238 条 ……… *815, 978, 979, 983, 990*
239 条 1 項 ……………………… *994*
239 条 2 項 ……………………… *995*
239 条 3 項 ……………………… *995*
239 条 4 項 ……………………… *995*
239 条 5 項 ……………………… *996*
239 条 5 項 2 号ロ ……………… *993*
240 条 ……………………………… *997*
241 条 1 項 ……………………… *997*
241 条 2 項 ……………………… *997*
241 条 2 項 7 号 ………………… *994*
241 条 3 項 ……………………… *994*
242 条 ……………………………… *999*
243 条 ……………………………… *999*
244 条 ……… *882, 969, 996, 998*
245 条 ………………………… *815, 997*
246 条 1 項 ……………………… *953*
246 条 2 項 ……………………… *953*
247 条 ……………………………… *953*
248 条 ……………………………… *946*
249 条 1 項 ……………………… *945*
249 条 2 項 ……………………… *946*
250 条 1 項 ……………………… *945*
250 条 2 項 ……………………… *945*
251 条 1 項 ……………………… *945*
252 条 1 項 ………………… *505, 950*
252 条 2 項 ……………………… *950*
252 条 3 項 ……………………… *950*
252 条 4 項 ……………………… *950*
252 条 5 項 ……… *786, 787, 949*
252 条 6 項 ……… *208, 785, 948*
253 条 1 項 ……………………… *946*
253 条 3 項 ……………………… *947*

253 条 4 項 ……………………… *947*
253 条 6 項 ……………………… *947*
253 条 7 項 ……………………… *946*
254 条 1 項 ………………… *939, 951*
254 条 2 項 ……………………… *208*
254 条 3 項 ……………………… *939*
254 条 4 項 ………………… *939, 952*
254 条 5 項 ……………………… *951*
254 条 6 項 ……………………… *952*
255 条 …………………………… *1000*
256 条 …………………………… *1001*
257 条 …………………………… *1001*
258 条 …………………………… *1002*
260 条 …………………………… *1003*
261 条 …………………………… *1003*
262 条 …………………………… *1003*
263 条 …………………………… *1004*
264 条 …………………………… *1004*
265 条 …………………………… *1004*
266 条 1 項 ……………………… *923*
266 条 2 項 ……………………… *982*

民事再生規則

2 項 ……………………………… *865*
2 条 1 項 ………………………… *737*
6 条 2 項 ………………………… *932*
12 条 ……………………………… *737*
13 条 ……………………………… *737*
14 条 3 号 ……………………… *977*
18 条 1 項 ……………………… *753*
31 条 ……………………………… *784*
32 条 ……………………………… *784*
38 条 2 項 ……………………… *784*
56 条 1 項 ……………… *94, 760, 762*
56 条 3 項 ……………………… *766*
57 条 1 項 ………………… *764, 766*
57 条 2 項 ……………………… *766*
58 条 1 項 ……………………… *766*
59 条 ……………………………… *766*
61 条 ……………………………… *767*
62 条 ……………………………… *767*
63 条 1 項 ……………………… *767*
63 条 2 項 ……………………… *767*
64 条 1 項 ……………………… *767*
64 条 2 項 ……………………… *767*
69 条 1 項 ……………………… *865*
69 条 4 項 ……………………… *865*

条 文 索 引　　　　*1073*

70 条 ………………………… *838*	59 条 4 項 ………………………… *458*
71 条 ………………………… *838*	60 条 3 項 ………………………… *762*
83 条 ………………………… *883*	69 条 ………………………… *413*
84 条 ………………………… *969*	79 条 ………………………… *413*
84 条 1 項 ………………………… *896*	85 条 ………………………… *487*
84 条 3 項 ………………………… *897*	88 条 ………………………… *487*
85 条 1 項 ………………………… *895*	89 条 ………………………… *487*
86 条 2 項 ………………………… *897*	90 条 ………………………… *487*
87 条 1 項 ………………………… *834*	91 条 ………………………… *487*
87 条 2 項 ………………………… *834*	92 条 ………………………… *487*
89 条 ………………………… *898*	124 条 ………………………… *458*
90 条の 3 ………………………… *902*	131 条 ………………………… *142*
92 条 ………………………… *908*	131 条 3 号 ………………………… *142*
93 条 ………………………… *908*	132 条 1 項 ………………………… *137*
94 条 1 項 ………………………… *925*	152 条 ………………………… *142*
94 条 2 項 ………………… *925, 991*	152 条 1 項 2 号 ………………………… *137*
94 条 3 項 ………………… *925, 991*	152 条 2 項 ………………… *137, 139*
94 条 4 項 ………………………… *925*	153 条 ………………………… *137*
95 条 ………………………… *931*	155 条 ………………………… *72*
98 条 ………………………… *937*	157 条 ………………………… *335*
99 条 ………………………… *960*	159 条 ………………………… *412*
100 条 1 項 ………………………… *968*	160 条 ………………………… *412*
100 条 2 項 ………………………… *968*	171 条 ………………………… *146*
101 条 1 項 ………………………… *968*	172 条 1 項 ………………………… *146*
101 条 2 項 ………………………… *969*	181 条以下 ………………………… *452*
103 条 ………………………… *971*	190 条 ………………………… *460*
108 条 1 項 ………………………… *941*	190 条 1 項 1 号 ………………………… *458*
112 条 1 項 ………………………… *977*	190 条 1 項 3 号 ………………………… *461*
113 条 1 項 ………………………… *977*	190 条 2 項 ………………………… *461*
115 条 1 項 ………………………… *978*	193 条 1 項 ………………………… *463*
116 条 2 項 ………………………… *996*	**民事訴訟法**
131 条 2 項 ………………………… *984*	22 条 3 項 ………………………… *79*
132 条 1 項 ………………………… *991*	28 条 ………………………… *82*
132 条 2 項 ………………………… *991*	29 条 ………………………… *82, 87*
136 条 1 項 ………………………… *995*	38 条 ………………………… *423*
136 条 2 項 ………………………… *995*	40 条 ………………… *559, 857, 858*
137 条 2 項 ………………………… *995*	42 条 ………………………… *416*
138 条 1 項 ………………………… *996*	43 条 ………………… *857, 858*
138 条 2 項 ………………………… *996*	47 条 2 項 3 号 ………………… *857, 858*
139 条 ………………………… *997*	49 条 ………………… *423, 434*
民事執行法	50 条 ………………… *423, 434*
10 条 ………………………… *336*	51 条 ………………… *423, 434*
11 条 ………………………… *336*	53 条 ………………………… *416*
23 条 1 項 3 号 ………………………… *424*	61 条 ………………………… *330*
38 条 ………………… *336, 339*	87 条 ………………………… *559*
59 条 1 項 ………………………… *568*	87 条 1 項但書 ………………………… *98*

87 条 2 項………99	
115 条 1 項 2 号………858	
115 条 1 項 3 号………423, 434	
119 条………98, 427	
122 条………431	
124 条 2 項………329	
126 条………329	
127 条………329	
128 条………329	
132 条 1 項………329	
133 条 1 項………422	
133 条 2 項 2 号………422	
142 条………858	
147 条………431	
250 条………98	
255 条………98	
259 条 1 項………429	
332 条………99, 325	

民事訴訟規則
47 条 4 項………431	
51 条………329	
83 条………431	

民事保全法 13 条 2 項………107

民　法
3 条………82	
94 条 2 項………44, 49, 709	
96 条 3 項………44, 50, 710	
137 条 1 号………152	
177 条………44, 47, 527	
178 条………44, 467	
183 条………467	
192 条………537	
200 条………526	
203 条但書………526	
206 条………344	
256 条………326	
257 条………327	
258 条………327	
295 条………526	
302 条………526, 527	
304 条………44, 462	
304 条 1 項但書………462	
306 条………145, 154, 297, 460, 600	
306 条 1 号………154	
306 条 2 号………298, 811	
306 条 4 号………252	

307 条………154	
308 条………154, 297, 298, 811	
309 条………154	
310 条………154, 252, 600	
311 条 4 号………458	
311 条 5 号………460, 534	
320 条………458	
321 条………534	
325 条 2 号………810	
327 条………276, 810	
329 条 1 項………154	
329 条 2 項………154	
329 条 2 項但書………154	
333 条………44, 469, 710	
338 条 1 項………276	
344 条………526, 527	
350 条………462	
352 条………526	
353 条………526, 527	
354 条………452	
366 条………72, 452	
372 条………462	
375 条………456	
398 条の 2 第 1 項………454, 455	
398 条の 3 第 1 項………454, 456	
398 条の 3 第 1 項本文………456	
398 条の 3 第 2 項 1 号………457	
398 条の 3 第 2 項 2 号………457	
398 条の 20………456	
398 条の 20 第 1 項 4 号………456	
404 条………433	
414 条 2 項………146	
423 条………72, 816	
424 条………332, 816	
424 条 1 項………345	
426 条………345	
452 条………166	
453 条………166	
467 条………471	
467 条 2 項………44, 49	
468 条 1 項………326	
478 条………235	
482 条………372	
505 条………495	
505 条 1 項………841	
505 条 2 項………493	

条 文 索 引　　　　　　　　1075

506条2項 ……	519, 847		824条 ……	328
509条 ……	493, 843		835条 ……	328
510条 ……	493, 843		842条 ……	154
545条1項 ……	52		847条 ……	154
545条1項但書 ……	44, 710		849条 ……	154
589条 ……	327, 813		877条以下 ……	148
598条 ……	258		907条 ……	327
616条 ……	258		908条 ……	326
623条 ……	292		922条 ……	85, 639
627条2項 ……	293		929条 ……	640
631条 ……	292, 811		931条 ……	446
632条 ……	274		941条 ……	639
633条 ……	281		941条1項 ……	85
641条 ……	282		942条 ……	85, 639
642条1項 ……	276		947条3項 ……	446
642条2項 ……	275, 277		948条 ……	85, 639
643条 ……	322		950条 ……	85, 639
646条1項 ……	326		950条2項 ……	85, 446
648条 ……	323		990条 ……	446
650条 ……	323		1002条1項 ……	204

◆ ら 行 ◆

労働基準法

11条 ……	299
18条1項 ……	302
18条2項 ……	302
18条3項 ……	302
18条4項 ……	302
18条5項 ……	302
18条6項 ……	302
18条7項 ……	302
19条 ……	811
20条 ……	811
20条1項 ……	295
83条2項 ……	142

労働組合法

7条2号 ……	294
15条3項 ……	295
15条4項 ……	295

労働契約法16条 …… 602

651条 ……	323
653条 ……	324, 326, 813
653条2号 ……	322, 325, 536
654条 ……	324
655条 ……	323
656条 ……	322, 325
666条 ……	302
667条 ……	313
679条 ……	813
679条2号 ……	313
681条 ……	813
681条1項 ……	313
681条2項 ……	313
681条3項 ……	313
755条 ……	328
758条2項 ……	328
758条3項 ……	328
768条 ……	530
768条3項 ……	530
771条 ……	530

〈著者紹介〉

三上威彦（みかみ・たけひこ）

- 1952年　広島県広島市生まれ
- 1975年　慶應義塾大学法学部卒業
- 1978年　同大学院法学研究科修士課程修了
- 1981年　同博士課程単位取得退学
- 1978年　大月市立短期大学助手
- 1981年　大月市立短期大学専任講師
- 1983年　横浜市立大学助教授
- 1994年　横浜市立大学教授
- 2004年　慶應義塾大学大学院法務研究科（法科大学院）教授（現在に至る）
- 1983年　法学博士（慶應義塾大学）
- 2009年　名誉法学博士（ザールラント大学・ドイツ）
- 1990年〜1991年　フライブルク大学（ドイツ）客員研究員

〈主要著書〉

ドイツ倒産法改正の軌跡（成文堂・1995年）
石川明=三上威彦編『比較裁判外紛争解決制度』（慶應義塾大学出版会・1997年）
石川明=三上威彦編『破産法・民事再生法』（青林書院・2003年）
その他，斉藤秀夫=麻上正信=林屋礼二編『注解破産法〔第三版〕上巻』（青林書院新社・1998年）〔15条〜23条〕，「少額訴訟」新堂幸司監修，高橋宏志=加藤新太郎編『実務民事訴訟講座〔第3期〕第6巻（上訴・再審・少額訴訟と国際民事訴訟）』（日本評論社・2013年），「民事再生手続における手形上の商事留置権の取扱いについて」伊藤眞=上野泰男=加藤哲夫編『民事手続における法と実践── 栂善夫先生・遠藤賢治先生古希祝賀』（成文堂・2014年），「ドイツにおける消費者倒産規定の最近の改正について」石川明=三木浩一編『民事手続法の現代的機能』（信山社・2014年），「ドイツの倒産手続における譲渡担保の取扱い」池田真朗=中島弘雅=森田修編『動産債権担保── 比較法のマトリクス』（商事法務・2015年）等

◆ 法律学講座 ◆

倒　産　法

2017(平成29)年7月30日　第1版第1刷発行

著　者　三　上　威　彦
発行者　今井　貴　稲葉文子
発行所　株式会社　信　山　社

〒113-0033　東京都文京区本郷6-2-9-102
Tel 03-3818-1019　Fax 03-3818-0344
info@shinzansha.co.jp
笠間才木支店　〒309-1611　茨城県笠間市笠間 515-3
笠間来栖支店　〒309-1625　茨城県笠間市来栖 2345-1
Tel 0296-71-0215　Fax 0296-72-5410
出版契約 2017-8029-6-01010　Printed in Japan

©三上威彦, 2017　印刷・製本／亜細亜印刷・渋谷文泉閣
ISBN978-4-7972-8029-6 C3332　分類327.355-c103 破産法・倒産法

JCOPY 〈(社)出版者著作権管理機構　委託出版物〉
本書の無断複写は著作権法上での例外を除き禁じられています。複写される場合は，
そのつど事前に，(社)出版者著作権管理機構（電話 03-3513-6969,FAX03-3513-6979,
e-mail:info@jcopy.or.jp）の許諾を得てください。

◇**民事手続法の現代的機能** 石川明・三木浩一 編

◇ **各国民事訴訟法参照条文** 三ケ月章・柳田幸三 編

◇ **民事訴訟法旧新対照条文・新民事訴訟規則対応**
　　　日本立法資料全集編集所 編

◇ **民事裁判小論集** 中野貞一郎 著

◇ **民事手続法評論集** 石川 明 著

◇ **増補刑法沿革綜覧**
　　　松尾浩也 増補解題 /倉富勇三郎・平沼騏一郎・花井卓蔵 監修

◇**民事訴訟法**〔明治23年〕 松本博之・徳田和幸 編著
　　　日本立法資料全集本巻

◇**刑事訴訟法制定資料** 井上正仁・渡辺咲子・田中開 編著
　　　日本立法資料全集本巻

◇**破産法比較条文の研究** 竹下守夫 監修
　　　加藤哲夫・長谷部由起子・上原敏夫・西澤宗英 著

◇**法学六法**

池田真朗・宮島司・安冨潔・三上威彦・三木浩一・小山剛・北澤安紀 編集代表

信山社